Julius Ludwig Friedrich

Deutsche Reichstagsakten

Auf Veranlassung und mit Unterstütsung seiner Majestät des Königs von Bayern

Maximilliam II

Julius Ludwig Friedrich

Deutsche Reichstagsakten
Auf Veranlassung und mit Unterstütsung seiner Majestät des Königs von Bayern Maximilliam II

ISBN/EAN: 9783742890948

Hergestellt in Europa, USA, Kanada, Australien, Japan

Cover: Foto ©ninafisch / pixelio.de

Manufactured and distributed by brebook publishing software (www.brebook.com)

Julius Ludwig Friedrich

Deutsche Reichstagsakten

DEUTSCHE REICHSTAGSAKTEN

VIERTER BAND

AUF VERANLASSUNG
SEINER MAJESTÄT DES KÖNIGS VON BAYERN
HERAUSGEGEBEN
DURCH DIE HISTORISCHE COMMISSION
BEI DER
KÖNIGLICHEN ACADEMIE DER WISSENSCHAFTEN

GOTHA
FRIEDRICH ANDREAS PERTHES
1882

DEUTSCHE REICHSTAGSAKTEN

UNTER

KÖNIG RUPRECHT

ERSTE ABTHEILUNG

1400-1401

HERAUSGEGEBEN VON

JULIUS WEIZSÄCKER

AUF VERANLASSUNG
SEINER MAJESTÄT DES KÖNIGS VON BAYERN
HERAUSGEGEBEN
DURCH DIE HISTORISCHE COMMISSION
BEI DER
KÖNIGLICHEN ACADEMIE DER WISSENSCHAFTEN

GOTHA
FRIEDRICH ANDREAS PERTHES
1882

Inhaltsübersicht.

Vorwort.

I. Bearbeitung des vorliegenden Bandes . . . . I-III
II. Quellen desselben . . . . III-XXII
III. Etliche Ergebnisse daraus . . . . XXII-XXIII

Zum Wahltag: Verhandlungen mit der Kurie wegen Approbation und Kaiserkrönung 1400 Dec. 14 bis 1403 Okt. 1.

Einleitung 1-16
A. Gesandtschaft des Bischofs Konrad von Verden, Grafen Joffrid von Leiningen und Hermann Rode nach Rom, 1400 Dec. 14, 1401 Febr. 8, nr. 1-3 . . 17-21
B. Gesandtschaft des Antonius von Monte Catino an K. Ruprecht, 1401 Morz 25, nr. 4-7 22-26
C. Schreiben K. Ruprechts nach Rom durch den zurückkehrenden Nuntius Antonius von Monte Catino, 1401 Mai 12, nr. 8-9 26-28
D. Gesandtschaft des Protonotars Albertus nach Rom, 1401 Juli Aug., nr. 10-14 28-33
E. Gesandtschaft des Bischofs Nikolaus von Imola und Michael von Dulcigno an K. Ruprecht, 1401 Aug. 18, nr. 15-16 33-35
F. Gesandtschaft des Bischofs Konrad von Verden und Nikolaus Buman nach Rom, 1401 Okt. 16, Nov. 21, nr. 17-22 35-40
G. Gesandtschaft des Franciscus von Montepulciano mit Begleitung durch Nikolaus Buman an K. Ruprecht, 1401 Dec. 25; Bischof Konrad von Verden bleibt in Rom; nr. 23-27 40-42
H. Nichtabgegangene Gesandtschaft des Grafen Philipp von Falkenstein und Nikolaus Buman nach Rom, wo Bischof Konrad von Verden geblieben war; 1402 Jan. 1-3, nr. 28-38 42-48
I. Bescheid K. Ruprechts an den päbstlichen Gesandten Franciscus von Montepulciano, in Venedig, 1402 Jan. 6, nr. 39 48-49
K. Schreiben K. Ruprechts nach Rom: will Italien verlassen; 1402 Jan. 8, nr. 40-42 49-51
L. Schreiben K. Ruprechts nach Rom: will in Italien bleiben; 1402 Jan. 12, nr. 43-46 b 52-59
M. Gesandtschaft des Grafen Philipp von Falkenstein und Nikolaus Buman nach Rom, wo Bischof Konrad von Verden geblieben war; 1402 Jan. 22-23, nr. 47-68 c 59-78
N. Bescheid des P. Bonifacius IX an K. Ruprecht durch den Grafen Philipp von Falkenstein und Nikolaus Buman, während Bischof Konrad von Verden in Rom bleibt; 1402 Merz 19, nr. 69-73 78-82

Inhaltsübersicht.

O. Letzte Schreiben K. Ruprechts nach Rom vor seinem Abzug aus Italien, an
P. Bonifacius IX und Bischof Konrad von Verden; 1402 Apr. 14, nr. 74-77 83-86
P. Sendung des Bischofs Konrad von Verden durch P. Bonifacius IX an K.
Ruprecht, 1402 Okt. 16, nr. 77ª-78 86-91
Q. Vorläufiger Bescheid K. Ruprechts an P. Bonifacius IX auf die ihm von
diesem durch Bischof Konrad von Verden gemachten Eröffnungen, 1402
Dec. 30, 1403 Jan. 8, nr. 79-80 91-92
R. Gesandtschaft des Bischofs Raban von Speier und Matthäus von Cracchow
und dazu des Ulrich von Albeck und Eberhard von Menzingen nach Rom
1403 Merz 5-8, und Gewinnung der Approbation des gewählten K. Ru-
precht durch sie 1403 Okt. 1; nr. 81-111 92-123

Zum Wahltag: Verhalten der Städte zur Thronveränderung 1400 Aug. und Sept.

Einleitung 124-127
A. Besprechung K. Ruprechts mit Mainz und Frankfurt zu Alzei auf 25 Aug.
1400 nr. 112-114 127-129
B. Rheinischer Städtetag zu Mainz vom 8 Sept. 1400 nr. 115-121 . . . 129-134
C. Fränkischer Städtetag zu Nürnberg vor 13 Sept. 1400 nr. 122-123 . . 134-135
D. Zusammenkünfte der Bodensee- und der Schwäbischen Städte im Sept.
und Okt. 1400 nr. 124-127 136-140
E. Rheinischer Städtetag zu Mainz vom 29 Sept. 1400 nr. 128-132 . . . 140-142

Tag zu Frankfurt im Oktober 1400.

Einleitung 143-150
A. Vorbereitung nr. 133-135 150-151
B. Unterhandlungen betr. K. Ruprechts Einlaß in die Stadt nr. 136-142 . 151-159
C. König Ruprechts Einzug in die Stadt 1400 Okt. 26 nr. 143-145 . . . 160-162
D. Absagen Frankfurts und andrer an K. Wenzel nr. 146-155 163-171
E. Aufzeichnungen betr. Anerkennungen K. Ruprechts 1400 Sept. 23 bis nach
Okt. 29 nr. 156-161 171-186
F. Städtischer Briefwechsel nr. 162-173 186-199
G. Städtische Kosten nr. 174-175 199-203

Reichstag zu Mainz im December 1400.

Einleitung 204-207
A. Vorbereitung des Kölner Krönungstags nr. 176-179 207-209
B. Französische Anerbietungen nr. 180-181 210-211
C. Aufforderungen zur Anerkennung in Deutschland nr. 182-186 211-216
D. Aufforderungen zur Anerkennung in Italien nr. 187-189 216-223
E. Verhandlungen wegen der Tödtung Hzgs. Friderich von Braunschweig nr. 190 223-224
F. Urkunden betr. Anerkennung in Deutschland nr. 191-192 224-227
G. Urkunden betr. Anerkennung in Italien nr. 193-200 227-232
H. Städtische Kosten nr. 201-201ª 232-233

Krönungstag zu Köln im Januar 1401.

Einleitung 234-237
A. Einladung und Vorbereitung nr. 202-204 237-239
B. Krönungsbericht nr. 205 239-243

Inhaltsübersicht.

C. Belohnung der drei geistlichen Kurfürsten zusammen nr. 206-207 . . . 243-247
D. Belohnung von Kurmainz nr. 208-210 247-251
E. Belohnung von Kurköln nr. 211-214 251-258
F. Belohnung von Kurtrier nr. 215 259
G. Verhandlung mit den Österreichern nr. 216-218 259-262
H. Aufforderung an Meißen und Hessen zur Huldigung nr. 219-220 . . . 262-264
I. Formeln des Huldigungseides nr. 221-229 264-268
K. Anhang: die Kölner Krönung vom 6 Jan. 1401 und Achen als Krönungs-
stadt, spätere Abmachungen 1407, nr. 230-242 268-279

Reichstag zu Nürnberg im Febr. und Merz 1401.

Einleitung 280-283
A. Anerkennung K. Ruprecht's durch Nürnberg u. a. nr. 243-253 284-297
B. Achen's Widerstand nr. 254-257 298-300
C. Beziehungen zu Italien nr. 258-263 301-312
D. Verhandlungen mit Aragonien nr. 264-268 313-318
E. Verhandlungen wegen der Tödtung Hzgs. Friderich von Braunschweig
nr. 269-280 319-329
F. Verhältnis zu K. Wenzel nr. 281-283 329-331
G. Städtische Kosten nr. 284-286 332-335

Reichstag zu Nürnberg im Mai 1401.

Einleitung 336-341
A. Allgemeine Bekanntmachung wegen des Romzugs nr. 287 341-342
B. Verhandlung mit Österreich nr. 288-290 342-344
C. Verhandlung mit Lüttich nr. 291 345-346
D. Verhandlung mit den Schweizern nr. 292-293 346-349
E. Verhandlung mit Frankreich nr. 294-300 349-357
F. Verhandlung mit Florenz nr. 301-308 357-370
G. Verhandlung mit Venedig nr. 309-310 371-372
H. Verhandlung mit Franz von Carrara Reichsvikar in Padua nr. 311-313 372-374
I. Verhandlung mit Savoien nr. 314 374-376
K. Verhandlung mit Aragonien und Sicilien nr. 315-318 376-379
L. Verhältnis zu Lübeck Goslar Herford Mülhausen nr. 319-325 . . . 379-385
M. Mainzer Bischofstreit zwischen Johann II und Joffrid von Leiningen nr. 326 385-386
N. Verhandlungen wegen der Tödtung Hzgs. Friderich von Braunschweig
nr. 327-335 386-394
O. Verhältnis zu K. Wenzel nr. 336-340 394-398
P. Städtische Kosten nr. 341-343 398-400

Reichstag zu Mainz im Juni und Juli 1401.

Einleitung 401-409
A. Vorbereitungstag mit den Städten zu Mainz nr. 344-345 410-411
B. Verhandlungen auf dem Reichstag zu Mainz nr. 346-347 411-414
C. Aussagung der Termine für die Truppenstellung nr. 348-350 . . . 414-416
D. Verhandlung mit Hzg. Leopold von Österreich nr. 351-357 416-429
E. Verhandlung mit Florenz nr. 358-361 429-436
F. Verhandlung mit Venedig nr. 362-365 436-438

Inhaltsübersicht.

G. Verhandlung mit Petrus von Lodrone nr. 366-367	439-440
H. Verhandlung mit Aragonien und Savoien nr. 368-369	440-443
I. Verhandlungen mit einzelnen Ständen in Deutschland wegen Kontingents nr. 370-384	443-455
K. Verzeichnisse der beiden Leibwachen nr. 385-386	455-461
L. Verzeichnisse der zum Romzug aufgeforderten Reichsstände nr. 387	461-466
M. Verzeichnisse von Antworten auf die Aufforderung zum Romzug nr. 388-389	466-469
N. Kostenüberschläge zum Romzug nr. 390-391	469-470
O. Verhältnis zu K. Wenzel nr. 392-397	470-475
P. Städtischer Briefwechsel nr. 398-402	475-480
Q. Städtische Kosten nr. 403-404	480-481
Chronologisches Verzeichnis der Urkunden und Akten	483-500
Alfabetisches Register der Orts- und Personen-Namen	501-531
Zusätze und Verbesserungen	532

Prag und Hannover sich bemüht. Reichen Ertrag für Ruprechts Zeit gab dann eine Reise, welche Dr. Bernheim nach Italien machte, und auf welcher Venedig Bologna Florenz Mailand Lucca Mantua Cividale Udine San-Daniele besucht wurden. Auch aus der früheren Reise des Unterzeichneten nach Rom kam in diesem Band noch einiges zur Verwendung. Die Korrektur des Bandes bei der Drucklegung wurde durch Dr. Friedensburg, Dr. Bernheim, Dr. Quidde besorgt. Von Dr. Friedensburg ist das Chronologische Verzeichnis der Urkunden und Akten sowie das Alphabetische Register der Orts- und Personen-Namen.

Wenn wir im allgemeinen darauf verzichten müssen, alle die Archive und Bibliotheken, welche zu diesem Bande beigesteuert und sich unsern herzlichen Dank erworben haben, einzeln hier aufzuführen, so ist es doch unmöglich zu verschweigen, mit welcher wahrhaft unerschöpflichen Gefälligkeit und Geduld das unter der Direktion des Freiherrn Roth von Schreckenstein stehende großherzoglich Badische Generallandesarchiv zu Karlsruhe unsere Arbeiten unterstützt hat. Und auch unser Göttinger Freund, Herr Oberbibliothekar Professor Dr. Wilmanns, möge sich an dieser Stelle unsern herzlichen Dank für seine unermüdliche Beihilfe gefallen lassen.

Der vorliegende Band erscheint in einer neuen Verlagshandlung, indem Friedrich Andreas Perthes in Gotha die Weiterführung des Werkes übernommen hat. Seine Officin daselbst hat auch den Druck besorgt. Durch die sorgfältige Vorkorrektur sowie durch die schöne Ausführung in Papier und Lettern hat sie sich um das Werk in hohem Grade verdient gemacht, und bei der Schwierigkeit dieses Druckes kann unsere schuldige Dankbarkeit nicht genug hervorgehoben werden.

Es wird Beifall finden, daß auch in diesem Bande bei minder wichtigen Stücken erheblich gekürzt werden konnte, indem von solchen bald bloße Regesten gegeben, bald nur der für unsere Zwecke wichtige Theil ihres Inhalts in extenso mitgetheilt wurde. Doch sind Glaubsbriefe und Vollmachten immer dann vollständig abgedruckt, wenn auf deren Wortlaut etwas anzukommen schien, wie mehrfach in den Verhandlungen mit der Kurie über Approbation und Kaiserkrönung. Als eine natürliche Kürzung des Ausdrucks wird es auch zu nehmen sein, wenn bei der Bezeichnung „lit. clausa c. sig. in verso impr." nicht auch noch der Zustand der Erhaltung des Sigels beschrieben ist; denn daß es da meist abgepfallen oder gebrochen oder abgekratzt u. s. w. ist, das versteht sich von selbst, wenn es den Brief zuerst schloß und dieser dann geöffnet wurde.

Immer noch steht das eigentliche Akten-Material zurück hinter Urkunden und Briefen. Abschiede oder Beschlüsse kommen nicht vor. Doch finden sich Protokolle oder Protokollartiges (nr. 120. 125. 136. 138 mit 139. 141. 142. 157. 161. 205. 316. 371), politische Gutachten (nr. 45. 46), Gesandtschaftsanweisungen (nr. 5. 11. 28. 47. 68ᵃ. 68ᵇ. 68ᶜ. 76 mit 75. 84. 170. 188. 247. 267. 289. 291. 292. 293. 296 mit 297. 299. 301. 314. 317. 329. 330. 340. 351. 356. 357. 363. 367. 368. 369. 370. 373. 375. 376. 377. 378. 382. 383. 392. 402), Ansprachen Deutscher Gesandtschaften am fremden Hofe (nr. 3. 77), Aufzeichnungen über die Eröffnungen fremder Gesandtschaften am Deutschen Hofe (nr. 23. 24. 180), Aufzeichnungen über die Antwort an fremde Gesandtschaften beim Deutschen Hofe (nr. 39. 181), Aufzeichnungen von Gesandten über ihre Sendung (nr. 62. 111. 263. 302. 360), Gesandtschaftsbriefe nach Hause (nr. 63. 64. 65. 66. 67. 68. 77ᵃ. 77ᵇ. 77ᶜ. 77ᵈ. 106. 166. 167. 169. 171. 172. 173. 398. 401), sonstige Berichte (betr. Versammlungen, nr. 122-124. 126-130. 399), Venetianische Rathsbeschlüsse (46ᵃ. 46ᵇ. 260. 262. 283. 310. 364. 365), Korrespondenzen überhaupt in bedeutender Zahl (darunter Einladungen zu Tagen), Glaubs- und Vollmachtsbriefe, Herbergs- und Einzugsangelegenheiten.

Der Band enthält mehr Stücke, als die Schluß-Numer (nr. 404) anzeigt, weil uns namentlich durch die etwas spät unternommene Reise nach Italien noch einiges zukam, nachdem die Durchnumerierung bereits vollzogen war, deren Umarbeitung leicht Verwirrungen hervorgerufen haben würde. Die nachträglich eingereihten Stücke kamen dann an den Ort zu stehen, der ihnen auch sonst gebührte, sie erhielten aber die Namer des vorausgehenden Stücks mit Zusatz von Buchstaben. So nr. 46ᵃ. 46ᵇ. 68ᵃ. 68ᵇ. 68ᶜ. 77ᵃ. 77ᵇ. 77ᶜ. 77ᵈ. 201ᵃ. Diese 10 mitgezählt, sind es im ganzen nicht 404 sondern 414 Numern. Unter diesen Stücken waren bisher, wenn ich recht zähle, 111 völlig unbekannt, 79 waren ungedruckt und nur durch Regest oder Auszug oder Erwähnung oder Benützung bekannt, 10 theilweise oder zum größten Theil oder fast ganz gedruckt, 197 vollständig gedruckt und hier aus den Handschriften neu widergegeben, endlich 17, die handschriftlich nicht wider aufgefunden wurden, sind aus älteren Drucken wiederholt (nr. 62. 111. 189. 193. 195. 196. 200. 264-267. 302. 315-318. 374). Also im ganzen sind 190 Numern ungedruckt gewesen, 224 ganz oder theilweise gedruckt. Bei dieser Aufzählung ist kein Unterschied gemacht zwischen solchen Stücken, deren vollen Text wir mittheilen, und denjenigen, die wir bloß als Regest oder Auszug oder theilweise geben.

II. Quellen desselben.

Es kann nicht unsere Meinung sein, ausführlich auf die Kanzleien und das diplomatische Wesen der Epoche, namentlich nicht auf die Kanzlei K. Ruprechts einzugehen, weil das Untersuchungen erfordern würde, die dem Zweck und den Mitteln dieser Edition gleich fern liegen. Wir geben im folgenden nur Auskunft über einige besonders wichtige und von uns viel benutzte Archivalien, namentlich über die K. Ruprecht'schen Kopialbücher, soweit es uns erforderlich und innerhalb der Grenzen unserer Editionsaufgaben thunlich erschien. Wir wollen damit eine Anregung zur Untersuchung der Kanzleiverhältnisse der Zeit geben und den Benützer in den Stand setzen sich über die wichtigsten Quellen derselben zu orientiren. Soviel schien in dieser Periode geboten, wo das urkundliche Material vorwiegend in einzelnen Kopialbüchern zusammensteckt. Die wichtigsten dieser Kopialbücher sollen im folgenden beschrieben, auch, wo nöthig, ihr Verhältnis zu einander und zu einzelnen Editionen erörtert werden. Vor allem die Bücher der königlichen Kanzlei, dann auch andere, namentlich städtische, Deutsche und Italienische.

Es ist von großer Bedeutung für die Herausgabe der Deutschen Reichstagsakten, daß vom Jahr 1400 an sich eine fortlaufende Serie der kün. oder kais. Registraturbücher im k.k. H.H.St.A. zu Wien befindet. Von 1400-1519 sind es an Zahl 46 (Chmel reg. Rup. pag. V). Die Wichtigkeit und den Sinn der Anlegung von solchen Büchern hat Wattenbach Schriftwesen A. 2 pag. 2-5 erörtert; von älteren Resten der Reichskanzlei redet Ficker Beitr. 1, 331. 2, 33-38; 505, vgl. O. Lorenz Geschieldsquellen 2, 242. Am 7 Merz 1422 hat K. Sigmund von Bisch. Raban von Speier dem Kanzler des verstorbenen Königs die Register K. Ruprechts und alle andern Reichsregister, die er innehabe, also wol auch die älteren, herausverlangt, da er sie zur Führung der Reichsgeschäfte nicht entbehren könne (Wien H.H. St.A. Reichsregistraturbücher Band G, K. Sigmunds Registratur de annis 1418-1423 fol. 113); und daß der Bischof die Register wenigstens Ruprechts besaß und herausgab, sieht man aus der dafür ausgestellten Quittung vom 24 Aug. 1422 (Notiz ibid. fol. 153ᵇ, und vollständiger Abdruck bei Remling Urk.B. zur Gesch. der Bischöfe zu Speier, jüngere Urkunden, 126 nr. 64). Dagegen mag man billig bezweifeln daß Ruprecht auch ältere Registraturbücher des Reichs besessen hatte; der Versuch war gemacht worden, von dem abgesetzten K. Wenzel alle register und briefe herauszubekommen (R.T.A. 4 nr. 340 art. 2 und nr. 392 art. 4), aber gelangen ist er gewiss nicht, somit konnten auch keine an Sigmund herausgegeben

1*

werden. Von dieser ganzen Auslieferungsfrage handelt H. Zimerman, der uns für Ruprecht und Sigmund freundlich unterstützt hat, in Mittheilungen des Wiener Institutes 2, 116 f. Die Registraturbücher K. Ruprechts ABC im H.H. St.A., welche Chmel zu seinen Regesta Ruperti, Frankf. a. M. 1834, benützt und über die er dort in der Vorrede gehandelt hat, sind solche damals an Sigmund herausgegebene. Eine Anzahl blieb aber im Pfälzischen Archiv zurück, und befindet sich daher heute im Großh. Badischen Generallandesarchiv zu Karlsruhe. Sie sollen einmal von den Franzosen nach Straßburg gebracht worden sein[1]. Dort sind sie wol von Wencker[2] und Schilter[3] gesehen worden. Wenn Burcard Gotthelf Struve syntagma historiae Germanicae (Jenae 1716 in 4°) pag. 940 Recht hat, so würde Obrecht die Akten der Absetzung Wenzels und Wahl Ruprechts[4] aus dem Straßburger Archiv geschöpft haben, und es wären also die Ruprechtischen Bücher während ihres Aufenthalts zu Straßburg in diesem Lokal niedergelegt gewesen. Martène, von dem noch die Rede sein wird, kann auch dort geschöpft haben. Auch Bodmann[5] spricht von Ruprecht's acta fere integra, die er bei sich habe[6].

In Wien haben diese Ruprechtsbücher, wie bereits gesagt, die Signaturen A und B und C. In Karlsruhe haben die Kopialbücher der Pfalz neuerdings ihre Numern verändert, wir hatten längst nach den alten Numern zu citieren begonnen und es wäre nicht gut gewesen im Laufe der Arbeit die Numern zu wechseln, wir behielten daher die alten bei. Zur Bequemlichkeit der Benützer stellen wir aber im nachfolgenden die alten und die neuen Signaturen der hauptsächlich für die Zeit Ruprecht's in Betracht kommenden Kopialbücher der Pfalz aus dem Karlsruher Archiv einander gegenüber. Die wichtigsten werden dann weiterhin näher beschrieben, und verdankt man diese Beschreibung Hrn. Dr. Bernheim, wie auch die der übrigen Kodices, die sich daran anschließt. Für die Karlsruher ist er zum Theil durch Hrn. Dr. Friedensburg unterstützt worden.

Ältere Numern	Neue Numern
4	459
5	460
8½	467
44	512
45	513
46	514
51	518
53	520
61	525*
98	535
111	538
115	540

---

[1] Praefatio Buderi de damnis detrimentisque archivorum quorundam Germaniae zu Schöttgen et Kreysig diplomataria et scriptores hist. Germ. medii aevi, Altenburgi 1753, Bd. 1 S. V.
[2] Vgl. Apparatus et instructus archiv., Argent. 1713, pag. 104.
[3] Cod. jur. Alem. (nicht Longob., wie Struve 955 citiert) feud. 1728 ed. 2 comment. ad c. 40 § 4 pag. 216 ut ex libro MS. probato adjicimus, worauf eine Ruprechtische Urkunde folgt und weiterhin dann noch weitere benützt sind. Er hat diese Urkunden nach Struve Syntagma hist. Germ. 955 ex Ruperti regestis.
[4] In seinem Apparatus juris publici, 1. A. 1696 Argent.
[5] Cod. epist. Rud. Rom. regis, Lips. 1906, praef. § 9 pag. XV.
[6] Vgl. noch Häberlin Allg. Weltgesch. Neue Hist. Bd. 4 Vorr. an versch. Stellen, und Mone Zeitschr. f. d. G. d. Oberrheins 5, 291.

Ältere Numern	Neue Numern
139	582
143	592
146	593
149	548
149^b	549

Wien H.H.St.A. Reichsregistraturbuch A.

Cod. chart. saec. 15 in. groß folio in braunem Pappband mit Lederrücken, bezeichnet A. 178 Blätter gleichzeitiger Foliierung bis fol. 124, von da bis fol. 169 moderne Foliierung, dann unnumeriert; enthält kön. Urkunden aus der ganzen Regierungszeit K. Ruprechts, wesentlich, doch nicht ohne Abweichungen und Nachträge, in chronologischer Reihenfolge, meist mit regestartigen Überschriften versehen, leere Blätter mitten darunter sind fol. 31^b. 35^b. 37^b *zur Hälfte.* 42^b. 43^b *zur Hälfte.* 44^{ab}, *welche alle gleichzeitig kreuzweise überstrichen und mit* vacat *bezeichnet sind, ferner leer* 146-167 *und* 169-177; *außerdem steht vorne auf 6 Blättern ein ungefähr gleichzeitiges Register der Urkunden bis fol.* 124 *(soweit reicht auch die gleichzeitige Foliierung, wie bemerkt) und ein Verweis auf das dort dann beginnende Verzeichnis der* preces primariae, *hinten folgt ein modernes alphabetisches Register. Die Überschrift auf fol.* 1^a *lautet wörtlich wie die im Karlsruher Kop.Buch 5, w. m. s., auch steht auf fol.* 34^b *mit großer Schrift* Hic incipit annus secundus regni. *Die Schrift ist sorgfältig, öfter finden sich am Rande Vermerkzeichen, einzelne Stücke sind durchstrichen oder mit* non transivit *bezeichnet, nicht selten wird im Text auf früher stehende Urkunden mit Angabe der Seitenzahl verwiesen, was jedesmal mit der Foliierung stimmt. Übrigens sind 2 Register des ganzen Buches in Wien l. c., eins vom Jahre 1580 wonach das Buch einen rothen Pappband hatte, und ein neueres. Chmel hat es in seinen Regesta Ruperti pag. VI aufgeführt, aber dann doch nicht ganz vollständig ausgezogen. Über das Verhältnis zum Karlsr. Kop.Buch 5 s. die Beschreibung des letzteren.*

Wien H.H.St.A. Reichsregistraturbuch B.

Cod. chart. saec. 15 in. folio in braunem Pappband mit Lederrücken, bezeichnet B. 217 Blätter. Auf fol. 1 *die Überschrift gleichzeitig* In disem registur sint geschriben alle die die ire lehen entphangen hant von dem allerdurchluhtigisten fürsten und herren hern Ruprelit von gots gnaden Romischem konge zu allen ziten merer des richs alz von einem Römischen könge nach dem als er sine erste cröne entphangen hatte zu Colne der heiligen drier kunge tag epiphania domini zu latino deß jaris do man zalt nach Cristus gebörte duzent vierhundert und ein jaro, *dann bis fol.* 64 *Notizen über Lehnsempfang in chronologischer Ordnung, fol.* 65-96 *leer, fol.* 97 *Überschrift* Secuntur feoda a domino nostro in Italia acceptata, *worauf solche fol.* 97-98^a *folgen, dann bis* 158 *leere Blätter,* 159-188 *Lehnsertheilungen u. s. w.; auf fol.* 215^a *noch ein paar Lehnsertheilungen nach dez von Stralenberga dode, fol.* 217^b *ein Formular für Lehnsertheilungen. Angeheftet ist ein alphabetischer Index neuerer Hand. Dieses Kopialbuch ist auch von Chmel in seinen Regesta Ruperti pag. VI aufgeführt und in den Regesten benutzt.*

Wien H.H.St.A. Reichsregistraturbuch C.

Cod. chart. saec. 15 in. groß folio in braunem Lederband (früher wol roth eingebunden, wie an der Spur des Umschlages ersichtlich), bezeichnet C. 313 Blätter gleichzeitiger Foliierung bis fol. 302, *von da bis* 313 *moderne Foliierung, dann folgen auf unnumerierten Blättern Städtesteuern; enthält kön. Urkunden aus der ganzen Regierungszeit K. Ruprechts, hauptsächlich, doch nicht ohne starke Abweichungen und Einschiebung früherer wie späterer Stücke, in chronologischer Reihenfolge (vgl. die Be-*

schreibung von Kop.B. 4 am Ende), meist mit gleichzeitigen registerartigen Überschriften, mitten darunter öfter leere Blätter, die gleichzeitig kreuzweise überstrichen und mit vacat bezeichnet sind, so fol. 153ᵃ zur Hälfte, 153ᵇ-154ᵃ, 154ᵇ zur Hälfte, 197ᵇ, 299ᵃ-301ᵃ; außerdem steht vorne auf 11 ungezählten Blättern ein gleichzeitiges Register der Urkunden bis fol. 302 und Verweis auf die Städtesteuern, hinten ein modernes alphabetisches Register. Die Überschrift auf fol. 1ᵃ lautet wörtlich wie die im Karlsr. Kop.Buch 4, w. m. s.; auch steht auf fol. 87ᵃ mit gleichzeitiger großer Schrift Hic incipit annus secundus regni; endlich auf fol. 221ᵃ Hie vahet an das ander teil diß registers, daz auch zu dem vordern teil gebunden ist von gleichzeitiger Hand vor der Urkunde vom 14 Mai 1407 Chmel nr. 2309. Auf der inneren Seite des vorderen Deckels ist ein Stück Papier aufgeklebt, worauf in großer Schrift saec. XV die Notiz steht Notandum est quod annus regni semper renovatur proxima die ante Thimothey et Symphoriani martirum [Aug. 21]. Die Schrift ist sorgfältig und schön, öfter finden sich Randbemerkungen, nicht wenige Stücke sind durchstrichen bzw. bezeichnet non transivit oder alterata est, zuweilen wird im Text auf Seitenzahlen des Buches selbst verwiesen, welches auf fol. 290ᵇ beiläufig Registrum magnum genannt wird. Aufgeführt ist es von Chmel in Reg. Rup. pag. VI f. und in den Registern benutzt. Über das Verhältnis zum Karlsruher Kop.Buch 4 s. die Beschreibung des letzteren.

Karlsruhe G.L.A. Kopialbuch der Pfalz 4.

Cod. chart. saec. 15 in. groß folio in rothem Lederband, auf dem Rücken bezeichnet nr. 4 in fol. Ruperti regis 1400-1410 Reichssachen Pfaltz 4, neueste Signatur 459. Enthält 369 Blätter, bis fol. 225 mit Foliierung und aus der zweiten Hälfte des saec. 15, von da an aus saec. 17-18, doch ist gleichzeitig ebenso gezählt worden, wie sich aus Verweisen im Text ergibt. Auf fol. 239ᵇ fehlt unten etwas durch Abschneiden, also ist der Einband später; fol. 288, welches fehlt, ist nur in der Zählung ausgefallen, da sich unten auf fol. 287ᵇ schon der richtige Verweis auf das 289ᵃ folgende Stück von gleichzeitiger Hand findet. Vorne ist hinzugebunden ein modernes Register. Auf fol. 1ᵃ steht die gleichzeitige Überschrift In nomine domini amen. hye hebet an ein dütsche register, darynn des allirdorchluchtigisten fursten und herren herren Ruprechts von gots gnaden Romischen konniges zu allen zijten merer des riches bryeffe, dye er mit sym kuniglichen anhangendin [oder -din, Wien C -den] majestat-ingesyegel verluhen und geben hat von der zijt als er zu Romischem kunige erwelet wart in dem jare da man zalte nach Cristi geburt dusent und vierhundert jare, von wort zu wort geschriebin sint, als daz mir Nyclas Bauman von Luterborg canonik zu sant Gernan uswendig der muren zu Spire des egenanten myns gnedigen herren registratore off den eyt den ich yme gesworen han empholen ist. Auf fol. 100ᵇ Hic incipit annus secundus, weiterhin keine solche Überschriften. Die Schrift ist sorgfältig und durchweg von derselben in Schrift und Tinte sehr gleichmäßigen Hand, einzelne Korrekturen und Nachfügungen ausgefallener Worte und Sätze finden sich, ausgestrichen sind keine Stücke, doch einzelne mit non transivit bezeichnet. Ein Register des Kop.Buches, aus saec. 16, findet sich in Wien H.H.St.A., nr. 1067 des Handschriftenkatalogs von C. von Böhm. — Das Kopialbuch enthält dieselben Urkunden in derselben Reihenfolge mit denselben Überschriften wie das Wiener Registraturbuch C, bei Varianten vielfach mit schlechteren Lesarten, doch nicht selten auch umgekehrt, jedenfalls ist es nicht eine Kopie von C, sondern selbständig daneben geführt, wenngleich die wörtlich in beiden übereinstimmenden gleichzeitigen Überschriften der einzelnen Stücke zeigen, daß beide nicht ohne Rücksicht auf einander geführt sind. Folgende Stücke finden sich in C, welche im Kop.Buch 4 nicht stehen: 1) fol. 18ᵇ K. Ruprecht macht H. von Sickingen zum Landvogt im Elsaß Fr. u. Katharina [Dec. 2] 1401, 2) fol. 21ᵇ-22ᵃ Chmel nr. 104, 3) fol. 22ᵇ K. Ru-

precht verleiht C. Syfrid die Taverne zu Ottensuß Sa. n. Lichtmesse [Feb. 5] 1401,
4) fol. 30ᵃ derselbe nimmt B. Pfinzing zu seinem familiaris und verleiht ihm die halbe
Judensteuer Nürnbergs Di. n. reminiscere [Merz 1] 1401, 5) fol. 90ᵇ Chmel nr. 914,
6) fol. 102ᵇ Chmel nr. 1047, 7) fol. 102ᵇ-103ᵃ Chmel nr. 1146, 8) fol. 124ᵇ Johannes
Winheim erhält Hof und Haus zu Winheim Mi. n. epiphania [Jan. 10] 1403, 9) fol. 146ᵇ
K. Ruprecht gibt dem Stifte zu Neuenstadt Privileg betreffs der Kirche in Haselach Do.
n. jubilate [Mai 10] 1403, 10) fol. 165ᵃ derselbe erlaubt Ulm gew. Pfennige zu schlagen
Di. n. judica [Merz 18] 1404, 11) fol. 192ᵃ derselbe droht der widerspänstigen Stadt
Straßburg mit Krieg fer. 2 p. cantate [Mai 19] 1405, 12) fol. 198ᵃ derselbe verleiht
dem Bisch. von Passau die Regalien Di. n. Laurent. [Aug. 11] 1405, 13) fol. 209ᵇ
derselbe gewährt Rotenburg a. d. Tauber einen Jahrmarkt Di. n. ascensio dom. [Mai
25] 1406, 11) fol. 226ᵇ derselbe bewilligt den Töchtern des H. von Erlikheim die Erb-
folge Joh. bapt. [Juni 24] 1407, 15) fol. 270ᵃᵇ Gerichtsprivileg für die Freien der
Pfalz Sa. n. Andr. [Dec. 2] 1408¹; außerdem am Schlusse des Kodex fol. 302-309ᵇ
Quittungen über Städtesteuern u. s. w. von Di. n. pentecoste [Mai 16] 1402 bis 1411,
fol. 310ᵃ-311ᵇ Judensteuern von Lucia [Dec. 13] 1402 bis 1410, fol. 312ᵇ-313ᵇ
städtische Jahressteuern von conceptio Mariae [Dec. 8] 1404 bis 1409 (cf. Chmel pag.
231 nr. 33). Außer diesen letztgenannten am Schlusse stehenden und offenbar beliebig
hinzugeschriebenen Verzeichnissen sind alle aufgeführten Stücke gleichzeitig durchstrichen,
bei 3) 6) 11) 12) 15) steht außerdem die gleichzeitige Notiz non transivit, bei 8) ebenso
vacat, bei 7) reddita est et redempta und illa litera erat alterata igitur correcta, bei 13)
alterata igitur correcta; in der That finden sich für einige der aufgeführten Stücke in
demselben Kopialbuch (und dann also auch im Kopialbuch der Pfalz 4) inhaltlich
identische oder ähnliche Urkunden, die nicht durchstrichen sind, durch welche offenbar
jene durchstrichenen ersetzt worden sind: 8) ist so ersetzt durch Chmel nr. 1465 auf
fol. 132ᵃᵇ (Karlsruher Kop.B. 4 fol. 154ᵇ f.), 9) durch Chmel nr. 1481 auf fol. 151ᵃᵇ
(Kop.B. 4 fol. 179ᵇ f.), 10) durch Chmel nr. 1705 auf fol. 165ᵇ-166ᵇ (Kop.B. 4 fol.
195ᵇ), 13) durch Chmel nr. 2228 auf fol. 218ᵃ (Kop.B. 4 fol. 262ᵇ f.), wo die in
13) angebrachten Korrekturen bzw. Änderungen aufgenommen sind, 12) durch Chmel
nr. 2035 auf fol. 198ᵇ (Kop.B. 4 fol. 236ᵃᵇ), 11) durch Chmel nr. 2767 auf fol. 286ᵃ
(Kop.B. 4 fol. 353ᵃᵇ). Von einem dieser Stücke, nemlich 2), steht auch im Kop.Buch
4 die Überschrift und darunter die Notiz vacat, s. RTA. 4 nr. 216 die Quellenangabe.
Man könnte zufolge dieses Sachverhaltes geneigt sein, entsprechend wie bei dem ähnlichen
Sachverhalt im Verhältnis des Registraturbuchs A zum Kop.Buch 5 (s. die Beschreibung
des letzteren), das Kop.Buch 4 für eine Kopie des Registraturbuchs C halten zu wollen
welche jene durchstrichenen und durch andere ersetzten, oder sonst erledigten Stücke fort-
ließ, allein auch hier stehen dieser Annahme unzweifelhafte Zeichen von Selbständigkeit
beider Bücher im Verhältnis zu einander entgegen. Alle Stücke, welche im Kop.B. 4
stehen, finden sich übrigens auch im Registraturbuch C, keines fehlt. — Die Reihen-
folge² der Stücke ist durchweg (wie im Registraturbuch C) chronologisch, doch finden
sich öftere und stärkere Abweichungen, bis zur Datumsdifferenz von mehreren Jahren,
als in A und 5. Urkunden früheren sowie späteren Datums als die umgebenden kom-
men vor; schon das erstere Vorkommnis ist bei Differenzen um Monate und mehr kaum

---

¹ Dieses und die vorigen nicht unter Verweisung auf Chmel aufgeführten Stücke hat Chmel
übergangen, wol weil er wegen ihrer Durchstreichung im Kodex denselben geringere Dignität beimaß,
ohne darin konsequent zu sein.
² Über Eintragung in die Kopialbücher vgl. Paul Ewald „Studien zur Ausgabe des Registers
Gregor's I" im Neuen Archiv 3, 602, und von demselben „Die Pabstbriefe der Brittischen Sammlung"
im Neuen Archiv 5, 369.

so zu erklären wie wir es bei den geringeren Differenzen in den Kopialbüchern A und 5 können (s. die Beschreibung von 5 gegen Ende), durch Geschäftshäufung und Liegenbleiben in der Kanzlei, noch weniger das letztere Vorkommnis, wenn wir an der einzig natürlichen und im übrigen gebotenen Annahme festhalten wollen, daß die Eintragungen im ganzen successive fortlaufend stattfanden; man müßte jeden einzelnen Fall untersuchen und würde auch da bei unserer geringen Kenntnis der betr. Vorgänge selten zu einer Aufklärung gelangen. Es mag genügen, das Überwiegen der chronologischen Ordnung zu konstatieren und die Bemerkung Chmels in seinen Regesten Vorrede pag. VII als unzutreffend zurückzuweisen.

Karlsruhe G.L.A. Kopialbuch der Pfalz 5.

Cod. chart. saec. 15 in. groß folio in rothem Lederband, auf dem Rücken bezeichnet nr. 5 Ruperti regis 1400-1409 Reichssachen Pfaltz 5, neueste Signatur 460. Enthält 150 Blätter foliiert von späterer Hand des saec. 15-16, aber die Blätter sind gleichzeitig durchgehends ebenso gezählt worden, wie sich daraus ergibt, daß sich einige Male oben in der Ecke über den gen. Folioangaben dieselben Zahlen von gleichzeitiger Hand finden und daß im Text öfter auf vorhergehende Seiten mit Zahlenangaben, die richtig stimmen, verwiesen wird; doch ist an zwei Stellen Unordnung: nach fol. 36 fehlt etwas (der Schluß der Urkunde Chmel nr. 863) und fol. 37 und 38 gehören nach fol. 131, wie sich aus der Stellung der betr. Urkunden im Wiener Reg.Buch A und im Karlsr. Kop.B. 143 sowie aus dem Umstande ergibt, daß trotz Radierung noch das ursprüngliche Zahlzeichen C vor XXXVII und XXXVIII zu erkennen ist und auch die beiden Schlußzahlen radiert sind; sodann fehlt etwas nach fol. 48 (der Schluß der Urkunde Chmel nr. 1006) und fol. 47 und 48 gehören zwischen fol. 123 und 124, was sich in ähnlicher Weise wie oben ergibt. Dieser Ausfall und diese Verschiebung von je zwei Blättern sind ohne Zweifel erst bei späterer Umbindung des Buches entstanden, denn in einem Register desselben[1] aus saec. 16, das sich in Wien H.H.St.A. unter der Bezeichnung Summarischer Extract und Auszug des großen Buchs in roth Pappier gebunden findet (im Handschriftenkatalog von C. von Böhm nr. 1067), ist alles in Ordnung. Auf fol. 1ᵃ steht als gleichzeitige Überschrift In nomine domini amen. hic incipit registrum literarum regalium Latinarum per serenissimum principem ac dominum dominum Rupertum divina favente clemencia Romanorum regem semper augustum sub sigillis suis regiis pendentibus ex parte Romani regni datarum et concessarum post electionem de sua persona ad idem Romanum regnum factam in anno a nativitate domini millesimo quadringentesimo, quarum quidem literarum tenores de verbo ad verbum presenti registro sunt inscripti [cod. -e mit Punkt darüber, das Wiener Registr.Buch A hat -e] per me Nicolaum Duman registratorem dicti graciosissimi domini mei regis, prout mihi hoc sub juramento eidem domino meo regi prestito sunt mandata et injuncta. Darunter Et primo secuntur litere regales sigillo majestatis regie sigillate. Auf fol. 35ᵇ steht dann Hic incipit annus secundus. Die Schrift ist sorgfältig, von derselben in Schrift und Tinte sehr gleichmäßigen Hand, nicht selten aber sind Worte oder Sätze ausgelassen und durch Verweisungszeichen, öfter mit anderer Tinte, erst nachgefügt. Auch die Kanzleiunterschriften sind vielfach erst nachträglich, aber von derselben gleichzeitigen Hand, zugefügt. Durchstrichene Stücke kommen nicht vor, wol aber solche die mit non transivit bezeichnet sind. — Unser Kopialbuch enthält durchweg dieselben Stücke wie das Wiener R.Registr.-Buch A in derselben Reihenfolge, meist mit wörtlich denselben Überschriften, doch enthält das letztere folgende Stücke mehr: 1) fol. 19ᵇ Bewilligung der preces primariae an den

---

[1] Daß es ein Register dieses und nicht etwa des Wiener Registraturbuchs sei, zeigt außer anderem die Übereinstimmung der Seitenzahlen mit jenem.

Erzb. von Trier vom 10 Jan. 1401, durchstrichen, 2) fol. 35ᵇ die Urkunde Chmel nr. 864, 3) fol. 36ᵃ-37ᵇ Chmel nr. 513, 4) fol. 45ᵃ drei Dienstbriefe Chmel nr. 1388. 1389. 1041, 5) fol. 45ᵇ-46ᵃ Chmel nr. 951, 6) fol. 46ᵃ Chmel nr. 1009, 7) fol. 88ᵇ Privileg für Augsburg vom 8 Mai 1405, durchstrichen, mit der Notiz non transivit, 8) fol. 169ᵃᵇ Chmel nr. 1738, mit der Notiz non transivit, 9) fol. 169ᵇ Chmel nr. 2192. Allein von diesen haben 2. 3. 5. 6 ohne Zweifel in unserm Kopialbuch gestanden, denn in dem oben erwähnten Register desselben aus dem 16 saec. stehen dieselben verzeichnet, und dieselben fallen gerade auf die beiden Stellen, nach fol. 36 und fol. 47, wo, wie oben erwähnt, später Blätter ausgefallen sind, dazu kommen noch die drei Dienstbriefe 4, die sich in dem genannten Register nicht finden aber wol nur wegen ihrer sachlichen Unwichtigkeit in demselben übergangen sind; nur die übrig bleibenden Stücke 1. 7. 8. 9 scheinen wirklich auch ursprünglich in dem Kop.Buch nicht gestanden zu haben, von diesen sind die drei ersten im Wiener Registraturbuch A durchstrichen bzw. mit der Notiz non transivit bezeichnet und daher vielleicht nicht aufgenommen, obwol sich sonst nicht wenige Urkunden die in A so bezeichnet sind, in 5 finden, das letzte ist am Schlusse des Registr.Buches wol nur gelegentlich nachgetragen und so nicht in unser Kopialbuch gekommen. — Doch ist Kop.Buch 5 nicht etwa für eine Kopie des Wiener Registraturbuches A zu halten, denn es zeigt vielfach davon unabhängige Lesarten; vielmehr müssen beide gleichzeitig neben einander geführt worden sein, wenn auch nicht ohne Berücksichtigung von einander, wie die gleichlautenden gleichzeitigen regestartigen Überschriften beweisen. Auch stimmen die Verweisungen auf Seitenzahlen im Text, die hier wie in A vorkommen, mit den eigenen Seitenzahlen des Buches. — Die Reihenfolge der Stücke ist durchweg (wie im Registraturbuch A) chronologisch; geringe Abweichungen um einige Tage, die vorkommen, erklären sich genügend durch Häufung der Arbeit in der Kanzlei, wodurch man mit den Eintragungen etwas in Rückstand gerieth; größere Abweichungen bis zu mehreren Jahren finden sich nur da, wo nach vollständigen Urkunden die Notizen gemacht sind, daß in simili forma an andere ebensolche Urkunden ausgestellt sind, diese Notizen mit späteren Daten sind dann eben später zu ihrer Zeit dort zugefügt, wie sich mehrfach deutlich erkennen läßt obgleich es häufig wegen der durchweg herrschenden Gleichmäßigkeit von Schrift und Tinte nicht erkenntlich ist, doch sieht man öfter, daß nach vollständigen Urkunden, bei denen solche Nachträge zu erwarten waren, wie bei Legitimationen u. dergl., gleich Raum dafür gelassen worden ist. Derartige nur in regestartigen Notizen verzeichnete Urkunden sind auch hier und da z. B. fol. 79ᵇ. 110ᵇ. 126ᵇ auf einmal in einem Zuge postenweise eingetragen, und da sind frühere und spätere Daten unter einander gemischt; man hat solche haufenweise ausgestellten Urkunden ohne Zweifel sich erst summieren lassen, ehe man sie eintrug. Dasselbe gilt für das Registraturbuch A. Chmels Bemerkung in seinen Regesten Vorrede pag. VII ist in der Verallgemeinerung unrichtig.

Karlsruhe G.L.A. Kopialbuch der Pfalz 8¼.

Cod. chart. saec. 15 in., klein fol. in Pergamentumschlag geheftet; auf dem Rücken Ruperti regis 1400-09, neueste Signatur 467; außen links auf dem Pergamentumschlag Registrum Teutsches regis Ruperti 8¼, darunter roth 467, innen links gleichzeitiges Verzeichnis von Städten die K. Ruprecht Zölle zahlen, innen rechts 2 gleichzeitige Exkutionsurkunden. Zuerst auf 2¼ unnumerierten fol. ein gleichzeitiges Register mit der Überschrift Sequuntur rubricae literarum, welches die Stücke bis fol. 36 umfaßt, dann abbricht; hierauf noch 4 unnumerierten leeren fol. gleichzeitig numeriert fol. 1-227ᵃ mit der gleichzeitigen Überschrift Ein Dütsch register darinne geschrieben sint des allerdurchlüchtigsten hochgeborn fürsten und herren hern Ruprechts Romischen koniges zů allen ziten unser des riches Dütsche briefe, die er under sinem cleinen küniglichen an-

Vorwort.

hangenden odir ofgedrücktem ingesigel [1], nach der zit als er zů Römischem konige gewelet ist worden in dem jare da man zalte nach Cristi gebürte důsent und vierhůndert jare, geben hat, und die in als einen Römischen konig und daz heilige Römische riche antreffende sin, worauf Stücke vom 5 Okt. 1400 bis 19 April 1410 folgen; sodann gleichzeitig numerierte leere fol. 128-151 und auf gleichzeitig numerierten fol. 152ᵃ-159ᵇ verschiedene Stücke und Notizen zuerst vom Jahre 1406, dann besonders 1401-1402. Entsprechend der eben angeführten Überschrift finden sich in dem Kopialbuch Briefe des verschiedensten Inhaltes, Privilegien, Geleitsbriefe, Schirm-, Schuld-, Sühnebriefe, auch einige Entwürfe zu solchen und darauf bezügliche Kanzleinotizen. Durchweg hat jedes Stück eine gleichzeitige regestartige Überschrift, dieselbe ist mehrfach erst nachträglich (doch noch gleichzeitig) in den leer gelassenen Raum über der Urkunde eingetragen, gelegentlich einmal (auf fol. 29ᵃ) an falscher Stelle in der Mitte eines Stückes, aber auf neuer Seite. Fast alle Urkunden sind vollständig datiert und unterzeichnet, namentlich regelmäßig im Haupttheil fol. 1-127, wo dieselben wesentlich in chronologischer Ordnung einander folgen. Als Unterzeichner der Urkunden ad mandatum domini regis kommen vor: Mathias Sobernheim, Johannes Winheim, Nikolaus Buman, Job Vener, Ulricus de Albeck, Emmericus de Moscheln, Johannes Kirchheim, Jacob de Altzei, und zwar bei etwa ²/₃ aller Urkunden Johannes Winheim. Die meisten Stücke haben am Rande der ersten Textzeile ein gleichzeitiges Vermerkungskreuz, zuweilen die Überschriften auch noch ein solches, ohne daß sich ein besonderer Zweck dieser Bezeichnung erkennen läßt; einigemale kommt an derselben Stelle am Rande ein Nota vor, einigemale eine Null. Nicht selten sind einzelne Stücke ausgestrichen und mit Bemerkungen versehen, öfter ist korrigiert. Daß die Stücke allmählich nach einander eingetragen sind, ergibt sich aus alledem. Vgl. die Beschreibung des Kopialbuches 149.

Karlsruhe G.L.A. Kopialbuch der Pfalz 44.

Cod. chart. saec. 15 ex.-16 in., in rothbeklebtem Pappband, sign. N. 44 Freiheith und confirmaciones von dem reich den pfaltzgraffen gegeben de anno 1330 biß 1480, auf der inneren Seite des hinteren Deckels 280, neueste Signatur 512. Gleichzeitig numerierte 279 Blätter, doch erst mit fol. 25 beginnend so daß die ersten 24 Blätter zu fehlen scheinen. Auf fol. 276-279 ein Index saec. 18, der auch einige lose beiliegende Blätter füllt. Enthält meist Privilegien Lehensertheilungen u. dergl. aus der Zeit K. Ludwigs bis K. Maximilians, theils in extenso theils in Regestenform, trotz der angeführten Aufschrift auch spätere Urkunden als vom Jahre 1480.

Karlsruhe G.L.A. Kopialbuch der Pfalz 111.

Cod. chart. saec. 15 in., in der Mitte gebrochenes folio, sign. Diarium Ruperti regis Romanorum 1401 [2], neue Signatur 538, in beschriebenen Lederumschlag geheftet, von neuer Hand numerierte 112 Seiten. Enthält von verschiedenen gleichzeitigen Händen geschriebene auf den Romzug bezügliche Verzeichnisse, Verhandlungen, Ausschreiben,

---

[1] Auf fol. 63ᵇ-64 kommt doch eine Urkunde mit anhangendem Majestätsigel vor.

[2] Wencker apparatus et instructus archivorum 104 spricht auch von einem Diarium Ruperti Palatini Electoris, hat aber keine klare Vorstellung davon. Er hält es offenbar für eine historiographische Darstellung der Regierungszeit K. Ruprechts „mit denen Actis et Documentis selbsten bewehret und illustriert". Was er von dem Verhältnis dieses Diariums zu Chrecht's Publikationen in dessen Apparatus juris publici sagt, ist ganz undeutlich. Gewis meint er nichts anderes als unser obiges Diarium Ruperti regis Romanorum 1401 im Karlsruher Kop B. der Pfalz 111, hat das aber nie gesehen, sondern nur durch gehört, und schließt nur aus dem Worte Diarium auf dessen schriftstellerischen Charakter. Man darf aber nicht denken, daß er deshalb eine tagebuchartige Geschichte K. Ruprechts, mit Akten und Dokumenten als Beweismitteln ausgestattet oder auf deren Grund verfaßt, irgendwie gekannt habe und daß man diese etwa noch irgendwo suchen müßte und finden könnte.

Notizen, ferner die Kämmereieinnahmen, Quittungen für Sold u. s. w. — Eine Kopie dieses Buches befindet sich in Gießen auf der Universitätsbibliothek Bipontina 351 cod. chart. sacc. 18, auf der Innenseite des vorderen Deckels liber bibliothecae academicae publicae Senkenbergianae Rep. no., auf fol. 1 die Überschrift Diarium ad vitam Ruperti regis Romanorum electoris Palatini de ejusdem expeditione Romana de anno 1401 ex originali, enthält auf 41 fol. dieselben Stücke wie Kop.Buch 311 mit Hinzufügung der Seitenzahlen wo dieselben dort stehen. Außerdem am Schluß einige andere Sachen, die nicht mit K. Ruprecht zusammenhängen. Aus diesem Gießener Kodex, der vielfach fehlerhaft und mit Auslassungen kopiert ist, nahm Janssen Frankfurter R.K. 1 die meisten betreffenden Stücke.

Karlsruhe G.L.A. Kopialbuch der Pfalz 115.

Cod. chart. misc. in fol., in grau überzogener Pappe modern eingebunden; neue Signatur 540. Nach einem Pergamentblatt mit Schrift des 16 sacc. beginnt der Kodex mit pag. 1-8, Blättern aus einem größeren Folio-Kanzleibuch K. Ruprechts, die die alte Foliierung 48. 49. 37. 38 tragen und gleichzeitige Abschriften Ruprecht'scher Urkunden des Jahres 1401 enthalten; pag. 9-10 ist ein Blatt mit einer Urkunde Ruprechts vom 13 Aug. 1406, Geleitsbrief der Augsburger zur Frankfurter Messe, und mit dem Bruchstück eines Ruprecht'schen Geleitsbriefes für den Professor der Theologie u. s. w. Thomas de Firmo; dann kommen Stücke aus anderer Zeit (pag. 11-37 aus dem 16 sacc. ex. und 17 sacc., pag. 37-74 aus sacc. 15 med., pag. 75-88 leere Blätter, pag. 89-112, mit Unterbrechung durch leere Stellen, aus sacc. 16, pag. 113-122 aus sacc. 16, pag. 123-172 Stücke von 1469 und 1470, pag. 173-174 leeres Blatt, pag. 175-252 Stücke aus der zweiten Hälfte sacc. 14), pag. 253-336 (roth pag. 1-84) lateinische und deutsche Briefe, Vollmachten, Instruktionen von 1401 Dec. bis 1405 nach Merz 7 wesentlich die Italienischen Verhältnisse besonders das Verhältnis zum Papst betreffend.

Karlsruhe G.L.A. Kopialbuch der Pfalz 139.

Cod. chart. sacc. 15 in., in klein folio, Pappband, signiert 139 (roth 35) ad 119[b] Reichssachen; neue Signatur 582; 219 Seiten, Urkunden von 1400-1412, fast nur Aussprüche und Entscheidungen K. Ruprechts enthaltend, pag. 1-43 aus den Jahren 1408 bis 1410, pag. 51-82 aus 1407 und 1408, pag. 87-111 aus 1403-1110, pag. 113-145 von 1403 Febr. 3 und Mai 5, pag. 147-155 von 1403 Sept. 26-27, pag. 161-175 aus 1403 und 1407, pag. 179-192 aus 1403 und 1410-1412, pag. 201-209 aus 1408-1410, jede dieser Gruppen durch die unseren Angaben entsprechende Zahl leerer Blätter getrennt, doch nicht etwa erst später zusammengebunden wie man demnach vermuthen könnte, denn die Lagen der Blätter zeigen, daß sie schon zusammengeheftet waren, als darauf geschrieben wurde.

Karlsruhe G.L.A. Kopialbuch der Pfalz 143.

Cod. chart. sacc. 15 in. Pappband, in klein fol., auf dem Rücken bez. 143 (darunter mit Bleistift 36[a], mit Rothstift ad 149[b]) Reichssachen, neueste Signatur 592. 373 Blätter späterer Paginierung, Titelblatt und die zwei ersten Blätter fehlen. Der Inhalt ist wesentlich derselbe wie der des Kopialbuches 5 und des Registraturbuches A, doch schließt sich 143 näher an A als an 5 an: meist stimmt es in kleinen Abweichungen zwischen beiden mit ersterem, so in Varianten, wofür unsere Kollationen Beispiele enthalten, wie z. B. bei der Datumsangabe der Urkunde Chmel nr. 973 wo Kopialbuch 5 den 30 September hat, mehrmals auch in kleinen Umstellungen in der Reihenfolge der Urkunden; ferner hat es von den Stücken, die sich in A mehr finden als in 5 (s. bei der Beschreibung des letzteren), das letzte Stück auch; daß die übrigen (ausgenommen die 3 durchstrichenen bezw. mit non transivit bezeichneten) ebenfalls hat, darf man hierfür nicht in Anschlag bringen, da wir gesehen haben daß dieselben im Kopialbuch 5 ursprünglich auch gestanden haben; am auffallendsten jedoch ist, daß sich an mehreren Stellen im Texte als Verweisung auf früher stehende Stücke ausradierte Seitenzahlen finden, die jedoch noch zu erkennen sind und weder auf die Seiten des Kop.Buches 143 selbst noch auf die des Kop.Buches 5 passen, aber an zwei Stellen (pag. 219 und 234) auf die des Wiener Registraturbuches; so daß es den Anschein hat, als sei 143 aus letzterem kopiert. Doch fehlt es daneben nicht an Selbständigkeit, in kleinen Abweichungen wie auch im Inhalt: ein paar Stücke die in A und 5 nicht stehen, finden sich hier an verschiedenen Stellen, namentlich sind es einige auf die Englische Heirath bezügliche Urkunden und die am Ende angefügte Appellation Ruprechts gegen das Pisaner Konzil; dagegen sind einzelne Urkunden auch weggelassen, namentlich die Verzeichnisse der preces primariae und Präsentationen.

Karlsruhe G.L.A. Kopialbuch der Pfalz 146.

Cod. chart. saec. 15 in., in fol. in grau überzogenem Pappband, sign. 146, neueste Signatur 593. Der Kodex hat 120 gezählte Blätter, bis fol. 39 gleichzeitiger Foliierung, von da an moderner Foliierung. Derselbe zerfällt in zwei Theile, einen der deutsche, einen der lateinische Urkunden enthält. Vorne auf ungezähltem Blatt ein gleichzeitiges Register für die ersten 12 Stücke, dann 5 leere ungezählte Blätter. Auf fol. 1ᵃ steht die gleichzeitige Überschrift Hie fahet an ein Dutsche register, daryn̄e geschreben sint brieve und geschichte als zu der absetzunge konig Wentzlaws zu Beheim und herwelunge des allerdurchluchtigsten hochgebornen fursten und herren hern Ruprechts Romischen kunigs hergangen sint, und darnach trefflich sendebrieve und werbunge die von demselben kunig Ruprecht nach siner erwelunge uBgeschicket sint, und darzh mancherleye formen und zeichenungen, als man hernach wol finden und sehen wirt. und hant diese dinge angehaben in dem jare do man zalte nach Cristus geburte dusent und vierhundert jare oder nit lange darvor. Dieser deutsche Theil geht bis fol. 83ᵇ und enthält zuerst bis fol. 13ᵇ einige hauptsächlich die Wahl K. Ruprechts und Absetzung K. Wenzels betreffende Urkunden, beginnend mit der Urkunde vom 15 September 1399 RTA. 3 nr. 57, endend mit RTA. 3 nr. 210 vom 21 Aug. 1400; dann folgen von fol. 13ᵇ-21ᵃ verschiedene Briefe und Instruktionen aus den Jahren 1401-1403, wozwischen fol. 14ᵇ und 15ᵇ-16ᵃ leer sind; von fol. 21ᵇ beginnt mit dem 5 Dec. 1400 eine durchweg chronologische Reihenfolge von königlichen Missiven und Gesandtschaftsinstruktionen, und zwar zeigt sich die chronologische Reihenfolge, obwol manche der Instruktionen undatiert sind, deutlich genug, da immer datierte darunter feste Anhaltspunkte geben und von den übrigen manche nach anderweitigen Daten sicher von uns datiert werden konnten. Abweichungen von der chronologischen Reihenfolge kommen vor, doch so daß die Annahme gleichzeitiger Eintragung in dieses Buch dadurch nicht gestört wird: nemlich bei einzelnen Instruktionen, wo die Erklärung, daß dieselben erst gelegentlich der Rückkehr der betr. Gesandtschaft eingetragen wurden, dadurch nahe gelegt und wahrscheinlich gemacht wird, daß in einem solchen Falle, bei der Instruktion an den Grafen von Savoien [1401 vor Mai 7] RTA. 4 nr. 314 die zwischen Stücken vom Juni 1401 steht, gleich die Antwort des Grafen dabei geschrieben ist. Das letzte Stück dieses Theiles ist vom 18 Juli 1407. Die in nicht chronologischer Ordnung auftretende Partie von fol. 13ᵇ-21ᵃ erklärt sich ohne Zwang dadurch, daß man bei dem Anfang mit 5 Dec. 1400 einige Blätter frei ließ und dieselben je nach Gelegenheit mit verschiedenen Stücken ausfüllte. Eine analoge Erscheinung bei dem zweiten Theil wird das bestätigen. Nach 3 leeren Blättern beginnt nun der lateinische Theil mit der Überschrift auf fol. 84ᵃ Hic sequuntur registrata in Latino plura deposicionem domini Wenceslai Bohemie regis a regno Romanorum ac eleccionem illustrissimi et invictissimi principis ac domini

domini Ruperti regis moderni ad dictum regnum Romanum concomitata de Alimanico translata in Latinum, ac missive notabiles et ambaziate post electionem ejusdem domini regis per eum destinate, necnon diverse forme et signature, prout in sequentibus videri poterit. Nun kommen zuerst bis fol. 92ᵇ Urkunden betreffs Absetzung und Neuwahl, zum Theil dieselben wie im deutschen Theile hier lateinisch, die erste RTA. 3 nr. 57 vom 15 Sept. 1399, die letzte RTA. 4 nr. 187 vom 23 Nov. 1400, und daran schliefsen sich unmittelbar weitergehend mit 26 April 1401 auf fol. 92ᵇ königliche Missiven, Memoriale und auch einzelne eingelaufene Briefe an den König, durchweg in chronologischer Reihenfolge; scheinbare Ausnahmen machen darunter nur die eingelaufenen Briefe, welche immer frühere Daten zeigen als die im Kodex sie umgebenden Stücke, natürlich, da sie erst eingetragen werden konnten wenn sie eingegangen waren, nicht unter dem Datum ihrer Ausstellung das sie aufweisen; eine wirkliche Ausnahme findet sich nur bald nach Beginn, indem die Stücke vom 2 Dec. 1400 RTA. 4 nr. 180. 181 auf fol. 95ᵃ (auf fol. 95ᵇ f. steht die undatierte Adressenliste RTA. 4 nr. 268) zwischen Stücken vom Mai 1401 auftreten, doch erklärt sich diefs vielleicht mit Hinblick auf das ähnliche Vorkommnis im deutschen Theil: dort fängt nemlich die regelmäfsige Eintragung wie wir sahen mit dem 5 Dec. 1400 an und vorher stehen durcheinander verschiedene Stücke, wir erklärten es durch Freilassung einiger Blätter vorher; so hat man wol auch hier mit jenen Stücken vom 2 Dec. angefangen, vorher Raum lassend, hat man aber, da erst mit 26 April 1401 wider etwas einzutragen war, an die Wahlurkunden anschliefsend den leergelassenen Raum ausgefüllt mit den regelmäfsigen Eintragungen, so dafs dann die schon vorher eingeschriebenen Stücke vom 2 Dec. 1400 mitten hinein geriethen. Auf fol. 115ᵇ endet die Reihenfolge chronologischer Eintragungen mit 7 Merz 1406, dann folgen fol. 116ᵇ-118ᵇ Stücke von 1400 und 1401 die sich auf Italien beziehen, fol. 119ᵃ-120ᵃ zwei Stücke von 1406 und 1407 die sich wider der vorigen Ordnung anschliefsen; auch diese Einschiebung erklärt sich leicht durch den Umstand, dafs nach fol. 115ᵇ sich 2½, nach fol. 117 sich 1½, nach fol. 118 sich 2 leere (ungezählte) Blätter finden, man hatte also auch hier freien Raum gelassen, den man seiner Zeit mit beliebigen Stücken ausgefüllt hat die die chronologische Reihenfolge nun unterbrechen, vielleicht diefs im Zusammenhang mit dem Wechsel auf dem päbstlichen Stuhl 1406 November. Ein deutsches Stück findet sich in diesem lateinischen Theil: fol. 109ᵇ eine Werbung an den König von England, die einem lateinischen Brief K. Ruprechts zugesetzt ist.

Wir erörtern im Folgenden das Verhältnis dieses Kopialbuches zu dem Codex epistolaris Ruperti Pragensis, zu dem von Janssen in der Frankf. Reichskorrespondenz benutzten Kodex Acta et Pacta, zu den Stücken in Obrecht's apparatus juris publici, und zu Martène et Durand veterum scriptorum et monumentorum amplissima collectio tom. IV nebst derselben thesaurus novus anecdotorum tom. 1. Wir beginnen mit den letztgenannten Werken.

Die Collectio enthält l. c. p. 1-110 unter der Überschrift Acta varia de exauctoratione Wenceslai imperatoris et Ruperti itidem imperatoris electione in 94 Numern, in lateinischer Übersetzung aus einem deutschen als codex noster manuscriptus bezeichneten Kodex, vom Cisterciensermönch Ambrosius des Klosters [Düsselthal] bei Düsseldorf (s. Collectio l. c. pag. 6 Ende der Vorrede, vgl. [Martène et Durand] Voyage littéraire de deux religieux Bénédictins 1724 pag. 224 f.), den ganzen ersten deutschen Theil des Kopialbuches 146, nur dafs hier 3 Stücke mehr als in 146 stehen: nr. 60 K. Ruprechts Brief vom 24 April 1402 Chmel Regesta Ruperti nr. 1167, nr. 61 K. Ruprechts Brief vom 2 Mai 1402 Chmel nr. 1176, und nr. 66 K. Ruprechts Brief vom 22 Juli 1402 Chmel nr. 1246, dieselben 3 Stücke, welche der Codex epistolaris Pragensis mehr hat als 146 (s. weiter unten). Die Reihenfolge der Stücke in der Collectio ist durchweg wie im Kopialbuch 146, Abweichungen davon sind sichtlich nur durch eine striktere chronologische Anordnung in ersterer bedingt. Die Flüchtigkeit und Ungenauigkeit der Übersetzung ist von Höfler Ruprecht pag. VII und von Janssen Frankf. R.K. 1 pag. VIII-IX genügend charakterisirt. — Der Thesaurus enthält l. c. pag. 1634-1723 unter der Überschrift Ruperti regis Romanorum et aliorum ad eum epistolae aliaque monumenta ad ipsam spectantia in 83 Briefnummern, ex ms. nostro, wie l. c. pag. 1634 am Rande zu Anfang des ersten Briefes bemerkt ist, wesentlich den ganzen zweiten lateinischen Theil des Kop.Buches 146, nur 8 Stücke weniger als derselbe und 29 Stücke mehr; von den 8 Stücken sind 6 die diesen Theil des Kop.B. 146 beginnenden auf die Absetzung K. Wenzels sich beziehenden Urkunden RTA. 3 nr. 58. 107. 147. 149. 151. 205, welche ebenfalls, in deutscher Sprache, im ersten Theil des Kop.Buches stehen und von dort in Martène Collectio l. c. entnommen deshalb ohne Zweifel hier im Thesaurus nur fortgelassen sind; das Stück 7, der Brief K. Ruprechts an Florenz vom 22 Mai 1401 RTA. 4 nr. 305, ist im Kodex durchstrichen und darum vielleicht von Martène fortgelassen; das Stück 8, ein Brief K. Ruprechts an K. Heinrich von England vom 7 Jan. 1403, folgt im Kodex auf einen Brief desselben an denselben vom demselben Datum und ist ohne politischen Inhalt, daher vielleicht absichtlich oder unabsichtlich weggelassen; die 29 Stücke, die Martène mehr hat als das Kop.Buch 146 sind: bei Martène nr. 5. 7. 9. 11. 15. 19. 20 a und b. 26. 27 a und b. 27 b. 45. 56. 57 a und b. 58. 59. 63 b. 69. 70. 73. 74. 75. 76. 77. 78 b. 81. 82 = RTA. 4 nr. 193. 195. 196. 261. 260. 265. 266. 267. 315. 316. 317. 318, dann Chmel Anhang I nr. 19, RTA. 5 nr. 164. 165. 166. 166 Nachschrift. 167. Pfalzgraf Ludwig an K. Heinrich von England 1402 Juli 22, Chmel nr. 1483, nr. 1478, Pfalzgraf Ludwig an K. Heinrich von England 1404 Mai 7, Pfalzgraf Ludwig an Englische Barone 1404 Mai 7, Chmel nr. 1835, Pfalzgraf Ludwig an K. Heinrich von England 1404 Okt. 5, derselbe an Herzog Edmund von York 1404 Okt. 5, Chmel Anhang I nr. 31, Chmel nr. 2310, Pfalzgraf Ludwig an K. Heinrich von England 1407 Mai 28, also einige Italienische und Englische, hauptsächlich aber Aragonesische Korrespondenz; wir bemerken gleich hier, daß die meisten dieser Stücke (22) auch in dem von Janssen benutzten Kodex Acta et Pacta stehen (s. weiter unten).

Der Codex epistolaris Ruperti regis auf der Erzbischöfl. Bibliothek zu Prag, cod. chart. in fol. saec. 17 mit der Aufschrift auf dem ersten Blatt oben am Rande Ex libris Eustachii Willheim, enthält auf 83 Blättern die sämmtlichen Urkunden des ersten deutschen Theiles vom Kopialbuch 146, und zwar in solcher Übereinstimmung, daß derselbe ohne Zweifel für eine Abschrift aus dem Kopialbuch 146 zu halten ist; geringe Abweichungen die vorkommen erklären sich als lapsus calami, so wenn es in der Urkunde RTA. 3 nr. 210 heißt sabato ante festum assumpcionis statt post festum im Datum, oder in nr. 207 ibid. datum Franckofurti post assumpcionem u. s. w. statt Lanstein sexta feria post u. s. w., oder in RTA. 4 nr. 179 datum sontag nach sant Niclasb statt sontag für sant Niclas, oder wenn in RTA. 4 nr. 369 mehrere Zeilen übersprungen sind (s. dort Variante b); und die Stelle Martène coll. 4 pag. 106 letzte Zeile art. 3 der Gesandtschaftsinstruktion, wo dem col. Prag. die Worte herre sinen fehlen während Martène richtig hat dominus suum, spricht nicht dagegen, da Martène diese dem Sinne nach offenbar unentbehrlichen Worte leicht selbst ergänzt haben kann; auch Janssen Frankf. R.K. 1 pag. 715 hat dieselben, während sie im Karlsruher Kop.Buch 146 fehlen; es ist dieß zudem die einzige derartige Stelle die uns bemerklich geworden ist. Auf den letzten fol. 83 b-85 stehen nur noch 3 Briefe K. Ruprechts, welche im Kopialbuch 146 und auch sonst in keinem der Kopialbücher stehen, dieselben 3 Briefe die auch einzig Martène collectio mehr hat als das gen. Kopialbuch (s. oben). Da nun auch die eben erwähnten Abweichungen des Prager Kodex gegen das Kopialbuch 146

u. a. sich ebenso in der Übersetzung bei Martène collectio ll. cc. finden, läßt sich wol nicht zweifeln, daß, wie schon Höfler Ruprecht pag. VII vermuthet, ersterer der Martène'schen Ausgabe bzw. Übersetzung zu Grunde gelegen hat. Er ist, wie uns Höfler mitzutheilen die Güte hatte, wahrscheinlich aus Schonnat's Nachlaß durch Fürstbischof Manderscheid nach Pray gekommen. Derselbe wurde s. Z. von Professor Menzel für die RTA. durchgesehen, und es wurde obiger Thatbestand festgestellt, neuerdings ist derselbe indeß widerholt vergeblich gesucht worden, und wir haben ihn daher bei den betr. Stücken nicht citirt; er besitzt keines irgend selbständigen Werth, und es mag überall die Anführung des Martène'schen Druckes nebst dieser Bemerkung hier genügen. Wir ergreifen aber hier mit Freuden die Gelegenheit, Herrn Professor Dr. C. von Höfler in Prag, von dessen Buch über Ruprecht (Freib. i. Br. 1861) noch heute alle Studien über diesen König ausgehen müssen, unsern herzlichen Dank für die in Prag uns freundlichst erwiesenen Gefälligkeiten auszusprechen.

Der in Janssen's Besitz befindliche aus Senekenbergs Nachlaß stammende Sammelband Acta et Pacta für die Geschichte des Königs Ruprecht und sonstige Briefe und Urkunden, Abschriften zur Geschichte des 15. und 16. Jahrhunderts, in fünf Abtheilungen, 592 Folioseiten stark, wie Janssen Frankf. R.K. 2, IX angibt, enthält die noch dem fünfzehnten Jahrhundert angehörende Abschrift I) eines Codex Ruperti regis latinus, der fast sämmtliche von Martène und Durand im ersten Bande des Thesaurus über Ruprecht veröffentlichten Materialien umfaßt und II) eines deutschen Briefkodex desselben Königs, der bisher entweder garnicht oder nur in einer elenden lateinischen Übersetzung welche Martène und Durand im vierten Bande der Collectio abdruckten bekannt war. Dieß alles nach Janssens Angabe l. c., wo noch hinzugefügt ist, daß der größte Theil dieses lateinischen und deutschen Kodex sich auch in nr. 146 der Pfälzer Kopialbücher befinde. Auf das Verhältnis zu diesem wird es uns ankommen, um womöglich festzustellen, ob diese Acta et Pacta Abschrift eines verloren gegangenen Pfälzer Kop.Buches sind, das sich zu nr. 146 vielleicht verhielt wie das Kopialbuch 8½ zu 149, oder ob sie nur eine Abschrift von 146 selbst sind, die durch andersher hinzugeschriebene Stücke vermehrt ward. Diese Frage zu untersuchen, ist uns einigermaßen erschwert, weil der Janssen'sche Kodex uns nicht zugänglich war, allein wir haben uns die Mühe nicht verdrießen lassen, nach den Quellencitaten bei Janssen l. c. 2, XIX ff. die Stücke zusammenzustellen die er seinem Kodex entnommen hat, und diesen Bestand mit dem des Kop.Buches nr. 146 zu vergleichen. Darnach enthält der Kodex I) auf pag. 18-219 den ersten deutschen Theil unseres Kopialbuches mit wörtlich derselben Überschrift die wir oben anführten (s. Janssen l. c. 1, 487 nr. 869), in theilweise anderer Reihenfolge ohne daß sich ein Prinzip sachlicher oder chronologischer Art in dieser Anordnung erkennen ließe, doch folgende Stücke mehr: 1) Acta et Pacta pag. 35 (das entspricht Kopialbuch 146 zwischen fol. 4ᵃ und 5ᵃ), bei Janssen 1 nr. 887, unsere nr. 139 in RTA. 3; 2) Acta et Pacta zwischen pag. 37-43 (= Kopialbuch 146 nach fol. 6ᵃ bzw. vor fol. 63ᵇ), bei Janssen 1 nr. 896, bei uns RTA. 3 nr. 138; 3) Acta et Pacta pag. 44 (= Kop.B. 146 nach fol. 60ᵃ bzw. vor fol. 6ᵇ), bei Janssen 1 nr. 898, bei uns RTA. 3 nr. 167; 4) Acta et Pacta pag. 131 (= Kop.B. zwischen fol. 21ᵇ und 22ᵃ), bei Janssen 1 nr. 943, bei uns RTA. 4 nr. 185; 5) Acta et Pacta zwischen pag. 168-171 (= Kop.B. nach fol. 31ᵇ bzw. vor fol. 37ᵃ), bei Janssen 1 nr. 998, bei uns RTA. 4 nr. 239; 6) Acta et Pacta zwischen pag. 173-176 (= Kop.B. nach fol. 37ᵃ bzw. vor fol. 39ᵃ), bei Janssen 1 nr. 991, bei uns RTA. 4 nr. 298; 7) Acta et Pacta ibid. (= Kop.B. ibid.), bei Janssen 1 nr. 995, bei uns RTA. 4 nr. 290; 8) Acta et Pacta zwischen pag. 178-184 (= Kop.B. nach fol. 15ᵇ bzw. vor fol. 36ᵃ), bei Janssen 1 nr. 1001, bei uns nr. 393 RTA. 4; 9) Acta et Pacta ibid. (= Kop.B. nach fol. 36ᵃ bzw. vor fol. 60ᵇ), bei Janssen 1 nr. 1003, bei uns RTA. 4 nr. 394; 10) Acta et Pacta zwischen pag. 208-209 (= Kop.B. nach fol. 19ᵃ bezw. vor fol. 50ᵇ), bei Janssen 1 nr. 1097, bei uns RTA. 5 nr. 9. Von diesen Stücken sind 1-4 außer in dem Janssen'schen Kodex noch in Obrecht's Apparatus gedruckt und sind im Manuskript auf dem Straßburger Stadtarchiv, darunter hat das erste, Wenzel's Botschaft an die in Frankfurt versammelten Städte, sicherlich in keinem Ruprechtschen Kopialbuch gestanden und mit ebenso großer Wahrscheinlichkeit auch die übrigen nicht, sie sind entweder aus Obrecht oder den Straßburger Vorlagen in die Acta et Pacta übernommen; 5-9 sind Vollmachten, die sonst in den Karlsruher Kop.Büchern 5 bzw. 4 und in den entsprechenden Wiener Registraturbüchern stehen, sie sind in den Acta et Pacta zu den betr. Instruktionen, wol aus den gen. Karlsr. Kop.Büchern, zugeschrieben; 10 ist ein Kleinodienverzeichnis der Gräfin von Cleve, das sonst im Karlsr. Kop.B. 119ᵇ steht und sachlich in ein unserem Kop.B. 146 analoges schwerlich hineingehört hätte. Dieser Mehrbestand der Acta et Pacta gibt also in keiner Weise wahrscheinlichen Grund, als deren Vorlage ein anderes Kopialbuch als 146 anzunehmen. II) enthält dieser Janssen'sche Kodex auf pag. 219-372 den zweiten lateinischen Theil des Kopialbuches 146 (abgesehen von einem Stücke aus dem deutschen Theil, nemlich RTA. 4 nr. 363, das, sachlicher Zugehörigkeit wegen ohne Zweifel, zu RTA. 4 nr. 362 zugeschrieben ist), mit Weglassung derselben 6 Stücke am Anfange die auch Martène im thesaurus (s. oben) fortgelassen hat, sowie des Stückes 7 das Martène fehlt, während 8 hier steht. Mehr als im Kopialbuch 146 finden sich in diesem Theil der Acta et Pacta folgende Stücke: a) 22 (bzw. 23¹) der Stücke, die auch Martène im thesaurus (s. oben) mehr hat als 146, nemlich Janssen 1 nr. 930, 933, 935, 936, 945, 960, 962, 963, 983-986, 1038, 1047, 1048, 1092-1094, 1161, 1162, 1199, 1206 (die 7 noch bei Martène zudem mehr befindlichen sind Briefe des Pfalzgrafen Ludwig nach England), welche je chronologisch in der Reihe der anderen Stücke auftreten, b) sodann Acta et Pacta pag. 401-404 Einnahmen der kön. Kammer aus den Jahren 1402 und 1403 bei Janssen nr. 1143 und 1177 (die Einnahmen des Jahres 1401 hat Janssen nr. 236 aus dem Diarium Ruperti, s. darüber unter der Beschreibung des Karlsr. Kop.Buches 111), und Acta et Pacta pag. 409 412, 416, 419 Einnahmen der kön. Kammer aus den Jahren 1404-1407 August bei Janssen nr. 1212, 1227, 1239, 1248, c) Acta et Pacta pag. 406 bei Janssen nr. 1183 Willebriefe der geistlichen Kurfürsten zu K. Ruprechts Urkunde Chmel nr. 1282, d) Acta et Pacta pag. 421-429 bei Janssen nr. 1184, 1221-1224 Stücke die sich auf die Verwaltung Oberbaierns und Erhebung des 20 Pfennigs in der Pfalz beziehen. Die letzteren Gruppen b) bis d) geben sich schon äußerlich, indem sie da angehängt erscheinen wo das Kopialbuch 146 aufhört, als nicht etwa ursprünglichen Bestandtheil eines demselben analogen aber etwa umfangreicheren Kop.Buches zu erkennen, auch sachlich gehören sie nicht in ein analoges Kopialbuch hinein, in der That stehen sie in anderen Kopialbüchern: b) in Kop.Buch 111, c) in Kop.Buch 98, d) in Kop.Buch 119ᵇ, und man kann wol nicht zweifeln, daß sie von da direkt oder indirekt in den Sammelband der Acta et Pacta übertragen sind, hat doch Senckenberg, von dem dieser Sammelband stammt, auch z. B. das Kop.Buch 111 (s. die Beschreibung desselben hier) ganz kopiert. Fraglich bleibt nur die Provenienz der Gruppe a), jener 22 bzw. 23 Stücke, die sonst nur bei Martène im thesaurus stehen, und zu denen daselbst noch die 7 Briefe des Pfalzgrafen Ludwig kommen, welche alle uns sonst handschriftlich unbekannt sind. Doch wird man kaum geneigt sein, ihretwegen ein verlorenes Kopialbuch anzunehmen, das unserem Kopialbuch 146 identisch und nur um diese Urkunden vermehrt gewesen wäre, weil der übrige Thatbestand nicht dafür spricht. Namentlich sind die geringen Ab-

---

¹ Martène thes. l. c. bringt nemlich die nrr. 1047 und 1048 Janssens unter der einen Numer 57 (d. h. zweite Numer 57, denn Martène hat diese Numerierungszahl aus Versehen zweimal angewendet).

weichungen in den Lesarten bei den Stücken die auch in 146 stehen allem Anschein
nach nicht der Art, daß man auf eine andere Vorlage, als 146 selbst, zu schließen ge-
nöthigt würde. Freilich ist es misslich, hier zu untersuchen, da weder Martène's noch
Janssen's Vorlage uns im Manuskript zugänglich ist und kleine doch gerade für der-
artige Untersuchungen maßgebende Veränderungen auf Rechnung des Druckes bzw. der
Editoren zu setzen sein können, namentlich nicht festzustellen ist, inwieweit Janssen bei
den aus den Acta et Pacta entnommenen Sachen die Editionen Martène's und auch
das Karlsruher Kopialbuch 146, das er ja gleichfalls kennt, mit herangezogen haben
mag: so ist wol die richtige Ergänzung herro sinon in der Gesandtschaftsinstruktion
R.K. 1 nr. 1133 pag. 715 art. 3 mit Hinblick auf Martène's coll. 4 pag. 106 gemacht
wenn nicht aus eigener Vermuthung, da diese Worte im Karlsr. Kop.Buch 146 aus-
gelassen sind. Jedenfalls würde eine einzelne solche Stelle, auch wenn sie schon in
Acta et Pacta so stünde, für die Selbständigkeit der Acta et Pacta gegenüber Kopial-
buch 146 nicht beweisend sein, da solche ergänzende Konjektur eben schon von dem
Abschreiber der Acta et Pacta gemacht sein kann. Dagegen lassen sich einige Stellen
anführen, welche es sehr wahrscheinlich machen, daß nur eine einzige Vorlage, eben
das Kopialbuch 146 bei Martène Janssen u. s. w. bzw. bei deren Vorlagen zu Grunde
liegt: in dem Vertragsentwurf RTA. 4 nr. 307 art. 4 hat, wie unsere Variante b da-
selbst besagt, der Kodex eine Rasur so daß statt eines vollständigen Verbums nur die
Endsilbe dimus dasteht, ebenso hat Janssen R.K. 1 nr. 989 aus Acta et Pacta nur
dimus mit einigen Punkten zum Zeichen daß etwas fehlt, und Martène thes. 1, 1662
hat es ganz ausgelassen und nur Punkte dafür gesetzt; ähnlich in dem Stück RTA. 3
nr. 220 pag. 281, 5, wo es im Kodex heißt dilectionem oder dilectioni (nemlich dilcom
mit Überstrich), Janssen R.K. 1 nr. 911 aus Acta et Pacta hat entsprechend dilectioni,
Martène thes. 1, 1637 ließ das Wort, mit dem er nichts anzufangen wußte, lieber fort;
und wiederholt erklären sich Verlesungen, die sich bald in Martène und Janssens Vor-
lage gemeinsam bald in einer der beiden finden, gerade aus der zufälligen Zweideutig-
keit der Schreibweise in unserem Kopialbuch 146: z. B. in dem Stück RTA. 4 nr. 11
lesen Janssen R.K. 1 nr. 1014 und Martène thes. 1 pag. 1670 in art. 21 per unum
numerum wo es im Kodex heißt parvum numerum und parvum abgekürzt geschrieben
ist (p mit Strich durch den Schaft dann uu oder un um mit Überstrich); ebenda in art.
22 lesen beide dictum statt actum, was sich erklärt sobald man die Schreibung im Kodex
ansicht; daselbst in art. 27 Janssen super nonnullum sibi comissum, Martène super
nonnullum sibi commissi, während der Kodex abkürzt nonnull. comiss. Die Überein-
stimmung zwischen Martène und Janssen ist ohne Zweifel durch Ursprung aus gemein-
samer Vorlage zu erklären, denn von Martène ist Janssens Kodex Acta et Pacta soweit
sich urtheilen läßt unabhängig: er hat z. B. die Stelle in dem Stück RTA. 4 nr. 369
art. 4 (s. Variante b), die Martène collectio 4 pag. 60 fehlt, und liest in dem Briefe
K. Heinrichs vom 28 Okt. 1401 R.K. 1 nr. 1057 richtig Colvile, während Martène thes.
1 pag. 1682 Cobule hat. Was die nur in Martène thes. und in Janssen's Acta et
Pacta stehenden erwähnten 22 bzw. 23 Stücke betrifft, so ist die Übereinstimmung der
Lesarten der Art, daß auch hier der Schluß auf nur eine gemeinsame Vorlage, deren
Original freilich räthselhaft ist, geboten scheint, doch so daß Janssen's Kodex sich von
Martène unabhängig zeigt.

Wir fassen das Resultat dieser Erwägungen zusammen: obgleich wir der Meinung
sind, daß Janssen's Kodex Acta et Pacta in dem Hauptbestand direkt oder indirekt
auf das Karlsruher Kop.Buch 116 zurückgeht, dieselbe Vorlage welche auch Martène
und der Codex epistolaris Pragensis zu Grunde liegt, so haben wir doch aus Vorsicht
durchweg Janssen zur Kollation mit herangezogen und das nöthige angemerkt.

Schließlich sei noch bemerkt, daß die Stücke in Obrecht's Apparatus juris publici, die sich auch im Kop.Buch 146 finden, ganz ohne Zweifel direkt aus diesem selbst abgeschrieben sind: die Überschriften sind hier wie dort dieselben, RTA. 3 nr. 200 bricht Obrecht ebenda ab wo 146, RTA. 3 nr. 207 beginnen beide gleichmäßig, RTA. 3 nr. 220 auf Seite 281 Zeile 5 hat Obrecht an jener charakteristischen Stelle, wo die Les- und Schreibart dilcom. des Kodex sich auch in den anderen abgeleiteten Ausgaben widerspiegelt (s. oben), gar nur dilection. u. s. w.

Karlsruhe G.L.A. Kopialbuch der Pfalz 149.

Cod. chart. saec. 15 in., in klein fol., in Pergamentumschlag geheftet; auf dem Rücken bezeichnet Miscellanea Ruperti regis, neueste Signatur 548; außen links auf dem Umschlag gleichzeitig Litere regales cum minori sigillo sigillate ex parte Romani regni, darunter von neuer Hand 149, darunter roth nochmals 149, links in der Ecke ein Zettel mit 548 aufgeklebt, innen auf dem Umschlag eine Exekutionsurkunde. Zuerst unnumerierte 10 leere fol., dann mit arabischen Zahlen numerierte pag. 1-140 mit der gleichzeitigen Überschrift wie im Kopialbuch $8\frac{1}{4}$ (s. die vorhergehende Beschreibung desselben), worauf Urkunden von 1400-1409 folgen; sodann nach unnumerierten 7 leeren fol. Adressenformulare für Pabst Kardinäle Fürsten Städte auf 5 unnumerierten fol.; nach abermals unnumerierten 43 leeren fol. unnumerierte 3 Seiten mit Huldigungseiden, zuletzt ein leeres Blatt. Das Kop.Buch kennzeichnet sich durchaus als eine Kopie oder vielmehr einen Auszug des Kopialbuches $8\frac{1}{4}$: es finden sich hier (außer den erwähnten Adressenformularen[1]) nur Stücke die auch in $8\frac{1}{4}$ stehen, und zwar in derselben Reihenfolge (bis auf eine unbedeutende Umstellung mehrerer Urkunden auf pag. 72ff.), mit denselben gleichzeitigen Überschriften wie in $8\frac{1}{4}$; es fehlen hier alle in $8\frac{1}{4}$ durchstrichenen und außerdem noch über 100 von den in $8\frac{1}{4}$ enthaltenen Urkunden, ohne daß irgend ein formaler oder sachlicher Grund für die Auswahl sich entdecken ließe. Die in $8\frac{1}{4}$ nachträglich angebrachten Korrekturen finden sich hier öfter gleich richtig im Text, öfter verschrieb sich auch unser Kopist und korrigierte dann wie es in $8\frac{1}{4}$ steht, z. B. pag. 86. 88. 93. Das ganze ist überhaupt mehr in einem Zuge, sorgfältiger, reinlicher geführt, es finden sich keine Durchstreichungen ganzer Stücke, keine Vermerkungskreuze oder sonstige Randbemerkungen wie in $8\frac{1}{4}$. Nach einem Anzeichen scheint es überhaupt erst nach 1407 zu irgend welchem Zwecke aus $8\frac{1}{4}$ ausgezogen zu sein: pag. 64 nemlich steht unter einem Briefe vom 4 Nov. 1403, wodurch genannten auf die Dauer von 4 Jahren erlaubt wird Juden aufzunehmen, die Notiz „Predicta litera alterata est precise sub dato Alzey 7 Nov. 1407" von derselben Hand und Tinte wie der Brief selbst geschrieben; im Kop.Buch $8\frac{1}{4}$ steht derselbe Brief mit derselben Notiz, aber man sieht an der Tinte deutlich, daß die Notiz wirklich zu anderer Zeit als der Brief geschrieben ist; darnach scheint in 149 Brief und Notiz zu gleicher Zeit, das wäre mindestens nach 7 Nov. 1407, abgeschrieben. — Eine Beschreibung dieses Kop.Buches ohne Angabe der Signatur findet sich bei Mone, Anzeiger für Kunde der deutschen Vorzeit 1836 Bd. 5 pag. 282f.

Karlsruhe G.L.A. Kopialbuch der Pfalz 149ᵇ.

Cod. chart. saec. 15 in., in klein fol., Pappband, signiert 149ᵇ Miscellanea Ruperti regis. Pfalz 149ᵇ, neue Signatur 549. Gleichzeitig numerierte 338 Blätter, darunter mehrmals eine Reihe leerer aber gezählter Blätter; voran ein Register, gleichzeitig bis fol. 79, weitergeführt von späterer Hand des 15 saec., die auch gelegentlich Überschriften über den Stücken zugefügt hat. Auf fol. 1 die Überschrift gleichzeitig In gottes namen

---

[1] Die in 149, wie erwähnt, zusammengestellten Huldigungseide finden sich auch in $8\frac{1}{4}$, nur an verschiedenen Stellen: fol. 3ᵃ. 6ᵇ. 8ᵃ. 159ᵇ.

amen. hie vahet an ein Dutsche register, darinne des allerdurchluchtigisten hochgebornen fursten und herren hern Ruprechts von gotes gnaden Romischen kuniges zu allen ziten merer des richs briefe, die er mit sinen anhangenden ingesiegeln geben hat und sin eigin herschefte und lande mit namen die pfalntzgrafieschaft bi Rine und sin herzogtům in Beyern antreffend sin, geschrieben stent von wort zu worte von der zit an als er zu Romischem künige gewelet wart in dem jare do man zalte nach Cristus geburte dusent und vierhundert jare; *auf* fol. 68ᵃ *die Überschrift* Sequntar acta per dominum ducem Ludewicum vicarium imperii et imperium concernentia; *auf* fol. 283ᵇ Hic sequntur litere Latine registrate dominia [*abgekürzt und korrigiert*] proprin domini regis concernentes; fol. 315ᵃ Feuda ad ducatum Bavarie et comitatum Palatinum Reni pertinentia etc.; fol. 327ᵃ Feoda ad comitatum Palatinum Reni et ducatum Bavarie pertinencia etc. *Enthält meist Verleihungen u. dergl., ist von verschiedenen Händen geschrieben, oft finden sich Korrekturen, und oft sind Stücke durchstrichen mit dem Bemerken* alterata est, non transivit, redempta est, *auch* require in magno registro Theůtonico (fol. 72ᵇ *Lehnsertheilung an Bürger von (in*ânâ*), registretur ad aliud registrum (fol. 91ᵃ Lehnsertheilung an Eberhard vom Hirtzhorn) u. dergl.*

Venedig Staatsarchiv, Venetianische Rathsbücher.

Liber secretorum primus *cod. mb. saec.* 15 *in folio, in Holzband mit Lederrücken, worauf gedruckter Zettel mit der Archivbezeichnung* Deliberazioni 1401-1404 (secreta). *Senato* 1 *registro* 1; *beschriebene* 150 *Blätter mit gleichzeitiger Foliierung; außerdem vorn ein ungezähltes Blatt mit gleichzeitiger Inhaltsangabe unter Verweisung auf die betr. folia. Überschrift auf fol.* 1ᵃ Liber secretorum consilii rogatorum inceptus in millesimo quadringentesimo indicione nona ducante serenissimo domino domino Michaele Steno dei gratia inclito duce Venetiarum etc., *diebus et mensibus infrascriptis. Enthält die im Venetianischen Rath vorgebrachten Anträge bzw. gefaßten Beschlüsse von 1400 April 10 bis 1404 Mai 4 in streng chronologischer Reihenfolge; über den Verhandlungen jedes Tages steht Tag- und Monatsangabe, meist auf den fol. rect. die Jahreszahl, und zwar nach dem Calculus Florentinus. Wegen dieser systematischen Ordnung des Buches ist in unserem Abdruck ein für allemal die Jahreszahl nicht in die eckigen Klammern gesetzt auch wenn sie bei dem einzelnen Stücke nicht gerade im Kodex wiederholt war. Bei den wirklich zum Beschluß erhobenen Stücken steht im Kodex über denselben eingerückt* Capta, *am Ende meistens, nicht immer, das Ergebnis der Abstimmung, wobei zu bemerken ist, daß für die Abkürzung* sinc *die richtige Auflösung nur* sinceri, *nicht* sincere, *ist, weil es nur so aufgelöst dort begegnet; links am Rande zu Anfang der Stücke stehen die Namen der Antragsteller bzw. Vorschlagenden, die bei uns in die Quellenangabe verwiesen sind wo es sich um Definitivbeschlüsse handelt, weil diese Namen der Vorschlagenden nach gefaßtem Beschluß nicht eigentlich mehr zum Wesen des Stückes an sich gehören. Die Schrift ist dem Inhalte gleichzeitig, sorgfältig schön, wenig abgekürzt, selten korrigiert, doch kommt es auffallend oft vor, daß dasselbe Wort zweimal hintereinander geschrieben ist, so daß man vermuthen möchte, es sei das ganze diktiert worden. Die Abkürzung* Venet *ist von uns durchweg* Venetiae u. s. w., *pluralisch, aufgelöst, weil es aufgelöst nur so im Kodex vorkommt; bei der Auflösung des Adjektives von* Treviso *konnte man zweifelhaft sein, da es aufgelöst nur in der Form* Tarvisinus *vorzukommen scheint, der Abkürzungshaken aber für* er *vo oder* ri *zu deuten ist. Die Sprache ist nur lateinisch, hier und da mit Italianismen, namentlich in der syntaktischen Konstruktion, zu bemerken ist u. a. ein pleonastisch angewandtes* et, *das öfter vorkommt, und wol dem italienischen Gebrauch entnommen ist, und der Ablativ des Gerundiums gleichwerthig mit* Partic. Praes. absolut *gebraucht.*

---

a) als ł es fehlt sane, wie öfter in Ital. Quellen der Zeit bei solchen Jahresangaben.

Liber secretorum secundus, ganz ebenso wie primus und. und. eingerichtet. 192 Blätter, am Schluß nur der Anfang zu einem Inhaltsverzeichnis wie im primus; reicht bis 1406 Fbr. 27.

Liber secretorum tertius, weiter ebenso und. und., 146 Blätter, ohne Überschrift am Anfang, ohne Inhaltsverzeichnis, reicht bis 1409 Fbr. 28. Liber secretorum quartus u. s. w.

Liber commemorialis IX cod. mb. succ. 15, in fol., in Holzumschlag mit Lederrücken, worauf längs geschrieben Commemoriale IX mit neuer Schrift, 179 Blätter gleichzeitiger Foliierung, daneben moderne Zahlen von fol. 136 an 2 voraus, weil in der alten Zählung nach fol. 133 nochmals 133 gezählt ist, dann 132 und dann erst 134. Voran auf dem Schmutzblatt Überschrift In Christi nomine amen. Libri commemorialis noni inceptus anno domini millesimo trecentesimo nonagesimo quinto indicione tercia ducante serenissimo et excellentissimo domino domino Antonio Venerio dei gratia inclito Venetiarum duce etc.; dann 2 Blätter gleichzeitiger Index. Erste Urkunde von 1395 Apr. 3, letzte von 1404 Juni 20.

Liber commemorialis X und. und. ebenso.

Venedig Markusbibliothek, Epistolarkodex des Franz von Carrara.

Cod. ms. lat. cl. XIV nr. 93, früher LXIV. 4 bzw. XCIX 3, chart. suec. 15, in folio, beschriebene 125 Blätter neuer Foliierung und dann bis fol. 147 leere Blätter, in ganz modernem Pappband mit Lederrücken, worauf gedruckt steht Franc. de Carraria principis Paduae epistolae 1402-1403. Enthält (außer ein paar Schreiben von Franz von Gonzaga) nur Briefe von Franz von Carrara und einzelne von seinen Söhnen, der erste Brief vom 8 Januar 1402, der letzte vom 31 Januar 1403, in streng chronologischer Reihenfolge, bis fol. 76 immer der betreffende Monat über die Seite übergeschrieben. Nach der Datumsangabe bei jedem Briefe finden sich gewöhnlich Kanzleinotizen, die sich auf Ausfertigung und Übermittlung der Schreiben beziehen; von Kanzleibeamten begegnen folgende, oft nur mit Initialen abgekürzte Namen: Henricus, Michael, Paulus de Leone, Lucas de Leone, Johannes Parisinus, magister Johannes, Zilius auch Cilius und Çilius geschrieben, Nicho, Marcus (nur als scriptor), Florius, Anthonius; von Kanzleithätigkeiten folgende: datum (nicht date, wie Valentinelli auflöst, da es aufgelöst im Kodex nur in der Form datum vorkommt), scriptum scripsit scripsi, comisit coisit oder auch comissum (meist abgekürzt com.). Da öfter in diesen Unterschriften vorkommt Ego Anthonius (oder ein anderer) scripsi, so ergibt sich, daß der Kodex von den Kanzleibeamten selbst geschrieben, also ein offizielles Kanzleibuch ist, und es wird auch einmal als Registrum bezeichnet. Die Schrift ist sorgfältig, wenig abgekürzt, von verschiedenen wiederkehrenden Händen. Die Sprache der Stücke ist bald lateinisch bald italienisch; erstere weisen manche Italianismen namentlich auch in der Orthographie auf, wie umgekehrt letztere manche Latinismen.

Was die Wiedergabe der italienischen Stücke betrifft, so bemerken wir hier, was im allgemeinen namentlich auch für die Wiedergabe der Florentinischen Gesandtschaftsakten gilt: daß wir natürlich den Grundsätzen dieser Edition gemäß die Orthographie der Vorlagen unverbessert wieder gegeben haben; und es freut uns hierin mit dem bewährten Herausgeber älterer italienischer Texte Otto Hartwig übereinzustimmen, der in der Vorrede zu seinen Quellen und Forschungen zur ältesten Geschichte der Stadt Florenz, Halle 1880, pag. VI sagt: „Ich habe mich bemüht, einen Text zu geben der die alterthümliche häufig schwankende und noch inkorrekte Schreibweise der Handschriften soweit als die Rücksicht auf die Lesbarkeit des Textes es nur gestattet beibehalten hat." Ebenso sind wir verfahren, die Rücksichtnahme auf die leichtere Lesbarkeit hat uns nur in wenigen Fällen veranlaßt, Worte durch den Apostroph zu trennen. Allerdings darf der Leser sich durch manche seltsame Formen nicht befremden lassen, die eben jene Übergangsepoche charakterisiren, wo man ohne viel Besinnen noch dem Gehör und dem lebendigen Laute schrieb. In dieser Beziehung geht das, was der Epistolarkodex bietet, weit über die Anomalien die in den Florentinischen Akten begegnen hinaus; überhaupt ist dessen Sprache unentwickelter, die Grammatik unausgebildet, alles erst noch im Werden. Wir heben z. B. die abgekürzten Formen des Part. perfecti mit Abwerfung der eigentlichen Endung sta, destegau, convoca u. s. w. hervor.

Valentinelli hat im Archiv für Kunde österreichischer Geschichtsquellen Band 26 einige der lateinischen Stücke, doch mit manchen Versehen, ediert; einige der italienischen finden sich in 2 jener seltsamen Privatpublikationen, die in Italien gelegentlich der Hochzeitsfeste angesehenerer Familien üblich sind und im allgemeinen unbekannt zu bleiben pflegen; die hier in Frage kommenden fanden sich auf der Markusbibliothek in Venedig, wo uns der Bibliothekar Conte Camillo Soranzo freundlich darauf aufmerksam machte; sie sind suo loco citiert.

Stadtrechnungen.

Betreffs dieser für die Feststellung der Anwesenden auf den Reichstagen und für den Charakter der verschiedenen Versammlungen so wichtigen Quellen sind wir in der Zeit K. Ruprechts insofern ungünstig daran, als die Mainzer Stadtrechnungen ganz und in denen von Augsburg und Nürnberg gerade wichtige Jahre fehlen. In jenen, den auf dem Stadtarchiv befindlichen sogen. Baurechnungen der Stadt Augsburg fehlen die Jahre 1401. 1404. 1408; jeder Jahrgang bildet nemlich einen Band für sich; es sind codd. chart. in fol. mit verschiedenen Rubriken, deren für uns beachtenswertheste sind Generalia worunter u. a. die Propinationen stehen, Legationes nostre und Legationes uf genant stett. Diese, die Stadtrechnungen von Nürnberg, existieren auf dem Nürnberger Kreisarchiv theils in den sogen. kleinen Registern, den Originaldiarien einzelner Jahrgänge, von denen nur der Jahrgang 1406 aus unserer Epoche K. Ruprechts erhalten ist, theils in den großen Jahresregistern, welche in etwas verkürzter Fassung die gleichzeitige Reinschrift dieser Rechnungen enthalten, doch für die Jahre 1400-1118 verloren sind. Dagegen sind noch vorhanden auf dem Nürnberger Kreisarchiv die sogen. Schenkbücher, welche Propinationen und andere Geschenke der Stadt enthalten, und zwar nr. 497 cod. chart. saec. 15 in 4°, das auf der Außenseite des hinteren Einbanddeckels die gleichzeitige Aufschrift Kunigschenk und keiserschenk sind künig Ruprechts zeiten anno domini 1400 primo unz her (der letzte Eintrag betrifft Geschenke vom Jahre 1451) tragende Künigsschenkbuch (s. dessen Beschreibung St.Chr. 3, 348, 30 ff.), und nr. 489 ebenfalls cod. chart. saec. 14-15, das RTA. 2 nr. 310 in der Quellenangabe beschrieben ist.

Von besonderem Werthe sind auch für diese Zeit wie schon früher die Frankfurter Stadtrechnungen, die alle erhalten sind. Die Frankfurter Rechenbücher sind Papierkodices mit Pergamenteinbänden, signiert Rechenmeister-Bücher, für jedes Rechnungsjahr ein besonderer Kodex von etwa 100 Blättern Stärke; die Foliierung, soweit vorhanden, ist von moderner Hand mit Bleistift gemacht. Die Rubriken sind in allen Büchern aus dieser Zeit dieselben; erst kommen die Einnahme-, dann die Ausgaberubriken, am Schluß sind die Summen beider für die verschiedenen Rechnungsperioden (s. weiterhin) zusammengestellt und vorglichen; für die Zwecke unserer Edition kommen nur in Betracht die Ausgaberubriken besondern einzelnen uzgebin, uzgebin zerunge, uzgebin pherdegelt. Das Rechnungsjahr beginnt am den 1 Mai und zerfällt in 3 oder 4 Rechnungsperioden (rechnunge), innerhalb deren für jede der Rubriken jedesmal die Summe gezogen ist. Eingetragen wird in dieser Epoche von Samstag zu Samstag, und zwar so daß durchweg der voranstehende Samstag als Anfangstermin der

Rechnungswoche und der darin verzeichneten Posten anzusehen ist, wobei natürlich Ausnahmen vorkommen, sei es daß Posten aus Versehen erst später eingetragen, oder daß sie zu einer vorhergehenden Woche gerathen sind indem man vergaß den neuen Samstag davorzusetzen; natürlich ist auch daran zu denken, daß z. B. Gesandtschaftskosten nicht immer sofort zur Zeit der Gesandtschaft ausgezahlt wurden, sondern zunächst von den betr. Gesandten ausgelegt sein mögen und dann erst geraume Zeit später zur Verrechnung gelangt sein können, eine Bemerkung, die für dieses wie für andere Rechnungsbücher gilt.

Stadtrechnungen von *Nördlingen* befinden sich auf dem dortigen Stadtarchiv aus den Jahren 1399. 1401. 1406 bis 1413, doch zeigen sich dieselben für unsere Zwecke sehr wenig ergiebig.

Kölner Kopialbücher aus K. Ruprechts Zeit gab es früher auf dem dortigen Stadtarchiv, doch sind dieselben nicht mehr vorhanden und nach Mittheilung von dort ohne Zweifel schon im vorigen Jahrhundert verloren gegangen.

III. Etliche Ergebnisse daraus.

Die Reichstagsakten der Zeit K. Ruprechts sind nicht ganz leicht zu bearbeiten. Die Menge des wichtigen Materials steigt, die vorhandenen Registraturbücher sind ergiebig, auf die verhältnismäßig kurze Periode kommen nicht weniger als drei Bände. Dabei ist die Regierung doch etwas ungeordnet wie ihr Ursprung, vieles kommt gar nicht auf Reichstagen sondern auf andern Versammlungen oder auch ohne solche vor, und es muß doch aufgenommen werden wegen des Zusammenhanges. Da ist manchmal guter Rath theuer wie man es unterbringe, und es geht nicht ohne alle Künstlichkeit ab. Nicht einmal was es für eine Versammlung ist oder ob überhaupt eine Versammlung angenommen werden darf, ist immer gerade leicht zu erkennen.

Ich meine, das Interessanteste im Band sind doch die langen Verhandlungen mit der Kurie, die sich an die Wahl K. Ruprechts anschließen, gerade wie im ersten Bande die wegen Wenzel's Wahl und damit zusammenhängender Dinge mit Rom gepflogenen Negotiationen. Um den kritischen Nachweis der Unechtheit von Urkunden handelt es sich zwar diesmal nicht, aber um die möglichst vollständige Herstellung des Materials. Soviel auch von diesen Angelegenheiten Ruprecht's schon gedruckt war, einen vollkommenen Einblick, soweit dieser überhaupt möglich ist, erhalten wir erst jetzt. Die mühsame und verwickelte Untersuchung und kritische Behandlung des Pfälzer Kopialbuchs 115 (jetzt 540) im Karlsruher Generallandesarchiv hat dazu besonders beigetragen. Unsere Einleitung gibt darüber genaue Auskunft. Wir kennen jetzt nicht mehr bloß solches was wir haben, sondern auch solches was wir nicht mehr haben. Und so ist wol die Ergänzung dieser Akten in einer Weise zu Stand gekommen wie ich sie selbst kaum für möglich gehalten hatte, und zwar, wie ich glaube, zugleich mit solcher Sicherheit, daß man kaum mehr darüber wird streiten können. Von den 5 Formen, in welcher die Approbationsbulle erscheint, nr. 6. 16. 21. 102. 104, ist nur bei Einer die Datierung nicht zu entdecken gewesen. Aus der Verschiedenheit, in welcher sich das Verhalten des Pabstes zu Absetzung und Neuwahl zeigt, je nachdem man die eine oder die andere Fassung der Approbationsbulle zu Grund legen wollte, ergibt sich, wie vorsichtig die Kritik bei der historischen Benutzung dieser Aktenstücke verfahren muß. Sie zeigen, wie man nachträglich dieses Verhalten dargestellt wissen wollte, und man muß sich hüten ihnen oder einer von ihnen ohne weiteres zu folgen, wenn man frägt, welches dieses Verhalten wirklich war. Es ist nicht ganz so wie bei Wenzel's Wahl, wo wirklich falsche Urkunden geschmiedet werden, um nachträglich einen Einfluß der Kurie zu konstatieren, der thatsächlich nicht stattgefunden hatte.

Wol aber wird die Approbationsertheilung schließlich so gefaßt, wie man in der Folge für gut fand, um der Kurie eine Stellung zur Wahl zuzuschreiben, die sie in Wirklichkeit nicht eingenommen hatte.

Beim Tag vom Oktober 1400 tauchte unvermeidlich die Frage auf, wie es sich denn eigentlich verhalte mit dem *Lager von 6 Wochen und 3 Tagen*, die der *König vor der Stadt Frankfurt zubringen muß*. Ich habe daher die Sache in der Einleitung zu diesem Frankfurter Tag kritisch erörtert, und bin zu Ergebnissen gelangt, die vielleicht nicht allen gefallen, die ich aber im wesentlichen doch für richtig halte. Die Sache verdient wol noch eine weitere Untersuchung, mit der ich keine Zeit verlieren wollte; namentlich in Betreff Achens, wo ja auch eine solche Frist erwähnt wird. Ich möchte bloß noch hinzufügen, daß man es sich gut erklären kann, warum bei Ruprecht nicht, wie das wol der ursprüngliche Sinn der Sache ist, die Forderung auf Zwiespältigkeit der Wahl begründet wird, warum bei ihm vielmehr von zwiespältiger Wahl dabei gar nicht die Rede ist. Da K. Wenzel abgesetzt war und dieser Akt von Ruprecht's Partei als ein rechtmäßiger behauptet und festgehalten werden mußte, so war für ihn und seine Anhänger kein anderer König neben ihm vorhanden, also gab es mit Ruprecht's Wahl kein politisches Schisma. Indem sie diesen Grundsatz, von dem sie natürlicherweise ausgiengen, nicht verlassen konnten, so konnte von ihrer Seite und durfte auch von Andern in den mit ihnen gepflogenen Verhandlungen davon gar nicht die Rede sein, als ob nun zwei gewählte Könige da wären.

Beim *Kölner Krönungstag vom Januar 1401* bietet einiges Interesse die hier mitgetheilte Sammlung der Huldigungseide von Fürsten Grafen und Städten, die bisher fast gänzlich ungedruckt waren, und ebenso die Zusammenstellung der wenigstens zum Theil ungedruckten Stücke betreffend die Abmachungen wegen der Kölner Krönung und Achen als Krönungsstadt.

Auch an die *Venetianischen Rathsbeschlüsse* möchte ich hier erinnern, so wie an die *Florentinischen Gesandschafts-Sachen*, beides bisher meist unbekannt und von hohem Interesse. Dazu kommen bisher unbekannte oder doch ungedruckte Schreiben der Straßburger Städteboten nach Hause und andere neue politische Korrespondenzen der Städte, deren Werth sich dem Forscher von selbst ergibt.

Ich darf vielleicht schließlich auch hinweisen auf die, wenn gleich hier nicht zum erstenmal gedruckten, *Verzeichnisse der beiden Leibwachen zum Romzug nr. 385. 386*, der *zum Romzug aufgeforderten Reichsstände nr. 387*, der *Antworten auf die Aufforderung zum Romzug nr. 388. 389*. Man muß dabei die Erörterungen der zugehörigen Einleitungsabschnitte KLM hinzunehmen. So mühsam eine derartige Bearbeitung ist, so sehr leuchtet ein, wie durch sie gerade eine ergiebige und zugleich rasche Benutzung möglich wird. Dem Leser manches zu ersparen, den Stoff so herzurichten daß er der ungehemmten Verwerthung sofort offen steht, dieß Bestreben wird auch bei dem vorliegenden Bande kaum verkannt werden.

Und so wage ich denn zu hoffen, daß dieser erste Band Reichstagsakten aus der Regierungsperiode K. Ruprecht's so freundlich werde aufgenommen werden wie die bereits erschienenen Bände. Wolmeinende Wünsche und Erinnerungen werden mir dabei immer willkommen sein.

Berlin 3 Juni 1882. *Julius Weizsäcker.*

Zum Wahltag: Verhandlungen mit der Kurie wegen Approbation und Kaiserkrönung
1400 Dec. 14 bis 1403 Okt. 1.

Bei der Erwählung K. Wenzels konnten die Verhandlungen mit der Kurie gleich unter die Akten des Wahltags selbst eingereiht werden. Bei Ruprecht ist es anders. Seine Erwählung fällt zusammen mit der Absetzung des Vorgängers, und mußte daher noch in dem vorigen Bande Platz nehmen. Die Verhandlungen Ruprechts mit der Kurie dagegen gehören seiner eigenen Regierungsperiode an, und erstrecken sich ziemlich weit in dieselbe hinein. Endlich am 1 Okt. 1403 erfolgt die päbstliche Approbation nebst Zusage künftiger Kaiserkrönung. Aber alles das Hinundherreden bis zu diesem Moment ist als Folge oder Vollendung der Wahl, die dazu gehörigen Akten sind als Anhang zum Wahltag zu behandeln. Und so erscheinen sie hier, indem sie die Periode Ruprechts eröffnen. Sie knüpfen unmittelbar an die Anzeigen an, welche von Absetzung und Neuwahl in Rom gemacht wurden, RTA. 3 nr. 219-223, speciell an die eignen Briefe des Königs nr. 222 und 223. Schon die drei geistlichen Kurfürsten bitten den P. Bonifacius IX um die Approbation ihrer Schöpfung, es ist wenige Tage nach dem Akte der Wahl, nr. 219. Der König selbst stellt dann eine Gesandtschaft in Aussicht, in nr. 222 und 223. Diese beiden Schreiben, in denen er das thut, sind durch einfache Boten befördert worden. Mit der in Aussicht gestellten ersten feierlichen Gesandtschaft beginnen unsre Verhandlungen. Es war nur noch fraglich, ob sie, bei ihrer weiten Ausdehnung in der Zeit, nicht besser unter die einzelnen Reichstage vertheilt werden sollten. Aber einmal haben sie gar nicht alle mit Reichstagen zu thun, dann auch sollte eine bequeme Übersicht über diese Dinge hergestellt werden, und endlich sprach das Beispiel des ersten Bandes dafür, daß auch hier alles beisammenbleibe. Natürlich folgen sich Botschaften und Gesandtschaften rein chronologisch, innerhalb jeder einzelnen sind die Stücke sachlich geordnet: Anweisungen, Beglaubigungen, Vollmachten, diese je mit ihren zugehörigen Versprechungs- oder Erbietungs-Einschaltungen, Gesandtschaftsberichte u. s. w. Doch ist auch so die chronologische Folge der einzelnen Stücke nicht erheblich gestört, der Zusammenhang der Dinge mußte aber den Ausschlag geben, man findet sich leicht darin zurecht.

A. Gesandtschaft des Bischofs Konrad von Verden, Grafen Joffrid von Leiningen und Hermann Rode nach Rom, 1400 Dec. 14, 1401 Febr. 8, nr. 1-3.

Hatten die Kurfürsten gleich deutlich um die Approbation ihres Erwählten beim Pabst gebeten, so war diese Bitte vom König selbst in RTA. 3 nr. 223 doch nur zart angedeutet worden als Zweck der künftigen feierlichen Gesandtschaft (pag. 283, 11 cum supplici devocionis reverencia und pag. 9 previa regali corona). In dem Vortrage des Bischofs Konrad von Verden tritt nun beides offen hervor: Bitte um Approbation und um künftige Kaiserkrönung, nr. 3 in unsrem Bande. Die Rede ist lang und langweilig, damals hat sie ohne Zweifel für sehr geschmackvoll gegolten und wol auch für geistreich, weil sie viele Citate enthält; die beiden genannten Punkte sind das einzig wichtige daran, sie sind es auch auf welche die Vollmacht nr. 1 geht. Schon aus jener Rede geht hervor, daß diese Gesandtschaft wirklich die erste war, die von Ruprecht nach Rom abgieng, daß wir also keine Lücke haben. Damit stimmt auch, daß er am 9 Nov. 1400 die Gesandtschaft noch einmal ankündigt (RTA. 3 nr. 223), und die in Rede stehende am 14 Dec. 1400 beglaubigt ist. Doch kreuzt sie sich mit einer Gesandtschaft der Kurie nach Deutschland, die an beide Deutsche Könige gerichtet ist. Es theilt nemlich Johannes de Marianis vicarius vicarie Corellie dem Paul de Guinigis brieflich kurz mit, daß er gehört, der Pabst habe messer Johannes Manzini da Motta zum Gesandten gemacht de andare a exponere inbasciata da sua parte alluno imperadore e allaltro con salario di fiorini 400 per anno et spese per lui et per tre cavalli, 1400 Dec. 23, Lucca St.A. lettere a P. G. or. ch. lit. cl. e. sig. in verso impr.

B. Gesandtschaft des Antonius von Monte Catino an K. Ruprecht, 1401 Merz 25, nr. 4-7.

Aus den beiden Briefen vom 12 Mai 1401 nr. 8 und 9 geht hervor, daß die drei ewigen Gesandten des Königs in Begleitung des Nuntius Antonius de Monte Catino nach Deutschland zurückkamen (vgl. auch nr. 11 art. 1). Die Instruktion nr. 5 des letzteren kennzeichnet schon jetzt den Standpunkt des Pabstes, und enthält zu späterem die Keime, sie war schon aus Raym. ann. eccl. bekannt. Der König wird aufgefordert, ungesäumt nach Italien zu kommen, nr. 5 art. 3, vgl. nr. 11 art. 1. Höchst interessant ist der neuauftretende Brief eines Ungenannten nr. 7. Er enthält den ersten hier ebenfalls neuauftretenden Entwurf der Approbationsurkunde, den wir unter die besondere nr. 6 gebracht haben. Es ist natürlich, daß jetzt ein solcher Entwurf von Rom ausgeht, denn eben war ja bei der Kurie um die Approbation gebeten worden. Aber er war bisher unbekannt. Vollständig abgedruckt haben wir von der Approbation überhaupt nur die Ausfertigung vom 1 Okt. 1403, von den Entwürfen, die vorhergehen, nur soviel mitgetheilt, daß ihr Verhältnis zu dieser Ausfertigung oder zu einander genau erhellt. So wurde es auch mit dem vorliegenden gehalten. Es ist aber jetzt überhaupt erreicht, daß, so oft in den Akten eine Form der Approbation erwähnt wird, wir auch deren Fassung wirklich mittheilen können, wir haben somit wahrscheinlich alle. Es sind deren 5, die wir haben: die Ausfertigung und 4 Entwürfe. Die Ausfertigung nr. 104 hat am Schluß ihr klares Datum vom 1 Okt. 1403. Sicher ist auch die Zeit unsres Entwurfes hier nr. 6 von 1401 c. Merz 25, da er jedenfalls dem Antonius mitgegeben wurde. Sicher ebenfalls diejenige des Entwurfes nr. 16 vom 1401 c. Aug. 18, da man die Gesandten kennt die ihn an Ruprecht bringen, und die Zeit ihres Reisegeleites aus den Pabstregesten des Vatikanischen Archivs mitgetheilt werden kann. Bleiben noch zwei undatierte Entwürfe übrig. Der eine, der zur Ausfertigung vom 1 Okt. 1403 bis zum Verwechseln ähnlich ist, hat nur geringe Bedeutung; was seine Zeit betrifft, so kann man nur sagen, daß zu seinem Inhalt nach in die jener Ausfertigung kurz vorangehenden Unterhandlungen gehört, ohne daß sich weitere Anhaltspunkte bieten; er gehört dem letzten Stadium des Geschäfts an, und hängt wol mit der kön. Gesandtschaft vom 1403 Merz 5-8 zusammen, wir haben ihn vor der Eidesleistung vom 1 Okt. 1403 als nr. 102 untergebracht. Der andere Entwurf, der letzte um dessen Datierung es sich noch handelt, ist nr. 21. Es trifft sich gut, daß, während für Einen Entwurf noch die Zeit zu finden ist, zugleich noch Eine Erwähnung eines solchen übrig ist, in nr. 23 art. 2 und nr. 24 art. 5, wornach er leicht an die Gesandtschaft vom 16 Okt.

1401 sich anschließt, so daß ihn dann Franciscus und Nikolaus von Rom an den König
brachten; auch der Inhalt passt an die leere Stelle. So drckt sich alles, und es fehlt
uns nichts.

**C. Schreiben K. Ruprechts nach Rom durch den zurückkehrenden Nuntius
Antonius von Monte Catino, 1401 Mai 12, nr. 8-9.**

*Daß der Nuntius Antonius de Monte Catino diese kön. Schreiben mit zurück
nach Rom nahm, beweist der Wortlaut von nr. 8, s. ut. dasellbst. Des Königs Un-
zufriedenheit in Folge der Gesandtschaft des Antonius zeigt sich nicht nur hier
sondern auch in nr. 11 art. 27. Am gleichen 12 Mai schreibt der König übrigens zu
Gunsten von dessen Person* Spectabili et magnifico Nicolao marchioni Estensi nostro et
sacri imperii vicario Mutinensi et fideli dilecto *folgendermaßen:* Rupertus etc. graciam
regalis clemencie singularem. fideli dilecte. sinceri affectus tui oblacionem nobis pro parte
tua per Anthonium de Montecatino diligenter expositam grato suscepimus intuitu, tibi
volentes debita vicissitudine, cum optimum fuerit, graciosius complacere in hiis, que com-
modum tui status concernunt et honorem; insuper desideramus, ut nostri contemplacione
dictum Antonium nobis dilectum circa restitucionem [cod. restitucionum] honorum, pro
quibus aput te instat, habeas in effectu commendatum. datum Nuremberg die 12 mensis
maji anno domini 1400 primo, regni vero nostri anno primo; *mit der Unterschrift* Ad
mandatum domini regis Job Vener licenciatus (*so aus Karlsr. G.L.A.* Pfälz. Kop.-B.
146 fol. 94ᵃ *cop. ch. coaev.; gedruckt* Martene thesaur. nov. anecd. 1, 1636 nr. 25; Regest
Georgisch 2, 851 nr. 38, Chmel 407, Janssen 1 nr. 981). *Das gibt also der König ihm
ebenfalls auf den Rückweg mit. Noch von einem andren päbstlichen Gesandten ist aus
jenen Tagen die Rede, indem K. Ruprecht am 10 Mai 1401 dem Augustin de Undinis
der zu diser zit in unsers heiligen vatters des babstes botschaft ridet in seinen besondern
Schirm und Geleit auf ein Jahr genommen hat, und alle auffordert denselben sicher
und ungehindert reisen zu lassen (Karlsr. G.L.A.* Pfälz. Kop.-B. 149 pag. 23 und 8½
fol. 35ᵃ). *Dieser selbe päbstliche Nuntius Augustinus de Undinis meldet 15 Okt. 1401
dem Rath von Lübeck seine Ankunft, entschuldigt daß er erst jetzt komme:* verum in
itinere nostro et cum rege Romanorum novo aliisque Germanie principibus ac prelatis
nonnulla plura habuimus expedire, ob que ultra conceptum et ultra quam credidimus
fuimus remorati; nunc autem u. s. w. (*cod. dipl.* Lubec. 1 *Abth.* Urk.-B. d. St. Lübeck
Th. 5 S. 33 f. nr. 32). *Ob und wie dieser Sendling mit Antonius de Monte Catino
und dessen Geschäften zusammenhängt, ist nicht zu sagen. Er wird bezeichnet als*
monachus monasterii S. Benedicti de Nursia ordinis ejusdem sancti Spolet. dioc. capellanus
noster *von P. Bonifacius IX, der auf 2 Jahre ihm Geleite gibt* ad nonnullas Alamanie
partes pro certis nostris et Romane ecclesie arduis negotiis presentialiter accessurus, *1400
Jan. 12, Vat. Archiv* Bonif. IX lib. V. fol. 301ᵇ, *und ihn beauftragt das Kreuz gegen
die Türken zu predigen in Mainz.* Prov., Norw. Duc. Suecien, dioc. Lauson. Bamb.
Misn. Lubic. Camin. et aliis civitatibus · archiepiscopo Magunt. et episc. ejus suffra-
ganeis pro tempore existentibus qualitercumque subjectis, *1400 Jan. 12 ib.* lib. VI
fol. 92ᵇ—94ᵃ.

D. Gesandtschaft des Protonotars Albertus nach Rom, 1401 Jul. Aug., nr. 10-11.

*Der Aufforderung zum ungesäumten Einrücken in Italien wird durch die Er-
klärung entsprochen, daß der König beabsichtige sich um den Anfang des September
auf den Weg zu machen, nr. 11 art. 3, vgl. nr. 10. 12. Es kann auffallen, daß wir
Kredenzen verschiedenen Datums haben; die eine, an den Pabst, ist vom 20 Juli, nr. 10;*

1*

die andre, an denselben, ist vom 16 August, nr. 14. Es kann nicht sein, daß hier zwei verschiedene Gesandtschaften des Protonotars Albertus gemeint wären, so daß er zweimal hinter einander nach Italien gegangen wäre, dafür ist der Zeitraum zwischen 20 Juli und 16 August doch wol zu kurz. Gleichwol ist in nr. 14 davon die Rede, daß Albertus pridem an den Pabst geschickt worden sei cum quandam litera credenciali und zwar de et super quibusdam certis punctis dicte sanctitati vestre ex parte nostra referendis, dann wider zurückgekommen sei und wegen neuer inzwischen aufgelaufener Dinge neue Information erhalten habe. An eine ältere Sendung des Albertus ist da nicht zu denken, von einer solchen wissen wir nicht, und es wäre auch kein Raum für sie. Die Vermuthung liegt nahe, daß derselbe seine Reise angetreten hat cum credenciali nr. 10 und zwar de et super punctis nr. 11, daß er aber unterwegs wider umkehrte, sich neue Instructionen zu holen, die wol nur mündlich erfolgten (de eisdem nostris literis plenius informato). Was das für Zwischenfälle gewesen, wegen deren er seine Reise unterbrach, mag immerhin einer weitern Untersuchung unterzogen werden; vielleicht spielt da doch das Erscheinen des päbstlichen Gesandten Augustinus de Undinis herein, von dem wir in dieser Einleitung unter C sprachen.

E. Gesandtschaft des Bischofs Nikolaus von Imola und Michael von Dulcigno zu K. Ruprecht, 1401 Aug. 18, nr. 15-16.

Diese Gesandtschaft ist als Antwort auf die Schreiben Ruprechts vom 12 Mai 1401 nr. 8 und 9 anzusehen, sie kreuzt sich mit derjenigen des Magister Albertus nach Rom vom Jul. Aug. 1401 die wir eben behandelt. Wir haben aber nur das Geleite für dieselbe nr. 15, und abermals einen Approbationsentwurf nr. 16, von dem wir schon unter B sprachen. Der letztere tritt bei uns nicht ganz neu auf, Raynaldi ann. eccl. schon kennen eine unserer Quellen und theilen daraus a. 1400 art. 12 ein Stück mit. Aus dem, was dort und a. 1401 art. 9 gesagt ist, ergibt sich zusammen die Auffassung: das Stück sei vom J. 1401 (richtig), sei ferner eine Folge des vom Bischof von Verden in Rom ausgerichteten Auftrags (richtiger würde das von nr. 6 gesagt), sei endlich eine Ausfertigung so gut wie die Urkunde vom 1 Okt. 1403 nr. 104 (unrichtig). Dabei fällt Raynaldus natürlich auf, was für ein Unterschied, hinsichtlich der Betheiligung oder Nichtbetheiligung des Pabstes bei der Absetzung Wenzels, zwischen den beiden Stücken besteht, und er nimmt nun an, daß die Ausfertigung vom 1 Okt. 1403 das richtige enthalte, daß also bei Absetzung Wenzels die Kurfürsten wirklich, aber nur ganz insgeheim, durch die Autorität der Kurie gestützt gewesen seien und daraufhin den Akt vorgenommen haben. Wenn er nun in der früheren Ausfertigung von 1401 (unserem Entwurfe) sage, er habe im Jahr 1400, statt den Wählern eine wirkliche Antwort zu geben, erklärt daß er sich erst mit den Kardinälen benehmen müsse, so sei das nicht das richtige, er habe aber 1401 noch nicht mit der ganzen Wahrheit herausrücken können, weil er fürchtete es möchte Böhmen und Ungarn sonst zum Gegenpabst abfallen, und erst am 1 Okt. 1403, nachdem sich Ruprechts Stellung mehr gefestigt, habe er alles gesagt. Doch sind die Worte Raynaldus' so geschraubt, daß ich nicht sicher bin, ob ich ihn richtig verstanden habe. Ist das aber seine Meinung, so verhält sich die Sache in Wirklichkeit freilich gerade umgekehrt. Erst durch die Entdeckung der Antwort des Pabstes an die Kurfürsten, die er am 21 Apr. 1400, also vor der Absetzung gegeben hat, RTA. 3 nr. 115, wissen wir mit voller Bestimmtheit, daß er in der That abgelehnt eine Antwort auf die Anfrage der Kurfürsten zu geben, und daß er diese völlig auf eigene Hand verfahren haben. Die Darstellung, welche Bonifacius IX in unserem Stücke nr. 16 von der Sache gibt, stimmt damit völlig, und ist also das richtige. Sie tritt auf nicht bloß hier in nr. 16 von 1401 c. Aug. 18, sondern auch schon in nr. 6 vom 1401 c. Merz 25, und später noch in nr. 21 von 1401 nach Okt. 16 bzw. Nov. 21, bis sie im Jahr 1403 in nr. 102 und nr. 104 der anderen Auffassung weicht. Aber alles, was der einzigen Ausfertigung vom 1 Okt. 1403 nr. 104 vorausgeht, ist nicht Ausfertigung sondern Entwurf, also auch nr. 16, die Raynaldus allein neben nr. 104 kannte und für eine Ausfertigung hielt wie diese. Wie nun auch bei diesen verschiedenen Gelegenheiten nachträglich das Verhältnis der Kurie zur Absetzung geschildert wird, immer hat man davon auszugehen, daß es sich da in erster Linie nicht um die historische Wahrheit, sondern nur um die Frage handelt wie man jenes Verhältnis in der Folge angesehen wissen wollte. Schließlich hat dann doch auch diesmal, wie bei Wenzel einst, die unhistorische Schilderung des Verhältnisses den officiellen Platz behauptet. Und sie allein hat natürlich in die Regestenbücher Bonifacius IX Aufnahme gefunden (s. die Quellen von 1403 Okt. 1 nr. 104). Unser Entwurf nr. 16 dagegen fand Aufnahme in die Bücher der Kurie von Avignon; aus Bosheit geschehe das dort, hat Rayn. a. 1401 art. 9 zu bemerken beliebt. Was Bzorius 1400, 5. 6 von dem Verhältnis des Neugewählten zur Kurie erzählt, soll hiermit nur beiläufig erwähnt werden.

F. Gesandtschaft des Bischofs Konrad von Verden und Nikolaus Buman nach Rom, 1401 Okt. 16 Nov. 21, nr. 17-22.

Auf Grund dessen, was Ruprecht durch die letzten päbstlichen Gesandten (s. E) und durch den zurückgekehrten eigenen Gesandten Protonotar Albertus (s. D), die sich gekreuzt hatten, erfuhr, fertigte er die neue Gesandtschaft in den Personen des Konrad von Verden und Nikolaus Buman aus (nr. 17-19). Diese Glaubsbriefe sind vom 16 Okt. aus Trient. Der andre Brief aus Padua vom 21 Nov. nr. 22 verweist nur auf die frühere Beglaubigung der schon Beglaubigten (commissimus, nicht committimus), die Hauptsache in demselben ist die freudige Meldung des inzwischen erfolgten Einzugs in Padua. Eine Approbationsvollmacht nr. 20, ähnlich wie nr. 1 bei der ersten königlichen Gesandtschaft, war den beiden Herren mitgegeben. Vom Pabst haben sie dann einen neuen Approbationsentwurf erhalten, der schärfer als die bisherigen das Recht desselben betont. Hatte es bisher in art. 4 geheißen, daß die Absetzung Wenzels nicht in der Befugnis der Kurfürsten gelegen habe, so wird jetzt hinzugefügt, daß nur der Pabst dazu befugt gewesen sei; hatte er bisher in art. 6 jene Absetzung nur ratificiert, so nimmt er nunmehr kraft päbstlicher Vollgewalt den Absetzungsakt, der ja als kurfürstlicher null und nichtig ist, jetzt erst in aller Form vor. Dieß sind die wichtigsten Unterschiede der neuen Fassung, sie bezeichnen einen wesentlich neuen Standpunkt, oder lassen ihn doch zum erstenmal klar hervortreten. Daß der Pabst auf die Anfrage der Kurfürsten vor der Absetzung selbst einst keine Antwort gegeben, darin stimmt dieser Approbationsentwurf mit den früheren überein. Wie er aber sein ausschließliches Absetzungsrecht aufstellt, so hat er auch sein Machtverhältnis bei der Approbation zu steigern versucht; wir kommen darauf bei nr. 102 zurück. Bei so außerordentlichen Ansprüchen der Kurie ist es dann einem Witzbold eingefallen, im leeren Datum beizufügen in monte Oreb: es ist in Bonifaz ein neuer Moses mit einem neuen Staats- und Kirchenrecht erstanden!

G. Gesandtschaft des Franciscus von Montepulciano mit Begleitung durch Nikolaus Buman zu K. Ruprecht, 1401 Dec. 25; Konrad von Verden bleibt in Rom; nr. 23-27.

Diese päbstliche Gesandtschaft ist die Antwort auf die königliche des Bischofs von Verden und Nikolaus Buman, die wir unter F behandelt haben. Wir sehen aus den

Eröffnungen des Gesandten nr. 23 art. 2 und nr. 24 art. 5, daß diejenige Form der Approbation, welche der Pabst dem Bischof von Verden und Nikolaus Buman bereits mitgegeben hatte, auch jetzt von ihm als die genehme festgehalten wird. Ihren ganz ausschweifenden Inhalt kennen wir bereits, falls unsere nr. 21 wirklich diese Form repräsentirt, wie wir annahmen. Ob dieß der Fall ist, wüßten wir gewiß, wenn die Aktensammlung im Karlsr. Pfälz. Kop.-B. 115 vollständig wäre. Denn ebendort wird pag. 262 nr. 24 art. 5 auf eine Abschrift dieser Approbation verwiesen, que superius est registrata sub tali signo △. Aber dieses Zeichen und die dazu gehörige Approbation finden sich weiter vorn im Kodex nicht. Dieser Kodex bildet überhaupt kein einheitliches Ganze, es sind in demselben Bruchstücke verschiedener Kopialbücher aus verschiedenen Jahrhunderten willkürlich vereinigt, und seine Existenz überhaupt ist eine bloße Buchbinderarbeit. Am Schluß findet sich eine Blätterlage, pag. 253-336 (so mit Bleistift bezeichnet, zugleich mit Rothstift pag. 1-84), die ein zusammenhängendes Ganze bildet. Sie ist 42 Folio-Blätter stark, welche aus 21 ineinandergelegten Bogen bestehen und so alle zusammen mit Einem Stich und Faden eingeheftet sind. Es sind lauter gleichzeitige Abschriften, fast alle beziehen sich auf diese und spätere Verhandlungen mit der Kurie. Das letzte Stück scheint vollständig erhalten; das erste aber (unsre nr. 35) hat den Kopf verloren, der auf einer vorhergehenden Seite gestanden hatte. Auf einer solchen vorhergehenden Seite muß auch die Approbation △ gestanden haben. Der Verlust dieser Approbationsabschrift ist sehr zu beklagen. Vielleicht ist sie uns erhalten in unsrer nr. 21, und ich verweise auf das dort hierüber Gesagte. Beweisen läßt es sich ja nicht mit Evidenz, aber ich glaube es. Diese Approbationsform ist vielleicht die einzige, die man in das Registraturbuch, dessen Rest wir haben, aufgenommen hat; sie war auch die auffallendste und merkwürdigste, die der Pabst vorschlug. Doch können auch die frühern, nr. 6 und 16, darin gestanden haben.

In den Eröffnungen nr. 23 art. 1 und nr. 24 art. 1 ist auch noch auf etwas anderes hingewiesen: ehe der Pabst zur Approbation schreitet, will er vom König über gewisse Punkte urkundliche Versprechungen haben, die Entwürfe zu diesen Versprechungs-Urkunden hat Franciscus sogar schon mitgebracht, und sie sind, wie es hier heißt, weiter vorn unter dem Zeichen ⊕ in diesen Kodex eingetragen. Man erwartet diese Entwürfe daher natürlich auch, wie nr. 23 und 24, in dem Karlsr. Pfälz. Kop.-B. 115 zu finden. Allein das ist jetzt nicht mehr der Fall, und ihr Fehlen erklärt sich aus dem so eben besprochenen Zustande dieses Kopialbuches, gerade wie das Fehlen der Approbations-Urkunde △. Ist es uns, wie ich denke, gelungen, diese Approbations-Urkunde △ dennoch aufzufinden und zu fixiren, so wird das vielleicht auch bei den Versprechungs-Urkunden ⊕ möglich sein. Im weiteren Verlaufe dieser Verhandlungen zeigt sich nemlich, daß derartige Urkunden-Entwürfe noch öfter vorkommen, und daß einzelne solche Entwürfe wiederholt vorkommen. Unsere Urkunden ⊕ kommen vielleicht auch noch wiederholt vor, und wenn wir sie auch nur noch Einmal nachweisen könnten, so wären sie ja gefunden. Nun treffen wir auf das Zeichen ⊕ weiterhin auch noch in der Vollmacht nr. 53, in welcher Ruprecht später seinem Gesandten freistellt, ihn selbst auf zwei Versprechungs-Urkunden zu verpflichten, die dieses Zeichen tragen sollen. Leider ist also auch hier wieder bloß auf sie verwiesen; sie gehörten ursprünglich als Einschaltung in die Vollmacht nr. 53 selbst, aber der Kürze wegen ist die Einschaltung durch diese Verweisung ersetzt. Doch sind wenigstens die Anfangsworte der fehlenden 2 Insertionen mitgetheilt: Rupertus etc. ad serenandam declarandam ne plenarie informandam, und Rupertus etc. filiali devocione ac regali imperiali recta et pura fide. Und diese Anfangsworte finden sich dann richtig in nr. 71 und 72, also in zwei Versprechungs-Entwürfen, deren Ausfertigung der Pabst vom König später am 19 Merz 1402 verlangt hat. Ich nehme als sicher an, daß diese nr. 71 und 72 dieselben Entwürfe sind, deren Ausfertigung er auch schon durch Franciscus von Montepulciano 1401 Dec. 25 forderte. Deshalb ist bei den Gesandtschaftsakten desselben von mir die nr. 25 und die nr. 26 = nr. 71 und 72 eingesetzt worden. An dieser Forderung hat der Pabst dann auch festgehalten bis zu Ende, und so kommen dieselben immer wieder vor: nr. 33 und 34, nr. 54 und 55, nr. 71 und 72, nr. 88 und 89. Sind es aber nur diese zwei Versprechungen gewesen, die damals der Pabst dem König angemuthet hat? Die Angabe über sie in nr. 23 art. 1 und nr. 24 art. 1 sagt nicht, wieviele es gewesen seien; es heißt da nur per promissiones et literas regias de quibusdam capitulis. Das quibusdam läßt eher auf mehr als zwei vermuthen. Auch sonst sind es immer drei Versprechungs-Urkunden, um welche sich diese Verhandlungen drehen. Die zwei ersten, die wir genannt haben, betreffen das Verhältnis des Königs zum Schisma; die dritte das zu Galeazzo. In Verbindung mit nr. 33 und 34 erscheint so die dritte Urkunde nr. 35 (nebst ihren Varianten nr. 36-38); mit nr. 54 und 55 zwar nicht dieselbe Fassung wie nr. 35, aber doch die Varianten nr. 57. 59. 61; mit nr. 71 und 72 die nr. 73; mit nr. 88 und 89 unter veränderten Umständen die Varianten nr. 91. 93. 95. 97. Daß auch schon unser Franciscus von Montepulciano eine dritte Urkunde als Entwurf mitgebracht habe, die sich auf Galeazzo bezog, ist also schon durch die Analogie der Fälle wahrscheinlich. Es ist aber auch an sich gar nicht denkbar, daß er bloß das Verhältnis des Königs zum Schisma regeln sollte, die Mailändische Frage nicht. Die letztere war damals gerade so brennend wie im weiteren Verlauf der Unterhandlungen. Freilich wissen wir nun bloß von den beiden ersten Entwürfen nr. 25 und 26 (= nr. 71 und 72) mit Sicherheit, daß sie das Zeichen ⊕ trugen, also von unsrem Franz präsentiert worden sind; es ist aber damit nicht ausgeschlossen, daß das auch von einem dritten Entwurfe gilt. An derselben Stelle, wo sich nr. 71 und 72 als Forderung des Pabstes finden, fordert er auch nr. 73, und in nr. 53, die die beiden andern Entwürfe durch das Zeichen ⊕ verräth, ist mit demselben Zeichen auf einen dritten nur deshalb nicht verwiesen, weil er in der ursprünglich vom Pabst aufgestellten Form bei dieser Gesandtschaft gar nicht vorkommt. Ich behaupte aber ganz bestimmt, daß man, wenn sich heute das Blatt finden würde auf welchem die mit ⊕ bezeichneten nrr. 25 und 26 gestanden haben, dort auch nr. 27 mit demselben Zeichen entdecken würde, und daß, wie nr. 25 und 26 identisch waren mit nr. 71 und 72, so auch nr. 27 identisch war mit nr. 73. Deswegen habe ich mit ruhigem Gewissen bei den Gesandtschaftsakten des Franciscus von Montepulciano auch die nr. 27 = nr. 73 eingesetzt. Vielleicht nun mag man mir im allgemeinen soweit folgen wollen, aber doch den Zweifel aufwerfen, ob denn wirklich die drei Entwürfe des Franciscus schon völlig identisch gewesen seien mit den späteren nr. 71-73, ob nicht vielmehr doch, bei sonstiger Ähnlichkeit des Inhalts, spätere Variierungen möglich seien. Bei den beiden ersten, nr. 25 und 26, halte ich das für ganz unwahrscheinlich, sie erscheinen auch später wieder stets mit dem gleichen Wortlaut. Und auch bei der dritten, nr. 27, halte ich an der Identität mit nr. 73 fest, weil ich es bei den beiden ersten thun muß, und weil man an nr. 35 und 73 sieht, daß die Kurie ebenso gut bei ihrer Fassung des dritten Entwurfs wie bei ihrer Fassung der beiden ersten Entwürfe stehen blieb. Hat sie ihrem Franciscus diese gleich so mitgegeben, wie sie dann blieben, warum sollte das mit jenem anders sein? Was man von Ruprecht in Betreff Galeazzo's verlangen wollte, das konnte man gleich wissen. — Vor Franz' Sendung hat offenbar eine solche Fixierung der päbstlichen Forderungen durch Urkunden-Entwürfe nicht stattgefunden. In der Instruktion des Antonius von Monte Catino 1401 c. Merz 25 nr. 5 tauchen einige Elemente zu solchen Versprechungs-Entwürfen auf, aber von solchen Entwürfen selbst ist noch keine Rede, man sieht überhaupt daß hier etwas neues kommt wie Franciscus seine promissiones et literas regias de quibusdam capitulis mitbringt, während die Entwürfe der Approbations-Urkunde nr. 6. 16. 21 schon früher fixiert waren. — Die drei Entwürfe nr. 25, 26, 27 haben in der Form, wie sie von Franciscus überbracht wurden, eben als erste Entwürfe, sicher noch kein Datum getragen. Sie erhalten ein solches allemal erst später, wie sie vom König zur unbedingten oder eventuellen Annahme bzw. Übergabe ausgefertigt wurden.

Von dieser Gesandtschaft des Franciscus von Montepulciano ist dann weiter die Rede in den Instruktionen nr. 28 vom 1-3 Jan. 1402 und nr. 47 vom 22-23 Jan. 1402. Wenn wir bisher die Einsetzung der nrr. 25-27 unter die Akten des Franciscus gerechtfertigt haben aus dessen Eröffnungen nr. 23 und 24, aus den Hinweisungen des defekten Kodex, aus dem allgemeinen Gang der Dinge, so eröffnet sich uns mit jenen Instruktionen ein Material, um für unsere Kombinationsrechnung die Probe zu machen. Hier ist nemlich, in nr. 28 art. 1-3 und in nr. 47 art. 1. 3. 4. 5 wirklich davon die Rede, daß Franciscus drei Entwürfe mitgebracht hat, zwei vom Schisma, einer von Galeazzo handelnd. Was man aus der kurzen Angabe ihres Inhaltes sieht, widerspricht keiner von unseren Aufstellungen. Es bleibt also dabei. Noch eine weitere Erwägung kommt hinzu. In nr. 31 bevollmächtigt der König seine Gesandten zu Verhandlung und Abschluß de et super quibusdam certis capitulis, welche Franciscus an ihn gemuthet habe; de quibusdam capitulis heißt es auch in den Eröffnungen des Franciscus nr. 23 art. 1 und nr. 24 art. 1. In nr. 32 bevollmächtigt der König ferner seine Gesandten, dem Pabste certas literas nostras super quibusdam capitulis zu überreichen; es sind alle Zweifel ausgeschlossen, daß damit dasselbe gemeint ist, was Franciscus in seinen Eröffnungen nr. 23 art. 1 und nr. 24 art. 1 als promissiones et literas regias de quibusdam capitulis bezeichnet. Welche sind nun diese literae? Die zwei ersten fehlen auch dießmal in dem verstümmelten Kodex (unsere nr. 33 und 34), aber die dritte ist da, es ist unsere nr. 35 (mit ihren drei Varianten nr. 36, 37, 38). Diese nr. 35 (= 27) aber ist wirklich identisch mit nr. 73 dem ganzen Wortlaute nach. Was also oben noch fehlte an dem Beweise der Identität von nr. (25, 26) 27 mit nr. (71, 72) 73, das ist hiemit nachgeliefert. Wir erhalten die Reihe nr. 25 = 33 = 71, nr. 26 = 34 = 72, nr. 27 = 35 = 73. Ich kann also jetzt mit Vergnügen sagen, daß an allen meinen Aufstellungen in dieser Sache kein Zweifel mehr möglich ist, und daß die Lücke des Kodex in dieser Reihe von Urkunden durch die kritische Kombination vollkommen ausgefüllt werden konnte.

Mit Franciscus von Montepulciano war auch Nikolaus Buman von Rom aus zum König gekommen, der Bischof Konrad von Verden aber war in Rom zurückgeblieben, nr. 29 und Überschrift und art. 1 von nr. 28 und 47. Damit stimmt auch, was in K. Ruprechts Anweisung für den Landschreiber von Amberg [1402 Febr. 28] art. 2 gesagt ist. Daher wird Konrad von Verden auch in sämmtlichen Vollmachten vom 1. 2. 22 Jan. 1402 als absens bezeichnet.

II. Nichtabgegangene Gesandtschaft des Philipp von Falkenstein und Nikolaus Buman nach Rom, wo Konrad von Verden geblieben war; 1402 Jan. 1-3, nr. 28-38.

Franciscus von Montepulciano befand sich mit Nikolaus Buman in Venedig, Konrad von Verden war in Rom. Am 25 Dec. 1401 machte Franciscus dem König seine Eröffnungen (nr. 23 und 24). Wie man an den unter lit. II von uns vereinigten Stücken sieht, sollte sofort, um auf die Eröffnungen der beiden zu erwidern, eine Gesandtschaft nach Rom abgehen, deren Schriftstücke alle, soweit sie ein Datum haben, das vom 1 oder 2 oder 3 Jan. 1402 tragen. Daß sie nicht wirklich abgegangen ist, sieht man aus nr. 47 art. 2 und aus nr. 39. Deshalb sind auch alle Schriftstücke derselben kassiert d. h. gleichzeitig durchstrichen; mit Ausnahme von nr. 30, die noch

für die nächste Gesandtschaft vom 22-23 Januar verwendet wurde, wie wir bei lit. M
sehen werden. Wir können daraus einen Schluß auf das Schicksal unseres Kodex,
genauer für die bereits beschriebene Blätterlage desselben, ziehen. Die Durchstreichung
der betreffenden Stücke nemlich, wie die Schonung des Einen derselben, hat stattgefunden
zu der Zeit, wo jene bereits überflüssig waren, dieses aber noch brauchbar schien, also
zwischen der Gesandtschaft vom 1-3 Jan., die nicht abgieng, und derjenigen vom
22-23 Jan., die wirklich ihren Verlauf nahm. Diese Durchstreichung einerseits und
Schonung andrerseits hat also stattgefunden in Venedig. Wir haben somit in dieser
Blätterlage einen leiblichen Überrest von der Reisekanzlei des Königs in Italien. Daraus
erklärt sich wol auch vielleicht der Verlust der vorausgehenden Blätter, die morsche Be-
schaffenheit des Papiers, die theilweise Abschürfung der Schrift. Die Registratur hat
eben auch ihre Reisestrapazen durchgemacht. Das hinderte aber nicht, daß des Zu-
sammenhangs wegen, nach der Rückkehr nach Deutschland noch weitere Unterhandlungen
mit Rom auf die leergebliebenen Blätter eingetragen wurden.

Wenn ich nun ein bißchen auch auf den Inhalt der Schriftstücke dieses
Gesandtschaftsprojektes zu reden komme, so geschieht dieß nicht um deren histo-
rischen Inhalt zu verwerthen oder gar zu erschöpfen, sondern lediglich, wie es
dem gebildeten Herausgeber ziemt, um den Zusammenhang der herausgegebenen Akten
zu erklären, und auch das nur soweit als eine solche Erklärung nicht über-
flüssig ist.

Die Versprechungen nr. 33. 34. 35, hier vom König angeboten, sind die Forde-
rungen, die der Pabst durch Franciscus gestellt hatte. Sie erscheinen jetzt nicht mehr
als undatirte Entwürfe, in welcher Gestalt sie Franciscus ohne Zweifel vorgelegt hatte,
sondern als datierte volle Ausfertigungen, zu deren Überreichung an den Pabst die
Gesandten des Königs beauftragt wurden. Aber dieser Auftrag war keineswegs so ohne
weiteres gemeint. Zwar die zwei ersten, das Schisma betreffend, nr. 33 und 34, wurden
von Ruprecht nicht beanstandet, s. nr. 28 art. 2. Aber bei der nr. 35, welche Galeazzo
angieng, fand sich daß etwas darinne ei das gar swere wurde, s. nr. 28 art. 3.
Also zu diesem Versprechen nr. 35 wollte sich der König nicht gerne verstehen. Deshalb
machte er noch andere Vorschläge, d. h. er fertigte noch weitere Urkunden aus über
sein Verhältnis zu Galeazzo die statt nr. 35 der Kurie genügen sollten und ihn selbst
weniger brengten, nr. 36. 37. 38. Mit Einem Wort: die Gesandten sollten feilschen,
zuerst das wenigste bieten, und so weiter aufsteigend, bis der Pabst befriedigt wäre,
und schließlich sogar, um nicht brechen zu müssen, die ursprüngliche Forderung der
Kurie, nr. 35, zugeben, wie sie Franciscus dem König vorgelegt hatte, s. nr. 28 art. 3.
Diesen Sinn hat es, daß über den gleichen Gegenstand hier die ganze Reihe der Ur-
kunden nr. 35. 36. 37. 38 erscheint. Ohne Zweifel war, wie wir sehen werden, die
Reihenfolge des Bietens so gemeint, wie die Stücke im Kodex am Rande bezeichnet
wurden mit Zahlen, und in dieser Ordnung sind sie deshalb auch von uns ab-
gedruckt.

Das Verhältnis der vier Versprechungs-Ausfertigungen nr. 35. 36. 37. 38 unter
einander bedarf noch einer Erörterung. Sie enthalten die Bestimmungen über das Ver-
hältnis zu Galeazzo, zu denen sich Ruprecht dem Pabst gegenüber verbindlich zu machen
bereit ist. Alle vier Ausfertigungen sind nur in fragmentarischen Abschriften enthalten.
Aber diese Mangelhaftigkeit hat einen andern Grund bei nr. 35, einen andern bei nr.
36. 37. 38. Die nr. 35 stand ursprünglich im Kodex vollständig, ihr Anfang fehlt
nur deshalb weil wir das vorhergehende Blatt nicht mehr haben, aber alles sachlich
wesentliche ist in dem vorhandenen Rest erhalten, und die Identität mit der Forderung
des Pabstes nr. 73 kann bei genauester Vergleichung keinem Zweifel unterliegen. Da-
gegen sind die Abschriften nr. 36. 37. 38 im Kodex von vornherein mit Absicht, der

10 Zum Wahltag: Verhandl. mit der Kurie wegen Approbation u. Kaiserkrön. 1400 Dec. 14 bis 1403 Okt. 1.

Kürze halb, fragmentarisch gehalten, und es werden allemal die ausgelassenen Worte
ersetzt durch Verweisung auf eine der vier zusammengehörigen und hier zusammen-
gestellten Urkunden. Und da ist denn nicht ganz leicht durchzukommen, weil diese
Verweisungen nach einer doppelten Bezeichnung stattfinden. Die eine Bezeichnung ut
in proxima precedenti litera geht auf die Lokalordnung im Kodex, die anderen Bezeich-
nungen ut in prima litera und ut supra in secunda litera gehn auf die Zahlordnung
die der Kodex am Rand angibt. Nach jener ist die Reihenfolge: nr. 35, 37, 38, 36,
nach dieser ist sie: nr. 35, 36, 37, 38, ganz wie wir in der Ordnung abdrucken. In-
dem aber der Schreiber der Urkunden bei seinen Verweisungen die beiden Reihenfolgen,
Lokalordnung nemlich und Zahlordnung, durcheinander anwendet, hat er sich offenbar
verwirrt. Gleichwol kann der Sinn des Unterschieds der vier Urkunden nicht zweifelhaft
sein: in nr. 35 sind die Verpflichtungen des Königs die umfassendsten, in nr. 36, 37,
38 treten Abschwächungen ein. Die Gesamten sollen, wie wir sehen, zuerst das Ab-
geschwächteste bieten, und so aufsteigend verfahren bis allenfalls zum umfassendsten.
Welches ist nun die Reihenfolge des Bietens durch alle vier Urkunden hindurch? Es
sind in ganzen drei Bestimmungen, um die es sich dabei überhaupt handelt: a) Ver-
nichtung Galeazzo's, b) oder doch Einsetzung eines Generalvikars, c) Berücksichtigung
des Pabstes beim Frieden mit Galeazzo. In a stimmen alle vier Urkunden überein.
Es handelt sich nur um Abschwächung der in nr. 35 enthaltenen Forderungen b und c
beim Angebot von nr. 36, 37, 38. Und zwar tritt da die Abschwächung von b und c
je nur in Einer Form auf, wo sie auch auftritt. Also kann das Verhältnis der drei
Urkunden nr. 36, 37, 38 unter einander nur das sein, daß in der Einen nur b, in der
andern nur c, in der dritten aber sowol b als c in der gegebenen Abschwächung auf-
treten. Das ist völlig klar. Es frägt sich nur, wie damit die Verweisungsangaben der
drei Urkunden stimmen. Und da kommt man nun durchaus nicht ins reine. Denn
genau nach den Texten wäre in nr. 36 nur c abgeschwächt, in nr. 37 aber und auch
in nr. 38 sowol b als c. Das geht nicht, und kann so nicht gemeint gewesen sein. Der
Text muß also irgendwo in den Verweisungen der drei Urkunden einen Fehler haben,
und den müssen wir finden. In nr. 36 kann er nicht liegen, denn daß da nur c ab-
geschwächt sei, ist zu deutlich oder umständlich gesagt als daß man zu ändern wagen
dürfte. Daß in nr. 38 sowol b als c abgeschwächt werden sollen, scheint mir ebenfalls
unzweifelhaft. Denn kann aber für nr. 37 nicht ebenfalls die Abschwächung dieser
beiden Punkte gemeint sein, da das schon die Eigenschaft von nr. 38 ist, und ebenso
wenig ist an die bloße Abschwächung von c zu denken, da sich sonst diese nr. 37 nicht
von nr. 36 unterscheiden würde. Also bleibt für nr. 37 nur übrig die Abschwächung
des bloßen b. Daß b hier abgeschwächt werden soll, ist im Text auch deutlich gesagt,
und wenn es dabei sichtlich verbleiben sollte, so darf man, um die weitere Abschwächung
auch von c, die ganz unstatthaft ist, hier zu vermeiden, am Schluß nur b seu ut supra
in prima litera statt ut supra in secunda litera, wie ich als Emendation deshalb gleich
in den Text gesetzt habe. Dann ergibt sich für die Reihenfolge des Bietens das fol-
gende. Die nr. 35 bietet am meisten und ist unter der prima litera bei der Verweisung
in nr. 36 gemeint, obschon sie selbst mit ihrem Kopf auch die Zählung verloren hat.
Die nr. 38 bietet am wenigsten, und ist als quarta bezeichnet. Schon daraus geht her-
vor, daß die Zahlordnung auch die Reihenfolge des Bietens ist. Und wenn man bei
nr. 36 und 37, von denen die eine den Punkt c, die andere den Punkt b abschwächt,
an sich über die Reihenfolge des Bietens in Zweifel sein könnte, weil es schwer zu sagen
ist auf welche von beiden Abschwächungen am königlichen Hof ein größeres Gewicht
gelegt wurde, so wird doch auch hier die Zahlordnung den Ausschlag geben, und nur.
37 vor nr. 36 zum Anbieten bestimmt gewesen sein. Die Gesandtschaftsanweisung nr.
28 art. 3 scheint zwar nur von Einem Punkte der nr. 35 zu reden, der dem König

gar schwer würde; aber dieses etwas ist, wie sich aus den folgenden Worten ergibt, sehr dehnbar, und kann ganz wol auf die beiden Punkte b und c unterschiedslos und zusammen bezogen werden.

Alle diese Erörterungen, wie ich sie hier gebe, sind für die historische Verwerthung dieser Urkunden wichtig genug. Anders steht es wol mit der Frage, die ich zum Schluß noch erhebe. Sie ist mehr eine Frage der Neugierde, wenn auch keiner müßigen. Und wenn man einmal an einer Sache ist, muß man sie auch durchführen bis zu Ende. Nun ist es doch auffallend, daß nr. 35 und nr. 73, die doch völlig identisch sind, gleichwol ein verschiedenes Datum führen, jene den zweiten, diese den dritten Januar. Jene hat ihr Datum vom zweiten Januar unter den Akten der nicht abgegangenen Gesandtschaft vom 1-3 Januar, diese ist vom dritten datiert als Einschaltung in das päbstliche Schreiben vom 19 Merz 1402 nr. 70. Woher gibt ihr der Pabst dieses Datum vom 3 Januar? Daß er ihr das vom 2 Januar nicht gibt, das sie unter den Akten der Gesandtschaft vom 1-3 Januar trägt, ist begreiflich; denn mit diesem Datum war sie ihm nie präsentiert worden, da die Gesandtschaft vom 1-3 Jan., die sie ihm mit diesem Datum überbringen sollte, nie an ihn abgieng und die Gesandtschaft vom 22-23 Jan. sie nicht präsentieren sollte. Ihr Inhalt war ihm sehr wol bekannt, da sie von ihm selbst ausgegangen war, durch Franciscus als nr. 27 an den König überbracht, damals sicherlich ein ganz undatierter Entwurf, der ein Datum erst erlangen konnte, wenn er von Ruprecht vollzogen wurde. Wenn er sie nun datieren wollte, so hatte er die Wahl. Bei nr. 71 und 72, ebenfalls Einschaltungen in nr. 70, müssen wir voraussetzen, daß sie das Datum vom 1 und 3 Januar getragen haben schon in nr. 33 und 34, und demgemäß in nr. 54 und 55. Diese letzteren beiden waren ihm durch die Gesandtschaft vom 22-23 Januar bekannt geworden, deshalb ließ auch er ihnen diese Datierung, unter welcher ja der König die Versprechungen in denselben zu acceptieren schon bereit gewesen war. Die dritte Urkunde, die er selbst noch datumlos als nr. 27 durch Franciscus gefordert hatte, wurde ihm auch durch die Gesandtschaft vom 22-23 Jan. nicht präsentiert, da der König gar nicht mehr auf sie eingehen wollte. Konnte er sie also weder unter dem Datum des 2 Januar noch unter irgend einem andern, und lag es ihm nahe ihr die volle Form zu geben die die beiden andern bereits hatten, so war es wieder das nächstliegende, ihr eines der Daten dieser beiden andern zu geben, also entweder das des 1 oder das des 3 Januar. Beide Datierungen ließen sich gleich gut verwenden, obschon es eine Willkür war ihr überhaupt eines zu geben, wie auch ihr dieses oder jenes zu geben. Er wählte nicht den ersten sondern den dritten Januar. Dieß ist die Erklärung des Räthsels.

1. Bescheid K. Ruprechts an den päbstlichen Gesandten Franciscus von Montepulciano in Venedig, 1402 Jan. 5, nr. 39.

Während die königliche Gesandtschaft vom 1-3 Jan. 1402, die nicht abgegangen ist, in Venedig vorbereitet wurde, war Franciscus von Montepulciano dort geblieben. Er sollte mit ihr, die bestimmt war dem Pabste nöthigenfalls in allem nachzugeben, nach Rom zurückreisen. Aber diese königliche Gesandtschaft gieng nicht ab, weil die Verhandlungen mit Florenz dem König neue Aussichten eröffneten, und Franciscus schickt seinen Abschied, der König werde dem Pabste, sobald es möglich sei, durch eine eigne Gesandtschaft weiteres eröffnen, nr. 39. 40. Ohne Zweifel ist er mit diesem nichtssagenden Bescheide dann abgereist (remissimus, nr. 40). Er nahm einen Brief mit an Konrad von Verden in Rom, worin ebenfalls nur eine weitere Gesandtschaft in Aussicht gestellt war, nr. 41 art. 1.

K. **Schreiben K. Ruprechts nach Rom: will Italien verlassen; 1402 Jan. 8,
nr. 40-42.**

*Bei dem üblen Gange, den die Geldverhandlungen mit Florenz nahmen, entschließt
sich der König nach Deutschland zurückzukehren, nr. 41. Diess und anderes, was damit
hängt, meldet Ruprecht dem Pabste durch Konrad von Verden, der noch in Rom war.
Wol zu beachten: Franciscus von Montepulciano gieng mit dem Bescheide vom 5 Jan.
nr. 39 ab; was der König jetzt dem Pabste und Konrad von Verden am 8 Januar
meldet, geschah durch einen besonderen Boten, das ist in nr. 41 art. 1 sehr verständlich
angedeutet. Ruprecht wird dem päbstlichen Gesandten die Schriftlichkeiten, die für
Konrad von Verden bestimmt waren, nicht haben anvertrauen mögen. War Franciscus
am 5 Jan. abgefertigt worden, so folgen dann die Botschaften vom 8 Januar zwar
gleich, aber in angemessenem Zwischenraume nach.*

L. **Schreiben K. Ruprechts nach Rom: will in Italien bleiben; 1402 Jan. 12,
nr. 43-46ᵇ.**

*Die Lage hatte sich rasch geändert, der König verständigte sich mit Florenz, er
will nicht nach Deutschland zurück. Konrad von Verden soll in Rom weiter verharren,
Ruprecht will eine neue Gesandtschaft dahin schicken; das alles offenbar nur durch
einen Boten gemeldet, nr. 44. — Die zwei Gutachten italienischer Bundesgenossen, nr.
45 und 46, die ihn ermuntern, zu den Forderungen des Pabstes ja zu sagen, fanden
hier billig ihren Platz, sie sind um diese Zeit ergangen, verdienen aber keine eigene
Abtheilung. Die nr. 46ᵇ enthält ausführlicher und authentischer, was in nr. 46 ent-
halten ist.*

M. **Gesandtschaft des Grafen Philipp von Falkenstein und Nikolaus Buman
nach Rom, wo Bischof Konrad von Verden geblieben war; 1402 Jan. 22-23,
nr. 47-68ᵃ.**

*Die angemeldete königliche Gesandtschaft gieng von Venedig ab, und Nikolaus
Buman kehrte als Mitglied derselben, mit dem neuen Gesandten Philipp von Falken-
stein, nach Rom zurück. Er war, wie wir uns erinnern, mit Franciscus von Monte-
pulciano von Rom nach Venedig gekommen. Bei dessen Abreise von da war er also
noch geblieben.
Die Instruktion nr. 47 ist auf Grundlage der älteren nr. 28 aufgebaut, welche
für die Gesandtschaft vom 1-3 Jan. bestimmt war. Wir theilen den Wortlaut daher
nur soweit mit, als er von jener abweicht. Sie gibt jetzt diejenige Antwort auf die
Anträge des Franciscus von Montepulciano, die wirklich an den Pabst gelangte, nr. 48.
Unter den Vollmachten der königlichen Gesandten erscheint jetzt wieder die wegen
der Approbation nr. 51, als Wiederholung von nr. 30, welche letztere für die nicht-
abgegangene Gesandtschaft vom 1-3 Jan. ursprünglich bestimmt gewesen war. Ich ver-
weise deshalb auf lit. H. Sie ist dort das einzige im Kodex nicht ausgestrichene Stück
dieser früheren Gesandtschaft, nicht ausgestrichen, weil wieder verwendbar und verwendet
in der neuen vom 22-23 Januar. — Ich habe, was das Nichtausgestrichensein betrifft,
unter lit. H nur die nr. 30 erwähnt, die auch für die neue Gesandtschaft giltig blieb.
Sie ist aber nicht die einzige, die unausgestrichen blieb. Sie ist die einzige unaus-
gestrichene nur unter den noch erhaltenen Stücken. Wenn wir die durch die Verstüm-
melung des Kodex weggefallenen Urkunden nr. 33 und 34 noch hätten, so würde sich*

zeigen, daß sie ebenfalls nicht durchstrichen waren, weil sie ebenfalls für die Gesandtschaft vom 22-23 Jan. wider verwendet worden sind, als nr. 54 und 55. Daß sie aber diese Verwendung wirklich erfahren haben, zeigt die Instruktion nr. 47 art. 3 und 4. Da, wo sie als nr. 71 und 72 wider erscheinen (Einschaltungen von nr. 70), zeigen sie das Datum des 1 und 3 Januar. Unter diesem Datum konnte sie der Pabst nur kennen lernen durch die Gesandtschaft vom 22-23 Januar; denn die Gesandtschaft vom 1-3 Jan., wo sie diese Daten ohne Zweifel bekommen haben, ist ja nicht wirklich an ihn abgegangen. Also hat die Gesandtschaft vom 22-23 Jan. die Exemplare der früheren vom 1-3 Jan. einfach wieder aufgenommen, und wenn diese früheren Exemplare im Kodex als Akten der früheren Gesandtschaft gestanden haben, so sind sie sicher auch nicht ausgestrichen worden. Die Vollmacht nr. 53 citiert freilich, obwol die datierten schon vorhanden sein mußten, die noch undatierten Exemplare, die Franciscus von Montepulciano mitgebracht hatte, aber deren Abschreiber hatte eben zu wählen, er hätte auch die datierten vom 1 und 3 Januar citieren können, und diese haben sicherlich dagestanden, sonst stände ihr Datum vom 1 und 3 Januar völlig in der Luft, und gerade zu jener projektierten Gesandtschaft vom 1-3 Januar haben sie wesentlich mitgehört, nur hat die Verstümmelung des Kodex sie ausfallen lassen wie anderes auch. Eben weil man bei den Akten der Gesandtschaft vom 1-3 Jan. Gebrauch von ihnen machte, deshalb tragen sie das Datum des 1 und des 3 Januar.

Die Lage des Königs hat sich verbessert. Seine Zugeständnisse an die Kurie werden daher geringer. Daraus erklärt sich, warum unter den von ihm angebotenen Versprechungen in Betreff Galeazzo's die vom Pabst ursprünglich geforderte (nr. 27 = 35 = 73) gar nicht mehr vorhanden ist. Bei der projektierten Gesandtschaft vom 1-3 Jan. war er noch bereit gewesen, im Fall äußerster Zähigkeit der Kurie auch diese Forderung in ihrer ursprünglichen Gestalt zuzugeben. Jetzt figuriert sie unter seinen verschiedenen Galeazzo-Anerbietungen nr. 57. 59. 61 gar nicht mehr. Und sie ist nicht etwa ausgefallen; die Art, wie der Kodex die Sache behandelt, zeigt deutlich, daß sie weggelassen wurde, weil der König auch im äußersten Falle entschlossen war, nicht mehr darauf einzugehen. Und er sagt es auch in der Instruktion nr. 47 art. 5: der Brief sei ihm zu swere und nicht bequemlich.

Im übrigen war er wol noch zu feilschen bereit. Nicht in Betreff der Urkunden über das Schisma nr. 53 und 54, diese will er auch jetzt acceptieren wie sie sind. Wol aber wegen Galeazzo's. Da macht er drei Propositionen, nr. 57. 59. 61. Wir geben sie in der Reihenfolge, in der sie der Kodex gibt, die dazu gehörigen Vollmachten in derselben Reihenfolge, auch wie sie der Kodex gibt. Vermuthlich ist das auch die Ordnung, in der sie beim Feilschen verwendet werden sollten.

Es ist vielleicht auch nur eine Frage der Neugier, wie oben bei lit. II schon einmal, wenn es mir eine Schwierigkeit scheint, daß die Versprechungsurkunden nr. 57. 59. 61, welche der Gesandtschaft vom 22-23 Jan. mitgegeben wurden, alle vom 4 Januar datiert sind, also beträchtlich früher. Eine solche frühere Datierung zeigt sich zwar auch bei nr. 54 und 55, welche vom 1 und 3 Januar sind; doch das haben wir uns schon zu erklären vermocht. Aber warum die genannten andern den 4 Jan. haben, ist die weitere Frage. Ihre Beantwortung hängt wol zusammen mit der der andern. Wenn man nemlich für die Nummern 54 und 55 das Datum des 1 und 3 Januar aus nr. 33 und 34 beibehielt, so war das zugleich ein Vorgang für die Datierung der neuen Urkunden nr. 57. 59. 61. Man wollte für die sämmtlichen Stücke nr. 54. 55. 57. 59. 61 ein annähernd gleiches Datum haben. Beließ man nun nr. 54 und 55 beim 1 und 3 Januar, so war für nr. 57. 59. 61 durch die Datierung vom 4 Januar die Gleichförmigkeit hergestellt, und doch zugleich angedeutet, daß sie eigentlich nach jenen erst entstanden sind. Nur ist natürlich der 4 Januar nicht das richtige, denn die damit

datierten Urkunden gehören zu lauter Vollmachten vom 22 Januar, und sind nicht um
drei Wochen älter als diese, sondern bloß zurückdatiert, weil es so aus angegebenem
Grund konvenirte.

Die hier vorgenommene Eintheilung der Gesandtschaftsschreiben nr. 62-68c, wovon
nr. 62 nur aus einem übrigens guten Druck wiederholt werden konnte, wird jedermann
an dieser Stelle gerechtfertigt finden.

N. Bescheid des P. Bonifacius IX an K. Ruprecht durch den Grafen Philipp von Falkenstein und Nikolaus Buman, während Bischof Konrad von Verden in Rom bleibt; 1402 Merz 19, nr. 69-73.

Daß diese Beiden das Schreiben des Pabstes vom 19 Merz 1402 nr. 70 an K.
Ruprecht als Antwort auf dessen letzte Werbung brachten, sieht man aus nr. 74-77
sowie aus nr. 69, worin sie von Bonifacius IX Geleite erhalten unter gleichem Datum.
Freilich hat das nemliche Geleite in derselben nr. 69 auch Konrad von Verden mit
den beiden andern erhalten, aber er scheint keinen Gebrauch davon gemacht zu haben,
denn aus nr. 74-77 erhellt, daß er in Rom geblieben war.

Was für sachliche Propositionen der Pabst in nr. 70 macht, mag sich jeder selbst
herauslesen. Ich habe hier nur eine Bemerkung zu machen über den Text dieses Stücks.
In diesem Texte sind nemlich zwei interessante Veränderungen angebracht. Bei usque
ad medium mensem maji ist ad medium unterstrichen, und es ist darüber gesetzt et per
totum; bei dem folgenden usque ad kalendas maji predicti ist ad kalendas maji predicti
unterstrichen, und es ist darüber gesetzt et per totum mensem. An dem früheren Worte
celebrata sieht man, daß der Schreiber oder Korrektor des Stücks durch Unterstreichen
die Tilgung anzeigt. So würde es also nach Tilgung der unterstrichenen Worte hier
heißen usque et per totum mensem maji und usque et per totum mensem, und an letz-
terer Stelle wäre natürlich doch auch an den Monat Mai zu denken. Diese zweimalige
Korrektur ist nun aber nicht bloße technische Textrektifikation, sie ist eine Veränderung
des Inhaltes des Vertrags. Auch die Tinte ist und die Handschrift scheint eine andre
zu sein. Offenbar hat die päbstliche Urkunde gelautet wie der Text ursprünglich hieß,
und die Korrektur bedeutet und eine Veränderung die der König wünschte. Sie ist in
der königlichen Kanzlei hinzugefügt und im Interesse des Königs gedacht.

Bezeichnend für die Kurie ist im übrigen ihre Konsequenz. Was sie am 19 Merz
1402 in den drei Urkunden nr. 71. 72. 73, die der König ausstellen soll, von diesem
fordert, ist genau dasselbe, was sie bereits im Dec. 1401 gefordert hatte mit der Vor-
legung von nr. 25. 26. 27. Auch der Ausdruck promissiones et capitula, der in nr. 70
dreimal für diese Urkunden vorkommt, ist fast derselbe wie gleich das erstemal in nr. 23
art. 1 und nr. 24 art. 1 die promissiones et litere regie de quibusdam capitulis. Ulman
Stromer St. Chr. 1, 56, 3 weiß, daß der Pabst dem König zumuthet: wölt er von im
gekrönt werden, so solt er im solich swer articel tun, das wider das reich wer'.

O. Letzte Schreiben K. Ruprechts nach Rom vor seinem Abzug aus Italien, an Bonifacius IX und Bischof Konrad von Verden; 1402 Apr. 14, nr. 74-77.

Da der König sich genöthigt sieht nach Deutschland zurückzukehren, will er doch
als seinen ständigen Gesandten Konrad von Verden in Rom lassen. Auf die Forde-
rungen des Pabstes vom 19 Merz 1402 geht er zwar nicht ein, nach Ulman Stromer
St. Chr. 1, 56, 1f. haben ihm Franz von Carrara und die Venetianer zur Ablehnung und
zum Heimzug gerathen; doch soll Konrad die Approbation weiter betreiben. Die Schrift-
stücke sind offenbar nur durch einen Boten befördert worden. Zu dem damaligen Ver-

hältnisse Konrads von Verden zum Römischen Stuhl vgl. Scheidt cod. dipl. zu Mosers Einl. in das Brunsch. Läneb. Staatsrecht p. 797 nr. 98 und p. 822 nr. 105.

P. Sendung des Bischofs Konrad von Verden durch P. Bonifacius IX an K. Ruprecht, 1402 Okt. 16, nr. 77ª-78.

Wir haben bloß den vom Pabste für Konrad ausgestellten Geleitsbrief. Seine Kredenz ist in nr. 79 und 80 wenigstens im allgemeinen erwähnt. Man sieht aber aus der späteren Instruktion nr. 81 art. 2 und 5, was für Forderungen Bonifaz durch ihn gestellt und was er durch ihn angeboten hat. (Konrads von Verden lange Residenz zu Rom hatte damit ihr Ende erreicht, bei der Sendung vom Merz 1403 ist er nicht mehr betheiligt, und im Oktober desselben Jahres geht die Approbation ohne ihn vor sich.) Über einiges vorhergehende geben die Florentinischen Gesandtschaftsberichte nr. 77ª-77ᵈ Auskunft.

Q. Vorläufiger Bescheid K. Ruprechts an den Pabst auf die ihm von diesem durch Bischof Konrad von Verden gemachten Eröffnungen, 1402 Dec. 30, 1403 Jan. 18, nr 79-80.

In nr. 79 erklärt er, erst nach Berathung mit Fürsten und Räthen auf die Sendung Konrads von Verden antworten zu können. In nr. 80 meldet er, jetzt nach gepflogener Berathung werde er unverzüglich eine Gesandtschaft abgehen lassen. Diese beiden Briefe giengen natürlich nur durch Boten nach Rom, eine Gesandtschaft wird ja erst in Aussicht gestellt.

R. Gesandtschaft des Bischofs Raban von Speier und Matthäus von Chrochow und dazu des Ulrich von Albeck und Eberhard von Menzingen nach Rom 1403 Merz 5-8, und Gewinnung der Approbation des gewählten K. Ruprecht durch sie, 1403 Okt. 1, nr. 81-111.

Diese Gesandtschaft ist vom Merz, und dauerte bis Oktober 1403. Die Versprechungsurkunden mit den Vollmachten dazu machen hier keine Schwierigkeit, sie sind vollzählig vorhanden. Raban von Speier und Matthäus von Chrochow haben den Eid für den König geleistet, nr. 103. Vom 1 Okt. 1403 ist die Approbationsurkunde nr. 104. Ein undatierter Entwurf nr. 102 muß ihr nicht lange vorhergegangen sein. Über beide war schon die Rede unter lit. B und E, die Bedeutung des Entwurfs ist erörtert sub nr. 102 selbst. Was die Ausfertigung nr. 104 betrifft, so sehen wir schon wie unrichtig es ist zu sagen, die Kurfürsten seien zur Absetzung (und Neuwahl), irrthümlich bei Raynaldus 1401 art. 9) geschritten auctoritate nostra suffulti. So war es nicht gewesen, aber es sollte so geglaubt werden. So weit wie in nr. 21 gehen die Ansprüche des Pabstes freilich nicht mehr, vgl. Einl. lit. F; sondern der Absetzungsakt ist getheilt zwischen Pabst und Kurfürsten, die Kurfürsten vollziehen ihn (die Negation von ad ipsum ist schonend weggeblieben, freilich dumtaxat beibehalten), er wird aber erst zum Recht durch die Auctoritas des Pabstes, insofern wird auch gesagt daß die Absetzung Sache des Pabstes sei, und es ist auch so weit der Akt der Kurfürsten erst durch die päbstliche Ratifikation zum Recht wird. Das ist doch anders als in nr. 21. Der Pabst hat da nachgegeben, es ist eine Art Kompromiss geschlossen, die Extravaganzen der Theorie von nr. 21 müssen einer vermittelnden Auffassung Platz machen. Auch bei der Approbationsfassung ist eine Ermäßigung eingetreten. War sie in nr. 21 in ihrer Bedeutung so gesteigert worden, daß die vorausgegangene Erwählung fast in den Hintergrund gedrängt schien durch das eadem auctoritate et potestate und das proficimus, so werden diese gefährlichen Ausdrücke jetzt wider fallen gelassen, aber die Wahl erhält, wie dort doch auch hier erst durch diese Urkunde ihre Ratifikation gleichmäßig mit der Absetzung, während diese Ratifikation in den zwei ersten Entwürfen nur der Absetzung zugekommen war. Es scheint auch hierin ein vermittelndes Kompromiss geschlossen. Von deutscher Seite hat man außer der Zusage der Kaiserkrone nur die Approbation der Person verlangt (nr. 1): die Kurie gewährte diese, knüpfte aber ihre Ratifikation der Absetzung und Erwählung dabei an. Das hatten doch auch die Kurfürsten nicht herbeiführen wollen, als sie sich im kritischen Augenblicke noch vor Wenzels Absetzung nach Rom wendeten RTA. 3 nr. 111: nur daß er sich nicht widersetze, einfach sofort zustimme, hatten sie gefordert. Daß sie seine Ratifikation für beide Akte verlangten, davon steht dort nichts.

Die Verhandlungen dieser Gesandtschaft haben sich doch recht in die Länge gezogen, ehe es zur Approbation kam. Es waren ihr auch wieder eine Reihe von Urkunden mitgegeben, nr. 88. 89. 91. 93. 95. 97. Bei nr. 88 und 89 hatte sich der König auch bisher schon immer willig gezeigt: diese auf das Schisma bezüglichen Erklärungen, welche in der gleichen Form wie früher auftreten, machten auch jetzt keine Schwierigkeit. Die andern, welche sich auf sein Verhältnis zu den Rechtsnachfolgern des Galeazzo beziehen, sind auch wieder zum Handeln und Bieten bestimmt. Der König verlangte aber auch, daß der Pabst seinerseits ebenfalls, ihm selbst gegenüber, sich in dieser Hinsicht verbindlich mache, und wollte es lieber auf das äußerste kommen lassen, ehe er von dieser Forderung abstände, nr. 81 art. 21. Wie man sich vor der Approbation über diese Dinge verständigte, darüber steht in unsern Akten nichts.

Die Gewährung des Zehnten zum Romzug geschieht in zwei Urkunden; die eine ist vom Tag der Approbation 1 Okt. 1403 nr. 107, die andre vom Tag darauf 2 Okt. 1403 nr. 108. In jener wird der Zehnte vom laufenden Jahr gewährt, in der andern der des folgenden hinzugefügt. Warum das nicht gleich in Einer Urkunde zusammen geschah, könnte Wunder nehmen. Vielleicht liegt der Grund darin, daß für jede der Urkunden 2600 fl. bezahlt wurden, s. Quellen daselbst. Denn daß der Pabst erst am 2 Okt. durch wiederholte Bitten des Königs bewogen worden sei, das zu ergänzen was er am 1 Okt. gegeben hatte, das ist schon deshalb eine Ungenauigkeit weil der König damals in Deutschland war und auch seine Gesandten diese Bitte doch gewiß nicht erst zwischen dem 1 und 2 Okt. gestellt haben. Auf diese Zehnten-Angelegenheit beziehen sich noch einige Sendungen, die von Rom aus erfolgen. Darum haben wir ein Geleit P. Bonif. IX für Johannes de Redekijn decanus eccl. Magdeb. in civit. dioc. et prov. Magdeb. jurium et procentuum camere apost. debitorum collector ad nonnullas partes Alamanie pro nostris et apost. camere negociis presencialiter transiturus, dat. Rome ap. S. Petr. 5 kal. nov. ann. 14 [1403 Okt. 28], im Vatik. Archiv Bonif. IX reg. IX fol. 177ᵇ-178ᵃ. Dann ein Geleit desselben für Godfridus de Dynsloken decer. de. canon. eccl. b. Marie ad gradus Colon. in civit. dioc. et prov. Colon. ac nonnullis aliis partibus fructuum et proventuum camere apost. debitorum collector ad nonnullas partes Alamanie pro nostris et apostolice camere negociis presencialiter transiturus, dat. [1403 Okt. 28], ib. fol. 178ᵃ. Endlich ein Geleite desselben für Magister Gerardus Weert prepositus ecclesie Aruhemensis Traject. dioc. scriptor et famil. noster pro nonnullis nostris et eccl. R. negoziis ad Alamonie et nonnullas alias partes (cum habeat presencialiter se transferre), dat. Rome ap. S. Petr. kal. nov. ann. 14 [1403 Nov. 1], ib. fol. 179ᵃᵇ.

Die in Deutschland gewechselten Schriftstücke über diese Verhandlungen mit Rom folgen je an ihrem Ort bei den einzelnen Reichsversammlungen.

Julius Weizsäcker.

A. Gesandtschaft des Bischofs Konrad von Verden, Grafen Joffrid von Leiningen und Hermann Rode nach Rom, 1400 Dec. 14, 1401 Febr. 8, nr. 1-3.

1400
Dec. 14

1. *K. Ruprecht bevollmächtigt drei gen. Gesandte[1] bei P. Bonifacius IX wegen Approbation seiner Person und wegen Zusage der Kaiserkrone für ihn.* 1400 Dec. 14 Heidelberg.

    A aus Wien H.H.St.A. Ruprechts Registraturbuch A fol. 6ᵇ cop. chart. coaev., mit der Überschrift Procuratorium missum ad dominum Bonifacium papam cum ambasiatoribus domini videlicet magistro Conrado Soltaw, Joffrido de Lyningen, et Hermanno Rode etc.
    K coll. Karlsr. G.L.A. Pfälz. Kop. B. 5 fol. 6ᵇ-7ᵃ cop. chart. coaev., mit derselben Überschrift.
    P coll. ib. Pfälz. Kop. B. 143 pag. 14-16 cop. chart. coaev.
    Regest Chmel pag. 2 nr. 36 aus A, und Janssen Frankf. R.K. I, 546 nr. 942 aus P.

Rupertus dei gracia Romanorum rex semper augustus. innotescere cupimus universis per presentes, quod, de circumspectione et legalitate venerabilium virorum magistri Conradi de Soltaw sacre pagine professoris episcopi Verdensis, nobilis viri Joffridi de Lyningen comitis thesaurarii ecclesie Coloniensis, necnon Hermanni Rode[a] prepositi ecclesie sancti Petri extra muros Maguntinensis plenam in domino fiduciam obtinentes, ipsosque constituimus et ordinavimus facimus constituimus et ordinamus omnibus via modo jure causa et forma, quibus melius possumus et debemus, per presentes nostros veros legitimos et indubitatos procuratores sindicos negociorum gestores et nuncios speciales venerabilem magistrum Conradum de Soltaw episcopum Verdensem predictum absentem tamquam presentem, Joffridum de Lyningen, et Hermannum Rode supradictos presentes et onus hujusmodi in se sponte suscipientes, et quemlibet eorum in solidum, ita quod non sit melior condicio occupantis, sed, quod unus eorum inceperit, alter eorum prosequi mediare valeat et finire, ad proponendum dicendum et exponendum sanctissimo in Christo patri et[a] domino nostro domino Bonifacio divina providencia pape nono nostram filialem obedienciam devocionem et debitam fidelitatem quas ad ejus personam et sanctam Romanam ecclesiam sincero gerimus affectu, ad impetrandum petendam et obtinendam a dicto sanctissimo domino Bonifacio graciam favorem et approbacionem[3] nostre persone ad sacrum Romanum regnum electe necnon unccionem consecracionem et Romani imperii dyadema per manus ejusdem domini nostri[b] Bonifacii nobis impendi, et in animam nostram quodcunque licitum et consuetum in premissis juramentum prestandum et jurandum omniaque alia et singula petendum faciendum exercendum et procurandum que circa premissa vel aliquod eorum fuerint necessaria quomodolibet vel oportuna, eciam si mandatum exigant speciale et majora sint superius expressatis et que nosmetipse faceremus seu facere possemus si personaliter presentes interessemus, ratum gratum et firmum perpetuo habituri quidquid per dictos procuratores actum factum gestum seu procuratum fuerit quomodolibet in premissis seu aliquo eorumdem sub ypotheca et obligacione omnium bonorum nostrorum presencium et futurorum. in quorum fidem et testimonium presentes

a) *K P* ac   b) om. *K.*

---

[1] *Die Rückkehr der Gesandtschaft zu K. Ruprecht ist erwähnt in der Antwort des letzteren an den Pabst vom 12 Mai 1401 nr. 8.*
[2] *Die Familie bei Schannat Hist. eccl. Worm. I, 286 ff. 290.*
[3] *Hier heißt es also einfach* gracia favor approbacio, *einen Streit um das beneplacitum, wie bei Wenzel RTA. I, LXXXVII, scheint es diesmal nicht gegeben zu haben. Vgl. über das Recht, was in unserem Fall der Pabst für sich in Anspruch nahm, diese Einleitung lit. R.*

18 Zum Wahltag: Verhandl. mit der Kurie wegen Approbation u. Kaiserkrön. 1400 Dec. 14 bis 1400 Okt. 1.

1400
Dec. 14
literas fieri ac per Conradum et Johannem notarios nostros publicos subscriptas in publicam formam redigi nostreque majestatis regie[a] sigilli jussimus appensione communiri.

1400
Dec. 14
datum et actum in castro nostro Heidelberg Wormaciensis diocesis, die quarta decima mensis decembris, hora vesperorum vel quasi, indictione octava, anno domini millesimo quadringentesimo, pontificatus sanctissimi in Christo patris et domini domini Bonifatii predicti divina providencia pape noni anno duodecimo, regni vero nostri anno primo; presentibus magnificis Stephano comite Palatino Reni et Bavarie duce, Karolo duce et marchione Lotharingie, et Friderico burggravio Nurembergensi principibus nostris, Friderico de Veldentz comite, Matheo de Cracovia, Nicolao Prowin in sacra pagina, Johanne de Noet, Nicolao Burgmau in jure canonico doctoribus, Anthonio de Monfurt[b], Friderico de Meckenheim militibus, et magistro Job Vener in utroque jure licenciato, testibus ad premissa vocatis et rogatis.

Et ego Conradus Coler de Susato clericus Coloniensis diocesis publicus imperiali auctoritate necnon serenissimi et invictissimi principis et domini domini Ruperti dei gracia Romanorum regis predicti notarius, quia premissorum procuratorum constitucioni omnibusque aliis et singulis supradictis, dum sic ut premittitur fierent et agerentur, una cum prescriptis testibus et Johanne Duden[c] notario publico subscripto presens interfui eaque sic fieri vidi et audivi, ideo presentes literas seu presens publicum instrumentum propria manu men scriptas seu scriptum confeci, in hanc publicam formam redegi, et una cum appensione sigilli majestatis dicti domini Ruperti Romanorum regis ejus jussu et mandato signo et nomine meis solitis roboravi, rogatus et requisitus in testimonium premissorum.

Et ego Johannes Duden[d] de Husen clericus Treverensis diocesis publicus imperiali auctoritate necnon serenissimi et invictissimi principis et domini domini Ruperti dei gracia Romanorum regis prenominati notarius, quia premissorum procuratorum constitucioni omnibusque aliis et singulis, dum sic ut premittitur fierent et agerentur, una cum prenominatis testibus et Conrado Coler notario publico prescripto presens interfui eaque sic fieri vidi et audivi, ideo presentes literas seu presens publicum instrumentum per dictum Conradum Coler fideliter[e] scriptas seu scriptum subscripsi, in hanc publicam formam redegi, et una cum appensione sigilli majestatis prefati domini Ruperti Romanorum regis ejus jussu et mandato signo et nomine meis solitis roboravi, rogatus et requisitus in fidem et testimonium omnium premissorum[f].

Omnino simile procuratorium de verbo ad verbum dempto verbo majestatis emanavit sub parvo regio sigillo.

Ad mandatum domini[g] regis
Job Vener etc.[h]

1401
Feb. 8
2. Geleit P. Bonifacius IX für drei gen. deutsche Gesandte. 1401 Febr. 8 Rom.

Aus Vatik. Arch. Bonif. IX lib. VI f. 150ab cop. chart. coæv.

Es sind: Conradus episcopus Verdensis[1], Joffridus de Linigen canonicus Coloniensis und Hermann Rode prepositus ecclesie S. Petri extra muros Magunt., welche zu dem Pabste nach Rom, und in einige andere Stadte und Orte, die ihm und der Römischen Kirche unterworfen sind, aus gewissen Ursachen kommen wollen. datum Rome apud S. Petrum 6 id. febr. pont. a. 12.

a) fehlt regii. b) K Monfort. P add. etc. c) P Düden. d) P Düden. e) K dominum Conr. Kd. f) P add. etc. g) om. K. h) P licenciatus statt etc.

[1] Camarcensis ist wol Schreibfehler der pabstlichen Kanzlei für Verdensis, es ist offenbar die gleiche Gesandtschaft wie die unterm 11 Dec. 1400 von K. Ruprecht beglaubigte. Sie kam über Florenz, s. nr. 260.

3. *Vortrag Konrads von Soltau Bischofs von Verden und Gesandten K. Ruprechts vor Pabst Bonifacius IX wegen Approbation und künftiger Kaiserkrönung seines Herrn.* [1401 nach Febr. 8] Rom.]

V *aus Vatik. Archiv cod. chart. de schismate Urbani VI to. XV f.* 216 (100)ª-217 (101)ª *cop. chart. coaev., Überschrift* collacio Conradi Satalis [cm. Soltaviensis] episcopi Verdensis facta pro Romanorum rege coram antipapa [so wird hier P. *Bonifacius IX genannt, weil diese Überschrift aus Avignon stammt], der Text nicht gut erhalten.*
P *coll. Pommersfelden gräflich Schönbornische Biblioth. cod. ms. nr.* 2685 tom. 2 *nichtfoliiert,* 1½ *Blätter, cop. chart. coaev.; ohne die Überschrift V; dafür auf dem stark beschnittenen Rande bei der ersten Zeile ad* summum pontificem pro confirmacione imperatoria *mit andrer Tinte, doch vielleicht von derselben Hand, vor* ad *stand wol noch ein Wort (*senno *oder dergleichen), das aber jetzt weggeschnitten ist.*
Gedruckt Rayn. annal. eccles. 1401. 6-8, *nach eigner Angabe aus V.*

Sanctissime pater et domine metuendissime. [*1*] devotissimus sanctitatis vestre filius princeps invictissimus dominus Rupertus Romanorum rex semper augustus ad pedes ejusdem sanctitatis vestre se ª et suum, quod est ipsius sanctitatis ᵇ, regnum sincerissima ᶜ devotione recomendat, offerens se et sua cum pura cordiali obediencia ᵈ ad singula sanctitatis vestre arbitria pariter et mandata. [*2*] et imprimis pro jucundissimis novis sanctitati vestre per nos ejus ambaxiatores humiliter et animo devoto insinuat ejus eleccionem canonice celebratam ᵉ et factam ᶠ per principes electores, ad quos de jure spectabat hujusmodi eleccio, unanimi concordia absque ᵍ omni privato affectu vicio aut defectu altissimo assistente feliciter consummatam. [*3*] deinceps, ut tenetur, vestro apostolico conspectui per nos et procuratores suos sufficienti ʰ mandato fulcitos suam exhibet personam et pro ejus approbacione petitionem supplicem ⁱ et instantem, pro qua inducenda occurrebat nobis illud sacre scripture verbum „cum constitues regem, quem dominus deus ᵏ tuus elegerit" deutero. 17 ᵐ ˡ. [*4*] sanctissime pater, in divinis legimus ystoriis, quod rex regum et dominus dominancium (apoc. 19 ³), in cujus dicione cuncta sunt posita (Hester 13 ⁴), cujus providencia gubernantur omnia (Ro. 11 ⁵), quempiam regum quandoque ⁿ despexerit °, quempiam regum ne regnaret abjecerit ᵖ, quempiam regum eciam ut regnaret elegerit ᵠ. [*1*ª] quod enim quempiam regum despexerit, divina pandit ystoria de Pharaone rege Egiptorum, de quo exodi 3 et sequentibus capitulis legitur, quod dominus cor ejus induravit, quod ʳ suis exigentibus demeritis graciam sibi non donavit, et sic rex Pharao a deo despectus incorrigibilis fuit juxta senteneiam spiritus sapiencie sic dicentis „considera opera dei, quod nemo possit corrigere, quem ille despexerit" (ecclesiastic. 3 ⁶). [*4*ᵇ] sic eciam legimus, quod dominus dominancium quempiam regum quandoque ⁿ ne regnaret abjecerit ᵖ, sicut Saul, cui Samuel propheta in verbo domini dixit „abjecit te dominus ne sis rex, scidit enim dominus regnum Israel a te hodie et tradidit illud proximo tuo meliori te" (1 regum 15 ᵛ ⁷); et quia Samuel, ad quem regum unccio tunc spectavit, de hoc turbatus

a) *corr.* V. b) P *torius orbis statt* ipsius sanctitatis. c) V sincerissimam, P sincera. d) V benivolencia. e) V canonicam celebramus, P canonicam celebrem. f) P sanctam. g) V *ab.* h) V sufficientem. i) V simplicem. k) *add.* P. l) V elegerat. m) V 3. n) V quomodoque. o) V despexeret. p) P abjecit. q) V eligit. r) P quia. s) V quomodoque. t) V abjecit. u) V dicit. v) V 3.

¹ *Das undatierte Stück fällt jedenfalls kurz nach der Wahl, wie der Inhalt ergibt. Es ist kaum ein Zweifel, daß dasselbe zu der durch das Prokuratorium vom 11 Dec.* 1400 *nr. 1 und den Geleitsbrief vom 8 Febr. 1401 nr. 2 bezeichneten Gesandtschaft gehört. Diese hatte das Wahlrecht der Kurfürsten zu betonen, durch die nachfolgende Sendung des Antonius von Monte Catino suchte dann der Pabst seinen Einfluß zu wahren.* *Letztere Gesandtschaft fällt erst nach dieser, nicht umgekehrt wie Rayn. annimmt.*
² 5 *Mos.* 17, 15.
³ *Offenb. Joh.* 19, 16.
⁴ *Stücke in Esther* 3, 4 *oder* 10?
⁵ *Wol Röm.* 11, 36.
⁶ *Prediger* 3, 14.
⁷ 1 *Samuel.* 15, 23, 28.

fuit, dixit[a] ei dominus „usquequo tu luges Saul, cum ego projecerim eum ne regnet[b] super Israel" (1 reg. 16 [1]). [1[c]] pater sanctissime, sic enim legimus in divinis ystoriis, quod dominus dominancium quempdam regum[d] ut regnaret elegerit[d], ut David filium Ysay. ystoria est 1 reg. 16 [2], ubi dominus dixit[e] Samueli „imple cornu tuum oleo, et veni ut mittam te ad Ysay Bethleemitem, providi enim in filiis ejus michi[f] regem". quo sic electo dominus dixit „elegi virum secundum cor meum". [3] sane, pater sanctissime, sacri imperii electores et ceteri Alamanie incliti principes absque ambiguo tenent pro constanti, quod sanctitas vestra nullatenus velit pro Romanorum[g] rege quempiam manutenere consecrare ungere aut imperatorem coronare, quem dominus deus, cujus estis vicarius, despexerit aut abjecerit, sed illum duntaxat quem ipse rex regum et dominus dominancium elegerit, cum non sit qui ejus voluntati resistere possit (Hester 3[h] [3]). [6] quod autem rex regum et dominus dominancium istum regem Romanorum elegerit, videlicet dominum Rupertum olim comitem Palatinum Reni et Bavarie ducem serenissimum et invictissimum atque christianissimum principem, certo[i] ostenditur judicio[k], si eum contemplamur ornatu regum precipuo Romanorum insignitum, quoniam[l] Romanus rex pre ceteris regibus et principibus merito debet[m] esse omnium virtutum decore insignitus. [6[c]] precipuus, ut scriptura docet, triplex est ejus ornatus, videlicet sapiencia justicia et clemencia, ut sit in intellectu[n] sapiencia illustratus, in effectu justicia regulatus, in affectu clemencia decoratus. [6[c]] primus itaque regis Romanorum est ornatus ut sit sapiencia illustratus. cujus exemplum legimus de rege Salomone. cui cum dominus apparuisset per sompnium dicens ei „pete quod vis ut dem tibi", ipse Salomon non peciit dies multos atque divicias neque animas inimicorum, sed sapienciam duntaxat devoto desiderio legitur postulasse, quam deus ei donavit affluenter cum diviciis et gloria magnifica. ystoria est tercii re. 3 [4] de quo[o] gloriatur in domino dicens „super salutem et omnem pulchritudinem[p] dilexi sapienciam, et proposui pro luce habere illam, venerunt michi omnia bona pariter cum illa" (sapiencie 7 [5]). quocirca spiritus sapiencie cunctis regibus et principibus legem statuit dicens „si dilectamini in sedibus et sceptris, o reges populi, diligite sapienciam[r]" (sapiencie 6 [6]), et nimirum quia[r] ibidem legitur „rex sapiens stabilimentum populi" [7]; quocirca ecclesiast. 10 dicitur quod „rex insipiens perdet populum suum" [8]. [6[c]] secundus regis Romanorum ornatus est ut sit justicia regulatus, rex enim justus erigit[t] terram (proverb. 11 [9]). rex justus omnem dissipat maliciam, quia, cum rex sedet in solio judicii, dissipat omne[u] malum intuitu suo (proverb. 20 [10]). rex justus dat pacem fecundam[v], ut probat Cassiodorus super illo verbo psalmi „qui ingreditur sine macula et operatur justiciam" ita dicens „justicia regis pax est populorum". propterea cum totus orbis esset pace orbatus, sicut hodie, patet contrario, et mundus omnipuaque turbatus, propter hoc pacis[x] presidium flagitabat dicens „rorate celi desuper et nubes pluant justum et justicia orientur simul" Ysa. 45[y] [11]. [6[c]] tercius regis Romanorum ornatus est, ut sit clemencia decoratus. quod sub eleganti parabola spiritus sapiencie sic inducit „aufer rubiginem de argento et egredietur vas purissimum; aufer impietatem de vultu regis et firmabitur clemencia thronus ejus" proverb. 23 [12]. [6[c]] sed hiis tribus ornatibus regalibus serenissimus

a) V P dicit. b) V regnaret. c) V regnum. d) V elegit. e) V P dicit. f) V in. g) V Romano. h) P 13. i) V certe! P certo. k) V subauch. nicht indicio we Eccus. liest, P judicio. l) V quod enim, Regm. resp. ebenso, P quamquam enim. m) V P debent. n) V intellectum — effectum — effecta, P iustitium — effectu — affectu. o) i qua. p) V pluritudinem. q) T 2. d) T justiciam. s) P add. ut. t) V eriget. u) P 12. v) i omnem. w) P tranquillam. x) P contrario omniquaque turbatus spiritus prophetie pacis. y) V 29.

[1] 1 Samuel. 16, 1.
[2] Ibidem. Das „elegi meum" ib. 13, 14.
[3] Stucke in Esther 3, 12?
[4] 1 Könige 3, 5 ff.
[5] Weisheit 7, 10, 11.
[6] Weisheit 6, 22. 23.
[7] Weisheit 6, 26.
[8] Prediger 10, 16? oder Sprüche 29, 4?
[9] Sprüche 29, 4.
[10] Ib. 20, 8. Dann Ps. 15, 2.
[11] Jesaia 45, 8.
[12] Sprüche Salomonis 25, 4 f.

princeps dominus Rupertus Romanorum rex semper augustus est[a] pro ceteris regibus mundi et principibus ab altissimo dominancium domino gloriosissimo insignitus. sapiencia quidem illustratus, quia „ipse regnabit rex et sapiens erit" Jeremie 23[1]. justicia regulatus, quia „orietur in diebus ejus justicia et habundancia pacis" psalmo 19[2]. clemencia decoratus, quia totus imitator est sanctorum regum Israel qui[b] semper clementes fuerunt, tercio regum 20[c3]. [7] et ideo, pater sanctissime, „certe videtis, quem elegit dominus, quod non sit ei similis in toto populo" pri. reg. 19[4]. ubi eliciuntur[d] tria presens negocium concernencia. primo quidem eleccionis declaratur evidencia, cum dicitur „certo videtis"[e]. secundo electi approbatur presidencia „quem elegit dominus". tercio electorum comendatur providencia, quia elegerunt talem „cui non est similis in omni populo". et ideo, pater sanctissime, ut premissum est, non constituet quem dominus despexerit aut abjecerit, sed „cum constitues regem quem dominus deus tuus elegerit"; quod fuit verbum in principio[f] propositum[g]. in quo verbo contemplamur hunc serenissimum Rupertum ut paternali[f] assistencia roborandum[g], quia „cum constitues", ut tribunali eminencia sublimandum, „regem", ut divina[h] providencia confirmandum, „quem dominus deus tuus elegerit". [8] et ideo, sanctissime pater, juxta ambaxiatam nobis impositam devotissima supplicamus instancia, quatenus sanctitas vestra de benignitate solita hujus preclarissimi principis personam, cujus fama gloriosa per universum redolet orbem, dignetur approbare et tempore congruenti ipsum ungere consecrare et ad Romanum imperium et tocius mundi monarchiam sollempniter[i] sacratis manibus vestris coronare, quia ipse absque retardacione negligente[k] proponit ad vestram sanctitatem personaliter accedere, scismaticos ad obedienciam vestram reducere et hoc modo unionem ecclesie procurare, Romanam ecclesiam et ejus subditos magnifice deffendere, tirannos comprimere et malos extirpare, pacem tranquillam pro viribus ordinare et Romanum imperium item multipharie dissipatum quanto poterit excelsius reformare. et ut ista votive possit perficere, intendit cum inclita magnorum et multorum principum comitum baronum[l] et nobilium comitiva[m] armorum potencia magnifica tam[n] celebriter suum facere introitum, ut in ipso veraciter cernatur adimpletum illud Ezechielis vaticinium „aquila grandis magnarum alarum, longo membrorum ductu, plena plumis et varietate, venit ad Libanum et tulit[o] medullam cedri" Ezechielis 17[7]. [9] eciam nos, hujus clarissimi regis ambaxiatores nuncii et procuratores pleno fulciti mandato, parati sumus ejus nomine et pro eo facere fidelitatis sincere juramenta debita et consueta et alia que[q] circa hoc sanctum[r] negocium fuerint quomodolibet[s] opportuna. [10] et ut concludam, pater sanctissime, dei patris potencia filii sapiencia et spiritus sancti clemencia sint in corde vestro ad perficiendum tam feliciter et celeriter illud pro quo instamus humiliter, ut Romana et universalis ecclesia vestra sponsa tanto tempore fletu et planctu anxiata se senciat letanter consolatam. amen. deo gracias[t].

a) *V* et. b) *V* quoniam. c) *V* 19. d) *P* dicentes. e) *V* videbitis. f) *P* paternali. g) om. *P*. h) *V* divinali. i) *V* solle und *V* derstruck, *Regu.* solemniter, *P* sollempniter. k) *P* negligencie. l) add. *P*. m) *V* comitia mit *V* derstruck, *Regu.* comitiva, *P* comitiva. n) magnifica tam om. *P*. o) *P* tollit. p) *V* eccelesimi. q) *P* add. tunc. r) *V* factum et. s) *V* quolibet, *Regu.* om. quomodolibet, *P* quomodolibet. t) deo gracias add. *P*.

[1] Jerem. 23, 5?
[2] Psalm 72, 7.
[3] 1 Könige 20, 31.
[4] 1 Samuel. 10, 24.
[5] In art. 3 unseres Stückes.
[6] 5 Mosis 17, 15.
[7] Ezech. 17, 3.

B. Gesandtschaft des Antonius von Monte Catino an K. Ruprecht, 1401 Merz 25, nr. 4-7.

4. *Geleit P. Bonifacius IX für seinen gen. Gesandten.* 1401 *Merz 25 Rom.*

Aus Vatik. Arch. Bonif. IX lib. VI f. 176ᵃ cop. ch. coev.

Es ist magister Antonius de Montecatino legum doctor noster et familiaris noster, cum Pilato geschickt ad Alamanie et nonnullas alias partes presencialiter pro nonnullis arduis nostris et Romane ecclesie negotiis¹, datum Rome apud S. Petrum v kal. apr. pont. a. 12.

5. *Anweisung des P. Bonifacius IX für seinen gen. Gesandten; die Bedingungen, unter welchen P. Bonifacius IX dem König Ruprecht zu Willen sein wird.* [1401 c. Merz 25 Rom²]

A aus Vatik. Arch. de schismate Urbani VI tom. 15 fol. 218*–242*–249 ,203 ᵇ cop. chart. coev., die beste unter den verschiedenen Handschriften hier.

B coll. Paris Nat. Bibl. ancien fonds lat. 4113 fol. 93*–96* (ehemals cod. bibl. Colbert 753) cop. ch. coev., stimmt sehr mit C.

C coll. Vatik. Arch. de schismate Urbani VI tom. 12 fol. 299 (245)*–301 (247)*, cop. chart. coev., ohne Zweifel abhängig von A.

P coll. der Auszug, der dem Reichtiger K. Wenzels übersandt wurde 1401 nach Merz 25, nr. 7, wo man sehe die Quellenangabe; die art. 1. 1*. 2. 2*. 6*. 7 fehlen in P.

R coll. Raym. annal. eccles. 1401. 2-5 aus C hout eigner Angabe, doch ist zur Kürzung weggelassen art. 1*; hat einige Emendationen.

Copia capitulorum et informacionis date* per dominum Bonifacium domino Anthonio de Monte Catino legum doctori per eum transmisse ad novum electum in regem Romanorumᵇ.

[1] Primo exponere, qualiter dominus noster considerans zelum et devocionem permaximam, quam illustris genitor et ipse inconcusse ad dominum nostrum et ecclesiam habuerunt sicuti multiplex experiencia docuit, attendensque celebrem famam ipsius et nomen etiam gloriosum, quibus princeps noster opitulante altissimo illustratur, percipiens quoque dileccionem, quam ad deum justicie cultum et ecclesiasticam monarchiam toto nostri gerit affectu, si de aliquo mundi principe, exultaret de ipso per amplius, cujus principis honorem et gloriam dominus noster a primordiis sue assumpcionis ad apostolatus apicem sincerissima intencione dilexit ejusque mores illustres pariter ac honores gessit in corde

---

a) A dat. mit Schleife. b) In r. R. am. Bff.: hinzufügt in A von neuer Hd., Band.

¹ Am 27. Merz (ib. 6 kal. apr. pont. a. 12) weist Bonif. 763 Goldgulden an für die Kosten, die Antonius qui status nostri fervidus zelator existit gehabt, als er ihn pro diversis nostris et Romane ecclesie negociis ad nonnullas partes schickte. Steht ib. f. 176ᵇ. — Die Anwesenheit des päbstl. Gesandten (ein grosser doktor, hiess maister Antonyus) beim König zu Nürnberg wird auch von Ulman Stromer St. Chr. 1, 51 erwähnt mit auch zu den seiten nach der Erzählung von Ruprecht's Aufenthalt zu Nürnberg und der Hinrichtung des des Vergiftungsversuchs beschuldigten Meisters Herman vom 18. Mai. — Vgl. über Antonius de Monte Catino Raym. 1394. 21.

² Der päbstliche Gesandte Antonius de Monte Catino bringt das Schreiben K. Ruprecht's vom 12 Mai 1401 an den Pabst nach Rom mit zurück. Sein päbstliches Geleit ist vom 25 Merz 1401. — Schon 1390 war derselbe Antonius de Monte Catino laicus Lucane diocesis legum doctor bevollmächtigter Bote des Albertus marchio Estensis in eir. comit. et distr. Ferrariensi pro Bonif. IX eiusctus in temporalibus generalis, Raym. 1390. 18, Lünig cod. Ital. dipl. 3, 1945 nr. 9, und 1 Sept. 1398 (pontif. a. 9) erhält er von Bonif. IX eine jährliche Rente von 100 fl. Gold für seine Dienste, Bonif. IX reg. lib. V fol. 208ᵃ (vgl. 229*).

ad eumque oculum sue mentis precipue direxit et habuit. [1ᵃ] cum grandis ac gravis sit hec materia de qua agitur quia gravior esse non potest, plurimum videtur expediens et opportunum ut maturis et sinceris affectibus incedatur et utriusque precordialis intencio intelligatur. et propterea ad ipsius presenciam per dominum nostrum mittitur Anthonius de Monte Catino, ut vive vocis oraculo principis antedicti super cunctis circumstanciis sui propositi ad dei gloriam et honorem ecclesie informetur, imo informaretᵃ eundem, quod, attenta excellenti prudencia et consciencia quibus ipse prefulget, credit eum in tanta mole negocii procedere nolle nisi paternali et filiali mutuo devocioneᵇ sincera et ad plenum discussa.

[2] Dominus noster pro meliori, et ut factum hujusmodi habeat prosperiorem successum, informari affectat, si in hujusmodi eleccionis processu aliquod intervenerit juridicum fundamentum et qualiter¹ quo habito possint facilius remedia adhiberi ne Romana ecclesia in suis juribus privilegiis et honoribus supprimatur; quod quidem consideratis pluribus princeps ipse exquirere totisᶜ conatibus tenetur et debet, quoniam conservando ecclesie decus atque honorem conservatur et ipse imposterum et favoribus decoratur.

[2ᵃ] dominus noster sumpta fiducia magna de bonitate ipsius principis, si in processu dicte eleccionis fundamentum juridicum non intervenerit, sicut luculenter apparet et firmiter creditur, affectat quam maxime ab eo exquiri, qualiter privilegium et decus ecclesie in hac parte salubriter et honor et gloria ac celebris fama ejusdem principis apud deum et homines integre perseveret, quia tenet dominus noster indubie principem eundem in tam gravi arduoque negocio finem et exitum favorabiliter cogitasse, et, ut prosperos sibi successus inveniat, conferre secum de omnibus tam favoribus Alamannie quam eciam de condicionibus et statu Ytalie. quibus omnibus diligenter attentis magnum in humeris portat onus ecclesia, quo allevari poterit prudencia et potencia dicti principis. et quantum ad factum Alamannie primo tactum, de rege Boemie et rege Ungarie eorumque sequacibus et adherentibus et etiam dubitatur de rege Polonie, quorum regum atque regnorum favoribus privataᵈ obediencia carebit ecclesia penitus; et nisi Alamannia quietetur ex toto, si qui inobedientes dicto principi remanerent, adversarentur etiam et ecclesie.

[3]ᵉ Conferat attendensᶠ ad plenum cum dicto principeᶠ de statu Ytalie et quibus discriminibus ecclesia subjacet tali pendente negocioᵍ quibusqueʰ persecucionibus se exponitⁱ; quibus omnibus, nisiᵏ, providencia opitulante divina, potencia et forti brachio obtineturˡ, hec Petri navicula de proximo permaxime proch dolorᵐ turbaretur. est propterea vigilandumⁿ, ne mora tot secum pericula undiqueᵒ trahat, ne, unde speraturᵖ remedium, tendat id quodammodoᑫ ad interitum et super hiisʳ exponantur scandala et pericula ecclesie imperioˢ et Ytalie eventura, nisi sollicitudine potencia prudencia et juris clipeoᵗ obvietur.

[4] Scire de intencione sua ad descendendum ad partes Ytalieᵘ, et quo tempore, quovo geneiumᵛ armorum numero, quorum fultus presidio, et de facilitate viarumʷ etˣ omnibus quo descensum poterunt prebere securum.

a) ABC informare. b) A dilectione gestipt und mit devotione rechtgesehten. c) om. PB. d) conj. st. primo; d. h. wenn der Beneficte Polen die genannten nicht gewonnen kann, so hat er gar keine Obedienz; übrigens steht primo in A und B und C und E. e) P quod superscrd. f) P add. ipsum informando. g) tali-negotio om. P. h) ABC quibuscunque, R om. quibusque. i) P vit exposita stoff es exp., und denn et quod verisimiliter nisi potenti et forti brachio steff quibus-brachio. k) nisi in B hier, in BAC nach divina. l) A obtinetur, BC obtinetus, P obteretur, R obtinetur. m) proh dolor B, presidolor C, presidolos A, om. P. n) P stoff est-vig. hat ot-vig vig. om. P. o) om. P. p) B prosperatur. q) id quodammodo om. P. r) P hesuper stoff s. h. s) P tam recl. quam imp. tollque Germaniae. t) P stoff ad p. V. hat in Italiam. u) R qua legationis st. quore gencium. v) P stoff de L. v. hat per quam viam. w) P add. de.

¹ Konstr. qualiter aliquo (st. quo) babito (sc. fundamento juridico).
² Mit diesem Art. 3 beginnt eigentlich erst formell und materiell die Instruktion, daher auch von hier an erst Quelle P eintritt.

[5] Exponere sibi, qualiter dominus noster, cum fuerit, ut est moris, de quibusdam certificatus, intendit in hac parte procedere, cum ad partes Ytalie disponet ipse descendere. vult tamen exnunc de quibusdam pro statu ecclesie et fidei orthodoxe certificari ut decet.

[6] Et primo quod ante aprobacionem et confirmacionem quamcunque prestet debitum et solitum juramentum cum omnibus clausulis opportunis. item per simile juramentum promitet ecclesiam et dominum nostrum suosque successores canonice intrantes deffendere eumque successorem Petri Romanum ac sanumum et unicum pontificem et successores ejusdem habere tenere reputare et manutenere bonaque omnia ecclesie sponse sue ubicumque existencia custodire et conservare. [6ᵃ] de patrimonio beati Petri, Campania, et regno Sicilie, ducatu Spoletano, marchia Anchonitana, Romandiola, civitatibus Perusii Bononie et Ferrarie, ac regno Sicilie et Trinacrie, ad ecclesiam pleno jure spectantibus, in prejudicium domini nostri et successorum et ecclesie non se in aliquo intromitet; pocius, si et cum opportunum fuerit, in subsidium et favorem ecclesie regna predicta provincias civitates et loca proteget, et juvabit in proteccione terrarum, ecclesie manus adjutrices, cum fuerit requisitus, aponet.

[7] Item bona ecclesiarum et jura et libertates ecclesiasticum toto posse deffendet. de hiis quoque, que ad forum ecclesiasticum spectant, non se nec suos et imperii officiales per se vel alios intromitet, provisiones ecclesiarum monasteriorum et quorumcunque beneficiorum per sedem apostolicam factas et fiendas nullo colore quesito impediet nec impediri faciet quin suum debitum consequantur effectum, eleccionesque ipsarum ecclesiarum monasteriorum et collegiorum et conventuum quorumcunque si fieri contingat libere et secundum canonicas sancciones celebrari permitet, mandata apostolica et rescripta eciam legatorum in aliquo non impediet quovismodo.

[8] Item cum rege Francie et successoribus quibuscunque de domo ejusdem, quamdiu in hoc nephando scismate perdurabant, nec cum aliquo rege principe duce et quibuscunque aliis simili scismate irretitis, cujuscunque status dignitatis et preheminencie existant, ligam et confederacionem paccionem unionem aliquam per se vel alium non faciet nec fieri permitet, et, si aliqua facta fuerit, revocabit et annullabit.

[9] Item cum dicto rege Francie vel aliquo de domo ejusdem et quibuscunque aliis scismaticis, cujuscunque status et preeminencie existant, aliquam parentelam non contrahet absque requisicione et licencia domini nostri prefati.

[10] Item cum Petro de Luna, qui se Benedictum XIII ausu sacrilego nominare presumit, ac antheardinalibus et sequacibus eorumdem et dicti Petri similiter nullam ligam et convencionem habebit, sed, si vellent a preconceptis et inveteratis erroribus resipiscere et viam veritatis agnoscere, licebit sibi eos requirere et monere atque urgere et ad lucem et gremium domini nostri reducere.

[11] Item quod absque licencia consilio et mandato domini nostri ejusque sacri collegii cardinalium ad sedandum presens scisma nepharium se non intromitet, nisi

et quatenus evidenter apareat quod hoc cedatᵃ in augmentum et conservacionem statusᵇ domini nostri et successorum ipsius canonici intunciumᶜ sacriqueᵈ collegii cardinalium, non obstante quacunque promissione alias per eumᵉ forte super hiis facta. et ex hoc eciamᶠ nullam viam super hiis datam vel dandam ab adversariis acceptabit nec ab aliis acceptari permittet.

[12] Item quodᵍ pro viribus laborabit opere et sermone ad gremiumʰ domini nostri et sancte matris ecclesie regem Francie et domum ejus aliosque orbis reges et principesⁱ Petrum de Lunaʲ anticardinales et alios quoscunque scismaticos reducere, et, quos rebelles atque protervos repererit, compellere etᵏ prosequi et punire juxta processus editos contra tales et maxime dictum Petrum antipapam et anticardinales prout fuerit sibi possibile et videbitur opportunumˡ.

6. P. Bonifacius IX an K. Ruprecht, Approbationsbulle. Päbstlicher Seits vorgeschlagener Entwurf. [1401 c. Merz 25 s. l.]

1° aus der Einschaltung in dem Schreiben eines Ungenannten an Johannes den Beichtiger K. Wenzels von [1401 nach Merz 25] nr. 7, w. m. s. die Quellenangabe.

Das Stück ist eingeschaltet in den Brief eines Ungenannten an Johannes den Beichtiger K. Wenzels von 1401 nach Merz 25 nr. 7, und wird dort als copia Bonifacii antipape sive antichristi bezeichnet. Es enthält ohne Zweifel das päbstliche Angebot um die Zeit der Gesandtschaft des Antonius de Montecatino, und ist in dieser Eigenschaft wol diesem nach Deutschland mitgegeben worden. Das Geleite dieses Gesandten ist vom 25 Merz 1401 nr. 4.

Der Text der Urkunde blieb Entwurf, und lautet fast ganz wie der Vorschlag von 1401 c. Aug. 18 nr. 16. Die allerdings stattfindenden Abweichungen sind aber nicht gerade politisch wichtig, sondern überhaupt unbedeutend, der Unterschied also kein sehr wesentlicher. Daraus geht hervor, daß der Vorschlag des Pabstes vom 25 Merz und 18 Aug. 1401 ungefähr der gleiche war. Nach genauer Wortvergleichung werden im folgenden alle irgendwie in Betracht kommenden Abweichungen beider Vorschläge verzeichnet, ein vollständiger Abdruck des ganzen wäre höchst überflüssig.

Art. 1 lautet gleich.

Art. 2 hat statt per diversos nuncios atque literas repetitis vicibus paternis et accuratis affectibus excitavit die Worte sepe et diversis viribus hortatus est et paterna affectione sollicitavit und diese sind noch Romanorum regem gesetzt, statt tunch Romanorum regem heißt es wol mit Absicht Bohemie nunc tunc vero Romanorum regem (die Ausfertigung vom 1 Okt. 1403 nr. 104 hat tunc Romanorum et Bohemie regem), und statt premissorum causa steht wol unabsichtlich premissorum occasione.

Art. 3 entlehnt wol nur zufällig das quod expediens visum fuerit, und ist wol nur irrthümlich statt jugiter ingruebant gesagt predictis ingruebant, und ebenso gleichgiltig wird das solum statt pedum sein.

Art. 4 hat die sachlich doch gleichgiltige Variante ex qua dudum statt ex qua dictim.

Art. 5 lautet wider ganz gleich.

Art. 6 setzt nur genauer zwischen ecclesiam und gerere comprobaris noch hinzu Romanam, läßt wol nur zufällig veeg et gloriam, sagt statt itaque persona ydonea reputata te nominamus ganz kurz tequo nominamus.

Art. 7 hat die Strafandrohung ebenfalls unausgeführt gelassen, wie auch das Datum.

---

a) A nisi quatenus sic et evidenter appareat atque cedat, P nisi et quatenus evidenter apparuerit quod hoc (v.g. hoc) ceciderit, R nisi quantum sit et evidenter appareat atque cedat. b) P status, R't et statum. c) con. intr. em. P. d) P ac dicti. e) P ipsum. f) P insuper statt ex eciam. g) om. P. h) P add. et obediencium dict. i) P add. ejusque successorum, om. et a. m. eccl. k) P add. dictemque. l) P add. et. m) om. P. n) P add. etc.

[1400] **7.** *Ein Ungenannter sendet an den Beichtiger K. Wenzels Johannes den Entwurf der Approbationsbulle Pabst Bonifacius IX für K. Ruprecht nr. 6 und einen Auszug aus der Instruktion des päbstlichen Gesandten Anthonius de Monte Catino nr. 5.* [1401 nach Merz 25¹ s. l.]

Aus Prag Domkapitelarchiv VI 1 (früher U XIII) fol. 81ᵃ-82ᵇ und 85ᵃ-87ᵃ cop. ch. coaev.

Detur domino Johanni confessori domini regis Romanorum et Bohemie etc.

Reverendissime domine et amice carissime, mitto vobis copiam Bonifacii antipape sive antichristi, qui dedit adversarium Rupertum Bavarum ᵃ domino nostro communi et deposuit eum de Romano imperio, non de jure sed de facto, quia non est verus papa sed antichristus, et mitto vobis eciam copiam deposicionis mei, quam fici ambaxiatoribus regis Arragonie, et copiam cujusdam libelli ad finem, ut possetis dominum nostrum predictum informare, quod amplius non dormiat sed vigilet etc., si vult pericula et scandala evitare.

[*Es folgt der Entwurf der Approbationsbulle Bonifacius IX für K. Ruprecht, wörtlich außer geringen Abweichungen wie nr. 6, u. m. s. die Varianten unter P; dann:*]

Item est sciendum, quod, antequam confirmacio et approbacio hujusmodi fierent, antipapa supradictus misit ad supradictum Rupertum regem Romanorum sic ut premittitur confirmandum ᵇ dominum Anthonium de Montecatino legum doctorem cum quedam longa et prolixa informacione, multa et diversa capitula in se continente, de qua extracta sunt capitula que sequuntur etc.

[*Es folgt ein Auszug aus der Instruktion für den päbstlichen Gesandten Antonius de Monte Catino 1401 c. Merz 25 nr. 5, mit geringen Abweichungen², welche u. s. daselbst unter Variante P, jeder art. außer 6 mit Item eingeleitet, und zwar stehn hier die art. 3, 4, 5, 6, 8, 9, 10, 11, 12, während die art. 1, 1°, 2, 2°, 6°, 7 fehlen.*]

C. Schreiben K. Ruprechts nach Rom durch den zurückkehrenden Antonius de Monte Catino, 1401 Mai 12, nr 8-9.

[1401] **8.** *K. Ruprecht an P. Bonifacius IX. ist befremdet über seinen Bescheid.* 1401 Mai 12 Mai 12   Nürnberg.

Aus Karlsr. G. L. A. Pfälz. Kop. B. 146 fol. 93ᵃᵇ cop. chart. coaev.
M coll. Martine et Durand thesaur. nov. anecd. 1, 1653 f. nr. 24.
Regest bei Janssen Frankf. R. K. 1, 583 nr. 979 aus Acta et Pacta circa Koeler im eignen Besitz; bei Chmel p. 20 nr. 105 und Georgisch 2, 854 nr. 36 aus Martine l. c.

Cum obediencia filiali devota pedum oscula beatorum. beatissime pater. super nostra supplici peticione, vestre sanctitati per Conradum Verdensem episcopum Joffridum comitem de Lyningen et Hermannum Rode prepositum ecclesie sancti Petri Maguntinensis

a) cod. Baraon. b) cod. confirmatum.

---

¹ *Antonius de Montecatino ist bereits abgeschickt, sein Geleitsbrief datiert vom 25 Merz 1401, u. m. s. nr. 4.*

² *Ob diese Abweichungen vermuthen lassen, daß hier etwa ein Moßes Concept der Instruktion benutzt sei, mag noch eine Untersuchung verdienen. Das ipse princeps noster in art. 6 ut c, was doch nur K. Ruprecht sein kann, fällt auf, u. a. m.*

ambasiatoresa nostros[1] devotissima oblata instancia, per eosdem et eciam per Antonium de Monte Catino[2] responsum moram implicans periculosam accepimus sub litera credencie in forma satis peregrina[3] per dictosb nostros ambasiatores ex partec sanctitatis vestre cum certis excusamentis nobis presentata. cujus causa humilimo devocionis affectu sanctitati vestre confidenter supplicamus, quatenus, tanti vestri et nostri negotii pondere provida molitacione pensato, juxta exponenda per dictum Anthonium[4] dignetur sanctitas vestra spiritu fortitudinis assumpto ad hujus celebris negotii consolacionem Romane ecclesie et imperii felicem statum concernentis paterno asspirio sublatis more dispendiis festinare. datum Nurenberg 12 die mensis maji anno domini millesimo quadringentesimo primo, regni vero nostri anno primo.

Sanctissimo in Christo patri ac domino domino Bonifacio digna dei providencia sacrosancte Romane ac universalis ecclesie summo pontifici domino nostro precipuo.

Sanctitatis vestre devotus filius Rupertus dei gracia Romanorum rex semper augustus.

Ad mandatum domini regis Job Vener licenciatus etc.

9. *K. Ruprecht an drei gen. Kardinäle einzeln: sie möchten den Papst für des Königs Vorhaben (die Approbation) günstig stimmen.* 1401 Mai 12 Nürnberg.

Aus Karlsr. G.L.A. Pfälz. Kop.B. 146 fol. 93ᵇ cop. ch. coaev., die Adresse als Überschrift; es folgt am Schluß des Stücks die Notiz Item in prescripta forma scripte sunt litere domino F. [sig. Ff. in bekannter Doppelung][5] tituli sancte Susanne presbytero cardinali et domino C.[6] tituli sancte crucis in Jerusalem presbytero cardinali. *M coll. Martène et Durand thesaur. nov. anecd. 1, 1655 nr. 24 mit derselben Notiz. Regest bei Janssen Frankf. R.K. 1, 582 nr. 980 aus Acta et Pacta einem Kodex in eigenem Besitz; bei Chmel p. 29 nr. 406 und Georgisch 2, 854 nr. 87 aus Martène l. c*

Rupertus etc.

Reverendissime pater. super oblata nuper domino nostro sanctissimo peticione nostra supplici per Cunradum Verdensem episcopum Joffridum comitem de Lyningen et Hermannum Rode prepositum ecclesie sancti Petri extra muros Maguntinenses ambasiatores nostros responsum moram pregnans periculosam per Anthonium de Monte Cathino recepimus, sub credenciad eciam inconsuetae nobis per eosdem nostros ambasiatores, ut

a) *cod.* ambasiatores. b) *M* duos. c) *cod.* juncto, *M* injuncto. d) *cod.* credencia. e) *M* coassueta; *conr. Janssen* inconsueta, *und so hat auch unsere* [quelle].

[1] *Vollmacht für die drei* 1400 *Dec. 14 nr. 1, Geleite* 1401 *Febr. 8 nr. 2.*

[2] *Geleit für ihn* 1401 *Merz 25 nr. 4, Instruktion* 1401 *c. Merz 25 nr. 5. — Ohne Beziehung auf diese Gesandtschaften scheint das von P. Bonif. IX dem magister Johannes de Montepoliciano (utriusque juris doctor, nostri consistorii advocatus) ertheilte Geleit zu sein, der nächstens zur Rom. Kurie zurückkehren wird, dat. Rome apud S. Petrum 8 id. maj. [Mai 8] pontif. a. 12 [1401], im Vatik. Archiv Bonif. IX lib. VI fol. 191ᵃᵇ.*

[3] *An drei Kardinäle* 1401 *Mai 12 nr. 9 heißt es* sub credencia eciam inconsueta. *Die Kredenz ist nicht mehr da.*

[4] *Also wurden die beiden Briefe vom* 12 *Mai nr. 8 und 9 durch diesen an die Kurie zurückgebracht.*

[5] *Es ist nach Ciaconius unter den von P. Urban VI 19 kal. jan. [Dec. 14]* 1381 *gewählten Kardinälen ein Angelus Acciaiolus civis et episcopus Florentinus, er war vicecancellarius Bonifacii IX ab anno quinto usque ad finem pontificatus (Bonif. Wahl* 1389 *Nov. 2, Weihe Nov. 9, Tod* 1404 *Okt. 1) pag. 812, derselbe ist vicecancellarius Innocentii VII, wird pag. 814 cardinalis Ostiensis genannt, und stirbt pag. 850 zu Pisa im Juni* 1409.

[6] *Bei Ciaconius pag. 807 befindet sich unter den Kardinälen, welche bei Bonif. IX Wahl (1389) lebten, auch Franciscus Carbonus Neapolit. episc. Monopolitanus presb. card. tit. S. Susannae ad duas domos major poenitentiarius, derselbe ist pag. 818 cardinalis Sabinus genannt, er stirbt pag. 828 Romae* 14 *kol. jul. [Juni 18]* 1405; *vgl. Gemeiner Regensb. Chr.* 2, 396 *Franciscus pr. card. von genanntem Titel* 1393.

1401 dominum nostrum eis imposuit, presentata. quocirca paternitatem vestram rogamus confidencius, ut tanti negotii gravitate pensata placeat nobis dominum nostrum sanctissimum juxta industriam quod possidetis ingenium sanis" vestris monere" consiliis, ut fortitudinis assumpto spiritu ad felicem hujus negotii consummationem dignetur, prout nos tenemur et totis intendimus viribus, eciam festinare.   datum Nuremberg die 12 mensis maji anno domini millesimo quadringentesimo primo, regni vero nostri anno primo.

Reverendissimo in Christo patri domino
A.¹ tituli S. Laurencii in Damaso presbytero cardinali amico nostro dilecto.

Ad mandatum domini regis
Job Vener licenciatus etc

D. Gesandtschaft des Protonotars Albrecht nach Rom, 1401 Jul. Aug., nr. 10-14.

10. *K. Ruprecht benachrichtigt P. Bonifacius IX von seinem bevorstehenden Zug nach Italien und beglaubigt bei demselben seinen gen. Gesandten.* 1401 Juli 20 Heidelberg.

Aus Karlsr. G.L.A. Pfälz. Kop.B. 105 fol. 101ᵇ-102ᵃ cop. ch. coaev., Adresse als Überschrift.
Coll. Janssen R.K. 1, 601-602 nr. 1013 aus einem in seinem Privatbesitz befindlichen Kodex **Acta et Pacta** *283-292.*
Gedruckt bei Martène thesaur. nov. anecd. 1, 1671 f. nr. 37; daraus Regest Chmel nr. 571 und Georgisch 2, 856 nr. 58.

Beatissime pater et domine precipue.   oratorum nostrorum¹ pridem a sanctitate vestra redeuncium necnon honorabilis Anthonii² per sanctitatem vestram ad nos missi concordi relacione didicimus ad nostra vota paternitatis vestre benignam affectum et pro intrando festine Ytaliam consilium promissamque nobis auxilium oportunum.   nos vero attendentes hinc status nostri novitatem, negocii quantitatem, temporis brevitatem, ac difficultatem ac quantisper ingerentem, illinc generose ab olim Italie adulterinum obprobrium, jugum gravissimum, exulum et oppressorum gemitum, bene affectatum populum, tempus congruum, more periculum, ibique pene collapsum imperium: que quidem cuncta ac singillatim singula debite sollicitudinis nostre lance pensantes, de intrando seu non intrando bona vel mala verisimiliter secutura, moti racionibus partis prevalentis, cum nostris ac sacri imperii electoribus ac aliis principibus, pro recuperacione imperialis suppressi tituli libertatis ecclesiastice necnon tocius salute populi, conclusimus de intrando. et de omnipotentis coadsi auxilio, cujus causa agitur, de paternali sanctitatis vestre presidio, necnon aliorum succursu, quorum deus corda tetigerit, Germanicis nichilominus stipati agminibus, sine mora impendemus officii nostri operas dei nutu efficaces circa inicium mensis septembris proxime venturi catervatim collectis gentibus ad inferendum horis Ytalicis⁴ victrices aquilas et pro adepcione imperialis diadematis iter arrepturi. eia,   pater sancte, hortati pridem nunc hortamur exhortantes deprecamur et quantum

a) M meritis. b) cod. monere? verschrieben; M monere. c) cod. (und Janssen) patrinali; das de patrinali ist mit von anderer aber gleichzeitiger Hand vorgesetzt statt der Lücke. d) Janssen horum Ytalicorum, es ist wol ge-meint.

¹ *Nach Coronelli tavola sinottica de' cardinali nr. 1328: Cosimo seit 1389 Dec. 18, zum Pabst gewählt als Innoc. VII 1404 Okt. 17. — Solche Schreiben an einzelne Kardinäle auch 1401 Juli 21 nr. 13 und 1402 Febr. 8 nr. 50.*
² *Vollmacht vom 14 Dec 1400 nr. 1.*
³ *Antonius de Montecatino 1401 Merz 25 nr. 4.*

possumus humiliter supplicamus, quatenus paterni cordis vestri arubescens zelus in archano *1401*
pretoris delitescens jamjam non velud lucerna sub modio sed timore semoto patenter in *Jul. 20*
flammam prorumpens se ponat supra candelabrum, ut ingredientes nobiscum lumen videant
opis et operis efficacis, cum luce clarius constet *sanctitati vestre* id faciendi veluti nobis
racionabilem causam non decesse. super hiis autem et quibusdam aliis mittimus ad *sancti-
tatem vestram* magistrum Albertum[1] prothonotarium et devotum nostrum dilectum plenius
informaturum, cui in dicendis supplicamus fidem dignetur adhibere credencie plenioris
eadem *sanctitas*, cujus personam nobis confidentissimam altissimus conservare dignetur *1401*
ad regimen ecclesie sue sancte in prolixum. datum Heidelberg 20 die mensis julii *Jul. 20*
anno domini millesimo 400 primo, regni vero nostri anno primo.

Sanctissimo in Christo patri ac   *Sanctitatis vestre* devotus filius Rupertus dei gracia
domino domino Bonifacio digna dei   Romanorum rex semper augustus.
providencia sacrosancte Romane ac
universalis ecclesie summo ponti-   Ad mandatum domini regis
fici domino nostro precipuo.   Job Vener etc.[a]

11. *K. Ruprechts Anweisung für seinen gen. Gesandten an P. Bonifacius IX: seine
Anordnungen für den Romzug, sein Verhältnis zu K. Wenzel von Böhmen und [1401
seine Haltung in der kirchlichen Frage. [1401 c. Juli 20? Heidelberg.]* *c. Jul.*

*Aus Karlsr. G.L.A. Pfälz. Kop.B. 146 fol. 100ᵇ–101ᵇ cop. ch. coevt.
Coll. Janssen R.K. I, 603–605 nr. 1014 aus einem in seinem Privatbesitz befindlichen
Kodex Acta et Pacta 283–292.
Gedruckt bei Martene thesaur. nov. anted. I, 1669–71 sub nr. 36; daraus erwähnt Chmel
sub nr. 574.*

Memoriale pro magistro Alberto ad dominum papam.

[1] Primo: quia dominus papa exhortabatur dominum nostrum regem per ambasia-
tores suos scilicet dominum Verdensem Joffridum de Leyningen et Hermannum Rode[2] et
tandem per dominum Anthonium de Monte Catino[3] pro introitu celeri ad Ytaliam.

[2] Item promisit paternum auxilium, quod posset et vellet exhibere ultra omnes
in Italia citra Mediolanensem.

[3] Item rex paternis[b] motus consiliis promisisque auxiliis, perpendens more peri-
culum, confisus de *sanctitatis* sue precipue aliorumque sibi fidelium subsidio[c], ex matura *1401*
deliberacione dominorum electorum decrevit circa inicium mensis septembris presentis *c. Sept.*
anni iter arripere. alii vero secundum locorum distanciam prius, alii circa medium, alii *1401*
circa finem augusti se movebant. *Aug.*

[4] Item in die nativitatis virginis gloriose debet esse congregacio tocius multitu- *1401*
dinis gencium armorum et dominorum ingrediencium secum de Alemania prope Augustam *Sept. 8*
ulterius progrediendo sine mora.

[5] Item duces Austrie dabunt sibi introitum per terras suas.

a) Ad etc. … b) col. paternus. c) col. add. quod plenissime durchgestrichen.

[1] Vgl. die Gesandtschaft des Genannten sammt   [2] Das Stück steht im Kodex vor dem Brief
*Konrad von Friberg und Johannes von Mittel-   Ruprechts an P. Bonifacius IX vom 20 Juli
burg nach Venedig vom 20 Juli 1401; o. Zw.   1401 nr. 10, zu dem es gehört.*
sollte Albert sodann von Venedig nach Rom   [3] Vollmacht 1400 Dec. 14 nr. 1.
gehen.   [4] Geleit 1401 Merz 25 nr. 4.

[6] Item dux Lupoldus obligavit se in propria persona cum mille lanceis intraturum.

[7] Item quare supplicat dominus rex *sanctitati* sue ex confidencia benignitatis paterne ultro se offerentis, quatenus sibi juxta quantitatem et qualitatem tanti negocii auxilium inpareiatur oportunum, quod se eciam ab eo firmiter confidit habiturum.

[8] Item si querat de quanto, committatur hoc *sanctitati* sue, que melius novit, pensatis statu negocii condicione patrie[a] aliisque circumstanciis, pro utilitate negocii juxta discrecionem sue paternitatis quantitatem estimare.

[9] Hic agatur de processu faciendo contra Mediolanensem etc. usque condempnacionem maledictionem et publicacionem etc.

[10] Item si querat, ubi velit rex applicare et quo ipse sibi gentes suas dirigere debeat: . . .[b]

[11] Item si querat de quantitate exercitus domini regis, dicatis quod habebit circa quinque milia lancearum electorum hominum demptis sagittariis et aliis armatis, et estimatur multitudo equitum ad . . .[c] milia.

[12] Item dicatis de statu Almanie[d], quod per dei graciam jam plene estimatis eum habere obedienciam omnium civitatum imperialium.

[13] Item dempto rege Bohemie nullum dominorum habeat adversarium ipsum impugnantem.

[14] Item rex Bohemie pro parte domini nostri regis habet adversarios diffidatos multos principes, quorum nomina poteritis capere in scriptis.

[15] Item de mala activitate et modica resistencia regis Bohemie.

[16] Item quomodo dominus noster rex jam de facto misit filium suum primogenitum cum gentibus copiosis in Bohemiam, et habet adhereneiam omnium marchionum Missinensium et marchionis Moravie Jodoci et illius de Rosenberg et quasi omnium baronum notabilium de Bohemia. et habet cum eo burggravium Nuremberg ensem gentes ducum Bavarie ac episcoporum Bambergensis et Herbipolensis necnon quampluriorum aliorum magnatum et procerum. et nisi ineat[e] composicionem cum domino rege, forte privabitur eciam regno Bohemie. et fuit illa congregacio dominorum prescriptorum in Bohemia in campis decima octava julii.

[17] Item quod dominus rex juxta prescripta ingrediendo Italiam sperat, post se Almaniam racione status imperialis dimittere per dei graciam satis bene pacatam.

[18] Item quod marchio Procopius Moravie dedit se in familiarem domino regi et ad sibi serviendum cum 40 fortaliciis, quem dominus rex taliter acceptavit.

[19] Item in facto ecclesie, ne rumoribus credat sinistris, habetis eum informare primo de dieta Metensi[1], quomodo illa mendose fuit famata, presertim de convencione regum et principum utriusque obediencie et aliquorum anticardinalium, prout scitis.

[20] Item quomodo propter et nimias vexaciones et displicencias illa dieta fuit[f] prefixa.

[21] Item quomodo, vobis nunciante, ad certam parvam[g] numerum personarum fuit[h] redacta.

---

a) in cod. obscheret, doch ohne Zweifel patrie: *januen* paterna. b) *fehlt die Antwort, dis Raum, der ist freigelassen im cod.* c) *hier vor breiter Raum, der wol die Zahl der Tausende gross enthalten sollte.* d) *so scheint eher Almania zu lesen.* e) cod. *mud Januen ineat.* f) cod. *fuerit durch gleichzeitige Änderung in Rot, geändert in fuit; januen fuit.* g) *januen per nam.* h) *scheint eimpfehlt aus fuerit korrigiert; januen fuerit.*

---

[1] Siehe K. Ruprechts Vorschläge für diesen Tag auf 24 Juni 1401 nr. 299, auch dazu noch nr. 291 art. 1, nr. 296 art. 8. 10. 11d 11e und nr. 297 und nr. 317 art. 5. Vgl. Raym. 27, 78 ed. Mansi.

[22] Item quod nichil in prejudicium *sanctitatis* sue ibi sit actum[a].
[23] Item quod via eorum est penitus refutata et quod amplius non sugillent dominum regem et electores aut alios principes pro subtraccione obediencie, prout hactenus[b] fecerant.
[24] Item desiderabant et desiderant, quod tamen de alia via cogitetur apta pro unione ecclesie.
[25] Item[c] ne detur eis occasio seviendi et turbandi statum imperii in absencia domini, saltem in parte est concepta una dieta de quatuor personis hinc et quatuor ibi ad festum sancti Egidii de novo incipiendo tractare[d] super aliqua via convenienti; et sic tenebuntur per unam vel duas dietas, usque dum dominus rex per dei graciam perveniet ad Ytaliam imperiales infulas suscepturus.
[26] Item de Leodiensi.
[27] Item dicatur[e] domino pape, quod juxta condictum cum domino Anthonio[1] etc., dum rex expectavit super nonnullis sibi commissis[f] responsum, quod se promisit allaturum[g], quod tamen[h] nondum fecit nec per se nec per alium.
[28] Item de Florent*inis*, quomodo cum illis sit dispositum, quod ipsi habeant duo milia lancearum ad invadendum Pisanos Senenses etc. in succursum domini nostri regis.
[29] Item de gentibus armorum dispositis in Italia mille videlicet lanceis et aliis[i] multis armatis, qui debent venire in occursum domini nostri regis postquam intraverit Italiam, ad preparandum passus et faciendum scarmuzias more stipen*diariorum*[k] Ytalicorum.
[30] Item de generali commissione facta domino Paduano[g], ut cum quibuslibet sacri imperii fidelibus et devotis, signanter Venetis[l] et Januensibus disponat et procuret domino nostro regi auxilium impertiri, quod ipse se facturum diligenter[m] spospondit.

12. *K. Ruprecht an die Kardinäle, meldet seinen bevorstehenden Einzug in Italien, und beglaubigt seinen g. a. Gesandten. 1401 Juli 21 Heidelberg.*

Aus Karlsr. G.L.A. Pfälz. Kop.B. 146 fol. 102[a,b] cop. chart. coev.
Gedruckt Martene Thes. nov. anecd. 1, 1672f. nr. 38. — Regest Georgisch 2, 856 nr. 61, Chmel nr. 577, beide aus Martene; Janssen Frankf. R.K. 1, 608 nr. 1018 aus einem im eignen Besitz befindlichen Kodex Acta et Pacta 297.

Rupertus etc. reverendissimis in Christo patribus sancte Romane ecclesie cardinalibus amicis nostris carissimis ac ipsorum collegio sacrosancto in utriusque hominis sospitate salutem. pridem, ob sacri Romani imperii et publice rei collapsum et urgentissime necessitatis gemituosum clamorem, ejusdem imperii Romani tam electorum quam aliorum principum procerum ac fidelium decretali consilio annato processore nostro, fuimus licet insufficientes et indigni et pro tanto inviti ad imperialis culminis gubernatorem electi. quam quidem eleccionem cum suis dependenciis et connexis sanctissimo domino nostro intimare et sanctitati ejusdem personam nostram per nostros ambaziatores sollempnes procuratores et nuncios representare et vestris paternitatibus reverendissimis recommendare curavimus. nunc autem, eadem necessitate forcius perurgente corundemque prin-

a) Janssen *dictum*. b) cod. *hactenus*. c) cod. *Ite*. d) Janssen *tractacionem*. e) Janssen *dicatis*. f) Janssen *nonnullum commissum*, cod. *obscheint*. g) cod. *gleichzeitig korrigiert aus alteratorum*. h) cod *bevor Anfsetzung des nachverigsten Wortes als tam*. i) *die gez. Abkürzung für* alias, *hier für* aliis? k) Janssen *stipendiorum*, cod. *abgekürzt*. l) cod. Venec. m) cod. *und* Janssen *add.* etc.

[1] *Antonius de Montecatino 1401 Merz 25 nr. 1.*   [g] *Vgl. die zwei Urkunden betr. Franz von Carrara 1401 Mai 26.*

cipum ac procerum similiter devotali consilio impellente, ad presentandum nos in persona propria apostolico conspectui imperialia insignia petituri, exercitus nostri fortitudine circumfulti brevi dierum spacio ad Italiam in dei nomine arripiemus descensum. quem quidem descensum ac alia circa id oportuna eidem sanctissimo domino nostro vestrisque paternitatibus reverendissimis, pro singulari et ut indubitanter credimus desiderato solacio, previis recommendationibus cordialibus et devotis per dilectum nobis magistrum Albertum plebanum sancti Sebaldi in Nuremberg nostrum prothonotarium studuimus intimare. quocirca paternitates vestras reverendissimas affectuose precamur, quatenus eidem Alberto in referendis parte nostra regie majestatis contemplatu audienciam credulam et benignam prebere nostraque et sacri imperii Romani negocia intra precordia caritatis suscepta direccionibus favoribus et assistenciis vestris prosequi velitis et imgniqere promovere, in eo imperatori celesti, ad cujus honorem causam hanc ipsius ipso teste assumpsimus, non modicum placituri nobisque ac dictis imperii ac principibus nostris amiciciam exhibituri omni studio omni quoque tempore recolendam erga vestras paternitates reverendissimas. quas altissimus dirigere et tueri dignetur in prolixum. datum Heidelberg 21 die mensis julii anno domini 1400 primo, regni vero nostri anno primo.

13. *K. Ruprecht an einen ungen. Kardinal*[1], *bittet, seinem gen. Gesandten, dem zu glauben ist, und dessen Aufträge zu fördern.* 1401 Juli 21 Heidelberg.

Aus Karlsr. G.L.A. Pfälz. Kop.B. 115 fol. 102b cop. chart. coev.
Gedruckt Martène thesaur. nov. anecd. 1, 1673 nr. 39 — Regest bei Georgisch 2, 857 nr. 62 und Chmel nr. 518 — aus Martène, bei Janssen Frankf. R.K. 1, 649 nr. 1019 aus einer in eigenem Besitz befindlichen Handschrift Acta et Pacta 297.

Reverendissime in Christo pater et amice carissime. scripsimus sanctissimo domino nostro[2], scripsimus eciam dominorum cardinalium certui dignissimo[3], scripsimus nostrum in Italiam cum nonnullis aliis nostris ac sacri imperii Romani negociis intimantes. que ad vestre reverendissime paternitatis audienciam alias pervenire minime dubitamus. gerentes autem singulariorem confidenciam in vestram paternitatem reverendissimam, venientem ad eandem dilectum nostrum magistrum Albertum plebanum in Nuremberg prothonotarium nostrum et[a] nostra ac sacri imperii Romani negocia per eum gerenda, adhibita ei credulitate indubia, caritativis quesumus velitis[b] amplecti favoribus efficaces-que operis adhibere, ut, eo ad nostram majestatem redeunte cum expedicione votiva, vestre paternitatis reverendissime[4] amiciciam, quam speramus, promocionum efficacia senciamus, ad ejusdem paternitatis beneplacita omni sinceritate parati. quam altissimus dirigere et tueri dignetur per tempora longiora. datum Heidelberg 21 die mensis julii anno domini 1401, regni vero nostri anno primo.

a) om. cod. b) cod. velitis.

[1] Vgl. nr. 50.
[2] 1401 Juli 20 nr. 10.
[3] 1401 Juli 21 nr. 12.
[4] Die Anrede, auch zu Anfang, weist auf einen

Kardinal. So auch in dem Schreiben des Königs 1102 Febr. 8 nr. 50. Es ist vielleicht Einer von den drei Kardinäten in Ruprechts Schreiben 1401 Mai 12 nr. 9.

14. *K. Ruprecht an P. Bonifacius IX, beglaubigt seinen gen. Gesandten. 1401 Aug. 16 Augsburg.*

Aus Karlsr. G.L.A. Pfälz. Kop.B. 146 fol. 103b oben, cop. chart. coev.
Gedruckt Martène thesaur. nov. anecdot. 1, 1675 nr. 41. — Regest Georgisch 2, 860 nr. 96 und Chmel nr. 851 aus Martène, Janssen Frankf. R.K. 1, 615 nr. 1028 aus einem in seinem Privatbesitz befindlichen Kodex Acta et Pacta 299.

Cum obedientia filiali devota pedum oscula beatorum. beatissime pater et domine precipue. pridem ad sanctitatem vestram, de qua cordialem in domino gerimus fiduciam, magistrum Albertum prothonotarium et devotum nostrum dilectum cum quadam litera nostra credenciali transmisimus de et super quibusdam certis punctis dicte sanctitati vestre ex parte nostra referendis. verum post recessum dicti magistri Alberti occurrerunt nobis aliqua sanctitati vestre intimanda, que dicto magistro Alberto de eisdem nostris literis plenius informato commisimus dicte sanctitati vestre clarius declarandum. cui in dicendis, supplicamus, fidem dignetur adhibere creditivam et tam pro utilitate ecclesie quam imperii paternum animum, ut plene confidimus, graciosius inclinare. personam vestram nobis confidentissimam altissimus conservare dignetur in regimine felici ecclesie sue sancte. datum in civitate nostra regali Auguste 16 die mensis augusti anno domini 1400 primo, regni vero nostri anno primo.

Ad mandatum domini regis
Rabanus episcopus Spirensis cancellarius.

E. Gesandtschaft des Bischofs Nikolaus von Imola und Michael von Dulcigno an K. Ruprecht, 1401 Aug. 18, nr. 15-16.

15. *Geleit P. Bonifacius IX für seine gen. Gesandten. 1401 Aug. 18 Rom.*

Aus Vatik. Archiv Bonif. IX lib. VI f. 244b-245a cop. ch. coev.
Cum venerabilem fratrem nostrum Nicolaum episcopum Imolensem ac dilectum filium magistrum Michaelem de Dulcinio[1] decretorum doctorem literarum apostolicarum correctorem nuncios nostros ad Alamanie et nonnullas alias partes presencialiter pro nonnullis arduis nostris et ecclesie Romane negociis ac pacem predictarum statu prospero et tranquillo presencialiter destinemus etc. datum Rome apud S. Petrum 15 kal. sept. pont. a. 12. [Bem. duplicata.]

---

[1] Die Gesandtschaft dieser beiden wird dann auch erwähnt in den beiden Beglaubigungsschreiben K. Ruprechts für seine Gesandtschaft v. 16 Okt. 1401 (den Bischof s. bei Theiner cod. dipl. 2, 597. 619; Imola Suffraganeitz von Ravenna). — Schon 1397 war Michael de Dulcinio decretorum doctor in cancellaria nostra presidens als Nuntius zusammen mit magister Riccardus Yong causarum palacii apostolici auditor und mit Petrus de Pisis consistorii apostolici advocatus von P. Bonif. IX geschickt worden ad Alamanie et nonnullas alias partes pro nonnullis nostris et sancte Romane ecclesie arduis negociis, gemäß Geleitsbrief dat. Rome apud S. Petrum 2 non jul. pontif. a. 8 [1397 Jul. 6], in Vatik. Arch. Bonif. IX. litt. divers. an. VII. VIII. IX lib. IV fol. 241ab. (Dulcigno, Seestadt im nördlichen Albanien; episc. Imol. in Ughelli 10, 256.)

16. P. Bonifacius IX an K. Ruprecht, Approbationsbulle. Päbstlicher Seits vorgeschlagener Entwurf. *[1401 c. Aug. 18 x. l.]*

A aus Vatik. Archiv de schismate Urbani VI tom. XV fol. 219 (105.ᵃ-221 (107.ᵇ cop. chart. coaev., ist die bessere Handschrift gegenüber der folgenden.
B coll. ibid. tom. XII fol. 301 (247.ᵃ-303 (249.ᵃ cop. chart. coaev., diese Handschrift ist ohne Zweifel abhängig von A
D coll. Paris Nationalbibliothek manuscr. lat 4113 f. 95ᵇ-97ᵇ cop. chart. in folio saec. 15 in.
Die Varianten CESWZ s. nr. 24 näher bezeichnet.
Gedruckt Raynald. ann. eccl. 1401 § 12 die Worte von nobis per eorum proprium nuntium his unanimiter praesserunt in art. 1 aus B, mit der Angabe proximo anno d. h. 1401. womit die Auffassung in 1401 § 9 stimmt, wo diese Konfirmation doch als Folge der Rede des Bischofs von Verden aufgefaßt zu sein scheint; daß wir es dabei mit einem bloßen Entwurf zu thun haben, ist dem Herausgeber nicht klar geworden.
Die Überschrift lautet Copia confirmacionis et approbacionis facte per dominum papam Bonifacium de novo electo in Romanorum regem, portate eidem per reverendum patrem dominum episcopum Ynolensem et egregium legum doctorem dominum Michaelem de Dulcinio ambaxiatores apostolicos. Daraus ergibt sich das Datum, da wir für die betreffenden Gesandten den päbstlichen Geleitsbrief vom 18 Aug. 1401 nr. 15 haben.
Der Text der Urkunde, der dem K. Ruprecht durch die beiden gen. Gesandten überbracht wurde, blieb Entwurf, er enthält den Vorschlag des Pabstes und lautet seinem größten Theile nach wie die endliche Bestätigung vom 1 Okt. 1403 nr. 104. Abweichungen finden sich aber, und gerade in einigen politisch wichtigen Stellen; auch in anderen wo sie jedoch in jeder Beziehung werthlos sind. Nach genauer Wortvergleichung werden im folgenden alle solchen irgendwie in Betracht kommenden Abweichungen verzeichnet, ein vollständiger Abdruck des Ganzen wäre höchst überflüssig.
Die Inskription ist dieselbe, nur daß hinter electo das illustri fehlt.
Art. 1 und 2 lauten ganz gleich, nur daß in art. 2 et Bohemie fehlt, und statt et videus gesetzt ist ceterum idem predecessor videns.
Art. 3 entbehrt nach inducciones das et monicioues *und nach remediis das et monicio*nibus, zwischen imperio und jugiter das et christiane religioni, zwischen divisionem und imperii das ecclesie et, zwischen validaret und debitis das necnon ecclesiam et imperium ipsumque terras et bona juxta sui status debitum defensaret.
Art. 4 entbehrt des nach inducciones folgenden et monicioues[a], es fehlt auch obduratas die ganze Stelle ipsumque Wenczeslaum ad regimen dicti imperii esse omnino inutilem et propterea non solum statum universalis ecclesie atque imperii sed tocius christianitatis religionis turbari, et, nach pullulabant *fehlt die Stelle et quod predicta erant adeo per terrarum orbem notoria quod non poterant aliqua tergiversacione celari, und es heißt dann statt ipso amoueto ad alterius eleccionem bestimmeter ad ipsius deposicionem et alterius eleccionem, der Schluß des Artikels lautet statt et demum — concorditer elegerunt sehr abweichend et non quidem nuncio, volentes prius cum fratribus nostris sancte Romane ecclesie cardinalibus in tanta gravitate negocii maturius cogitare, et firma credulitate tenentes electores ipsos in tanta negociorum mole via duntaxat juridica[b] processuros, determinatum responsum non dedimus. ipsi vero, ex tali non-dacione[c] determinati responsi credentes forsitan nos hujusmodi amocioni seu deposicioni[d] et nove eleccioni tacite consensisse, licet ejusdem deposicio ad eos nullatenus pertineret, tamen de apostolici sedis benignitate confisi ad ipsius Wenceslai deposicionem

---
a) A schreibt Dulcinio, BD hohen Dulcinei in dem Geleit vom 18 Aug. 1401 Item 11 Dulcinio, vgl. dort die Anm. auch. b) das exactivum statt exilacionem ist wol nur Schreibfehler. CEWZP haben keines nr. 104. c) S dilacione. d) E an non deposicioni nec nou Vorschen.

---

¹ Rayn. 1401 § 9 kannte unsere Vorlage B auch, und erkannte den wesentlichen Unterschied von der Ausfertigung des 1 Okt. 1403, scheint aber auch den oben mitgetheilten Entwurf schon für eine Ausfertigung zu halten.
² Vgl. Instruktion von [1401 c. Merz 25] nr. 5 art. 2 juridicum fundamentum, pag. 23 lin. 11f.

a prefato regno Romanorum unanimiter processerunt. et post hoc te carissimum [1401 filium nostrum, tunch Bavarie ducem et comitem Palatinum Reni eorumque coelectorem, [Aug. 18] in regem Romanorum in futurum imperatorem postmodum promovendum concorditer elegerunt.

Art. 5 fehlen nach hujusmodi deposicionem die Worte sive associonem, nach ut prefertur fehlt et quecumque inde secuta.

Art. 6 lautet zu Anfang abweichend nos igitur de hujusmodi unanimi et concordi deposicione et eleccione tua fide plenaria nobis facta, es fehlt nach condicionibus das virtuosis, und es heißt statt des selbständigen et devocione bloß devocionis, auch fehlt das vor bonumque stehende orthodoxe fidei und statt bonumque selbst heißt es nur einfach bonum (aber mit et ducor), statt des ausdrücklichen deposicionem prefati Wentzeslai et eleccionem de te factam et quecumque inde secuta rata habentes et grata ist kurz gesagt deposicionem prefati Wenceslai ratum et firmam habentes das also hier nur auf die deposicio geht, und statt tuamque personam ydoneam reputantes heißt es tuaque persona ydonea reputata, es fehlt nach consecracionem imperialem der Zusatz: necnon ejusdem sacri imperii dyadema (worauf daher impendendus statt impendenda gesetzt ist), und nach vel causa heißt es in eleccione hujusmodi statt in premissis vel aliquo premissorum.*

Art. 7 und Schluß sind unvollständig und geben nur nulli ergo etc. datum etc.

F. Gesandtschaft des Bischofs Konrad von Verden und Nikolaus Buman nach Rom, 1401 Okt. 16 Nov. 21, nr. 17-22.

17. *K. Ruprecht an P. Bonifacius IX. beglaubigt seine 2 gen. Gesandten.* 1401 Okt. 16 [1401 Okt. 16] Trient.

Aus Karlsr. G.L.A. Pfälz. Kop.B. 146 fol. 104ᵇ cop. chart. coaev., die Adresse als Überschrift.
Gedruckt Martène thes. nov. anecd. 1, 1680 nr. 46. — Regest bei Janssen Frankf. R.K. 1, 644 nr. 1053 aus einem in seinem Privatbesitz befindlichen Kodex Acta et Pacta 307, und Erwähnung bei Chmel sub nr. 1012.

Beatissime pater et domine precipue. cum reverencia debita et devota pedum oscula beatorum. venerabilem Nicolaum episcopum Imolensem ac peritum magistrum Michahelem de Dulcinio[1] decretorum doctorem et literarum apostolicarum correctorem nuncios sanctitatis vestre ad nos cum bulla[b] credenciali[2] directos cum reverencia debita et honore congruo devote suscepimus, ipsorumque relata nobis eleganter exposita audivimus ac sane intelleximus. postmodum eciam dilecti prothonotarii et oratoris nostri magistri Alberti[3] a sanctitate vestra redeuntis relata[c] responsum ejus super sibi impositis reportatum, tangens materiam expositorum per dictos nuncios vestros, similiter et audivimus et intelleximus. super qua materia destinamus ad sepedictam sanctitatem vestram venerabilem magistrum Conradum de Soltaw episcopum Verdensem consiliarium et Nicolaum Buman prothonotarium et secretarium nostros devotos et dilectos de intencione nostra plenarie informatos, supplicantes attento studio, quatenus eisdem in referendis dignemini adhibere fidem credencie plenioris nostramque personam paterno affectu benignis et oportunis favoribus prosequi, prout de sanctitate vestra indubiam utique gerimus fiduciam. quam incolomem conservare dignetur altissimus cum dierum felicitate longeva regimini ecclesie sacrosancte, confidentes plenissime, quod de benignitate vestra, in qua utique spem

a) om. AB, add. DSECHZ. b) cum bulla im Kodex wiederholt gesetzt. c) om. cod.

[1] 1401 Aug. 18 nr. 15 und 16. [2] 1401 Jul. 20. 21 Aug. 16 nr. 10-14.
[3] Fehlt uns.

indubiam retinemus, negocium ipsum optato debeat fine concludi. datum Tridenti 16 die mensis octobris anno domini 1400 primo, regni vero nostri anno secundo.

Sanctissimo in Christo patri
ac domino domino Bonifacio.

Sanctitatis vestre devotus filius Rupertus etc.

18. *K. Ruprecht an einen ungen. Kardinal*[1]*, beglaubigt seine 2 gen. Gesandten, und bittet um deren Unterstützung beim Pabst. 1401 Okt. 16 Trient.*

Aus Karlsr. G.L.A. Pfälz. Kop.B. 146 fol. 104ᵇ-105ᵃ cop. chart. coaev.
Gedruckt Martène thesaur. nov. anecd. I, 1681 nr. 47. — Regest bei Janssen Frankf.
R.K. I, 645 nr. 1056 aus einem im eignen Besitz befindlichen cod. Acta et Pacta 314-319.

Reverendissime pater et amice noster precarissime. literas paternitatis vestre primo per venerabilem episcopum Ymolensem ac Michaelem de Dulcinio literarum apostolicarum correctorem ambasiatores sanctissimi domini nostri pape, postmodum vero per devotum nostrum dilectum magistrum Albertum a sanctitate ejusdem domini nostri redeuntem, gratanter accepimus, easque et latorum earundem nobis parte vestri exposita sane intelleximus, referentes vobis immensas graciarum acciones de multa benignitate favoris et magna fidei sinceritate quibus honorem et statum nostrum grata amicicia prosequimini, volentes id ipsum erga dictam paternitatem vestram dum se casus obtulerit vicissitudinis opera compensare. nunc autem super materia instanti iterum destinamus ad presenciam dicti domini nostri pape venerabilem magistrum Conradum de Soltaw episcopum Verdensem et Nicolaum Buman prothonotarium et secretarium nostros devotos et dilectos presencium ostensores, quibus imposuimus paternitati vestre quedam super hiis parte nostri referre ac in singulis nostris agendis ad ejusdem paternitatis direccionem fidum cursum habere debere. idcirco paternitatem vestram affectuose rogamus, quatenus erga dictum dominum nostrum summum pontificem consuete sollicitudinis studio facta nostra promota habere velitis, dictisque nostris oratoribus fidem in parte nostra referendis placeat adhibere creditivam, prout de vestra paternitate fiduciam gerimus pleniorem. quam altissimus tueri dignetur in longevum. datum ut supra [d. h. Tridenti 16 die mensis octobris anno domini 1400 primo, regni vero nostri anno secundo].

Rupertus etc.

19. *K. Elisabeth an P. Bonifacius IX, bezeugt ihre Willfährigkeit, und beglaubigt für sich die gen. 2 kön. Gesandten. 1401 Okt. 16 Trient.*

Aus Karlsr. G.L.A. Pfälz. Kop.B. 146 fol. 105ᵃ cop. chart. coaev., die Adresse als Überschrift.
Gedruckt Martène thesaur. nov. anecd. I, 1681 f. nr. 48. — Regest Chmel pag. 182 nr. 22 aus Martène, und Janssen Frankf. R.K. I, 634 f. nr. 1055 aus einem im eignen Besitz befindlichen codex Acta et Pacta 314.

Beatissime pater et domine. cum humili mei recommendacione ac debita obediencia pedum oscula beatorum. literas sanctitatis vestre michi per dilectum magistrum Albertum prothonotarium illustrissimi principis domini Ruperti Romanorum regis contoralis nostri carissimi nedum reverenter quam devote suscepi presentatas, ipsarumque exhortacionem paternam ac relata dicti magistri Alberti intellexi et ad ea meᵃ prono studio

a) em. ead.

[1] So an 3 genannte Kardinäle 1401 Mai 12 nr. 9.

offero devote paratam.ª super quibus reverendo patri magistro^b Conrado de Soltaw episcopo
Verdensi consiliario ac honorabili Nicolao Buman prothonotario et secretario,^c ambasia-
toribus dicti consortis nostri ad vestre sanctitatis presenciam exnunc transeuntibus, con-
misi quedam eidem vestre sanctitati referenda. quorum relatibus eadem vestra sanctitas,
supplico humiliter, adhibere dignetur credencie plenam fidem. cujus personam omnipotens
conservare et dirigere dignetur feliciter in longevum ad regimen ecclesie sue sacrosancte.
datum ut supra [d. h. Tridenti 16 die mensis octobris anno domini 1400 primo, regni
vero nostri anno secundo].

 Sanctissimo in Christo patri ac domino   Sanctitatis vestre devota filia
 domino Bonifacio etc.   Elizabeth regina etc.

20. *K. Ruprecht bevollmächtigt zwei gen. Gesandte bei P. Bonifacius IX wegen Appro-
bation seiner Person und wegen Zusage der Kaiserkrone für ihn. 1401 Okt. 16
Trient.*

 *A aus Wien H.H.St.A. Ruprechts Registr.B. A fol. 48^{a,b} cop. ch. coaev., rechts am Rande
der ersten Textzeile ein gleichz. Vermerkzeichen, Überschrift Procuratorium ad dominum
nostrum papam Bonifacium missum cum ambasiatoribus domini regis videlicet Conrado
de Soltaw episcopo Verdensi et Nicolao Buman etc.*
 K coll. Karlsr. G.L.A. Pfälz. Kop.B. 5 fol. 51ª cop. chart. coaev.
 P coll. ib. Pfälz. Kop.B. 143 pag. 134f. cop. chart. coaev.
 Regest Chmel 1012 aus A, und Janssen Frankf. R.K. 1, 634 nr. 1054 aus P.

 Rupertus [*weiter wie die Vollmacht 1400 Dec. 14 nr. 1 mut. mut.; so die Namen*
devotorum nostrorum dilectorum venerabilis magistri Conradi de Soltaw sacre pagine
professoris episcopi Verdensis et Nicolai Buman secretarii et prothonotarii nostri, *welche
als presentes bezeichnet werden; doch ist zwischen* obtinendum *und a* dicto *beigefügt* et
recipiendum nostro nomine, *statt* et in animam nostram — jurandum *heißt es* et in
animam nostram quecumque necessaria oportuna ac per Romanorum reges solita ac^d
consueta prestari in premissis juramenta faciendum et jurandum, *nach* procurandum
heißt es obtinendum et recipiendum nostro nomine que in premissis et circa ea vel ali-
quod eorum] ac per Emericum notarium nostrum publicum subscriptum [*weiter wie l. c.*].
datum et actum in civitate Tridentina, die 16 mensis octobris, hora vesperorum vel
quasi, indictione nona, anno domini millesimo quadringentesimo primo, pontificatus
sanctissimi in Christo patris domini Bonifatii pape predicti anno duodecimo, regni vero
nostri anno secundo; presentibus venerabilibus Friderico archiepiscopo Coloniensi nostro
et sacri imperii per Italiam archicancellario, Rabano episcopo Spirensi, magnificis Lude-
wico duce Bavarie et comite Palatino Reni, Karolo duce et marchione Lothoringie,
Friderico burggravio Nurembergensi, nobilibus Emielone comite de Lyningen, et Gunthero
comite de Swartzpurg, honorabili Heinrico preposito ecclesie sancti Severini Coloniensis,
et Eberhardo de Hirtzhorn milite, principibus consiliariis et fidelibus nostris dilectis testi-
bus ad premissa vocatis pariter et requisitis.
 [*Zum Schluß das Notariatszeugnis des* Emericus de Moscheln Maguntinensis dio-
cesis publicus imperiali auctoritate necnon prefati domini mei graciosissimi Romanorum
regis notarius *eigenhändiger Schreibers der Urkunde und bei dem Akte persönlich
anwesend.*]

 a) cod. paratas.   b) cod. magistri.   c) cod. add. ac.   d) *K eb, scheint korrigiert aus* ac.

21. *P. Bonifacius IX an K. Ruprecht, Approbationsbulle. Päbstlicher Seits eingeschlagener Entwurf.* [1401 nach Okt. 16 bezw. Nov. 21 und vor Dec. 25 Venedig.]

C aus *Straßburg Stadtbibl.* cod. chart. 1256 C 14 fol. 80ᵃ-82ᵃ cop. saec. 15.
E coll. *Leipz. Univ. Bibl.* cod. chart. 1092 fol. 376ᵇ-378ᵃ cop. saec. 15, Überschrift Depositio Wenczeslai de regno Romanorum ac Ruperti ducis Bavarie electio sequitur.
W coll. *Wien k. k. Hofbibl.* cod. chart. 5137 fol. 278ᵃ-279ᵃ cop. coaev., Überschrift Depositio Wenczeslai regis Romanorum et regis Bohemie et confirmatio alterius electi loco ejus.
Z coll. *Zwettl Stiftsbibliothek* cod. 79 auf dem ersten Blatt, cop. sub. coaev.; Überschrift Bulla deposicionis exemplarium Benczslay et confirmacio novi regis.
Gedruckt *Senckenberg selecta juris et historiarum* 4, 418-426 ohne Angabe des Kodex, einiges von uns als Variante *S* benutzt; Überschrift wie *E*, das überhaupt hier zu Grund liegt.

Die Überschriften geben keinen Anhaltspunkt für die Datierung oder für die Bestimmung des Ausgangspunktes des Entwurfs. Durch den Inhalt des Stucks merkt man sich aber doch wenigstens veranlaßt, auch hier wieder an einen vom Pabst und nicht an einen vom König ausgegangenen Vorschlag zu denken.

Die Fassung der vier Kodices *CEWZ* ist bis auf Kleinigkeiten hinaus ziemlich konform, so daß man erkennt wie diese vier Vorlagen zusammengehören und eine besondere Fassung der Approbation darstellen, deren Inhalt für sich dasteht und als ein eigner Entwurf anzusehen ist.

Dem Inhalt nach gehört diese Fassung mit den Vorschlägen vom 1401 c. Merz 25 nr. 6 und c. Aug. 18 nr. 16 im wesentlichen in Eine Klasse, indem alle diese Fassungen, die unsrige und die vom 1401 c. Merz 25 nr. 6 und c. Aug. 18 nr. 16, sich von der Ausfertigung des 1 Okt. 1403 nr. 104 durch gemeinsame Hauptunterschiede entfernen, die wir bei dem Entwurfe vom 1401 c. Aug. 18 nr. 16 notiert haben.

Die Fassung von *CEWZ* nähert sich, wie man sehen wird, an verschiedenen Stellen der Ausfertigung vom 1 Okt. 1403, mehr als die Vorschläge vom 1401 c. Merz 25 und c. Aug. 18. Auch in Kleinigkeiten ist dies sichtbar, die wir ruhig bei Seite lassen können. Und wenn man nun fragt, wohin die Fassung *CEWZ* zu setzen sei, so kann man bis jetzt sagen: näher an diese Ausfertigung als an die beiden andern Vorschläge, also zwischen 1401 Merz 25 und Aug. 18 einerseits und 1403 Okt. 1 andrerseits. Da nun Franz von Montepolciano in seinen Eröffnungen vom 25 Dec. 1401 nr. 23 art. 2 und nr. 24 art. 5 sagt, daß der Pabst einen Entwurf der Approbationsurkunde schon dem Bischof von Verden und dem Nikolaus Buman, also Gesandtschaft *F*, übergeben habe, so nehmen wir keinen Anstand, unsern hier behandelten Entwurf zur Probe an diese Stelle zu setzen. Derselbe hat dann früher auch in dem Karlsr. Pfälz. Kop.B. 115 gestanden, so lange die Sammlung dort noch vollständig war, s. nr. 24 art. 5. Vgl zur chronologischen Einreihung dieses Entwurfes auch noch die Einleitung lit. R.

Um den wesentlichen Inhalt unseres Stuckes klar darzulegen, ohne unnöthigerweise den ganzen Wortlaut abzudrucken, genügt es, das Verhältnis zu dem Vorschlag vom 1401 Aug. 18 herauszustellen. Abweichungen finden sich da, und gerade auch politisch nicht unwichtige. Wir verzeichnen im folgenden nach genauer Wortvergleichung jede irgendwie in Betracht kommende solche Abweichung.

Art. 1. 2. 3 geben zu keiner Bemerkung Anlaß, außer daß in art. 2 *CEWSZ* statt ceterum idem prodecessor videns bereits steht et videns wie in der Urkunde vom 1403 Okt. 1, und daß *E* in art. 3 zu et signanter cum Gallici am Rande steht nota de Gallicis Francis.

Art. 4 hat statt ad ipsius deposicionem et alterius eleccionem die Worte ipso amotoᵃ ad alterius eleccionem wie in der Urkunde vom 1403 Okt. 1, und statt licet ejusdem deposicio ad vos nullatenus pertinerei, tamen die Worte licet ejus deposicio et associo novi ad ipsos sed ad nos dumtaxat pertinere noscaturᶦ, tamenᵇ, sagt zwischen deposi-

---

a) C add. sequuuntur quod. b) C falsch tandem.

---

[1] Schon Senckenberg bemerkt dazu pag. 23: legi, pontificem Wenceslai destitutionem sibi vindicatum iviisse nec electoribus eam concedere voluisse. Dynter ed. de Ram 1, a, 14 de regibus

cionem und a prefato regno noch hinzu seu amocionem wie in der Urkunde von 1403 [1403 Okt. 1, endlich stehen nach processerunt noch die Worte licet de facto (wozu E am Okt. 16 Rande bemerkt nota de electione facta non de jure sed de facto, und Z auch am Nov. Rand in der Nähe ein nota bringt). Nov. 21
Art. 5 fügt nach hujusmodi deposicionem die Worte hinzu seu amocionem wie in der und Urkunde von 1403 Okt. 1. Dez. 7b)
Art. 6 liest statt deposicionem prefati Wenceslai ratam et firmam habentes die Worte prefatum Wenceslaum ab omni regimine et amministracione ac gubernacione et dignitate imperiali, premissis suis demeritis exigentibus, de plenitudine potestatis a) auctoritate apostolica deponimus et penitus amovemus, et, nominacionem et eleccionem per dictos electores de te factam ratam et firmam habentes (und E hat noch am Rande forma: deponimus), fügt zwischen te und nominamus noch hinein eadem auctoritate et potestate b), nach assumimus die Worte et proficimus, und nach consuevimus imperialem kommt der Zusatz nenon ejusdem sacri imperii dyadema wie es auch in der schon mehrfach erwähnten Ausfertigung von 1403 Okt. 1 steht.
In Art. 7 fügen CEW zu nulli ergo noch das omnino hominum (S nur hominum), ES auch das liceat bei, Z hat nur nulli ergo etc. ohne das datum etc., und im Datum hat W statt etc. die Worte in monte Oreb, cujus annorum noscitur.

22. K. Ruprecht an P. Bonifacius IX, zeigt seine Ankunft in Padua an, und verweist [1401 im übrigen auf seine bereits bei demselben beglaubigten gen. beiden Gesandten. No. 21 1401 Nov. 21 Padua.

Aus Karlsr. G L A. Pfälz. Kop.B. 146 fol. 106b cop. ch. coaev., Ruprechts eigne Unterschrift unter dem Text in der Mitte und so daß ihre erste Linie in der Höhe der zweiten Linie der andern Unterschrift steht, letztere rechts unten in etwas kleineren Buchstaben, während jene ihre Buchstaben von der Größe der des Textes hat.
Cdl. Janssen R.K. 1, 636-637 nr. 1061 aus einem in seinem Privatbesitz befindlichen Kodex Acta et Pacta 320.
Gedruckt bei Martène thesaur. noc. anecd. 1, 1684 nr. 52. — Daraus Regest Chmel nr. 1044 und Georgisch 2, 862 nr. 112.

Cum obediencia filiali devota pedum oscula beatorum. beatissime pater et domine precipue. sanctitati vestre notificamus, nos die 18 mensis novembris cum nonnullis [1401 nostris et sacri Romani imperii principibus comitibus baronibus militibus et aliis gentibus Nov. 18 nostris de Alamania civitatem nostram Paduanam intrasse pro recuperacione jurium et libertatum sacri Romani imperii in hiis Italie partibus multipliciter collapsorum, sperantes

a) ES ms. orig. de plen. pot. b) ES am et potestate; man kann vermuthen, dass diese und die vorige Änderung desde Nachlässigkeit ist, ersetzbaren kehrer ES das apostolice plenitudine potestatis durch rechte imdes in diesem Artikel nicht vermeiden. cf. ant. W.

Romanis erwähnt: qui [Wenceslaus] regnavit multis annis, et dicitur quod fuit depositus ab imperio per Bonifacium papam IX tempore scismatis inter dictum Bonifacium et Benedictum papam XIII. Und 3, 75: propter cujus demerita et alia maleficia a regno Romanorum privatus et ab eodem destitutus fuit a Bonifacio papa nono, qui electoribus imperii dedit potestatem alium in regem Romanorum eligendi postea in imperatorem promovendum [so nach Magnum chr. Belgicum emendiert statt et in imperatorem promovendi]; qui elegerunt illustrem dominum Rupertum ducem Bavarie in regem anno domini 1399; qui ab eodem papa Bonifacio fuit confirmatus, et postea Aquisgrani cum maxima difficultate coronatus propter potenciam principum qui Wenceslao adhaeserunt: ipse enim Wenceslaus semper magnam partem principum et civitatum Alamanie habuit pro se, qui ipsum pro rege Romanorum tenuerunt. Und ib. 140: supra — scribitur, qualiter et ob quam causam ipse per Bonifacium papam IX fuit destitutus de imperio sive regno Romanorum, und gleich darauf: qui [Bonifacius papa IX] dictum regem Wenceslaum deposuerat.

et de omnipotentis cujus causa agitur confisi auxilio necnon de paternali *sanctitatis vestre* presidio ac eciam nostrorum et sacri Romani imperii fidelium dilectorum succursu de nostris et imperii sacri inimicis et rebellibus feliciter triumphare ipsumque imperium cum fidelibus sibi subjectis ad statum bonum et pacis tranquillitatem possetenus collocare. ceterum, pater beatissime, fidelibus nostris dilectis reverendo Cunrado episcopo Verdensi et Nicolao Buman prothonotario et secretario nostro de intencione nostra ad presens nostris scriptis plenissime informatos commisimus *sanctitatem eandem* de singulis clarius informare, quibus supplicamus in dicendis parte nostri adhibere fidem creditivam. personam vestram nobis confidentissimam altissimus conservare dignetur in prolixum pro regimine felici ecclesie sue sancte. datum Padue 21 die mensis novembris anno domini millesimo 400 primo, regni vero nostri anno secundo.

Sanctissimo in Christo patri ac domino domino Bonifacio etc.

Sanctitatis vestre devotus filius Rupertus dei gracia Romanorum rex etc.

Ad mandatum domini regis Johannes Winheim.

G. Gesandtschaft des Franciscus von Montepulciano mit Begleitung durch Nikolaus Buman an K. Ruprecht, 1401 Dec. 25; Bischof Konrad von Verden bleibt in Rom; nr. 23-27.

23. *Aufzeichnung über die Eröffnungen des gen. päbstlichen Gesandten[1] betr. die Bedingungen der Approbation der Person des Königs u. a. m.* 1401 Dec. 25 Venedig.

Aus Karlsr. G.L.A. Pfälz. Kop.B. 115 pag. 272 cop. chart. coev.
Gedruckt Janssen Frankf. R.K. 1, 640 nr. 1065 ebendaher.

Ambasiata domini Francisci de Monte Policiano secretarii domini nostri pape, exposita domino regi die natalis domini anno 400 primo in Veneciis, continebat in effectu que sequantur.

[1] Primo post generalia dixit, qualiter dominus noster papa, antequam procederet ad approbacionem persone regie, vellet certificari per promissiones et literas regias de quibusdam capitalis[2], prout tenores hujusmodi literarum presentavit in scriptis.

[2] Item quod dominus noster certificatus de capitalis memoratis erat dispositus ad statim approbare personam regiam in publico cum solempnitatibus debitis et consuetis, et dare super eo bullas suas in forma domino Verdensi et Nicolao Buman[3] tradita.

[3] Item quod dominus rex daret intelligere, ad quem locum et quo tempore dominus noster papa debeat mittere unum de cardinalibus suis pro dando coronam secundam[4] majestati regie, et eciam quando intenderet venire ad urbem pro corona imperiali suscipienda.

[4] Item quod dominus noster apostolicus desiderat, quod majestas regia mittat ambasiatores suos sollempnes ad civitatem Januensem, que imperialis est, ipsos requirendo quatenus sibi tamquam Romanorum regi obediant et intendant, ne ad manus emulorum, qui dominium dicte civitatis sibi usurpare conantur, contingat devenire.

a) *em. ed. und Janssen.* b) *Janssen vestram.*

[1] *Er kommt später vor im Bullar. magn. Rom. Luxemb. 9, 224.*
[2] *Siehe die andre Fassung dieser Aufzeichnung im folgenden Stück.*
[3] *Die hier erwähnte Gesandtschaft des Bisch. von Verden und des Nikolaus Buman ist die vom* 16 Okt. 1401 bzw. 21 Nov. nr. 17-22 unter lit. F. *Dort geben wir auch den päbstlichen Entwurf der Approbation als nr. 21.*
[4] *Des Ital. Königreichs; Krönung jetzt in Mailand nicht thunlich.*

[5] Item quod dominus noster apostolicus obtulit se expedita approbacione ad assi- stendum domino regi in suis et imperii sacri rebus⁾ peragendis auxiliis consiliis et favoribus paternis, et excusavit de gentibus suis mittendis extra territorium ecclesie, sed quod paratus erat invadere Johannem Galeatz sibique guerram movere in partibus Tussie.

24. *Andre Fassung dieser Aufzeichnung. 1401 Dec. 25 Venedig.*

B aus Karlsr. G.L.A. Pflz. Kop.B. 115 pag. 262 cop. chart. coæv.
Bei Janssen nicht.

Ambasiata domini Francisci de Montepulzano [u. s. w. wie in A].
[Art. 1 wie in A, nur mit dem Zusatz et superius sunt registrato[1] sub signo sequenti ⊕.]
[Art. 2 lautet wie art. 3 in A, nur fehlen die Schlußworte et eciam quando — suscipienda.]
[Art. 3 entspricht art. 2 in A] Item quod dominus noster papa esset dispositus facere approbacionem persone regie in publico cum sollempnitatibus debitis et consuetis [vgl. dazu noch art. 5 hier].
[Art. 4 ganz wie in B.]
[5, vgl. art. 2 in A] Item conclusit, quod dominus noster certificatus de capitulis supra memoratis erat dispositus approbare personam regiam et dare super eo bullas suas in forma domino Verdensi et Nicolao Bůman tradita, que superius est registrata[2] sub tali signo △, et domino regi in suis et imperii negotiis assistere auxiliis consiliis et favoribus paternis.

25. *K. Ruprecht versichert dem P. Bonifacius IX., daß er bis jetzt mit keiner geist- lichen oder weltlichen Macht einen bindenden Vertrag in Betreff des Schisma's eingegangen habe. Päbstlicher Entwurf. [ad 1401 Dec. 25.]*

Einige Urkunden mit dem Zeichen ⊕ hatte Franciscus von Montepulciano bei sich laut der Aufzeichnung über seine Eröffnungen nr. 24 art. 1, sie standen in dem ver- lorenen Theile des Kodex. Die erste davon ist diese, identisch mit 1402 Jan. 1 nr. 71 ad serenandam, jetzt ohne Zweifel noch undatiert. Sie wird mit demselben Zeichen ⊕ wieder erwähnt in nr. 53, wo die Anfangsworte mitgetheilt sind, aus denen die Identität mit nr. 71 hervorgeht.

a) om. AB, conj. Janssen.

[1] Die hier erwähnten königlichen Urkunden, welche gewisse Versprechungspunkte enthielten, scheinen den jetzt abgerissenen Anfang des vor- liegenden Blätterabschnittes im Kodex gebildet und somit vor pag. 253 gestanden zu haben, s. Einl. lit. G.

[2] Diese Urkunde △ fehlt im Kodex (ist wol nr. 21 bei uns), sie stand wol in dem jetzt abgerissenen Anfang des vorliegenden Blätter- abschnitts des Kodex, s. Einl. lit. G, auch lit. F zu vgl. und das bei nr. 21 gesagte.

26. K. Ruprecht verspricht dem P. Bonifacius IX, daß er, außer zu vollständiger Wiedervereinigung unter diesseitiger Obedienz, keinen Versuch zur Beilegung des Schisma's machen oder dulden wolle ohne Zustimmung des Pabsts. *Pabstlicher Entwurf.* [ad 1401 Dec. 25.]

> *Einige Urkunden mit dem Zeichen* ⊕ *hatte Franciscus von Montepulciano bei sich laut der Aufzeichnung über seine Eröffnungen nr. 24 art. 1, sie standen in dem verlornen Theile des Kodex. Die zweite davon ist diese, identisch mit 1402 Jan. (nr. 72 filiali devocione, jetzt ohne Zweifel noch undatiert. Sie wird mit demselben Zeichen* ⊕ *wieder erwähnt in nr. 51, wo die Anfangsworte mitgetheilt sind, aus denen die Identität mit nr. 72 hervorgeht.*

27. K. Ruprecht verspricht dem P. Bonifacius IX, die Macht Galeazzo's vor seinem Abzug aus Italien unschädlich zu machen oder doch einen mächtigen Generalvicar zum Schutz der Kirche und des Reichs aufzustellen, und mit Galeazzo sich nicht ohne Vermittlung und Einschluß der Kirche zu vertragen. *Pabstlicher Entwurf.* [ad 1401 Dec. 25.]

> *Einige Urkunden mit dem Zeichen* ⊕ *hatte Franciscus von Montepulciano bei sich laut der Aufzeichnung über seine Eröffnungen nr. 24 art. 1, sie standen in dem verlornen Theile des Kodex. Die dritte davon ist diese, identisch mit 1402 Jan. 3 nr. (quamvis devocionem nostram, jetzt ohne Zweifel noch undatiert. Sie kommt in dieser Fassung bei der Gesandtschaft vom 22-23 Jan. 1402 nicht wieder vor, ist daher auch nicht in nr. 53ff. erwähnt.*

II. Nicht abgegangene Gesandtschaft des Grafen Philipp von Falkenstein und Nikolaus Buman nach Rom, wo Bischof Konrad von Verden geblieben war: 1402 Jan. 1-3, nr. 28-38.

28. *Anweisung für drei gen. Gesandte K. Ruprechts an P. Bonifacius IX, betr. Schisma, Mailand, Krönung in Florenz und Rom. Approbation der Person des Königs, Einzug in Rom u. a. m.* [1402 Jan. 1-3 Vendig?.]

> *Aus Karlsr. G.L.A. Pfälz. Kop.B. 115 pag. 258-261, cop. chart. coæv; das ganze durchstrichen von gleich. Hand, weil die Gesandtschaft nicht abgieng*

Werbunge an unsern heiligen in got vatter den babst, die wir enpholhen han Philippsen von Falkenstein und Niclausen Buman.

[1] Zu dem ersten sollen ir mit dem bischof von Verden[1] nach gewonlicher bevelhniße unser personen und wesens[a] etc. dem babst erzelen, daz wir her Franciscen[2] sin

a) *cod.* wesens.

[1] *Nach dem Inhalt und der Stellung im Kodex gehört diese Anweisung zu den Prokuratorien und Kreditiven vom 1-3 Jan. 1402, und ist aus demselben Grunde durchstrichen wie mehrere von jenen, weil nemlich die Gesandtschaft nicht abgieng. Dieß geschah erst mit den Vollmachten vom 22 und den Beglaubigungen vom 23 Jan. Nach art. 2 der Anweisung vom 22-23 Januar war die Unterhandlung mit Florenz an der Verzögerung schuld. Inzwischen hatte sich aber die Lage der Dinge verändert, daher die beiden Anweisungen, vom 1-3 und vom 22-23 Jan., obschon in vielen Punkten identisch, doch mehrfach von einander abweichen. Durch ihre Vergleichung erkennt man die Veränderung der Umstände. Wir geben beide ganz; dennoch hat sich auf die spätere beschränkt; doch haben auch wir der spätern verkürzen konnen durch Verweisung auf Gleichlaut der früheren.*

[2] *Der schon in Rom weilte.*

[3] *Werbung des Franciscus von Montepulciano 1401 Dec. 25 nr. 23f.*

secretarien verhört und sine werbunge wol verstanden haben. und wann derselbe Franciscus nicht gewalt hette mit uns zu tedingen und zu beslieſsen, so haben wir uch gesant zu siner heilickeit gonzlich underwist und gefertiget von unser meinunge mit vollem gewalt.

[2] Item uf den ersten puncte von der zweitracht wegen in der heiligen kirchen sollent ir dem babst sagen, daz wir imme bi uch daruf unsere briefe[1] schicken in der forme als er sie begert habe, wann unser meinunge allezit nicht anders si gewesen dann daz wir in den sachen wolten tun nach sinem und der cardinale rat; und wir getruwen in auch wol, sie sien uns darinne beholfen, daz die heilige kirche mit gotlichen und redelichen wegen möge zu einikeit und frieden kommen, darzu wir auch alles unser vermogen wollen tun[a].

[3] Item uf die puncten von des von Meylan wegen[3] sollent ir dem babste erzelen, daz wir uch enphohlen haben mit im von den sachen zu reden und zu tedingen, wann etwaz darinne si das uns gar swere würde. spreche er dann, worin? so erzelent es imme, und bringent daz zum besten nach uſswisunge der briefe[4], die wir uch daruber han geben. wolte aber der bapst uf derselben wege keinen[a] und dieselbe sache ie nit anders haben dann er vor begert hat, so sollent ir sie darumbe nit laſsen zerstoſsen und den brief nach siner begerfunge[5] dargeben. doch sollent ir auch versuchen, ob ir einen gegenbrief möchtent gehabet von dem babst, wie uch dann in diesen sachen duchte allerbequemlichst sin.

[4] Item uf das ander capitel von unser ander cronunge wegen sagent dem babst, daz wir die meinen in unser und des richs stad Florentzo zu enphahen, und daz wir uns auch daselbsthin wollen fugen zu stunt so ir uns botschaft wiederumbe düint. und herumbe begeren wir und bitten, daz er einen uſs den cardinalen sich zu stunt heiſse bereiten, das er gein Florentz komme; und daz er auch demselben gewalt gebe mit sinen briefen uns die egenant crone zu geben; und daz dawieder nicht si die gewonheit die biſsher gehalten ist, daz wir dieselben crone von dem erzbischof von Meylan solten enphahen etc. und fregte der bapst, welicher cardinal uns zu sinne si, so nemment den cardinal von Florentz[6].

[5] Item von unser zukunft gen Rome sollent ir imme sagen, daz wir, nach dem als er uns vetterlich geraten habe, uns zu stunt, so wir die egenant crone enphangen haben, wollen herheben gein Rome zu riten unser keiserlich cronunge von imme zu enphahen[7].

[6] Item von der botschaft wegen zu den von Genaw zu tun sagent dem babst, daz wir daruf wollen gedenken wie die unsern mogen sicher dahin kommen, und dann so wir erste bequemlich mogen unser botschaft an sie tun.

[7] Item uf das hinderst capitel, als sich der babst uns vetterlich enbüdet bistendig beholfen und gunstig zu sin in unsern und des richs sachen nach allem sinem vermogen, des sollent ir imme fliſslichen danken von unsern wegen, und imme sagen, daz wir unser

---

a) cod. keinem ⸗ abgekürzt durch Querstrich.

[1] Das sind die beiden Versprechungsbriefe nr. 25 und 26 = nr. 33 und 34.
[2] Während § 1 in den beiden Werbungen c. 1-3 und 22-23 Jan. gleich lautet, ist § 2 dort durch die abweichenden § 3 und 4 vertreten, und ebenso § 3 durch die abweichenden § 5. 6. 7.
[3] nr. 27 = nr. 35.
[4] nr. 36. 37. 38.
[5] nr. 27 = nr. 35.

[6] § 4 entspricht dem § 8 der spätern Anweisung, in welcher der Zeitpunkt unbestimmt und hinausgerückt erscheint, während hier alles in nächste Aussicht genommen wird. Abweichung sonst unbedeutend.
[7] § 5 entspricht dem § 9 der spätern Anweisung, gleichlautend; ebenso § 6 = § 10, § 7 = § 11.

saehen auch meinen zu handeln nach sinem rat, und wir getruwen imme wol, daz er uns darzů getruwelichen beholfen si, daz daz riche in diesen landen moge wiederbracht werden, wann damit sine heilickeit und die kirche in großen frieden und gemach gesatzt werden etc.

[8] Item darnach sollent ir den babst bitten, das er unser persone zů stund offenlich wolle beweren und uns daruber sinen brief geben, als er sich darzů gnediclich erbotden hat und auch die forme derselben briefe vor uberkomen ist, und der bullen sollent ir[a] tůn zwo oder dri machen, und mit dem babst reden das er uns eine schicke mit dem cardinal, wann wir die enphahen wollen mit einer protestacien alz er selber geret hat etc.[1]

[9] Item sollent ir den babst bitten, daz er zu stunt wolle schriben und bestellen mit allen und iglichen sinen und der kirchen vicarien, daz sie uns und unserm volke durch ire gebiete passe und darinne koste umbe einen zitlichen pfennig geben, und daz sie dem von Meylan in deheinen weg zulegen wieder uns oder imme ire volke schicken, und, wer' bißher deheiner under in dem von Meilan zu hilf geritten oder imme sin volk hette geschickt, daz er sich unverzogenlich von imme enbreche; und daz er diß besunder wolle ernstlich bestellen mit den[b] Malatesten, von den wir[c] haben vernomen daz sie dem von Meylan sien zu hulfe geritten etc.[2]

[10] Item bittent den babst, so wir uns werden herheben zu Florentze[3] gein Rome zů ziehen, dieselbe zit wir imme wol eigentlich enbieten wollen, das er uns dann einer brůder einen mit sinem volke, so er sterkist moge, wolle engegenschicken an die ende da der kirchen lant angeet oder so er verrest gein uns moge, als er sich auch vor darzů vetterlich erbotten hat.

[11] Item das er wolle zu rate werden zu[d] versorgen und uch zů verstende geben, wo wir mit unser husfrawen und kindern und auch wo unser fursten herren ritter und knechte zu Rome allerbequemlichst und sicherst mogen gewonen umbe uns, wann wir uch enpholhen haben also herberge fur uns zu bestellen und auch mit den Romern davon nach sinem rate zu reden[4].

[12] Item sollent ir auch sunderlich mit den Römern reden, daz sie uch wollen zu verstende geben wie ir gewonheit si einen Romischen kunig zů enphaen, daz ir uns daz enbieten mogent und wir uns darnach wißen zu richten[5].

[13] Item uns eigentlich zu verschriben, waz gezierde wir haben sullen zu unsern beiden cronungen[6].

[14] Item das der babst dem kunige von Napols wolle schriben, dem von Meylan nicht wieder uns zuzulegen etc.[7]

a) om. cod. b) cod. dem; in der Anweisung von 1402 Jan. 22-23 den de Malatestis (š mit Haken vor her).   c) om. cod. d) add. die spätere Anweisung.

[1] Die Abweichung dieses § 8 von dem entsprechenden § 12 beruht auf der oben hervorgetretenen Terminverschiebung, cf. d. nt. zu § 4.
[2] Der entsprechende § 15 in der Anweisung v. 22-23 Jan. hat hier einen Zusatz am Schluß, sonst gleichlautend.
[3] Die Worte zu Florentze fehlen in dem entspr. § 16 der andern Anweisung, sonst gleichlautend.
[4] Gleichlautend mit § 17 der spätern Anweisung.
[5] Fehlt in der andern Anweisung, ist dort ersetzt durch den anderslautenden § 18.
[6] § 13. 14 gleichlautend mit § 19. 20 der spätern Anweisung, nur daß § 20 vor etc. einen kleinen Zusatz am Schlusse hat: sunder uns fruntliche zu sin.

29. *K. Ruprecht an P. Bonifacius IX, läßt auf die Eröffnungen des Franz von Monte-* *1402 Jan. 1*
*pulciano vom 25 Dec. 1401 und des Nikolaus Buman erwidern durch den letzteren
und Gf. Philipp von Falkenstein, beglaubigt diese zwei und Konrad von Soltau zu
mündlicher Mittheilung. 1402 Jan. 1 Venedig.*

    Aus Karlsr. G.L.A. Pfälz. Kop.B. 115 pag. 253f. cop. ch. coaev., die Adresse als Überschrift, der ganze Brief durchstrichen von glchz. Hand.

    Beatissime pater et domine precipue. cum reverencia debita et devota pedum oscula beatorum. super expositis nobis parte vestre sanctitatis per honorabilem Franciscum de Montepulzano secretarium vestrum ac Nicolaum Buman prothonotarium et secretarium nostrum, remittimus ad eandem vestram sanctitatem nobilem Philippum comitem de Falkenstein et dominum in Mintzenberg nostrum et imperii sacri camerarium et fidelem dilectum ac Nicolaum Buman antedictum ad vestre sanctitatis vota plenarie expeditos. et quia, laudes deo, sentimus nunc voluntates mencium vestre sanctitatis atque nostre in singulis uniformes practicataque inter nos a diu optato fine conclusa, consolati sumus ex hoc in immensum, reipublice considerata utilitate permaxima. conmisimus autem dictis nostris oratoribus una cum venerabili magistro Cunrado de Soltaw episcopo Verdensi quedam vestre sanctitati oretenus explicanda, supplicantes attente quatenus eisdem in dicendis fidem dignetur credulam adhibere eadem vestra sanctitas, quam conservare dignetur altissimus feliciter in longevum. datum Veneciis mensis januarii *1402 Jan. 1*
die prima anno domini millesimo quadringentesimo secundo, regni vero nostri anno
secundo.

Sanctissimo in Christo patri ac   Sanctitatis vestre devotus filius Rupertus dei gracia
domino domino Bonifatio etc.   Romanorum rex semper augustus.

30. *K. Ruprecht bevollmächtigt drei gen. Gesandte bei P. Bonifacius IX wegen Appro-* *1402 Jan. 1*
*bation seiner Person und wegen Zusage der Kaiserkrone für ihn. 1402 Jan. 1
Venedig.*

    *Aus Karlsr. G.L.A. Pfälz. Kop.B. 115 pag. 255f. cop. ch. coaev., mit der Überschrift
procuratorium; dieses Stück ist nicht ausgestrichen.*
    Regest bei Janssen Frankf. R.K. 1, 648 nr. 1068 ebendaher (statt pag. 225 zu lesen 255).

    Rupertus [*weiter wie die Vollmacht 1401 Okt. 16 nr. 20 mut. mut.*; so die Namen fidelium nostrorum dilectorum venerabilis magistri Conradi de Soltaw sacre pagine professoris episcopi Verdensis, nobilis Philippi comitis de Falkenstein domini in Myntzenberg nostri et imperii sacri camerarii, et Nicolai Buman secretarii et prothonotarii nostri, *unter welchen der erstgenannte als absens (ohne den Zusatz von nr. 1 pag. 17 lin. 23* tamquam presentem, *worauf nichts ankommt) die beiden letzteren als presentes bezeichnet werden; doch ist zwischen* in premissis *und* juramenta *eingeschoben* fidelitatis, *hinter* per dictos procuratores *ist eingesetzt* vel alterum ipsorum] ac per Emericum notarium nostrum publicum subscriptum [*weiter wie l. c.*]. datum et actum Veneciis, die prima mensis januarii, hora nonarum vel quasi, indicione decima, anno domini millesimo quadringentesimo *1402 Jan. 1*
secundo, pontificatus sanctissimi in Christo patris domini Bonifatii pape predicti anno tertiodecimo, regni vero nostri anno secundo; presentibus magnificis Ludewico duce Bavarie et comite Palatino Reni, Friderico burggravio Nurenbergensi, Rabano episcopo Spirensi aule nostre regalis cancellario, nobili Emichone comite de Lyningen nostre curie magistro, Conrado de Fryberg, Syfrido de Lapide, Eberhardo de Hirtzhorn militibus, et Ulrico de Albeck dicto nostre aule prothonotario, principibus consiliariis ac fidelibus nostris dilectis testibus ad premissa vocatis pariter et requisitis.

[Zum Schluß das Notariatszeugnis des Emericus de Moschelu Maguntinensis dioecesis publicus imperiali auctoritate necnon prefati domini mei graciosissimi Romanorum regis notarius eigenhändigen Schreibers der Urkunde und bei dem Akte persönlich anwesend.]

31. *K. Ruprecht bevollmächtigt drei gen. Gesandte bei P. Bonifacius IX zur Verhandlung und Abschließung über gewisse Punkte, welche Franciscus de Montepulciano an ihn gebracht. 1402 Jan. 2 Venedig.*

Aus Karlsr. G.L.A. Pfalz. Kop.B. 115 pag. 257 oben cop. ch. coev., mit der Überschrift procuratorium, der ganze Brief durchstrichen von gleichz. Hand.

Rupertus [bevollmächtigt Konrad von Soltau, Philipp von Falkenstein, Nikolaus Buman, als procuratores negociorum gestores et nuncios speciales, den erstgenannten als absens, die beiden letztgenannten als presentes, und zwar quemlibet eorum in solidum] ad tractandum paciscendum concordandum et concludendum nostro nomine cum sanctissimo in Christo patre ac domino nostro domino Bonifacio papa⁰ nono de et super quibusdam certis capitulis¹ a nobis per honorabilem Franciscum de Montepulzano secretarium suum super eo ad nos destinatum predibati domini nostri nomine desideratis⁰, hujusmodique tractata pacta concordata seu conclusa dicto nostro nomine acceptandum et corroborandum, omniaque alia et singula [weiter wie in der Vollmacht vom 3 Jan. 1402 nr. 32 bis Ende]. datum [wie l. c., nur die secunda statt die tercia].

Ad mandatum domini regis
Ulricus de Albeck.

32. *K. Ruprecht bevollmächtigt drei gen. Gesandte bei P. Bonifacius IX zur Überreichung gewisser königlicher Urkunden über einige Punkte, welche Franciscus de Montepulciano an ihn gebracht. 1402 Jan. 3 Venedig.*

Aus Karlsr. G.L.A. Pfalz. Kop.B. 115 pag. 254 f. cop. ch. coev., mit der Überschrift procuratorium, der ganze Brief durchstrichen von gleichz. Hand.

Rupertus [bevollmächtigt Konrad von Soltau, Philipp von Falkenstein, Nikolaus Buman, als procuratores negociorum gestores et nuncios speciales, den erstgenannten als absens, die beiden letztgenannten als presentes, und zwar quemlibet eorum in solidum] ad exhibendum et presentandum nostro nomine sanctissimo in Christo patri ac domino nostro domino Bonifatio divina providencia pape nono certas literas nostras⁰ super quibusdam capitulis¹, per eundem dominum nostrum a nobis per honorabilem Franciscum de Montepollitzano secretarium suum super eo ad nos destinatum paterna sinceritate desideratis⁰, confectas, et ad animam nostram queeumque necessaria seu oportuna juramenta contentorum in dictis nostris literis roborativa faciendum et jurandum, omniaque alia et singula exercendum et agendum nostro nomine que in premissis et circa ea vel aliquod eorum fuerint necessaria quomodolibet vel oportuna, eciamsi mandatum exigant magis speciale, et que nosmet ipse faceremus seu facere possemus si personaliter presentes interessemus, ratum gratum et firmum perpetuo habituri quidquid per dictos nostros procuratores et nuncios vel alterum ipsorum actum factum seu gestum fuerit quomodolibet in premissis seu aliquo eorundem. in quorum fidem presentes literas fieri nostreque

a) cod. pape. b) cod. desiderat mit Abkürzung. c) desiderat mit Abkürzung.

¹ Enthalten in nr. 25. 26. 27.
² Die (vom Pabst vorgeschlagenen) nr. 25. 26.
27 =) nr. 33. 34. 35, mit den königlichen Variationen nr. 36. 37. 38 zu nr. 35.

majestatis regie sigilli jussimus appensione communiri. datum Veneciis mensis januarii die tercia anno domini millesimo quadringentesimo secundo, regni vero nostri anno secundo.

Ad mandatum regis Ulricus
de Albeck licenciatus.

33. *K. Ruprecht versichert dem P. Bonifacius IX, daß er bis jetzt mit keiner geistlichen oder weltlichen Macht einen bindenden Vertrag in Betreff des Schisma's eingegangen habe. 1402 Jan. 1 Venedig.*

Diese Urkunde (in. ad serenandum) ist nicht mehr bei dieser Gesandtschaft erhalten, steht aber später in der päbstlichen Urkunde vom 19 Merz 1402 nr. 70 als erste Einschaltung nr. 71.

34. *K. Ruprecht verspricht dem P. Bonifacius IX, daß er, außer zu vollständiger Wiedervereinigung unter diesseitiger Obedienz, keinen Versuch zur Beilegung des Schisma's machen oder dulden wolle ohne Zustimmung des Pabstes. 1402 Jan. 3 Venedig.*

Diese Urkunde (in. filiali devocione) ist nicht mehr bei dieser Gesandtschaft erhalten, steht aber später in der päbstlichen Urkunde vom 19 Merz 1402 nr. 70 als zweite Einschaltung nr. 72.

35. *K. Ruprecht verspricht dem P. Bonifacius IX: a) die Macht Galeazzo's vor seinem Abzug aus Italien unschädlich zu machen, b) oder doch einen mächtigen Generalvikar zum Schutz der Kirche und des Reichs aufzustellen, c) und mit Galeazzo sich nicht ohne Vermittlung und Einschlaß der Kirche zu vertragen. 1402 Jan. 2 Venedig.*

Aus Karlsr. G.L.A. Pfälz. Kop.B. 115 pag. 253 cop. ch. coaev., nur als Bruchstück erhalten und von gleicher Hand durchstrichen; wäre der Anfang noch vorhanden, so würde vol ganz oben in margine stehen 1; als prima litera citiert in nr. 36. (coll. mit der identischen nr. 73, welches die dritte Einschaltung in der päbstlichen Urkunde vom 19 Merz 1402 nr. 70 ist; unbedeutende Varianten daraus stehen dort mit dem Zeichen B.)

[Rupertus –. ad certitudinem –. quamvis devocionem nostram et reverenciam filialem , so hat die Urkunde ohne Zweifel begonnen, das erhaltene Fragment beginnt erst mit den Worten:] comitis Virtutum adeo compressa [u. s. f. ganz wie die Urk. v. 3 Jan. 1402, die in das Schr. des P. Bonif. IX an K. Ruprecht v. 19 Merz nr. 70 als dritte Einschaltung nr. 73 eingefügt ist]. datum Veneciis mensis januarii die secunda anno domini millesimo quadringentesimo secundo, regni vero nostri anno secundo.

36. *K. Ruprecht verspricht dem P. Bonifacius IX in Betreff Galeazzo's wie nr. 35, mit Ausschränkung von art. c, vgl. die Einl. lit. H. [1402 Jan. 2 Venedig.]*

Aus Karlsr. G.L.A. Pfälz. Kop.B. 115 pag. 258 Mitte, cop. ch. coaev., ganz durchstrichen von gleicher Hand; in margine 2 ebenfalls von gleicher Hand.

Rupertus etc. ad certitudinem etc. per omnia ut in prima litera[1], dempto ultimo articulo „si autem contingeret", qui scriptus est per totum ut in proxima precedenti litera[2] etc.[3]

[1] nr. 35.
[2] nr. 36.
[3] Datum zu ergänzen aus nr. 35 und 36.

37. K. Ruprecht verspricht dem P. Bonifacius IX in Betreff Galeazzo's wie nr. 35, mit Abschwächung von art. b, vgl. die Einl. lit. H. *[1402 Jan. 2 Venedig.]*

Aus Karlsr. G.L.A. Pfälz. Kop.B. 115 pag. 257 unten, cop. ch. coaev., ganz durchstrichen von glchr. Hand; in margine 3 ebenfalls von glchr. Hand.

Rupertus etc. ad certitudinem presencium et memoriam futurorum. quamvis etc. ut supra in secunda litera[1]. et si aliqua urgentissima causa de dictis partibus Italie recedere nos forte contingeret, facere ordinare et constituere promittimus quendam notabilis potentatus in nostrum et imperii in dictis partibus vicarium generalem eidem domino nostro et ecclesie devotum fidum atque gratum, adeo gentium et armorum[a] potencia fultum, quod velit eundem dominum nostrum et ejus successores atque ecclesiam pariter et imperium honoremque nostrum toto suo posse fideliter defensare et predictis periculis deo auspice obviare. si autem contingeret nos etc. totaliter ut supra in prima[b,2] litera. datum[3] etc.

38. K. Ruprecht verspricht dem P. Bonifacius IX in Betreff Galeazzo's wie nr. 35, mit Abschwächung von art. b und c, vgl. die Einl. lit. H. 1402 Jan. 2 Venedig.

Aus Karlsr. G.L.A. Pfälz. Kop.B. 115 pag. 258 oben, cop. ch. coaev., ganz durchstrichen von glchr. Hand; in margine 4 ebenfalls von glchr. Hand.

Rupertus etc. ad certitudinem presencium et memoriam futurorum. quamvis devocionem nostram etc. totaliter ut in proxima precedenti litera etc.[4] si autem contingeret nos cum dicto Johanne Galeatz aliquam inire velle concordiam, promittimus, ut supra, nullum super hiis tractatum ingredi vel habere per nos vel alios ullo modo aut assensum tractantibus quomodolibet exhibere, nisi predicto domino nostro, ut per se ipsum vel alium, quem super hiis duxerit deputandum, in hujusmodi tractatu se interponat et concordiam, si qua fieret, efficiat, primitus requisito. in qua concordia, ut pace et quiete simul nobiscum pociatur ecclesia, ymmo verius nos cum ea, ingrediatur plenarie et veniat dominus noster predictus cum subditis ecclesie atque suis. et ad fidem omnium premissorum ea propria manu subscripsimus et sigilli nostri jussiaus appressione muniri. datum Veneciis mensis januarii die secunda anno domini 1000 quadringentesimo secundo, regni vero nostri anno secundo.

I. Bescheid K. Ruprechts an den päbstlichen Gesandten Franciscus von Montepulciano, in Venedig, 1402 Jan. 5, nr. 39.

39. K. Ruprecht läßt dem päbstlichen Gesandten Franciscus von Montepulciano auf dessen Werbung mittheilen, daß er erst nach beendigten Unterhandlungen mit Florenz dem Pabst Bonifacius IX eine bestimmte Antwort geben könne. *[1402] Januar 5 [Venedig].*

Aus Karlsr. G.L.A. Pfälz. Kop.-B. 115 pag. 262-263 cop. ch. coaev., mit Abiatern die im Abdruck nicht widerholt sind.
Gedruckt Janssen R.K. 1, 648-649 nr. 1070 ebendaher.

Responsum pro parte domini regis datum domino Francisco de Montepulsano domini nostri pape secretario fuit sub hac forma 5 januarii.

---

a) cod. armorum et. b) cod. secunda, das nicht passt.

[1] nr. 36.
[2] nr. 35.
[3] Zu ergänzen aus nr. 35 und 38.
[4] nr. 37.

I. Bescheid K. Rupr. an Franc. v. Montepulciano, in Venedig, 1402 Jan. 5, nr. 39.

Videlicet: venerabilis domine. serenissima majestas regia tenuit hic vestram reve- [1402 Jan. 5] renciam pluribus diebus, ex eo quod voluit suos oratores solempnes, quos modo ordinaverat, una vobiscum ad conspectum sanctissimi domini nostri pape destinasse. verum quia celsitudo majestatis regie non potuit hiis diebus concludere cum dominis ambasia-
5 toribus*a* Florentinorum, et dominus rex non posset domino nostro vel vobis nomine sui dare responsum nisi prius habita conclusione cum Florentinis: quare, cum vobis impositum sit a domino nostro papa celeriter ad eum redire, dominus rex non vult vos diucius tenere, et intencio sua est quod super expositis majestati*b* sue per vestram reverenciam pro parte dicti domini nostri vult domino nostro sanctissimo per suos intimare mentem
10 suam quanto cicius poterit. et petit dominus rex, quod velitis hec referre domino nostro apostolico et personam ac statum majestatis sue cum reverencia debita et devota recommendare ejus sanctitati. sed si circumspeccio vestra posset diucius expectare, hoc esset domino regi gratissimum.

K. Schreiben K. Ruprechts nach Rom: will Italien verlassen; 1402 Jan. 8, nr. 40-42.

40. *K. Ruprecht an P. Bonifacius IX. hat den päbstlichen Gesandten Franciscus von* 1402 *Montepulciano mit der Antwort zurückgeschickt daß er auf die päbstlichen Anträge* Jan. 8 *durch eine eigene Gesandtschaft erwiedern werde, und beglaubigt hiezu Bisch. Konrad von Verden in Rom. 1402 Jan. 8 Venedig.*

Aus Karlsr. G.L.A. Pfälz. Kop.B. 115 pag. 265 unten, cop. chart. coaev., Adresse als Überschrift. Darüber steht noch Litera credencialis ad papam missa cum precedentibus, es gehen nemlich die beiden Schreiben K. Ruprechts vom 8 Jan. 1402 an Konrad von Soltau (nr. 41 und 42 bei uns) im Kodex voraus, bei den 2 letzten oder der letzten Zeile N [wol Nota?] in marg.
Regest Janssen Frankf. R.K. 1, 649 nr. 1071 ebendaher.

Beatissime pater et domine precipue. cum reverencia debita et devota pedum osculo beatorum. reuissimus nuperius ad pedes sanctitatis vestre Franciscum de Montepulzano secretarium vestrum inter cetera a nobis taliter informatum, quod intencionem nostram super expositis per eundem essemus vestre sanctitati per propriam legacionem
20 significaturi. sicque injunximus venerabili magistro Conrado de Soltauw episcopo Verdensi consiliario et fideli nostro dilecto in curia vestre sanctitatis ad presens constituto[1] quedam super premissis et aliis eidem sanctitati vestre oretenus explicanda, devoto studio multum attente supplicantes quatenus eisdem magistri Conradi relatibus dignemini fidem credulitatis indubiam adhibere votivam eidem expedicionem tribuendo, prout de vestra
25 sanctitate fiduciam gerimus precipuam. cujus personam altissimus tueri dignetur feliciter in prolixum. datum Veneciis mensis januarii die 8 anno domini millesimo 400 se- 1402 cundo, regni vero nostri anno secundo. Jan. 8

Sanctissimo in Christo etc.   Sanctitatis vestre devotus filius Rupertus etc.

a) cod. wol eher ambasiatoribus. b) -ti auf Rasur-fr. cod. – tis.

[1] *Der sich am päbstlichen Hof aufhielt.*

41. K. *Ruprecht beauftragt seinen Gesandten an der Kurie Bischof Konrad von Verden dem Pabst seine bevorstehende Rückkehr nach Deutschland anzuzeigen, wegen welcher er auch gewissen Vorschlägen des Pabstes nicht Folge leisten könne, und entschuldigt sich in einer Beilage daß er dem Bischof kein Geld schicken könne.* 1402 *Januar 8 Venedig.*

Aus *Kober. G.L.A. Pfalz. Kop B.* 115 p. 261-264 *mit der Überschrift* Als mine herren von Verden gein Rome geschriben ist.
Gedruckt Janssen R.K. 1, 619-651 nr. 1052 ebendaher.

Ruprecht.

Erwirdiger lieber fürste und getruwer. [1] wir haben dir lest mit Francisco de Montepulzano des babists boten geschriben, wie wir in von uns gevertiget haben und daz wir dich wolten mit unser botschaft lassen wissen von allen sachen. darumbe lassen wir dich wissen, daz wir, nach der zit als wir herinne sin kommen gein Padauwe, mit den Florentzern, uf der wort und gloubde wir in diß land sin komen, vile teding haben gehabt als von des geltes wegin daz sie uns hatten versprochen zu geben, daz sie uns doch nit gehalten hant. wann uns, nach dem als du zu Trint von uns schiedest, nie kein gelt ist von in worden, wiewol wir doch bißher getan haben und getruwlich vollenfurte wes wir uns gein in verschriben hatten. und sie sint der tedinge, als wir und sie geinander verbrieft hatten, uns genzlich ußgangen, und musten uns darnach zu etlicher sachen die uns nit wol mogelich waren zu tün. darumbe wir unser fursten herren rittere und knechte zu großen schaden und schanden komen sin, und uns also verzert han daz wir uns nit lenger mochten enthalten in diesem landen. und also sin wir mit den unsern zu rat worden und haben auch genzlich beslossen, daz wir wollen wieder ufzciehen gein Dutschen landen und mit unsern kurfursten und andern unsern fursten herren und stoßten zu rat werden, wie wir des richs sachen vorbaz angriffen und handeln mogen zum besten, und besunder wie wir mogen einen andern zog gemachen und mit solicher macht und rat in diß land kommen daz wir mit der gots hulfe une etlicher lute zutun mogen der kirchen und des richs nütz laß geschaffen dann nü. [2] herumbe begern wir und empfelen dir mit ernst, daz du unserm heiligen vatter dem babist, an den wir dir einen gelaubsbrief hiemit schicken uf din persone, sagest, und den cardinalen erzelest von unsern wegin die vorgenanten sachen zum besten wie wir dich dunket daz ez allergelimplichlist si. [3] und von der tedinge wegin zuschen unserm heiligen vatter und uns verstest du selber wol, daz wir von unsers wiederzogs wegin gein Dutschen landen in nit mochten verbrieft und globt han die punte die er an uns begert hat, mit namen daz wir nit solten komen uß Ytalien dann mit vorworten etc. [4] und herumbe rede mit dem babist: diewile sich unser sachen un also geschickt haben als vor geschriben stet, doch ane alle unsere schulde, daz er uns dann wolle mit dir eigentlicher enbieten waz siner meinunge si gein uns als von der bewerunge wegin unser personen. [5] und waz er von uns begert, dabi er auch entlich verliben wolle und nit anders, so wollen wir uns darüf beraten mit unsern kurfursten und andern unsern fursten herren and stoßten und in daruf unser entwort lassen wieder wißen. [6] und alsbalde du von dem babist also gevertiget wirdest, so richt dich, so du

a) *fies a über w übergeschrieben,* b) *cod. schlede,* c) *der beiden worten Buchstaben des Wortes durch Tintenflecke unkentar gemacht,* d) *die Endung en undeutlich wegen Tintenflecks,* e) *scheint eigentlicher, du Schluft ist der, für ez, aber schwach.*

¹ 1402 Jan. 8 nr. 40.

allerfurderlichst macht, zu uns gein Dutschen landen zů komen und uns von des babists meinunge zů underwisen, daz wir uns darnach wißen zu richten. *datum Veneciis mensis januarii die 8 anno domini millesimo 402, regni vero nostri anno secundo.*

In den brief obgeschriben wart ein zedel geslossen als hernach geschriben stet:

Auch, lieber getruwer, sin wir und alle die unsern itzunt als bloß an gelte und kunden sin auch mit nicht ufbringen, daz wir dir uf dise zit kein gelt geschicken mochten. herumbe begern wir und bitden dich mit ernst, daz du gelt ufgewinnest zu diner zerunge wie du macht. alsbalde du dann zu uns komest, so wollen wir bestellen daz ez gůtliche bezalt sal werden. und habe ez nit vor ubel, daz wir dir itzunt nit gelte schicken, wann wir ez nit gebettern mochten nach dem als unser sachen zu dieser zit gestalt sint, als du daz selben* wol versten macht.

42. *K. Ruprecht beauftragt seinen Gesandten an der Kurie Bischof Konrad von Verden, den Pabst Bonifacius IX insgeheim zur Vermittlung zwischen Ruprecht und Johann Galeazzo von Mailand zu veranlassen. 1402 Januar 8 Venedig.*

1402 Jan. 8

Aus Karlsr. G.L.A. Pfälz. Kop.B. 115 p. 265 oben, cop. ch. coaev.
Gedruckt Janssen R.K. I, 654 nr. 1073 ebendaher.

Mit dem obgenanten brief¹ ist meister Conrad auch ein clein briefelin⁵ geschriben worden als hernach geschriben stet:

Lieber getruwer. diewile sich unser sachen also geschickt hant als du in diesem ͨ andern brief sihest, so ist unser meinunge, daz du mit unserm heiligen vatter dem babst von unsern wegin redest in einer geheimde: truwete er als von im selber etwaz toding mit dem von Meilan zu finden zuschen uns und ime, die uns und dem heiligen rich erlich und bequemlich were, so wolten wir ime darinne umbe ͩ sinen und der kirchen friedes und auch des richs besten willen mee folgen, und were uns auch lieber daz daz durch sine hende zuginge dann imand anders. und prufest du daz er darzu geneiget were, so sage ime: so er allerfurderlichst darzu kunde getun und uns laßen wißen waz ime darinne widerfure, so beßer were; wann, verzuge ez sich biß wir mit unsern kurfursten und andern fursten herren unde stelten eins andern zogs in diese lant zu rat worden, so besorgen wir daz ez dann nicht wol sin mochte. und nime unsers heiligen vatters meinunge in diesen sachen eigentlichen inne, daz du uns davon wißest zu underwisen. *datum Veneciis mensis januarii die 8 anno domini millesimo 400 secundo, regni vero nostri anno secundo, nostro sub secreto.*

1402 Jan. 8

a) selb mal Überstrich. b) cod. fehlt an Schaft am Anfang. c) hier im cod. radiert, aber zu korrigieren vergessen; es steht nur d-----em, hat vielleicht ursprünglich unserm gehyßen, worous diesem korrigiert werden sollte.
d) cod. umbes?

¹ Brief vom 8 Jan. 1402 nr. 41.

L. Schreiben K. Ruprechts nach Rom: will in Italien bleiben; 1402 Jan. 12, nr. 43-46[b].

43. *K. Ruprecht an P. Bonifacius IX: ... der Beglaubigung B. Konrads von Verden vom 8 Jan. 1402 nr. 40 habe sich die Lage geändert, er beglaubige denselben daher zu neuem Auftrage von newem. 1402 Jan. 12 Kayverloch.*

Aus Karlsr. G.L.A. Pfalz. Kop.B. 115 pag. 207 cop. chart. coaev., Adresse als Überschrift.
Regest Janssen Frankf. R.K. I, 651 nr. 1074 ebendaher.

Beatissime pater. cum humili ac filiali obediencia devota pedum oscula beatorum proxime sub data Veneciis certas credenciales literas[1] in personam venerabilis magistri Conradi de Soltaw episcopi Verdensis consiliarii et fidelis nostri dilecti vestre sanctitati direximus ad certa quedam tunc sic disposita se referentes. nunc vero rebus in alium statum transmutatis supplicamus humiliter, quatenus, cessantibus omnino predictis, huiusque vigore presencium dictus Conradus retulerit, talem credulam adhibere dignetur vestra sanctitas. quam altissimus dirigere et tueri dignetur in predixum. datum Kaverloch 12 die mensis januarii anno domini 1402, regni vero nostri anno secundo.

Sanctissimo in Christo patri   Sanctitatis vestre devotus filius
ac domino domino Bonifacio etc.   Rupertus etc.

44. *K. Ruprecht beauftragt seinen Gesandten an der Kurie Bischof Konrad von Verden, den P. Bonifacius IX zu benachrichtigen, daß er durch Vermittlung der Venetianer sich mit den Florentinern verglichen habe und in Italien bleiben werde, und stellt eingehendere Anweisungen zu Verhandlungen mit dem Papste in Aussicht. 1402 Jan. 12 Kaverloch.*

Aus Karlsr. G.L.A. Pfalz. Kop.B. 115 p. 266 cop. ch. coaev.
Gedruckt Janssen R.K. I, 651-652 nr. 1075 ebendaher.

Ruprecht etc. erwirdiger lieber furste und getruwer. wir haben dir leste von Venedige bi zwein botten[a] geschriben[b], wie wir hetten beslossen mit unsern reten daz wir wolten wiederumbe gein Dutschen landen ziehen, umbe sache willen die wir in denselben unsern briefen eigentlichen haben geschriben und enphollen dir unserm heiligen vatter dem babste und den cardinalen daz zu erzelen etc. also furen wir zu Venedige uß uf mantag nehstvergangen und quamen biß her gein Kaverloch. dez haben die Venediger dazuschen getedingt zwuschen unsern reten, die wir hinder uns zu Venedige hatten gelaßen, und den Florentzern, und haben die Venediger ire erbern reten mit den unsern und auch mit der Florentzer botten zu uns her geschickt, und haben uns und die Florentzer genzlich ubereinbracht, also daz wir wiederumbe gein Venedige ziehen und hie in Italien beliben werden. herumbe enphelen wir dir mit ernste, daz dü die werbüngen und rede zu tün an den babste und die cardinale, davon wir dir in den obgenanten unsern briefen geschriben haben, zümale underwegen laßest. und zerriße oder verbrenne die cleinen briefelin[c] die wir dir mit den obgenanten botten geschickt hand, und laße dieselbe sache bi dir in einer geheimde bliben, wann nicht gut und uns auch

---

[1] *1402 Jan. 8 nr. 40.*
[a] *Zwei Boten nahm man zur Vorsicht, nicht zweimalige Meldung ist gemeint.*
[b] *Die 2 Briefe vom 8 Jan. 1402 nr. 41 und 42.*

[2] *K. Ruprecht an B. Konrad von Verden 1402 Jan. 8 nr. 42 ein clein briefelin, und nr. 41 ein zedel als Anhang dasselbst.*

nit liep were daz daz iemand erfure. und blibe also zu Rome und sage dem babste und den cardinalen diese vorgeschriben sachen zum besten. so wollen wir unser erber botschaft zu in und zu dir schicken, so wir allerfurderlichst kunnen, genzlich underwist von der tedinge wegen zwuschen dem babst und uns. die werden dir dann auch follicleicher*) erzelen alle sachen. darumbe lasse dich nit verlangen*b*) und dû daz beste als wir dir getruwen. datum Kaiserloch feria quinta infra octavas epiphanie domini anno ejusdem 1000 quadringentesimo secundo, regni vero nostri anno secundo.

[*Nachschrift*] Lieber getruwer.   weren dir unser vorgenanten briefe kummen und hettest dû an den babste geworben alz wir dir darinne enpholhen hatten, so entwert dem babst die credenze[1] die wir dir hiemit schicken uf din persone. unde sage imme, wie sich die sachen gewandelt haben als in diesem*e*) briefe begriffen ist und daz wir unser erber bottschaft wollen forderlich zu im tun. hettestû aber die vorgenanten sachen an den babst nit geworben, so darfte dû im der credenze obgenant nit antworten.

1402 Jan. 12

1402 Jan. 12

Jan. 12

45. *Gutachten des Franz von Carrara und der Florentinischen Gesandten*[a] *für K. Ruprecht: er könne die vom Pabst in drei Urkunden formulierten vier Punkte wol versprechen.* [1402] *Jan.* 17 [*Rom*].

[1402]
Jan. 17

Aus *Karlsr. G.L.A. Pfälz. Kop.B. 115 pag. 267—271 cop. ch. coaev.*
Auszug bei *Janssen Frankf. R.K. 1, 652 f. nr. 1076 ebendaher.*

Infrascriptam responsionem ad potita prestiterunt magnificus dominus Paduanus et spectabiles oratores magnifice communitatis Florentine in die beati Anthonii.

Jan. 17

[1] Primo quod, si serenissimus dominus noster rex volt cerimonias erga summum pontificem et juramenta ipsi summo pontifici observare et facere, que predecessores sui reges Romanorum summis pontificibus prestare et observare soliti sunt, et que de jure facere tenentur ut in jure inclusa reperiantur: quod aliud circa istud dicendum non restat, nisi quod ipsius incliti domini nostri deliberacio matura sana et commendabilis existit, et sic fiendum predictis esse videtur.

[2] Secundo ad ea, que summus pontifex promitti jurari et declarari petit per serenissimum dominum nostrum regem per tres patentes literas sigillo regio et manu propria regis subscriptas et sigillatas, que promittenda et declaranda jure non comprehenduntur*d*) et ex more predecessorum regum non debentur (que videntur quatuor partibus terminari: prima[3] quod rex declaret promissionem aliquam per se vel alium alicui persone non fecisse de scismate tollendo etc.; secunda[4] quod promittat de scismate nisi de voluntate et consensu summi pontificis se non intromittere*e*); tercia[5] pars est quod de Italie partibus non recedet, vel capitaneum et fidelem gentibus fulcitum pro defensione summi pontificis et ecclesie in Italia*f*) dimittet, usque ad exterminium Johannis Galeatz etc.; quarta*a*) pars est quod, si pacem vel treugam serenissimus dominus noster rex vellet

a) Jansen *follicleicher.* *b) korrigiert aus verlassen.* *c) cod. dirven.* *d) cod. coopendentur.* *e) cod. impedire; so auch Jansen; s. übrigens pag. 57 lin. 14.* *f) cod. Italien.*

---

[1] *Kredenz vom 12 Jan. 1402 nr. 43.*
[2] *Jacopo Salviati und Bartolomeo Popoleschi, die am 18 Febr. 1402 von Florenz abreisten in Gesellschaft der zwei kön. Gesandten Philipp von Falkenstein und Nikolaus Buman; es hatten sich ihnen auch die Gesandten des Franz von Carrara, Arrigo Galeotti und Luca da Lione, angeschlossen; Salviati pag. 199. Heinricus de Gallis de Padua legum doctor erscheint unter den Zeugen des am* 13 *Sept. 1401 zwischen Ruprecht und Florenz abgeschlossenen Vertrags.*
[3] *Vgl. die erste Einschaltung nr. 71 in dem päbstlichen Schreiben vom 19 Merz 1402 nr. 70.*
[4] *Vgl. die zweite Einschaltung nr. 72 daselbst.*
[5] *Vgl. die dritte Einschaltung nr. 73 daselbst.*
[6] *Dieser Punkt ist in der letztgenannten Urkunde mitenthalten.*

tractare cum Johanni Galentz, quod hoc non faceret nisi mediante summo pontifice, vel subrogando summum pontificem, ita quod in pace vel treuga omnino includatur summus pontifex ecclesia et subjecti eorum etc.), respondent predicti, quod consideraverunt plura circa predicta, quibus monentur ad conclusiones infrascriptas. [3] primo quod non noverunt jura statuentia formam cerimoniarum et juramentorum prestandorum et observandorum per reges Romanorum summo pontifici. [4] secundo considerant, quod juramenta et cerimonie alie et alia quam juribus comprehense et comprehensa non prohibentur a jure peti prestari et observari. [5] tercio considerant, quod, que de novo emergunt, novo indigent auxilio. [6] quarto considerant, quod serenissimus dominus noster rex anhelat ad culmen imperii pervenire. [7] quinto quod ad illud imperium pervenire debet mediante auxilio summi pontificis. [8] sexto quod dominus noster rex recognovit Urbanum sextum predecessorem istius et istum dominum Bonifacium et recognoscit pro veris pontificibus. [9] septimo considerant necessitatem imperatoris creandi pro sustentacione fidei christiane pacis et tranquillitatis ecclesie ipsius et maxime partis Italie et ipsiusmet scismatis tollendi quod extirpari non potest nisi primo vir imperator creatus existat. [10] octavo considerant, quod nichil petitur per quod officio imperii derogetur. [11] nono considerant, quod major pars eorum que petuntur sunt que honorem regium et regiam voluntatem de directo respiciunt. [12] hiis omnibus consideratis dicunt predicti, quod, si dominus noster rex nulli promisit prout petitur in litera prima describi, quod ipse potest primam literam sine aliqua difficultate consentire, si videt, non consenciendo dictam literam scribi facere, in disturbio cum summo pontifice remanere, et sic impedimenta contra intentum suum pro imperio acquirendo oriri. [13] et similiter secundam literam concedendam fore dicant. [14] nec obstat quod alii reges talia non promiserunt neque declaraverunt nec jura compellunt reges Romanorum talia promittere vel declarare, quia jura, que predicta nolunt, respiciunt tempora quieti status ecclesie quo tempore talia non requiruntur. nunc vero propter scisma grave in ecclesia extat disturbium, quod de novo emergens novo indiget auxilio; ideo petitur ut taliter provideatur, quod de novo emergens jura omnia ecclesie non confundat. et a quo petitur? ab eo qui in possessione pontificatus est et successor existentis in possessione pontificatus existit. et quid petitur? quod a jure obmittitur et quod de jure habere non prohibetur. et posito sed non concesso quod prohiberetur de jure, considerata qualitate facti temporis presentis et periculi imminentis recedendum esset a tali juris prohibito et perveniendum ad ista oportuna remedia, ut istud idem iniquissimum dampnum scismatis et periculum iminens novi scismatis oriri eciam in imperio valentis et alia minancia christianitati ruinam possent hoc imperii remedio resecari et tolli, absque quo remedio extingui nequeunt. et si dicatur hoc novum esse jura infringere, non novum est partem juris limitare ne totum jus pereat, ymmo consensum a jure vel populos jura sibi civilia constituere eciam contra et preter jura communia pro utilitatibus privatorum locorum; quanto magis duobus luminaribus mundi valentibus de novo jura concedere, et qui juribus sunt soluti, concessum esse debet, ymmo concessum est, contra tam prejudicialia jura venire et alia utilia de novo reformare et rem publicam ecclesie et imperii pereuntem in suo statu h & modo conservare; absque eo quod si fit quod petitur, fit quod honestum utrique est et quod ad utrumque pertinet. nam si princeps de scismate sine consensu pontificis se non intromittere promittit, desinitne[a] se cum consensu summi pontificis non posse intromittere[*1]? recusat ipse velle facere quod ad ejus imperii officium pertinent? renunciat tutele et defensioni ecclesie cujus advocatus et procurator est? certe non; ymmo si hoc promittit, promittit id quod facere deberet eciam si non promisisset. nonne recognoscit ipsum in summum pontificem? nonne recognoscet si coronam imperii ab ipso reciperet? quomodo postea vellet unquam aliquid agere quod molestum summo pontifici foret, a quo tantum beneficium recepisset? quomodo vellet hoc in dubium revocare et semet ipsum contrarium reddere, ymmo sibi forte et prejudicium generare? nam si aliquid contra summum pontificem attemptaretur dum de scismate contra voluntatem summi pontificis ageretur, hoc juribus ipsius imperatoris de jure derogaret, cum, si non ipse pontifex quovismodo appareret, non imperator creatus creari potuisset. ex quibus sequitur honeste et juridice utiliter et favorabiliter serenissimum dominum nostrum regem dictas duas literas subscribere et sigillari mandare[b] posse in forma proposita. [15] similiter dicunt, quod tercia pars, tercie litere, absolute videtur eis esse concedenda. nam quod in ea petitur, nil aliud est nisi illud idem quod per debitum officii sui dominus rex facere tenetur et quod suo proposito facere intendit, et illud propter quod ad partes principaliter descendit Italie. quis enim est Romano imperio inobediens? Johannes Galeatz. quis usurpator jurium imperii? Johannes Galeatz. quis destructor et persecutor vicariorum imperii? Johannes Galeatz. quis fuit et est insidiator vite ipsius domini nostri principum dominorum et privatarum[c] personarum veneficus et omnium malorum principatuum actor et executor? Johannes Galeatz. non decet ergo justissimum principem evitare exterminium talis iniquissimi hominis promittere, cum deo sibi et ecclesie et hominibus obligatus existat potenti dextera sua illud absque promissione adimplere quod summus pontifex petit promittere. [16] ad quartam partem dicta tercia litera comprehensam[d] dicunt predicti, eciam illam fore describendam, cum dominus noster rex dedignari non debet hanc preeminenciam summo pontifici consentire cum racione dignitatis ejus, que tanto potencior imperio est quanto anima corpore perfectior et potencior et laudabilior corpore judicatur. non debet eciam gravari promittere de pace vel treugua cum Johanni Galeatz non tractanda, cum ipse eam vel eas tractare non velle debeat, ymmo nec volentes tractare audire debet. nec eciam debet obmittere considerare quod ad instanciam summi pontificis promittit de Italia non recedere nisi justo exterminio Johannis Galeatz etc., ita quod merito, si pax vel treuga fieri deberet[e], ipse, cui facta est promissio, mediator pacis vel treugue esse deberet. et maxime attenta limitacione infrascripta[f] nullum oritur scrupulum, quod sine ambiguo et dicta quarta pars permitti et describi potest. verum huic parti per predictos additur, quod e converso, pax vel treugua per summum pontificem si queri vellet, quod imperator mediator vel ejus commissarius existat, et quod pax vel treugua sine consensu utriusque non fiat, ampliando verba utrique parti communia.

[17] Hec autem omnia predicta[g] dicenda videntur ut serenissimus dominus noster rex, qui anhelat ad culmen ascendere imperii, suum obtineat intentum, pro quo obtinendo omnia, que honeste fieri possunt, ea facere recusare non debet, ne, quod incepit, in

a) cod. impedivit. c. idem cum pop 55 lin. 10. b) cod. mandavi subscribere et sigillari; vgl art. 2 und die Vorapostrksupanctusdem. c) cod. privatorum. d) cod. comprehensa. e) cod. deberet sier. f) cod. subre limitacione. g) cod. facere.

[*1] D. h.: kann er dann nicht noch fortwährend sich, mit Zustimmung der Kurie, darein mischen?

[*2] Die Bedingung der Gegenseitigkeit, wie sie im folgenden Satz durch die Verfasser des vorliegenden Gutachtens dem König angerathen wird. Daran hat der König schon in der Gesandtschafts-

anweisung vom 1-3 Jan. 1402 nr. 28 gedacht, s. dort art. 3 doch sollent ir auch — allerbequemlichst sin. Vgl. auch Anweisung vom 22-23 Jan. 1402 nr. 47 art. 5 doch si inme zu sinne — wegen und art. 6, und die Anweisung vom 5-8 Merz 1402 art. 20. 21.

[1401] mediis conatibus derelinquat. quod si contingeret non* nisi vel ex animi parvitate[b] vel ex defectu sani consilii processisse judicaretur, et laudabilius fuisset hoc capere non incepisse quam sic attentatum imperfectum derelinquere. et cum conformitas cum summo pontifice sit causa efficiens hujus imperii captandi gradusque, conformitas modis predictis ut asseritur per summum pontificem petitis acquiritur[c], et sine ea imperii majestas non habetur: ideo modis predictis predicti[d] consulunt *serenissimum dominum* nostrum consentire, subjungentes quod, conformitate quesita coronis adeptis, inimico dei ecclesie sui et humane christiane nature in exterminio posito*, cum consensu summi pontificis de scismate tollendo tractare *serenissimus dominus* noster debeat, quod tunc facilius fieri poterit, cum potissima causa scismatis exterminato inimico predicto remota extiterit, et totis imperialibus viribus hoc operari ut in hoc seculo honorem et in futuro gloriam consequantur eternam.

[1402] 46. *Gutachten der Venetianer für K. Ruprecht, in gleichem Sinne, Aufzeichnung der königlichen Kanzlei. [1402] Januar 20 [Rom].*

Aus Karlsr. G.L.A. Pfälz. Kop.B. 115 p. 271 cop. chart. coaev.
Gedruckt Janssen R.K. 1, 653 nr. 1079 ebendaher.

Jan. 20 Consilium Venetorum super predictis[1] in effectu. datum feria sexta post Anthonii.

[1] Et primo considerant quod fundamentum domini nostri regis, ad quod debet principaliter anhelare, est diadema imperiale. hoc autem acquirere non potest nisi acquiescendo voluntati domini pape. ideo primas duas literas[2] super declaracione etc. et de non intromittendo etc. bene potest et debet concedere.

[2] Item super primo puncto tercie litere[3] de non recedendo de partibus Italie etc. dicunt, dominum esse prudentem et habere consilium prudentissimum, quod ecimu debet habere, qui in hoc poterunt salubriter deliberare, quia execucio illius, quod in hac parte dissident papa, residet et consistit in potencia et assistencia domini.

[3] Item super ultima parte tercie litere dicunt, hoc posse fieri ita quod papa vice versa similiter se obliget. dicunt eciam, quod rogari debet papa, ut eciam alios vel alium mediare seu se[f] interponere permittat ad pacem etc. si tamen nec vice versa papa se obligare vellet nec alium permittere mediare, nichilominus dominus noster debet pape condescendere.

[4] Item volunt per se mittere ambasiatores Ferrariam ad supplicandum marchioni, quod acquiescat beneplacitum domini nostri regis[4].

a) *cod. eas.* b) *cod. gulitate mit Strich durch den Schaft, also nicht *pravitate*.* c) *durch Rasur scheint acquisitur in acquiritur verbessert.* d) *cod. predicta scripsi., durch Rasur zelle aus predicti corrigiert werden.* e) *cod. posito.* f) *cod. eas.*

[1] *Das Stück folgt im Kodex auf das Gutachten des Franz von Carrara und der Florentinischen Gesandten, nr. 45 bei uns.*
[2] *Die zwei ersten Einschaltungen nr. 71 und 72 in dem päbstlichen Schreiben vom 19 Merz 1402 nr. 70.*
[3] *Die dritte Einschaltung nr. 73 ebenda.*
[4] *Zu vergleichen ist hierzu aus dem Venet. Rathsbuchern 1402 Jan. 20, vollständig bei uns nr. 46a.*

46ᵃ. *Dasselbe Gutachten, Beschluß des Rathes zu Venedig.* *1402 Jan. 20 Venedig.*

Aus Venedig St.A. Deliberazioni, secreta, senato 1, registro 1 fol. 49ᵃᵇ mb. coaev.; zu Jan. 20 Anfang links am Rande Ser Petrus Cornario procurator, ser Ludovicus Lauredano procurator, ser Petrus Aymo miles, ser Benedictus Superancio procurator, ser Donatus Mauro, ser Karolus Geno procurator.
Auszug bei Mone Ztschr. f. d. Gesch. d. Oberrheins 5, 303 f. ebendaher.

Die 20 januarii.

Capta. quod debeat fieri responsio serenissimo domino Romanorum regi ad illa, que noviter nobis dici fecit de volendo habere consilium nostrum super effectu illarum trium literarum, quas dicit summum pontificem velle habere ab eo, si debet confirmare electionem suam et coronare eum. [*1*] et primo ad effectum primarum duarum, qui est quod ipse dominus rex jurare debeat et confiteri per literas suas predictas, non fecisse aliquam promissionem verbo vel scriptis alicui principi domino vel comunitati vel alicui alteri persone ecclesiastice vel seculari de facto scismatis, secundario quod promittat de cetero non intromittere vel impedire se de ipso scismate, nisi si et in quantum sit de beneplacito et voluntate ipsius summi pontificis, salvo quam in reducendo scismaticos ad fidem catolicam et cetera: quod, postquam placet majestati regie audire nos in istis factis suis, quod procedere cognoscimus ab immensa clementia et benignitate sua, non quia sibi necessarium existat, nos dicimus, quod habentes respectum ad primam propositum et intentum suum, per quod descendit ad partes Italie, scilicet pro habendo confirmationem et coronationem suam ab ipso summo pontifice, scimus satis large suadere sibi, quod propter istam causam non tardet sua sublimitas adimplere intentum suum, quia videre videmur quod aliter incassum omnia tractarentur, salvo si excellentia regia, cui omnia, que dicta vel promissa fuissent in facto predicto, notoria sunt, aliter non deliberaret, quia omnem deliberationem suam haberemus esse bene factam. [*2*] ad tercias literas sive ad effectum earum, qui continet partes duas: et primo ad primam partem, quod dominus rex promittere debeat ipsi summo pontifici de non recedendo de partibus Italie sed vigilare ad opprimendum Johannem Galeaç et diminuendum potentiam suam, et, si necesse foret quod recederet, quod dimittat unum ejus vicarium qui ad predicta vigilet et attendat: respondeatur, quod serenitas regia sapientissima est et habet solemne consilium apud se cum quo sapientissime poterit deliberare superinde, cum executio talis promissionis consistat in viribus et potentia sua et in sua dispositione et intentione. ad secundam partem, quod non possit ipse dominus rex facere aliquem tractatum pacis cum ipso Johanne Galeaç nisi per manus ipsius domini pape vel substituti ab eo, et si fieret quod sit in illa inclusus: respondeatur, quod istud serenitas regia assentire et promittere potest. sed tanquam devoti majestatis sue reducimus ad memoriam suam, quod nobis bonum et utile videretur, quod sua serenitas deberet etiam cum ipso summo pontifice procurare, quod vice versa sua sanctitas condescenderet ad non faciendum aliquem tractatum pacis sine assensu regio, et quod, si fieret, foret in illa inclusus, et ulterius, quia istud posset multum impedire facta sue serenitatis, quod dominus papa foret contentus, quod alii etiam possint se intromittere ad tractandum dictam pacem[1], cum conditione quod concludi non possit nisi summus pontifex includatur. et quando ista obtineri non possent, quod nichilominus non stet quin secum sit in concordia pro habendo coronam suam. [*3*] ad ultimam partem requisitionis quam nobis fecit, quod mittamus, cum oratoribus suis Florentinorum et domini Padue, de nostris ad magnificum dominum marchionem, qui ipsum rogent et inducant ad dandum sibi et gentibus suis liberum transitum per

---

[1] *Die Venetianer denken hierbei o. Zw. an sich, da sie immer zu vermitteln wünschten, vgl. die Berathungen vom 24-28 Nov.*

*1402
Jan. 20* passus suos et victualia pro precio conpetenti, ut possit ire ad accipiendum coronas suas, et non dare transitum aliis gentibus que vellent transire ad damna ipsius domini regis: respondeatur, quod per eos, que alias sensimus et habuimus ab ipso domino marchione, ipso promisit serenitati sue satis ample omnia hec que requiri facere intendit ab eo, de quo dicit etiam literas suas habere, propter quod credimus satis large, quod nullo modo contradiceret voluntati regie. nichilominus in conplacentiam suam parati*a* sumus mittere ad eum de per nos nostrum ambassiatam ad procurandum et inducendum eum, quod, ut possit transire et ire ad accipiendum coronas suas, complacere debeat sue regie majestati sicut requirit.

De parte   45. 46. 46. 47.
Non   22. 23. 25. 25.
Non sinceri 25. 24. 22. 20.

46a**.** *Beschluß des Raths zu Venedig: ablehnende Antwort auf das Verlangen K. Ruprechts daß man eine besondere Gesandtschaft zur Unterstützung seiner Angelegenheiten an den Pabst senden solle, statt dessen Beauftragung des in Rom weilenden gen. Notars zu dem gewünschten Zwecke. 1402 Jan. 23 Venedig.*

Aus Venedig St.A. Deliberazioni, secreta, senato I, registro I fol. 49b mb. corr.; zu Anfang links am Rande Ser Petrus Cornario procurator, ser Ludovicus Lauredano procurator, ser Benedictus Superancio procurator, ser Donatus Mauro, ser Karolus Geno, ser Leonardus Bembo sapientes consilii.
Ganz kurzer Auszug bei Mone Ztschr. f. d. Gesch. d. Oberrheins 5, 304 ebendaher.

Die 23 januarii.

Capta. [*1*] cum serenissimus dominus Romanorum rex, audita responsione nostra pridie sibi data ad consilium, quod requirebat a nobis super tribus literis quas vult habere dominus papa ab eo si debet ipsum coronare, et super missione nostre ambassiate ad dominum marchionem pro facto dandi sibi liberum transitum per terras et loca sua et victualia pro suis pecuniis et cetera, responsionem ipsam gratificaverit et acceptaverit multum, et postea dicendo miserit, quod intendebat mittere solemnem ambassiatam ad ipsum summum pontificem, ut possit ponere finem factis suis et esse in concordio cum eo, ut possit habere coronas suas, et propterea nos rogabat, quod placeret mittere similiter nostros oratores ad predictum dominum papam, qui parte nostra sint et interponant favores suos si necesse fuerit, ut omnis differentia que inter eos foret removeretur et quod sequi possit concupitus effectus suus: vadit pars, quod fiat*b* responsio dicto domino regi Romanorum, quod nos ex informatione, quam sumere*c* possumus ex verbis serenissime majestatis sue, et ex terminis, in quibus ad presens est cum ipso summo pontifice, nos comprehendimus satis clare, quod mediante divina gratia nulla differentia interveniet inter dominum papam et suam serenitatem, ymo erit in bono termino et bono concordio secum. propter quam causam et alias plures rationabiles et honestas supplicamus eidem, quod non gravetur, si deliberamus non mittere nostram ambassiatam ad ipsum dominum papam. est etiam alia causa, quin nos habemus ad presens in Romana curia unum ex cancellariis et secretariis nostris, cui scribemus super ista materia illud quod expediens cognoscemus, ita quod dominus papa clare videbit et senciet, gratissimum fore nobis et valde placitum, quod sanctitas sua dignetur velle esse in concordio secum et habere ipsum in verum et rectum Romanorum imperatorem. [*2*] et ex nunc sit captum quod informari debeat Petrus de Gualfredinis notarius noster, qui est in Romana curia, per nostras literas de ista requisitione, quam nobis fecit dictus dominus rex Romanorum, et de responsione

a) cod. parti. *b)* cod. videbalt. *c)* cod. mit Überstrich.

sibi data, comittendo et mandando sibi, quod, cum dicta ambassiata domini regis applicuerit ad partes illas, compareant coram eis et dicat, habuisse in mandatis a nostro dominio *1402 Jan. 22* de comparendo quando eis videbitur ad presentiam summi pontificis pro votiva intentione domini regis obtinenda ab eo, et quod ad omne beneplacitum suum paratus est se ipsi summo pontifici presentare et implere mandata nostra, et, cum requisiverint et voluerint dicti oratores regis, vadat ad pedes apostolicos, et cum illis verbis pertinentibus et honestis, que sue sapientie videbuntur, declarare debeat sanctitati sue, quod nostro dominio valde placebit compositio inter eum et dictum dominum imperatorem, quod ipse dominus rex coronetur et confirmetur in imperio, quia non dubitamus quod ex tali coronatione sua sanctitas et ecclesia sancta dei ac tota Christianitas fructum optimum reportabit.

De parte 69, non 17, non sinceri 14.

M. Gesandtschaft des Grafen Philipp von Falkenstein und Nikolaus Buman nach Rom, wo Bischof Konrad von Verden geblieben war; 1402 Jan. 22-23, nr. 47-68c.

47. *Anweisung K. Ruprechts für zwei gen. Gesandte an P. Bonifacius IX, br. Schisma, Mailand, Krönung in Florenz und Rom, Approbation der Person des Königs, Einzug in Rom u. a. m.* [1402 Jan. 22-23 Venedig[1]]. *[1402 Jan. 22 bis 23]*

Aus *Karlsr. G.L.A. Pfälz. Kop.B.* 115 p. 274-277 *cop. ch. coæv.*
Gedruckt *Janssen R.K. 1*, 654-658 *nr. 1083 ebendaher.*

Ambaxiata ad dominum nostrum papam domino Pfilippo de Falkenstein et Nicolao Buman commissa.

[1] Art. 1 lautet wie in der Anweisung nr. 28 von 1402 Jan. 1-3 art. 1.

[2] Item sollent ir uns entschuldigen daz sich die botschaft verzogen hat, und imme erzelen die sache, mit nammen solche tedinge als wir haben mit den Florentzern gehabt[2].

[3] Item uf den ersten puncten den herr Franciscus[3] herzelt hat, mit namen von der zweitraht wegen in der heiligen kirchen, sollent ir dem babst sagen uf den ersten brief[4], den er darumbe von uns begert hat, daz wir nieman keine glaubde haben getan von derselben sache wegen[5], dann wir haben unserm kurfursten einen brief geben, darinne stee ein artikel den wir uch empholhen haben in laßen zu hören, umbe daz wir im luterlich wollen zu verstend geben waz wir wißen in den sachen; sit er aber den brief wil von uns gehabt han, so wollen wir im ine gerne geben[6].

[4] Item von des andern briefs wegen[7] in derselben sachen sollent ir sprechen, daz wir imme den auch bi uch schicken in der forme als er in begert hat, wann unser meinunge allzit nit anders si gewesen und auch noch si, dann daz wir in den sachen wolten tun nach sinem und der cardinale rate und willen. und wir getruwen uch auch wol, si sien uns darinne beholfen und auch darzu genoiget, daz die heilige kirche mit

---

[1] *Das Stück gehört nach Stellung im Kodex und Inhalt zu der Gesandtschaft vom 22-23 Januar 1402. Die Gesandtschaft ist wider erwähnt in der Werbung an Herzog Ernst von Baiern [1402 Febr. 28].*
[2] *Fehlt in der früheren Anweisung von 1402 Jan. 1-3 nr. 28.*
[3] *Franciscus von Montepulciano 1401 Dec. 25 nr. 23-27.*
[4] *nr. 54.*
[5] *Janssen 1, 658 nr. 1083 nt.* citiert hier den *Französischen Bericht des Jean Juvenal des Ursin bei Häfler 205 nt. 1, aus Nouv. coll. d. mém. p. serv. à l'hist. de France première série II p. 419.*
[6] *Art. 3 und 4 sind in der früheren Anweisung durch art. 2 vertreten.*
[7] *nr. 55.*

[1402 Jan. 22] gotlichen und redelichen wegen moge* zu einikeit und zu frieden komen, alz er sich darzů folliclich erbutet, darzu wir auch gerne wollen beholfen sin und im nach allem unserm vermogen. und bittent den babst, daz er die egenanten briefe wol heimlich halten und nieman davon sagen.

[5] Item uf die andern puncte in dem dritten brief[1], als von des von Meilan wegen, sagent dem babste, daz uns derselbe brief zu swere und nicht bequemlich si zu geben. und diewile wir[b] imme doch sweren mußen daz wir in und die Romische kirche sollen hanthefen und schirmen nach unserm vermogen, daz wir auch wollen also getrewelich tun, so begeren wir und getruwen imme wol daz er sich daran laße gnůgen. doch si imme zu sinne ein glich redelich buntniße mit uns anzugeen wieder den von Meylan, so haben wir uch wol enpholfen und follen gewalt[a] geben davon mit imme zu tedingen und zu uberkomen von unsern wegen[a].

[6] Item und wolte der babste soliche tedinge angeen, so ist unser meinunge, daz die buntniße stunde uf diesen nachgeschriben pfunten. zum ersten daz unser einer dem andern getrewlich bistendig und beholfen si wieder den von Meylan und sine helfere mit siner ganzen maht. item daz unser debeiner mit demselben von Meylan oder sinen helfern sůnne satzunge stallunge oder friede ane dez andern wißen und willen. item daz unser debeiner mit dem von Meylan tedinge oder sůne angange ane dez andern wissen und willen, und daz auch in solicher sůne, ob die geschehi, beide partien und ir undertanen begriffen werden.

[7] Item wolte der babst nicht daran, und ie einen solichen brief von uns han als er begert hat, so ir dann sehent daz er sich davon mit nicht wolte lassen wisen, so sollent ir mit imme reden uf der drier briefe[a] einen, die wir uch von derselben sache wegen haben enpholfen[b], und daz bringen zu dem besten als ir mogent. und uf welichen brief ir dann mit imme besließent, den sollent ir dargeben. und sollent die briefe gar heimlich halten, daz nieman davon gewar werde.

[8] Item uf daz ander capittel, daz Franciscus erzelet hat, als von unser ander crönunge wegen, sagent dem babst, daz wir die meinen in unser und dez richs stat Florentz zu enpfaen. und herumbe begern wir und bitten in, daz er einen uß den cardinalen sich wolle heißen bereiten gein Florentz zu komen, und daz er auch demselben gewalt gebe mit sinen briefen uns die egenante crone zu geben, und auch darinne dispensier uber die gewonheit die bißher gehalten ist daz wir dieselbe crone zu Meilan von dem erzbischof daselbs solten enpfahen etc. und bitten den babst, daz er uch sage uf welich zite der cardinale moge bereit werden und gein Florentz komen, wann wir uch enpholfen haben uns daz zu stunt zu enbieten, daz wir uns darnach wissen zu richten. und fregte der babste welicher cardinale uns zu sinne were, so nement den cardinale von Florentze[a].

[9] Item uf daz dritte capittel, von unser zůkunfte gein Rome, sollent ir im sagen [weiter wie in der Anweisung nr. 28 von 1402 Jan. 1-3 art. 5].

[10] Item uf das vierd capittel, von der botschaft wegen zu den von Genaw zu tun, sagent dem babste [weiter wie in der Anweisung nr. 28 von 1402 Jan. 1-3 art. 6].

a) cod. mogen. b) om. cod., exc. add. Janssen.

[1] nr. 27 = 35 = 73.
[2] 1402 Jan. 22 Vollmacht für Bündnisse mit ihm im allgemeinen nr. 52.
[3] Art. 5, 6, 7 sind in der früheren Anweisung durch art. 3 vertreten.

[4] Die drei Urkunden 1402 Jan. 1 über das Verhältnis zu Johann Galeazzo nr. 57, 59, 61.
[5] Durch die zu diesen drei Urkunden gehörigen Vollmachten von 1402 Jan. 22 nr. 56, 58, 60.
[6] Entspricht im wesentlichen dem art. 4 der früheren Anweisung u. s. w. auch die Anmerkung.

[11] Item uf daz hinderst capittel [weiter wie in der Anweisung nr. 28 von 1402 Jan. 1-3 art. 7].

[12] Item darnach sollent ir den babste bitten, daz er unser persone zu stund offenliche wolle beweren und uns daruber eine briefe geben, als er sich darzů gnediclich enbotten hat und auch die forme derselben briefe fur uberkommen ist, und der bullen sollent ir zwo oder dri tun machen und uns der eine oder zwo schicken und ein bi uch behalten, und sollent die bullen nemmen mit der protestacien als der babst geredt hat¹.

[13] Item so die bewerunge geschehen ist, so sollent ir den babst bitten, daz er wolle schriben in einer bequemen kurzen formen allen herren und stetten in Dutschen und in Welschen landen, daz er unser persone beweret habe etc. und daz er sie darumbe ermane und ersuche daz sie uns als eime Romischen kunige gehorsam sien. und der bullen sollent ir nemen so ir meiste gehaben mogent².

[14] Item daz er uns dann auch wolle geben ein offene processe wieder den von Meilan und sine helfere in den besten und trefflichsten forme.

[15] Item sollent ir den babste bitten [weiter wie in der Anweisung nr. 28 von 1402 Jan. 1-3 art. 9, statt etc. am Schluß der Zusatz:] und daz er auch besunder wolle den marckysen von Ferrere ernstlich beschriben.

[16] Item bittent den babst, so wir uns werden herheben³ gein Rome zu ziehen [weiter wie in der Anweisung nr. 28 von 1402 Jan. 1-3 art. 10].

[17] Art. 17 gleichlautend mit der Anweisung nr. 28 von 1402 Jan. 1-3 art. 11.

[18] Item mit dem babste zu reden, daz er unsern herren laße wißen, wie er sich gein den Römeren und sie sich gein im halten sollen⁴.

[19] Art. 19 gleichlautend mit der Anweisung nr. 28 von 1402 Jan. 1-3 art. 13.

[20] Art. 20 gleichlautend mit der Anweisung nr. 28 von 1402 Jan. 1-3 art. 14, nur daß am Schluß nach zuzulegen noch beigefügt ist sunder uns fruntliche zu sin, worauf erst das etc. folgt.

48. K. Ruprecht an P. Bonifacius IX, beglaubigt drei gen. Gesandte zu mündlicher Mittheilung in Betr. der ihm durch Franciscus von Montepulciano und Nikolaus Buman überbrachten päbstlichen Anträge. 1402 Jan. 23 Venedig.

Aus Karlsr. G.L.A. Pfälz. Kop.B. 115 pag. 273 oben, cop. chart. coaev.

Beatissime pater et domine precipue, cum reverencia debita et devota pedum oscula beatorum. super expositis nobis parte vestre sanctitatis per honorabilem Franciscum de Montepulzano secretarium vestrum ac Nicolaum Buman prothonotarium et secretarium nostrum remittimus ad eandem sanctitatem vestram nobilem Philippum comitem de Falkenstein et dominum in Mintzenberg nostrum et imperii sacri camerarium et fidelem dilectum ac Nicolaum Bůman antedictum de nostra intencione plenarie expeditos⁵. quibus una cum venerabili magistro Cuonrado de Soltauwe episcopo Verdensi injunximus quedam vestre sanctitati oretenus explicanda. quocirca supplicamus attente, quatenus eisdem in dicendis fidem dignemini credulam adhibere votivam, eisdem paterna benigni-

---

¹ Entspricht im wesentlichen dem art. 8 der früheren Anweisung u. m. s. auch die Anmerkung.
² Art. 13 und 14 fehlen in der früheren Anweisung.
³ Das Fehlen der 2 Worte zu Florentze des art. 10 der früheren Anweisung erklärt sich daraus, daß Ruprecht jetzt in Venedig ist.
⁴ An Stelle des anders lautenden art. 12 der früheren Anweisung.
⁵ In dem bis hieher gleichl. Beglaubigungsschreiben vom 1 Jan. nr. 29 hieß es ad vestre sanctitatis vota plenarie expeditos; jetzt hat er seine eigene intencio.

tate expedicionem tribuendo, prout de vestra sanctitate indubitatam gerimus fiduciam, cujus personam conservare dignetur altissimus feliciter in longevum.' datum Veneciis mensis januarii die vicesima tercia anno domini millesimo quadringentesimo secundo, regni vero nostri anno secundo.

Sanctissimo in Christo patri ac domino domino Bonifacio digna dei providencia sacrosancte Romane ac etc.

Sanctitatis vestre devotus filius Rupertus dei gracia Romanorum rex semper augustus. Ad mandatum domini regis Rabanus episcopus Spirensis regalis aule cancellarius.

49. *K. Ruprecht an P. Bonifacius IX, beglaubigt den Nikolaus Buman zu einer geheimen Mittheilung an den Pabst. 1402 Jan. 23 Venedig.*

Aus Karlsr. G.L.A. Pfalz. Kop.B. 115 pag. 273 unten, cop. chart. coaev. Auszug bei Janssen Frankf. R.K. 1, 654 nr. 1082 ebendaher.

Beatissime pater et domine precipue. cum reverencia debita et devota pedum oscula beatorum. injunximus dilecto secretario et prothonotario nostro Nicolao Buman quedam vestre sanctitati ad partem referenda. supplicamus itaque, quatenus eidem in dicendis dignemini credulitatis fidem indubiam adhibere. datum Veneciis mensis januarii die 23 anno domini millesimo quadringentesimo secundo, regni vero nostri anno secundo. Sanctitatis vestre devotus filius Rupertus etc.

50. *K. Ruprecht an einen ungen. Kardinal[1], empfiehlt Maßregeln gegen Johannes Andree in Rom, der ihn dort verleumde. 1402 Febr. 6 Padua.*

Aus Karlsr. G.L.A. Pfalz. Kop.B. 115 pag. 286 cop. chart. coaev. Auszug bei Janssen Frankf. R.K. 1, 660 nr. 1090 ebendaher.

Reverendissime pater. veridicorum relatu didicimus quendam Johannem Andree, qui se nominat prepositum Metensem, de presenti in Romana curia degere, qui, nescimus quo spiritu ducatur, personam nostram maledictionibus et contumeliis vituperat ac statum famam honoremque nostros cavillacionibus suis inutilibus et nulla veritate fulcitis nititur denigrare. quare rogamus attente vestram reverendissimam paternitatem, quatenus, ut predictus Johannes Andree custodie carcerali mancipetur et detineatur usque ad nostrum domino concedente ad urbem Romanam accessum, ut veritate in lucem prodiente tenebre absitatis per eum asserte in sanctissimi domini nostri pape vestro ac aliorum conspectibus clarescant, operam et direccionem efficacem nostri contemplacione adhibere velitis, prout de vestra reverendissima paternitate plenissime confidimus. quam altissimus conservare dignetur cum honoris incremento per tempora feliciter longeva. datum Padue 8 die mensis februarii anno domini 1402, regni vero nostri anno secundo.

Rupertus etc.
Ad mandatum domini regis
Ulricus[2] etc.

---

[1] *Vgl. K. Ruprechts Schreiben 1401 Jul. 21 nr. 13.* [2] *Ulricus de Albeck.*

51. *K. Ruprecht bevollmächtigt drei gen. Gesandte bei P. Bonifacius IX wegen Approbation seiner Person und wegen Zusage der Kaiserkrone für ihn.* 1402 Jan. 1 Venedig. *1402 Jan. 1*

Die sämmtlichen Stücke des Kodex, welche zu der nicht abgegangenen Gesandtschaft K. Ruprechts vom 1-3 Jan. 1402 gehören, sind aus diesem Grunde durchstrichen d. h. für ungiltig erklärt. Nur das eine Stück vom 1 Jan. 1402, die Approbations-Vollmacht nr. 30, ist nicht durchstrichen, also nicht kassiert worden. Und zwar hat das den Grund, daß man dasselbe auch noch für die Gesandtschaft vom 22-23 Jan. 1402 brauchen konnte, da diese, die dann wirklich abgieng, aus denselben Personen bestand wie die nicht abgegangene. So erklärt sich auch, warum unter den späteren Vollmachten vom 22 Januar keine ist, die sich auf die Approbation bezieht. Fehlen durfte eine solche hier nicht, aber man benutzte die alte vom 1 Jan. 1402 wider, oder, richtiger, man benutzte sie jetzt erst wirklich. Deshalb gehört unsere nr. 30 auch hieher unter die Akten der späteren Gesandtschaft, und erhält wegen ihres neuen Erscheinens die neue obige Nummer 51.

52. *K. Ruprecht bevollmächtigt drei gen. Gesandte bei P. Bonifacius IX wegen Abschließung von Bündnisverträgen mit demselben.* 1402 Jan. 22 Venedig. *1402 Jan. 22*

Aus Karlsr. G.L.A. Pfälz. Kop.B. 115 pag. 278-280 cop. ch. coaev.
Regest bei Janssen Frankf. R.K. 1, 654 nr. 1081 ebendaher.

Rupertus [nach einem andern Formular als die Vollmacht 1400 Dec. 14 nr. 1, aber wesentlich ihr entsprechend mut. mut., so die Namen venerabilis magistri Conradi de Soltaw episcopi Verdensis, Philippi comitis de Falkenstein et domini in Mintzenberg nostri et imperii sacri camerarii consiliariorum, ac Nicolai Duman secretarii et prothonotarii nostrorum fidelium et dilectorum, unter welchen der erstgenannte als absens ohne den Zusatz von nr. 1 tamquam presentem, die beiden letzteren als presentes bezeichnet werden; doch heißt es factores statt sindicos, was aber wol auch nur am Formular liegt, wie auch daß die Worte ita quod non sit melior — et finire fehlen und nur einfach gesagt ist et quemlibet eorum in solidum mit dem Zusatz specialiter et expresse non per errorem aut inprovide sed ex certa nostra sciencia; darauf wird fortgefahren:] ad obligandum nos sanctissimo in Christo patri ac domino nostro domino Bonifatio divina providencia pape nono ad quecumque neccessaria utilia vel oportuna, ad tractandum quoque iniendum concordandum et concludendum vice et nomine nostris ac pro nobis cum eodem domino nostro domino Bonifatio quascumque et qualescumque ligas uniones confederaciones pacta conveniciones et obligaciones quibuscumque eciam specialibus vocabulis nominentur, hujusmodi quoque ligas uniones confederaciones pacta conveniciones et obligaciones vice et nomine nostris ac pro nobis acceptandum ratificandum approbandum consummandum[a] firmandum stabiliendum et sicut dictis nostris procuratoribus vel alteri ipsorum expediens visum fuerit roborandum, ad jurandum quoque[b] ad sancta dei ewangelia in animam nostram quecumque neccessaria seu oportuna juramenta dictorum roborativa, et signanter quod attendemus observabimus et fideliter adimplebimus omnes et singulas ligas uniones confederaciones pacta conveniciones et obligaciones de quibus supra fit mencio, et quod contra easdem seu eadem non veniemus nec faciemus per nos vel alium seu alios publice vel occulte directe vel indirecte quovis ingenio sive modo sub penis formidabilibus pecuniariis et aliis quibuscumque, insuper ad recipiendum vice et nomine nostris ac pro nobis vice versa a dicto domino nostro sanctissimo vel ejus commissariis[c] pro eo quas-

a) cod. consummandum. b) cod. que. c) cod. commissariis mit Abkürzung; doch ist weiter unten nur ein einziger commissarius in der Einzahl die Rede.

cunque promissiones et obligaciones supradictarum lige unionis confederacionis pactorum
convencionum et obligacionum ut premittitur fiendorum roborativas, insuper ad renun-
ciandum quibuscumque excepcionibus juribus auxiliis ordinariis vel extraordinariis per
que seu alterum eorum premissa seu aliquod eorum in toto vel in parte infringi vel elidi
posset ullo modo, omniaque alia et singula gerendum procurandum agendum et faciendum
que in predictis et infrascriptis et circa ea et connexis seu dependentibus ab eisdem
dictis nostris procuratoribus videbuntur vel alteri ipsorum videbitur et que necessaria
fuerint quomodolibet vel oportuna eciam si talia forent que mandatum exigerent magis
speciale et plenum de verbo ad verbum in presenti procuratorio nostro secundum leges
oporteret fieri mencionem. [folgt weitläufiges bloß Formelhaftes, dann:] in quorum
omnium et singulorum fidem atque robur presentes literas fieri ac per Emericum nostrum
notarium publicum subscriptum in publicam formam redigi mandavimus nostreque maje-
statis regie sigilli jussimus appensione communiri. [folgt wider Formelhaftes, dann:]
et fiant et adimpleantur omnia et singula suprascripta salvis ratis et firmis manentibus
aliis mandatis et commissionibus per nos dictis nostris procuratoribus seu aliquibus vel
alicui eorum factis traditis vel concessis. datum et actum Veneciis, anno domini mille-
simo quadringentesimo secundo, die vicesima secunda mensis januarii, hora terciarum
vel quasi, indicione decima, pontificatus sanctissimi in Christo patris ac domini nostri
domini Bonifatii divina providencia pape predicti anno terciodecimo, regni vero nostri
anno secundo; presentibus magnificis Ludowico duce Bavarie et comite Palatino Reni,
Friderico burggravio Nurenbergensi, venerabilibus Rabano episcopo Spirensi aule nostre
regalis cancellario, Conrado de Egloffstein magistro ordinis Theutunicorum, nobili Emichone
comite de Lyningen nostre curie magistro, strennuis Conrado de Frijberg, Syfrido de
Lapide, et Eberhardo de Hirtzhorn militibus, Job Vener in utroque jure, Egloffo de
Knoringen, et Ulrico de Albeck in decretis licenciatis, testibus ad premissa vocatis
pariter et requisitis.

[Zum Schluß das Notariatszeugnis des Emericus de Muschelu Maguntinensis dio-
cesis publicus imperiali auctoritate necnon prefati domini mei graciosissimi Romanorum
regis notarius eigenhändiger Schreibers der Urkunde und bei dem Akte persönlich an-
wesend.]

53. K. Ruprecht bevollmächtigt drei gen. Gesandte bei P. Bonifacius IX zur Über-
reichung von nr. 54 und 55 und zu eidlicher Verpflichtung des Königs darauf.
1402 Jan. 22 Venedig.

Aus Karlsr. G.L.A. Pfälz. Kop.B. 115 pag. 281 f. cop. ch. coaev.
Regest bei Janssen Frankf. R.K. 1, 654 nr. 1080 ebendaher.

Rupertus [bevollmächtigt Konrad von Soltau, Philipp von Falkenstein, Nikolaus
Bumen, als procuratores negociorum gestores et nuncios speciales, den erstgenannten ab-
absens, die beiden letztgenannten als presentes, und zwar quecumlibet eorum in solidum]
ad exhibendum et presentandum nostro nomine sanctissimo in Christo patri ac domino
nostro domino Bonifatio divina providencia pape nono certas infrascripti tenoris literas
nostras manus nostre proprie subscripcione roboratas, ad promittendum quoque et obli-
gandum nomine et vice nostris ac pro nobis, necnon ad jurandum ad sancta dei ewan-
gelia in animam nostram quod attendemus observabimus et fideliter adimplebimus omnia
et singula in prelibatis nostris literis tenoris inferius descripti contenta et alia[b] prout in
eisdem literis continetur et quod contra eadem et quodlibet eorum non veniemus nec

a) cod. Senarlat mit Abkürzung. b) cod. alo mit Überdruck.

facimus per nos vel alium seu alios quovismodo, omnia quoque alia et singula [*weiter* *wesentlich wie in der Vollmacht vom 3 Jan. nr. 32 bis* aliquo eorundem]. in quorum fidem et testimonium presentes literas fieri tenoremque literarum nostrarum supradictarum eis de verbo ad verbum inseri ac per Emericum notarium nostrum publicum subscriptum in publicam formam redigi mandavimus, nostrique minoris sigilli regii jussimus appressione communiri. tenores vero supradictarum literarum sequuntur in hec verba „Rupertus etc. ad serenandam declarandam ac plenarie informandam" etc. per totum, „Rupertus etc. filiali devocione ac regali imperiali recta et para fide" etc. per totum, cum illo¹ signo ⊕. datum et actum Veneciis anno domini millesimo quadringentesimo secundo, die vicesima secunda mensis januarii, hora terciarum vel quasi, indicione decima, pontificatus sanctissimi in Christo patris ac domini nostri domini Bonifatii divina providencia pape predicti anno 13, regni vero nostri anno secundo; presentibus venerabilibus Rabano episcopo Spirensi aule nostre regalis cancellario, et Conrado de Egloffstein magistro ordinis Theutonicorum, testibus ad promissa vocatis pariter et requisitis.
[*Zum Schluß das Notariatszeugnis des* Emericus de Moscheln Maguntinensis diocesis publicus imperiali auctoritate necnon prefati domini mei graciosissimi Romanorum regis notarius *eigenhändiger Schreiber der Urkunde und bei dem Akt persönlich anwesend.*]

54. *K. Ruprecht versichert dem Pabst Bonifacius IX, daß er bis jetzt mit keiner geistlichen oder weltlichen Macht einen bindenden Vertrag wegen des Schismas eingegangen habe.* 1402 Jan. 1 *Venedig.*

> Urkunden, die im Kodex mit dem Zeichen ⊕ stehen sollen, sind in nr. 24 art. 1 mit dem gleichen Zeichen ⊕ erwähnt. Diejenige, welche die Anfangsworte ad serenandam hat, ist unsere nr. 71. Sie kommt zuerst als nr. 25 vor bei den Unterhandlungen, dort ohne Zweifel noch ohne Datum, hier sicher wie in nr. 71 mit dem Datum vom 1 Jan. 1402 versehen.

55. *K. Ruprecht verspricht dem P. Bonifacius IX, daß er, außer zu vollständiger Wiedervereinigung unter diesseitiger Obedienz, keinen Versuch zur Beilegung des Schisma's machen oder dulden wolle ohne Zustimmung des Pabstes.* 1402 Jan. 3 *Venedig.*

> Urkunden, die im Kodex mit dem Zeichen ⊕ stehen sollen, sind in nr. 24 art. 1 mit dem gleichen Zeichen ⊕ erwähnt. Diejenige, welche die Anfangsworte filiali devocione hat, ist unsere nr. 72. Sie kommt zuerst als nr. 26 vor bei den Unterhandlungen, dort ohne Zweifel noch ohne Datum, hier sicher wie in nr. 72 mit dem Datum vom 3 Jan. 1402 versehen.

56. *K. Ruprecht bevollmächtigt drei gen. Gesandte bei P. Bonifacius IX zur Überreichung von nr. 57 und zu eidlicher Verpflichtung des Königs darauf.* 1402 Jan. 22 *Venedig.*

> Aus Karlsr. G.L.A. Pfälz. Kop.B. 115 pag. 285 nota ch. coetr.; im Kodex geht voraus die Urkunde vom 22 Jan. 1402 (bei uns nr. 53), mit der die unsrige also consimilis ist.
> Regest Janssen Frankf. R.K. 1, 654 nr. 1030 nl.* ebendaher.
>
> Item consimilo instrumentum cum insercione illius litere² tali signo signato ⊠ ᵃ.

---

¹ d. h. beide mit dem gleichen obigen Zeichen;   ² nr. 57.
ᵃ es ist nr. 54 und 55.

57. *K. Ruprecht verspricht dem P. Bonifacius IX einiges in Betreff Galeazzo's[1]. Erste Formulierung.* 1402 Jan. 4 Venedig.

Aus Karlsr. G.L.A. Pfälz. Kop.B. 115 pag. 281 cop. ch. coev., am Rande bezeichnet mit ... , also zu der Vollmacht nr. 56 gehörig.
Regest bei Janssen Frankf. R.K. 1, 648 nr. 1069 ebendaher. Er bemerkt in nt., daß das Stück in drei in einigen Punkten von einander abweichenden Ausfertigungen vorhanden sei, und das ist richtig, wir theilen alle drei mit. Er erklärt aber zugleich, der Pabst habe diejenige unter diesen Ausfertigungen aufgenommen, die wir als nr. 73 abdrucken, und daß ist nicht richtig, denn die nr. 73 ist mit keiner dieser drei Ausfertigungen identisch, wie unsere Abdrucke nr. 57. 59. 61 von selbst ergeben, indem sie, mit jener nr. 73 verglichen, das Verhältnis zu ihr darstellen.*

Rupertus etc. ad certitudinem presencium et memoriam futurorum. quamvis devocionem nostram et reverenciam filialem, quam [u. s. f. bis recedere wie in der Urk. v. 3 Jan. 1402 nr. 73, dritter Einschaltung in das Schr. des P. Bonifacius IX an K. Ruprecht v. 19 Merz 1402, nur daß prefato vor verisimiliter fehlt; dann:] donec pro posse efficiamus quod potencia Johannis Galeatz comitis Virtutum dextera opitulante altissimi adeo conprimatur conculcetur seu exterminetur, quod [wie oben] perhorrescant, sic tamen quod, si aliqua evidenti et racionabili causa de dictis partibus Italie antea nos forte recedere contingeret [wie oben, bis vicarium generalem] eidem domino nostro et ecclesie devotum fidum atque gratum, quem jurare faciemus, quod eundem dominum nostrum et ejus successores atque ecclesiam pariter et imperium honoremque nostrum velit et debeat toto posse fideliter defensare et predictis periculis deo auspice obviare. si autem contingeret [wie oben, außer daß es hier heißt promittimus ut supra — predicto domino nostro mediante vel eo quem super hiis duxerit deputandum] jussimus munimine roborari. datum Veneciis mensis jannuarii die quarta anno domini millesimo quadringentesimo secundo, regni vero nostri anno secundo.

58. *K. Ruprecht bevollmächtigt drei gen. Gesandte bei P. Bonifacius IX zur Überreichung von nr. 59 und zu eidlicher Verpflichtung des Königs darauf.* 1402 Jan. 22 Venedig.

Aus Karlsr. G.L.A. Pfälz. Kop.B. 115 pag. 285 nota ch. coev.; im Kodex geht voraus die Urkunde vom 22 Jan. 1402 (bei uns nr. 53), mit der die unsrige also consimilis ist.
Regest Janssen Frankf. R.K. 1, 654 nr. 1080 nt. ebendaher.

Item consimile procuratorium cum inserccione illius litere[a] signo tali signato ...

---

[1] In dieser und den 2 folgenden Urkk. vom 4 Jan. 1402 nr. 59 und 61 ist die in der oben erwähnten Urk. vom 3 Jan. 1402 nr. 73, welche denselben Gegenstand behandelt, enthaltene Formulirung der Forderungen des Pabstes an Ruprecht in Betr. des Verhältnisses zu Mailand wesentlich abgeschwächt, namentlich (vgl. aliqua evidenti et racionabili causa mit dem fruheren urgentissima) sucht sich der König die Stipulation seines Verweilens in Italien möglichst in sein eignes Belieben zu stellen.
[a] 59.

59. *K. Ruprecht verspricht dem P. Bonifacius IX einiges in Betreff Galeazzo's. Zweite Formulierung. 1402 Jan. 4 Venedig.* [1402 Jan. 4]

Aus Karlsr. G.L.A. Pfälz. Kop.B. 115 pag. 282 cop. ch. coev., am Rande bezeichnet mit b ⟨sig⟩, *also zu der Vollmacht nr. 58 gehörig.*
Regest bei Janssen s. Quellenangaben zu nr. 57.

Rupertus etc. ad certitudinem presencium et memoriam futurorum. quamvis devocionem nostram et reverenciam filialem, quam [ganz wie in der Versprechungs-Urkunde v. 4 Jan. nr. 57, erster Formulirung, bezeichnet mit ⟨sig⟩ b, die eingeschaltet ist in das Prokuratorium v. 22 Jan. 1402 nr. 56, bis obviare]. si autem contingeret nos eum dicto Johanne Galeatz aliquam inire velle concordiam per nos vel alios, promittimus, ut supra, hujusmodi concordiam, si qua fieret, nullatenus acceptare vel in eam consentire, nisi in eandemᵃ veniat et includatur plenarie dominus noster predictus cum subditis ecclesie atque suis, ut sic pace et quiete simul nobiscum pociatur ecclesia, ymmo verius nos cum ea. et ad fidem omnium premissorum ea propria manu subscripsimus et sigilli nostri jussimus munimine roborari. datum Veneciis mensis januarii die quarta anno domini millesimo quadringentesimo secundo, regni vero nostri anno secundo. [1402 Jan. 4]

60. *K. Ruprecht bevollmächtigt drei gen. Gesandte bei P. Bonifacius IX zur Überreichung von nr. 61 und zu eidlicher Verpflichtung des Königs darauf. 1402 Jan. 22 Venedig.* [1402 Jan. 22]

Aus Karlsr. G.L.A. Pfälz. Kop.B. 115 pag. 285 nota ch. coev.; im Kodex geht voraus die Urkunde vom 22 Jan. 1402 (bei uns nr. 53), mit der die unsrige also consimilis ist.
Regest Janssen Frankf. R.K. 1, 654 nr. 1080 nt.ᵃ ebendaher.

Item tercium procuratorium consimile cum insercione litere¹ tali signo signate ⟨sig⟩ a.

61. *K. Ruprecht verspricht dem P. Bonifacius IX einiges in Betreff Galeazzo's. Dritte Formulierung. 1402 Jan. 4 Venedig.* [1402 Jan. 4]

Aus Karlsr. G.L.A. Pfälz. Kop.B. 115 pag. 283 cop. ch. coev., am Rande bezeichnet mit b ⟨sig⟩, *also zu der Vollmacht nr. 60 gehörig.*
Regest bei Janssen s. Quellenangaben zu nr. 57.

Rupertus etc. ad certitudinem presencium et memoriam futurorum. quamvis regalem deceat vigilanciam generaliter cunctorum, quos Romanum ambit imperium, provinciarum paci providere et jus suum unicuique tribuere, tamen ad ea, que singulariter sunt tranquillitatis et reformacionis terrarum ac bonorum sancte Romane ecclesie matris nostre sacrique imperii Romani, nostre specialius inclinatur mentis sollicitudo. sane temerariam Johannis Galeatz comitis Virtutum audaciam, qua terras bona et jura ecclesie Romane ac imperii sacri temporibus retroactis tirannice et violenter occupavit et hodie non desinit occupare, pensantes, per modum confederacionis unionis seu ligo inito cum sanctissimo in Christo patre ac domino nostro domino Bonifacio divina providencia pape

a) cod. eandem.

¹ nr. 61.

nono harum serie promittimus et pollicemur regali et imperiali ac recta et pura fide eidem domino nostro domino Bonifatio [u. s. f. *ganz wie in der Versprechungs-Urkunde v. 4 Jan. 1402 nr. 57, erster Formulierung, bezeichnet mit* b, *die eingeschaltet ist in das Prokuratorium v. 22 Jan. 1402 nr. 56*, bis aut assensum tractantibus quomodolibet exhibere], nisi de predicti domini nostri voluntate, ita quod de consensu unanimi utriusque nostrum concordia, si qua fieret, suum sorciatur effectum. in qua concordia [*wie oben, bis cum subditis ecclesie atque suis*], sic tamen quod prefatus dominus noster papa similiter nullum ingrediatur vel habeat tractatum per se vel alios ullo modo cum dicto Johanne Galeatz aut assensum tractantibus quomodolibet exhibeat nisi de nostris beneplacito et assensu. et ad fidem premissorum ea propria manu subscripsimus et sigilli nostri jussimus muniri mine roborari. datum Venetiis mensis januarii die quarta anno domini 1000 quadringentesimo secundo, regni vero nostri anno secundo.

62. Aufzeichnung des Florentinischen Gesandten Jacopo Salviati über seine Sendung nach Rom. *1402 Febr. 18 bis Mai 20.*

Aus Cronica o memorie di Jacopo Salviati dall' anno 1398 al 1411 *herausgegeben von* Fr. Ildefonso di San Luigi *in* Delizie degli eruditi Toscani tomo 18 *in Firenze 1784 pag. 199-203.*

Gedruckt auch bei Reumont della diplomazia Italiana dal secolo 13 al 16, Firenze 1857, pag. 167-170 bis per aspettare se la cosa avera alcuno effetto, und dann noch die kleinere Stelle non senza grandissimo — e dieci di balia, ebendaher.

Memoria: che adi 18 di febbraio 1401[1], per elezione prima fatta per i nostri signori et i loro collegj, io andai per lo nostro magnifico comune, insieme et in compagnia di messer Bartolomeo Popoleschi[2], ambasciatore a Roma a papa Bonifatio nono. et partimoci di qui insieme con due ambasciatori de l' imperatore nuovamente eletto, chiamato Roberto di Baviera. l'uno de' detti era conte di Falchesten, l'altro un messer Niccolò huomo scientifico. et appresso furono in nostra compagnia 2 ambasciatori del signore di Padova, che l'uno fu messer Arrigo Galeotti, l'altro Luca da Lione. et così, partendoci di qui tutti in compagnia detto di, giugnemmo salvi a Roma a' di 24 di detto mese. e quivi trovammo un altro ambasciatore del detto imperadore, il quale per se medesimo v'era stato prima, et aspettava i sopradetti due altri ambasciatori et con loro insieme seguire l'ambasciata. era costui un ricchissimo prelato, et molto riccamente vi stava, et era maestro in sacra teologia. chiamavasi vescovo di Verde, et havea nome messer Currado. la commessione di detto messer Bartolomeo e mia fu, d'essere con tutti i sopradetti altri ambasciatori et supplicare al detto santo padre cioè Bonifatio nono nato de' Tomacelli di Napoli, che si degnasse voler coronare il detto nuovamente eletto imperatore, con molte ragioni che nella informatione si contengono.

Segui, che adi 25 di febbraio fummo tutti insieme con detto santo padre, et parlò per parte dello imperatore il suddetto vescovo di Verde, et ancora per parte di noi et degli ambasciatori da Padova. et parlò molto bene. et per noi fu quel medesimo confermato. poi in pochi di ogni ambasciata gli parlò da per se, dicendo niente di meno

---

[1] *Das Jahr des calculus Florentinus 1401 besteht nach unserer Rechnung aus der Zeit vom 25 Merz 1401 bis zum 24 Merz 1402. Da Salviati im Febr. 1401 seiner Zeitrechnung von Florenz abreiste, so ist dieß der Februar 1402 unserer Zeitrechnung.*

[2] *P. Bonif. IX. ertheilt Geleite dem* Bartholomeus de Popoleschis utr. jur. dr. civis et orator Florentinus: ad Lumbardie et nonnullas alias partes ac Florenciam de proximo accessurus et deinde rediturus, dat. Rom. ap. s. Petr. 11 kal. apr. pontif. a. 13 [1402 Merz 19], *aus Vatik. Archiv* Bonif. IX. lib. VI fol. 304ᵃᵇ.

sempre una medesima cosa. et havendoli noi tutti in singularità parlato et esso rispo- *1402*
stoci, per potere più distesamente conferire, ci diè quattro uditori cardinali, ciò furono *Febr. 19*
monsignor di Firenze, monsignore di Monopoli, monsignore di Napoli, et monsignore di *Mai 20*
Bologna. et essendo noi stati con loro a pratica circa dì 20, presono questa conchiusione,
e così ci rispose il papa in persona, cioè, che esso vedeva, che, coronando costui, gli
conveniva venire nemico et a guerra col duca di Milano, o che questo non voleva fare,
se non si vedesse forte da resistere alle sue forze et etiandio da disfar lui, et però vo-
leva, che l'imperatore e noi et il signore di Padova adoperassimo, che si facesse delle
tre cose l'una: [*1*] o veramente che la signoria di Venegia entrasse nella lega nostra
contra il duca di Milano, et esso ancora v' entrerebbe, parendoli, ch', agiugnendosi alla
forza della lega la forza sua e de' Veneziani, doveva poco curare della forza del duca
di Milano, [*2*] o che se questo non si potesse fare, che l'imperatore provedesse tra per
se medesimo e con la lega di trovarsi forte in campo di lancie scimila, [*3*] et se ancora
questo non si potesse, che l'imperatore e la lega facessero di haverne cinquemila, infra
le quali fusse condotto el re Lanzilao con lancie 1000, con fiorini 16 per lancia il mese,
o con fiorini 4000 il mese la sua persona di provisione; et in caso che questo terzo
modo si consentisse, era contento di mettere in questa compagnia lancie 1000 pagate
da lui, sì che il corpo del tutto veniva pure a essere lancie 6000; affermando, che, dove
alcuna di dette tre cose si facesse, era contento d' incoronarlo, come si dimandava per
noi; dove che nò, era disposto a farne niente, però che, come è detto, non si voleva
far nemico del duca, se non si vedeva più forte di lui, con la qual forza egli lo po-
tesse disfare.

Et però ricevuta detta risposta, subito, che fu adì 24 di marzo il venerdì santo, *Mrz. 24*
si partirono da Roma i detti conte di Falcheston et messer Niccolò et messer Bartolomeo
Popoleschi et amendue[1] gli ambasciatori da Padova, perchè ciascuno di loro referisse a'
suoi signori la detta risposta. et a Roma rimase il detto messer Currado vescovo di
Verde, et io insieme con lui, per aspettare se la cosa aveva alcuno effetto.

Giunse in Firenze messer Bartolomeo adì 3 d'aprile, et referita l'imbasciata. l'altro *Apr. 3*
dì andorono[2] ambasciatori all' imperatore detto messer Thommaso Sacchetti et messer *Apr. 4*
Lorenzo Ridolfi, sentito, che, hobbe l'imperatore, il quale allora era a Padova, la risposta
del papa, subito a furia si partì et andonne[3] in Friuli, perchè non gli dava il cuore di
poter fare nesuna delle suddette cose. poi gli fu scritto da' Veneziani e da altri, che
tornassi. e con poco suo honore tornò a Venetia. et quivi restando, havere da noi,
secondo i patti fatti con lui nella sua venuta, fiorini 70000 (i quali doveva havere in
caso, che egli facesse quello, che promisse, e massime stare in campo in su' terreni del
duca di Milano), però che nella mossa sua e nel cammino n' havea hauti. fiorini 130000
e questo era il resto infino a fiorini 200000; non ostante che esso non osservasse nessuna
promessa, pure hebbe i detti fiorini 70000 senza seguirne a noi nessuno frutto. e di
questo ne furono cagione certi cittadini per loro spezialità. pure poi poveramente si
partì da Venegia et tornossene nella Magna[4].

Io rimasi a Roma aspettando quello, che detto fu di sopra. et sentitosi a Firenze
la prima partita dello imperatore, quando andò in Friuli, mi fu scritto da' X, che io
fussi con la santità del papa et richiedessolo di lega col nostro comune. et, non trovan-
dolo io disposto a ciò, mi partì' di Roma adì 13 di maggio. e non senza grandissimo *Mai 13*
pericolo di me, usando nel cammino molte cautele per venir salvo, et con assai spendio

---

[1] *Soviel wie* ambedue *alle beide.*
[2] Andorono, andorno, *für* andarono, *Blanc*
Gramm. 406.
[3] Andò ne.
[4] Alemagna.

1402
Mai 29
giunsi in Firenze salvo adì 20 detto. et riferii il tutto a' nostri signori et X di balìa. stetti, come si vede, in detta ambasciata dì 92. et dieronmmi i dieci di salario con 7 cavalli, che io menai, fiorini 4 d'oro il dì. avanzai circa fiorini 140. ma quelli o più spesi in vestimenti.

1402
Feb. 26
63. *Die Gesandten Luca da Lione und Arrigo Galeotti an ihren Herrn Franz von Carrara Reichsvikar zu Padua, über Verhandlungen an der Kurie betreffs Krönung K. Ruprechts und Bildung einer Liga wider Johann Giohazzo von Mailand. 1402 Februar 26 Rom.*

Aus Karlsr. G.L.A. Pfälz. Kop.B. 115 p. 287 cop. ch. coaev.; die Unterschriften schließen sich im Kodex ohne Absatz an das Ende des Briefes an; die Adresse steht als Überschrift.
Gedruckt Janssen R.K. 1, 661-662 nr. 1095 ebendaher.

1402
Feb. 24
Magnifice et potens domine noster. deo gracias die Veneris 24 istius mensis februarii applicuimus Rome hora 20, et, non obstante quod dominus papa non esset usus dare audienciam in sabbato et cardinales non essent usi ire ad palacium, nichilominus fuerunt vocati heri de mane cardinales. et fuimus ibi ambassiatores regii Venetorum Florentinorum et nos ad presenciam domini pape et omnium cardinalium et multorum aliorum prelatorum, ubi quilibet exposuit[b] ambaxiatam suam. et omnibus fecit bonam responsionem, sed de fidelitate vestra et de fiducia, quam habuerat in vobis et volebat habere, fecit speciales menciones ostendendo velle[c] conferre nobiscum de ista facenda[1] et omnibus, in verbis expressis, fuit datus terminus ad cras in vesperis de audiencia ad partem, salvo quam[d] illi de Veneciis cui dixit velle loqui primo. et ita hodie de mane ventus fuit cum eo, et in effectu ostendit potenciam regiam Florentinorum et vestram non esse sufficientem ad defensam statuum suorum, et quod, si coronaret dominum regem subito esset in guerra cum comite Virtutum, et quod hoc fieret sibi grande periculum, et quod vellet scire si dominacio Veneciarum vellet esse secum et cum domino rege ad istam defensam et offensam domini comitis Virtutum, et quod, quando istud esset, in continenti faceret eciam coronari dominum regem quia esset securus et extra omne dubium, et quod vellet mittere ambassiatam suam Venecias super istam facendam. et ad hoc ambassiator dominacionis Veneciarum fecit magnam resistenciam. nescimus quomodo faciet papa, sed tantum ambassiatores regii sunt multum turbati de istis verbis, et nos dubitamus quod istud sit una causa dilacionis adinventa contra incoronacionem[e] domini regis, et istud facit nos dubitare maxime verba que habuimus a cardinali Florentino Neapolitano de Monopoli et Harensi cum quibus heri locuti fuimus. nescimus quomodo istud[f] factum erit. dubitamus[g], erit longum, salvo si isti ambassiatores regii non fuerent sicut dixerunt se facturos de recedendo, si videbunt dare responsionem de dilacione, quia dilacionem accipient pro negativa. faciemus pro parte nostra quantum erit de honore nostro. ostendit dominus papa non confidere multum de promissis Florentinorum pluribus racionibus, maxime quia reputat ipsos non posse portare expensam et istud pondus contra dominum comitem Virtutum. habuimus a cardinali de Monopoli[h], quod liga cum papa

a) cod. nichelominus. b) Bischl wahrscheinlich zu und nicht exposuit ebra. c) cod. velle. d) so im cod., sollte vielleicht quod heißen, das Ital. salvoche ausgenommen daß (Blanc Gr. d. it. Spr. 591), worauf hier nur kaum Leterari folgt, doch aber scheiden des Sinnes; der Dube ill ad durch das vorhergehende datus bedammt; vel dem Leschamzeiten Gesandten hat es am anderen Tag schon Morgen gegeischen, mit den übrigen erst es Abends am 25 Februar geschehen. e) cod. incoronacionis; das Wort schol ed ital. incoronazione. f) cod. cessud g) soll. dubitamus durch Raums verdeutlicht; dubitare hat besorgen wer am Unterrochen. h) cod. Menopoli.

[1] Ital. faccenda, Geschäft, Verrichtung.

non potest fieri sine rege Ladislao et quod istud erit longa mena¹. sentivimus, quod matrimonium cumᵃ duce Atri² non potest habere locumᵇ, quia major filia annorum 7 data est pro uxore filio domini de Tainceroᶜ, secunda annorum trium data est nepoti. Rudolffusᵈ de Camerino habet filias annorum nominum⁵ et qualitatem interclusam in presenti litera³. hoc sero locuti fuimusᶠ cum cardinali Boloniensi, qui videtur nobis de illa intencioneᵍ qua sunt quatuor cardinales supraseriptiʰ. quod sequetur, sciet dominacio vestra. datum Rome 26 februarii hora prima noctis. credimus, quod cras episcopus Concordieⁱ pronunciabitur patriarcha Acquiligensis et patriarcha cardinalis, et forsan eciam dominus Baldeserra Cossa.

Magnifico et potenti domino nostro domino Francisco de Carraria Paduano etc.

Vestre dominacionis servitores Lucas de Leono et Heinricus de Gallis⁵.

64. *Die Gesandten Luca da Lione und Arrigo Galeotti an ihren Herrn Franz von Carrara Reichsvikar zu Padua, über den Stand der Dinge an der Kurie und die Stellung des P. Bonifacius IX zu K. Ruprecht. 1402 Merz 1 Rom.*

Aus Karlsr. G.L.A. Pfälz. Kop.B. 135 p. 288 cop. ch. corr.
Gedruckt Janssen R.K. 1, 672 nr. 1039 ebendaher.

Magnifice et potens domino noster. per aliud breve, alligatum presentiᵃ, scripsimus die 26 mensis elapsi occurrencia hic, putantes nuncium habere. sed cogitatus nos fefellit. et propterea dicta die dictum breve non misimus; nec celerius por nuncium proprium, quia expectabamus mittere res que forent alicujus effectus, arbitrantes die hunc esse cum domino papa, quod minimo fuit. verum herino mane creatis cardinalibus domino Baldessarre⁷ et domino Antonio Gaytano dixit dominus papa in vesperis audienciam dare velle. et sic audivit ambassiatores domini imperatoris nec illis responsum dedit. hodie vero dicta hora de suo mandato ad ipsum redituri sumus. id autem, quod habebimus, dominacioni vestre notificabimus. verum multum utilis nobis est visa significacio nobis per breve vestrum facta datum Padue die 17 mensis preteriti, per quod significatis nova Novalie et succursum dominii Veneciarum, per quod opinamur confortabitur terror domini pape, qui de paupertate domini regis valde dubitare videtur et in nichilo de potencia confidero, salvo si dominacio Veneciarum in hanc intrat impresiam, ita quod nobis videtur subsidium istud nobis ad utile cadere debere in verbis nostris in dicendo postmodumˡ, quod erit valde proficuum. ego Lucas sencio, quod dominus comitem de Carrariaᵏ⁸ desideratˡ esse magistrum de Rudo. pro tantoᵐ scire cupimus, si veniret huc, ut speratur

a) *cod. cunp.* b) *cod. locons.* c) *cod. Talatero? Janssen Tancero.* d) *cod. Rudolffi ohne vormangehendes Interpunktion.* e) *durch Rasur undeutlich, aber unter durch den Brief vom 6 Merz nr. 67.* f) *cod. fimus.* g) *cod. hat hier ein langes a ohne Bedeutung, wohl versehrter Anfang des folgenden cod.* h) *cod. supraseripti:* i) *etwas abgewischt, presumdum?* k) *cod. Carraria.* l) *stark abgewischt, Janssen delectat, auch desideret hätte ich wohl für das Wort, vielleicht trifft es den Sinn.*

¹ *Ital. mena, Handel, Geschäft, Sache, Art, Zustand.*
² *In der Prov. Abruzzen und Molise (Abruzza ulteriore I) o. s. ö. vom Teramo, o. s. ö. vom Gran Sasso d'Italia. Im Jahr 1393 belehnte K. Ladislaus mit Atri den Antonio Acquaviva, dessen Geschlecht bis in die Zeiten K. Ferdinands die Stadt im Besitz hatte. S. Amati dizion. corogr. d'Italia I, 488f.*
³ *Dieser Einschluß ist nicht mit in den Kodex eingetragen worden; vgl. Brief vom 8 Merz nr. 67 weitere Erwähnung.*
⁴ *Alter Suffragannitz von Aquileja, zwischen Tagliamento und Livenza.*
⁵ *Dieser erscheint unter den Zeugen des Vertrags zwischen K. Ruprecht und Florenz vom 13 Sept. 1401.*
⁶ *Ist das vorhergehende Stück nr. 63.*
⁷ *S. nr. 98.*
⁸ *Natürlicher Sohn Franciscus des älteren, s. Verci marca Trivigiana (indice tom. 20 p. 108).*
⁹ *Ital. per tanto, gleichwol, dennoch, deswegen.*

1402
Mrz. 1
ipsum debere venire, et vellet nos super isto negocio loqui debere* cum domino papa, quid facere debeamus et quem modum servare debeamus.   datum Rome prima marcii hora 17.

Dominacionis vestre servitores { Lucas de Leone et Heinricus de Gallis.

65. *Die Gesandten Luca da Lione und Arrigo Galeotti an ihren Herrn Franz von Carrara Reichsvikar zu Padua: sie würden am nächsten Tage Audienz bei P. Bonifacius IX haben, eine Gesandtschaft K. Sigismunds von Ungarn sei an der Kurie angekommen. 1402 Merz 1 Rom.*

Aus Karlsr. G.L.A. Pfälz. Kop.B. 115 p. 288 cop. ch. coaev.
Gedruckt Janssen R.K. 1, 672-673 sub nr. 1099 ebendaher.

Magnifice et potens domine noster.   quemadmodum hodie in altero brevi scripsimus, fuimus ad domini pape presenciam omnes tres ambassiate et quolibet per se.   et nulli nullum responsum dedit.   et dixit, nos, qui ultimi fuimus, audire non velle in hora illa, quia ei comoda non erat, maxime habito respectu quia nobiscum volebat istam materiam discutere per longum tempus, et quod eras eadem hora nos secum esse volebat[b] et tunc omnes licenciare volebat et nobiscum tempore longo stare.   quid sequetur, fiet dominacioni vestre notum.   dictum est nobis, quod ambaxiatores regis Ungarie huc venerunt, et quod hora qua licenciati fuimus pro illis misit.   nescimus si hoc fuerit causa more.   datum Rome prima marcii hora prima noctis.

Dominacionis vestre servitores { Lucas de Leone et Heinricus de Gallis.

66. *Die Gesandten Luca da Lione und Arrigo Galeotti an ihren Herrn Franz von Carrara Reichsvikar zu Padua, über eine Audienz bei P. Bonifacius IX, namentlich die Angelegenheiten K. Ruprechts betreffend. 1402 Merz 3 Rom.*

Aus Karlsr. G.L.A. Pfälz. Kop.B. 115 p. 288-290 cop. ch. coaev. mit der Überschrift Copia brevis destinati de Roma per dominum Heinricum de Gallis et Lucam de Leone, ohne Unterschrift.
Gedruckt Janssen R.K. 1, 673-675 nr. 1100 ebendaher.

Magnifice et potens domine noster.   sicut per aliud breve[1] vobis scripsimus, heri vigesima hora fuimus cum domino papa usque ad horam vigesimam quartam, ubi non interfuit aliqua alia persona nisi ipse dominus papa et nos ambo soli cum eo.   et sibi exposuimus intencionem vestram.   qua audita retulit, se scire vos esse tam legalem fidelem et veredicum dominum ac suum devotum filium, quod, quamvis consuleretis ei de concordia cum domino rege, nichilominus non velletis dicere nec dici facere res, que in presenti vel futuro apparerent per alium modum quam essent facte vel dicte, nec que possent sanctitati sue prejudicare.   et ideo erat dispositus inquirere a nobis de certis rebus, sperans per nos scire veritatem de eo quod petere volebat, dicens, quod verum erat, quod inter ipsum et dominum regem magna practica fuerat et variis modis facta, et quod venerant ad certam conclusionem missam per dominum Franciscum de Monte-

a) *auch ebenso abgeschliefft.* b) *cod. über volebat, der Schreiber unterscheidet beide Buchstaben nicht (u und s), der beiden anderen mals steht s in volebat.*

[1] *In dem Briefe vom 1 Merz nr. 65 melden sie, daß der Pabst sie auf 2 Merz bestellt habe; dieß ist gemeint.*

pulzano[1], ad quam ambaxiatores domini regis portaverant responsum[2], et quod, quamvis ad primam partem scismatis non satisfecerint sicud desiderabat, nichilominus de responso vult remanere contentus. sed ad secundam partem, que erat quod dominus rex staret in Italia et non faceret pacem etc., dicit, quod dederat sibi unum responsum[2] per quod ostendebat in totum discedere ab intencione domini pape, et quod ponebant sibi pre manibus aliam viam lige (cujus responsionis minime erat contentus), et quod, quamvis dicti ambaxiatores domini regis dicerent domino pape quod ista eorum via foret honorabilior et magis utilis, nichilominus hujus responsi contentus non erat, quia negocium suum cognoscebat sciebatque cur hec postulabat. sed quia adhuc non bene cogitaverat super ista materia, nolebat illa hora aliud ulterius dicere, sed a nobis res infrascriptas volebat scire:

Primo qualiter dominus rex remanserat solus et ab omnibus derelictus.

Item quomodo fuerat factum archiepiscopi Coloniensis et ducis Lepoldi.

Item cur se levaverat de campo.

Item quare venerat hoc anno ad campum, cum maxime per dominum papam sibi consultum fuisset quod non deberet venire, et precipue ipso non existente in concordia cum eo, et cum non haberet officium suum canonice.

Item qualiter fuerat in tot disturbiis cum Florentinis.

Item qualiter venerat Paduam, postea iverat Veneccias, postea inde recesserat, deinde Paduam rediverat, et unde tot mutaciones pendebant.

Item si erat ita pauper sicut demonstrabat, et quod presencialiter in Alamania mencio nulla fiebat quod aliqua congregacio gencium venire deberet pro ejus auxilio nec de aliquo subsideo quod per alios sibi dari debent.

Item que potencia sit illa cum qua velit tot negocia facere, maxime contra ducem Mediolani qui tantum est potens dominus.

Item si dominacio Venecciarum porriget manus istis expensis.

Item si rex per se solus habet aliquam potenciam contribuendi de suo huic expense, et quantum contribuere posset.

Item, si debet habere secum gentes Italicas ad faciendum facta sua, quas gentes habere poterit, consideratis gentibus, que sunt in Italia, inter dominos Italicos divisis.

Facto fine suo locucioni cepimus respondere per seriem sequendo sicut ipse proposuerat, conantes semper removere et extirpare de animo suo dubia que sciebamus sibi fuisse infixa[b], facientes potenciam domini regis optimam cum evidentibus racionibus et illam inimici debilem et frivolam cum racione evidentissima. et tot verba in hoc negotio fuere, quod oportunum extitit dicere sibi apparausentum et negocium Novaglie. et hoc studiose diximus, quia senseramus comitem Campaneo imbuisse sibi aures, et ita per totam Romam publicaverat quod comes Virtutum habebat 8000 equos contra dominacionem vestram et quod acceperat nobis Brentam. interim intravit archiepiscopus Ariminensis auditorium dicens: pater sancte, hora est tarda. quare dominus papa, qui hac hora loquebatur, interruptus verbis suis finem fecit et dixit: propter passionem, quam habebat, non posse continuare in loquendo, et quod hodie meliori hora esse deberemus in palacio, quia continuare intendebat nobiscum verba sua. et ita faciemus. sensimus dominum Janellum fuisse causa intrate dicti archiepiscopi Ariminensis. notavimus in

---

a) *Jenuarn* pro, *se id aber undeutliches* pro. b) *cod.* infixa.

---

[1] Die Eröffnungen desselben vom 25 Dec. 1401 zu vergleichen, nr. 23 und 24.

[2] Gesandtschaftsanweisung K. Ruprechts 1402 Jan. 22-23 (und Jan. 1-3) Venedig, nr. 47 (und 26).

[3] Vgl. die drei Versprechungen von 1402 Jan. 4 nr. 57. 59. 61.

verbis domini pape, quod bis retulit: si hoc concordium fiet, quod divina gracia fiet etc. notavimus eciam, quod dixit: facto hoc concordio domini[c] de Malatestis recederent a duce Mediolani cum eorum gentibus et essent[b] ad servicia domini regis si eos vellet, et quod ipse promittebat firmiter nobis quod facto concordio faceret quod dominus Mantue et domini de Malatestis essent cum domino rege. sensimus, quod non vult de suis gentibus servire domino regi extra partes istas[1], sed in partibus istis bene[c] vult guerram facere.

Heri sero ambassiator regis Ungarie non habuerat colloquium cum domino papa. de quo rege et de rege Boemie dominus papa per verba sua parvam extimacionem[d] facit, imo de ambobus trufatur[e].

Dominus papa misit pro domino comite de Carraria quod subito ad ipsum accedat[s].

Fuimus ad palacium causa[e] loquendi domino pape, secundum quod nobis mandaverat. fecit nobis excusacionem per nuncium suum, quod nec nobiscum nec cum aliquo loqui poterat. et ita[f] intelleximus a magistro Angelo de Piperno medico, qui una cum aliis medicis ibat ad dominum papam, quod passio iliorum oppresserat ipsum. cras revertemus ad eum, et illud, quod sequetur, dominacioni vestre erit notum. datum Rome 3 marcii hora 24.

67. *Die Gesandten Luca da Lione und Arrigo Galeotti an ihren Herrn Franz von Carrara Reichsvikar zu Padua, über eine neue Audienz bei P. Bonifacius IX, der die Anerkennung K. Ruprechts absichtlich in die Länge zu ziehen scheine.* 1402 Merz 8.

Aus Karlsr. G.L.A. Pfälz. Kop.B. 115 p. 290-291 cop. chart. coaev.
Gedruckt Janssen R.K. 1, 676-677 nr. 1102 ebendaher.

Magnifice et potens domine noster. postquam scripsimus aliud breve huic alligatum[a], non scripsimus aliud, quia nos nec aliquis ambaxiatorum domini regis et Florentinorum propter passionem domini pape, veram aut fictam, que tamen aliqua fuit, non potuimus adire presenciam suam, nisi hoc mane fuimus omnes tres ambassiate in palacio quia debebat consistorium fieri. et licet audivissemus plura verba, et vidissemus acta de dacione rose, et auditis consiliis superinde factis, que rosa adhuc non est data, et appareret nobis, uti et aliis apparebat et videbatur, in longum dilacionibus et verbis duci, tamen videbatur nobis expectare tantum, quod possemus aliquid scribere dominacioni vestre, maxime considerato quod isti ambassiatores domini regis volebant dominum papam rogare de expedicione facti vel de licencia redeundi, et hoc de eorum et omnium nostrum consilio. or[b] hodie dominus papa cameram exivit et venit in locum audiencie. et videns omnes nos petiit si quid volebamus. tunc ambassiatores domini regis soli propinquius accesserunt, dicentes, quod supplicabant sanctitati sue, quatenus vellet finem imponere isti sancto[c] negocio pro quo illic erant. ad hec dominus papa respondit, quod pro eo non deficiebat nec defecerat[b], sed deficiebat pro ipsis. or hic responsiones replicaciones

---

[1] *Das päbstliche Gebiet.*
[2] *Ital.* traffiarsi di alcuno, *Einem ausspotten.*
[3] *Vgl. das größere Schreiben vom 1 Merz nr. 64 und das vom 8 Merz nr. 67, beide gegen das Ende.*
[4] *Sie hatten also zwar am 3 Merz geschrieben nr. 66, aber diesen Brief schicken sie erst jetzt mit dem obenstehenden vom 8 Merz zugleich ab.*
[5] *Ital.* ora, *jetzt, nun.*

et triplicaciones materie inter dominum papam et dictos ambassiatores fuerunt, quod eorum stare et redire erat in ipsorum arbitrio et quod ipse nondum aliquem per vim tenuerit. tandem post hec dixit, quod ipsi essent cum quatuor cardinalibus auditoribus, qui sunt, ut per aliud scripsimus, de Florencia Bononia Monopoli et Neapoli. et sic erimus cras de mane et solum super pratica istius lige prolate domino pape, que liga videtur impedire totam istam deliberacionem pape, vel vult ostendere quod sic sit. tamen cras omnes ibimus ad hanc praticam. omne vero, quod agetur, vestra magnificencia sciet.

Nescimus, an isti ambassiatores recedent, si viderint se in longum duci. sed si ipsi recederent, consimiliter et nos recederemus. libentissime sciremus a dominacione vestra, si ipsi pur¹ vellent morari, licet factum traheretur in longum per verba, an et nos deberemus morari vel redire.

Et in casu quo hinc recederemus cum dictis ambassiatoribus, directe ibimus Camerinum pro facto nobis imposito; vellemus tamen libenter habuisse responsionem ad breve², in quo nomina earum erant inclusa.

Dominus comes de Carraria debebat requiri³ a domino papa. videtur, per ejus literas, aliis occupatus pro presenti venire non posse. datum Rome 8 marcii hora vicesima 1402.

Vestre dominacionis servitores { Lucas de Leone et
                                 { Heinricus de Gallis.

68. *Die Gesandten Lucas da Lione und Arrigo Galeotti an ihren Herrn Franz von Carrara Reichsvikar zu Padua: in Betreff der Anerkennung K. Ruprechts werde bald eine entscheidende Antwort der Kurie erfolgen, man wolle in die Liga gegen Johann Galeazzo von Mailand auch K. Ladislaus von Neapel aufnehmen. 1402 Merz 9 Rom.*

Aus Karlsr. G.L.A. Pfälz. Kop.B. 115 p. 291-292 cop. ch. coaev.
Gedruckt Janssen R.K. 1, 677 nr. 1103 ebendaher.

Magnifico et potens domine noster. quemadmodum heri per aliud breve scripsimus⁴, fuimus isto mane cum quatuor cardinalibus auditoribus nostris, qui inter cetera proposuerunt nobis, quod domino pape satisfactum non erat per oblacionem factam de liga ad id quod domino regi petebat. et pro tanto obtulimus satisfacere velle domino pape secundum ejus peticionem honestando capitula in forma debita et ostendendo excessum eorum. et processum est taliter, quod necessarium est quod ad conclusionem veniatur de faciendo aut non faciendo. et est via dilacionis reservata⁵. quidquid autem sequetur, dominacioni vestre fiet notum. unum inter alia per cardinales dictum fuit, quod tractando de liga cogitatus haberetur de sumendo in casu regem Ladislaum. datum Rome 9 marcii hora 18ª.

Per dominacionis vestre servitores { Lucam de Leone et
                                   { Heinricum de Gallis.

¹ *Ital. pure, gleichwol.*
² *Brief vom 26 Febr. 1402 nr. 63, gegen Ende.*
³ *Vgl. das Schreiben vom 1 Merz nr. 64 und das vom 3 Merz nr. 66, beide gegen das Ende.*
⁴ *nr. 67.*
⁵ *Ital. riservare, wider verschließen.*
⁶ *Briefe des Franz von Carrara s. bei uns unter Tag zu Augsburg 1401.*

[1402] 68*. *Franz von Carrara Reichsvikar zu Padua an seine Gesandten Luca da Lione und Arrigo Galeotti zu Rom: schlechter Stand der Dinge des Johann Galeazzo; gute Aussichten für K. Ruprecht, dessen Kaiserkrönung empfohlen wird. [1402] Merz 14 Padua.*

Aus Venedig Markusbibl. mss. lat. cl. 14 cod. 93 fol. 19^b cop. ch. coev, mit der Notiz [a] *Zilius scripsit, dominus Michael comisit, Bertholomeus Feracinus*[a] *cursor portavit. Gedruckt in der Hochzeitswidmung Per le auspicatissime nozze Giusti-Cittadella Padua 1863 von G. B. O. (21 Briefe) pag. 5-6.*

Dilecti mei. breve vestrum[1] recepi missum per Zanetum, et contenta in eo intellexi pleno conceptu. ad quod respondeo, servatos per vos modos michi plurimum placuisse, et de illorum prudenti vos observatione commendo. volo autem eorum consideratione, quatenus sanctissimo domino nostro pape mei parte supplicare cumque debeatis obnixe procari, quatenus dignetur in his negotiis advertentiam bonam habere, ne propter inadvertentiam posset in lapsum erroris incidere, qui sanctitati sue et ceteris esse posset extreme nocivus, et ne unum faciat, aliud agere credens. nam si quid in ducem Mediolani faciendum est, estate proxima est audacter et viriliter faciendum. quod si non fit, ipse, quod deus avertat*[b], in aliorum destructionem forte molietur, quod nunc in ipsum et sui status exterminium fieri potest. et ut ducis ipsius conditionum sanctitas sua veram et plenam habeat noticiam, ipse nedum subditis suis sed et gentibus armigeris magis esse non posset et de eo pejus esse contenti quam sint: a subditis suis quidem propter extorciones innumeras et importabilia onera que illis imponit seviens nedum in bonis eorum sed etiam in personis, a gentibus et stipendiariis suis quia illis non solvit et etiam propter male tractationis modos quos servat in eos. preterea et hoc certissimum habetur: ipse pecunie indigens est maxime et nullum habet denarium. itaque his duobus concurrentibus, odio et egestate pecunie, facile, si viriliter fieret et indilato contra eum, ipsius destructio sequeretur. et debet dominus papa credere atque tenere, quod, si fuerit favorabilis et propicius serenissimo domino Ruperto Romanorum regi et circa coronationem ejus et alia, Veneti ligam istam intrabunt. et ubi forte omnino intrare non vellent nec ipsi duci inimicari, premissorum consideratione dominus rex cum Florentinis et aliis qui erunt cum eis sufficiens profecto est cum sue sanctitatis favore et brachio ducem ipsum ex toto destruere. si dominus comes de Carraria illuc veniret et vos requireret, quod pro ipso de facto magistratus Rodiensis loqui deberetis domino nostro pape vel etiam aliis, sum contentus, et volo, ut id facere debeatis et studere modis omnibus possibilibus sibi prodesse, ut ejus assequatur intentum. datum Padue 14 martii*[c].

Domino Henrico de Gallis et Luce de Leono Rome.

a) om. Terscelate? b) cod. advertat. c) cod. vol nicht übbereinzustellt viz. (= convenire), da es nachher heißt odio et egestate.

[1] *Vgl. die Briefe nr. 63-69.*

* *F. von Carrara an Nikolaus de Robertiis und Gerardus de Boiariis schreibt aus Padua am 15 Apr. [1402]: sein cursor Bertholomeus Feracinus de Padua hat am 13 Merz [somit 14] einen sehr wichtigen Brief [den obigen] an H. de Gallis und L. de Leone nach Rom bringen sollen; er ist nicht angelangt, sondern vielmehr von einem Reiter Franzens mehrere Tage später in den Alpen bei Cauernum getroffen, und hat behauptet, F. sende ihn nach Frankreich; F. fürchtet daher, daß derselbe den Brief mißbraucht hat; nach Angabe eines seiner kürzlich von Ferrara gekommenen cursores soll B. jetzt dort sein; F. bittet die Adressaten ihn festzuhalten und ihm den Brief abzunehmen, falls er ihn hat, oder, falls nicht, zu erfragen was er damit gemacht habe; aus Vened. Markusbibliothek ms. lat. cl. 14 cod. 93 fol. 24*[a].

68ᵇ. *Derselbe an dieselben: sollen das Einverständnis des P. Bonifacius IX und K. Ruprechts und die Kaiserkrönung des letzteren mit Macht betreiben.* [1402] *Merz 23 Padua.*

[1402] *Mrz. 22*

Aus Venedig Markusbibl. mss. lat. cl. 14 cod. 93 fol. 19ᵇ cop. ch. coaev. mit der Notiz Zilius scripsit, dominus Michael comisit, Zanctus et Rubeus de Perusio cursores portaverunt.
Gedruckt in der Hochzeitswidmung Per le auspicatissime nozze Giusti-Cittadella Padua 1863 von G. D. O. (21 Briefe) pag. 6-7.

Dilecti mei. ho recevuto doi[a] vostro breve dadi a Roma a di 11 del presente per Fedrigo mio corriero. e quanto per quelli me scrivite, ho pienamente inteso. a li quale io ve respondo, che, come per altri[a] ve ho scripto, vui haviti tenuti boni e savii modi quanto esser potesseno, e de quelli romagno[b] certamente ben contento, e molto me hano piasuti, e de quelli molto ve comendo, e per lo simile de la solicitudene et diligentia vostra de scrivere le occurrentie spesso. ma a ço che la mia intentione pienamente ve sia nota, vogio che sapiate, che nessuna cossa del mondo cossi voluntiera[c] vederia ne tanto me pinceria ne piu cara me seria, cheᵇ misser lo papa vollesse attendere a lo accordo cum misser lo re o a la coronatione son, specialemente per le maone scripte[c] ve l'altro di. e a questo voglio, avegna cheᵈᵈ de soper io questo ve scriva, che dagati opra diligentia e studio a tuta vostra posa. ma quando pur voi vedessi che la cossa no potesse haver effecto o che fosse per andare in longo, voglio che trovati modo de spaçarve de la o veguirveno a casa, per chel no seria utele ne per bene de li fati, che vui indusiassi e staessi li no possando havere la cossa effecto o protrahandosse in longo. come io ve scrivo de sopra, io desidererave summamente, che misser lo papa attendesse a la coronatione de misser lo re o acordarse cum lui. ma quando pur questo no potesse essere, el so la de lo altro cose[a] e molto per mano che sono honorevole utele e bone. datum Padue 23 martii.

[1402] *Mrz. 23*

Predictis[d].

68ᶜ. *Derselbe an dieselben, ist mit der Gewinnung Königs Ladislaus einverstanden, will aber nichts dazu geben. 1402 Merz 28 Padua.*

1402 *Mrz. 28*

Aus Venedig Markusbibl. mss. lat. cl. 14 cod. 93 fol. 17ᵇ cop. ch. coaev. mit der Notiz Çilius scripsit, dominus Michael comisit, Johannes de Gras portavit.
Gedruckt in der Hochzeitswidmung Per le auspicatissime nozze Giusti-Cittadella Padua 1863 von G. D. O. (21 Briefe) pag. 4-5.

Dilecti mei. ho recevuto et pienamente inteso el breve vostro dado a Roma la prima parte a di 13 de marzo la ultima a 15 et cetera. al quale io ve respondo, che

1402 *Mrz. 13 Mrz. 15*

a) scheint l. *corrigirt aus e.* b) *cod. cha.* c) *cod. scripto.* d) *cod. chis.*

[1] *Duoi, due.*
[2] *Rimango.*
[3] *Volentiéri.*
[4] *Arregnaché, obgleich.*
[5] *Il y a d'autres choses, vgl. Blanc Gramm d. Ital. Sprache, Halle 1844, pag. 312.*
[6] *D. h. wie in nr. 68ᵃ vom 14 Merz 1402. — Am 23 Merz 1402 schreibt aus Padua F. von Carrara auch an dom. comit. de Carraria, den* er ersucht, in Rom die Angelegenheiten, derentwegen die königl. die Florent. und seine Gesandten da sind, zu fördern, ut bonum consequatur effectum, praecipue quia consideramus non minus facere pro domino nostro papa quam pro dom. rege quod concordia habeatur utriusque *ec res ducantur in longum, aus Vened. Markusbibl. ms. lat. cl. 14 cod. 93 fol. 16ᵇ.*

li modi servadi per voy sono boni et molto mi hanno piasuti. et havi facto bene a scrivere quello, chel breve contene. et chossi voio che continuadi ad scrivere quello che seguira. al facto del re Ladislao et cetera vo respondo, che, se li volano condurlo, mi no sono contento et piaseme; ma se li volesse chio conferisse[a] ad la sposa, no el poria fare per algun modo, perche, chome voy sapete, io ho[b] speso in questi facti et spendo, et conveneme, spendere de qua piu, che la mia posanza non porta sel vo fosse domandato el mio parere sopra el facto del dare al dicto re Ladislao fiorini 80000 do quell[c] 200000, che debeno dare li Fiorentini a misser lo re di Romani et cetera, vo digo, non perche voy el debia dire, me per dirlo a voy, per che voy sapete bene quanto me seria onesto, habiando specialemente el re di Romani in chasa et sciando cum luy, quello che io sono, a conseegliare, che li denari, che luy domanda a Fiorentini, fosse dadi a altri: ma sel se dicesse de tuorlo[1] in liga, io vo respondo quello, che per altro[d] vo ho scripto: chio seria contento et piaseruvome, chelge[e] fosse acceptado. ma non poria per modo alguno, per la distantia del lugo che o dal dicto re e mi, ne per le chasun de le sopradicte[f] spese excessive facte per mi chio fazo o convenemo fare, conferire ad alcuna spesa de subsidio do zento[g] no denari. datum l'aduc 28 martii 1402.

Domino Henrico de Gallis et Luce de Leone.

N. Bescheid des P. Bonifacius IX an K. Ruprecht durch Grafen Philipp von Falkenstein und Nikolaus Buman, während Bischof Konrad von Verden in Rom bleibt; 1402 Merz 19, nr. 69-73.

69. *Geleit des P. Bonifacius IX für drei gen. Deutsche Gesandte. 1402 Merz 19 Rom.*

Aus Vatik. Arch. Bonif. IX lib. VI f. 303ᵇ-304ᵃ cop. chart. coev.

Es sind: Conradus episcopus Verdensis et nobilis vir Philippus comes de Falkenstein Romani imperii camerarius et Nicolaus Buman regalis aule prothonotarius, ad Lumbardie et nonnullas alias partes de proximo accessuri et deinde redituri. datum Rome apud S. Petrum 14 kal. apr. pont. a. 13.

70. *P. Bonifacius IX an K. Ruprecht, über die Bedingungen, unter welchen er seine Person approbieren und ihn zum Kaiser krönen wolle, mit Einschaltung von drei Urkunden nr. 71. 72. 73, welche K. Ruprecht betr. Schisma und Galeazzo auszustellen hat. 1402 Merz 19 Rom.*

Aus Karlsr. G.L.A. Pfälz. Kop.B. 115 p. 297-300 cop. chart. coev.
Gedruckt Janssen R.K. 1, 677-682 nr. 1104 ebendaher.

Bonifacius etc. carissimo in Christo filio Ruperto in regem Romanorum electo salutem. constituti in suprema militantis ecclesie stacione per quam reges regnant et principes principantur, circa dominici gregis custodiam cure nostre inscrutabilis consilii disposicione commissi attencione pervigili semper intendere, sumovendo noxia et agendo[f] profutura, debemus, ut hiis, que pacem ac tranquillitatem publicam tam spiritalis quam temporalis monarchie[g] quomodolibet perturbare cernuntur, quantum nobis ex alto per-

a) der letzte Buchstabe ist doch wol ein e. b) em. cod. c) se und wol nicht quell. d) cod. add. e. e) cod. sopradicte de le. f) vel aus agendo korrigiert. g) cod. monarcho.

---

[1] *Tagliere, torre.*   [2] *Gente.*
[3] *Ch' egli.*

mittitur, obviamus. attendentes itaque, quod ante et post adventum tue celsitudinis ad partes Italie per nonnullos dilectos filios nuncios et oratores ejusdem celsitudinis nobis inter cetera supplicari fecisti, ut personam tuam idoneam ad suscipiendam curam imperialis regiminis approbare ac super oportunis casibus dispensare eamque personam imperiali diademate solemniter coronare ac alias tibi statuique tuo ac imperii Romani providere de benignitate apostolica dignaremur, et propterea, pro conservacione status nostri prefate ecclesie sponse nostre, cui auctore domino presidemus, serenitatis tue ac imperii et omnium fidelium, quedam promissiones et capitula, quorum tenores de verbo ad verbum inferius fecimus annotari, inter nos et eandem serenitatem tuam tractata fuerunt^a, ac nichilominus concernentes, ad conservandum^b ac deo auspice incrementa salutaribus ampliandum statum hujusmodi necnon ad resistendum conatibus erigencium cornua dampnabiliter contra nos ecclesiam celsitudinem tuam ac imperium prefatos, in Italie partibus permaxime strenuarum gencium armorum habere presidia fore procul dubio oportunum, ut rebellancium compescatur audacia et defensata sit a malignorum incursibus desiderabilis tranquillitas subditorum: nos, volentes, prout ex debito pastoralis tenemur officii, in premissis de oportuno remedio providere, prefatam serenitatem tuam harum serie duximus declarandam: quod¹ — in casu quo serenitas ipsa, una cum dilectis filiis communi Florentino nobili viro Francisco de Carraria milite l'aduo imperiali vicario generali et cum reliquis colligatis adherentibus tuis et ipsorum, usque et per totum mensem maji proximo futuri, ad tua et ipsorum dispendia ac servicia pro defensione status hujusmodi et ad enervandam et comprimendam deo auctore potenciam et conatus rebellancium et cornua erigencium prefatorum ac sequacium eorundem, conduxerit seu conduci fecerit et habuerit sex milia lancearum ad minus pro tempore quinque mensium in kalendis junii proxime venturi incipiendorum, de quibus quidem sex milibus lancearum tria milia cum persona tua in partibus Longbardie ultra et reliqua tria milia citra Padum castra metari debeant circa enervacionem et compressionem conatus et potencie rebellium predictorum^c, seu quod² serenitas ipsa per se vel alios operam dederit cum effectu quod dilecti filii nobilis vir . . dux et commune Venecciarum ad enervandum et comprimendum conatus et potenciam supradictos realiter ac cum effectu concurrant ligamento et confederacionem cum pactis modis et capitulis congruentibus ac in ligis hujusmodi solitis et oportunis una nobiscum tecum ac cum carissimo in Christo filio nostro Ladislao rege Sicilie illustri^d necnon cum communi Florentino Francisco de Carraria ac colligatis et adherentibus supradictis inierint usque ad medium^e mensem maji proxime futuri atque firmaverint, aut quod³ prefatus rex Ladislaus usque ad kalendas maji predicti^f ad stipendia et servicia pro dicto tempore quinque mensium conducatur cum stipendiis et provisionibus debitis et condignis, prout fuerit concordatum, cum mille lanceis, et dicto regi Ladislao alias mille lanceas assignaverint et dederint ipsi Florentini sub eodem rege Ladislao una cum dictis mille lanceis ipsius militare debentibus, ac quod idem rex Ladislaus fiat generalis capitaneus omnium gencium castra metari debencium citra dictum Padum sibique regi pro stipendio et provisione pro persona sua et mille lanceis supradictis, cum quibus conduci debet, debito

---

a) *cod. add. celebrata, unterstrichen zum Zeichen der Ungiltigkeit.* b) *cod. conservandam.* c) *cod. add. et dictarung.* d) *cod. illustre.* e) *et per totum über ad medium geschrieben, welches durchgestrichen.* f) *et per totum mensem überpunktirten über ad kalendas maji predicti, was durchpunktirt; unbleiblich ist auch so noch der Sin zu verstehen, und maji predicti ohne Bezug nur aus Versehen ausgelassen.*

¹ *Durch die nachfolgenden 2 Gedankenstriche werden keine Lücken angedeutet, sondern nur alles zusammengefasst was von in casu quo abhängig ist.*
² *Dieses quod ist die Wiederaufnahme von* eum quo.
³ *Ebenso.*

satisfieri debeat cum effectu (cui nichilominus, ut potencius valeat militare, ultra lanceas supradictas nos de nostris et ecclesie prefate gentibus dabimus mille lanceas, salvo quod, quamdiu durabit recuperacio civitatum terrarum castrorum et locorum nostrorum et prefate ecclesie in Tuscia aut provinciis nostris marchie Anconitane ducatus Spoletani aut patrimonii beati Petri in Tuscia per quoscumque occupatorum et detentorum, nobis licent de dictis mille lanceis pro conservacione victorie ac recuperacione hujusmodi in partibus retinere trecentas lanceas ad nostra et prefate ecclesie servicia, sed civitatibus terris castris et locis predictis recuperatis ac ad nostram et ejusdem[a] ecclesie obedienciam redactis dictas trecentas lanceas mittemus illico ad prefatum regem Ladislaum citra Paduam ipsum eidem regi in omnibus parituras, adjicientes, quod contenti erimus[b], si prefatus rex nollet vel conductam hujusmodi quomodolibet recusaret, eademque tua serenitas cum effectu adimpleverit alteram ex condicionibus supradictis de conductu videlicet effectuali sex milium lancearum seu de concurrencia et ligha ducis et communis Veneciarum prefatorum), ac[c] de et super premissis omnibus et singulis usque et per totum mensem aprilis ipsa tua serenitas nos certificari fecerit oportune, — quod[d] nos, quocunque ex dictis tribus casibus et condicionibus ut supra prefertur[c] effectualiter adimpleto et juramentis prestitis super observacione infrascriptorum capitulorum et promissionum et directis et presentatis prout inferius denotatur, personam tuam predictam idoneam apostolica auctoritate ad curam regimen gubernacionem et administracionem imperii Romani solempniter approbabimus, ac super oportunis casibus eadem auctoritate dispensabimus, et de fratrum nostrorum consilio auctoritate prefata ad coronacionem tuam ex ipso procedemus, prout fuerit oportunum et fieri per sedem apostolicam in similibus consuevit honorifice sicut decet. volumus autem, quod, pro observacione ac validacione promissionum et capitulorum inferius descriptorum et contentorum in eis, eadem tua serenitas in forma debita prestare debeat juramentum nobisque usque et per totum mensem aprilis predicti in forma publica tuo regio sigillo signata presentari fecisse in testimonium ipsorum. alias presentes litere, quoad declarata per nos ut supra premittitur et contenta in eis, eo ipso nullius existant roboris vel momenti. tenor vero promissionum et capitulorum prefatorum sequitur et est talis [folgen die Urkunden 1) 1402 Jan. 1 Ad serenendum nr. 71, 2) 1402 Jan. 3 Filiali devocione nr. 72, 3) 1402 Jan. 3 Quamvis devocionem nr. 73]. datum Rome apud sanctum Petrum 14 kalendas aprilis pontificatus nostri anno 13[d].

71. *K. Ruprecht versichert dem P. Bonifacius IX, daß er bis jetzt mit keiner geistlichen oder weltlichen Macht einen bindenden Vertrag in Betreff des Schisma's eingegangen habe.* 1402 Jan. 1 Venedig.

A aus Karlsr. G.L.A. Pfälz. Kop.B. 115 pag. 298 f., eingeschaltet in das Schreiben des P. Bonifacius IX an K. Ruprecht vom 19 Merz 1402 nr. 70, erste Einschaltung daselbst; cop. ch. coaev.

(B coll. ib. pag. 311 die identische Urkunde vom 5 Merz 1403, erste Einschaltung in der Vollmacht vom 6 Merz 1403 nr. 87 für Bisch. Raban von Speier und Mathens de Cracovia als Überbringer zweier Schreiben wovon dieß das eine ist, bezeichnet mit A *prima, bei uns nr. 88.)*
Gedruckt Janssen Frankf. R.K. 1, 650 sub nr. 1104 aus A. — Erwähnt ib. p. 728 nr. 1153 m.[e]

a) cod. eidem. b) contenti erimus corr. cod. c) cod. prefertur. d) Bald wegen Abkürzung umkehrt, zwei Schrifte am Schlusse sind noch sicher, das vorhergehende und das nachfolgende Stück im Codex sind von 1402, Januar setzt XIII, jedenfalls waren die Zahlzeichen Romische.

[1] Hiermit wird wider angeknüpft an das frühere in casu quo.
[2] Dieses quod nimmt das vor in casu quo stehende quod wider auf durch Widerholung.

Rupertus dei gracia Romanorum rex semper augustus. ad servandam decla- *1402 Jan. 1*
randam et plenarie informandam mentem sanctissimi in Christo patris et domini nostri
domini Bonifatii divina providencia pape IX et omnium aliorum, harum serie et[a] imperiali
fide dicimus declaramus profitemur ac veraciter affirmamus, per nos vel alios nostros
nuncios commissarios vel procuratores seu de licencia jussione aut mandato vel nomine
nostris nullo modo seu forma promissionem obligacionem convencionem fedus vel pactum
aliquod eciam juramento firmatum aliquibus dominis spiritualibus vel temporalibus eciam
regibus aut universitatibus seu singularibus personis hactenus sub quavis concepcione
verborum quovis modo de aut super facto presentis dampnati scismatis conjunctim vel
separatim[b] fecisse seu fieri quoquo modo jure vel causa mandasse. et hec[c] juramento
nostro eciam confirmamus et ad fidem propria manu subscribimus[d] et minoris sigilli nostri
regii munimine fecimus roborari.   datum Venecijs mensis januarii die prima anno do-
mini millesimo quadringentesimo secundo, regni vero nostri anno secundo. *1402 Jan. 1*
Nos Rupertus rex prescripta recognoscimus manu propria.

72. *K. Ruprecht verspricht dem P. Bonifacius IX, daß er, außer zu vollständiger* *1402*
Widervereinigung unter diesseitiger Obedienz, keinen Versuch zur Beilegung des *Jan. 3*
Schisma's machen oder dulden wolle ohne Zustimmung des Pabstes. 1402 Jan. 3
Venedig.

> *A aus Karlsr. G.L.A. Pfälz. Kop.B. 115 pag. 299, eingeschaltet in das Schreiben des P.*
> *Bonifacius IX an K. Ruprecht vom 19 Merz 1402 nr. 70, zweite Einschaltung da-*
> *selbst; cop. ch. coev.*
> (*B coll. ib. pag. 311 die identische Urkunde vom 5 Merz 1403, zweite Einschaltung in der*
> *Vollmacht vom 6 Merz 1403 nr. 87 für Bisch. Raban von Speier und Matheus de Cra-*
> *coria als Überbringer zweier Schreiben wovon dieß das andre ist, bezeichnet mit* A
> *secunda, bei uns nr. 89.)*
> *Gedruckt Janssen Frankf. R.K. 1, 680 f. sub nr. 1104 aus A. — Erwähnt ib. p. 728*
> *nr. 1153 nd.*[e]

Rupertus dei gracia Romanorum rex semper augustus.   filiali devocione ac regali
imperiali recta et pura fide harum serie promittimus et pollicemur sanctissimo in Christo
patri et domino nostro domino Bonifacio divina providencia pape IX, in facto nepharii
scismatis persistentis[e], nisi in reduccione scismaticorum ad unionem gremii sanctitatis
ejusdem et ecclesie sponse sue, nos nullatenus intromittere nisi de beneplacito et assensu
domini nostri prefati.   et super hiis[f] eciam nullam adinvencionem vel viam datam vel
dandam a scismaticis vel aliis quibuscumque acceptabimus nec permittemus pro posse
ab aliis acceptari aliquo modo[g] jure causa seu forma sine beneplacito et assensu pre-
dictis.   et ad fidem premissorum ea propria manu nostra subscripsimus nostrique mi-
noris sigilli regii munimine mandavimus roborari.   datum Venecijs mensis januarii *1402*
die tercia anno domini 1400 secundo, regni vero nostri anno secundo. *Jan. 3*
Nos Rupertus rex prescripta reconguoscimus manu propria.

a) B regali se sl. ek; das declaramus fehlt in B. b) B add. seu. c) B hoc. d) B subscripsimus. e) A B persi-
stentis. f) B his. g) B modo aliquo.

**1402
Jan. 3 73.** K. Ruprecht verspricht dem P. Bonifacius IX, 1) die Macht Galeazzo's vor seinem Abzug aus Italien unschädlich zu machen, 2) oder doch einen mächtigen Generalvikar zum Schutz der Kirche und des Reichs aufzustellen, 3) und mit Galeazzo sich nicht ohne Vermittlung und Einschluß der Kirche zu vertragen. 1402 Jan. 3 Venedig.

A aus Karlsr. G.L.A. Pfälz. Kop.B. 115 pag. 299. 300, eingeschaltet in das Schr. des P. Bonif. IX an K. Ruprecht vom 19 Merz 1402 nr. 70, dritte Einschaltung daselbst; cop. ch. coæv.
(B coll. ib. pag. 253, Urkunde vom 2 Jan. 1402, identisch soweit sie erhalten ist, das noch vorhandene Bruchstück beginnt schon mit den Worten comitis Virtutum und ist durchstrichen, bei uns nr. 75.)
Gedruckt Janssen Frankf. R.K. 1, 681f. sub nr. 1101 aus A.

Rupertus dei gracia Romanorum rex semper augustus. ad certitudinem presencium et memoriam futurorum. [1] quamvis devocionem nostram et reverenciam filialem, quas ad sanctissimum dominum nostrum dominum Bonifatium divina providencia papam IX et Romanam ecclesiam sincero gerimus affectu, exposuerint humiliter nostri nuncii ad presenciam *ejusdem sanctitatis* missi: tamen, ut secundum apostolum caritas, quam ad defensionem honoris et status ejusdem domini nostri et prefate ecclesie sponse sue habemus, magis ac magis habundet, et attentis periculis que ex nostra absencia de Italie partibus possent eidem domino nostro et ecclesie prefate verisimiliter evenire, harum serie promittimus et pollicemur regali et imperiali ac recta et pura fide eidem domino nostro domino Bonifatio ejusque successoribus canonice intrantibus, de partibus Italie non recedere, donec dextera opitulante altissimi potencia quelibet Johannis Galeatz comitis Virtutum adeo compressa conculcata seu exterminata persistat, quod de ipsius viribus et potencia prefatus dominus noster ejusque successores merito nullatenus perhorrescant. [2] et si aliqua urgentissima causa de dictis partibus Italie recedere nos forte contingeret, facere ordinare ac[a] constituere promittimus quendam notabilis potentatus in nostrum et imperii in dictis partibus vicarium generalem eisdem[b] domino nostro et ecclesie[c] fidum atque gratum, adeo gentium armorum[d] potencia fultum quod velit possit et valeat eundem dominum nostrum et ejus[e] successores atque ecclesiam pariter et imperium honoremque nostrum potenti brachio defensare et predictis periculis deo auspice obviare. [3] si autem contingeret nos cum dicto Johanne Galeatz aliquam inire velle concordiam: ut supra, promittimus[f] nullum super hiis tractatum ingredi vel habere per nos vel alios ullo modo aut assensum tractantibus quomodolibet exhibere, nisi predictis domino nostro et ecclesia mediantibus[g] vel eo quem dominus noster prefatus super hiis duxerit deputandum, ita quod, per manus ejusdem domini nostri vel per aliquem seu aliquos deputandos per eum, concordia, si qua fieret, suum sorciatur effectum. in qua concordia ut pace et quiete simul nobiscum pociatur ecclesia, imo verius nos cum ea, ingrediatur plenarie et veniat dominus noster predictus cum subditis ecclesie atque suis. et ad fidem omnium premissorum ea propria manu subscripsimus et sigilli nostri jussimus impressione muniri[h]. **1402
Jan. 3** datum Veneciis mensis januarii die tercia anno domini 1400 secundo, regni vero nostri anno secundo.

Nos Rupertus rex prescripta recognoscimus manu propria.

a) B et al. ac. b) B eidem. c) B add. devotum. d) B add. et. e) B add. B. f) B prom. ut supra. g) B predicto—mediante. h) B munimine roborari.

O. Letzte Schreiben K. Ruprechts nach Rom vor seinem Abzug aus Italien, an P. Bonifacius IX und Bischof Konrad von Verden; 1402 Apr. 14, nr. 74-77.

74. *K. Ruprecht an P. Bonifacius IX, beglaubigt B. Konrad von Verden für die Antwort auf die ihm durch Philipp von Falkenstein und Nikolaus Buman überbrachte päbstliche Schlußäußerung.* 1402 Apr. 14 Padua. 1402 Apr. 14

Aus Karlsr. G.L.A. Pfälz. Kop.B. 115 pag. 292 unten, cop. ch. coaev. mit Adresse als Überschrift.
Regest Janssen Frankf. R.K. 1, 682 nr. 1107 ebendaher.

Beatissime pater et domine precipue. cum reverencia debita et devota pedum oscula beatorum. reversi a vestra sanctitate ad nostram presenciam nobilis Philippus comes de Falkenstein et dominus in Myntzenberg[1] noster et imperii sacri camerarius consiliarius ac Nicolaus Buman secretarius et prothonotarius nostri fideles et dilecti plenariam de gestis parte nostri apud vestram sanctitatem ac de expedicione data eisdem nobis fecerunt relacionem, super quibus injunximus venerabili magistro Conrado de Soltaw episcopo Verdensi consiliario et oratori nostro fideli et dilecto in curia vestre sanctitatis constituto quedam eidem sanctitati vestre respondere[a] et referre, supplicantes devoto studio multum attente, quatenus eidem in hujusmodi dicendis fidem dignemini credulam adhibere nostramque personam favoribus prosequi paternis, prout de vestra sanctitate indubitatam semper gessimus gerimusque fiduciam. quam altissimus conservare dignetur incrementis salutaribus feliciter et longevo. datum Padue in civitate nostra imperiali die quartadecima aprilis anno domini millesimo quadringentesimo secundo, regni vero nostri anno secundo. 1402 Apr. 14

Sanctissimo in Christo patri ac domino domino Bonifacio.

Sanctitatis vestre devotus filius Rupertus etc.
Ad mandatum domini regis
Nicolaus Buman.

75. *K. Ruprecht übersendet B. Konrad von Verden Kredenzbrief und Anweisung zu neuen Verhandlungen mit P. Bonifacius IX, meldet seine bevorstehende Rückkehr nach Deutschland, und bittet ihn sich in Rom möglichst sparsam einzurichten[a].* 1402 April 14 Padua. 1402 Apr. 14

Aus Karlsr. G.L.A. Pfälz. Kop.B. 115 pag. 293 cop. ch. coaev.
Gedruckt Janssen R.K. 1, 682-683 nr. 1108 ebendaher.

Ruprecht etc. erwirdiger lieber furste und getruwer. ez sint zu uns kommen der edel Philips von Falkenstein und Niclaus Buman unser lieben getruwen, und hant uns eigentlich erzelt von dinen und iren wegen wie ir unser sachen bi unserm heiligen vader dem babist und den cardinalen gehandelt habent und von in gescheiden sint. und wir sin mit unsern reten daruber gesessen, und haben die sachen vast gewegen, und sin mit in zu rade worden uf ein antwurt dem babist zu geben durch din persone nach

a) *am Rande steht sub data 14 aprilis; es ist damit die Anweisung gemeint die uns in lat. und deutscher Fassung vorlegt, nr. 76 und 77.*

[1] *K. Ruprecht verspricht dem Philips von Falkenstein und Herren zu Munczenberg, der 2000 Dukaten, die er uns von kaufluden zu Venedigen zu unser zerunge hinuß gein Dutschen landen entlehnet hat, auf nächste Jakobi mit 2500 fl. rh.* heimzubezahlen zu wollen, mit Bürgen, dat. Venedig 1402 Apr. 12 v. 2, aus Karlsr. G.L.A. Pfälz. Kop.B. 81 fol. 43ᵃ-41ᵃ, durch-strichen.
[2] *nr. 62 pag. 68 lin. 31 f. Sudriati: molto riccamente vi stava.*

inhalte dieser ingesloßen zeichenunge[1] und daz auch gut si daz dû von unsern wegen in dem hofe zu Rome verlibest denselben sachen uftzuwarten. herumbe enphelhen wir dir, daz dû uf unsern glaubsbriefe an den babste uf din persone stende, den wir dir hiemit schicken[2], an den babist von unsern wegen werbest in der forme als diese ingeslossen zeichenisse innebeltit. und begeren auch und bitden dich, daz dû also von unsern wegen wollest verliben in dem hofe zu Rome und unser sachen daselbis sollicitiren und der ußwarten als lange biß wir dir andere botschaft heruf tûn, doch daz dû von unsern wegen nichts ufnemest oder beslißest ane unser sunder geheiße. und waz dir in unsern sachen wiederfert, daz verschribe uns eigentlich. und schribe uns auch dicke von allen leufen dez babstes und dez hofes zu Rome wie sich die werden anlaßen, daz wir uns darnach wißen zu richten. auch wiße, daz wir uns uf morgen erhoben hie von Padauwe wieder gein Dutschen landen zu ziehen. und wir sin also notig uf diese zit, daz wir dir ietzund mit nicht mochten gelte geschicken, als wir gerne getan hetden. doch alz balde wir gein Heidelberg kommen, so wollen wir uf stunt so wir allererste mogen einen wehsel dûn machen zu Colne oder zu Mentze umbe gelte dir zu schicken. und bitden dich, daz dû wollest dazwuschen daz beste dûn und dich ußbringen wie du* macht. und diewile din bliben sich also wirt lengen, so wollest auch dine zerunge bestellen zu dem genauwesten[b] und diner[c] pferde und gesindes abslahen als vil dû dez bequemlich enberen mahst. und wollest daz beste dûn in unsern sachen, alz wir dir dez genzlich gleuben und getruwen. datum Padue mensis aprilis die 14 anno domini millesimo quadringentesimo secundo, regni vero nostri anno secundo.

Ad mandatum domini regis
Nicolaus Buman.

76. *Anweisung von K. Ruprecht an B. Konrad von Verden seinen Gesandten beim Pabst, durchaus wie die lateinische Ansprache Konrads an den Pabst nr. 77. [ad 1102 Apr. 14 Padua.]*

Aus Karlsr. G.L.A. Pfälz. Kop.B. 115 pag. 295-296 cop. ch. coev.
Gedruckt Janssen R.K. 1, 683-684 nr. 1109 ebendaher.

Translacio articulorum prescriptorum de Latino in Theutonicum episcopo Verdensi missorum[d].

[1] Zum ersten: daz wir haben verhort und wol verstanden dez babist meinunge, die uns unser botden der von Falkenstein und Niclaus Buman erzelt haben. und als wir mit unserm rate die sachen gewegen haben, so sehen wir daz uns die sachen, die der babiste ietzund von nûwes an uns begert, beide umbe dez willen daz sie also swere sint und auch umbo daz die zit die der babst gesatzet hat die sachen zu enden also kurze ist, nicht mugelich sint uf diese zit zu vollenbringen.

[2] Item daz wir, umbe daz daz der babiste die bewerunge unser persone zu dem Romischen riche, die er ane merern verzog meinte zu tûn und sich darzû erboto als er uns auch bi sime heimelichen Francisco de Montepûltzano enbote und bi andern sinen und unsern botden enboto, nû lenger verzogen hat, und auch umbo daz wir soliche bistant und hilfe in diesen landen Italie, nach dem als uns zu verstende waz geben, nit als volliclich funden haben, als ez nach gelegenheit der sachen, und zu vollenfuren nutz-

[1] nr. 76 und 77.   [2] nr. 74.

lichen der kirchen und dez richs sache, uf diese zit were notdorftig gewesen, und auch [ad 1402 Apr. 14] umbe andere sache willen die uns darzů beweget haben, zu rate sin worden wieder gein Dutschen landen zu ziehen. und meinen uns zu richten, so wir erste mogen, mit bequemlichen wegen in diß lant Italie wiederzukommen, also daz wir der heiligen kirchen und dez riches sache mogen mit der gots hulf nutzlicher geschaffen.

[3] Item daz wir, nach dem als wir bißher etwiedicke durch unser erbere botden gebeten haben, nu aber geublichen flehen, daz der babste unser persone, zu dem Romischen riche erwelet, geruche gnediclich zu beweren mit allen notdurftigen sachen, die durch die bebiste in solichen sachen gewonlich sin zu tůn. wann, als wir vormals durch die egenanten unser botden uns erbotden haben, also erbieten wir uns aber andechticlich, zu tůn soliche eide, die durch unser furfarn Romische kunige Romischen bebsten gewonlich geschen sint, und darzů als ein andechtiger sone nach gewonheid unser eltern allez daz zu tůn zu gůte der heiligen kirchen und zu dez babists wesen daz wir vermogen. wann als wir bißher allezit siner heilikeit getruwer sin gewesen und sin gehorsamkeit mit vil arbeid und kosten han gehanthabet und auch vil gnaden und gunstes von siner heilickeit haben enphangen, also begerne wir von herzen in denselben gnaden und gunst zu verliben.

[4] Item wer' ez daz der babist uber die obgenanten sachen entliche und ie etwaz anders von uns gehabt wolte han, daz uns mogelich were zu tůn, daz er uns davon und auch von siner entliche meinunge uf die bewerunge unser persone als vor geschriben stet mit sinen briefen oder botden clerlich underwise, so wollen wir siner heilickeit daruf mit rade unser kurfursten und ander unser und dez richs fursten und getruwen wiederumbe enbieten unser meinunge.

[5] Item daz wir zu rade sin worden an dich den bischof von Verden zu begerende, daz dů in dem hofe zu Rome verlibest, zu vordern und zu triben die obgenante sache und waz sich darinne verlaufen wirdet, und umbe daz der babist und wir durch dich als ein mittelpersone alle sachen deste heimlicher gehandeln und unser einer dem andern sinen willen offenbaren mogen.

77. *Ansprache des kön. Gesandten B. Konrad von Verden an den Pabst: der König kann*[ad 1402 Apr. 14] *auf die Bedingungen Bonifacius' IX nicht eingehen, will nach Deutschland zurück, bittet nochmals um die Approbation seiner Person, und läßt den Genannten als Mittelsperson in Rom zurück. [ad 1402 Apr. 14 Padua¹.]*

Aus Karlsr. G.L.A. Pfälz. Kop.B. 115 pag. 293 f. cop. ch. coaev.
Erwähnt Janssen Frankf. R.K. 1, 694 nr. 1109 nt.ᵃ ebendaher.

Referenda domino nostro pape per dominum Verdensem parte domini nostri Romanorum regis proponantur in hac forma.

[1] Beatissime pater. serenissimo domino regi, auditis et sane intellectis, que per oratores suos videlicet dominum de Falkenstein et Nicolaum Buman a papa reduontes sibi forent exposita ᵇ, eisdemque cum suo consilio mature ponderatis, visum extitit, quod

---

¹ Datum fehlt. Gehört nach der Stellung im Kodex und nach dem Inhalt zu den Schr. des Königs an P. Bonif. IX und B. Konrad von Verden v. 14 Apr. 1402 nr. 74. 75.
ᵃ Es ist die Gesandtschaft v. 22-23 Jan. 1402, welche das Schr. des Pabstes v. 19 Merz nr. 70 als Antwort an den König zurückbrachte. Die in dem letzteren gestellten Bedingungen waren allerdings so ausschweifend, daß sie einer wenigstens vorläufigen Ablehnung der Approbation von Seiten des Pabstes gleichkamen.

[ad 1402 Apr. 14] petita jam de novo per sanctitatem vestram a majestate sua tum propter eorum difficultatem tum propter temporis prefixi ad eadem perficienda restrictam brevitatem adimplere nullatenus valet ad presens.

[2] Item quod dominus rex, considerato quod sanctitas vestra approbacionem persone sue ad Romanum regnum, ad quam sine ulteriori mora per dominum Franciscum de Montepoltzano ac per alios suos et domini regis oratores majestati regie obtulit se processuram, nunc in longius differre deliberavit, attento eciam quod in his partibus Italie assistencias et subsidia, secundum quod majestati sue fuit datum intelligere, non tam pleno reperit sicut juxta disposicionem subjecte materie ad prosequendum utiliter negocia ecclesie et imperii oportunum esset ad presens, et ex certis aliis racionibus et causis animum suum ad hoc moventibus, deliberavit ad Alamanie partes redire, se dispositurus quantocius fieri poterit viis et modis congruentibus ad has Italie partes reverti, taliter quod sancte matris ecclesie et imperii sacri negocia fructuosius deo auspice valeat procurare.

[3] Item quod dominus rex, prout a diu repetitis vicibus per suos sollempnes oratores instituit, ita et nunc confidenter supplicat, quatenus sanctitas vestra suam personam ad Romanum regnum electam dignetur graciose approbare cum decretis et aliis oportunis per Romanos pontifices in talibus fieri consuetis. ipse enim dominus rex, sicut alias per dictos oratores, sic iterum devote offert se prestiturum quecumque juramenta per Romanos reges predecessores suos Romanis pontificibus fieri consueta necnon facturum more progenitorum suorum sicut devotus filius quidquid poterit pro bono ecclesie et statu sanctitatis vestre. nam et cum hactenus semper sanctitatis vestre fidelis extitit ejusque obedienciam diligenter non sine immodicis[a] laboribus et expensis foverit et manutenuerit nonnullasque gracias et favores a sanctitate vestra senserit, desiderat cordialiter in eisdem graciis et favoribus permanere.

[4] Item si sanctitas vestra preter et ultra predicta finaliter et omnimode quidquam habere voluerit a domino rege, quod majestati sue fuerit possibile, de hoc ac de finali intencione vestra super facto approbacionis, ut prescribitur, reddatis dominum nostrum regem per literas vel nuncios vestros clare informatum, et ipse habita desuper deliberacione matura dominorum electorum et aliorum principum ceterorumque suorum et imperii fidelium renunciabit super his sanctitati vestre, quanto reverencius poterit, suam mentem.

[5] Item quod dominus rex deliberavit committere michi episcopo Verdensi, quod in curia permaneam pro sollicitandis premissis et circa hec occurrentibus et ut per me tamquam mediam personam singula inter sanctitatem vestram et dominum regem secrecius tractari et vestrorum hinc inde mutuo patefieri valeant voluntates.

P. Sendung des Bischofs Konrad von Verden durch P. Bonifacius IX an K. Ruprecht, 1402 Okt. 16, nr. 77ª–78.

[1402 Sept. 15] 77ª. *Brieflicher Bericht der Florentiner Gesandten aus Rom an die Signorie, u. a. über Verhandlungen K. Ruprechts mit dem Pabst, die sie vom Bischof Konrad von Verden erfahren haben. 1402¹ Sept. 15 Rom.*

Aus Florenz St.A. Konvolut in 4° von Konzepten der Florentiner Gesandtschaftsbriefe an die Signorie u. a. vom Jahre 1402 fol. 7ᵇ-8ª conc. ch. coaev.

a) cod. modicis, in der Übersetzung vil.

¹ Das Jahr ergibt sich aus den Daten mehrerer dazugehöriger Briefe desselben Konvoluts.

Signori nostri. [zunächst anderweitiges, namentl. üb. d. Gefangennahme des Boten mit der erwarteten Antwort der Signorie auf den Brief vom 6 Sept. 1402, s. RTA. 5, dann:] apresso[1], il vescovo Verdense, ambasciadore del nuovo imperadore col quale tegnamo singularissima dimesticheça, in questi dì a[a] avuto fatto proprio e lettere al papa, per le quali lomperadore per altro che per parole vuole sapere di sua intentione, dicendo al papa che tutta l'Amagna il seguita e che a tempo nuovo passera di qua forte. el santo padre, secondo che dal vescovo detto abbiamo avuto, gli rispose, chegl'era ed e presto coronarlo e fare cio che debba dalla parte sua e di questo farlo chiaro. e sollecitando l'ambasciadore la risposta per modo chiaro, il papa gl'entro in ragionamento della praticha teneva con noi dicendogli che la risposta da noi sopra certi capitoli s'attendeva ieri o l'altro, e che avuta quella inançi sabato, ch'e domane[b], avrebbe conchiuso con noi e allui potrebbe rispondere piu certo. e qui si distese a dirgli, come il corpo della lega fra la santita sua e voi serebbe 3500 lance, e con altri verrebbono, contando il re il signore di Padova e Vinitiani[c], anche serebbono forse circa 6000 lance, e che voleva, lomperadore ne menasse il meno tremila bene in punto; e con questa força si verrebbe senza dubbio allo exterminio del tiranno; e che la santita sua voleva, conchiusa la legha, mandare suoi ambasciadori e voi i vostri el signore di Padova i suoi o i Viniciani i suoi insieme col detto vescovo Verdense albomperadore detto a dare ordine a quello bisogno. tutte queste cose, signori, abbiamo di boccha del detto ambasciadore, che con noi s'allargha d'ogni cosa e del nostro comune si loda molto, perche da voi dice fu sommamente honorato. e pero crediamo sia bene questi ragionamenti tenere a voi[a] per honore suo, e di quanto seguira[d] sentiremo da lui e avisereune la vostra signoria. [folgt noch einiges, was uns nicht angeht.] datum Rome 15 septembris.

77[b]. *Brieflicher Bericht der Florentiner Gesandten aus Rom an die Signorie, u. a. namentlich über die Antwort des Pabstes an K. Ruprechts Gesandtschaft.* 1402 Sept. 22 Rom.

Aus Florenz St A. Konvolut in 4° von Konzepten der Florentiner Gesandtschaftsbriefe an die Signorie u. a. vom Jahre 1402 fol. 8b-9b conc. ch. coaev., stark verkorrigiert und dazwischengeschrieben.

Signori nostri. a dì 15 di questo per Antonio corriere di papa vi scrivemmo quanto era sequito per noi col santo padre sopra le differentie nate sopra certi de nostri capitoli. [nach einigen anderen Nachrichten wird hier weiter angeknüpft:] restano due capitoli, sopra i quali la dubitatione rimane: il primo che parla, che, se alcuno de collegati fosse offesso da alcuno signore etc. delle parti d'Italia, gl'altri collegati sieno tenuti a difenderlo, aggiugne „et etiandio da qualunche signore etc. venisse fuori d'Italia e nelle parti d'Italia offendesse"; e questo dice per lo duca d'Oriente, e ora maggiormente che si dice avere il governo de figluoli del duca. l'altro capitolo e quello, che dispone, che per vigore della lega il nostro comune non sia obligato ad alcuna cosa contro al serenissimo principe messer Ruperto re de Romani, ove agiugne, che etiandio contro allui

a) cod. Merzfstanger Schoft, wie al. b) cod. demane. c) cod. Vinitiani. d) cod. segura.

[1] *Hier Adverb, postea, s. Manuzzi Vocabolario.* [2] *Bei euch behalten, geheim halten, s. Manuzzi Vocabolario.*

dobbiate difendere lo stato del papa. pensiamo che sopra ciò avrete presa buona deliberatione e a noi risposto quanto abbiamo a fare, e così seguiremo. appresso, signori, per Antonio detto vi scrivemmo, quanto avamo[1] sentito dallambasciadore vescovo Verdense, ch'è qua, della intentione del santo padre verso lomperadore nuovo, e come egli domandava questa intentione, cioè l'approvatione sua, averla certa per bolla. dipoi e seguito chegl'è stato col papa. non[a] jeri l'altro e rimaso d'acordo con lui[b]. e pare disposto il papa a farlo. e credo partire di qua lunedì o martedì e con seco menare uno mandato dal papa. e vero, perche sappiate tutto, che ove altra volta gli disse volere concludere con noi, ora dice gl'a detto, che, poi il duca e morto, la lega non è di bisogno. questo c'è dispiaciuto e per che domane egli a riessere con la santità sua ci a detto con le ragioni ci sono indurlo a farla per contentamento e fortezza del nuovo electo e per l'affettione che questo ambasciadore porta al nostro comune. quantunche questo gli fosse posto in grande segreto, tutto ci a riferito con pregaro voi similmente gli tegnate segreto per honore suo. se altro seguira prima che parte, anchora il significheremo, ricordandovi che dice se potra comodamente fare la via di costà il farà. [*weiter über die Angelegenheit mit Bologna und einen von der Signorie nachträglich erhaltenen Brief, der auf Abschluß dringt.*] datum Rome die 22 septembris a nona[z] 1402.

77ᵃ. *Brieflicher Bericht der Florentiner Gesandten aus Rom an die Signorie, namentlich über den Stand des Verhältnisses zwischen dem Pabst und K. Ruprecht und des letzteren Pläne.* 1402 Sept. 25 *Rom.*

Aus Florenz St.A. Konvolut in 4° von Konzepten der Florentiner Gesandtschaftsbriefe aus Rom an die Signorie u. a. vom Jahre 1402 fol. 9ᵇ-10ᵃ conc. ch. coaev.

Signori nostri. per Martino Gruppetta a di 22 di questo vi scrivemmo della ricevuta del vostro brieve data a di 17 di questo, che inteso quanto scrivavate[a] seguiremmo quanto ne comandate. e di subito fumo col santo padre, sollicitando lo spaccio quanto fu possibile, e dichiarando la santità sua delle risposte vostre sopra le dubitationi fatte a vostri capitoli. e di tutto rimase contento salvo che al capitolo dello excepto del re de Romani, el quale in niuno modo potemmo fare consentisse che rimanesse. voleva nella promessa generale del contratto nominamente voi promettesse la difesa dallui. noi gli dicemmo quanto bisogno in forma chel di seguente se ne levo[c]. dipoi voleva che noi mettessimo altre parole che erano a dire quel medesimo. non l'abbiamo voluto consentire, e in fare rimase contento che nella clausula drieto si metta che noi promettiamo la difesa in genere ab omnibus et singulis principibus regibus dominis ducibus intendendo la promessa commune cosi egli a voi come voi allui. questo abbiamo consentito per che ne capitoli datici circa el principio vi sono queste parole generali[d]. disseci jeri, ne vuole avere consiglio, s'egli basta di ragione o no pe capitoli e oblighi sa che voi avete col nuovo eletto, di chui pare molto dubitare. e vero l'abbiamo molto

---

a) sic; so mit Überstrich. b) cod. add. ausgestrichen et papa gli'a promesso, ed egli a domandato al papa questa certeza per bolla, daher steht das Carlo jetzt etwas beziehungslos.

[1] *Imperfektum, avevamo, s. Blanc Grammatik pag. 391.*
[2] *scil. ora.*
[3] *sic! wol Vulgärform, wie die erste Person Pluralis auf -avamo, s. Blanc Grammatik p. 316.*
[4] *levarsi in der Bedeutung „abgehen von" s. Manuzzi Vocabolario s. v. levare § 87.*
[5] *Der art. 1 der Urkunde vom 19 Okt. 1402 enthält ein allgemeines gegenseitiges Schutzversprechen, s. RTA. 5.*

rassicurato, dicendogli voi sereto buoni meçi¹; benche come vi dicemmo per altra via s'accordera collui, e come vi diremo apresso solliciteremo oggi la risposta del papa, o se rimane contento, non ci sappiamo altro il per che non dobbiamo concludere perche replicato sopra tutte le parti puntichate d'ogni cosa e rimaso contento, salvo se con altro riuscisse di nuovo, come a fatto altre volte. di questo non vi possiamo assicurare che delle mutationi o varietà di qua noi ne tenemmo il primo di e tegnamo quello che voi, e questo medesimo ne tiene chiuncheᵃ ci pratichi. come seguira v'aviseremmo. [weiter über die Verhandlungen wegen Bologna, dann:] apresso vi dicemmo quanto sentavamo dallambasciadore del re de Romani che e qui, el quale ci a commesso per questo vi salutiamo per sua parte. o in quest'ora siamo stati con lui e seguito col papa i ragionamenti. ci dice chel papa a deliberato del tutto fare quelloᵇ chel re domanda e di cio a certeça fargli bolla patente. e piu vuole il papa, egli ritorni in questi di al re e con lui mandare suo ambasciadore. e dilibera anche, che voi e Viniçiani e'l Padovano mandiate. questo per dio vi priegha teguante segreto. aviseremoᶜ che seguira. oltra cio il nostroᵈ cardinale di Firençe jeri ebbe lettere di luogo degnissimo di fede (onde, tacciamo per honesta dello scrittore), chel re a vinto quasi tutta Boemia e nominamente il castello, ov' erano le reliquie imperiali e tesoro del vecchio, e che tutta l'Amagna l'ubidisce, e che la passata sua a primavera e diliberata con forte braccio e dato modo alla gente e alla spesa, si che per la gratia di dio le cose si dispongono in buono ordine per la nostra citta, se costoro volessono conoscere il bene loro. ma difficile cosa e mutare natura. per alcuni c'e detto stamane, chel papa a sentito di fianche, altri chegl'a preso medicina. oggi sentiremo il vero. datum Rome die 25 septembris in nonis 1402.

1402 sept. 25

1402 oct. 4

774ᵃ. *Brieflicher Bericht der Florentiner Gesandten aus Rom an die Signorie, u. a. namentlich über das Verhältnis K. Ruprechts zum Pabste.* 1402 Okt. 4 Rom.

Aus Florenz St.A. Konvolut in 4° von Konzepten der Florentiner Gesandtschaftsbriefe an die Signorie u. a. vom Jahre 1402 fol. 10ᵇ-11ᵇ.

Signori nostri. per lo schassinato corriere vi scrivemo l'utimoᵉ a di 25 del passato e avisammovi, quanto era seguito delle difficulta mosse per lo santo padre sopra i vostri⁵ capitoli⁶, e come di tutto savamoᵍ rimasi d'acordo con la santita sua salvo che sopra la clausula che aggiungeva, per la quale voleva voi gli fossi tenuto alla difesa di ogni principe re etc. non nominando imperadore come si contiene circa il principio de capitoli⁴. abbiamo disse, come allora vi scrivemmo, voleva consiglo s'egli bastava a ragione per la dubitatione che a del nuovo oletto, che o si grande non v'el potremmo scrivere, e non sença cagione. di poi e seguito [*daß der Pabst durch zwei von seinen savj und zwei der Florent. Gesandtschaft mitgegebene Kommissarien die Klausel in eine neue Form hat bringen lassen; im übrigen ist alles zum Abschluß der Ligue in Ordnung; sie ersuchen dringend, der Klausel wegen keine Schwierigkeiten zu machen, da sie wenig oder nichts bedeute.*] e anche e da farne meno stima, perche seguendo la concordia fra'l papa e'l nuovo electo come pensiamo, sia forma questa lega non o da dubitare. [*den ihnen befreundeten Kardinälen und den schreibenden selbst scheint die*

---

a) cod. chiuche. b) kann auch quelli heißen. c) aviseremo oder aviseremoi mit Übereicht, also etwa aviseremmo oder aviseremvi. d) nostro! nostro! e) nostri! nostri!

¹ *heißt auch Vermittler, s. Manuzzi.*
² *Ultimo, s. Manuzzi Vocabolario.*
³ *Nebenform von eravamo, s. Blanc Gramm. der Ital. Spr. pag. 380.*
⁴ *Art. 1 der Vertragsurkunde vom 19 Okt. 1402 enthält dies, s. RTA. 5.*

Ligue nöthig und nützlich.] e questo anchora noi vi diciamo piu confidentemente, perche ci rendiamo certi, chenne patti del nuovo eletto sia excepto la chiesa e'l papa, come siete sempre usi etiandio ne piccioli fatti; ma come si sia col nuovo eletto, ben serete di tutto d'acordo. [*sie bitten um schnelle Antwort und Instruktion, und ersuchen, da der Pabst die Klausel so wörtlich will, sie um Gotteswillen anzunehmen und ihnen so zu antworten, daß keine Zeit mit Rückschreiben verloren gehe.*] noi volavamo sene lovassono certe parole; nenna*[a]* consentito niente; abbiamo dito sopra cio quanto e suto bisogno. e se ne capitoli dello imperadore la chiesa e'l papa fosse excepto o riprovato, mandatecelo publicho e sera molto utile. [*sie fürchten übrigens jeden Tag neue Verwicklung; es scheint ihnen, daß sie hingehalten werden bis zur Rückkehr Karls de Malatestis, der den Vertrag wegen Bologna und Perugia mit dem Herzog betreibt und die Ligue stören will; die Bedingungen des Pabstes sollen 6 sein, die sie durch vertrauliche Mittheilung eines Ser Nicolo erfahren haben und mittheilen; weiteres über Bologna und Kastell Soriano; schließlich ersuchen sie die Signorie dringend um eine Antwort, entweder abzuschließen oder abzubrechen, damit sie zurückkehren können, da sie statt 15-20 Tagen schon 2¼ Monate da sind.*] l'ambasciadore dello imperadore, che dovova partire oggi fa 15 di, anchora c'e, e a avuto parole da novembre passo in qua. pur ci dice che il papa vuole elegli vada nella forma che per altri vi scrivemmo. crediamo, se si conchiude questa lega, incontanente seguira lo spaccio suo, e pensiamo fara la via di costa e dalhui sentirete tutto. [*Herr Antonio da Montecatino ist vom Mkgf. von Ferrara beauftragt, den Pabst in der Angelegenheit Bolognas zu bestärken; die Klausel schreiben sie in wörtlicher Kopie an den Rand der Kapitel nebst den Abänderungsversuchen.*] datum Rome die 4 ottobris 11 ind. 1402.

[*Nachschrift I*] La copia della clausula di che di sopra diciamo o questa a littera. oltra cio a informatione vostra ci dice messer Antonio da Montecatino, che, quando fu mandato per lo papa al nuovo eletto, fra principali capitoli, che esso eletto consenti, fu di difendere la parte del papa lo stato suo o la chiesa da ogni parte, si che e verisimile che della suprascripta clausula etiandio sappiendola non avrebbe turbatione ne admiratione alcuna. datum ut supra.

[*Nachschrift II*] La copia della clausula, di che sopra diciamo, o questa a littera; et ponatur tenor clausulo*[a]*.

---

a) *vel nachi seens.*

---

[1] ne n'a.

[2] *Trotz der wiederholten Anführung findet sich hier in unserem Stück der Wortlaut der Klausel nicht; wahrscheinlich deckt sich dieselbe mit dem Passus im vorletzten art. eines Vertragsentwurfes vom 12 Okt. 1402, in Florenz St.A. Riformagioni. Atti publici, wo es heißt, daß kein Vertrag irgend welcher Art mit irgend welchen Gemeinschaften oder Herren, geistlichen oder weltlichen, Grafen, Baronen u. s. w. regibus reginis vel ali Romanum vel aliquod aliud electis imperium vel imperatoribus quibuslibet nemine prorsus excepto gegen diese Ligue Geltung haben solle; und ferner: Promiserunt et convenerunt partes, ihren Staat und Stand zu schützen und zu vertheidigen ab omnibus et singulis comunitatibus universitatibus et singularibus quibuscunque personis cujuscunque dignitatis status honoris gradus vel preeminentie, etiamsi imperiali regali reginali ducali vel alia quavis spirituali vel temporali dignitate fulgerent, u. s. w., s. auch das Regest davon in RTA. 5.*

78. *Geleit des P. Bonifacius IX für den gen. Deutschen Gesandten.* 1402 Okt. 16 Rom.

Aus Vatik. Arch. Bonif. IX. reg. lib. IX. f. 34ᵃ cop. chart. coaev.
Conradus episcopus Verdensis ad Almanie¹ et nonnullas alias partes pro nonnullis nostris et Romane ecclesie negociis presencialiter (destinatus). datum Rome apud S. Petrum 17 kal. nov. a. pont. 13.

Q. Vorläufiger Bescheid K. Ruprechts an P. Bonifacius IX auf die ihm von diesem durch Bischof Konrad von Verden gemachten Eröffnungen, 1402 Dec. 30, 1403 Jan. 18, nr. 79-80.

79. *K. Ruprecht an P. Bonifacius IX: auf die ihm von päbstlicher Seite durch Bischof Konrad von Verden gemachten Eröffnungen werde er antworten nach Berathung mit seinen schon einberufenen Fürsten und Räthen.* 1402 Dec. 30 Nürnberg.

Aus Karlsr. G.L.A. Pfälz. Kop.B. 115 pag. 300 cop. ch. coaev., Adresse als Überschrift.
Regest Janssen Frankf. R.K. 1, 719 nr. 1141 ebendaher.

Beatissime pater et domine precipue. cum reverencia debita et devota pedum oscula beatorum. literis credencialibus vestre sanctitatis per venerabilem Conradum episcopum Verdensem principem et fidelem nostrum dilectum nobis presentatis et cum debita reverencia receptis, sane intelleximus ea, que eadem vestra sanctitas eidem commisit nobis referenda. super quibus, habita deliberacione cum principibus et consiliariis nostris propter varia negocia sacri imperii et sua pro nunc absentibus sed jam ad nos vocatis, sanctitati vestre curabimus respondere. quam altissimus tueri et conservare dignetur ecclesie sue sancte salutaribus incrementis in prolixum. datum in civitate nostra imperiali Nuremberg die penultima mensis decembris anno domini millesimo quadringentesimo secundo, regni vero nostri anno tercio.

Sanctissimo in Christo patri et domino domino Bonifacio etc.

Sanctitatis vestre devotus filius Rupertus dei gracia Romanorum rex semper etc.
Ad mandatum domini regis
Ulricus de Albeck etc.

80. *K. Ruprecht an P. Bonifacius IX, mit Beziehung auf sein eignes Schreiben vom 30 Dec. 1402 nr. 79: er werde nach angestellter Berathung nunmehr die Gesandtschaft schicken.* 1403 Jan. 18 Nürnberg.

Aus Karlsr. G.L.A. Pfälz. Kop.B. 115 pag. 301 cop. chart. coaev., Adresse als Überschrift.
Regest Janssen Frankf. R.K. 1, 724 nr. 1145 ebendaher.

Beatissime pater et domine precipue. cum reverencia debita et devota pedum oscula beatorum. venerabilem Cunradum episcopum Verdensem principem et fidelem nostrum dilectum pridem de curia Romana cum literis credencialibus² sanctitatis vestre

---

¹ *Vielleicht hatte mit diesen Dingen auch der salvus conductus von P. Bonif. IX für Johannes Schele apostolicarum literarum abbreviator ad nonnullas Italie et Alamanie partes presencialiter accessurus tu thun, dat. Rome apud S. Petrum 17 kal. jul. pontif. a. 13 [1402 Jun. 15], im Vatik. Arch. Bonif. IX. reg. lib. IX. fol. 12ᵇ-13ᵃ.*
² *Gemeint ist die Sendung Konrads von Verden von 1402 Okt. 16 nr. 78, wo aber der Glaubsbrief fehlt.*

ad nos reversum sane intelleximus super hiis que eadem vestra sanctitas eidem injunxit nobis referenda. et sicut tunc sanctitati vestre sub data diei penultima mensis decembris scripsimus[1], quod super propositis per eundem Conradum episcopum Verdensem habita deliberacione cum principibus et consiliariis nostris propter varia tunc sacri imperii et sua negocia absentibus et ad nos accersitis eidem curaremus respondere: ita nunc proconsiliati deliberavimus nostram honorabilem ex intimis nostris absque more dispendio ambassiatam de mente nostra plene informatam cum sufficienti mandato ad sanctitatis vestre presenciam destinare. cujus personam bonorum omnium elargitor conservare dignetur regimini ecclesie sacrosancte cum dierum felicitate longeva. datum in civitate nostra imperiali Nuremberg die 16 mensis januarii anno domini 1403, regni vero nostri anno tercio.

Sanctissimo in Christo patri et
domino domino Bonifacio.

Sanctitatis vestre devotus filius
Rupertus etc.
Ad mandatum domini regis
Ulricus de Albeck etc.

R. Gesandtschaft des Bischofs Raban von Speier und Matthias von Chrochow und dazu des Ulrich von Albeck und Eberhard von Menzingen nach Rom 1403 Merz 5-8, und Gewinnung der Approbation des gewählten K. Ruprecht durch sie 1403 Okt. 1; nr. 81-111.

81. Anweisung K. Ruprechts für zwei gen. Gesandte an P. Bonifacius IX. betr. Approbation der Person des Königs, den von der Kurie als Bedingung vorgeschlagenen zweiten Italienischen Zug, die päbstliche Forderung wegen des Verhaltens Ruprechts zum Schisma und zu den Kindern des Johann Galeazzo von Mailand sowie wegen seines Beitritts zu der Römisch-Florentinischen Liga, die königliche Forderung in Betreff der zwei Zehnten etc. [1403 Merz 5-8[2].]

Aus Kurier. G.L.A. Pfälz. Kop.B. 115 pag. 318-323 cop. ch. coaev.
Gedruckt Janssen R.K. 1, 728-733 nr. 1158 ebendaher.

Werbunge mins herren von Spire und meister Matheus an den babist.
[1] Item sollent ir unserm heiligen vatter dem babste sagen unsers herren des kunigs sonlich undertenikeit und gehorsam etc.
[2] Item darnach, als sin heilikeit den bischof von Verden wieder gefertigot hat[3] zu unserm herren dem kunige mit etlichen artikeln, die unser herre versichern solle etc.
[3] Item also hat uns unser herre der kunig zu siner heilikeit geschicket in den sachen zu besliessen mit voller macht.
[4] Item und wann sich unser herre der kunig also erbütet und dün wil, daz er hoffet uwer heilikeit solle ein benügen haben, herumbe so bitden wir uwer heilikeit, daz si sin persone als einen Romischen kung offenlich approbieren in publico consistorio ane alles verziehen und daruber brief geben wolle, als er uwer heilikeit bi siner botschaft vor geboten und auch dez eine ganze zuversicht zu uch hat.

---

[1] nr. 79.
[2] Das Stück steht in Kodex nach der Kredenz und Vollmacht vom 8 und 6 Merz: nr. 83 und 86 und den königlichen Schreiben an den Pabst vom 5 Merz nr. 88. 89. 91. 93. 95. 97, wozu es dem Inhalt nach auch gehört. Daß ihm unmittelbar vorausgeht ein Stück vom 1404, mit andrer Tinte und wol auch andrer Hand, hat nichts zu sagen.
[3] Vgl. das päbstliche Geleite für ihn 1402 Okt. 16 nr. 78.

[5] Nu hat der bischof von Verden of uwer heilikeit glaubsbrief geworben, das unser herro in diesem glenzo¹ so er erste möge gein Italien wolle kommen und eins wegs gein Rome ziehen, so wolle in uwer heilikeit approberen in publico consistorio, wann er gein Padauw komme, und dahin einen cardinal schicken der im sine ander crönunge gebe daselbs oder wo unser herre der kunig wolle etc. daruf laßot unser herre der kunig uwer heilickeit wissen, daz er sich uwerm willen gern geenlichet und gefolget hette und allzit gerne dete. nu meint er: ir wissent wol, und, ob ir ez nit wißent, so hat er uns bevolhen uwer heilikeit zu sagen, das unser herro mangerlei wiedersachen hat, den er wiedersten müße mit kriegen, gein den kunigen von Ungern und Beheim und iren helfern, den er stetiges tribet. so versicht er sich auch nit anders dann das er auch zu kriege mit dem herzogen von Orliens und den sinen kommen werde, das einsteils von der kirchen und des wiederbabstes wegen zugeet, des unser herre große urkunde hat.

[6] Und herumbe so mag unser herre zu dieser zit die fart herin gein Italien nicht getün, als uwer heilikeit und menglich verstan mag. davon bid er uwer heilikeit mit sonlicher demutikeit, daz ir siner persono bestetigunge nit wollent verziehen durch der oder ander sache willen, sunder ane verzog gnediclichen bestetigen; so mag er sich dester baß und ee zu der fart schicken und uwern willen vollebringen, als er das ganze begerunge hat. und wil auch allen sinen fliße darzu dün, wann er nit liebers dete dann das er uwer heilikeit gefallen und sins stats ere follefuren möchte, und wer' im gar ein besunder froude uwer heilikeit zu sehen etc.

[7] Item nü wolle uwer heilikeit ansehen, was großes nutzes ere und furderunge uwer heilikeit der heiligen kirchen unserm herren dem kunige dem riche und der gemeinen cristenheit davon kommen wurde, und droste allen den uwern und den sinen, und untrost und erschrecken allen den die wieder sich und in sin. und hinwieder sehe uwer heilikeit an, was undrostes schrecken und schaden allen den uwern und sinen kommen mogen und troste und sterkunge uwern und sinen wiedersachen, wo des nit geschehe, da gott vor si, und wir auch uwer heilikeit nit getrüwen, of das auch wir von unserm herren zu uwer heilikeit geschickt und kommen sin.

[8] Item zum ersten mit unserm heiligen vatter dem babst zu reden von unsers herren des kunigs wegen als von dem ersten artikel, in dem uwer heilickeit gefordert hat daz sich unser herro der künig mit niemand voreinen sal umbe ein eintrechtigungᵃ der heiligen kirchen etc. ane uwer willen und wißen etc. daruf entwurten wir von unsers herren des kunigs wegen also: das, wiewol vil gelerter pfaffen meinen das der artikel etwas zu herte si, doch, sintdemmale das unser herro der kunig uch fur einen babst hat gehabt und hat und haben wil furbaz und er uwer heilikeit genzlichen getruwet daz ir sine gewißen und sinen lümunde versehet und bewaret und daz ir dez nit fordern woltetᵇ wo es unbillich were, so wil er in eim solichen ganzen getruwen nit sim sinne folgen, sunder wolle daz zu uwerm orteil und uwer bescheidunge luter setzen, und befilhet sich darinne uwer heilikeit.

[9] Item ob unser heiliger vatter der babst sprechen wirt „so ferre und er ietzund nit kommen mag, wenne meinet er doch zu kommen?", daruf ist im zu antwurten, das er das wolle tün so er allererste möge mit siner hilf. und ob er wolte wißen of weliche zit, sollen wir antwerten: unser herre wolle in drin jaren kommen, also das uwer heilikeit im zu hilf komme mit zwein zehenden. wolte der babst sich nit laßen benügen mit drin oder zwein jaren, so si uber ein jaro, doch daz die zehende beide oder zum

a) cod. eintrechtig. b) cod. wolte.

¹ Lenz.

minsten einer vorgeen und der ander nach. mochte aber daz auch nit gesin, daz er dann unserm herren einen gebe der ju^a furgee.

[10] Item ob der babste wolte zwen zehenden oder einen geben, doch also daz er versichert würde daz er nit umbgeführet würde, als vor geschrieben ist, und daz daz gelte zu dem zoge querne etc.: so mogen wir reden, daz unserm herren wolgefalle, daz das gelte solichen luten bevolhen werde die es zu den sachen behalten, und daz es nit anders dann zu dem zoge komme und gekert werde, und unser herre benenne die personen die in darzu gefellig sin. und ob der babste die einen auch darzu geben wolte, wie wir uns dann halten sollen.

[11] Item wolte der babste io daz mine herre in drien zweien oder in einem jare kommen solte, und wolte im doch deheinen zehenden geben, so sollen wir die sache nit ofnemen, wann unser herre den zog anders nit mag zuwegebringen.

[12] Item ob der babst wolt einen zehenden nach und nit vor geben, daz sollen wir auch nit ofnemen.

[13] Item ob der babste wolte ein sicherheid haben von unserm herren of die zit zu kommen als wir mit im ubereinwurden, sollen wir gewißheit dün mit briefen glubden oder eiden, und auch daruf gewaltsbrief und anders nemen von unserm herren daz wir des macht haben.

[14] Item als der bischof von Verden in den artikeln beschriben geben hat, daz unser heiliger vatter der babst die lege mit den Florentzern etc. zu furdernisse und früntschaft unserm herren dem künge gemacht habe, also daz er und die Florentzer drutusent und funfhundert gleven haben und halten sollen, uhgenommen des von Padaw des von Ferrero etc., und daz unserm heiligen vatter dem babist ein sunderlich wolgefallen si daz unser herre der kunig auch in die lege komme etc.: item darof ist zu sagen, daz unser heiliger vatter der babst wol wisse, nach dem als im auch vor eigentlichen erzelet si, daz unser herre der kunig in Dutschen landen große kriege habe gein den küngen von Beheim und von Ungern of ein orte und dem herzogen von Orliens und den Frantzosen of das ander orte und sust iren zulegern umbe und umbe die in dann zulegen und beholfen sin wollen, also daz unserm herren dem künge zu dieser zit nit wol fuglichen si in die lege zu kommen, als unser heiliger vatter der babst das selber wol versten moge.

[15] Item wolte der babste an der entwert kein gnugen han und wolte die sache baß ergrunden und meinte io daz unser herre der kunig in die lege kommen solte, so sollent ir ime sagen: „heiliger vatter. wir han uwer heilikeit erzelt, als ez auch in der warheit ist, daz unser herre der kunige von des richs wegen große und trefflich kriege habe in Dutschen landen, die er auch in der warheit von den renten, die im in Dutschen landen von dem riche gefallen, nit gehalten noch getriben mag. so weiß uwer heilikeit wol, daz im in Lamperten und in allen Welschen landen von des richs fellen und renten nichts gefellet noch wirt. das nü uwer heilikeit sehe, daz unser herre der kunig gern dun wil nach uwer begerunge und willen, so wil er nach uwere begerunge gerne in die lege kommen und darinne sin, doch also daz er nit pflichtig noch verbunden si volke darzu zu schicken oder darzu zu dienen, als lange biß daz er in Welsche land kommet sine keiserlich cronunge zu enphaen, oder das im von des richs renten und fellen in Welischen landen als vil gefellet und wirdet das er davon zü der obgenanten lege gedienen und volke davon gehalten moge. alsbalde daz beschicht, so wil er auch gerne zu derselben lege dienen und sin folke darzu schicken, als sich dann heischet und geboren wirdet.

---

a) sic; am. do? ganz deutlich jo.

[16] Item und sagent auch unserm heiligen vatter dem babst, daz unser herre der kunig siner heilikeit wol getruwe das er daruber von im in den sachen nicht begere, diewile er doch wol verstee, nach dem im eigentlichen erzelet si als vor geschriben stet, das unser herre der kunig zu dieser zit nit baß vermoge.

[17] Item und wolte unser heiliger vatter der babst nit ein gnügen daran han und unsern herren den kunig von des artikels wegen ie hoher und ferrer verbinden, so ist unsers* herren des kunigs meinunge und hat auch mit sinen roten beslossen, das man die sache an dem artikel es lasse zustoßen dann das man in ferrer und hoher verbunde, des er doch nit follenfuren und halten mochte.

[18] Item und als der bischof von Verden in den artikeln beschriben geben hat, das unser heiliger vatter der babst begere daz sich unser herre der kunig gein im verschriben und verbinden solle kein ruchtunge sune oder furworte mit des von Meilan kinden ofzunemen in deheine wise ane sunderliche gunste und willen unsers heiligen vatters des babsts, und im und der heiligen[b] kirchen si dann auch bevor alle stete sloße lande und lüte, die zu der heiligen kirchen gehoren, die die obgenanten von Meylan etc. innehan, wider ingeben und geantwurt worden etc.: item darof ist unsers herren des kunigs meinunge, daz er sich gerne zu unserm heiligen vatter dem babste verschriben und verbinden wölle[c] keine sune furworte oder friede mit des von Meylau kinden etc. ofzunemen, er neme dann unsern heiligen vatter den babst und die kirchen gein in uß, also daz er in wider des obgenanten von Meylau kinde etc. beholfen sin möge, ob sie sie verunrechten wölten und er von unserm heiligen vatter dem babst daruber ermant würde etc.

[19] Item wölt der babst an der antwurt kein genugen han, so sagent ime: unser herre der kunig wolle sich im gerne verschriben und verbinden daz er keinen frieden furworte oder sune mit des von Meylan kinden etc. ofnemen wolle, da si dann eigentlichen darinne begriffen und wol versichert, was die obgenanten des von Meilan kinde etc. sloße stete lande und lute innhaben die zu der heiligen kirchen gehören, daz die alle unserm heiligen vatter dem babst und der kirchen wider inngeben und geantwurt werden sollen.

[20] Item wolt der babst daran auch kein genugen han, und meinte ie daz sich unser herre der kunig verschriben und verbinden solte keinen frieden furworte sune oder richtunge mit des von Meylan kinden ofzunemen dann in der forme als der babst des begert hat: darof sollent ir uf daz leste antwürten: diewile unser heiliger vatter der babst des ie von unserm herren dem kunige begerende si, so wolle er daz auch gerne dun, doch also daz sich unser heiliger vatter der babst unserm herren dem kunige wiederumbe verschribe und verbinde daz er auch keinen frieden furworte oder sune mit des von Meylan kinden etc. ofneme oder halte in deheine wise ane unsers herren des kunigs sunderliche gunste wissen und willen, und unserm herren dem kunige si dann auch bevor alle stete sloße lande und lute, die des von Meylan kinde etc. innehaben, inngegeben und genzlich in sin gewalt geantwert worden.

[21] Item und wer' es daz unser heiliger vatter der babst sich gein unserm herren dem kunige in solicher maßen nit widerumbe meinte zu verschriben, und daz sich doch unser herre der kunig nach des babstes begerunge des artickels wegen verschriben sölte, so ist unsers herren des kunigs meinunge und hat auch mit sinen rotden darumb beslossen, daz ir die sache dann von des artickels wegen es sollent laßen zustossen es ir sio also ofnement von sinen wegen.

[1403 Mrz. 5 aw a)] [22] Item ob der babste wolte unsers herren person approberen und zehenden geben, wer dann solle executores sin.

[23] Item und das auch der babste schribe in einer bequemen kurzen formen allen fursten geistlichen und werntlichen und sust allen herren und gemeinscheften, wie er unsers herren persone approberet habe, und sie requirere, daz sie unserm herren in allen sachen als einem Romischen kunige gehorsam sin, und auch processe[a] gebe wieder rebelles.

1403 Mrz. 8 **82.** *K. Ruprecht an P. Bonifacius IX, beglaubigt vier gn. Gesandte.* *1403 Merz 8 Nürnberg.*

Aus Karlsr. G.L.A. Pfälz. Kop.B. 115 pag. 316-317 cop. chart. coaev.
Regest bei Janssen Frankf. R.K. 1, 728 nr. 1157 ebendaher.

Beatissime pater et domine precipue.   cum reverencia debita et devota pedum oscula beatorum.   postquam sanctitatis vestre mentem per venerabilem Cunradum episcopum Verdensem principem consiliarium et fidelem nostrum dilectum nobis reseratam [1403 Jan. 12] plene intelleximus, equum censuit nostra deliberacio, prout alias sanctitati vestre scripsimus, ut aliquos ex intimis nostris de singulis informatos ad eandem cumremus destinare. et quia venerabilis Rabanus episcopus Spirensis princeps cancellarius et egregius vir magister Matheus de Cracovia sacre theologie professor et confessor[b] fideles nostri dilecti per prompte voluntatis indicia merita probitatis consciencie puritatem et note devocionis insignia adeo indefessa sollicitudine fideles se nobis exhibuerunt ut plenissimam et indubitatam de ipsis fiduciam habeamus, idcirco eosdem necnon peritum virum Ulricum de Albecke decretorum doctorem nostrum prothonotarium et strenuum Eberhardum de Mentzingen militem nostros fideles dilectos ad memoratam vestram sanctitatem destinavimus, supplicantes intimius eidem quatenus cunctis ipsorum relatibus in nostro negocio firmiter credere et assentire desideratasque paterna benignitate expedicionem nobis tribuere dignetur sanctitas vestra prelibata. quam conservare dignetur, cujus tipum in *1403 Mrz. 8* terris geritis, votivis successibus feliciter in longevum.   datum in opido nostro imperiali Nureinberg die octava mensis martii anno domini millesimo quadringentesimo tercio, regni vero nostri anno tercio.

Sanctissimo in Christo patri et domino Sanctitatis vestre devotus filius Rupertus dei gracia
domino Bonifatio digna dei providencia Romanorum rex semper augustus.
sacrosancte Romane ac universalis ecclesie
summo pontifici domino nostro precipuo.   Ad mandatum domini regis
                                            Johannes Winheim.

1403 Mrz. 6 **83.** *K. Ruprecht bevollmächtigt zwei gen. Gesandte bei P. Bonifacius IX wegen Approbation seiner Person und wegen Zusage der Kaiserkrone für ihn.* *1403 Merz 6 Nürnberg.*

Aus Karlsr. G.L.A. Pfälz. Kop.B. 115 pag. 303 f. cop. ch. coaev.
Regest bei Janssen Frankf. R.K. 1, 728 nr. 1152 ebendaher.

Rupertus [weiter wie die Vollmacht 1402 Jan. 1 nr. 30 (51) mut. mut.; so die Namen venerabilis Rabani episcopi Spirensis nostri regalis aule cancellarii principis et

---

a) *processe* ausl Abkürzung, kann auch *processus* heißen.   b) *cod. confessor et.*

egregii viri magistri Mathei de Cracovia[1] sacro theologie professoris canonici ecclesie Spirensis fidelium nostrorum dilectorum, *welche als presentes bezeichnet werden; doch ist nach negociorum gestores weggelassen et nuncios speciales*] ac per Emericum notarium nostrum publicum subscriptum [*weiter wie l. c.*]. datum et actum in opido nostro imperiali Nuremberg, die sexta mensis marcii, hora terciarum vel quasi, indicione undecima, anno domini millesimo quadringentesimo tercio, pontificatus sanctissimi in Christo patris ac domini nostri domini Bonifatii divina providencia pape predicti anno quartodecimo, regni vero nostri anno tercio, presentibus nobilibus Gunthero de Swartzpurg, et Emichone de Lyningen nostre curie magistro comitibus, Engelhardo de Winsperg barone, strennuo Thammone Knebel milite, Ulrico de Albeck decretorum doctore, et Johanne Winheim nostris prothonotariis[a], testibus ad premissa vocatis pariter et requisitis.

[*Zum Schluß das Notariatszeugnis des Emericus de Moscheln Maguntinensis diocesis publicus imperiali auctoritate necnon prefati domini mei graciosissimi Romanorum regis notarius eigenhändigen Schreibers der Urkunde und bei dem Akte persönlich anwesend.*]

84. *K. Ruprecht bevollmächtigt zwei gen. Gesandte bei P. Bonifacius IX wegen des Zehnten zum Romzug, der Zeit des Einzugs in Italien, und dahin gehöriger Dinge.* 1403 Merz 6 Nürnberg.

Aus Karlsr. G.L.A. Pfälz. Kop.B. 115 pag. 305f. cop. ch. coaev.
Regest bei Janssen Frankf. R.K. 1, 728 nr. 1855 ebendaher.

Rupertus [*weiter wie die Vollmacht 1400 Dec. 14 nr. 1 nud. mud., so die Namen welche guns wie in der Vollmacht 1403 Merz 6 nr. 83 lauten und aufgeführt sind; worauf sie dann als presentes bezeichnet werden; doch ist nach negociorum gestores weggelassen et nuncios speciales; nach valeat et finire wird fortgefahren:*] ad impetrandum et obtinendum quascunque literas apostolicas graciam vel justiciam continentes, ac eciam petendum a prefato sanctissimo domino nostro domino Bonifatio, ut per totam Alamaniam duas decimas seu decimam decimarum, ab omnibus personis ecclesiasticis, cujuscunque dignitatis gradus preeminencie sive condicionis existant, exemptis et non-exemptis, ob nostras et sacri imperii evidentes necessitates exigere et in nostros et imperii sacri usus et presertim pro nostro ad Italie partes introitu convertere valeamus, nobis indulgeri et graciose concedi, ad tractandum quoque paciscendum et concludendum cum eodem domino nostro papa de et super certo et limitato tempore nostri personalis introitus ad Italie partes, et ad faciendum predicto domino nostro pape quascunque obligaciones stipulaciones assecuraciones seu pollicitaciones in premissis necessarias seu racionabiliter oportunas, ac ad jurandum quecunque juramenta dictarum obligacionum stipulacionum assecuracionum seu pollicitacionum roborativa, necnon omnia alia et singula inpetrandum obtinendum petendum tractandum paciscendum concludendum et faciendum nostro nomine que in premissis et circa ea vel aliquod eorum [*weiter wie nr. 1, doch hinter* per dictos procuratores *ist eingesetzt* vel alterum ipsorum] ac per

---

a) *cod. prothonotar mit Abkürzung.*

[1] *Aus dem Pommerschen edlen Geschlechte von Chrochore, sonst Cracow; ist Rektor der Universitäten Prag Paris Heidelberg gewesen, seit 1405 Bischof von Worms, s. Schannat hist. ep. Worm. 1, 407 f.; geht 1409 als Gesandter K. Ruprechts* zum Concil von Pisa, *ib. 408 und die Vollmacht vom 12 Fbr. Vgl. über ihn Mallinkrot bei Wencker coll. arch. et e. j. 515:* multa scripsisse traditur quae asserventur et ostendi soleant in Frankenthalensi coenobio.

1403
Mrz. 6
Emericus notarius nostrum publicum subscriptum [*weiter wie l. c.*] datum et actum [*wie in der Vollmacht 1403 Merz 6 nr. 83 bis Endwort* requisitis].
[*Zum Schluß das Notariatszeugnis des Emericus abgekürzt und mit Verweisung auf l. c.*]

1403
Mrz. 6
85. *K. Ruprecht bevollmächtigt zwei gen. Gesandte bei P. Bonifacius IX wegen Abschließung von Verträgen aller Art mit ihm. 1403 Merz 6 Nürnberg.*

Aus Karlsr. G.L.A. Pfälz. Kop.B. 115 pag. 306-308 cop. ch. coaev.
Regest bei Janssen Frankf. R.K. 1, 728 nr. 1154 ebendaher.

Rupertus [*weiter wie die Vollmacht 1402 Jan. 22 nr. 52 mut. mut., so die Namen welche ganz wie in der Vollmacht 1403 Merz 6 nr. 83 lauten und aufgeführt sind; worauf sie dann als procntes bezeichnet werden; nach* nostra *scivncia wird fortgefahren ganz ähnlich:*] ad obligandum nos sanctissimo in Christo patri ac domino nostro domino Bonifatio divina providencia pape nono ad quecumque necessaria utilia vel oportuna, ad iniendum quoque concordandum et concludendum vice et nomine nostris ac pro nobis cum eodem domino nostro domino Bonifatio quascumque et qualescumque stipulaciones pollicitaciones convenciones pacta et obligaciones, vice et nomine nostris ac pro nobis acceptandum ratificandum approbandum consumandum firmandum stabiliendum et sicut dictis nostris procuratoribus vel alteri eorum visum fuerit expediens roborandum, ad jurandum quoque ad sancta dei ewangelia in animam nostram quecumque necessaria seu oportuna juramenta dictorum roborativa, et signanter quod attendemus observabimus et fideliter adimplebimus omnes et singulas stipulaciones pollicitaciones pacta convenciones et obligaciones de quibus supra fit mencio, et quod contra easdem seu eadem non veniemus nec faciemus per nos vel alium seu alios publice vel occulte directe vel indirecte quovis ingenio sive modo sub penis formidabilibus pecuniariis et aliis quibuscumque, insuper ad renunciandum quibuscumque excepcionibus [*weiter wie 1402 Jan. 22 nr. 52 bis* oporteret fieri mencionem; *folgt weitläufiges bloß Formelhaftes, dann die Notariatsankündigung* in quorum omnium — appensione communiri *mit denselben Worten wie* nr. 52, *endlich*:] datum et actum [*ganz wie in der Vollmacht nr. 83 bis Endwort* requisitis, *nur daß aus Versehen* comitibus *weggelassen ist*].
[*Zum Schluß das Notariatszeugnis des Emericus abgekürzt und mit Verweisung auf die Vollmacht wegen des Zehnten 1403 Merz 6 nr. 84.*]

1403
Mrz. 6
86. *K. Ruprecht bevollmächtigt zwei gen. Gesandte bei P. Bonifacius IX zu allen Verhandlungen und Verträgen in Italien und besonders Tuscien und der Lombardei*[1]. *1403 Merz 6 Nürnberg.*

Aus Karlsr. G.L.A. Pfälz. Kop.B. 115 pag. 315 f. cop. ch. coaev., am Rande vacat, quia dominus Spirensis reportavit secum.
Regest bei Janssen Frankf. R.K. 1, 728 nr. 1156 ebendaher.

Rupertus dei gracia Romanorum rex semper augustus. ad noticiam universorum volumus tenore presencium pervenire: quod de industria fidei constancia ac rerum experiencia [*folgen die Namen wie Approbationsvollmacht 1403 Merz 6 nr. 83, indem zwischen* Spirensis *und* fidelium *noch beigefügt ist* consiliariorum ac] certam et indubitatam gerentes fiduciam ipsos constituimus ordinamus et facimus nostros et sacri Romani imperii procuratores nuncios factores et negociorum gestores ad gerendum dirigendum

---
[1] *Siehe die Randnote aus der Quellen-Angabe.*

et promovendum nostra et ipsius imperii negocia per Italiam et maximo Tusciam et Lumbardiam, dantes predictis nostris procuratoribus consiliariis ac fidelibus dilectis et cuilibet eorum plenam totalem et omnimodam potestatem vice et nomine nostris regiis placitandi tractandi tractata et placita consumandi et concludendi firmandi stabiliendi et sicut eis vel alteri eorum expediens visum fuerit roborandi cum quibuscumque communitatibus universitatibus dominis nobilibus magnatibus proceribus officialibus rectoribus et gubernatoribus necnon singularibus et privatis personis locorum predictorum, et pro nostra majestate promissa quecumque faciendi, et ad hujusmodi et alia, que dicti procuratores nostri in premissis et eorum quolibet egerint fecerint seu promiserint, observanda nos prout eis oportunum videbitur obligandi, necnon alia omnia et singula faciendi que veri et legitimi procuratores facere possunt in premissis seu quolibet premissorum, eciamsi mandatum exigant speciale et plenam de verbo ad verbum in presenti procuratorio nostro secundum leges oporteret fieri mencionem, promittentes nichilominus tenore presencium bona fide ratum nostro et sacri imperii nomine nos habituros perpetuo atque gratum quidquid per dictos nostros procuratores conclusum firmatum stabilitum factum procuratum ordinatum fuerit sive gestum in premissis omnibus seu eorum quolibet et contra ea vel eorum aliquod per nos vel interpositas personas quavis via occasione vel modo numquam facere quomodolibet vel venire aut eciam attemptare. in quorum fidem et testimonium presentes literas fieri ac per Emericum notarium nostrum publicum subscriptum in publicam formam redigi nostreque regie majestatis sigilli jussimus appensione communiri. datum et actum [wie in der Approbationsvollmacht 1403 Merz 6 nr. 83]; presentibus illustri Johanne comite Palatino Reni et duce Bavarie filio et principe, nobilibus Gunthero de Swartzpurg comite, Engelhardo de Winsperg barone, strennuo Thammone Knobel milite, Ulrico de Albeck decretorum doctore, et Johanne Winheim dicto nostre aule prothonotariis consiliariis ac fidelibus nostris dilectis, testibus ad premissa vocatis pariter et requisitis.

[Zum Schluß das abgekürzte Notariatszeugnis des Emericus de Mosscheln Mag. dioc. publ. imp. auct. necnon pr. d. m. gr. Rom. regis notarius.]

87. K. Ruprecht bevollmächtigt zwei gen. Gesandte bei P. Bonifacius IX zur Überreichung von nr. 88 und 89 und zu eidlicher Verpflichtung des Königs darauf. 1403 Merz 6 Nürnberg.

Aus Karlsr. G.L.A. Pfälz. Kop.B. 115 pag. 309f. cop. ch. coaev., am Rand bei der betr. Stelle das Zeichen A *wiederholt.*

Regest bei Janssen Frankf. R.K. 1, 728 nr. 1153 ebendaher.

Rupertus [bevollmächtigt Ruban von Speier und Matheus von Cracovia als procuratores sindicos negociorum gestores, beide als presentes, und zwar quemlibet eorum in solidum ita quod non sit melior condicio occupantis sed quod unus eorum inceperit alter eorum prosequi mediare valeat et finire] ad exhibendum et presentandum [weiter wie in der Vollmacht vom 22 Jan. 1402 nr. 53, nur mit kleiner formeller Abweichung] certi infrascripti tenoris literas manus nostre proprie subscripcione roboratas, bis aliquo eorundem]. in quorum fidem et testimonium presentes literas fieri tenoremque literarum nostrarum supradictarum eis de verbo ad verbum inseri ac per Emericum notarium nostrum publicum subscriptum in publicam formam redigi nostreque regie majestatis sigilli jussimus appensione communiri. tenores vero supradictarum literarum sequuntur in hoc verba „Rupertus dei gracia Romanorum rex semper augustus: ad serenandam declarandam et plenarie informandam" etc. totaliter[1], „Rupertus etc. filiali devocione ac regali

---

[1] nr. 88.

imperiali recta et pura fide" etc. totaliter[1], cum illo signo signato ⚔. datum et
actum [wie in der Vollmacht 1403 Merz 6 nr. 83 bis Endewort requisitis].
[Zum Schluß das Notariatszeugnis des Emericus de Mosscheln abgekürzt und mit
Verweisung ut supra, was schließlich auf die Approbationsvollmacht 1403 Merz 6 geht
d. h. unsre nr. 83.]

88. *K. Ruprecht versichert dem P. Bonifacius IX, daß er bis jetzt mit keiner geistlichen oder weltlichen Macht einen bindenden Vertrag in Betreff des Schisma's eingegangen habe. 1403 Merz 5 Nürnberg.*

Aus Karlsr. G.L.A. Pfälz. Kop.B. 115 pag. 311 oben, cop. ch. coaev.; am Rand bezeichnet als ⚔ prima, also zu der Vollmacht nr. 87 gehörig. (coll. mit der identischen nr. 71, welche die erste Einschaltung in der päbstlichen Urkunde vom 19 Merz 1402 nr. 70 ist; unbedeutende Varianten daraus stehen dort mit dem Zeichen B.)

Rupertus [weiter wie in nr. 71 vom 1 Jan. 1402, ad coronandam beginnend, die als erste Einschaltung in das Schreiben des Pabstes vom 19 Merz 1402 nr. 70 eingeschlossen ist]. datum in opido nostro imperiali Nuremberg mensis marcii die quinta anno domini millesimo quadringentesimo tercio, regni vero nostri anno tercio.

Nos Rupertus Romanorum rex prescripta recognoscimus manu propria.

89. *K. Ruprecht verspricht dem P. Bonifacius IX, daß er, außer zu vollständiger Wiedervereinigung unter diesseitiger Obedienz, keinen Versuch zur Beilegung des Schisma's machen oder dulden wolle ohne Zustimmung des Pabsts. 1403 Merz 5 Nürnberg.*

Aus Karlsr. G.L.A. Pfälz. Kop.B. 115 pag. 311 unten, cop. ch. coaev.; am Rand bezeichnet als ⚔ secunda, also zu der Vollmacht nr. 87 gehörig. (coll. mit der identischen nr. 72, welche die zweite Einschaltung in der päbstlichen Urkunde vom 19 Merz 1402 nr. 70 ist; unbedeutende Varianten daraus stehen dort mit dem Zeichen B.) Ohne die kön. Rekognition am Schluß, der Kürze wegen.

Rupertus [weiter wie in nr. 72 vom 3 Jan. 1402, filiali devocione beginnend, die als zweite Einschaltung in das Schreiben des Pabstes vom 19 Merz 1402 nr. 70 eingeschlossen ist]. datum in opido nostro imperiali Nuremberg mensis marcii die quinta anno domini 1000 quadringentesimo tercio, regni vero nostri anno tercio.

90. *K. Ruprecht bevollmächtigt zwei gen. Gesandte bei P. Bonifacius IX zur Überreichung von nr. 91 und zu eidlicher Verpflichtung des Königs darauf. 1403 Merz 6 Nürnberg.*

Aus Karlsr. G.L.A. Pfälz. Kop.B. 115 pag. 310 nota ch. coaev.; im Kodex geht voraus die Urkunde vom 6 Merz 1403 (bei uns nr. 87), diese also ist consimilis.

Item consimile instrumentum cum insercione tercie litere sequentis.

---

[1] nr. 89.

91. *K. Ruprecht verspricht dem Pabst Bonifacius IX, nicht sich zu vertragen mit den Rechtsnachfolgern des Johann Galeazzo ohne Beistimmung der Kurie oder ohne Widerherstellung ihres Besitzes, sie soll in den Frieden aufgenommen werden, der König will im Fall der Einsetzung eines Generalvikars in Italien eine passende Person zum Schutz der Kirche und des Reichs aufstellen. 1403 Merz 5 Nürnberg.*

<small>Aus Karlsr. G.L.A. Pfälz. Kop.B. 115 pag. 312 cop. ch. coaev.; am Rand bezeichnet als tercia, also zu der Vollmacht nr. 90 gehörig; ohne die kön. Rekognition am Schluß, der Kürze wegen.
Regest Janssen Frankf. R.K. 1, 728 nr. 1151 ebendaher; daß 4 verschiedene Ausfertigungen vorliegen, ist dabei nicht gesagt.</small>

Rupertus etc. ad conservacionem status et honoris sancte Romane ecclesie ac sanctissimi in Christo patris et domini nostri domini Bonifatii divina providencia pape noni suorumque successorum canonice intrancium ac imperii nostrique pariter totis affectibus intendentes, filiali devocione ac regali imperiali recta et pura fide harum serie promittimus et pollicemur sanctissimo in Christo patri et domino nostro domino Bonifatio pape nono ejusque successoribus canonice intrantibus, quod cum filiis heredibus aut eorum gubernatoribus seu commissariis vel executoribus testamenti aut alterius voluntatis quondam[1] Johannis Galeatz de Vicecomitibus de Mediolano comitis Virtutum vel aliquo corumdem aut aliis quibuscunque pro eis seu ipsorum aliquo vel cum aliquibus civitates terras castra vel loca, que per ipsum Johannem Galeatz tempore ejus obitus seu antea aut ejus nomine regebantur possidebantur vel quasi aut de facto quomodolibet detinebantur, regentibus gubernantibus possidentibus vel detinentibus conjunctim vel seperatim treuguam sufferenciam concordiam pacem fedus aut pactum aliquod quoquo modo per nos vel alios non faciemus vel firmabimus absque speciali consensu domini nostri et ecclesie predictorum necnon effectuali restitucione facta domino nostro et ecclesie prefato de omnibus civitatibus terris et locis dicto ecclesie per dictum quondam Johannem Galeatz vel alios occupatis et de iis que contra dictum dominum nostrum et ecclesiam predictos usque in diem firmate ac concluse pacis occuparentur in posterum. in qua concordia et quolibet premissorum, ut pace ac quiete simul nobiscum pociatur ecclesia, ymmo verius nos cum ea, ingrediatur et veniat dominus noster prefatus cum omnibus sequacibus et subditis prefate ecclesie atque suis. insuper si contingeret[a] nos de Italie partibus recedere ac velle aliquem nostrum et prefati imperii vicarium in Italie partibus constituere ac dimittere generalem, similiter promittimus hujusmodi vicarium ecclesie ac domino nostro prefatis devotum fidelem et gratum creare atque dimittere in cunctis statum honoremque domini nostri ecclesie imperii ac nostrum concernentibus dextera domini assistente propicia salubriter ac pro viribus provisurum. et ad fidem omnium premissorum ea propria manu subscripsimus ac minoris sigilli nostri regii jussimus impressione muniri. datum in opido nostro imperiali Nuremberg mensis marcii die quinta anno domini millesimo quadringentesimo tercio, regni vero nostri anno tercio.

<small>a) cod. contigerct.</small>

<small>[1] *Johannes Galeazzo starb 1402 Sept. 3. Wegen dieses Todesfalls schon mußte die Urkunde, die von Mailand handelt, dem entsprechend verändert werden.*</small>

92. *K. Ruprecht bevollmächtigt zwei gen. Gesandte bei P. Bonifacius IX zur Überreichung von nr. 93 und zu eidlicher Verpflichtung des Königs darauf.* 1403 Merz 6 Nürnberg.

Aus Karlsr. G.L.A. Pfälz. Kop.B. 115 pag. 310 nota ch. coaev.; im Kodex geht voraus die Urkunde vom 6 Merz 1403 (bei uns nr. 87), diese also ist consimilis.

Item consimile instrumentum cum insercione quarte litere sequentis.

93. *K. Ruprecht verspricht dem P. Bonifacius IX in Betreff der Rechtsnachfolger des Johann Galeazzo dasselbe wie in nr. 91, mit dem Beisatz der Gegenseitigkeit falls ein Friedensschluß mit Mailand von der Kurie ausgeht.* 1403 Merz 5 Nürnberg.

Aus Karlsr. G.L.A. Pfälz. Kop.B. 115 pag. 313 cop. ch. coaev.; am Rand bezeichnet als quarta, also zu der Vollmacht nr. 92 gehörig; ohne die kön. Rekognition am Schluß, der Kürze wegen.

Rupertus [lautet ganz wie nr. 91, nur daß zwischen die Worte subditis prefate ecclesie atque suis und insuper si contingeret der Zusatz eingeschoben ist ita tamen quod dominus noster et ecclesia memorata nobis et imperio ad obligacionem plenarie conformem reciproce sint astricti]. datum in opido nostro imperiali Nuremberg mensis marcii die quinta anno domini millesimo quadringentesimo tercio, regni vero nostri anno tercio.

94. *K. Ruprecht bevollmächtigt zwei gen. Gesandte bei P. Bonifacius IX zur Überreichung von nr. 95 und zu eidlicher Verpflichtung des Königs darauf.* 1403 Merz 6 Nürnberg.

Aus Karlsr. G.L.A. Pfälz. Kop.B. 115 pag. 310 nota ch. coaev.; im Kodex geht voraus die Urkunde vom 6 Merz 1403 (bei uns nr. 87), diese also ist consimilis.

Item consimile instrumentum cum insercione quinto litere sequentis.

95. *K. Ruprecht verspricht dem P. Bonifacius IX in Betreff der Rechtsnachfolger des Johann Galeazzo dasselbe wie in nr. 91, jedoch mit der Wendung, daß er, falls er Frieden oder Bündnis mit Mailand schlöße, sich vorbehält dem Pabst gegen Mailand auf dessen Verlangen gleichwol zu helfen.* 1403 Merz 5 Nürnberg.

Aus Karlsr. G.L.A. Pfälz. Kop.B. 115 pag. 314 cop. ch. coaev.; am Rand bezeichnet als quinta, also zu der Vollmacht nr. 94 gehörig; ohne die kön. Rekognition am Schluß, der Kürze wegen.

Rupertus [lautet ganz wie nr. 91, nur daß statt der Worte absque speciali consensu domini nostri — subditis prefato ecclesie atque suis der andere Passus eingeschoben ist quominus domino nostro et ecclesie predicti auxilio consilio et favore contra eosdem, postquam super hoc requisiti fuerimus, assistere valeamus, sed in hujusmodi treuga sufferencia concordia pace federe aut pacto, si quam forsan nos inire contingat, prelibatum dominum nostrum cum subditis ecclesie atque suis excipiemus realiter cum effectu]. datum in opido nostro imperiali Nuremberg mensis marcii die quinta anno domini millesimo quadringentesimo tercio, regni vero nostri anno tercio.

96. *K. Ruprecht bevollmächtigt zwei gen. Gesandte bei P. Bonifacius IX zur Über-* [1403
reichung von nr. 97 und zu eidlicher Verpflichtung des Königs darauf. *1403* Merz 6
Merz 6 Nürnberg.

> *Aus Karlsr. G.L.A. Pfälz. Kop.B. 115 pag. 310 nota eh. coaev.; im Kodex geht voraus die Urkunde vom 6 Merz 1403 (bei uns nr. 87), diese also ist consimilis.*

Item instrumentum consimile cum insercione sexte litere sequentis.

97. *K. Ruprecht verspricht dem P. Bonifacius IX in Betreff der Rechtsnachfolger des* [1403
Johann Galeazzo dasselbe wie in nr. 91, jedoch mit der Wendung, daß er, falls Merz 5
*er Frieden oder Bündnis mit Mailand schlöße, dabei ausdrücklich die Wiederherstellung des Besitzes der Kurie einbedingen soll, ohne die Verpflichtung auf Zustimmung oder Einschließung des Pabsts in den betreffenden Friedens- oder
Bündnisvertrag. 1403 Merz 5 Nürnberg.*

> *Aus Karlsr. G.L.A. Pfälz. Kop.B. 115 pag. 314f. cop. ch. coaev.; am Rand bezeichnet als sexta, also zu der Vollmacht nr. 96 gehörig; ohne die kön. Rekognition am Schluß, der Kürze wegen.*

Rupertus etc. ad conservacionem status et honoris sancte Romane ecclesie etc. per totum usque ibi „vel firmabimus" inclusive: quin, ut hujusmodi civitates terre castra seu loca ad prefatum dominium nostrum et ecclesiam predictam spectantes eis restitui et de eisdem reintegrari debeant in tali treuga sufferencia concordia pace federe et pacto, si quam forsan nos inire contingeret, realiter et cum effectu condicatur et exprimatur. iusuper si contingeret[a] nos de Italie partibus recedere ac velle etc. totaliter ut supra in proxima forma[1] et sub eodem dato etc.
[1403 Mrz. 5]

98. *Kard. Franciscus von Monopolis an Kard. Balthasar Cossa, über das Konsistorial-* [1403
konklusum betr. K. Ruprecht vom 10 Juli und über K. Ladislaus von Ungarn. Juli 10
1403 Juli 10 Rom.

> *Aus Frankf. St.A. Imperatores 1, 193 cop. chart. coaev., mit Verschickungschnitten, welche letzterem so auf diejenigen der Briefe vom 22. 23. 24 Juli passen, daß man schließen muß, diese vier Kopien seien alle mit einander als Einschlüsse verschickt worden. Die Adresse des Stücks steht voran. Dasselbe ist zusammengeschrieben mit dem vom 22 Juli.*
> Gedruckt *Janssen Frankf. R.K.* 1, 740f. nr. 1168 ebendaher.

Reverendissime in Christo pater et domine. post recommendacionem. de intimatis novis referimus magnas grates. et optime fecistis, quia dominus noster[2] satis anxie desiderabat a vobis nova percipere. nam hic multi plus quam solito fuerunt isto anno torcianarii. sed omnes convalescunt. et ita est de domino marchione[3], qui graviter fuit infirmus. dominus noster bene stat de persona, et isto mane est conclusum factum novi electi in magna concordia. dominus rex et Florentinus legatus sunt Baroli et isto mense transfretabunt mare versus Ungariam, et domina Johanna ibit cum domino rege,

---

a) *cod. contigeret.*

[1] *Unmittelbar geht im Kodex voraus nr. 95.*   vgl. *Raym. ann. 1394. 21 und Muratori antichitá*
[2] *Pabst Bonifacius IX.*   *Estensi 2, 168.*
[3] *Wol Nikolaus III Markgraf von Ferrara.*

1403
Jul. 10   quam credimus recessisse et ivisse Barolum. et dictus dominus rex recessisset jam, nisi
quia prestolatur dictam dominam Johannam. multi domini do Ungaria sunt Baroli[1] venientes pro accessu regis, et Theutonici pro societate domino Johanne. alia non occur-
1403
Jul. 10   runt intimanda ad presens. Rome 10 julii 11 indiccione.

Reverendissimo in Christo patri et domino
domino Balthasar sancti Eustachii[2] diacono cardinali   Vestre dominacionis servitor
apostolice sedis legato etc. singularissimo domino meo.   Franciscus cardinalis Monopolitanus[3].

[1403]
Jul. 22 **99.** *Girardus de Boiardis und Matthäus Trompeta an Franz von Carrara, schicken im Auftrag des Kard. Balthasar Cossa den Brief vom 10 Juli über das Konsistorialkonklusum gleichen Tags betr. K. Ruprecht. [1403] Juli 22 im Lager bei Pregola.*

   Aus Frankf. St.A. Imperatores 1, 193[b] cop. chart. coaev., mit Verschickungsschnitten, die Adresse des Stücks steht voran, dasselbe ist zusammengeschrieben mit dem vom 10 Juli.
   Gedruckt fast ganz bei Janssen Frankf. R.K. 1, 741 nr. 1169 ebendaher.

Magnifice et excelse domine domine noster.   per dictum et commissionem domini nostri[4] vobis mittimus presentibus inclusam copiam unius brevis[a] quod ipse recepit noviter de Roma a cardinale de Monopoli, in quo continetur prout volet[a] dominacio vestra,
Jul. 10 quomodo die 10 hujus fuit publicatus in consistorio novus electus imperator[a]. et dixit dictus dominus noster, quod, non obstante quod habuisset ita de Roma a dicto cardinale, quod intellexerat hoc de alio loco.   precor ego Girhardus, vobis placeat notificare aliquid novi de Lombardia quod vobis appareat audiendum pro mea consolacione.   in
1403
Jul. 22 campo juxta Pegelam[7] 22 julii 1403.

Magnifico et excelso domino domino
Francisco de Carraria l'aduc etc. domino   Vestre[b] dominacionis servitores
nostro singularissimo.   Girardus de Boiardis[c] et Matheus Trompeta cum recommendacione.

   a) mr. b) die Vorlage hat hier die Sigle V, wol verschrieben für V d. h. vestre, oder es soll begben Felden redes wobei das V weggefallen wars. c) etc. aus Boiardis, vgl. ann. Eitern, bei Muratori 18, 918 K.

[1] *K. Ladislaus von Neapel ertheilte am 26 Juni 1403 in castro Baroli eine Vollmacht, Lichnowsky V reg. 571.*
[2] *Balthasar Cossa, der nachmalige Pabst Johann XXIII, stieg 1402 vom archidiaconus Bononiensis zu der oben genannten Kardinalswürde auf, Raym. 1402. 7; im Brief vom 1 Merz 1402 nr. 61 kommt er auch vor.*
[3] *Franciscus Carbonus episcopus Monopolitanus presbyter tituli sanctae Susannae, erhielt das Kardinalat im Jahre 1385, Raym. annal. eccles. 1385. 3.*
[4] *Des cardinalis S. Eustachii Balthasar Cossa.*
[5] *Das Schr. des card. Monopolit. vom 10 Juli 1403 nr. 98.*
[6] *Ähnlich Franz von Carrara an die Herzogin von Mailand, wo von Bonifacius IX gesagt wird: qui cum serenissimo principe Roberto rege noviter electo et super a se in publico consistorio ita appellato unanimes sunt et concordes in excidium atque exterminium status nostri parati alter ecclesie alter imperii jura reparare, Verci stor. Triviig. 18, 2017, o. J., aber es kommt darin erwähnt vor quod a die — presentis mensis augusti, beriebt sich also auf obigen Vorgang. Ebenso Delayto ann. Est. bei Muratori SS. 18, 987 (: sicut ex fama publica traditum fuit, illustris. princeps dom. Rup. de domo Bavariae alias electus rex Rom. — fuit per sanct. dom. papam decreto apostolico confirmatus et titulum imperatoris adeptus est.*
[7] *Pegola, s. Amati dizionario corografico dell' Italia Band 5; es wird bei Muratori antichità Estensi 2, 169 unter den Orten aufgeführt, welche das päbstliche Heer im Sommer 1403 nahm: terra di Medicina, la bastia della Pegola, Mansolino etc., im Bolognesischen Gebiete.*

100. *Franz von Carrara an K. Ruprecht, über den Stand der Dinge bei den Unruhen in der Lombardei und die Gegenmaßregeln, sowie über die Zustände im Kirchenstaat.* [1403] Juli 23 Padua.

Aus Frankf. St.A. Imperatores 1, 194 cop. chart. coaev., mit Verschickungsschnitten, die Hand wie die vom 24 Juli, Adresse auf der Rückseite.
Gedruckt Janssen Frankf. R.K. 1, 741 f. nr. 1170, Regest ib. 1, 116 nr. 278, beidemal ebendaher.

Gloriosissime ac invietissime princeps et precarissime domine mi. misi pluribus diebus elapsis majestati vestre aliquas copias continentes id quod habueram de motibus tumultibus et rumoribus factis per civitatem Mediolani et per aliquas alias civitates et terras Lombardie. modo significo majestati vestre, quod dicte novitates in civitatibus Mediolani Cremone Brixie Cumarum Pergami et Creme stant tantum[a] sic, et omni die se cedielant[1] per frustra ille parcialitates, se expellunt de civitatibus, depredantur et comburunt, non ostendentes propterea facere expressam rebellionem duciase Mediolani et filiis[b]. et sunt tot et ita varii et mutabiles isti tumultus et rumores, quod non potest bene videri quomodo res procedent. sed tamen eorum occasione status duciase et filiorum fuit et est in magno periculo. quomodo res procedent nescio. sed id, quod sequetur, faciam scire serenitatem vestram, quando videbo ubi res se firmabunt. Rubei de Parma, qui sunt magni castellani in Parmesana, et illi de Corigio et de Rogliano, habentes magnam partem in civitate, expresse rebellarunt duciase et filiis, et faciunt gwerram Parme et terris predictorum. campus ecclesie stetit super territorio Bononiensi, de quo perdita sunt omnia castella quasi, non deficiunt in plano nisi castrum Francum et castrum sancti Petri[b]. et per ea, que habeo, totus dictus campus vel pars est transiturus Padum; et si pars citra veniet, residuum est iturum versus Parmam pro dando spatulas et auxilium dictis Rubeis. ecclesia habuit Assisium civitatem, et habet campum contra Parusium, et creditur quod ante finem presentis mensis Perusini se accordabunt cum papa. dominus[c] Imole[2], qui erat cum duciase, est accordatus cum ecclesia. in isto campo sunt cardinalis pape legatus tituli sancti Eustachii[4], marchio Ferrarie, Carolus de Malatestis, et Malatesta[d] ejus frater et magnus comestabilis[5].

Gloriosissimo ac invietissimo principi et domino domino Ruperto dei gracia Romanorum regi semper augusto domino suo singularissimo.

Franciscus de Carraria Padue etc. pro imperiali majestate vestra vicarius generalis, ubi datum die 23 julii.

a) tm mit Überstrich. b) Vorlage sanctum Petrum. c) Vorlage domino. d) Vorlage Malatest mit Schleife.

[1] Cedielant hat die Handschrift, ohne daß wir das Wort sonst nachzuweisen vermöchten.
[2] Katherina mit ihren Söhnen Johann Maria und Philipp Maria nach Johann Galeazzo's Tode.
[3] Ludovico degli Alidosi, s. Muratori antichità Estensi 2, 169.
[4] Balthasar Cossa.
[5] Alberigo da Barbiano Großconnetable von Neapel, mit den andern obengenannten als im Heer anwesend erwähnt bei Muratori antichità Estensi 2, 168.

101. *Franz von Carrara an K. Ruprecht, schickt Briefe über das Konsistorialkonklusum vom 10 Juli betr. K. Ruprecht. 1403 Juli 24 Padua.*

Aus Frankf. St.A. Imperatores 1, 192 cop. chart. coaev., mit Verschickungsschnitten, die Hand wie die vom 23 Juli, Adresse auf der Rückseite.
Gedruckt Janssen Frankf. R.K. 1, 742 nr. 1171 ebendaher.

Gloriosissime ac invictissime princeps et mi domine singularissime. post scripta hodie[a] vestre cesarie majestati super habitis a quodam canonico[1] Citrensi de expedicione votiva reverendi patris domini episcopi Spirensis[2] oratoris serenitatis vestre, a domino nostro papa recepi breve quoddam cum incluso altero breve conclusionem felicem per amplius factam in magna concordia continente[3]. de qua quidem re tantam leticiam et consolacionem accepi quod vix posset lingua referre et calamus scribere. ipsum autem breve cum incluso huic innodatum serenitati vestre ad gaudium destinare decrevi. datum Padue 24 julii 1403.

Recepi insuper a reverendissimo patre domino cardinali sancti Eustachii legato etc. breve[4] quoddam premissa continens in effectu, quod et in hoc mitto.

Gloriosissimo ac invictissimo principi et   Franciscus de Carraria
domino domino Ruperto dei gracia Roma-   Padue et districtus pro regia majestate vestra
norum regi semper augusto domino suo   vicarius.
singularissimo.

102. *P. Bonifacius IX an K. Ruprecht, Approbationsbulle. Letzter Entwurf. [1403 sine mense die loco.]*

Goldast ließ h. R. Reichs Keyser König vnd Churfürsten Constitution Ref. Ordn. vnnd Aufschr. 1607 pag. 142 f.[b] hat einen Entwurf, und Lünig Teutsches Reichsarchiv 4, 234-236 nr. 187 und 4, 236-237 nr. 188 theilt in zwei Abdrücken hinter einander den gleichen Entwurf mit, alle drei Abdrücke nicht ohne viele Fehler und Auslassungen. Der wesentliche Unterschied zwischen beiden Abdrücken Lünigs ist nur, daß im zweiten nach Geschmack ein wenig emendirt ist und in der Regel die Auslassungen nicht einmal durch ein etc. angedeutet werden, aber Auslassungen und anderes stimmen so, daß beide Abdrucke nur auf einer und derselben Vorlage oder Bearbeitung beruhen können, wol beide auf Goldast. Ihre Auslassungen dienen zur Abkürzung, die Wiederholung desselben Stucks in Einem Athem bei Lünig erklärt sich aus der bekannten Nachlässigkeit in Abfassung des Werkes. In der Überschrift werden freilich beide Abdrücke Lünigs auch zeitlich auseinandergehalten, das eine mal hat sie das Jahr 1401, das andre mal 1403; aber das ist ganz willkürlich, und widerspricht dem Wortlaut in der urkundlichen Datierung, der beidemal die gleiche ist, beidemal wie bei Goldast das 14 Pontifikatsjahr enthält, und wir werden also für beide Abdrücke am Jahre 1403 festhalten müssen, obwol Goldast das Jahr 1401 dar-

a) *Vorlage* consoles.

[1] Der Brief desselben an denselben vom 23 Juli enthält nichts vom Speirer Bischof und dessen Unternehmung.
[2] Raban.
[3] Diese zwei Briefe haben wir nicht.
[4] Diesen Brief haben wir auch nicht, wenn nicht das Schreiben vom 22 Juli zu verstehen ist, das die Absender ja im Auftrag ihres Herrn des Kard. Balthasar Cossa tit. S. Eustachii an Franz von Carrara abgehen ließen, und das auch den Brief vom 10 Juli im Einschluß enthielt.

[b] Derselbe Abdruck auch unter dem Titel Goldast DD. NN. Imperatorum cesarum augustorum regum et principum electorum S. Rom. imperii statuta et rescripta imperialia Frkf. 1607 pag. 142 f.; und in Goldast DD. NN. imp. caes. aug. reg. et princ. elect. S. imperii Romano-Theutonici stat. et rescr. imperialia Frkf. 1713 tom. 4 class. 1 pag. 142 f.; und collectio constit. imp. 4, 1, 142 f. von demselben.

vier gesetzt hat. Der Text lautet auch schon fast ganz wie derjenige der Ausfertigung vom 1 Okt. 1403 nr. 104. Und doch ist er nicht von dieser selbst genommen. Denn nicht bloß die Strafandrohung in art. 7 und das Datum sind unvollständig, in den drei Abdrücken: nulli ergo etc. datum Romae apud sanctum Petrum pontificatus nostri anno quarto decimo, wo Monat und Tag noch fehlen, sondern es ist noch etwas weiteres zu beachten. Die meisten Abweichungen dieser Abdrücke gegenüber der gen. Ausfertigung sind zwar ganz unwesentlich, und was nur irgendwie davon in Betracht kommen kann, haben wir in den Varianten zu der letzteren notiert. Aber Eine Stelle ist von größerer Bedeutung. Es heißt nemlich in Art. 6 statt in premissis vel aliquo premissorum intervenerit quovis modo bei Goldast und beidemal bei Lünig in electione hujusmodi intervenerit quovis modo. (Es steht hier actionis modus offenbar nur verlesen statt des richtigen quovis modo.) Das in electione hujusmodi ist aus früheren Entwürfen stehen geblieben, und lautet in ABD, CESWZ, P (vgl. nr. 16 und nr. 21 und nr. 6) ganz gleichmäßig. Es liegt darin ein sachliches Interesse. Die gen. Ausfertigung nr. 104 hat gegenüber von den gen. andern früheren Entwürfen überhaupt eine gewisse Vorsicht gebraucht, die offenbar in den ihr eigenthümlichen Worten liegt, wenn sie in Art. 5 sagt et quaecumque inde secuta, in Art. 6 de omnibus premissis (et) und et eleccionem de te factam et quecunque inde secuta rata habeatos et grata, und wenn sie auch noch in demselben Artikel sagt an unserer Stelle in premissis vel aliquo premissorum. Damit stimmen Goldast und beide Abdrücke bei Lünig, außer gerade in dem letzten Fall, dem einzigen wo also die Verbesserung, vielleicht nur aus Versehen, noch nicht durchgedrungen ist. Es kam aber offenbar darauf an, Neuwahl und Absetzung und alles, was darum und daran hieng, gleichmäßig unter die plenitudo potestatis zu stellen, so auch bei dem supplentes omnem defectum, und das thun an dieser Einen Stelle noch nicht die Goldastischen und Lünigischen Abdrücke, sondern erst die Ausfertigung vom 1 Okt. 1403 nr. 104[1]. Es ist somit sehr wahrscheinlich, daß wir in diesen Abdrücken den letzten Entwurf haben, aus einer Zeit wo alles schon durch Übereinkunft feststand außer dem Tag und nur noch jene Stelle zu ändern blieb. Wenn das Stück hier eingereiht wird, so soll damit weiter nichts über dessen Geburtstag behauptet werden; das sage ich aus Vorsicht; steht es hier, so ist es ein ziemlich neutraler Ort. Es mag mit der Gesandtschaft von 1403 Merz 5–8 zusammenhängen. — Die Regesten bei Georgisch 2, 862 nr. 116 und 119, bei Chmel Anhang 1 pag. 182 nr. 21, bei Würth-Paquet table chronol. pag. 28 nr. 365 sind aus Lünig. Als Quelle seines Abdrucks gibt Goldast in seinem Rationale constit. imp. 1607 pag. 104 Wolfenbüttel an, aber dort war durchaus nichts mehr zu finden.

103. *Eid K. Ruprechts, vor P. Bonifacius IX abgelegt durch zwei gen. kön. Gesandte.* [1403 Okt. 1 Rom[a].]

V aus Vatik. Arch. cod. chart. in fol. Bon. IX de curia an. XIII XIV XV lib. IX f. 183 a.b.
L cod. Lucca Kapitularbibl. cod. ms. 545 fol. 402 b–403 a corp. ch. concr., Überschrift nur Forma juramenti.
Gedruckt Raym. ann. eccles. 1403 § 8 aus V, nur Angabe li. 7 unrichtig, während pag. 183 stimmt; Lünig cod. ital. dipl. 4, 123 f. nr. 73 ohne Quellenangabe, sichtlich aus Raym. l. c.; Thriner cod. dipl. dom. temp. sanctae sedis 3, 125 ad nr. 68 aus unserer Quelle. — Regest Georgisch 2, 874 nr. 61, Chmel nr. 1647, beide aus Lünig l. c.

Forma juramenti prestiti per ambassiatores regis Romanorum nomine ipsius.

Tibi sanctissimo in Christo patri et domino domino Bonifacio sacrosancte Romane ac universalis ecclesie pape nono serenissimus princeps dominus Rupertus Romanorum

---

[1] Entsprechend geschieht es auch in dem Schreiben des Pabstes an verschiedene Reichsstände vom 1 Okt. 1403 nr. 105 supplentes — in premissis.

[a] Folgt im cod. gleich hinter der Bestätigung vom 1 Okt. 1403 und gehört mit dieser zusammen; darauf folgt die Urk. vom Zehnten nr. 107, dess. Datums. Ungefähr auf diese Zeit muß der undatierte Eid fallen, wol auf 1 Okt. selbst, unmittelbar vor den Akt der Approbation.

rex et devotus filius vestro sanctitatis per nos Rabanum dei et apostolice sedis gracia episcopum Spirensem ac Matheum de Crakovia* in sacra pagina professorem, ipsius domini regis procuratores et nuncios ad pedes vestre sanctitatis per eundem dominum regem specialiter destinatos, et nos Rabanus episcopus et Matheus predicti, procuratores et nuncii ipsius ad hoc speciale et sufficiens mandatum ab ipso domino rege habentes, nomine ipsius domini regis promittimus et juramus in animam ipsius domini regis per patrem et filium et spiritum sanctum et per hoc lignum vivifice crucis et per has reliquias sanctorum, quod, si permittente domino prefatus serenissimus princeps Romam venerit, sanctam Romanam ecclesiam et te rectorem ipsius exaltabit secundum suum posse, et[b] vitam nunquam aut membra neque ipsum honorem quem habes sua voluntate aut suo consilio aut suo consensu aut sua exhortacione perdas, et in Roma nullum placitum aut ordinacionem faciet de omnibus que ad te pertinent aut ad Romanos[c] sine tuo consilio, et quidquid de terra sancti Petri ad suam potestatem pervenerit, tibi reddet, et, cuicunque regnum Italicum commiserit, illum jurare faciet ut adjutor tui sit ad defendendum terram sancti Petri secundum suum posse. et sic deus ipsum adjuvet et hoc sancta dei ewangelia[1].

104. *P. Bonifacius IX an K. Ruprecht, Approbationsbulle[a]. Ausfertigung. 1403 Okt. 1 Rom.*

V aus *Rom Vatik. Archiv, cod. chart. in fol., sign. Bon. IX de curia an. XIII XIV XV lib. IX fol. 181ᵃ-183ᵃ cop. coaev. In der Unterschrift steht über Ja und ebenso über F die Zahl 10000 (x mit übergesetztem M).*
L coll. *Lucca Kapitelbibl. cod. ms. 545 fol. 400ᵃ-402ᵃ cop. chart. saec. 15, mit Überschrift* Confirmatio electionis Ruperti in regem Roman. *(es ist ein Sammelband Privilegien der Päbste etc., meist saec. 17-18, vorn und hinten Fascikel saec. 15 angebunden; vgl. auch Bethmann im Archiv 12, 707 f.)*
U coll. *chronicon Adae de Usk a. d. 1377-1404 ed. Edward Maunde Thompson (London John Murray 1876) p. 76-80. Die Abschrift leidet an zahlreichen Kürzungen, und ist hier zu Varianten benützt soweit dieselben irgend einen Werth haben können, mit Beiseitsetzung der unwesentlichen Abweichungen die unmöglich alle Aufnahme finden konnten. Sie ist eingeführt mit den Worten* Pro dicta confirmacione imperatoris istud proponitur thema "pater clarifica filium tuum" [Joh. 17, 1] et per papam respondetur ad modum collacionis in utroque "manus mea auxiliabitur ei" [Ps. 89, 22]. et ecce confirmacionis bulla, *worauf die Abschrift folgt*[b].
Die Varianten P, ABD, CEWZ siehe nr. 6. 16. 21.
Gedruckt Rayn. ann. eccl. 1403 art. 2-3 aus V (falsch angegeben lib. 7 statt lib. 9), die [c] Stelle ad ipsius — concorditer procurarunt *ebenda 1400 art. 12 gleichfalls dorther; Theiner cod. dipl. dom. temp. sanctae sedis 3, 124 f. nr. 64 ebendaher.*

a) L *falsch* Crakovia. b) Rayn. *und* Lünig *et al. al.*; LV *et, so auch Theiner, entsprechend der älteren Formel bei Pertz M. G. LL. 2, 29.* c) V *abgekürzt* Roman., *Theiner* Romanam ecclesiam, *Rayn. und Lünig* Romanos, *ebenso* L, *und das wird auch unterstützt durch Pertz M. G. LL. 2, 29.*

[1] *Vgl. Otto's I Eid Pertz M. G. LL. 2, 29 und Waitz Verf.-Gesch. 6, 177. 181.*
[2] *Vgl. die Approbation K. Wenzels RTA. 1 nr. 93 und diejenige K. Sigmunds RTA. 7 nr. 13; zum Theil wörtlich gleiche Entwürfe zu der obigen Ausfertigung sehen wir in nr. 6. 16. 21. 103.*
[3] *Zum Jahr 1402 ist pag. 74 da erzählt:* Mediolanensi duce predicto defuncto Bavarie dux in imperatorem electus ad papam pro confirmatione solempnes transmisit nuncios, quam obtinuit ut infra, *und p. 76 zum Jahr 1403 folgt dann die obige Approbationsurkunde. Das muß aber alles auf die Gesandtschaft von 1403 gehen, da Galeazzo am 3 Sept. 1402 starb. Von früheren Gesandtschaften Ruprechts nach Rom berichtet er nichts, er selbst kam erst 1402 dahin,* he did not arrive in Rome till the 5th of april.

Bonifacius episcopus servus servorum dei[a] carissimo in Christo filio Ruperto[b] in regem Romanorum electo[1] illustri[c] salutem et apostolicam benediccionem[d]. [1] pater inmense majestatis altissimus clementi providencia cuncta disponens terrarum orbem disposuit sub distinccione regnorum, illaque consulte dirigi voluit et salubri regimine gubernari, ne humane creature statum, que sui creatoris ymaginem et similitudinem representat[e], tempestuose fluctuaciones mundi confunderent vel ejus quietis dulcedinem impedirent, quinymmo ut omnes sub juris et honestatis regula limitata vita pacifica viverent, et ab offensa alterutrum[f] abstinerent, ac naturali effectu factorem suum[g] cognoscerent, cognitum colerent, et suo reverenter[h] imperio subjacerent. demum vero pater ipse, ex alto prospiciens populum, quem ipse creaverat, damnacionis sentenciam incurrisse, regem pacificum[i] unigenitum filium suum dominum nostrum Jesum Christum misericorditer in mundum pro ipsius redempcione populi destinavit, qui carnem[k] nostre mortalitatis indutus populum eundem ab eterne cruciatu mortis eripuit et suo sanguine precioso[l] redemit. nos igitur, in hac terrestri patria gerentes licet inmeriti vices ejus, levamus vigilis more pastoris tam corporeos quam mentales oculos in circuitu, visuri quid gregi nobis conmisso expediat et quid operis impendi debeat circa ipsum, ut illius fulti presidio, cujus sunt terre cardines[m], cui cogitaciones hominum preparantur[n], quique actus mortalium[o] superat et infirmos robore potenter[p] accingit[q], partes officii salubriter et utiliter exponamus ad ea que fidelibus populis necessario[r] expedire viderimus et noverimus profutura. [2] sane dudum felicis recordacionis Urbanus papa VI immediatus predecessor noster, provida meditacione considerans mundum positum peccatis exigentibus in maligno, et quod disponente domino, cui obediunt universa, Romana mater ecclesia super reges et regna tamquam mater omnium et magistra supremum obtinet principatum, ut per ejus ministerium regatur salubriter catholice fidei firmamentum, per diversos nuncios atque literas repetitis vicibus paternis et accuratis affectibus excitavit carissimum in Christo filium nostrum Wentzeslaum tunc Romanorum et Bohemie regem, ut pro defensione militantis ecclesie ac honore et statu sacri imperii, prout ejus exigebat officium, ad suscipiendum imperiale dyadema ad Italie partes accederet. et videns eum ad hoc perficiendum nimia tepere desidia, ejusdem imperii electores, tamquam ipsius imperii membra precipua, seponumero[s], interdum literis, nonnumquam vero nunciis specialibus, instantissime requisivit, ut prefatum Wentzeslaum ad descendendum promissorum causa in Italiam oportunis modis atque remediis hortarentur ac instanciis et monicionibus debitis propulsarent. [3] demum[t] autem, eodem Urbano predecessore nostro sicuti domino placuit ab hac luce subtracto, nos, divina favente clemencia ad apicem summi apostolatus assumpti, maximo animi fervore flagrantes ad obviandum jacturis et scandalis que Romane ecclesie sponse nostre et ipsi consequenter imperio cernebamus jugiter exoriri, nonnumquam interposuimus tam per literas quam eciam per nuncios speciales paternis affectibus partes nostras, ut prefatum Wentzeslaum ad hujusmodi descensum diversis modis, quos oportunos putavimus, nichil possibilitatis penitus omittendo quod expediens visum fuerit, inducere valeremus. et videntes adhortaciones induciones et moniciones prefati predecessoris nostri nostrasque nichil omnino proficere, ne quid intentatum in tam gravi tamque ponderoso[u] negocio providencia apostolico servitutis[v] omitteret, venerabilibus fratribus[w]

---

a) V etc. al. c. a. s. d., briefers aus U. b) U carissimo filio nostro Roberto Bavario duci. c) om. V. d) V etc. al. et a. b., briefere aus U. e) V representant, U representat. f) U offensione alterutrorum. V alterutrum. g) U unumum. h) U reverendo. i) V pontificem, l pacificam. k) V carnem, ZUK carne. l) AUB speciose. m) Z quicumque actus temporalium. n) D potencie. o) PLC attingit. p) N necessaria. L hat stalt dure Worte eine Lücke, spätre Hand add. pro tempore. q) Z sepe nimis. r) CE dudum. s) U causa ponderosoque al. tamque ponderoso. t) U curie. u) das vorletzte, welches hier einige Exemplare des Entwurfs haben, ist überflüssig, jedenfalls sind hier nicht die Kardinäle gemeint.

---

[1] So heißt er ihn bis dahin.   [2] 1 Sam. 2, 3.
[3] 1 Sam. 2, 8.

et dilectis filiis . . nobilibus viris sacri imperii electoribus crebro* scripsisse meminimus[b], ut attentis periculis, que ex tanta socordia[c] Wentzeslai prefati ecclesie atque imperio et christiane religioni jugiter ingruebant, et signanter cum Gallici, quos semper animadvertimus ad usurpacionem vel saltem divisionem ecclesie et imperii totis studiis totisque conatibus inhiare, imperialem civitatem Januensem in ipsius Italie faucibus positam occupassent, eundem Wentzeslaum ad veniendum in Italiam more divorum[d] predecessorum suorum, ut e manibus nostris imperiale dyadema reciperet, et ad occurrendum ne predicti Gallici pedem in eadem Italia firmioribus radicibus[e] validarent, necnon ecclesiam et imperium ipsiusque terras et bona juxta sui status debitum defensaret, debitis modis et oportunis remediis et monicionibus excitarent. [4] tandem vero electores ipsi, videntes ulteriorem moram dicti Wenceslai[f] infinita secum dispendia trahere ac quascunque adhortaciones excitaciones inducciones et moniciones prefati predecessoris nostri nostrasque ac ipsorum etiam prochdolor frustra fore et aures ejusdem ad hanc rem tam sanctam tam piam tamque christianitati utilem et necessariam penitus obduratas ipsumque Wentzeslaum ad regimen dicti imperii esse omnino inutilem et propterea non solum statum universalis ecclesie atque imperii sed tocius christiane religionis turbari, et ne bona prefati imperii desidia ipsius Wentzeslai tenderent irreparabiliter in collapsum, nobis per eorum proprium nuncium significare* curarunt[1], quod, prefati Wentzeslai segnicie diligenter inspecta ex qua[h] dietim[i] mundo discrimina et innumera scandala pullulabant, et quod predicta erant adeo per terrarum orbem notoria quod non poterant aliqua tergiversacione celari*, ipso ammoto ad alterius eleccionem, qui hujusmodi discriminibus et scandalis potenter occurreret, procedere disposuerunt. et demum, cum[l] ejus deposicio* ad nos dumtaxat spectaret*, ad ipsius Wentzeslai deposicionem seu amocionem a prefato regno Romanorum auctoritate nostra suffulti[2] concorditer processerunt. et deinde te carissimum filium nostrum, tunc comitem Palatinum Rheni Bavarie ducem eorumque coelectorem*, in regem Romanorum in futurum imperatorem postmodum promovendum concorditer elegerunt. [5] tuque super hoc digesta meditacione prehabita ad ipsorum electorum et multorum aliorum principum[p] instanciam hujusmodi eleccioni consensum tuum libere prebuisti. postmodum vero per solempnes ambassiatores et nuncios tuos pro parte tua nobis fuit humiliter supplicatum, ut hujusmodi deposicionem sive amocionem Wentzeslai prefati et eleccionem de te factam ut prefertur et quecumque inde secuta

---

[1] Vgl. die Gesandtschaftsanweisung von 1400 um Febr. 2 in RTA. 3 nr. 114.

[2] Eine Spur von Unterhandlungen schon im J. 1399 gibt vielleicht das auf 1 Jahr giltige Geleit des P. Bonifacius IX für Conradus episcopus Verdensis ad Alamanie et nonnullas alias partes pro nonnullis nostris et sancte Romane ecclesie negotiis presencialiter accessurus, dat. Rome apud s. Petrum 3 kal. oct. pontif. a. 10 [1399 Sept. 29] im Vatik. Archiv Bonif. IX lib. V fol. 249b. Unter Conradus ist doch c. Zw. Conrad von Soltau gemeint, der dann in K. Ruprechts Diensten erscheint, vgl. die Vollmacht vom 14 Dec. 1400. — Beiläufig: im J. 1399 Okt. 27 haben wir eine päbstliche Gesandtschaft nach Genua: Bened. abb. monast. Villenove Terveisne dioc. apostolice sedis nunt. ad civitatem Januens. et alibi pro nonnullis et nostris et Romane ecclesie arduis negotiis duxerimus destinandum (soll mit Geld unterstützt werden), dat. Rom. ap. S. Pet. 5 kal. nov. a. 10 [1399 Okt. 27], ibid. fol. 275ab.

auctoritate apostolica approbare et personam tuam habilem et ydoneam ad suscipiendum
prefatam imperialis culminis dignitatem decernere et declarare° de benignitate solita
dignaremur. [6] nos igitur, de omnibus premissis et de hujusmodi deposicione facta
necnon de concordi eleccione tua fide plenaria nobis facta, et de persona tua quantum
tua ᵇ paciebatur absencia de tuis ᶜ quoque moribus et condicionibus virtuosis ac synceri-
tate et devocione quam te erga nos et eandem ᵈ ecclesiam gerere comprobaris et aliis
que ad hujusmodi culminis apicem requiruntur diligencius inquisito, et super hiis omnibus
cum prefatis ᵉ fratribus nostris sancte Romane ecclesie cardinalibus diligenti deliberacione
prehabita, hujusmodi tuis supplicacionibus inclinati, de ipsorum fratrum consilio ᶠ ¹, ad
laudem et gloriam omnipotentis dei patris et filii et spiritus sancti et beate et gloriose
semper virginis Marie et beatorum apostolorum Petri et Pauli ac exaltacionem et hono-
rem dicte Romane ecclesie et ᵍ orthodoxe fidei bonumque et promocionem sacri imperii
et prosperum statum mundi, discriminibus et periculis ex premissa dicti Wentzeslai ne-
gligencia ecclesie atque imperio verisimiliter eventuris attenta consideracione ponsatis ʰ,
deposicionem prefati Wentzeslai et eleccionem de te factam et quecunque inde secuta ¹
rata habentes et grata, te in specialem nostrum et dicte ecclesie filium suscipimus, tibi
nostros favorem et graciam concedentes tuamque personam ydoneam reputantes ʲ, te no-
minamus pronunciamus et in regem Romanorum assumimus, tuam approbantes personam
teque sufficientem et habilem atque ydoneam declarantes ad suscipiendum prefati ᵏ impe-
rialis culminis dignitatem ac decernentes uncionem et consecracionem ˡ imperialem necnon
ejusdem sacri imperii dyadema per manus nostras tibi oportuni loco et tempore ᵐ impen-
denda; supplentes nichilominus omnem defectum, si quis aut racione forme aut racione
persone tue aut personarum dictorum electorum seu quavis ⁿ alia racione vel causa in
premissis vel aliquo premissorum intervenerit ᵒ quovis modo, ex certa sciencia et apo-
stolice plenitudine potestatis; precipientes quoque omnibus fidelibus et vasallis imperii,
cujuscunque condicionis existant, eciam si regali vel pontificali dignitate prefulgeant, ut
tibi sicut regi Romanorum in imperatorem promovendo pareant efficaciter et intendant.
[7] nulli ergo omnino hominum liceat hanc paginam ᵖ nostre ratificacionis reputacionis
nominacionis pronunciacionis assumpcionis declaracionis decreti supplecionis precepti ac
constitucionis infringere etc. si quis ʳ etc. datum Rome apud sanctum Petrum kalendis
octobris pontificatus nostri anno quarto decimo.

Jacobus de Papia.   Franciscus de Montepoliciano.
                                            Zucchareus.

ᵃ) das erstemal bei *König* declarare. ᵇ) om. V, aber Ul. haben es und eine Anzahl von Exemplaren der Reluctio,
vermuthlich ist es zuzusetzen. ᶜ) Ul vellein. ᵈ) C Romanam. ᵉ) om. C. ᶠ) C de ipsorum consensu. ᵍ) om.
VI I; C hat den sinn o. Z. nicht (ecclesie et bonum ac profectum sacri imperii). ʰ) V pensatum. ⁱ) Lünig
kaderal lacque persona idonea reputantein, wie Guldat l c. ʲ) om. ARD, wol besser; doch haben es auch
ZKCE. ˡ) S fehlt coronacionem, seine Vorlage K hat consecracionem. mi U add. forte. ⁿ) l quis. ᵒ) C
qui etiam hujusmodi electionem favoreti poterit shell si quis — interveverit. ᵖ) L etc. shell e. h. i. h. p.
q) si quis om. L.

---

¹ Jacopo Salviati Chron. in *Delizie degli eruditi   d'ottobre fece publico concistoro, nel quale egli etc.,
Toscani* 18, 215, wo die Florent. Gesandtschaft   bei uns in nr. 111.
den Pabst nicht sprechen kann, weil er il primo   ² Das ac omnia inde secuta fügt auch nr. 105
                                                   bei.

1403 **105.** *P. Bonifacius IX an verschiedene, befiehlt ihnen den von ihm am gleichen*
Okt. 1 *Tag konfirmierten und approbierten K. Ruprecht anzuerkennen und demselben*
behilflich zu sein; mut. mut. an K. Heinrich IV von England. **1403 Okt. 1**
Rom.

An Köln: K aus Köln St.A. ohne Signatur or. mb. lit. pat. c. sig. plumbeo pend.; er-
wähnt bei Ennen Gesch. v. Köln 3, 145 nt. 3.

An Regensburg: A coll. cod. biblioth. Vindob. 3296 fol. 371ᵇ (358ᵇ)-372ᵃ (359ᵃ) in den
Acta conc. Const. des Andr. Ratisb., cop. mb, fere coaev., mit der Überschrift Scriptum
Bonifacii noni ad Ratisponenses, ut Rupertum ducem Bavarie suscipiant in regem
Romanorum; Inhalt mut. mut. wie K, Unterschrift wie D.

An Ulm und die mit ihm verbündeten Städte: B coll. Stuttg. kön. A. Schmid. Samml.
I 97, moderne Abschrift wahrscheinlich nach dem Ulmer Archiv, ohne Unterschrift,
sonst Inhalt mut. mut. wie K (zu Anfang opidi Ulmensis ceterisque opidis confoede-
ratis cum eisdem). — *Deutsche Übersetzung in Nürnb. Kr.A. Rotenb. Report. tit.:*
I Generalia C Urkk. Bücher-Numer 6 cod. mb. saec. XIV XV XVI fol. 129ᵃᵇ, cop.
coaev.; in die Datierung Rome zu sant Peter an des heiligen crutz tag als es erhobet
wart den man nent calend obtobris des monden in dem vierzehenden jor unser beheb-
licher usrichtung ist exalt. crucis (Sept. 14) offenbar irrthümlich eingeschlichen.

An Dortmund: D coll. Fahne Urk.B. d. fr. R.St. Dortmund Abth. 2 p. 217f, nr. 483.
Das diesem Abdruck zu Grund liegende Original des Dortm. St.A. soll sich dort be-
finden in Briefsch. Kästgen Nr. 16 nr. 10, konnte aber nicht gefunden werden. Der
Abdruck nennt als „äußere Aufschrift" Dilectis filiis . . proconsuli . . consulibus et
scabinis ac universitati opidi Tremonien. Colon. dioc. Roman. imperii fidelibus, Inhalt
mut. mut. wie K. Unterschrift De curia ¶ G. Stober. Daß der Brief von der hin-
tenen Schnur der Bulle nicht bloß durchstochen sondern auch geschlossen war, ist
wol nur ein Irrthum, es wird dieses Dortmunder Original ebensogut litera patens
sein wie das Kölner Original K.

An K. Heinrich IV von England: C coll. Lucca biblioth. majoris eccl. cod. ms. nr. 646
fol. 404ᵃᵇ cop. ch. coaev., mit der Überschrift littera clausa, beginnt Carissimo in
Christo filio Henrico regi Anglie illustri salutem etc. constituti in supremo, lautet bis
continetur wie die andern Schreiben, dann folgt quocirca serenitatem tuam rogamus
monemus et hortamur attente, quatenus eidem Ruperto in regem Romanum electo et
ad Romani culmen imperii promovendo super his, que ad regem et imperatorem
spectare noscuntur, in omnibus oportuno exhibens eidem assistentiam auxiliis atque
consiliis quovis casu dubitans et devotam, ita quod mutua inter ejus illustrem orbitu-
dinem tuamque serenitatem gratia gratos sortiatur effectus, et nos eandem serenitatem
tuam possimus propter hoc in domino non immerito commendare. datum Rome apud
sanctum Petrum kalendis octobris anno quartodecimo. Ohne weitere Angabe von
Adresse oder Unterschrift. — *Gedruckt Bahus. miscell. ed. Mansi Lucae 1762 t. 3,*
128 ebendaher. Falsch ist die auf pag. XIII f. ausgesprochene Ansicht, daß der
Brief von Pabst Gregor XI sei.

An Venedig: V coll. Venedig St.A. Commemoriale IX fol. 155ᵇ (neue Foliierung 157ᵇ)
cop. mb. coaev., mit der gleich. Überschrift Copia literarum summi pontificis pro con-
firmatione electionis novi Imperatoris Romanorum, die Schrift offenbar der des Originals
nachgeahmt, beginnt Bonifatius episcopus servus servorum dei dilectis filiis nobili viro
Michaeli Steno duci ac universitati Venetiarum Castellano diocesis salutem et apo-
stolicam benedictionem, lautet bis continetur wie die andern Schreiben, dann folgt
quocirca devotionem vestram paternis affectibus exhortamur in domino, quatenus pro
nostra et apostolice sedis reverentia ac sepedicti imperii, eundem Rupertum in regem
Romanorum electum et ad Romani culmen imperii promovendum devote suscipientes
et debita honorificentia prosequentes, eidem quibuscunque consiliis et auxiliis profituris
casu qualibet ingruente placeat et velitis, prout de vestre sinceritatis integritate plene
confidimus, assistentiam quamlibet exhibere, ut exinde eadem vestram integritas apud
nos et sedem ac imperium ipsa possit in domino non immerito commendari, dat. wie
K, dazu A tergo: Dilectis filiis nobili viro Michaeli Steno duci ac . . universitati
Venetiarum Castellane diocesis, und Registrata Bonine.

An Franz von Gonzaga: M coll. Mantua archivio dei Gonzaga E 25, 2 or. mb. lit. pat. *1403*
c. sig. pend. dep., beginnt Bonifacius episcopus servus servorum dei dilecto filio nobili *Oct. 1*
viro Francisco militi de Gonzaga in civitate Mantuana et nonnullis aliis terris et locis
imperiali vicario salutem et apostolicam benedictionem, *lautet bis* continetur *wie die*
andern Schreiben, *dann schließend* quocirca devotioni tue per apostolica scripta man-
damus, quatinus, eundem Rupertum in regem Romanorum electum et ad Romani culmen
imperii promovendum devote suscipiens ac debita honorificencia prosequens, eidem
fidelitatem solitam nec non consueta servicia a te racione regni vel imperii prefatorum
sibi debita exhibere integre studeas, ut exinde tue fidelitatis integritas apud nos et
sedem apostolicam possit in domino non immerito commendari. datum Rome apud
sanctum Petrum kalendis octobris pontificatus nostri anno quartodecimo. ‖ Johannes
de Mercatello. [in verso] Dilecto filio nobili viro Francisco militi de Gonzaga in
civitate Mantuana et nonnullis aliis terris et locis imperiali vicario.

Bonifacius episcopus servus servorum dei dilectis filiis magistris civium proconsu-
libus . . consulibus et scabinis . . ac universitati civitatis Coloniensis salutem et aposto-
licam benediccionem. constituti in suprema militantis ecclesie stacione, per quam
cesares imperant reges regnant et principes principantur, ac nostre consideracionis intuitum
vigilis pastoris more benignis affectibus ad Romanum imperium convertentes, quod per
longa temporum curricula, id quod anxio corde referimus, monarcha quasi caruit salu-
tari, ne indefensum maneat in futurum ac ut militans in terris ecclesia in ejus oportuni-
tatibus habere valeat salutiferum defensorem, hodie ex certis justis racionabilibus causis
animum nostrum moventibus in nostro generali consistorio de fratrum nostrorum sancte
Romane ecclesie cardinalium consilio et plenitudine auctoritatis apostolice, ad laudem et
gloriam omnipotentis dei patris et filii et spiritus sancti ac beate et gloriose semper vir-
ginis Marie et beatorum apostolorum Petri et Pauli, ac exaltacionem et honorem dicte
Romane ecclesie atque nostrum, orthodoxe fidei bonumque, et promocionem dicti imperii,
et prosperum statum mundi, nominacionem et eleccionem per dilectos filios electores im-
perii Romani prefati de persona carissimi in Christo filii nostri Ruperti tunc comitis
Palatini Reni ducisque Bavarie in regem Romanorum electi illustris factas ac omnia inde
secuta auctoritate apostolica confirmantes et approbantes, ac supplentes omnes defectus
si qui intervenissent quomodolibet in premissis, declaravimus voluimus atque decrevi-
mus ipsum Rupertum in hujusmodi regem electum et confirmatum ut supra prefertur
ad culmen Romani imperii assumendum et tamquam ydoneum consecrandum inungendum
imperialique per nos dyademate suis loco et tempore illustrandum prout in aliis nostris
superinde confectis litteris plenius et seriosius continetur. quocirca universitati vestre
per apostolica scripta mandamus, quatinus eundem Rupertum in regem Romanorum
electum et ad Romani culmen imperii promovendum devote suscipientes et debita honori-
ficencia prosequentes eidem fidelitatem solitam necnon consueta servicia a vobis racione
regni vel imperii prefatorum sibi debita exhibere integre studentis, ut exinde vestre
fidelitatis integritas apud nos et sedem apostolicam possit in domino non immerito com-
mendari. datum Rome apud sanctum Petrum kalendis octobris pontificatus nostri *1403*
anno quartodecimo. *Oct. 1*

[in verso] Dilectis filiis magistris civium proconsulibus
. . consulibus et . . scabinis ac universitati civitatis Colo-   Adolphus.
niensis Romani imperii fidelibus.

106. *Bisch. Raban von Speier und Matthäus von Chrochow an K. Ruprecht: P. Bonifacius IX hat den König am 1 Okt. in feierlichem Akte approbiert.* [1403] *Okt. 1 Rom.*

> *Aus Frankf. St.A. Imperatores 1, 195 cop. chart. coaev., Adresse auf der Rückseite; mit Verschickungsschnitten, welche zu denen des kön. Schreibens an Frankfurt vom 30 Okt. 1403 passen, in dem der Brief eingeschlossen war.*
> *Gedruckt zum größten Theil bei Janssen Frankf. R.K. 1, 117 nr. 279 ebendaher.*

Allerdurchluchtigister hochgeporner furste guedigister herre. unser willig schuldig dienste si uwern gnaden zu allen ziten bereit. als wir uwern gnaden uf den 23 tag septembris verschrieben haben wie unser heiliger vatter der babist uns zugesaget habe daz er daz beste consistorium halden wolte uf den ersten tag ottobris etc., lassen wir uwere gnade wißen, daz uf lude unser heiliger vatter der babist mit grosser gezierde und solempnitet und in gegenwertikeid vil prelaten herren pfaffen und leien uwere persone offenlich bewert und fur einen Romischen kunig verkundet hat. des vil lude, als wir brafen, erfrowet sint, wanne sie meinent daz daz ein anfang und sterkerunge sollo sin cristenlichens glauben und ein wiederbringunge der kirchen und des richs. und haben im zu stunde von uwern wegen gesworn offenlich den eide nach innehalt canonis „tibi domino"¹. und wunschen uwern gnaden vil gluckes. und wollen uns arbeiten daz wir ußrichtunge haben von der briefe wegen so wir erste mogen. datum Rome prima die ottobris.

Dem allerdurchluchtigisten hochgebornen fursten und herren hern Ruprecht Romischen kunige zu allen ziten meror des richs userm guedigisten herren.	*Vestre regie majestatis devoti* Rabanus episcopus Spirensis cancellarius et Matheus etc.

107. *P. Bonifacius IX befiehlt den Bischöfen von Worms Augsburg Wirzburg Brixen und Verden, den Zehnten der kirchlichen Einkünfte des laufenden Jahres in Deutschland Brabant und Flandern für den von ihm konfirmierten K. Ruprecht zum Zweck eines Romzugs zu erheben. 1403 Okt. 1 Rom.*

> *A aus Vatik. Archiv cod. chart. coaev. in fol. sign. Bonif. IX de curia an. XIII XIV XV lib. IX f. 185ᵇ-186ᵇ; zwischen Schluß und Überschrift 2000 [florenif?].*
> *B coll. die Einschaltung der Urkunde in dem Vidimus des Bisch. Eckhard von Worms [1403 nach Okt. 2] nr. 109, w. m. s. die Quellenangabe.*
> *C coll. der wesentlich gleichlautende Theil der Zehntenbulle P. Bonif. IX von 1403 Okt. 2 nr. 108, w. m. s.*
> *D coll. der wesentlich gleichlautende Theil der Bulle desselben Pabstes von 1404 Aug. 4, w. m. s.*
> *Regest Karlsr. G.L.A. Pfälz. Kop.B. 44 fol. 250ᵃ.*
> *Erwähnung Rayn. ann. eccles. 1403. 8 aus Bonif. R. 7 p. 184, was sicher unsere Quelle A ist.*

Bonifacius episcopus servus servorum deiᵃ venerabilibus fratribus . . Wormaciensi³ . . Augustensi⁴ . . Herbipolensi⁵ . . Brixinensi⁶ et Verdensi⁷ episcopis salutem

> a) *A els. statt eplae. a. a. det, erpinet aus B.*

---

¹ c. 33 dist. 63.
² *Löwenfeld, Munch's Aufschlüsse über das päbstliche Archiv, in Löher's Archiv. Ztsch. 4, 94.*
³ *Eckhard von Dersch 1370-1405.*
⁴ *Burkhard von Ellerbach 1373-1404.*
⁵ *Johannes I von Egloffstein 1400-1411.*
⁶ *Ulrich I aus Wien 1396-1417.*
⁷ *Konrad III von Soltau 1400-1407.*

et apostolicam benedictionem^a. ecclesiarum omnium et ecclesiasticarum personarum, quibus auctore domino presidemus, moles gravaminum ammovere ferventi desiderio cupimus, et, cum possibilitas nobis conceditur, eciam solerti studio procuramus. sed ubi de occurrendo generalibus maximisque dampnis ac periculis, potissime cum de statu prospero militantis ecclesie sponse nostre ac Romani imperii agitur, ac pacis et tranquillitatis promocio procurentur, et laicorum facultates non suppetunt: dignum censemus et congruum, ut per personas easdem de bonis ecclesiasticis de apostolice sedis licencia vel mandato competens subsidium tribuatur^b, sane cum, a nostre promocionis ad apicem summi apostolatus^c principio, ad providendum pro futuro regimine^d Romani imperii, paterne consideracionis intuitus ex debito apostolico servitutis jugiter extendendo, exposuerimus pervigiles nostras curas. attamen ne mora in providendo prolixior acerbissima secum emersura dispendia traheret in gravissimum periculum status ecclesie ac imperii prefatorum et omnium subditorum: ad gubernacionem saluberrimam dicti imperii, quod longis retrolapsis temporibus gravissimam passum est in hujus mundi turbine monarche^e forme desidia tempestatem, quantum nobis ex alto permittitur, laborantes, ut, illo qui mari et ventis imperat faciente suorumque fidelium assistente suffragio, eidem ecclesie de defensore salutifero ac ipsi imperio de gubernatore utili et ydoneo, qui sciat possit et valeat indirecta dirigere et aspera in vias planas vertere, procuretur: in nostro generali consistorio, de fratrum nostrorum sancte Romane ecclesie cardinalium consilio ac plenitudine auctoritatis apostolice, carissimum in Christo filium nostrum Rupertum, in regem Romanorum per dilectos filios . . electores ejusdem imperii electum, tamquam ydoneum reputantes in regem hujusmodi confirmavimus, et declarando decrevimus^f ipsum Rupertum in regem electum, et ut supra premittitur confirmatum, ad culmen prefati imperii assumendum imperialique per nos dyademate suis loco et tempore coronandum, prout in aliis nostris literis inde confectis^g plenius et lacius continetur. [1] et quoniam per^f ipsum regem, qui^g pro votiva^h consummacione tam sublimis negocii divina favente clemencia ad presenciam nostram, quam celerius^i se facultas obtulerit, se conferet deo dante^k, pro parte ipsius regis nobis fuit humiliter supplicatum, ut eidem pro celeriori ac pociori expedicione tanti negocii de alicujus subvencionis auxilio providere de benignitate apostolica dignaremur: nos (concernentes, ad tantum opus gerendum, ut felicius et celerius per incrementum paterni subsidii dante domino compleatur, opus esse maximis profluviis expensarum, et propterea non solum racionabile ac utile quin ymmo necessarium estimantes, quod, ubi nedum prefatorum ecclesie regni et imperii sed aliorum ecclesiarum et monasteriorum ceterorumque piorum locorum res agitur, ipsorum debeat intervenire subsidium et juvamen, dicti regis supplicacionibus inclinati) decimam omnium fructuum reddituum et proventuum ecclesiasticorum presentis anni, ab omnibus archiepiscopis et episcopis ceterisque personis ecclesiasticis quibuscunque exemptis et non exemptis Alamanie Brabancie ac Flandrie, quacunque^l prefulgente dignitate seu cujuscunque sint preeminencie condicionis aut status religionis vel ordinis^m, quibus vel eorum alicui nulla privilegia vel indulgencias sub quacunque verborum forma vel expressionis^n concepcione concessa^o volumus suffragari (pretorquam a venerabilibus fratribus nostris sancte Romane ecclesie cardinalibus, monasteria prioratus dignitates personatus officia canonicatus et prebendas ac quecunque qualiscunque et quoteunque beneficia ecclesiastica in dictis Alamania

a) A vis. stell et apost. ben., erpient eos B. b) A tribunatur, B tribuatur. c) A hier officio gestrichen. d) AD regiminis. e) D decrevissem, A decrevimus. f) om. AB. g) om. AB. h) A nostra, B votira. i) B quantocius. k) B duce. l) AB quantaecunque, CD quaeeunque (D qua in Rawer). m) C add. existieverat. n) B expositionis stall vel expr., CD sie A. o) D add. in hoc.

---

¹ K. Wenzel. ² Die Bestätigungsbulle P. Bonif. IX für K. Ruprecht 1403 Okt. 1 nr. 104.

Brabancia ac Flandria obtinentibus ac impostorum obtenturis, qui nobiscum assidue indefessis laboribus onera universalis ecclesie sorciuntur, et a dilectis filiis magistris et fratribus hospitalis sancti Johannis Jerosolimitani, qui contra hostes fidei christiane exponunt jugiter se et sua, nec non hiis, quorum facultates ad integram solucionem hujusmodi decime supportatis aliis oneribus consuetis non suppetunt, ultra quam juxta suarum hujusmodi facultatum exigenciam conmode possint, ac illis, qui nichil possunt solvere de decima supradicta, super quorum impotencia vestras consciencias oneramus, quos cardinales magistros et fratres ac impotentes pro parte vel toto ab ejusdem prestacione decime exemptos et liberos fore decernimus et innuimus), exigendam et colligendam per vos et singulos vestrum in singulis vestris et aliis provinciis civitatibus et diocesibus, prout in dictis Alamania Brabancia ac Flandria consistunt, quos ad hoc collectores et receptores auctoritate presencium deputamus, de omnibus fructibus redditibus et proventibus vestris et dictarum personarum ecclesiasticarum exemptarum et non exemptarum secundum modum et morem ac consuetudinem in exaccione et colleccione hujusmodi hactenus observatos exhibendam de prefati regis ordinacione et mandato, pro gentibus armigeris secum in ejus adventu profecturis ac pro aliis oportunitatibus propterea onerturis, in earum subsidium expensarum auctoritate apostolica de fratrum nostrorum consilio imponimus, solvendam vobis vel aliis, quos ad hoc deputabitis, in locis per vos ad solucionem hujusmodi assignandis, in festo annunciacionis beate Marie proxime secuturo. [2] quocirca paternitatem vestram monemus rogamus et hortamur attente vobis et vestrum singulis per apostolica scripta districte precipiendo mandantes, quatenus vos et singuli vestrum, in singulis vestris et aliis provinciis civitatibus et diocesibus in Alamania et aliis locis predictis consistentibus, per vos vel alium seu alios a quibuslibet personis ecclesiasticis secularibus et regularibus exemptis et non exemptis civitatum et diocesum predictarum de universis proventibus et redditibus ecclesiasticis beneficiorum ecclesiasticorum, que habent et obtinent in provinciis civitatibus et diocesibus vestris et aliis predictis existentibus dumtaxat intra dictam Alamaniam et alia loca predicta, levetis et eciam exigatis in termino prefato decimam supradictam, ad solucionem ipsius quoscunque exemptos et non exemptos ejusdem decime debitores in eisdem vestris et aliis provinciis civitatibus et diocesibus et locis predictis dumtaxat consistentes per censuram ecclesiasticam et eciam sequestracionem fructuum reddituum et proventuum ecclesiasticorum suorum consistencium in eisdem vestris et aliis provinciis civitatibus diocesibus et locis predictis ut premittitur, si expediens videretur, appellacione postposita compellendo, ita quod in fructus redditus et proventus ecclesiasticos alios eorumdem extra vestras et alias provincias civitates et dioceses consistentes hujusmodi compulsionis officium nullatenus extendatis, nec ad exaccionem hujusmodi faciendam in aliquo casu per vos vel alium seu alios invocetis auxilium brachii secularis, nisi predictorum non solvencium contumacia exigente aliud circa hoc per sedem apostolicam fuerit ordinatum. [3] et ne de moneta, in qua decime predicte solucio fiet et fieri debebit, valeat hesitari, et ut vitentur gravamina, que propter hoc viri ecclesiastici pati possent, per vos et singulos vestrum ac alios succollectores vestros, clericos dumtaxat, ipsa decima ad monetam currentem communiter levetur et eciam exigatur juxta constitucionem super hoc editam in concilio

Viennensi, ita quod pretextu alicujus cambii debitores et solutores dicte decime non graventur. [4] hujusmodi vero decimam exigetis et exigi facietis secundum taxacionem in vestris et aliis provinciis et locis civitatibus et diocesibus predictis[a] hactenus consuetam, vel, ubi nulla hujusmodi certa taxacio fuerit, secundum consuetudinem in exaccione et solucione decime hujusmodi hactenus observatam (et ubi decima dictorum proventuum olim nullatenus[b] sit soluta[c], solvatur legaliter decima pars fructuum reddituum et proventuum predictorum), attencius provisuri[d], ut vos et singuli vestrum per vos vel alios exaccionem et colleccionem hujusmodi decime in singulis vestris et aliis provinciis civitatibus diocesibus et locis predictis[e] faciatis absque aliquo[f] onere expensarum eorum, a quibus hujusmodi decima exigetur, nisi forte, eis deficientibus in solucione dicte decime in terminis supradictis, ob hujusmodi eorum defectum expensas[g] fieri oporteret, ad quarum restitucionem eos teneri volumus et astringi; quodque circa hec, constitucionem ejusdem Viennensis concilii[h] observantes, calices libros et alia ornamenta ecclesiarum divinis officiis deputata ex causa pignoris vel distraccionis capere seu recipere distrahere seu quomodolibet occupare per vos vel[i] alios minime presumatis. [5] vobis tamen et singulis vestrum, contradictores et rebelles, si qui fuerint, qui ecclesiasticam contempnendo censuram in solucione dicte decime fuerint contumaces, citandi, si vobis videbitur, ex parte nostra personaliter ad Romanam curiam et certum eis peremptorium terminum prefigendi, quo personaliter se apostolico conspectui representent super hiis pro meritis recepturi justicie complementum, ac diem citacionis hujusmodi et prefixionis termini supradicti per vestras literas et proprios nuncios referendi, plenam concedimus facultatem[k]: non obstantibus, si predictis personis ecclesiasticis et aliis quibuscumque communiter vel divisim a dicta sit sede indultum, quod ad solucionem alicujus decime minime teneantur et ad id compelli aut quod interdici suspendi vel excommunicari non possint, per literas apostolicas quo de indulto hujusmodi ac toto ejus tenore de verbo ad verbum ac propriis eorum ordinibus ac locorum seu personarum nominibus plenam et expressam non fecerint mencionem, et quibuslibet privilegiis indulgenciis exempcionibus et literis apostolicis quibuscumque dignitatibus seu ordinibus eorumdem et specialiter Cisterciensibus Premonstratensibus Cluniacensibus Carthusiensibus Grandimontensibus vel eorum universitatibus aut personis singularibus generaliter vel specialiter sub quacunque forma vel concepcione verborum a memorata sede concessis, de quibus quorumque totis tenoribus de verbo ad verbum in nostris literis specialis plena et expressa mencio sit habenda. volumus insuper, quod vos et singuli vestrum hujusmodi decimam omnium reddituum et proventuum ecclesiasticorum vestrorum, prout continetur superius, fideliter et integre persolvatis, ita quod nullus vestrum circa hec[l] sibi indulgeat, sed in hac parte agat bona fide, acsi tali officio in extraneos fungeretur. [6] volumusque, quod unusquisque vestrum in scriptis redigi faciat, quidquid pro dicta decima de proventibus suis ecclesiasticis solverit pro se ipso, et, quicunque ex vobis in solvendo hujusmodi decimam fuerit negligens quovis modo, quod per quemlibet coexecutorem[m] suum in solidum ad solvendum ipsam decimam eciam per censuram ecclesiasticam, et prout de aliis, qui in solvendo decimam ipsam negligentes extiterint, superius est expressum, compelli debeat, prout execucionem facienti videbitur expedire. [7] ceterum volumus et mandamus, quod monetam, quam recipietis vel recipi facietis et solvetis pro dicta decima, fideliter et tute conservetis seu conservari ac solvi[n] faciatis ad mandatum et ordinem[o] dicti regis, prout idem rex per se vel suos procuratores vobis duxerit ordinandum. [8] alioquin in personas eorum ex vobis et aliorum quorumcumque, qui de mandato predictoᵃ ad colleccionem et exaccionem hujusmodi fuerint deputati, quique defecerint in solucione dicte decime in termino supradicto vel in colleccione et exaccione aut solucione hujusmodi fraudem forsitan vel maliciam adhibuerint, exconmunicacionis sentenciam auctoritate presenciumᵇ promulgamus. [9] ad hec volumus vobisque eadem auctoritate concedimus, quod vos et singuli vestrum, quos ex defectu non facte solucionis hujusmodi prefatas sentencias incurrisse contigerit, ab eisdem sentenciis post satisfaccionem debitam per aliquem ex vicinioribus episcopis, exconmunicacionis sentencia non ligatum et alias graciam et conmunionem dicte sedis habentem, facta sibi fide de satisfaccione hujusmodi, absolucionis beneficium, et super irregularitate, si quam forsan sic ligati, non tamen in contemptum clavium, celebrando divina vel inmiscendo vos illis contraxeritis, dispensacionis graciam obtinere, aliisque etiam, quos easdem sentencias ex defectu solucionis hujusmodi incurrisse contigerit, post satisfaccionem debitam, facta vobis similiter fide de illa, similia ab eisdem sentenciis absolucionis beneficium et super irregularitate contracta dispensationis graciam impendere valeatis. [10] verumᶜ quia presentes litere nequirent forsan propter viarum discrimina vel alia impedimenta legitima vestrum cuilibet commode presentari, volumus, quod per te, frater Wormaciensis episcope, dictarum literarum transumptum manu publica scriptum tuoque conmunitum sigillo vobis predictis episcopis et aliis supra comprehensis transmittatur, cui adhiberi per vos et aliosᵈ volumus velut originalibus plenam fidem[1]. datum Rome apud sanctum Petrum kalendis octobris pontificatus nostriᵉ anno quartodecimo.

Franciscus de Montepoliciano.
Jacobus Angelus.

108. P. Bonifacius IX gibt den Bischöfen von Worms Augsburg Wirzburg Brixen und Verden, indem er dem in der Bulle vom 1 Okt. dem K. Ruprecht für das laufende Jahr zugestandenen Zehnten den des folgenden Jahres hinzufügt, die entsprechende Vollmacht zu dessen Erhebung. 1403 Okt. 2 Rom.

    C aus Vatik. Archiv cod. chart. coaev. in fol. sign. Bonif. IX de curia an. XIII XIV XV lib. IX f. 186ᵃ–189ᵇ, im Druck abgekürzt wegen der vielen Widerholungen aus der Zehntenbulle desselben Pabstes vom 1403 Okt. 1, w. m. s. die Varianten C; zwischen Schluß und Unterschrift 2000 [floreni?].

    L coll. Lucca Kapitelbibliothek cod. ms. nr. 545 cop. ch. coaev. fol. 403ᵃ–404ᵃ mit der gleichen Überschrift Concessio decime omnium fructuum ecclesiasticorum pro adventu regis ad Romanam curiam pro anno uno; ähnlich abgekürzt wie in unserem Abdruck durch Hinweis auf die Quelle vom 1 Okt. 1403 nr. 107, die allerdings in L nicht steht; ohne die Unterschriften.

    M coll. Baluz. Miscellan. Lucae 1762 tom. 3 p. 121 ex Ms. cod. biblioth. canonicor. major. eccl. Lucen., ähnlich gekürzt wie in dem von uns gegebenen Abdruck, offenbar aus L, auch ohne die Unterschriften.

Bonifacius etc.ᶠ Venerabilibus fratribus .. Wormaciensi Augustensi Herbipolensi Brixinensi ac Verdensi episcopisᵍ salutem etc. cum nuper, videlicet kalendis octobris pontificatus nostri anno quartodecimo, pro carissimo in Christo filio nostro Ruperto in

a) C nostro. b) C sm. sact. pres. c) C et. d) C sm. et alios. e) post. a. erpingt aus R. f) B etc. sm. IX.

[1] Zwei solche Transsumpte, wenn auch verstümmelt, sind erhalten, s. Bisch. Eckhard von Worms an Bisch. Peter von Kammerich [1403 nach Okt. 2] nr. 109.

[2] Die Namen s. in der Anm. zu der Zehntenbulle vom 1 Okt. 1403 nr. 107.

regem Romanorum electo illustri pro ejus adventu ad nostram presenciam, ad hoc ut consecracionem uncionem et imperiale dyadema secundum canonicas sancciones cesareo more de nostris manibus divinitate propicia celerius assequi valeat, in sublevacionem expensarum et onerum que pro consummacione premissorum ipsum regem propterea oportebit de necessitate subire, decimam omnium fructuum* reddituum et proventuum ecclesiasticorum presentis anni ab omnibus archiepiscopis et episcopis ceterisque personis ecclesiasticis quibuscunque [*weiter wie in der Zehnten-Bulle desselben Pabstes von 1403 Okt. 1 nr. 107, nur mit den nöthigen Konstruktions-Veränderungen; derselbe Gleichlaut ist auch im folgenden durch Gedankenstriche angezeigt*] imposuimus solvendam — in festo annunciacionis beate Marie proxime secuturo: vos monuimus rogavimus et hortati fuimus attente vobisque per apostolica scripta mandavimus, quatenus — levaretis et eciam exigeretis in termino prefato decimam supradictam —. [*weiter wie in der genannten Bulle bis zu deren Schlussworten* plenam fidem, *auf welche dort nur noch das Datum folgt, das hier weggelassen ist; dann fährt unsere Urkunde selbständig fort:*] cum autem, sicut fidedigna informacione didicimus, hujusmodi decima unius anni pro relevacione et subvencione* expensarum circa adventum prefati regis ad nostram presenciam imposita, exigenda et persolvenda ut supra prefertur, ad consummacionem* celerem et votivam omnium premissorum minime suppetere sicque de amplioris subvencionis auxiliis idem rex procul dubio indigere noscatur, et propterea pro parte dicti regis nobis fuit humiliter supplicatum ut eidem de amplioris subvencionis* subsidiis pro execucione tam ardui negocii providere de benignitate et largitate sedis apostolice* dignaremur: nos, qui ex debito pastoralis officii pro statu prospero et tranquillo tam ecclesie quam imperii prefatorum et quorumcumque fidelium intensis desideriis aspiramus, liberaliter atque paterne eidem regi circa execucionem plenariam omnium premissorum salubriter providere volentes, premissis et nonnullis aliis justis ac racionabilibus* moti causis ac dicti regis supplicacionibus inclinati, hujusmodi decimam proxime sequentis a fine dicti presentis anni exigendam ac ab illis et per illos et in illis partibus in festo purificacionis prefate Marie solvendam sub illis modis condicionibus formis, prout ex dicti vigore aliarum nostrarum literarum prefatarum vobis et aliis competit, de eorumdem fratrum nostrorum sancte Romane ecclesie cardinalium consilio auctoritate predicta imponimus* per presentes, vobis nichilominus et cuilibet vestrum ac illis, quos ad hoc in succollectores, clericos dumtaxat, duxeritis deputandos, dictam decimam pro dicto sequenti anno imponendi exigendi recipiendi et solvendi et alia omnia et singula faciendi, que in supradictis nostris literis plenius continentur, et prout pro presenti anno competit, plenam concedentes tenore presencium facultatem¹. datum Rome apud sanctum Petrum sexto nonas octobris pontificatus nostri* anno quartodecimo.

Franciscus de Montepoliciano
Zucharus.

¹ *Vgl. weiter den späteren Befehl des Pabstes 1404 Aug. 4 bei uns im folgenden Band.*

109. *Bischof Eckhard von Worms an Bischof Peter V de Alliaco von Kammerich und dessen Diöcese (ebenso mut. mut. an einen unbekannten andern Bischof und dessen Diöcese), schickt als Vollstrecker der päbstlichen Zehntenbulle von 1403 Okt. 1 ein Vidimus derselben als Einschaltung und befiehlt den Zehnten des laufenden Jahres an gen. Subkollektor abzuliefern.* [1403 nach Okt. 2 Worms¹.]

An Bisch. Peter V von Kammerich und seine Diöcese: P *aus Paris. Nat. Bibl.* collect. de Baluze, bulles nr. 189 (inventaire des chartes II p. 743) *auf Pergament, Schrift vom Anfang des 15 Jahrh., wahrsch. das Original, aber am Schlusse verstümmelt, die Schrift an mehreren Stellen fast erloschen, der Rest der Urkunde abgeschnitten.*

An einen anderen Bischof und dessen Diöcese: K *coll. Karlsruhe G.L.A. Pfälz. Kop.B. 149 nicht zur Vollziehung gelangte Urkunde auf Pergament* man. coaev., *als Umschlag des Kopialbuches verwandt, die Schrift auf der Innenseite, so daß das Ende des Textes im Buchrücken verschwindet; der Obertheil ist umgeklappt und angeheftet, daher der Anfang und Adressat nicht ersichtlich. außerdem ist an der linken Seite von oben nach unten ein Streif abgeschnitten, so daß an jeder Zeile etwa 20 Worte fehlen; wir bezeichnen diese Lücken jedesmal durch Punkte. Der Text wird sichtbar mit den letzten Worten von art. 2 der eingeschalteten päbstlichen Urkunde und stimmt weiter wörtlich mit* P *überein bis* oppositione quibuscumque, *dann folgt*: venerabilibus viris dominis Johanni Ungelter . . . ores deputamus, consignetis et exhibentis, atque de hujusmodi decima, prout ad vos et vestrum singulos pertinet, communiter vel divisim respondentis . . . singulos generaliter cujuscumque preeminencie dignitatis status gradus sexus ordinis vel condicionis extiterint ne prefatis succollectoribus et . . . tum aliquid prestetis per vos vel alium seu alios directe vel indirecte publice vel occulte non ipsos vel eorum alterum impedientibus scienter vel ig . . . erint fideliter providere curetis. quod si forte in solucione et assignacione hujusmodi decime in prefato termino defeceritis aut aliquis vestrum defecerit, . . . impedientibus auxilium consilium et favorem prestiteritis aut aliquis vestrum prestiterit, vos omnes et singulos supradictos quibus presens noster processus dirigitur . . . ferimus et promulgamus. vobis vero domino episcopo, cui ob reverenciam pontificalis dignitatis deferre volumus sicut et debemus . . . sequentes duxeritis tollerandum, vos suspendimus a divinis. et si interdicti et suspensionis hujusmodi sentencias per alios sex dies extunc immediate sequentes . . . exnunc prout extunc excommunicacionis sentenciam in hiis scriptis ferimus et promulgamus. verum si hujusmodi interdicti suspensionis et excommunicacionis sentencias per decem dies . . . os divinus timor a malo non revocat, temporalis saltem pena cohibeat a peccato, exnunc prout extunc omnes et singulos fructus redditus . . . et prefatis succollectoribus et receptoribus vel eorum alteri de hujusmodi decima expensis dampnis interesse et sumptibus ob hujusmodi negligenciam . . . meruerit obtinere. mandamus insuper vobis domino episcopo nec non universis et singulis aliis ad quos presentes litere pervenerint, quod statim postquam . . . detencione, retenta tamen vobis si volueritis copia, vestris tamen sumptibus et expensis, alioquin vos et ipsos infra novem horarum spacium ab hujusmodi . . . excommunicacionis sentencias auctoritate prefata incurrere volumus ipso. taliter premissis nostris immo verius apostolicis cum debita devocione parentes mandatis [*hier wird der Text nicht mehr ersichtlich, weil der Buchrücken beginnt, auf der anderen Seite des Buches folgt dann nach einem Spatium*:] . . . literarum apostolicarum presentacioni transsumpcioni processuum decreto monicioni censure ecclesiastico et arrestacionis sentenciarum fulminacioni succollectoris* . . . dum sic ut promittitur coram me fierent et agerentur, una cum notario subscripto et testibus prenotatis presens interfui, eaque sic fieri vidi . . . er alium aliis prepeditus* negociis fideliter scriptum signo et nomine meis

a) s mit Abkürzung. b) succollector mit Abkürzung. c) prepediti mit Abkürzung.

---

¹ *Das Datum fehlt mit dem Schlusse der Urkunde, jedenfalls fällt sie nach, wol bald nach 1403 Okt. 1, dem Tag der in derselben eingeschalteten Bulle, und nach Okt. 2, dem Tag der Bevollmächtigung des Bischofs von Worms.*

solitis et consuetis consignavi rogatus requisitos in . . . . periali auctoritate et nota- *[1403*
rius*, quia predictis omnibus et singulis, dum sic ut premittitur per prefatum dominum *nach*
executorem fierent et agerentur, una cum . . . mandato dicti domini executoris post *Okt. 2]*
Johannem meum in hac parte connotarium presubscriptum hic me propria mea manu
subscripsi signoque . . . premissorum.

Reverendo in Christo patri domino et dei gracia episcopo Cameracensi[1] necnon
abbatibus abbatissis prioribus decanis prepositis archidyaconis archipresbyteris plebanis
officialibus primiceriis et rectoribus aliisque ecclesiarum et monasteriorum capitulis et
conventibus exemptis et non exemptis Cysterciensis Cluniacensis Premonstratensis Cartu-
siensis Grandimontensis sanctorum Benedicti et Augustini et aliorum ordinum necnon
domorum et hospitalium Calatravensium prioribus et preceptoribus ceterisque personis
ecclesiasticis quibuscumque in civitate et dyocesi constitutis, quantacumque prefulgeant
dignitate seu cujuscumque sint preeminencie condicionis sexus aut status religionis vel
ordinis aut quocumque nomine censeantur, ad quos presentes littere pervenerint, Eckardus
eadem gracia episcopus Wormaciensis, executor ad infrascripta una cum infrascriptis
collegis nostris a sede apostolica cum illa clausa „quatenus vos et singuli vestrum"[2]
specialiter deputatus, salutem in domino et mandatis nostris ymo verius apostolicis fir-
miter obedire. Litteras sanctissimi in Christo patris et domini nostri domini Bonifacii
divina providencia pape noni, per venerabilem et peritum virum dominum Johannem
Noet decretorum doctorem excellentissimi et invictissimi principis et domini nostri domini
Ruperti Romanorum regis semper augusti procuratorem, de cujus mandato plena nobis
fuit facta fides, cum filo cannabino[b] integras et vera bulla plumbea ipsius domini nostri
pape bullatas non viciatas non cancellatas non abrasas nec in aliqua sui parte corruptas
sed omni prorsus vicio et suspicione carentes, nobis coram notariis et testibus subscriptis
presentatas et ostensas, nos cum ea qua decuit reverencia recepisse noveritis, formam
que sequitur continentes [folgt die Zehntenbulle P. Bonifacius IX von 1403 Okt. 1, w.
m. s. Quellenangabe B]. Quibus quidem litteris receptis visis ac diligenter inspectis ac
coram nobis perlectis, fuimus per prefatum dominum Johannem Noet procuratorem et
procuratorio[c] nomine serenissimi principis et domini nostri Romanorum regis prelibati
cum instancia debita requisiti, ut predictum mandatum apostolicum nobis in hac parte
directum in publicam formam transsumi et execucioni debite mandare dignaremur. Nos
igitur Eckardus episcopus Wormaciensis executor prefatus predictum mandatum aposto-
licum transsumi fecimus, ut eidem transsumpto tamquam litteris originalibus plena fides
adhibeatur[3], ne, volentes illud idem reverenter exequi ut tenemur, prefatas litteras vobis
omnibus et singulis supradictis insinuamus notificamus et ad vestram et cujuslibet vestrum
noticiam deducimus vosque dominum episcopum ac omnes et singulos alios supradictos
civitatum et dyocesium predictarum, quibus presens noster dirigitur processus, auctoritate
apostolica, qua fungimur in hac parte, primo secundo et tercio ac peremptorie requirimus
et monemus communiter et divisim, ac vobis et vestrum cuilibet in virtute sancte obe-
diencie et sub penis infrascriptis districte precipiendo mandamus, quatenus infra hinc et
festum annunciacionis beate Marie proxime venturum, quem terminum vobis omnibus et *[1404*
singulis pro primo secundo et tercio ac peremptorio termino et omnibus dilacionibus re- *Mrz. 25]*
motis[d] ac monicione canonica assignamus, decimam de omnibus fructibus redditibus et

a) notae mit Abkürzung. b) P canipon. c) P procuratore et procurato. d) om. PE.

[1] *Petrus V de Alliaco (d'Ailly), Bischof von Kammerich seit 1398, wird 1411 Kardinal, stirbt 1425 Aug. 9.*
[2] *In der Zehntenbulle P. Bonif. IX von 1403 Okt. 1 nr. 107 art. 2.*
[3] *Siehe den Befehl des P. Bonif. IX in dessen Zehntenbulle von 1403 Okt. 1 art. 10.*

proventibus vestris ecclesiasticis presentis anni, secundum modum taxacionem et morem ac consuetudinem in exactione et collectione hactenus observatam, prout in nostris litteris apostolicis continetur, in moneta currenti, absque difficultate contradictione et oppositione quibuscumque, venerabili et perito viro domino Nicholao Bettenberg cantori ecclesie sancti Paulini extra muros — —

110. *K. Ruprecht an Frankfurt, überschickt abschriftlich den an ihn gerichteten Brief des Bisch. Raban von Speier und des Matthäus von Chrochow vom 1 Okt. 1403 nr. 106.* 1403 Okt. 30 Heidelberg.

Aus Frankf. St.A. Imperatores 1, 207 or. chart. lit. clausa c. sig. in verso impr., auf Rückseite gleichzeitig Unser herre der konig, daz in der babst confirmert hette. Regest bei Janssen Frankf. R.K. 1, 117 nr. 240 ebendaher.

Ruprecht von gots gnaden Romischer kunig zu allen zijten merer des richs.

Lieben getruwen. wannt wir wol wißen, das ir sunderlichen begerende sint von unsern und des heiligen richs sachen und leuffen alle zijt gute mere zu vernemen, darumbe so schicken wir uch hie inne versloßen abgeschrift eins briefes, den uns der erwirdige Rafan bischoff zu Spire unser lieber furste canczler und getruwer geschriben hat, und der uns erste off hute hie zu Heidelberg gantwurt worden ist. und so der obgenant unser canczler mit der gots hulffe kurczlichen selber zu uns komet, was er uns dann mee von den sachen zu verstende geben wirdet, das wollen wir uch auch laßen wißen. datum Heidelberg feria tercia ante festum omnium sanctorum anno domini millesimo quadringentesimo tercio, regni vero nostri anno quarto.

[in verso] Unsern lieben getruwen burgermeistern und rate unser und des heiligen richs stat Franckfurt.

Ad mandatum domini regis Johannes Winheim.

111. *Aufzeichnung des Florentinischen Gesandten Jacopo Salviati über die Approbation K. Ruprechts durch P. Bonifacius IX 1403 Okt. 1.*

Aus Cronica o memorie di Jacopo Salviati dall' anno 1398 al 1411 herausgegeben von Fr. Ildefonso di san Luigi in Delizie degli eruditi Toscani tomo 18 in Firenze 1784 pag. 214f.

Memoria: che a dì 14 di settembre 1403, per elettione prima fatta per i nostri signori e loro collegj, io andai ambasciadore a Roma a papa Bonifatio nono nato de' Tomacelli da Napoli, in compagnia di messer Maso degli Albizi et di messer Tommaso Sacchetti. et la conchiusione della nostra ambasciata fu, che noi facessimo ogni operatione possibile a noi, perchè il papa non ratificasse alla pace, che il cardinale di santo Statio[1] legato in Bologna per santa chiesa havea facto in nome del papa con il duca di Milano overo con la duchessa sua madre per mezzanità et operatione di Carlo de' Malatesti. partimmo di Firenze il suddetto dì, et andammo a Piombino. et entrando nella galeotta del signore di lì, che ci prestò la fusta et noi la noleggiammo (e costorci il nolo infino a Roma scudi 163, che gli pagò il comune), havemmo tra via assai pericoli, et d'essere presi et di mare. et giugnemmo in Roma a dì 29 di settembre. et non potemmo così prestamente parlare al papa, però che il primo d'ottobre esso fece

---

[1] *Diaconus cardinalis sancti Eustachii.*

publico concistoro, nel quale egli approvò la elezione[1] di Roberto di Baviera, stata fatta per gli elettori della Magna[a] dell' imperio, essere vera ragionevole e valida, affermando lui essere efficacemente e con debito modo eletto, approvando ancora lui essere idoneo et degno a detta elettione, et promettendo coronarlo d'oro quando gli piacesse venire per la corona, et appresso confermando il detto papa[a] la improbatione et annullatione suta fatta per li detti elettori di Vinzislao di Luzenborgo re di Buemmia, stato infino a quell' hora imperadore, sì come huomo non degno del detto imperio. di poi passati alquanti di parlammo col papa dicendogli sopra la materia nostra quanto ci parve utile.

a) sic.

[1] *Genauer wurde die Person approbiert, die Absetzung und Erwählung ratificiert. Doch vermischt das auch Theod. de Niem lib. 2 de schismate c. 11:* non diu ante obitum Bonifacius papa electionem de domino Roberto moderno rege Romanorum per archiepiscopos Moguntinensem Coloniensem et Treverensem electores imperii contra dictum dominum Wenceslaum regem factam sue etiam tunc presente in consistorio publico approbavit, promittens quod sibi favores apostolicos vellet impendere. *Und schon in dem Schreiben nr. 105 wird es nicht mehr auseinander gehalten.*

[a] *Alemagna.*

Zum Wahltag: Verhalten der Städte zur Thronveränderung
1400 Aug. und Sept.

Die Absetzung K. Wenzels und die Erwählung K. Ruprechts waren von den Städten nicht begünstigt worden. Sie werden in Wenzel doch immer noch einen wenn auch nicht zuverlässigen Gönner gesehen haben. Und das Urtheil über die Folgen der Neuwahl wird bei ihnen kein anderes gewesen sein als das von dem Straßburger Stadtschreiber Wernher Spatzinger ausgesprochene: principum procurabitur exaltatio, RTA. 3, 291, 5. Sie wurden vor der Katastrophe von den Fürsten bearbeitet, sie hielten wiederholt Versammlungen. Im dritten Bande der RTA. ist das nähere mitgetheilt worden. Wie sich die Städte dann nach der Erwählung K. Ruprechts verhielten, sieht man an den verschiedenen Zusammenkünften, die wir in diesem Abschnitte zusammengestellt haben.

A. Besprechung K. Ruprechts mit Mainz und Frankfurt zu Alzei auf 25 Aug. 1400 nr. 112-114.

Eine Unternehmung gegen die Burg Altenwolfstein beschäftigte den König und seinen Sohn Ludwig. Man gedenkt die Städte Mainz und Frankfurt zur Unterstützung zu gewinnen. Ludwig befand sich persönlich vor der Feste. Noch zu Oberlahnstein soll mit den Gesandten der Bürgerschaften angeknüpft werden. Dazu ist es dort wol nicht mehr gekommen. Aber schon am Tage nach der Erwählung schreibt der neue König von Bacherach aus an Frankfurt, sicher auch an Mainz, und bittet um militärische Hilfe. Außerdem sollen beide eine Unterredung mit ihm in Alzei auf 25 August haben. Dabei handelte es sich freilich um mehr als dieses augenblickliche Beispringen. Was es ist, sieht man wol, und es liegt in der Natur der Dinge, es ist das Verhältnis der Städte, die sich ja noch nicht entschieden hatten, zu der Thronrevolution. Der Mainzer Städtetag vom 8 Sept. schließt sich daran an. Deshalb ist auch diese Unterredung hier aufgenommen worden. Der andere Gegenstand, Altenwolfstein, ist dabei nur von untergeordneter Bedeutung, doch auch nicht unwichtig. Es war ein Präjudiz, wie sich die beiden Städte dazu stellten. Die Geschichte von Altenwolfstein zu untersuchen ist hier nicht der Ort. Nur weniges hier unmittelbar zutreffende mag erwähnt werden. Dieses Altenwolfstein kommt als Raubschloß vor bei Görz Kurtrier. Regesten 1397 Nov. 3 und 1398 Febr. 12. Natürlich kann aber hier nicht auf die ältere Geschichte der Burg eingegangen werden. Ich führe nur aus jenen Tagen selbst das nachfolgende an. Herzog Karl zu Lotringen und Markgraf urkundet 1400 Sa. n. Barthol. [Aug. 28]: Johanne Wolff von Spanheim Ritter hatte Nyclas Vogt und Herrn zu Hundstein auf dem Schlosse Altenwolffestein wider den Herzog enthalten und war mit seinem Sohne Conrat des Herzogs Feind geworden, und sie haben mit ihren Helfern

dem Herzog und seinen Landen und Leuten großen Schaden gethan zu und von dem
Schlosse; da hat der Herzog dieses belagert, und nun ist getedingt worden, daß die
dortigen Gemeiner dem K. Ruprecht des Herzogs Vater [Schwiegervater durch seine
Tochter Margarethe] und dem Herzog und deren [im Text „unsern" geht wol auf
5 Beide, wie auch im weiteren] Erben ¹/₄ an dem Schlosse gegeben haben, und damit Süne
und Verezig eingetreten sei, und so sollen sie und „unser" Erben mit „unsern" Mit-
gemeinern daselbst allzeit einen guten Bourgfriden halten, und soll „unser" dortiger
Amtmann denselben allzeit schwören. Münch. St.A. äußere Verhh. der Kurpfalz ¹³⁷/₂₃
or. mb. c. sig. pend. (Revers der Gemeiner Karlsr. G.L.A. Pfälz. Kop.B. 61 f. 126ᵇ-129ᵃ
10 und 45 f. 200ᵃ-202ᵃ). — Vom gleichen Tag ohne Jahresangabe [1400] ebenda ¹³⁷/₆₂ or.
mb. c. 6 sig. pend. (und Karlsr. G.L.A. Pfälz. Kop.B. 45 fol. 202ᵃ-204ᵃ): K. Ruprecht,
Hzg. von Lothr. und Markgr. Karl, Herman Muhstein von Grunbach, Wolff von Span-
heim, Cunrad und Heinrich Wolff auch von Spanheim, alle Gemeiner zu Altenwolffstein,
wollen einen Burgfrieden in dem Schlosse halten; der Amtmann Ruprechts und Karls
15 daselbst soll allezeit einer der 3 sein die darüber gesetzt sind Minne und Rechts Gewalt
zu haben, und wenn die 3 nicht einträchtig werden können, so soll es an den Gemeinern
gemeinlich stehen, u. a. m. Vgl. Remling Urk.B. z. Gesch. d. Bisch. v. Speier 2, 28 f.
nr. 5, und daraus bei Töpfer Urk.B. f. d. Gesch. d. Vögte v. Hunolstein 2, 104
nr. 116.

20   **B. Rheinischer Städtetag zu Mainz vom 8 Sept. 1400 nr. 115-121.**

Das wichtigste unter diesen Stücken über den zu Alzei wol schon vorbereiteten
Mainzer Städtetag ist nr. 120. Es enthält ein den Städten ertheiltes Gutachten, das zu
Gunsten des neuen Königs lautete. Als Urheber werden dort in art. II etzliche wise
gelerte große phaffen in dem rechten genannt. Man wird nicht weit irre gehen, wenn
25 man in denselben kurmainzische Juristen sieht, die natürlich den Standpunkt der Partei
von Oberlahnstein vertheidigten. Auf diesen Ursprung weist der Versammlungsort Mainz
und der Inhalt des Gutachtens gleichmäßig hin. In nr. 129 sieht man, daß K. Ruprecht
sine vründe hier gehabt hat. Diese sind doch wol kaum identisch mit den genannten
phaffen.

30   **C. Fränkischer Städtetag zu Nürnberg vor 13 Sept. 1400 nr. 122-123.**

Es hatte von einer größeren Versammlung der Reichsstädte in Nürnberg verlautet,
nr. 122. 123. 163. Eine solche fand nicht statt. Nur zu einer kleineren Konferenz
zwischen Nürnberg Rotenburg Schweinfurt Windsheim Weißenburg kam es, nr. 122 und
nr. 123. Was sie beschlossen haben, geht aus den zwei Briefen nicht hervor, nicht
35 einmal das genaue Datum der Zusammenkunft. Diese Briefe sind aber gleichwol sehr
interessant durch die Nachrichten, die sie von Wenzel bringen, wie er sich zu den neuen
Ereignissen verhielt. Einige Posten aus den Nürnberger Propinationen um diese Zeit,
welche sich zum Theil auf diesen Tag beziehen, folgen hier im Auszuge aus Nürnberg
Kr.A. nr. 489 Schenkbuch 1393-1422 fol. 58ᵃ-59ᵇ cod. coæv.: [Achte Bürger-
40 meisterperiode des Rechnungsjahres, 1400 Aug. 11 bis Sept. 8.] Propinavimus herzog
Steffan 24 gr., summa 3 lb. 12 sh. hl.   propinavimus des markgraven von Baden rat
6 gr., summa 18 sh. hl.   propinavimus den von Winsheim 4 gr., summa 5 sh. 4 hl.
propinavimus dem statschreiber von Rotenburg 4 gr., summa 5 sh. 4 hl.   propinavimus
des herzogen von Prawnsweyg diener 2 gr., summa 6 sh. hl.   propinavimus dem
45 pfleger von Rotenberg und seinen purkherren 8 gr., summa 1 lb. 4 sh. hl.   propina-
vimus dem bischof von Eysteten 16 gr., summa 2 lb. 8 sh. hl.   propinavimus graven

Ludwig von Oetingen 16 qr., summa 2 lb. 8 sh. hl.   propinavimus graven Johan von Wertheim und hern Albrecht von Eglofstein 10 qr., summa 1 lb. 10 sh. hl.   propinavimus dez von Oesterriche diener 6 qr., summa 18 sh. hl.   propinavimus den von Weissemburg 4 qr., summa 12 sh. hl.   [*Neunte Bürgermeisterperiode Sept. 8 bis Okt. 6.*] Propinavimus dem statschreiber von Nördlingen und dem Schaller doselbst 4 qr., summa 12 sh. hl.   propinavimus dem Swepfferman dem Raidenpucher und dem lantschreiber von Amberg 6 qr., summa 18 sh. hl.   propinavimus hern Steffan von Wolfsteyn 4 qr., summa 12 sh. hl.   propinavimus dem Milloch von Tawst 4 qr., summa 12 sh. hl.   propinavimus graven Fridrich burggraven 16 qr., summa 2 lb. 8 sh. hl.   propinavimus den von Winsheim und Sweynfurt 6 qr., summa 18 sh. hl.   propinavimus den von Weissenburg 4 qr., summa 12 sh. hl.   propinavimus den von Rotemburg 4 qr., summa 12 sh. hl.   propinavimus hern Fridrich Haiden 4 qr., summa 12 sh. hl.   propinavimus iterum den von Weissemburg 4 qr., summa 12 sh. hl.   propinavimus iterum den von Winsheim 4 qr., summa 12 sh. hl.   propinavimus Dietrich Kraen und Johanni von Kircheim hofschreiber 6 qr., summa 18 sh. hl.   propinavimus dem Puchperger 6 qr., summa 18 sh. hl.   propinavimus zwein vom hof 4 qr., summa 12 sh. hl.   propinavimus dem Swepfferman dem lautschreiber und drien von Helmstat 8 qr., summa 1 lb. 4 sh. hl.   propinavimus dem Zesman dez kunigs diener 4 qr., summa 12 sh. hl.   propinavimus dem von Eberstain 6 qr., summa 18 sh. hl.   propinavimus hern Jörgen und Wigeleis Schenken von Geyrn 4 qr., summa 8 sh. 4 hl.   propinavimus den zwein Trewchtlingern 4 qr., summa 8 sh. hl.   propinavimus burggraven Fridrichen 16 qr., summa 2 lb. 8 sh. hl.   propinavimus vom Hirßhorn vitztum zu Amberg 6 qr., summa 12 sh. hl.   propinavimus dem meister Tewtsch ordens 12 qr., summa 1 lb. 16 sh. hl.   propinavimus burggraven Johan 16 qr., summa 2 lb. 8 sh. hl.   propinavimus dem bischof von Bamberg 16 qr., summa 2 lb. 8*a* sh. hl.   propinavimus Fridrich Grefenegker 4 qr., summa 8 sh. hl.   propinavimus den von Winsheim 4 qr., summa 8 sh. hl.   propinavimus den von Weissemburg 4 qr., summa 8 sh. hl.   propinavimus dem richter von Awrbach 4 qr., summa 8 sh. hl.

D. Zusammenkünfte der Bodensee- und der Schwäbischen Städte im Sept. und Okt. 1400 nr. 124-127.

Der Tag der Bodenseestädte wird in nr. 124 auf 19 Sept. Konstanz, in nr. 125 auf 21 Sept. Konstanz, in nr. 126 auf 14 Sept. ohne Ortsnennung angegeben. Offenbar ist aber immer die gleiche Versammlung gemeint. Der Eid der Bodenseestädte vom folgenden Jahr ist nr. 228 mitgetheilt, und zu vergleichen ist die Erzählung von einem Konstanzer Tag derselben 1401 Juli 31 u. s. f. — Die Urkunde Ruprechts vom 1401 Aug. 10, worin er 18 Schwäbische Städte in Huld und Schutz nimmt, beendigt das schwankende Verhältnis des Königs zu diesen, wie es noch in nr. 127 vorliegt.

E. Rheinischer Städtetag zu Mainz vom 29 Sept. 1400 nr. 128-132.

Über die Theilnehmer der Versammlung gibt nr. 167 Auskunft. Der Beschluß der Städte über die dem König zu gebende Antwort ist nicht erhalten. Aber ihre Antwort selbst steht in nr. 137, wie sie sie dem Könige gaben. Auch die Forderung, die dieser an die Städte stellte, wird dort mitgetheilt, desgleichen in nr. 167. Auffallend ist, daß Köln allemal, wenn es die Neugier der Achauer zu stillen hat, nichts weiß,

a) cod. 7 oder 8 oder 18? korrigiert.

nr. 128 und 131. Im ersten Fall ist das sicher bloß Ausrede, da seit der Mainzer Versammlung vom 8 Sept. Zeit genug bis zum 20 Sept. verflossen war, damit die Kölner Gesandten wieder nach Haus kommen und ihre Behörden unterrichten konnten; und im zweiten Fall liegt dieselbe Vermuthung nahe. Es scheint schon damals Spannung gewesen zu sein zwischen diesen beiden Städten.

Julius Weizsäcker.

A. Besprechung K. Ruprechts mit Mainz und Frankfurt zu Alzei auf 25 Aug. 1400 nr. 112-114.

112. *Pfalzgr. Ludwig an seinen Vater Ruprecht: letzterer soll mit den in Oberlahnstein anwesenden Gesandten von Mainz und Frankfurt um Zuzug zu der Belagerung von Altenwolfstein*[1] *handeln.* [1400] *Aug. 20 Feld bei Altenwolfstein.* [1400] Aug. 2

A aus Frankf. St.A. Imperatores 1, 139 cop. ch. coaev., von K. Ruprecht an Frankfurt geschickt als Einschluß in seinem Briefe vom 22 Aug. 1400 nr. 113.
B coll. ib. Wahlsgueeta 1 fol. 40 nr. 130 cop. ch. coaev., unvollständig, nur vorhanden bis wolmogende sin etc. und dann vom Datum bis zu Ende.
Regest bei Janssen Frankf. R.K. 1, 64 nr. 186 aus A.

Unsern frantlichen dinst mit steter liebe und ganzen trüwen und gehorsamkeit allzit bevor als billich ist. durchluchtiger hochgeborner furste, lieber herre und vatter. wir laßen uwer liebe wißen, daz wir und alle die uwern, die bi uns fur Alten-Wolffstein sin, gesund und wolmogende sin. und sint ouch alle uwer sachen daselbs noch wol und redelichen und wolbestalt. auch laßen wir uwer liebe wißen, daz die brustwere an dem furhoff und ouch etliche andere were an dem sloß Alten-Wolffstein fast abgeschoßen und zuworfen sin, daz die in dem sloß zumale bloß zuschen der rechten burge und dem furhoff gein dem ende zů als uwer buschen ligent weberen[2] müßen. und sie getorren sich an dem ende zu nirgent eigen[3], wann man umbe und umbe mit armbrosten uber in siezet und in die helse abeschüß wo sie sich eugiten[4]. und ist versehenlich, daz ez kein wile also bliben moge, man werde an das sloß laufen und daz stormen. und uwere frunde[5] stellent sich auch mit schirmen und leitern und allem gezuge darzů. nů meinent uwere rete, daz man darzů, und so man stormen solle, wol gutes geschutzes bedorfe[6] und daz daz nit als folleclich hie* si, wann unsers swagers von Lotringen frůnde nit vile guter schützen bi in habent; und meinent, ob ez anders uwer liebe wol gefalle, daz ir mit den von Mencz und von Franckenfurd, die doch iezunt ir frunde zu Lainstein han, mit denselben der zweier stedte frunden wollend roden

a) A bedürfnt b) A add. sin.

---

[1] *Janssen Frankf. R.K. 1, 65 nr. 189 nt.* [4] *bemerkt, daß K. Ruprecht sich schon 1397 Nov. 3 mit Erzb. Werner von Trier und dann 1398 Febr. 12 mit demselben und dem Erzb. Johann von Mainz zum Kriegszug gegen das Raubschloß Altenwolfstein verbunden hatte laut Goerz Regesten der Erzb. zu Trier 124, 125.*
[2] *Sich hin und her bewegen, wandern, mhd. WB. 3, 612.*
[3] *Ougen, öugen, vor Augen bringen, zeigen, Lexer mhd. HWB. 2, 186.*
[4] *Dasselbe.*
[5] *Gerhard Wildgraf zu Kirchberg quittiert K. Ruprecht 500 fl., die er demselben in dem Lager vor Wolfstein geliehen hat, 1403 Jan. 28 (So s. conv. Pauli), Karlsr. G.L.A. Pfälz. Kop.B. 61 fol. 201*.*

[1400] und sie biten, daz uch die von Meneze drißig und die von Franckefurd zwenzig guter
Aug. 20   schutzen der besten die sie haben lihen, und daz die auch gute armbrust phile und
gerotschaft haben, und die zu stund unverzugelich fur Alten-Wolffstein schicken. und
uwer rete meinent, ob der von Mentze und von Franckefurd frunde die iczunt zu Lain-
stein sin uch wurden antworten daz sie des nit macht hetten und musten daz hinder 5
sich an ir frunde bringen, daz ir dann den von Meneze und von Franckefurd selber
verschribend und sie darumbe bitlend, und so ez so beßer.   auch, lieber herre und
vatter, als uns uwer liebe verschriben hat daz uch unser herre von Triere sin*a groß
bötte wolle lihen und die fur Alten-Wolffstein schicken, des meinent uwer frunde, daz
ir daran bedacht wollent sin und die bůsch kurzlichen komme und daz sie auch pulver 10
und stein darzu mit in bringen.   lieber herre und vatter, alle uwer frunde meinent,
daz ez uch gar nuezlich und gut were daz ir selber hie werend umbe vile schaden
willen; und so ir ez kommen mogend, so uns und sie alle auch beßer dunket sin.
[1400] datum in campis prope Alten-Wolffstein sexta ferin post festum assumpcionis beate Marie
Aug. 20   virginis gloriose under des edeln unsers neven grave Gerharts von Kirberg ingesigel. · 15
[in verso] Dem durchluchtigen hochgebornen
fursten und herren hern Ruprecht pfalczgraven
bi Rine des heiligen Romischen richs obirsten   Lodewig von gots gnaden pfalcz-
truchseßen und herzogen in Beyern unserm lie-   grave bi Rine und herzog in
ben herren und vatter debet.   Beyern.   20

1400 113. *K. Ruprecht an Frankfurt, begehrt Gesandte der Stadt auf 25 Aug. zu sich nach
Aug. 22   Alzei, und ebendahin auf 26 Aug. 20 Schützen zur Unterstützung seines Sohns
Ludwig bei der Belagerung von Altenwolfstein. 1400 Aug. 22 Bacherach.*

A aus Frankf. St.A. Imperatores 1, 173 or. chart. lit. cl. c. sig. in verso impr.
B coll. ib. Wahltagsacta 1 fol. 40b nr. 129 cop. ch. coaev.   25
Regest bei Janssen Frankf. R.K. 1, 65 nr. 188 aus A.

Ruprecht von gotes gnaden Romischer konig zu allen zijten merer des richs.
Unser und des richs lieben getruwen.   wir begern mit ernst, daz ir uwer treff-
Aug. 25 liche frunde uß uwerm rate off mitwochen nehstkumpt zu nacht zu uns gan Alczei
wollent schicken, mit den wir von etlichen trefflichen sachen rede haben wollen[1], der 30
wir uch zu dieser zijt nit verschriben oder enbieten mogen.   auch hat uns unser sone
herzog Ludwig off hute einen brieff gesant, des wir uch abeschrifft[2] herinn verslossen
senden.   herumb begern wir und biten uch mit ernst, daz ir uns die zwenzig schutzen
Aug. 26 mit yren armbrosten und gezuge lihen und schicken wollent, daz sie off donrstag zu
nacht nehstkumpt zu Alczei sin; so wollen wir bestellen, daz sie furbaz zu unserm son 35
fur Alten-Wolffstein komen und daz sie do mit irem schießen uns beholffen sin so sie

a) oder sin verschr. für Ziri ? — a) übrigens ist e ganz deutlich, r unsicherer.

[1] Auf diesen Brief hier oben und den darin   dem Brief Ludwigs, unter nr. 131. Aber erst
eingeschlossenen des Pfalzgr. Ludwig vom 20 Aug. fol. 42b folgt die Kredenz K. Ruprechts für seine
nr. 112 folgt in den Wahltagsacta des Frankf.   3 Bevollmächtigten vom 28 August und darauf 40
St.A. noch Nota: uf den vorgeschriben brief und die Aufzeichnung über die Unterredung vom 30
virbodunge als die von Franckinfurd und von   Aug. 1400, unmittelbar dagegen das Schr. Frankf.
Meneze ire erbern frunden gein Alczey schickten, an Mainz v. 28 Aug., Mainz an Frankf. v. 29
redte herzog Ruprecht der nů konig mit der von   Aug., u. a. m. Um was es sich in Alzei handelt,
Franckinfurd frunden als hernach ludet in cre-   sieht man jedenfalls.   45
denciën und andern briefen, auf gleicher Seite mit
                                                 [2] nr. 112.

beate mogen. daran erczeigent ir uns danckneme dinst und beheglichkeit. uwer beschriben entwurf laßt uns heroff wider wißen mit diesem boten. datum in navi prope Bacherach in octava assumpcionis beate Marie virginis gloriose nostro sub sigillo comitatus palatini Reni anno domini millesimo quadringentesimo.

[in verso] Den ersamen wisen luten dem rate unser und des richs stat Franckfurt unsern lieben getruwen.

Ad relacionem domini Johannis Kamerarii
Mathias Sobernheim.

114. *Kosten Frankfurts bei dem Tag zu Alzei vom August 1400.* 1400 Aug. 28.

Aus Frankf. St.A. Rechnungsbücher unter der Rubrik usgebin zerunge.

Sabb. post Bartholom.: 18 lb. virtzertin Erwin Hartrad und Conrad Wiße selbnfunde 4 tage gein Alezey zu herzog Ruprecht von Beiern, als er sich des richs underzoch und auch des rads frunden gesant hatte. — item 4½ lb. virzert Erwin Hartrad selbdritte, als man in schickte gein Menczc, da man lantgericht zu Mencze gehabt solde han uf suntag nach *Bartholomei*.

B. Rheinischer Städtetag zu Mainz vom 8 Sept. 1400 nr. 115-121.

115. *Frankfurt an Mainz: in Folge der Zusammenkünfte zu Oberlahnstein (auf Aug. 11) und zu Alzei (auf Aug. 25) soll Mainz einen Städtetag nach Mainz berufen zu gegenseitiger Mittheilung und zur Berathung über die der Thronveränderung gegenüber einzunehmende Haltung.* 1400 Aug. 28 [*Frankfurt*].

Aus Frankf. St.A. Wahltagsacta 1 fol. 40^b *nr. 132 cop. ch. coaev.; Überschrift* Mencze. *Regest bei Janssen Frankf. R.K. I, 66 nr. 134 ebendaher.*

Unsern fruntlichen dinst zuvor. ersamen wisen, besundern lieben frunde. als uwere anderer stede erbere frunde und boden und auch die unsern zunest zu Lamstein, als sie von ein scheiden wolden, ratslageten, daz sie gut dochte, obe dheine stad icht in dissen leuften, als in den landen sin, erfure odir angehnigt wurde, daz sie daz den andern zu virstende sulde geben etc., und nach dem als nu iczunt uwere und unsere frunde von Alezei¹ komen sin und wol virhort han die rede und sache als in irczalt ist, als uch daz uwere frunde wol erzalt mogen han: lieben frunde, des beduchte uns ein grosse notdorft sin, als verre iz uch wol gefile, daz ir unverzogenlich den andern steden vorgnanten und auch uns schribet und einen tag gein Mencze bi ein bescheidet unsere frunde daruf zu schicken, die rede vorgnant und auch anders, waz dan die rede in iglicher stad erfaren hetten, undir einandir zu erzelen und zu ratslagen waz uns stunde daz beste in den sachen vurzukerende si. und so daz ez geschee, so uns beßir beduchte sin. lieben frunde, waz herumb uwers willen si, biden wir uch uns widir zu verschriben, uns darnach mogen wissen zu richten. daz wollen wir gerne virdienen. datum sabbato ante decollacionis^a sancti Johannis baptiste anno 1400.

Von uns dem rade
zu Franckinfurd.

$a)$ *cod.* decollacius *mit Überstrich.*

¹ *Vgl. nr. 112-114.*

[1400]
Aug. 28
116. *Achen an Frankfurt, begehrt Nachricht[1] über Frankfurts Verhältnis zum neuen König.* [1400] Aug. 28 [Achen].

Aus Frankf. St.A. Reichssachen I Acten fasc. XI nr. 640 or. ch. lit. cl. c. sig. in v. impr.
coll. ibid. Wahltagsacta 1, 46ᵃ nr. 148 cop. ch. coaev.
Regest bei Janssen Frankf. R.K. 1, 533 nr. 917 aus Wahltagsacta l. c.

. . Sunderlinge gude vrunde. wir hain vernomen, dat die homechtige herren die kürfursten eynen anderen Roemschen koninck gekoiren haint, ind ir meynunge sij den kortligen zo Franckenfort zo voeren. so begeren wir gütlichen van uch zo verneymen, wie ur meynunge da ynne is, of ir yn ynlaissen wilt of wie ir ure sachen untgain eme meyndt anzostellen. ind begeren den ure gütige beschreren antwerde ons
[1400]
Aug. 28 weder zo senden. got sij mit uch. gescreven op sent Johans avent decollatio.

[in verso] . . Den ersamen wysen luden burger- Burgermeistere scheffenn ind meisteren scheffenn und rade der stat van Francken- mit der stat van Aiche.
furde onsen sunderlingen guden vrunden.

[1400 nach Aug. 28] **117.** *Notiz, daß Frankfurt an Achen antwortet auf nr. 116 mit Einladung zum Mainzer Städtetag auf 1400 Sept. 7 [bzw. 8]. [1400 nach Aug. 28 Frankfurt.]*

Aus Frankf. St.A. Wahltagsacta 1, 46ᵃ nr. 149 nol. ch. coaev.
Gedruckt bei Janssen Frankf. R.K. 1, 533 nr. 917 Anm.[*]

Nota. uf den vorgeschriben brief han der rad von Franckenfurd den von Aiche widir geschriben, ire frunde zu der stede frunden gein Meneze uf unser frauwen tag
[1400] nativitatis zů abinde zů haben, da sie wol virhoren und virnemen sullen gelegimheit der
Sept. 7 sache eigentlichir, dan sie in geschriben kunnen.

[1400]
Aug. 29 **118.** *Mainz an Frankfurt, gemeinsame Vorbereitung des Städtetages zu Mainz auf 8 September. [1400] Aug. 29 Mainz.*

A aus Frankf. St.A. Imperatores 1, 140 or. ch. lit. cl. c. sig. in verso impr.
B coll. ib. Wahltagsacta 1 fol. 41ᵃ nr. 133 cop. ch. coaev.
Regest bei Janssen Frankf. R.K. 1, 66 nr. 195 aus A.

Unsern fruntlichen dienst zuvor. ersamen wisen lieben frunde. als ir uns geschriben hant, daz uwer wisheid wole geviele, daz wir uch und den andern steten als

---

[1] *Rotweil an Straßburg, hat von der Neuwahl gehört und bittet umgehend um genaue Nachricht von den Ereignissen und wie sich unser Herre der Romische König und auch der neue König und andere Fürsten und Herren sowie Straßburg und auch andere Städte in und zu den Ereignissen halten oder halten wollen und was der Mähre sei, um sich auch etlichermaßen darnach wissen zu richten; dat. fer. 4 post Pelagii 1400 [Sept. 1]; im Straßb. St.A. an der Saul I partic Ind. B fasc. X nr. 25 or. ch. lit. cl. c. 2 sig. in verso impr. — Basel an Straßburg, hat von den Kurfürsten 2 Briefe von wegen der Erwählung eines neuen Königs erhalten [wol Bd. 3 nr. 207 und 210] von denen hiermit Abschrift folgt, war selbst zu Lahnstein nicht und kennt keiner Stadt Meinung noch Antwort, so daß Antwort auf solche Briefe derzeit nicht möglich ist, denkt daß auch Straßburg solche Briefe erhalten habe, bittet um Rath und Meinung was es derzeit darauf zu thun habe und was Straßburg darauf zu thun meine, und auch um für Briefe Straßburg hienach um solche Suchen gesandt werden, um sich auch darnach wissen zu mögen zu richten; dat. vig. nat. Mar. 1400 [Sept. 7]; ib. nr. 32 or. ub. lit. cl. c. sig. in verso impr.*

die ire frunde nu zunest zu Lanstein¹ gehabt hant einen dag bij uns in unser stait *[1400]*
bescheiden, und umb ire frunde dartzu zu schicken verbot⸗schaffen wollen von der ver- *Aug. 29*
anderunge als an deme heilgen riche gescheen ist, und na[c]h den reden als uwer und
unser frunde zu Alczei² gehort hant sich zu undersprechen und zu ratslagen waz den
steten in den sachen zu dun und vorezukeren sij: daz han wir wol verstanden und
laßen uch wissen daz uns uwer meynunge darane wol gevellet. und han wir darumb
die von Collen ernstliche beschriben, daz sie ire frunde uff unser frauwen dag nativitas *Spt. 8*
nestkommet zu naicht von der sache wegen bij uns in unser stait haben wollen. so
han wir auch daz unsern frunden und eitgnoßen den von Worms verschriben ire frunde
uff die czijt auch bij uns wollen zu haben, und daz sie daz forbaßer iren unde unsern
eitgenoßen den von Spire verschriben und verboitschaffen wollen, und daz die von Spire
daz forbaßer den von Straßburg verschriben. darnach wissent uch mit uwern frunden
zu deme egnanten² dage zu schicken zu riechten. und wollent daz auch den von Friede-
berg forbaßer verboitschaffen sich mit iren frunden darczu zu schicken auch mogen *[1400]*
wissen zu riechten. datum in die decollacionis beati Johannis baptiste. *Aug. 29*

[in verso] Den ersamen wisen burgermeistern und rade Burgermeistere und
der stait zū Franckfurt unsern besundern guden frunden. rait zu Mencze.

119. *Köln an Mainz*, will den Mainzer Städtetag auf 1400 Sept. 8 zur Besprechung *[1400]*
der Thronveränderung beschicken. *[1400] Sept. 3 [Köln].* *Spt. 3*

Aus *Köln. St.A.* lib. copiarum anno 1398. 99. 1400. 1401 fol. 104ᵃ cop. chart. coætr.;
Überschrift civitati Maguntinensi.
Benutzt bei *Ennen Gesch. d. St. Köln* 3, 131, ebendaher.

Unse fruntlige groisse alzit vurschreven. sunderlinge guede vrund. as ir uns
nu nelingen geschreven hait under³ anderen worden, dat ure meinonge ind guetdünken
si ind wale goveile, daz dieselve stede, die ire vrunde nu nelingen zo Coovelencze³ ind
zo Laensteyn⁴ bi ein gehalt hain, ouch ire vrunde zo uch zo Maencze⁵ schickelen up *[1400]*
unser vrauwen dach nativitas neistcomende umb van den leifen der veranderongen, die *Spt. 8*
overmicz die kurfursten⁰ an deme heilgen riche gescheit is, zo sprechen etc.: hain wir
waile verstanden. ind laissen uch darup weder wissen, dat wir unse vrund zo uch up
den vurgenanten dach meinen zo schicken, alremaissen ir uns geschreven hait mer,
dat wir uren buiden bis up desen hudigen dach bi uns verhalden hain ain antworde
iem zo geven, dat enwilt, guede vrund, uns gein arch haven, want uns dat ander un-
moisse unser stede gedain hat. ind were ouch sache dat die dachfart overmicz die stede
vurgenant niet zo - enghienge, dat wilt uns bevorenz wissen laissen, umb uns darna zo *[1400]*
richten. datum feria sexta post decollacionis⁴ Johannis. *Spt. 3*

a) A egnant? b) cod. anderen. c) cod. kurfurstenn. d) cod. decollacen mit Überstrich.

¹ Zu Oberlahnstein bei den Vorgängen vom 20 und 21 Aug. 1400.
² Die Frankfurter waren von K. Ruprecht dahin bestellt auf 25 Aug., s. nr. 113.
³ 1400 Aug. 6 RTA. 3 nr. 171-174. 176-178.
⁴ 1400 Aug. 11, vgl. RTA. 3 nr. 324 und RTA. 4 nr. 205 art. I 1. 2.
⁵ Stadt Achen an Stadt Köln, meldet daß ihr von Frankfurt Kunde geworden daß die Reichsstädte unter Betheiligung von Kölner Freunden eine Versammlung in Main: gehalten ohne daß sie noch Zeit gehabt hätte ihre Freunde nach Mainz zu schicken, und wünscht zu erfahren was beschlossen worden und wie sich Frankfurt gegen den neuen König stelle; dat. Lamberti [Sept. 17] ohne Jahr. Im Köln. St.A. Städtebriefe or. ch. lit. clausa c. sig. in verso impr. delapso. Auszug bei Ennen Gesch. d. St. Köln 3, 126, aber in unrichtigem Zusammenhang mit den älteren Städtetagen vom 1 Juli und 5 Aug. 1400. Wenn Enenen dabei sagt, daß Achen wiederholt an den Kölner Rath das Ansuchen stellte, ihm Auskunft über die gefaßten Beschlüsse zu geben, so sind damit wol die Anfragen gestellt, welche den Antworten nr. 126 und 131 vorausgegangen sein müssen.

[1400
c Sept 8] **120.** *Aufzeichnung über ein auf dem Mainzer Städtetag vom 1400 Sept. 8 von einigen gelehrten Pfaffen den Städten ertheiltes Gutachten über die von ihnen anzunehmende Haltung gegen den alten und den neuen König.* [1400 c. Sept. 8¹] *Mainz.*

F *aus Frankf. St.A. Reichssachen I Acten fasc. XI nr. 649 cop. ch. coaev., weil aus der Versammlung mitgebracht.*
A *coll. ibid. Wahltagsacta 1 fol. 46ᵃ-47ᵃ nr. 150 cop. ch. coaev., und abgeschrieben aus F.*
B *coll. Straßb. St.A. an der Saul I partie ladula B fasc. X nr. 3 cop. ch. coaev.*
C *coll. ibid. nr. 4 cop. chart. coaev.*
Gedruckt bei Olenschl. append. jur. publ. 80-83 ed. 1696, Lerner Frankf. Chr. 1, 1, 86 f., Janssen Frankf. R.K. 1, 69-74 nr. 205 aus A. — *In Senckenberg Sammlung von ungedruckten und raren Schriften 1 Vorr. § XI fast vollständig art. II 2 Item — pflichtig sy zu dun etc.*

[I] Zü wissen si, als etzlicher stete fründe zü disser zit zü Mencze bi ein gewest sint, sich von der virandernüge wegen als an dem heilgen riche geschehen ist und umb disse nachgeschriben stücke zü undirsprechen und zü ratslagen, wie sich dieselben stete darüme gehalden und bewaren mogen:

[1] Zum ersten umb daz stucke als die kurfursten uf dem Rine den steten geschriben hant, daz sie den hochgebornen fursten hern Wentzelaw konig zü Beheim umb küntliche bresten der heilgen kirchen der gemeinen cristenheid und dez heilgen Romschen richs von dem riche gesetzt haben und den allirdurchluchtigsten fursten und herren hern *Rüprecht* etc. zü einem Romschen konige und einem zükunftigen keiser erwelt haben, und gesinnent darümb an die stete und ermanent sie bi den eiden die sie dem heilgen riche getan haben, daz sie den hochgeborn hern Weneczlauw konig zü Beheim vorgenant nit me vor einen Romschen konig halden und den allerdurchluchtigsten hern Rüprecht vor einen rechten gewarren Romschen konig und zükunftigen keiser mit in halten und gehorsam sin etc.; und obe derselbe erwelte konig den steden schriben würde, darzü sie ime in iren briefen antwürten wurden, wie sie ime dan auchᵃ schreiben mogen.

[2] Item obe er, in ziden als er den leger vor Franckenfurd meinet zü tün und er er zü Aiche gekronet worde, an dheine stad dienst odir gehorsam ime zü tün fordern worde.

[3] Item obe der hochgeborn furste her Weneczlauw etc. die stete in dissen kenften umb dienst und hulfe beschriben und ire eide ermannen wurde ime zü helfen und bizüstenn etc.

[II] Item umb disse vorgeschriben stucke und artikele sint etzliche wisenᵇ gelerte großeᶜ phaffen in dem rechten, die den steten woil glütz gonnen, bi der stede fründe gewest, und hant in in großer fruntschaft ire meinunge gesagit, wie sich die stete ane straffünge ire eide sehen und eren in dem rechten darümee halten mogen, als sie meinent daz sie daz eierlichenᶜ wissen wullen in bebestlichen und keiserlichen rechte, wo man daz beschriben findeᵈ.

a) C *der auch stell das auch.* b) *om. BC, add. AF.* c) C *erberlichen.* d) F *herr, aus finde, A funde.*

¹ *Das undatierte Stück ist durch seine Stellung in den Frankf. WTA. ins Jahr 1400 verwiesen, womit der Inhalt stimmt. Die Archivnote von nr. 117 geht dort unmittelbar vorher, ein Städtetag zu Mainz ist darin auf 1400 Sept. 8 in Aussicht genommen; es ist offenbar derselbe ins Eingang obigen Stückes gemeint, auch ein Mainzer Städtetag zwischen K. Ruprechts Wahl (1400 Aug. 21) und Krönung (1401 Jan. 6) und noch vor dem Einzug in Frankfurt (1400 Okt. 26). Vgl. über diesen Mainzer Städtetag noch nr. 118. 119. Schon Janssen hat so datiert.*

[1] Zům ersten und umb den ersten artickil, dovon ist ire meinunge: want unser [1400 *s. Sept. 8)*] herren die kurfursten den alden konig umb solicher artikil willen als sie hant lassen laden, die man auch gemeinlich vor wair heldet, von dem heilgen riche gesaczt hant, und in darumb etwiedicke ersucht und ermant hant bi sie zů komen das zů wandiln und zu virantwürten, darzu er doch nit kommen si, und einen andern zů dem heilgen riche gekoren hant (dez dieselben paffen meinent daz sie dez auch wol in dem rechten macht gehabt haben zů tůn: want daz merer teil der kurfursten die viranderůnge getau haben und die andern kurfursten virbott und zů in geladen hetten zů kommen die viranderůnge an dem riche mit in zů tůn und einen andern zů dem riche mit in helfen zů kiesen, und want der kurfursten eins teiles zů dem tage den sie doch wol gewist hant nit komen sin, so haben dieselben kurfursten, die do gewest sint, in dem rechten wol macht gehabt einen andern zů dem riche zů kiesen; und als unser herre, der itzunt zů eime konige erwelt ist, sine stimme der kore unserm herren von Mencze gegeben habe, daz meinent dieselben paffen daz er dez in dem rechten wol macht gehabt habe zů tůn): und ist darumb derselben paffen meinunge: als balde als der hochgeborn her *Ruprecht* vorgenant von den kurfursten also zů eime Romschen konige gekoren wurde, daz da zů stunt alle fursten graven herren stete lude und lude ire eide gein dem alden konige, die sie ime von des richs wegen getan hatten, in dem rechten gentzlich ledig und bloß gewest sin und ime vůrbaß von des richs wegen nummer virbuntlich sin sullen; und sollen und mogen ime auch alle fursten graven herren stete etc. und allirmennlich, die ime von des richs wegen virbůnden gewest sint, ane alle straffunge irer consciencien eide und eren in dem rechten wol abesteen, und sollen dissen erwelten konig vor einen rechten gewaren Romschen konig halden; und were sache daz derselbe erwelte konig den steten schriben wurde, darzů sie ime in iren briefen antwůrten wurden, so sollen und mogent sie ime schriben als eime Romschen konige.

[2] Item were abir sache daz derselbe erwelte konig diustez odir ime gehorsam zů tůn, in zidena* ee er den leger vor Franckenfurd volendet hette odir zů Aiche gekronet wurde, an dheine stad gesunne, dovon ist derselben paffen meinunge, daz igliche stad, der dez noit geschee, darzů antwurten mochte, daz die stete in solichen sachen alleweige herkommen weren: wanne ein Romscher konig sinen leger vor Franckenfurd getan hette und zů Aiche gekronet worden were und dan der stad ire friheidenb* alde herkommen und gewonheid versiegilte und bestedigete, so wulde ime die stad aleh dann dün was sie ime, nach dem als sie bi dem riche herkomen werenc*, billich tůn solten, und hofften das sie ime keinen dinst odir gehorsam ee plichtig sin zů tůn; und muş igliche stad sich desd* also gelimplich virantworten und auch důgentlich bieden daz man sie des darnf gnedeclich erlassen wulle.

[3] Item umb den dritten artikil, obe der alde konig die stete umb halfe und dinst beschriebe und sie ire eide ermanete ime in dissen sachen bistendig und beholfen zů sin und dovon eine antworte hiesche, dovon ist derselben paffen meinunge: daz man die briefe nemen und entphaen sulle und die boden dugentlich mit worten von in wisen sollen und ime doch dovon keine antworte schriben sulle und ine* den sachen nit anders achten sulle gein dem heilgen Romschen riche want in glichir wiß als obe er doit were.

a) *C ad id alten.* b) *F friheid und schercif.* c) *FABC add. auch die war sie; BC haben were, weliehin solte und hoffte, dann si doit sin.* d) *so, C.* e) *C add. in, obe in in.*

[1400] **121.** *Kosten Frankfurts beim Städtetag zu Mainz von Sept. in. 1400.*   *1400 Sept. 18.*
Sept. 18

Aus Frankf. St.A. Rechnungsbücher unter der Rubrik uzgebin zerunge.

Sept. 18   Sabb. post Lamperti: 15 lb. virzertin Erwin Hartrad und Conrad Wiße selbsæste funf dage gein Mentze zů dem gespreche mit den steden.

C. Fränkischer Städtetag zu Nürnberg vor 13 Sept. 1400 nr. 122-123.

[1400] **122.** *Bruder Pertholt, d. h. Ulman Stromer von Nürnberg, an Prior Reynhard in Köln, d. h. an den Frankfurter Ruth, berichtet von einer Unterredung Fränkischer Städte zu Nürnberg und von den Maßregeln K. Wenzels. [1400] Sept. 13 [Nürnberg].*
Sept. 13

A aus Frankf. St.A. Imperatores 1, 149 or. ch. lit. clausa c. sig. in verso impr., eigenhändig geschrieben, vgl. Facsimile in St.Chr. Band 1, auch das datum in die crucis auf der Rückseite ist eigenhändig und bezieht sich wol auf die Übergabe des Briefs an den Boten die am Tag nach dem Schreiben desselben erfolgte.
B cod. ib. Wahltagsacta 1 fol. 50^b-51^a nr. 162 cop. chart. coaev.
Gedruckt Janssen Frankf. R.K. 1, 73f. nr. 211 aus A.

Lieben herren. mein unterdenigen willigen dinst alle zeit bereit. alz mir ewr erberg weishoit verschriben hat von dem convent di bey uns gewesen sein, daz waren di von Rotenburg Winsheim Weissenberg Sweinfurt. di haben sich unterrett, ob daz grose convent von B.[1] heraus mit macht kom, wi sy sich darzu stellen wolten, und daz doch kain verpüntnus noch kein cynykeit[a] do niht geschehen ist danne daz ein bruder dez andern sin eingenumen hat.   auch wissent, daz der k.[2] potschaft zu seim bruder von Ungern getan hat, daz er zu im gen Prag solt kumen.   do enpot er im: wolt er zu im auf den perg[3] kumen, so wolt er besehen ob er zu im kumen möcht, und daz solt geschehen auf den vergangen samtzdag.   und ez ist versechenleich daz si zusammen niht kumen, wanne der von Ungern im land niht ist, und er ist auf dem Ungerissem gemerk.   so hat der k.[4] potschaft getan zu dem pabst und zu dem von Mailon[b] und zu dem von Osterreich und zu markgrave Wilhelm von Meyhsen.   so wirt Dietreich Kro[5] zu stund zu ewch kumen und zu dem herczog von Gelern und gen Bravant.   so reit iczunt Johannes von Kircheym zu den Swebischen steten und den obern steten; und hab vermunen, er schull werben daz sich di stet aufhalden hie und
1400   zwischen 14 tag nach sant Michaelis dag, so wölle der k.[6] unverzogenleich bey im sein.
Sept. 13   und man gibt für wie er mit gar grossem volk herauskumen wöll. aber wist fur war, daz sich noch nymant in B.[7] darzu stelt und auch noch nymant geschriben noch solt geben hat.   und der k.[8] ist zu den Petlern.   item so hat her Borsawo leicht bey 400 pferden in Bayern zu sein slossen ligen, und er ist noch in B.[9] und het gern gelt, so ist im noch keins worden.   auch wissent, daz ein bod alz gestern zu mittag von hinen

a) A cynykeia, B cynykeit.   b) A Mail und Überstrich, B Mailon.

---

[1] Beheim. Die Erklärung der Überschrift und Unterschrift ergibt sich aus der Nota zu nr. 163.
[2] Kunig.
[3] Kuttenberg.
[4] Kunig.
[5] RTA. 3, 300 nt. 1.
[6] Kunig.
[7] Beheim; so schon verstanden in B wo Beh mit Überstrich steht.
[8] Kunig.
[9] Beheim.

loff, der heist der Ris, der lawft von B.¹, den vindet ir bey uch, den laut fragen, der [1400] Spt. 13
sagt wol von den lewffen. datum wigilia exaltacio crucis.
[in verso] Wenerabili in Christo patry domino   Bruder Pertholt
Reynhardo pryory in Colonia vylla".   conventbruder° etc.
Datus in die crucis.   [1400] Spt. 14

123. *Nürnberg an Frankfurt, von den Gegenmaßregeln des K. Wenzel der auf 13 Okt. nach Deutschland kommen soll, und von einer kürzlichen Unterredung der Fränkischen Städte zu Nürnberg. 1400 Sept. 18 [Nürnberg].*   1400 Spt. 18

F aus Frankf. St.A. Wahltagsacta 1 fol. 51ᵃ nr. 163 cop. chart. coaev.
Gedruckt bei Aschbach Sigmund 1, 423 Beil. III und bei Janssen Frankf. R.K. 1, 74 f. nr. 213, beidemal ebendaher.

Unser willig früntlich dinst sei ewer weißheit allzit von uns bereit. ersamen und wisen, besunder lieben fründe. als ir uns virschrieben hat bei uwerm boten der furbaß gein Prage laufen wirdet als er uns gesagt hat, lassen wir uwir ersamen fruntschaft wissen, daz Johans Kircheim° herußkomen ist von unserm herren dem Romschen konige und reitet furbaß mit seinen briefen zů den Swebischen steten und auch zů dem herren von Mayland. und der sagt, daz unser herre der konig herußkommen sulle virzehen tag nach sant Michelstag schierst. so sagt man auch, daz unser herre der konig uß die dritten potschaft getan habe zů unserm herren dem konig von Ungern seinem brůder der an daz gemerke gen dem Lewtmußchel gezogen waz, und der sulle zů ime komen auf den perg zů den Kütten. obe daz abir geschee odir nicht, des konnen wir nicht gewissen. auch wissen wir nicht, daz des richs stete iczunt zů uns komen sullen"; und sint auch iczunt als kurzlich bei uns nicht gewesin, danne der stete Roteinbůrg Sweynfurt Winßheim und Weyssenbůrg freunde, und haben uns mit einandir unterredt von den leufen waz wir dann zů den zeiten dovon wisten. auch sagt man uns, daz unser herre herzog Ruprecht, den unser herren die kürfürsten am Rein zů Romschem konige gekorn haben, hie oben in seinem lande volk habe bei 2600 pferden. und sagt man, daz die als gestern gefallen sein fůr ein stetlein genant Hirsaw, daz unsers herren des Romschen königs ist. und wie sich daz furbaß machen werde, des konnen wir nicht gewissin. datum sabbato ante Mathei apostoli anno etc. 1400.   1400 Spt. 18 Okt. 13

Den ersamen und weisen burgermeistern und rate   Von dem rate
der stad zů Franckenfurd unsern besundern lieben   zů Nüreinberg.
guten frunden.

a) Adresse in A überloufen ziemlich ausgekratzt und ihre leicht zu erkennen. Colonia ganz undeutlich und aus B ergänzt; dann folgt in A noch ein schweres Wort, vielleicht vylla, am Schluß wo es schwer wohl einmal ganz erhalten. b) B conventibz. etc.: A grußbuchstab elgenthum, aber wered man wohl, zusammenzuhalten mit B, heß es conventbruder etc. c) F Kircheim.

¹ Beheim.   ² Vgl. nr. 163.

D. **Zusammenkünfte der Bodensee- und der Schwäbischen Städte im Sept. und Okt. 1400 nr. 124-127.**

1400
Sept. 18

124. *Rotweil an Straßburg, bittet um Nachrichten über den Mainzer Städtetag von 1400 Sept. 8, meldet daß K. Ruprecht die Bodensee-Städte nach Konstanz auf 1400 Sept. 19 bestellt habe und daß auch Rotweil dahin schicken will.* 1400 Sept. 18.
[*Rotweil*].

F *aus Straßb. St.A. an der Saul 1 partie ladula* II *fasc.* X *nr.* 26 *(diese nr. erscheint hier zum zweitenmale) or. chart. lit. clausa c. 2 sig. in verso impr.*

Unser früntlich willig dienst ûwer guten früntschaft alle zijt voran berait. besundern lieben und güten fründe. als wir ûch vormals ouch verschriben und ûch ernstlich bätend ûns ze wissende liessen was ir ûns denne söltint oder möhtint lassen wissen von sölicher löffe wegen die ietzo uferstanden sint von ûns nûwen künigs wegen, darinne ir ûns dozemâl gar früntlich antwürtend und besunder mit den abgeschriften solicher brief die ûch die kürfürsten geschriben und geschikt hând, darın ouch wir ûwer früntlichen fürdrung und früntschaft wol erfunden und verstanden: und begeren das umb ûch in solichen und in merren sachen alle zijt ze verdienende. nu verschribend ir ûns ouch dozemâl damit, wie daz ûwer und ûnser güten fründe von Mentze und von Spir verschriben und gebotten hettint ûwer erber zü inen und ander fryer stette erbern botten gen Mentz zö schikende uf ûnser frowen tag ze naht so nehste hin ist dazesinde sich von derselben sach wegen ze underredende etc. und darumb so bitten wir aber ûwer guten früntschaft mit gantzem ernst und flisseclich, daz ir ûns aber verschriben wissen lassen wellent by disem botten, waz ir ûns denne söllent oder mögend lassen wissen, wie oder in welker mâsse ûwer erber botschaft und ander fryer stett botten von enander geschaiden sient und wes si sich darumb underredt haben oder nuzemâl ze rât sient worden, daz wir ûns in ettlicher mâsse dester bas nach disen löffen gerihten künnen. daz wellent wir allezijt in den und in andren sachen mit willen umb ûch gedienen. ouch wissend, lieben fründe, daz wir von der löffe wegen noch nit ander mâre haben wan daz die kurfürsten ûns ouch verschriben hând in der mâsse als ûwer abgeschriften wisent. sidmâls so hât ouch der nûw künig hertzog Ruprobt von Baiern gemainen stetten umb den Bodensew ûnsern aidgenossen verschriben, daz si ir botten von iren räten by enander habint uf ietzo sunnentag ze nehste ze Costentz, dahin er sin botschaft und räte ouch zü inen schiken und da haben welle. und dahin wellent ouch wir ûnser erber botschaft schiken. und so dieselb ûnser botschaft wider her haime[1] kompt, ist denne daz wir dehainerlayge mâre haben da ûns bedunket die ûch notdurftig sient ze wissende, die wellent wir ûch ouch lassen wissen. habent ir ouch suß dehainerlayge löff und mâre by ûch, die lând ûns ouch wissen by disem botten. datum sabbato post exaltacionem sancte crucis anno etc. 1400.

[*in verso*] Den fromen fürsichtigen und wisen dem   Von ûns dem rat zo
maister und dem rate der stat ze Strâßburg ûnsern   Rotwil.
sundern güten fründen.

[1] *Haime, heim.*

1400
Sept. 4

1400
Sept. 19

1400
Sept. 18

125. *Erzählung von einem Tag der Bodenseestädte mit 2 gen. Gesandten K. Ruprechts zu Konstanz 1400 Sept. 21.*

1400 Sept. 21

Aus Konst. St.A. Christof Schultheiß historische Collectaneen tom. 1 fol. 19½-20 aus saec. 16; im Druck die Zeichen über u besser weggelassen. (Über Schultheiß und seine achtbändige Sammlung s. der Konst. Sturm im J. 1548 von G. Vögeli, mit — Zusätzen aus — Schultheiß, Bellerue bei Constanz 1846 Seite IX.) Der zweite Abschnitt der Erzählung folgt später.

Anno 1400 habend die churfursten gemeinlich zu Franckfurt den Romischen kunig Wentzlaw des Romischen reichs entsetzt und an sein statt erwelt herzog Ruprechten zu der zeit pfaltzgrave bi Rin und herzog in Payern zu einem Romischen kunig. sollichs habend die churfursten den stetten umb den Sew ze wissen gethon und si gebetten, si wellent gemelten kunig Ruprechten fur ein Romischen kunig erkennen und kunig Wentzlaw nit; datum dis briefes samstag post festum beate Marie virginis assumpcionis anno 1400[1].

1400 Aug. 21

Uf sollichs sind die stett umb den Sew zu Costentz zusammenkummen zinstag nach exaltationis crucis. vor denselbigen sind gemelten kunig Ruprechts botten und gesanten herr Engelhart von Winsperg und herr Dietrich von Gemingen erschinen, und haben den botten der stett erzelt was was ursachen kunig Wentzlaw abgesetzt sie, und witer begert das die stett kunig Ruprechten huldung tun wollen. daruf die gesanten der stett antwurt geben haben: si sient mit sollichem bevelch von iren herren und oberen nit abgevertiget, si wellen aber die sach hinder sich bringen und hinach antwurt uf ir begeren geben etc. daruf sind si hinweggeritten.

Sept. 21

126. *Rotweil an Straßburg, berichtet über einen Tag der Bodenseestädte von 1400 Sept. 14, auf welchem 2 gen. Gesandte K. Ruprechts und 1 gen. Gesandter K. Wenzels je für ihren Auftraggeber wirkten, während die Städteboten mit mangelnder Vollmacht antworteten, sowie über das Bevorstehn eines Tags der obern und der untern Städte zu Biberach auf 1400 Okt. 6.* 1400 Sept. 28 [Rotweil].

1400 Sept. 28

Aus Straßb. St.A. an der Saul 1 partie ladula B fasc. X nr. 30 or. ch. lit. clausa c. sig. in verso impr.

Unser früntlich willig dienst sige uwer güten früntschaft alle zit von uns voran geschriben. besundern lieben und güten fründe. als ir üns widerumb geschriben hand die löf und märe so ir länd von ünser herren der künig wegen und üns damit ain abgeschrift ains briefs geschikt hand verslossen in üwern brief, das alles habend wir wol verstanden und danken üch uwer früntlichen früntschaft mit ernst flisseclich so ir uns in tun und in allen andren sachen erzögend[b] und untzher getän händ, und begeren das mit gantzem fliß umb üch ze verdienende. won wä wir wissen ze tünd das üch und den üwern dienst und lieb ist, wellent wir alle zit willig sin. und des sol uns kain kost nit beduren. besunder von der abgeschrift wegen, die ir uns geschikt hand, bedürffend ir kainen zwifel haben, won das sy in güter gehaimde by uns beliben sol. was ouch wir uf diß zit löf oder mär haben von derselben sache wegen, sol üwer güte fruntschaft wissen, das ünser aidgenössen der stett erbern botten umb den Bodensew bi

a) om. cod. b) cr. erzögend.

---

[1] Siehe RTA. 3, 268 nt. 1.

enander gewesen sind uf den nehsten zinstag nach únser frowen tag nativitatis[1]. und dahin ist zů inen komen her Engelhart herre zů Winsperg und herr Dietriche von Gemmigen ritter von unsers herren des núwen kúngs wegen. und die hand dā gemainer stet botten únsers bunds aigentlich erzelt von stuk ze stuk, wie gar dik und vil so kostlich die kurfürsten zů enander geritten syent und an unsern herren den Römschen kúng Wentzlaw ervordert und an in gesúcht habint von ainikait wegen[a] in der hailigen cristenhait ze machende und von ander sachen und gebresten wegen[b] so dem hailigen Römschen rich notdúrftig were, darzů er aber nie geschen wölt, und das sy im ie zů dem letschen mål verlagtind zů inen ze komende, ob er aber des nit täti so möhtind si das füro nit verziehen si måstind ie gedenken das sy ain andern kúng erwaltind und kusind der der hailigen cristenhait und ouch dem hailigen Römschen rich nutzlicher und trostlicher were und bas darzů sehe denne er das untzher getân hette. zů demselben tag er aber nit keme; und do entsetztind si ouch dozemâl unsern herren den Römschen kúng von dem riche und kusind den vorgenanten unsern herren hertzog Růprehten zů ainem núwen kúnig. und erzaltend daruff wol súben stuk, daran sich únser herre der kúng übersehen sol haben. und erzaltend ouch damit, wie das die dry kurfürsten das getân hettind mit geswornen ayden niemand ze lieb noch ze laide noch von kainer ander sache wegen denn durch nutze und notdurft der hailigen cristenhait; und sye ouch das beschehen[c] offenlich und mit urtail, daby ouch vil herren gaistlich und weltlich ritter und kneht gewesen syent. und båttend daruf gemainer stet botten, das si abtråtind von unserm herren dem Römschen kúnig und dem füro nit gewärtig noch gehorsam sin wöltint, und das wir dem núwen kúnig hertzog Rúprehten gehorsam und gewärtig werent als ainem Römschen kúnig, won er doch mainte mit råt und helf siner fründe und ander herren ritter und kneht und mit des hailigen Römschen richs stetten ainikait und frid und gemache ze schaffende. und erzalten also vil gåter ding die er wúrken und machen wölt. und nach dem do kom ouch für gemainer stet botten Johannes von Kirchain unsers herren kúng Wentzlaus schriber und der mit kúnig und ans alle kneht[d]. und der gab je der stat botten ainen gelobsbrief von desselben únsers herren des kúnigs wegen, was er mit inen redte uf dis mâl, das sy im das gelobtint. und der erzalt do daruf vor der stette botten etwievil red und wie gar unfrúntlich demselben únserm herren dem kúnig beschehen were. und batt die stet ernstlich, das sy von im nit abtratint, won er wölte lib und gåt darstrekken und sich von dem rich nit also låssen triben, und ob er si anrůffen wurde umb hilf, das sy im denne darzů getrúwelich berâten und beholfen wârint als sy im des verbunden werint. und do nů sy beid tail also ir rede und ir mainung aigentlich vor der stet botten erzaltend und ain antwurt von innen måtetand, do gabent innen der stet botten zo antwúrt, das sy darumb nit gewaltz hettind; sy wöltind aber das hain bringen an ir råte[e]. und also schiedent sy von enander. ander lôf noch måre wissen wir nuzemâl nit von der sach wegen. wol werdent gemainer stett botten beide der undren und der obren stett zů enander komen

a) Die 2 zukrigen Punkte über dem ersten e. b) Die 2 zukrigen Punkte über w. c) scheint beschehen und nicht beschehen. d) hier standen die ausgestrichenen Worte aber das gevial den stetten übel. e) er, rasis mol.

[1] Dieß stimmt nicht ganz mit dem Schr. ders. an dies. vom 18 Sept. nr. 124, wornach Ruprecht die Bodenseestädte auf den 12 Sept. nach Konstanz bestellte. Nach obigem Bericht wären sie schon am 14 Sept. zusammengekommen, doch wol eben zu Konstanz; so låge hier entweder ein Irrthum im Ausdruck vor, oder die Städte versammelten sich absichtlich einige Tage früher daselbst um noch vor der Ankunft der Botschaft Ruprechts sich vorher ungestört unter sich zu berathen, wobei anzunehmen wäre daß Rotweil in dem Schr. vom 18 Sept. nr. 124 nicht für nöthig gefunden habe die Straßburger davon in Kenntnis zu setzen.

gen Biberach uf den nehsten gütemtag¹ nach Michahelis, von der und ander sachen we- gen sich da ze underredende, dahin wir únser erber botschafte ouch schiken wellen. empfindent wir da útzit das úch notdürftig sye ze wissende, das wellent wir úch ouch unverzogenlich lassen wissen. desselben gelich begeren wir ouch von úch, ob das wer' das ir füro útzit enpfindint oder innen und gewar wurdint das uns notdürftig were ze wissende, das ir uns das uf unsern kosten ouch unverzogenlich² lassend wissen, als wir úch des mit sunderhait wol getrüwen. und gebietend uns alle zit als úwern güten fründen.   datum in vigilia sancti Michahelis anno domini millesimo quadringentesimo.

[in verso] Den fromen fürsihtigen und wisen dem maister und dem råte der statt ze Strâßburg únsern sundern güten fründen.

Von uns dem råt ze Rotwil.

127. *Rotweil an Straßburg, berichtet über die Haltung der Schwäbischen Städte gegenüber dem neuen König und von dem Bevorstehen einer abermaligen Zusammenkunft derselben. 1400 Okt. 14 [Rotweil].*

Aus Straßb. St.A. an der Saal I partie lad. B fasc. X nr. 26 or. chart. lit. clausa c. 2 sig. in verso impr.

Den fürsihtigen fromen und wisen dem maister und dem råte der statt ze Strâßburg únsern sundern güten fründen embieten wir der burgermaister und råte der statt ze Rotwil unsern willigen undertånigen dienst mit gantzem fliß alle zit voran bereit. lieben fründe.   als ir úns aber geschriben hånd von der löf und måre wegen der künig, habent wir wol verstanden, und besunder wie das úch ain erber ritter, der úwer gåt fründe sye und dem wir wol getrüwint, verschriben habe das die Rinschen stette dem nüwen künig gehúldet söllent haben und darzü wie das sölich mainung und måre indem berelöffen das die Swåbschen stette ouch dem nüwen künig hulden wellent. sol úwer güte fruntschaft wissen, das wir vormals von der sache der Rinschen stette wegen nützit gehört haben und darumb nit wissen.   sodenne von der Swåbschen stette wegen, darumb wissent wir ouch nit anders denne als wir úch vormåls verschriben³ haben, als der edel herr Engelhart von Winsperg von des nüwen künigs empfolhenis⁴ wegen by gemainer stett botten únsers bunds umb den Bodemsew gewesen ist und an die ervordert und si gebetten håt dem nüwen künig ze hülden gewertig und gehorsam ze sinde; dem aber dozemåll⁵ von der stette botten nit anders geantwürt wart denne das si darumb nit gewaltz hettint, wol weltint si das wider haine⁴ an ir råte bringen.   nit anders wissen wir, von der sache wegen das im geantwürt sye, weder von den stetten des obern noch des nidern bundes.   wol werdent gemainer stett botten ietzo kurtzlich aber zesamentkomen⁵ sich von der sache wegen zo underredende.   vernemint wir då füro⁶ úezit då

a) or. unverzogenlich? b) or. empfelheiss. c) or. füro?

¹ Übrigens scheint diese Zusammenkunft zu Biberach am gen. Tag nicht zu Stande gekommen zu sein, da Rotweil in s. Schr. vom 14 Okt. nr. 127 offenbar nur von der September-Versammlung zu Konstanz weiß und eine weitere Zusammenkunft „gemeiner stått botten" (wol v. obern und nidern Bund von denen eben die Rede vorher war) erst in Aussicht stellt.
² In dem Schr. v. 28 Sept. 1400 nr. 126, wo neben Engelhart von Winsperg auch Dietr. von Gemmingen als Gesandter Rupr. genannt wird, und weiter auch Jo. von Kircheim als Bote Wenzels erscheint.
³ Die Versammlung zu Konstanz von 1400 Sept. 19, s. Rotweil an Straßburg 1400 Sept. 18 nr. 124 und Sept. 28 nr. 126.
⁴ Haime, heim.
⁵ Siehe Rotweil an Straßburg 1400 Sept. 28 nr. 126 Anm.

uns bedühte das sich zo verschribende wäre, das wöltont wir sich unverzogenlich so tag so naht verschriben lassen wissen. dessellen gelich begeren wir von sich, wan wir doch alle zit gern täten und ouch tün wellent was anwer güten fründschaft dienst und lieb ist¹.   datum feria quinta ante Galli anno domini millesimo quadringentesimo.

[*in verso*] Den fromen fürsihtigen und wisen dem maister und dem räte der statt zo Strâsburg ûnsern besundern güten fründen.

E. Rheinischer Städtetag zu Mainz vom 29 Sept. 1400 nr. 128-132.

[*1400*] 128. *Köln an Achen, kann von der Städteversammlung zu Mainz vom 8 Sept. nichts entscheidendes mittheilen, meint aber sie werde sich dort bald widerholen. [1400] Sept. 20 Köln.*

Aus Köln. St.A. lib. cop. 1398. 99. 1400. 1401 fol. 107ᵃ cop. chart. coaev., mit der Überschrift civitati Aquensi.
Auszug bei Ennen Gesch. d. St. Köln 3, 131 f. ebendaher.

Sunderlinge guede vrunt.   as ir uns geschreven hait, wie ir haft vernoimen, dat eine vergaderonge zo Maencz geweist si van eindeils des richs steden, da wir unse vrunt ouch mit bi gehat sullen hain, ind begerd under anderen worden van uns zo wissen, wes des richs stede up die zit usgedragen haiven etc., hain wir wale verstanden. ind laissen uch darup weder wissen, dat eenlige steede ire vrunt kurzligen bi einander zo Maencz gehat haint, da unse vrunt mit bi wairen umb eenliger sachen wille, davan wir uch doch geine sunderlinge entschaff noch geschreven konnen, dann wir meinen dat dieselve steed sich up eime kurcligen dage sullen anderwerf zo Maencz vergaderen ind vurder undersprechen.   got si mit uch.   datum vigilia beati Mathei apostoli et ewangeliste.

[*1400*] 129. *Köln an Mains, will den neuen Mainzer Städtetag auf 29 Sept. beschicken, 3 gen. kön. Gesandte haben Antwort geheischen, auch Mains soll sich besinnen. 1400 Sept. 21 [Köln].*

K *aus Köln. St.A.* lib. cop. 1398. 99. 1400. 1401 fol. 107ᵇ cop. chart. coaev., mit Überschrift civitati Maguntonensi.
Benützt bei Ennen Gesch. d. St. Köln 3, 132 ebendaher.

Sunderlinge guede vrunde.   as ir waile wist, dat wir nû nelingen unse vrunde bi uch zo Maencze⁴ ind andere des richs steede vrûnde geschickt hadden, mit uch ind den anderen zo undersprechen⁴ ind zo raitslagen umb eine antwerde eindrechtlige den

a) K undersprechen.

---

¹ Hier ist auch ein Schreiben von Arnold von Berenfels Ritter Bürgermeister und Rat zu Basel an ihre Eidgenossen den Meister und den Rat zu Straßburg zu erwähnen, Straßb. St.A. an der Saul I partie lad. B fasc. X nr. 29 or. mb. lit. clausa c. sig. in verso impr., datiert von sub. ante Sym. et Jude [Okt. 23] 1400. Inhalt: die Baseler danken, daß die Straßburger ihnen von der Sache wegen des neuen Königs geschrieben haben. Weil diese Sache sehr groß und ernstlich und vol zu bedenken sei, können sie durch den Überbringer des Straßburger Briefes ihre Meinung noch nicht gänzlich zurück vermelden; sie wollen fürderlichen mit guter Beslüchtnisse über die Sache zu Rat sitzen und sobald sie können ihre Entschlusse wissen lassen. Sie bitten Straßburg, die Botschaft, die sie bereits erbeten und die Straßburger schicken wollen, nicht zu vergessen.

² nr. 115-120 a. 1400 Sept. 7/8.

fursten ind herren zo geven, so haint uns unse vrunde under anderen worden laissen vurstain, wie ure meinonge waile were, dat ieckliche stat iro vrunt zo desem neisten zocomendo sente Michaels daghe[1] bi uch zo Maencze schicken weulden. also, guede vrunde, begeren wir uch zo wissen, dat wir unse vrunde zo deme egenanten daghe umb suelgen sachen zo entschaft zo helpen meinen zo haven, want huidistages des nuwen coenings vrunde[2], mit namen her Johan van Daelbergh her Daem Knebele rittere ind meister Job Vener, bi uns geweist sint ind einre antwerden gesonnen haint suelger sachen as sine vrunde den unsen lestmails bi uch zo Maencz vurgelaicht haint. ind begeren herumb van uch, dat ir ouch hie entsechen mit uren vrunden uch besprechen wilt, so verre dat dese sachen zo entschaft geholpen werde. datum ipso beati Mathei apostoli et ewangeliste die anno quadringentesimo.

130. *Die Kölnischen Abgeordneten (einer genannt) an ihre Stadt, berichten vom Mainzer Städtetag auf 29 September.* [1400] Okt. 1 [Mainz].

    Aus Köln. St.A. Städtebriefe ohne weitere Signatur, or. chart. lit. cl. c. sig. in v. impr. deleto.
    Auszug bei Ennen Gesch. d. St. Köln 3, 132 ebendaher.

Lieben herren. wir begeren uch zo wissen, daz wir stets, wie wir vur by enander goweyst syn, nu uf den donrestach na sent Michaelis dage yrstwerf uf dem raithuys zo Mentze uns vergadert hain, usgescheiden dye von Straisburch synt noch nyet komen. des hatten unse gnedige herren die nuwe coenyngh ind dye ander fursten yre boytschaft an uns geschickt, begerende van uns eyner guter antworten. also han wir stets vurgnant uns myt eynander undersprochgen, alz ferre daz wir meynen alle unser sachgen wail eyndrechtich zo werden. ouch hain wir meynonge vortan zo zyen, wie wir van uch gevertiget syn. ind, lieben hern, willent alle sachgen in vaster hailen[3] halten, alz ir wyst datz noyt is. got sy myt uch allen. geschreven under segel hern Goedertz vam Hirtze rittere uf sent Remeys dach[4] des morgens sere vrue.

    [in verso] An unse lieve herren vamme rayde zo Coelne.
    Goedert vam Hirtze ritter und ander ure vrunt boyrre geschickt.

131. *Köln an Achen, kann von der Mainzer Städteversammlung des 29 Sept. noch nicht berichten.* [1400] Okt. 6 [Köln].

    Aus Köln. St.A. lib. cop. 1398. 99. 1400. 1401 fol. 168[b] cop. chart. coaev., mit Überschrift civitati Aquensi.

Guede vrunt. as ir uns geschreven hait umb geczwat meren uch zo schreven, so as eindeils[a] des richs stede nu kurzligen zo Maencz bi einander geweist sin etc.[5],

    a) s verwischt, deutlich in nr. 128.

---

[1] Ist nicht der 28 Sept. wie Ennen Gesch. d. St. Köln 3, 132 berechnet.
[2] Siehe nr. 176.
[3] Haile, hale, ist Hehle, Heimlichkeit, St.Chr. 12, 402.
[4] Nicht 12 Okt. wie Ennen Gesch. d. St. Köln 3, 132 berechnet.
[5] Auf 1400 Sept. 29, s. nr. 129.

[1400]
Okt. 6
laissen wir uch wissen, dat wir uch davan geine meren geschreven kunnen, want unse vrunt, daheen geschickt, ensint noch neit heimcomen. datum feria quarta post Remigii.

1400
Okt. 9
132. *Kosten Frankfurts beim Städtetag zu Mains von Sept. ex. 1400.* 1400 Okt. 9.

Aus Frankf. St.A. Rechnungsbücher unter der Rubrik ausgebin serunge.

Okt. 9   Sabb. ante Galli: 20 gulden han virzert Jacob Weibe Erwin Hartrad und Conrad Wisse gein Menexe, als sie bi der stede frunden zu einer ratslagunge waren, als der konig vor der stat lag.

Tag zu Frankfurt
Im Oktober 1400.

Einen Reichstag nehmen hier Lersner (Franckf. Chronica 1, 1, 90), Wencker (appar. et instr. 271) und Lehmann (Speyrer Chronik 773*) an. Ob man diesen Ausdruck ganz mit Recht gebraucht, will ich dahingestellt sein lassen. Vorsichtig nenne ich hier die Versammlung nur Tag. Daß der erste Reichstag nach der Goldnen Bulle zu Nürnberg sein sollte, würde nicht gerade hindern einen solchen hier schon anzunehmen. Daß hier in Frankfurt eine nicht unbedeutende Versammlung war, lehrt die Zahl und Stellung der Anwesenden, nr. 174. Grund zu Verhandlungen war auch genug da, wenn gleich uns keine Protokolle davon erhalten sind. Aber schon der Einzug in die Wahlstadt war von besonderer Bedeutung, obgleich die Erwählung anderswo stattgefunden hatte. Dazu kam die Ceremonie, durch die der neue König in der Bartholomäuskirche auf den altar erhaben ward, Ulman Stromer in St. Chr. 1, 53, 3 (vgl., was Wenzel und den gleichen Vorgang bei ihm betrifft, RTA. 1, 71, 16. 1, 81, 18. 1, 86, 39. 1, 236, 15). Darüber handelt Olenschlager in der Vorrede vor dem Krönungsdiario K. Caroli VII und in der Neuen Erläuterung der Guldnen Bulle 410. Der Hergang wird beschrieben im Modus regem Romanorum electum Francofordie introducendi exaltandi etc. bei Würdtwein subsid. dipl. 121. 122. 128f. und im Latomus Böhmer-Huber fontes 4, 412f. (417). Außerdem ist sicher hier berathen worden über die Krönung und die dabei sich ergebende Ortsfrage; denn schon auf dem Felde vor Frankfurt 13 Sept. wurden drei kön. Geheimeräthe nach Köln geschickt, nr. 176. Auch das Verhältnis zum Pabst wird sicher hier schon in Betrachtung gezogen worden sein. — Noch vor dem Einzug in die Stadt weist K. Ruprecht sämmtliche Juden im Reich an, den am vergangenen Jakobstag fällig gewesenen goldenen Pfennig den von ihm bestellten Erhebern desselben Elyas von Winkeim und Isack von Oppenheim zu bezahlen, in campis prope Franckfordiam 1400; und er befiehlt, diese beiden, denen er die Einsammlung des goldenen Pfennigs von den Juden des Reichs bis auf Widerruf übertragen, überall frei passieren zu lassen, sine dato; jenes im Karlsr. G.L.A. Pfälz. Kop.B. 149 pag. 6 und 8¼ fol. 7ᵇ, dieses ebenda 149 pag. 7f. und 8¼ fol. 7ᵃ.

Am 26 Okt. 1400 zog K. Ruprecht in die Stadt Frankfurt ein, nachdem er auf Anmuthen derselben sein Lager 6 Wochen und 3 Tage außerhalb gehalten hatte. Das nämliche Ansinnen wegen der 6 Wochen und 3 Tage war schon bei K. Günther vorgekommen (Latomus bei Böhmer-Huber fontes 4, 412); aber damals bestritten die Fürsten die Rechtsgiltigkeit dieser Fristforderung der Stadt, weil eine richtige Mehrheitswahl stattgefunden habe und es nie so ausgeführt worden sei, und die Frankfurter lassen von ihrer Forderung ab, ohne daß man sieht, ob sie die Gründe der Fürsten gelten lassen oder nur sonst nachgiebig sein wollen; wahrscheinlich allem nach das erstere. Bei K. Wenzel wird dann demnächst die Sache wider erwähnt: er will kein Lager vor Frankfurt halten wan man noch nit weiß von iman sagen der wider in sin wolle. Der dieß schreibt (RTA. 1, 82, 5), ist dabei sicher einem Misverständnis unterlegen oder man hatte überhaupt von der Sache nur unklare Kunde. Denn nicht darauf kam es ja an, ob überhaupt ein Gegner auftrat, sondern, wie man 1349 sieht, ob ein Gegenkandidat da war mit den nöthigen Wahlresultaten, um sich gegen den andern Gewählten auf diesen Grund hin nun auch mit Gewalt zu stellen. Davon konnte aber bei Wenzel ja gar keine Rede sein. Ernstlich wird es aber bei K. Ruprecht. Hier galt es in der That eine zwiespältige Wahl, sofern als solche auch die, wie hier, nachfolgende Wahl eines Gegenkönigs gezählt wurde. Er scheint auch die Rechtmäßigkeit der Forderung der Stadt nicht bestritten zu haben. Bei Konfirmationen wie Chmel 30, 31, 329 hat er von Vollendung der Lagerfrist in der Arenga selbst erzählt; es ist wie etwas das sich von selbst versteht und zur Sache gehört, fast wie ein Accedens und Zeichen der eigenen Rechtmäßigkeit, und wird so hier neben der Erzählung selbst aufgeführt. Aber merkwürdig ist nun, daß diese Forderung sich gerade bei Ruprecht nicht auf die Zwiespältigkeit der Wahl stützt und somit auf solche Fälle überhaupt nicht beschränkt erscheint. Die Frankfurter selbst sagen nr. 138, sie hätten es als alten Brauch bezeichnen hören, daß bei jeder Erledigung des Reichs die 6 Wochen und 3 Tage ausgelagert werden. Und so erwähnt auch Ruprecht die Sache als allgemeine Sitte, indem er keine Beschränkung auf zwiespältige Wahlen gedenkt, so gegenüber dem Pabst in RTA. 3, 283, 3 nr. 223, so gegenüber den Venetianern in RTA. 4 nr. 187, so gegenüber K. Martin von Aragonien 1401 Merz 7 in unserm Band (praedecessorum nostrorum more). Und so erscheint sie auch in den juristischen Gutachten nr. 120 II 2: die Städte sind jedem neuen König die Huldigung erst schuldig nach Beendigung jener Lagerfrist, und wenn noch die Aachener Krönung und die Konfirmation ihrer Freiheiten dazukommt. Auch die Fortsetzung des Königshoven bei Schilter 143 redet dabei von allgemeinem Brauch der Könige, ohne die Beschränkung auf zwiespältige Wahlen hinzuzufügen, und nicht minder die bei Mone Quellensammlung 1, 254¹ und wider 1, 259ª. Ebenso Gobelinus Persona Meib. 1, 288. Und so erscheint die Sache auch in dem Berichte des Jacopo Fantinelly, den wir in der Anmerkung zu nr. 204 mittheilen. Die Angelegenheit kehrt bei K. Sigmund wieder. In RTA. 7, 57, 34 nr. 39 und 7, 60, 40 nr. 42 nach seiner zwiespältigen ersten Wahl erklärt er sich dazu bereit. Aber nach der zweiten Wahl begehren die Kurfürsten von der Stadt, daß sie den König, wenn er komme, sofort einlasse, da es des Lagers bei ihm nicht bedürfe, indem er einmüthig gewählt sei; die Frankfurter sind damit einverstanden, daß es unnöthig sei, RTA. 7 nr. 108. Hier tritt also deutlich die Beschränkung auf die zwiespältige Wahl wieder hervor. Sie wird auch das ursprüngliche gewesen sein, aber bei Wenzel ist schon Unklarheit da, und bei Ruprecht hat eine andere Auffassung Platz gegriffen. Aber auch Sigmunds Wähler scheinen zu befürchten, daß die Stadt Frankfurt sich nicht an die ursprüngliche Beschränkung binden werde. Man sieht, wie schwankend das alles ist, ja wie wenig man eigentlich schon damals davon wußte. Ob die Sache überhaupt älter ist als ihr erstes erkennbares Auftreten vom Jahr 1349, mag man billig bezweifeln. Damals haben die Fürsten sie als etwas noch nicht vorgekommenes bezeichnet. Daß die Frankfurter damit etwas neues einführten, ist also zweifellos, und man gab es eben deshalb für etwas altes aus um es zu legitimieren. In solchen Fällen hat man es sich im Mittelalter bekanntlich leicht gemacht, von altem Herkommen zu sprechen. Ich will den Gegenstand hier nicht weiter untersuchen. Senckenberg² Sammlung von ungedruckt-

---

[1] Ein Fall dieser Art gerade in Frankfurt im 14 Jahrh. bei Kirchner Gesch. Frkf. 1, 336.

[2] Er macht l. c. § XII aufmerksam auf das Keyserrecht lib. 2 cap. 109, wo die Frist von 6 Wochen und 3 Tagen, in andrem Zusammenhang, auch vorkommt; die Ausgabe des Keyserrechts nach der Handschrift von 1372, von Endemann, Cassel 1846, gibt pag. 118 eine Reihe von Parallelstellen aus anderen Rechtsquellen.

und raren Schriften Frankf. 1751 I Vorrede § IX-XV und weist sich an ihn anschließend Orth Dritte Fortsetzung der Anmerk. zur Frankf. Reformation pag. 211-214 geben die ältere Literatur des Gegenstands an, am besten untersucht Olenschlager Neue Erläuterung der Guldenen Bulle 411-414. Auch in Betreff Achens[1] ist von ähnlicher Sechsin-Belagerung die Rede, vgl. Christian Hecht schediasma — de obsidione binarum — civitatum Francofurti ac Aquisgrani in dissidiosa duorum imperatorum electione Frkf. 1724. In der That hat die Stadt die 6 Wochen und die 3 Tage am 24 Dec. 1400 nr. 204 gefordert. Eine Spur von der Achener Sache kommt 1414 vor, RTA. 7, 229, 14. Bei Frankfurt wissen wir wenigstens, daß das Lager von 6 Wochen und 3 Tagen einmal wirklich gehalten worden ist, freilich nur Einmal, damals von K. Ruprecht. Wenn dieser Vorgang, wie wir sahen, noch einen schwachen Einfluß auf den Anfang der folgenden Regierung übt, so wurzelt er seinerseits in dem Versuch von 1349, weiter vorher und weiter nachher weiß man nichts davon. Die Vermuthung mag gewagt werden, daß die Frankfurter im Jahr 1349 das angebliche Herkommen erfunden haben, aus Furcht sich allzufrüh gegen Günther zu verpflichten, in der Hoffnung so die Entscheidung noch hinausschieben zu können. Was ihnen damals nicht gelang, das haben sie im Jahr 1400 mit mehr Glück gegenüber von Ruprecht durchgeführt.

A. Vorbereitung nr. 133-135.

Sehr rasch, am Tag nach des neuen Königs Wahl, meldet sich der Erzbischof von Köln an, nr. 133. Daß es ein Lager vor der Stadt geben wird, weiß man schon, nr. 134. Da bei dem bereits endgiltig gewählten König an ein kurzes Lager wie bei Wahlen nicht zu denken ist, so müssen die Frankfurter bereits ihr Begehren eines solchen auf 6 Wochen und 3 Tage gestellt haben. Das stimmt ganz mit dem Umstande, daß kurz nachher in dem Gutachten nr. 120 dieß Begehren als unbestreitbare Voraussetzung auftritt. Am 10 Sept. lagerte sich Ruprecht mit den Rheinischen Kurfürsten vor der Stadt (nr. 162. 163).

B. Unterhandlungen betr. K. Ruprechts Einlass in die Stadt nr. 136-142.

Die Stadt Frankfurt verhielt sich steif, als der König den sofortigen Einlaß begehrte, und sie hat ihren Willen durchgesetzt. Selbst als Köln Mainz Worms Speier übergetreten waren (nr. 157 und 158) und nun zur Vermittlung geeignet waren, auch diese wirklich übernahmen (nr. 141), selbst da noch blieb Frankfurt bei seiner Frist, und diese Frist hat der König wirklich aushalten müssen. Die beiden Aufzeichnungen vom 11 Sept. nr. 138 und 139 ergänzen einander, der Sinn ist immer der der Ablehnung bei beiden; in nr. 138 haben wir die Verhandlung mit den Gesandten des Königs und der Fürsten, ihnen kann man unverblümt sagen daß man von der bestimmten Frist nicht abgehen will; nr. 139 gibt die Antwort, wie man wünschte daß sie durch sie in artiger Form dem König zukäme, und da ist dann von der bestimmten Frist nicht die Rede, es wird Hoffnung gemacht auf eine mögliche Wendung der Dinge die es der Stadt Gewissens halber schon erlauben möchte, aber doch verspricht sie nichts bestimmtes, und endlich sucht sie durch die Gestattung freien Marktes sich zuvorkommend zu erweisen, ohne sich in der Hauptsache etwas zu vergeben. Eigentlich im Widerspruch stehen daher nr. 138 und 139 nicht zu einander.

---

[1] Die Schrift von Hecht steht mir nicht zu Gebote. Für Achen findet sich eine ältere Anknüpfung in 1257, Olenschlager G.B. Urk.B. 49 und 51. Die Sache kann hier nicht weiter untersucht werden.

C. K. Ruprechts Einzug in die Stadt 1400 Okt. 26 nr. 143-145.

In der Aufzeichnung über den Eintritt nr. 145 ist das Schwören des Huldigungseides nicht mehr erwähnt, sie bricht noch vorher ab. Wie Ulman Stromer St.Chr. 1, 53, 3 berichtet, zog man, nach der Erhebung auf den Altar, von der Bartholomäuskirche auf den Platz. Hier, auf dem Römerberg, wurde gehuldigt und geschworen. Und zwar that es der rat zu Frankenfurt -- und darzu di gemain di dobei stunden. Ich interpungiere da: do was ein gestul gemacht, darauf der kung und di kürfursten waren und auch mit andern fursten grafen freien und herren; und der rat zu Frankenfurt gingen dorauf und hulten und swuren im, alz si ein Romissen kung von rechtz wegen tun scholten, und darzu di gemain, di dobei stunden, di swuron und hulten im auch. Nicht alle Frankfurter schwuren aber damals, s. nr. 184¹. — Janssen Frankf. R.K. 1, 81 nr. 221 nt.* macht aufmerksam auf den Modus regem Romanorum electum Francofordie introducendi exaltandi etc. sumptus ex libro Baldmari canonici hujus ecclesiae [Francof. ad S. Bartholom.], Würstwein subsid. dipl. 1, 120-135. In diesem Modus sind freilich sehr verschiedene Aufzeichnungen vereinigt. Von pag. 130 an ist alles viel später, und gehört zu 1474-1485. Auch das vorausgehende, pag. 120-130, besteht aus sehr verschiedenen Theilen, die nur in der Edition nicht geschieden sind. Wir unterscheiden hier: 1) pag. 120-121 mutandis allgemeine Einzugs- und Exaltations-Ordnung, 2) auf pag. 121, mit nota situm beginnend, Sitzordnung der Kurfürsten (offenbar zur Wahl), Erwählung und Exaltation des Königs, 3) auf pag. 123, von de hijs an, eine Regelung der Vertheilung der bei solcher Gelegenheit vorkommenden Messe-Oblationen, und Anordnung des Kapitels vom h. Bartholomaeus, da es pag. 125 heißt in ecclesia nostra — statuimus et ordinamus, 4) pag. 126, von in nomine an, eine Ordnung für den Einzug des Königs in die Stadt und seinen Empfang in der Bartholomäuskirche und die Elevation oder Exaltation, bis pag. 130 seculorum amen. Alle diese Stücke haben keine Daten, außer nr. 3. Dieses Stück dürfte wol auf K. Sigmunds Zeit zu beziehen sein. Denn pag. 124 wird, um die Vertheilung der Messe-Oblationen zu ordnen, auf den Gebrauch in den Tagen Karls IV und bei Wahl und Exaltation Wenzels zurückgegangen, Ruprecht wol absichtlich übergangen, und für jenen Gebrauch das aus 1 August (eine. Pet.) 1411 abgegebene Zeugnis des Magisters Nycolaus Gerstungen Kustos (an der gen. Kirche) geltend gemacht, qui se recolere et vidisse asseruit. Eine solche Feststellung des Gebrauchs gerade um die Zeit des 1 Aug. 1411 vorzunehmen, war ganz natürlich, nachdem am 21 Juli 1411 die zweite Wahl Sigmunds stattgefunden hatte, und also dessen Einzug, da er bei der Wahl selbst nicht zugegen war, für künftig noch zu erwarten stand. Bei nr. 1 könnte man ebenfalls an Sigmund denken, da pag. 121 die regina berücksichtigt wird, und er 1411 mit Gattin in Frankfurt einzog; aber freilich war bei einer allgemeinen Aufzeichnung der Einzugsordnung ohnedieß auf diesen Fall Rücksicht zu nehmen. Die nrr. 1 und 4 scheinen auf Fälle zu gehn, wo der König schon gewählt war und es sich nur um seinen nachfolgenden Empfang in Frankfurt handelte. Bei nr. 2 ist für beide Fälle gesorgt, ob er sogleich, unmittelbar an den Wahlakt anschließend, da ist, um exaltiert zu werden, oder nicht. Was nun etwa auf unsern Fall von 1400 zu beziehen wäre, bleibt die Frage. Die nrr. 1 und 4 passen dazu nicht, da in unserer Aufzeichnung über den Einzug nr. 145 durchaus nicht die Rede wird von einem Absteigen des Königs vom Pferde vor dem Thor, wie dort pag. 120 und pag. 126. In nr. 2 handelt es sich gar nicht um Einzug und Empfang;

---

¹ Vgl. Gelnhausen Anm. zu nr. 182; dazu 1720, pag. 76. Oertel-Rabener diss. hist. de rege Rom., Lips.

Sitzung der Kurfürsten in der Bartholomäuskirche und Wahl in Frankfurt können nicht auf Ruprecht gehen, und, was über die Exaltation gesagt wird, gibt keinen Anhaltspunkt. In nr. 3 ist absichtlich auf Ruprecht keine Rücksicht genommen. Somit ergibt sich, wenn man nach der Anwendbarkeit der verschiedenen in Würdtweins Modus zusammengeschmiedeten Stücke auf K. Ruprecht frägt, kein sehr befriedigendes Resultat. In Betreff des Einzugs werden wir uns mit Sicherheit nur an unsere Aufzeichnung nr. 145 anschließen können, die uns glücklicherweise erhalten ist und uns bis in den Chor der Kirche führt. Die Vorgänge in der Kirche selbst, besonders die Exaltation, werden wir uns ungefähr aus den Angaben von Würdtweins Modus nr. 1. 2. 4 zusammendenken können. Es ist doch natürlich, daß man auch in diesem Fall das Herkommen befragte, und der Klerus hat das immer zu bewahren gewußt. Aber eines der Stücke Würdtweins aufzunehmen, fand ich keinen Grund. Die nr. 1 des Würdtweinischen Modus erinnert sehr an den theilweis wörtlich übereinstimmenden Ordo bei Latomus in Böhmer-Huber fontes 4, 412f., zu welchem zu vgl. ist Böhmer-Huber reg. Karoli IV pag. 501*ᵇ.

D. Absagen Frankfurts und andrer an K. Wenzel nr. 146-155.

Ich habe bei nr. 150 das auffallende Verfahren zu rechtfertigen, daß da dem Abdrucke die Kopie E zu Grund gelegt wurde, während doch die drei Originale ABC vorhanden sind. Die Aufklärung besteht darin, daß ABC den Charakter eines Originals nur eine Zeit lang gehabt haben, ihn aber nachträglich verloren, so daß sie jetzt für den Abdruck nur noch den Werth von Konzepten haben können. Wir wissen aus nr. 154, daß drei Originale der Frankfurter Absage durch drei verschiedene Boten an K. Wenzel abgegangen sind, offenbar der Sicherheit halber, wie es auch sonst vorkommt. Da nun unsere drei Originale ABC sich noch heute im Frankfurter Stadtarchiv befinden, so sind sie nicht die drei an K. Wenzel abgegangenen Originale. Und man darf nicht etwa denken, daß die drei Boten ihre drei Originale eben wider mit heimgebracht hätten; denn wider aus nr. 154 wissen wir, daß mindestens zwei dieser Boten ihre Briefe wirklich abgegeben haben. Also steht die Sache so, daß drei Originale abgeschickt, und daß daneben drei Originale in Frankfurt zurückbehalten wurden. Aber auch die drei letzteren sind ausgefertigt und besigelt, und waren sicher für K. Wenzel bestimmt. Sie waren es ohne Zweifel zuerst, welche durch die drei bekannten Boten an ihn besorgt werden sollten, bis man fand, daß noch daran zu ändern sei. Daher rühren die in ihnen angebrachten Korrekturen. Wie die Stücke selbst sich unter einander ganz gleich sind, so haben sie auch die gleichen Korrekturen. Denn die eine der beiden Korrekturen, welche hier noch vorgenommen wurden, steht in allen dreien ABC (Einfügung der Worte mit diesem brieffe), und die andere, die in AC wirklich angebracht ist (Einfügung des Wortes koniglichen), wurde gewiß nur zufällig in B nicht mehr ausgeführt. Wahrscheinlich gedachte man ABC noch abzuschicken, in korrigirtem Zustand; indem man das aber während der Ausführung der Korrektur unpassend fand, wurde B nur an der einen Stelle korrigirt, während die andere Stelle unkorrigirt blieb, nachdem man sich anders besonnen hatte. Indem man dann drei neue Originale anfertigte, welche den Boten wirklich mitgegeben wurden, vernichtete man doch die drei zurückgelegten Originale ABC nicht, aber man desoriginalisirte sie durch Abkratzen der Sigel, und in diesem Zustand befinden sie sich noch im Frankfurter Stadtarchiv. — Was ist es nun aber mit E? Antwort: während wir natürlich die an Wenzel abgegangenen drei Originale nicht mehr in Frankfurt finden können, so haben wir doch eine Abschrift dieser drei gleichlautenden Stücke, und diese Abschrift ist E. Sie steht in den Frankfurter Wahltagsacta, in diese wurden die wirklich expedierten Stücke eingetragen, und so ist auch E die Abschrift der wirklich expedierten Originale. Daher sind in E die Korrekturen von ABC nicht mehr als solche vorhanden sondern in den Text aufgenommen. Da nun die drei gleichlautenden Originale, deren Abschrift E ist, nicht vorlagen, und da doch sie eben die expedierten sind, so war für unsern Druck ihre Abschrift E zu Grunde zu legen. — Endlich ist noch von der Vorlage D zu reden. Konzept ist sie nicht; das hätte man nicht auf Pergament geschrieben. Auch sonst sieht D den ABC äußerlich ganz ähnlich, und es wäre für ein ausgefertigtes Original zu erklären, wenn es besigelt wäre. Man hat also zu denken, daß D ursprünglich zur Ausfertigung und Versendung bestimmt war, daß es aber dazu nicht kam, weil man auch hier schon Änderungen anzubringen für gut fand. Solche Änderungen finden sich in D, und diese Änderungen oder Fehler kehren als solche in ABC nicht wider, die Korrekturen von D sind in ABC bereits in den Text aufgenommen. Die Änderungen in D geschahen noch vor der Besigelung, weil man ihre Nothwendigkeit entdeckte, ehe die Besigelung eingetreten war; mit den Änderungen d. h. Korrekturen war aber D nicht mehr zur Versendung zu brauchen, und deshalb unterblieb die Besigelung. — Sehen wir ob von dem wol nicht mehr vorhandenen ursprünglichen Konzept, so haben wir also immer noch drei Stufen der Entwickelung dieses Schreibens: als man D verwarf, schrieb man ABC, und von den korrigierten ABC nahm man die Abschrift E. Man kann es auch so ausdrücken: D ist im Verhältnis zu ABC, und ABC sind im Verhältnis zu den abgeschickten drei Originalen, also auch im Verhältnis zu deren Abschrift E, als Entwurf zu betrachten. Jedenfalls also war eben E beim Druck zu Grunde zu legen. — So unbedeutend nun auch die Veränderungen sind, welche mit D und dann mit ABC vorgenommen wurden, so ist doch leicht der sehr bestimmte Sinn der meisten zu erkennen. Man sieht einerseits die Ängstlichkeit, mit welcher in einer so wichtigen Frage auf den Wortlaut Bedacht genommen wurde, andrerseits die Eile, durch welche die ruhige und glatte Erledigung der Sache gestört ward. In D ist die Änderung für geflogen wol nur eine Milderung des Ausdrucks, die andere für als -- ist enthält eine vorsichtige Erweiterung. In ABC sagt die Einsetzung mit diesem briefso bestimmter, daß K. Wenzel die vorliegende Erklärung der Stadt Frankfurt als eine endgiltige zu betrachten und keinen weiteren Brief zu erwarten habe, und die Einschickung des Wortes königlichen in AC (in B, wie wir sahen, nur zufällig unterblieben) zeigt, wie sorgfältig man für den Augenblick noch darauf hielt, Wenzeln als dem rechtmäßigen König noch den königlichen Titel zu geben, da man ihn ja in diesem Augenblick noch anerkannte und die Absage nur eine eventuelle war. — Die Formel, in welcher die Städte dem K. Wenzel absagen sollten, war ihnen von Ruprecht und seinen in Frankfurt anwesenden Wählern vorgeschlagen worden. Ich verweise in dieser Hinsicht nur auf nr. 152 und die Anmerkung dazu. Auch Frankfurt wird sich in nr. 150 darnach gerichtet haben. Natürlich kommt dabei nur derjenige Theil von nr. 150 in Betracht, der eben die wirkliche Absage enthielt, also die Worte so sagen wir uch — da inne wir bliben wollen. Ganz ähnlich lautet in der entsprechenden Stelle das Schreiben der Burg Friedberg 1400 Okt. 13 nr. 151 und sagen uwir personen — dem riche han getan, während alles übrige nur freie Komposition ist. Den Sinn und fast den Wortlaut jener vorgeschlagenen Formel (Notul, nr. 152) können wir uns aus diesen beiden Briefen nr. 150 und 151 mit ziemlicher Sicherheit wiederherstellen. Am unmittelbarsten ist sie vielleicht in nr. 148 erhalten, die auch nach rade der kurfursten verfertigt ist; sie wurde wol deshalb in die Frankfurter Wahltagsacta eingetragen, weil gerade sie als Muster für die städtische Absage den Städten, also auch Frankfurt, übergeben ward. Übrigens enthält RTA. 3 nr. 146 am Schluß schon in wesentlichen die Weisr, nach der überhaupt die Absagebriefe redigiert wurden, s. RTA. 3, 173, 1-4. Darf man die Mittheilung der Formel an die Städte etwa auf den 4 Okt. setzen (nr. 157), so hat Frankfurt, indem es sich schon am 7 Okt. nr. 150 derselben bediente, doch einen recht raschen Gebrauch davon gemacht, und es ist, trotz der sonstigen Haltung der Stadt, einiger Schluß auf deren getheilte Stimmung um diese Zeit wol zu ziehen. Die große Wichtigkeit, die der Sache beigelegt wurde, gibt sich in der Aufzeichnung über die Bestellung der Absage an K. Wenzel kund, nr. 154. — Die Aufkündigung Nürnbergs s. beim nächsten Nürnberger Reichstag nr. 246.

E. Aufzeichnungen betr. Anerkennungen K. Ruprechts 1400 Sept. 23 bis nach Okt. 29 nr. 156-161.

Es ist hier zusammengestellt, was ungefähr in diese Zeit fällt und gefunden wurde. Auf Vollständigkeit wird dabei kein Anspruch gemacht. Das mag auch für die übrigen Tage gelten, unter welche wir solche Aufzeichnungen ihrer Zeitfolge nach einlegen. Die Geschichte der Anerkennung Ruprechts läßt sich überdieß oft nur durch die Ertheilung der Privilegien und Belehnungen bestimmen. Daß diese dem Plane der Sammlung fern liegen, versteht sich von selbst. Man mag sich daran namentlich bei dem Achener Krönungstag erinnern, wo derartiges reichlich Platz gefunden hätte. Vgl. RTA. 1, 152, 17. Es genügt hier, auf Chmel und Stälin zu verweisen. — Der Aufenthalt in Straßburg ist kein Reichstag, hängt nur mit der Anerkennungsfrage zusammen; vgl. über ihn Mone Quellen-Sammlung 1, 251f. 259f. 265 nr. 1. 3, 513f., Schiller Königshoven 144, code hist. et dipl. de la ville de Strasbourg 1, 227f. Am Cäcilien-Tag Nov. 22 kam der König dahin. Am 11 Nov. sollten die Elsäßischen Städte mit seinen Räthen dort zusammenkommen, s. nr. 172 mit Anm.

F. Städtischer Briefwechsel nr. 162-173.

Bei dem großen Interesse, das die zum Theil noch unbekannten Straßburger Gesandtschaftsberichte erregen, von denen keiner übergangen werden konnte, ist für Aufnahme der Stücke die Zeit des Frankfurter Tags wesentlich überschritten worden. Sie enthalten Aufschlüsse auch über K. Wenzel.

G. Städtische Kosten nr. 174-175.

Die Frankfurter Stadtrechnungen geben allerlei Nachrichten über die Vorgänge bei K. Ruprechts Anwesenheit in der Stadt. — Nachrichten über Kosten Straßburgs in dieser Zeit während des Aufenthaltes des Königs daselbst, auf den Tage zu Frankfurt u. a. m. sind enthalten in einer Aufzeichnung im Straßburger St.A. AA66 Briefbuch B fol. 1$^{a.b}$ cop. mb. saec. 15 mit der Überschrift künig Ruprehtes schenk als er hie gewesen ist. [1] Anno domini 1400 feria secunda que est vigilia sancti Andree apostoli [Nov. 29], als künig Ruprecht hie was, ist im geschenket: drü füder wins zehen pfunde wert visch ein salme und hundert vierteil habern; frowe Adelheiten der küniginn zwei füder wines zehen pfunde wert visch ein salme und fünfzig vierteil habern; den vier herzogen iren sünen iegelichem ein silberin büchsin; den drien herzogin iren döhtern iegelicher ein güldin büchs; dem herzogen von Lothringen irem dohterman ein füder wins drü pfunde wert visch ein salme und drissig vierteil habern; item hern Raban bischof zü Spire irem öbersten canzler ein halp füder wins zwei pfunde wert visch ein salme und zwenzig fierteil habern; item iren spilülten und löifern wol zwenzig güldin; und von dem dinge allen zü tragen zü messen zü füren und in alle ander wege; das ist alles zusammengeslagen, und düt die summe mit einander drühundert sübenzig güldin 28 lb. 4 sh. du. [2] Anno domini 1400 feria secunda post Martini episcopi [Nov. 15]: item zü costen gon Mentze gon Franckfurt und gon Heidelberg zü dem nuwen künige nemlich künig Rüprecht 42 lb. 11 sh. 3 dn. und 163 güldin; item her Johanns von Mülnheim 40 ůnze von pferden; item her Thomas von Endingen tantum; item Uolrich Bock dem jungen tantum; item her Rülin Barpfennig tantum; item her Wernher Spatzinger tantum; item dem Koch 1 lb. do equo. [*Nachbemerkung.*] Uf die zit hat künig Rüprcht der stat ir friheit bestetiget; und stet im costbůch nit geschriben, das ůtzit umb die friheit geben si; doch meint man, es si in die egemelt summe des costens gerechent. — *Gedruckt St. Chr. 9, 1049f. ebendaher; nur art. 1.*

Julius Weizsäcker.

A. Vorbereitung nr. 133-135.

[1400] **133.** *Erzb. Friderich III von Köln an Frankfurt, beglaubigt Johann Sale zu mündlichem Auftrag.* [1400¹] *Aug. 23 Bonn.*

Aug. 22

Aus Frankf. St.A. Reichssachen I Acten fasc. XI nr. 651 or. ch. lit. cl. c. sig. in verso impr.
Auch ibid. Wahltagsacta 1, 41ᵃ nr. 134 cop. chart. coaev.
Regest bei Janssen Frankf. R.K. 1, 65 nr. 191 aus Wahltagsacta l. c.

Fridericus archiepiscopus Coloniensis
dux Westfalie etc.

Erbere gude vrunde. wir senden zo uch Johan Salen² bewisere diss briefs unsen amptman zo Rense ind lieven getruwen, umb sachen willen de wir zo schaffen hain. ind begeren van uch, dat ir demeselben Johanne gelouven wilt, wat he uch da ynne van unsen wegen sagende wirt, ind uch da ynne ouch bewijsen as wir uch des zo-

[1400] getruwen. datum Bunne dominica in octavaᵃ assumptionis virginis gloriose nostro
Aug. 22 sub signeto.

[in verso] An die erbere wise lude burgermeistere rait ind burgere der stat zo Franckenfort unsen guden vrunden.

[1400 **134.** *Begehren des Johann Sale erzb. Köln. Beauftragten an Frankfurt.* [1400 nach
nach Aug. 22 Frankfurt³.]
Aug. 22]

A aus Frankf. St.A. Wahltagsacta 1, 124ᵃ nr. 263 conc. chart. coaev.
B coll. ibid. 1, 41ᵃ nr. 135 cop. chart. coaev.
Gedruckt bei Janssen Frankf. R.K. 1, 65 nr. 191 aus B.

Nota. Johann Sale obgeschribenᵇ hat gebedin und von unsers herren von Coln wegin begert, daz man in da zů felde wulle lassen herbergeᵇ beslahin, und ime uz Franckinfurd spisungeᶜ tůn und gonnen umb sin gelt, und die dibo von dem galgin tůn odir den galgin mit brederᶜ und bortenᵈ beslahin.

a) *or. octau mit überstrich.* b) *B herberge, A entweder herberge.* c) *AB abgekürzt, wol auch breder.* d) *A borten, B barten.*

---

¹ Das fehlende Jahr ergibt sich aus der Stellung in den Wahltagsakten.   ³ Dieses Datum ergibt sich aus nr. 133.
² Ein Johann Sale erscheint als Koblenzer   ⁴ Ebenda nr. 133.
Schöffe 1408 Apr. Görz Regest. p. 131.

A. Vorbereitung nr. 133-135. B. Unterhandlungen über K. Rupr. Einlaß in die Stadt nr. 136-142. 151

135. *K. Ruprecht an den gen. Burggrafen und die Baumeister zu Friedberg: sie sollen nebst etlichen Burgmannen auf Sept. 12 zu ihm vor Frankfurt kommen. 1400 Sept. 10 vor Frankfurt im Lager.* 1400 Sept. 10

D aus Darmst. großh. Hess. Staatsarchiv Stadt und Burg Friedberg Prothocollum antiquitatum ab annis 1400 usque ad a.n. 1442 fol. 5ᵃ cop. chart. coaev., Adresse als Überschrift.
Gedruckt Mader Sichere Nachr. von der Burg Friedberg 1, 229, o. Zw. aus D.

Rûprecht von gotes gnaden Romischer konig zû allen ziten merer des richs. Lieben getruwen. wir begeren mit ernst, daz ir uf sontag nestekompt zû uns vûr Franckenfurd kommet und mit uch brengent Johan von Stogheim Gilbrecht Weisen und etliche me von den burgmannen zû Fritdeberg, wann wir uch mit uwer aller der burgmann wegen ernstlich zû reden han. datum in campis prope Franckfordiam sexta feria post nativitatem beate Marie virginis gloriose anno domini 1400. 1400 Sept. 10

Unsern lieben getruwen Eberhard Lewen burggraven unde den bûmeistern zû Fritdeberg.

B. Unterhandlungen über K. Ruprechts Einlass in die Stadt nr. 136-142.

136. *Aufzeichnung über eine Unterredung drei gen. Bevollmächtigter K. Ruprechts mit dem Frankfurter Rath: jene bitten, mit Vorlesung mehrerer Aktenstücke, um sofortigen Einlaß des einstimmig gewählten Königs und der Fürsten, sowie um Gestattung freien Kaufs: dieser bittet um Bedenkzeit bis 8 Sept., was zugestanden wird. 1400 Aug. 30 [Frankfurt].* 1400 Aug. 30

Aus Frankf. St.A. Wahltagsacta 1 fol. 42ᵇ·43ᵃ nr. 139 cop. ch.
Gedruckt bei Janssen Frankf. R.K. 1, 534 f. nr. 918, Regest ib. 66 nr. 196, ebendaher.

Notandum.

[1] Der probst von sant Paulin, her Hermann von Rodenstein, und her Diethir von Hentschusheim, mit biwesen hern Friderichs von Sassinhusen, han dem rade die nesten zwene vorgeschriben der kurfursten briefe¹ uf hude muntag des andern tages nach decollacionis Johannis anno 1400 allererst geantwort und darzû von herzog Ruprechtes wegen des nuwen koniges geworbin uf sinen credencienbrief als hernach geschriben steet²: [2] zûm ersten, daz man in und die fursten mit den iren wulle zû Franckinfurd zu stûnt inlassen und da inne ligen umb grosses schaden und zûgriffens willen uzwendig der stad zu vermiden, und wulle ansehen daz er einmûdeclich von den kurfursten erkorn si und darumb solich spann nit si als obe die kurfursten ein teil einen konig gekorn hetten und die andern einen andern etc.; [3] item daz man in feilen kauf umb ire phennige geben wulle etc. 1400 Aug. 30

---

¹ *Vom 20 Aug. 1400 über die Abetzung und vom 21 Aug. 1400 über die Neuwahl, alles in Band 3 nr. 207 und 210.*
² *K. Ruprecht an Frankfurt, beglaubigt bei der Stadt seine lieben heimlichen Frnd. Schaffart Probst zu S. Paulin zu Trier, Herman von Rodenstein seinen Hofmeister, Diether von Hentschusheim Ritter seinen Marschalke und lieben Getreuen, die er von seinen und des Reichs Sachen wegen, als die Frankfurter Freunde jetzt bei ihm zu Alczei gewesen sind, zu ihnen sendet, für mündlichen Auftrag in den Sachen; dat. Alczey sabb. p. Barthol. 1400 (Aug. 28); unten Ad mandatum domini regis Mathias Soberuheim. Aus Frankf. St.A. Imperatores 1, 172 or. chart. Eine gleichzeitige Abschrift findet sich ebenda in Wahltagsacta 1 fol. 42ᵇ nr. 138. Regest bei Janssen Frankf. Reichskorr. 1, 66 nr. 195 aus dem Original.*

1400 Aug. 20

[4] Item so taden sie lesen, wie die dri erzbischofe von Mencze Triere und von Colne der palczgrave vom Rine und der herzog von Sassen sich ire lebetage zŭ ein virbunden han von des babistums wegen von Rome des Romschen richs und irer vorgenanten furstentům; und obe sich immant des richs von vicariates wegen odir sust undirzichen wulde und obe des an ir dheinen rede qweme, daz der darzŭ nit antworten sulde sundern iz an die andern brengen; und obe der konig daz riche minnern wolde, daz sie dann darzŭ iren consenssum nit geben sulden; und obe er daz riche geminnert hette als mit dem lande zŭ Meylon und Pavey etc., daz sie auch darzŭ iren consenssum nit geben wullen; und daz sie sich des virbunds unsern herren den konig odir nimands anders wullen noch sullen lassen scheiden[a]. [5] item sie taden auch lesen, als die obgnanten funf kŭrfursten sich[a] virbunden han mit herzog Stephan und herzog Ludewig von Beyern, burggraven Friederich von Nŭrenberg, hern Willehm und hern Balthazar gebrudern, hern Wilhelm hern Friederich und hern Georgen gebrudern allen marggraven zŭ Missen und lantgraven von Doringen, dem lantgraven von Hessen etc., einen andern konig zŭ kiesen und sie nit lassen und lib gut sloß lande und lude etc. nit von ein zŭ scheiden[a]. [6] item, wie die obgnanten fursten und herren den egnanten kurfursten des virbuntnisses auch ein revers gegeben haben[b]. [7] item, wie die obgnanten drie erzbischofe und der palczgrave vom Rine unserm herren den konig virbot han gein Obern-Lanstein

1400 Aug. 11

gein Rense ubir des andern tages nach sant Laurentius tage zŭ komen und gebreten des richs etc. abczulegen und zu bestellen etc.: geschee des nit, so sageten sie in die eide ůf die sie ime von des richs wegen getan hetten, mit bedeutniße doch irer eide die sie dem riche plichtig sin, und wullen ein anderfuge an dem riche tůn[c]. [8] item, wie dieselben vier kŭrfursten den herzogen von Sassen auch zŭ dem tage virboudit han: und obe er nit qweme, so wulden sie doch die sache vollenden als sie sich virbunden hetten[c]. [9] item auch han sie marggraven Jost von Merhern verschriben[b] als ein kurfursten: als sie in vor gein Franckinfurd zu komen virbodet hetten und doch nit komen were, des besenten sie in, als verre er ir midekurfurste sulde sin von der marke wegen von Brandenburg, daz er gein Lanstein qweme odir sin procurator mit sime ingysigel dar sente; und obe er des nit tede, so wulden sie in des gutg ersucht haben etc.[c] [10] item und wie der erzbischof von Mencze als ein dechann undir den andern kŭrfursten uffinberlich laß und virkundete, wie daz unser herre der konig sich gehalten hette und sich des richs unwirdig gemacht, darumb sie in entsetzit han[d], und wie dann die kŭre darnach irgangen ist als in vorgeschriben schriften[e] wol erludet etc.[f]

1400 Sept. 8

[11] Des han die von Franckinfurd sie gebeden, in zŭ gonnen sich uf die obgnanten zwo anmůdůnge zŭ bedenkin und in des, uf daz sie eide und eren bewaren mogen, frist zŭ geben daruf zŭ antworten biß ůf unser frauwen tag nativitatis nestkompt. des sie in also gegonnet han.

a) om. cod. b) om. cod.

[1] Band 3 nr. 57 (58) vom 15 Sept. 1399.
[2] Band 3 nr. 60 vom 19 Sept. 1399. Weggelaßen ist hier oben nur Mf. Balthasars Sohn Friedrich.
[3] Band 3 nr. 59 vom 19 Sept. 1399.
[4] Band 3 nr. 146 und 147.
[5] Band 3 nr. 150 und 151.
[6] Band 3 nr. 148 und 149.
[7] Band 3 nr. 204 und 205.
[8] Band 3 nr. 209.
[9] Vgl. das Verzeichnis von Urkunden in RTA. 3 nr. 218.

137. *Hermann von Rodenstein kön. Hofmeister und Probst Friderich Schaffart zu S. Paulin bei Trier an Ritter Friderich von Sassenhusen Amtmann zu Koblenz: K. Ruprecht will seine Gesandten auf 11 Sept. beim Frankfurter Rath haben. 1400 Sept. 6 Heidelberg.*

Aus Frankf. St.A. Wahltagsacta 1 fol. 47ᵇ nr. 151 cop. chart. coaev.
Gedruckt bei Janssen Frankf. R.K. 1, 535f. nr. 919 ebendaher.

Unsern fruntlichen grůz bevor. herre Friederich, lieber besundir frůnd. als ir uns geschriben hant von des rades von Franckefurd wegen, das han wir wol gesehen, und waren bereit zů ůe zů riden in der maißen als wir von ůe gescheiden waren¹. wir han auch unsern gnedigen herren den konig lassen horen uwern brief. und ist davon sine meinunge: wan er doch nů uf den fritag selbir komen werde für Frangkfurd mit andern unsern herren den kurfursten, so wulle er uf den samßtag nehst frůhe sine frůnde bi dem rade zů Frangkefurd haben in der selbir maißen als sie nů doselbist gewest solden sin. und getruwet unser² egenanter herre in wol, daz sie ime soliche antworte geben, daz er und unsere herren die kůrfursten in des sůndirlichen und furbaß zů danken haben. datum Heydilberg feria secunda aute nativitatem beate Marie virginis gloriose.

Deme vesten strengen herren Herman von Rodenstein unsers gnedigen herren
Friederiche von Sassenhusen ritter des Romschen koniges hoffemeister unde
amptman zů Covelencezn unsern Friderich probst zů sancte Pauline bi Triere.
besundern guden frunde.

138. *Aufzeichnung über eine Unterredung zwischen den Gesandten Pfalzgr. Ruprechts I des neugewählten Königs und der Fürsten einerseits und dem Frankfurter Rath anderseits, letzterer beruft sich auf die herkömmliche Lagerfrist von 6 Wochen und 3 Tagen, erstere beharren auf sofortigem Einlaß, der Rath bleibt bei seiner Ansicht. 1400 Sept. 11 [Frankfurt].*

Aus Frankf. St.A. Wahltagsacta 1 fol. 47ᵇ nr. 152 cop. ch. coaev.
Gedruckt Janssen Frankf. R.K. 1, 536 nr. 920, Regest ib. 72 nr. 208, ebendaher.

Nota. ůf die vorgeschriben botschaft und werbůnge⁴ han der rad zů Franckenfurd des herzogen Ruprecht des nůwen gekorn koniges und der andern fursten frunden uf den samßtag nach nativitatis Marie anno 1400 zů den Wissenbrudern zů Franckenfurd muntlich geantwort: sie haben horen sagen, daz von aldir gewest si, wann daz riche ledig stee, daz dann der legir vor Frankenfurd sin sulle sehs wochen und dri tage, und wan nů die obgnante zit des legers ůßkomme⁵, waz in dann geboro zů tůn, daz wolden sie tůn⁶ als verre sie eide und eren bewaren mogen. da han sie geantwort: die fursten sin glieder des richs und dem riche mit eide als verre und verrer virbůnden dan die von Franckenfurd und wulden als ungerne und noidir⁷ ůbil tůn als

---

a) *cod. uwere.* b) *cod. alßkome.* c) *das — tun aus cod.; Janssen fügt dies Satz als Frage und setzt daher hinter mogen ein Fragezeichen, und man könnte damit die Frage vom 9 Okt. vergleichen; aber zuviemal werden wir nicht gefragt haben, in unserm Fall scheint uns eine Aenderung vorzuliegen.* *Vgl. nr. 139 art. 2.*

---

¹ nr. 136.
² Im Kodex geht unmittelbar voraus der Brief Hermanns von Rodenstein und Friderich Schaffarts an Friderich von Sassenhusen vom 6 Sept. nr.
137. *Daran und an die Aufzeichnung vom 30 Aug. nr. 136 ist also hier anzuknüpfen.*
³ Nöte, *merte, adv., nothgedrungen, ungerne. comp. nöter, mhd. W.B.*

1400 die von Franckenfurd. und begerten abir als vor etc.   darzû die von Franckenfurd
Sept. 11 abir entwurten als vor, und boden ir frunde die antworte gnedielich an die fursten zu
brengen, daz wulden sie allewege gerne virdienen.

1400 **139.** *Aufzeichnung der Antwort des Frankfurter Raths an Pfalzgr. Ruprecht I den*
Sept. 11 *neugewählten König auf sein Begehren sofortigen Einlasses und feilen Kaufs: lehnt*
vorläufig den sofortigen Einlaß ab, stellt ihm aber anheim einen freien Markt aus-
rufen zu lassen. 1400 Sept. 11 [Frankfurt].

Aus Frankf. St.A. Wahltagsacta 1 fol. 53ᵃ or. 108 conc. chart.
Gedruckt Janssen Frankf. R.K. 1, 536f. sub nr. 920, aber nur zum Theil; Regest ib. 72
sub nr. 208, auch nur zum Theil; beidemal aus unserer Quelle.

1400 Actum sabbato proximo post festum nativitatis Marie virginis anno 1400 etc. ist
Sept. 11 herzoge Rupre*chts*, der zû Romschen kunige gekorn ist, frunden geantwurt uf sin be-
gerunge, die ᵃ waz in inzlassin und im den fursten und iren frunden feilen kauf zu
geben¹, also: „lieben herren, als ir von des inlassins wegen geworben hat, darumbe
ist unser meinunge: nach dem alsᵇ die sache gestalt sin und wir mit eiden und truwen
vor virhaft sin, darumbe uns not ist unser ere und gelimph in denᶜ sach zû verwaren ᵈ,
wer' iz daz wir vurworter nach rade unser herren und frunde it zû rade wurden oder
solich leute und sache irfuren darumbe uns bedeuchte daz wir unser eide und ere inne
bewaren mochten, wer' iz danne daz des obgenanten unsers herren gnade oder sin
frunde von des inlassens wegen vurworter gesonnen, da hoffen wir dan aber als er-
berlich und bescheidinlich zû zu antwurten als wir dan billich solden und auch in
einen gnaden hoffen zû bliben.   auch, lieben herren, als ir gemeldet hat von der koste
und des feilen kaufes wegen, darumbe ist unser meinunge: ob ez dem obgenanten unserm
gnedigen herrenᵉ gefuglich were, daz dann sin gnade einen frihen markt wolle tûn
ruffen; und wann daz geschicht, so meinen wir, daz dan dem obgenanten unserm herren
und unsern herren den korfursten und den iren dan kost und feilen kaufes gnung zu-
gefurt solle werden.   und bidden uch, lieben herren, daz ir diese unser entwurt gnediclich
und gunstlich vûr den obgenanten unsern herren brengen wullet, und daz sin gnade
solich unser entwurt in gnaden und in dem besten versten und von uns ufnemen walle,
also wir uns des genzlich zû sinen gnaden versehen".

1400 **140.** *Aufzeichnung über das Gelübnis, welches diejenigen ablegen sollen, die während*
nach *des Lagers vor Frankfurt in die Stadt eingelassen werden. [1400 nach 10/11 Sept.²*
Sept. 10 *Frankfurt.]*
oder 11

Aus Frankf. St.A. Wahltagsacta 1 fol. 51ᵇ or. 164, aufgeklebter Papierzettel, gleich-
zeitige Hand.
Gedruckt Janssen Frankf. R.K. 1, 538 nr. 925 ebendaher.

Nota.   die man zû disser zid, als der leger vor Franckenfurd ist, inleßit, sollin
mit guten truwen an eids stat globin vûr sie ire dienere und midridere die sie mit in

a) om. cod.   b) al. nach dem als — zû verwaren hieß die Stelle zuerst (dann herrührt): nach dem als wir uns den
leben hab und rat gnommen an unsern herren und frunden die auch dem heiligen riche virbentlich sin,
daz uns daun solich sache zû dieser zit swer und nit bequemlich ist, wir haben uns dan vor baß verwart
und unser eide und ere versorget.   c) cod. der?   d) hier dann im cod. wahrscheinlich aus Versehen nicht aus-
gestrichen, daher von uns getilgt.   e) gnedigen herren om. cod.

¹ nr. 136.
² Wol nach 10 Sept. 1400, wo Ruprecht das
Lager vor Frankfurt bezog, und auch erst nach

den Verhandlungen vom 11 Sept., jedenfalls noch
im September.

brengen: daz sie hie nicht werbin oder tůn daz widder den rad und stad zů Franckenfurd si, noch auch nit melden odir vurbrengen waz sie hie inne horen oder sehin davon dem rade und der stad Franckenfurd schadin entsteen mochte; und obe die stad not anginge odir undirstanden wůrde zů nodigen oder süst hie inne kein uflauf wůrde, daz sie dan den burgfriden hie stůllen dem rade und bůrgern getruwelich helfin weren¹ und lip und gůt bi den rad und burgere und stad zů Franckenfurd stellen. auch² sollen sie keinen unserr fiende odir keinen virechten oder virlautfridten oder keinen rechtlosen man mit in herinbreugin.

141. *Aufzeichnung über die von Köln Mainz Worms Speier übernommene Vermittlung des kön. Verlangens sofortigen Einlasses zu Frankfurt, und die dem König von Seiten Frankfurts gegebene Antwort auf Festhalten an den 6 Wochen und 3 Tagen. 1400 Okt. 7 und Okt. 11 bzw. 12 [Frankfurt].*

Aus Frankf. St.A. Wahltagsacta 1 fol. 53ᵃ-54ᵃ nr. 169-171 cop. ch. coner.
Gedruckt Bohmer cod. dipl. Moenofrancf. 1, 782-784 ebendaher; und Janssen Frankf.
R.K. 1, 539 nr. 227, ohne unsern urt. 4, aus derselben Quelle.

Nota. [1] des nesten donrstages darnach³, daz waz der donrstag vor sand Dyonisien dage anno 1400, qwamen der von Coln Menoze Wormße und von Spire⁴ frůnde vůr den rad zů Franckenfurd zů den Witßenbrudern, und forderten von des nůwen kuniges wegin wie sere und ernstlich er an sie wůrbe forderte und begerte daz man in hie inließe etc. darzů entworte die rede: sie wulden sich besprechen und entsinnen und sinen gnaden selber ein antworte tůn zuschen der zid und dem nesten mantage odir dinstage darnach ungeverlich.

[2] So waz die gemeinde, mit namen die zů hant hernach geschriben steen, uf dieselbin zid von des rads wegin darselben bi ein virbodet. und den lachte der rad die obgenant anmudůnge vůr und laß in auch der fursten brief also sie kunig Wenczlaw vom riche entseczet han⁵ und den brief also sie herzog Rupprechten zů Romischem kunige gekorn han⁶. und begerten auch darumb und auch süst umb den leger und darzů andere mancherlei artikele und underscheide ires getruwen rads und willin und daz sie daz in eids wise bi in ließen blibin. des begerte die gemeinde widder, daz sie alle und iglicher besundern dem burgermeistere hant in hant globeten, daz bi in lassen zů blibin. des in der rad also folgete. und uberqwam darzů die gemeinde einmudeclich, daz der rad feste hilde und den leger nit kůrzten, daz folge lege ie dri tage und seß wochen ganz vor der stat, uf daz der rad und stad gemeinlich eide und ere von des richs wegin deste baß besorgin, und daz der rad ernstlich und getruwelich vorter in den sachin todin und erbeidten, als sie in auch genzlich getruweten, und bißher auch getan hettin; dann waz der rad auch in den sachin tede, daz wulden sie und die gemeinde mit dem rade getan han und lip und gůt bi den rad stellen.

[3] Nota. also bestalte der rad mit herrn Fridrichen von Sassinhusen, daz er mit dem nuwen kunige redte, daz ime der rad nit bedorfte entworten von des inlassens wegin also die obgenanten vier stede geworbin hatten, und daz er ime ließe begnůgen an der entworte also der rad ime und den fůrsten vor gegebin und geentwurt hattin⁷.

---

¹ *Vgl. die üblichen Geleitsverträge der Stadt bei solchen Gelegenheiten, z. B. die Geleitsgegenbriefe RTA. 2 nr. 254 (256) und 285.*
² *Orth Reichsmessen 95.*
³ *Bezieht sich zurück auf die Aufzeichnung vom 4 Okt. 1400 nr. 157, welche im Kodex vorhergeht, da man den Zwischenzettel hier nicht rechnen darf, der nicht hierhinein gehört.*
⁴ *Diese eigneten sich zur Vermittlung seit ihrem Abkommen mit K. Ruprecht vom 4 Okt. 1400 nr. 157.*
⁵ *RTA. 3 nr. 207.*
⁶ *RTA. 3 nr. 210.*
⁷ *nr. 138. 139.*

[1] Nota. disse hernachgeschriben sin die von der gemeinde, die der rad zun Wißenbrudern bi sich zů raden geheischen hatte, als zůnest da oben geschriben stoet:

Hertwin Wiße
Johan von Holczhusen
Engel Wiße
Johan Kempe
Johan Frosch der junger
Henne Marpurg } zum Romer
Rudiger Kranich
Concze zum Romer
Heinrich Schiltknecht
Engel Hochhůß
Jekil Stralenberg.

Johan Klobelauch
Adolff Wiße
Godfrid zů Hanauwe
Johannes Appinheimer } zum Salczhuß
Heincze Wiße zum Wydel
Peder Heidenrich
Jekil Humbrecht.

Conrad Bessinger
Peder Schelhorn
Crafft zůr Alden Wagen
Peder Scheffer
Hans Warmůnt
Jekil zů Rodinstein
Gipelhenne
Herburd in der Clappergassen
Wolff zů Lindenfels
Henne zů Rodinbach
Henne Beneker
Sifrid Guldenschaff
Henne Blůme
Ewalt Bart
Johan Kolin
Herburd Beneker
Close Krakauwer
Hartmud Moller
Concze Ungerech
Henne Prasse der alde
Conrad Kipp
Wernher Voygt
Peder Holderbaum.

B. Unterhandlungen über K. Ruprechts Einlaß in die Stadt nr. 136-142.

Wobere

Henne Flodener^a
Henne von Büchen
Madern Anthonie
5   Walther von Cronenberg
Close Ecke
Walter von Cronenberg der junger
Conczo von Buczbach
Herman von Laßffsdorff
10 Henne Wixhuser
Henne Kúcz
Heincze Bornflocke
Horte von Eschebach
Henne von Carbin
15 Henselu von Steden
Bechtold von Kongestein
Henne von Diepach
Heinczo Wonecken
Symon von Aldinstad
20 Henne von Bybra
Kleinhenne von Wonecken
Gilbrecht Krûg^b
Jekil Ulner
Jacob Thomas
25 Clas von Bybra
Henne Godebolt
Henne von Lintheim.

Meczelere

Henne Judenspieß
30 Conczo Not
Henne Kulen^c son
Conczo Volprecht
Madern Cristans son
Peder Gilbrecht
35 Heinczo Bijße
Heinrich Wixhuser
- Henne Gasenbach
Anthoniges^d Meczeler
Henne von Gera
40 Henne Beier
Sifrid Kruder.

Smide

Madern Holczschuwer
Bechtold Stoß
45 Dylman Spengeler

Smalez Beyngewender
Heineze von Ortenberg
Henne Sporer
Heineze Ber
Erpo Koppersmidt
Heineze Holczschuwer
Henne ain son
Blům nelsmit*
Conczo Beyer
Bechtold messersmidt von Geilnhusen
Herman Kalderawer
Heineze Holczschuwer von Nagheim
Heineze von Schontern.

Beckern

Conczo Gütkorn
Peder von obern Eme
Heineze von Hoenberg
Heineze Machtuff
Henne von Diepurg.
Schůb
Henne Falke
Peder Lúpolt.

Schůmechern

Henne Mynczenberger
Lyncke
Heineze von Birgel
Clas Grunewalt
Dulde Scheybelin
Henne Herhorn
Conczo von Wertheim
Peder Beheim
Peder von Birgel*
Clas Wunderlich.

Lower

Cristan von Assinheim
Heile von Geilnhusen
Henne Hoenberger
Thomas von Geilnhusen.

Snidere

Herte von Erlebach
Heinrich Mynczenberger
Henne Listchin
Peder Kuwe*
Heineze von Einsteden
Ludewig zum Grünen Baům

Herte von Giessen
Heincze Stedefelder
Henne Krüg
Cristan Konig
6 Heimrich* Meyenczijd
Conczo Isenbach
Jekil zůr Britschen
Heincze von Mildenberg.

Fischere

10 Peder Jakil
Peder Menczer
Clase Fischer
Conze von Steinheim.

Bender

15 Henne von Orbrůch ᵇ.

142. *Aufzeichnung: auf Anfrage Frankfurts, antworten die drei geistlichen Kurfürsten,* daß *die Stadt unter gegebenen Umständen nach der Lagerzeit von 3 Tagen und 6 Wochen den neuen König einzulassen und ihm zu huldigen befugt sei. 1400 Okt. 9 [Frankfurt].*

20   *Aus Frankf. St.A. Wahltagsacta 1 fol.* 54ᵇ *nr. 172 cop. ch. coaev.*
   Gedr. Böhmer cod. dipl. Moenofrancof. 1, 784 ebendaher, und bei Janssen Frankf. R.K. 1, 640 nr. 928 aus gleicher Quelle.

Nota. des samstages uf sant Dyonisientag in dem 1400 jar, da hat der rad zů Franckenfůrd die burgermeistere und andere ires rads frunde volleclich geschickt hinuz
25 in daz here zů den kůrfursten, mit namen zů dem erzbischofen von Mencze von Triere und von Cochne, und ire gnade gebedin: nach dem als sich die sache nů und auch vormals gemacht habin bisher und als die von Franckenfůrd dem riche bewant sin und mit eide und truwen behaft, ob ez sache also mochte daz der nůwe gekorne kunig und auch sie hie vor Franckenfůrd bliben vollen uzligen die dri dage und seß wochin, waz
30 dan die von Franckenfurd durch recht tůn sollin und mogen, nach dem als sie dem riche gewant und virbunden sin, daz sie eide und ere bewaren mogen etc.? des han die obgeschribin dri kurfursten mit faste herren rittern und knechten iren reten den von Franckenfurd geantwort und sie gewiset: nach dem als die sache sich vor und nach alsdan ergangin habin und ergen, daz dan die von Franckenfurd herzogen Ruprechten
35 den ůfwen gekorn kůnig důrch recht inlassen mogen und sullen von eids und eren wegin und in enphahin und ime huldunge tůn als einn Romischen kunige irme rechten herren von des richs wegin.

a) *Böhmer add. von falsch.* b) *Böhmer bemerkt hier bricht das original ab*, nimmt aber an daß das Verzeichnis mangelhaftig sei.

C. König Ruprechts Einzug in die Stadt 1400 Okt. 26 nr. 143-145.

143. *Aufzeichnung über die Ankunft Elisabeths der Gemahlin K. Ruprechts im Lager vor Frankfurt und die sofort für sie angestellten Turniere. [1400] Okt. 18. 19. 20. 22. 25 [Frankfurt].*

Aus Frankf. St.A. Wahltagsacta 1 fol. 554 b nr. 177 eingefügter Papierzettel von gleich. Handschrift.
Ziemlich genau bei Lersner Chron. d. St. Frankf. 2, a, 37 b-38 a etwas modernisiert; neuestens bei Janssen Frankf. R.K. 1, 79f. nr. 220; alle aus derselben Quelle.

Nota. des mantages nach Galli ist die kunegjnne mit unsern kung Ruprechts eliche husfrauwe mit herzogen Stephan und herzoge Otten iren sonen mit der grafinnen von Cleven irer dochter und noch einer jungfrauwen irer dochter und andern frauwen und jungfrauwen und anders iren fursten graven herren und andern den iren in den leger vůr Franckinfurd kommen.

Item hat man in dem felde und leger vor Franckinfurd vor der kunigjnnen und iren frauwen und jungfrauwen gestochin den nesten dinstag mitwochen fritag und den mantag darnach.

144. *Anordnungen Frankfurts für Einzug K. Ruprechts und seiner Gemahlin Elisabeth. [1400] Okt. 26 [Frankfurt].*

Aus Frankf. St.A. Wahltagsacta 1 fol. 26½ nr. 84 auf schmalem langem eingeklebten Papierzettel.
Gedruckt Janssen Frankf. R.K. 1, 510f. nr. 929 ebendaher.

Gedechtniß[1].

[1] Item uf allen stuben gewapente lude zu bestellen uf dinstag, so der konig herinkommet; und die sollen auch alle uf iren stuben bliben.

[2] Item die von des rades wegen gekorn sin den konig zů intphahen, sollin uf den egenanten dinstag fru bi ein kommen und in intphahin inwendig der Reddelnheimer porten wo sie iz allergefuglichste dunkt.

[3] Item wer' es sache daz die konigjnne auch in die stat qweme, die sollin sie auch intphahen an den enden da iz fug mag gehaben.

[4] Item sal man lude zu des koniges luden uf den pharkirchoff bestellen, da zu behuden daz niman daruf noch in die kirchen ge, er werde dan durch geheischen.

[5] Item daz man einen schrei durch die stat tůn sal von denselben sache wegen, daz uf den vorgenanten tag niman in die pharre noch uf den kirchoff gen solle, er werde dan dar geheischen. und sal auch mit demselben schrei gen, daz allermenclich uf den vorgenanten tag uf den berg komen sal, uzgescheiden die uf torn und uf letze bescheiden sin. und sollin auch alle, die in den rat geen, vor allin dingen da sin.

[6] Item uf dinstag vorgenant sollin alle porten zugetan sin, uzgescheiden die Reddelnheimer porte.

[7] Item gedenkt, uf welche zit man den schank tun solle, und wer damide gen solle.

---
[1] Von spätrer Hand, wol aus 17 Jahrhundert, überschrieben Actum anno 1400; dieselbe Hand hat bei art. 1 zu dinstag am Rand beigeschriben vor Simonis et Judae. Die Richtigkeit dieser Bestimmung ist wol kaum zu bezweifeln. Im Kodex ist das Stück zwischen zwei andern vom 6 Febr. 1400 willkürlich angebracht. Die richtige Stellung des Stücks ist hier vor nr. 145.

[8] Item den fursten zu sagen von der gewapinten lude wegen; und auch sprache von in zû nemen, obe kein ufloufe wurden, daz sie dan bi den rat und die iren treden daz helfen weren.

145. *Aufzeichnung über den Einritt der Königin Elisabeth und des Königs Ruprecht in die Stadt Frankfurt. 1400 Okt. 26 [Frankfurt].*

Aus Frankf. St.A. Wahltagsacta 1 fol. 56½ᵃ. 55½ᵃ. 56½ᵇ nr. 179 auf zwei eingeklebten Papierzetteln in gleichzeitiger Schrift, etwas verletzt, daher Vermuthungen und Ergänzungen in Kursivdruck.
Gedruckt Lersner Chr. Frankf. 1, a, 89f. etwas modernisiert, und Janssen Frankf. R.K. 1, 80f. nr. 221, beidemal aus unserer Quelle.

Nota uf hûde dinstag vor Simonis et Jude anno 1400. als uf gestern mantag umb complede zit¹ die drie dage und soß wochin des legers vor Franck*inf*urd uzwaren, und er der stad zu Francki*nf*urd ir confirmation² gegeben hatte, und auch er und die kurfursten einen brief, obe sie umb die sache etc. angelangit wûrden odir gekriegit etc., daz sie sich noch lib oder gût dan nommer von in gescheiden⁴ wulden noch friden oder sûne oder furrede binder in nit nemen etc.⁶, in der besten forme gegeben hatten⁶: da ist herzoge Rupreeht von Beiern der nuwe gekorn kûnig und die kuniginne⁶ zû Franckinfurd ingeriden.

Zûm ersten rit herin die kûnginne mit iren dienern und frauwen und jungfrauwen. und stunden des rads frunde wol uf 16 oder 18 mit eeewivil der stede suldenern ungewapent und anders iren schribern und andern dienern inwendig Redelnheimer porten wol vier huse von der porten, und neigeten sich nider uf ire knie⁴, und enphingen die kuniginne daz sie gode und in wilkum were, und boden ir glucke und heile, und sageten ir des rads und burger und stede zû Franckinfurd gemeinlich willigen dinst, und flebeten und baden ir guade daz sie in allin iren sachin gein unsers herren des kuniges gnaden ire gnedige vursphrecherinne sin wûllde. da dankte sie in ser, und sprach sie wulde iz gerne tûn. und reit in die stad biz vûr den pharrekirchoff, und saß da abe, und ging hinin uf den lettener mit iren frauwen und jungfrauwen, und bleib darûf biz der kunig⁶ herwider uzreit⁶.

Und nach der kuniginne inriden uber ein halbe stunde da qwam der kunig ingeriden in die wise. zûm ersten da rieden der drier erzbischofe von Mencz von Triere und von Coln diener zûfordert. darûf rieden alle piffer bestaner⁶ und ander spillude. darûf gingen des koniges baner und wûmpel mit allen heralden und irer gesellschaft mit iren wapen uf daz schouste bereit als die darzû bescheiden waren. daruf reit der bischof von Triere vor dem kûnige, darnach der herzoge von Lutringen der dem kunge⁶ daz bloß swert vorfûrte, darnach der kunig¹, und uebint ime zû der rechten hant der bischof von Mencze und zû der linkten der bischof von Coln, und mit in die die uf ire libe zû warten bescheiden waren, mit namen dem kunige vier und den kûrfursten ir iglichem zwene und nit me. darûf riden der bischof von Wirczburg und die jungen

---

a) *man sicht jetzt nur geschoh-n. Lersner hat gescheiden, ebenso Janssen.* b) *gegeben hatten ms. ms.* c) *fehlt ein Schaft des zweiten n.* d) *hier und vocal ist das Zeichen über y als Imanwertion s im Druck behandelt und auf die Zeile herabgerückt worden, dagegen blieb das eigenthümliche Zeichen über y in wympelchin unberücksichtigt.* e) *ms. kunig.* f) *ms. heilt urspr. das Anderungezeichen qwam steht rolt.* g) *ms. bestner.* h) *ms. kunige?* i) *ms. kunige ent.*

¹ *Gleich nach Sonnenuntergang.*
² *Privilegia Franckf. 1728 pag. 251f., weitere Drucke s. bei Chmel nr. 12; 1100 Okt. 26.*
³ *Privilegia Franckf. 1728 pag. 250f., Auszug bei Lersner Chr. Franckf. 1, 1, 88ᵇ; 1400 Okt. 26, bei uns sub nr. 158.*

herzogen des kuniges sone¹ und ander fursten die da waren ª, und mit ir iglichem ein
ritter der sin warte. daruf ging des kuniges ein wompelchin, darfür niman drang.
und nach demselbin winpelchin riden des kunges ritter und knechte. darnach zůleste
riden des bischofes von Wirczburg, des herzogen von Lutringen, und andrer fursten
folg, doch also daz iedes fursten folg bi ein reit, ein harst nach dem andern. und des
kuniges marschalk und auch der andern fursten marschalke waren alle bi einander uf
dem felde, und bestalten daz daz inziehin also geordinert ᵇ und gehalden wurde ᶜ und
von nimand gebrochen wurde. und als der kunig in die stat qwam an daz ende da
man die kuniginne enphangen ᵈ hat, da filen aber des rads frunde nider uf ire knie,
und enphingen in mit den worten also: „lieber gnediger kunig furste und herre, wir
sin hie von der armen burger und stede wegin von Franckinfurd, und enphalen uwer
wirdige gnade daz ir gode wilkum sit, und biden got uch zů gebin vil gluckes und
heiles; anderwerbe, gnediger kung furste und herre, so sin wir hie von des rades und
burger wegin der erbern stede zů Franckinfurd, und enphalin uwer gnade als einen
Romischen kunig unsern rechten herren¹, und sehin uch gerne, und han auch ᵉ dissen
dag gerne gelebit, und flehin und biden uwer kunigliche gnade demudeclich daz ir uns
in unsern sachin nů und auch hernach gnedig sin wüllet zum glichen, daz wollin ᶠ wir
allwege gerne vordinen". da sprach der kunig: „daz ist billich, und wil iz auch gerne
tůn". und also reit er ᵍ vollen hinein den weg als die kuneginne getan hatte, mit
namen uber den Roßmerckt vor sant Kathrinen hin uber den Haůmerckt² vor unser
liben Frauwen hinabe und vor sant Anthonigisen hinabe und dan in die Fargassen vor
sant Johansen hin und bi Lumpenborn⁴ und vorter biz an Falkenstein⁵ an den platz.
da saß er abe mit den kůrfursten und andern fürsten. und gingen zů der obern dor
der pharre gein sant Michels cappellen wert in die kirchin, und vorter in den chor.
auch hatte der rad des andern tages ußßulich in der stad allumb tůn virkunden, daz
kein burger oder bisesser oder man oder frauwe oder nimand anders of den ʰ kirchoff
oder in die kirchen oder kor gen ⁱ.

a) *Lersner add. van, nit ober mogelig in der hs. und mer ein enpfangenes und.* b) *ms. geordnisrt?* c) *Lersner
add. by. Janssen vas, ist aber mogelig in der hs. und nur ein engefangenes und.* d) *ms. enphange.* e) *Jans-
sen aen . . . [zwifel] umwidig.* f) *ms. wottin? wottin? wöttin? jedenfalls seltsames.* g) *om. ms.* h) *om. ms.*
i) *Lersner und Janssen ergaenzen sollte; überflüssig, da der Plural gen wol gerechtfertigt ist.*

¹ Vgl. was eine Züricher Handschrift von den
4 gen. Söhnen des Königes aus der Zeit des Lagers
vor Frankfurt berichtet, in Mone Quellensamm-
lung 1, 221f.
² Vgl. K. Ruprechts Befehl 1400 Dez. 10 nr.
184.
³ Heumarkt heißt später Neue Kräme, aber
auch der ganze Liebfrauenberg wurde der Heu-
markt genannt, s. die Anm. Fichards bei Battonn

örtl. Beschr. d. St. Frankf. a. M. ed. Euler 4,
172.
⁴ Brunnen bei der Kannengießergasse, jetzt
veredelt der Landbrunnen geheißen, s. Battonn
l. c. 2, 101f.
⁵ Das jetzige Scharfische Haus an der südöst-
lichen Ecke der Fahr- und Predigergasse, gegen-
über der Mehlwage. Vgl. auch Battonn l. c. 2,
49f.

D. Absagen Frankfurts und andrer an K. Wenzel nr. 146-155.

146. *Frankfurt an K. Wenzel: Pfalzgr. Ruprecht III und Anhang wollen sich auf c. Sept. 10 vor Frankfurt lagern, die Stadt kann jetzt das Begehren Borziwois nicht erfüllen der an sie und andere Wetterauische Städte von des K. Wenzel wegen um 100 mit Glefen geschrieben hat. 1400 Sept. 2 [Frankfurt].*

<small>*Aus Frankf. St.A. Wahltagsacta 1 fol. 43^b nr. 140 cop. chart. coaev., Adresse als Überschrift.*
Gedruckt bei Janssen Frankf. R.K. 1, 67 f. nr. 202 ebendaher.</small>

Uwern allirdurchluchtigisten koniglichen gnaden enbieden wir unsern schuldigen[a] willigen undirtenigen dinst mit ganzem flisse und truwen zůvor. allirdurchluchtigister furste, lieber gnediger konig und herre. als wir uwern koniglichen gnaden vormals[1] und auch nů zůlestc[2] enboden und geschriben han von der viranderůnge wegen als die fursten an dem riche getan han, als wir auch meinen daz uwern gnaden Diederich Kra uwir schonke die und andere leufte und sache, die er geschen und gehort hat und unser frunde auch mit im geredt han, wol eigentlichir erzalt habe: gnediger konig. des ist uns sither abir zů wissen worden, wie daz herzoge Ruprecht von Beiern mitsampt den kůrfursten andern fursten graven und herren mit grossir macht uf fritag nach unser frauwen tage nativitatis nestkompt odir umb die zit sich vůr Franckinfurd ziehen und legern wullen. so han die fursten eins teils ir banero uf dem felde vor Franckinfurd lassen ufgestecken und meinen sich da zů legern. und tůn die und andere sache uwern koniglichen wirdekeiden zů wissen, uf daz sich uwere gnade sich darnach wisse zů richten und uns in den sachen gnedeclich zů virsorgen. dann wir großlich bekomert und in forchten sin. auch, lieber gnediger herre, her Borcziboy hat von uwir gnade wegen andern Wederuubschen steden und uns geschriben umb hundirt mit gleven im zů schicken[3]. meinen wir, als uwir konigliche gnade daz wol virsteen mag nach gelegenheid solichir leufe und sache die leider vorhanden und uns großlich antreffende sin, daz wir unsere diener und der unsern bi uns wol bedorfende sin; und bidden und getruwen uwern gnaden genzlich wol daz gnedeclich von uns zů virsten, als wir uns des genzlich zů uwern koniglichen mildekeiden virsehen. geben uf dornstag nach sant Johans tago decollacionis anno 1400.

Dem allerdurchluchtigisten fursten und herren hern Wenczelaw von gots gnaden Romschir konig zů allen ziten merer des richs und konig zů Beheim unserm lieben gnedigen herren.

Von dem rate uwer und des heilgen richs stad Franckenfurd uf dem Meyne.

<small>a) cod. schuldigen.</small>

---

[1] *Frankfurt an K. Wenzel 1400 Jul. 20 RTA. 3 nr. 161.*

[2] *Frankfurt an K. Wenzel 1400 Aug. 22 RTA. 3 nr. 227.*

[3] *RTA. 3, 206, 29^b.*

147. *Burg Friedberg an K. Wenzel, von dem Bevorstehen des Lagers vor Frankfurt.* 1400 Sept. 8 [*Friedberg Burg*].

D aus Darmst. großh. Hess. Staatsarchiv Stadt und Burg Friedberg Prothocollum antiquitatum ab annis 1400 usque ad an. 1442 fol. 4ᵃᵇ cop. chart. coaev., Adresse als Überschrift.
Gedruckt Mader Sichere Nachr. von B. Friedb. 1, 227 f., o. Zw. aus D.

Unsern schuldigen undertanen dinst uwern koniglichen gnaden willichen bereid. allirdurchluchtigester furste, lieber gnediger herre. als wir vor uwern gnaden geschriben han[1], des sin uns gesternd uf unser lieben frauwen abund nativitatis zů vesperzit zwene brive[2] mit ein worden, der wir uwern koniglichen gnaden abeschrift mit denselben worten herinne senden virsloßen. auch, lieber gnediger herre, so sin vůr Franckenfurd etliche baner in dem felde ufgestoßen und gezelde ufgeslagen. so horen wir auch sagen, daz sie uf fritag nestekompt vor Franckenfurd wollen ziehen und zů felde davor ligen. hernach uwer koniglichen furstlichen gnaden sich mag wißen zů riechten. dann woren uns soliche brive ee worden, wir hetten's uwer gnaden auch ee lan wißen. datum nostro sub sigillo ipso die nativitatis virginis Marie anno domini 1400.

Dem allirdurchluchtigesten fursten und herren hern Wentzlawe von gotes gnaden Romischem konige zů allen ziten merer des richs und konig zů Beheim unserme lieben. gnedigen herren. | Burggrave bůmeister und burgmanne des heiligen richs zůr burge Fritdeberg die dů bi eine waren uwer undertanen.

148. *Ungenannte Landherren an K. Wenzel, sagen ihm auf.* 1400 Sept. 12 o. O.

Aus Frankf. St.A. Wahltagsacta 1 fol. 52ᵇ nr. 165 und 166, aus jener das erste, aus dieser das zweite Alinea, cop. ch. coaev.; die Namen der Landherren fehlen.
Gedruckt bei Janssen Frankf. R.K. 1, 537 nr. 921 ebendaher.

Důrchlůchtigister furste und herre, her Wenczlaw kůnig zu Beheim. ich N. laßen uch wissen: soliche eide und virbuntniß damide ich uwer personen als von des heilgen richs wegen virbunden was, in welcher massen daz gewesen ist, die sagen ich uch uf und wil uwer personen deshalbin nit me virbunden sin, behelmiß mir[3] soliche eide und virbuntniß damide ich dem heilgen riche virbunden bin, da inne ich virliben wil[2]. mit urkunde dis briefes virsiegelt mit mime ingesiegel uuden herangedruckt, gegeben da man zalte vierzehenhundert jar uf suntag nest nach unser frauwen tage gnant nativitas zů latinen.

Item in vorgeschriebener forme hant diese lantherren[4] nach rade der kurfursten konig Wenczlaw von Beheim von irer eide und virbuntniß wegen ein ufsage getan und ime ir offen virsiegelten briefe gesant. actum anno ut supra.

a) cod. mir; cm. war? vgl. nr. 150.

[1] *In dem Briefe vom 23 Aug. 1400 RTA. 3 nr. 228.*
[2] *nr. 207 und 210 in RTA. 3.*
[3] *Diese Formel ist schon in dem kurfürstlichen Briefe vom 4 Juni 1400, an K. Wenzel, angewendet worden, RTA. 3, 195, 5 ff. Vgl. auch hier nr. 150.*
[4] *Irre ich nicht, so sind Böhmische zu verstehen.*

149. *Frankfurt an K. Wenzel: die Stadt, welche Briefe von den 4 Rheinischen Kur-* 1400
fürsten erhalten hat, und vor der sich nun der Ruprechtische Anhang gelagert, Sept. 12
bittet um Hilfe in ihrer Noth, da sie sonst nachgeben müßte. 1400 Sept. 12
[Frankfurt].

    A aus Frankf. St.A. Imperatores 1, 144 *conc. chart., mit der Überschrift* Domino Wenceslawo regi Romanorum *etc.*
    B coll. ib. Wahltagsacta 1 fol. 48ᵃ *nr.* 153 *cop. chart. coaev., mit der Überschrift die in der Adresse bei uns steht.*
    Gedruckt bei Janssen Frankf. R.K. 1, 72 *nr.* 209 *aus A.*

Uwern allerdurchluchtigisten kuniglichen gnaden embieden wir unsern schuldigen undirtenigen willigen demutigen dinst mit ganzen truwen bereit. allirdurchluchtigster furste, lieber gnediger herre. als wir uwern kuniglichen gnaden auch vor me botschaft getan han von solicher veranderunge wegin als die kurfursten uf dem Rine an dem heilgen riche getan han, als biden wir uwer kunigliche wirdekeid aber wissin, daz die erzbischofe von Menczo von Colne und von Triere und herzoge Ruprecht von Beiern uns nuwelingen zwene briefe¹ gesant han, der wir uwern gnaden abeschrifte hie inne beslossen sendin. so sin auch die vorgenanten fursten uf fritag nest was und uf gestern Sept. 10 samstag vor Franckenfurd mit graven herren rittern knechten und andern den iren Sept. 11 gezogin, und han sich darvur gelegert. so ist uf hude suntag der herzoge von Lotringen Sept. 12 mit den sinen darvur komen. so zuhet der egenanten kurfursten folg noch ie me vur Franckenfurd. und diß verschribin wir uwern kuniglichen gnaden in schuldiger underteniger dinstberkeid, uf daz uwer gnade sich darnach wisse zu richten. und wanne nu die vorgenanten fursten und die iren von iren wegin tegeliche muntlich an uns gesinnen unt hefteclich erfordern und ermanen den vorgenanten herzog Rupprecht als einen Romischen künig und sie mit ime inzulassen, davon wir großlich und swerlich erschrockin und beladen sin als daz billich ist, und wir zu den und andern grossen sachin und noiden² uns swerlich anligende nimands anders nest gode dan uwer kunigliche gnade anzuruffen wissen, so flehin und anruffen wir uwer angeborn kunigliche moehtige gewalt, daz ir gnedeclich darvur sin wullet und uns solicher grossen not und anmudunge entreden und entschuden und hertz also tun als wir des zu uwern kuniglichen gnadin und gewalt ein ganz getruwin han, uf das wir bi uwern kuniglichen gnadin und wirden*a* blibin mogin. dann wo des nit geschee, so besorgin wir, wo sie dan iro ungnedege gewalt und hefteckliche noidegunge an uns legen wulden, daz wir dan darvur nit wol behaldin mochten. datum dominica post nativitatis Marie anno 1400. 1400 Sept. 12

Dem allirdurchluchtigisten fursten und   Von dem rate uwer und des heilgin
herrn hern Wenczelauw von gots gnaden   richs stat Franckenfurd uf dem Moyn.
Romschem konige zu allen ziten merer
des richs und kunig zu Behem unserm
lieben gnedigen herren.

    a) steht wirden halbe A usspr. dem heilgen riche.

---

¹ *Die Briefe vom 20 und 21 August RTA.* 3   ² *Frankfurt thut, als ob es ernstlich durch*
nr. 207 *und* 210, *vgl. die Werbung der Ruprech-*   *militärische Gewalt bedrängt sei.*
lischen Gesandten an die Stadt Frankfurt 1400
Aug. 30 *RTA.* 4 *nr.* 136.

150. *Frankfurt an K. Wenzel: die Stadt, vor welcher sich der gewählte K. Ruprecht mit seinem Anhang gelagert und von welcher Einlaß und Huldigung gefordert wird, fleht um unverzügliche Hilfe innerhalb der 6 Wochen und 3 Tage des Lagers vor Frankfurt, widrigenfalls sie ihm hiemit Eid und Verbündnis aufsagt*[1]. *1400 Okt. 7 [Frankfurt].*

<small>E aus Frankf. St.A. Wahltagsacta 1, 55ᵃ nr. 173 cop. chart. coaev.; den vergleichsweisen Werth sämmtlicher Vorlagen und den Grund der Bevorzugung von E beim Abdruck s. in der Einleitung zu diesem Tag.
A coll. ibid. Imperatores 1, 152 or. mb. lit. pat. c. sig. in verso impr. abraso.
B coll. ibid. Imperatores 1, 153 or. mb. lit. pat. c. sig. in verso impr. abraso.
C coll. ibid. Imperatores 1, 154 or. mb. lit. pat. c. sig. in verso impr. abraso.
D coll. ibid. Imperatores 1, 151 or. mb. adhuc sine sigillo.
Noch ein Exemplar scheint sich in der jetzt aufgelösten Abtheilung Varia VI befunden zu haben.
Gedruckt Lersner Chron. Franckf. 1, a, 85, Senckenberg Samml. v. ungedr. und raren Schriften 1, 9-11, Janssen Frankf. R.K. 1, 76-78 nr. 217; ein Theil auch abgedruckt im Archiv für Frankfurts Gesch. und Kunst Neue Folge Heft 1 pag. 90.</small>

Dem allerdurchflüchtigsten fürsten und herren hern Wenczlaw von gots gnaden Romschem konige zů allen ziden merer des richs und konige zů Beheim enbieden wir die burgermeistere scheffeno der rad und die burgere gemeinlich der stad zů Franckenfůrt ůf dem Meyne unsern schuldigen undirtenigen willigen demůdigen dinst. allirdurchluchtigster furste, lieber gnediger herre. als wir uwern koniglichen gnaden auch vor eins teils virschrieben und botschaft getan han, als biden wir uwir gnade abir wissen, daz herzog Ruprecht palzgrave bi Rine und herzog in Beyern, den die korfursten uf dem Rine zů Romschem konige gekorn han, mit den kůrfursten vur Franckenfurd gezogen ist, und sich da gelegirt hat als ein Romscher konig mit fursten graven herren rittern und knechten, und sich tegelichs sterken, und grosse forderůnge und ermanunge an uns getan han und tůn den obgnanten herzog Ruprecht mit den kurfursten und folke inzůlassen und imo hůldůnge als eim Romschen konige zů tůn nach dem als sie uns auch vor in iren offen bosiegelten briefen geschreben und uns ersucht haben als wir derselben irer briefe uwern koniglichen[a] gnaden vor auch abeschrifte[b] gesant han. gnedigir konig und herre. wanne nů eczliche fursten graven herren rittere knechte und auch mechtige grosse stede am Rine und dabi gelegen sich an den obgnanten herzoge Růprecht als einen Romschen konig[b] gezogen und gemacht han, und noch tegelichs ie me an in undirsteen zů komen als uns gesagit ist, und sich auch tegelichs sere undirsteen mit folke zů mechtigen und zů sterken vůr uns zů ligen und zů nodigen, und ůf hude datum dissis briefs eczlichir der Rinschen stede frunde die sich an herzog Ruprecht*en* vorgnant als an einen Romschen konig gelassen und gemacht han zů uns komen

<small>a) AC überregiert, wo. BD.   b) D hier also ausgestrichenes geslagen.</small>

<small>[1] Das Stück scheint bei Verfertigung der Erklärung Frankfurts von [1400 nach Okt. 30] nr. 155 wider zu Grund gelegt worden zu sein. — Die Frankf. Stadtrechnung hat 1400 sabb. ante Martini [Nov. 6]: 30 gulden han wir vormals Jungen Frosch gegibin von einem ende Ruprechts Bißen wegin zů perdegeld, als sie mit andern des rads frunden gein Beheim gerieden waren, als her Cristan Blůmerrode und Johannes Kircheim hie gewest waren, ůnter besundern einzůingen ůzgebin. Dann 1401 sabb. post Francisci [Okt. 8]: 10 grossen umb zwo lerhosen Peter schriber, als er vor ziden gein Beheimen zu unserm herren dem konige geriden was von der stede wegen, unter besundern einzůlingen ůzgebin.
 Vom 20 und 21 Aug. 1400, vgl. auch das Schreiben Frankfurts an Wenzel vom 12 Sept. 1400.</small>

sin und von desselben herzoge^a Ruprechts wegen an uns auch gesonnen und geworben
han in zü Franckenfurd inzulassen, und wir in den noden und sachen nest gude nimand
anders dan uwir konigliche macht und gewalt mit gnedigem troste und hulfe uns zu
erlosen und zū entschudden anzūrūffen wissen: so fleben und anruffen wir uwer konig-
5 liche mechtige gewalt, daz ir uns mit gnedigen troste und hulfe zū stūre komen wullit
und uns von solicher gewalt und anlangūnge guedeclich beschuden und beschirmen und
ane merern vorzug^b entledigen, wand wir ane uwir hulfe trost und mechtige entschu-
dūnge vor in und irer gewalt nit truwen zū behalden. dann wo ir in den drin tagen
und sehs wochen, als sie iczunt eins teils vor Franckenfurd gelegen han und noch vollen
10 ligen werden, als wir besorgen, uns nit vor in entledigen und entschuden wurdet, so
sagen wir ûch iezunt geinworticlichen uf mit dissem briefe^c soliche eide und virbuntnis
damide wir uwir personen als von den^d heilgen richs wegen virbunden sin gewest odir
in welchir maße odir wie wir uch virbunden gewest sin^e, und wollen dann uwir per-
sonen deshalben nit me virbunden sin, doch mit beheltniß uns solicher eide und vir-
15 buntniß damide wir dem heilgen riche virbunden sin, da inne wir bliben wollen.
datum anno domini millesimo quadringentesimo feria quinta post Francisci.

_1400_
Okt. 7

151. Burg Friedberg an K. Wenzel: lassen die Frankfurter Ruprecht ein, so könne auch sie nicht zögern und sage ihm ihre Eide eventuell auf. 1400 Okt. 13 [Friedberg Burg].

_1400_
Okt. 13

F aus Darmstadt großh. Hess. Staatsarchiv Stadt und Burg Friedberg Prothocollum
antiquitatum ab annis 1400 usque ad an. 1442 fol. 8^b-9^a cop. chart. coaev.
Gedruckt Muder Sichere Nacher. v. Burg Friedberg 1, 234-236, o. Zw. aus F.

Dem allirdurchluchtigesten fursten und herren hern Wenczlawe von gotes gnaden
Romischem konige zū allen zieten merer des riches und konige zū Beheim unserme
15 lieben gnedigen herren enbieten wir der burggrave bumeister und burgman des heiligen
riches zūr burge Fritdeberg unsern schuldigen undirtanen dinst und lan uch wißen:
als wir uwern gnaden vor me geschriben han¹ und auch abeschrifte gesand solicher
brive als uns unser herren die korfursten virmanet han hulde zū tunde unserme herren
herzoge Ruprechten und in zu gewartende als eine Romischen konige, heruf uns doch
20 keine antwerte noch trostunge von uch worden ist, so han uns dieselben korfursten
unser herren abir virbodet vor Franckenfurd und uns eintrechliclichen muntlichen bete-
dinget^f gewiset geheißen und virmanet dem obgenanten unserme herren herzoge Rū-
prechten hulde zu tūnde mit des riches bürge bi uns und in zu gewartende als eine
Romischem konige, als sie in darzū erwelt und gekorn haben ane allerleibe mitde^g liebe
25 noch keinerleie sachen dann von ganzer gerechtikeid wegen. gnediger herre, laßen
in nū die von Franckenfurd inne und virsiecht^h uwir gnade daz nit, so konnen wir
uns vor solicher macht der fursten herren und stede nit ufgehalden, und sagen uwir
personen unsir eide die wir uch von des riches wegen getan han uf, und wollen doch
bi dem riche bliben mit beheltniße unsir eide die wir dem riche han getan. darnach sich
30 uwir koniglichen gnaden mag wißen zu riechten. datum^s nostro sub sigillo quarta feria
proxima que fuit ante diem^h sancti Calixti pape anno domini millesimo quadringentesimo.

_1400_
Okt. 13

a) g mit Schleife. b) A vorczag d. h. Vorzug. c) D om. mit diesem briefe, in ABC niederwischt. d) E om dann
wo is bis biher unterstrichen, am Rand om NB von spoiter Hand; ob die Unterstreichung von dieser herrühret
oder gleichzeitig ist, ist schwer zu sagen, wahrscheinlich ersteres. e) D ursprünglich als von des heilgen riche
wegen oder sinst verbünden sin gewest, in welcher maße das gewest ist, dann korrigirt so dgt es lautet aus
ABCE. f) F betedinget. g) doch nicht einleuht. h) F und Muder dies statt virsieht; wers post diem
zu lesen, so hätten wir Okt. 20 als Briefdatum.

¹ 1400 Sept. 8 nr. 147.
² Miete, Lohn.

² Das Datum schwankt also vorläufig zwischen
Okt. 13 und 20, s. die Vor.

152. *Köln an Mainz, schickt zur Einsicht den von Köln an K. Wenzel gerichteten Absagebrief, der Kölnische und der Mainzische Bote sollen zusammen weitergehen.* [1400] Okt. 13 [Köln].

K aus *Köln. St.-A.* lib. copiarum anno 1399. 99. 1400, 1401 fol. 110ᵃ cop. chart. coaev., mit Überschrift civitati Maguntinensi.

Auszug bei Ennen Gesch. d. St. Köln 3, 131 f. ebendaher.

Sunderlinge gude vrunt. as ir uns geschreven hait, dat uch der[a] begriff der notulen[1], as uch ure vrunt van Francfort bracht han, also wal gefallen, ind si ure meinonge, dat ir unsem herren deme kunigh van Beheim uren gehoirsam, as ir iem den van des billigen richs wegen getain haft, in sulcher maisse, as die selve notule uiswise, upsagen wilt, ind begert, oft uns anders wale getalle, dat wir dan unsen boten kurzligen zo uch fertigen willen etc., hain wir wail verstanden. ind laissen uch darup wissen, dat wir desem unsem boiten unsern offen brief versegelt geven hain, da inne wir upsagen sulche hulde oder eide, wie wir die der[b] personen des conings van Beheim as van des billigen richs weghen getaen hain, as ir ouch daz in demselbin unserm[c] brieve wail hoere ind sien moget, want wir unserm[d] boiten bevolen hain, dat he uch unsen brief laissen hoeren, oft ir des gesinnet. ind darnach, lieben frunde, so willet uren ind unsen boiten vertigen ind vorbaz gheyn laissen in[e] der maissen als unser beider vrunt nelingen von einander gescheiden sint. datum feria quarta post diem beati Gervonis.

a) corrود. *b)* em. K. *c)* K unliest *d)* K unliest *e)* K ind.

---

[1] *Bürgermeister und Rath zu Mainz hatten an den Kölner Rath einen Brief geschrieben, daß ihnen das Formular über die Aufsagung des Gehorsams gegen den abgesetzten König Wenzel, welches den städtischen Abgeordneten im Lager vor Frankfurt von den Kurfürsten und dem Neugewählten übergeben worden, wol anstehe, und ersuchen die Stadt Köln um Nachricht, ob auch sie gesonnen sei mit dem fraglichen Förmular den Gehorsam zu kündigen; dat. serta fer. ante beati Gervonis s. a. [1400 Okt. 8]. So im Köln. St.A. or. ch. lit. cl. c. sig. in verso impr., Mittheilung von Ennen. Es ist dieß ohne Zweifel dasselbe Stück, von welchem Ennen Gesch. d. St. Köln 3, 133 f. berichtet als unterm 9 Okt. geschrieben und unter den „Städtebriefen" im Stadtarchiv befindlich. Da dasselbe nicht zu finden ist, setze ich hier den l. c. gedruckten Auszug auch noch her. Er lautet: „Da euch eure ehrsamen Freunde, schrieben sie [vom Bürgermeistern und Rath zu Mainz ist die Rede] unter dem 9 Okt., die mit etlichen Freunden anderer Städte und auch den unsern bei unserm gnädigen Herrn dem Römischen Könige und unserm Herren dem Kurfürsten, die jetzund vor Frankfurt liegen, gewesen sind, unter andern Reden, die daselbst zwischen unserm Herrn dem Römischen Könige den Kurfürsten und den Freunden der Städte gepflogen worden, wol gesagt haben wie wir meinen, daß der Städte Freunde der Meinung gewesen sind, daß jede Stadt unserm Herrn dem Könige von Böhmen ihren Eid Huldigung und Gehorsam durch ihre offenen Briefe aufsage nach Laut des Schriftstücks welches darüber zu Frankfurt aufgesetzt worden, von welchem Schriftstuck eure Freunde nach eine Abschrift euch übergeben haben, wie wir von unsern Freunden vernommen haben: so lassen wir nun eure ehrsame Weisheit wissen, daß uns der Inhalt des Schriftstucks wol gefallt, und es ist unsere Meinung, daß wir ihm unsern Gehorsam, den wir ihm von des Reiches wegen geleistet haben, in all solcher Weise wie der Note ausweiset aufsagen wollen. Und ware eure Meinung ihm auch eurem Gehorsam oder Huldigung aufzusagen, so würde uns das wol gefallen, wenn anders es eure Meinung ist. Wenn ihr euren Boten mit eurem Briefe, den ihr ehestens abfertigen wollet, zu uns in unsere Stadt schicket, so wollet demselben befehlen, euren offenen Brief uns sehen und hören lasen zu lassen, damit wir sehen ob ihr in der Note etwas geändert und gebessert habet, damit wir uns danach wissen zu richten. Wir wollen dann unsere Boten zur Stunde fertigen, mit den euern weiter nach Worms und nach Speier zu laufen. Ware aber eure Meinung anders, so wollet uns das wieder lassen." Wie das Absageformular, von dem da die Rede ist, gelautet hat, wird mit Sicherheit die Frankfurter Absage vom 7 Okt. 1400 lassen, die sich gewiß im wesentlichen darnach gerichtet hat, und ganz ähnlich hat Köln an Wenzel geschrieben, wie man aus art. 4 des Krönungsberichtes sieht.*

153. *Köln an Achen, hat sich mit Mainz Worms Speier dem K. Ruprecht zugewandt und dem K. Wenzel aufgesagt.* [1400] Okt. 13 [Köln].

Aus Köln. St.A. liber copiar. anno 1398. 99. 1400. 1401 fol. 109ᵇ cap. ch. coaev., mit Überschrift civitati Aquensi.
Auszug bei Ennen Gesch. d. St. Köln 3, 135 ebendaher.

Sunderlinge guede vrunt. also as ir uns vur eins ind anderwerf¹ geschreven hattet begerende van uns zo wissen under anderen worden, wes unse vrunt mit den anderen steden zo Mencze overkomen weren, darup wir uch zo den ziden niet sunderlinge geantworden noch geschreven konden, want wir stede unser sachen nochtant niet ganz zo ende overkomen wairen, ind want unse vrunt nu van Mencz ind Franckefort herweder heimkomen sint, so laissen wir uch up ure begerte wissen, dat wir uns mit anderen des richs steden, as mit namen Mencz Wurmcz ind Spyre, also as wir des underwist sin, zo unserm guedigen herren hern Ruprichte dem Roempschen coeninge ind zo den kurfursten ergeven hain, ind hain darumb unserm herren dem coningh van Beheim unse hulde oder eide, wie wir die sinre personen von des heiligen Roempschen richs wegen gedain hain, in unsen offenn brieven upgesacht. datum feria quarta post diem beatorum Gereonis et sociorum ejus.

154. *Aufzeichnung über die Bestellung des Briefes Frankfurts an K. Wenzel vom 7 Okt. 1400.* [1400 Okt. 25 Frankfurt.]

W aus Frankf. St.A. Wahltagsacta 1 fol. 55ᵇ nr. 174. 175. 176 cop. chart. coaev. Gedruckt bei Janssen Frankf. R.K. 1, 78 nr. 218 aus W.

Nota. den nesten vorgeschriben brief² hat Ruprecht Biße der burgermeister von des rads und der stede wegin gein Beheim unserm herren dem künige unverzoglich zu brengen gefertiget mit Diederich dem boden. und hatte Sipel den brief geschriben mit der hant. actum feria sexta proxima post Francisci anno 1400. der egenante Diederich der bode ist uf hude³ mantag vor Simonis et Jude eynden stunde in die nacht kommen herwidder, und hat geseit: er habe kunig Wenczlaw den brief bracht, der uf denselbin mantag fru acht dage were, und gebe in eim sime schenken der in dem kunige da zu angesiecht entworte in sime hofe zu Prageᵃ.

Item in derselbin vorgeschriben forme und dato hat Ruprecht Biße der burgermeister aber einen sulichen brief hingefertiget mit Conczen Sneeifer, auch der stede gesworn boden. den brief hatte auch Sipel geschriben. und wart der bode gefertigt sabbato post Francisci anno ut supra. und dabi waren geinwortig Arnold zu Lichtenstein, Heinrich Wiße gesessen zun Wißen burgermeister, Johann Ebir ein reidenmeister, und Petras und Heinrich schribere. Sneeifer egenant ist auch uf hude mantag vor

---

a) der egenante — Prage nachträglich eingeschrieben mit eyn gleicher Hand.

---

¹ Erwähnt in nr. 128 und 131.
² Der vorausgehende Brief ist in den Wahltagsacta des Frankf. St.A. eben der Frankfurtische Brief an K. Wenzel vom 7 Okt. 1400, bei uns nr. 150.

³ Hieraus ergibt sich das Datum für diese Aufzeichnung. Zu bemerken ist, daß sie am Tag vor Ruprechts Einzug gemacht wurde: die Stadt will sich sichern, indem sie die rechtzeitige Benachrichtigung Wenzels feststellt.

[1400
okt. 25] Simonis und Jude mit Diederich vorgenant komen, und sagete: daz er, des uf gestern
[*okt. 17*] sundag acht dage weren, dem künge einen brief in sin hant gebe zü Prage in sime
hofe*.

[*okt. 17*] Item uf den mantag vor Galli anno ut supra hat Ruprecht Büle vorgenant aber
einen solichen brief mit Clesen carsoris*b* Heinczen selgin son mit dem arm*c* gefertiget,
den brief geschriben hatte Mathias Petrus schriber. und bi der fertigunge waren Arnold
zü Lichtenstein, Heinrich Witte die burgermeistere, und Heinrich schriber vorgenant*d*.

[1400
*nach
okt. 20*] **155.** *Erklärung der Stadt Frankfurt (zunächst an Hagenau*a *gerichtet) wegen ihres
Übertritts von Wenzel zu Ruprecht. [1400 nach Okt. 20 Frankfurt.]*

*F aus Frankf. St.A. Imperatores I, 156 conc. chart.: mit starken Korrekturen, welche
in den Varianten bemerkt sind; die stehen geldichene Überschrift Hagenauwe Lundigt
an, daß ein an diese Stadt gerichteter Brief folgt, und der ursprüngliche erst später
veränderte Eingang hat auch wirklich die Briefform, an Hagenau mag also das
Schreiben in seiner ursprünglichen Form, wie sie aus den Varianten ergibt, ab-
gegangen sein, während die veränderte Form, wie es unser Text selbst bietet, die
einer allgemeinen Kundmachung ist, welche von Frankfurt zur Rechtfertigung seines
Überganges von Wenzel zu Ruprecht bestimmt war.
Noch ein Exemplar scheint sich in der jetzt aufgelösten Abtheilung Varia VI befunden
zu haben, s. Druckangabe.
Gedruckt Janssen Frankf. R.K. 1, 82 nr. 222 aus Frankf. St.A. Varia VI und unserer
Vorlage, mit der der Text des Druckers wörtlich stimmt, nur daß der meisten unserer
Varianten weggeblieben sind.*

Zü wissen si: als*a* der hochgeborn furste her Wenczlawe kunig zü Beheim von
[1400
aug. 20] unsern herren den kurfursten des Romischen riehs entsezet ist worden, und sie darnach
[*aug. 21*] den allirdurchluchtigsten fursten und herren hern Ruprecht von gotes gnaden uch Romi-
schen kunig zü allin ziten merer des riehs unsern liben gnedigen herren*b* zü Romischem
kunige zükunftigem keiser gekorn und erhaben han, und darus er mit den kürfursten
[*sept. 10*] vür Franckenfurd gezogen ist, und da gelegin han dri dage und sich woehin, und als
wir die von Franckenfurd da von kunige Wenczlawe vom Beheim noch*c* niemand von
sinen wegin nit entschudt noch entsezet sin worden, wiewol wir ime dicke und vil
darumb geschriben und in ersucht han und auch vor unser muntliche botschaft mit
unsern glaubesbriefen zü ime gesant han, und uns nü*e* unser herren die kürfursten ge-
boden und ermant han daz wir unsern herren hern Ruprecht Romischen kunig vorgnant

a) Bareites vorsant — hele merklorgeich angestrichen wie von gleicher Hand. b) W ebene mit J schüchtlen. c) hur folgt de merktrigliche Richtfungmerck. d) Statt Zü wissen si als indeht es supr. loewis frankichen dinah oren, ernamen liben frunde. als ir uns geschriben bat, bessen wer ich wessend merkthem als --. e) a. I. gn. h. ist Verbesserung auf die Lise wahrend die Schreibens. f) wiewol — als rechboned am Rande statt des urspr. und, denn geboden und ermant hereport statt des urspr. uns gewant.

---

*1 Die Kosten für alle die 3 Boten scheinen in
den uns erhaltenen Frankfurter Rechenbüchern
sich nicht zu befinden.*

*2 Darüber s. Quellen und Varianten. Die Stadt
Hagenau hatte die Veranlassung zu der Frank-
furter Äußerung gegeben durch einen Brief an
Frankfurt von subb. rig. oms. sanctor. et cirium
supernorum [1400 Okt. 20, das fehlende Jahr
durch den Inhalt unzweifelhaft]: als wir üch me
geschriben und gebeten habent von der zweyunge
des Römschen riehes und nü die zit und tage des
legers vor uwer stat hergangen sint, bittent wir*

*uwer liebe zümal fründlich mit erustes wie derselbe
leger hergangen sie, wie ir sich daryune gehalten
habent off das leste benüget, und waz it nuwer
Küsse von beiden partien wissent, daz ir uns daz
verschriben wellent in heimlicher truwen und
fruntschafte u. s. w. im Frankf. St.A. Imperatores
1, 157 or. ch. lit. cl. c. rig. in verso impr., und
erwahnt bei Janssen Frankf. R.K. 1, 83 nr. 222
nt.* — Daraus ergibt sich auch das Datum des
obigen Stucks.*

3 Hier ist eigentlich von widerholt zu denken.

billich und durch recht von eids und eren wegin als wir dem heilgen riche virbunden [1400
sin inlassen sullen und mogin und ime huldungen tůn als ein Rŏmschen kunige unserm *nach*
rechten herren von des richs wegin als sie uns auch vor in iren offenn besiegilten briefin *Okt. 20]*
geschriben gebodin und ermant[a] habin, und nach dem als vor geschriben steet und auch
als wir[b] unser bewarunge und ufsage dem obgnanten kunige Wenezlawe vor gesant [1400
han: so han wir darnach nach uzgange der drier dage und seyt wochin den obgnanten *Okt. 7*
unsern gnedigen herren kunig Ruprecht ingelassen und enphangin und ime huldunge *Okt. 20*
getan als ein Rŏmschen kunige unserm rechten herren von des richs wegen, als er auch
mit etzlichen fursten[c] herren und grossen mechtigen steden sin wissen[1] in zuzulassen
vor gehabt hat, als wir verstanden han, und auch nu siet der zid von des richs und
andern steden auch zugelassen und als ein Rŏmscher kunig enphangen ist worden[2].

E. Aufzeichnungen betr. Anerkennungen K. Ruprechts 1400 Sept. 23 bis nach Okt. 29 nr. 156-161.

156. *Bisch. Albrecht von Bamberg vereint sich mit drei gen. Bevollmächtigten K. Ru-* [1400
prechts wegen etwaiger dem letzteren zu leistender Huldigung und dessen Gegen- *Sept. 23*
leistung. 1400 Sept. 23 o. O.

A aus Nürnb. Kr.A. cod. 673 (außen 248) fol. 108ᵃᵇ secundo cop. ch. coaev.
B coll. Karlsr. G.L.A. Pfälz. Kop.B. 84 fol. 4ᵃᵇ cop. ch. coaev.; mit Überschrift Als sich
her Albrecht bischof zu Bamberg sich vereinet hat mit mins herren dem künige.
Z coll. Mon. Zoll. 6, 87f. nr. 84 aus Kopialbuch des Burggrafthums Nurnberg.
Auszug gedruckt in (Wölckern) Hist. Norimb. dipl. 513f.

Wir Albrecht von gots gnaden bischof zu Bamberg bekennen offenlichen mit disem
brief: daz wir sin vereint und besamet haben, vereinen uns auch mit
kraft dicz briefs mit dem hochgeporn fursten und herren hern Fridrichen burgrafen zu
Nüremberg unserm lieben ŏheim[d] und dem erbergen[e] hern Cunraden von Eglofstein
meister Tewtschs ordens in Tewtschen und in Welischen landen und dem erbern und[f]
vesten Johann vom Hirsthorn ritter vicztume zu Amberg von wegen dez allerdurchlewh-
tigisten fursten unsers gnedigen herren hern Ruprehts dez erwelten Rŏmischen kůngs,
dez gewalt si gehabte haben, in der maß als hernach geschriben stet. zum ersten ist
geteidingt: wenn dem egenanten unserm herren dem erwelten kunig die von Frankfurt
gehulden einlassen und sweren als einem Rŏmischen kůnig, so sullen wir in dann dar-
nach haben und im hulden für unsern rehten herren als einem Rŏmischen kůnig und
im getrewlichen ze stund helfen beigesten und geraten sein; und wenn wir in dann er-
manen daz uns dez not wirdet, so sol er uns leihen und legen in unser sloz in welchs
wir wöllen, do uns dez notdurft ist, sibenzig mit glefen zu teglichem krieg auf sein selbs
koste und schelen; und dieselben sibenzig mit glefen sullen uns unsern stifte landen
und lewten unschedlichen ligen ungeverlich und uns[f] unsern stifte landen und lewten
getrewlichen beigesteen geraten und beholfen sein on geverde; wer[g] auch, do got vorsei,

a) vor der Erwähn. hatt es geschriben und gebodin. b) kurz nat under ausgestichen vormals dem (?die) ege-
nanten kunig Wenzlawe dicke geschriben han und auch unser mentliche botschaft mit unsern gloubitzbriefen
zů ime gesant han und darnach, worüber es am Rand rechtsregirt var. c) hat ist grossen ausgestrichen.
d) B erwirdigen. AZ ebergen. e) om. B. add. AZ. f) Z schreibt falsch z-a sl. uns.

[1] *Einverständnis.*
[2] *Dem Stücke scheint der Brief Frankfurts an*
K. Wenzel vom 7 Okt. 1400 zu Grunde gelegt zu
sein für die Anfertigung.

[3] *Begleitete K. Ruprecht von Oberlahnstein nach*
Frankfurt, s. Fulckenstein ant. et mem. Nordg. 3,
191 § 3.

daz wir überzogen würden oder daz unserr sloz eins oder mer beseszen oder uns angewunnen würde, wenn wir dann den obgenanten unsern herren künig oder die seinen ermanten, so sullen sie unverzogenlichen mit aller irer* maht zuziehen, uns getreulich beholfen und geraten sein, on alles geverde. auch ist beredt und geteidingt worden, waz uns der obgnant unser herre der künig umb sölich dienste und lühen [b], di wir im also tun werden, tun sol, daz wir dez bliben sein bei dem obgenanten unserm öheim hern Fridrichen burggrafen zu Nürenberg und bei dem edeln Johansen grafen zu Wertheim unserm lieben bruder: waz di, darnach und sich die sach ansieht, sprechen daz uns der egenant unser herre der künig dafür tun sůll, daz sol er tun, und daran sollen wir uns auch benügen lassen, on alles geverde. und das uns die obgenanten artikel und saehe genzlich von dem egenanten unserm herren künig und den seinen als oben geschriben stet gehalten werden, dafür haben uns die vorgenanten drei, unser öheim Fridrich burggraf zu Nürnberg Cunrad von Eglofstein meister Teutsches ordens in Teutschen und in Welschen landen und Johans vom Hirshorn ritter, unverscheidenlichen gesprochen on alles geverde. und des alles zu einem waren urkunde haben wir bischof Albrecht vorgenanter unser insigel an disen brief gehangen, der geben ist dez dornstag nach sant Matheus tag dez zwelfboten nach Cristi gepurt in dem vierzehenhundertigisten jar.

137. *Aufzeichnung über das Abkommen K. Ruprechts mit Köln Mainz Worms Speier, ihn zu empfangen und ihm zu huldigen. 1400 Okt. 4 Lager vor Frankfurt.*

Aus Frankf. St.A. Wahltag-acta 1 fol. 52[b] nr. 167 cop. ch. coaev.
Gedruckt Janssen Frankf. R.K. 1, 548 f. nr. 926 und Regest ib. 76 nr. 216 ebendaher.

Nota. feria secunda post Michahelis anno 1400, da sin der von Colne Mencze Wormß und von Spire fründe zů herzogen Ruprecht von Beiern dem nuwen gekorn künige in daz felt vor Franckenfurd komen, ime zů antworten uf die inladunge als er und die kürfursten an sie und auch an die von Franckenfurd und von Fridelberg, als die auch dabi zů Mencze[1] gewest waren, hatten tun můden und fordern in zů enphahen und ime zů hulden als eim Romischen künige etc. des han der obgenanten vier stede frunde einmudeclich geantwurt: sie wullen in enphahen und zůlassen und ime huldunge tůn als eim Romischen künige, also daz er in auch ire gnade und friheid confirmere etc., und er auch mit den fursten in verschribe, obe sie darumb gekrieget angelangt oder beschediget wurden etc., daz sie in dan behulflichen sin sullen und sich von in nit scheiden etc. daruf der kunig antworte und auch die kurfursten, daz sie daz tůn wulden. da tet der künig fragin, wann daz sie ime die zůlassonge[c] und huldunge tůn wulden. da antworten die von Colne: daz wulden sie vil lieber noch tůn, dann sie lenger beiden wulden. so antworten die von Mencze: der leger vor Franckenfurd enwerete doch nit lange biz er uzqweme; wanne er dan von Franckenfurd zůge und zů in heim gein Mencze qweme, so wulden sie ez tůn. doch schickten die von Mencze zů stunt ire frunde hinder sich nach iren privilegien, in die zů stunt da zů confirmeren; und auch der andern stede ein deil.

a) om. B. add. JZ. b) Z blüfe. c) zůlassonge? umdeutlich.

[1] *Stadtetage zu Mainz sind 8 und 29 Sept. 1400, s. nr. 115-121 und nr. 128-132.*

158. K. Ruprecht nimmt verschiedene genannte Städte und Burgmannen, die sich ihm 1400 zu Gehorsam erboten haben, in seinen und des Reichs Schirm, und macht deshalb er und mit ihm die drei geistlichen Kurfürsten denselben gewisse Versprechungen. 1400 Okt. 5, bzw. 20 und 26, vor Frankfurt, und bzw. 31 o. O.

Für Köln: A aus Köln. St.A. Urk. Hauptarchiv Cass. roth D nr. 9 und 9 or. mb. lit. Okt. 5 pat. c. 4 sig. pend., glchz. Schrift auf Rückseite littera domni Ruperti Romanorum regis et electorum eius de assistencia prouisa. — D coll. Koblenz. Prov.Arch. erzb. Trier. Kop.B. III b nr. 337, am Rande wahrscheinlich von derselben Hand der Zusatz similes literas habent Franckfordenses, Fridebergenses et castellani ibidem, Geilenhusenn et castellani, Wetflar, Moguntinenses, Wormacienses et Spirenses. — Gedruckt Lacomblet Niederrhein. Urk.B. 3, 956 f. nr. 1079, und Regest bei Ennen Gesch. d. St. Köln 3, 135, beidemal aus A.

Für Mainz Worms Speier zusammen: B coll. Straßb. St.A. an der Saul I partie Indula Okt. 5 C fasc. XIV lade II nr. 12 E 1 cop. ch. coaev. — C coll. Karlsr. G.L.A. Pfälz. Kop.B. 149 pag. 1-2, *mit dem Zusatz* dieser nachgeschriebenen stedte hat iglicher einen brief mit miss herren des kunigs und der drier erzbischofe obgenant ingesigel versigelt, der von worte zu worten und in aller massen stet geschrieben als der nehste hievor geschriebener brief: item Franckfurd, item Frideberg, item Geylnhusen, item Wetflar, item Straßburg die statte, item die burgmanne zu Frideberg, item die burgmanne zu Geilnhusen, *und mit der Überschrift* Als min herre der kunig und die kurfursten den steten Meintze Wormße und Spire bigestendig sin sollen. — Ebenso ib. Pfälz. Kop.B. 84 fol. 1ª–2ª. — Gedruckt Schaab Gesch. d. großen Rhein. Städtebunds 2, 361 ff. nr. 280 (aus d. Pergamentkodex der Stadt Worms fol. 61), und Regest daraus bei Scriba 3, 235 nr. 3503 (der irrthümlich Schaabs Quelle als Or. versteht), beide falsch redusiert 1 Okt.

Für Friedberg Stadt: L coll. Lünig R.A. 13, 749 f. nr. 46, datiert uf den mittwochen Okt. 20 nach sant Gallen tag nach Christi geburte dusent und vierhundert jare. — Gedruckt Grundtl. Bericht d. h. R.Stadt Friedberg 2, 27 nr. 45, Beständiger Gegenbericht d. k. Reichsbarg Friedberg 2, 27 nr. 45, auch M. Muger de advocatia armata 1625 cap. IX nuss. 769 pag. 406; und Regest bei Florian Chronica Franckf. contin. pag. 160, Lersner 1, 1, 85, Georgisch 2, 848 nr. 53, Chmel 11, Scriba 2, 148 nr. 1828 (falsch Burg).

Für Friedberg Burg: Regest bei Muder l. c., scheint dieselbe Urkunde, datiert von dem Okt. 20 gleichen Tag wie die für Friedberg Stadt.

Für Wetzlar: Regest Karlsr. G.L.A. Pfälz. Kop.B. 44 fol. 1b2ª b cop. ch. saec. 15 es. Okt. 26

Für Frankfurt: F coll. Frankf. St.A. Wahltagsacta 1 fol. 56ª nr. 181 cop. ch. coaev., Okt. 26 saec. mut., dat. Dinstag vor Simon. und Jud. 1400 o. r. l. — Gedruckt Privill. et pacta Franckf. ed. 1728 pag. 250 f., Lünig R.A. 6, 1, 48 nr. 24, Dumont corps dipl. 2, 1, 277 nr. 204; und Regest Florian l. c., Georgisch 2, 848 (falsch cit. Lünig R.A. 13, 607 nr. 35), Lersner 1, 1, 88b, Janssen Frankf. R.K. 1, 51 f. nt.*.

Für Straßburg: S coll. Würzb. Kr.A. Mainz-Aschaff. Ingross.B. 13 fol. 212ª b, *Datum* Okt. 31 ohne Ort nur uf den suntag vor aller heiligen tag nach Christi geburte als man schribet tusent und vierhundert jare, *Überschrift* als der konig und die kurfursten den von Straßburg verschrieben han sie zu schuren etc., *unter dem Stück Adressen* die burgmann zu Friedeberg, die burgman zu Geilnhusen, die stete Franckfurd Mencze Wormße Spire Frideberg Geilnhusen Wetflar.

Wir Ruprecht von gots gnaden Romischer konig zu allen zijten merer des richs bekennen und dun kunt allen den die diesen brieff ymmer gesehent oder horent lesen: wannt die burgemeistere rete und burgere gemeynlich der stat zu Collen unser und des richs lieben getruwen sich mit otmudigen willen ergeben und erbodten hant uns als eynme Romischen konige bygestendig und gehorsam zu sin und zu werden nach altem herkommen als sie by unsern furfaren an dem heiligen rich herkommen sint¹, und haben

---

¹ *Da Mainz Worms und Speier jetzt bei ihm in dem Felde vor Frankfurt gewesen sind und* ihm den herkömmlichen Gehorsam zugesagt haben unter Bedingung der Bestätigung ihrer Privilegien

1400
Oct. 5
Nov. 20
70
81

wir darumbe die burgermeistere rete und burgere der vorgeschriben stat und die yren
samentlichen und sunderlich in unsern und des heiligen richs schirme genomen enphangen
und gesetzt, nemen enphaen und setzen sie auch darinne mit urkunde und crafft diß
brieffes, also: wer' ez sache daz yemand wer der were die burgermeistere rate und burgere
der egenanten stat oder die yren samentlich oder sunderlich umbe solliche gewilligte ge-
horsam, als sie uns getan haben dün sollen und werden, oder umbe dheine sache, die
davon ergen oder ersten[a] mochte, über lang oder über kurcz argwonen leidigen sche-
digen angriffen kriegen oder anders anlangen wolde, ez were mit gericht geistlich oder
werntlich oder ane gericht in welche wise daz geschee, daz wir sie darvor und wieder
allermenclich getrüwlich schuren schirmen hanthalten[b] und versprechen sollen nach allem
unserm vermogen, ane geverde. und uff daz die vorgeschriben stat yre burgere und
die yren hulffe trost und schirmes darwieder desto sicher[c] gesin mogen, so haben wir
mit und uns unser und des heiligen richs kurfursten mit namen Johann des heiligen

a) F enstoss, L entstohen.   b) BDLF hanthaben.   c) D sichers.

mit dem Majestätsigel, verspricht ihnen K. Ru-
precht am 6 Okt., die Briefe, die er ihnen jetzt
darüber hat ingrossieren lassen und jeder derselben
unterriegelt gegeben hat, benigeln zu lassen, sobald
sein Majestätsigel gemacht wird, und zwar vor
dem Einlaß in die betr. Stadt und ihrer Gehor-
samserklärung; nach Empfang der gen. Konfir-
mation mit dem Majestätsigel, sollen sie ihm
diesen Brief zurückgeben; dat. unter dem kön.
kleinen Ingesigel vor Frankf. auf dem Felde Mi.
n. Remig. 1400, im Strassb. St.A. an der Saul
1 partie lad. C fasc. XIV lasse II nr. 12 E 2
cop. chart. coaev. — Mit Beziehung auf diese
obengenannte Urkunde urkundet dann K. Ruprekt
am 26 Okt.: weil sein Majestäts-Sigel nicht in
erwünschter Zeitkürze gemacht werden kann, hat
sich Mainz dazu verstanden, ihn einzulassen und
ihm Gehorsam zu thun in herkömmlicher Weise,
damit er in andern seinen und des Reichs Sachen
nicht aufgehalten werde, und wenn er zu ihnen
kommt, mit dem Vorbehalt: wenn er den Wormsern
und Speirern Schwierigkeit mit ihrer Benigelung
machen würde (was doch nicht sein soll), daß
dann Mainz sich gegen diese zwei Städte ohne
allen des Königs und der Seinigen Zorn Wider-
stand oder Hindernis halten möge wie sie von
Alters unter einander hergekommen sind; und vor
dem Einlaß soll er den Mainzern den ingrossier-
ten Brief mit seinem kön. kleinen Ingesigel ver-
sigeln lassen, bis das Majestäts-Sigel fertig ist;
und dann soll das letztere, wenn es in Mainz
selbst gemacht wird, nicht aus der Stadt kommen
und zu nichts gebraucht werden, ehe er zu den
Mainzern gegebene ingrossierte und mit dem kön.
kleinen Ingesigel versigelte Brief von ihm mit
dem Majestäts-Ingesigel besigelt ist; dafür hat er
ihnen, mit sich, sprechen lassen Gf. Philipps zu
Nassau und zu Sairbrucken, Wyprecht von Helm-
stat Ritter den alten, Joh. Kemmerer von Dael-
burg und Otte Knebeln Rittere, die sich zu per-

sonlichem Einlager in Mainz als Geiseln erboten
für den Saumnisfall und auf Mahnung der Stadt
bis zu gänzlicher Befriedigung der letzteren; be-
sigelt mit dem kleinen kön. Ingesigel und den
Ingesigeln der genannten; dat. Frankf. Di. vor
Sym. und Jude 1400 r. 1; ibid. F a cop. ch.
coaev. — Die Konfirmation erfolgt dann am 30
Okt. für alle ihre Pverd. von Frid. II Wilh. Rud.
Adolf Albr. Heinr. Karl und Wenzel und den
Mainzer Erzbischöfen, wovon auch er nie handhaben
schutzen und schirmen soll und will, mit Erbietung
auch specieller Versiegelung einer oder mehrerer
dieser kön. Briefe mit dem Majestäts-Sigel auf
Begehr; da das Majestäts-Sigel noch nicht fertig
ist, so ist dieser Brief mit dem kön. kleinen In-
gesigel besigelt; sobald jenes fertig ist, soll der
den Mainzern gegebene ingrossierte unterriegelte
Brief, der mit gegenwärtigem gleichlautet, mit dem
Majestäts-Ingesigel versigelt werden, worauf Mainz
ihm das gegenwärtigen wieder zurückgeben soll;
dat. auf aller Heiligen Abend 1400 r. 1 s. l.;
Mainz St.Ibid. Urk. nr. 179 or. mb. c. sig. pend.,
das Wachsigel hat jedoch kein Gepräge sondern
nur viele wie es scheint mit dem Messer gemachte
Schnitte. — Vom gleichen Tag des 30 Okt. ist
dann die gleichlautende Konfirmation mit dem
Majestätsigel, mit Weglassung der Worte die in
der vorigen Urkunde vom kleinen kön. Sigel und
dessen künftiger Ersetzung durch das Majestäts-
Sigel handeln. Sie kann freilich nicht auch vom
30 Okt. sein, wenn doch da das Majestäts-Sigel
noch gar nicht fertig war, aber sie wurde dann
eben auf diesen Tag zurückdatiert, weil an ihm
die Urk. mit dem kl. Sigel erging und die Kon-
firmation da als vollendet gelten musste. Am
Schluß heißt es natürlich mit urkunde dieß briefes
versiegelt mit unserm Romschen königlich maje-
stad-ingesiegel u. s. w.; im Straßb. St.A. An der
Saul 1 partie lad. C fasc. XIV lasse II nr. 12 Fb
cop. ch. coaev., Chmel 19 falsch Okt. 31 statt 30.

stuls zů Mentze Friderich der heiligen kirchen zů Collen und Wernher zu Triere ertz-
bischoffe des heiligen richs in Dutschen in Italien und in Welschen landen erzkantzeler
uns gein der egenanten stad yren burgere und den yren samentlichen und sunderlichen
versprochen und yn gervtt, versprechen und reden yn auch vesteclichen in diesem briefe,
daz wir yn ᵃ samentlichen und sunderlichen wider ᵇ alle und igliche diejenen, die sie
oder die yren in vorgeschribener maßen besamet oder besunder umbe die vorgeschriben
sache oder umbe dheine stücke die davon ruren oder ensten mochten angriffen leidigen
schedigen kriegen oder anders anlangen ᶜ worden in welche wise daz geschee, getrůwlich
und festeclich bystendig beholffen und beraden zů sin mit widersagen und hulfflicher
fyentlicher getade und uns nit von yn zů sundern noch zů scheiden noch sie nit zu
laßen und yn beholffen zu sin nach aller unser vermogde, ane geverde. und wer ez
sache daz wir uns von der furgeschriben sache wegin mit ymand zu ansprach
fyentschafft oder krieg kommen worden, so sollen wir und die obgenanten unser und
des richs kurfursten in allem frieden furworten sunen und rechtungs, die wir davon
uffnemen worden, die egenante stat glich uns selbs versorgen, und sollen wir besamet
noch besunder uns gein nyman frieden furworten sunen ᵈ noch richten, die vorgeschriben
stad sij dann mit uns darinne begriffen und glich uns selber versorget, ane alle geverde.
und wir konig Ruprecht Johann Friederich und Wernher erczbischoff obgenant sprechen
und reden alle und igliche furgeschriben stücke getruwlich feste und stete zů halten.
und des zů urkunde und fester stetickeit han wir konig Ruprecht Johann Friderich und
Wernher erczbischoffe obgenant unsere ingesigele an diesen brieff dun hencken, geben
off dem felde fur Franckefurd uff den dinstag nach sant Michaels tag des heiligen ercz-
engels nach Cristi geburt dusent und vierhundert jare.

159. *K. Ruprecht will dem Bisch. Gerhard von Wirzburg, für die Anerkennung als
König, dessen Privilegien bestätigen, und verspricht für etwaige Hilfsleistung gegen
seine Reichswidersacher Entschädigung durch Verschreibung bis zu 7000 fl. auf
Heidingsfeld und Bernheim und sonstwie¹.* 1400 Okt. 25 auf dem Felde vor
Frankfurt.

*Aus Münch. R.A. Urkk. Würzburg Hochstift IX № 197 or. mb. lit. pat. c. sig. pend.,
auf Röcks. von gleichz. Hand hec est litera novi regis, von anderer wol etwas späterer
Hand privilegium Ruperti regis Romanorum concessum Gerhardo episcopo Herbi-
polensi super confirmatione omnium jurium libertatum ecclesie Herbipolensis etc.
Regest in Reg. Boic. 11, 188; erwähnt dieser und der Reversbrief gleichen Datums bei
Fries ed. Ludewig 680.*

Wir Ruprecht von gots gnaden Romischer konig zů allen czijten merer des richs
bekennen und dun kunt uffinbar mit diesem brieff: wann der erwirdige unser lieber
furste und getrůwer Gerhart bischoff zů Wurczpurg uns fur einen rechten Romischen
konig haben halten by uns bliben uns dun und gehorsam sin sal und wil als ein bischoff
von Wurezburg eyme rechten Romischen konige von recht und billich dun sal ane ge-

a) F hat yn noch sunderlich. b) A wir, BD wieder, FL wider. c) D anlegen. d) A furworte sune, F furworten sune.

¹ *Am 6 Sept. 1400 bevollmächtigt K. den Burg-
grafen Friedrich zu Nürnberg an seiner Statt
von des Stifts zu Wirzburg wegen zu diesen Zeiten
zu teidingen zu begreiffen und aufzunehmen, und
will das auch ginzlich halten, als ob er das selber
gegenwärtig teidingt begreift und aufnimmt. Ver-
rig. mit dem Pfalzsigel, da das kgl. Majestatsigel
noch nit vollen bereit ist. Dat. Heidelberg 2 fer.
ante b. Mar. virg. glor. 1400. Ad m. d. r. Ma-
thias Dobersheim [Sub.]. Gedruckt Mon. Zoll.
VI, 86 f. nr. 83 aus Vertragsbücher des Burggraf-
thums Nürnberg.*

176   Tag zu Frankfurt im Oktober 1400.

1400
Okt. 25
verde, darumbe so sollen und wollen wir als eyn rechter Romischer konig yme auch bestetigen alle gnade und friheit die er und sin stifft von uns und unsern furfarn Romischen keysern und konigen hant, und yme und syme stifft dün als ein Romische konig eyme bischoff von Wurczpürg von recht und billich dun sal, ane geverde. me ist auch zusehen uns und yme berette und getedingt: [*1*] wer' ez daz wir siner hulffe bedorfften worden wieder unser wiedersachen an dem heiligen Romischen rich und die helffe an yn furderten, so sal er uns dann mit syme obgenanten stifft sloßen landen und lüten getrüwlich bygesten helffen und raten ane geverde. waz dann der obgenant bischoff Gerhard redelicher und mügelicher koste und schaden hette und neme in der hulffe und von der hulffe wegin, der sollen und wollen wir yme und sinem stifft uff sibendusent gulden verschriben und bewisen uff Heidingsfelt und Bernheim, als verre wir die inne gewynnen oder von unsern wegin die werden ingewonnen, von wem daz geschee, als yme und syme stifft dieselben sloß vormals verpfendet und innegesetzt gewest sint. und waz des übergen solichs sins kosten und schaden were, denselben schaden und kosten sollen und wollen wir und daz riche yme und sinem stifft abelegen nach mügelichen und zijtlichen dingen mit gereidem gelde oder mit phantschafft uff des richs oder andern sloßen dem stifft zů Wurczburg gelegen, ane geverde. [*2*] auch ist geredt und getedingt: wer' ez daz die obgenanten sloß Heidingsfelt und Bernheim dem* obgenanten bischoff Gerhard und syme stifft inneworden in der maß als für geschriben stet, so sollent dieselben beide sloß uns konig Ruprecht obgenant und unsern nachkomen an dem rich allezijt, als lange er und sin stifft die also inne hant, uffen sloß sin zů allen unsern noiden wieder allermenlich, an wieder ein bischoff und den stifft zů Wurczburg, ane alle geverde und argelist. [*3*] auch wollen wir, so wir ein koniglich majestatingesigel gewynnen, so der obgenant bischoff Gerhart daz dann an uns furderte, diesen brieff und besunder den bestetigungs-brieff uber sin und sins stifftes vorgenant gnade und friheit, als fur geschriben stet, mit derselben unser koniglich majestat ingesigel versigeln laßen ane furezog und geverde. und zů urkunde und stetikeit aller furgeschriben dinge han wir konig Ruprecht vorgenant unser koniglich ingesigel an diesen brieff dun heneken, der geben ist fur Franckefurd uff dem felde uff dem muntag fur* der heiligen zwolffbodten Symonis und Jude tag nach Cristi geburte dusent und vierhundert jare unsers richs in dem ersten jare.

1400
Okt. 25
160. *Bisch. Gerhard von Wirzburg[1] leistet K. Ruprecht Gehorsam und erhält für etwaige Hilfleistung gegen dessen Reichswidersacher Entschädigung durch Verschreibung bis zu 7000 fl. auf Heidingsfeld und Bernheim und sonstwie.* 1400 *Okt. 25 vor Frankfurt auf dem Felde.*

M aus Münch. Staatsarchiv äußere Verbh der Kurpfalz 'l? or. mb. lit. pat. c. sig. pend., auf Rückseite von gleichzeitiger Hand her Gerhart bischof zu Wirczburg.
Regest im Karler. G.L.A. Pfälz. Kop.B. nr. 44 fol. 199ᵃᵇ cop. ch. saec. 15 ex.

Wir Gerhart von gotes gnaden . . bischoff zu Wirtzburg bekennen und dun kunt offinbar mit diesem brieff: [*1*] das wir den allerdurchluchtigsten hochgeborn fursten und herren hern Ruprecht Romischen* konige zu allen zijten merer des rijchs unsern lieben gnedigen herren fur einen rechten Romischen konige haben halten by ym beliben und ym dun und gehorsam sin sollen und wollen als ein bischoff von Wirtzburg ein rechten Romischen konige von recht und billiche dun sal one alle geverde, darumb der-

a) or. *den.* *b)* or. *fur?* *c) M* Romischen.

[1] *Vgl. nr. 191.*

selbe unser lieber gnediger herre als ein rechter Romischer konige uns auch gnediclichen bestetigen sal und wil alle gnade und fryheit die wir und unser stieffte von yme und sinen furfarn Romischen keisern und konigen han und uns und unserm stieffte dun als eine Romischer konige eyme bischoff von Wirtzburg von recht und billiche dun sal ane geverde. [2] me ist auch zuschen dem obgnanten unserm gnedigen herren dem konige und uns beredt und geteidingt: wer' ez das er unser hulffe bedorffen werde wider sin widersachen an dem heiligen Romischen rijche und die hulffe an uns forderte, so sollen und wollen wir yme dann mit unserm obgnanten stieffte sloßen landen und luten getruwlichen bygesteen helffen und raten one geverde. waz[a] dann wir Gerhart bischoff obgnanter redelicher und muglicher koste und schaden heten und nemen an der hulffe und von der hulffe wegen, der sal und wil er uns und unserm obgnanten stieffte off sibenduseut gulden verschriben und bewijsen off Heitingsfelt[b] und Bernheim, als ferre er die innegewinnet oder die von sinen wegen werdent innegewonnen von wem daz geschiht, als uns und unserm stieffte dieselben sloße furmals verpfendet und innegesetzt gewest sint. und waz des uberger sulliches unsers kosten und schaden were, denselben schaden und kosten sullen und[c] wollen er und daz riche uns und unserm stieffte abelegen nach muglichen und zijtlichen dingen mit gereidem gelte oder mit pfantschafft off des rychs oder andern sloßen unserm stieffte zu Wirtzburg gelegen one geverde. [3] auch ist geredt und geteidingt: wer' ez das die obgnanten sloß Heidingsfelt und Bernheim uns obgnantem bischoff Gerhart und unserm stieffte innewurden in der maßen als fur geschriben stet, so sollent dieselben beyde sloß dem obgnanten unserm gnedigen herren konig Ruprecht und sinen nachkomen an dem ryche, alle czijt als lang wir und der stieffte die also innehan, offen sloß sin zu allen iren noden wider allermenglichs, one wider uns bischoff Gerhart und unsern stieffte zu Wirtzburg, one alle geverde und argelyste. [4] auch wil der obgnante unser herre der konige, so er ein konigliche majestat-ingesigele gewynnet und so wir daz an yn fordern, diesen brieff und besunder den bestetigungsbrieff uber unser und unsers stieffts vorgnanten gnade und fryheit als fur geschriben stet mit derselben siner koniglichen majestat ingesigele versigeln laßen ouo furczoge und geverde. [5] und wir bischoff Gerhart obgnanter han alle stucke, die hie vor von uns geschriben stent, geredt und in guten truwen globt, reden und globen mit krafft diß brieffs getruwelich feste und stete zu dun und zu halten an[d] alle geverde. und han des zu orkunde und fester stetikeit unser ingesigele an diesen brieff dun hencken, der geben ist fur Franckfurt off dem felde off den montag fur der heiligen zwolffboten Symonis et Jude tag nach Christi geburt dusent und virhundert jare unsers rychs in dem ersten jare.

161. *Aufzeichnung über den Übertritt der Burg Friedberg von Wenzel zu Ruprecht.* [1400 nach Okt. 29 Burg Friedberg.]

F aus Darmst. großh. Hess. St.A. Stadt und Burg Friedberg Prothocollum antiquitatum ab annis 1400 usque ad an. 1412 cop. chart. coaev.; die Artikeleintheilung im Abdruck unabhängig vom Manuskript; in den Personen-Verzeichnissen wurde eine richtige Scheidung der Namen versucht, nach jeder einzelnen Person ist deshalb ein Komma gesetzt worden, auch wenn mit und fortgefahren wird und der zu dem Personen-Namen gehörige Familien-Name etwa erst später kommt.
In Mader Sichere Nachrichten von der kayserlichen und des heiligen Reichs Burg Friedberg 1766 Lauterbach 1, 219-243 ist eine Darstellung der betr. Hergänge aus F gegeben, mit Abdruck der meisten daselbst eingeschalteten Stücke.

Anno domini millesimo 400. hie inne findesth, wie wir 'der burggrave und burgmann des heiligen richs zûr bürge Fridleberg getan und uns gehalten han, als Romisch konig Wenczlawe des Romischen richs entsatzt wart, und darnach huldeten Romischen konige Ruprechten².

[1] Primo so hatte der burggrave und bûmeister virbodet dise nachgeschriben in die burg uf sant Ciriacus tag: hern Eberhard Lewen burggraven, hern Johan¹, und hern Gotdefrid von Stogheim, hern Eberhard², hern Weisen³, hern Gilbrecht⁴, Gilbrecht⁵, und Wilhelm⁶, und Ludowig Weisen, hern Sybold⁷, hern Gilbrecht juniorem Lewen, her Erwin⁸, und Gernand von Swalbach, Henne⁹, und Epchen von Clehen, Winthern von Filmar, hern Johan vom Hayne komptur zû Franckenfurd, Heinrich¹⁰, und Hartman von Büches, Conrad¹¹, und Henne Boheim, Wigand, Rûprecht, und Rûprecht von Carben¹², Mengoß von Dudelnsheim der alde¹³, Henne Thugeln⁴, und Hennen von Selbold.   [1ᵃ] item dise obgeschriben wûrden hude zû tage¹⁴ alle gemanet ire eide in die burg bi uns zû kommen, obe uns von des richs wegen node an wurde gen, das sie dann hie zû erste gemanet weren, und auch ilicher von stunt zû riden in die burg und sich anders nimands laßen manen und es von eids wegen bi im laßen blüben.   [1ᵇ] item der burggrave und bûmeister soln zû unsernne geschütze sehen und nach büssen-schützen senden.

[2] Item darnach quam uns botschaft von Lanstein am samßtage vor Bartholomei in der nacht, wie die viere kurfursten, der herzoge von Beyern und die dri erzbischofe, am fritage davor konig Wentzlawen vom riche abgesaßt hetten und daz den laden uf eime stûle vor Lanstein allen laßen sagen.   [2ᵃ] item uf den sontag quam uns ware botschaft, daz dieselben viere kurfursten zû Rensse uf dem stule weren gewest, und herzoge Rûprecht den drien erzbischofen sine kore hette gegeben, und die dri erzbischofe herzoge Rûprechten da zû eime Romischen konige hetten gekorn und gesatt.

[3] Item darauf dise burgmann virbodet wurden abir bi ein uf den mitwochen nach sante Bartholomeus tage: her Eberhard Lewe burggrave, her Sybold, her Gilbrecht der jonge, Eberhard, und Conrad Lewen¹⁵, her Eberhard, her Weise¹⁶, her Gilbrecht, Gilbrecht, und Wilhelm Weisen¹⁷, her Johan¹⁸, und her Gotdefrid von Stogheim, her

---

¹ D. h. von Stogheim.
² D. h. Weisen.
³ Ein her Weise, nur so bezeichnet und ganz ohne Vornamen, kommt auch Zeile 28 und pag. 183, 36 vor; dieser muß also unter allen Weisen im ausgezeichneten Sinn her Weise genannt worden sein, da er schon dadurch von ihnen unterschieden werden konnte; er erscheint pag. 184, 12 und 185, 37 als Weise Gilbrechts son, und pag. 181, 6 zeigt er sich als Sohn von Gilbrecht Weise senior und als Bruder von Gilbrecht Weise junior (so sind dort die Worte zu verstehen Gilbrecht, her Gilbrecht Weisen und Weise sine sone).
⁴ Gilbrecht Weise senior.
⁵ Gilbrecht Weise junior.
⁶ Natürlich auch ein Weise.
⁷ D. h. Lewe.
⁸ D. h. von Swalbach.
⁹ D. h. von Clehen.

¹⁰ D. h. von Büches.
¹¹ D. h. Boheim.
¹² Also drei von Carben.
¹³ Mengotus de Dudelßheim junior kommt vor im Nürnb. Anzeiger 1872 col. 11, wo noch mehr Namen.
¹⁴ Der Ausdruck kehrt art. 3ᵃ wider; darf man daraus schließen, daß die Aufzeichnung fortlaufend gleichzeitig mit den Ereignissen gemacht wurde? Das letzte im Stück vorkommende Datum ist 1400 Okt. 29, darnach habe ich das Ganze datiert in der Überschrift.
¹⁵ Bis daher lauter Lewen, darunter zwei Eberharde.
¹⁶ Über diesen Namen s. Anm. 3.
¹⁷ Also 5 Weisen, darunter 2 Gilbrechte, Vater und Sohn.
¹⁸ D. h. von Stogheim.

Erwin, Gernand, und Wigand von Swalbach[1], Friederich, und Henno von Belderheim, Henno Thugel, her Conrad, Henne, und Epchen von Clehen, Henne vom Wassem, Gerlach von Redelnheym, Friederich von Echczel, Gerlach Scholne, Henne von Stogheim hern Gotfrids son, Henne von Selbold, Friederich, und Wigand von Carben, Erwin Lewe, Heilman von Prumheym, Henne von Hobwißel, Hartman, und Henne Waltunenn, Henno Bebeim, Henne von Huldhofen, Mengoß von Dudelnsheim der alde, Henne sin son, Herman Friß, Henno Reißel, Sybold Lewe[2], Heinrich von Swalbach, Heinrich, und Hartman von Buches, Gerhard von Nuheym, Reinhard, und Wortwin Korp[a], Wernher Setzphand, Marckel Krug, und Henne von Prumheym den man nennet von Clettenberg.

[3ᵃ] item diese obgeschriben sin ubirkommen hude zū tage, als sie vor in reden sin gewest mit dem rade zū Fritdeberg: ob ein nūwer konig entstünde, daz sie dann an uns nit enteden und wir ane sie und mit eine antwerte geben, uf daz uns beden siten kein schade davon entstünde, als wir daz uf unser beider frunde solden geben. des hatten wir gemeinet, daz des unser burggrave ein ungerader were, ob unser frunde nit eine wurden, wo dann der burggrave hinesluge, daz daz sinen gang hette, diewile he obrister auptman were in burg und stad. daz wir die burger doch nit liessen wißen, dann wir redten mit dem rade zū Fritdeberg: als die leufte itzund weren und ein nūwer konig gesaßt, daz sie dann konig Elbrechts brief[3] nachgingen (dit als uns zūseiden, sie wolden's tūn), wir wolden auch also bi eine bliben und mit eine antwerte geben.

[3ᵇ] item die obgeschriben sin hude ubirkommen einer burghude zū tunde, die pforten zūzūslißen hinden und vorne, und die zū behūden, bodten oder nimands fromedes innezūlaßen, geschütze pile und steine zū bestellen, und wer husunge in der burg hat drū malder meles darinne zū schicken in achtagen, und iliche burgmann ein arubrust in die burg mit in brengen. wer des nit entede, so dicke er's gemant würde, der sal es achtage virbūßen. [3ᶜ] item sie sin auch ubirkommen 13 burgmann: die sollen macht han in diesen sachen ufzūrichten waz die burg anlanget, ane so es kommet daz sloß henwegzūgeben; des soln sie nit tūn, dann man sal darzū virboden alle burgmanne waz man der han mag; wes dann die meiste menige darumbe ubirkommet, daz sal sinen gang han. und sint dit[b] die 13: der burggrave, her Sybold Lewe, her Johan, und her Gotfrid von Stogheim, her Eberhard Weise, her Conrad von Clehen, Gilbrecht Weise, Mengoß von Dudelnsheim der alde, Henne von Clehen, Friederich von Belderheim, Gernand von Swalbach, Friederich von Carben, und Wilhelm Weise.

[4] Item uf dieselben zit schriben wir unserme herren dem konige als dieser brief hernachgeschriben uswiset [folgt das Schr. der Burg Friedberg an K. Wenzel vom 23 Aug. 1400 Bd. 3 nr. 228]. [4ᵃ] item diesin brief santen wir unserme herren dem konige mit Conezichen von Gißen unserme bodten, den he in sie selbes antwerte gein Karlestein in sine burg uf den sampstag nach sante Egidien tag. und brucht ine von der stede wegen zū Fritdeberg auch einen brief, wann wir die botschaft mit eine taden. [4ᵇ] item daruf uns unser herre der konig keine antwerte nicht ented, dann sie dem bodten seiden, he wolde ein antwerte tūn mit sime bodten; des wart uns doch zūmale keine antwerte.

ᵃ) P Korp! ᵇ) P red dit herr. aus die.

[1] Also 3 von Swalbach.
[2] Also ein zweiter Sybold Lewe, da schon p. 178, 27 im gleichen Verzeichnis ein solcher genannt ist.
[3] Hier ist wol gemeint die Urkunde K. Albrechts I 1306 Juli 21 Böhmer Reg. 1246-1313 nr. 541, vgl. Mader 1, 116. Andre Urkunden K. Albrechts I für die Burg Böhmer l. c. nr. 113 und 318, für die Stadt ib. nr. 132 und 134. Die unter Böhmer nr. 541 aufgeführte regelt das Verhältnis zwischen Burg und Stadt. Sie ist wider erwähnt in unserm Stück art. 8ᵃ und 124.

[5] Item darnach uf unsir frauwen abund nativitatis zů vesperzit bracht uns herzoge Rupprechts bode[1] diese nachgeschriben zwen ussen brive mit eins, die alsus luden [folgt das Schr. der 4 Rheinischen Kurfürsten an Burg Friedberg vom 20 Aug. Bd. 3 nr. 207, worin die Absetzung gemeldet und Anerkennung für den künftigen König gefordert wird; dann das Schr. der 3 geistlichen Kurfürsten an Burg Friedberg vom 21 Aug. Bd. 3 nr. 210, worin die neue Wahl verkündet und zum Gehorsam aufgefordert wird].

[5ᵃ] item da schrieben wir unserme herren konig Wentzlawe als diesir nachgeschriben brief uswiset, und santen ime darinne virslossen der obgeschriben zweier brive uschrifte in unserme brive virslossen [folgt das Schr. der Burg Friedberg an K. Wenzel Bd. 4 nr. 147 vom 8 Sept. 1400, worin sie die ihr zugekommenen Absetzungs-Anzeige vom 20 und Wahlanzeige vom 21 Aug., an ihn abschriftlich überschickt, und weiteres berichtet]. [5ᵇ] item diesin brief bracht Jeckel Fogeler unser bode dem konige gein Prage, und antworte im den in sinen hoif daselbes zů einer geinwortikeit uf den montag nach Lamperti. daruf uns abir nicht antworte wart, dann sie im wolden, der konig hette sin botschaft hie uß und wolde auch mit sime boden antworten; der botschaft oder antworte keine zů uns quam. auch unser bode Jeckel der stede brive von Fritdeberg drůg und antwerte mit unserme brive, want wir den boden von beden siten mit eine losseten. [5ᶜ] und riechten die obgeschriben 13 burgmann diese bots haft also uß. [5ᵈ] so antworten uns die von Fritdeberg alles, das sie bi uns bliben wolden und im nachgen als sie vor geredt hetten.

[6] Item uf den fritag nach unser frauwen tag nativitatis da lachte sich herzoge Rupprecht vůr Franckenfurd zů felde und sante uns diesin brief [folgt das Schr. K. Ruprecht's Bd. 4 nr. 135 an die Burg Friedberg vom 10 Sept. 1400, worin er bittet ihm Bevollmächtigte zur Unterhandlung nach Frankfurt auf 12 Sept. zu schicken]. [6ᵃ] item daruf wir gein Franckenfurd schickten hern Johan von Stogheim, Gillbrecht Weisen, und Hennen von Clehen, die darzů namen ander burgmann die sie da funden, und uf den sontag quamen vůr herzoge Rupprechten und die dri erzbischofe: die in da taden lesen[ᵃ] alle artikele warumbe sie konig Wentzlawen abgesast hetten vom riche, daz sie darmitde itzund lange hetten umbegegangen licht in daz virzeuste jare, und im darumbe dicke geschriben und muntlichen betedinget hetten, daz he doch nit virantwerte hette, und oft an dem lesten im abir bescheiden hetten gein Lanstein daz zů virantwerten, da sie sin uf virzen tage gebieden hetten und im darmitde geschriben ob he nit dar enqueme so solden sie im ire eide uf die sie siner personen getan hetten von des richs wegen und wolden doch bi dem riche bliben, des were he nit kommen, des hetten sie in abgesast vom riche und hetten sie[ᵃ] konig Rupprechten zů eime Romischen konige gesast und erwelit als sie des inne rechten macht hetten ab stunde, und begerten und hiessen darumbe uns die burgmann mit der burge demselben konig Rupprechten holden und vůr einen Romischen konig haben. [6ᵇ] item daruf unser frunde daselbes in antworten: sie wolden die sache gerne hinder sich an den burggraven und burgmann brengen, dann sie der sache nit me gehorit enhetten; und hofften sie solden bescheidelichen[ᵇ] dann darzů antworten, want der burgmann auch fuste weren wit gesessen die sie darzů mustenn virboden und den daz auch vůrlegen.

a) F als. b) F beschedelichen.

---

[1] O. Zw. hieraus erzählt bei Mader Sichere Nachr. 1, 222. Janssen Frkf. R.K. 1, 69 nr. 202 nt.ᵃ bemerkt, daß die Burgmannen von Friedberg dieselbe Politik bei der Thronveränderung befolgten wie Frankfurt.

[2] Mader l. c. 230 richtig: vorlesen ließen.

[7] Also rieden sie herheimer, und wurden da zu rade alle burgmann zu virboden, daz die uf sante Michels tag bi uns in der burge weren. des quamen uf dasselbe virbod diese nachgeschriben, mit namen: jongher Ulrich herre zu Hanawe, her Eberhard Lewe burggrave, her Conrad von Beldersheym komptûre zu Margburg, her Johan vom Hayne komptur zu Franckenfurd. her Eberhard[1], her Ydel Weise, Dolde, Ludewig, Wilhelm, Eckard, Gilbrecht, her Gilbrecht Weisen, und Weise sine sone[2], her Gilbrecht[3], Gilbrecht, und Conrad Lewen sine sone, her Sybold Lewe, Sybold, und Erwin sin sone, Erwin Lewe[4], Eberhard Lewe[5], her Conrad, Henne, und Epehin von Cleben, Friederich, und Henne von Beldersheym fratres, Conrad, und Heinrich de Beldersheym, Heinrich, und Hartmûd von Bûches, Heilman, und Henne von Prûnheym, her Heinrich[6], her Erwin, Gernand, Wigand, Reinhard, und Heinrich von Swalbach, her Rudolff, und her Friederich von Susenhusen, her Johan, Henne, und Wigand von Stogheym, her Gotdefrid, Henne, und Wernher von Stogheym, Rûprecht, Wigand, und Rûprecht von Carben, Henne von Carben hern Hermans son, Gerhard von Nuheym, Henne von Selbold, Wernher Setzphand, Gerlach von Rededenheym[a], Reinhard, und Wortwin Korp[b], Conrad Brendel, Henne Reißel, Henne von Hulshofen, Marckel Krûg, Henne von Hubwißel, Heinrich Gruschlag[c], Johan, und Friederich von Ranberg, Henne vom Wassem[d], Conrad von Hatzstein, Friederich von Echezel, Burghard Huser, Hartman, und Henne Waltman, Henne, und Conrad Thûgel, Eberhard Rûctesel, Mengoß von Dudelnsheym der alde, Henne von Kebel, Herman Frûße, Johan von Bûches, Henne von Beldersheym Wernhers seligen son, Ortte Kemerer, Johan Mertze von Crûftel, Conrad, und Henne Beheim, Jorge Rûße, Herman von Spuk, Henne Czipper von Ortenberg, Crafft Halber, Wolff von Beldersheym, her Albrecht von Fischbûrne. Item dieselben wûrden mit solichen briven virbodet als hernach geschriben stet: „Burggrave und bûmeister || zûr burge Fritdeberg. || unsern frûntlichen grûß. liebir husgenoße wir sin vûr Franckenfurd virbodet, und ist uns da angemudet ernstlichen hulde zû tunde mit der burge. heruf zû antwerten wir eins berades gebeden han an die burgmann unser husgenossen, der dû auch einer bist. darumbe wir dich manen diner eide die dû dem heilgen riche zûr burge bi uns getan hast, daz dû bi uns in derselben burge siest uf sante Michels tag nestekompt zû mittage-zit, heruf daz beste uns helfen zû ratslagen, uf daz wir alle unser ere und eide mogen bewaren. und laß dir dit anders keine sache benemen, und es auch bi denselben eiden heimelichen bi dir bliben. geben under unserme seerit am mitwochen nach des heilgen crûtzes tag als es erhaben wart anno domini 1400"[1].
[7*] item in dem rebengarten den obgeschriben burgmann allen wir erzalten alle vorgeschriben sache und auch wie wir uns vireiniget hetten mit den von Fritdeberg. da seide uns eine burgmann, der auch in der fursten rade was: als ferre als he es wiste, so berieden sich die von Fritdeberg mit den andern steden und antworten auch mit den und drûgen ire sache uß. [7*] item die obgeschriben alle han 13 burgmann uberkomen und den macht gegeben rede und antwerte dem konige und den fursten zû geben und dem konige zû hulden, und wie sie daz in dem besten konden und mochten

a) scheint in P Hedelnheim, s vorn Redelsh. b) hier ed Karp und nicht Korp. s vorn. c) P wol Gruschlag. d) erster vorn Wassem, hier abgeändert.

[1] D. h. Weise.
[2] Also im ganzen neun Weisen.
[3] D. h. Lewe.
[4] Also 2 Erwin Lewe hinter einander, wie auch 2 Sybold Lewen und 2 Gilbrecht Lewen.
[5] Also im ganzen acht Lewen hinter einander, dazu noch vorn her Eberhard Lewe burggrave, so daß es im ganzen 9 Lewen, darunter 2 Eberhards, sind.
[6] D. h. von Swalbach, deren gleich noch 3 folgen.
[1] Benutzt Mader Sichere Nachrichten von der Burg Friedberg 1, 230, o. Zw. aus derselben Quelle fol. 6 a b.

[1400] virsorgen, doch mit virzogo so sie lengste mochten. und ubirquamen des eintrechtlichen,
oct. 29) ane her Gilbrecht Lewe der jonge, her Erwin von Swalbach, Henno von Kebel, Hartman von Buches, und einer von Ranberg, die wolden daz die 13 nit macht solden han die burge henwegzûgeben sie teden es dann mit der menige aller burgmann. und sin diese nachgeschriben die 13: jongher Ulrich herre zû Hanawe, her Eberhard Lewe burggrave, her Sybold Lewe, her Johan[1], her Gotdefrid von Stogheim, her Eberhard Weise, her Conrad von Clehen, her Rudolff von Sassenhusen, Henne von Clehen, Gilbrecht Weise, Friederich von Beldersheym, Gernand von Swalbach, Henne von Boldersheym Wernhers seligen son.

Spt. 30) [8] Item darnach uf den donrstag wir unser frunde schickten zû den Augstineren zû den von Fritdeberg, die mit in retden ob sie bi uns bliben wolden als vor mit eine zû tun und zû antwerten. daz sie uns abir zûseiden zû tunde. des fraden wir sie obe sie nichtes herzoge Rûprechten noch geantwort hetten. da sie nein zû seiden, da fraden wir sie daz sie uns dann rieden uf bede siten zû einer antwerte. desselben sie widerumbe unsers rades begerten. da retden wir mit in: ob wir in dann unsern willen seiden als wir meinten zû antwerten, ob sie sich dann mit imand anders virsprochen hetten oder ob sie imands virbûnden weren vûr die sie daz dann villichte brengen wulden und sich mit den dann beraden, daz dochte uns nicht, want wir mit nimand anders virbunden noch virsprochen weren. dit sie uf iren rad brachten und daselbes uns witler ließen wißen: sie weren in phands wise den herren von Swartzburg und von Hoenstein virbunden[2], so hetten sie auch einen alden virbûnd mit den Wedrûhbachen stedon daruß in nit endochte zû treden. da retden diese witler mit in: den hetten sie nit gewist, dann sie wisten wol daz sie den von Swartzburg ire stûre geben; doch daz sie sie solicher virbûnd-briefe ließen horen, villichte funden sie da inne daz sie die baß darzû geraden und geantwerten mochten. des gaben sie ein antwerte, daz in daz nit endochte zû tunde hinder iren herren dem von Swartzburg und Hoenstein und auch den Wedrûhbschen stedon. da seiden in diese: seiden wir uch dann unser antwerte die wir meinen zû tunde, woldet ir die dann auch hinder uch an dieselben herren und stede brengen, daz dochte uns nicht, want ir uns solichen uwer virbûnd billich zûerste angeseid hettet, da wir mit den reden zû hauf sin kommen, und woln dit auch vûr die burgmann brengen. und waren dit unser frunde, die daz obgeschriben mit in retden, mit namen: der burggrave, her Johan von Stogheym, her Eberhard Weise, her Conrad von Clehen, Gilbrecht Weise, Gernand von Swalbach, und Henne von Clehen. so waren ire frunde Heilman Marckel, Clas Bern, Clas Engel, Eigel Sasse, Gerlach Pannensmid,
Oct. 1) und Henno von Assenheym. [8ᵃ] item uf den fritag darnach seide in her Eberhard Weise von unsern wegen, daz die burgmann dit fromede hette. und nanctén sie, daz sie bi konig Elbrechts brief[3] bliben und ane der sels burgmann rade nit huldunge teden. also schieden wir von in. darafter sie uns nichtes fraden und doch siedir huldeten und die sels darumbe bi sich nie virbodeten in iren rad oder sie nichtes darumbe fragten.

Oct. 2) [9] Item an samßtage darnach, daz was sabato post Michahelis, die obgeschriben
Oct. 3) 13 alle gein Franckenfurd quamen und da ratslagten umbe ein antwerte zû tunde dem herzogen. und taden im die uf den sontag darnach, unde baden in, (sie hetten die burgmann bi eine virbodet, die doch nit alle weren kommen) daz he in ein fristo wolde geben biß he zû Franckenfurd innequeme und gecronet wûrde und die fursten iro vanen-lehen enphingen; dazûschen wolden sie sich baß virbodden und einen gnaden dann

---

[1] Wol auch von Stogheim wie der folgende, so nennt ihn Mader l. c. 1, 231.

[2] Vgl. weiter unten art. 12ᶜ. Dazu Böhmer-Huber Reg. Karls IV 5633.

[3] Vgl. art. 12ᵈ; und art. 3ᵃ nebst Anm.

antworten und tûn als sie billich teden, want sie io bi dem riche wolden bliben und [1400
auch sin fro weren. daruf he antwerte, die kurfursten quemen bi in, mit den wolde [nach
he sich besprechen. und gab in uf den sontag zû abund ein antworte, he bode sie und [oct. 2
begerte, wann he zû Franckenfurd innequeme, daz sie in auch wolden innelaßen, des
wolde he in danken, und wolde in auch ire privilegia confirmiren. des namen die 13
einen bernd biß uf den mantag. [9ᵃ] und rieden des morgens frûwe zû dem bischof [oct. 4
von Triere und baden in darzû raden, und darnach zû dem bischof von Meueze und
zû dem bischof von Colne. die dri fursten ire ilicher besonder in antworte gaben, sie
wolden nach eßen alle bi eine kommen in des bischofes here von Triere, so wolden sie
in iren rad gerne mitdeteilen. des quamen die fursten also bi eine, und gaben den 13
burgmann den rad und die antworte: sie sehen wole waz sie selber getan hetten, dann
sie gar lange zit damitde umbe hetten gegangen, und rieden und ließen und maneten
sie daz sie daz auch also teden und herzoge Rûprechten vûr einen Romischen konig
hilden*. da baden die burgman die fursten in raden: (sie wisten wole wie sie konig
Wentzlawen geswonen hetten) wie sie sich gein dem bewaren solden. da rieden sie in,
sie solten im schriben und in ire eide ufsagen die sie siner personen getan hetten von
des riches wegen**, und wolden doch bi dem riche bliben, wann sie daz auch also getan
hetten. [9ᵇ] da namen sie da herzoge Rûprechten bi die fursten, und gaben die
burgmann im da ein antworte: so he sin zit vor Franckenfurd ufgelege¹, ließen in dann
die von Franckenfurd inne, so wolden sie in auch innelaßen, also daz he in ire privilegia
confirmiret, und in auch mit den drin kurfursten ire brive gebe* mit iren* allen an-
hangenden ingesigeln daz sie in bi wolden sten. daz herzoge Rûprecht und die fursten
da redten, sie wolden's tûn, als sich daz auch in iren briefen* wole erfindet, die sie
uns gegeben han.

[10] Also schieden die 13 burgman von Franckenfurd herheimer, und schrieben
diesin nachgeschriben brief, und santen dem konig Wentzlawen, der alsus ludet [folgt
der Brief der Burg Friedberg an K. Wenzel vom 13 Okt. 1400 nr. 151, worin sie ihm
erklären, wenn die Frankfurter Rûprecht einlassen, so können auch sie nicht zögern,
und ihm ihre Eide aufsagen]. [10ᵃ] item diesir briefe zwene in diesir selben forme
geschrieben schicketen die burgmann henweg zû konig Wentzlawen mit Jeckeln Fugelir
irme boden, obe der einen virlore oder gnommen wurde, daz he den andern hette. der
in truwen globte und zûn heilgen swûre von stunt henwegzûlaufen sich nichts zû sûmen
und den zû antworten dem konige als ferre in craft und macht getragen mochte. und
ging also von stunt henweg als es erste zwei hatte geslagen nach mittage uf denselben
tag als datum des briffes* heldet. [10ᵇ] diese burgman hernachgeschriben hiebi waren:
her Eberhard Lewe burggrave, her Eberhard Weise, her Weise, Mengoß von Dudelns-
heym der alde, Gernand, und Reinhard von Swalbach, Henne von Selbold, Hartman
Waltman, Hartman von Buches, Henne, und Epchen von Clehen, Henne Beheim, und
auch anders der burgmann die da bi waren. und baden zû in zu gezugen hern Jo-
hannen* Weisen probist zû Fritzlar und dumherre zû Mencze, hern Hildemar pherner

a) *während des Schreibens hier wider ausgestrichen da baden dann sie sie ire eide auch da ledig sagten die als heutig.* b) *von d. z. w. von der Menceren Hand nachträglich eingesetzt über der Zeile.* c) F *geben.* d) F *iren? abgeändert.* e) *theils mit von gleicher theils von der Menceren Hand stedt die ursprünglichen in der maße der brief bezuegl und das datum habdet, welce eur daban stehn blieb.* f) F Johann *und Ebersteinh.*

---

¹ *Mader Sichere Nachrichten 1, 233 bemerkt, daß also damals auch die Burgmannen von Fried-berg von der Tradition eingenommen gewesen, als sei ein neuer Röm. König die 6 Wochen und 3 Tage schuldig.*

* *K. Ruprecht nimmt versch. gen. Städte und Burgmannen in seinen Schirm, Stadt Friedberg am 20 Okt. 1400 und am gleichen Tage Burg Friedberg, s. bei der Urkunde für Stadt Köln nr. 158 vom 5 Okt. 1400 die Quellenangaben.*

uf dem berge¹ zů Nuheym, hern Clas Schuring* pherner zů Sternbach, und hern Rucker Freůlin fruwe-herren zů Assenheim. [10'] item denselben brief antwerte Jockel Fogelir gein Prage in sinen hoif, da der konig geinwurtig was, uf den mantag nach der eilfdůsent meide tag.

[11] Item darnach virbodit man diese burgmann hernachgeschriben, die in die burg qumen uf sant Gallen tag: her Eberhard Lewe burggrave, her Sybold, her Gilbrecht der junge, Eberhard, und Conrad Lewen², her Eberhard², her Gilbrecht, Gilbrecht, Wilhelm, Dolde Weisen, Henne, und Epchen von Clehen, Wernher Setzphand³, und Conrad sinen son, Friederich, und Henne von Beldersheim gebruder, Mengoß von Dudelnsheym, Mengoßen, und Henne sine sone, Wigand, und Růprechten von Carben, Gernand von Swalbach, Henne Thugel, Reinhard Korp, Henne von Hobewißel, Conrad, und Henne Boheim gebruder, Henne von Selbold, Weise Gilbrechts son, Heilman von Prumheym, Wolff von Beldersheym, Herman Friß, Erwin Lewe, Henne Reißel, Conrad Thugel, Hartman Waltman, Henne von Hulshofen, Heinrich von Buches, her Erwin, und Reinhard von Swalbach, her Johan von Stogheim, her Conrad von Clehen, Conrad Brendel, Gerhard von Nuheim, und Erwin Lewe hern Sybolds son. [11*] item dieselben burgmann wurden zů rade und schichten gein Franckenfurd den burggraven, hern Johan von Stogheim, hern Eberhard Weisen, und Gilbrecht Weisen, und fůrten mit in dar die gulden bullen⁴ und ander eins teiles unser privilegia, und die herzoge Růprechten zoigeten daz he uns unser privilegia darnach confirmirte, wann he vor begerot hatte unser privilegia zu sehen. [11*] item widder dieselben he da seide, daz he zů Franckenfurd inne wolde riden uf den dienstag vor Symonis und Jude tag, und uf den mitwochen darnach zu Geylnhusen inne wolde riden, und darnach uf den dornstag daz was uf den tag Symonis und Jude hie zů Fritdeberg inne wolde riden.

[12] Item also schieden die viere burgmann obgenant von Franckenfurd, und virbodeten da alle burgmann als diese nachgeschriben notel ußwiset⁴: „Burggrave und bůmeister || zur burge Fritdeberg. || unsern fruntlichen grůß, liebir husgenoße. wir manen dich von eids wegen als hohe wir mogen, daz dů gerüdest mit dime hornesse erzugt und dinen knechten so dů beste mogst bi uns sist zů Elwiustad in dem dorfe uf donerstag nestekompt, daz ist uf der heiligen Symonis und Jude tag frůwe zů primo-zit, mit uns und andern unsern husgenoßen zů riden, und dir dit nichts laßest benomen und es auch heimelichen bi dir bliben. geben under unserme secret am fritag nach der eilfdůsent meide tag"⁵. [12*] item daselbes die burgmann hienequamen wole siebenzieg odir achzieg mit gleven, und zereten da, und rieden da konig Růprechten engen biß gein Heldebergen, und hatten sante Georgen banere zur burge da ufgeworfen und an allen gleiven wimpelchin roid und wiß uf ire siten; und furten den konig also hie

a) Mader l. c. 227 falsch Schulring. b) F Setzphands? c) F ußwiß.

¹ Nach Mader l. c. 236 der Johannesberg.
² Bisher lauter Lewen.
³ Hiemit beginnen die Weisen.
⁴ Die durch Karl IV gegebene und mit goldener Bulle versehene Generalkonfirmation von 1376, wie Mader 1, 238 weiß; sie ist vom 15 Juni, gedruckt in Lünig R.A. 125, 110 nach Huber Reg. Karls IV 5610, Auszug bei Mader 1, 184f., Original im Darmst. Staatsarchiv (nach Scriba reg. 2 nr. 1710 und Dieffenbach Friedberg 102). — Die Bestätigung der Privilegien der Burg Friedberg durch K. Ruprecht ist vom 29 Okt. 1400, Karlsr. G.L.A. Pfälz. Kop.B. 4 fol. 56ᵇ und 8½ fol. 94ᵇ, Regest Chmel nr. 14; die der Stadt vom gleichen Tag, Chmel nr. 15 wo noch fehlt die Angabe des Abdrucks im Gründlichen Bericht 2, 28 nr. 46 und im Beständigen Gegenbericht 2, 28 nr. 46 (auch in Karlsr. Pfälz. Kop.B. 4 fol. 1ᵇ und 149 pag. 10-11). Zum Burgprivileg vgl. Mader 1, 241 und 243.
⁵ Gedruckt Mader Sichere Nachrichten von der Burg Friedberg 1, 239f., o. Zw. aus gleicher Quelle fol. 10ᵃ. Über das Dorf Ilbenstadt s. ibid. 243ff.

inne, der bi uns lag in der burg in hern Johans hûs von Stogheim. [12ᵇ] da schangten wir in von der burge drû reher⁽ᵃ⁾ und sechzig stücke fische uß dem sehe. die reher gap uns min jongher von Hanaw⁽ᵇ⁾. [12ᶜ] item darnach uf den fritag zu morgen horte he bi uns in unser kirchen eine gesungen messe, und reit da henuß in die stad zu der pharre, da inne im die burger huldeten. und hetten⁽ᶜ⁾ doch gerne gesehen daz wir die burgman ir vor hetten gehuldet, daz wir nit tun enwolden. und globten und swûren die burger in vûr einen rechten herren einen Romischen konig zu haben, und schieden uß¹ solichen virbûnd als sie hetten mit den herren von Swartzburg und Hoenstein als von ir phantschaft wegen. [12ᵈ] item darnach konig Rûprecht widder in die burg reit und in den rebingarten ging, da die⁽ᵈ⁾ burgmann geinwertig waren die auch uf dem felde waren gewest, als die auch hernach geschriben stent. und ir iclicher konig Rûprecht liplichen in sine hant globte und darnach mit ufgerechten fingern gein der sonnen zun heilgen sworen konig Rûprecht vûr einen rechten herren einen Romischen konig von des richs wegen zû haben⁽ᵉ⁾ und im sinen schaden zu waren⁽ᶠ⁾. auch ee sie in daz swûren, so seiden sie im, daz sie fromde hette⁽ᵍ⁾ daz der rad und burger zû Fritdeberg in iren eid² die sie in getan hetten auch nit uß hetten gesaßt und uſgenomen konig Elbrechts brief³ und solche virbunt-briefe als burg und stad mit eine hetten, wann die burgman es willen hetten ufzûsetzen; doch diewile es die burger nit getan hetten, so enwolden sie's auch nit tûn. daz sie dem konige und sinen frunden auch also seiden und undirscheiden, ee dann sie swûren. [12ᵉ] und sint dit die burgmann, die konig Rûprecht uf den tag liplichen globten und swûren und nach essens ire eins teils mit im zur stad auch ußriden: her Eberhard Lewe burggrave, jongher Ulrich herre zu Hanawe, her Johan, und her Gotdefrid von Stogheim, her Albrecht von Fischburn, her Crafft⁴, her Wigand von Hatzfelt, her Eberhard⁵, her Ydel Weise, Dolde, und Ludowig Weisen, Mongoß von Dudelnsheim, Mengoß, und Henne sine sone, her Conrad, Henne, und Epchen von Cleten, her Erwin, Gernand, Wigand von Swalbach⁶, her Sybold Lewe, her Rudolf von Sassenhusen, Gilbrecht Weise, her Wernher von Falckenberg, Henne von Beldersheym Wernhers son, Winther von Filmar, Conrad, und Henne Beheim, Gerhard von Hufftersheym, Henne vom⁽ʰ⁾ Wassem, Wortwin, und Reinhard Korp, Wernher Setzphand, und Conrad sin son, Gotdefrid von Sweinsberg, Heilman von Prumheym, Heinrich, und Reinhard von Swalbach, Gilbrecht, und Conrad Lewen, her Gilbrecht Weise, Friederich, und Henne von Beldersheim gebruder, Conrad Brendel, Henne, und Wigand von Stogheim, Wernher von Stogheym, Henne von Prumheym den man nennet von Clettenberg, Hartman, und Henne Waltmann, Wolff von Beldersheim, Burglard Huser, Eberhard Lewe, Conrad von Beldersheim, Friederich von Echzel, Hartman von Buches, Henne, und Conrad Thugel, Henne von Hulshofen, Erwin Lewe, Rudolff Geyling, Heinrich von Buches, Ruprecht von Carben, Henne von Selbold, Weise Gilbrechts son, Sybold Lewe, Henne Czypper, Wigand, und Ruprecht von Carben, Henne von Carben hern Hermans son, Herman Friß, Wilhelm Weise, Eckard sin son, Marckel

---

a) mit *haken, rehere? Mader 1, 240 erroehlt unrichtig drei Rehe. b)* die — Hanaw *in der kleineren Schrift. c) Mader, 1, 241 verchand dieß vom könige, er los also sei hette, aber falsch. d) alle von der kleineren Hand herrügiert zu die. e) hier ausgestrichen getrwen und hult vß sin. f) Mader 1, 242 falsch waren. g) in dessen Gegend eine zeigende Hand am Rande. h) von? abgekürzt: oben vom.*

---

¹ *Nehmen aus, excoperunt; die exceptio ist gedruckt bei Mader Sichere Nachr. v. B. Friedberg 1, 241, und im laufenden Bande der RTA. bei dem Huldigungseide der Bürger zu Fridberg vom 29 Okt. 1400. Vgl. auch oben art. 8.*
² *Pluralis zu verstehen.*
³ *Vgl. art. 8ᵃ; und art. 3ᵃ nebst Anm.*
⁴ *D. h. von Hatzfelt wie der folgende.*
⁵ *D. h. Weise wie die drei folgenden.*
⁶ *Also drei von Swalbach, von denen weiter unten noch mehr kommen.*

Krûg, Gerlach von Redelnheim, Gerhard von Nuheim, Henne Reißel, Conrad von Bel-
dersheim der lange, Conrad von Erlebach, her Conrad von Belder-heim komptûr zû
Margburg, her Johan vom Hayne komptûre zû Franckenfurd, her Heinrich von Swal-
bach, her Gilbrecht Lowe der junge, und Jorge Rûße¹.

F. Städtischer Briefwechsel nr. 162-173.

162. *Frankfurt an Kolmar*², *über Ruprechts Lager vor der Stadt u. a. m.* *1400
Sept. 10 Frankfurt.*

A *aus Frankf. St.A.* Imperatores 1, 148 conc. chart.; *die ursprüngliche Fassung des Con-
cepts ist durch Ausstreichung verändert, die veränderte Fassung in die Wahltagsacta
übergegangen; die Unterschrift ist aus den letzteren und fehlt in* Imperatores; *Über-
schrift* Colmar; *der zedil am Schlusse ist erst von derselben Hand beigefügt wie die
Korrektur.*
B *coll. ib.* Wahltagsacta 1 fol. 48ᵇ-49ᵃ nr. 155 cop. ch. coaev., *die Unterschrift zu
unterst.*
Regest bei Janssen Frankf. R.K. 1, 71 nr. 207 aus B.

Unsern willigen fruntlichen dinst zuvor. ersamen lieben frunde. als ir uns ge-
schriben hatᵃ, lassen wir uwer ersamen wisheit wissen, daz unser herren die kurfursten ᵇ
uf fritag nach unser lieben frauwen tage assumpcionis nestvirgangen unsern herren den
Romschen konig und konig zû Beheim von dem heilgen Romschen riche intsetzt han,
und uf samßtag darnach herzoge Ruprecht von Beiern zû Romschen ᶜ konige gekorn und
uf den stul zû Rense gesaczt ᵈ. und als ir schribet von herzoge Ruprechtes wegen
vorgenant, wie daz der gein Aiche gezogen si und da gecronet solle werden: lieben
frunde, davon ist uns nicht wissentlich dann herzoge Ruprecht vorgenant und andere
unser herren die kurfursten ame Rine han ire gezelde vor Franckenfurd ufgeslagen und
ziehin uf hude fritag vur des richs und unser stat und meinen sich zû legern. und
als ir rûret, was unsers gnedigen herren des Romschen kuniges gnade meinunge darzû
zû tunde si etc.: lassen wir uch wissen, das uns iczunt zû wissen ist worden, wie daz
unsere herren des kuniges gnade egenant uns unverzogenlich meine botschaft zû tûn.

a) A *ha am Rand abgeschnitten*, B *hat. Die ursprüngliche Fassung von* A *lautete hier bei von reden als bi urb
en Elsassen in dem lande laufen von der her wegen als unser herren die kurfursten einen andern Romschen
konig afgeworfen haben etc.* b) *die ursprüngliche Fassung von* A *fügt bei* vorgenant. c) A Romschen ?
abgeleitet. d) *die ursprüngliche Fassung von* A *fügt be* haben.

¹ Zum Ganzen vgl. RTA. 7 nr. 174 und 175.
² *Kolmar an Frankfurt dum. ante not. Mar.
[Sept. 5] 1400, Frankf. St.A. Imperatores 1, 143
or. ch. lit. cl. c. sig. in verso impr., und ib. Wahl-
tagsacta 1 fol. 48ᵃᵇ nr. 154; Regest in Janssen
R.K. 1, 68 nr. 203 aus gen. Original. Inhalt:
im Elsaß geht die Rede, daß die Rheinischen
Kurfürsten kürzlich bei einander gewesen sind
und den Pfalzgr. Ruprecht zum Römischen König
dabei gewählt und aufgeworfen haben, der auch
gen Aachen gezogen sei und dort von den gen.
Kurfursten gekrönt werden solle, ferner daß dieser
Herzog eine starke Macht versammele und sich
meine zu Felde zu schlagen vor Frankfurt wie
das Herkommen ist und einem Römischen künf-
tigen Könige zugehört. Darum bitten die Kol-
marer um Nachricht, damit sie sich darnach
wissen zu richten, da sie zu dem heiligen Reiche
gehören und auch nach allem ihrem Vermögen
dabei zu bleiben meinen, was ihnen auch darum
geschehen mag. Falls die Frankfurter von unserm
gnädigen Herrn K. Wenzel etwas wissen oder
irgend eine wahre Mahre oder Botschaft haben,
ob er etwas zu den Sachen thun oder sich weder
den künftigen König setzen oder bewerben wolle,
sollen sie es ihnen mittheilen. Schriftlich zu unt-
worten umgehend durch den Überbringer.*

was sin gnade aber meine darzû zû tûn odir was uns die botschaft brengit, das konnen *1400* *Sept. 10* wir noch nit wissen.   datum feria sexta post nativitatis Marie virginis gloriose anno 1400 ⁿ.

Item in ein zedila: auch hettin wir uwern boden gerne zwo stûnde oder drie lenger bi uns behalden, biß wir eigentlicher erfaren und uns beschin hettin wilche fursten und wie mechteclich sie sich vûr uns gelegert hettin. da wolde uwer bode nit beiden.

Von uns dem rade
zû Franckinfurd.

163. *Frankfurt an Nürnberg (ähnlich an Ulman Stromer daselbst), berichtet von K. Ruprechts am 10 Sept. erfolgter Ankunft vor der Stadt, bittet um Nachrichten besonders wegen des Gerüchts von einem zu Nürnberg bevorstehenden Städtetage.* *1400 Sept. 12 Frankfurt.* *1400 Sept. 12*

A aus Frankf. St.A. Imperatores 1, 147 conc. chart., auf der Rückseite Nota — stet, dagegen als Überschrift Nürenberg.
B coll. ib. Wahltagsacta 1 fol. 50ᵇ nr. 160 und 161.
Regest bei Janssen Frankf. R.K. 1, 73 nr. 210 mit wörtlicher Stelle, auch abgedruckt Nota — stet, aus B.

Unsern willigen früntlichen dinst züvor. ersamen wisen besundern liben frunde. als ir uns geschriben hat, lassen wir uch wissen, daz der hochgeborn furste herzoge Ruprecht von Beiern, den unsere herren die kurfursten uf dem ᵇ Rine zû Romschem kûnige gekorn han: uf fritag zû abindo nestvergangen mit den kurfursten vûr Franckenfurd *1400 Sept. 10* komen ist und sich mit irme folke darvûr gelegert han. des biden wir uch, liben frunde, obe ir von unsers lieben gnedigen herren des Romischen kûniges gnaden oder sûst von andern nuwen leûfin, und besundern als wir iczunt vernommen han wie daz vil des richs stede bi uch zû Nurenberg mit ein zû ratslagen zûsammenkomen werden, icht wisset oder erfaret, das ir uns daz vorschriben wullet als verre uch daz bequemlich ist. daz wollen wir besundern gerne verdinen.   datum dominica post nativitatis Marie *1400 Sept. 12* virginis anno 1400.

Von uns dem rade
zû Franckenfurd ᶜ.

Nota. uf denselbin sinn hat der rad zû Franckenfurd auch geschriben an Ulman Stromeier bûrger zû Nurenberg und in gehedim etc., der herwidder geschriben hat in verborgen namen und schriften als hernach geschriben stet¹.

a) A orspr, stett han les gesehla bis zum Schluss: ein uf bode fritag vur des richs und unser stat gezogen und da ir great abgeschagen und sich gelegert, als uch uwer bode auch wel sagen wirt. und als ir uns geschriben hat von wegen unsers gnedigen herren honig Wenczlaw des Romschen boniges, obe er lebt zû den sachen tûn oder sich widder den heuftigen honig bewerben wulle: darof lassen wir uwer wisseli wissin, das wir noch kein mere wissin was sin meinunge zû den sachen zû tûn si oder obe er sich widder die sache bewerbe oder nicht oder wie sich die sache vorwerter machen oder handeln werde, da kennen wir uch kein eigenschaft von geschriben.   datum feria arcia proxima post festum nativitatis Marie virginis [etc.?]: die Worte uf bode fritag vur des richs und unser stat alleen bleben auch in der veränderten Fassung unausgestrichen stehen. b) A nur d lesselich; B dem. c) die Unterschrift aus B, fehlt A; dann folgt in B die Nota.

¹ Als Bruder Pertholt 13 Sept. 1400 nr. 122.

164. *Frankfurt an Kolmar, desgl. an Hagenau: Lager vor Frankfurt, Nachricht vom Dietrich Kraa's Bericht über K. Wenzels Gegenmaßregeln.* 1400 Sept. 20 [*Frankfurt*].

Aus Frankf. St.A. Wahltagsacta 1 fol. 49ᵇ-50ᵃ nr. 158 cop. ch. coaev., mit der Überschrift Den von Colmar [und darunter] Hagenauw ist in dieser nachgeschribnen forme geschriben.
Gedruckt bei Janssen Frankf. R.K. 1, 537 f. nr. 924 ebendaher.

Unsern willigen früntlichen dinst zuvor. ersamen und besundern lieben frunde. als ir uns widir geschriben hat¹, lassen wir uch wissen, als wir uch eins teils auch vor geschriben han: daz die dri erzbischofe von Mencze Colne und Triere und herzoge Ruprecht von Beyern, den sie zů Römschem konige gekorn han, vor Franckinfurd ligen, und mit in der herzoge von Lotringen und anders graven herren rittere und knechte, und sich noch tegelichs ie me sterken und zůziehen. auch lassen wir uch wissen: daz ein unsers gnedigen herren des Romschen koniges schenk⁽ᵃ⁾ nůwedings von Beheim komen ist und uns gesagit hat, wie daz sin konigliche gnade auch grosse samenunge⁽ᵃ⁾ tůn wulle von fursten graven herren rittern und knechten. abir wie sich die sache vorwerter mache, des konnen wir noch nit wissin. datum in wigilia Mathei apostoli et ewangeliste anno 1400.

Von uns dem rade
zů Franckinfurd.

165. *Heinrich zum Jungen aus Mainz an Wilhelm Metziger Ammeister zu Straßburg: Anerkennung K. Ruprechts durch Köln Mainz Worms Speier nach Verhandlungen, Empfang von Nachrichten aus Paris.* [1400] Okt. 10 [*Mainz*].

S aus Strafsb. St.A. an der Saul 1 partie ladula B fasc. X nr. 16 or. ch. lit. cl. c. sig. in verso impr., Verletztes im Druck mit Kursive erset:t. — Theilweise kopiert in Wenckeri exc. 1 fol. 176ᵃ.

Minen früntlichen dinst zůvor. her Wilhalm Metziger, besůnder frůnt. als ir mir geschriben hant von den leüffen der konnige, da lasse ich uch wissen daz dy stede bit namen Collen Mentze Wormiße und Spire bij konnig Ruprecht gewest sint und hant

---

a) *cod. ausgestrichen* habe.

---

¹ *Kolmar an Frankfurt exalt. cruc. [Sept. 14] 1400, Frankf. St.A.* Imperatores 1, 146 *or. ch., und ib. Wahltagsacta 1 fol. 49ᵃ und ᵇ nr. 156; Regest in Janssen R.K. 1, 922 ebendaher. Inhalt: die Anfragen vom 5 Sept. werden widerholt, ihren Boten haben die Kolmarer sehr ernstlich bestraft, weil er eine genügende Antwort nicht hat abwarten wollen, sie erbitten umgehend schriftliche Antwort; jedenfalls meinen sie nach allem ihrem Vermögen bei dem Reich zu bleiben, als sie des herkommen sind; vgl. den Brief vom 5 Sept. S. 186 Note 2. — Hagenau an Frankfurt fer. 4. post. exalt. cruc. [Sept. 15] s. anno, aber zwischen 2 Stücken von 1400, Frankf. St.A.* Reichssachen 1 Acten Fasc. XI *nr. 641 or. ch. lit. cl. c. sig. in verso impr., und ib. Wahltagsacta 1 fol. 49ᵇ nr. 157; Regest bei Janssen R.K. 1, 923 ebendaher. Inhalt: es geht das Gerücht, daß der neugeborene König vor Frankfurt liege mit großem Volke. Darum bitten die Hagenauer um Nachricht, es sei über den alten König oder den neuen, schriftlich durch ihren Boten zu überbringen; auch wenn die Frankfurter fernerhin etwas von den Sachen erfahren, mögen sie es durch ihre eigenen Boten, aber auf Hagenau's Kosten, melden. Dringliche Bitte um Antwort.*

² *Dietrich Kraa, vgl. Band 3 nr. 244 nebst den Anmerkungen dazu; hier oben ist wol absichtlich nicht viel von dessen Aussage (Bd. 3 nr. 244) mitgetheilt.*

ubirkommen als von der entpfahens wegen: was dy obgnanten stede darumbe lidden, [1400]
da sal ine konnig Ruprecht und dy drij kůrfursten, bit namen unser herre von Collen Okt. 10
unser herre von Tryre und unser herre von Mentze, getruwelich beholffin und bijbe-
stendig sin, es treffe an wenn das is wulle; und sullint dabij strecken was sie geleisten
mogent. und das hat ine konnig Ruprecht und dy drij kůrfursten obgnante virschriben
und virsigelt nach deme als ine noit ist. und sullint auch keynen rechtůnge noch synicke
sone* nit nemen, abe is andirs zů fientschafft und zů krygo keme, bit nyman, dy ob-
gnanten stede sin dann virsorget glich ine selbir. auch laß ich ůch wißen, das konnig
Ruprecht den obgnanten steden all ir frijheit gewonheit recht und herkommen, dy sie
hant von behirten keysern konnigen bischoffen und von andern herren, bestediget hat
bit brieffen als ine noit ist. dy brieffe sint virnottelt und sal das datům werden sten
nach deme lehers so er von Franckenfurd ziehen wirdet. und wann er den leher vor
Franckenfurd uzgelijt, so virsehen ich mich wol, vor welche die obgnanten stede eine er
danne komme, das dyselbe stat ine da entpfahe nach ir gewonheit. auch laß ich ůch
wißen, das mir brieffe von Parijs kommen sint, dy mir her Hůwart von Eltir¹ geschicket
hat, da er mir vaste inne geschriben hat von leiffen, dy mir zů dieser zijt nit gefůglich
sint zu schriben, wann ich nit enweiß obe dy also sin adir nit. doch virsehe ich mich
ander botschafft von denselben leuffen von Paris zu kommen. wůrde ich da it gewar
das ich vor war geschriben mochte und das uch gůt were, das wulde ich uch gerne [1400]
laßen wißen.   datum dominica die post Dyonisii martyris meo* sub sigillo.   Okt. 10

[in verso] Deme vornemygen wisen her Wilhelm Metziger   Heinrich zům
ammeister der stede zu Straßburg myne besundern guten   Jungen zu Mentz.
frůnde dari debet.

166. Vier gen. Straßburger Gesandte an Straßburg, haben in Mainz Nachrichten ein- [1400]
gezogen, die sie mittheilen, und wollen anderntags nach Frankfurt fahren zu Wasser. Okt. 26
1400 Okt. 25 [Mainz].

S aus Straßb. St.A. an der Saul 1 partie ladula C fasc. XIV liasse II nr. 12 B or. ch.
lit. cl. c. sig. in verso impr.

Lieben herren. wir embietent ůch unsern gewilligen dienst. und loseent ůch
wissen das wir uff mentag zů obende* gen Mentze kommen sint und möhtent nit e dar [1400]
kommen. und so balde wir gen Mentze koment, do gingent wir zů dem burgermeister Okt. 25
und frogetent in noch den sachen des nuwen kůniges und der stette. der seite uns,
daz also bute uff den ymbiß die von Mentze sehs erber botten gen Franckfurt zů dann
nuwen kůnige geschicket hettent, und daz ouch ander stette erber botten zů Franckfurt
werent. und seite uns under andern dingen, daz der kůnig morne zů Franckenfurt wolte [1400]
inriten und man in do wolte empfohen. daz was uns ouch von meister Reimbolt von   Okt. 26
Gemůnde unde andern vor gesseit. so seite uns der burgermeister ouch, daz man sich

a) or. suns ! b) or. me.

¹ Wenzels Gesandter auf dem Frankf. Tag von   ² Im Straßb. St.A. Briefbuch B 66 fol. 1ᵇ:
1400 Mai-Juni, s. nr. 139. 140 in RTA. 3.   anno domini 1400 feria secunda post Martini epi-
² Es wird kaum die Vigil gemeint sein; der   scopi [Nov. 15] Item zů costen gen Mentze gen
Montag Abend im heutigen Sinn ist wol nicht zu Franckfurt und gen Heidelberg zů dem nuwen
spät für das, was noch vor der Briefsetunde des kůnige nemlich kůnig Růprecht 42 lb. 11 sh.
Montags, an dem geschrieben ist, vor sich geht, 3 do. und 169 gůldin — — uf die zit hat kůnig
denn die im Datum genannte cena wird die Abend- Růprecht der stat ir friheit bestetiget — —.
mahlzeit sein.

versehe und man nit anders enwuste danne daz der künig vor aller heiligen tage gen Mentze komen wolte, und man in do wolte empfohen also man ein künig billich empfohen solte. er seite uns ouch, daz die von Franckfurt also hüte süben gůte tůler wines und⁎ süben güldin tůche zů Mentze geköst hettent und noch zweien grossen vergüldeten schůwern¹ gefroget hettent, die grosten die man finden künde, daz sie die ouch köffen woltent, und woltent daz dem nuwen künige schencken. man seit ouch, daz der künig also morne, wenne er zů Franckfurt empfangen und ingelossen wurt, daz er danne zů stunt in den leger wider wil riten und darinne essen und do gar vil lütes geladen het, und danne zů stunt riten wil die stette innenumen Wetpflar Frideberg und Geůnhusenᵇ. daruff hant wir uns bestalt daz wir morne so wir frůgeste mögent die Möne uff varent gen Franckfurt. do dünt wir daz beste. und was wir do empfindent, lont wir ůch ouch wissen. wir dotent auch zů Utenheim Thoman den botten löffen gegen Lăwelin uwerme botten. und wer' es daz er by in keme, so solte er in heissen zů uns komen, durch daz wir empfůnden was ůch geantwurtet würde von den sachen darumbe er hinabegeschicket wart, das wir uns in allen sachen deste baß wustent darnoch ze rihtende. also vaut Thoman Lăwelin, und koment bede zů Oppenheim zů uns, und brohte Lauwelin zwene briefe. die brochent wir uff und überlosent sie und sendent sie ůch in disemo briefe verslossen. darnoch rihtent wir uns ouch. datum feria secunda post cenam ante diem sanctorum Symonis et Jude apostolorum anno 1400.

[in verso] Den vorsichtigen Heinrich von Mülnheim Thoman von Endingen rittere wisen dem meister und dem Uolrich Bock und Růlin Barpfenning altammanmeister rote der stette ze Stroßburg uwere botten. unsern lieben herren.

167. Vier gen. Straßburger Gesandte an Straßburg, von den Frankfurter Unterhandlungen der Städte Köln Mainz Worms Speier mit K. Ruprecht, von der Haltung Nürnbergs und der Lage K. Wenzels in Böhmen, vom Bevorstehen weiterer Unterredung der Absender mit kön. Räthen auf Okt. 30 zu Mainz. 1400 Okt. 27/28 auf dem Main beim Höchster Zollhaus.

Aus Straßb. St.A. an der Saul I partic lad. B, jetzt AA art. 111, einz. Stück ohne Bezeichnung, or. mb. lit. cl. c. sig. in verso impr.
Gedrukt in Wencker collecta arch. et cancell. jura 402-405, am Schlusse unvollständig.

Lieben herren. wir embieten ůch unsern gewilligen dienst. und lant ůch wissen, das wir an zinstag umbe vesperzit koment gen Franckenfurt. da was der künig des tages zů Franckenfurt ingeritten und da empfangen, und hettent in die von Franckenfurt gemeinclich gesworn nach ir gewonheit. und was wider uß der stat in den leger geritten essen. und da wir gen Franckenfurt koment, do warent herr Heinrich zům Jungen und ouch fünf erbore botten von Mencze in dem leger by dem künig. nach den schicketen wir und batent sie in die stat zů uns ze komende. das datent sie. und da wir by die komen, da frageten wir sie in welher mossen sie do werent und wie sie und ander stette iro sachen mit dem künig ůfgetragen hettent. da seite uns her Heinrich in gegenwurtikeit der andern: also sie und der andern viere stette botten Cöln Mencze Wurmß und Spire uf sant Michels tag gen Mencze komen werent, das do der künig noch in allen schickte und bat sie in ze haldende und gehorsam ze sinde. do sprachent die stette in gegenwürtikeit der kurfürsten: wolte er in ir friheiten berkomen

a) em. er. b) er. Geůnhusen?

¹ Patera, poculum, Scherz.

und gůte gewonheiten, die sie hetten von keysern und kúnigen und iezze von kúnig Wenczelawᵃ bestetigen, und wolte er und die kurfürsten sich gegen in verbinden und versprechen in beholfen ze sinde ob sie der sachen halb dehein felte gewûnen, so woltent sie im ein gůt antwúrt geben. do wart in geantwúrtet von unserm herren dem kúnig und den kúrfürsten: kúnig Wenczelaw hettent sie von dem riche entsat under andern stúcken umbe den artikel das er den sinen membranen gegeben hette, daruf were villiht geschriben das dem riche nit erlich noch núczlich were; solte er das bestetigen, das kúnde er nit getůn. da er das nit tůn wolte, do sprachen die stette, so kúndent sie yme ouch nit anders getůn. und schiedent also alle mit gemeinem munde von dem kúnige und wunschtent ym nit gluckes. darnach sante der kúnige aber noch in und hat sy alse e. do antwúrtetent sy im alse vor. do sprach er: er wolte es tůn. do er das gesprach, do vorderten ettelich andere stette danne die von Menczne etwas me artikel danne ir friheit besežte. da wart in geantwúrtet: sit vor gerett were das man in solte bestetigen ir friheite harkommen und gewonheit die sie hettent von keysern und kúngen und besunder von kunig Wenczelaw, das wolte er ouch bestetigen, und kúnde inᵇ ze disen ziten nach rate der fürsten nit anders getůn; welhe stat das nemen wolte, die môhte es tůn, die aber das nit tůn wolte, an der sehe er wol daz im die understûnde irrunge ze machende. und vorderte do an die von Menčze allein: sit er in ir friheite bestetigen wolte, ob sie yme danne alleine hulden woltent? do sprachen die von Menčze: neyn; ein stat under uns vieren mûß also wol versorget werden alse die andere; und was ouch einre stat geschiht, das sol ouch der andern geschehen. do liessent die stette ire nuwen artikel abe und wardent alle eins. und wart den stetten allen vierenᵉ iegelicher verbriefet von dem kúnige so vil friheiten harkommen und gewonheit als iede stat hette. und ist ir keinre nûczit sunders gegünnet noch bestetiget. darzů soyte er uns, das der kúnig in das besigelt hette mit sime kleinen ingesigel, wanne synᵈ majestat-ingesigel noch nit volle gegraben ist; und daz in keine stat empfohen sôlle, inen sy danne ir brief mit der majestat besigelt. darzů so ist in von dem kúnig und den drien kurfürsten verbrieft und versigelt inen beholfen ze sinde wider alle die die sie von der sachen wegen bekriegen oder beschedigen wolten, damit sie begnůgete alse her Heinrich sprach. daruf wunschtent die stette botten alleᵉ dem kúng gelúckes. vúrbasser seite uns her Heinrich in gegenwúrtikeyt siner gesellen, das by drien oder by vier tagen vergangen der kúnige die stat ze Menčze hat umbe ire erbern botten zů ime zů sendende. das datent sie und schicktent die vorgenanten sehs botten zů im. da hat sie der kúnig, daz sie in empfiengen, er wolte in ir stat riten. do antwúrtetent sy im, daz kúndent sie nit wol getůn, ir bestetigniß-briefeᶠ ire friheit werent danne besigelt. do sprach er, sie wustent doch wol das man das ingesigel by in grůbe und noch nit gegraben were. und gab in sicherheit das sie damit begnůgte, sobalde das ingesigel gegraben würde, das er in danne den brief besigeln wolte, wanne der briefe und andere briefe, die man damit besigeln solle, alle geschriben und bereit sint biez an das ingesigel. und daruf hant sie in gegünnet in ir stat ze ritende und meynent in uf disen kúnftigen samstage ze empfohende. er seit uns ouch: nachdem in ir gůt frúnde von Nüremberg botschaft getan hetten, hettent sie die sach noch zo tünde, sie gedehtent fürderlichen wie sie es getettent. da fragtent wir sie nach der botschaft; und batent, uns die botschaft ze sagende, ob sie segelich were. do seite er uns allez in gegenwúrtikeit sinre gesellen: das die von Nüremberg in einen irs rates, beyde die von Nüremberg und sye wol getruwetent, geschicket hettent mit einem glôbs-briefeᵍ; der hette in geseit, das der kúng von Ungern were mit grossem volke komen

---

a) or. Wenczlaw. b) sir er. c) or. ausgestrichen verulgelt. d) or. sy. e) or. (und Wencker) allez, here. das aber, wobei ... *f) or. bestetignißbriefe. g) und-oß. Zeichen über d; wahrsch. das* ...

gen Kutten uf den berg, so were ein marggrave genant Sygemunt kommen gen Swidonicz in ein closter darby, so werent alle landesherren zů Behem och daby kommen, so were der Behemische künig ouch darhy uf ein hůselin kommen, und hette der künig von Ungern gesprochen zů dem Behemschen künige: er und die andern weren alle da und woltent im helfen sin ere und lant ze beschirmende, also das er den büttel ufdete; wolte er das tůn, so woltent sie im helffen; wolte er das nit tůn, so kundent sie im nit gehelffen. do wart inen von dem Behemschen künig geantwürtet, das er das nit meynde ze tůnde. do wurdent der künige von Ungern und die landesherren zornig. und meint man, der künige von Ungern marggrafe Sygemunt und die landesherren wolteut mit irem volke ziehen über marggrafen Procobe und den hercxogen von Troppow, und woltent danne über den Behemschen künige, und wolte der künig von Ungern den Behemschen künig gefangen legen und im gnůg geben bier an sinen tod. das ist die sache die wir von den von Menexe empfunden, denne so vil me, das uns her Heinrich seite, das der künige sich anderwerbe wolte geschriben haben dezselben tages da wir koment, und warent die briefe gemaht, und, da der künig empfant daz wir koment, da ließ er es underwegen. ouch schicketent wir nach grafe Friderichs von Lyningen. der kam zů uns. mit dem retdent wir. so antwürtete er uns getruwelich und früntliche. und hett joch Eberharten von Ramberg zů uns geschicket alsobalde er empfant das wir gen Franckenfurt kommen warent, und enbott uns mit dem also wir das und anders sich wol sagen söllen so wir zů ůch kommen. hůte gar fruge schickete der künig zů uns die erbern herren grafe Gerhart von Kirberg grafe Friderichen von Lyningen und hern Ithilolfen von Zeißkeim. die batent uns glich also grafe Eniche und der von Hestschůcheshein sich daheim batent, und warent gewaffent und aller dinge bereit. da antwürtetent wir in alse vil alse uns beduhte in ze antwürtende. do sprechent sie zů uns: lieben herren, unser herre der künig ist ufgebrochen und wil hinweg, mit dem můssent wir hinnach riten, danne uns nit wol gefůglich ist allein ze rittende, und bitten uch das ir unsers herren des küniges beyten wellent ze Mencze uff disen nehstkünftigen samstage, da sol er sin rete zů ůch schicken, da wellent wir uns ntasecklichen mit einander underreden. das habent wir gehollen und sint hůte uf dise mitwoche wider gen Menexe gefarn. wir habent ouch mit hern Gerhart Harakart und hern Arnolt von Sircke geretd in der mossen alse wir sich die und die vorgenanten sachen alle eygenlichen wol sagen söllent so wir der gottes helff bi ůch kommen. besigelt mit min Thomans von Endingen ingesigel von unsere aller wegen. geben uff dem Môn by dem zoll zů Höchste uff dem wasser an der mitwochen vor Symonis et Jude anno domini 1400.

Doch wart der botte erst von uns gevertiget uf Symonis et Jude frůge. ouch, lieben herren, bestellent, das wir die pferde uf disen künftigen dunrestag zů Wormße haben.

[in verso] Den fürsihtigen wisen dem meister und dem rate der stette zů Strazburg unsern lieben herren. Heinrich von Mülnheim Thoman von Endingen rittere Uolrich Bock und Růlin Barpfenning altammanmeyster unsere botten etc.

168. *Erzb. Friderich III von Köln an Stadt Köln, über K. Ruprechts Einritt in Frankfurt und Gelnhausen u. a. m.* [1400] *Okt. 28 Rense.* [1400] Okt. 28

Aus Köln. St.A. Erzbisch. Briefe ohne weitere Signatur, or. ch. lit. cl. c. sig. in verso impr. del.

Fridericus archiepiscopus Coloniensis
dux Westfalie etc.

Lieve getruwen. as ir uns geschreven hait uch zo wissen laissen wa ind wilche zijt unse genedige herre der Roymssche konyng meyne syne krone zo entfangen, hain wir wail verstanden, ind laissen uch wissen, dat wir des zo dieser zijt nyet gedoin enkünnen. mer wir willen uch dat na diesen eicht dagen wissen laissen, dat ir uch darna wisset zo richten. vortme so laissen wir uch wissen, dat unse genedige herre der konyngh en neisten vurgangen dynstagh was zo Francfort yngereden, ind hait alda van den van Francfort huldinge entfangen. ind is darna des neisten gudestags gereden zo Gelen- hausen ind denket vort in andere des rijchs stede zo rijden, ouch van yn huldinge zo entfangen. datum Rense die beatorum Symonis et Jude apostolorum. [1400] Okt. 26 [1400] Okt. 27 [1400] Okt. 28

[*in verso*] Prudentibus et discretis viris judicibus scabinis consulibus ceterisque civibus nostris Coloniensibus dilectis.

169. *Die Straßburger Gesandten an Straßburg: Einritt K. Ruprechts in Mainz und Unterhandlung daselbst wegen Bestätigung der Privilegien, vorhergehende Verhandlung von zwei gen. Bevollmächtigten des Straßburger Bisch. Wilhelm II mit K. Ruprecht u. a. m.* [1400 Okt. 30 *Mainz*[1].] [1400] Okt. 30

S aus Straßb. St.A. an der Saal 1 partie lad. C fasc. XIV nr. 12 A, jetzt AA art. 114, not. chart. mit Korr. und ohne Schnitt und Sigel, von derselben Hand wie die Originalschreiben vom 25 Okt. 3 und 8 Nov. 1400, also von den dort unterzeichneten Gesandten an ihre Stadt gerichtet. Mit Zusätzen, enthaltend die Anweisung des nächsten Stücks, s. w. s. Rechtschreibung unverändert gelassen.

[1] Also unser herre der künig uff hüte samstag zü Mentze inreit, in demme schihten des küniges rete noch uns, daz wir kemen zü den Bredigern. daz detent wir und koment dar. do koment her Johan von Talberg her Rüdolf von Zeisseheim der probest der do ist des küniges pfaffe[a] und her Mathis des küniges öberster schriber. so was ouch do her Heinrich zům Jungen. den hettent des küniges rete dar gebetten, do botent wir in ouch. und vingent die an und rettent mit uns also vor an üch und uns ettewiedicke gevordert ist worden. darzü antwurtetent wir und seitent, daz wir von un- [1400] Okt. 30

a) *in S hineinkorrigiert statt des ausgestrichenen enstaulas.*

[1] *Datum Unterschrift und Adresse fehlen. Daß die Straßburger Gesandten hier an ihre Stadt schreiben, ergibt die Vergleichung des Inhalts mit den Briefen derselben vom 25 Okt., 27/28 Okt., 3 Nov., 8 Nov. als unzweifelhaft. Damit ist auch die Zeit ungefähr hergestellt. Näher stellt diese sich folgendermaßen. Laut obigen Briefs ritt der König am Samstag, von dem der Brief datiert ist, in Mainz ein; dieser Samstag kann aber, wenn man den Brief vom 27/28 Okt. und den vom 3 Nov. heranzieht, nur der 30 Nov. sein. Die Aufzeichnung, wie sie vorliegt, war wol bestimmt zur Grundlage eines Briefes zu dienen. Oder aber es war von Anfang an nicht ein Brief sondern nur eine Art Aufzeichnung beabsichtigt. Aus dem Schr. vom 8 Nov. geht hervor, daß einer der 4 Gesandten Ulrich Bock wirklich auf eine Zeit nach Straßburg zurückgekehrt war, und er hat deshalb den Brief vom 3 Nov. nicht mitunterschrieben. Wir dürfen annehmen, daß er diese Aufzeichnung damals mit nach Straßburg gebracht hat.*

[1400 Okt. 29] serme herren dem künige begertent, das er uns unser friheit bestetigete, nochdemme wir die von keysern und künigen und ouch von künig Wentzelaus hettent, unde besunder also wir die friheit in ein nottel hettent geton zeichen. do frogetent sie uns, obe unser friheit-briefe öbene[1] stúndent also die nottel wisete, und abe wir ützit darzúgeseczet hettent. do sprachent wir: „jo, wir hant etteliche wort fúrbasser lossen dorin schriben, derselben wort wir ouch in andern briefen gefryet sint, und umbe eine luterunge, und ouch umbe daz, so wir harnoch unser friheit zógende wurden, daz wir unser friheit in eine briefe hetten und nit dórfftent vil briefe wider ein und fúr füren." do frogetent sie uns noch den zúgesetzeten worten, und botent uns die briefe zógen die wir über die stücke hettent. daz dotent wir und zógetent in vidimus derselben briefe unde lasent in die. do verstunden sie zû stunt, daz die briefe die stücke nit also luter seitent also sie in der notteln begriffen sint. und rettent uns wider die stücke vil unde vaste. zúleste sprochent sû, sie woltent es bringen an unsern herren den künig. und botent uns in unsers herren des küniges herberge noch dem ymbisse tretten. das dotent wir nit gerne. do sprach her Heinrich heimlich zû uns, er wolte uns in ein sunder gemach dûn, do die rete würden zû uns kommen. und also koment wir noch dem ymbisse in hern Heinriches hus, do der künig inne zû herberge ist. do schihte der künig zû uns in eine kammer den bischof von Mentze den hertzogen von Lothringen grofe Philipsen von Nassowe und hern Johan von Talberg. do was her Heinrich zům Jungen by uns. die herren vordertent aber an uns, wir saltent dem künige gehorsam dûn, so wolte er uns unser fryheit bestetigen was wir der hetten, also er ouch den andern stetten geton hette. do vordertent wir, also wir vor zû den Bredigern gefordert hettent. do sprochent sie, der künig hette sich mit den kurfürsten underret, und were mit den zû rete wordeu daz er den stetten in solicher mossen ir friheit bestetigen solte also sie sú vor hetten und anders nit. und botent uns unserme herren dem künige nit vúrbasser anzemûtende oder ze sûchende, wanne, wo er einer stat vúrbasser dete danne der andern, daz brehte ime grossen gebresten von andern stetten und unwillen gegen den kurfursten. und sprochent, wir soltent unserme herren dem künige glóben und getruwen, wande er ein biderber fúrste were; wir hettent doch dem ersten sime briefe glóbet und getruwet, dem doch nit also wol ze getruwende ist also disemo; und wenne dise sachen vergingen, hettent wir danne keino gebresten, den solten wir ime vúrlegen, wir soltent an ime empfinden daz wir ein gnedigen fürsten an ime hettent. wir koment abe[a] unser sachen nit, und tribent daz wider und vúr bitz in die naht. zúleste habent wir es darzû broht, und kundent es nit neher gebringen in dehein weg danne daz man uns den brief, also ir in habent geton machen, besigeln wil und bestetigen, ußgenommen von des zolles wegen daz wort „unwiderrûffeliche", daz künnent noch mógent wir nit darin gebringen. man wil uns aber gerne ein sundern brief mit der majestat über den zoll geben, und sol der brief ston daz uns unser herre der künig den zoll bestetiget, und sol weder „widerrûflich" noch „unwiderrûfflich" nit darinne ston. es sol ouch nit do inne ston also die ersten briefe besagent. domitte meinet her Heinrich und andere daz es gnûg sy. darzû hant die herren und ander des küniges rete gesprochen und hohe geretd, daz unser herre der künig selber gesprochen habe, daz wir den zoll billiche haben, er wolte in uns ouch nôte nemmen. und wenne dise zit vergot, so sollent wir ime wol getruwen: begeren wir dovon ützit an in, wir sollen in gnedig vinden.

[2] Sodanne von des übertrages wegen also wir mit dem bischofe und cappittel übertragen sint, darüber kûnne er uns keinen brief geben[b], der bischof und daz cappittel

---

a) S aber mit eingestrichenem s, wir können von unserer sache nicht lesen, brauchten sie nicht zu Ende. b) S gegeben.

[1] öbene s. v. a. öben, adv., genau, Lexer mhd. WB.

botent in danne ouch darumbe; wanne in die darumbe bittent, es sie müntlich oder mit briefen, so welle er uns gerne ein brief darüber geben. daz ist uns versprochen ze dünde.

[3] Wissent ouch, do wir uff disen vergangenen zinstag gen Franckfurt koment, daz do desselben moles her Heinrich von Wachenheim und Heinrich von Fleckenstein ouch koment ingeritten. und wissent wir nit anders wanne daz sie von des bischofes wegen by dem künige werent. was sie aber by ime dotent oder was sie wurbent, wissent wir nit. sie seitent uns ouch nit, wiewol sie by uns woren. und do wir also hüte zu den Bredigern mit des küniges reten in gesprecho werent, do seitent sie hern Heinriche zům Jungen und uns, das der bischof dem künige gehuldet hette und ime geton was er solte daz den künig wol mitte begnüget. wir verstont aber nit anders, danne^a daz sin heimlich hulden uns gespan und hinderunge gebroht hat gröslicho, und das unser sache gar rihtekliche were dargangen wer' sin heimlich hulden nit^b gewesen, das uns bies hüte verswigen ist, das uns allen an ime vaste missevellet^c.

[4] Wir redent ouch morne früge mit dem hertzogen von Lutringen von Erhart Hansee und sins süncs wegen¹.

170. *Anweisung für die bei K. Ruprecht befindlichen Straßburger Gesandten.* [1400 zwischen Okt. 31 und Nov. 8 Straßburg².]

S aus Straßb. St.A. an der Saul I partie lad. C fasc. XIV nr. 12 A, jetzt AA art. 114, not. chart., auf demselben Blatte mit dem vorigen Stück vom [30 Okt. 1400], art. 1 wol noch von derselben Hand, mit art. 2 beginnt eine andere Hand, jedenfalls aber beginnt schon mit art. 1 die Anweisung und hat die ihr vorhergehende briefartige Aufzeichnung aufgehört. Die Worte des art. 4 stehen verkehrt unten am Rande. Im Abdruck nicht als Original behandelt.

[1] Item gedenkent an die botschaft, die die von Nürenberg den von Mentze geton hant.

[2] Gedenkent ouch, daz ir mit den botten redent, was sü gerihten künnent oder mügent durch zweier oder drier tage, die sie dann dort^d deste lenger sient, daz sü daz tůnt. wer' es aber daz daz nit gesin möhte, daz sü denne einen under üch oder zwene do loßent die die sache vollendent, durch daz daz wir nit anderwerbe hinabe bedürfen senden, und nit ensehent an 100 gulden.

[3] Gedenkent an ein steinböckin vingerlin.

[4] Gedenkent an die külhůte. item an den kleinen rot.

_{a) om. S. b) om. S. c) das — missevellet eingeschoben in S. d) die — dort om. S.}

¹ *Vgl. nr. 172 nt. 2.*
² *Für die Zeitdatierung lassen sich nur die beiden Grenzen angeben: 1) nach Okt. 30, von welchem Tag die vorhergehende briefartige Aufzeichnung ist, welche wol Ulrich Bock bei seinem Zwischenbesuch nach Straßburg mitbrachte, und 2) vor Nov. 8, von welchem Tag der Brief ist, welchen Ulrich Bock, der jetzt wieder zu den drei übrigen Gesandten nach seinem Straßburger Zwischenbesuch zurückgekehrt war, nunmehr wieder mitunterzeichnet. Er hat ohne Zweifel die obige Anweisung, die man vorläufig auf das von ihm mitgebrachte Blatt jener briefartigen Aufzeichnung anschrieb, wol noch auf besondrem Zettel mitbekommen, als er wieder zu seinen drei Mitgesandten zurückreiste.*

171. *Drei gen. Straßburger Gesandte an Straßburg: Einritt K. Ruprechts in Worms, Verhältnis K. Sigmunds zu K. Wenzel, verschiedener Reichsstände und K. Sigmunds zu K. Ruprecht.* 1400 Nov. 3 [Worms[1]].

1400 Nov. 3

S aus Straßb. St.A. an der Saul I partie ind. C fasc. XIV liasse II nr. 12 C or. ch. lit. d. c. sig. in verso impr.

Gedruckt bei Wencker collecta arch. et cancell. jura 405 ein Bruchstück do schikte der alte künig — und reit hinweg etc.

Lieben herren. wir embieten üch unsern gewilligen dienst. und lont üch wissen, das unser herre der künig hüte zü Wormesse ingeritten und do empfangen ist, und das ime der rot zü Wormesse in gegenwurtikeit der gantzen gemeinde zü Wormesse öffenliche vor dem münster geworn het noch irer gewonheit[a]. und also wir ouch ietze zü Wormesse sint und vor dem münster stunden, do seiten uns der von Spire erbern botten, die ouch aldo worent, das in ein ir wissender knecht von Prage kommen were indewendig ahte tagen, der seite in mere von dem alten künige, wie daz der künig von Ungern by dem alten künige nuwelingen were gewesen, und were mit unliebe von dem alten künige geritten unde gescheiden. do schikte der alte künig wider noch dem künige von Ungern erbern herren sine rete, und bat in widerzekommende. daz wolte der künig von Ungern nit dün. do schikte er anderwerbe zü dem künige von Ungern den patriarchen sin cantzeler und noch grosser herren. und die botent den künig von Ungern so vaste, daz er wider zü dem alten künige kam. und do sie bi enander koment, do bat der alte künig von Behem den von Ungern daz er ime helffen solte. da antwurtete ime der von Ungern, daz wolte er gerne dün, also: wolte er ime darumbe dün und wolte ime geben das lant von Bollanden Lusitzer lant und andere lande an den künig von Ungern stossende und wolte ime das lant zü Behem machen daz ime daz noch künig Wentzelaus tode wurde, wolte er daz dün, so wolte er ime helffen. do kerte sich künig Wentzelaus umbe und hieß ime ein pfert bringen und saß zü stunt darauff one alle antwurte und reit in die badestube. der künig von Ungern wuste nit wor sin brüder künig Wentzelau geritten was, und stunt und wartete eiune antwurte. und do er lange gebeitete, do frogete er war sin brüder geritten were und wo er were. do seite man ime, der künig wer' in daz bat geritten. do wart der künig von Ungern zornig und saß zü stunt mit den sinen uff und reit hinweg. noch demme daz uns daz gescit wart, do stundent her Thoman von Endingen und Wernher Spatzinger[a] by hern Mathise[2] des nuwen küniges oberster[b] schriber und hofemaister[c], sprochetent mit demme und frogetent in wo unser herre der künig noch hinnaht ligen wolte. do seite in her Mathis, sin herre wolte noch hinnaht ligen zü Heidelberg. und zögte den ein brief und[d] die undergeschrift daran; do stunt an dem briefe, daz marggrofe Wilhelm von Missen und burggrofe Johan von Nürenberg dem künige verschriben bettent, und die woltent noch hinnaht zü Heidelberg ligen, zü den wolte der künig. und zögte in ein brief, den ließ her Mathis Wernher Spatzinger lesen. und der laß den brief daz in her Thoman ouch horte. der brief stunt, das herre Friderich der burggrofe von Nürenberg dem nuwen künige verschreip, daz der bischof von Bobemberg dem alten künig widersin hette und mit eim großen gezoge zü ime züge, und herzoge Ludewig von Peyern ouch mit eim grossen gezoge zü ime züge, und er selber mit eim grossen gezoge

a) stoht der Namen stand zuvor das ausgestrichene unser ein teil. b) S obrosten. c) S liest hofe. d) om. S.

[1] Der Ort ergibt sich aus den ersten Zeilen.
[2] Empfang Geschenke und Huldigung zu Worms 4 Nov. s. Wormser Chr. v. Fr. Zorn ed. Arnold in der Bibliothek des lit. Vereins zu Stuttgart 43, 151.
[3] Matthias von Sobernheim.

vúr Tumbach gezogen were, und das er nit anders wuste danne daz die von Eger dem 1400
nuwen künige hulden woltent, und daz er kein widersatz me hette vor dem Behemischen Nov. 8
walde, und das die von Nürenberg dem nuwen künige groß nutz und fürderunge detent
gegen allen stetten, item das der künig von Ungern ein botschaft ußgefertiget hette zü
dem nuwen künige zü beschende obe der nuwe künig sich zü ime vereinigen wolte;
wolte der nuwe künig daz dún und wolte ime helffen des besten zü dem lande von Be-
hem so wolte er ime ouch hinwider helffen und wolte ime besunder helffen wider den
herren von Meyelan etc.　　dis verschriben wir úch darumbe daz ir wissen was wir 1400
gehort und vernommen hant.　　besigelt mit hern Thomans von Endingen ingesigel feria Nov. 8
quarta post diem festi omnium sanctorum anno 1400.

　　[in verso] Den fürsihtigen　　Heinrich von Múlnheim Thoman von Endingen rittere
wisen dem meister unde dem　　und Rúlin Barpfenning etc. uwere botten.
rete ze Stroßburg unsern
lieben herren.

172. *Vier gen. Straßburger Gesandte an Straßburg: Beendigung der Verhandlung we-* 1400
gen Bestätigung der Privilegien und Audienz bei K. Ruprecht, dessen Bitte an Nov. 8
Straßburg sich auf einem daselbst am 11 Nov. abzuhaltenden Tage der Elsäßischen
Reichsstädte für ihn zu verwenden. 1400 Nov. 8 [Heidelberg¹].

　　S aus Straßb. St.A. an der Saul 1 partie ladula C fasc. XIV llasse II nr. 12 D or. ch.
　　lit. cl. c. sig. in verso impr.

　　Lieben herren. wir embieten úch unsern gewilligen dienst.　　also ir hern Uolrich
Bock widder zú uns gevertiget hant, der het uns wol gesait wie er von úch gescheiden
ist. und hant devon also gestern unde húte mit unsers herren des küniges reten geretd
und getedinget so vil, daz es blibet noch uwer und unserme willen und daz uns das
besigelt und bestetiget wurt. und geschach die rede und tedinge in gegenwertikeit des
burggrefen von Nürenberg burggrefe Friderichos, hern Rafen des bischofes von Spire, grefe
Emiches von Liningen, des grefen von Veldentze, des von Talberg, und ander. und do unsere
sachen sleht wurdent, do fürtent uns dieselben rete vúr unsern herren den Römschen künig,
und wart vor demme erzalt alle dinge glich also es ußgetragen ist. do hieß es uns un-
ser herre der künig verbriefen und besigeln, also wir úch das und anders wol vollek-
liche sagen unde erzaln sollent und wollent, so wir by úch kommen. do das erging,
do wünscheten wir erste dem künige glückes. und húb do der künig uff und rette mit
uns: er were geneyget zú friden und bitt uns wir soltent ime darzú helffen friden ma-
chen, so wolte er uns ouch helffen daz kein unfride² in dem lande were; und andere
vil gnediger wort. und under andern worten do seite er uns, daz er den richesstetten 1400
in Eylsaß ein tag in uwer stat bescheiden hette uff disen nehesten dunrestag, dar wolte Nov. 11
er zú in sine fründe und rete schicken und mit nammen sin vitztúm Hanneman Jöler.
und bat uns úch ze bittende, uwere erbern botten mit sinen reten zú der richesstette
botten ze schickende und uwere fürderunge und ernest darzú ze kerende.　　und meinde

---

¹ *Siehe den Schluß des Briefes und Chmel reg.* *getreue, do ihm die Straßburger auch zugesagt*
Rup. 20-22. *haben daß sie ihm Gehorsam thun und gewarten*
² *Gleich am 8 Nov. 1400 schrieb K. Ruprecht* *wollen als sie einem Röm. König schuldig sind zu*
an Hzg. Karl von Lothringen, er solle seinen *thun; dat. Heydelberg Mo. v. Martini 1400 r. 1.*
Mann und Diener Arnold von Sirck, der 2 Straß- *Ad mandatum domni regis Johannes Wynheim.*
burger gefangen genommen hat, zur Restitution *Im Straßb. St.A. an der Saul 1 partie lad. B*
anhalten, und sich darin beweisen als er ihm wol *fasc. XIa nr. 1 cop. chart. Vgl. nr. 169 art. 4.*

úch darumbo zo schribende¹, und bat uns úch ouch von uns daz zo schribende. des
antwurtetent wir, daz wir das gerno dün woltent. und also so duncket uns güt und
nütze sin, daz ir daz tügent und danckent dem vicztüm Göler, wenne er sich fründtliche
in uwer sachen bewiset het. und dise sache ist uff disen sunnentag zü naht zü Heidel-
berg geendiget. und hoffent wir, daz uff mentag² uns unser briefe gevertiget werdent.
goben an dem mentage frügo vor Martini anno 1400.

[in verso] Den fürsihtigen   Heinrich von Mülnheim Thoman von Endingen rittere
wisen dem meister unde dem   Uolrich Bock und Rülin Barpfenning altammanmeister ᵇ
rote der stette zo Stroßburg   uwere botten etc.
unsern lieben herren.

173. *Zwei gen. Straßburger Gesandte an Straßburg: vom Einzug K. Ruprechts in Speier und Unterhandlung wegen Nichtmiteinführung der Ächter in Straßburg beim bevorstehenden Einzug in Straßburg.* [1400³] *Nov. 19 Speier.*

W *aus Straßb. Stadtbiblioth.* Excerpta Wenckeri 2, 376ᵃ.

Ulrich Bock der junge und Rulin Barpfenning altammanmeister an ire obern, be-
richten auß Speir, wie der kunig daselbst eingeritten und geschencket wart, datum feria

a) § 4s. b) § altammanmeister.

---

¹ 1400 Nov. 7 K. Ruprecht an Straßburg: hat auf Mittwoch zu Abend [Nov. 10; Abend hier nicht Vigil] die Elsäßischen Städte nach Straßburg berufen um am Donnerstag Martini [Nov. 11] mit seinen Räthen daselbst zusammenzukommen, von denselben seine Meinung in seinen und des Reichs Sachen zu vernehmen; diese Versammlung soll auch Straßburg beschicken und der vorgen. Städte Freunde daran weisen, daß sie in den Sachen ihm willig sind und ohne Furezug und Indrag thun als sie ihm als einem Röm. Könige billig thun sollen. Ad mandatum domini regis Mathias Sobernheim. Im Straßb. St.A. an der Saul I partie ladula B fasc. XI ᵇ nr. 1ᵇ or. chart. lit. cl. c. sig. in verso impr. Benützt von Strobel vaterl. Gesch. des Elsaßes 3, 61.

² Damit kann doch nicht der Montag Nov. 8 gemeint sein, an dem obiger Brief selbst geschrieben ist. Also der folgende Montag Nov. 15. Würden ihnen die Privilegien an Nov. 15 zugestellt (v. vertigen whd. HWB. 3, 259ᵃ), so konnten sie ja doch ein früheres Datum tragen, wie Chmel reg. Rup. 20 und 21 von Nov. 7 und 8.

³ Wencker hat das Schreiben noch ins 14 Jahrh. versetzt. Briefschreiber und Umstände weisen in unsere Zeit. Der Auszug ist übrigens nicht ganz klar. Das Datum feria 6 p. Martini würde nun freilich den 12 Nov. ergeben, aber es ist doch nur von Wencker überliefert und ein Irrthum leicht möglich. Die feria 6 um acht Tage später eignet sich ganz gut, da an diesem, dem 19 Nov., Ruprecht in Speier einzureiten gedachte und an diesem Tag auch wirklich dort urkundet (Chmel 23).

Vgl. bes. das Schreiben K. Ruprechts an Straßburg aus Heidelberg So. n. Martini [Nov. 14] 1400 r. 1 im Straßb. St.A. an der Saul I partie lad. C fasc. XIV liasse II nr. 11 C or. ch. lit. cl. c. sig. in verso impr. Da schreibt er, daß er meine auf Freitag [Nov. 19] zu Speier einzureiten und der Spirer Gehorsamkeit ein zunehmen also soll Stadt Straßburg ihre Freunde bis Freitag zu Morgen zu Speier oder bis Freitag zu Nacht bei ihm zu Germersheim haben mit den Straßburger Bestätigungsbriefen (die er ihnen schon mit seinem kleinen kön. Ingesigel für versigelt gegeben hat) um sein Majestätsigel daran hingen zu lassen das nun bereit ist, ihre Freunde sollen dieselben am gen. Tag zu Speier oder Germersheim erhalten, und auch seinen und der Kurfürsten versigelten Beistandsbrief [nr. 158], jetzt wol auch mit dem Majestäts-Sigel], darum ihre Freunde für mit ihm geredt haben und von ihm geschieden sind. Und meint also von Germersheim fürte uff hin zu reiten und uf Mo. von morgen Mo. über 8 Tage [Nov. 22] bei ihnen zu Straßburg einzureiten und ihre Gehorsamkeit zu empfahen. Die Stadt soll ihm mit diesem Boten mittheilen, ob sie ihre Freunde in solcher Maßen bei ihm zu Speier oder zu Germersheim haben wolle. — Was man ihm in Straßburg geschenkt, s. S. 149 Zle. 32ff. — Am [24 Nov.] 1400 fer. 4 a. Katherine schreibt Rotweil an Straßburg: sie hätten erfahren, daß der neue König jetzt auf diese Zeit zu ihnen in ihre Stadt Straßburg geritten sei, und daß sie ihn auch empfangen haben und ihm meinen zu hulden und für einen Römi-

sexta post Martini. und von der acht wegen, wann der künig auch alhier einreiten will, begern sie befelh in zu bittende daß er uns der keinen bi uns infürte, wenne es in gewonheiten bi uns herkommen were daß das nit sin solte. darzu sich aber die küniglichen räte nit verstehen wolten. und baten uns vaste, daß wir unserm* herren dem künige gunden die echter inzufürende, als das sin gnaden zugehörte; dann alle stette, do er empfangen were, es ime gegünnet hettent. das wart endlich bracht vur unsern herren den künig, do wir gegenwertig worent. und do unser herre der künig uwern und unsern ernest ersach, do antwurtete er uns: sit es nit unser gewonheit were, so wolte er es uns erlossen. darul dunket uns gut, daß ir nit enlossent ir dugent an sunnentage fruge ein gebot, daß kein echter in uwer stat kome noch sie nieman halte huse noch hofe, nochdemme uch das allerbest dunket. danne er meinde, keine dehein echter ungeverliche mit ime hinin, den solte man zu stunt heissen wider hinweggon etc.[b].

G. Städtische Kosten nr. 174-175.

174. *Kosten Frankfurts bei den Feierlichkeiten daselbst vom Oktober 1400. August 21 bis 1402 Febr. 11.*   1400 Aug. 21 bis 1402

Aus Frankf. St.A. Rechnungsbücher, nr. 1. 2. 3. 4. 5. 6. 7. 8. 9. 10ᵇ. 11. 12. 13. 14. 15 unter der Rubrik besondern einslingen uzgebin, nr. 10ᵈ unter uzgebin zeruuge. Auszug aus art. 10ᵇ bei Lermer 2, 1, 37ᵇ etwas modernisiert; seine beiden letzten Posten s. bei uns nr. 201 Anm., wo es unsere beiden ersten Posten sind. In art. 2 3 lb. dem zuchtiger — legen wolden bei Kriegk Frankf. Bürgerzwiste 243 nt. 4.

[1] Sabb. ante Bartholomei: 2 lb. minus 6 hl. virzerten burgermeister reidemeister und ander des rads fründe, als sie von des rads befelhniße wegin bi ein waren. — item 4 lb. minus 3 hl. virzerten bürgermeister reidemeister und ander des rads fründe und mit namen die die den harnesch besahin, als sie bi ein waren von der bestellunge wegin der stad, als sich die fursten darvür legen woldin.

a) W unserre.   b) das Zeichen am Schluß hat wol diesen Sinn.

zchen König zu halten; es wird um umgehenden Brief gebeten, ob dem also sei oder nicht, und, ob das also sei, wie oder in welchem Weg sie das gethan haben, und dazu alle Läufe und Möhre die uns denne zu verschriben nient. Straßb. St.A. An der Saul I partie lad. B fasc. X nr. 27 or. ch. lit. cl. c. sig. in verso impr. — Vom [27 Nov.] 1400 Samstag proximo post diem S. Catharinae virginis theilt aus einer Antwort an Rotweil Wencker appar. 272* die Stelle mit: da sahen wir an die biderbekeit fridelicheit und gerechtikeit, die unser herre der neuwe könig an ime het, von der wir vil und lange gehört haben. Es wird aus dem Straßb. St.A. sein, und nicht, wie man vermuthen könnte, aus den pag. 267 angekündigten schedis Wernheri Spatzingeri prothonotarii Argent. — Vom gleichen Tag wie der oben abgedruckte Brief ist ein Schreiben des Dietrich von der Witenmülen Landvogt in Elsaß an Straßburg: sendet der Stadt den an sie gerichteten Brief K. Ruprechts [scheint nicht erhalten], bittet darzu zu thun nach Brief und Begehr des Königs, und daß ich ihm das von euch zu rühmen habe und ich besunder um euch verdienen will; sie soll ihre Meinung schriftlich wider wissen lassen; dat. Fr. vor Cecilien 1400 s. l.; aus Str. St.A. an der Saul 1 partie lad. B fasc. VIII nr. 78 or. ch. lit. clausa c. sig. in verso impr. — Ohne Datum ist der Brief, von dem Hecht de obsidione 15 erzählt, Ruprecht habe an Straßburg geschrieben: dilectionem vestram cupientes non latere, quod inclitorum praedecessorum nostrorum divorum Romanorum regum solito more insigne oppidum Frankefort prope Mogenam diocesis Mogunt. sex septimanis et tribus diebus numerosa principum magnatum et procerum sacri imperii nobis assistente militia firma obsidione vallavimus; qua feliciter peracta in praefato oppido et in aliis adjacentibus fortalitiis glorioso suscepti sumus.

[2] Sabb. post Egidii: 3 lb. dem zuchtiger mit knechten und umb gezug den galgen zu fogen und die doden zu begraben, als die fursten sich vur die stat lagen wolden¹. — item 4 gulden eim heimlichen des rads frunde geschenkt.

[3] Sabb. post Lamperti²: 37 sh. 3 hl. vier knechten, diser wochen nachtes am Main zu huden. — item 2 lb. 16 sh. vier tagewechtern, uf den vier warten diser wochin zu huden. — item 3 lb. 15 sh. 3 hl. 6 tagewechtern, uf tornen und porten diser wochin zu huden. — item 14 lb. 1 sh. knechten diser wochin zu lon, gewapent an den porten zu sitzen, als die fursten vor der stad lagin. — item 9 lb. 15 sh. 5 hl. um hundertundzehen buden kolen uf die wachte.

[4] Sabb. ante Michahelis: 37 sh. 3 hl. vier knechten, diser wochen nachtes am Mein zu huden. — item 2 lb. 5 sh. 3 hl. von hundert und 36 buden kolen uf turne und porten zu tragin. — item 2 lb. 16 sh. vier tagewechtern uf den vier warten diser wochin. — item 3 lb. 15 sh. 3 hl. seß tagewechtern uf tornen und porten diser wochin. — item 11 lb. 11 sh. knechten, diser wochen der slege und porten an Redelnheimer³ porten Riederporten⁴ und Affinporten gewapent zu huden. — item 14 lb. umb dusent minner 29 swebelringe zu fackiln. — item 9 lb. minner 20 hl. umb hundert buden kolen. — item 3 gulden eim des rads besundern frunde in heimlichkeid geschenkt.

[5] Sabb. ante Francisci: 37 sh. 3 hl. vier knechten, diser wochin nachtes am Mein zu huden. — item 3 lb. 15 sh. 3 hl. 6 tagewechtern, uf tornen und porten diser wochen zu huden. — item 2 lb. 16 sh. vier knechten, uf den vier warten diser wochin zu huden. — item 9 lb. 9 sh. 14 knechten, diser wochin an den porten gewapent zu huden. — item 3 lb. 14 sh. 6 hl. zwein knechten, vier und zwenzig tage under der storm zu huden.

[6] Sabb. ante Galli: 2 lb. 16 sh. 6 tagewechtern uf tornen und porten diser wochen. — item 2 lb. 16 sh. vier knechten uf den vier warten diser wochen. — item 37 sh. 3 hl. 4 knechten, nachtes an dem Mein zu wachen diser wochen. — item 9 lb. 9 sh. 14 knechten, disser wochen an den porten gewapent zu huden. — item 16 sh. umb 6 gleven uf den Goltstein⁵. — item 1 lb. 2 hl. 2 knechten, under der storm disse wochen zu huden.

[7] Ipsa die Galli: 37 sh. 3 hl. 4 knechten, diser wochin nachtes am Mein zu huden. — item 9 lb. 9 sh. 14 knechten, disser wochin an den porten gewapent zu huden. — item 2 lb. 16 sh. vier knechten, an den warten diser wochin zu huden. — item 1 lb. 2 hl. zwein knechten, diser wochin under der storm zu huden. — item 7 lb. 10 sh. 6 hl. den andern tagewechtern, uf den tornen diser wochin und auch die andern vorvirgangen wochin zu huden. — item 1 gulden den dodengrebern von des bischofes von Coln kochmeister zu begraben.

[8] Sabb. post Luce: 15 grosse den knechten, die kerzen zu tragen uf fritag nach undecim milium virginum, da man unsers herren lichnam in der stat umbdrug. — item 37 sh. 3 hl. 4 knechten, disser wochen nachtes am Mein zu wachen. — item 2 lb. 16 sh. 6 tagewechtern uf tornen und porten disser wochen. — item 2 lb. 16 sh. 4 knechten, disser wochen uf den warten zu huden. — item 4 sh. von der stormglocken zu luden, als man unsers herren lichnam in der stat umbdrug uf fritag nach undecim mi-

---

¹ *Das Galgenfeld bei Frankfurt war das Wohlfeld (Kriegk).*
² *Hier beginnen die Vertheidigungsmaßregeln der Stadt. Nach Ausweis der Rechenbücher wurde Frankfurt in gewöhnlichen Zeiten nur durch 6 Tagewächter auf Pforten und Thürmen und 4 Knechte auf den vier Warten bewacht.*
³ *Wahrscheinlich identisch mit der alten Bockenheimerpforte, jetzigem Mainzerthor, vgl. Battonn Beschr. der Stadt Frankfurt a. M. 1, 114 f.*
⁴ *Auch Allerheiligenthor genannt, jetzt Hanauerthor, vgl. Battonn a. a. O. 1, 106-108.*
⁵ *Goltstein, ein ehemals starkbefestigtes Schloß zwischen Niederrad und Schwanheim, Stammhaus eines adligen Geschlechtes, von diesem 1400 an die Stadt verkauft, vgl. Battonn a. a. O. 1, 253 f. — Auf fol. 36ᵃ heißt es* Item primo sabbato post Egidii 24 gulden umb 7 panzer und zum Goltstein qwamen [sic].

lium virginum. — item 9 lb. 2 sh. 13 knechten, disser wochen an den porten gewapent zu huden. — item 18 sh. 6 hl. 2 knechten, disser wochen under der storm zu huden. — item 10 hl. um schafibe¹ uf daz rathûs.

[9] In vigil. omn. sanct.: 2½ lb. 4 sh. 5 hl. von 100 und 47 budden kolen uf die torn und porten zu tragen und zu schieken, als der kunig und fursten vor der stat lagen. — item 26 sh. 6 hl. von 15 nachten an dem Mein zu wachen, als die fursten da lagen. — item 2 lb. 16 sh. 6 tagewechtern disser wochen uf torn und porten. — item 2 lb. 16 sh. vier knechten disser wochen uf den warten. — item 2 grosse von der stormglocken zu luden, als unser herre der kunig hie inreret". — item 8 gulden, als man hern Johan Heilgenstein schenkte zu der zit da der kunig und fursten vor der stat lagen. — item 10 sh. 6 hl. von 8 tagen zwein knechten, under der storm, zu huden. — item 5½ lb. 14 knechten von 4 tagen, an den porten gewapent zu huden".

[10ᵃ] Sabb. ante Martini: 16 lb. 12 sh. virzereten Jacob Weybe und Erwin Hart- rad gein Menczo zû unserm herren dem kunige vier dage selbsiebinde und einen dag selbfûnfte, und ein maß als ein bode mit in aß. — [10ᵇ] item 15 sh. virzertin des rads frunde und dienere, als sie daz geschútze uf allin tornen unde leezen³ besahin. — item 2 lb. 7 sh. 4 hl. den knechten zû lone, der stede fleschen zû dragen, den wir zû schenken. — item⁴ unserm herren kunige Ruprecht han wir geschenkt, als er des ersten nach den drin dagin und sess wochin sins legers vor Franckefurd zû Franckefurd inreit, ein virgulto fleschen von 10 markon und 6 loiden, die koste hûndert gúlden 7 gulden, und einen zwifeldigen virgulten koph, der weig⁶ 8 marg 3 loit und koste 83 gulden 6 hl., und ein fuder nuwes Rinschen wins, koste 22 gulden, und ein fuder virns Elsessers, koste 30 gulden, und hundert achteil habern, kosten 40 lb. hl., geschenkt. — item so han wir unser frauwen der kuniginne geschenkt ein virgulto kannen, die koste 78 gulden und weig⁶ uf 8 marg, und ein virgulten zwifeldigen koph, der weig⁶ 6½ marg 5 quentin und koste 75 gulden 10 sh., nod ein fuder nûwes Rinschen wins, koste 22 gulden, und ein fuder firns Elsessers, koste 30 gulden, und hundert achteil habern, kosten 40 lb. hl. — item 33 sh. 3 hl. von dem vorgenanten habern zû messen und zû dragin. — item 80 gulden herzog Ludewig herzog Johan herzoge Stephan und herzog Otten iren sonen, die die auch geinwortlich mit in inriden, umb vier silbern dûche, die man in schenkte. — item 78 gulden umb drû gulden dûche der grafinne von Cleve und noch einer irer swester iren kinden und irer snorchen von Spanheim geschenkt. — item 66 gulden umb drû nûwe Rinsche fuder wins den erzbischofen von Menczo von Triere und von Colne geschenkt, wand man in vor uzgange des legers nie geschenkt hatte. — item 100 gulden 20 gulden umb ander win den herren und steden etc. zû verschenken, der noch auch vil da ligen uuverschenkt. — item 8 gulden den 8 pifforn und besummern⁵, item 4 gulden den vier innersten dorhutern, item 1 gulden den zwein uttersten dorhutern, item 3 gulden den sess leufern unsers herren des kuniges geschenkt. — summa diser vorgeschriben schenke 800 gulden

a) am Raude gleichzeitig der kunig ist ingeritten. b) am Rande gleichzeitig geschoucht (mit verschlimmerten k). c) Lersner aug. d) Lersner aug. e) Lersner aug. f) sic.

¹ Schûbe, langes und weites Oberkleid, Tukor, Lexer mhd. HWB. 2, 807 f.
² Mit dieser Woche endigen die Vertheidigungsmaßregeln; in der nächsten Wochenrechnung erscheinen nur die üblichen 4 Knechte an den 4 Warten und die 6 Tagewächter auf Thûrmen und Pforten.
³ D. h. Schutzwehr s. Lexer mhd. HWB. 1, 1891.
⁴ Eine Notiz im Frankf. St.A. Wahltagsacta 1

fol. 129ᵇ nr. 266 giebt die Überschrift zu den Schenkungen im Rechenbuche: In dem 1400 buche kunig Ruprecht etc. schenke zu sime inriden. — Ebendaselbst Lade Reichskriegs überhaupt nr. 2 ein Notizstreifen von Papier, enthaltend eine Zusammenstellung der Geschenke und Steuern Frankfurts an K. Ruprecht von 1400 bis 1405, wohl in letzterm Jahre entstanden; hier findet sich als erster Posten Notandum die schenke zum inriden 800 gulden minus 10 gulden.

1400
Nov. 6
75 gulden 18 sh.ᵃ — item 44 lb. 16 sh. 8 hl. han in der zid des egenanten legers burgermeister reidemeister und ander des rads frunde virzert zû der stede noiden, als sie auch etzliche der fursten rede und erber lude b, der sie bedorften, bi in hattin. — item 26 lb. 3 sh. 3 hl. han dri knechte virzert zû Rodelnheim in der zid des legers; und hat der rad die bestellunge als gar folleclich darumb getan, daz der rad und stad widder zû irm deil und inthaldunge und offenunge komen mogen.

Nov. 20
[11] Sabb. post Elizabeth: 5 sh. 3 hl. umb 4 schefte zû eim dûch uber unsern herren den kunig zû haben, als man ime uf dem Berge¹ hûlte. — item 8 sh. virzerte Gipeln von Ovenbach pherd, als er daz hern Hanman von Bitsch in des richs leger vor Franckefurd gnommen hatte.

Dec. 18
[12] Sabb. ante Thome: 120 gulden hern Fridrich von Sassinhusen geschenkt zû solichen 25 gulden geldes, als ime der rad auch schenkte zû der zid als er teilungete zuschen unserm herren kunige Ruprecht und dem rade, als er mit den kurfursten vor der stad lag.

1401
Oct. 29
[13] Sabb ante omn. sanct.: 30 sh. Jekil Nuhusen husfrauwen, als Jekil selger uzgegebin hat knechten, die fleschin zû tragen, fursten und herren den win von der stede wegin zû schenken.

1401
Nov. 19
[14] Ipsa die Elizabeth: 50 gulden Hennen Schûb von unsers herren von Colne wegin, und 28 gulden Hennen Falken von unsers herren von Triere wegin, vûr solich ungelt, als sie an brode gessen hatten, als sie mit unserm herren dem kunige vor der stad lagin.

1402
Feb. 11
[15] Sabb. ante Valentini: item 4½ lb. 2 sh. Hennen Salezbecher, als man im als zum halben teil von den finstern in der pharre unden ufzubrechen gab, als unser herre der kunig ingefurt wart, und daz begerte, und der buwe daz ander halbteil sal geben.

1400
Aug. 15
bis
[1401]
Feb. 2
175. *Kosten Augsburgs beim Tag zu Frankfurt im Oktober 1400.*   *1400 Aug. 15 bis [1401] Febr. 2.*

Aus Augsb. St.A. Baurechnung von 1400, nemlich art. 1 und 3 unter der Rubrik legaciones nostre, art. 2 und 4 unter generalia.

1400
Aug. 15
22. 24
Nov. 7
Nov. 14
[1] Dum clamarem, deus in loco ante Partholomei bis si iniquitates, dicit dominus: item 2½ guldin dem Späten gen Franckenfurt, do der kûng davor lag, zû unsern kauflûten. — item 1 guklin dez Jäcklins maiden zû Nördlingen, die er verzart do der Jäcklin von Franckenfurt mit von den fûrsten. — item 10 lb. dn. 2 sh. dn. dem Späten für den Behaimer walde und gen Nûrnberg in kuntschaftwise, und lag zû Nûrnberg 12 tag still. — item 2 guldin dem Späten c gen Franckenfurt. — item 1 guldin 1 lb. dn. Henslin dem Tot gen Nûrnberg, do der kûng dez von Oesterrich râten dahin getagt hett. — item 6 guldin und 1 lb. dem langen Kûrsener gen Franckenfurt, und lag still do der kûng davor lag.

Nov. 7
Nov. 14
Dec. 19
Nov. 30
[2] Si iniquitates, dicit dominus bis memento: item 22 sh. dn. dem marschalck Hopten, dez mauls do er warbe von dez newen kûngs wegen post Andree. — item 22 sh. dn. schenkwein Wilhalm von Halle und dem Albeck, do si hie warend von der stett wegen daz wir zû in chômen.

---

a) *Diese letzte Nahr steht hier am Rande; es ist die Summe der sämmtlichen Posten gemeint von item unserm herren kunige Ruprecht han wir geschrahd, als er des ersten an, wo am Rande geschnaokt steht um ausudeuten daß hier die Anforderung der Geschenke beginnt; diese haben wir vollständig aufgenommen.* b) *Lesung erkar leuth.* c) *cod. über u ein Punkt.*

¹ Auf dem Römerberg.

[3] Si iniquitates, dicit dominus [1]: item 9 lb. 8 sh. dn. dem Späten gen Rotenburg und *Nov. 7* von Rotenburg gen Nürnberg und gen Kamm [b] und zů den Widen in kuntschaftwise. — item *Nov. 14* 18½ guldin dem purgermaister dem Radawer und dem Hörnlin pumaister gen Nördlingen von fünf tagen mit 8 pfäritten zů den stetten memento. — item 1 guldin herzog Stephans *Dec. 19* potten, der uns ainen brief praht von Haidelberg. — item 2 lb. dn. ainem potten von Rotenburg mit priefen circumdederunt. — item 6 guldin haben wir geben dem Späten *[1401]* gen Nürnberg und für den walde von 19 tagen in kuntschaftwise primo. — item 6 guldin aber dem Späten gen Kamme, und lag stille uf den newen küng. — item 3 guldin dem Aelblin gen Nürnberg auch in kuntschaftwise. — item 6 guldin aber dem Späten gen Nürnberg und für den walde, aber in kuntschaftwise von dez newen küngs wegen, *[1401]* purificacio Marie. *Febr. 2*

[4] Memento [a]: item 3 guldin dez herzogen pfiffern, do er kam von Franckenrich. — item 2 lb. und 14 sh. dn. umb weingeschenk dem tegan, do er von Franckenreich chome. — item 24 sh. dn. umb wein geschenkt Wilhahn von Halle und dem Proczzer, do si von gemainer stett wegen hie wauren, circumcisio [c]. *[1401] Jan. 1*

<small>a) om. cod.   b) cod. Kann, Chem ist gemeint.   c) cod. circmsi mit am Schlusse auf der obern Billdparallele aufgeschriebenem o.</small>

<small>[1] Die unter obigem Datum stehende Ausgaben-Gruppe ist durch kein als Überschrift stehendes Datum mehr unterbrochen, reicht also bis zum Schluß des Rechnungsjahrs, die neue Jahresrechnung beginnt mit esto michi d. h. 1401 Febr. 13.

[2] Als Endziel ist zu denken der Schluß des Rechnungsjahrs, welches in der Regel (Febr. -) Merz abläuft. Es ist der letzte Titel der Rubrik Generalia 1400.</small>

Reichstag zu Mainz
im December 1400.

Die Frage, ob hier wirklich ein Reichstag anzunehmen sei, könnte man versucht sein aus Chmel reg. Rup. nr. 31 zu entscheiden. Diese Urkunde der Bestätigung der Privilegien von Schlettstadt ist ausgestellt mit gutem rate unserer und des richs kurfürsten und vil anderer unserer und des richs fürsten edeln und getruwen. Allein das kann formelhafte Redensart sein, und in der That kommt es auch bei der Konfirmation von Kolmar vor, Karlsr. G.L.A. Pfälz. Kop.B. 4 fol. 40ᵃ (aus Chmels kurzem Regest 359 sieht man hier nichts), wo doch das Datum, Sulzbach 21 April 1401, keinen Reichstag zuläßt. Ebenso ist es mit Chmel 25. 27. 28 (Karlsr. l. c. fol. 6ᵃᵃ). Aber wir haben noch andre Auskunft. Die Frankfurter Stadtrechnung nr. 201 art. 1 berichtet nemlich unter 1400 Dec. 11 von einer Gesandtschaft dieser Gemeinde nach Mainz, als er [der konig] und der fürsten ein deil da bi ein waren. Und in dem Briefe vom 7 Dec. 1400 nr. 202 erzählt der König ausdrücklich, er sei jetzt auf einem Tage zu Mainz gewesen, und seine Kurfürsten und etliche andere Fürsten seien bei ihm daselbst gewesen, und er sei mit ihnen zu Rathe worden wegen Zeit und Ort der Krönung. Ferner in nr. 185 schreibt er am 11 Dec. 1400, er sei mit seinen Kurfürsten zu Rathe worden und überkommen wegen Zeit und Ort der Krönung, was also auch wieder auf die Zusammenkunft von Mainz geht. Und in nr. 179 vom 5 Dec. 1400 sagt er in Betreff desselben Gegenstandes, er sei mit seinen Kurfürsten zu Rathe worden, offenbar auch in Mainz, von wo aus der Brief datiert ist. Daß also dort König Kurfürsten und Fürsten zusammenkamen, darüber kann kein Zweifel sein. Daß der Tag aber auch von Städten beschickt war, sieht man aus der angeführten nr. 201; denn wenn Frankfurt eine noch dazu so stattliche Gesandtschaft dort hatte, werden auch andere Bürgerschaften nicht unvertreten geblieben sein; von Nürnberg ist es wol außer Zweifel, s. nr. 201ᵃ. Wir wollen es also wagen, hier von einem Reichstag zu sprechen, wenn gleich der erste Reichstag eines neuen Königs nach der Goldnen Bulle in Nürnberg sein sollte. Dabei stelle ich jedem geehrten Leser, dem der Reichstag nicht beliebt, völlig frei, etwas anderes dafür zu setzen, und verbitte mir ergebenst alle Vorwürfe. Es scheinen freilich nicht allzu viele Fürsten dagewesen zu sein, und zunächst mag man ebensogut von einer bloßen Parteiversammlung sprechen, es war aber auch ein Reichstag, so gut oder schlecht er eben damals sein konnte, und jedenfalls sind Reichssachen berathen worden. — Der König befindet sich in Mainz am 1 Dec. 1400 (Chmel 31), auch noch am 5 Dec. (bei uns nr. 179); am 7 Dec. aber ist er schon wieder in Heidelberg (bei uns nr. 202).

A. Vorbereitung des Kölner Krönungstags nr. 176-179.

In dem Gutachten von c. 8 Sept. 1400 nr. 120 art. II 2 ist noch vorausgesetzt, daß die Krönung zu Achen stattfinden werde. Die Haltung der Stadt machte dieß aber unmöglich (Ulman Stromer St.Chr. 1, 53, 16). Auf unserer Mainzer Versammlung wurde daher beschlossen, daß man unter solchen Umständen den Akt in Köln vornehmen wolle und zwar auf 6 Januar 1401 (s. nr. 179. 185. 202). Die Stadt Köln zeigt sich außerordentlich bereit (nr. 177). Bei der Verlegung der Handlung dahin war vorausgesetzt, daß Achen sich nicht fügen werde; aber man glaubte fest an diese Voraussetzung, und so ist die Aufforderung an Achen vom 5 Dec. 1400 nr. 179 wol nur der Form halber noch geschehen, denn schon zwei Tage darauf nr. 202 erfolgt die Einladung der Schwäbischen Städte nach Köln, zu einer Zeit also wo man unmöglich schon Antwort von Achen auf die letzte Aufforderung vom 5 Dec. haben konnte. Der allerletzte Versuch mit Achen ist dann von städtischer Seite noch kurz vor der Krönung selbst gemacht worden, aber auch ohne Ergebnis verlaufen, s. Einl. zum Kölner Krönungstag lit. A und unsre nr. 201 art. 3 und 4. — Man vgl. auch Ferd. Walter, das alte Erzstift und die Reichsstadt Cöln, 1866, pag. 295.

B. Französische Anerbietungen nr. 180-181.

Die Kurfürsten hatten Hzg. Stefan II von Baiern, den Vater Isabellens der Gemahlin K. Karls VI, nach Frankreich geschickt, um den König zur Anerkennung K. Ruprechts zu bestimmen, chron. Kar. VI in Doc. inéd. série 1 tom. 2 pag. 761-764, Winteck bei Mencken 1, 1083, Rayn. 1401 § 10. Die gleichzeitige Gesandtschaft K. Wenzels (RTA. 3 nr. 240-242) hat nur beim Hzg. von Orléans Erfolg, chr. Kar. ib., aber dessen militärisches Unternehmen bleibt in den Anfängen stecken, chr. Kar. ib. 766. Stefan sucht unterwegs auch den Bisch. Jo. von Lüttich zu gewinnen, chr. Cornelii Zantfliet bei Martene ampliss. coll. 5, 358. In Mainz erschien dann eine Französische Gesandtschaft, ihre Werbung haben wir in nr. 180; vgl. chr. Kar. l. c. 766. Die Antwort ist aber nur eine Verschiebung auf den Krönungstag zu Köln, nr. 181, vgl. die Anweisung nr. 293 von 1401 [Mai 6] art. 11^b (s. Einl. zum Kölner Krönungstag vorn). Offenbar wollte Ruprecht durch seine Krönung eine vollendete Thatsache schaffen, ehe er überhaupt etwas von Vermittlung mit Wenzel hören mochte, wie sie Frankreich vorschlug. — Man darf mit Sicherheit annehmen, daß auf diesem Mainzer Tag auch das Verhältnis zum Römischen Stuhl verhandelt wurde; denn schon wenige Tage nachher, am 14 Dec. 1400, wird die kön. Gesandtschaft dahin bevollmächtigt, nr. 1. — Endlich ist sehr wahrscheinlich, daß damals auch die Verhandlungen mit Herzog Lupolt von Österreich vorbereitet worden sind; denn gleich darauf, am 10 Dec. 1400, wird eine Gesandtschaft an diesen in Gang gesetzt, s. die nt. zu der Anweisung von [1401 Mai 9] für Hzg. Ludwig von Baiern zu Verhandlungen mit Hzg. Lupolt von Österreich.

C. Aufforderungen zur Anerkennung in Deutschland nr. 182-186.

Noch lange nicht alle Reichsstände hatten gehuldigt, es folgen daher mehrere Aufforderungen an solche. Es schien zweckmäßig, derartige Dinge hier zu Anfang der Regierungszeit K. Ruprechts noch in vollständigem Wortlaut aufzunehmen; später kann ähnliches auch durch Regesten in den Anmerkungen abgemacht werden. Die Aufforderung des Königs und die des Pabstes an Lübeck sind erwähnt im cod. dipl. Lub. an verschiedenen Stellen, aber nicht erhalten. Vgl. weiterhin über Lübeck den Nürnb. RT. vom Mai 1401 lit. L.

D. Aufforderungen zur Anerkennung in Italien nr. 187-189.

Solche Aufforderungen folgen hier weiter an Venedig und in die Lombardei. Besonderes Interesse erregt das Verzeichnis nr. 189; es sind darin die Reichsstände und auswärtigen Mächte aufgezählt, welche zur Zeit der Abfassung desselben sich bereits für K. Ruprecht entschieden hatten. Leider ist aber kein Datum beigefügt, und doch ist die Zeitbestimmung gerade für solche Stücke von ausnehmender Wichtigkeit. Es ist uns nicht einmal gelungen, das vorliegende handschriftlich wider aufzufinden; wir mußten uns beim Abdruck an die Ausgabe von Obrecht halten, und haben dabei auch deren Erneuerung durch Fischer zu Rathe gezogen. Aber die Stellung am Schlusse des Apparatus von Obrecht, die dasselbe einnimmt, ist von diesem wol nur deshalb gewählt worden, weil er selbst keinen Anhaltspunkt für die Datierung besaß. Denn mit dem unmittelbar vorher abgedruckten Stück vom 2 Mai 1402, die Acht über Aachen betr., hat es natürlich nicht den geringsten Zusammenhang, und nachher folgt eben nichts mehr. Ich glaube der richtigen Spur gefolgt zu sein, wenn ich mich an den achten Artikel der Anweisung für die Gesandtschaft hielt, die in die Lombardei bestimmt war, nr. 188, wo es heißt: zu dem [Ruprecht] auch die egenannten fursten herren und stete gesworn und sich verbunden hant und immo gehorsam beraten und beholfen sin wollen als eime Romischen kunige. und dieselben fursten herren und stete sollent ir in nemmen, als ir sie hernach gezeichent hant, so diese werbunge ein ende hat. In unserem vorliegenden Kanzleibuch K. Ruprechts, aus dem die Anweisung nr. 188 ist, folgt nun leider kein solches Verzeichnis. In einem anderen Exemplar wird es gestanden haben; wir wissen, daß man Dupla geführt hat. Doch kann man auch so mit ziemlicher Sicherheit in Obrechts Liste die hier in nr. 188 versprochene erkennen. Denn wenn in nr. 188 l. c. Fürsten Herren und Städte getrennt sind, so geschieht dieß auch durch die Abtheilungen der Liste, und zwar in derselben Reihenfolge, indem sie mit den Fürsten beginnt, mit den Grafen fortfährt, mit den Städten schließt. Gehören nun nr. 188 und nr. 189 wirklich zusammen, so fallen sie auch in dieselbe Zeit, und diese scheint mir bei nr. 188 ziemlich sicher, wenn auch nicht auf den Tag. Daß der König bei Aufzählung seiner Anhänger den Mund etwas voll nimmt, erklärt sich aus der Bestimmung des Schriftstücks. Indem er es seiner Gesandtschaft in die Lombardei mitgab, wollte er dort einen starken Eindruck damit hervorbringen. Durch diese Ansicht von Zeit und Zweck der Liste wird freilich ihr Werth wesentlich heruntergedrückt.

E. Verhandlungen wegen der Tödtung Hzgs. Friderich von Braunschweig nr. 190.

Diese Angelegenheit hat uns schon in Band 3 nr. 186-196 beschäftigt. Lange Kämpfe und Verhandlungen sind die Folgen des Ereignisses gewesen. Für unseren Mainzer Tag kommt nur die hier mitgetheilte Urkunde in Betracht. Ihr schließen sich auf späteren Versammlungen noch mehrere an. Vgl. zunächst RT. zu Nürnberg 1401 Febr. Merz lit. E.

F. Urkunden betr. Anerkennung in Deutschland nr. 191-192.

Mit Bischof Gerhard von Würzburg hatte der neue König sich freilich schon am 25 Okt. 1400 in dem Lager vor Frankfurt verständigt; da der nun aber am 9 Nov. 1400 gestorben war, handelte es sich um den Nachfolger; während der Sedisvakanz, die am 19 Nov. zu Ende gieng, verpflichtete sich Johann von Egloffstein, der dann Bischof wurde, noch als Dompropst dem König in ausführlicher Urkunde, nr. 191, insbesondre für den Fall daß er Bischof würde, vgl. nt. ibid. — Das Schutzversprechen für Schlettstadt vom 1 Dec. 1400 fällt gerade auf den Tag von Mainz; gleichlautende Urkunden waren für andre Elsäßische Städte schon zuvor oder wurden nachher ausgestellt; nr. 192.

G. Urkunden betr. Anerkennung in Italien nr. 193-200.

Die verschiedene Aufnahme, welche die Thronveränderung in Italien fand, drückt sich in einer ganzen Reihe von Schreiben aus, die fast alle an die Kurfürsten gerichtet sind; es sind uud die Antworten auf kurfürstliche Briefe, welche, die Nachricht von Absetzung und Neuwahl und die sich dabei ergebendeu Begehren enthaltend, den in Deutschland verbreiteten (RTA. 3 nr. 207 und 210) entsprochen haben werden.

H. Städtische Kosten nr. 201-201ᵃ.

Es sind hier einige Notizen aus der Frankfurter Stadtrechnung zusammengestellt, welche sich auf den Mainzer Tag und auf den nachfolgenden Krönungstag zu Köln beziehen.

Gleich nach dem Mainzer Tag bevollmächtigt der König seine Approbationsgesandten nach Rom. Die Sache ist ohne Zweifel hier schon besprochen worden. Die Stücke zu den Verhandlungen wegen Approbation und Kaiserkrönung sind besonders zusammengestellt, und die fragliche Vollmacht eröffnet den Band als nr. 1.

Julius Weizsäcker.

A. Vorbereitung des Krönungstags nr. 176-179.

176. *K. Ruprecht an Köln, beglaubigt als neuer König drei gen. Räthe zu mündlichem Auftrag und Nachachtung.* 1400 Sept. 13 *auf dem Felde bei Frankfurt.* 1400 Sept. 13

K *aus Köln. St.A. Kaiserbriefe or. ch. lit. cl. c. sig. in verso impr.*
Auszug bei *Ennen Gesch. d. St. Köln 3, 132 f. ebendaher.*

Ersamen wisen lieben getrůwen. als wir und unser kurfursten uch fur verschriben und verkundet han, daz der konig von Beheim von Römischer königlicher wirdekeit mit orteil offentlich abgesetzt sij unbe mancherley sine gebrechen ᵃ und versumenifs an dem heiligen rich, und wir zů rechtem Römischen konige gekoren sin, und wir uns des uff unsers herren gots gnade und helffe, ob wir yme darinne gedyhen mogen an der heiligen kirchen der gemeyn cristenheid und dem heiligen rich, angenomen han, und wollen uns willeclich darinne, und friede und gnade zu machen, arbeiden so wir beste mogen: und senden darumbe zů uch unsere lieben rete und heimlichen Johann Kemmerer den man nennet von Dalbürg und Tham Knebil schultheißen zu Oppinheim rittere und meister Job Vener in geistlichem und keyserlichem rechte licencieret, und begern, waz sie uch in den sachen von unsern wegin zů dieser zijt sagende sin ¹, daz ir yn des genzlich gleubent und uch darinne gein uns bewisend und dünt als ir eyme Römischen konige billich dun sollend, als wir auch ein sunderlich gut getruwen zů uch haben. datum in campis prope civitatem Franckfordensem anno domini millesimo quadringentesimo secunda feria ante exaltacionem sancte crucis. 1400 Sept. 13

[*in verso*] Unsern lieben getrůwen   Ad mandatum domini regis
burgemeisteren rad und anderen bürge-   Mathias Sobernheim.
ren dor stat Collen debet ᵇ.

ᵃ) *K* [unclear] *über dem* brinschen *s.*   ᵇ) *K darf debet.*

¹ *Ihren Auftrag s. nr. 179.*

177. *Stadt Köln an Erzb. Friderich III von Köln: er soll bei dem Widerstand Achens mit andern Kurfürsten die Vornahme der Krönung K. Ruprechts in Köln betreiben.* [1400] Nov. 10 [Köln].

A aus Düsseld., Prov.-A. Kurkölner concernens minor fol. 506 b cop. mb. coaev., die Adresse als Überschrift.
B coll. Köln, St.A. über copiarum anno 1398. 1399. 1400. 1401 fol. 113 b cop. chart. coaev., die Unterschrift fehlt, die Datierung lautet datum crastino beati Martini episcopi [also Nov. 12] was wol nur als Missverständnis des Schreibers zu erklären ist.
Auszug bei Ennen Gesch. d. St. Köln 3, 137 aus B, daher mit dem Datum von Nov. 12.

Unsern willigen dienst ind wat wir goetz vermogen. erwirdiger furste, lieve besunder herre. wir hain van etzligen guden vrunden verstanden, wie die van Aiche den alredurchluchtigsten fursten heren Roprechte Roimschen koningh unsen lieven genedigen herren sine[a] krone bi in zu entfangen zu deser zit na sime gewinnen nit inlaissen willent. oft uß sache were dat id uiren genade bevellich were, so were wale unse begerte ind meinunge, dat ir mit anderen uiren mitkurfursten[b] unsen lieven herren darzu gehorende so weult[c] doin bestallen, dat die kroninge bi uns zu Colne geschege. daran ir ind andere[d] unse herren die kurfursten uns sunderlinx[e] denklich deidt. ind wulden des allo zit uire genaden die vorder dankende sin. ind, lieve herre[f], wat uiren genaden bi-inne gewerdige ze doin, des begeren wir uire genedeliche antworde uns mit desem[g] unsem[h] boden wider ze schriven, darna wir uns richten mogen. datum in vigilia beati Martini.

Reverendissimo in Cristo patri ac domino domino *Friderico* archiepiscopo Coloniensi domino notro sincere dilecto.

Burgermeistere rait ind andere burgere der stat zu Colne.

178. *Erzb. Friderich III von Köln an Stadt Köln, wegen der Krönung des Königs.* [1400] Nov. 11 Bonn.

Aus Köln, St.A. Bischofsbriefe or. ch. lit. cl. c. sig. in verso impr.
Auszug bei Ennen Gesch. d. St. Köln 3, 138 ebendaher.

Archiepiscopus . . Coloniensis
dux Westfalie etc.

Lieve getruwen. as ir uns van der cronynge unss gnedigen herren des Romischen konyngs geschreven hait, also willen wir morne vro unse vrunde tusschen 9 ind 10 uyren zo Virnburg in unsme hoyve haven, da ir asdan ure vrunde ouch haven wilt, as van den sachen zo sprechen. datum Bunne die beati Martini episcopi.

[in verso] Prudentibus et discretis viris judicibus scabinis consulibus ceterisque civibus nostris Coloniensibus dilectis.

a) B dys. b) B kurfursten. c) B willt. d) B andere, A anderen. e) B sunderlichs. f) lieve herre am. B
g) A desem, B desem. h) A letzter Buchstabe durch Abkürzung gestört, B unserm.

[1] Vgl. Herm. de Lerbeke chr. Schawmb. bei Meibom RR. GG. T. II, 520 iste cum Aquisgrani coronari deberet, Aquenses sibi introitum denegaverunt portas civitatis suae praecludentes. Colonienses vero novum regem honorare volentes sibi magnifice et obsequiose obviant et eundem solemniter introducentes vice Aquensium coronant. ad praedictam rebellionem dux Geldriae eos dicitur animasse et instigasse.

179. *K. Ruprecht an Achen: die Stadt soll ihm gehorsam werden und ihn zur Krönung einlassen, mit Drohungen. 1400 Dec. 5 Mainz.* 1400 Dec. 5

A aus Karlsr. G.L.A. Pfälz. Kop.D. 146 fol. 21ᵇ-22ᵃ cop. ch. coaev. mit der Überschrift Als min herre der konig den von Achen geschriben hat.
B coll. Münch. St.A. fasc. II Reichs- Kreis- und Religionssachen von 1399-1499 nr. 13 f. 10ᵃ, bricht ab nach den Worten gedenken *fort mce.*
Gedruckt Janssen Frankf. R.K. 1, 544-545 nr. 939 aus Kodex Acta et Pacta 129 *in eignem Besitz; Olbrecht appar. jur. publ. 1696 p. 94-96; moderne latein. Übersetzung Martène et Durand ampl. coll. 4, 28-29 (Janssen l. c. irrig 20-21) nr. 15 mit der irrigen Angabe im Datum* post festum s. Nicolai [Dec. 12]. — *Regest Chmel p. 2 nr. 35 und Georgisch 2, 850 nr. 74 aus Martène und daher irrig sub Dec. 12 (Chmel* Moguntiae *mit Fragezeichen). — Erwähnt Ennen Gesch. d. Stadt Köln 3, 135 Note 5 und ib. 137 Note 3 beidemale aus Martène l. c.*

 Ruprecht etc. unser und des richs liebe getrůwen. als wir für unser erber frůnde zů ůch gesant han ůch laßen zů verkünden, wie der hochgeborn Wenczelawe konig zů Beheim umb mancherlei versůmenisse und gebrechen wegen, die er lange zit an dem heiligen riche begangen hat, von der Römischen koniglichen wirdekeit offenlich mit orteil abgesoczet were und wir zů rechtem Römischen konige gekorn wern, und ouch mit denselben unsern frůnden zů ůch fůrdern und sůchen, daz ir uns gehorsam wordent als eime Römischen konige und uns in unser und des richs stad Achen in-ließent unser Römische konigliche cronunge da zů enphahen, darnach der erwirdige Fryderich erzbischof zů Cullen unser lieber neve und kůrfůrste daz ouch mit einen frůn-den von unsern wegen an ůch erfordert hatte, zů solicher unser gehorsamkeit und in-laßen ir ůch noch ª nit geben hant und wiederstendig sint, daz uns doch unbillich von ůch nimpt: herumb ersůchen und erfordern wir ůch abir ernstlichen, daz ir uns noch gehorsam werdent und inlaßent in vorgeschriebener maßen. wer' ez abir daz ir des nit důn und uns solichen wiederstant bewisen woltent, daz wir ůch doch noch nit getrůwen, so wißent, daz wir meinen solich inlaßen undᵇ cronůnge, zů Achen zů enphaen, nit me an ůch zů fordern. und sin mit unsern kůrfůrsten zů rade worden, daz wir die vorgnant unser cronunge zů Collen in der hohen kirchen für den heiligen drin konigen von den gnaden gots enphaen wollen, wann ouch der obgenant erzbischof Fryderich unser lieber neve und kůrfůrste gůte privilegien und friheit hat daz ein erzbischof von Collen einen Römischen konig cronen moge in demselben bistůme und siner provinzen wo er wolle. und wir sin ouch mit unsern kůrfůrsten zů rade worden und ůbirkomen dann zů machen und zů seczen, daz nůmmer eincher Römischer konig fůrbaz me zů Achen gekrônet solle werden, und daz ir derselben wirdekeit ewiglich berůbet sin sollent, und ůch ouch aller ander gnaden friheiden eren und wirdikeit, die ir von dem heiligen riche habent, genczlichen zů berouben und zů entseczen, und ouch zů gedenken fůrtme darzů zů dûn als sich heischet und uns und unsern kůrfůrsten notdůrftig si umb solche unge-horsamkeit und wiederstant die ir an uns unsern kůrfůrsten und dem heiligen riche als gar frevelichen begangen hettent. und schicken darumb zů ůch unsern lieben andechtigen und getrůwen Jacob von Landenburg canonik zům dûme zů Wormße ůch unser mei-nůnge in vorgeschriebner sachen volleclicher zů erzelen, begernde daz ir uns mit dem-selben Jacob ůwer beschriben entwert unverzogelichen wieder laßent wißent, daz wir und unser kůrfůrsten uns in den sachen darnach wißent ůch riechten. geben zů Mentza of den sontag für sant Niclas tag nach Kristi gebůrte důsent und 400 jare unsers richs 1401 Jan. 6 in dem ersten jare.

a) B nach herr. aus nach. *b) B* unser st. und.

B. Französische Anerbietungen nr. 180-181.

180. *K. Karl VI von Frankreich erbietet sich durch zwei gen. Gesandte vor K. Ruprecht und den Kurfürsten von Mainz und Köln zur Vermittlung zwischen Ruprecht und Wenzel, und sucht K. Ruprecht für Beilegung des Schismas durch Cession beider Päbste zu gewinnen.* 1400 Dec. 2 Mainz.

Aus Koblenz. G.L.A. Pfälz. Kop.B. 146 fol. 95ᵃ cop. ch. coaev.
Gedruckt Martène thesaur. novus 1, 1659, Jansseu Frankf. R.K. 1, 543f. nr. 937 aus Kodex eigenen Besitzes Acta et pacta 224-237. — Regest bei Chmel reg. Rup. pag. 181 nr. 7 aus Martène l. c. (Chmel hat Dec. 1).

Series ambaziate regis Francie exposite Maguncie feria quinta[a] post Andree apostoli anno domini etc. 400 per reverendum patrem archiepiscopum Auxitanum[1], assistente sibi preposito Insulensi, coram domino rege Romanorum et principibus electoribus Maguntinensi videlicet et Coloniensi etc.

[1] Primo facto themate et prosecuto videlicet „inquiro pacem et prosequere eam" ex parte regis Francie exposuit, quod idem rex multum doleret[b] de discordia inter dominum nostrum et regem Bohemie occasione imperii suborta, pro qua sedanda desideravit, quod certa preligeretur dieta loco et tempore congruis, in qua rex Francie mediare vellet inter partes predictas, sperans se easdem componere velle salvo utriusque partis honore. deinde petivit, quod, si et in quantum regi Bohemie placeret, dominus noster vellet servare treugas ad minus annales. tercio petivit, quod dicta dieta dominus noster rex dignaretur personaliter interesse, quia ipse rex Francie se speraret effecturum quod rex Bohemie eciam personaliter interesset, maxime quia idem rex Bohemie se ad hoc exhibuit quod super hujusmodi dissensione stare vellet dictamini et ordinacioni regis Francie. ad quam eciam dietam idem rex Francie personaliter venire aut, in casu quo impeditus foret, proximiores de suo sanguine[c] mittere vellet.

[2] Item post hec recitavit longevam duracionem lamentabilis scismatis et diligenciam regis Francie, qua idem scisma viis ad hoc principibus pluries propositis sedare conatus fuit, desiderans ut ad viam cessionis tanquam inter alias convenienciorem sauccieorem et breviorem dominum papam[2] dominus rex[3] inducere vellet, et, si papa cedere nollet, obedienciam sibi subtraheret prout Francigene fecerunt Benedicto[4]. et per hanc[5] eo facilius posset sedari scisma, quia jam plures principes de obediencia nostra ad illam viam inclinati sunt et est inter ceteras magis consciencarum quietacio[d]. et alias vias subrogacionis compromissi et consilii generalis succincte reprobavit et redarguit.

a) Martène les IV, Janssen entsprechend quarta, der Karlsruher Kodex entscheidet für quinta, daher die Berechnung auf Dec. 1 bei Janssen und Chmel zu ändern ist. b) sic! c) cod. sugvine. d) cod. quietatam.

---

[1] In der Anweisung von [1401 Mai 6]: ein bischof und ander sine botten, art. 11ᵇ. Die Gesandten waren der Erzbischof von Auch, Taupin von Chantemerle, Johann von Montreuil, chr. Kar. l. c. 766, vgl. Höfler K. Ruprecht 202. Auf diese Gesandtschaft beziehen sich einige Posten in den Nürnberger Propinationen nr. 201ᵃ.

[2] Bonif. IX.
[3] K. Ruprecht, dem er also den Königstitel doch nicht versagt zu haben scheint, falls dieser nicht aus der Fassung der deutschen Kanzlei herrührt.
[4] Bened. XIII.
[5] sc. viam.

181. *Antwort für die französischen Gesandten auf ihre Werbung vom 2 Dec. 1400.* [1400 kurz nach Dec. 2.]

  Aus Karlsr. G.L.A. Pfälz. Kop.B. 146 fol. 95ᵇ cop. ch. coaev.
  Gedruckt Martène thesaur. novus 1, 1659 f., Janssen Frankf. R.K. 1, 544 nr. 938 aus Kodex eigenen Besitzes Acta et pacta 224-237. — Regest bei Chmel reg. Rup. pag. 181 sub nr. 7 aus Martène l. c.

  Memoriale traditum dictis ambasiatoribus super responsione eis data[1].
Reverendissime pater[2], memoriale recessus vestri abhinc a dominis nostris tale est: domini nostri deliberacionem super requisita vestra prorogaverunt ad festum epiphanie domini proximo venturum ad civitatem Coloniensem; ibi respondebitur nunciis regis Francie, si qui advenerint; sin autem, tunc per proprios nuncios eidem respondebunt.

C. Aufforderungen zur Anerkennung in Deutschland nr. 182-186.

182. *K. Ruprecht befiehlt der Stadt Selz, Hanman von Sickingen Vitztum zu Neustadt an seiner Statt zu huldigen, und verspricht, die Stadt falls sie diesem Gebote nachkomme in seinen Schutz zu nehmen und ihre Freiheiten zu bestätigen*[3]. *1400 Nov. 14 Heidelberg.*

  A aus Karlsr. G.L.A. Pfälz. Kop.B. 8½ fol. 5ᵇ cop. ch. coaev., mit der Überschrift Als den von Selse geschriben ist, daz sie Hanman von Sickingen hûldunge dûn an seins herren stat.
  B coll. ib. Pfälz. Kop.B. 149 p. 6 cop. ch. coaev., mit derselben Überschrift.

  Wir Ruprecht etc. enbieten unsern und des richs lieben getrůwen meister und rad der stad zu Selso unser gnade und alles gût. lieben getrůwen. wir heißen und

---

[1] *Hierzu und zu dem vorhergehenden Stück vgl. die Anweisung für Magister Albrecht nach Frankreich vom 6 Mai 1401. Jedenfalls ist obiges die Antwort auf die franz. Werbung vom 2 Dec. 1400 nr. 180, schon nach der Stellung im Kodex.*

[2] *Mit dieser Anrede ist der Erzbischof von Auch gemeint, s. das vorhergehende Stück.*

[3] *Derselbe befiehlt Gelnhausen 1400 Nov. 20, dem Jo. von Isenburg zu huldigen an seiner Statt (aus Lünig Teutsches Reichsarchiv 13, 802ᵃ-803ᵃ, daraus Regest bei Georgisch 2, 849 nr. 66 und bei Chmel 21):* Wir Ruprecht von gottes gnaden Römischer könig zu allen ziten merer des richs etc. gebieten uch unsern lieben getruwen dem burgermeister rad und burgern gemeiniglichen unser und des reichs statt Geilhusen unser gnad und alles guts, und laßen uch wißen: als wir nechst daselbigst zu Geilnhusen waren [*1400 Okt. 29 Chmel 13*] und als ein Rönisch könig huldigung und gehorsam von uch innamen, merkten wier, wie [ew. st. weil] daß ir mit alle geinwertig waret of die zit. darum han wier dem edlen Johann von Isenburg herr zu Büdingen unsern lieben getruwen befohlen, gein Gelenhusen zu kommen, und ime ganze macht gegeben und geben mit kraft diß briffs, von unsern und des reichs wegen an unser statt von euch und der ganzen gemeinde zu Geilhusen obgenant euer gelöbt und eide zu nemen und zu empfahen. und heißen uch die ganze gemeinde gemeiniglich und sunderlich, daß ir dem obgedachten von Isenburg, so er also gein Gelnhusen kommet und das fordert, an unser statt und von unsert wegen unversäglichen huldet und schweret, uns für euren rechten herrn zu halten getreu und hold zu sein, vor unsern schaden zu warnen und unser bestes zu werben, und zu dörren als ir einem Römischen könig schuldig sidt als der eid stoet, als ir von dem rade uns vor geschworen habend. und heißen uch die burgermeister und rade vorgenant, daß ir auch das von unsert wegen also gebietet und befehlet und wartunge darauf habend: welcher von der obgenante gemeinde uns in hand des obgenanten von Isenburg an unserer statt nit gelobte und schwuren und das überfüren in der maße als vor geschrieben stoet, daß ir uns den fürbringet und kundend [ew. st. nugend] und uns der keine verschweiget, bei dem gelübten und eide, die ir uns getan habend. wir heißen: wer [ew. st. wann] niemand von der gemeinde obgedachten uf die zit,

gebieten uch vesteclich mit diesem unserm offen briefe, daz ir soliche glübde eide und huldünge als ir eime Romischen kunige schüldig sint zu dün und gehorsam zu sinde, an unser stad und von unserntwegen Hanman von Sickingen unserm vitztum zur Nuwenstad und lieben getrüwen unverzogelich dunt und des nit laßent als lieb uch unser und des richs gnade si und swere ungnade zu vermiden. so wollent wir uch swere friheite und gnade von dem heiligen riche bestetigen und uch hanthaben und schirmen als andere unsere und des richs stete. orkund dis briefs versiegelt mit unserm ufgedrucktem ingesiegel, geben zu Heidelberg of den sontag nach sant Martins tag nach Cristi geburte dusent und vierhundert jare unsers richs in dem ersten jare etc.

183. *K. Ruprecht weist Stadt Wetzlar an, seinem Bevollmächtigten Graf Philipp von Nassau und Saarbrücken an seiner Statt zu huldigen.* 1400 Dec. 3 Mainz.

Aus Karlsr. G.L.A. Pfälz. Kop.B. 84 fol. 6ᵃ cop. ch. coaev., ist durchstrichen.

Wir Ruprecht etc. enbieten unserm und des richs lieben getrüwen burgermeistern rade und burgern gemeinlich zu unser stat Wetflor unser gnade und alles gut. lieben getrüwen. wir han dem edeln unserm lieben neven und getrüwen Phylips graven zu Nassaw und zu Sarbrucken befolhen und ganze macht gegeben und geben mit craft dis briefs, daz er an unser stat und von unsern wegen uwer glübde huldünge und eide von uch nemen und enphahen solle. herumbe heißen und gebieten wir uch vesteclich mit craft dis briefs, daz ir der rad und die gemeinde gemeinlich dem vorgnanten unserm neven grave Phylips soliche glübde huldünge und eide an unser stat und von unsern wegen unverzogelich so er daz an uch fordert dunt in aller maßen als ir uns daz von des richs wegen als eime Romischen konige von rechte und billich dün sollent und schüldig sint ane geverde. orkund dis briefs versiegelt mit unserm ufgedrucktem ingesigel, geben zu Mentze of den fritag vor sant Barbern der heiligen junfrauwen tag nach Christi geburte dusent und vierhundert jare unsers richs in dem ersten jare.

Ad mandatum domini regis
Mathias Sobernheim.

als ir Johann von Ysenburg obgedacht an unser statt gelobet und sweeret als obgeschrieben steet, nit daheime an geverde, daß der dann, alsbalde er in die statt Gelhusen komet, dem burgermeister und dem rade an unser statt geloben und sweren, uns für einen rechten herrn zu halten und in allir massen als vor geschrieben steet. wir heißen auch, daß ir von dem rade obgedacht von eim iglichen von der gemeinde zu Geilhusen, der uns dann nit gelobet und geschworen hat als vor geschrieben steet, der über sin zwölf jar ist, sin gelobde und eide an unser stat nemet und geloben und sweren tuent, uns für einen rechten herrn zu halten und zu dienen in aller massen als obegeschrieben steet, und das furbaß alizeit also duent und haltent, one alle geverde. und wir heissen uch, gebieten vesteglich, mit craft diß briffs, uch dem rade vorgedacht, alles, das hievor von [em. st. gan] uch, und uch der gemeinde, alles, das hievor von uch geschrieben steet, alluzit gentzlichen zu dun und feste zu halten in aller masse als vor geschrieben stehet. und wer das unter uch überfure von dem rade oder von der gemeinde und nit tede, der wisse, daß er swerlich in unser und des reichs ungnade verfallen sin soll. urkunt diß briefs versiegelt mit unsern ufgetruckten Insiegel, geben zu Germersheim uf den sambstag nach sanct Eilizabeten tag nach Christi geburte dusent und virhundert jar unsers richs in dem ersten jar. || Ad mandatum domini regis || Mathias Sobernheim. (L. S.)

¹ Vgl. 1400 Okt. 20 nr. 158.

C. Aufforderungen zur Anerkennung in Deutschland nr. 182-186.   213

184. *K. Ruprecht befiehlt denjenigen Bürgern und Beisassen von Frankfurt, die ihm bei seiner Anwesenheit daselbst nicht gehuldigt haben, in Gegenwart des Ritters Thams Knebel Schultheißen zu Oppenheim die Huldigung zu leisten. 1400 Dec. 10 Heidelberg*[1].

1400
Dec. 10

> A *aus Karlsr. G.L.A. Pfälz. Kop.B.* 149 p. 7 *cop. ch. coaev., mit der Überschrift* Als min herre gebotten hat den burgern bisessen etc. zů Franckford die im für in siner geinwertikeit nit gehuldet haunt, daz sie in geinwertikeit Thamme Knebel ritters sweren.
> B *coll. Karlsr. G.L.A. Pfälz. Kop.B.* 8½ *fol.* 6ᵇ *cop. ch. coaev., mit gleicher Überschrift; dasselbe Stück ist fol.* 6ᵃ *bereits angefangen aber durchstrichen.*
> *Gedruckt Fichard Frankf. Archiv 2, 112-113. — Daraus erwähnt bei Janssen Frankf. R.K. 1, 82 nr. 221 Note*[a].

Wir Ruprecht etc. embieten allen burgern und bisessen und der gemeinde gemeinlich zu Franckfurt unsern und des richs lieben getruwen unser gnade und alles gut. und heißen und gebieten uch allen und ůwer iglichem besunder, die uns vor in unser geinwurtikeit nit gehuldet und gesworn han, bi unsern und des richs hulden, das ir in geinwertikeit Thamme Knebel ritters unsers schultheißen zu Oppenheim und lieben getruwen huldet und sweret, uns getruwe und holt und gehorsam zu sin als eime Romischen kunige uwern rechten herren von des richs wegen, ane argeliste und geverde, als auch die gemeinschaft zu Franckfurt eins teils vormals in unser geinwertikeit getan hat. orkund diß briefs versigelt mit unserm kuniglichen ufgedruckten ingesigel, geben zu Heidelberg nach Christi geburte dusent und vierhundert jare uf den fritag nach sant Niclaus tag unsers richs in dem ersten jare.

1400
Dec. 10

Ad mandatum domini regis
Johannes Winheim.

185. *K. Ruprecht an Straßburg: die Stadt soll den Schwäbischen Städten, welche auf einem Tag zu Heilbronn seinen zwei gen. Gesandten ausreichend geantwortet, zum Gehorsam gegen ihn rathen, auch auf Basel Kolmar und andere rückständige Städte wirken; Nachschrift von Achens Widerstand und desfallsiger Krönung zu Köln auf 1401 Jan. 6. 1400 Dec. 14 Heidelberg.*

1400
Dec. 14

> S *aus Straßb. St.A.* an der Saul I partie Indula C fasc. XIV lasse II nr. 11ᵃ *or. ch. lit. cl. c. sig. in verso impr.; die Nachschrift auf einer einzelnen Cedula Ibid. nr. 11 ad a, deren Schnitte mit dem Hauptbrief stimmen.*
> *Gedruckt bei Olenschl. appar. jur. publ. 1696 pag. 32-34 aus S ohne die Cedula, bei Janssen Frankf. R.K. 1, 546 f. nr. 943 aus hs. im eigenen Besitz* Acta et Pacta 131 *ohne die Cedula.*

Ruprecht von gots gnaden Romischer kunig zů allen tzijten merer des richs.
Ersamen unsern und des richs lieben getruwen. wir laßen uch wißen, daz wir kurczliche nach unser erweltinge den edeln unsern lieben getruwen Engelhart herren zů

---

[1] *Unter demselben Datum befiehlt K. Ruprecht den Frankfurtern, daß sie den Burgermeistern Schöffen und Rat zu Frankfurt, so oft diese das nothdürftig zu sein dünkt, schwören, denselben verbunden beiständig und gehorsam zu sein von des Reichs und der Stadt zu Frankfurt wegen, dat. Heidelberg 1400 fritag nach S. Nicolas, Karlsr. G.L.A. Pfälz. Kop.B. 4 fol. 7ᵇ, und Wien H. H. St.A. Regist. Buch C fol. 6ᵇ; Privilegia et pacta Francf. ed. 1728 pag. 253, und Joh. Jac. Moser Reichsstättisches Handbuch 1, 509 nr. 33; Regest Chmel 33. — Vgl. Usam Stromer St.Chr. 1, 52 f.; früheres in Kirchner Gesch. Frkf. 1, 408. 415.*

Winsperg unde Diether von Gemyngen ritter unsere rete und lieben getrůwen gesant hatten¹ zu den Swebischen stedten sie zu underwisen wie der durchlůchtige Wenczlauwe kunig zu Beheim offintlich mit urteil von der Romischen kuniglichen wirdekeit abgesetzet were und wie wir darnach zu rechtem Romischen kunige gekorne weren und wie die kurfursten die sachen gotliche und redeliche und mit rade vile unser unde des richs fursten gehandelt hetten und zugangen were umbe groß nodtůrfft der heiligen kirchen des heiligen richs und der gantzen Cristenheit. und furderten die obgenanten unsere rete an die Swebischen stedte, daz sie uns gehorsam worden und deten als sie eyme Romischen kunige billich dun solten, so wolten wir yn auch gern yre gnade und frijheit bestetigen und geen yn dûn als ein Romischer kunig billich solte. des enbotten die Swebischen stedte darnach uber lang den obgenanten unsern reten, daz sie off einen tag gein Heilpronn quemen, so wolten sie yre frûnde zu yn dahin schicken ire entwert off die vorgenant sache zû geben. und also schickten wir die obgenanten und etliche me unsere rete gein Heilpronn. und der Swebischen stedte frûnde quamen zû yn dahin und entworten; sie verstunden sich der sachen nit, und hetten dem konige von Beheim als eyme Romischen kunige gesworn; und wer' ez daz sie der hieß uns hůlden und undertenig werden, so wolten si ez gern dûn. die entwert duncket uns unbillich von yn sin. und wolten sie die sache recht erkennen, so mochten sie wol versten, daz sie uns billich gehorsam weren, und daz sie dem kunige von Beheim nit anders gesworn hatten dann als eyme Romischen kunige und er nû nummer Romischer kunig und redeliehen abgesetzet ist und das in manichen sachen an dem rich und sinen undertanen großlich und kûntlichen verschuldet hat, daz sie dann ire eide gein einer personen nichtes verbinden. und wer ez daz die Swebischen stedte meynten daz der konig von Beheim zu eyme Romischen kunige gût und bequeme were, darumbe, ob er yn nit vile frieden und nucz schůffe, so dete er yn auch kein beswernis und ließ sie nach yrem willen verliben: so duncket uns daz sie daz nit allein sunder groß nodtůrfft der gemeynen Cristenheit der heiligen kirchen und des heiligen richs billich ansehen solten. herumbe begern wir frûntlich und ernstliche an uch, daz ir uwer botschafft, als uch duncket zûm besten sin, an die Swebischen stedte wollent dûn, sie als von uch selbst zu underrichten und yn zu raden, daz sie uns gehorsam und undertenig werden als eyme Romischen kunige, als sie doch billich dûn sollen. daran erczeugent ir uns geneme fruntschafft der wir uch sunderlichen gern dancken wollen. unde was ir desglichen getan mochtent an die von Basel² und die von Colmar³, die uns noch nit folleclich entwert von ir gehorsamkeit geben hant, unde an ander stedte, die uns noch nit gehorsam worden sint, do detent ir uns zumale liebe an. und waz uch von den Swebischen oder den andern stedten wiederferet und von yre meynung vernemet, daz wolte uns dann auch laten wißen und uch in diesen und andern unsern und des richs sachen bewisen als wir ein besunder gantz getruwen zu uch han. datum Heidelberg tercia feria post beate Lucie virginis anno domini millesimo quadringentesimo regni vero nostri anno primo.

[in verso] Den ersamen unsern und des richs lieben getrûwen meister unde rade zû Straßburg debet.

Ad mandatum *domini regis*
Mathias *Sobernheim.*

¹ Vgl. über die Haltung der Schwäbischen Städte Stälin 3, 373 ff.; speciell Heilbronn durch Kurmainz und Kurköln bearbeitet s. Jäger Gesch. von Heilbronn 1, 167 f. nach der Heilbronner Stadtrechnung. Hier feria sexta proxima ante Michaelis [Sept. 24]: item 5 gulden verzerten miner herren des bischofs von Mencz und des bischofs von Köln rete in Clas Meigers hus, und item 6 sh. mal (mit Überstrich durch l) der Singerin des nawen kungs botten. Auch ein Bote von Wenczel kam, durch den er zur Treue mahnte, Jäger l. c.
² Vgl. den Brief von Basel an Straßburg dat. 1400 Okt. 23 S. 140 nt. 1; und Basels Huldigung 1401 Sept. 26 im nächsten Band.
³ Vgl. nr. 192.

[*Nachschrift auf Cedula.*] Auch laßen wir uch wißen, daz die von Ache sich *1400*
wieder uns setzent. und dunt daz dem herczogen von Gelre zu liebe, der uns auch *Dec. 14*
gern etwas abetringen und ain furdel gein uns suchen wolte als wir verstanden han. nů
hat der erwerdige unser lieber neve und kurfurste Friderich erczbischoff zů Colne gute
privilegia daz ein erczbischoff zů Colne einen Romischen kunig in demselben bistum
und siner provincien cronen mag wo er wil. darumbe sin wir mit unsern kurfursten
zu rade worden und uberkommen, daz wir unser Romische kunigliche cronunge von
den gnaden gots uff der heiligen drier künige tag epiphania domini zu latine nestkůmpt *1401*
zu Cullen enphaen wollen. doch han wir den von Achen aber unser botschafft getan¹; *Jan. 6*
wollen sie uns gehorsam werden und innelaßen als sie billich sollen, so wollen wir die gern
da enphaen; wollen sie aber das⁰ nit dun, so wollen wir die zů Cullen enphaen als fur
geschriben stet; und daz sie auch wißen sollen, daz wir sin mit unsern kurfursten uber-
komen⁶, daz wir abdann setzen und machen wollen, daz nummer eincher Romische ko-
nig zu Ache gekronet werden solle, und sollen der und aller ander ir gnade und friheit
von dem heiligen rich ewiclich berůbet sin. die stedte Mencze Wormiß Spire und
Franckefurd hant auch ir erber botschafft zu den von Ache getan, daz sie sie gern
wolten underwisen uns gehorsam zu werden.

186. *K. Ruprecht an das Land Niederbaiern, man möge seinem Vetter Herzog Stephan* *1400*
beistehn, wenn dieser von des Königs wegen dazu auffordere. *1400 Dec. 27 Heidel-* *Dec. 27*
berg.

> *A aus München. R.A. Gemeiners Materialien zur Chr. der St. Regensb. III* B 1112 cop.*
> *chart. coaev., wahrsch. früher bez im Regensburger Bundpuch laut Index des letzteren*
> *im München. R.A.; das jetzt in der Donausch. Hofbibl. befindliche Regensburger Bund-*
> *puch enthält daher das Stück nicht mehr.*
> *B coll. Lehmann Speyr. Chr. ed. Fuchs 1711 pag. 736ab ohne Quellenangabe.*
> *S coll. Scheidt bibl. hist. Götting. 182 f.*
> *Regest Gemeiner Regensb. Chr. 2, 345 aus A, Chmel nr. 45 aus Gemeiner.*

Rupprecht von gotez genaden Romischer kunig zu allen zeiten merer dez reichs⁰.
Wir enpieten allen und iegleichem grafen freien dinstlawten ritern⁴ ehneehten
steten marcktehn in der hochgeporn der herczogen in Bayern unserer lieben vettern und
fürsten land zu Nydern-Bayern unser genad und allez gut. lieben getrewen. als
wir von genaden des almachtigen gotes zu dem heiligen Romischen⁰ reich ehomen sein
und uns dez auch auf sein genad und unserer frewnt und mag⁶ rat und hilf angenomen
haben, und dazselb heilig reich als vil⁹ und vast entrent⁸, und sein gut und zugehörung
als manigvaltichlich davon entpfremdet sein worden, daz¹ wir an der obgenanten unserer
vettern und ander unserer frewnt und des reichs fursten underten⁴ und getrewen hilf
das obgenant heilig reich nicht zu rechten gestanden¹ und wesen pringen und setzen
mügen, als wir doch schuldig sein und auch mit der gotz hilf mainen zu tun als verre
wir vermügen, und wolten auch darum unsern leib und gut nicht sparn unserm herrgot
zu lob und dem heiligen Romischen reich dem gemainem land und der ganzen Cristenhait
zu eru und notdurft: und hierumb so pitten und begern wir ew all und ew ᵐ ieglichen
besunder und ⁿ vleizziehlich mit ganzem ernst, wann daz sei daz ew unser lieber vetter

¹ *Vgl. 1400 Dec. 5 K. Rupprecht an Achen, nr. 179.*

und furst herzog Stephan von unsern wegen anrewffen ᵃ und erfodern wirdet, das ir im
dann furderlich ᵇ beigestendig und geholfen seit, als wir ew wal ᶜ getrawen und uns des
auch ganzlich zu ewch versehen. des ᵈ wellen wir mit dem obgenanten unserm fursten
gein ew auch mit besundern günsten genadiclich erchennen.   datum Haidelberg in
die beati Johannis ewangeliste anno etc. quadringentesimo ¹, regni vero nostri anno primo ᵉ,
sub sigillo nostro presentibus tergotenus affixo.

D. Aufforderungen zur Anerkennung in Italien nr. 187-189.

187. *K. Ruprecht an Venedig* ², *meldet seine Wahl, seinen Einzug in Frankfurt, seine
weiteren Fortschritte, und bittet um Freundschaft.* *1400 Nov. 23* ³ *Straßburg.*

*Aus Karlsr. G.L.A. Pfälz. Kop.B. 146 fol. 92*ᵃ ᵇ *cop. chart. coaev.*
*Gedruckt Obrecht appar. jur. publ. ed. 1696 pag. 90-92; Martène thesaur. nov. 1, 1641 f.
nr. 10. — Regest bei Georgisch 2, 849 nr. 67 und bei Chmel 26 aus Martène l. c.,
endlich bei Janssen Frankf. R.K. 1, 542 nr. 934 aus eigenem Kodex Acta et Pacta.*

Magnifice princeps et amici dilecti.   prout ad vestram intelligenciam alias potuit
esse deductum, sacri Romani imperii principes electores, propter multos intollerabiles er-
rores et dissensiones in sancta matre dei ecclesia et varios querulosos notorios defectus
in sacro Romano imperio ex illustris principis Wenczeslai Bohemie regis desidia et ne-
gligencia subortos et adhuc prochdolor lamentabiliter perdurantes, prefatum Wenczeslaum
diffinitiva eorum sentencia mediante a predicto Romanorum regno rite deposuerunt et
degradarunt, nostramque personam in verum Romanorum regem divino suffragante auxilio
in cesarem promovendum juste et sancte elegerunt.   cui eleccioni divine pietatis intuitu
in adjutorium sancte dei ecclesie et sacri imperii consolacionem, totis conatibus altissimi
presidio cooperante ad sancte unionem ecclesie et sacri reformacionem imperii diligenti
studio laboraturi, nostrum adhibuimus consensum, dileccionem vestram cupientes non la-
tere, quod, inclitorum predecessorum nostrorum divorum Romanorum regum solito more,
insigne opidum Franckefurdense prope Mogenum diocesis Maguntinensis sex septimanis
et tribus diebus numerosa principum magnatum et procerum sacri imperii nobis assi-
stente milicia firma obsidione vallavimus.   qua feliciter peracta in prefato ᶠ opido et in
aliis adjacentibus fortaliciis ad Romanum imperium spectantibus et deinde in civitatibus
opidis et provinciis flumini Reni adjacentibus fuimus gloriose suscepti, nostrorumque ibidem
civium devotam obedienciam fideliter recepimus et ᵍ juramenta, et insuper tam ʰ eccle-
siasticorum quam secularium principum comitum baronum et magnatum majoris partis tocius
Germanie adherentium et assistenciam sumus adepti, continue felici progressu ad ulteriora

---

a) *BS aurufen u. s. würdet.* b) *A federlich, BS förderlich.* c) *A wol / BS wol.* d) *BS das wollen wir ge-
euch mit unsern [S unserm] gnaden und besondern gunsten genädiglich erkennen; A des wellen wir mit
den obgenanten unserm gein ew auch mit besondern günsten genadichlich erchennen*; conj. dem vhg. n.
fursten, oder vettern. e) *BS anno 1400 regiminis vero nostri primo.* f) *cod. prefata.* g) *om. cod.* h) *om.
cod.*

---

¹ *Bei Gemeiner 1401, was nicht möglich, weil
da Ruprecht in Venedig war; Chmel setzte auch
ohne weiteres trotz Gemeiner 1400.*

² *Chmel und Janssen meinen: vermuthlich ency-
klisch. Aber dazu paßt nicht magnifice princeps
et amici dilecti als Anrede, und aber zu Venedig,
wie er denn schließlich auch nur um amicitiam
vestram bittet, nicht aber (wie bei Janssen) Ge-
horsam verlangt. Das Stück steht im Pfälz. Kop.B.*

*denn auch zwischen einem Schreiben Ruprechts
an den Pabst und einem an Florenz. Der Doge
Antonius Venerio starb 1400 Nov. 23, Mich. Steno
wurde gewählt 1400 Dec. 1.*

³ *Martène Georgisch Chmel haben Nov. 24,
Pfälz. Kop.B. nebst Obrecht und Janssen haben
Nov. 23. Die Lesung im Kodex ist ganz deut-
lich.*

summi imperatoris clemencia adjuvante tendere satagentes. quocirca amiciciam vestram affectanter rogamus, quatenus, si quo contra nostrum et sacri imperii statum tempore attemptari perceperitis, eisdem pro viribus resistere et obviare nobisque benivolo favore assistere et nostra ac sacri imperii agenda velitis promovere, nobis vice versa condigno regio more ad desideriis vestris benigne conplacendum dispositis et paratis. datum Argentorati 23 die mensis novembris anno domini 1400 regni vero nostri anno primo.

188. K. Ruprechts Anweisung an Albrecht von Thanheim zur Werbung an die Lombardischen Herren und Städte: Bericht von Absetzung und Neuwahl, Aufforderung zur Anerkennung Ruprechts. *[1400 Dec. — 1401 Jan. o. O.[1]]*

Aus Karlsr. G.L.A. Pfalz. Kop.B. 116 fol. 23ᵃ-24ᵇ cop. ch. coaev.; die Absätze des cod. sind im Druck beibehalten, obschon sie nicht ganz geschickt sind, aber die Zählung erscheint einmal als feststehend, da bei art. 10 am Rand links mit andrer Tinte gleichzeitig beigefügt ist 10ᵐᵘˢ articulus, was sich bezieht auf art. 1 der Werbung an die Schweizer von c. 1401 Mai in., v. m. a. Am Rande rechts stehen zu art. 10 und zu art. 11 die Bemerkungen, die ich mit der Bezeichnung „am Rande" in den Text nach den betreffenden Artikeln aufgenommen habe, beide sind vielleicht von der Hand des Textes selbst.

Coll. Janssen Frankf. R.K. 1, 550-553 nr. 948 aus einem in seinem Privatbesitz befindlichen Kodex Acta et Facta 132-139.

Moderne lat. Übersetzung bei Martène ampliss. coll. 4, 31-33 nr. 18.

Regest Chmel p. 3 nr. 47 aus Martène l. c.

Werbunge an die Lamparschen herren und stette, die Albrecht von Thanheim enpholhen ist.

[1] Item das ir in zu dem ersten erzelent, wie unser herren die kurfursten vor ziten den konig von Beheim, ee er von dem riche abgesetzet wurde, dicke und vil bevorcht und bermanet haint, das er die* gebrechen der heiligen kirchen und des heiligen richs, die groß und schedelich weren, als sie imme auch beschrieben santen und erzelen liessen, wolte understeen zu bessern und zu wandeln, darzů sie imme auch gerne helfen und raten wolten nach irme besten vermogen.

[2] Item und als der konig von Beheim leste zů Franckfurt waß[2], da schickten unser herren die kurfursten ir erber frunde zu imme, und liessen imme dieselben gebrechen[b] und irrunge eigentlichen in einer geinwurtikeit erzelen, und gaben imme die auch beschrieben[3], und baden und ersuchten und ermanten in aber das er darzů tůn und versten wolte daz die heilige kirche das heilige riche und die ganze Cristenheit nit als gar jemerlichen verdurben, diewile imme auch zugehorte darfur zu sin und zu versten, und das sie imme auch gerne darzů wolten helfen und raten nach allem irme vermogen.

---

a) *am. cod. und Janssen.* b) *cod. verändert aus gebrestea i jetzt wider gebrechen am. jetzt. Rand.*

---

[1] *Das undatierte Stück steht im Kodex zwischen der Erklärung der Stadt Achen vom 24 Dec. 1400 und dem Schreiben des Kurf. von Köln an Meißen und Hessen vom 8 Jan. 1401. Die Gesandtschaft an den Pabst, welche freilich aus anderen Personen bestand, wurde am 14 Dec. 1400 bevollmächtigt. Von der Krönung zu Achen wird den Lomburden noch nicht in der Werbung berichtet, wol aber von dem Einzug in Frankfurt. Jeden-*
falls fällt es vor die Krönung, aber wol in deren Nähe. Die 9 ersten Artikel widerholt in der Werbung nr. 292 an die Schweizer vom Mai 1401. In letzterer ist bereits vom Romzug die Rede, in der obigen noch nicht.

[2] *Reichstag zu Frankfurt 1397/8 Band 3 der RTA.*

[3] *Die Frankfurter Artikel vom 23 Dec. 1398 nr. 9 in 3 Bande der RTA.*

218 Reichstag zu Mainz im December 1400.

[1400 Dec. bis 1401 Jan.] [3] Item daruf kunde unsern herren den kurfursten kein entlich antwurt werden, darinne sie verstunden das er darzû dûn und versten wolte, als der heiligen kirchen dem heiligen rich und der ganzen Cristenheit notdurftig gewest were.

[4] Item und darnach sin unser herren die kurfursten zû vil kostlichen tagen geritten, als ir auch wol vernomen mogent han, darzû sie auch ander fursten des heiligen richs verbotten zu kommen, und habent sich mit den von den obgenanten gebresten *1400* underredet. und als sie uf sant Urbans tag fur pfingsten nehstvergangen uf dem lesten *Mai 25* tage zû Franckfurt bi einander waren, da uberkamen sie und schrieben dem obgenanten kunige von Beheim aber als eime Romischen kunige, und ersuchten und ermaneten in als sie in vor dicke ersuchet und ermanet und auch selber muntlich erzelet hatten, das er darzû dûn und verstan wolte das soliche grosse irrunge und gebresten, die in der heiligen kirchen dem heiligen riche und der ganzen Cristenheit weren, gewandelt wurden, das das heilig riche und die gemeinen lande nit alse gar jemerlichen verdurben, und *1400* daz er uf den andern tag nach sant Laurencien tag bi in zu Lanstein an dem Rine *Aug. 11* wolte sin und mit in zu rate werden wie man dem widersten mochte, und, dete er des nit, so mûsten sie von anruffunge des gemeinen landes und auch von solicher eide wegen, damit sie dem heiligen riche verbunden werent, darzû gedenken und dûn daz das heilig riche anders versehen und bestalt würde.

1400 [5] Item uf den obgnanten den andern tag nach Laurencii kament die kurfursten *Aug. 11* also gein Lanstein mit andern fursten herren und steten dez heiligen richs, und blieben da bi eine uf zehen tage, und wartend ob der vorgnant kunig Wentzlauw ieht kommen wolte diese vorgnanten gebrechen abzulegen und das heilige riche nutzlicher zu bestellen. und ist er doch umbe alles dis nicht in zu kommen, und hat[a] auch nieman von sinen wegen einche sache in furzulegen zu in gesant.

[6] Item und wand die kurfursten den konig von Beheim umbe diese vorgnanten gebrechen dicke und vil allein und heimlich in gutlichkeit, und, als daz nit geholfen hat, fur fursten herren und steten dez heiligen richs in manicher samenunge, die sie darumbe kustlich gehabt hant, ernstlichen besucht und gestrafft hant (und als das auch nit verfangen hat, so haben sie das furbaß von imme an den heiligen stule von Rome bracht), und er des alles nit geachtet hat, so kunden und mochten die kurfursten nit anders darinne gemerken dann das er der heiligen kirchen und Cristenheit und besunder des heiligen riches kein achte und sorge haben wolte.

[7] Item und wand daz sunder verderplichen schaden der ganzen Cristenheit nit lenger zu herten noch zu liden waz, darumbe und umbe andere grosse sumenisse und entliedunge, die er an dem riche getan hat, und auch vil erschreckenlicher und unmenschlicher missetat, die er begangen hat, als das lantkundig ist, hant die kurfursten mit wolbedachtem mûde und gutem furrade, den[b] sie daruber gehabt hant mit vil anderen grossen und mechtigen fursten herren und steten des heiligen richs, und mit irme wißen willen und bistande, mit rechtem orteil den obgnanten kunig Wentzlauw abegesetzet von dem heiligen Romischen riche und von aller wirdekeit eren und herlichkeit darzu gehorende.

[8] Item und darnach hant die kurfursten, nach dem als sie daruber einen herten eid[1] offentlichen vor allermenglichen sworen, der hienach[2] gezeichent ist, einmutlichen

---

a) *an. Januar.* b) *so verändert aus die in cod.*

[1] 1400 Aug. 21 nr. 208 des Bandes 3 der RTA.
[2] Im Kodex nicht nachher sondern vorher, nemlich fol. 9ª, bei uns nr. 208. Die obigen Worte der — ist sind mit einer Art Gänsefüßchen von andrer Tinte eingefaßt; die beiden ersten Worte auch überstrichen, der Strich mit einem kurzen Häkchen links beginnend, von derselben andren Tinte, vgl. die folgende Anmerkung.

D. Aufforderungen zur Anerkennung in Italien nr. 187-189.   219

reht und redelich gekorn den allerdurchluchtigisten fursten und herren hern Ruprecht [1400
zu der zit pfaltzgraven bi Rine und herzogen in Beyern minen gnedigen herren iren Dec. bis
mitkurfursten zu rechtem und gewarem Romischem kunigo und zŭkunftigen*ᵃ keiser, zu Jan.]
dem auch die egenanten fursten herren und stete gesworn und sich verbunden hant und
immo gehorsam beraten und beholfen sin wollen als eime Romischen kunige. und die-
selben fursten herren und stete sollent ir in nennen, als ir sie hernach gezeichent hant¹,
so diese werbunge ein ende hat².

[9] Item und wand unser herre der Romische konig dri tage. und sehs wochen sin
zit ganz uß fur Franckfurd gelegen hat und nŭ daselbes und in ander dez heiligen
richs stete ingeritten ist, und in auch die von Franckfurt und andere dez heiligen richs
stete gehorsamelichen enphangen und imme gesworn und gehuldet haben zu gewarten
und gehorsam zu sinde als eime Romischem kunige, und demselben unserm herren dem
konige nŭ auch zugehöret*ᵇ alle die die zu dem heiligen riche gehorent zu ersuchen und
zu ermanen daz sie imme als eime Romischen konige gehorsam dŭn und gewarten:

[10] Item daruf hat mich derselbe min gnediger herre der Romische kunig zŭ uch
gesant und uch das alles heißen erzelen, und uch auch zu bitten und zu ermanen das
ir immo als eime Romischen kunige gehorsam dŭn und erzeugen wollent, das er mit
uwrer und ander die zu dem heiligen riche gehorent hilfe solich groß irrunge und ge-
bresten, die leider lange zit in der heiligen kirchen dem heiligen riche und der ganzen
Cristenheit gewest sin*ᶜ, dester baß furgesin den wiederstun und mit der gotshilfe ge-
wandeln und zu gutem wesen und stande bringen moge, als er auch genzlich meint
zu tŭn.

[am Rande] Zu merken, daz man diese zwene artickel*ᵉ sol*ᵈ andern gegen den,
die nit zu dem riche gehorent, nach dez herren von Padaw rate und underwisunge*ᵉ.

[11] Item und saget in auch: si es notdurftig und si in von andern künigen auch
geschehen bißher, das unser herre der kunig in ir friheit und privilegia, die sie von dem
rich hant, auch wolle bestetigen und sich gnedeclichen gein in bewisen, und sie schuren
und schirmen nach sinem vermogen und in dŭn als in ein Romischer kunig billich
dun sol.

[am Rande] Diesen artickel sal man auch gein den, die dem riche nit*ᵉ zugehorent,
erzelen*ᶠ nach dez von Padaw rate.

[12] Item und so ir dis alles also erzelet hant, so bittent sie dann von unsers
herren dez koniges wegen, daz sie imme herauf ir fruntlich antwert mit uch enbieten
wollent.

[13] Item und were ez daz sie etwas fruntlich entwurtet wordent, so redent mit
in, daz sie dann ir frunde trefflich und mit macht schicken wollen*ᵍ uf einen tag zu
unserm herren dem konige die sachen furbaz zu gutem ußtrage und ende zu bringen

---

a) cod. — m f abgehört. *b)* mit dunklerer Tinte verbessert aus zugehoert in cod., Janssen zugehoret. *c)* so wolle ned im cod. verbessert werden aus sint; Janssen sint. *d)* cod. n. Janssen so; bei Martène fehlen die Rand- notizen. *e)* om. cod. *f)* cod. erzelon.

---

¹ Hierher gehört wol das Verzeichnis bei Obrecht appar. jur. publ. 106-108, das in dem Kodex, aus dem obiges Stück stammt, nicht, wie man erwarten sollte, hernach gezeichnet ist. Nicht wider aufgefunden, daher auch bei uns aus Obrecht. Die Überschrift des gen. Verzeichnisses Dise nach-geschriben sint an userme heren dem künige, und Ime gehorsam und biestedig sint stimmt sehr mit dem obigen zu dem auch — kunige. Die obigen Worte und dieselben — hant sind mit einer Art Gänsefüßchen von andrer Tinte einge-faßt, vgl. die vorige Anmerkung.
² D. h. sobald dieselbe bis zu Ende vorgetra-gen ist.
³ Es sind die art. 9 und 10 gemeint, die schon durch die Satzkonstruktion zusammengehören; der letztere ist der einzige, der am Rande gezählt ist, wegen der Verweisung in nr. 289 art. 1.
⁴ Dieser soll also erst darum gefragt werden.
⁵ Vgl. nr. 260 nr. 1ᵇ und 2ᶜ.

und auch zu rate zu werden, wie man unsern herren des koniges und des heiligen richs sachen forther handel und bestelle zu dem besten und nutzlichsten.

[14] Item wolten sie aber ir frunde mit herußschicken zu unserm herren dem künige, so redent mit in, daz doch ein dag bestalt werde gein Venedigen Bononie oder anderswo zu Lamparten da ez dann den herren von Padaw bequemlich duchte sin, dahin wolte unser herre sine rete schicken, und das sie ir frunde auch da wolten haben den sachen nachzugeen und zu rate zu werden als fur geschreben stet.

189. *Verzeichnis von Reichsständen und auswärtigen Mächten, welche zu K. Ruprecht halten. [zu der kön. Anweisung 1400 Dec. — 1401 Jan.[1] o. O., also zum vorigen Stück.]*

O) *Obrecht apparatus juris publici ed. 1696 pag. 106-108.*
F) *demselben zweite Ausgabe von Jo. Christian Fischer 1763 pag. 81-86.*

Dise nachgeschriben sint an unserme herren dem künige und ime gehorsam und bistendig sint.

Zum ersten unser herren die kurfürsten
der künig von Arregun
item der künig von Sicilien
der konig von Sweden
der künig von Engelland
item herzog Stephan von Beyern
herzog Albrecht von Hollant
herzog Wilhelm von Beyern grove zu Ostervant[a]
herzog Ludewig von Beyern
herzog Heinrich von Beyern
herzog Karle von Lutheringen
herzog Bernhart }
herzog Heinrich } von Bruneswig
herzog Otte   }
der herzog zu Sahsse und zu Lünenburg
der herzog von Stetin
der herzog von Magnopel
der herzog von Slesewitze
der herzog von Rüge
der herzog von Osterich

a) OF Oeteuut.

[1] Ist die Vermuthung richtig, daß dieses Verzeichnis zu der Instruktion Albrechts von Thanheim gehört, so erklärt es sich leicht, warum dasselbe sich nicht gerade auf diejenigen beschränkt, die wirklich damals schon anerkannt oder gehuldigt hatten. Man setzte sowiele Namen hinein als irgend dienlich war und immer noch glaublich scheinen konnte; je mehr es waren, desto größer der Eindruck in der Lombardei. Die oben angeführten drei, der König von Schweden, der Herzog von Sachsen, der Graf von Schwarzburg, sind in dem Briefe vom 28 Jan. 1401 (Jo. Kirchheim an Jo. Holschusen) als solche angeführt, die noch nicht gehuldigt haben. Man nahm es damit nicht so genau, vgl. auch ebendort art. 3.

item Balthasar \
und Wilhelm } gebrüder \
Friderich \
Wilhelm der jünger \
Jeorge \
Balthasar der junge } alle margroven und lantgroven zu Doringen

lantgravo Herman von Hessen \
burggrave Friderich von Nürenberg \
der prinz von Anhalt \
der margrave von Baden \
der grave von Honnenberg \
item der erzbischof von Bremen \
item der erzbischof von Megdeburg \
item der erzbischof von Saltzburg \
item bischof von Ludich \
der bischof von Straßburg \
der bischof von Würtzburg \
der bischof von Bamberg \
der bischof von Spire \
der bischof von Wormße \
der bischof von Eystetten \
der bischof von Münster \
der bischof von Hildißheim \
der bischof von Halberstad \
der bischof von Minden \
der bischof von Vorden \
der von Augspurg \
der von Costentz \
der von Regenspurg

    Diß sint die graven \
item der grave von Cleve und von der Marcke \
grave Philippe grave zu Nassauw und zu Sarbrucken \
die graven von Lyningen[a] \
der gr. von Veldeintz \
der gr. von Wertheim \
die wildegr. von Kirpurg \
die Rinegraven \
die graven von Eberstein \
der gr. von Holstein \
der gr. von Hoyn \
der gr. von Hoinstein \
die gr. von Weruyngenrode \
der grave von Regenstein \
der grave von Swinfurt \
der gr. von Monsfelt \
der gr. von Tritpoln[b] \
der grave von Stalberg \
der grave von Berbie

a) OF Lyningen. b) sic, zu m. Tiepolt, d. h. Diepholz?

[ad 1400
Dec.
bis
1401
Jan.]

der grave von Schauwenburg
der grave von Hallermint
der gr. von Wonstorff
der gr. von Delmenhorst ᵃ
die gr. von Hennenberg
grave Emich¹ von Swartzenburg
die graven von Otingen
der von Helffenstein
der grave von Wirtenberg
die herzogen von Decke ᵇ
die graven von Heiligenberge
die graven von Monffurt
die von Abspurg
die von Pregentz
der gr. von Luppfen
      Spanheim
      Catzenelnbogen
  Diß sind die stette
item Franckenfurt
Mentze
Cölne
Triere
Strasspurg
Spire
Wormbß
Friedeberg
Geilenhusen
Wetflar
Hagenauw
Sletzstatt
Wißenpurg
Selse
Ehenheim
Roßheim
Winsperg
Nůrenberg
Swinfurt
Wimpfen
Colmar
Kayserspurg
Münster
Dorinckeim
Amerswilr
Costentz
Uberlingen
Lyndauwe

a) F Delmenhorst, O Delmenhorff. b) O Decke, F Decke.

¹ Wol ein Schreibfehler für Heinrich.

          Ravenspurg   [ad 1400
          Santgallen   Dec.
          Wangen   bis
          Buchorn   1401
  5   Augspurg   Jan.]
          Ulme
          Esselingen
          Rüttelingen
          Rotwile
  10   Gemünde
          Heilpronne
          Wyle
          Nordelingen
          Alen
  15   Bopfingen
          Memmyngen
          Kompten
          Gingen
          Kaufburen
  20   Biberach
          Iseny
          Liutkirche*
          Pfullendorff
          Dinckelspühel
  25   Basel
          Berne.

E. Verhandlungen wegen der Tödtung Hzgs. Friderich von Braunschweig
                              nr. 190.

190. K. Ruprecht setzt in Gegenwart der Erzb. Johann II von Mainz und Friderich III 1400
     von Köln auf den 16 Januar 1401 einen Tag zu Marburg an zu Verhandlungen   Dec. 4
     zwischen den Herzögen von Braunschwig und Lüneburg und Gf. Heinrich von
     Waldeck mit den Seinen wegen der Niederlage und Tödtung Hzgs. Friderich von
     Braunschweig und Lüneburg. 1400 Dec. 4 Mainz.

              Aus Hannov. St.A. Celler Orig. Arch. Design. 8 Schrank 4 M caps. 20 nr. 1 c or. chart.
              lit. pat. c. sig. in verso impr. Die Urk. ist jedoch früh zugefaltet worden, denn in
              verso auf den beiden Rändern rechts und links stehen von Hand des 15 sec. (coaev?)
              die Worte stomac[h] hus und eine Zeile tiefer bonum esse[] hominem, der Art daß sie
              durch Öffnung der Urk. aus einander gerissen worden sind. Ein Verschluß aber ist
              nicht vorhanden gewesen, auch keine Schnitte sichtbar.
              Gedruckt bei Sudendorf Urkb. der Hzg. von Braunschw. und Lüneb. 9, 139 nr. 92 aus
              derselben Vorlage.

     Wir Ruprecht von gots gnaden Romischer kunig zu allen zijten merer des richs 1400
bekennen: daz wir uff diesen hutigen tag datum diß brieffes, als wir und die er- Dec. 4
wirdigen Johann zu Mencze und Friderich zu Collen erczbischoffe unser lieben oheim
neve und kurfursten by uns da sin, einen gutlichen tag gemacht han zu Marppurg zu
leisten zuschen den hochgebornen Bernhart und Heinrich herczogen zu Brunßwig und

              a) OF Lautkirche.

zu Lunenburg unser lieben oheimen und fursten uff ein syte und dem edeln Heinrich *[1400 Dec. 4]*
graven von Waldecke und die daz mit yme angeet, mit namen Friderich von Hertings-
husen Cunczman von Falkenberg und Wernher von Hanistein, uff die ander syte, von
der geschicht, als der hochgeborn Friderich herczog von Brunßwig und von Lunenburg
unser lieber oheim und furste selige dot verliben ist, und der nyderlage wegin. und
sollent die beide partien uff den nehsten sambßtag nach dem schezehenden tage octava *[1401 Jan. 15]*
epiphanie domini zu latine nchstkũmpt off den abent zũ Marppurg sin, off den sontag *[1401 Jan. 16]*
des tages da zu warten und den zu leisten. und sollent beide partien und die mit yn
zu dem tage rytent ane geverde eine fur der andern und den yren sicher sin zu dem
tage und wieder heim ane alle geverde. und den obgenanten tag hant also offgenomen
unser oheim von Menczc obgenant und der edel unser lieber neve und getruwer Philipps
grave zu Nassauw und zu Sarbrucken off des graven von Waldecke und der andern
zu ym vorgenanten syte, und uff unser oheimen von Brunßwig obgenant syte unser
lieber andechtiger meister Conrad bischoff zu Verden und Heinrich yr cappellan. und
wir meynen selber uff dem tage zũ sin zu Marppurg, und unser obgenanter oheim von
Menczc auch alsdann zũ Marppßurg oder uff daz nehst daby zu sin. datum Maguntie
in die beate Barbare virginis anno domini millesimo quadringentesimo sub sigillo nostro *[1400 Dec. 4]*
presentibus tergotenus affixo, regni vero nostri anno primo.

Ad mandatum domini regis
Mathias Soberuheim.

F. Urkunden betr. Anerkennung in Deutschland nr. 191-192.

191. *Johann vom Egloffstein[1] Domprobst des Wirzburger Stifts verbindet sich mit K. Ruprecht auf Lebenszeit, insbesondere gegen den König von Böhmen.* 1400 Nov. 15 *[1400 Nov. 15]*
[Wirzburg].

Aus Münch. Staatsarchiv Urkk. betr. die äußern Verhh. der Kurpfalz 190/189 or. mb. lit. pat. c. 2 sig. pend., die verschiedenen fehlerhaften Schreibweisen sollten lieber stehen bleiben, nur zwei habe ich in die Textnoten gebracht; im Druck ist immer bye und sye statt bije und sije gegeben worden. Auf der Rückseite gleichzeitig Johan von Egelstein tumbrost zu Wirczburg, und auch noch von Hand des 15 Jahrh. buntnis vom rich, das erstere gleichz. noch einmal.

Regest Karler. G.L.A. Pfälz. Kop.B. 44 fol. 189ᵃ und ᵇ cop. ch. s. 15; Ein brief, wie Johann von Egloffstein, domprobst zu Wirczburg, sich zu konig Ruprechten verbunden hat mit allem vermogen so er hett oder uberkommen wurde, es weren bistum herrschaften oder ander wirdigkeiten, widder den konig zu Beheim und ander die sin majestat am reich irren wolten etc. In urkunde zweier anhangender ingesigel geben anno 1400 mondags nach Martini.

Ich Johan vom Egloffstein dũmprobst des stieffts zũ Wirtzbũrg bekennen und dũn
kũnt offenbar mit diesem brieffe allen den die yn ymmer ansehent lesent ader horent
lesen: daz ich vum myn frien eigen willen und mit wolverbedachten mude und rat
myner mage und gũten frũnde mich zũ dem allerdũrchlũchtigstem hochgeboren fũrsten

---

a) or. mit Überstrich über der ersten Silbe.

---

[1] *Versprechen des Ott vom Egloffstein Domherren zu Wirzburg an K. Ruprecht, falls er mit dessen Hilfe Patriarch von Aquileja würde, Heydelberg 1405 Apr. 27, Regest im Karler. G.L.A. Pfälz. Kop.B. 44 fol. 191ᵃ·ᵇ und Janssen Frankf.* R.K. 1, 771 nr. 1219 *ebendaher, und bei uns im nächsten Band. — Johannes I von Egloffstein ist Bischof von Würzburg 1400 Nov. 19 — 1411 Nov. 22; sein Vorgänger Graf Gerhard von Schwarzburg starb 1400 Nov. 9. Vgl. nr. 159. 160.*

F. Urkunden betr. Anerkennung in Deutschland nr. 191-192.

und herren hern Ruprecht Romschem kunig zu allen zijten merer des richs myn lieben gnedigen herren und sinen erben pfaltzgraven bij Rin,[a] alltzijt als lange ich geleben, verbonden han und verbinden mit crafft diß brieffs in aller maßen als hernach gescreben stet, umbe sünderlich gnade liebe und fruntschafft die mir derselbe myn gnediger herre der Romischer kunig alltzijt gnediclichen und getrulichen bewiset hat und er und die vorgescreben sin erben pfaltzgraven bij Rin mir yn zukunftigen[b] zijten wol bewisen und erzeugen mogen. [1] Zum ersten sal ich Johan obgenanter mit allem dem das ich itzung vermag ader hernach vermogen wurde, iß sin bistům ader ander herschafft und wirdekeid geistlichen ader werentlichen sloßen landen und luden da mir unser herre got zu hilffet[1], dem obgenanten mym gnedigen herren dem Romschen kunig alltzijt gewarten, ym damit getrulichen byebestendig gehorsům und behelffen zu sin, namentlich weder den kunig von Beamen[b] und alle sin helffer die mynen obgenanten gnedigen herren den Romischen kunige hindern ader irren wolten an dem riche ader waz daz riche antrifft, bye dem ich alltzijt getrulichen verliben wil wieder allermenlich nicht ußgenommen. [2] und wil auch yn allen andern sachen, die daz riche nit antreffent, verliben, als vor gescreben stet, bye mym gnedigen herren obgenant wieder den kunig von Beheim und alle sin helffer, als ferre der egenant kunig von Behein yn nit wolte laßen genůgen[c] mit recht, noch ußwißungs der brieffe die zwssem der cronen von Bemhem und dem stiffte von Wirtzburg vor langen zijten gemacht sint, die doch mym gnedigen herren hern Ruprecht Romschem kunig vorgenant keyn hinderniß sollent brengen an des richs sachen, sunder sal ym getrulichen byestan also vor gescreben stet, und wider allermenlichen gen dem er daz begert, nyemant ußgenommen, doch mit beheltnysche gehorsunkeit der heilgen kirchen und auch mit beheltniß des stiffes zu Wirtzburg ader eyns andern stiffs ader prelaturen darzu ich queme friheid ader recht geistlichen und werentlichen. [3] und sal auch yn, also lange er gelebet, vor mynen gnedigen herren und rechten Romischen kunig, alltzijt als lange ich geleben, haben und halten, ußgescheiden alle argelist und geverde. [4] ich sal auch, als lange ich geleben, mit allem dem daz ich vermag oder hernach vermogen wurde wieder den obgenanten mynen gnedigen herren den Romischen konig und sin erben pfaltzgraven bij Rin und ir erben und herschafft sementlichen und sunderlichen nůmmer getůn nach schaffen getan werden noch sin, und sal daz alltzijt mit mynen amptlůden bestellen daz sye daz also halten und daz iß also gehalten werde, ane alle geverde, ußgenommen, ob myn herre der konig ader sin erben dem stiffte von Wirtzburg mir ader den mynen schůldig weren ader wurden und des gute kůntschafft hetten mit brieffen ader andern, daz ich ader der stifft zu Wirtzburg ader unser nachkummende daz mogen mit fruntlichem recht fordern, und, wo mir ader yn daz nit ginge, so mag ich ader sye die schold forderen als wir iß ge-

a) or. obbůtigen. b) or. Beheru! c) or. gnedigen.

[1] Das Kapitel zu Würzburg macht sich verbindlich, wenn es zur Bischofswahl kommen werde, und K. Ruprecht aus zweien von ihnen, Gf. Eberhard von Wertheim und Johann v. Egloffstein, einen nominiere, diesen zum Bischof zu wählen und ihm die Schlösser und Städte des Stifts einzugehen sowie nach Rom um seine Bestätigung zu schicken, dat. 1400 nov. 8 pontif. Bonif. 12 Nov. 12 in civitate Herbipolensi, aus einem Regest im Karlsr. G.L.A. Pfälz. Kop.B. 44 fol. 190ᵇ cop. ch. saec. 15 ex. — K. Ruprecht bittet den Pabst Bonifacius IX. um Konfirmation des gewählten Johannes von Egloffstein, 1401 Jan. 30 Mergentheim, Martène thesaur. nov. 1, 1646 nr. 17, Karlsr. G.L.A. Pfälz. Kop.B. 146 fol. 116-117ᵃ (120ᵇ-121ᵃ); Regest Chmel 117 aus Martène, Janssen Frankf. R.K. 1, 557 nr. 955 aus einem in seinem Privatbesitz befindlichen Kodex Acta et Pacta 247. — Verleihung der Regalien und Reichslehen an den erwählten Johann, Karlsr. l. c. nr. 4 fol. 27 oᵇ, Regest Chmel 123, erzählt von Ulman Strower St.Chr. 1, 59. — Bestät. der Privil. u. Freih. d. Bisch. und Klerus im Bisthum Chmel 130.

trûwen zû verantworten. [5] und sal auch sye und ir hirschafft, alltzijt alse lange ich geleben, mit rechten guten gantzen trûwen* meynnen und handelen, ußgescheiden alzijt argelist und geverde. [6] auch sal ich, als lange ich geleben, nummer cynielerley verbûntnysche ader versprechniß^b getân nach angen daz wider den obgenanten mynen gnedigen herren den Romischen kûnig und sin erben pfaltzgraven bij Ryn und ir herschafft were ader gesin mochte, ane al geverde. [7] ich sal auch noch nyemant von mynen wegen, als lange ich geleben, dheinerley sachen geistlich ader werentlich fûr mich nemen ader der gebrûchen, darumbe ich der obgenanten stucke puncten und artikil eyns ader me nit halten ader follentûren solte, ane alle geverde. und han auch daz alliz dem obgenanten myne gnedigen herren hern Ruprecht Romischem kûnig in rechten gûten gantzen trûwen geretde und globt, und globen daz alles mit erafft dis brieffs, und han daz auch alles lipplichen off dem heiligen gots ewangelium gesworen gentzlichen und getrûlichen feste und stede, als lange ich geleben, zû dûn zû follentûren und zû halten und yn keyn wijsse zû ûberfaren, ußgescheiden allerley argelist und geverde. und han des alles zû warem urkûnt und gantzer stedikeit myn eygen ingesigil an diesen briff gehangen, und han auch gebetten den erwirdigen herren Conrad vom Egloffstein meister Dûtsches ordens in Dûtschen landen mynen liben brûder daz er sin eigen ingesegil zû gezûgnyß aller vorgescreben stûcke und artikil auch an diesen brieff gehangen hat. und wir Conrad Egloffstein vorgescreben bekennen, daz wir umbe flißger bede willen des obgenanten hern Johans Egloffsteinis^c unsers brûders unser eigen ingesigil bye daz sine gehangen haben an diesen brieff zû gezûgnüsche aller vorgescreben dinge. geben in dem jare da man zalt dûsent vierhûndert jare des mondages nach sant Martins tag.

192. *K. Ruprecht verspricht versch. Elsäßischen Städten[1] einzeln, daß er sie für die geleistete Huldigung gegen jeden schützen wolle, der sie deshalb angreifen würde.* 1400 Nov. 24 Hagenau, Nov. 26 [Weißenburg], Nov. 27 [Weißenburg], Dec. 1 Mainz, 1401 Apr. 21 Sulzbach.

An Hagenau: H coll. Hagenau St.A. AA. 40 boite IV or. mb. lit. pat. c. sig. min. pend.; dat. Hagenau 1400 r. 1 Mi. vor Kather. [Nor. 24]; Unterschrift und Registrata wie in S. — Karlsr. G.L.A. Pfälz. Kop.B. 8½ fol. 4^b cop. ch. coaev. — Karlsr. ibid. Pfälz. Kop.B. 149 pag. 4 cop. ch. coaev., mit der Bemerkung, daß ebenso an Weißenburg am Freit. nach Kather. [Nov. 26] und an Selz am Sa. nach Kather. [Nov. 27] geschrieben wurde. An Schlettstadt: S coll. Schlettstadt St.A. AA. 37 or. mb. lit. pat. c. sig. pend. delapso; dat. Mainz 1400 r. 1. Mi. nach Andr. [Dec. 1]; Unterschrift Ad mandatum domini regis || Mathias Sobernheim; in terso R. Nicolaus Buman. — Karlsr. G.L.A. Pfälz. Kop.B. 8¼ fol. 5^b cop. ch. coaev., mit der Bemerkung unten, daß den von Keisersberg Obernehenheim und Rosheim ebenso geschrieben wurde. — Karlsr. ib. Pfälz. Kop.B. 149 pag. 6 cop. ch. coaev., mit der Bemerkung, daß außer den obengenannten auch noch an die von Münster an demselben Tage [Dec. 1] geschrieben wurde. An Kolmar: K aus Kolm. St.A. Privilegien und Freiheiten der Stadt Kolmar Sex. A lad. 1 nr. 31 or. mb. lit. pat. c. sig. majest. min. pend.; dat. Sulzbach 1401 Do. vor Georg. [Apr. 21]. — Karlsr. G.L.A. Pfälz. Kop.B. 149 pag. 9 cop. ch. coaev.; auf pag. 10 die Notiz, daß ebenso an Mülhausen und Türkheim geschrieben wurde. An Mülhausen: M coll. Mülhaus. St.A. Laden 4 ohne besondere Signatur, orig.; hat Datierung, Unterschrift und Registrata wie K.

Wir Rûprecht von gots gnaden Romischer kunig tzû allen zijten merer des rijchs bekennen offenlichen und dûnt kunt menglichem mit diesem brieffe: als unsere und

a) Punkt über o. b) er. versprechniß. c) ader Egloffsteinrs?

[1] *Vgl. die Privilegien-Bestätigungen Chmel 25. 27—31. 357—359.*

des rijchs kúrfursten uns zu Romischem künige und kunftigem keyser gekorn habent, und unsere lieben getrúwen burgermeistere rate und burgere gemeinlichen der stad tzú Colmar uns auch darfur enphangen und gehuldet haben: daz, were ez sache daz yemans, were der wer', dieselben unsere lieben getrúwen burgermeistere rate und burgere von solichs enphahens und huldúnge wegen nötigen*b* betedigen oder bekriegen wolte¹, daz wir dann in wieder dieselben beholffen sin*c* und sie dawieder getruwelichen schützen schúren und schirmen wollent², und gliche unsern eygin luten. mit urkunde diß briefs versiegelt mit userm küniglichen ingesiegel, geben tzú Sáltzbach uff den dúnrstag vor sant Georien tag des heiligen merteles nach Cristi gebúrte dusent vierhundert und ein jare unsers rijchs in dem ersten jaro.

[in verso] R. Bertholdus Durlach.   Per dominum Rabanum episcopum Spirensem
cancellarium Nicolaus Buman.

F. Urkunden betr. Anerkennung in Italien nr. 193-200.

193. *Franz von Gonzaga Reichsvikar von Mantua an die Kurfürsten, erkennt ihr Verfahren gegen K. Wenzel nicht an, und erklärt an diesem stets festhalten zu wollen. 1400 Nov. 4 o. O.*

M *aus Martène thesaur. nov. anecd. 1, 1638 nr. 5, mit der Überschrift* Epistola V Francisci de Gonzaga Mantuae imperialis vicarii excelsis et venerabilibus in Christo patribus; *dann* Declarat se a Wincezlai imperatoris fide numquam recessurum; *am Schluß* Superscriptio ut supra nach Illustribus — dominis (ohne Bezeichnung).
Regest bei Janssen Frankf. R.K. 1, 541 nr. 930 aus einem Kodex in eigenem Besitz Acta et Pacta 224-237, *bei Georgisch 2, 819 und Chmel Reg. Rup. 151 nr. 2 aus Martène l. c.*

Illustres et reverendissimi patres et domini. ad continentiam vestrae reverentiae litterarum, per quas innuitis serenissimum principem et dominum dominum Wencelaum

---

a) USK der entsprechende andere Stadtname.   b) das Federzeichen steht nicht über e sondern über l.   c) KMN an, also; N zuerst wieder die zweiten beholffen.

---

¹ *Rotweil an Straßburg:* hat gehört, daß jetzt auf diese Zeit ein groß mächtig Volk von des neuerwählten Königs wegen den Rhein heraufgekommen und gezogen sei, und ihre guten Freunde die von Kolmar angriffen und sich vor sie geschlagen sollen haben sie zu bekriegen von Huldung wegen zu thun; bittet um Nachricht darüber und überhaupt; *dat.* Pfingsttag 1401 [Mai 20]; *aus Straßb. St.A.* An der Saul 1 partie ladula B fasc. X nr. 19 *or. ch. lit. clausa c. sig. in verso impr.* — *Auch am 9 Juni (fer. 5 p. Medardi) 1401 schreibt Rotweil an Straßburg:* hat gehört, daß der neue König einem großen Gewerb habe da nidnan umb den Rine umb euch. Da Rotweil nun etwas in Sorgen ist, so bittet es umgehend um Nachricht, ob dem also sei oder nicht, und wo er sich mit dem Volk hin meine zu richten oder was seins Gewerbes sei, und dazu was Straßburg sonst für Neuigkeiten zu sagen habe; *Straßb. St.A.* an der Saul 1 partie lad. B fasc. X nr. 20 *or. ch. lit. cl. c. sig. in verso impr.*

² *K. Ruprecht an die Reichsstädte in Elsaß* Hagenau Colmar Sletzstadt Wissenburg Selze Ehenheim Rosheim Münster Durkheim Keinersberg Mulhusen *und die Untertanen (insgesamt die in die Landvogtei Elsaß gehören:* verkündet die Ernennung des Schwagers Reinhart Ritters von Sickingen zum kön. Landvogt daselbst, 1401 Merz 1 Nürnberg, *so* Chmel *aus Wien R. R. Buch C fol. 29*b*. Auch im Karlsr. G.L.A. Pfälz. Kop.B. 4, 34*a*. Regest Perlbach in Z. f. d. G. d. Oberrheins 1872 p. 193 nr. 129 (vgl. nr. 130 ibid.).* — *K. Ruprecht theilt denselben Elsaß. Städten des Reichs mit, daß er Hannan von Sickingen zum Landvogt in Elsaß gesetzt habe, und fordert sie auf demselben zu gehorsamen, 1401 Dec. 2 (Fr. n. Kathr.) Wissenburg, Wien H. H. St.A.* Regist. B. Ruprechts C *fol. 18*b*, aber durchstrichen, daher nicht im Pfälz. Kop.D. 4 zu Karlsruhe.*

1400
Nov. 4
Romanorum regem contrafecisse sacri imperii rationibus, dico hoc mihi minime fore notum. sed quatenus per quospiam, ad quos legitime res ista pertineat, certificatum terminatumque sic foret[a] qualiter appareret, totum id sedulo facere promtus essem quod meo debito conveniret utique servitor fidelissimus et vassallus sacri Romani imperii antedicti. propterea prefati serenissimi domini mei domini Wenceslai Romanorum regis, a quo mea recognoscit devotio et cui homagium et fidelitatem juravi, devotus et humilis sum servitor et ad ejus ut tenor sum essemque semper obedientiam[b] mandatorum paratus. datum 4 novembris 1400 ind. 8.

Illustribus ac reverendissimis
patribus et dominis.

Franciscus de Gonzaga
Mantuae imperialis vicarius generalis.

1400
Nov. 7
194. *Markgraf Nikolaus von Este Reichsvikar in Modena an die drei geistlichen Kurfürsten, dankt für die Anzeige der Thronveränderung und wird sich gegen ihr Ansinnen in Betreff der Anerkennung derselben verhalten wie andere Vikare und Getreuen des Reichs. 1400 Nov. 7 Ferrara.*

Aus Karlsr. G.L.A. Pfälz. Kop.B. 146 fol. 118[b] (121[b]) cop. chart. coaev. Gedruckt Martène thesaur. novus 1, 1638f. nr. 6 und Janssen Frankf. R.K. 1, 541f. nr. 931. — Regest bei Georgisch 2, 849 aus Martène, bei Chmel p. 181 nr. 3 ebendaher.

Reverendissimi[c] domini et patres karissimi. literas reverendissimarum paternitatum vestrarum recepimus effectualiter continentes privacionem illustrissimi principis et domini domini Wenceslai Bohemie regis necnon eleccionem celebratam de illustrissimo principe et domino domino Ruperto comite Palatino Reni et Bavarie duce in Romanorum imperatorem et principem etc. (de quorum significacione reverendissimis paternitatibus vestris quanto nobis est possibile regraciamur ex corde), nos nedum certos reddentes verum certissimos[d] premissa omnia extitisse per reverendissimarum paternitatum vestrarum prudencias cum maximis et maturis deliberacionibus ac solempnitatibus celebrata non absque evidentissimis causis et ad finem boni. ceterum ad partem qua reverendissime paternitates vestre nos exhortantur quod velimus eundem dominum Wenceslaum tanquam destitutum et abjectum ac privatum sacro Romano imperio indignum et inutilem reputare et antedictum illustrissimum principem et dominum Rupertum pro vero Romanorum rege et per dei graciam in imperatorem promovendo[e] habere et tenere, dicimus respondentes quod dispositi erimus et parati facere et servare allacri vultu et animo letabundo, que ceteri vicarii et fideles sacri Romani imperii facient et servabunt, tanquam status ejusdem imperii fervidi zelatores. datum Ferarie 7 novembris 1400[f].

Suprascripcio
ut supra[g].

Nicolaus marchio Estensis civitatis Mutinensis
et districtus pro sacro Romano imperio vicarius etc.

---

a) M fere. b) M obediendum. c) am Rand eine Flammer, die sind über das ganze reicht, an dem Kreuzungspunkt das Wort Ferraria von unserer gleich. Bemk. d) so cod. und Janssen; Martène declinationes. e) am. cod, wie Martène und Janssen. f) cod. 1004. Unter dem Datum ein B mit dem Haken wie auch R für Registrata. g) ausorführlicher verkurzpäl des Schr. der Grafen von Montabaho 1400 Dec. 11 nr. 195; Janssen Reverendissimis in Chr. p. ct. d. d. Joh. Mag. Frid. Col. et Verch. Trev. archiepiscopis usw.

195. *Franz von Carrara an die Kurfürsten, erkennt K. Ruprecht, dessen Wahl ihm die Kurfürsten gemeldet haben, an, und verspricht dem neuen König durch einen Bevollmächtigten seine Ergebenheit zu erklären.* 1400 Nov. 11 Padua. [1400 Nov. 11]

Aus Martène thesaur. nov. anecd. 1, 1641 nr. 9 mit der Überschrift Epistola IX Francisci de Carrera apud Paduam vicarii imperatoris ad electores sacri imperii; *darunter* Novo Imperatori exemplo majorum suorum fidem integram promittit.
Regest bei Janssen Frankf. R.K. 1, 513 nr. 933 aus einem in seinem Privatbesitz befindlichen Kodex Acta et Pacta 224-237, *bei Georgisch Reg. 2, 849 und Chmel Reg. Rup. 181 nr. 4 aus Martène l. c.*

Reverendissimi patres et domini carissimi. scripta vestrae magnitudinis nuper accepi, quibus[a] novam imperatoris electionem et veteris depositionem significare dignati estis. de cujus rei benigna participatione vestrae celsitudini refero diversas grates, significans, quod, secutus vestigia majorum meorum qui in benevolentia et fide sacri imperii constantissime perstiterunt, fidelis et promtus servitor sacro imperio semper inveniar. inde ad majestatem serenissimi principis domini Roberti, quem vestris litteris nuntiatis electum Romanorum imperatorem, ex meis aliquem destinabo de mea intentione plenius informatum, notificando quod majestatis imperialis apici cultum et reverentiam velut progenitores mei hactenus observabo. datum Paduae 11 novembris 1400.

Franciscus de Carrera. [1400 Nov. 11]

196. *Die Florentiner an die Kurfürsten, hoffen, daß das ihnen gemeldete Ereignis (die Wahl K. Ruprechts) eine Besserung der Zustände im Reich und in der Kirche herbeiführen werde, und versprechen ihre Mitwirkung hierzu.* 1400 Nov. 30 Florenz. [1400 Nov. 30]

M aus Martène thesaur. nov. anecd. 1, 1639-1640 nr. 7, mit der Überschrift Epistola VII Florentinorum ad electores sacri imperii; *dann* Fausta omnia imperio ventura sperant ex nova electione Ruperti regis Romanorum cui se suaque omnia offerunt; *am Ende* Supraescriptio: ut supra (ohne Beziehung).
Regest bei Janssen Frankf. R.K. 1, 542 nr. 935 aus einem Kodex in eigenem Besitz Acta et Pacta 224-237, *bei Georgisch Reg. 2, 849 und Chmel Reg. Rup. 181 nr. 5 aus Martène l. c.*

Vero atque pie scribitis, reverendissimi in Christo patres et domini metuendissimi, decus imperii nostris temporibus nimium declinasse. quod quidem si in sui roboris majestate persisteret, nec scissuram videremus in inconsutili tunica nec abominationem in loco sancto nec gregem dominicum in geminos[b] caulos schismate pestifero distributum nec Christianitatis corpus unitum in petra dissidere, videlicet in Petro, nec, quod sine lacrymarum effluvio reminisci non possumus, vidisset hace actas Saracenicam pravitatem[c] insultasse Christianis (sed gloriosum Christicolum consuluisse) totque duces et tantos exercitus fructos et civitates fidelium, incolis in captivitatem ductis ac spoliatis opibus, ad vastitatem deflebilem pervenisse. quibus omnibus, si sacrosanctum praesideret imperium, vel saluberrime foret, ne contingerent, obviatum, vel post[d] eventum celeris apposita medicina. nec dici potest, quanto desideramus desiderio videre, necessariam huic mystico corpori fidelium veram et indissolubilem unitatem tradi, et verum ac vividum[e] caput, quod evellat et plantet diruat et aedificet, sicut universae reipublicae tranquillitas exigit, sublimari, ut audiat gemitus compeditorum, interemtorum filios solvat, confirmet bonos,

a) Martène qua. b) M geminas. c) M add. suppressed non solum. d) M prius. e) M invidum.

deponatque potentes de sede quam usurpatam injuste tenuerunt injustiusᵃ et injustissime confirmatam .... se prosecutam pactione turpissima se fecisseᵇ. velitque deus misericors miserator et justus, quod nova, quaeᶜ nuntiatis, ecclesiae causa sintᵈ et occasio necessariae tranquillitatis et pacis, et universae reipublicae corpus, cui solus deus et principumᵉ unitas ac populorum securitas mederi poterit, et imperium, quod nunc consenuit, veluti reviviscens in antiqui vigoris status nostris temporibus revirescat, et sublimitas, immo sapientia, vestra dicatur salubre remedium collapsis rebus tamquam profundis vulneribus posuisse. cui quidem effectui affectu nos, et quidquid iste populus potest tam opere et sermone, non solum offerimus, sed promptis animis pollicemur. hincque enim dici nonᶠ poterit, nos reparationi spiritualis ac temporalis status et capitis, quae via quaeratur legitima, defuisse. datum Florentiae ultimo die novembris 1400.

Priores artium et populi et communis
vexillifer justitiae Florentiae.

197. Die Herren von Cortona an die drei geistlichen Kurfürsten, antworten auf die Anzeige der Wahl K. Ruprechts mit Anerbieten zu jeder Ehrenerweisung. 1400 Dec. 7¹ Cortona.

Aus Karlsr. G.L.A. Pfälz. Kop.B. 146 fol. 118ᵃ (121ᵃ) cop. chart. coaev.
Gedruckt bei Martène thesaur. novus 1, 1643 nr. 12, und fast ganz bei Janssen Frankf. R.K. 1, 545 nr. 940. — Regest bei Georgisch 2, 850 aus Martène, und bei Chmel p. 182 nr. 8 ebendaher.

Recepimusᵃ literas vestras, reverendissimi patres et domini nostri, quibus nobis eleccionem novi cesaris intimastis. ad quas cum omni reverencia debite respondemus, quod prompti et parati sumus in istis et in cunctis concernentibus honorem cesaree majestatis et fideliter et devote procedere, prout et nobis debitum est et verus ordo racionis exigit et requirit etc. parati etc. Cortone die 7 mensis decembris anno domini 1400, 8 indiccione.

Reverendissimis etc. ut supraᵇ dei et apostolice sedis gracia archiepiscopis ac per Germaniam per Ytaliam et per Galliam archicancellariis et electoribus sacri Romani imperii dominis singularissimis etc.

Franciscus et Aloysius de Casalibus Cortonenses domini etc.

a) M injustis. b) so M von ac pr. bis fecisse, nebst mss zu correktion ad dof. nach confirmatam etc. es angefallen, daher von uns, nicht von M. hier eine Lücke angezeigt. c) M quam. d) M sit. e) M principium f) von M. g) am Rande Klammer fast über den ganze mit dem Worte Cortona von anderer ghd. Hand. h) im Druck, Imens von 1400 Dec. 16 nr. 199.

¹ *Martène, Georgisch und Chmel Dec. 6, Pfalz. Kop.B. und Janssen Dec. 7.*

198. *Gen. Grafen von Montedoglio an die drei geistlichen Kurfürsten, freuen sich über die Königswahl und versprechen treue Anhänglichkeit. 1400 Dec. 11 Florenz.*

1400 Dec. 11

Aus Karlsr. G.L.A. Pfälz. Kop.B. 146 fol. 118 (121)ᵃᵇ cop. chart. coaev.
Gedruckt bei Martène thesaur. novus 1, 1643 f. nr. 13 und theilweise bei Janssen Frankf. R.K. 1, 545f. nr. 941. — Regest Georgisch 2, 850 aus Martène, und bei Chmel p. 182 nr. 9 ebendaher.

Reverendissimi ᵃ patres et domini nostri metuendissimi. recepimus literas venerabilium ᵇ paternitatum vestrarum per Johannem cursorem vestrum presentis exhibitorem, continentes quod elegistis ᶜ et promovistis illustrissimum principem et dominum dominum Rupertum comitem Palatinum Reni et Bavarie ducem, principem devotum probum justum strenuum moribus et vita apud deum placitum ᵈ et homines, concordi assensu et gracia sancti spiritus mediante in verum Romanorum regem et cesarem et per dei graciam in imperatorem promovendum. de quibus plurimum sumus letati et exultavit cor nostrum, quinimo tota exultavit et letatur Ytalia sperans quod tam potentissimi christianissimi justissimi ac virtuosissimi principis eleccio ejusque prosecucio cedat ad dei laudem et honorem et unitatem ecclesie sancte sue et Christianitatis robur et exaltacionem ᵉ et Ytalie tranquillitatem et ipsius electi decus et honorem et perpetuam famam et gloriam. et inter alios Ytalicos deo gaudent ac sperant magnifici patres et domini nostri Florentini ᶠ. nos autem fideles et devoti imperii, prout genitores nostri semper fuerunt, eorum vestigia imitando circa honorem et statum predicti domini Romanorum et cesaris intendemus fideliter, suplicantes ᶠ quod pedibus sue majestatis nos recommendare dignentur reverencie vestre. quas diu et feliciter conservet omnipotens. scriptum Florencie undecimo mensis decembris anno domini 1400.

1401 Dec. 11

Suprascripcio ut supra ᵍ.

Reverendissimarum paternitatum et dominacionum vestrarum devoti atque servitores Terius ʰ Jonchimus ⁱ et Piercivallus comites de Monte Dalio ⁱ.

199. *Lucca an die drei geistlichen Kurfürsten, dankt für die Anzeige der Wahl K. Ruprechts mit Versicherung seiner Reichstreue. 1400 Dec. 16 Lucca.*

1400 Dec. 16

Aus Karlsr. G.L.A. Pfälz. Kop.B. 146 fol. 118ᵃ (121ᵃ) cop. chart. coaev.; über dem Stücke steht von der Hand des Schreibers Sequuntur diverse missive a partibus Lumbardie et aliis *als Überschrift, wozu dann außer dem obigen noch folgen 2) Schr. der Herren von Cortona 1400 Dec. 7 nr. 197; 3) Schr. der Gr. von Montedoglio 1400 Dec. 11 nr. 198; 4) Schr. des Markgr. Nicolaus von Este 1400 Nov. 7 nr. 199.*
Gedruckt Martène thesaur. novus 1, 1644 nr. 14 und im wesentlichen Janssen Frankf. R.K. 1, 548 nr. 944. — Regest bei Georgisch 2, 850 aus Martène, und bei Chmel p. 182 nr. 10 ebendaher.

a) *am Rande Klammer über einen Theil des Stücks mit den Worten* comites de Maglio Dalio (sic) *von anderer ghdr. Hand.* b) *cod.* dominabilium, *so auch Martène.* c) *cod.* elig. *korr. aus* eleg. d) *cf.* placitum *bei der cod. nach einmal* devotum, *wie auch Martène.* e) *Martène* exaltationem. f) *cod.* suppllcans. g) *vorhergeht den Schr. der Herren von Cortona 1400 Dec. 7 nr. 197.* h) *schwerlich* Terms; *am. Martène und Janssen.* i) *am Rande* Monte Dalio.

¹ *Monte-Dolio ist Toskanisches Reichlehen noch unter K. Rudolf II, s. Lünig cod. Ital. dipl. 1, 2428.*
² *Ein* nobilis vir Johachinus de Montedolio *erscheint als* comes ac electus senator alme urbis *in dem Geleitsbrief des P. Bonif. IX für ihn, dat. Rome apud S. Petrum 4 id. dec. [Dec. 10]* pontif. a. 15 [1403], *Vatik. A. Bonif. IX Regg. lib. IX f. 192ᵇ. Derselbe als* alme urbis senator *in der Urk. desselben, dat. Rome apud S. Petrum 5 kal. jan. [Dec. 28] pontif. a. 15 [1403], ibid. f. 201ᵇ-202ᵃ, und in der andern Urkunde gleichen Datums ibid. f. 202ᵃᵇ.*

Reverendissimi*a* patres et domini domini et patres honorandi. regraciamur dignacioni vestre super hiis, que devocioni nostre feliciter*b* nunciastis. nos enim sicut semper sacrosancto Romano imperio fideles extitimus et devoti, sic futuris temporibus esse intendimus et cunctis nostris affectibus exoptamus. datum Luce die 16 decembris millesimo quadringentesimo.

Reverendissimis in Christo patribus et dominis dominis Johanni Maguntinensi Friderico Coloniensi Wernhero Treverensi archiepiscopis archicancellariis et electoribus imperii dominis et patribus honorandis.

Paternitatis vestre filii Paulus de Guinigiis*c* civitatis Lucane dominus anciani et vexillifer justiciarius*d* populi et communis Lucane.

200. *Graf Konrad von Aitelberg bietet sich dem K. Ruprecht zum Vermittler mit dem Herzog Johann Galeazzo von Mailand an.* 1400 Dec. 19 *Pisa.*

Aus Martène thesaur. nov. anecd. 1, 1644 f. nr. 15 mit der Überschrift Epistola 15 Corradi comitis de Antisberg serenissimo principi et excellentissimo domino domino Ruperto digna dei providentia Romanorum regi et Bavariae duci, und dann sua ei apud ducem Mediolanensem offert obsequia.
Regest bei Georgisch 2, 850 nr. 78, Chmel 182 nr. 11, Janssen Frankf. R.K. 1, 548 nr. 945, alle aus Martène l. c.

Serenissimo principum et excellentissimo domino domino. de majestatis vestrae electa sacri imperii corona ut ejusdem majestatis devotus et fidelis gratulor in immensum. et quia ignoro utrum pro vestrae majestatis his prosequendis effectibus majestas vestra quidquam habeat praticare cum illustrissimo domino nostro domino duce Mediolani, ideo*e* eidem majestati vestrae per praesentes duxi cum reverentia intimandum, quod, si ad aliqua majestatis vestrae ac ejusdem domini mei honorem concernentia cognoscitis me apud praefatum dominum meum in praedictis operari debere, mihi mandare dignemini. et operabor in omnibus fide bona, notificans reverenter, ut teneor sicut vester fidelis, quod ad obtinendam majestatis vestrae in partibus istis intentionem nihil melius nihil utilius et nihil operis exequendi celerius invenire poteritis, quam cum praefato domino meo duce Mediolani firmam et bonam amicitiam tenere suumque salubre consilium exequi totaliter in agendis. datum Pisis 19 decembris 1400.

Majestatis vestrae devotus et fidelis Conradus comes de Aytilberg cum humili recommendatione.

II. Städtische Kosten nr. 201-201*a*.

201. *Kosten Frankfurts beim Tag zu Mainz vom Dec. 1400.* 1400 Dec. 11 bis 1401 Jan. 15.

Aus Frankf. St.A. Rechnungsbücher, nr. 1. 2. 3 unter der Rubrik uzgebin serunge, *nr. 4 unter* uzgebin pherdegeld.

[1] Sabb. ante Lucie: 25 lb. Jacob Weißen Erwin Hartrad Johan Virnburg Wigil Wißenbusch und ein schriber von funf tagen, als sie zu unsern herren dem konige geschickt waren gein Mencze, als er und der fursten ein deil da bi ein waren.

a) am Rand Klamer feut über das ganze mit dem Worte Luca *von anderer Hand. Rand. b) Martène* felicites, *daraus* Janssen; *emd.* filaliter. *c) Janssen* Guaniglis, *daraus Martène* Guangis. *d) sic cod., faelliles Martène. e) Martène* et.

[2] Sabb. ante Thome: 20 gulden virzerten her Fridrich von Sassinhusen Junge Frosch und Heinrich schriber selbachte mit pherden 5 tage gein Heidelberg zů unserm herren dem kunige als von der gulden monze von Jekil Klobelauchs und ander sache wegin. — item 16 grosse unsern herren des kunigs dorwertern geschenkt. *1400 Dec. 18*

[3] Sabb. post epiphan. dom.: 36 lb. virzerte Erwin Hartrad selbdritte 24 dage gein Menoze und vorter gein Coln mit der von Mencze Wormß und von Spire frůnden an die von Aiche und ire frůnde zů werben, daz sie unsern herren kunig Ruprecht da inlassen wulden zů kronen. *1401 Jan. 8*

[4] Sabb. ante Anthonii: 6 lb. Ruprecht Bissen dem burgermeister von eim pherde von 24 dagen, daz Erwin Hartrat gein Colne reit und gein Aiche geridden solde sin von unsers herren konig Ruprechts wegen in inzulassen¹. *1401 Jan. 15*

201ᵃ. *Kosten Nürnbergs zum Mainzer Tag von Dec. 1400 und hernach.* 1400 Nov. 3 bis 1401 Jun. 26. *1400 Nov. 3 bis 1401 Jun. 26*

Aus Nürnb. Kreisarchiv cod. ms. nr. 489 Schenkbuch 1393-1422 fol. 60ᵃ-61ᵃ, gleichz. Papierhdschr.

[*Elfte Bürgermeisterperiode des Rechnungsjahres 1400 feria 4 post omn. sanct. bis feria 4 post Andree.*] Propinavimus cuidam abt von Frankreich dez kunigs diener 4 qr., summa 10 sh. 8 hl. item einem bischof und sust zwein mit im dez kunigs von Frankreich reten 8 qr., summa 1 lb. 1 sh. 4 hl. *1400 Nov. 3 bis Dec. 1*

[*Zwülfte Bürgermeisterperiode* feria 4 post Andree *bis* feria 4 in die Thome.] Propinavimus dem Nycolao Gewitz dez kunigs schreiber 4 qr., summa 12 sh. 4 hl. *1400 Dec. 1 bis Dec. 29*

[*Erste Bürgermeisterperiode des Rechnungsjahres* 1401 feria 3 post Erhardi *bis* feria 4 post Pauli conversionem.] Propinavimus dem bischof von Frankrvich 10 qr., summa 1 lb. 11 sh. 8 hl. propinavimus dem Nycolao Pawman dez newen kunigs schreiber 8 qr., summa 1 lb. 4 sh. 4 hl. *1401 Jan. 11 bis 26*

a) *cod. dan.*

¹ Die Frankf. St.R. hat beim Jahre 1400 unter der Rubrik besundern eindingen usgebin, die dritte rechnunge unter sabb. ante convers. Pauli [Jan. 22] die Ausgabe: Item 13 turnos 13 knechten die kerzen drugen gein unserm herren dem kunige, als man in enphahen wolde; und dann noch unter derselben Rubrik Item sabb. ante Valentini [Febr. 12]: 11 gulden umb ein silden belken, als man unserm herren den konig enphangen wolde han. Bei Lersner Franckf. Chr. 2, 1, 37ᵇ stehen sie unter 1400 ohne näheres Datum; da aber in den Frkf. Rechnungsbuchern die dritte Rechnung stets die beiden ersten Monate des jedesmal folgenden Jahres mit umfasst, so gehören diese Ausgaben zu 1401, wo K. Ruprecht im Jan. noch einmal über Frankfurt kam. Lersner hat beirchin statt belcken, auch sonst den Text ungenau widergegeben. — Dazu gehört noch die Notiz des Frankfurter Rechnungsbuches sabb. post Mathie [Febr. 26]: 31 lb. 14 sh. 4 hell. umb ein fuder wins und dan 40 lb. umb 100 achteil habern und 33 sh. 3 hell. davon geln Sassinhusen zů erleiden unserm herren kunige Ruprecht geschenkt, als er nach siner cronunge zů Colne lie zů Franckenfurd inreit und uber nacht hie bleib; und dann noch item 12 gulden 9 sh. umb wins andern fursten graven herren rittern und knechten uf die obgenant zid zů schenken, die erstere auszüglich bei Lersner 2, 1, 38ᵃ mit dem unrichtigen Jahr 1400. Endlich in Lade Reichskriege überhaupt nr. 2 in der Zusammenstellung der Steuern und Geschenke an K. Ruprecht 1400-1405 steht: Item 73 libras win und habern, als unser herre der konig von Colne und Margpurg herqwam und ubir nacht hie bleip. Und in der Stadtrechnung: Sabb. ante purific. Marie: 2 gulden virzerte Heinrich schriber selbander mit zwein pherden 2 tage gein Frideberg gein unserm herren dem kunige in botschaft zů riden [1401 Jan. 29] unter usgebin zerunge.

Krönungstag zu Köln
im Januar 1401.

Ein Verzeichnis der Anwesenden ist für den Krönungstag nicht vorhanden. Man muß sich die Namen selbst zusammensuchen. Ich erinnere dabei nur an die Vollmacht, welche der König und sein Sohn Ludwig ertheilen an Johann Kemmeeer sonst genannt von Dalbury, Thane Knebel Schultheiß in Oppenheim, milites, und Thilmann von Smalenlorch Dechant von Maria ad gradus zu Köln an K. Heinrich IV von England zu Abschließung einer Ehe zwischen Ludwig und Blanchia der Tochter Heinrichs. Da heißt es am Schlusse: datum et actum Colonie in domo nuncupata domus ducis pro tunc hospitii nostri in camera paramenti 1401 ind. 9 pont. Bonif. IX a. 12 r. 1 Jan. 9 hora terciarum vel quasi presentibus Friderico archiepiscopo Coloniensi nostro et sacri imperii per Italiam archicancellario, Stephano comite Palatino Reni et Bavarie duce, Karolo duce et marchione Lotharingie, Friderico burggravio in Nurenberg, Rabano episcopo Spirensi, principibus, Adolpho de Cliris et de Marchia, et Philippo de Nassausve et Sarbrucken, comitibus, aliisque pluribus militibus et nobilibus testibus ad premissa vocatis et rogatis. Die notarielle Beglaubigung ist von Emericus de Musschelu publ. imp. auct. necnon — Ruperti — notarius, die Unterschrift lautet: Ad mandatum domini regis Job Vener. Gedruckt Rymer foedera 3 ed. tom. 3 p. 4 Seite 194 (Vollmacht für Englische Gesandte ib.), handschriftlich in Karlsr. G.L.A. Pfälz. Kop.B. 149ᵇ fol. 283ᵃ-284ᵃ, unvollständig und durchstrichen ib. fol. 25ᵃ. Über anwesende Fürsten ist St.Chr. 13, 89, 13 und 13, 139, 10 nl. 3 (4) gesprochen. Die Regesten von Chmel geben weitere Auskunft. — Die Anwesenheit einer französischen Gesandtschaft ergibt sich aus der Anweisung nr. 293 von 1401 [Mai 6] art. 11ᵉ; auch auf dem vorhergehenden Mainzer Tag waren schon Franzosen erschienen, ie. m. s. Der Erfolg ist aber hier in Köln, wo erst Bescheid ertheilt wird auf den Vorschlag der Beseitigung des Schisma durch die via cessionis, daß letztere nicht angenommen wird, chr. Kar. in Doc. inéd. 1, 2, 766. Der andre Vorschlag, betr. französische Vermittlung zwischen beiden deutschen Königen, ist ohne Zweifel schon jetzt als undiskutierbar behandelt worden wie im folgenden Mai (Nürnb. RT. vom Mai 1401 Einl. lit. E). Das Personal der Gesandtschaft ist wahrscheinlich das gleiche wie zuvor im December zu Mainz, da dieses erst nach drei Monaten wider heimkehrt, chr. Kar. l. c. 766.

A. Einladung und Vorbereitung nr. 202-204.

In dem Schreiben an den Pabst vom 9 Nov. 1400 RTA. 3 nr. 223 gab der neue König die Absicht kund, sich am 25 Nov. krönen zu lassen. Auf dem Mainzer Tag vom Dec. 1400 ist mit den Kurfürsten und mit etlichen andern Fürsten beschlossen worden, das am 6 Jan. in Köln vorzunehmen. Achen¹ war schwierig. Daher die Ver-

---

¹ Dieß kann an dieser Stelle nicht näher untersucht werden, ich verweise hier gelegentlich nur auf Ulman Stromer St.Chr. 1, 53, woran sich (Wülckern) hist. Norimb. dipl. 511 halt.

schiebung. Die Einladung zum Kölner Krönungstag nr. 202, die wir vom 7 Dec. 1400 haben, geht an eine ganze Reihe Schwäbischer Städte. Wir dürfen annehmen, daß an andre Reichsstände entsprechend geschrieben wurde. Am 8 Dec. 1400 spricht der König sein letztes Wort mit der Stadt Köln wegen der Vorbereitungen, und die letzte Erklärung der Stadt Achen vom 21 Dec. war nicht geeignet, ihn in seinem Vorgehen irre zu machen. Wir haben noch einen Brief von Mainz an Frankfurt s. a. [1401] in vigil. epiph. domini [Jan. 5] im Frankf. St.A. Reichssachen I Acten fasc. XI nr. 647[b] or. ch. lit. cl. c. sig. in verso impr., der auf weiteres hinweist. Er lautet: als uwer der von Worms von Spire und unsere frunde uzgevertiget waren, von sache wegen, unsern gnedigen herren den Romschen konig antreffende gein Aiche zu rijden, und als sie von Collen gein Aiche nit geleide haben mochten sicher dahin mogen zu rijden, darumb sie die sache, als sie uzgesunt waren, den von Aiche mit irem brieve eigentlich geschrieben und ein antworte an sie gefordert hant, als ir daz von deme uwern wol gentzlich verhort hant als wir meynen: daruz die von Aiche mit iren brieffe geantwortet hant in solicher maße als ir in abeschrifft irs brieffes, die wir uch in diesem unserm brieffe verslossen senden, wol sehen mogent. und ist uns ire antworte uff den dinstag als gestern [Jan. 4] erst worden. und han wir denselben iren brieff mit eyme rijdenden boten hendelingen unserm herren deme konige in unserm brieve verslossen gein Collen gesant, sich darnach mogen wissen zu richten. *Vgl. Kosten Frankfurts nr. 201 art. 3. 4.*

B. Krönungsbericht nr. 205.

Der Krönungsbericht der Stadt Köln ist freilich beim Akte der Krönung selbst vom 6 Jan. nur sehr kurz, ausführlicher über das zweimalige Einreiten Ruprechts als ungekrönten und als gekrönten Königs vom 5 und 7 Januar, und über das Verhältnis der Stadt zu ihm und seinen Festlichkeiten. Eingeleitet wird der Bericht von einer Erzählung über die vorhergegangene Absetzung und Neuwahl, sowie über die dabei befolgte städtische Politik, deren Rechtfertigung wol die Absicht ist. Zum Akte selbst wurde wahrscheinlich die Krönungsordnung verwendet, die Pertz LL. 2, 384-392 abgedruckt und auf die Krönung Rudolfs I 1273 Okt. 24 bezogen hat. Es steht nemlich eine Abschrift derselben in den Wahltagsacta 1 fol. 64-69* in Frankf. St.A., von einer Hand die dem Ausgang des 14 oder wahrscheinlicher dem Anfang des 15 Jahrh. angehört. Die Stellung im Kodex ist für die Chronologie nicht ganz entscheidend: es folgen Stücke von 1410, vorher stehen (außer unfoliierten von 1408 und 1409 und wahrsch. 1372) solche von 1400. Man darf aber doch wol annehmen, daß das Stück dorthin abgeschrieben worden ist, weil es in jenen Zeiten, also bei Wenzel Ruprecht Sigmund, Anwendung gefunden hat. Was die Überschrift „Capitulum XVIII" bedeutet, weiß ich nicht. Es enthält auch den Schluß, den Pertz l. c. 392 f. nt. 2 abgedruckt hat. Schon Römer-Büchner die Wahl und Krönung der deutschen Kaiser pag. 60 hat auf die Abschrift in den Wahltagsacta hingewiesen. Im übrigen kann hier nicht weiter davon die Rede sein, ich erinnere, was diese Dinge überhaupt betrifft, nur an Waitz die Formeln der deutschen Königs- und der Römischen Kaiserkrönung vom 10-12 Jahrh. in den Abhh. d. k. Ges. d. Wiss. zu Göttingen 1873 Band 18. Von dem Schicksal der Krone Ruprechts erfahren wir etwas in Karlsr. G.L.A. Pfälz. Kop.B. 8¼ fol. 156[b], wo von gleichzeitiger Hand die Notiz steht* Item anno domini 1403 feria secunda ante Valentini [Febr. 12] hat die Detzlin geantwert Friezo Beheim burger zu Nuremberg mins allergnedigsten herren dez kunigs crone mit 14 lilien an steinin und perlin gantz und unvorrucket, presentibus domino Ulrico de Albeck decretorum doctore, Johanne Elwanger cive Nurenbergensi, et B. de Dürlach. *Die wirklichen Reichsinsignien konnten bei dieser*

Krönung nicht angewendet werden; sie blieben in Böhmischen Händen, bis sie 1424 nach Nürnberg kamen, s. (Wölckern) hist. Norimb. dipl. 514. Vgl. auch bei uns nr. 340 art. 2.

C. D. E. F. Belohnung der drei geistlichen Kurfürsten nr. 206-207. 208-210. 211-214. 215.

Belohnungen der drei geistlichen Kurfürsten, zusammen und einzeln, namentlich Kurkölns, sind hier zusammengestellt, auch wo, wie bei Kurtrier, es zweifelhaft sein kann, ob von einer solchen Belohnung die Rede sei. Weitere Fürsten-Belehnungen und Privilegien-Bestätigungen mußten natürlich bei Seite gelassen werden, genug daß sie zahlreich hier vorkommen und Notizen sich bei Chmel finden. Bei Kurköln und Kurmainz ist der Ausdruck Belohnung gerechtfertigt, da in den Urkunden zum Theil von ihren Bemühungen bei Krönung oder Erwählung die Rede ist. Wo des näheren die Lehen empfangen werden, ist St.Chr. 13, 89, 18f. erzählt. Eine weitere Festlokalität wird ib. 89, 23 und 139, 21 erwähnt. Daß die Krönung gemeinsam von den Erzbischöfen von Köln und Mainz ausgeführt wurde, berichten St.Chr. 13, 89, 13-16.

G. Verhandlung mit den Österreichern nr. 216-218.

Die Verhandlungen mit den Österreichern Wilhelm Albrecht Leopold sind natürlich hier nicht aufgenommen der bloßen Ehe-Werbung halber. Die Gesandtschafts-Instruktion enthält noch viel mehr als dieß, es handelt sich da um das Verhältnis zu den Schwäbischen Städten, um Mailand Verona Padua, die Schweizer, die Anerkennung des Königs, den Italienischen Zug, lauter hochpolitische Dinge. Sie sind ohne allen Zweifel schon zu Köln besprochen worden, wenn der Ort auch noch nicht in den erhaltenen Akten steht. Der Brief vom 27 Febr. 1401 ist merkwürdig durch seinen Bericht vom Tag zu S. Veit, und wirft Licht auf die damalige Haltung der Österreicher. Wegen der letzteren kann verwiesen werden auf Stälin 3, 374f. Spätere österreichische Verhandlungen s. nr. 288-290. Ein Brief Hermann Ebners in Nürnberg vom Su. vor Herren Vaßnacht [1401 am Rand von Weneckers Hand; der Tag ist Febr. 12] berichtet nach Straßburg von dem Empfang und der Anerkennung K. Ruprechts in Nürnberg, von der Belohnung geistlicher und weltlicher Fürsten, von dem Tag zu S. Veit in Kärnften Jan. 30 [So. vor Lichtmess]; vom Anfang wissen wir noch, daß die Nürnberger den König an Lichtmess empfangen haben und haben ihm gehuldet, und am Schluß heißt es, daß den von Österreich groß Vortail geben wird von beiden Parten etc.; aus Exc. Weneckeri 1, 338°. Die Anknüpfung in Sachen der Englischen Heirat und die Bairisch-Clerische Hochzeit können hier nur beiläufig aufgeführt werden. Von jener war bereits in dieser Einleitung pag. 234 die Rede, wir verweisen nur noch auf das chr. Adae de Usk London 1876; die letztere wird St.Chr. 13, 89, 20ff. und 139, 21 berichtet.

H. Aufforderung an Meissen und Hessen zur Huldigung nr. 219-220.

Die Aufforderungen zur Huldigung gehen ihren Gang. Hier handelt es sich um Meißen und Hessen, gleichlautend, die geistlichen Kurfürsten von Köln und Mainz nehmen die Sache in die Hand, sie gehen von dem Umstand aus daß sie selbst auf dem Krönungstag ihre Lehen von Ruprecht genommen haben. Bald nach diesem Tag fordert dann Ruprecht selbst den Markgrafen Wilhelm von Meißen auf zur Bekriegung K. Wenzels. Obgleich in den Verhandlungen mit Österreich ebenfalls von der Anerkennung Ruprechts die Rede ist, schien es doch übersichtlicher diese gesondert zu geben.

I. Formeln des Huldigungseides nr. 221-229.

Belehnungen und Huldigungen schloßen sich an die Krönung an. Den Kurkölnischen Huldigungseid theilen wir hier mit, nr. 221 von 1401 Jan. 7. Der der Krönungsstadt steht im Krönungsbericht nr. 205 art. II 3. Es schien angemessen, noch andere Formeln des Huldigungseids, wenn sie auch theils früher theils später fallen, der Übersicht halber hier anzuknüpfen.

K. Anhang: die Kölner Krönung vom 6 Jan. 1401 und Aachen als Krönungsstadt, spätere Abmachungen 1407, nr. 230-242.

Der Streit mit Achen geht zwar noch länger fort (vgl. den nächsten Tag). Es schien aber doch zweckmäßig, die Schlußabmachungen über das Rechtsverhältnis der Krönungsstadt als solcher gleich hier unter den Akten des Krönungstages mitzutheilen. Hier wird man sie suchen, deshalb sollen sie hier stehen, wenn sie auch erst ins Jahr 1407 fallen. Die Wahl stund frei, da sie auf keinen Reichstag fallen. Übergangen werden durften sie nicht.

Julius Weizsäcker.

A. Einleitung und Vorbereitung nr. 202-204.

202. *K. Ruprecht an gen. Schwäbische Städte, ladet sie ein zu der so eben auf dem Mainzer Tag nach Köln auf 1401 Jan. 6 angesetzten Krönung.* 1400 Dec. 7 *Dec. 7* Heidelberg.

<small>Aus Münch. St.A. kurpfälz. RTA. K. 103,2 sign. fasc. II Reichs- Kreiß- und Religionssachen von 1359-1419 fol. 10ᵇ nr. 14 cop. chart. coaev., einzelne unkenntlich gewordene Buchstaben sind in Kursive gegeben.</small>

Rupertus etc.

Unser und des heiligen richs lieben getruwen. wir laßen üch wißen, das wir itzunt of eime tage zû Meintze gewest sin. und unser kurfursten und etliche ander fursten sint bi uns daselbs gewest. und wir sin mit in zû rade wurden, das wir of der heiligen drier kunige tag epiphania domini zû latin nehstkumpt unser cronunge zû Collen 1401 *Jan. 6* entphaen wollen, wann auch der erzbischof zû Collen gût privilegia hat das er einen Romischen kunig in sinem bistum und provincien cronen mag wo er wil. begeren wir mit ernste, das ir uwer erber frunde of der obgenanten der heiligen drier kunige tag zû uns daselbs gein Collen wollent schicken. mit den wollen wir und unser kurfursten reden of soliche wege die wir meinen die uch behegelichen sin und auch gerne ofnemen sollent. und ir bewisent uns auch daran besunder danknemekeid und dinste. datum

---

[1] Über die Zögerung der Schwäbischen Städte mit der Anerkennung K. Ruprechts s. Forts. des — Königshoven bei Mone Quellen 1, 269.

1400
Dec. 7 Heidelberg feria tercia post beati Nicolay episcopi anno domini millesimo quadringentesimo regni vero nostri anno primo.

In dieser forme ist geschriben den steden zú Swaben mit namen Ulme Rutlingen Gemunde Nordelingen Dinckelsbohel Bopphingen Alen Eßlingen Wijle*.

1400
Dec. 8 **203.** *K. Ruprecht an Köln[1], will sich 1401 Jan. 6 daselbst krönen lassen und schickt Jakob von Laudenburg dahin um die nöthigen Anstalten zu treffen.* 1400 *Dec. 8 Heidelberg.*

Aus Köln. St.A. Kaiserbriefe or. chart. lit. clausa c. sig. in verso impr.

Ruprecht von gots gnaden Romischer kunig zu allen zijten merer des richs. Ersamen unser und des richs lieben getruwen. wir meynen unser Romische 1401
Jan. 6 kunigliche cronunge off der heiligen drijer kunig tag nehstkumpt zu Collen zu entphaen, als wir des mit unsern korfursten zu rat worden sin, und han unsern lieben andechtigen Jacob von Laudenburg dummeherren zu Wormßen brenger diß brieffs bevolhen uns und unsern frunden herbergen zu gewynnen und andere unsere sachen daselbs sich darezu heischend zu bestellen. begern wir fruntlichen an uch, daz ir demselben Jacob unsern lieben getruwen von unsern wegin in den sachen furderlich und behulfflich sin wollent, als uch duncket uns und unsern frunden zum besten sin, als wir uch wol getruwen. daran erzeigent ir uns sunderlich danckneme behegglickkeit.   datum Heidelberg in die concepcionis beate Marie virginis gloriose anno domini millesimo quadrin-
1400
Dec. 8 gentesimo.

[in verso] Den ersamen unsern und des richs lieben getruwen burgermeistern rat und andern burgern der stat zu Collen.

Ad mandatum domini regis
Mathias Sobernheim.

[1400]
Dec. 24 **204.** *Stadt Achen an K. Ruprecht, kann ihn nur unter gen. Bedingungen einlassen[3]. [1400] Dec. 24 [Achen].*

Aus Karlsr. G.L.A. Pfälz. Kop.D. 146 fol. 22ᵃᵇ cop. ch. coaev., *die Adresse voran, zuoberst mit der Überschrift* Als die von Achen unse herren dem konige wieder geantwort hant.
Gedruckt Obrecht appar. jur. publ. 1696 pag. 96f., Janssen Frankf. R.K. 1, 518f. nr. 946 aus Manuskript im eigenen Besitz *Acta et Pacta* 132; *modernt lat. Übersetzung* Martène amplise. coll. 4, 29f. nr. 16. — Regest Georgisch 2, 830 nr. 79 und Chmel pag. 182 nr. 12 aus Martène.

Unsern willigen bereiten dinst und was wir eren und güts vermogen alzit vorgeschriebenᵇ. důrchlůchtiger fůrste und gnediger herre.   als ůwerᶜ hocheit uns nů

a) *und weder hier noch nach primo ein etc.*   b) *cod. vora und dem Abkürzungshaken, also in Or. wol vorschrieben gemeint.*   c) *om. cod.*

---

[1] *Erzb. Werner von Trier an Stadt Köln, ersucht sie, dem Arnold Bosauer, der ihn bei der Reise, die er mit dem König nach Köln machen werde, begleiten werde, sicheres Geleite zu geben; dat. Bernkastel crastino innocentum [Dec. 29] ohne Jahr [1400]. Im Köln. St.A. Städtebriefe or. ch. lit. pat. c. sig. in verso impr. deläpso.*

[2] *Jacopo Fantinelli Gesandter des Paul Guinigi Herrn von Lucca schreibt an diesen aus Rom 1400 Dec. 29 unter anderm folgendes:* notifichovi, come questa mattina il papa ne avuto lettere circte dellasangua, come lo novello imperadore, che dovea andare a choronarsi a Cohongna la mattina di santa Chaterina [Nov. 25], lui non v'è andato, per cagione che il vecchio imperadore con molta gente d' arme ne chavalcato lo passo del muovo, et per tanto e couvenuto tornare a drieto. e dicesi che tutta lamagna e ingarbugliata, e, come penso aviate sentito, lo novello imperadore tenne il primo campo a Francholsforte, e obtienne

geschrieben hat, so wie ůwer gnaden für ziten uwere erbere fründe zů uns gesant hait
uns laßen zů verkündigen, wie der hochgeborn Wentzelawe konig zů Beheim umb
mancherlei versůmenisse und gebrechen wegen, die he lange zit an dem heiligen riche
begangen hat, von der Romischer koniglicher wirdekeit offenlich mit ordel afgesat were
ind ir zů rechten Romischen konige gekorn weret, mit me worden in demselben uwerm
brief begriffen, ind ersoeket ind erfordert ůwer hocheit uns darumb ernstlich, dat wir
úch noch gehorsam werden und inlaßen wolden ůwer konigliche crone zů enphangen etc.,
ind beger ůwer gnade des von uns ein antwert: darof*a begern wir ůwer hocheit zů
wißen, dat wir hůlde und eide für ziden gedan han dem důrchlůchtigen fürsten unserm
gnedigen herren Wentzeslao dem Romischen konige und eme dat aůch verbrieflet und
besigelt han, weder die hůlde eide und briefe uns nit enstet zů důn noch ůwer hocheit
inzůlaßen, ir enhet zů erste sehs wochen und dri tage vor der stad von Ache gelegen.
ind as wir dann mit rechte underwiset würden von den die billich und von rechte
daröber zů wisen hant, dat wir úch von rechte schůldig weren inzůlaßen, so wollen wir
ůwer hocheit asdann inlaßen und důn daz wir ůwern gnaden schůldig sin zů důn, als
verre uwer hocheit uns dann wiederumbe důt das sie uns schůldig is zů důn, as wir
dit aůch für ziden mit unsen fründen ůwere gnade han laßen wißen. und getrůwen
darumb ůwer hocheit eigen ungnade an uns laßen zů keren. got unse herre beware
ůch allzit. geschrieben of den heiligen kristavent*b.

Dem hochgebornen důrchlůchtigen fürsten
und gnedigen herren hern Rúprecht herzog
zů Beyern, gekorn zů einre Romischen konige,
unserm lieben gnedigen herren.

Burgermeistere scheffen und rad des
kůnglichens stůls der stad von Ache.

B. Krönungsbericht nr. 205.

205. *Kölnischer Krönungsbericht: I über Absetzung Wenzels und Wahl Ruprechts und städtische Politik dabei, erstes Einreiten Ruprechts als Ungekrönten zu Köln Jan. 5, und Krönung daselbst 1401 Jan. 6; II über das zweite Einreiten desselben als Gekrönten, Zug in den Dom, Huldigung der Stadt Jan. 7, Geschenke und Wachen.*
[*1401 Jan. 7*[1] *Köln.*]

Aus Köln. St.A. Eid- und Statutenbuch 1 nr. 58 und nr. 59, gleichzeitige Eintragung auf Pergament, die Überschriften der beiden Abtheilungen in rother Tinte so wie je der erste Buchstabe; bei den Zeichen über u blieb nichts übrig als durchweg das ŭ anzuwenden. Über den Kodex s. St.Chr. 12, 327f., Ennen Gesch. 3, 113f.; Cardauns in St.Chr. 12, 336 bemerkt noch, daß die letzten 5 Zeilen der Seite von einer Hand des 15. Jahrhunderts ausgefüllt sind mit einer kurzen Notiz über den Einritt Friedrichs III (1442). Gedruckt St.Chr. 12, 332-336 von Cardauns aus derselben Quelle. — Benützt von Ennen Gesch. 3, 139f.

a) korr. mit anderer Hand of statt amb. b) cod. kirstavent.

la gornata uzata, e quelli li feciono omaggio. poi
anlo ad Aquisgranis come uzanza, quelli nollo
acciettarono, e per detto ragione dovea andare a
Cologna, e poi e seghuita la cosa come notata,
che idio proveggha al meglio della Crisstianita.

Aus Lucca St.A. lettere a P. Guinigi or. ch. lit. cl. c. sig. in verso impr. deperd.

[1] *Der Hand ist (nach Cardauns St.Chr. 12, 327f.) gemäß einer zu Anfang stehenden Notiz im Jahr 1407 begonnen, und die obige Aufzeichnung von gleicher Hand. Diese Aufzeichnung kann aber ursprünglich doch früher abgefasst und erst nachträglich hier eingetragen sein, sie selbst hat am Schlusse das ausdrückliche Datum des 7 Jan. 1401.*

Krönungstag zu Köln im Januar 1401.

[1401
Jan. 7]

[*1*] Dit sint de geschichte, so wo de geschagen, doi der coenink van Behem van deme heiligen Roemschen riche untsat wart, ind doi der nûwe coenink Roprecht gesat wart in sine stat.

[*2*] Id si zo wissen: als vürmails de kürfürsten ind ander herren amme Ryne ire vergaderonge dückewerf zo Maentze zo Franckenfort ind zo Boparden bi einander hatten[1], aldar si in dat leste die steide bi sich zo komen beschreven ind besanten zo manchen ziden, ind si up eine zit verstaen liessen (ind dat was in deme jaire nao goitz gebûrt vierzienhondert jaire), wo dat si umb notorft ind gebrechs wille des heiligen Roemschen richs ind der heiliger Cristenheit eine veranderonghe an deme riche meinten zo doin ind dat si ire eide ind trûwe do si deme riche gedaen hotten darzo dronege, want si bedochte dat dat rich ind de gemeine Cristenheit van deme Roemschen coeninge do zo der zit was as mit namen coening Wenceslaûw van Behem zumaile unbesorght ind unverwart bleve ind unden gienege, ind hotten sulchen noit ind gebrech ouch zo manchen ziden deme selven coeninges van Behem als eime Roemschen coeninge in der zit vürbraicht untboiden geschreven ind ouch montligen zû erkennen gegeven, des hee doch allit niet enachte; ind darumb so begerden die fursten van den steiden, dat si bi deme, den si deme heiligen riche wurden geiven ind zovoegden, ind vort bi in ind anderen fursten ind herren zoi deme riche geboerende bliven weûlden, ind dat die steide in des ire antworde geiven weûlden, want si in deme selven jaire as up sente Laurencius dach zo Laenstayne sin weûlden[2].

[1400
Aug. 10]

[*2*] Ind up de selve zit so schickde de stat van Coelne ire vrûint aldar zo Laensteyne zo den fursten, dar ouch ander steide mit namen Straispurgh Maentze Würmse Spyre Franckenfort Fredeberg ind Geylenhûsen ire vrûint geschickt hatten, wilche steide alle gemeinlich den fursten eine antworde gaven usser einen monde, ind was de antworde up desen sin geleigen: „genedige herren. wir sin herkomen van der steide weigen uren genaiden zo antworden up ure begerte in der voigen[3] wo wir lestemails zo Franckenfort van uch gescheiden sin: wir de steide sin unsme genedigen herren heren Wenceslaûw, deme Roemschen coeninghe der ietzont ist, verbontlich mit eiden, iecklige stat as ire zogeboert; darumb so enkonnen wir uren genaiden ind wirdicheit dese zit niet voirder genntworden; doch so weûlden wir die steide umber ie alleweige gerne doin so wat uns mit eren ind mit bescheide geboerde"[4].

[*3*] Darna zer stont als die steide heimkomen wairen, so schreven de kürfursten, mit namen her Friderich zo Coelne her Johan zo Maentze ind her Werner zo Triere erzebischofe her Roprecht van Beyeren her Rodolff[5] van Sassen herzogen, den steiden einen offenen versegelden brief: dat si coenink Wenceslaûw van Behem umb kontlige gebrech ind missedait, daemit hee sich des heiligen Roemschen richs unwirdich gemacht hette, afgedain ind afgesat hotten van deme Roemschen riche[6]. ind schreven ouch

---

[1] Siehe die Versammlungstage in Band 3.
[2] Dieß ist der Termin, der noch in der Rede des Ritters Johann von Talburg 1400 Jan. 4 zu Frankfurt bezeichnet wurde, w. m. s. in Band 3, 389, 36. Eingeladen wurde dann auf 11 Aug., ib. nr. 146-151. Man kann wol dazu (zum obigen Texte) die Anweisung K. Ruprechts an Albrecht von Thumheim zur Werbung an die Lombardischen Herren und Städte [1400 Dec. — 1401 Jan.] vergleichen, wie in St.Chr. 12, 332 nt. 2 geschieht, nur darf man diese kein Schreiben der Kurfursten nennen, wie dort ebenfalls geschieht. Es scheint, daß hier oben ein nicht mehr erhaltenes Schreiben der Fürsten (Kurfursten) an die Städte zu Grunde liegt. Vgl. übrigens RTA. 3 nr. 142 und nr. 156.
[3] Vüge, Art, Weise, Sitte, whd. WB. 3, 440.
[4] Diese Äußerung der Städte zu Lahnstein lernt man nur aus dieser Stelle kennen, vgl. RTA. 3, 220 nt. 2.
[5] Dieß ist ein Irrthum, Rudolf fehlt in den Verbündigungen der Absetzung vom 20 und der Wahl v. 21 August 1400, vgl. RTA. 3 nr. 204 ff. Wie lange er mitthat, s. RTA. 3, 172, 20 ff.
[6] RTA. 3 nr. 207 wörtlich benutzt.

B. Krönungsbericht nr. 205.   241

deselve kürfursten, usgescheiden her Ruprecht vurgnant, den steiden einen anderen [1400
brief¹: wo dat si den alredurluchtigsten fursten ind herren heren Ruprecht zo der zit Jan. 3]
pallantzgreven bi Ryne ind herzougen in Beyeren zo einre Roempschen coeninge van
der gemeiden goitz zo einre zokonftigen keiser einmoedelichen gekoiren hetten, ind be-
5 gerden van den steiden ind ermaenden si ouch oevermitz de eide, daemit si deme heiligen
riche verbonden weren, dat si den egnanten heren Ruprecht mit in vur einen rechten
gewairen Roemschen coening ind zokonftigen keiser heilten ind ieme gehoirsam weren
gentzlich mit hulden eiden ind mit allen oren nutzen diensten ind gevellen deme heiligen
riche zogehoerende.

10   [4] Ind nademe sich unse herren vanme raide doe mit iren wisen vrůnden ind
mit der gemeinden up dese saechen untsonnen ind beraiden hatten, ind coening Ruprecht
mit den fursten ind herren dri dage ind seess weechen vur Franckenfort geleigen hatte:
so ergaven sich de steide willenclich zoi sinen genaiden mit beheltenisse irre vriheit
ind gewoenden, we si de van Aichen herbraicht hetten.   ind schreven darumb die
15 steide mit raide coening Ruprechts und der fursten coening Wenceslaůwe van Behem
up sulchen gehoirsam als die stat van Coelne sinre personen van des heiligen richs
weigen gedaen hetten², mit beheltenisse doch sulcher hulde ind eide als si deme heiligen
riche gedaen hetten, want si enwulden sinre personen van des heiligen richs weigen
niet me verbonden sin. darup der coening van Behem geine antworde noch anders
20 niet me enschreif.

   [5] Ind doe sich dit allit alsus ergangen hatte, so was coenings Rüprechtz begerde,
dat hee sine croeninge zo Coelne vur den heiligen drin coeningen gerne untfangen wulde,
want die van Aiche nochtant mit ieme niet gentzlich oeverdragen hatten. ind geschach
dat also, ind der coening qwam zo perde inriden zo sent Severyns portzen³ mit vele
25 anderen herren, ind de coeninginne qwam mit iren vrauwen ind juncfrauwen zer selver
zit zo wagene sent Severyns portzen in. ind dat was up den heiligen druizien avent [1400
in deme jair vierzienhondert ind ein na Cristus gebort. des roden die burgermeister rent- Jan. 5
meister ind vele burger usser Coelne untgegen⁴ den coening ungewapent ind heischen
sine genaide willkome sin. ind was sine herberge in des herzougen huis van Brabant⁴,
30 ind der coeninginnen herberge was dae beneiven in deme huise zoi Valkensteyne. ind
alsbalde hee afgestanden was, so hatten unse herren ire vrůnt dargeschicket, ind lieschen
sine genaide ind de coeninginne wilkome sin, ind boiden in der steide dienst, ind deden
ieme ind der coeninginnen ind anderen fursten ind herren der steide win schencken.
ind untfiengen den coening doch den dach niet als einen Roemschen coenink, want hee
35 sine croeninge noch niet untfangen enhatte. ind des anderen dages als up den druizien [1400
dach des morgens vroe so untfienge hee sine croeninghe in deme doime vůr sente Peters Jan. 6
elter, dae büschof Friderich van Colne de misse sank. ind als sich dat ergangen hatte
as sich dat geboert, so dede hee der steide ire confirmacie besegellen ind gheiven mit

---

a) cod. ignen, der Sinn ist jedenfalls daß so dem entgegensetzten, die Ergänzung der 2-3 fehlenden Buchstaben ist nach dem unten folgenden Stempel gemerkt.

¹ RTA. 3 nr. 210 wörtlich benutzt.
² Kölns Absagebrief an K. Wenzel haben wir nicht; die Stadt schreibt an Achen 1400 Okt. 13 daß sie abgesagt habe, nr. 153. Den entsprechenden Brief Frankfurts an Wenzel v. 7 Okt. 1400 haben wir nr. 150 mitgetheilt. Vgl. Köln an Mainz v. 13 Okt. nr. 152. Die beiden Kölnischen Briefe, an Mainz und an Aachen vom 13 Oktober, stimmen mit obigen Worten. Kölns Absagebrief scheint in der entscheidenden Stelle ähnlich gelautet zu haben wie der Frankfurts vom 7 Okt. 1400. Über das Absageformular s. Köln an Mainz Okt. 13 die Anmerkung.
³ Am Süd-Ende der Stadt.
⁴ Am Hof, dem Südportal des Doms gegenüber (Cardauns in St.Chr. 12).

Deutsche Reichstags-Akten IV.   31

[1401 Jan. 7] der majestait as sich dat geboert; wilche confirmacie de stat zo schriven ind zo segellen coste drissich ryntsche gulden.

[11] Dit is dat untfenknisse, as we der vurgnant coeninck Rûprecht doi van der stat van Coelne untfangen wart etc.

[1401 Jan. 7] [1] Darna des niesten dages na drûiziendage, dat was up einen vridach[1], so reit coening Rûprecht mit der coeninginnen usser Coelne zo Wijer[2], ind hoirten da misse. ind qwamen doi na der steide aldem herkomen ind gewoenden zer Wyerportzen[3] zo perde inriden in eins Roemschen coeniux wise. aldar hatten unse herren vanme raide irre ritzgesellen zwene geschickt, die aldae naimen des coenings ross mit deme breidel, ind desselven gelichs zwene irre ritzgesellen, de der coeninginnen ross naimen mit deme breidel; ind leiten de rosse bis up de stat, da der coening ind de coeninginne afstoenden. vort so droigen irre viere boiven des coeninx heffde zwene balken zosamen[b] genect, dat wairen zwene van unsen herren vanme raide ind zwene van den scheffenen[c]; desgelichs boiven der coeninginnen heffde zwene balken genect, droigen ouch zwene vanme raide ind zwene van den scheffenen[c]. vort soe giengen de viere orden[d] mit procession bis zo den Wissen vraûwen[5] untgegen den coening ind coeninginne. vort so reden die zwene burgermeister up zwen groissen henxten mit iren vrûnden ungewapent ind mit iren trûmpen vur[e] deme coening, bis hee afstoint. vort hatten unse herren geschickt vûr die Wyerportze hondert schütze gewapent, da der coening ind coeninginne inqwamen.

[2] Ind coening ind coeninginne reden vort des richs straisse heen ind stoinden af in der Dranckgassen vûr sente Marien greden[6]. ind coening ind coeninginne giengen dûrch sent Marien greden in den doim. vort so stoint aldae die pafschaf zo sente Marien greden mit iren crucen ind warden des coenix.

[3] Ind als der coening doi usser deme doime qwam, assvort gienck hee up den sall boiven de Hachtportze, umb de hûlde van der steide weigen zo untfangen. aldae stoint her Arnolt Lossehart[7] ind sprach de hûlde. doi hee de sprach, doi stoint hee deme coenig[f] up eine side ind ein bürgermeister up die ander side. ind der ander burgermeister hielte up eime henxte da beneden upme hoive bi der gemeinden. ind dit sint die wort der hûlden, de hernae gheschreven steent: „desen dach hûde ind desen dach all ind van desem dage vort hülden wir vrie bürger van Coelne unsme herren heren Rûprecht deme Roemschen coeninge hoült ind getrûwe zo sin, beheltenisse uns unser stat unsen wiven ind unsen kinden irre vriheit sonder argelist, so uns got helfe ind de heiligen"[8].

a) om. cod. b) cod. bis. c) cod. scheffen mit Überstrich. d) deme. e) vûr? f) coeninge?

---

[1] Den Tag nach der Krönung hätten viel Fürsten ihre Lehen von Ruprecht empfangen, berichtet Hist. Nor. dipl. 514 mit Berufung auf das Schr. Rupr. an Martin v. Arragon. bei Martine Th. n. a. 1, 1651 (daraus bei uns) 1401 Merz 7. Ulman Stromer St.Chr. 1, 53 darnach des nehsten tags do enpfiengen fürsten und herren ir lehen. So auch sonst.

[2] Kloster vor dem Weiherthor (Cardauns).

[3] Jetzt Weyer-Thor, am wne. Ende der Stadt.

[4] Die Bettelorden (Cardauns).

[5] Der Magdalenen-Konvent Augustiner Ordens „im alten Graben", auf der heutigen Bach, an der Einmündung des Perlengrabens. St.Chr. 12, 209 nt. zu Hagen V. 1301 (Cardauns).

[6] Ecclesia S. Mariae ad gradus.

[7] Tritt zu Johannis 1400 in den Rath ein, liber registr. sen. 1, 12ᵇ (Cardauns).

[8] Die Formel steht auch, ohne wesentliche Abweichung, in Berlin kön. Bibl. Ms. theol. lat. Fol. 490 f. 179ᵇ; der kön. Name ist durch N ersetzt, und die Aufzeichnung gehört in K. Sigmunds Zeit: Van deme Roimschen koninge. dit is alsulche huldonge, as die stad van Colne zu doin pleit, so wanne ein newwe gekoren Roimscher konink ierst zu Colne ingevoirt wirt, alsus luidende: [folgt die Formel, dann] ind darup gift unse here der Roimsche konink der steide widderumb eine confirmacie alle ire previlegien, in formen as dat sine vurfaren gedain haint, ind dat in deme re-

[4] Zor stont darnae so trûmpde man up zo boive, ind der coening woulde gaen [1401 Jan. 7] essen. dar qwamen de zwene rentmeister der steide ind presentierden de gave do de stat van Coelne deme coeninge schenkde. dat was mit namen [folgt ein leerer Raum von mehreren Zeilen im Kodex, der wahrscheinlich noch ausgefüllt werden sollte]. vort so schenkde man ieme nliu amen goitz wins, wilcher amen umber zwene kneichte eine droigen an eine bofime; ind eine ieder ame was mit eime wissen sluiflachen ocverdeckt [folgt ein kleinerer vielleicht nur zufälliger leerer Zwischenraum]. vort so presentierden de rentmeister der coeninginnen de gave van der steide wegen in ire herberge. dat was mit namen [folgt im Kodex wider ein leerer Raum von einigen Zeilen zur Ausfüllung].

[5] Vort dewile der coening in der stat was, so loenden ieme unse herren vamme ride dach ind naccht schützen, mit namen [leerer Raum von etwa einer halben Zeile wol zur Ausfüllung], de ieme sine portzen ind doeren bewarden. desselven gelichs schickden unse herren ire vrûnt ind schützen alle aventz gewapent vûr de doeren, da de herren dantzden, die de bestalten ind bewarden, dat die heirschaf unverdrongen bleve. Datum anno domini millesimo quadringentesimo primo crastino epiphanie domini. [1401 Jan. 7]

C. Belohnung der drei geistlichen Kurfürsten zusammen nr. 206-207.

206. K. *Ruprecht erfüllt und bekräftigt den drei geistlichen Kurfürsten die am 20 Aug. 1400 in Bd. 3 nr. 200 gemachten Versprechungen*[1]. *1401 Jan. 7 Köln.* [1401 Jan. 7]

D *aus Düsseld. Proc.A. Urk. Kurköln A III nr. 1258 or. mb. c. sig. pend.*
K *coll. Karlsr. G.L.A. Pfälz. Kop.B. 4 fol. 21ᵇ-22ᵃ cop. chart. coaev. mit der Überschrift* Als unser herre der kunig den drien erzbischoffen kurfursten zugesaget und gelobt hat etlich punte von irer bestetigunge wegen von den landen Meilan und Bravant, von den sollen.
C *coll. Wien. H.H. St.A. Registraturbuch C fol. 19ᵃᵇ cop. ch. coaev. mit der Überschrift wie in* K.
Regest bei Chmel. 74 *aus* C.

Wir Ruprecht von goetz gnaiden Roimsscher konig zo allen zijten merer des reichs bekennen und tûn kunt mit diesem brieve: daz wir den eirwirdigen Friderich zo Culne Johan zo Mentze und Wernher zo Triere erzebusschouven unsern kurfursten des heilgen rijchs erczeancellern unsern lieben neven und yrre yelichem besunder versprechen zoesegen und globen mit craft dis briefs zo halden ane eynche widorrede alle die punte und artikele hernageschreben. [1] zome eirsten confirmeiren[a] bestetigen und ernûwen wir in und yren stiften und yrem yelichem besunder alle yre brieve, sij halden yune concession confirmacien promissien oder indulta privilegia freiheiden und herkomen, na yuhalde der gulden bullen, und sollen und wollen sij und yrro yelichem da-yune nyet hinderen van eyncher eygenschaft oder anderen sachen weigen die wir und daz rijche da-ane hatten. [2] ouch sollen und wollen wir der heilger kirchen sachen uns laissen

a) D eolafrmeiren?

gister, da der stede privilegien luse steint, geschreven begriffen stoit, ind wie deme latine bu duitschen gesat is, as borua gescheven volcht [folgt die Bestätigung K. Sigmunds für alle Privilegien der Stadt von Königen und Erzbischöfen, Köln 1414 Nov. 21].

[1] Der Sinn der einzelnen sich entsprechenden Artikel hier oben und in RTA. 3 nr. 200 ist wesentlich der gleiche, die Fassung zeigt aber doch, wegen der veränderten Lage der Dinge, solche Abweichungen daß wir lieber das ganze hier noch einmal aufstechen. Die Artikelzählung ist in beiden Stücken die gleiche.

gentzlichen bevoilen sijn, und sullen und wullen die ouch handeln mit gotlichen redelichen weigen und da-ynne thn mit raide ind willen der vurschreben unsere kurfursten[1]. [3] ouch als koning Wenczlaw zo Boheim, in den zijden as er eyn Roimsscher koning geweist is, den van Meylann uff daz lant van Meylaan eynen hertzougen und uff daz lant Paveye eynen greven gewirdiget und gemaichet hait, daz widerrouffen und vernichtigen wir gentzlichen van Roimsscher koninglicher macht, und sullen und wullen dieselben lande und andere des heilgen rijchs lande in Lamparden und in Welsschen landen na aller unser macht ain goverde widder an daz rijche brengen na raide der vurschreben unser kurfursten und die dan ouch bij demo rijche getruwlichen behalden; und sulche kost, die daruff gheyn werden und darumb geschien, darumb moigen wir an dieselben lande grijffen und die davan uyssrichten und wider nemen mit[a] raide der kurfursten. [4] vort wann daz land van Brabant mit sijnen zogehoiren van doide der hochgeboiren Johanna yezo herczougynne zo Brabant demo rijche na ledich wirdet und vervellet, so sullen und wollen wir auch na alle unser macht ungeverliche dasselbe lant mit sijnen zobehueren weder an daz rijche brengen demo rijche zo behalden; und sulche kost und schaiden, die daruff gaende wurden und darumb geschien, darumb muegen wir an dieselbe lande grijffen und die davan uyssrichten und weder nemen na raide der vurschreben unser kurfursten. [5] ouch widderroiffen wir gentzligen und vernichtigen mit craft diss briefs alle nuwe zolle und turnose, die der vurschreben koning Wentzlauw als eyn Roimsscher koning und van des rijchs weigen uff demo Rijne yemande wer der sij gegunnet gegeiven oder verschreben hait, die nyet angangen sijnt. und sullen noch enwollen dernoch keyne andere nuwe zolle turnose oder wardzpennynge uff demo Rijne nyet verlenen geiven noch ufflegen oder ufflegen laissen ain wissen willen und rayde der vurgenanten kurfursten. und hette keyser Karll oder koning Wentzlauw vurschreben[b] eynche nüwe zolle uff dome Rijne widerroiffen, uyssgenomen der vurschreben kurfursten zolle, dieselben sullen wir ouch vur[c] wederrouffen halden und der nyet van nüwes verleenen vorschrijben oder comfirmeiren. [6] vort sullen und wollen wir die vurschreben kurfursten und yre stiffte semetlichen und besunder und die yrre ain geverde truwelichen hanthaben schuren und schirmen und yn bystendich sijn as eyme Roimsschen koninge zogehoiret, besunder da sij reichtes an uns beidont und blyben willent; und sullen sij ouch gemeynlichen und besunder weder reicht nyet drengen ain geverde. [7] und sollen und wollen wir ouch diese vurschreben stucke punte und artikele und yre yelichem, as balde wir keyser werden, den vurschreben kurfursten und yren stifften ernuwen und mit unser koyserlicher majestat insigel vorschreben und versiegelen in der bester formen ain allen yndrag und wederrede. alle vurschreben stucke ind punte und articule und yre yelichem[d] hain wir den egenanten kurfursten und yre yelichem gereidt und geloift reden und gelouven geenwordich in craft diss briefs in guden truwen stete veste und unverbruchlich zo halden und darweder nyet zo suchen oder zo doin geistlich oder wereltlich, wie des zogeen oder gesijn mochte, in eyncher wijse, ain alle argeliste und geverde. mit urkunde diss briefs versiegelt mit unsern koniglichen majestait - insiegel, gegeben zo Colne an deme nehsten frijtdage nach deme zwelfden dage epyphania domini zo latijne genant nach Cristi geburte tusent vierhundert und eyn jair unsers rijchs in deme eirsten jaire.

[in verso] Registrata Nicolaus Buman.

Ad mandatum domini regis
Mathias Sobernheim.

_{a) K nach, C mit ... b) K unser abgeänd., ohne Zweifel verschrieben ... c) om. K. d) D yelichem, K ygliebsen am Schluss radirt, C yeglichem.}

[1] Über die französisch-deutschen Verhandlungen wegen der Kirchensache zur Zeit der Krönung in Köln s. die Anweisung K. Ruprechts an Meister Albrecht vom 6 Mai 1401.

207. *K. Ruprecht hebt die in den letzten dreißig Jahren vom Reichsoberhaupt verliehenen Rheinzölle auf, gebietet die von Karl IV und Wenzel widerrufenen nie mehr zu erheben, verspricht keine ohne Willen der drei geistlichen Kurfürsten zu errichten und erklärt die, die er etwa gegen deren Freiheiten genehmigen würde, im voraus für nichtig. 1401 Jan. 7 Köln.* — 1401 Jan. 7

A *aus Düsseld. Prov.A. Urk. Kurköln A III nr. 1259 or. mb. lit. pat. c. sig. pend.*
B *coll. Karter. G.L.A. Pfälz. Kop.B. 4 fol. 22ᵃ-23ᵃ cop. ch. coaev., Überschrift Als unser herre der kunig alle nuwe zolle wiederruffen hat und keinen nuwen furbas an der korfursten rat und willen ofsetzen sal, und, ob er friheit gnade oder briefe gebe die wider der kurfursten friheide etc. weren, das die vernichtet und widerruffen sin sullen.*
C *coll. Wien. H.H. St.A. Registraturbuch C fol. 19ᵇ-20ᵃ cop. ch. coaev. mit derselben Überschrift wie B.*

Gedruckt bei Chmel pag. 190-193 nr. 4 aus C. — *Regest bei Pelzel Wenzel 2, 435f. mit Quellenangabe in regestis Ruperti was wol C ist, Chmel 75 aus C, Lacomblet Niederrhein. Urk.B. 4, 1 nt. 1.*

Wir Ruprecht von gots gnaden Roemscher konyng zu allen tzijten merer des rijchs dun kunt offentlich myt desem brieve allen die yn sehen oder hoiren leesen: under anderen manchfeldigen sachen die unsern konynglichen gedancke ᵃ ankoment daz heilige Roemsche rijche zo besorgen, nu wir von gots versehen kurtzlichen zo eyme rechten werentlichen Roymschen konyng erwelt syn und erhaben, so keren wir unsern sin muegelich darezu, daz wir dem gemeynen kouffmanne und yedermanne vrede geben ᵇ und grade, und des heyligen Roemschen rijchs undertanen geistlich und werentlich mancherley beswerunge, die yn kurtzen jairen ufferstanden sint, abedoen, und daz yderman der die straissen zo wandelen und zo buwen hait von uns und unser konynclichen nuwer zokumfft liebtunge ervuele. [1] und wan wir vernomen haben, dat des Rijns straim, der yn Duytschen landen de gemeynste kunynglichste straisse is, mit as vill ungewonlichen nuwen zullen, die kunyng Wentzeslauw von Beheim etwan Roemscher konyng bynnen sinen zijden zo groissen unverwintliche ᶜ verderfflniße und beswerniße des gemeynen landes und ane rait consens und willen der kurfursten amme Rijne, die des mit zu doen hatten, und unbedacht verlenet und gegeven hatto, als gar groisslich und verderfflich beswert ist und degelich besweret werde ᵈ, daz der gemeyne kouffman und alle des heiligen rijchs undertane deshalben zu groissem verderffnisse und schaden komen sint und noch furter kemen ob des mit zidigem raide neit verhort ᵉ und dem gemeynen kouffmanne und yedermanne damit neit versehen enwurde: davon so haben wir durch gemeynen nutzes willen als eyn Roymscher konyng, dem daz stoet zo besorgen, mit wolvurbedaichtem muede und mit raide unser und des heiligen rijchs kurfursten und andere unsere fursten und getruwen und mit unserm rechten wissen alle und yeckliche zulle, die sin kleyne oder groiß viel oder wenich, die syn yezu uffgelacht oder nyt, die der egnante kunyg Wentzeslaw oder sine furfaren Roemscher keysere oder kununge bynnen driessich jairen necst vergangen yeman, er sij furste geistlich oder werentlich grave vrehe herro dyenstman ritter knecht oder stat oder yemans anders wer er sij, uffzuosetzen oder zo heben verleent geben erleuft oder verbrievet hant, und ouch alle tornosse und wardtspennynge, der sin ouch viel oder wenich, die sin itzu uffgelacht oder neyt, yn wilcherhande wijse die bynnen der vurgenanten zijt yeman wer der were geben verleent uffgelacht oder verbrievet sint oder die yman sust aen unsern oder unserr ᶠ furfaren Roemschen keysere oder kununge verhengnisse oder anders zo unrechte nyemet uff

a) B gedancke, A gedanckt, C gedanct. b) om. ABC. c) C grossen unverwintlichen. d) A om. stelt worden, C werden. e) A könnde auch verheit heißen, C verhoet. f) A unsern, B unsern, C unser.

1401 des Rijns strauin von Basill an biz yn die see sunderlingen bynnen lijnpade geleide und
Jan. 7 termijnen unser[a] und des rijchs kurfursten amme Rijne, an welchen enden soliche zulle
gelegen oder erleufft sin zo heben gentzlich zu mail und aller sachen abegnomen ver-
nichtet und wederroiffen haben, abenemen abesetzen und wederruiffen die mit krafft diß
brieffs und mit unser Roymscher kunyglicher volkomener[b] mechte. [2] was zulle
ouch seliger gedechtniße keyser Karll oder der egenant kunyg Wentzeslauw unser fur-
faren bynnen yren zijten hant wederroiffen und yre brieve daruber geben haint, die
zulle sollen wir ouch vur wederroiffen halden und der neit von nuwes erlienen[c] geven
oder confirmeren, und meynen setzen wollen und gebeiten daz dieselbe zulle von deser
tzijt vurbaßmer von nyman nummerme zo cynchen zijten genomen gehaben oder uff-
gelacht werten sunder daz die gentzlichen und allersachen abesin sullen und abebliben.
[3] auch so haben wir den erwerdigen Friderichе zo Colne Johanne zo Mentze und
Wernher zo Triere ertzebusschoffe des heiligen Roemschen rijchs ertzecancelleren und kur-
fursten gesacht versprochen und globt bij unsern kunynglichen truwen und eren, daz
wir derglijche noch keyne andere nuwe zulle thornolle[d] wartzpennynge verlehen geben
erlouben oder offlegen sullen laissen ane yren wissen willen und rait, und gebeiten
darumb allen und yglichen fursten geistlichen und werentlichen graven frihen herren
dienstluten rittern knechten amptluten zuhern gemeynheiden der stoede burgern oder
sunderlichen personen und allen andern unsern und des rijchs undertanen und getruwen
yn wilcherley adel eren wirden oder wesen die syn, daz sy sulche zulle furbaßmer nyt
nemen off[e] uffheben sullen sunder die gentzliche abeduin und abenemen und abesin
laissen, als lieb als yn sij unser ungnade zu vermyden, und ouch under eyner penen
van czeihenduisent marcken lodiges guldes daryn wir dengenen der herweder dede und
alz dicke daz geschege wullen gentzliche syn erfallen, dieselbe pene halb yn unsere
kunygliche rentkamere und die andere helffte dem ertzbusschoff von in, in des lijnpade
ereisen[f] und termyne der zoll gehaben wurde, sal sin erschenen und gevallen. und
mach derselbe ertzbusschoff die pene von unsern und sinen weigen von den heisschen
vordern und nemen, darzu wir eme behulfen syn sullen aen alles geverde. [4] vort
wann unsern kunynglich begriff und gedechtenisse yn unsern und des heiligen rijchs
sachen manchfeldichlichen sint, so moyehte is wail geschien, daz umb dergener ver-
drießlicheid willen, die uns biddende weren, unser kunyglich majestad underwilen un-
wissens erlienen[g] geven oder verschriven moichten brieve privilegien oder friheide die
weder der[h] egnanten ertzbusschoffe und kurfursten amme Rijne privilegien friheide
gnade oder herkomen weren. und wann unser kunygliche majestait daz wail recht
mirket und bedenket und stoetlichs in unserm sinne begriffen, daz die egnanten kur-
fursten des heiligen Roymschen rijchs geleidere und veste stoede sale sint und daz heilige
Roemsche rijch buyssen yren mit helffe und zodoin nyt wail bestain noch eygentlich
gehanthabt werden mach, also daz wir yn darumb yre privilegien friheide gnaden und
herkomen, die sij von unsern furfaren beholden besessen und herbracht haint, billichen
hain zu merren und nyt zo myniren: wer' ez darumb, daz wir in der vurgnanten wijse
in zukumenden zijlden yman, wer der were, cynche privilegie friheide oder gnade deden
oder geven, die weder der furgnanten kurfursten gnaden privileigien friheide oder her-
komen weren, in wilcher wijse oder mit waz kunen[i] worten oder brieven die gegeben
verleent oder verschreben wurden, ob auch daz die neit zu wederroiffen stoenden, die
allessament, waz der were oder wem die also gegeben wurden, wir nu als eyn Roem-
scher kunyng und von unser volkomener Roemscher kunyglicher mechte gentzlich und

akzomaill abesetzen und* wederroffen, und wollen daz die vur wederroffen abgelecht und vur nycht gehalden werden sullen, glych als sij von unser konyglicher majestaid unwissens und zomail neyt verleent und behalden weren worden, und setzen die, dan als nu, nu as dan, gentzlichen abe, geyne muego macht oder wernisse oder durnisse[b] me zo behalden oder zu haben. mit urkunt diezs brieves versegelt myt unser koynglicher majestat ingesegel, der geben ist zu Colne an dem nehsten frijtdage nach dem zwolfften dage epyphania domini zu latin genaut, nach Cristi geburte tusent vierhundert und ein jairo[c], unsers rijchs in dem ersten jaire. *1401 Jan. 7*

[in verso] R. Nicolaus Buman.

Ad mandatum domini regis
Mathias Soberaheim.

D. Belohnung von Kurmainz nr. 208-210.

208. *K. Ruprecht verpflichtet sich gegen Erzb. Johann II von Mainz, ihm alle seine Privilegien etc. zu bestätigen und zu lassen, ihn und sein Stift gegen Angriff zu beschützen, wegen verschiedener streitiger Rechte an gen. Orten ein Schiedsgericht zu bestellen, eine Friedens-Einung auf beider Lebzeiten zu schließen*[1]. *1400 Dec. 14 Heidelberg.* *1400 Dec. 14*

M *aus München, k. R.A. Urkk. Mainz Erzstift fasc.* 143[b] VII ⁹/₇ *or. mb. c. sig. pend. Auf Rückseite von gleicher Hand links* 5? *rechts davon ebenfalls gleichzeitig* Als konig Ruprecht erzbischof Johann verschriben hait, ime alle gnade privilegia und zolle zu confirmeren, und in und sinen stieft bi allen rechten gewonheiten verschribungen verphandungen verliben laßen, und auch von Hentzchesheym und Nuwenheym die wiltbanne, und umbe die holz und wiltpenne zu Mockenstorm, und umbe den wesehel der eigen lute uf dem Odenwalde [*eig.* (klerenwalde?], und furter umbe ander puncte, die sie alle veranlaßt haben uf graff Diether von Katzenelnbogen und den alten von Westerburg; *darunter ebenfalls gleichzeitig* Reponatur ad ladulam dd in Hoest; *rechts unten in der Ecke von gleichzeitiger Hand* dd. *Das nie ausgeschriebene* part. perf. pass. *geschrieben wurde immer mit einfach* j *gegeben.*
K *coll. Karler. G.L.A. Pfälz. Kop.B.* 4 fol. 10[b]-11[a], *Überschrift* als unser herre der konnig verschreiben hait hern Johann erzbischofe zu Mentze zu halten und vollensichen etliche artikele und puncten.
W *coll. Wien. H.H. St.A. Registraturbuch* C fol. 9[a.b] *cop. ch. coaev. mit Überschrift wie in* K.
Regest *Chmel* 37 *aus* W.

Wir Ruprecht von gots gnaden Romischer kunig zu[d] allen zijten merer des richs bekennen offenlich mit disem brief: daz wir angesehen han manichfeltig truwe und dienst die der erwirdige Johann ertzbischoff zu Mencsen unser lieber oheim und kurfurste unsern forfarn an dem riche Romischen keysern und kunigen und auch uns selber oftte und dicke getruwlichen und nutzlichen getan hat und furbaz dun mag in kunfftigen zijten. darumbe und von besundern gnaden so verschriben wir uns als ein Romischer kunig ym sinen nachkomen und dem stieffte zu Mencsen zu halten und zu follenzichen diese hernachgeschriben artikele. [1] zum ersten, daz wir ym sinen nachkomen und dem stieffte zu Mencsen wollen confirmiren ernuwen und bestetigen alle ire brieve privilegia gnade frijheit rechte und gewonheit guistlich und werntlich, wie sie

a) om. C. b) B dorselbe. c) A jarre, C jars etc. d) M lagen- oder lebensförmiges Zeichen über e.

[1] Dasselbe hat Ruprecht schon als Pfalzgraf [1400 Aug. 20 Oberlahnstein] demselben Erzbischof gelobt RTA. 3 nr. 202. Vgl. die entsprechende Urkunde des letzteren 1400 Aug. 20 Oberlahnstein RTA. 3 nr. 201.

die von unsern heiligen vettern den bebsten dem stule von Rome dem heiligen Romischen riche Romischen keysern und kunigen hant oder herbracht haben, und sie dabij getruwelichen lassen bliben, ane alle geverde und argelist. [1ª] auch was pfantschafft unser oheim und kurfurste obgenant und der stieffte von Mencze von dem heiligen riche innehaben, wo die gelegen oder wie die genant sint, dabij wollen wir sie auch getruwlichen lassen bliben siezzen und daran nit hindern oder drengen, ane alle geverde. [1ᵃ] wolde auch yman wer der were den vorgenanten unsern oheim und kurfursten erczbischoff Johann sin nachkomen und den stieffte zu Mencze verunrechten kriegen beschedigen oder mit geweltiger tede ir lande stotde oder lude uberziehen wieder rechte, des ensollen wir nit gestaden, und sollen yn darwieder getruwlich geraden und beholffen sin mit slossen landen luthen und aller unser ganczer macht, wann yn des not geschiecht, ane alle geverde und argelist. [weiter wie RTA. 3 nr. 201 art. 2-6, mut. mut., ohne alle sachlichen Abweichungen, und so dass es in art. 5 statt als wir unde die unsern heisst als der vorgeschriben unser oheim und kurfurste und die sinen, und dass es ebenda statt dabij sal cz der vurgeschreben unser herre und oheim der herczoge unde auch wir erczbischoff Johann und die unsern heisst dabij sollen wir und der vorgeschriben unser oheim und kurfurste und die sinen cz.] orkunt dis brieffs versiegelt mit unserm kuniglichem majestat ingesigel. geben zu Heidelberg off den dinstag nach sant Lucien tag der heiligen jungfrauwen nach Cristi geburt dusent und vierhundert jare unsers richs in dem ersten jare.

[in verso] R. Nicolaus Bunnan.

Ad mandatum domini regis
Johannes Winheim.

1400 Dec. 16. **209.** *K. Ruprecht bestätigt, da Erzb. Johann II als Kurfürst ihm zum Thron verholfen hat, alle Privilegien[1] der Mainzer Kirche, unter anderem die Erzkanzlerschaft. 1400 Dec. 16 Heidelberg.*

K aus *Karler.* G.L.A. Pfälz. Kop.B. 5 fol. 1ᵃᵇ *cop. ch. coaev. mit der Überschrift* Littere confirmacionis generalis omnium privilegiorum etc. domini Johannis archiepiscopi cleri et ecclesiarum Maguntinensium.
A coll. *Wien.* H.H. St.A. Registraturbuch A fol. 1ᵃᵇ *cop. ch. coaev. mit derselben Überschrift.*
Gedruckt *Länig R.A. 16, 1, 58 nr. 75, Falckenstein civit. Erffurt. hist. 1, 287f. gekürzt; glchz. Übersetzung Würdtwein nova subsid. dipl. 2, 366-368 nr. 54 und ebenso noch einmal ibid. 5, 208-210 nr. 96 mit falscher Jahreszahl 1340 in der Datierung, mit unbedeutender Abkürzung am Ende. — Regest bei Georgisch 2, 650 nr. 77 aus Länig l. c., bei Chmel 39 aus Länig l. c. und Würdtwein 2 l. c., bei Scriba 3, 235 nr. 3508 aus Länig l. c. und beiden Stellen Würdtweins.*

[1] *K. Ruprecht bestätigt am gleichen Tag und Ort das eingeschaltete Privileg des Mainzer Klerus von Karl IV 1354 Jan. 10 (Böhmer-Huber Regesten Karls IV pag. 139 nr. 1748; vgl. 1749) Länig R.A. 16, 1, 58f. nr. 76, Würdtwein subs. dipl. 4, 406-409 nr. 116, glchz. deutsche Übersetzung Würdtwein nova subs. dipl. 2, 369-372 nr. 55; Regest Scriba 3, 236 nr. 3507, und Chmel nr. 39. Archivalisch lat. Fassung: Wien H. H. St.A. Regist.B. Rupr. A fol. 1ᵇ-2ᵃ, und Karler. G.L.A. Pfälz. Kop.B. 143 pag. 9 ohne den verlorenen Anfang, und ib. Pfälz. Kop.B. 5 fol. 1ᵇ-2ᵃ. — K. Ruprecht bestätigt am gleichen Tag* *und Ort den eingeschalteten Brief von K. Wenzel, worin dieser am 16 Okt. 1383 zu Nürnberg erklärt (Pelzel 1, 141), dass ein von ihm der Stadt Mainz am 12 April 1380 verliehener Brief (Pelzel 1, 94) die Rechte und Freiheiten des Mainzer Klerus nicht beeinträchtigen solle; Mainz Stadtbibl. Urkk. nr. 177 or. mb., Karler. G.L.A. Pfälz. Kop.B. 4 fol. 8-10ᵇ, Wien H.H. St.A. Regist.B. C fol. 7ᵇ-9ᵃ; gedruckt Würdtwein nova subs. dipl. 2, 375-382 nr. 57, Senckenberg Meditationes fasc. 3 pag. 499-500 unvollständig; Regest Chmel 40, und Scriba 3, 236 nr. 3510. — Lehenbestätigung Jan. 8 Chmel 89.*

Rupertus dei gracia Romanorum rex semper augustus universis sacri imperii fidelibus tam presentibus quam futuris presentes audituris literas ac visuris graciam suam et omne bonum. decet nostre celsitudinem majestatis, ut nos, divorum clarissime recordacionis imperatorum et regum Romanorum predecessorum nostrorum sequentes vestigia, cunctarum ecclesiarum et pocius ecclesie Maguntinensis, per quam et nos in persona venerabilis Johannis archiepiscopi Maguntinensis consangwinei et principis electoris nostri carissimi ad regale fastigium promoti magni culmen honoris accepimus, cuncta privilegia sub nostre felicitatis evo modis omnibus conservemus[a] illesa. cuncta itaque privilegia munimenta documenta seu eciam instrumenta libertatum ecclesiasticarum et mundanarum, eciam super non trahendis archiepiscopis episcopis collegiis cenobiis clericis personis ecclesiasticis universis civitatis et diocesos Maguntinensis quomodolibet ad judicium seculare, super dignitate utilitate et honore archicancellarie[1], super comitatu Bachachowio[b], super opido Selgenstad, super ministerialibus fidelibus castrensibus hominibus supradicte ecclesie Maguntinensis annexis, cujuscumque vel qualiscumque debito vel officio servitutis vel servicii, ad nostre serenitatis seu alterius judicis nostri examen super causis aliquibus antea non trahendis, quam[c] archiepiscopus Maguntinensis, qui pro tempore fuerit, requisitus de ipsis in reddenda justicia negligens fuerit vel remissus, necnon generaliter et universaliter omnia et singula privilegia et literas, quas archiepiscopis episcopis prelatis ecclesiis seu monasteriis et personis ecclesiasticis civitatis et diocesios Maguntinensis a divis nostris predecessoribus imperatoribus et Romanorum regibus et nominatim a pio recordacionis quondam rege Adulffo predecessore nostro super quibuscumque largicionibus donacionibus possessionibus dominiis principatibus juribus libertatibus honoribus proprietatibus emunitatibus terris territoriis provinciis districtibus castris civitatibus villis locis montibus vallibus planis pascuis silvis rubetis aquis aquarum decursibus piscaturis piscinis piscacionibus venacionibus aucupacionibus vasallis vasallagiis feudis feudotariis collacionibus juribus patronatus ecclesiarum judiciis theoloneis vectigalibus conductibus daciis gabellis monetis pignoribus obvencionibus censibus redditibus ac aliis quibuscumque rebus utilitatibus et emolimentis, quibuscumque eciam designentur vocabulis, hactenus sunt concessa, in omnibus suis articulis sentenciis punctis et clausulis de verbo ad verbum, prout scripta seu scripte sunt, acsi tenores omnium forent inserti presentibus, eciam si de hiis jure vel consuetudine deberet fieri mencio specialis, rata tenentes et grata, quasi tradita de nostris manibus auctoritate regia et ex certa sciencia approbamus innovamus et de singularis nostre benignitatis gracia ac regalis potestatis plenitudine tenore presencium confirmamus, nolentes ea in aliqua parte sui cujusquam improbitate convelli seu novitate mutari, sed illesa pocius et intacta perpetuis temporibus custodiri. nulli ergo omnino hominum liceat hanc nostre approbacionis ratificacionis innovacionis et confirmacionis paginam infringere vel ei quovis ausu temerario contraire si quis autem contrarium attemptare presumpserit, gravem nostre indignacionis offensam et penam centum marcharum auri puri, quarum medietatem regali nostre camere, reliquam vero partem archiepiscopo et ecclesie Maguntinensi aut injuriam passorum usibus applicandum decernimus, se noverit incursurum. presencium sub nostre majestatis

a) AE *conservetus.* *b)* *Würdtwein 2 über die grafschaft vom Bethawe, Würdtwein 5 über die grafschaft zum Bachawe, Lünig und Falckenstein super comitatu Bachgowiae.* *c)* *die Abkürzung für* quum.

---

[1] Johann Erzb. von Mainz erneuert dem Bisch. Friderich von Eichstädt, in dessen persönlicher Gegenwart von demselben gebeten, ihm und seinen Nachfolgern, das zwar schon länger abgekommene aber bereits von Bonifacius dem Willebald ertheilte Recht des Mainzischen Cancellariats, 1401 fer. 3 in rogacionibus [Mai 10]; or. c. sig. im Münch. R.A. laut Reg. Boic. 11, 210, cop. coaev. im Würzb. Kreisarchiv Mainz-Aschaff. Ingross B. 13 fol. 230ᵇ-231ᵃ, gedruckt Gudenʼ cod. dipl. 4, 4 f. nr. 3, Regest bei Joannis ad Serarium 1, 717.

sigilli appensione testimonio literarum datum in castro nostro Heydelberg feria quinta post beate Lucie virginis anno domini millesimo quadringentesimo regni vero nostri anno primo.

Ad mandatum domini regis
Job Vener licenciatus etc.

210. *K. Ruprecht bestätigt dem Erzb. Johann II von Mainz alle seine und seines Stifts Freiheiten, so daß keine einem andern ertheilte Freiheit denselben schaden darf.* 1400 Dec. 16 *Heidelberg.*

A *aus Wien H.H. St.A. Registraturbuch C fol.* 7ab *cop. ch. coaev. mit der Überschrift* Bestedigungsbrief geben mime herren von Mentze und sinem stifte ubir ire privilegia und friheit etc.
K *coll. Karlsr. G.L.A. Pfälz. Kop.B.* 4 *fol.* 8ab *mit derselben Überschrift.*
Gedruckt Würdtwein nova subs. dipl. 2, 373 f. *nr.* 56 *und wiederholt ib.* 2, 383-385 *nr.* 58 *und* 385-387 *nr.* 59. — *Regest Scriba* 3, 236 *nr.* 3569 *aus den ersten beiden Stellen Würdtweins, unrichtig auch noch aus Würdtw.* 2, 395 *wo anderes steht, und* Chmel 41 *aus A und Würdtwein* 2, 373 *und* 385.

Wir Ruprecht von gots gnaden Romischer künig zu allen ziten merer des richs bekennen und tůn kunt offentlich mit diesem brief allen den die in sehen oder hören lesen: das wir angesehen haben getrűwe geneme und unverdroßen dinste, die uns unsern vorfaren und dem heilgen Romischen riche der erwirdige Johann erzbischoffe zu Mentze des heiligen Romischen richs in Dutschen landen erzcanceller unser lieber oheim kürfürste und andehtiger dicke nützlichen restelichen und schinbarlichen getan und erzougt hat und auch furbaz tun sol und mag in künftigen ziten. darumb so haben wir imme sinen nachkomen und dem stifte zu Meintze mit wolbedachtem műte und mit[a] rechter wißen alle hantvesten briefe gnade friheit wirde ere herkommen und gewonheit, die er und der vorgenant stift zů Meintze gehabt und herbracht haben und die ime oder dem stifte zu Mentze von uns oder von unsern vorfaren Romischen keisern und künigen gegeben oder verschriben sin, bestetiget und bestetigen im und dem stift zu Mentze die von unser küniglicher macht und gewalt mit craft diß briefs. darumb gebieten wir von unser küniglicher macht allen fursten graven frien herren stetten rittern[b] und knechten und allen andern unser und des richs getruwen und undertanen, wo sie geseßen oder wie die genant sin, bi unsern und des richs hulden, daz sie den obgenanten Johan erzbischof und den stift zu Mencze und alle ire undertanen geistlich und wertlich bi solchen hantfesten briefen gnaden friheiden wirden[b] eren herkommen und gewonheiden, wo und wie si die uf waßer oder uf lande gehabet und herbracht haben, ungehindert ungeirret unbeswerct und ungedrűngen beliben laßen. und wer dawieder tete heimlich oder offenbar, der sol in unser und des heiligen richs ungnade swerlich verfallen sin. und wer' es sache daz wir als ein Romischer künig unsere vorfarn Romische keiser oder[c] künige decheinen[d] fursten graven herren stetten rittern odir knechten, wer die weren, decheine briefe oder hantfesten gegeben hetten oder geben, die wider solche hantfesten briefe gnade friheit wirde ere herkommen gute gewonheit, als sie die recht und redelich herbracht haben, des obgenanten Johans erzbischofs und des stifts zu Meintze weren oder gesin möchten, da wollen wir, daz si dem obgenanten Johann erzbischof sinen nachkomen und dem stift zu Meintze oder iren undertanen geistlichen oder wertlichen an iren hantfesten briefen gnaden eren friheiden herkomen und gewonheiden keinen schaden bringen sollen. mit urkunde diß briefs versiegelt mit unser künig-

a) *K* fehlt. b) *K gleichzeitig herr, aus werden.* c) *K mit anderer Dinte gleichzeitig übergeschrieben statt des ausgestrichenen und.* d) *K* dheine.

lieben majestat ingesiegel, der geben ist zu Heidelberg nach Crists gebůrte dusent und vierhůndert jare uf den nechsten dinstag nach sant Lucien tag der heiligen jůngfrauwen unsers richs in dem ersten jare.

Ad mandatum domini regis
Job Vener licenciatus etc.

E. Belohnung von Kurköln nr. 211-214.

211. *K. Ruprecht erklärt öffentlich, daß die Bestätigung der städtischen Privilegien Köln dem Erzb. Friderich III und dem Stift nicht schädlich sein soll u. a. m. 1401 Jan. 6 Köln.* [1401 Jan. 6]

D aus Düsseld. Prov.A. Urk. Kurköln A III nr. 1255 or. mb. lit. pat. c. sig. pend.
C coll. Wien. H.H. St.A. Registraturbuch C fol. 21ᵇ cop. ch. coaev. mit der Überschrift Ein brief geben mim herren herr erzbischof zu Colne, daz alle die briefe die min herre geben hat oder geben wurde der stat zu Colne oder iemant anders, die wider denselben herren von Colne sinen stift oder sine pfaffheit weren etc., daz die sollen vernichtet sin.
K coll. Karler. G.L.A. Pfäls. Kop.B. 4 fol. 24ᵇ-25ᵃ cop. chart. coaev.
Gedruckt Bossert securis Aufl. 2 pag. 315 nr. 131 und Lünig R.A. 16, 1, 570. — Regest bei Georgisch 2, 851 nr. 1, Chmel 51 aus C.

Wir Ruprecht von gots gnaden Romischer kunig zu allen zijten merer des richs bekennen und dun kunt offentlich mit diesem brieff allen den die yn sehent oder horent lesen: wiewol wir den burgermeistern rat und burgern gemeinlichen der stat zu Collen unsern und des heiligen richs lieben getruwen off diesen hutigen tag datum diß brieffs eine bestetigunge ire frijheit rechte und brieve gegeben haben[1], ydoch wollen wir, daz die egenant bestetigunge und andere unsere brieve dem erwirdigen Friderich erzbischoff zů Collen des heiligen richs in Italien erzkanczler unserm lieben neven und kurfursten und sinen nachkomen und stieffte und der pfaffeschafft zu Collen an iren privilegien rechten frijheiden oder brieven dheinen schaden oder hinderniß brengen sollen, daz die mit der vurgenanten bestetigunge und andern unsern brieven in eynichen iren puncten gesweechet oder gekrencket worden, sonder wir setzen und wollen von Romischer kuniglicher mechte, das alle des egenanten erzbischoffs siner furfarn und stieffte privilegia frijheit rechte und brieve, die sie oder die pfaffschafft vorgenant von uns oder unsern furfarn seliger gedechtniß Romischen keiseren oder kunigen hant behalten oder sust redlichen herbracht, in yren folkomen ganczen krefften und mochten bliben und sin sollen, als die waren off die zijt da sie yn erste gegeben wurden, und ob yn die off diesen hutigen tag geben weren und von wort zů wort geschriben stunden in diesem brieff. auch hette kunig Wenczlaw von Beheim etwann Romischer kunig den vorgenanten burgermeistern rat und burgern gemeinlichen der stat zů Colne eyniche privilegia rechte frijheit oder brieve gegeben, die wieder den egenanten Friderich erzbischoff sin nachkomelinge und stieffte und die pfaffschafft von Colne weren, die sollen maichtloß und nicht sin, und wiederruffen die in crafft diß brieffs. auch geschee ez, daz wir den egenanten burgermeistern rat und burgern gemeinlichen der stat zu Colne eyniche privilegia rechte frijheit oder brieve nů oder hernachmals geben oderᵃ verlijhen wurden, die wieder die vorgenanten Friderich erzbischoff sin nachkomeling und stieffte und die

a) CX eß.

[1] *Chmel 48 von 1401 Jan. 6.*

pfaffschaffte zu Colne weren, die sollen zu stunt uff als dann und dann als uff genezlichen und zumale machtloß und nicht sin, und vernichten die auch in ernst diß briefis. mit urkunt diß briefis versiegelt mit unserr kuniglichen majestat ingesigel, [1401 Jan. 6] datum Colonie in die epiphanie domini anno ejusdem millesimo quadringentesimo primo regni vero nostri anno primo.

[in verso] R. Nicolaus Buman.

Ad mandatum domini regis
Johannes Winheim.

212. *K. Ruprecht macht dem Erzb. Friderich III von Köln als Belohnung für dessen Verdienste bei seiner Thronbesteigung und Krönung gewisse Gewährungen und Bestätigungen*[1]. *1401 Jan. 7 Köln.*

B aus Berlin. St.A. Kaiserurkunden aus dem Erzstift Köln nr. 366 or. mb. lit. pat. c. sig. pend., die Unterschrift auf dem Umschlagrande.
K coll. Karlsr. G.L.A. Pfälz. Kop.B. 5 fol. 4ᵃ-5ᵇ cop. ch. coaev. mit der Überschrift Confirmacio dominiorum bonorum etc. domini Coloniensis cum specificacione eorundem.
Pᶜ coll. ib. Pfälz. Kop.B. 143 p. 8-12 cop. ch. coaev. mit derselben Überschrift (nur an zweifelhaften Stellen coll.).
A coll. Wien. H.H. St.A. Registraturbuch A fol. 4ᵃ-6ᵃ cop. ch. coaev. mit derselben Überschrift.
Regest Chmel 71 aus A.

Rupertus divina favente clemencia Romanorum rex semper augustus .. universis hanc nostre celsitudinis paginam inspecturis ad perpetuam rei memoriam. quoniam[a] graciarum privilegiorum libertatum largicionum ac beneficiorum, a retroactis dudum temporibus ecclesie Coloniensi[b] divorum principum imperatorum regum Romanorum nostrorum predecessorum munificencia impensorum, ac devotorum obsequiorum, ab archiepiscopis Coloniensibus nonnullis predecessoribus nostris ac imperio et regno econtra utiliter exhibitorum, pietate regia recordamur, attentis nichilominus venerabilis Friderici archiepiscopi Coloniensis principis et consanguinei nostri carissimi in nostri ad Romanum regnum exaltacione et corone ac unctionis regie assecucione obsequio et labore exhibitis et impensis liberaliter hiis diebus, en[c], que ejusdem archiepiscopi devota et racionabilis supplicacio a nostra serenitate desiderat impetrare, si ipsorum predecessorum nostrorum vestigiis volumus inherere, arbitramur sibi nequaquam a nostra regali excellencia denegenda. [*f*] ad ipsius itaque archiepiscopi supplicacionem et sue intuitu ecclesie, vectigalia seu theolonea in suis opidis Andernaco Bunna Nussia et Bereka, olim per nostros predecessores super Reni alveo concessa et donata archiepiscopis pro tempore existentibus et in quorum possessione plures ipsius archiepiscopi predecessores fuerunt et ipse archiepiscopus nunc est et ea tenet et possidet, eo salvo et excepto quod theoloneum Andernacense ad opidum Lynsense et theoloneum Nussiense ad castrum Friezstroim[d] per dic-

a) KAP dem. b) em. statt Coloniensis. c) BKPᶜ add. ad expensas?; sollte villeicht libro statt ad ... serviren sein? d) B = stroim ebenso radirt, A kurz, undeutlich und stoven?, K = streim, Pᶜ = streem (r also o über-geschrieben).

[1] Die Bestätigung der älteren Urkunden selbst, mit vollständiger Einschaltung der einzelnen Privilegien, geschah am gleichen Tag und Ort, Düsseld. Prov.A. Urk. Kurköln A III nr. 1257 or. mb., ein Buch in Folio mit 37 Pergamentblättern und anhangendem Sigel. Abschrift im Karlsr. G.L.A. Pfälz. Kop.B. 5 fol. 3ᵃ-4ᵃ, aber mit Weglassung der Einschaltungen; und in Wien. H.H. St.A. Registraturbuch A fol. 3ᵇ-4ᵃ ebenfalls wie im Pfälz. Kop.B. 5 trotz der Überschrift Confirmacio et innovacio literarum et privilegiorum domini Coloniensis cum insercione tenorum eorundem. Chmel 70 (aus A) musste das sein, aber da scheinen die Einschaltungen aufgeführt zu sein, ihre Zahl wird auf 48 angegeben, das älteste darum sei von 973. — Die Belehnung Chmel 72 gleichen Tags, auch aus Wien A.

tum archiepiscopum dudum constructum et erectum vigore concessionis auctoritatis et indulgencie imperialis et regie juste et legitime sunt translata, eidem archiepiscopo suisque successoribus imperpetuum ex nostra certa sciencia auctoritate regia confirmamus. et de uberiori nostre munificencie gracia motu proprio eadem vectigalia seu theolonea, ab eodem archiepiscopo et suis successoribus et a sua ecclesia possidenda perpetuo et tenenda, ipsi archiepiscopo et suis successoribus et ecclesie sue Coloniensi conferimus et donamus, et, quod ipsa et eorum singulum seu aliquod vel aliqua ex eis communiter et divisim simul aut successive idem archiepiscopus et sui successores et quilibet eorum, in eo valore in quo sunt et erunt, imposterum ad alia loca inter predictum Andernacense[a] et Reyss opida sita inclusive transferre et transponere et aliquando ab eis locis, ad que translata seu posita fuerint, ipsa vectigalia seu theolonea aut aliquod seu aliquam ex eis ad pristina loca seu alia communiter et divisim simul et successive transferre et ponere possint libere, ubicumque et[b] quociescumque voluerint ad ipsorum archiepiscopi et successorum suorum et eorum cujuslibet beneplacitum, eidem archiepiscopo et suis imperpetuum successoribus sueque ecclesie libere et irrevocabiliter indulgemus, nullis eciam utriusque sexus hominibus, cujuscumque status condicionis vel preeminencie extiterint, in hujusmodi vectigalibus seu theoloneis sic translatis seu locis ad que translata fuerint, occasione mutacionis seu translacionis hujusmodi necnon consuetudinis privilegii vel induli ibidem vel inter loca talia theolonei non soluti, quibusvis competentibus vel concessis immunitatibus libertatibus consuetudinibus vel indultis theolonea non solvendi seu quovis tytulo vel colore in parte vel in toto libere transeundi (quinymo de omnibus et singulis mercibus rebus atque bonis ante vel ad hujusmodi loca et theolonea sic mutata vel translata deductis integrum et in quantitate concessa solvatur theoloneum), nullo cujuscumque privilegio consuetudine vel indulto in contrarium allegato vel servato quomodolibet suffragante. item promittimus, quod nos in usus nostros proprios seu imperii sive regni per nostros theolonarios non recipiemus vel pro nobis recipi faciemus; et, ne quisquam, cujuscumque dignitatis potestatis condicionis et status existat, regali nostra seu cujuscumque alterius auctoritate seu licencia[c] inter predictos predictorum opidorum fines preter ea vectigalia seu theolonea, que nostrorum auctoritate predecessorum posita inter eosdem terminos jam apparent, nova vectigalia seu theolonea in rivis aut terris ponere aut exercere de cetero audeat de quibuscumque rebus bonis aut mercacionibus, penitus interdicimus; quinymmo de nostra mera et libera voluntate et motu proprio promittimus, nos contra hoc quidquam per nos contrarium non facturos nec cuicumque nostro subjecto super ponendis seu recipiendis novis vectigalibus seu theoloneis uno vel pluribus inter terminos opidorum predictorum jam dictos, nisi prout jam est dictum, auctoritatem potestatem licenciam seu conniventiam sub quocumque colore aliqualiter concedemus aut alias promittemus, ymo contrarium presumentes prohibere et ipsi archiepiscopo et suis successoribus, si et dum quosquam contrarium presumentes ad hoc artare et prohibere voluerint, si super hoc ab ipsis archiepiscopo seu suorum successorum aliquo fuerimus requisiti, nostro potestatis regie adjutorium studebimus et debebimus adhibere. [2] item concessionem indulgenciam pariter et donacionem ac jus et facultatem habendi et tenendi unum theoloneum in viis ac stratis publicis soli et terrarum districtus ecclesie Coloniensis, idque theoloneum auctoritate nostra regali in locis dicti territorii, ubi eidem archiepiscopo et suis successoribus expediens videbitur, indicendi et instituendi per terram et solum districtus predicti, quemadmodum per inclito memorie Karolum quartum predecessorem nostrum quondam Willelmo archiepiscopo Coloniensi concessum fuit, eciam presentibus innovamus concedimus pariter et donamus. [3] item cum prefatus archiepiscopus et sui successores cudendi monetam in civitate Coloniensi potestatem a sacro Romano im-

a) AKP Andernacum. *b)* om. AKP. *c)* AKP licencie.

perio habuerunt ab antiquo, ac intra ipsorum civitatem[a] et diocesim[b] et territoriorum Coloniensis ecclesie terras preter archiepiscopos Colonienses pro tempore existentes nulli, nisi forte paucissimi imperiali seu regali super hoc muniti privilegio, monetam cudere non poterant nec debebant: universis et singulis, cujuscumque dignitatis status et condicionis existant, auctoritate regia prohibemus, ne intra civitatem et diocesim Coloniensem et Coloniensis ecclesie territoriorum[c] terminos, nisi super hoc ab antiquo regali aut imperiali privilegio sint muniti, monetam aliquam cudere seu cudi facere audeant seu presumant, contrarium facientes eo ipso banno regio decernimus subjacere, salvis penis quibus imperiales leges et antique consuetudines laudabiles monetarum falsarios puniendis decreverunt taliter delinquentibus infligendis; ipsi eciam archiepiscopo suisque successoribus cudendi seu cudifaciendi monetam seu monetas unam vel plures, similes vel diversas, equales vel inequales, sub quacumque figura vel pondere, figuris seu ponderibus, de auro vel argento puro, vel cum cupro conmixtas dum tamen legalem modum secundum valorem debitum alias non excedant, in quocumque loco seu locis suorum territoriorum simul et successive semel et pluries, quociens[d] et quandocumque ipse et successores sui voluerint, auctoritate regia concedimus potestatem. [4] item ne ipsius archiepiscopi subditi, sive sit nobilis sive ministerialis aut castrensis seu cujuscumque condicionis alterius, nostra aut judicii[e] curie nostre aut aliorum a nostra majestate regia delegatorum literarum aut mandatorum quorumcumque auctoritate, in quibuscumque causis criminalibus aut civilibus, criminaliter aut civiliter monendis ad judicium seu duellum, de cetero valeant evocari et de ipsis ipsius archiepiscopi subditis conquerentibus teneantur aliqualiter[f] respondere, et, si hujusmodi subditi taliter fuerint evocati, quod ad archiepiscopi Coloniensis pro tempore existentis examen absque difficultate qualibet remittentur: prefatos subditos duximus consueta nostra clemencia privilegiandos et specialiter eximendos, nisi in eo dumtaxat casu, scilicet si conquerentes contra ipsius archiepiscopi subditos taliter evocatos proponant et doceant evidenter, ipsis conquerentibus prefatum archiepiscopum aut ejus pro tempore successorem, ut contra ipsos subditos taliter evocatos sibi justicie[g] per ipsum archiepiscopum seu ejus pro tempore successorem existentem fieret, loco tempore et modo debitis interpellatum, facere justiciam denegasse, in quo casu ipsius archiepiscopi subditi taliter evocati coram nobis et curie nostre et aliis auctoritate nostra constitutis judicibus tenebuntur ipsi subditi ipsis conquerentibus respondere. [5] item quod idem archiepiscopus Coloniensis et sui successores pro ecclesia sua predicta sibi compararare et conquirere possint quocumque tytulo legitimo castra opida municiones terras et dominia possessiones et bona, cujuscumque condicionis existant, absque nostra et successorum nostrorum requisicione, nostraque et eorumdem successorum nostrorum licencia minime petita seu obtenta, non obstante si talia aut aliqua ex talibus comparatis et conquesitis a regno vel imperio feuda seu alias ab ipsis dependencia inmediato seu mediate moveantur, in quo tamen casu archiepiscopus, qui pro tempore fuerit, dum bona hujusmodi sic comparata seu conquesita fuerint, nobis aut successori nostro pro tempore existenti ea, que circa hoc acta fuerint, intimare curabit bona hujusmodi sic comparata seu conquesita a nobis seu successore nostro cum aliis bonis suis feudalibus[h] ab imperio vel regno dependentibus in feudam recepturus[i]: auctoritate regia indulgemus. [6] insuper ducatum Westfalie et Angarie, cum dominiis jurisdiccionibus, cum comitatibus et advocaciis, cum conductibus mansis curtibus beneficiis ministerialibus mancipiis, et cum omnibus ad eundem ducatum pertinentibus, prout archiepiscopis et ecclesie Coloniensi suisque successoribus legitimo donacionis tytulo imperatoria liberalitate collata sunt, prefato

---

a) A civitatem. b) B1EP diec. und so in copiarum. c) BP territorium. d) K quocienscumque. e) AEP judicum. f) AEP equaliter. g) AEP justiciam. h) B feudalibus bonis suis. i) vig. die preuszische Ábleitung für receptaris.

Friderico et suis successoribus et ecclesie predicte imperpetuum confirmamus. [7] preterea comitatum de Arnsberg, qui a nobis et sacro Romano imperio dependet in feudum, cum castris opidis municionibus villis hominibus subditis juribus meri et mixti imperii ac bassi jurisdiccionibus quibuscumque necnon possessionibus homagiis comitatibus que in vulgari freygrafschafft[a] nuncupantur honoribus commodis bonis feudis silvis nemoribus venacionibus[b] aucupacionibus pascuis pratis aquis aquarumve decursibus piscacionibus vallibus agris cultis et incultis et generaliter cum omnibus aliis pertinenciis dicti comitatus Arnsberg, quibuscumque nominibus appellari valeant[c], tibi ecclesie Coloniensi et successoribus tuis Coloniensibus archiepiscopis imperpetuum feudum nobile dedimus donavimus contulimus concessimus damus donamus conferimus concedimus et largimur, cum omnibus fructibus redditibus proventibus censibus theoloniis vectigaliis imposicionibus honoribus emolumentis et aliis quibuscumque pertinenciis, quibuscumque nominibus valeant nuncupari. [8] item concessiones et donaciones infeudaciones et gracias quascumque de opido Tremoniensi[d] cum territorio suo et districtu et comitatu qui vulgariter dicitur vreygrafschafft[e] necnon Judeis ac jurisdiccione temporali juribus pertinenciis et attinenciis ac accessionibus[f] dicti opidi universis necnon redditibus fructibus et proventibus et obvencionibus in eisdem opido territorio et districtu ad regnum et imperium pertinentibus similiter de advocacia Assindensi cum omnibus juribus suis et defructibus proventibus et utilitatibus ex predictis bonis proventuris, per predecessores nostros reges seu imperatores Romanorum archiepiscopis et ecclesie Coloniensi quomodolibet factas, ratas et gratas habentes, ipsas auctoritate regia approbamus ratificamus et confirmamus ac de uberiori dono gracie presentibus innovamus. [9] item concessiones et donaciones Judeorum, intra civitatem et diocesim Coloniensem consistencium et qui in civitate eadem et diocesi Coloniensibus moram trahant[g] de cetero, a nonnullis nostris predecessoribus ipsius archiepiscopi predecessoribus et ecclesie Coloniensi factas et confirmatas, eadem auctoritate regali ex certa nostra sciencia confirmamus. [10] item bannum ferarum et potestatem banni super eas secundum certas distinctiones limitum inter Mosam et Renum, quemadmodum per felicis recordacionis Ottonem imperatorem et alios predecessores nostros imperatores et reges Romanorum[h] hujusmodi bannum et potestas scilicet[i] archiepiscopis Coloniensibus et ecclesie sancti Petri Coloniensi concessum est seu eciam confirmata, de uberiori dono gracie ac regie majestatis plenitudine presentibus innovamus et ex certa sciencia confirmamus. [11] similiter et donacionem seu in feudum concessionem quarumdam villarum locorum et castellorum in partibus Italie sitorum, videlicet loci de Raga et villas et castella in circuitu ejusdem loci constituta ac alia in literis quondam Friderici imperatoris expressata, prout archiepiscopo et ecclesie Coloniensi concessa sunt, prefato Frederico et suis successoribus et ecclesie predicte imperpetuum confirmamus. [12] preterea universas et singulas donaciones et concessiones et indulta privilegia et literas, que et quas super juribus libertatibus graciis consuetudinibus usibus observantiis et emmunitatibus nec non singulis feudis prediis castris opidis villis municionibus jurisdiccionibus altis et bassis pignorum seu ypothecarum obligacionibus judiciis theoloneis et quibuscumque dominiis et pertinenciis suis et ecclesie predicte a nobis et clare memorie divis Romanorum imperatoribus sive regibus predecessoribus[k] nostris obtinuisse noscuntur, in omnibus suis tenoribus sentenciis punctis et clausulis de verbo ad verbum prout scripta seu scripte sunt, ac si tenores singuli presentibus inserti constiterint[m], eciam si de hiis in presentibus jure vel consuetudine deberet[n] fieri mencio specialis, approbamus ratificamus et de solita benignitate regia confirmamus ex certa nostra sciencia ac eciam presentibus innovamus, ipsumque archiepiscopum et ecclesiam Coloniensem ecclesias et monasteria ac ecclesiasticas et seculares personas sibi subjectas et subjecta necnon opida castra et villas atque territoria loca et districtus vassallos et subditos dicte ecclesie in quibuscumque concessionibus et graciis privilegiis et libertatibus ipsi archiepiscopo et ecclesie Coloniensibus predictis quomodolibet[a] concessis vel indultis necnon in statutis et bonis consuetudinibus suis per ipsos et apud ipsos hactenus habitis et observatis manutenebimus et conservabimus et efficiemus inviolabiliter observari.   et ad[b] hec omnia et singula observanda integre voluntate libera et motu proprio nos presentibus obligamus, inhibentes universis et singulis principibus comitibus baronibus nobilibus militibus clientibus civibus et universitatibus terrarum districtuum civitatum et locorum sacri imperii qui pro tempore fuerint, cujuscumque eciam dignitatis preeminencie seu status existant, fidelibus nostris, ne prefatum archiepiscopum successores suos et ecclesiam Coloniensem imperpetuum adversus presentis nostre approbacionis ratificacionis et confirmacionis necnon innovacionis indultum impediant aut sinant quomodolibet impediri.   presencium sub regie majestatis nostre sigillo testimonio literarum, datum Colonie septima die mensis januarii anno domini millesimo quadringentesimo primo regni vero nostri anno primo.

[in verso] R. Nicolaus Buman.

Ad mandatum domini regis
Mathias Sobernheim.

213. *K. Ruprecht verpflichtet sich gegenüber Erzb. Friedrich III von Köln zu einem bestimmten Verhalten in dessen Verhältnis zu Herzog Wilhelm I von Berg, Graf Adolf zu Ravensberg und seinen Söhnen Gerhard und Wilhelm, Graf Adolf von Clere und Mark. 1401 Jan. 7 Köln.*

  D aus Düsseld. Prov.A. Urk. Kurköln A III nr. 1260 or., mb. lit. pat. c. sig. pend.
  K coll. Korlar. G.L.A. Pfälz. Kop.B. 4, 23ᵃᵇ cop. ch. coaev.; Überschrift Als min herre mit dem bischof von Colne uberkommen und ubertragen ist von bistande wegen im zu tun, ob er mit dem herzogen von Berge und dem greven von Cleve oder sie mit iem zu zweiung kemen.
  C coll. Wien. H.H. St.A. C fol. 20ᵇ cop. ch. coaev. mit derselben Überschrift wie in K. Gedruckt Chmel pag. 190 nr. 3 aus C und Lacomblet Niederrhein. Urk.B. 4, 1f. nr. 1. – Regest Chmel 73 aus C.

Wir Ruprecht von goitz gnaden Roymscher konyng zo allen zijten merer des rijchs bekennen und tun kunt offentliche myt desen brieve allen den die in sehen oder horen lesen: daz wir myt dem erwirdigen Friderich ertzbusschoffe zo Colne des heiligen rijchs in Italien ertzcanzceller unsern lieben neven und kurfursten oeverkomen und oeverdragen sijn in der maissen as herna geschreben steit.   wer'tz daz die hoichgeborn Wilhelm hertzoch van dem Berge oder Adolff grave zo Ravensberch Gerhart und Wilhelm gebruedere sijne soene oeder ouch die eidelin Adolff graven zo Cleve und zo der Marcke oder eynich der vurgnanten herren besunder oder diejenen, die bynnen lebetagen des obgenanten ertzbusschoff Friderichs an der vurgnant herschafften kemen und die ynne hetten, sament oder besunder myt demselben ertzbusscholff Friderichs tzo zweyunge kemen, und ertzbusschoff Friderich obgnant umb die tzweyunge, die sij oder ir eynicher myt ome[c] hetten, des rechten an uns verliben wolten und daz wir sijn zam rechten mechtige sijn soilten, und wolten dann die obgnanten herren sament oder besunder daz neyt offnemen und des rechten nyt an uns verliben und den egnanten ertzbusschoff daruber verunrechten und kriegen: so dann der obgnant ertzbusschoff uns daz

a) B quomodolibet.   b) om. B.   c) C ome, D scheint etwas zu haben.

verkundet, so sollen wir ons vertzogo dio vurgnante herren dio daz anginge vorbotden und ersoichen, daz sie myt deme egnanten ertzbusschoff daz recht offnemen in der maißen als vur geschriben steit und wolten sie daz dann neit doyn und verslugen daz, so sollen wir dem furgnanten ertzbusschoff Friderich weder dieselben furgnante herren, dio yn also verunrechten und kriegen wolten, dann, so sio myt eme zo kregen kemen, ene vurtzogo helffen und sin helffer sin und der herren obgnant die daz angeinge fynde werden und dem obgnanten ertzbusschoff weder dieselben getruwelichen helffen als lange bis daz sie ym des rechten gehoirsam wurden und des rechten ouch an uns verliefen¹ en geverde. wer' ez aber daz der obgnant ertzbisschoff myt den egnanten herren samen oder besunder zo schaffen gewunnen und geproch zo yn hette und uns verkundet daz wir syn yn den sachen zum rechten vur uns mechtig sin solten: kunden wir dann dem egnanten ertzbusschoff nyt geholffen daz ym von den obgnanten herren die daz anginge daz recht wederfure bynnen tzwein menden nach der vurkundunge furgnant, so ensoelen wir noch die unsen van unsern wegen den furgnanten herren sament oder besunder weder den obgnanten ertzbusschoff und die sijnen neyt helffen noch yn bijsteen von des krieges weigen und uns des krieges neyt kroiden an geverde. und alles, daz hey vur geschreben steit, han wir dem vurgnanten ertzbusschoff Friderich yn gueten truwen gelobt veste und stoete zo halten en alle geverde. mit urkunde dicz brieffs versegelt myt unser konynglicher majestat ingesegell, der geben ist zo Colne an dem nechsten frijtdage nach dem zwolfften tage, epiphania domini zu latin genant, nach Cristi geburte tusent vyerhundert und ein jaire unsers rijchs in dem ersten jare.

[in verso] R. Nicolaus Daman.

Ad mandatum domini regis
Mathias Sobernheim.

1401
Jan. 7

1401
Jan. 7

214. *K. Ruprecht ertheilt Erzb. Friderich III von Köln, der ihn kürzlich gekrönt, das Recht der ersten Bitte an genannten Kirchen dieser Diöcese*. *1401 Jan. 17 Marburg.*

1401
Jan. 17

    D *aus Düsseld. Prov.A. Urk. Kurköln A III nr. 1261 or. mb. lit. pat. c. sig. pend.*
    K *coll. Karlsr. G.L.A. Pfälz Kop.B. 5 fol. 131ᵃ⁻ᵇ cop. ch. coaev. mit der Überschrift Concessio domno Coloniensi facta super primariis precibus auctoritate regia ad certas ecclesias et collaciones Coloniensis dioceris porrigendis.*
    P *coll. ib. Pfälz. Kop.B. 143 fol. 354-355 cop. ch. coaev. mit der Überschrift Concessio primariarum precum domno Coloniensi facta (nur an zweifelhaften Stellen coll.).*
    W *coll. Wien. H.H. St.A. Registraturbuch A fol. 126ᵇ mit der Überschrift wie K.*
    Regest Chmel 113 aus W, Lacomblet 4, 1 nt. 1 zum Theil wörtlich.

Rupertus dei gracia Romanorum rex semper augustus venerabili Friderico archiepiscopo Coloniensi sacri imperii per Italiam archicancellario principi electori et consanguineo nostro dilecto graciam nostram et omne bonum. sincere devocionis affectus et multiplicia obsequia, quibus te insigni presidio erga nos et sacrum Romanum imperium indefesso studio promptum exhibuisti et fidelem, nos inducunt, ut ea, que regie

---

¹ *K. Ruprechts Fedebrief an Johann und Engelbrecht Grafen von Nassau zu Gunsten des Erzb. Friderich von Köln, nachdem und weil die Grafen den angebotenen Entscheid nach Minne und Recht nicht angenommen haben, 1401 Jan. 26 (Mi. n. Paul. conv.) Heidelberg, Karlsr. G.L.A. Pfälz. Kop.B. 8½ fol. 22ᵇ.*

² *Weitere Bestätigungen für Kurköln vom 6 Mai 1401 s. Chmel 385 aus Wien H.H. St.A. Registr.B. A fol. 25ᵃ⁻26ᵇ (dasselbe Karlsr. G.L.A. Pfälz. Kop.B. 5 fol. 26ᵃ-27ᵇ und 143 pag. 64-68) und Chmel 386 aus Wien l. c. C fol. 36ᵇ-37ᵃ (dasselbe Karlsr. l. c. 4 fol. 41ᵇ-43ᵃ).*

sublimitati singulari prerogativa debentur, tibi liberaliter imparciamur, tuis communiter*
familiaribus, quos eciam in nostris et sacri imperii agendis solertes invenimus, communicanda. cum itaque de antiqua laudabili approbata et inviolabiliter observata consuetudine ex regalis suscepcione dyadematis, quod in festo epiphanie domini proxime preterito ejusdem suffragante auxilio in tua Coloniensi ecclesia capiti nostro tuis manibus fuit impositum, per sacri Romani imperii terminos in quibuslibet ecclesiis et monasteriis necnon ad quorumlibet prelatorum et aliarum quarumcunque tam ecclesiasticarum quam secularium personarum quacunque dignitate fulgencium presentacionem seu collacionem divorum predecessorum nostrorum vestigiis inherendo pro unius ydonee persone petere habeamus provisione debeamusque cum omni promptitudine juxta hujusmodi peticionis tenorem exaudiri: nos, supplicacionibus tuis favorabiliter inclinati, in majori sancti Gereonis, sancti Andree, sanctorum apostolorum, sancti Severini, beate Marie ad gradus, sancti Cuniberti, sancti Georgii Colonionsibus, sancti Cassii Bunnensi, sancti Victoris Xanctensi*, Kerpensi, Werdensi, Monasterio-Eyflie, Susanensi*, Reyssensi, et seculari Gesekensi tue Coloniensis dyoceseos ecclesiis et qualibet earum, necnon ad Coloniensis sancti Gereonis in Colonia Bunnensis et Xanctonensis*, dicte tue dioceseos prepositorum et cujuslibet eorum collacionem, auctoritate nostra, pro unius ydonee persone quam duxeris nominandam provisione ut premittitur fienda, hac vice petendi tibi tenore presencium tribuimus et concedimus potestatem, volentes et affectuose desiderantes, quatenus dictarum ecclesiarum ac cujuslibet earum prepositi decani et capitula et quilibet et* quodlibet eorum tuas in hac parte peticiones seu preces auctoritate nostra ut premittitur faciendas seu porrigendas veluti nostras omni dilacione postposita exaudiant et studeant efficaciter adimplere, ut per hoc* nostra et sacri imperii jura promoventes uberiorem nostre celsitudinis graciam et favorem valeant impetrare. harum sub nostre regie majestatis sigilli appensione testimonio literarum, datum Marppurg 17 die mensis januarii anno domini millesimo quadringentesimo primo regni vero nostri anno primo.

[in verso]   Ad relacionem domini Rabani episcopi Spirensis cancellarii
R. Nicolaus Buman.   Job Vener in utroque jure licenciatus etc.

F. Belohnung von Kurtrier nr. 215.

215. *K. Ruprecht ertheilt Erzb. Wernher von Trier das Recht der ersten Bitte in der ganzen Provinz des Erzbischofs, welches Ruprecht gelegentlich seiner Erhebung zum König zusteht, und verspricht dasselbe bezüglich seiner zu erhoffenden Kaiserkrönung*[1]. *1401 Jan. 10 Koblenz.*

1401 Jan. 10

> Wien H.H. St.A. Registr.B. Rupr. A fol. 19ᵇ cop. ch. coaev., aber durchstrichen[a] (fehlt im Karlsr. Pfälz. Kop.B. 5 und 143, ebenso fehlt es in Chmels Regesten): integratam et inviolabilem tuae fidei puritatem ac devocionis affectum, quam ad nostre majestatis personam et sacrum Romanum regnum et imperium semper habuisse dinosceris, favorabiliter attendentes —; Confluentie Trev. dioc. 1401 die 10 mens. jan.

G. Verhandlung mit den Österreichern nr. 216-218.

216. *K. Ruprecht bevollmächtigt 4 gen. Räthe, mit den Herzögen Wilhelm Albrecht und Leopold*[2] *von Österreich oder deren Räthen zu unterhandeln wegen einer Ehe zwischen seiner Tochter Else und Herz. Friedrich IV von Österreich, sowie wegen eines Freundschaftsbündnisses. 1401 Jan. 12 Koblenz.*

1401 Jan. 12

> W aus Wien H.H. St.A. Registraturbuch C fol. 21ᵇ-22ᵃ cop. ch. coaev. mit der Überschrift Ein gewaltsbrief gegeben mins herren reten zu dem tage gen sante Vite gen den herren von Osterich, ausgestrichen das Ganze. — Karlsr. G.L.A. Pfälz. Kop.B. 4 fol. 25ᵃ steht an der entsprechenden Stelle dieselbe Überschrift, aber ausgestrichen und darunter vacat.
>
> Regest Chmel 104 aus W (das Citat Martène coll. 4, 33 ist unrichtig, dort steht die zugehörige Instruktion), und Janssen Frankf. R.K. 1, 554 nr. 950 aus Handschrift in eignen Besitz Acta et Pacta 132-139, und Lichnowski 5 reg. 437 aus Chmel (und aus Martène coll. 4, 32, wo etwas ganz anderes steht).

Wir Ruprecht von gots gnaden Romischer konig zu allen ziten merer des richs bekennen offentlich mit diesem brief: das wir unsern lieben getrüwen dem edeln

---

[1] *K. Ruprecht bestätigt demselben die Abtei Prüm als Reichslehen, das von früher her, durch P. Bonifacius und die Vorfahren Ruprechts Kaiser und Könige, ihm und seinem Stifte zugehört, mit gutem Rathe seiner Fürsten und Getreuen; dat. Covelentze 1401 Di. n. epiph. [Jan. 11] a. r. 1. Koblenz Prov.A. C s 162 or., Karlsr. G.L.A. Pfälz. Kop.B. 5 fol. 20ᵃᵇ und 143 pag. 50f., Wien H.H. St.A. Registr.B. Rupr. A fol. 19ᵃᵇ. Regest Chmel 99 aus Wien A. — Derselbe bestätigt im allgemeinen die Privilegien des Bischofs von Trier (mit Einschaltung von neunen in Lat. und Deutscher Sprache), die demselben von Ruprechts avunculus Karl IV gegeben worden sind; dat. Confluencie 12 Jan. 1401 a. r. 1. Koblenz Prov.A. A 1045 or., und Kopie IIIᵇ 383-391, Karlsr. G.L.A. Pfälz. Kop.B. 5 fol. 10ᵃ-20ᵃ und 143 pag. 24-50, Wien H.H. St.A. Registr.B. A fol. 10ᵃ-19ᵃ. Regest Chmel 103 aus Wien A. — Lehensverleihung gleichen Tags Chmel 102 aus Wien B.*

[2] *Also nicht vollzogen; mehrere solche ersten Bitten von Seiten Ruprechts kommen schon am 7 Jan. vor, s. Chmel.*

[a] *Am 10 Dec. 1400 fordert K. Ruprecht aus Heidelberg die Stadt Straßburg auf, seinen Räthen behülfen sein zu den Sachen, die sie, jetzt von ihm geschickt, handeln werden auf einem Tag gein dem hochgeb. Herzog Luipolts Herzogen zu Osterich etc. seines lieben Oheims und Fürsten Räthen; jene sind die edeln Gf. Emich von Leyningen sein Hofmeister, Engelart Herr zu Winsperg, Wiprecht von Helmstat der alte, Tham Knebel sein Schultheiß zu Oppenheim Rittere, und Johannes von Winheim sein Schreiber. Straßb. Stadtarchiv an der Saul 1 partie lad. B fasc. XIᵇ nr. 6ᵇ or. ch. lit. clausa c. sig. in verso impr. Vgl. nr. 175 art. 1. Wo der Tag sein soll, ist nicht gesagt. — Am gleichen Tag (Heidelb. 6 fer. a. Lucie 1400 r. 1) bittet K. Ruprecht die Stadt Straßburg, Reinhart von Windeck wider in die Stadt zu lassen, mit Beglaubigung für die genannten Fünf, laut Excerpta Wenckerti 2, 429ᵃ in der chemaligen Straßb. Stadtbibliothek.*

grave Emichon von Lyningen unserm hofemeister, Johann vom Hirtzhorn, Rudolff von Zeiflikeim unserm kamermeister, rittern, und Johannes von Wynheim unserm schriber, unsern reten und heimlichen, unser volle gewalt und ganz macht geben haben und geben in die in craft diß briefs, mit den hochgebornen Wilhelm Albrecht und Lupolt herzogen zu Oesterrich etc unsern lieben oheimen und fursten oder iren reten die sie darzu bescheiden werden zu teidingen als von einer ee wegen zuschen unser dochter Elsen und herzog Fryderich von Oesterrich der obgenanten herzog Wilhelms und herzog Lupolts bruder, und auch von hilfe bistands und ander büntniße und fruntschaft wegen zuschen uns und den obgenanten unsern oheimen zu machen. und was die obgenanten unsere rete in diesen vorgeschriben sachen von unsern wegen besließen und ufnemen, das wollen wir auch feste und stete halten tůn und genzlichen vollenfůren an alle geverde. orkunt diß briefs versiegelt mit unser kuniglichen majestat ingesiegel, geben zů Cobelentz of mitwoch nach dem zwolften tag epiphania domini zu latin nach Cristi geburte dusent vierhundert und ein jare unsers richs in dem ersten jare.

Ad relacionem domini *Rabani* episcopi Spirensis cancellarii[b] Job Vener licenciatus etc.

217. *K. Ruprechts Anweisung für seine Räthe, die auf einem Tage zu Sankt-Veit in Kärnthen 30 Januar 1401 mit den Österreichischen Herzögen Wilhelm Albrecht und Leopold über eine Ehe Herzog Friedrichs IV von Österreich mit Ruprechts Tochter Else und über Bündnis und Freundschaft u. a. m. verhandeln sollen. [1401 Januar 12[1] Koblenz].*

Aus *Karlsr. G.L.A.* Pfälz. Kop.B. 146 fol. 25b-26b cop. chart. coaev.
Coll. *Janssen R.K.* 1, 554-556 nr. 931 aus einem in seinem Privatbesitz befindlichen Kodex Acta et Pacta 132-139.
Moderne lateinische Übersetzung bei *Martène* ampliss. coll. 4, 33-35 nr. 19. — Regest bei *Chmel* fehlt.

Werbůnge gen den von Osterich uf den tag zů sant Vite.

Unser gnediger herre der kunig meint mit sinen reten hat geretschlagt von der sache wegen, alz er sine rete sol schicken of den sonntag vor unser frauwen tag liechtmeße purificacio zu latin nechstkompt gen sant Vite zu den herren von Oesterrich.

[1] Zum ersten sol man für sich nemen von der hirat wegen. und ob sie davon vorleren werden, daz in unser herre der kunig die lantvogtie in Swaben insetze vor vierzigtusent guldin von der hirat wegen: darauf sollent unsere herren des kuniges rete entwurten daz er zu siner dochter wölle gerne geben vierzigtusent guldin und dem herzogen von Osterich, der die dohter haben solte, die lantvogtie zu Swaben darvor insetzen mit solcher bescheidenheit, daz er im jerlich darzu von derselben lantvogtie wolle laßen vallen drůtusent oder zum meisten viertusent guldin, und daz er die lantvogtie in semlicher maße innehalde also lange bitz daz im vierzigtusent guldin bezale, und daz das uberig von derselben lantvogtie, an welchen vellen daz si, unserm herren dem konige gewarten zugehören und gevallen solle.

[2] Item und daz das die kurfursten, die an unserm herren sint, mit im verhengen und verschriben sullen.

a) W einer offener Halbbogen über dem a. b) W canceller mit Abkurzungszeichen.

[1] Die zu dieser Werbung gehörende Kredenz ist von 1401 Januar 12, wohin also auch diese Stück zu setzen sein wird.

[3] Item zu gedenken, daz sie unsers herren des koniges dochter irs zůgeltes auch bewison of Rotenburg Harwe etc. und uf der grafeschaft von Hoemberg*, wann dieselben sloße unserm herren dem konige und sinen landen auch wol gelegen sin.

[4] Item sol man reden, ob des richs stetde in Swaben, welche die weren, unserm herren dem konige nit wolten gehorsam sin, daz dann die herzogen von Osterich unserm herren getruwlich beholfen sin daz im die inwerden, daz er in die lantvogtie moge dann ingesetzen in vorgeschribener maße.

[5] Item ob daz wer' daz man nit kúnde eindrechtig werden von der lantvogtie wegen, so sol man daruf reden, daz unser herre der konig sine eigin sloße Wyltperg Bulach und Verherbach mit iren zůgehörden den von Osterich wolle ingeben von der hirat wegen vůr vierzigtusent guldin uf ein widerlosunge.

[6] Item ob sie fordern werden als von der helfe wegen unserm herren dem konig zu tůn, und meinten, daz man in daz erbe, daz herzog Lapolt und sinen brudern von dem herren von Meilan si angestorben, solte laßen volgen und ien[b] darzu helfen, und dann auch meinen, daz Bern und Padauwe ir lehen si von dem riche, dez sie briefe haben, das man in daz auch volgen laß: item daruf sol man entwurten: wie daz min herre der koning iem gerne volgen laßen wolle etliche eigin gutere, die der herre von Meylan selige gelaßen habe und nit zum riche gehören, und von Berne und Padauwe wegen, daz möge oder kunne er nit hinweggegeben in keinerlei weg åne[c] der kurfursten willen und verhengniße, und ob sie es verhengen wolten, so stůnde ez unserm herren glimpf nit wol, als er dem riche nů verbunden ist und des ein merer sin sol etc., als man dann das zum besten erzelen kan, und mit namen so habe unser herre solche glauben und getruwen zu ien, das er meine, sie solten ez im selber nit raten, daz er iehschit anginge das im verkerlich were.

[7] Item wolten sie sich an dieser entwurten nit laßen benügen, daz man dann uberqueme einer summe gelts in zu versprechen und uf ein sloße zweie oder drů in Lamparten, wann daz min herre ingewonne, die zum riche gehorten oder nit, zu slahen uf ein widerlosunge.

[8] Item ob sie vordern wurden, daz ien[d] unser herre solte helfen an die Switzer: item daruf ist zu entwurten: diewile daz sie gelt und geltswert vordern umb ire helf unserm herren zu tůn, was dann unserm herren umb[e] die egenante helf an die Switzer wiederumb beschen solte?

[9] Item moecht man nit überkommen von der helfe wegen, daz man dann besuche, daz die hirat ane die helfe vor sich gee in vorgeschribener maße, doch also, das unserm herren dem konige alle der von Oesterich straßen clusen stetde und sloße, die sie in Dutschen oder Welschen landen haben, offen sien dardurch zů ziehen ungehindert, und ime koste da werde geben umb sin gelte in glichem veilem kauf ungeverlich.

[10] Item und darzů unsern herren vor einen Romischen konig halten und ir lehen von inme entphahen.

[11] Item zu gedenken mit den reten zů reden umb etwaz in zu schenken, ob die sache vor sich wurde geen.

[12] Item were ez daz die obgenanten sachen ie nit gen möchten nach unsers herren wille also vor geschriben stet, so sollent doch sine rete darumb nit zůmale åne[f] endes scheiden, sunder sprechen: sie wöllen die sachen an unsern herren bringen und einen andern tag daran machen.

[13] Nota. Wölten die herren von Oesterich unsme herren dem konige helfen wieder den konig von Behaim den von Meylan und alle die die in an dem riche irreten,

---

a) Jenseus *Hoemberg*, red. abgeklert. b) red. e über daz l übergeschriben. c) Winkel mit der Spitze über s. d) red. in mit zwei schräghegenden Punkten über i. e) Jenseus über. f) wie weiter oben.

[1401 Jan. 12] also daz min herre in wiederumb beholfen were wieder die Switzer, das sollent unsern herron des koniges rete ufnemen, also daz in min herre kein gelte umb sulche helfe gebe etc.

218. *Herzog Leopold IV von Österreich an Straßburg, berichtet von der Zusammenkunft zu Sankt-Veit.* 1401 Febr. 27 Greiffenberg.

> Aus Straßburg St.A. AA 126 pièce retrouvée dans le fouillis or. ch. lit. claus. c. sig. in verso impr.; rechts unten an der Stelle der Unterschrift d. d.

Leupolt von gots gnaden
hertzog ze Osterrich etc.

Erbern weisen und besunder lieben. als wir uns ze tagen gen sand Veit gefuget haben zu unsern prüdern, unserm vettern, desselben unsers vettern räte aber mit[a] daselbs waren, und zu andern unsern freunden graven und herren unserer lande hie dishalb des Arels von der leuff und sachen wegen, die da gegenwurtiklich sind und von des heiligen reichs wegen: also lassen wier[b] ew wissen, daz wier unser pruder und unser vetter uberain worden sein von der obgenanten kunig wegen, daz wir uns darinne muen und aribaiten wellen, ob wir die sach zwischen in mit lieb ubertragen mochten durch des willen das plutvergiessen und schedigung land und leut vermiten und understanden wurde. davon bitten wir ew mit allem fleizz und ernste, daz ir ew all unser sach lasset empholhen sein, und, ob ewr unser pruder hertzog Fridreich zu ichte bedarffen und anrüffen wurde, daz ir im darinne hilfreich seit. geben ze Greiffenberg an suntag als man singet reminiscere in der vasten anno domini etc. quadringentesimo primo.

[in verso] Den erbern weisen unsern besunder
lieben dem meister und dem rate zo Strasburg.

H. Aufforderung an Meissen und Hessen zur Huldigung nr. 219-220.

219. *Erzb. Friderich III von Köln, bezw. Erzb. Johann II von Mainz, an die[1] Markgrafen von Meißen und Landgraf Hermann II von Hessen: sollen unverzüglich ihre Lehen von K. Ruprecht annehmen.* 1401 Jan. 8 Köln.

> Aus Karlsr. G.L.A. Pfälz. Kop.B. 146 fol. 24b–25a cop. ch. coaev., mit der Überschrift Als die korfürsten geschriben hant den marggraven von Mijssen und dem lantgrefen von Hessen, daz sie ire lehen wöllen von unserm herren entpahen etc.
> Gedruckt Obrecht appar. jur. publ. 1696 pag. 92 f.; und Janssen Frankf. R.K. 1, 553 nr. 949 aus Kodex eignen Besitzes Acta et Pacta 132-139.
> Moderne latein. Übersetzung bei Martène ampliss. coll. 4, 30 nr. 17, und daraus bei Schöttgen und Kreysig dipl. Nachlese von Oberachsen 1, 586 f. – Regest ebendaraus in Georgisch 2, 834 nr. 5 und Chmel reg. Rup. pag. 182 Anhang 1 nr. 13, und in Schöttgen Inventar. 336 nr. 1, wo der von Cöln als alleiniger Briefsteller genannt ist.

Hochgeborner fürste, lieber besunder fründ. wir begern ewr liebe zu wißen, daz der allerdurchlüchtigiste hochgeborne furste und herre her Rupprecht Römischer konig zů allen ziten merer deß richs unser lieber gnediger herre uf der heiligen drier konige tag epiphanie domini zu latine nehstvergangen sine cronung zu Colle entpfangen hat,

a) sr. mlr. b) c Oberpunktirten hier und in nächstfolgenden wier.

[1] Den Pluralis hat das Pfälz. Kop.B. sowie Obrecht und Janssen, ad margravium schreibt die moderne Übersetzung bei Martène. Vgl. 1404 Merz 5 in RTA. 5.

und daz wir und etliche unser mitkurfursten und ander fürsten darnach von demselben unserm gnedigen herren unser lehen zů Colle entphangen haben nach dem alz wir auch ine gebunden und schuldig sin zu tůn. und herůmb so begeren wir und bitten uwer liebe früntlichen mit ganzem ernste, daz ir auch uwer lehen von dem obgenanten unserm gnedigen herren hern Ruprehten Romischem konge unverzögenlich entphahen wöllent. wann wir getruwen, daz daz uch uns und allen den, die sich zu ime und uns verbonden haben, nůezlichen sin sölle, und, so ander, die sich nit zu uns verbunden haben, sehen, daz wir iem getruwelichen bistendig sin und ime tůn alz wir einem Römschen konig billich dun sollen, daz sie sich deste ee zu ime und uns halten, damiede auch er und wir alle gesterkit werden; davon dem obgenanten unserm herren dem Romschen könge und uns allen groß nůcz und frommen kummen mag. wann wir auch libe und gůt bi denselben unsern herren dem Römschen konig seczen und uns von ime nit scheiden wöllen, als wir schuldig sin zů tůn. und getruwen uwer liebe wol, daz ir daz auch also dunt, nach dem als er ir und wir uns auch früntlich zu einander vereinigit und verbonden haben¹. datum Colonie sabbato post epiphaniam domini anno ejusdem 1400 primo.

Fridericus archiepiscopus Coloniensis
et Westfalie dux etc.

In diser forme und data hat min herre von Mencze auch geschriben den obgenanten herren.

220. *K. Ruprecht fordert Markgr. Wilhelm von Meißen Landgrafen in Thüringen auf, K. Wenzel von Böhmen abzusagen und denselben zu bekriegen. 1401 Jan. 22 Frankfurt.*

Aus Karlsr. G.L.A. Pfälz. Kop.B. 8½ fol. 29ᵃ cop. ch. coaev., mit der Überschrift Ein missive daz margrave Wilhelm von Mißen dem kunige von Beheim widersage und mins herren helfer werde etc.
Regest Janssen Frankf. R.K. 1, 656 nr. 952 ebendaher.

Ruprecht etc.ᵃ hochgeborner lieber oheim und fürste. als dine liebe lehste zů Heidelberg von uns schied daz dů zů stůnt nach epiphania domini zu latine nehst vergangen des koniges von Beheim vient und unser helfer wieder in werden woltest, des ist demselben koniges folk die Beheim itzunt heruß in unser land gen Beyern gezogen und schedigent unser laud und lůte. herumbe begern wir mit ganzem ernste bidten und manen dine liebe aller trůwen und als dů uns schuldig bist, daz dů dem obgnanten konige zů stůnt wiederansagest, und unser helfer wieder in werdest, und sine lande und lůte gein diner herschaft zů und wo dů macht angriffest und schedigest so dů meiste macht, und als getrůwelich und ernstlich darinne důst als wir ein ganz zůversichte zů diner liebe han, daz wir auch alwege umb dich getrůwelich verschulden wollen, wann wir uns auch dieser sacheᵇ of dinen trost und hůlfe und ander unser fründe, die sich mit dir verschrieben und verbonden haut uns in diesen sachen bigestendig und beholfen zuᶜ sin mit libe und mit gůt, als dine liebe wol weiß, angenomen han. so sin wir auch itzunt of dem wege gen Beigern zů riten und uns zů besamen und den Beheymen mit der gots hůlfe zů wiedersten. und begern herof din beschriben

a) *cod. neue Zeile nachher.* b) *zů trawte durchgestrichen.* c) *zů?*

¹ RTA. 3 nr. 59. 60. 106. 107. 108. 110. 111. 144.

antwort mit diesem botten*.   datum Franckefort sabbato post Fabiani et Sebastiani anno 400 primo regni vero nostri anno primo.

Dem hochgeborn unserm lieben oheim und fürsten Wilhelm margraven zů Missen und lantgraven in Doringen.

Ad mandatum domini regis
M. Sobernheim.

1. Formeln des Huldigungseides nr. 221-229.

221. *Huldigungseid des Erzbischofs Friderich III von Köln.* 1401 Jan. 7 Köln.

Aus Wien H.H. St.A. Registraturbuch B fol. 1ᵃ cop. ch. coaev.

Zum ersten hat der erwirdige her Friderich erzbischof zu Colne sine lehen entphangen zu Colne of fritag den nehsten dag nach epiphania domini in dem obgenanten jare¹, und hat iem min herre geluhen alles daz ein Römisch konig einem erzbischof zu Colne und herzogen in Westfalen etc. billich lihen sal. so hat er gesworn minem herren in diser forme:

Ich swere minem gnedigen herren hern Ruprecht Romischem konge und zukunftigem keiser getruwe und holt und gehorsam zu sin, sinen schaden zu warnen, und bestis zu werben, und ien vorᵇ minen rehten herren zu halten, und iem alles daz zu tůn, daz ein erzbischof zu Colne und kurfürste einem Römschen konge billich dun sal, mit solicher schonheit und zirheit als darzu gehorit und gewönlich ist.

222. *Huldigungseid der Fürsten, bzw. eines Fürsten, eines Grafen.* [1400-1401.]

Die Fürsten schwören: K aus Karlsr. G.L.A. Pfälz. Kop B. nr. 149ᵇ fol. 128ᵃ cop. ch. coaev. (wol auch für weltliche Fürsten giltig).
Ein Fürst schwört: A coll. ib. nr. 149 auf dem drittletzten Blatt cop. ch. coaev., und B coll. ib. nr. 8½ fol. 159ᵇ cop. ch. coaev.; A hat die Überschrift Diß ist der eit als des richs fursten einer eime Römischen kunige sweren sal; A und B lauten völlig wie K, nur mut. mut. wegen der Einzahl des schwörenden; in B ist bei das ein furste das Wort geistlich erst hineingeflickt, in A ist aber geistlich noch wentlich übergeschrieben, die Formel geht also auf beiderlei Fürsten. Der Schwur im Plural wurde vielleicht wirklich so angewendet, daß mehrere Fürsten in Versammlung zugleich schwuren, und geht ohne Zweifel auch nicht bloß auf die geistlichen, wenn hier gleich kein wentlich übergeschrieben ist.
Ein Graf schwört: G coll. ib. nr. 8½ fol. 159ᵇ cop. ch. coaev., und H coll. ib. nr. 149 auf dem drittletzten Blatt cop. ch. coaev.; G hat die Überschrift Als des richs graven sweren sollen; G und H lauten ganz wie K, nur mut. mut. wegen der Einzahl des schwörenden, und statt ein geistlich furst des richs steht ein grave des richs, st. warnen steht wenden wie es auch in A ursprünglich hieß.

Nota. diss ist der eide als unserm herrn dem kung die fursten sweren.

Das wir unserm gnedigen herren kung Ruprecht als eim Romischen kung unserm rechten herrn getrew gehorsam und underteinig sein sollen und wollen, und sinen schaden warnen, und sinen frummen werben, und alles das gegen im tun sin lebtag, das ein geistlich furst des richs einem Romischen kung sinem rechten ordenlichen herrn durch recht oder gewonheit zu tund pflichtig ist, ônᶜ alle geverde, als uns got helf und alle heiligen.

a) sollte brief schreiben, daher auch bretten. b) red. ein Punkt über u. c) oan?

¹ *Vorhergeht ein Register derjenigen, welche empfangen haben. vom Krönungstage 6 Jan. 1401 an ihre Lehen*

1. Formeln des Huldigungseides nr. 221—229. 265

223. *Städtischer Huldigungseid in Abwesenheit des Königs, ohne Ausnehmung.* [1400 bis 1401.]

[1400 bis 1401]

Aus Karlsr. G.L.A. Pfälz. Kop.B. 8¼ fol. 3ᵃ cop. ch. coaev., die wegen Zerrissenheit des Papiers unlesbaren Stellen sind in Kursivdruck ergänzt.

Diz ist der stete eid ane uzunemen[1] als sie mine herren sweren so er nit genwürtig ist.

Daz wir unserm gnedigen herren konig Ruprechten hüldigen und in güten truwen globen ime gehorsam und getruwe und holt zü sin und zü warten als einer Romischen konige und zükünftigen keiser und als unserm rechten herren und dem vorgenanten unserm herren konig Ruprechten daz stete und veste zü halten ane alle argelist und geverde, als uns got helfe und alle heiligen.

Item so sie bi ein sint und sweren sollent, so sal man in *den eid fürlesen und in dann sagen daz sie ire fingere ufrecken und horent* den eid. und dann sal man in den eid also furlesen, und *sie sollent* mit ufgerecktten fingern den eid also von worte zu worte *nachsprechen* und sweren.

224. *Huldigungseid der Bürger zu Friedberg in Anwesenheit des Königs, der von Gelnhausen in seiner Abwesenheit, mit gleicher Ausnehmung*[a]. *1400 Okt. 29 [Friedberg, bald nach Nov. 20*[3] *Gelnhausen].*

1400 Okt. 29 [bald nach Nov. 20]

Stadt Friedberg: A *aus Karlsr. G.L.A. Pfälz. Kop.B. 8¼ fol. 3ᵃ cop. ch. coaev.* — B *coll. ib. Pfälz. Kop.B. 149 auf dem drittletzten Blatt, cop. ch. coaev.; ohne die Überschrift.* — *Ein Theil gedruckt in Mader Sichere Nachrichten v. B. Friedberg 1, 241, nemlich die Ausnehmung doch* —*sein, s. die Variante.*
Stadt Gelnhausen: C *coll. Lünig Teutsches Reichsarchiv 13, 803ᵇ mit Überschrift* Folget der gewöhnliche eyd, *statt Königsnamens steht* N, *es fehlt* genwärtig.

Hoc est[a] juramentum civium in Friedberg de anno domini millesimo quadringentesimo crastino Symonis et Jude apostolorum.

1400 Okt. 29

Daz wir unserm gnedigen herren konig Ruprechten genwärtig hüldigen und in güten truwen globen, ime gehorsam und getruwe und holt zu sin und zu warten, als einer Romischen konige und zükünftigen keiser und als unserm rechten herren, doch unschedlichen uns an solicher phantschaft als wir unserm herren von Swarczburg und von Hoenstein[b] von des heiligen riches wegen verphendet sin, und dem vorgenanten unserm herren konig Ruprechten daz stete und veste zü halten ane alle argelist und geverde, als uns got helfe und alle heiligen.

a) *abgerissen.* b) A *Hanstein,* B *Honstein, Mader* unserm rechten herren von Schwarczburg und von Hornstein, C *unserm herren von Schwartzenberg und von Hoinstein.*

[1] *Uznemen bezieht sich auf den im Kodex unmittelbar vorhergehenden Eid der Friedberger, welche ihr Verpfändungsverhältnis ausnahmen.*
[2] *Vgl. die Aufzeichnung über den Übertritt der Burg Friedberg von Wenzel zu Ruprecht [1400 nach Okt. 29 Burg Friedberg] art. 8 und 12ᶜ.*
[3] *Steht bei Lünig hinter K. Ruprechts Gebot vom 20 Nov. 1400, dem Jo. von Isenburg zu huldigen an seiner Statt, bei uns gedruckt sub nr. 182 als Anm. Die Bestätigung der Gelnhäuser Privilegien ist vom 28 Okt. 1400 Chmel 13, und bei Lünig Teutsches Reichsarchiv 13, 802ᵇ steht:* Nota. Ruhertus Römischer künig glorwürdigsten andenkens hat unter dato Gelnhausen auf Simon und Judä tag, nachdem er die huldigung eingenommen, anno vierzehenhundert der stadt alle und iede privilegia confirmirt generaliter, und dieselbe bei hundert mark goldes straff verpiiet; *den damals in Anwesenheit des Königs geschworenen Eid haben wir nicht.*

225. *Huldigungseid Nürnbergs.* [*1401 Febr. 2*[1] *Nürnberg.*]

Aus Karlsr. G.L.A. Pfälz. Kop.B. 8½ fol. 6ᵇ cop. ch. coaev. coll. ib. nr. 149 auf dem drittletzten Blatte, cop. ch. coaev.

Diß ist der eid als die von Nurenberg mime herren dem konige geswern hant

Wir hulden und sweren kunig Ruprechten als ein Romischem konige zukunfftigem keiser als unserm rechten herren, daz wir ime getruw wollen sin und in haben und halten wollen einen loptagen fur unsern rechten herren ane alle geverde. also bitten wir uns got helfen und die heiligen.

226. *Huldigungseid Schweinfurts und Weißenburgs i. N.* [*jenes 1401 c. Febr. viell. in Nürnberg, dieses Merz*[2] *in Weißenburg selbst.*]

Aus Karlsr. G.L.A. Pfälz. Kop.B. 149 auf dem drittletzten Blatt, cop. ch. coaev. coll. ib. nr. 8½ fol. 8ᵃ cop. ch. coaev.

Der von Swinfurd und von Weißenburg eit.

Wir hulden und sweren dem allerdurchluchtigsten hochgebornen fursten unserm gnedigen herren hern Ruprechten Romischem kunige zukunfftigem keiser getruwe holt und gehorsam zu sin, sinen schaden zu warnen, bestes zu werben, und ime zu gewarten und zu tun als einem Romischen kunige unserm rechten herren, und daz stete und veste zu halten, ane alle geverde. also bitten wir uns gott helfen und alle heiligen.

227. *Huldigungseid der Burgmannen und Bürger zu Oppenheim.* [*1401 Aug. in*[3] *Oppenheim.*]

Aus Karlsr. G.L.A. Pfälz. Kop.B. 8½ fol. 156ᵇ cop. ch. coaev.

Nota. diß ist der eid als die nachgeschriben burgman zu Oppinheim und auch die burgere gemeinlich mimen herren herzog Ludwigen an min herren stat swuren:

Wir hulden und sweren dem allerdurchluchtigisten fursten und herren hern Ruprecht Romischem kunige zu allen ziten merer des richs unserm gnedigen herren getruw holte und gehorsam zu sin und zu gewarten, als wir einm Romischen kunige unserm rechten herren billich und von rechts wegin schuldig sin zu tun, ane alle geverde und argelist. also bitten wir uns got helfen und alle heiligen.

---

[1] *Da der K. Ruprecht ohne Zweifel am 2 Febr. 1401 in Nürnberg einzog, wird auch die Huldigung der Stadt an diesem Tag oder kurz darauf stattgefunden haben. Vgl. die hiezu gehörigen Akten in diesem Band RT. zu Nürnberg 1401 Febr. Merz sub lit. A.*

[2] *1401 Febr. 20 werden die Privilegien von Schweinfurt bestätigt, Chmel 174-176; 1401 Febr. 24 die Stadt zum Gehorsam gegen den Reichsvogt angewiesen, Chmel 188. 1401 Merz 8 wird ein Bevollmächtigter bestellt die Huldigung von Weißenburg aufzunehmen, nr. 258, Chmel 256. 1401 Febr. 2 hatten Schweinfurt und Weißenburg noch nicht gehuldigt, s. nr. 258, Chmel 119 und Reg. Boic. 11, 196.*

[3] *Chmel Regesta Rup. nr. 9 ist hier zur Bestimmung der Zeit erd ohne Bedeutung. Dagegen wird man vermuthen dürfen, daß die Beeidigung der Burgmannen und Bürger gemeinlich zu Oppinheim vor sich gegangen sei kurz vor der Komfirmationsurkunde K. Ruprechts vom 3 Aug. 1401 Chmel nr. 655, gedruckt bei Franck Gesch. von Oppenheim 393-6 Urkundenbuch nr. 143 (Mi. n. vinc. Pet.). Vgl. den Revers des Jo. Kemerer gen. von Dalburg von 1401 Sa. vor Jak. [Juli 23] ib. 396 f. nr. 144, und die Urkunde K. Ruprechts von 1401 Mo. n. vinc. Pet. [Aug. 8] bei Baur im Archiv für hess. Gesch. 2, 63 im Auszug.*

Schenck Ebirhard, Hans vom Hirßhorn, Ott Knebil, Johan von Brubach, Sifrid vom Stein, Anthis von Monfurt, Peter Burgrave¹, Strumpel von Wachenheim, Ebirhard vom Hirßhorn, Diether, Stefan, Johan Kemerer², Ebirhard Vetzer, Tham Knebil, Herman von Udenheim, Hirte von Sauwelnheim *rittere.* [1401 Aug. 28.]

Johann Kopp, Wilhelm von Waldecke, Emerich von Lowenstein, Wilhelm Flach, Kunrad von Franckenstein, Gerhard Munxhorn, Heinrich Schrasß, Clas Iring, Helffrich von Dinheim, Peter Schrasß, Johann Marschalk, Burckard von Nackheim, Henne Elseaßer, Ring von Alsheim, Henne Wilch von Altzey, Burckard Heige, Herman von Flersheim, Ebirhard von Scharpfenstein, Vetzer von Udenheim, Diele von Udenheim, Wilhelm von Udenheim, Henne von Hildesheim, Gerhard Betler, Ebirhard Orlinheupt⁴, Henne Fulschussel.

228. *Huldigungseid der Bodenseestädte Konstanz Sanktgallen Lindau Wangen Ravensburg Buchorn Überlingen, auch Appenzell⁵.* [*1401 nach Aug. 27, bzw. nach 1408 Apr. 4, suis locis wol alle⁴.*] [1401 nach Aug. 27, bzw. nach 1408 Apr. 4]

Aus Konst. St.A. Christ. Schultheiß historische Collectaneen tom. I fol. 20¾, im Druck die Zeichen über u besser weggelassen; die 7 Städtenamen ergeben sich aus der Erzählung. vom Konst. Tag Juli 31 und der Huldigung nach Aug. 27, s. Ausgb. Tag sub Nr. B.

Wir halden und schweren dem allerdurchleuchtigisten hochgebornen fursten unserm genedigen herrn herr Ruprecht Römischen kunig zukunftigem kaiser getruw hold und gehorsam ze sin, sinen schaden ze warnen, sin bestes ze werben, und im sin lebtag in allen sachen zu warten und ze tun als ainem Römischen kunig unserm rechten herrn, und das stäte und veste ze halten ane alle gevärd. also bitten wir uns gott ze helffen und alle hailigen.

229. *Huldigungseid Rotenburgs Halls Windsheims.* 1401 Okt. 8 [bzw. circa, wol suis locis⁶]. [1401 Okt. 8]

Aus Karlsr. G.L.A. Pfälz. Kop.B. 149ᵇ fol. 77ᵇ cop. ch. coaev.
coll. Nürnb. Kreisarchiv Rotenburg Repert. tit. I Generalia C Urkunden Büchernumer 6 cod. mb. sacc. XIV XV XVI fol. 111ᵃ cop. coaev. mit der Überschrift Das ist der eit den wir geton und gesworen haben unserm herren konig Rupprechten anno etc. 1400 primo sabm [mit Überstrich] post Franciszi [Okt. 8], hat auch trewlich vor zu gewarten, läßt heiligen vor reichs weg, statt des fehlenden des bit ich hat dieselbe Hand später hinzugefügt als bit mir got zu helfen und die heilgen. Ebenda findet sich fol. 178ᵇ eine etwas spätere Abschrift derselben Eidesformel, welche nicht wesentlich abweicht von unserer Vorlage; eine dritte, gleichzeitige Abschrift derselben Formel ebenda fol. 169ᵇ, ganz wie die erste.

Item in diser nachgeschribner masse haben die dri stete Rotenburg Hall und Winsheim unserm heron dem kung gesworn.

---

a) cod. Orlinheupt; ein Oppenheimer Name ist Edenheupt, s. Franck Gesch. v. Oppenheim 224, 449.

¹ *Diß ist wol der in Chmel Reg. Rup. nr. 1993 vorkommende Ritter Peter von Bechtolfsheim genannt Burggraf.*
² *Wol Johann Kemerer von Worms genannt Dalburg, s. Chmel Reg. Rup. nr. 1993 und 2725. — Es sind wol alle drei, Diether und Stefan und Johan, lauter Kemerer; ein Diether Kemerer findet sich bei Franck Gesch. v. Oppenheim 407 und 419.*

³ *Denselben Eid leisten die Appenzeller nach dem Konstanzer Vertrag von Mi. vor Palmtag [Apr. 4] 1408 ib. fol. 32¼ also schwurend die von Appenzell kunig Ruprechten als die richtung gemacht wart: wir halden etc.*
⁴ *Das Datum für die 7 Städte ergibt sich aus der in der Quellenangabe gen. Erzählung.*
⁵ *Pfalzgr. Ludwig nimmt als Reichsvikar in Deutschland obige 3 Städte, nachdem sie dem K.*

Ich huld und swer kung Ruprechten (Hallense apposuerunt: getrewlich) zu wartend und zu halden für einen Romischen kung kunftigen keiser und im getrew zu sein als meinem rechten herren sein lebtag von des heiligen richs wegen ane geverd. des bit ich ete.

K. Anhang: die Kölner Krönung vom 6 Januar 1401 und Achen als Krönungsstadt, spätere Abmachungen 1407, nr. 230-242.

230. K. Ruprecht bevollmächtigt[1] 4 Genannte, mit den Räthen des Herzogs Rainald von Jülich und Geldern (bzw. mit den Boten der Stadt Achen, s. Quellenangabe), auf dem bevorstehenden Tag zu Köln eine freundliche Vereinung zu schließen. *1407 Juli 13 Heidelberg.*

Vollmacht für 4 Gen. zur Verhandlung mit Räthen des Herzogs: aus Düsseld. Pr.A. Urk. Jülich-Berg A I 1524 or. mb. lit. pat. c. sig. pend. — (Vgl. die folgenden Quellen.) — Regest Lacomblet 4, 54f. nt. 1, Chmel sub 2334.

Vollmacht für dieselben vom selben Datum zur Verhandlung mit den Boten der Stadt Achen: coll. Wien H.H. St.A. Registraturbuch C fol. 127ᵇ-128ᵃ cop. ch. coaev. mit der Überschrift Ein gewaltsbrief mit der von Aiche frunden zu tedingen; wörtlich gleichlautend bis auf die Stelle in der Mitte nach den Worten in crafft dijs briefis, wo es heißt mit der riml von Aiche frunden, die uf disse zit von derselben stad Acho wegen zu dem tage gein Collen komen werden zu tedingen und fruntliche einunge zuschen uns und den von Acho zu machen. Unter dem Text Item in der obgenanten forme ist ein gewaltsbrief of die obgenanten dri [soll heißen vier] geben, mit den hochgebornen fursten Reynalts herzogen von Gulch und von Gelre [fehlt reten] zu tedingen etc. — coll. ebenso Karlsr. G.L.A. Pfälz. Kop.B. 4 fol. 276ᵃ cop. ch. coaev. (auch hier heißt es dri). — Regest Chmel nr. 2334 aus Wien C.

Wir Ruprecht von gots gnaden Romischer kuig zû allen zijten merer des richs bekennen uffenlich mit dissem brieffe: daz wir dem edeln Friederich graven zû Othingen unserm lieben oheim und hofemeister, Johann Kemmerer den man nennet von Talburg, Tham Knebel unserm schultheißen zû Oppenheim rittern, und meister Job Vener lerer in geistlichen und weltlichen rechten unserm prothonotarien unsern reten und lieben getrûwen, oder dem merern teil under yn, unser volle gewalt und gantze macht geben haben und geben yn die in crafft dijs brieffs, mit den hochgeborn fursten Reinalts herezogen von Gulche und von Gelre reten und frunden, die uff disse zijt von irentwegen zu dem tage gein Collen kommen werden, zû tedingen umbe fruntliche

---

Ruprecht gehuldigt, in des Königs und des Reichs Gnade Gehorsam und Schirm auf u. s. w., dat. Nürnb. Di. n. Mich. [Okt. 4] 1401, bei uns nr. 250. Das Datum des 8 Okt. steht nur bei dem Rotenburger Eid im Nürnbergischen Kreisarchiv, bei den andern wird es auch um die Zeit gewesen sein. Die Urkunde 4 Okt. 1401 bei uns nr. 250 sagt, daß die 3 Städte K. Ruprecht gehuldigt haben, das müßte also spätestens am 4 Okt. selbst gewesen sein, wenn der Ausdruck überhaupt genau ist. Man kann auch Huldigung durch Gesandte vor Reichsvikar zu Nürnberg und durch die Gemeinde daheim unterscheiden, jene früher, diese später. Jene wäre spätestens am 4 Okt. geleistet worden, diese bald darauf, Seitens Rotenburgs z. B. am 8 Okt.

[1] Schon früher gab K. Ruprecht Vollmacht dem Hanns von Hirtzhorn, Johann Kemerer genannt von Dalburg Ritter, und Meister Job [Vener] Lehrer in geistlichen und weltlichen Rechten seinem Protonotar, mit dem Herzog von Geldern, oder seinen Räthen die er darzu bescheiden würdet an ein Stat, und auch den Freunden der Stadt Achen zu unterhandeln, uns gehorsam zu werden und auch umbe Fruntschaft zuschen uns und ime zu machen, Heidelberg Sa. n. Martini 1405 [Nov. 14], Karlsr. G.L.A. Pfälz. Kop.B. 4 fol. 243ᵇ. Das Exemplar im Wien. H.H. St.A. Rupr. Registr.B. C fol. 214ᵇ fügt nach fruntschaft noch hinzu und buntnisse. Regest Chmel 2095 aus C in Wien.

vereynunge zuuschen uns und dem vorgenanten Reynolde herczogen von Gulche und von Gelre zû machen. und waß sie oder der mererteil under yn in dissen sachen von unsernthwegen besließen und uffnemen und auch versiegeln mit yren ingesiegeln, daz wollen wir gentzlichen veste und stete halten dun und vollenforen und auch unser versiegelten brieffe in derselben forme als sie dann vor uns verschrieben und versiegelt hetten daruber geben ane alle geverde. orkund dijs brieffs versiegelt mit unser majestat ingesiegel, datum Heidelberg in die beate Margarethe virginis anno domini millesimo quadringentesimo septimo regni vero nostri anno septimo.

[*in verso*] R. Bertholdus Dürlach.

Ad mandatum domini regis
Johannes Winheim.

231. *Herzog Rainald von Jülich und Geldern bevollmächtigt 6 Genannte, mit den Räthen des K. Ruprecht auf dem bevorstehenden Tag zu Köln eine freundliche Vereinung zu schließen. 1407 Juli 19 Caster*[1].

Aus Münch. Staatsarchiv Urkk. betr. äußere Verhh. der Kurpfalz 133/45 *or. mb. lit. pat. c. sig. pend. deperdito.*

Wir Reynalt by der gnaden gaitz hertzouge zu Guilge und zu Gelre und grave zu Zutphen bekennen uffenlich mit diesem brieffe: das wir dem edelen unserm lieben swager hern Johan herren zu Arkel etc., dem erbern hern Johan von Nuwenstein lerer in dem keyserrechte, her Johan Schelart van Obbendorp unsern hofemeister, hern Johan van Wyenhorst ritteren, Johan van Herfe dem alden, und Elbert van Eyle unsern kuchenmeister knapen unsern roten oder dem mererteil under inc unser vollo gewalt und gantze macht geben haben, und geben in die in crafft diß brieffs, mit des allerdurchluchtigsten hochgebornen fursten und herren hern Ruprechts van gaitz gnaden Romischen kunigs zu allen zijten merer des richs unsers gnedigen lieben herren reten und frunden, die off dise zijt van sinentwegen uff dem tage zu Colle sint, zu teidingen, umbe fruntliche vereynûnge zûschen dem egenanten unserm gnedigen herren dem Romischen kunige und uns zû machen. und wat sie oder der mererteil under yno in disen sachen van unserntwegen besließsen und uffnemen und auch versigeln mit iren ingesigeln, daz wollen wir gentzlichen veste und stete halten tûn und vollenfûren, und auch unsere versigelten brieffe in derselben forme, als sie dann fur uns verserieben und versiegelt hetten, daruber geben, ane alle geverde. orkund diß brieffs versigelt mit unserm ingesigel, datum Caster feria tercia ante festum beate Marie Magdalene anno domini millesimo quadringentesimo septimo.

Per dominum ducem, presentibus de consilio domino Gerardo de Vlodorp milite,
Heymerico de Drueten dapifero Juliacensi, et Wernero Buffell
advocato in Gusthen[2] armigeris.

---

[1] *Marktflecken an der Erft zwischen Jülich und Düsseldorf.* [2] *Gusten Pfarrdorf zwischen Jülich und Caster.*

1407 **232.** *Stadt Achen bevollmächtigt ihre Rathsfreunde zum Abschluß des Vertrags mit K.*
Jul. 21 *Ruprecht auf dem Tag zu Köln. 1407 Juli 21 Achen.*

*Aus Karlsr. G.L.A. Pfälz. Kop.B. 44 fol. 198ª hinter dem Auszug des Vertrags von
1407 Juli 22 nr. 233, cop. ch. coaev.*

Nota. hiebi ist auch der von Ache machtbrief iren ratsfrunden zu teidingen ge-
geben under irem anhangendem ingesigel. geben zu Ache uf donerstag vor Marie
1407 Magdalene anno domini 1400 und sieben jare.
Jul. 21

1407 **233.** *Vertrag zwischen vier gen. Räthen K. Ruprechts und fünf gen. Schöffen von Achen
Jul. 22 betr. das Sitzenehmen des Königs auf dem Königsstuhl und die Huldigung der
Stadt. 1407 Juli 22 Köln.*

Siehe die Quellenangabe der Urkunde K. Ruprechts vom 13 Okt. 1407 nr. 238, wo dieser
Vertrag eingeschaltet ist.
Ein Auszug aus dieser Urkunde befindet sich in Karlsr. G.L.A. Pfälz. Kop.B. 44 fol.
197ᵇ-198ª. *Die Anführung des Job Vener ist hier ersetzt durch etc. mit andern,
die Achener sind gar nicht namentlich aufgeführt. Schließt in urkund der rete des
koniges und frunde von Ache als teidingsluit ufgetruckten ingesigeln, der nun sint:
geben zu Collen uf Marie Magdalene dag anno domini 1400 und sieben jare; haben 9
gesigelt, so ist doch Job Vener einer darvon gewesen auch in diesem Auszug.*
Gedruckt Chmel reg. Rup. pag. 226ᵇ-228ª als Einschaltung in der Urk. K. Ruprechts
vom 13 Okt. 1407.

Wir Friederich grave zu Otingen hofmeister etc., Johann Kemerer den man nennet
von Dalburg, Tham Knobil schultheiß zu Oppenheim rittere, und Job Vener lerer in
geistlichen und werntlichen rechten, des allerdurchluchtigisten fursten unsers gnedigen
herren herrn Ruprechts von gots gnaden Romischen kuniges zu allen ziten merer des
richs rete uf ein, und wir Herman Durezant[a] burgermeister, Johann van dem Berge,
Johann[b] Berchtolff, Coene van dem Eichorn, und Gerhard von Wilre alle scheffen zu
Aiche uf die andere siten, bekennen und tun kunt uffenbar in diesem brieve: als
uns der vorgeschrieben unser herre der Romische kunig von einem und ein und
die burgermeistere scheffen und rate des kuniglichen stuls zu Aiche von der stad zu
Aiche wegen an dem andern teile uf diese zit gein einander her gein Collen zu dem
tage mit voller macht gesant hant nach lute der machtbriefe die uns von beiden siten
daruber geben sint, des han wir mit einander von der obgeschrieben unsers herren des
kuniges und der stad von Aiche wegen gein einander getedinget geret uberkomen und
besloßen in die maße und wise als hernach geschrieben stet: [1] zum ersten das die
vorgeschrieben burgermeistere scheffen und rad[c] des kuniglichen stuls zu Aiche unserm
vorgeschrieben herren dem kunige, umbe ein guade und hulde zu urwerben und zu
sture an der koste und zerunge die er han muß[d], geben und bezalen sollent achttusent
guter rinischer gulden, mit namen viertusent uf den nehsten sontag vor unser frauwen
1407 tage als sie geborn wart nehstkomet in der stat zu Cobelencze, und die andern viertusent
Sept. 4 gulden uf den vorgeschrieben unser frauwen tag nehst nach dem sontage komende zu
1407 Aiche in der stat als der vorgeschrieben unser herre der kunig da inriten wirdet[1].
Sept. 8

a) D Durezant, C Durtzant. b) om. B. c) CB rete. d) CB maße.

[1] Vgl. die beiden Quittungen bei Chmel Reg. Rup. nr. 2356 vom 1 Sept. 1407 (auch Karlsr. G.L.A. Pfälz. Kop.B. 4 fol. 291ᵇᵇ und Wien H.H. St.A. Regist.B. C fol. 231ª) und nr. 2394 vom 11 Nov. 1407 (auch Karlsr. G.L.A. Pfälz. Kop.B. 4 fol. 286ª und Wien H.H. St.A. Regist.B. C fol. 235ᵇ). Da das Einreiten sich verzögerte, so ist es natürlich, daß sich auch Auszahlung und Quittierung der zweiten Rate verzögerte.

[2] item es sol unser herre der kunig der stad von Aiche einen bestetigsbrief geben *1407 Jul. 22* uber ire friheit, und einen andern brief von siner cronunge wegen die er zu Collen empfangen hat, in aller forme und wise als hernach geschrieben stet. der erste brief sal also luten [*folgt als Einschaltung K. Ruprechts Entwurf der Bestätigung der Achener Freiheiten von 1407 Sept. 8 nr. 235*]. der ander brief sal also luten [*folgt als Einschaltung K. Ruprechts Erklärung als undatierter Entwurf, daß seine Kölner Krönung den Achener Freiheiten für künftig keinen Schaden bringen soll, nr. 236*]. [3] item unser herre der kunig sal der von Aiche frunde zu Heidelberg die bulle [1], als er von dem babiste confirmieret ist, sehen laßen, wollent die von Aiche echt dar schicken; oder unser herre der kunig sol ein versiegelt abeschrift derselben bullen die von Aiche, so er herabekomet oder-sendet, sehen laßen. [4] item es sollent die von Aiche unserm herren dem kunige einen brief schicken vierzehen tage vor dem vorgeschrieben unser frauwen tage in aller forme *1407 Aug. 24* als von worte zu worte hernach geschrieben stet [*folgt als Einschaltung die eidliche Erklärung der Stadt Achen von 1407 Juli 31 über ihr altes Herkommen, daß jeder König bei seinem ersten Aufenthalt daselbst ihre Privilegia zu halten gelobt, nr. 234*]. und ist das unserm herren dem kunige der brief also wirdet, so sol er des ersten, so er zu Aiche inritet, soliche glubde den burgermeistern zu Aiche tün als davor in demselben brieve geschrieben stet. schickent aber die von Aiche unserm herren dem kunige des brieves also nit, so sol er der glubde uberhobt sin. [5] item wann unser herre der kunig zu Aiche ingeritet, so sol er uf den[a] konigestule daselbs siczen. und ist dann der drier erzbischofe uf dem Rine einer da, der sol ime die crone in dem stüle ufseczen. ist aber der drier erzbischofe zu der zit keiner da, wen dann die von Aiche begerende sint der unserm herren dem kunige die crone ufsecze der darzu tögelich[b] ist, der sol es daselbs zu der zit tun, doch slechtlich ane segen kriesem salbe oder ander zierlicheit zu der cronunge, und sol auch darzu nit anders tün. [6] item wann daz also geschicht, so sollent die burgere der stat von Aiche unserm obgeschrieben herren dem kunige hulden und sweren und soliche gehorsam tun als eime Romischen kunige irem rechten herren als sie vor andern keisern und kunigen getan haut und darzu gehöret. das diese vorgeschrieben dinge alle von beiden siten ufgenomen geret betedinget[c] uberkomen und besloßen sint und auch also von unsers herren des kunigs und der stat von Aiche wegen gehalten und vollenfuret werden sollen ane alle geverde, han wir die vorgesanten unsers herren des kunigs rete von unsers herren des kunigs wegen und die vorgenanten scheffen zu Aiche von der stat von Aiche wegen als sachwalten von beiden siten iglich uf irem teile gein einander versprochen. und haben des zu orkunde auch unsere machtbriefe von beiden siten gein einander ubergeben und darzu unsere ingesiegele zu ende der geschrifte tün trucken an diesen brief, der geben ist und diese beredunge geschen zu Collen uf sant Marien Magdalenen tag da man zalt nach Cristi *1407 Jul. 22* geburte tusent vierhundert und darnach in dem siebenden jare.

a) *dem in Kories. Auszug?* b) *B tögelich f, C tegelich.* c) *B bedingt getedingt.*

[1] *Siehe die Urkunde P. Bonif. IX von 1403 Okt. 1 nr. 104.*

234. *Stadt Achen erklärt eidlich, daß es ihr altes Herkommen sei, daß jeder König bei seinem ersten Aufenthalt daselbst ihre Privilegien zu halten gelobt.* 1407 Juli 31 Achen.

    M aus München k. Staatsarchiv Urkunden betr. äußere Verhältnisse der Kurpfalz 130/445 or. mb. lit. pat. c. sig. pend. laeso; mit Chrismon zu Anfang?

    ABC coll., siehe die Quellenangabe der kön. Urkunde vom 13 Okt. 1407 nr. 238 und bzw. des Vertrags vom 22 Juli 1407 nr. 233, wo diese Urkunde eingeschaltet ist.

    Gedruckt Chmel reg. Rup. pag. 227 a.b als Einschaltung in dem Vertrag vom 22 Juli 1407, der selbst wider eingeschaltet ist in der Urkunde K. Ruprechts vom 13 Okt. 1407.

    Regest im Karlsr. G.L.A. Pfälz. Kop.B 44 fol. 173 a; und Inhaltsangabe im Auszug der einschaltenden Urkunde vom 22 Juli 1407 im Karlsr. G.L.A. Pfälz. Kop.B. 44, s. Quellenangabe zu nr. 233.

Wir die burgermeistere scheffene* und rate gemeinlichen des kuniglichen stules zu Aichen bekennen und tun kunt offenbar mit disem briefe off unsere eyde die wir dem heiligen riche und der stad zu Aichen getan han: das der stat Aichen alte gewonheit und herkommen ist, das eyn iglich Romischer kunig, so er des ersten in die stad gein Aichen kommet und off deine kunigstule daselbs gesessen hat[b], unsern burgermeistern mit der hant gelobet, das er derselben stat zu Aichen ir friheit herkommen und gute gewonheit halten wolle, und das soliche gelubde unsern burgermeisteren zu zijten alle kunige, so sie erste ingeritten sin, getan han. des zu orkonde han wir der stat zu Aichen ingesiegel an disen brieff tun henchen, der geben ist zu Aichen off den nehesten sontag nach sant Jacobs des heiligen zwolfbotten tag da man zalte nach Crists geburte tusent vierhundert und darnach in dem siebenden jare.

235. *K. Ruprecht bestätigt Achen alle Privilegien, ausgenommen falls K. Wenzel der Stadt etwas neues verliehen hatte.* Entwurf. 1407 Sept. 8 Achen[1].

    Siehe die Quellenangabe der kön. Urkunde vom 13 Okt. 1407 nr. 238 und bzw. des Vertrags vom 22 Juli 1407 nr. 233, wo diese Urkunde eingeschaltet ist.

    O coll. die Ausfertigung vom 14 Nov. 1407 nr. 239 Karlsr. G.L.A. Pfälz. Kop.B. 4 fol. 286 a.b mit der Überschrift Der von Aiche bestetigunge; und dasselbe Wien H.H. St.A. Registraturbuch C fol. 235 b mit derselben Überschrift.

    Gedruckt Chmel reg. Rup. pag. 227 c als Einschaltung in dem Vertrag vom 22 Juli 1407, der selbst wider eingeschaltet ist in die Urkunde K. Ruprechts vom 13 Okt. 1407.

Wir Ruprecht von gots gnaden Romischer kunig zu allen ziten merer des richs bekennen und tun kunt uffinbar mit disem brieve: das wir han angesehen manigveltige getruwe und geneme dinste, die uns und dem heiligen riche unsere und des heiligen richs lieben getruwen die burgermeistere scheffen und rad[a] unsers kuniglichen

---

    a) *oder scheffene? Abkürzung durch Überstrich: M scheffen.* b) *ABC etc. und off = hats, darauf Fusszeile des Originales ist wol nicht ohne Bedeutung, auch das Regest zu Karlsruhe kennt sie, aber der Auszug des Vertrages vom 22 Juli zu Karlsruhe, in welchem auch der Inhalt obiger Urkunde angegeben ist, weiß so wenig davon wie AB.* c) *CDO rate.*

---

[1] *Die Datierung vom 8 Sept. ist nur die vorläufige des Entwurfs, da auf diesem Tag (laut Vertrags vom 22 Juli art. 1) das Einreiten in Achen beabsichtigt war. Die Ausfertigung fand dann erst mit der Urk. vom 14 Nov. statt (w. m. s.), und an letzterem Tag ist auch wol der König eingeritten.*

stuls zu Aiche¹ getan hant und in kunftigen ziten tun sollent und mogent, und auch
iren² flißige bete, und haben ine mit wolbedachtem mute und gutem rate unser und des
heiligen richs fursten graven und rete von rechter wißen und Romischer kuniglicher
mechtevollenkomenheit alle und igliche friheit rechte privilegia hantvesten und brieve,
die sie ire vorfaren und die stat von Aiche von seliger gedechtnisse Romischen keisern
und kunigen unsern vorfaren an dem riche redelich erworben und herbracht hant, be-
stetiget und confirmieret, bestetigen und confirmieren in die in craft ditz briefs in allen
puncten meinungen und artikeln als sie luten und begriffen sint glicherwise und in
aller forme als ob sie von worte zu worte herinne beschribenᵇ weren. ußgenomen,
ob kunig Wenczlaw von Beheim etwann Romischer kunig in etwas nawes verluhen
hette, daz und die brieve daruber meinen wir nit zu bestetigen mit disem brieve. des
zu orkunde haben wir unser kuniglicher majestat ingesigel an disen brief dun henken,
der geben ist anno domini millesimo 407 die nativitatis Marie virginis gloriose, qua
primo solempniter Aquisgrani intravimus et eciam ibidem super cathedra nostra regali
sedimus coronati, regni vero nostri anno octavo.

236. *K. Ruprecht bestimmt, daß die Kölner Krönung vom 6 Jan. 1401 der Stadt Achen an ihren Freiheiten und Rechten künftig keinen Schaden bringen soll. Entwurf. [1407 Sept. 8 Achen?.]*

Siehe die Quellenangabe der kön. Urkunde vom 13 Okt. 1407 nr. 238 und bzw. des Vertrags vom 22 Juli 1407 nr. 233, wo diese Urkunde eingeschaltet ist.
Gedruckt Chmel reg. Rup. pag. 227ᵃᵇ als Einschaltung in den Vertrag vom 22 Juli 1407, der selbst wider eingeschaltet ist in die Urkunde K. Ruprechts vom 13 Okt. 1407.

Wir Ruprecht von gots gnaden Romischer kunig zu allen ziten merer des richs
bekennen und tun kant uffinbar mit diesem brieve: als wir zu einem Romischen
kunige erkorn und zu dem heiligenᶜ riche komen sin, [*weiter wie in der Urkunde K. Ruprechts vom 13. Okt. 1407 bei uns, dann:*] und also zu Romischem kunige ge-
kronet worden sin als daz wol gesin mochte und sich zu der zit verlaufen hat: des
wollen wir und ist unser meinunge, das soliche vorgeschriben unser cronunge, die zu
Collen geschehen ist, den vorgeschriben burgermeistern scheffen rate und der stat zu
Aiche an iren friheiten und rechten die sie von dem heiligen Romischen riche hant in
kunftigen ziten gein unsern nachkomen an dem riche dheinen schaden bringen sol,

a) A über l bekannzeirte • in lre, das erglibt.   b) B begriffen.   c) B add. Romischen.

¹ *K. Ruprecht entläßt die wegen Ungehorsams gegen ihn und das Reich in Ungnade gefallene Stadt zu Aiche aus derselben, und gebietet den Fürsten, geistlichen und weltlichen, Grafen etc. Gut und Habe der von Aiche furbaßmere nicht aufzuhalten oder zu Wasser oder zu Lande zu bekummern oder anzugreifen, und denselben allermenglich ihre Gulte Rente und Leibgedinge fur- baßmere zu reichen zu geben und zu bezalen; Heidelberg fer. 3 post Petri ad vincula [Aug. 2] 1407 r. 8; Karlsr. G.L.A. Pfälz. Kop.B. 8¼ fol. 113ᵇ-114ᵃ, und ib. Pfälz. Kop.B. 149 pag. 118-119.* — *K. Ruprecht theilt der Stadt Mainz mit, daß er die von Aiche aus seiner Ungnade entlassen habe, und befiehlt derwillen, denen von Aiche alle und jegliche ihre Gulte Rente und Leibgedinge, die*

Mains durch Ruprechts Gebolde willen (vgl. Reichs- acht 1402 Mai 2 RTA. 5, und im vorliegenden Bande die Schreiben K. Ruprechts von 1401 Febr. 12 Juli 20 Aug. 7) hinter sich behalten, furbaz- mere zu reichen zu geben und zu bezalen; Heidel- berg fer. 3 post Petri ad vincula [Aug. 2] 1407 r. 8; Karlsr. G.L.A. Pfälz. Kop.B. 8¼ fol. 114ᵃᵇ, und ib. Pfälz. Kop.B. 149 pag. 119-120.

² *Die Datierung fehlt hier, sollte aber wol die- selbe wie die des Entwurfs vom 8 Sept. über Be- stätigung der Privilegien Achens sein, hinter welchem der obige Entwurf in dem Vertrag vom 22 Juli eingeschaltet ist, in beiden also der 8 Sept. als der in Aussicht genommene Tag des Einreitens K. Ruprechts.*

sunder sie sollent und mogent derselben rechten und friheiten hernach gein unsern nachkomen gebruchen und nießen in aller der maßen als ob wir die vorgeschrieben unser cronunge nit zu Collen sunder zu Aiche empfangen hetten. orkund diß brieves versiegelt mit unser kuniglichen majestat anhangendem ingesiegel, der geben ist etc.

237. *K. Ruprecht erklärt in Betreff der Rheinzölle, die er, soweit sie neu von K. Wenzel herrührten, im ersten Jahr seiner Regierung widerrufen habe, daß auch die Bestätigung der Privilegien des Herzogs Rainald von Jülich und Geldern dieser Widerrufung nicht entgegensein solle. 1407 Okt. 11 Braubach.*

<small>A aus Düsseld. Prov.A. Urk. Kurköln A IIIf nr. 1317 or. mb. lit. pat. c. sig. pend.
B coll. Karlsr. G.L.A. Pfälz. Kop.B. 4 fol. 281ᵃᵇ cop. ch. coaev. mit der Ueberschrift Als min herre bi solichen briefen blibt, die er einen kurfursten geben hat von widerruffunge der nuwen zolle tornose und wartpfenninge uf dem Ryne; und das die der von Gelre nit nemen oder ufheben sal etc.
C coll. Wien H.H. St.A. Registr.B. C fol. 231ᵇ-232ᵃ cop. ch. coaev., mit derselben Ueberschrift wie B.
Gedruckt Lacomblet Niederrhein. Urk.B. 4, 53f. nr. 49. — Regest Chmel nr. 2375 aus C, und Mone Ztschr. f. d. Gesch. des Oberrheins 9, 22 aus B (bei Mone auch weiteres).</small>

Wir Ruprecht von gots gnaden Romischer kunig zu allen zijten merer des richs bekennen und dun kunt offenbar mit dissem brieffe allen den die yn sehent oder horent lesen: als wir furmals, da wir czu Romischem kunige gekorn und gecronet wurden, in dem ersten jare unsers richs alle zolle tornose und wartpfennige uff dem Ryne, die künig Wenczlauwe etwann Romischer künig unser fursare an dem riche als ein Romischer kunig und von des richs wegen gegonnet gegeben und verschrieben hatte, alein Romischer künig widerrufft und vernichtiget, und auch den erwirdigen Friderichen ezu Collen Johan ezu Meineze und Wernher ezu Triere erczbisschoffen unsern lieben oheimen neven und kurfursten unser brieffe mit unser kuniglichen majestate ingesiegel vorsiegelt daruber geben haben[1], und als unser frunde von unsertwegen darnach ytzund kurczlichen mit dem hochgebornen Reinalt hertzogen von Gulche und von Gelre und graven ezu Czütphen unserm lieben oheim und fursten überkomen sint[2] das er sine lehen von uns als eimo Romischen kunige entpfaen und tun sal alles der wize in herczoge von Gulche und von Gelre eime Romischen kunige schuldig ist ezu thune[3], und wir yme alle und iglicho frieheide herlichkeide rechte privilegia hantvesten und brieffe, die er und sine fursarn von seliger gedechtnisse Romischen keysern und kunigen unsern fursarn an dem riche redelich erworben und herbracht hant, under unser kuniglichen majestat ingesiegel bestetigen und confirmiren sollen in allen punten meynungen und artikeln, als sie dann luten und begriffen sint, in derselben unser confirmacion und bestetigunge ein nemlicher artikel verdinget ist mit solichen worten als hernach geschrieben stet[4] „uffgenommen ob kunig Wenczlaw von Beheim etwann Romischer künig dem vorgenanten herczog Reynalt oder herczog Wilhelm sime brüder seligen

<small>[1] Sihe die Urk. K. Ruprechts über Aufhebung der Rheinzölle 1401 Jan. 7 nr. 207; vgl. die Urk. desselben über Versprechungen an die drei geistlichen Kurfürsten 1400 Aug. 20 RTA. 3, 248f. art. 5.
[2] Den Vertrag zw. Rainald und Ruprecht, entsprechend dem mit Achen v. 22 Juli nr. 233, haben wir nicht, die kön. Vollmacht ist vom 13 Juli 1407 s. nr. 230, die Reinald'sche vom 19 Juli 1407 s. nr. 231.
[3] Die Freiheitenbestätigung durch K. Ruprecht an Rainald vom 14 Nov. 1407 s. nr. 241; der Lehenserwerb Rainalds vom gleichen Tag über die Grafschaft Wied, Neuenahr, die Vogtei zu Breising u. s. w. liegt im Berliner St.A. K. 180 B IX 1⁺ or. mb. (sig. defec.).
[4] S. nr. 241 pag. 278, 24-28.</small>

einchen nûwen czoll oder me uff dem Rine verluben hat, zû dem oder den zollen oder brieffen darüber legen wir weder czû noch abe mit dissem brieffe etc.": des ist unser kunig Ruprechts obgnanten meynunge darinn nit gewest und ist auch noch nit unser meynunge, das derselbe artikel widder die widderruffunge der nûwen zolle tornose oder wartphenninge, die kunig Wentzlawe von Beheim etwann Romischer künig unser furfare an dem riche gegonnet gegeben und verschrieben hat und die wir als oben geschrieben stet in dem ersten jare unsers richs widderruffet und vernichtet haben, in deheinen weg sin, oder daz der obgnant Reynnald hertzog von Gulcho und von Geire die vorgnanten nûwen zolle tornose oder wartphenninge ufheben boyren¹ oder nemen solle in deheine wise; sunder unser meynunge ist, daz wir bij den brieffen, die wir den obgnanten unsern kurfursten geben haben, verliben wollen; und seczen und wollen auch in crafft dijs brieffs, daz die obgnanten unser widderruffunge und vernichtigunge der nuwen zolle tornose und wartphenninge, die wir formals in dem ersten jare unsers richs getan haben, gentzlich bij yren krefften verliben, und das auch nyeman darwidder tûn solle, als liebe einem iglichen unser und des heiligen richs swere ungnade zu vermyden sij. orkund dijs brieffs versiegelt mit unser kuniglichen majestat ingesiegel, der geben ist czû Brubach in dem jare als mann czalte nach Crists geburte vierczehenhundert jare und darnach in dem siebenden jare off den dinstag vor sant Gallen tag des heiligen bichtigers unsers richs in dem achten jare.

[in verso] R. Bertholdus Durlach.   Ad mandatum domini regis
                                        Johannes Winheim.

238. K. Ruprecht erklärt, mit Beziehung auf den hier eingeschalteten mit Achen am 22 Juli geschlossenen Vertrag, daß die Kölner Krönung vom 6 Jan. 1401 giltig bleibt, daß das zu Achen stattfindende Sitznehmen auf dem Königsstuhl keine Krönung ist und dem Rechte Kurkölns keinen Eintrag thut, daß Achen kein ausschließliches Recht auf die erste Krönung hat sondern Kurköln jeden Römischen König an jedem beliebigen Ort seiner Diöcese oder Provinz krönen kann. 1407 Okt. 13 Braubach.

 A aus Berlin. St.A. Kaiserurkunden aus dem Erzstift Köln nr. 304 or. mb. lit. pat. c. sig. pend., die Unterschrift steht auf dem Bug, auf der Rückseite steht von nicht ganz gleichzeitiger Hand Privilegium domini Ruperti Romanorum regis quod archiepiscopus Coloniensis potest coronare regem Romanorum in suis episcopatu et provincia. In dem Abdruck ex durchgeführt, kolumniertes c über dem y weggelassen.
 B coll. Karlsr. G.L.A. Pfalz. Kop.B. 4 fol. 281ᵇ-283ᵃ cop. ch. coaev. mit der Überschrift Das solliche sitzen, als unn herre der konig uf dem kunigstul zu Aiche geseszen hat, dem erzbischof von Collen und sinen nachkomen keinen schaden bringen sal an iren frihaiden etc.
 C coll. Wien H.H. St.A. Registraturbuch C fol. 232ᵇ-233ᵃ cop. ch. coaev. mit derselben Überschrift wie B.
 Gedruckt Chmel Regesta Ruperti pag. 226-228 Anhang III nr. 29 aus C. — Regest bei Chmel nr. 2377 aus C.

Wir Ruprecht von gots gnaden Romischer kunig zu allen ziten merer des richs bekennen und tun kunt uffinbar mit dissem brieve allen den die yn ummer sehent oder horent lesen: als wir zu eynem Romischen kunige erkorn und zu dem heiligen riche vor etlichen jaren komen sin, und unsere kurfursten daz zu den ziten unsern und des heiligen richs lieben getrůwen den burgermeistern scheffen und dem rade unsers kuniglichen stuls zu Aiche verkundet hant, und als wir und unsere kurfursten kurczlichen

¹ Boeren, erheben, Lexer whd. HWB. 1, 327.

nach unser wale zu dem riche an dieselben burgermeistere scheffen und rad zu Aiche dicke und vil furdern ließen mit unsern trefflichen botschafften und schrifften das sie uns zu Aiche innließen unser konigliche cronunge daselbs zu empfahen und yne zu tünde und von yne widderümb zu empfahende und zu nemende als von alter unsere vorfaren Romische keisere und kunige yne getan und von yn empfangen und genomen hetten, des uns doch zu der zyt nit gedihen noch von yn widderfaren mochte, dorumbe wir auch soliche unser kunigliche cronunge, wann uns nit bequemlichen was die lenger zu verczichen, in der stad zu Collen von dem erwirdigen Friederich erczbischoff daselbs unserm lieben neven und kurfursten empfangen han und also zu Romischem kunige gekronet worden sin als sich daz zu der zijt verlauffen hat und auch von rechte wol gesin mochte sunderlich nach gnaden friheiten privilegien und herkomen des obgenanten Friederichs erczbischoffs zu Collen und sines stifftes zu Collen die er und derselbe sin stifft von dem heiligen stule zu Rome und von Romischen keisern und kunigen herbracht hant die wir auch gesehen han, und als wir darnach mit den vorgeschrieben burgermeistern scheffen und rade zu Aiche haben tedingen laßen und die unsern von unsern wegen mit yne uberkomen sint und ein tedinge begriffen und verschrieben hant in aller maße als von worte zu worte hernach geschrieben stet [folgt als Einschaltung der zu Köln am 22. Juli 1407 zwischen den kön. Räthen und der Stadt Achen geschlossene Vertrag nr. 233 sammt seinen verschiedenen Einschaltungen]: des wiße allermenglich, das die cronunge, die wir zu Collen von dem vorgeschrieben erczbischoff Friederich in vorgeschriebener maßen empfangen haben, krefftig und mechtig ist und sin sol, und das wir auch dabij vesticlichen verliben*) wollen und derselben gebruchen und nießen dieweile wir leben, als wir auch der bisher gein allen kurfursten fursten graven herren und stetten, die von uns yre leben empfangen und in unser gehorsam komen sint, genoßen und gebruchet han, wann auch daselbs zu Collen segen gebett kriesam salbe und anders, daz zu einer kuniglichen cronunge gehoret, genczlich volkomenlich und redelich an uns vollenbracht sint. und ist auch nach der zijt, als wir zů Collen gekronet sin, unser meynunge nye gewesen und noch nit, das wir zu Aiche dheine cronunge empfaen wolten, dann weder segen gebett kriesam salbe noch ander zierlicheit, die zu einer Romischen kuniglichen cronunge gehoret, in den vorgeschrieben tedingen, als die unsern mit den von Aiche uberkomen sint, begriffen sunder clerlich uſgeſloßen sint. und als in den vorgeschrieben tedingen under andern stucken begriffen ist, wann wir zu Aiche innrijten, das wir dann uff den kunigstule daselbs siczen sollen etc., das doch keine cronunge ist: daz sol der vorgeschrieben unser cronunge, die zu Collen geschen ist, und auch dem vorgeschrieben erczbischoff Friederich sinen nachkomen und syme stiffte zu Collen keinen schaden innbruch nůwerunge oder enderunge an yren gnaden friheiten privilegien oder herkomen machen oder bringen in dheine wise. und ob sich die von Aiche vermeßen gnade friheit oder herkomen zu haben das ein Romischer kunig sine erste cronunge[b] zu Aiche in der stat und nit anderswo empfaen solte, das bekennen wir yn nit, sonder wir bekennen, das der vorgeschrieben erczbischoff Friederich und sin stiffte zu Collen gnade privilegia und friheit hant, die wir auch gesehen han, das ein iglich erczbischoff zu Collen zu ziten eyme iglichen Romischen kunige zů ziten die erste cronunge tůn und yme die crone uffseczen mag in syme bisthume oder provincien zu Collen an welicher stad er wil. und dorumbe ist unser meynunge von rechter wißen und Romischer kuniglicher mechtevollenkomenheide, das der vorgeschrieben erczbischoff Friederich sine nachkomen und sin stifft zu Collen bij denselben yren gnaden und friheiten ewiclichen verliben und der gebruchen und genießen sollen, von uns unsern nachkomen und allermenglich darum ungehindert. orkund dits brieffs versiegelt

a) C bliben. *b)* eine — cronunge *om.* C.

mit unser kuniglicher majestat anhangendem ingesiegel, geben zu Brubach nach Cristi 1407
gepurte vierczehenhundert jare und darnach in dem siebenden jare uff den nehsten Oct. 13
donrstag vor sant Lucas des heiligen evangeliste tag unsers richs in dem achten jare.

    [*in verso*] R. Bertholdus Durlach.   Ad mandatum domini regis
    [*weiter unten*] R*.   Job Vener doctor utriusque juris.

239. *K. Ruprecht bestätigt Achen alle Privilegien, ausgenommen falls K. Wenzel der*   1407
    Stadt etwas neues verliehen hätte. Ausfertigung. 1407 Nov. 11 Achen.   Nov. 11

    Siehe die Quellenangabe und die Variante O unter nr. 235 vom 8 Sept. 1407.
    Regest Chmel 2399 aus Wien H.H. St.A. Registr.B. C.

    Wir Ruprecht etc. [*weiter wörtlich wie in dem Entwurf derselben Urkunde vom
8 Sept. 1407 nr. 235 bis anno domini 1407, dann schließend:*] feria secunda proxima
post festum sancti Martini episcopi, qua primo solempniter Aquisgrani intravimus et 1407
etiam ibidem super cathedra nostra regali sedimus coronati, regni vero nostri anno 8. Nov. 14
         Ad mandatum domini regis
         Job Vener doctor etc.

240. *K. Ruprecht bestimmt, daß die Kölner Krönung vom 6 Jan. 1401 der Stadt Achen*   1407
    an ihren Freiheiten und Rechten künftig keinen Schaden bringen soll. 1407 Nov. 14   Nov. 14
    Achen.

    W aus Wien H.H. St.A. Registraturbuch C fol. 236ᵃ cop. ch. coaev. mit der Überschrift
        Das die cronunge, die min herre der kunig zu Colle genomen hat, den von Aiche
        an iren friheiten hernach keinen schaden bringen sal.
    K coll. Karlsr. G.L.A. Pfälz. Kop.B. 4 fol. 286ᵇ cop. ch. coaev. mit derselben Über-
    schrift.
    Regest Chmel 2400 aus Wien l. c.

    Wir Ruprecht etc. bekennen [*weiter ganz wie in der undatierten Urkunde K. Ru-
prechts, die in den Vertrag vom 22 Juli 1407 eingeschaltet und nr. 236 unter [1407
Sept. 8] separat abgedruckt ist*], der geben ist zu Aiche nach Christs geburte vierczehen-
hundert jare und darnach in dem siebenden jare an dem nehsten mantag nach Martini 1407
dez heiligen bischofs tage unsers richs in dem echten jare. Nov. 14
         Ad mandatum domini regis
         Job Vener doctor etc.ᵃ

    a) *Unterschrift om. K.*

241. *K. Ruprecht bestätigt Hzg. Rainald von Jülich und Geldern alle Privilegien[1], ausgenommen falls K. Wenzel ihm oder dessen verstorbenem Bruder Wilhelm einen neuen Zoll auf dem Rhein verliehen hätte, worüber er hier in dieser Urkunde keine Bestimmung treffen will. 1407 Nov. 14 Achen.*

[1407 Nov. 14]

D aus Düsseld. Prov.A. Urk. Jülich-Berg A 1 1533 or. mb. lit. pat. c. sig. pend.
K coll. Karlsr. G.L.A. Pfälz Kop.B. 4 fol. 287ᵃᵇ cop. chart. coaev. mit der Überschrift Bestetigunge des herzogen von Gulche und von Gelre.
W coll. Wien H.H. St.A. Registraturbuch C fol. 236ᵇ cop. ch. coaev. mit derselben Überschrift wie K.

Regest Chmel 2492 aus W; angeführt bei Lacomblet Niederrhein. Urk.B. 1, 55 nt. 1.

Wir Ruprecht von gots gnaden Romischer kunig zu allen ziten merer des richs bekennen und tun kunt uffinbar mit diesem brieve: das wir han angesehen manigveltige getruwe und geneme dinste, die der hochgeporn[a] Reynalt herzoge von Gulch und von Gelre und grave von Zůtphen unser lieber oheim und furste und sine vorfaren uns und unsern vorfaren an dem riche getan hant und die er und sine nachkomen uns und unsern nachkomen in kunfftigen ziten tun sollent und mogent, und darezu sine flissige bete, und haben yeme mit wolbedachtem mute und gutem rate unser und des heiligen richs fursten graven und rete von rechter wissen und Romischer kuniglicher mechtevollenkomenheide alle und igliche friheite herlicheite pfantscheffte rechte privilegia hantvesten und brieve, die er und sine vorfaren[b] von seliger gedechtnis Romischen keisern und kunigen unsern vorfaren an dem riche redelichen erworben und herbracht hant, bestetiget und confirmieret, bestetigen und confirmieren yeme die in crafft diss brieves in allen puncten meynungen und artickeln als sie luten und begriffen sint glicherwise und in aller forme als ob sie von worte zu worte herinne beschrieben weren, ußgenomen, ob kunig Wenczlaw von Beheim etwann Romischer kunig dem vorgenanten herzog Reynalt oder herczog Wilhelm sinem bruder seligen eynichen nůwen zoll oder me uff dem Ryne verluhen hat, zu dem oder den zollen oder brieven daruber legen wir weder zu noch abe mit diesem brieve. des zu orkunde haben wir unser kuniglicher majestat ingesiegel an diesen brieff tun hencken, der geben ist zu Aiche nach Cristi gepurte vierczehenhundert jare und darnach in dem siebenden jare am nehsten mantage nach sant Martini des heiligen bischoffs tage unsers richs in dem achten jare.

[1407 Nov. 14]

Ad mandatum domini regis
Johannes Winheim.

[*in verso*] R. Bertholdus Dürlach.

a) D 2, KW o. b) D 2, W o.

---

[1] *K. Ruprecht ertheilt, mit gutem Rathe seiner und des h. Reichs Fürsten Edeln und Getreuen, dem Reynalt Herzog von Gulche und von Gelre und Grafen zu Zutphen seine Fürstenthume und Regalia Herschafte Lehenschafte Manschafte Laude und Leute mit Zugehör, die von ihm und dem Reiche zu Lehen rühren, dieselben Fürstenthume Herschafte Regalia Lehenschafte Manschafte Lande und Leute mit allen ihren Zugehorungen, als vor geschrieben steht, der obgen. Reynalt Herzog von Gulch und von Gelre und Graf zu Zutphen von ihm als einem Romischen König seinem rechten Herren recht und redlich nach der h. Rom. Reichs Gewohnheit mit solcher Schönheit und Zierheit, als sich das heischet,* empfangen *und ihm darum auch gewohnliche Huldunge mit Gelubden und Eiden gethon hat, als des Reichs weltliche Fursten einem Romischen König ihrem rechten Herren pflichtig sind zu thun;* Achen Mo. n. Martini [Nov. 14] 1408 a. r. 8. Dusseld. Prov.A. Urk. Berg Jülich A 1 nr. 1534 or. mb. c. sig. pend.; Karlsr. G.L.A. Pfälz. Kop.B. 4 fol. 287ᵃ; Wien H.H. St.A. Registr.B. C fol. 236ᵇ. *Gedruckt Teschenmacheri annal. Clivine cod. dipl. pag. 219f. nr. 147, und Lünig corp. jur. feud. Germ. 1, 862f. Regest Chmel 2491 aus Wien. Registr.B. C, Reg. Boic. 11, 421, und angeführt bei Lacomblet Niederrhein. Urk.B. 4, 54f. nt. 1. — Vgl. Lacomblet 4, 55 nt. 1.*

242. *K. Ruprecht bestimmt, daß die Kölner Krönung vom 6 Jan. 1401 dem Herzog Rainald von Jülich und Geldern an seinen Herrlichkeiten Freiheiten und Rechten keinen Schaden bringen soll.* 1407 Nov. 11 Achen.

1407 Nov. 11

    A aus *Düsseld. Prov.A. Urkk. Jülich-Berg A 1 1535 or. mb. lit. pat. c. sig. pend.*
    B *coll. Karlsr. G.L.A. Pfälz. Kop.B. 4 fol. 287ᵇ cop. ch. coaev. mit der Überschrift* Das soliche cronunge, als min here der kunig zu Colle entpfangen hat, dem herzogen von Gulche und Gelre an sinen frijheiden keinen schaden bringen sal.
    C *coll. Wien H.H. St.A. Registraturbuch C fol. 236ᵇ cop. ch. coaev. mit gleicher Überschrift wie B.*
    Gedruckt bei Lacomblet Niederrhein. Urk.B. 4, 54 nr. 50. — Regest Chmel 2403 aus C.

    Wir Ruprecht von gotes gnaden Romischer kunig zu allen zijten merer des richs bekennen und tun kunt offenbare mit diesem brieff: als wir zu einem Romischen kunig erkorn und zu dem heiligen riche komen sint, und unser kurfursten das zu den zijten den burgermeistern scheffen und dem rate unser und des heiligen richs stat Aichen [*weiter wie* ᵃ *in der Urkunde K. Ruprechts vom 13 Okt. 1407 nr. 238, dann:*] und also zu Romischem kunige gekronet worden sin als das wol gesin mochte und sich zu der zijt verlauffen hat: des wollen wir und ist unser meynunge, das soliche vorgeschriben unser cronunge, die zu Colle geschehen ist, dem hoehgebornen Reynalde herezogen zu Gulche und von ᵇ Gelre und grafen von Zutphen unserm lieben oheimen und fursten und sinen erben an yren herlickeiten frijheiten und rechten die sy von dem heiligen ᶜ riche hant in kunfftigen zijten gein unsern nachkomen an dem riche dheinen schaden brengen sol, sunder sy sollen und mogen derselben rechten und frijheiten hernach gein unsern nachkomen gebruchen und nießen in aller der maßen als ob wir die vorgeschriben unser cronunge nit zu Cöllen sunder zu Aiche empfangen hetten. orkund diß briefs versigelt mit unserr kuniglichen majestate anhangendem ᵈ ingesigele, der geben ist zu Aiche nach Crists geburt vierezehenhundert jare und dornach in dem sybenden jare am nehesten montag nach sant Martins des heiligen bischoffs tage unsers richs in dem echten jare.

1407 Nov. 14

    [*in verso*] R. Bertholdus Durlach.   Ad mandatum domini regis
                                                    Johannes Winheim.

    a) vor Einschiebung in den Hss. und von ju grammen und empfangen hetten. b) C en. c) add. Romischen *B. d) om. C.*

Reichstag zu Nürnberg
im Febr. und Merz 1401.

Laut Bestimmung der Goldnen Bulle cap. 28 § 5 (Neue und vollständige Sammlung der Reichsabschiede Frankfurt 1747 tom. 1 pag. 85) soll ein neuer König seinen ersten königlichen Hof in Nürnberg halten; doch ist das nur nöthig, wenn kein impedimentum legitimum dazwischen tritt. Wir haben uns nun aber einmal entschlossen die Versammlung zu Mainz vom December 1400 schon als Reichstag zu bezeichnen, und somit wäre die jetzige Nürnberger Versammlung schon der zweite Reichstag des Königs Ruprecht. Nun hat es aber die Goldne Bulle offenbar so angesehen, daß der erste eigentliche Reichstag, der zu Nürnberg stattfinden soll, erst nach der Achener Krönung gehalten werde. In diesem Sinn hat K. Ruprecht sich an jene Vorschrift gehalten: der erste Reichstag nach seiner Krönung findet richtig in Nürnberg statt. Hätte ich nicht, vielleicht zu meinem Unglück, die Mainzer Versammlung vom December 1400 schon als Reichstag bezeichnet, so wäre keine Unregelmäßigkeit vorhanden. Und vielleicht, ja wahrscheinlich würde sich K. Ruprecht selbst, der doch gewiß korrekt sein wollte und auch alle Ursache dazu hatte, auf die Seite meiner Kritiker stellen. (Vgl. übrigens RTA. 1 pag. 204; Joh. Fr. Joachim histor. und rechtl. Abhandl. von dem ersten Reichstag, welchen ein Röm. König nach der Vorschrift der güldenen Bulle in der Reichsstadt Nürnberg halten soll 1745.) Mag nun die Nürnberger Versammlung als der erste oder als der zweite Reichstag bezeichnet werden, so ist der König in dieser Stadt jedenfalls am 2 Febr. 1401 eingeritten, nr. 247 art. 6 nt. und Ulman Stromer in St.Chr. 1, 53, 26. Nach Chmels Regesten urkundet er daselbst vom 3 Febr. bis 24 Merz 1401, am gleichen 24 Merz aber auch schon in Amberg. Für einzelnes mag noch zu verweisen sein auf (Wölckern) hist. Norimb. dipl. 511ff. In einer Urkunde vom 21 Merz 1401 nennt K. Ruprecht den Ulman Stromer seinen Wirth, dem er 1363½ fl. 3 sh. 4¼ dn. schuldet, deren Bezahlung er auf kommenden Georgstag [23 April 1401] verspricht, Karlsr. G.L.A. Pfälz. Kop.B. 149ᵇ fol. 16ᵇ cop. ch. coaev. durchstrichen. Ulman Stromer l. c. 53f. erzählt allerlei von dieser Versammlung. Er scheidet aber diese nicht von der späteren des Mai 1401. Was er bis pag. 54 lin. 9 berichtet, gehört auf unsern Tag; von lin. 9 und nach ostern an sind seine Nachrichten auf den vom Mai zu beziehen; auf den unsern noch ibid. pag. 59 lin. 2-15. Vgl. auch die Nürnb. Chr. bis 1434 (1441) ibid. 364f.; (Wölckern) hist. Norimb. dipl. 514 (aus Stromer).

A. Anerkennung K. Ruprechts durch Nürnberg u. s. nr. 243-253.

Es schien am besten, die Verhandlungen mit Nürnberg über die Anerkennung Ruprechts hier zusammenzustellen, wenn sie auch viel früher angefangen haben. Auch sein Verhältnis zu andern Fränkischen Städten kommt dabei zur Sprache. Huldigungsangelegenheiten noch anderer Städte aus dieser Zeit schließen sich hier in natürlicher

Weise an. Was die späterhin noch so wichtigen Beziehungen der Stadt Rotenburg zum König betrifft, die in nr. 250 berührt sind, so mag hier darüber noch folgendes bemerkt werden. Am 5 Okt. 1401 spricht Pfalzgf. Ludwig als Reichsvikar aus, daß er, da er den Krieg zwischen Bisch. Johann I von Wirzburg und etlichen Rittern einerseits und der Stadt Rotenburg andrerseits verrichtet habe und ihm nach Laute der Sühnebriefe von beiden Parteien das Schloß Mestelhausen überantwortet sei, dasselbe in Jahresfrist an die Stadt Rotenburg zurückgeben werde, es zu haben und nießen in aller Maße als sie vor gehabt haben, dat. Nurmberg 1401 des nehsten mitwochen nach sant Michels tag, in Rotenburg St.A. in einer Schachtel ungeordneter Urkunden or. mb., Sigel abgeschnitten, auch Karlsr. G.L.A. Kop.B. der Pfalz 149^b fol. 82^a cop. ch. coaev., und Nürnberg Kr.A. Rotenb. Rep. tit. 1 C nr. 6 fol. 114^{ab} cop. ch. coaev. Am 4 Okt. 1401 entscheidet und richtet Pfalzgf. Ludwig als Reichsvikar die zwischen Bisch. Johann I von Wirzburg mit seinen Helfern und den Städten Rotenburg Hall Windsheim mit ihren Helfern obwaltenden Mishelligkeiten aus Anlaß des bisher geführten Krieges: beide Parteien sollen ihm als Reichsvikar und von des Reichs wegen nach Rückgabe der beiderseitigen Gefangenen das Schloß Mestelhausen überantworten, also daß er damit nach Belieben thun und lassen möge, dat. Nürnberg Di. nach sant Michels tag 1401, wol in zweifacher Ausfertigung, in Karlsr. G.L.A. Kop.B. der Pfalz 149^b fol. 75^b-77^b, Nürnberg Kr.A. Rotenburg Rep. tit. 1 C nr. 6 fol. 112^a-113^a, nach den Regesten des Münchener R.A. auch Rotenburg Reichsstdt. Fasc. 8 S 11 K 7 L 4 Bleistiftnummer 255 und Wirzburg Kr.A. Bleistiftnummer 253; vgl. Karlsr. im Kop.B. 149^b fol. 77^a unter demselben Datum die Notiz, daß eben solcher Brief wörtlich ebenso bis auf die Schlußklausel dem gen. Bischof von Wirzburg gegeben sei. Schon diese Notiz ist bedenklich und verdient weitere Untersuchung, außerdem aber steht ibid. fol. 76^b-77^a cop. ch. coaev. unter der Überschrift Ein brief, das Mestelhausen nimmermer sol gebauet werden, den hat der bischof von Wirtzburg eine Urkunde des Pfalzgrafen Ludwig, worin er verkündet, daß, nachdem Johann I Bisch. von Wirzburg mit seinen Helfern und die Städte Rotenburg Hall Windsheim mit ihren Helfern gerichtet sind, wie die Sühnebriefe ausweisen, und ihm als Reichsvikar das Schloß Mestelhausen eingegeben haben, doch so, daß er es weder dem Bischof noch der Stadt Rotenburg je eingeben, sondern es unverzüglich brechen lassen solle, und dieß so vollführen wolle und dort kein Burgbau fürder gebaut werden solle, dat. Nürnberg Di. nach sant Michels tag [4 Okt.] 1401. Offenbar steht diese letzte Urkunde in sachlichem Widerspruch mit der weiter oben angeführten vom 5 Okt. die im Rotenburger Original vorhanden ist, und gibt eine damit unverträgliche Interpretation der Schlußworte der ebenfalls weiter oben angeführten Urkunde vom 4 Okt. (also daß er damit nach Belieben thun und lassen möge). Nun sind alle erwähnten Urkunden in das gleichzeitige Pfälzer Kopialbuch 149^b wie wir sahen aufgenommen, mithin ist der Widerspruch nicht etwa als Fälschung oder Verunechtung von Seiten einer der beiden Parteien zu erklären; es geht aber auch nicht, hier etwa verschiedene Entwürfe zu vermuthen, denn die an Rotenburg ausgefertigte Urkunde ist im Original wie angeführt vorhanden, und in der Überschrift der andern im Pfälzer Kopialbuch l. c. steht ausdrücklich, daß der Bisch. von Wirzburg sie habe; also bleibt nichts übrig, als anzunehmen, daß der Aussteller der Urkunden hier doppelzüngiges Spiel getrieben habe. Dieser bisher unbekannte Vorgang und seine Folgen können nicht ohne Einfluß auf die spätere Haltung der Stadt Rotenburg geblieben sein. Unter den nr. 250 nt. 2 summarisch aufgeführten Privilegien mag als politisch bedeutend hervorzuheben sein die Urkunde vom 30 Okt. 1401, worin K. Ruprecht der Stadt Rotenburg den Widerruf des Ausspruches von Erzb. Adolf von Mainz und Bisch. Lamprecht von Bamberg zwischen Gerhard von Wirzburg und der Stadt Rotenburg durch König Wenzel, vom 17 Apr. 1397, bestätigt, Chmel nr. 1022; auch diese Bestätigung hat Pfalzgf. Ludwig am 5 Okt.

1401 der Stadt auszuwirken versprochen, Nürnberg Kr.A. Rep. tit. 1 C 0 fol. 118ᵇ-120ᵃ cop. mb. saec. 15. Vgl. hierzu, wie zu der Wirzburger und Rotenburger Angelegenheit überhaupt RTA. 2, 135-136 und 176 f.; 3, 12-13.

B. Achen's Widerstand nr. 254-257.

Die schließlichen Abmachungen über die Stellung Achen's als Krönungsstadt sind schon zum Kölner Krönungstag vom Jan. 1401 lit. K mitgetheilt worden. Nach der Krönung Ruprecht's zu Köln dauerte Achen's Widerstand fort. Die vorübergehenden Zwangsmaßregeln gegen Achen fallen zum Theil auf unsern Nürnberger Reichstag. Deshalb werden sie hier mitgetheilt; und einige spätere sind beigefügt, die auf keinen Reichstag zurückgeführt werden können.

C. Beziehungen zu Italien nr. 258-263.

Es sind hier einige Stücke aus Italien zusammengestellt, aus Florenz und aus Venedig. Sicher kamen die italienischen Angelegenheiten auf diesem Reichstag vor. Die Exhortatio ad Rupertum regem Romanorum ut a diuturno somno excitus pontificum schisma exstirpet et imperii jura reformet, welche bei Goldast monarchia imperii 2. 1381ᵇ-1384ᵇ abgedruckt, ist nichts anderes als das 32. Kapitel aus nemus unionis VI des Dietrich von Niem, und wurde hier nicht aufgenommen. Das Nürnberger Schenkbuch in der 2. Bürgermeister-Periode nennt die Gesandtschaft des Franz von Carrara, nr. 285 des von Padaw rat.

D. Verhandlungen mit Aragonien nr. 264-268.

Der Brief des K. Martin an K. Ruprecht vom 1 Dec. 1400 nr. 264 erfolgte aus freien Stücken. Nichts in demselben deutet an, daß er eine Antwort sei auf eine vorausgehende Anknüpfung K. Ruprecht's selbst. Und die Erwiederung des letzteren vom 7 Merz 1401 nr. 265 fängt auch in der That ganz von vorne an, erzählt Wenzel's Absetzung, dann die Neuwahl u. s. w., so daß man sieht daß sie der erste Brief Ruprecht's an Martin ist.

Diese Antwort Ruprecht's vom 7 Merz 1401 nr. 265 wird dem K. Martin überbracht durch den Nürnberger Bürger Berthold Kraft, der zu seinem Begleiter den Nürnberger Bürger Joh. Stark hat, wie die Überschrift der Antwort ergibt (s. Quellenangabe). Das ist also Ruprecht's Erwiederungsgesandtschaft.

Am 23 April geht eine neue Botschaft Ruprecht's an Martin ab, mit der Beglaubigung von diesem Tag nr. 266, und mit der Anweisung nr. 267, die sicher dazu gehört. Der Botschafter ist Stephanus Engelhardi, und dieser ist der Gesandte Martin's, der den Brief desselben vom 1 Dec. 1400 nr. 264 überbracht und inzwischen am deutschen Hof gewartet hatte; aus dem Schreiben Ruprecht's vom 23 April 1401 nr. 266 geht das deutlich hervor. Es ist keine zweite Gesandtschaft Martin's anzunehmen, die inzwischen in der Person des Stephanus Engelhardi gekommen wäre, zu der gar kein Grund ersichtlich ist.

Mit dem Aragonesischen Hause war K. Ruprecht durch seine Mutter Beatrix verwandt, s. Häusser Gesch. d. Rh.Pfalz 1, 212 und Voigtel-Cohn Stammtaf. 50. Andrerseits war jenes mit Galeazzo verfeindet, s. Höfler Ruprecht pag. 209. So erklärt sich die Zuvorkommenheit.

E. Verhandlungen wegen der Tödtung Hzgs. Friderich von Braunschweig nr. 269-280.

Diese Stücke schließen sich an nr. 190 an. Sollte man diesen ganzen langen Streit hier aufnehmen? Einzelnes davon unzweifelhaft; er kommt wiederholt auf Reichstagen vor. Gewiß können nicht alle Streitigkeiten von Fürsten, die zufällig und theilweise den König auf solchen Versammlungen beschäftigen, in unserer Sammlung Platz finden. Aber gerade dieser Streit hat wie durch seinen Ursprung so durch seine zeitliche Ausdehnung und politische Bedeutung eine solche Wichtigkeit für die Reichsregierung in dieser Zeit gewonnen, daß er als eine wahre Reichssache bezeichnet werden muß. Ich wüßte auch nicht was auszuscheiden wäre, wenn man den Zusammenhang und das Verständnis bewahren will. Mich scheute dabei noch immer die Masse desjenigen, was nicht auf Reichstagen selbst vorkommt. Aber man muß es mitnehmen, zu machen ist da sonst nichts, ich hätte mich gern der Sache überhoben, manche werden es dankbar empfinden wenn hier alles vereinigt wird.

Nur erwähnt werden darf hier dagegen wegen seines ganz vorwiegend partikularen Charakters der Bairische Streit, vgl. Höfler Ruprecht pag. 208, in welchem der König als erwählter Schiedsrichter zu Nürnberg Di. nach oculi [Merz 8] 1401 beurkundet, daß er die zwischen dem Hzg. Ludwig von Baiern einerseits und den Hzgen Ernst und Wilhelm von Baiern andererseits entstandenen Streitigkeiten geschlichtet habe, in Karlsr. G.L.A. Pfälz. Kop.B. 8¼ fol. 10ᵃ-15ᵇ cop. ch. coaev.; München H.A. Neuburger Kop.B. 33 fol. 39ᵇ-43ᵇ cop. ch. coaev.; Regest in Reg. Boica 11, 201. 202, und bei Janssen Frankf. R.K. 1, 561 nr. 961 aus Karlsruhe l. c.

F. Verhältnis zu K. Wenzel nr. 281-283.

Da die Verhandlungen selbst, die auf dem Reichstage stattfanden, nicht mehr da sind, so mögen die Stücke genügen, die wir hier zusammengestellt haben. Eine Reihe von Geldanleihen und Anwerbungen zum Böhmischen Kriege aus dieser Zeit findet man im Karlsr. G.L.A. im Pfälz. Kop.B. 149ᵇ cop. ch. coaev.

G. Städtische Kosten nr. 284-286.

Die Frankfurter Rechnungen zeigen die dortige Gesandtschaftsbewegung. Die Nürnberger Rechnungen sind immer besonders wichtig, wenn, wie hier, der Reichstag in der Stadt selbst gehalten wird; wer da war, hat auch seine Propination bekommen.

Fallen auch unstreitig Englisch-Pfälzische Verhandlungen wegen der Heirat zwischen Ruprechts Sohn Ludwig und Heinrichs IV Tochter Blanche in diese Zeit, so haben wir doch kein von Ruprecht ausgegangenes Aktenstück, das auf diesen oder den folgenden Reichstag fiele. Wir halten es für das beste, wenn eine Übersicht über die bekannt gewordenen Stücke erst beim Augsburger Reichstag von 1401 gegeben wird, wo das politische Verhältnis zu England größere Bedeutung durch den Italienischen Zug gewinnt.

Das Schreiben K. Ruprechts vom 11 Merz 1401 (Regest bei Janssen Frankf. R.K. 1, 83 nr. 223), das wir in RTA. 3, 44 nt. 1 nachzutragen versprochen haben, von Zöllen des Landfriedens von 1398 handelnd, gehört eigentlich hierher. Da aber von erneuter Landfriedensthätigkeit des Königs hier nichts zu sehen ist, so haben wir vorgezogen, das Stück erst da aufzunehmen, wo jene Thätigkeit sich entwickelt, im nächsten Bande. Vgl. die Einleitung zum nächsten Reichstage im Eingang.

Julius Weizsäcker. *Ernst Bernheim.*

A. Anerkennung K. Ruprecht's durch Nürnberg, n. a. nr. 243-253.

243. *Erste Vereinbarung Nürnbergs mit 3 gen. Bevollmächtigten K. Ruprechts betreffs Einlassung und Anerkennung desselben.* [*1400 vor Okt. 26¹ Nürnberg.*]

> *Aus Nürnb. Kreisarchiv ms. nr. 673 fol. 109ᵃ secundo — 113ᵃ cop. ch. coaev.; es folgt die andere Urkunde vom 29 Dec. 1400, nr. 245 bei uns.*
> *Gedruckt Hegel in St.Chr. 1, 193-197 ebendaher; ein kurzer Auszug (Wäckern) Hist. Norimb. dipl. pag. 514. Hegel's Anmerkungen und Ausführungen zu diesem und den 3 folgenden Stücken sind von uns benützt worden.*

Wir .. die burger dez rats der stat zu Nuremberg verjehen offenlich mit disem brief: daz wir mit dem hohgebornen fürsten und herren hern Fridrichen burggraven zu Nürenberg, dem erwirdigen herren hern Cunrat von Eglofstein meister Tewtsch ordens in Tewtschen und in Welischen landen, und dem erbern vesten ritter hern Johans von Hirßhorn vitztum zu Amberg, von dez allerdurchleuchtigsten fürsten unsers gnedigen herren wegen hern Ruprehts, den unser herren .. die kurfürsten zu Römischem künig gekorn und erwelt haben, dez gelawbbriefe und volle macht die obgenanten fürsten und herren .. der burggrafe .. der meister und der vom Hirßhorn gehabt haben, beredt geteidingt haben und überein sein worden umb alle sachen stücke und artikel alz hernach geschriben und begriffen ist. [1] zum ersten: ist daz daz die stat zu Frankenfurt den vorgenanten unsern gnedigen herren hern Ruprehten der zu Römischem künige erwelt ist einlesset und im huldet und sweret alz einem Römischen künige, und daz in⁴ die stat zu Ache auch einlesset und daz sie in auch hulden und swern und daz er da gekrönet wirt alz ein Römischer künige, und daz in die hohwirdigen und hohgeporn fürsten und herren⁴ die bischöf zu Wirtzpurg und zu Bamberg und der egenant burggrave Fridrich anhangen und an in halten als an einen Römischen künige, und ob daz alles geschiht und vollfüret wirt hie zwischen und oberst die schierst kumen, so süllen und wöllen wir .. der rate und die gemeine der egenanten stat zu Nuremberg denselben unsern herren auch einlassen und im hulden und swern als einem Römischen künig, mit der bescheidenheit, ee wir in einlassen und im hulden oder swern, so sol uns der vorgenant unser herre als ein Römischer künige die briefe freiheit und gnade versigeln⁵ mit seiner majestat insigel⁵ antwurten und geben alz die hernach begriffen und gezeichnet sein. [1ᵃ] zum ersten sol er uns geben ein gemaine bestetigung⁶ aller unserr freiheit brief und gnade, die wir haben von kaisern und künigen .. fürsten .. herren und steten, alz wir haben von seliger gedehtnüzze etwenn unsern herren kaiser Karln⁴ unter der guldein bullen da er zu Rom zu keiser gekrönet ward, awsgenomen ob uns unser herre künig Wentzlaw von dheinerlei newer sache wegen, seit er künige ist gewesen, brief het geben. [1ᵇ] darnach sol er uns geben einen brief⁶, ob daz

---
a) cod. im. b) pora f. u. herren radierte Stelle. c) am. cod.

---

¹ *Man sieht aus art. 1, daß der Einzug K. Ruprechts in Frankfurt, der am 26 Okt. 1400 vor sich gieng, noch nicht stattgefunden hatte.*
² *Die in diesem Vertrage hier und dazu in dem gleich folgenden vom 29 Dec. 1400 Seitens der Nürnberger geforderten kön. Urkunden betragen nicht weniger als 17 an der Zahl, 14 in dem ersten (art. 1ᵃ-1ⁿ und 1ᵒ), 3 in dem zweiten (art. 1ᵃ-1ᶜ). Eine Anzahl derselben haben das Nürnb. Kr.A. und das Münch. allg. Reichsarchiv, Abschriften einer ganzen Reihe finden sich im Karlsr. G.L.A. Pfälz. Kop.B. 4 fol. 11ᵃff., Wien H.H. St.A. R. Register B. C fol. 9ᵇff.*
³ *Chmel 52.*
⁴ *Böhmer-Huber 2025 „unter der nesse"; vgl. 2026.*
⁵ *Chmel 56, (Wäckern) hist. Norimb. dipl. nr. 280.*

wer' daz er iemanden iht brief geben het oder furbaz geben würde von vergessenheit oder sust wie daz geschehe, daz das uns und der stat zu Nüremberg unschedlichen solt sein an allen unsern briefen freiheiten und gnaden, als wir des auch einen brief haben von kaiser Karln[1] mit der majestat insigel. [1ᶜ] darnach sol er uns geben einen brief[2], daz wir nimmermer von dem reiche hingeben versetzt noch verschriben süllen werden, alz der brief awsweist den unser herre künige Wentzlaw[3] uns geben hat. [1ᵈ] darnach sol er uns einen brief[4] geben von der 2000 guldein unserr stewre wegen, daz er die niemant anders verschreib noch gebe dann daz er sie zu seinen handen und in sein kamer neme, alz dann unsers herren künig Wentzlaws brief[5] awsweist. [1ᵉ] darnach sol er uns einen brief[6] geben umb daz ungelt zu Nüremberg, der da awsweiset gleich als der brief den uns aber unser herre kunig Wentzla[7] darüber geben hat. [1ᶠ] darnach sol er uns einen brief[8] geben umb die Juden, die sie ietzunt haben oder fürbas empfahen, waz trostung wir den tün, daz den Juden daz gehalten werde von im und den seinen, und, waz nutzes davon gevellet, daz das halbs sol werden unserm herren künig in sein kamer und der ander halb teil derselben stat zu Nüremberg, dann ein ieglich .. Jude, der zu seinen tagen komen ist, sol unserm herren künig einen guldein dez jars vorawz geben, alz wir daz vormals auch gehabt haben von künig Wentzlawen[9]. [1ᵍ] darnach sol er uns geben einen brief[10], daz er uns bestetige den kawfe den wir auf den walde getan haben umb die Waltstromeyr, und daz das vorstmeisterampte auch in demselben brief begriffen werde, und das er uns daran verleihe und brief geb in aller der weise als uns unser herre künig Wentzlaw[11] darumb einen brief geben hat. [1ʰ] und einen brief[12] sol er uns geben umb die smitter*, die wir umb die hochgeporn fürsten und herren die burggraven zu Nüremberg gekawft haben, das der awsweise als der brief den uns unser herre künig Wentzlaw[13] auch darüber geben hat. [1ⁱ] darnach sol er uns geben einen brief[14] über die weier zu Pilnrowt, der da awsweise alz der brief den uns unser herre künig Wentzlaw[15] über dieselben weier geben hat. [1ᵏ] darnach sol er uns geben einen brief[16], was übergriffe geschehen sein und sich verloffen haben da fürsten herren und stete mit einander kriegten, und waz auch übergriffe geschehen wern in den lantfriden einungen und püntnüzzen die wir mit den fürsten und herren gehabt haben, daz wir darumb für daz hofgericht noch für dhein ander gerichte geladen noch beklagt süllen werden; würden wir aber darumb beklagt, daz solt uns dheinen schaden bringen. [1ˡ] und sol uns geben einen brief[17], daz die vier vesten, die gesprochen sein von lantfrids wegen, mit namen Reichnegk Spiesso Lewenstein und Leupoltstein, fürbaz niht gepawt süllen werden. [1ᵐ] darnach sol er uns geben einen brief[18] von der Judenschulde wegen, als man fürsten herren und stete irer schulde lodig gesagt hat, daz uns fürbaz darumb niemant zuspreche, und daz

a) cod. smitter.

[1] Böhmer-Huber 2027.
[2] Chmel 53, (Wölckern) hist. Norimb. dipl. nr. 274, bei uns nr. 244.
[3] RTA. 1 nr. 302, (Wölckern) hist. Norimb. dipl. nr. 258, wol nur die letztere Urkunde ist gemeint.
[4] Chmel 58, (Wölckern) l. c. nr. 275. Es ist die herkömmliche Reichssteuer Nürnbergs, in diesem Betrag.
[5] (Wölckern) l. c. nr. 257.
[6] Chmel 61.
[7] Nicht gefunden.
[8] Chmel 63.
[9] Nicht gefunden.
[10] Chmel 66.
[11] (Wölckern) l. c. nr. 264, vgl. dazu ib. nr. 269.
[12] Chmel 67, (Wölckern) l. c. nr. 278.
[13] (Wölckern) l. c. nr. 238.
[14] Chmel 64.
[15] Nicht gefunden.
[16] Chmel 60.
[17] Chmel 68.
[18] Chmel 65.

wir der nicht schuldig sein ze gelten, alz dann der brief awsweist den wir haben von unsern herren künig Wentzlawen[1]. [1ᵃ] darnach sol er uns einen brief geben[2] umb den pan über daz gericht zu Nüremberg, daz er den leihe einem mann[3] wen wir darzu geben. [1ᵇ] die vorgenanten brief sol er uns alle auch besteten alz ein kurfürst[4]. [1ᶜ] und die vorgenanten brief, alz die da gezeichent sind, die er uns nu sol geben und vernewen, süllen steen und beleiben in allen artikeln punten und mainungen, alz die brief, die wir vor haben, awsweisen, und sol nun uns an keinem artikel in den vorgenanten briefen nicht abprechen noch mindern, sunderlich on geverde pessern und in recht forme bringen, und daz die awsweisen süllen von unserm* egenanten herren alz einem Römischen künige und in seinem namen in aller der weise alz die vorgenanten brief awsweisen von unserm herren keiser Karln und künig Wentzlawen. [1ᵈ] und sol in den vorgenanten briefen allen steen und begriffen werden daz er uns die freiheit und gnade all getan hab zu stunde alz er zu Römischem künig gekorn und zu Ache under der messe gekronet sei worden[5]. [1ᵉ] darnach sol er uns einen brief[6] geben, wenn er nu Römischer keiser werde, daz er uns dann soliche brief, alz vor gezeichent sind, auch gebe unter der majestat insigel[5] und in kaiserlichem namen, alz er uns die vor hab geben da er Römischer künig gewesen sei. [2] wenn auch wir .. die burger dez rats der egenanten stat zu Nüremberg in der egenanten zeite hie zwischen und obersten die obgenanten fürsten und herren burggraven Fridrich .. den meister Teutsch ordens und den .. von Hirßhorn oder ir einen umb die vorgenanten brief manen und dem obgenanten unserm herren alz einem Römischen künige hulden wöllen, ez sei ob im die vorgenanten .. fürsten und herren .. die bischöf von Wirtzpurg und von Bamberg burggrave Fridrich gar oder ir ein teil anhangen und an in halten oder niht, so haben sie uns gelobt mit guten trewen, daz sie uns die vorgenanten brief alle als vor gezaichent ist ganze unversert und besigelt mit unsers egenanten herren alz eins Römischen künigs majestat insigel in dem nehsten monad darnach antwürten süllen, und, ob sich die vier wochen lenger zügen dann nach obersten, daz sol uns keinen schaden bringen, wenn wir sie oder ir einen in derselben zeit vor darumb gemant haben. [2ᵃ] teton sie des nicht, so haben sie uns gelobt bei iren eren und trewen, daz sie in den nehsten vierzehen tagen nach derselben unserer manunge, ob sie uns die brief nicht schikten, einreiten süllen mit ir selbs leiben gen Nüremberg in die stat, und süllen awz der stat nicht kumen on unsern willen, sie haben uns dann die vorgenanten brief alle geschikt. [3] wenn sie uns auch die vorgenanten brief, darnach und wir sie gemant haben, also schicken und antwürten, so süllen wir .. der rate und die gemaine der egenanten stat zu Nüremberg den egenanten unsern gnedigen herren, den unser herren .. die kürfürsten gekorn haben, unverzogenlichen einlassen und in hulden

a) cod. unsern. b) om. cod.

[1] RTA. 1 nr. 273 (272) und 2 nr. 182. 183 (184).
[2] Chmel 57.
[3] Dem Nürnberger Bürger Berthold Pfinzing wird er von K. Ruprecht verliehen 1401 Jan. 6 (Wölckern) l. c. nr. 276, dem Nürnberger Bürger Karl Holzschuer 1405 Sept. 7 ib. nr. 283, beidemal von bei wegen deß raths.
[4] Dieß scheint nur mit der gemeinen Bestätigung (oben art. 1ᵇ) geschehen zu sein, Nürnb. Kr.A. Repert. des geh. und des St.A. der vormal. R.St. Nürnberg I staatsrechtliche Verhältnisse pag. 11, und Karler. G.L.A. Pfalz. Kop.B. 149ᵇ fol. 27ᵃᵇ. Am 6 Mai genehmigt Kurf. Friderich von Köln die allgemeine Bestätigung, Reg. Boic. 11, 209.
[5] Daher die Formel in den Privilegien K. Ruprechts: wir haben zu stund, als wir erste zu Röm. künig gekorn und darnach zu Cöln gekrönt woren, —.
[6] Chmel 54; er wolle es thun zu stund unter der meß bei der krönung, heißt es in der Urkunde.

alz einem Römischen künig. [3ᵃ] teten wir dez nicht, so haben sie gewalt sechs uz *[1400]*
unsern rate zo manen welche sie wöllen; und wir geloben bei unsern eren und trewen, *okt. 20)*
daz dieselben sechs dann reiten süllen gen Onlspach oder gen Swabach, in welche stat
sie die manen; und sullen da ligen und awz der stat nicht komen on der obgenanten
fürsten und herren . . burggraven Fridrichen dez meisters und dez von Hirsthorn willen,
ez haben dann wir . . der rate und die gemaine der vorgenanten stat zu Nüremberg
den obgenanten unsern herren eingelassen und im gehuldet alz einem Römischen . .
künigo. [4] es sullen auch wir vorgenanten . . von Nüremberg in der egenanten
zeit hie zwischen und obersten wider denselben unsern gnedigen herren, den unser *[1401]*
herren . . die kurfürsten gekorn haben, noch alle die seinen, die im anhangen, nicht *Jan. 6*
sein noch tun on geverde. [5] wer' auch daz iemande uns die vorgenante stat zu
Nüremberg in der zeit angriffen bekriegen oder dringen wolte, wenn wir dann die ob-
genanten unsern gnedigen herren, den unser herren die kurfürsten zo Römischem kunige
gekorn und erwelt haben, anrüffen, so sol er uns getrewlichen mit aller seiner macht
beholfen sein und beigestan on alles geverde. [5ᵃ] und sullen wir im auch dann
hinwider in denselben sachen, darumb wir in angerüffet haben, auch getrewlichen be-
holfen sein on geverde. [6] wir haben auch die zwů stete Winsheim und Weissem-
burg in dise teidinge genomen, also bescheidenlichen: wenn dieselben zwů stete den ob-
genanten unsern herren alz einen Römischen künige auch einlassen und im hulden
wollen, so sol in derselb unser herre als ein Römischer künig ieglicher stat ein gemaine
bestetigung geben, die da lawt und stee von wort zu worte alz unser der . . von Nü-
remberg gemaine bestetigungeˡ, on geverde. [7] auch ist geredt: wenn ez zo schulden
kumpt in der weise alz vor begriffen ist, daz wir dem obgenanten unsernᵃ gnedigen
herren, der zo Römischem kunige gekorn ist, hulden sullen, ob er dann alspalde selberᵇ
nicht zu uns komen und gegenwörtig gesein möchte, wen er dann mit seinem vollen
gewalt darumb zu uns schikt, dem süllen wir an seiner stat solicheᶜ huldunge tůn in
der mazz alz oben geschriben steetᵈ on geverde. und daz die vorgenante sache alle
also getrewlichen von uns gehalten werde, so haben wir der stat zo Nüremberg insigel
gehangen an disen brief, der geben ist etc.

Und den egeschriben brief gaben wir burggraven Fridrichen. und do man uns
den wider solt geben haben, do sprach der meister Tewtsch ordens, er wer' zu Hor-
negk verprunnen. [*Fortsetzung dieser Notiz s. unsre nr. 245.*]

244. *Beilage zur ersten Vereinbarung Nürnbergs mit 3 gen. Bevollm. K. Ruprechts* *1401*
nr. 243 art. 1ᵉ: K. Ruprecht verspricht Nürnberg, daß es nie vom Reiche versetzt *Jan. 6*
noch sonst entfremdet werden soll. 1401 Jan. 6 Köln.

N *aus Nürnberg Kreis-Archiv S. VII L. 16 Bd. 6 or. membr. lit. pat. mit anhäng. Ma-*
jestätssiegel an gelbblauen Seidenfäden; in verso rechts unten beym reiche von gleich-
zeitiger Hand.
K *coll. Karlsr. G.L.A. Pfälz. Kop.B. 4 fol. 15ᵃ cop. chart. coaev.; mit der Überschrift*
Freihet das die stad von Nuremberg von dem riche nit entfremdet sal werden. —
Auch Wien H.H. St.A. Registr.B. C fol. 12ᵇ-13ᵃ.
Gedruckt (Wölkern) hist. Norimb. dipl. nr. 271. — Regest Chmel 53 aus Wien l. c.

Wir Rŭprecht von gotes gnaden Römischer künig zů allen czeiten merer des
reiches bekennen und tůn kunt offenlichen mit disem briefe allen den die in sehen oder

a) cod. unsers. b) cod. slep. selb. in radierter Stelle. c) cod. s. ch. s. in radierter Stelle. d) cod. stets.

¹ *Art. 1ᵃ; über das Verhältnis der gen. Städte zum König s. nr. 248 ff., 253, 226, 229.*

1401
Jan. 6

hören lesen: wan die burgermeistere rate und burgere gemeinlichen der stat ze Nüromberg unsere und des reiches lieben getrewen bey unsern vorvaren Römischen keysern und künigen und dem reiche alleweg getrewlichen und vestiklich beliben sein, davon so haben wir in mit wolbedachtem mute gütem rate und rechter wissen, zo stund als wir erst ze Römischem künig gekoren und darnach ezū Cöln gekronet waren, dise besunder gnade getan und tün in auch die in kraft diez briefes und Römischer künglicher mechte, daz sie ewiklichen bey dem heiligen reiche beleiben und darvon von uns oder unsern nachkumen an dem reiche keysern oder künigen nicht gesundert noch geteilt werden süllen weder mit hingeben verweisen versetzen verpfandungen oder dheinerley andern sachen. und wer' es sache das wir oder unsere nachkumen an dem reiche Römische keyser oder künige von vergessenheit oder sust, wie das geschehe, die egenant stat ze Nüremberg alleine oder mit andern stoten yemanden eingeben versetzten verkümerten oder verschriben, in welicherley massen das geschehe, so seczen und wöllen wir, daz das kein kraft oder maht haben noch gewinnen und der egenanten stat ze Nürenberg ewiklichen unschedlich, und die burgere doselbst nyemanden darumb ichtes pflichtig oder gepunden sein süllen in dhein weise, sunder bey uns und dem heiligen reiche ewiklichen beleiben. mit urkünde diez briefs versigelt mit unser küngliehen majestat insigel, der geben ist ezū Cöln auf der heiligen dreyer künig tag opiphania domini ezū latein nach Crists gepūrt vierezehenhundert jar und darnach in dem ersten jar¹, unsers reiches in dem ersten jare.

[in verso] R. Bertholdus Durlach.

Ad mandatum domini regis
Nicolaus Buman.

1400
Dec. 29

245. *Zweite Vereinbarung Nürnbergs mit 1 bzw. 3 gen. Bevollmächtigten K. Ruprechts betreffs Anerkennung desselben. 1400 Dec. 29 Nürnberg.*

Aus Nürnb. Kreisarchiv ms. nr. G73 fol. 113ᵃ-114ᵇ cop. ch. coaev.; es geht voraus die erste Urkunde vom [1400 vor Okt. 26], nr. 243 bei uns.
Gedruckt Hegel in St.Chr. 1, 197-199 ebendaher.

[Anfang dieser Notiz s. unsere nr. 243.] Darnach gaben wir den hernachgeschriben brief aber burggraven Fridrichen, und den hat man uns widergeben.

Wir .. die burger des rats der stat zu Nürenberg bekennen offenlichen mit disem brief: als der hohgeporn fürste und herre her Fridrich burggrave zu Nürenberg, der erwirdig her Conrat von Eglofstein meister Teutsch ordens in Teutschen und in Welischen landen, her Johans vom Hirshorn vitztum zu Amberg, von des allerdurchleuchtigsten fürsten unsers gnedigen herren hern Ruprehts wegen, den unser herren .. die kurfürsten zu Römischem künig gekorn und erwelt haben, mit uns geredt und getoidingt haben, daz derselb unser herre, den unser herren .. die kurfürsten zu Römischem künig gekorn haben, unser stat ir brief und freiheit verschreiben und geben sol alz wir dann mit in überein sein worden, alz dieselben brief eingeslozzen und mit des egenanten burggraven Fridrichen insigel besigelt sein, also, wenn daz der vorgenant unser herre .., den unser herren .. die kurfürsten zu Römischem künig erwelt und

1401
Jan. 6

gekorn haben, getan hat, und ob daz geschiht hie zwischen und obersten nu schierst, daz wir dann dem egenanten unserm gnedigen herren hern Ruprehten, den unser herren die

a) K dagegen oder versetzen verkumern. b) K hat die Jahresangabe vor der Tagesangabe. c) diese Unterschrift om. K. d) red. Teutschen. e) red. widerhalt auf newer Seite das derselb unsre.

---

¹ Vgl. nr. 243.

kurfursten zu Römischem künig erwelt und gekorn haben, hulden und swern sullen und in halten und haben für einen Römischen künig, alz dann die brief awsweisen die sie uns und wir in hinwider darumb geben haben: [1] daz wir darnach mit dem egenanten unserm herren burggraven Fridrichen geredt und in gepeten haben, daz er uns mit dem vorgenanten unserm herren, den unser herren .. die kurfursten zu Römischem künig gekorn haben, awsgetragen hat, daz er uns zu den briefen, alz wir vor mit im überein sein worden, geben sol: [1ᵃ] zum ersten einen brief¹, ob dhein vesten oder sloz in fünf meiln wegs umb die stat zu Nüremberg gewunnen würden von morde rawbs oder solicher untat wegen, darzu wir hie von der stat hülfen, daz die geprochen und fürbaz nicht wider gepawet werden süllen. [1ᵇ] darnach einen brief², ob uns iemandes* in unser freiheit und recht viel und dawider tet, daz wir den laden möchten auf unsers herren .. dez Römischen kunigs hofgericht, und daz derselb, der dawider tet, vervallen wer' 50 pfunt lötigs goldes halb in desselben unsers herren künigs camer und halb der stat zu Nüremberg. [1ᶜ] und darnach so sol er uns auch einen brief³ geben, daz des reichs vesten hie ob der stat zu Nüremberg gelegen von diser stat nicht gesündert noch empfremdet sol werden, und, wenn unser herre .. der Römische künige oder sein nachkomen nibt leiplich zu Nüremberg wern, daz sie dann dieselben vesten niemanden eingeben noch befülhen dann uns dem rate der stat zu Nüremberg, damit wir in dann getrewlichen gewarten sullen. [1ᵈ] und dieselben brief alle sol uns derselb unser herre, den unser herren .. die kurfürsten zu Römischem künig erwelt haben, antwürten also besigelte hie zwischen und lichtmesse die schierst komen, also: ob er in derselben zeit gekrönet wirdet und wenn er daz getan hat, so sullen wir im dann hulden und swern und fur einen Römischen künige halten und haben. [2] und wenn wir in der egenanten zeit nennen dez nun uns die vorgenanten brief unverzogenlichen schicken und antwürten sullen, daz süllen sie tün in aller der weise alz in dem ersten brief begriffen ist den wir von dem vorgenanten unserm herren burggraven Fridrichen hern Cunrat von Eglofstein meister Tewtsch ordens und hern Johansen vom Hirßhorn vitztum besigelt haben⁴. [3] und den vorgenanten auflag und sach hat der vorgenant unser herr burggrave Fridrich von des obgenanten unsers herren wegen, den unser herren die kurfursten zu Römischem künig gekorn haben, mit uns und wir mit imᵇ geteidingt und aufgenomen, also daz daz besteen und beleiben sol alz daz vormals und auch ietzunden verschriben und begriffen ist. [4] und dez hat auch der vorgenant unser herre burggrave Fridrich gesprochen für die obgenanten hern Conrat von Eglofstein meister Tewtsch ordens und hern Johansen vom Hirßhorn vitztum, daz das auch also ir gute wille und wort ist und dazᶜ stete halten. und dez ze urkünde geben wir disenᵈ brief mit unserm anhangenden insigel versigelt, geben an sant Thomas tag von Kandelberg nach Crists gepurt 1400 jar und darnach in dem erstenᵉ jar.

a) cod. jemandes unterst. verselz. st. jemandes. *b) cod. in.* *c) vieil. fehlt hier ein daz, aber nicht nothwendig.* *d) cod. disem.*

---

¹ *Chmel 59, Auszug in (Wölckern) hist. Norimb. dipl. 515.*
² *Chmel 58, Nürnb. Kr.A. Repert. des geh. und des St.A. der vormal. R.St. Nürnberg I staatsrechtliche Verhh. pag. 160, nach Hegel auch aufgeführt in dem Verzeichnis der von den Röm. Königen und Kaisern an Nürnberg verliehenen* Privilegien des ehemaligen Nürnb. Rathsarchivs B. 1 Bl. 48ᵇ, Auszug (Wölckern) l. c. pag. 515.
³ *Chmel 62, (Wölckern) l. c. nr. 277.*
⁴ *Vgl. nr. 243 art. 2 und 2ᵃ.*
⁵ *Man rechnete in Nürnberg von Weihnachten das neue Jahr (StaChr. 1, 89, 17), so daß Thomas von Canterbury 1401 in unser Jahr 1400 gehört.*

246. *Nürnberg an K. Wenzel, sagt ihm auf.* 1401 Jan. 27 *Nürnberg.* — *Dazu Notiz über Ablieferung des Briefs und über die Zeit des Einreitens K. Ruprechts.*

Aus Nürnb. Kreisarchiv ms. nr. 673 fol. 110ᵃ primo — 110ᵇ primo cop. ch. coaev. die Aufkündigung mit der Adresse als Überschrift; fol. 110ᵇ primo die Abgabe derselben und das Einreiten des Königs; es folgt Die notel, die man allem volk hie las, do man künig Ruprecht ein wolt lassen, nr. 247 bei uns.
Gedruckt Hegel St.Chr. 1, 192f. ebendaher; erwähnt (Wölckern) Hist. Norimb. dipl. 514 (auch 511).

Allerdurchlewchtigster fürst und herre. als euch der heiligen Römischen reiches kurfürsten der merer teil von demselben reiche mit recht entsetzt[a] haben von sölicher sache und artikel wegen als sie euch beschuldigen, als ir biht wol vernomen habt und ewern gnaden zu wissen getan ist worden, und darnach herzog Ruprecht zu Römischem künig gekorn und gesetzt haben, und uns von dez heiligen reichs wegen verpoten verschriben und unserr aide gemant haben[b], daz wir ewern gnaden süllen absteen und fürbaz nicht gewarten noch gepunden sein, und daz wir dem egenanten herren hern Ruprechten den sie erwelt haben gehorsam underteinig sein[b] und gewarten und für einen Römischen künig haben und halten süllen: nu haben wir lang zeit her geharret und gepiten, ob ewer gnade sölichen sachen iht widersteen oder darzu tun wolt, als wir des ewern gnaden wol gegünnet heten, und ew und allen den, die ew gutz günnen, nützlich und notdurft gewesen wer': und wann wir niendert erfünden daz ir ew in sülich sache setzet oder darzu tun wolt und den widersteen alz ewern gnaden selber wol anstünde und nützlich und pillichen wer', und wan dann alle fürsten und herren umb uns an den egenanten hern Ruprechten Römischen künige gelegen und sich zu im gehalten haben, und auch vil der freien stete und auch des heiligen reichs stete: darumb so sagen wir ew auf[a] unser huldunge und trew alz wir ew schuldig sein gewesten als einem Römischen künige von dez reichs wegen, und wöllen fürbaz gewarten hern Ruprechten dem erwelten und gekrönten Römischen künige als wir von rechts wegen einem Römischen künig schuldig sein und als uns die vorgenanten unsere herren .. die kurfürsten bei unsern aiden gepoten haben. und wa wir ewern gnaden in andern sachen gedienen künden, daz wir mit eren getun möchten[c], daz teten wir gern. geschriben an pfinztag nach sant Pauls tag alz er bekeret ward nach Cristi gepurt 1400 jar und darnach in dem ersten jare unter unserm[d] aufgedruckten insigel.

Dem allerdurchlewchtigsten fürsten und   Von dem rate und den burgern gemeinlich
herren hern Wentzlawen künigen ze Beheim.   der stat zu Nürenberg.

---

a) *m. v. corr. radierte Stelle.* b) *om. cod.* c) *möchten radierte Stelle.* d) *cod. unsern.*

---

[1] *Hist. Nor. dipl.* 514 sagt, Wenzel habe im Eingang d. J. 1401 dem Rath zu Nürnberg durch einen Schreiber oder Sekretarium, Nicolaus von Gelaz genannt, abermals ermahnen lassen die Stadt noch aufzuhalten [cf. 1400 Sept. 13 Ulman Stromer an Frankfurt nr. 122], dann er gedenke mit einem großen Volk wider den neuerwählten König zu ziehen. Es ist l. c. beigefügt, dieser Abgesandte sei durch Burggraf Friderich niedergeworfen, wie auch des Raths Kundschafter, die sie in Böhmen gehabt, zu Berneckh gefangen und gen Kettendorff gefuhrt worden (dann wird der Einfall Prokop's erzählt etc.).

[2] *Vgl. RTA.* 3 nr. 210.

[3] *Nur der Habe K. Wenzels wollten die Nürnberger noch bis nach Ostern Geleit geben; dez alten künigs hab hie hat geleit acht tag nach ostern [Apr. 10], Nurnb. Kreisarchiv cod. 349 Ratserlässe fol. 17ᵃ; der Erlaß ist datiert fer. 4 ante purif. Mar. d. i. 26 Jan. 1401, acht Tage vor der Ankunft K. Ruprechts (aus Hegel in St.Chr. 1, 192).*

Item disen obgenanten brief¹ antwurt her Guns unser diener künig Wentzlawen *1401* *Jan. 31*
zu dem Totschnykch bei den Betlern am montag vor Marie purificacionis zu vesperzeit.
den man dez künigs diener einer in grawem gewande, bei dem einer was in swarzem
gewande, und ein pfaff, der nant sich her Gerhart. anno 1400 primo.

Item darnach am mitwochen an unser frawen tag zu lichtmezze in dem obgenanten *1401*
jar mit künig Ruprecht hie ein zwischen der sibenden und der achten or². *Fer. 2*

247. Öffentliche Verkündigung vom Nürnberger Rath betreffs des Einlassens K. Ru- *1401*
prechts auf 2 Febr. 1401. [1401 vor Febr. 2³ Nürnberg.] *Fer. 2)*

*Aus Nürnb. Kreisarchiv ms. nr. 673 fol. 111ᵃ primo — 112ᵃ cop. ch. coaev.; es geht vor-
aus die Aufnage Nürnbergs an K. Wenzel vom 27 Jan. 1401, nr. 216 bei uns.
Gedruckt Hegel St.Chr. 1, 200-202 ebendaher; erwähnt (Wölckern) hist. Norimb. dipl.
511f.*

Die notel, die man allem volk hie las, do man künig Ruprecht ein wolt lassen.

[1] Lieben frewnd. alz ir langst wol vernomen habt, wie dez heiligen reichs kur-
fürsten der merer teil unserm herren kunig Wentzlawen von dem Römischen reiche mit
recht entsetzt haben umb süliche groz und swere artikel alz sie in beschuldigen, und
besunder darumb daz er dem heiligen reiche und der Cristenheit nicht vor ist gewesen
und darzu getan hat alz er billichen getan solt haben, und besunder von der grossen
zweiung und irrsal wegen die gewesen ist in der heiligen Cristenheit und noch ist von
der zweir pebst wegen daz er darinne so laz ist gewesen und darzu nihts getan hat:
darumb haben in . . die kurfürsten mit recht entsetzt von dem Römischen reich, und
haben darnach gewelt herzog Ruprechten zu einem Römischen künig, und haben mit
namen alle fürsten und herren und stete die zu dem reich gehören und mit namen uns
hie zu Nuremberg ledig und los gesagt der aide die wir dem egenanten künig Wentz-
lawen getan haben alz einem Römischen künige⁴; und haben uns gepoten und ermant
der aide die wir dem heiligen reich getan haben, und alz wir dem heiligen reiche
schuldig sein daz wir dem egenanten künig Wentzlaw abtreten und in furbaz nicht
halten noch haben für einen Römischen künige und im auch fürbaz nicht gewarten
noch undertenig noch gehorsam sein alz einem Römischen künige, und daz wir fürbaz
gewarten undertenig und gehorsam sein süllen herzog Ruprechten den sie erwelt haben,
und daz wir den halten und haben sullen für einen Römischen künig⁵.

[2] Lieben frewnde nu haben wir lange zeit gewartet ob unser herre künig
Wentzlaw zu sülichen sachen ichtzit tun wolt. nu vinden wir unsern herren den
künig also laz in den sachen, daz wir dheinen trost noch zuversicht zu im künnen noch
mügen gehaben, das er ihts darzu tu, alz im und uns allen des ein notdürft wer².

---

¹ *Vgl. nr. 146-155.*
² *Also nach heutiger Stundenzählung zwischen
1 und 2 Uhr Nachmittags. In Nürnberg zählte
man Abends 7 Uhr 1 Uhr, und ebenso Morgens
7 Uhr. So Kreisarchiv cod. 277 fol. 15ᵇ des
morgens frü, wenn [ausgestrichen der tag aufget]
man die letzsten or sleht, so solt ir sitzen, und
sol man das tor ufsperren, und des nahts, wenn
man ein or in die naht sleht, so sol man das tor
zihslüssen, und ib. fol. 53ᵇ und sullen auch alle
die, die gest hie sein, mit weib und mit kinden*
aus der stat zihen noch heint vor der letzsten
or. Zum Einritte K. Ruprecht's s. Ulman Stromer
in St.Chr. 1, 53, 25. Der Huldigungseid ist nr.
225 mitgetheilt; vgl. auch (Wölckern) hist. Norimb.
dipl. 515: auch hat die bürgerschaft mit grosser
ehrerbietung zwo stund auf den tag gehuldet,
wobei die Stundenzählung schon auf die heutige
Rechnung umgesetzt scheint.
³ *Aus art. 6 ergibt sich die Datierung.*
⁴ *Vgl. RTA. 3 nr. 204.*
⁵ *Vgl. RTA. 3 nr. 210.*

[3] Lieben frewnde. nu sein wir von dem innern und awssern rate damit lang zeit umbgangen mit grossem fleizz und ernst, wie wir uns halten in den sachen daz der stat daz pesto sei[1]. und haben fur uns genomen, wer' ez daz unser herre künig Wentzlaw herawzkäm mit grossem volk, so möcht er sich niendert enthalten dann bei uns; köm er dann zu uns mit grozzem volk, so nötet er uns wez er wolt, und effe uns unser kost awz die wir zu uns braht haben, und breht uns in den krieg; und wenn er denn nimmer bei uns fünde und daz ez im nicht gieng nach seinem willen, so breche er auf und zöge wider gen Beheim und liezz uns also stecken in dem krieg. so sein alle fürsten und herren umb uns, mit namen der new künig mit seinem lande vor dem walde, die herren von Beyrn mit irem lande, die bischöf zu Bamberg und zu Wirtzpurg mit iren landen, .. der burggrave mit seinem lande, gleich umb uns gelegen, und haben uns umbgeben mit iren shazzen daz nihts zu uns noch von uns kommen möcht wenn sie unser veinde wern[2]. so künnen noch mügen wir dhein getrawen zu unserm herren künig Wenczlawen niht gehaben daz er die sache zu dheinem guten end bringe. und wenn wir schon verdürben, so müssten wir dennoch tün daz wir ietzo tün.

[4] Lieben frewnde. nu ist die sache ewer und grozz, und, welichs man fur sich nimpt das man tü, so kan nicht wol gesein wir müssen darumb leiden. doch so dunkt den rate hie gemainlichen, daz besser sei wir halten uns an den newen künig und behalten die fürsten herren und unser nachpawrn die mit iren shazzen umb uns gesezzen sein, daz kost und wez wir auch bedürfen von uns und zu uns komen möge, dann daz wir uns wider sie setzen und verdürben und uns in solche groß krieg und verdurpnüzze setzten von unsers herren künig Wenczlawen wegen und möchten doch dheinen trost auf in gehaben daz er ez zu gutem ende brecht.

[5] Lieben frewnde. so sein auch vil fürsten herren und des reichs stete in der Wetraw an dem Reyn und in Elsassen an den newen künig vor gelagen und haben im gehuldet.

[6] Lieben frewnde. darumb ist der rate einmütiklichen mit der genanten willen, die iren gewalt darzu geben haben, mit dem vorgenanten unserm herren künig Ruprechten und den newen künig überein worden, daz sie in halten haben und in hulden wellen als einem Römischen künige. und haben daz getan durch der stat pestes willen armen und reichen auf die side die sie dem rat und der stat gesworn haben. und man wirdt in hie zu Nürenberg einlassen auf unser frawen tag ze liehtmesse der schierst kumpt[3]. und derselb unser herre künig Ruprecht hat auch der stat hie ir freiheit rechte[a] und brief bestetigt nach unserm willen und notdürft. und darumb so manet man euch bei den aiden die ir der stat und hinter ewer hawbtlewt gesworn habt, daz ir in den sachen willig und gehorsam seit und daz daz ewer dheiner verlichen widerspreche noch darein nihts rede und daz wir all einmütige in der sach sein.

[7] Auch so gebeutet man euch bei denselben aiden, ob ewer dheiner hör daz iemant frefenlich in die sach oder wider die sach rede, welicher daz unter euch hört, der sol daz bei dem aide ze stunde einem burgermeister oder seinem vierteilmeister ze wissen tün.

a) in fr. rechte roderte Stelle.

---

[1] Mit Recht macht Hegel darauf aufmerksam, daß das entscheidende Gewicht auf der politischen Lage der Stadt beruht, von der gezeigt werde, daß sie völlig bloßgestellt und preisgegeben sein würde, wenn sie länger an K. Wenzel festhalten wollte; alles andere solle nur zur Beschönigung des Abfalls dienen; St.Chr. 1, 193.
[2] Vgl. nr. 243 art. 1.
[3] So geschah denn auch, Ulman Strowzer St.Chr. 1, 53 mit nt. 1 und bei uns nr. 246 die Schlußnotiz.

248. *K. Ruprecht will Nürnberg im nächsten Jahre nicht zur Hilfe wider Rotenburg Windsheim Weißenburg¹ Schweinfurt nöthigen, und die letzte noch an K. Wenzel bezahlte Jahressteuer der Stadt nicht noch einmal fordern.* 1401 Febr. 2 *Nürnberg.*

> N *aus Nürnb. Kreis-Archiv S VII L 15 Bd. 7 (früher Münch. R.A.) or. mb. lit. pat. c. sig. pend.*
> K *coll. Karlsr. G.L.A. Pfälz. Kop.B. 4 fol. 18ᵃ cop. ch. coaev. mit der Überschrift* Gnade daz der kunig den von Nurenberg in einem jare nicht sal anmuten oder sie darzu halten daz sie im behelfen sein wieder die Frenckischen stette. *— Auch Wien H.H. St.A. R. Registr.B. C fol. 16ᵃ.*
> *Auszug in (Wölckern) hist. Norimb. dipl. 515; Regest in Reg. Boic. 11, 196 ohne Zweifel aus N, und Chmel 119 aus Wien l. c.*

Wir Rûprecht von gotes gnaden Römischer künig czû allen czeiten merer des reiches bekennen und tûn kunt offenlichen mit disem brief allen den die in sehen oder hören lesen: daz wir unsern und des reichesᵃ lieben getrewen den burgern des rats der stat czu Nüremberg und der gemeine gemeinlichen doselbst die besundern gnade getan haben und tûn in die in kraft diez briefs: ob das were daz uns unsere und des heiligen reiches stete mit namen Rotemburg Windsheim Weissenburg und Sweinfürte nicht hulden und gehorsam würden sein, oder ob wir sust iht mit in ze eze schicken gewünnen, daz wir dann die vorgenanten .. von Nüremberg in dem nehsten jare nach datum diez briefs nicht anmûten noch darczû halten süllen wider iren willen, daz sie uns auf die vorgenanten stete keinen dienst noch hilffeᵇ nicht süllen schuldig sein ze tûn noch tûn süllen in der vorgenanten czeit. auch tûn wir in die besundern gnade: umb die czweytausent guldein ir jerliche stewre, die sie auf sant Merteins tag nehstvergangen dem reiche verfallen sein und die sieᶜ bezalt haben künig Weneczlawen czû Beheim, daz wir umb diselben czweytausent guldein kein vordrung fürbas an sie nicht haben süllen in dhein weise, und daz sie darumb von uns das vergangen jare ledig und los süllen sein on geverde. mit urkunde diez briefs versigelt mit unser küniglichen majestat insigel, geben czu Nüremberg nach Cristo gepürt vierczehenhundert jar und darnach in dem ersten jare an unser frawen tag czu Liechtmesse unsers reiches in dem ersten jare.

[in verso] R. Bertholdus Dürlach.

Ad mandatum domini regis
Nicolaus Buman.

249. *Erste Beilage zu K. Ruprechts Urkunde für Nürnberg vom 2 Februar 1401 nr. 248: Rotenburg Hall und Windsheim kommen überein sich gegen Zumuthungen und Forderungen des alten oder des neuen Königs nur gemeinsam zu verantworten und für den Fall von Angriffen oder Beeinträchtigungen durch die Könige oder andere sich gegenseitig zu unterstützen.* 1401 Mai 1 o. O.

> A *aus München R.A. or. mb. c. 3 sig. pend. Wegen anscheinender Unsicherheit des Schreibers in Behandlung der Zeichen über u wurde im Abdruck ê durchgeführt außer in einigen unzweifelhaften Fällen.*
> B *coll. Nürnb. Kr.A. S V K 42 L 6 or. mbr. c. 3 sig. pend., das von Hall beschädigt; alte Signatur* Windsheimer Rep. tit. 13 Einungen und Bündnisse nr. 16, *also wol das Windsheimer Exemplar.*
> *Regest in Reg. Boica 11, 208.*

a) unsere — reiches *om.* K. b) *om.* K. c) *om.* K.

¹ *Siehe Erste Vereinbarung Nürnbergs nr. 243 art. 6, was Windsheim und Weißenburg betrifft.*

1401
Mai 1

Wir die burgermeister rete und alle burger gemeynlich der stete Rotenburg Halle und Windsheim bekennen und tűn kunt offenlich an disem brief allen den die in ansehen hören oder lesen: daz wir angesehen und bedaht haben sólich lauff und newung*a*, die in dem heyligen Römischen ryche geschehen ist. und*b* umb das daz wir an demselben Römischen ryche dez baz belyben mögen und dez minner davon gedrungen werden, so haben wir uns mit gutem wolbedahtem müt und rete früntlich zů einander getan versprochen und vereynt, versprechen und vereynen uns mit disem brief alz hernach geschriben stet und also: [1] zu dem ersten, ob daz geschehe daz deheynerley vorderung oder zumutung an uns obgenante stete oder an unser ein oder mer geschehe von unsern gnedigen herren dem alten oder dem newen erwelten küng oder von yeman anders von iren wegen, daz sich darumb keyn stat under uns vorbenanten steten besünder nit verantwurten sol, und dieselbe stete oder stat söllen daz an die andern stete under uns obgenanten steten bringen und mauen die darumb zu einander*c* an gelegen stete, also, so die manung der von Rotenburg oder der von Windsheim wer', so sollen sie die tűn gen Kirchperg*d*, und, so die manung der von Halle*e* wer', so sollen sie die tűn gen Rotenburg, und sollen die sache und handlung nach unser vorgenanten dreyer stete einmütigem rate handeln und verantwurten. [2] wer' ez aber daz unser vorbenanter stete eine oder mer dorumb von denselben unsern herren ir einem oder mer oder von yeman anders von iren wegen bekriegt angegriffen oder beschediget würde, oder ob sie deheim stat under uns beschatzen versetzen verkauffen oder von dem heyligen ryche oder von iren fryheiten rehten briefen gnaden oder guten gewonheyden tryben oder tringen wölten*f*, oder ob sie sust yeman wer der wer' bekriegen oder beschedigen wölt oder tet, so hat dieselbe stat under uns, der daz dez ersten begegnet, gewalt die ander stete zu manen, und sol dann yede stat under uns derselben stat, mit namen die von Rotenburg zehen, die von Halle zehen, und die von Windsheim sehs wol erzeigt mit gleven zu rosse, zu hilff schicken on verziehen und on all geverde, also wenn die erste manung geschült und der die hilff gesendet wirt, daz man dem keyner andern manung nit mer verbünden sin sol, ob die sache mer stete under uns angend würd, biz daz die hilff*g* ledig wirt on all geverde. [3] wer' aber daz die sache oder krieg, die sich von der vorgeschriben artikel und stücke wegen erhüben, alz michtig würden oder so gross, daz dieselbe stat under uns mer hilff notdörfftig wer' und daz mit der vorbenenten hilff nit erobern möht, dieselbe stat mag daz aber bringen an die andern stete under uns; waz dann yede ander stat under uns derselben stat mit gutem eygen willen zu hilff kumen wil oder womit, daz mag yede stat under uns tün ob sie wil wenig oder vil, oder mag ez bey der vorgeschriben summe hilff belyben lozzen, sie hct selber zu schicken oder nit, on all geverde. [4] wer' aber daz sólich krieg angriff oder belegerung mer stete denn eyner under uns uff ein zite geschehen, und daz ein stat oder mer under uns der andern stat umb die obgenant hilff zusprechen oder manen würd, so möhten dieselben stete oder stat, die dann uff die zite auch also belegert wer', dieselben ir hilff wol doheymen belahten, on all geverde. [5] und wer' daz yeman von der vorgenanten unser herren wegen uns obgenanten stete eine oder mer von der vorgeschriben artikel sache und stücke wegen angriffen oder beschedigen wölt oder yeman beholffen sin wölt oder tete der eyner*h* stat under uns gesezzen wer', alzbalde dann die stat der er gesezzen wer' von der beschedigten stat gemant oder dez selber innen würd, so sol dieselbe stat sólich ir nahen und beysezzen unverzögenlich darumb angriffen und beschedigen glycher wyse alz ob ez ir selber widerfaren und geschehen wer', on all geverde. [6] ez mag ein yeglich stat under uns gen der andern stete veinde

---

a) A newung*f*. *B* newerunge. *b)* B om. *c)* B add. söllen die darumb zü einander manen. *d)* A Kirpperg. *e)* A ober *B* obgeschriebenen *o?* zwei schwarze Puckte. *f)* om. nos wölt. *g)* B add. wider. *h)* B add andern.

sich vor bewarn und den wol sagen ob sie wil, ungeverlich. [7] und dise vorgeschriben vereynung sol zwischen uns vorgenanten steten wern (und sollen die getrewlich mit einander halten an all geverde alz davor begriffen ist) ditz nehst gantz jar nach datum dicz briefs uff unser gesworn eyde, die wir in unsern reten mit hantgebenden[a] trewen an eydes stat dofüber geben und gelobt haben.   und des allez zu gutem urkund und bezzer sicherheyt geben wir die vorgenanten drey stete einander disen brief versigelt mit unser vorbenenten stete grozzen anhangenden insigeln, geben nach Cristi gebürt viertzehenhundert und in dem ersten jar an sant Walpurg tag der heyligen jungfrawen.

250. *Zweite Beilage zu K. Ruprechts Urkunde für Nürnberg vom 2 Februar 1401 nr. 218: Pf. Ludwig als Reichsvikar nimmt Rotenburg Hall und Windsheim, welche K. Ruprecht anerkennen wollen und sich mit ihm als dessen Vertreter gesühnt haben, in den Reichsschutz und verspricht ihnen, mit dem Majestätssiegel besiegelte Bestätigungen ihrer Privilegien von K. Ruprecht zu erwirken. 1401 Okt. 1 Nürnberg.*

    N aus Nürnberg Kr.A. S V L 361 K 33 (früher München Reichs-Archiv) or. mb. c. 2 sig. pend.
    R coll. ib. Rotenburg Rep. tit. 1 C nr. 6 fol. 111ᵇ-112ᵃ cop. chr. 15 saec. mit der Überschrift Diser brief sagt als wir kunig Ruprechen gehuldet haben und mit im überein worden sin umb alle dink.
    K coll. Karlsr. G.L.A. Pfalz. Kop.B. 149ᵇ fol. 77ᵃᵇ cop. ch. coaev. mit der Überschrift Ein brief wie unser herr der vicari di drei stet Rotemburg Hall und Windsheim zu unsers herren des kungs gehorsamkeit empfangen und uffgenomen hat.
    Regest in Kurtzer Bericht von der Pfaltz. Vikar. Gerechtigkeit pag. 18 und Reg. Boica 11, 227.

    Wir Ludewig von gots genaden pfalczgrave by Rine herczoge in Beyern und vicarie des heilgen Romischen riches in Dutschen landen bekennen und dun kunt offinbare mit disem brieffe: wann die burgermeister rete und burger gemeinclich der stat zu Rotenburg uff der Tauber gelegen[b] Hall und Windsheim in des allerdurchluchtigsten fursten und herren hern Ruprechts von gots genaden Romischen konigis zu allen zijten merer des riches unsers lieben herren und vatters genade und gehorsamkeid willeclichen kummen seint[c] und yme als eyme Romischem konige gehuldet haben[d] und ym auch und uns als einem vicarien an siner stat furbas mere gewartent[b] und gehorsam sein wollent, als recht und gewonlich ist, und sich auch mit uns als eyme vicari an unsers egnanten herren und vatters stat umb alle und yelich sache, ez sij von der Juden und aller ander sachen wegen nichts usgenommen, die sich biß off disen tag datum diß brieffs verlauffen und vergangen haben, gutlich und fruntlich verricht und vereinet haben: darumbe mit gutem rate und rechter wissen haben wir als ein vicarie des

---

a) en. em hantgeben: die mit hantgebenden trewen ist Versprechen mit Handschlag. Lexer I, 1172.   b) K am., add. Anschliessen mit Hall; R wie der Vorlage.   c) R gewarten.

---

¹ (*Wölckern*) *Hist. Norimb. dipl. 516 berichtet: der [Pfalzgraf Ludwig] ist mit etlichen Fürsten und Herren an des heil. Creutzes Tag [Sept. 14] zu Nürnberg einkommen wegen der Stätt Rotenburg Hall und Windsheim, welche Kayser Ruprecht nicht huldigen wollen, es ist aber die Sach gemittelt, daß sie zu Gnaden aufgenommen und ihre Freyheiten bestätiget worden. Vgl. dazu einen Erlaß des Pf. Ludwig 20 Sept. 1401 in Bamberg Kr.Arch. Acta über Rotenburg a. d. T. wegen des Landfriedens or. ch. lit. pat. cum sig. auctus impr., wodurch er allermenniglich wissen läßt, da Rotenburg Hall und Windsheim auf kommenden Donnerstag [Sept. 22] einen Tag zu Nürnberg leisten wollen, daß er als Reichsvikar den Gesandten der gen. Städte sicheres Geleite zur Hin- und Rückreise gebe; dat. Swabach Di. v. Matthei.*

² *Vgl. den Huldigungseid nr. 229, besonders daselbst Note 1.*

heilgen reiches dieselben burger und stette genedeclichen* ofgenommen und zu des egenanten unsers lieben herren und vatters des Romischen konigis und des heilgen reiches genade gehorsomkeit und schirme gutlich emphangen, und wollen sie auch furbas mere von demselben unsers lieben herren und vatter und des heilgen riches wegen als ein vicari getrewlich hanthaben schuczen und schirmen nach unserm besten vermugen als ander des reiches stette ane alle geverde. wir haben auch mitsampt dem hochgebornen fursten herczoge Stephan pfalczgrave bey Reyn und herczog in Beyern unserm lieben vetern den egenanten burgern und stetten versprochen und versprechen in mit disem brieffe, daz wir in alle sulche brieffe, die sie von dem egenanten unserm lieben herren und vatter dem Romischen konige uber yr friheit pfantschaft und anders haben sullen, als wir yn die versiegelt gegeben haben, zwischen hie und dem obristen tag der weyhnachten die schierest komen unter desselben unsers herren und vatters kuniclicher majestat ingesiegel ungeverlich besiegelt schaffen wollen¹. mit urkunde diß briefs versiegelt mit unserm anhangendem ingesiegel. und wir egenant herczoge Stephan bekennen daz wir yn das mitsampt dem egenanten unsers lieben vettern also versprochen haben. und des zu urkunde haben wir unser ingesigel zu desselben unsers vettern ingesiegel auch an disen brieff gehangen, der geben ist zu Nurenberg off den dinstag nach sant Michels tag nach Cristi geburte vierczehenhundert und darnach in dem ersten jare.

251. *K. Ruprecht beauftragt und bevollmächtigt Herrn Johann zu Isenburg, den Bürgermeistern und Burgmannen zu Gelnhausen ihre Reichsburglehen zu verleihen und Huldigung dafür zu nehmen.* 1401 Febr. 5 Nürnberg.

Aus Karlsr. G.L.A. Pfalz Kop.B. 84 fol. 30ᵇ cop. chart. coaev., mit der Überschrift Ein missive das her Johann herre zu Isenburg sollich abgeschrieben burglehen hieliehe den burgmannen und glaubde und huldunge von in neme.

Edeler lieber getrawer Johan herre zu Isenburg. wir begern und heißen dich und geben dir auch ganze macht in craft dis briefs, unsern burgermeistern und burgmannen zu Geylnhusen ire burgliehen daselbs als sie von uns und dem riche hant von unsern wegen zu verlihen und ire huldunge glubde und eide darumbe an unser stad von in zu nemen und zu emphaen in aller maßen als sie uns selber in unser gewurtikeit phlichtig weren zu dun². urkund dis briefs versiegelt mit unserm ofgedrucktem ingesigel, datum Nurenberg sabbato post festum purificationis beate Marie virginis gloriose anno domini 1400 primo regni vero nostri anno primo.

Per dominum Rabanum episcopum Spirensem
cancellarium Nicolaus Buman.

a) R gemeinlich.

¹ Pfalzgf. Ludwig verspricht jeder der 3 Städte einzeln, als Reichsvikar, ihr einen vollständig angeführten Brief des K. Ruprecht zu verschaffen, worin derselbe ihre Freiheiten u. s. w. bestätigt mit Ausnahme der etwa von K. Wenzel verliehenen, Nürnberg Mi. nach Michaelis [Okt. 5] 1401, Nürnberg K.A. Rotenburg Rep. tit. 1 C nr. 6 fol. 114ᵇ-115ᵇ und Karlsr. G.L.A. Kopialbuch der Pfalz nr. 149ᵇ fol. 77ᵇ-78ᵃ. Außer diesem allgemeinen Bestätigungsversprechen stehen noch verschiedene Versprechungen einzelner Privilegien an den angeführten Orten fol. 113ᵃ-121ᵇ und fol. 78ᵃ-84ᵃ, alle vom 5 Okt. 1401. K. Ruprecht vollzieht diese Versprechungen am 30 Okt. 1401 durch entsprechende Urkunden s. Chmel nr. 1015 bis 1026; dieselben stehen auch Karlsr. G.L.A. Kopialbuch der Pfalz nr. 4 fol. 114ᵇff. und Wien H.H. St.A. R. Register.B. C fol. 98ᵇff.

² *Den Huldigungseid der Stadt Gelnhausen s. bei uns nr. 224; vgl. nr. 182 Note 1.*

252. *K. Ruprecht an die Burgmannen zu Gelnhausen, sollen ihre Reichsburglehen von seinem Bevollmächtigten Herrn Johann zu Isenburg empfangen und damit Huldigung thun. 1401 Febr. 5 Nürnberg.*

A aus Karlsr. G.L.A. Pfälz. Kop.B. 84 fol. 30b cop. ch. coaev., mit der Überschrift Ein brief, daz der edel Johann herre zu Isenburg solich burglehen zu Geilnhusen die von dem riche zu lehen geut lihen und huldunge an mins herren stat davon nemen sol etc.
B coll. ib. Pfälz. Kop.B. 149 p. 21-22 cop. ch. coaev., mit gleicher Überschrift.

Wir Ruprecht etc. enbieten allen und ieglichen unsern burgmannen zu Geylnhůsen unser gnade und alles gůt. lieben getrůwen. wir laßen uch wißen, daz wir dem edeln unserm lieben getrůwen Johan herren zu Isenburg ganze macht geben haben[1], soliche burglehen zu Geylnhůsen als ir von uns und dem riche hant uch von unsernwegen zu lihen und ůwer huldůnge[a] glůbde und eide darumb an unser stat zu nemen. herumbe heißen und gebieten wir uch allen und ůwer ieglichem, daz ir soliche ůwere burgleben von dem egnanten Johan enphahent und ime darůbir an unser stad und von unsern wegen hůldent globent und swerent in aller maße als uns selber. orkund dis briefs versigelt mit unserm ofgedrucktem ingesigel, datum Nůrenberg anno domini 1400 primo sabbato post festum purificacionis beate Marie virginis regni vero nostri anno primo.

Per dominum Rabanum episcopum Spirensem cancellarium Nicolaus Būman.

253. *K. Ruprecht weist verschiedene Städte mut. mut. in derselben Form wie in nr. 183 an, gen. Bevollmächtigten an seiner Statt zu huldigen[2]. Nürnberg 1401 Feb. 19 bis Merz 19.*

K. Ruprecht an die Stadt Dortmund[4]: gebietet derselben, dem edeln Adolf Gfn. zu Kleve und zu der Mark seinem lieben Sohn und Getrewen an seiner Statt Huldigung und Eide zu thun; dat. Nürnberg Sa. vor dom. invocavit 1401. Unterschrift Nicolaus Buman. *Aus Karlsr. G.L.A. Pfälz. Kop.B. 149 pag. 8-9 cop. ch. coaev. und ib. Pfälz. Kop.B. 84 fol. 7b cop. ch. coaev.*
Derselbe an die Stadt Weißenburg in Franken[4]: gebietet derselben, seinem lieben Getr. Engelhart Herrn zu Weinsberg ebenso zu thun; dat. Nürnberg Di. nach dom. oculi 1401. Unterschr. Nycolaus Buman. *Aus Karlsr. G.L.A. Pfälz. Kop.B. 4 fol. 37a cop. ch. coaev. und Wien H.H. St.A. Registr.B. C fol. 32a. — Regest aus letzterem bei Chmel Reg. Rup. nr. 256.*
Derselbe an die Stadt Wimpfen: gebietet derselben, Herrn Wiprecht von Helmstadt und Herrn Eberhard von Nypperg, ebenso, dat. Nürnberg Sa. vor dom. judica 1401. Unterschr. Nycolaus Buman. *Aus Regest in Karlsruhe ib. fol. 39a und Wien H.H. St.A. ib. fol. 34a. — Regest bei Chmel Reg. Rup. nr. 370 aus letzterem und bei Scriba 1 nr. 1366 aus Chmel.*

a) *nur 1 Schaft des u.*

[1] nr. 251. — Am 23 Jan. 1401 hat K. Ruprecht die Privilegien und Freiheiten der Burgleute zu Gelnhausen bestätigt, Chmel nr. 116.
[2] Am 11 Merz 1401 schreibt K. Ruprecht an Straßburg wegen Basel, aus Nürnberg, s. an späterer Stelle. — Am 17 Merz 1401 hat K. Ruprecht einen Glaubsbrief ausgestellt zu Nürnberg für Gesandte nach Metz, welche die Stadt zur Anerkennung K. Ruprechts auffordern sollen; genaueres Regest aus Huguenins les chron. de la ville de Metz pag. 121 s. im nächsten Band.

[3] Vgl. Chmel 1355. 1373. 1502.
[4] Herman Ebner an Joh. von Weikersheim Städt-Burgermeister zu Straßburg berichtet, daß Herzog Steffan sollte kommen sein von den Schwäbischen Städten, den der König dahin gesandt von der Huldigung wegen, die sie ihm thun sollten. Weißenburg sei geneigt dem König zu huldigen. Des letzteren Volk liege vor dem Rottenberg. Dem Landgrafen Hans zu Leutenberg, an den der König von Böhmen sein Land von Sulzbach bis an Böhmer Wald abgetreten gegen eine

B. Achen's Widerstand nr. 254-257.

254. K. *Ruprecht an verschiedene Reichsangehörige, begehrt daß sie den widerspenstigen Achenern, denen er das Geleite im ganzen Reich aufgesagt hat, weder Geleit noch Verkehr gewähren.* 1401 Febr. 12 Nürnberg.

1401
Febr. 12

An Straßburg: A aus Straßb. St.A. an der Saul I partie lad. B fasc. XI^a *nr. 4 or. ch. lit. cl. c. sig. in verso impr.*

An Köln: B coll. Köln. St.A. Kaiserbriefe or. ch. lit. clausa c. sig. in verso impr., Unterschrift Ad mandatum domini regis § Nicolaus Bunau. *Kopie im Achener Stadtarchiv. Auszug bei Ennen Gesch. d. St. Köln 3, 136.*

An einen Fürsten: C coll. Karlsr. G.L.A. Pfälz. Kop.B. 146 fol. 27^a *cop. ch. coaev.; Überschrift* Als min herre den kurfursten andern fursten graven und stetden geschrieben hat von der von Ache wegen, ohne Unterschrift, aber mit dem Beisatz Of den sin als vor geschrieben steet mutatis mutandis ist geschriben den drien geistlichen kurfursten; item den hertzogen von Hollland, dem greven von Ostervant, dem bischofe von Ludich, des hertzogen sun von Berg, dem greven von Kleeff, und dem bischof von Strasburg; item den stetten Cöllen Mencz Franckfurt Wurms Spier und Strasspurg; item hat unser herr der kunig sinen amptluden und zollner geschrieben der von Ache gut alzso zu verkumeren [*cod.* verkarneren] also vor gescriben steet. *Siehe auch in den Varianten. — Gedruckt* (brecht appar. jur. publ. 1696 pag. 97-99, Janssen Frankf. R.K. 1, 557 f. nr. 956 *aus der in eigenem Besitz befindlichen Handschrift* Acta et Pacta 140; *in moderner lat. Übersetzung bei Martène ampliss. coll.* 1, 35 f., Miræis groot charterboek 3, 734 *aus Martène.* — *Regest* Georgisch 2, 852 nr. 11 *und* Chmel 164, *beide aus Martène.*

Ruprecht von gots gnaden Romischer kunig zu allen tzijten merer des richs.

Lieben^a getrůwen. als ir wol vernomen habent, wie wir und unser kurfürsten, nach dem als wir zu Romischem könige erwelt wůrden, die von Ache fast und vile mit unsern frunden und briefen ersůcht und an sie gefurdert haben, daz sie uns als eyme Romischen kunige gehorsam worden und uns in unser und des richs stat Ache unser Romische kuniglich cronunge da zu enphaen innelißen, zů sollicher unser gehorsamkeid sie sich^b nie geben wolten und sint uns^c unsern kurfursten und dem heilligen rich daran frevelich und mutwilleclich wiederspennig und abestendig gewesen, als daz wol kuntlich und offenbar ist, daran auch wol ist zu merken und zu versten daz sie sich dem heilligen rich understent zů entfremden: darumbe so wollen wir die egenanten von Ache yr burgere kuffflude ir gud und kauffmanschafft in allen unsern und des richs lande und gebiete kein geleite geben, darinne oder dardurch zů wandeln, daz ir zu furen oder zu vertriben, sunder sie und daz ir^d dan bekumeren und offhalten wo man daz^e ankommen mag. und haben auch mit allen unsern amptlůten zollern und undertanen bestalt, wo sie der egenanten von Ache burgere kufflûte kaufmanschafft gewant und gut besunder oder by andern gute finden oder ankomen, daz sie daz mitsampt dem andern, zu dem ez dann beslagen were, offhalten und bekumern sollen. herumben begern wir und gesynnen an uch mit ernste, daz ir den von Ache yren burgern kuffluten kauff-

a) C Ruprecht etc. | erwirdiger lieber furste und getrewen. als die lieb wol vernomen hat und [*fi reduirt?; un- deutlich; wirfl?*] wir die auch vor geschrieben han, wie wir und unser kurfursten —. b) C *odd.* noch. c) C *add.* die und auch. d) C *odd.* als ehr gewand oder anders. e) C *jubet fort*: besunder oder bi anderme gute finden oder ankomen mag. mitsampt denselben gut dabi ez dann funden werd. herumb begern wir und bitten deine liebe fruntlich mit ernste, das du mit diesem [*cod. —ni*] amptluden zollnern und undertanen in dinem lande und gebiete ernstlichen bestellen wollest, das den von Ache ieren burgern kaufluden —. geleite geben werde und das die ieweis daz ir von inen nicht kaufen — haben — helfen — als wir dieser liebe das und alles gute ganzlich geleuben und getrauwen. datum —.

Geldsumme, gestalte der König [Ruprecht] die Besitzergreifung nicht; dat. am Mittwoch vor letare [9 Merz Nürnberg 1401; schon Wencker *hat am Rand bemerkt:* 1401 circiter]. *Nach den verbrannten* Wenckeri excerpta I fol. 338^a.

manschafft mit namen gewant und andern yren gutern* auch kein geleite by sich geben
noch daz ir von yn keuffent oder gemeinschafft mit yn habent oder yn daz ir in dheinen* weg helffent vertriben und hinbringen, als wir uch des gentzlich gleuben und getrůwen und als lieb uch sy unser und des richs swere ungnade zů vermiden.   datum
Nuremberg sabato ante beati Valentini martyris anno domini millesimo quadringentesimo
primo regni nostri anno primo.

[in verso] Unsern lieben   Per dominum Rabanum episcopum Spirensem cancellarium
getrůwen meistere rat und   Job Vener utriusque juris doctor etc.
burgern zů Straßpůrg.

255. *K. Ruprecht an Stadt Köln: sie soll dem Herzog Wilhelm von Geldern keine bestimmte Antwort geben, wenn er wegen des Königs oder Reichs sich an sie wende, bis sie mit K. Ruprecht darüber verhandelt habe. 1401 Febr. 20 Nürnberg.*

Aus Köln. St.A. Kaiserbriefe or. chart. lit. clausa c. sig. in verso impr.

Ruprecht von gots gnaden Romischer kunig zu allen zijten merer des richs.

Ersamen lieben getruwen.   wir begeren an uch mit ernst, wer' ez daz deheinerley botschafft werbůnge oder begerůnge von des hochgebornen Wilhelms herczogen
zů Gelre wegen an uch komen würde, uns daz riche oder unser und des richs fursten
graven herren oder andere antreffende, in waß sachen oder in welicher maße das were:
daz ir dieselben werbunge botschafft oder begerůnge gein ymme uffhalden und keine
ufrichtliche entwart daruff geben wollent, ir bringent ez dann fur an uns und habent
unser meynunge daryne fur uch vernommen, und uch heryne bewijsent als wir uch
dez besunder wol gleuben und getruwen.   datum Nuremberg dominica invocavit
anno domini millesimo quadringentesimo primo regni vero nostri anno primo.

[in verso] Den ersamen
unsern lieben getruwen bur-   Per dominum Rabanum episcopum Spirensem cancellarium
germeistere rate und an-   Emericus de Muscheln.
dern burgern der stat zů
Collen.

256. *K. Ruprecht an Frankfurt: die Stadt soll die widerspenstigen Achener und deren Güter nicht geleiten sondern aufhalten und angreifen. 1401 Juli 20 Heidelberg.*

Aus Karlsr. G.L.A. Pfälz. Kop.B. 146 fol. 49ᵃ cop. ch. coaev.
Gedruckt Janssen Frankf. Reichskorresp. 1, 599f. nr. 1010 aus der im eigenen Besitz
befindlichen Handschrift Acta et Pacta 187; moderne lat. Übersetzung bei Martène
amplissima collectio 4, 70f. nr. 48, bei Miraeus groot charterboek 3, 742 aus Martène. —
Regest Georgisch 2, 856 nr. 60 und Chmel 570, beidemal aus Martène.

Ruprecht etc.

Lieben getruwen.   als ir uns geschriben hant von der von Ache wegen, das
wir in iren burgern kaufluten und irem gut zu dieser nehsten zukunftigen Franckfurter messe¹ geleide wollen geben, und auch unsern gunst und willen laßen sin das

a) B güten, C guten.   b) A letzte Buchstabe durch Überstrich.

¹ *Janssen bemerkt l. c.: Frankfurt beanspruchte   eines Geschenkes von 1000 Gulden für den Römeres als ein verbrieftes Recht, auch den geächteten   zug des Königs (vgl. Richards Frankf. Archiv 2,
zur Messe Geleit geben zu dürfen (vgl. ibid. 1   183-114) diesesmal seine Ansprüche nicht durch-
nr. 715 st. und nr. 747 nt.), konnte aber trotz   setzen.*

unser kurfursten und ander fursten herren und stette durch ir land in auch geleit mogen geben: da mogent ir wol wißen und versteen, das die egenanten von Ache also frevenlich und*a* mutwillenclich uns und dem heiligen riche sint widerspennig gewesen und auch noch sint und sich auch gegen uns und dem rich nicht bewart sunder großlich mißetan hant, das wir das nicht wol vergeßen mogen. und darumbe meinen wir den egenanten von Ache iren burgern kaufluten und irem gut dhein geleit zu geben oder gestatden von unsern und des richs fursten getruwen und undertanen in gegeben werden, sunder wir meinen ir libe und gut schaffen ofgehalten und angriffen werden wa man das ankomen mag; und, ob imant deile oder gemeine mit in oder daran hette, das eins mit dem andern werde ofgehalten und angriffen, als wir das unsern und des richs fursten und herren uch und andern stetden vor geschriben han. und wir getruwen uch wol und bevelhen uch auch mit ernst, das ir den egenanten von Ache iren burgern kaufluten und irem gut, und wer teil oder gemein mit ienn hat, dhein geleit bi uch gebent sunder ofhaldent und angriffent, als liebe uch si unser und des richs swere ungnad zu vermiden. datum Heidelberg feria quarta ante beate Marie Magdalene anno domini 1401 regni vero nostri anno primo.

257. *K. Ruprecht an verschiedene einzelne Städte*[1]: *sie sollen die widerspenstigen Achener und deren Güter nicht geleiten sondern aufhalten und angreifen.* 1401 Aug. 7 Bönnigheim.

An Straßburg: aus Straßb. St.A. an der Saul I part. lad. B fasc. XI[b] *nr. 9*[b] *or. chart. lit. clausa cum sigillo in verso impresso.*
An Köln: coll. Köln. St.A. Kaiserbriefe or. ch. lit. cl. c. sig. in verso impr. — Auszug bei Ennen Gesch. d. St. Köln 3, 136 f. ebendaher.

Ruprecht von gots gnaden Romischer kunig zu allen zijten merer des richs.

Ersamen lieben getruwen. als wir uch vor zijten geschriben han[2] als von der von Ache wegen die uns und dem heiligen riche frevenlich und mutwillenclich sint widerspennig gewesen und auch noch sint und auch gegen uns und dem riche sich nit bewart sunder großlich mißetan hant, begeren wir aber mit ernst, das ir die egenanten von Ache yre burgere kauflude und ir gut nicht geleident sunder sie und yre gut ofhaldent und angriffent wo ir das ankomen mogent; und ob ymand teile oder gemeyne mit yne oder ir gut zu dem sinen geslagen hette, das ir dann eins mit dem anderen offhaldent und angriffent. und wollent uch das als ernstlich laßen enpholhen sin uns und dem heiligen rich zu eren, als liebe uch sy unser und des heiligen richs swere ungnade zu vermyden[3]. datum Bunnikeim dominica ante Laurencij martiris anno domini millesimo quadringentesimo primo regni vero nostri anno primo.

[in verso] Den ersamen unsern lieben getruwen burgermeistern und rade zu Straßburg.

Ad mandatum domini regis. Nicolaus Buman.

a) cod. vi.

[1] *Theilweise desselben Inhalts wie das kön. Schr. an Frankfurt vom 20 Juli 1401 nr. 256.*
[2] *nr. 254.*
[3] *Vgl. die Ächtung Achens u. a. m. beim Tage zu Mainz im folgenden Bande.*

C. Beziehungen zu Italien nr. 258–263.

258. *Notariatsinstrument über die Bevollmächtigung des Buonaccorso Pitti[1] durch die Florentiner zur Abschließung von Verträgen mit K. Ruprecht, zur Leistung des Treu-Eides u. a. m. 1401 Febr. 21 Florenz.*

<small>Aus Münch. kön. Staatsarchiv Urkk. betr. die Verhh. des Kurpfälz. Hauses gegen das Deutsche Reich 120 b 14 *instrumentum notariat. membran. non sigillatum.*
In Karlsr. G.L.A. Pfälz. Kop.B. 44 fol. 187ᵃ steht: Ein brief, wie die von Florencz haben ir bottschaft gefertigt zu konig Ruprechten, obediens zu tun, auch zu bitten umb confirmacion ir privilegien und anders etc., anno 1400, 21 februarii. Diß ist doch wol ein Auszug aus unserer Urkunde, nichts anderes.</small>

In dei nomine amen. anno domini ab ejusdem incarnatione millesimo quadringentesimo[2] inditione nona die 21 mensis februarii.

Magnifici et potentes domini domini priores artium et *vexillifer* justitie populi et comunis Florentie, quorum nomina hec sunt, videlicet Niccolaus Angeli, ser Belcari de Serraglis, Bertus Johannis Stefani vocatus Bertone, Cambius Orlandi de Orlandis, Fruosinus Francisci Spinelli, Donatus Albizi de Acciaiuolis, Pierus Blaxii de Strozzis, Niccolosus Francisci Cambii *vexillifer* justitie, Zanobius Guidotti[a] Legnaiuolus, Laurentius Francisci maricalcus, et spectabiles viri cives honorabiles Florentini decem de offitio decem offitialium balie comunis Florentie, quorum nomina hec sunt[3], videlicet Benozzus Andree Benozi, Bartluccius Cherichini, dominus Tomasus domini Jacobi de Sacchettis miles, Jacobus Gilii Schiattesi Biadaiuolus, Jacobus Francisci de Cavalcantibus, Tomasus Dominici de Oricellariis, Niccolaus Ruberti Davanzati[b], Brandus Guccii della Badessa, Jacobus Francisci de Guasconibus[c], absente tamen Bartolomeo Niccolai Taldi Valoris eorum collega, omnes simul et in concordia, vigore eorum autoritatis et balie et cujuscunque alterius legis statuti ordinamenti provisionis vel reformationis dicti populi et comunis, et omni modo via jure et forma quibus magis melius et efficacius potuerunt, fecerunt constituerunt ordinaverunt et creaverunt eorum et dicti comunis Florentie sindicum procuratorem actorem factorem et certum nunptium spetialem egregium virum Bonacharsum quondam Nerii de Pittis civem honorabilem Florentinum licet absentem, spetialiter et nominatim ad eundum et se pro dicto comuni representandum coram illustrissimo principe et metuendissimo domino domino Ruperto dei gratia Romanorum rege semper augusto, et cum dicto rege dicto nomine paciscendum conveniendum componendum jurandum et promittendum et pacta conventiones compositiones promissiones et federa quelibet faciendum et firmandum, et similiter promissiones qualibet recipiendum pro dicto comuni Florentie in jure et nomine comunis ejusdem a dicto serenissimo principe et metuendissimo domino, cum illis capitulis articulis stipulationibus penis et penarum adjectionibus et pro illo tempore et termino et illis modis et conditionibus formis et clausulis quibus dicto eorum sindico et procuratori videbitur et placebit et que requiruntur in predictis tam de jure quam consuetudine, item ad jurandum et juramentum fidelitatis prestandum dicto domino Ruperto tanquam Romanorum regi vice et nomine dicti populi et comunis Florentie secundum debitam et usitatam formam tam a jure quam a consuetudine requirendam, item ad petendum confirmationem et concessionem terrarum

<small>a) Guidotti, aber auch promittimus promictendum und Schlusswort Pictis. b) scheint wohl Davanzali. c) Guasoalibus?</small>

<small>[1] Vgl. dessen Berichte nr. 302 und im nächsten Bande beim Augsburger RT. von 1401.
[2] Calculus Florentinus.
[3] Vgl. die Namen bei Minerbetti Cronico in Script. rer. Ital. ed. Florenz 1770 pag. 431.</small>

quas dictum comune Florentie presentialiter tenet et alias quasdam et privilegium et rescriptum ipsarum terrarum et constitutionem magnificorum dominorum priorum artium et vex*illiferi* justitie dicti populi et comunis qui pro tempore fuerint in vicarios generales imperiales et pro vicariis generalibus imperialibus civitatis Florentie et aliarum terrarum ut supra dictum est durante eorum offitio, et ea omnia ad petendum que circa presentem materiam requiruntur per investituram[a] anuli traditionem et per omnem alium et quemcumque modum vel formam a jure vel consuetudine concessam vel concessum, et de predictis et quolibet predictorum faciendum et fieri et confici faciendum instrumentum vel instrumenta unum vel plura rogandum et publicandum manu pub*lici notarii* prout volet, et generaliter ad omnia alia et singula faciendum gerendum procurandum et exercendum que in predictis et quolibet predictorum requiruntur tam de ipsa consuetudine quam de jure et que ipsi constituentes met si presentes forent facere possent, dantes et concedentes dicti constituentes in predictis et circa predicta et quolibet predictorum dicto corum sindico et procuratori licet absenti plenum liberum et generale mandatum et etiam spetiale ubi spetiali opus esset cum plena libera et generali administratione et etiam spetiali, necnon promittentes et convenientes stipulationem solennem michi Pero notario infrascripto ut publice persone recipienti et stipulanti pro dicto illustrissimo principe et domino domino Ruperto rege Romanorum predicto et omnium et singulorum quorum interest intererit vel quomodolibet poterit interesse se firmum et ratum habituros omne id totum et quicquid actum factum gestum et seu procuratum fuerit in predictis et quolibet predictorum per dictum sindicum et procuratorem et contra non facere vel venire per se vel alium aliqua ratione vel causa de jure vel de facto sub obligatione et ypoteca omnium et singulorum bonorum et rerum dicti populi et comunis Florentie presentium et futurorum.

Actum Florentie in palatio populi Florentini presentibus fratre Georgio Nuti custode sigillorum publicorum dicti comunis et ser Coluccio Pieri cancellario Florentino testibus ad hec vocatis habitis et rogatis.

Ego Bartolomeus quondam Fatii de sancto Miniato Florentino imperiali auctoritate judex ordinarius et notarius publicus predicta omnia et singula, ex commissione in me facta ab infrascripto[b] ser Pero, ex actis et imbreviatura dicti ser Peri fideliter sumpsi[c] et publicavi nichil addens vel minuens quod sensum mutet vel variet intellectum, ideoque me subscripsi et signum meum apposui consuetum [*folgt das Notariatszeichen*].

Ego Perus quondam ser Peri de sancto Miniato Florentino imperiali autoritate judex ordinarius et notarius publicus predictis omnibus et singulis scriptis per dictum ser Bartholomeum dum agerentur interfui, et ea rogatus scribere scripsi et imbreviavi, et impeditus quibusdam gravibus scribenda et publicanda comisi suprascripto[d] ser Bartholomeo notario publico, ideoque me subscripsi et signum meum consuetum apposui [*folgt das Notariatszeichen*].

a) et? b) cip. lacsubscripto. c) cm scripsi? d) sutscripto.

259. *Petrus de Gualfredinis[1] von Verona an K. Ruprecht, fordert ihn auf so bald als möglich nach Italien zu kommen[2].* 1401 Febr. 27 Venedig.

Aus Karlsr. G.L.A. Pfälz. Kop.B. 146 fol. 107ᵃ-108ᵃ cop. ch. coaev., Adresse als Überschrift.

Gedruckt Martène thesaur. novus 1, 1646-1650 nr. 18 aus einer schlechteren oder schlechter gelesenen Abschrift, doch einiges von uns benützt. — Daraus Regest bei Georgisch 2, 652 nr. 17, Chmel reg. Ruperti pag. 162 Anhang 1 nr. 14 und bei Janssen Frankf. R.K. 1, 559 nr. 959 aus Kodex eigenen Besitzes Acta et Pacta 242 f.

Veritus, principum serenissime et illustrissime rex atque gloriosissime cesar, ne culmen ad regium sermonem exorditurus homuncio ignotus atque sciolus quid ineptum committerem, quo vel floccipendii[a] crimen imo precipicium prorsus mea vindicaret ornelo, inpatiens hactenus froni[b], calamum vagari et exilire flagrantem plerumque distrinxi, ambiguum fore ratus, onus subire, quod viribus prestare possit, nimiumque, sarcinam flectere subeuntis, quia plura sepe spondet animus, que vires mencientur. et quia[c] vates, ingenio[d] quantispiam dicendi vel[e] facultate refertus, affari diva numina non tremiscent, cum difficilimum humano sit ingenio, que cum divinitate participent, nisi posse[f] sincera fide previa, concipere, conceptaque difficile non multo minus exprimere. set fides tandem, quam humana benignitas tua, precipue quodam, ut jam inter mortales vulgatum est, omnis clementie pronomine[g] ac emblemate divinitus insignita, michi dedit, nec minime veritas, que, se occultari senciens, caprificus velut erumpens, pectoribus ex humanis radices utcumque protendit tepidisque favet animis, michi propenderunt audaciam, ut, que meum ingeniolum senciet majestatis tue dive profutura saluti atque glorie, non tacerem, etiamsi adulacionis, que semper moribus a meis sucessit, vel cujuspiam detraccionis eim vendicaturus objurgium; quin non sum nescius impossibile fore ut quivis orator aut philosophus placida cunctis gentilibus loqui possit. objecit enim Ciceroni Salustius, Ciceroni autem Panctium et Aristotilem tantos philosophos dente sepe leonino[h] momordit, Demostenes vero Demadem et Eschinem, Lactanciusque Firmianus philosophos innumeros et oratores nimiis arguciarum salibus increpuere. hiis igitur accinctus exemplis pauca dicturus, que conceperim, aggredior intrepide, sperans id potissime futurum michi defensabilem clipeum, quod sacra majestas tua quidquid expressum dictum fide tenus simpliciterque censebit. fuisti namque per sacratissimi Romanorum imperii sacros et eminentissimos electores divino spiritu perfusos, non ullius fortune supercilio sed ipsius omnipotentis dei nutu, principum electus princeps, orbis futurus tocius augustus et imperiosissimus cesar, non nisi, sicut tue majestatis et electorum huc misse litere testantur, ut navicula, cujus in puppi summus navarcus sanctissimusque Christi vicarius pontifex Romanus presidet, jam diu fluctuans infortunatosque per estus vagans in fidei tocius Christiane derisum prohdolor maximum et exicium[k], te virtuatissimo fautore

a) *Martène* floxi penduli; *es ist wol der Genetiv einer Nebenform flocciipendium.* b) *cod.* inpatis hactenus froais, *Martène* impavidis hactenus fraenis. c) *Martène* equals staff et quis. d) *cod.* ingenuli, *ebenso Martène.* e) *cod., ao.*, *Martène* vel. f) *om.* possel *cod. und Martène* posse. g) *cod.* theonlno, *Martène* brenlao. k) *Martène add.* abs.

---

[1] *K. Ruprecht gibt dem discreto viro Petr. de Gualfredinis Sohn des Fantin de Gualfredinis von Verona und secretario ducalis dominii Venec. die Würde eines Pfalzgrafen, 1404 Febr. 21, in Karlsr. G.L.A. Pfälz. Kop.B. 5 fol. 76ᵇ, Regest bei Chmel reg. Ruperti pag. 99 nr. 1681 und daraus bei Janssen Frankf. R.K. 1, 559 nr. 959 nt.*

[2] *Nach Janssen l. c. nr. 959 steht in dem Stücke, durch Erlangung der Kaiserkrone würden sich alle Fragen über die Rechtmäßigkeit seiner Wahl von selbst erledigen. Das kann ich darin nicht finden.*

[3] *Anspielung auf K. Ruprechts Beinamen Clem, der öfter Clemens gedeutet wird.*

amplustreque[1] fidei ejusdem potentissimo ad salutis quietisque duceretur emporium, ac divo tuo sub imperio totus, billi[a] uteumque fremens, orbis pacaretur et quiesceret. hec siquidem omnia tibi tuoque serenissime Bavariensi domui et generose propagini, si sarcinam tuis assumptam humeris non abnueris, coronam sunt eterne consequende glorie splendidissimam paritura. quam porro consequeris, si debitum hinc[2] caritatis persolvens manum tuam dexteram naufraganti navicule, toti verius inquam Christiano populo, cito porrexeris salutarem, ne defectu diu tui sperati divinitusque promissi suffragii nimio jam terrore perculsa tamquam et prorsus sui expers[b] periclitare se permittat et penitus naufragari, illinc vero si ad exitum ducere solicitaveris, quod imperii tibi justissimo divinitus attributum persuadet imo impartitur officium, ut scilicet seminimime diu jacens imperium presto, ne pereat, releveas virosque temporibus exactis dispersos prohdedecus et ab indignissimis[c] quibusdam lacerata membra suo corpori sanata restituas ac in unam, sicut justissimum[d] imperatorem decet, salutiferam cunctis populis colligas monarchiam. perfice igitur et ad exitum ducere propera, serenissime princeps, quod debes et cepisti foliciter. equidem perficiet omnia virtus tua, si studiosus esse volueris. vis, credo, et velle debes, quod sacri caput, membrum excellencius, imperii jam diu egrotans corpori suo sano[e], Italia scilicet, medici defectu salutaris diu languida in imperiique vilipendium per quosdam nequissimos pacis emulos lacessita, ad medici curam salutigeri et sanitatem pristinam restituatur. proponas itaque primum, ut venias et gressus tuos acceleres ad eandem, quoniam ipsa te sue pacis auctorem vocat et accit. et quamvis tot langoribus egra jacuerit, ceteris tamen Christicolarum provinciis est pars non[f] viribus inferior, imo cetere provincie, pace dixerim omnium, membra sunt, ipsa vero arx summa potentissimumque capud imperii, que tibi sola spondet, quoniam dare potest, imperium, et majestatem regiam, si suis presto misertus fueris erumnis, voti omnis tui atque glorie faciet compotissimam. fuit etenim illa gratissima, que cunctos semper sibi faventes cesareos imperiali tocius orbis diademate laureavit omniumque potentissimo dominatui cum triumphis extollens sublimibus prefecit. est et ea, que Europam Asiam et Affricam, barbarorum omnium superbiam, suis viribus et consiliis pessundans, suorum cesarum subegit imperio omnibusque ingerentibus bella sibi viriliter protestationem[g] fecit, ut Octavianus Augustus, cui nunquam par, nisi tu si volueris, successerit, mundum omnem suo sub imperio in pacis quietisque dulcedine decem et duobus annis continuis detinuerit. plura testibus antiquis historiis Italica trophea commemorasse potuerim, que, ne alienas antiquorum reminiscencia vulnerum naciones perturbem vel cesareas aures nimio afflatu fastidiam, omitto, ad conclusionem, quo me presens impingit, oracionis[h] sermone quam breviori potero profecturus. veni, inquam, serenissime atque victoriosissime princeps, supplex oro. te enim cuncte bone gentes manent. in te denique, refertissimum virtutum mineram[3], viciorum ignarum omnium, extinctorem avaricie candideque suo libertatis invictissimum protectorem, gencium omnium oculi cum ardentissima devocione versi sunt. affectant eciam festissimum adventus tui diem magnifici plures nobiles et generosi barones sacri fideles imperii, suis facultatibus et oppidis sibi suisque antiquissimis progenitoribus in eorum fidelitatis meritum per sacrum concessis imperium, quorundam vero, quos, quia nosti, conticuerim honestius, imperii prefati tui detractorum spoliati nequiciis, ut a

---

a) cod. billis.   b) cod. si. s. e. hei expes; das ist hune expes der vorberg. presens laicki ausgefallen wäre; Martene hei expers ohne est.   c) Martine Incolitissimis.   d) Martine Illustrissimum.   e) cod. sanam, ebenso Martine.   f) Martene subl. in.   g) cod. prestat mit Schlußhaken. Martene praestari; es ist wie wol protestationem die förmliche Widersetzung gemeint.   h) cod. oracio, auch Martine oratio.

[1] Amplustre, naris gubernaculum, Ducange.
[2] Illinc cinersuits, worauf unten illinc andrerseits (die Kirche — das Reich —) folgt.
[3] Minera, fodina, Ducange.

te justissimo cesare pristinis in vicariorum*a* gradibus et opidorum quietifica suorum possessione, sue fidelitatis illibabilisque devocionis meritis exigentibus, reponantur. hec enim populi cuncti sui preter omnia magis affectant. exigit et imperii decus, quoniam, quanto pluri baronum et magnatum acie numeroque fidelium sacri culmen constipatur imperii, magis tanto veneratur potencioribusque viribus refarcitur in illis. nonne spes ista de te pectoribus in Italicis reposite majus tibi consequende glorie triumphalis argumentum incuciunt? nullum siquidem, si presto sis hic, est ambiguitatis presagium, quin*b* eis triumphum omnem consecuturus ad vota, quoniam omnium in te animi impresenciarum fixi sunt ad tueque majestatis exaltacionem ardent. in te demum sue spem salutis omnem adeo habent, ut tempus Aggeico consumando prophecie hoc esse crediderint dicentis: „veniet desideratus cunctis gentibus et implebo gloria domum istam". [1] verum si nimium distuleris adventum tuum, sentire nec vappide videor, ne in centum futuris annis tempus apcius quam presens eis vel felicius habituris. dum enim populorum ad novitates ardent animi, pergendum est. cum autem in prosecucione cepte novitatis mora fiat vel eis imploratum non ad tempus fertur auxilium, tepescunt nimium penitusque desperantes refrigescunt. ingredere igitur prestoque perge, victoriosissime cesar, dum tempus habes, cujus solius avariciam omnis commendat auctoritas, et in Italiam descende, verius inquam ascende, triumphanter consecuturus omnia que ceperis. neque te quisquam terreat labor, quo sine maximo nulla gloria paratur. non enim Hercules sacrique cesares predecessores tui celos sicut legitur conscendissent, nisi viam sibi mortales inter laboribus maximis paravissent. venias, concludo rursus tibi, sponte, divinitus*c* glorie te diademate coronaturus eterne. te siquidem fovebit omnipotens justorum principum fautor deus, favebunt non egre bonorum et antiquorum imperii sacri fidelium acies libertatem et patrimonia surrepta reposcencium; ac plures nunc sopiti, cum tuam splendidissimam viderint majestatem, manu tam favorabili expergiscentur ad tueque exaltacionis accurrent auxilium, ut indubie triumphorum et laudum laureas splendidissimasque coronas assecuturus et cum hujus Italie tociusque orbis salute perpetua tibi tueque serenissimo Bavaricue propagini gloriam eis vendicaturus eternam. que ut ad vota cuncta succedant, deum altissimum totamque curiam celestem supplex ego, de antiquorum imperii sacri fidelium stirpe natus tueque serenissime majestatis et domus devotissima creatura, quotidianis oracionibus deprecor: tuo sancto proposito faveant cesareamque tuam majestatem felicissimis extollant auspiciis et conservent tempora per longeva.

Venetiis 27 februarii 1401.

Serenissimo et excellentissimo principi atque glorioso domino domino Roperto dei gracia regi Romanorum illustrissimo semper augusto.

Serenissime cesaree majestatis humilimus et devotissimus Petrus de Gualfredinis Veronensis se ad pedes cesareos suppliciter recommittens.

---

a) cod. vicarium, dgegen Martine. b) ungewöhnlich Abkürzung, den Sinne nach unzweifelhaft quin, dies auch Martine hat. c) cod. divinis, Martine divitiis.

[1] Haggai 2, 8.

260. *Beschluß des Raths zu Venedig: Antwort an den Gesandten der Florentiner betreffs ihrer Gesandtschaft zu K. Ruprecht mit Hinweis auf den Frieden von Venedig (1400 Merz 21), und Ablehnung einer von Venedig anzuordnenden Gesandtschaft an K. Ruprecht. 1401 Merz 1 Venedig.*

<small>Aus Venedig St.A. Deliberazioni miste, secreta, senato 1 registro 45 fol. 69ᵃ sd. coaev.; zu Anfang links am Rande Sapientes consilii; ser Benedictus Superancio procurator, ser Johannes Mocenico, ser Rambertus Quirino, ser Zacharias Trivisano miles.</small>

1401 die primo marcii indictione nona.

Capta. quod respondeatur isti ambaxiatori magnifice communitatis Florentie[1] ad [1ᵃ] ea que inter alia nobis exposuit: [1ᵇ] et primo, quod prefata communitas, volendo cuncta notabilia occurrentia sibi participare nobiscum tamquam cum fratribus et colligatis suis, notificabat nobis illud quod sequutum erat et factum usque tunc de ambaxiata[2] ad illam communitatem transmissa[a] per imperatorem novum, [1ᶜ] videlicet quod, cum ambaxiata predicti domini imperatoris novi requisivisset dictam communitatem quod placeret mittere suam ambaxiatam[b] ad presentiam supradicti domini imperatoris ad honorandum eum[3], ipsa communitas non viderat aliter posse facere cum honore suo quam mittere ipsam ambaxiatam quam jam elegerant presto de Florentia recessuram; [1ᵈ] ultimo exposuit dictus ambaxiator pro parte dicte communitatis, quod ipsa, fraterne agendo nobiscum, hortabatur nos, credens hoc esse proficuum propter multos bonos respectus, quod nos etiam mitteremus ambaxiatam nostram ad presentiam ipsius domini imperatoris, [1ᵉ] etc.; [2] respondeatur: [2ᵃ] et primo ad primam partem, quod de participatione tam domestica tamque fraterno facta per illam magnificam communitatem cum dominatione nostra de occurrentibus ei regratiamur magnitudini sue quam plus possumus sibi, quia intentionem et affectionem suam[c] erga nos semper cognovimus amicabilem et fraternam, sicut vice versa nos continue portavimus et portamus magnitudini sue cum omni sincerissima caritate. [2ᵇ] ad secundam partem, de missione ambaxiate sue ad jam dictam dominum imperatorem, dicimus, quod reddimus nos certos, quod, quicquid deliberat illa communitas, deliberatur et fit cum maxima prudentia et intellectu, et bene cognoscit et videt quid agit. unam tamen bene putamus, quod sapientia sui regiminis tanta est, quod desistit in comissionem et mandatum ambaxiatoribus suis predictis in tali forma, quod per ea, que habebunt agere cum predato domino imperatore, non contrafiet neque turbabitur in aliquo pax[4] firmata per nos magnitudinem suam et colligatos nostros cum

<small>a) cod. transmissam. b) cod. unam ambax. aʹqʹ-bʹstʹ. c) cod. intentio et affectio sua.</small>

<small>[1] Es ist die Gesandtschaft des Agnolo degli Spini, s. dessen Bericht vom 14 Merz 1401 nr. 263.</small>

<small>[2] Es ist die Gesandtschaft nr. 1-3, die auch an den Pabst ging. Nach Minerbetti cronica in ser. Ital. coll. ed. Tartinius 2, 430 ff. treffen 3 Gesandte von K. Ruprecht in Florenz ein ihre Namen in unseren nr. 1 und 2f., melden Wenzels Absetzung und Ruprechts Wahl, sowie daß er die Absicht habe nach Italien zu kommen; sie wollen zum Pabst gehen um ihn für Ruprecht zu gewinnen, und ersuchen um Geleit nach Rom und Unterstützung ihrer Absichten durch Briefe der Prioren an den Pabst; die Florentiner willfahren den Wünschen der Gesandten. Vgl. Sozomeni</small>

<small>presbyteri Pistoriensis specimen historiae in Muratori scr. rer. Ital. 16, 1154. In beiden Quellen kommen die drei am 30 Jan. 1401 zu Florenz an.</small>

<small>[3] Vgl. nr. 188 art. 12-14 die Forderung an die Lombardischen Herren und Städte.</small>

<small>[4] Damit ist gemeint der Friede vom 21 Merz 1400 zwischen Venedig und Jakobus Galeaz, in dessen auch von Florenz, Bologna, Franz von Carrara, Markgraf Nikolaus von Este, und Franz von Gonzaga. Es sind 11 Artikel, darunter für uns bemerkenswerth: a) art. 2: Franz von Carrara hat jährlich an den Herzog von Mailand 7000 Goldgulden zu zahlen, bis die 500000 fl. abgezahlt sind, die er wegen des ihm 1392 durch Schiedsspruch abgesprochenen Besitzes von Padua zu</small>

aliquo domino vel persona. [2ᵃ] ad ultimam partem, per quam oratur nos, quod mittamus nostram ambaxiatam ad prefatum dominum imperatorem, dicimus, quod modo nuper a presentia nostri dominii recessit unus ambaxiator¹ prefati domini imperatoris novi, quem putamus fuisse etiam ad presentiam illius magnifice comunitatis Florentie, qui nos requisivit ex parte prefati domini de simili ambaxiata mittenda, cui dedimus responsionem in forma quod comprehendimus non esse opus quod mittamus nostram ambaxiatam prefato domino imperatori. [2ᶜ] *Auf das Ersuchen des Gesandten, den Florentinern den Termin der Restzahlung ihrer Schuld wegen Mantua (pro factis Mantue) zu verlängern, antworten sie mit Gewährung eines Aufschubs bis Ende April, bitten aber dringend, dann für Zahlung zu sorgen.*

261. *Andreas de Marinis aus Cremona an K. Ruprecht, ermahnt ihn sich Italiens zu bemächtigen und die alte Kaiserherrlichkeit wieder herzustellen, und giebt ihm Rathschläge für sein Verhalten zu den Italienern.* [1401ᵃ] *Merz 6 Venedig.*

Aus Karlsr. G.L.A. Pfälz. Kop.B. 146 fol. 110ᵇ–112ᵃ cop. chart. coaev. mit der Adresse als Überschrift.
Gedruckt Martene thesaur. novus 1, 1696-1699 nr. 69. — Regest Chmel pag. 183 nr. 31 aus Martene (wo aber Andreas de Marinis falsch von Verona statt Cremona genannt wird, weil bei Martene, der in der Unterschrift richtig Cremonensis hat, die Adresse, gewiß unrichtig, beginnt Andreae de Marinis Veronensis serenissimo), und Janssen Frankf. R.K. 1, 675 f. nr. 1101 aus Handschrift in eigenem Besitz: Acta et pacta 340 (Janssen theilt die Stelle quapropter, si animadverteris — tuo assistunt lateri wörtlich mit).

Imperialem apicem tuamque sacratissimas aures, auguste serenissime, vocibus meis attingere non vereor, de clemencia tua confisus deque mea devocione in tui nominis gloriam satis tutus. precipicium enim temeritatis videretur sic absolute ad dominum mundi verba facere et ex inpreparato venire, nisi adesset illa ingeniorum fiducia que minimos sepius² equavit maximis, quando et est aliquid in hominibus quod vel suspendere efficacius possit animum vel attencius demulcere auditum. inter tot et tanta negocia, cum tu solus verseris vice superni regis inferiora contempnens et motui consono sis cuncta daturus, opere precium tamen erit, rex benignissime, cum universa percurreris,

---

b) *hier, aus sepe wie: manglicht.*

zahlen hat; b) *art. 11: jeder soll mit allem Vermögen Durchzug von Truppen verhindern, que transire vellent ad offensam sive damnum alicujus dictarum partium, und ihnen keine Lebensmittel liefern vel aliqua alia auxilia consilia vel favorem;* c) *art. 14: jeder zuwiderhandelnde soll 100000 Dukaten Strafe zahlen;* d) *art. 15: jeder hat diese Strafe nur für sich auf sich zu nehmen, und weder der Herzog noch Venedig hat für die mitverbündeten eine Verpflichtung (non incidant in dictam penam nec ad illam sint modo aliquo obligati);* dat. 1400 ind. 8 die 21 mens. marcii.
Aus Venedig St.A. Commemoriale IX 5d. 98ᵃ ff. Vgl. Sozomeni specimen hist. bei Muratori SS. RR. Ital. 16, 1169, dazu Giulini continuazione delle memorie spettanti alla storia di Milano 3, 17 f.

¹ *Der hier in art. 2ᵃ erwähnte eine Gesandte*

mag Albrecht von Thanheim gewesen sein (vgl. nr. 188 art. 13), jedenfalls gehört er nicht zu der in art. 1ᵃ Note 2 erwähnten Gesandtschaft, die o. Zw. Venedig nicht berührt hat. Ihre Reihenfolge entspricht dann auch den natürlichen Verhältnissen: zuerst bittet K. Ruprecht die Venetianer um Freundschaft s. nr. 187, dann fordert er sie auf eine Gesandtschaft zu ihm zu senden s. hier art. 2ᶜ und nr. 188 art. 13, und da sie dies abgelehnt haben läßt er sie nochmals indirekt durch Florenz dazu auffordern s. hier art. 1ᵃ.

² *Kodex und Martene geben kein Jahr, Chmel 1402 als nicht ganz gewiß, Janssen 1402 weil die Rede zwischen Schriftstücken dieses Jahres steht. Es ist aber aus ihrem Inhalte klar, daß der Italienische Zug noch nicht angetreten war, also kann nur an 1401 gedacht werden.*

[1401]
Nr. 6

ingeniis, quid possint in re quaque, sentire. nullum imperatorum orbis preteriit ingeniorum noticia, quo a majoribus regnorum omnium stabilimentum credita est. ait namque Livius: dum nullum fastiditur genus, in quo eniteret virtus, crevit Romanum imperium. sed heu temporibus nostris deserta virtus est, littere tacent, jacent ingenia, et non est qui super illis advertat. rarissimos habet hec etas reges et principes qui litteras norint vel noscere[a] cupiant. ergo quis digna merita reddet ingeniis, nisi tu piissime et omnium modernorum principum litteratissime[1]? queri possumus et dicere illud a Petrarca temporibus suis deploratum: reges nostri de volatu avium et saporibus epularum cognoscunt, de ingeniis autem judicare non possunt. quo itaque virtus potest assurgere, si surdis[b] canitur, si glorie stimulus et[c] ingens honor deficiat? quia, ut refert Cicero, honos alit artes, omnesque accenduntur ad studia glorie. equidem effectum est, ut, cum ascendit thronos inscipiencia, tunc sapientes inauditi sunt, ignorancia complevit omnia, et, da veniam queso, asini diademata posuere, et fasces portavere jumenta, divina pariter et humana uno temeritatis ausu profanata sunt, dereliquit terram justicia, crevit ambicio, efferavit credulitas, fraus apreciata est, virtus tamquam amencia pertractata, et sanctitas ad ludibrium reputata. et sic ista nunc cecus mundus egre aspicit in sua insania, que in sanitate oculatus ignoravit ante non[d] videre. quamobrem adeo viciis inveteratis mos consenuit, ut ferro durata cutis excrustanda sit protinus, et reformanda orbis terrarum et tocius Romani imperii facies deformata, ita ut affore difficilius pene crediderim districta reformare posse quam ad restitucionem usque refundare disjecta. et opus divinum et vere cesareum effeceris, cum quecumque virtute tibi innata moderamini debito traxeris, quod jure boni extollantur et pravitas deprimatur. verum in magnanimitate tua spes est, quasi confiteatur[e] mundus uno ore, celi dominum pro te esse, qui tibi animi quandam ingenitam et invictam magnitudinem contulit, animi dico, cui magno, ut inquit Seneca, nichil magnum. nam olim quorundam imperatorum summa principia rerum magnitudo deterruit, et, cum mens cesarum ac debuit amplius erigere ad ardua, quasi desperato tale obtorpuit, et aquilas, unde advexerant, ignominiose retulerunt. neu ista in gestis tuis adveniant, inprecor. tibi vero colendus sit et incolendus orbis Italicus, verum fundamentum et certa sedes imperii, ubi etsi acres viros si et feroces animos si et varias tua sapiencia conprehenderis voluntates, magis insistendum est, ut inde majores triumphos glorie majestas imperatoria referat, unde duriores habuit expediciones et bella. Romani enim imperii jura tunc sunt in armis, cum rebellium protervia non sinit illa fore sub legibus. nec ab re putare debes minimum[f], illam provinciam tibi subigere posse, que sola subegit universum orbem terrarum. ac hinc illa tui invicti et triumphantis animi debet magnitudo monstrari, et in hac malis emori constancia quam vel arma retractare pro tempore vel prorsus copta destituere. scimus namque, sub quibus divis imperatoribus olim Romanum imperium ignavia illorum annichilatum est, et sub quibus eciam summa armorum disciplina adauctum extitit. numquam ita jacuit ut in tam arduo constitutum esset ut hodie, quasi dicere possimus, ut in quadam epistola ait idem Petrarca, esse imperium quasi nomen inane, nisi quod nuper divinitus sub ense tuo positum spem grandem prefert mortalibus assurgendi. in qua re veri conjectura similis datur, imperii nomen adhuc esse quidquam magnum venerandumque, tamen[g] si hoc tempore par sit principi qui detracta purpura evasit ab ergastulo, quem inopem adhuc non tam nuditas dehonestat quin frons verenda et facies augustalis eundem illustrent. nemo est compos sui, qui ignoret, jus gentium mundi esse in imperio

a) cod. nosce, so auch Martène. b) cod. surdus. c) om. cod. d) om. cod. e) cod. confiteatn. f) über den zweiten Ferstrich nimius. g) cod. tamen. nicht tantum.

[1] Diese Stelle meint Pelzel Wenzel 2, 424.

et leges in scrinco pectoris imperatoris, atque in Italia magis quam nusquam ea observata et exculta. propterea Ytaliam tene, cum qua facile tibi reliquias omnis imperii sacri subicias, et sine qua nemo feliciter potitus est imperio. quodsi rebellantium forsan malignitate ocius tibi non successerit, ne propterea diffidas ipsam tum a te justo marte confractam tum collisione inter se possidentium ac populorum tandem sub tua dicione perventuram tamquam ad altam speculam ad quam omnis intuitus est defigendus. sic vero in orbe tua justicia certa atque sincera est, ut nullus sit qui nesciat, si obstiterit, obstare se tuis armis in directa consciencia, quam denique necesse erit convertibilem fieri. solent atque ut plurimum res, quando sunt adverse, in propriam consciencam minus durabilitatis obtinere. et quamvis animosissimas fert gentes Italia, tamen est quod subacte vi vel racione moderari se paciantur moderantis imperio, quando justicie statera non pendeat¹ et quando sola virtus amatur. maximeque clemencia opus est in Italicos. naturaliter enim Italus indulgencia fit melior. quapropter, si animadverteris in quospiam, grandia gesta tua Italus exequatur in Italum, ut suo proprio piaculo sese ipsi conficiant. nam si Germanicis tuis vel aliis gentibus res committeretur, quoniam naturale est in exteros semper Italiam ferocescere*, discriminis verendi parabis occasionem. sunt qui hec et alia plura tibi suggerent consulcius, si senatum tuum conposueris ex peritissimis viris Italie una cum Germanicis qui tuo assistunt lateri. siquo eciam felicibus auspiciis obsecundare ad votum cepta desideras, nullas famosos Italie queso tibi maneat incognitus, sive princeps sit sive peritus sive militaria gerat negocia. atque quos in instanti non possis obligare servicio, studens leniro benivolencia. et, Romanorum rex tu, Romanum ex priscis animum induito! Jullius Cesar quociens scripsit ad exteros, quociens salutavit amicos ex castris, et quociens scripsit illis suos bellorum successus! advolent per Italiam frequentes cesarece epistole, majestatem enim quandam preferent altitudinis tue. quodsi efficaciam nonnumquam habere non poterunt, animos saltem movebunt. quem autem merito movere non debeant? quis tam inmitis, qui visis notis cesareis statim non emolliatur benignitate? a quo majora sperare quemquam licet merita virtutum, nisi a te Cesare nostro? quis daturus est premia victoribus in terris, nisi tu solus alter terrenus deus, ut verbo utar Quintiliani? quis illud Lucani dictum cesareum verius potest dicere quam tu: ego sum cui dare licebit que reges populique tenent? circumspice tua mente altissima, non deerunt viri neque consilia. jam ex florentissimo Venetorum cetu ea repperies, ex cordatissimo illo carrigero² Patavino, vero qui evasit ad hec tempora altum et singulare decus heroum Italie, et ex summa industria populi Florentini et aliorum, quos ad te in posterum sciveris evocare. ad hec quoque maximo facit pro celebritate tuarum rerum gerendarum rumor illi celsi conjugii ex liberis tui et regis Anglie nuper contracti. quodsi Anglos bellicosissimum genus accitos ad tuas clientelas attraxeris, validum robur futurum erit pro partibus tuis ut vulgo affirmatur. sicque dum urgencius⁽ᵇ⁾ multa agitaveris cum indesinenti sollercia, et successus preparabuntur velud ad parturiendum, et proximior cum compendio victorie eventus repperietur. hostis quippe minus advertit que circum se ordinantur a longo, cum intentus cogitat proximioribus jacturis occurrere. illa quoque que⁽ᶜ⁾ tibi Germanie pars favet sepissime noscat actus tuos vel victorias eamque in procinctu constitutas, ut eciam ad descensum in Italiam vel minax videatur, si te prospero gesseris cum his armigeris quos citra mon-

a) *ut ferocescere pronuntiet? das ebensa radicirte Wort heisst jedenfalls ferocescere.* b) *aber als vigracius.* c) *cod. illa queque.*

---

¹ *Die Lesart des Kodex pendeat ist wol schon ein sprachlicher Irrthum des Verfassers, indem das Schwanken mit dem Hängen verwechselt ist.*

² *Wahrscheinlich mit Anspielung auf das Wappen des Franz von Carrara, Herrn von Padua.*

[1401]
Nr. 6

tes habebis, vel statim ad succursum accelerare possit, si, quod avertat deus, expedicionibus tuis frontem sinistram fortuna converteret. moveas itaque tolle in cunctis, quia, michi crede, caucior fit hostis mora, et omnis subita irrupcio in hostem ex vi tremoris amplius superat; confusionis enim celeritate vix vacabit opus consilio. vicem (jam tandem ut finiam garrulus) ego consultoris accepi, rex gloriosissime, et inpudenciam accusarem meam apud tuam serenissimam majestatem, si ambicionis magis quam devocionis causa moverer. sed deum testor atque homines cunctos in oculis tuis, rex clementissime, non tam prefatum me superiora ex gracia quam sperem a te aut exoptem, quam ex gloria innuense virtutis tue et tocius spouse tue Italie languentis bono publico dixisse*, pro qua eciam plura dicturus eram, si ex principibus minus literatis unus fuissem, quoniam majori verborum et exemplorum monicione illi essent informandi, utpote qui pauciora quam tu vel vidissent in libris vel audivissent ex gestis. ergo visum est supra tuam sapienciam non inculcare ampliora, quia intelligens facile colliget plurima semper ex minimis. fideque dicta accipias, que ego pusilus homuncio minimus servus tuo sublimitatis effudi ad tuos pedes humilima mente prostratus. et si quod fastidivit in benignissimis auribus tuis verbosa mea concionacio, parcere digneris, et cantilene his annexe[1] haustum accipias serenus vultu sicuti cunctis esse soles, qua delere[b] supportata queas tedia. et dominus rex ille regum ineffabilis deus stabiliat solium tuum, et prestet tibi per sui graciam ad opus Christianitatis et fidei catholice de omnibus nacionibus per longa tue vite curricula feliciter triumphare. vale. datum Veneciis 6 marcii.

[1401]
Nr. 6

Serenissimo ac superillustrissimo principum et gloriosissimo domino domino Ruperto divina favente clemencia dignissimo regi Romanorum et semper augusto.

Andreas de Marinis
tue victoriose majestatis minimus servulus Cremonensis*.

[1401]
Nr. 7

262. *Beschluß des Raths von Venedig: Antwort auf die Gesandtschaft des Hzgs. Johann Galeazzo betreffs des Verhältnisses von Venedig Florenz und Franz von Carrara zu K. Ruprecht und zu dem Frieden mit Joh. Galeazzo[3]. 1401[3] Merz 7 Venedig.*

Aus Venedig St.A. Deliberazioni miste, secreta, senato 1 registro 45 fol. 61[a] mb. coaev.; zu Anfang links am Rande Sapientes consilii: ser Benedictus Superancio procurator, ser Johannes Moczenigo, ser Rambertus Quirino, ser Nicolaus Fuscari, ser Petrus Arimondo, ser Zacharias Trivisano milles.

Die septimo marcii.

Capta. quod ad ambaxiatam nobis expositam pro parte illustris domini ducis Mediolani per dominum episcopum Feltrensem et per dominum Petrum Soardum ambaxiatores suos respondeatur: [*I*] et primo, ad primam partem de bona intentione illius domini ducis ad observandam pacem[4] etc.: quod (novit deus et sic ipse dominus suus potest bene comprehendere) intentio nostra, quando intravimus in ligam cum colligatis

a) om. cod.   b) cod. esse debere radicet?   c) pauit evidenti noch Mariola.

---

[1] *Diese nicht mehr vorhandene cantilena scheint hier extra beigelegt gewesen zu sein, um den König durch Poesie-Genuß für die Unlust zu entschädigen, die er durch die obenstehende Prosa-Rede empfinden möchte.*

[2] *Vgl. die Antwort auf die ähnlichen Beschwerden des Herzogs 1401 Sept. 20 in Band 5.*

[3] *Die Jahreszahl ergibt sich unmittelbar aus der Einrichtung dieses wie der anderen Venetianischen Rathsbücher, die durchaus in chronologischer Reihenfolge unter den einmal genannten und willkürlich auch öfter in den Überschriften wiederholten Jahre fortgehen, und zwar durchweg nach dem Calculus Florentinus.*

[4] *S. die Note zu nr. 260 art. 2[b].*

nostris, fuit solummodo pro dando pacem Italie et quod guerre et odia que crescebant cessarent, et ad nullum alium finem aliquid fecimus nisi ad finem pacis. et sic apparuit per effectum operis, quum, conclusa treugua inter suam magnificentiam et suos colligatos et nos et colligatos nostros, non desivimus quousque pacem conclusimus inter partes, quam in quantum nobis erit intendimus observare¹. [2] ad partem autem de Florentinis et domino Padue, qui mittunt suam ambaxiatam ad illum dominum novum electum imperatorem Romanorum, respondeatur, quod modo nuper magnifica comunitas Florentie nobis per suum ambaxiatorem notificavit, qualiter per dictum dominum novum electum extiterat requisita dicta comunitas per unum oratorem illius, quod placeret mittere ad presentiam suam ambaxiatam suam, et quod dicta comunitas non viderat cum honore suo posse aliter facere quam secundum illius domini requisitionem destinare ambaxiatam predictam, quam jam solemnem elegerat, que presto se recessuram parabat. super qua expositione et ambaxiata nobis facta dedimus responsionem, quod tenebamus regimen suum prudens et discretum, et bene advertebat ad quodlibet que deliberaret; sed unum recordabamur ei, quod tenebamus a certo, quod magnificentia sua tanquam sapiens dederat in comisione et mandato predictis suis ambaxiatoribus* in tali forma, quod per ea, que haberent tractari cum prefato domino novo electo, non turbabitur neque contrafiet paci nuper cellebrate hincinde. et sic hortati fuimus illos multum quod facerent², similemque responsionem fecimus ambaxiatori magnifici domini Padue, qui nobis notificavit de missione unius sui nuntii ad dominum antedictum, ad hoc ut dicta comunitas Florentie et dominus Padue sentiant et cognoscant de intentione nostra que est ad observationem pacis. [3] ad aliam partem, de quantitate magna pecunie quam prefatus dominus dux Mediolani sentit missam esse per Florentinos Paduam extractam de Venetiis, etiam quod per dominum Padue fiant magni apparatus victualium allogiamenta pro gentibus et alia, quodque prefati Florentini et dominus Padue incitant prefatum dominum electum ad descendendum in Italiam etc., respondeatur, quod veritas pura et mera est quod de missione hujusmodi pecunie preparamentis et incitationibus nullam informationem habemus, ita quod non videmus quod super hoc possimus aliud respondere. [*Minoritätsvorschlag*³ *zu art. 3:*] ser Rambertus Quirino sapiens consilii vult, quod addatur suprascripte proxime parti, videlicet: et quia ut dictum est nullam noticiam premissorum habemus et optamusᵇ quod pax suprascripta firmata observetur, nos notificabimus comunitati Florentie et domino Padue de istis rebus per illum modum et sicut nostro dominio conveniens apparebit, et sic procurabimus secundum nostram intentionem quod pax inviolabiliter observetur. — 12. [*4*] ad partem autem de capitulo pacis, continente quod aliqua partium non det passum neque victualia neque aliud subsidium etc. gentibus armigeris, que vellent venire seu descendere ad damnum alicujus partium, et quod prefatus dominus dux Mediolani sciret (quando placeret nostro dominio) quales cogitationes habeamus super descensu qui dicitur novi domini electi imperatoris et de parere nostro superinde, respondeatur: ad primam partem, quod, sicut per antea dictum est, disposicio nostra est observare pacem predictam et operareᶜ quod per alios in eadem expressos observetur, et hoc satis patet per responsionem quam ambaxiatori Florentinorum et ambaxiatori domini Padue jam fecimus ut prefertur, et ita mens nostra sincerissima est ad observantiam pacis. et ad partem de cogitationibus

---

a) *Vorlage fügt ei bei.* b) *Vorlage optamus.* c) *Vorlage hat optare.*

¹ *Vgl. hierüber die ausführliche Auseinandersetzung im Vorschlag des Dogen vom 28. Nov. 1401 in Band 5.*
² *Vgl. den Bericht des Florent. Gesandten vom 14. Merz 1401 nr. 263.*
³ *Die Reihenfolge ist im Kodex so wie hier; der Minoritätsvorschlag ist bei dem art. 3, zu dem er gehört, eingeschaltet.*

nostris et de parere nostro super descensu predicti domini respondemus, quod satis cla-
rissimum est quod ista negotia istorum imperatorum tangunt omnes nationes Christiano-
rum et sint maxime importantie et ponderis; unde considerata gravitate ipsorum non
videtur nobis quod ad nos spectet aliquid cogitare superinde.
>De parte sapientum 68.
>De parte ser Ramberti Quirino suprascripta 12 [1].
>De non 1.
>Non sinceri 16.

263. *Bericht des gen. Gesandten der Stadt Florenz über seine Gesandtschaft nach Bo-logna Ferrara Venedig Padua, namentlich wegen einer an den neuerwählten König Ruprecht zu bewirkenden Gesandtschaft. 1401 Merz 14 Florenz.*

>*Aus Florenz St.A. Classe X. Distinzione 2. Num. 7. Relazioni di ambasciatori 1393—1407 fol. 38[a] cop. ch. coaev.; zu Anfang links am Rande gleichzeitig* Da Bologna Ferrara Vinegia et Padova per Agnolo degli Spini.

Jo Agnolo di Liugi degli Spini andai ambasciadore per lo comune di Firenze a
di 18 di febrajo 1400 a Bologna a Ferrara a Vinegia et a Padova, et tornai a di 12
di marzo anno detto. et andai con la comissione che si contiene nel libro di ser
Colucio [2].
 I Vinitiani el malchese da Ferrara et il Bolognese rispuosono quasi inuno [3] me-
desimo efecto, cioe che ringratiano il comune di quello che faceva loro sentire, e che
del mandare eglino ambasciadori al nuovo imperadore per piu cagioni e respetti non
pareva loro ch'eglino avessono[a] a mandare. e piu dissono e [4] Vinitiani [5], che conoscie-
vano tanta prudentia ne signori Fiorentini [6], non farebbono [7] a loro ambasciadori, che
mandano al nuovo imperadore, ch'avesse a violare la pacie [8] si fecio col duca di Me-
lano [9]. il signore di Padova rispuose, di mandare suo ambasciadore al nuovo impera-
dore chomo il comune ne richiedeva, et che conforterebbe i Vinitiani il marchese et i
Bolognesi a mandare ancora eglino. prolunghorono i Vinitiani termine tutto aprile de
fiorini 3600 e dello scrivere o mandare a Gienova per lo facto di fiorini 25000 che
arebbono sopracio loro consiglio. e io lascini al consolo de nostri mercatanti facesse
dare la risposta.
 Questa scritta[b] e fatta di mia propria mano a di 14 di marzo 1400.
>R. die 14 martii 1400.

a) so auch wol nicht avessero. b) Vorlage scricta.

---

[1] Ist der obige Minoritätsvorschlag zu art. 3.
[2] Unser vorliegendes Stück ist aus dem Rela-tionenbuch des Colucius Pieri Kanzlers der Re-publik; das hier oben erwähnte, das Instruk-tionen enthielt, ist nicht vorhanden.
[3] Sie! d. i. in uno.
[4] Der Gebrauch des e für den Plural des Ar-tikels = i ist in diesen Florentinischen Berichten besonders häufig; vgl. Blanc Grammatik der Ital. Sprache pag. 171.
[5] Vgl. den Beschluß des Raths zu Venedig vom 1 Merz 1401 nr. 260.
[6] Fehlt che.
[7] Farebbono.
[8] Fehlt che.
[9] Der Friede von 1400 Merz 21, s. nr. 260 nt.

D. Verhandlungen mit Aragonien nr. 264-268.

264. *K. Martin von Aragonien an K. Ruprecht, wünscht Glück zu seiner Erwählung [durch Stephanus Engelhardi].* 1400 Dec. 1 Barcelona.

1400
Dec. 1

T aus Martène thesaur. nov. anecd. 1, 1612 f. nr. 11, mit der Überschrift Gratulatur ei de sua electione, vorher Epistola XI Martini regis Aragonum ad Rupertum imperatorem.
Regest Georgisch 2, 819 nr. 69, Chmel pag. 161 nr. 6, beidemal aus T; Janssen Frankf. R.K. 1, 543 nr. 936 aus einer Handschrift Acta et Pacta 224-237 im eigenen Besitz. — Erwähnt bei Surita Indices rer. ab Aragon. regibus gest. pag. 389.

Excellentissimo principi domino Clementi[1] in Christo deo fideli et ejus gratia imperatori et moderatori Romanorum semper augusto Martinus eadem gratia rex Aragoniensis Valentiae Majoricarum Sardiniensis et Corsicae comesque Barchinonensis Rossilionensis et Ceritanensis salutem et honoris continui incrementum.

Exortum esse credimus lumen in tenebris cunctis Romani imperii fidelibus et devotis, dum imperator supremus sua gratia benigna concessit solium imperii Romani eximium reformari salubriter providentia excellentiae vestrae personae et assumtione et electione mirifica facta nuperius de eadem ad imperii tantum culmen. nos igitur ex hoc pro debito abundantes inexistimabili gaudio et laetitia poticntes immensa devotas laudes et gratias altissimo agimus, et eidem humiliter supplicamus, quatenus sic vobis assistat propitius in administratione tam electi officii sicque actus vestros et opera regat et dirigat, quod per vestrum salubre ministerium Romanum imperium, cujus providentissimi electores divino freti consilio talem et tantum ministrum et dominum ad sui regiminis gubernacula quaesiere. votivam exultationem suscipiat, coexultet Romana ecclesia proh dolor diutius procellosis anfractibus et demotionibus[a] agitata totusque populus sibi submissus sub auspiciorum vestrorum regimine jocundetur[b]. et qui exultationis ingentis assumimus jubilum, quotiens de statu felici et prospero vestri et egregiae domus vestrae nobis nova felicia nuntiantur, vestrae excellentiae claritatem deprecamur obnixius[c], quatenus, quotiens opportunitati locus se ingerat, dignemini de eisdem reddentes nos certos ad nostri consolationem vestris apicibus complacere. si de nobis et domo nostra magnifica audire similia vester animus delectatur, nos et dulcissima conjux nostra serenissimusque princeps rex Siciliae primogenitus noster praecarus et inclytus infans filius suus, prout recentibus litteris certi sumus, per regis aeterni clementiam corporis fruimur sospitate, et nos totamque potentiam nostram et filii nostri praedicti ad solamen et augmentum vestri imperialis diadematis pollicemur. datum Barchinonae sub nostro sigillo secreto prima die decembris anno a nativitate domini 1400.

Excellentissimo principi domino Clementi in Christo deo fideli et ejus gratia imperatori et moderatori Romanorum semper augusto.

1400
Dec. 1

Rex Martinus.

a) T devotionibus. b) T jocundantur. c) T obnixius.

[1] Irrthümliche Auffassung von K. Ruprechts Beinamen Clem.

265. *K. Ruprecht an K. Martin von Aragonien, über seine Wahl Krönung und Fortschritte gegen K. Wenzel, bittet um Beihilfe zur Herstellung der Kircheneinheit [durch die Nürnberger Bürger Berthold Kraft und Johannes Stark].* 1401 Merz 7 Nürnberg.

1401 Mrz. 7

> T *aus Martène thesaur. nov. anecd. 1, 1650 f. nr. 19, mit der Überschrift* Certum [a] eum fecit de Venerabili depositione de sua electione de Francofurti expugnatione de sua coronatione et populorum obedientia, *darüber* Epistola IX [statt XIX] seu copia missivae per Bertholdum Grafft civem Nurembergensem regi Aragoniae ex parte domini nostri regis delatae, qui Bertholdus habet secum Johannem Stark civem Nurembergensem. [10]
>
> J *coll.* Janssen R.K. 1, 559 nr. 960 *aus einem in seinem Privatbesitz befindlichen Kodex* Acta et Pacta 242-247, *Überschrift dieselbe von Copia missive an.*
>
> *Regest Chmel nr. 252 aus Martène l. c.*

Rupertus dei gratia Romanorum rex etc. illustrissimo principi domino[a] Martino eadem gratia regi Aragonensi Valentiae Majoricae Sardinensi et Corsicae comiti Barchinonensi Rossilionensi et Ceritanensi consanguineo suo carissimo continua successuum prosperitate in utriusque hominis sospitate dotari cum salute. serenitatis vestrae cartulam menti nostrae nimium suave redolentem jucundo admodum animo intellectam recepimus. et ut in ultimis vestrarum terminis exordiamur scripturarum, liberalissimae[b] pollicitationi vestrae pleno regratiamur affectu, debito exultationis jubilo sublimitatis vestrae carissimae conjugis jucundissimae sobolis et inclyti nepotis corporis incolumitati utinam longaevae applaudentes. pro nostri vero status cognitione[c] per vos desiderata sinceritati regiae significamus, quod, resonantibus per universum orbem quampluribus lamentabilibus et discrimine plenis nec amplius tolerabilibus defectibus sacro Romano imperio per inexcusabilem illustris principis Wenceslai Bohemiae et tunc Romanorum regis desidiam ejusque horribilem et inhumanam conversationem imminentibus, per quos inconsutilis Christi tunicae[d] detestanda scissura pestifero hactenus veneno fuit flebiliter enutrita, principes electores, de quorum numero tunc eramus, praefati columnae imperii, varios et sumtuosos desuper habuere tractatus et tandem praedictum Wenceslaum pluries per eos evangelice et canonice requisitum et monitum publice et occulte ac etiam successive peremptorie vocatum, minime singula advertentem, vocatis ad hoc vocandis et servatis servandis per eorum definitivam sententiam rite et legitime promulgatam Romanorum regno, quod ipse tam imprudenter et opprobriose contaminavit, privaverunt et deposuerunt ab eodem, nostram personam licet immeritam et utinam utilem et idoneam divini numinis auxilio implorato in Romanum regem eligentes. cui quidem electioni, ad laudem dei omnipotentis, in adjutorium sanctae matris ecclesiae, sacri reformationem imperii, et totius Christiani populi consolationem, confisi in eo qui est populorum securitas et principum unitas, humilem et benevolum adhibuimus consensum. et mox praeelectorum nostrorum more insigne oppidum nostrum Franckfurt in principum procerum nobilium militum et armatorum regni multitudine numerosa firma obsidione vallantes sex hebdomadas et tribus diebus continuato exercitu, dictum oppidum et alia adjacentis provinciae fortalitia subintravimus, eorundem et consequenter civitatum castrorum et oppidorum in flumine Rheni et circumquaque sitorum possessionem et obedientiam jurisjurandi religione vallatam consueta solemnitate recipientes. post haec die epiphaniae domini, quae etiam solemnitas trium regum esse dignoscitur, in ecclesia cathedrali nobilis civitatis Coloniensis, ubi trium regum veneranda corpora requiescunt, regalis infula prima

1401 Jan. 6

a) J domno.   b) T/ liberalissimae.   c) em. T/.   d) T/ tunice.

trium coronarum per manus honorabilis archiepiscopi Coloniensis decore solito nostro fuit capiti imposita. ibi etiam (et deinde in Nuremberg) plures principes ecclesiastici et saeculares illarum partium hinceinde vicini ipsorum regalia feuda solemniter suscipiendo fidelitatis et homagii*a* nobis praestiterunt juramenta. nobis vero supradicta peragentibus nostri nihilominus duces et capitanei bellicosi, insultibus praefati regis Bohemiae occurentes*b*, in Bavariae finibus sita fortalitia quaesiere. quibus postea junctis personaliter appropinquantes imperialis famosi oppidi simili modo possessionem et obedientiam recepimus, Franconiae Bavariae et Sueviae partes duce altissimo peragraturi. dominantium itaque domino largiente major pars principum et magnatum necnon potiores et opulentiores civitates insigniaque oppida Germaniae regali nostro dictioni cohaerent, et insuper plures Italiae partes nostrum pro imperiali susceptione diadematis vehementer sitiunt adventum, quotidieque de diversis imperii territoriis nostris nobis assistentium et obedientium numerus*c* adaugetur. unde sacri Romani imperii limitibus per aeterni regis clementiam utrimque*d* magis stabilitis, nostrae considerationis oculos ad sanctae matris ecclesiae pernimium conquassatae monstruosam divisionem cor nostrum utique summe praegravantem*e* pro viribus reintegrandam dirigere intendimus, nullis parcendo fatigationibus aut impensis, in omnibus splendidissimae dilectionis vestrae auxilium pariter et consilium postulantes. ceterum nos et amantissima nostra conthoralis illustres quatuor filii et tres filiae nostrae corporum deo auctore debita potiuntur armonia, ad quaevis vestrae placidae caritati grata promissimum affectum offerentes et opera pollicentes. datum Nuremberg 7 die martii anno domini 1401 regni vero nostri anno 1.

De mandato domini regis
Job Wener*f* in utroque jure licentiatus.

266. *K. Ruprecht beglaubigt bei K. Martin von Aragonien seinen Boten Stephanus Engelhardi. 1401 April 23 Amberg.*

T *aus Martène thesaur. nov. anecd.* 1, 1652 *nr.* 20, *mit der Überschrift* Gratias agit de amoris testimoniis nuntiumque ad eum dirigit.
Regest Georgisch 2, 853 *nr.* 27 *und Chmel* 362 *aus* T, *Janssen Frankf. Reichskorr.* 1, 561 *nr.* 962 *aus einem in seinem Privatbesitz befindlichen Kodex* Acta et Pacta 248-251.

Rupertus dei gratia Romanorum rex semper augustus illustrissimo principi domino Martino eadem gratia regi Aragoniae Valentiae Majoricae Sardiniae et Corsicae comitique Barchinonae Rossilionis et Ceritaniae consanguineo suo carissimo salutem et sincerissimae caritatis affectum. ratio dirigit, amor impellit et ex intimis movetur, gratos vestros affectus gratiososque conatus imo et gratissimos vestri vestrorumque in futurum pro nostri honoris conservatione favores non immerito recolere et gratitudinis condignae pondere compensare. hinc est quod juxta ea, quae in scriptis vestris[1] nobis ex parte vestri per Stephanum Engelhardi praesentium latorem exhibitis et vivae vocis oraculo relatis percepimus, quantum possumus grates referimus et gratitudinis vinculo ad paria nos stringimus et ad majora si opus foret possetenus obligamur. nuper cum Bertholdo dicto Crafft cive nostro Nurembergensi et fideli dilecto super dictis scriptis vestris ac de statu nostro quae tunc occurrebant rescripsimus[2]. nunc vero causis exigentibus prae-

a) TJ bomigii. *b) om. TJ. c) om. TJ, von Janssen durch Veranlassung ergänzt. d) TJ* utrumque. *e) TJ* pergrissatum. *f) J* Vener.

[1] *Ist der Brief vom 1 Dec. 1400 nr.* 264, *einen andern kennt man nicht, und es hat auch sicherlich keinen andern gegeben.*
[2] *In dem Briefe vom 7 Merz 1401 nr.* 265.

1401
Apr. 23 scriptam Stephanum ad regiam vestram magnificentiam destinamus, cujus relatibus ad praesens firmam fidem adhibere[a] et ad nostra vota dignemini affectum inclinare cum effectu. quam eum omnium vestrorum salute conservare dignetur altissimus votivis suc-
1401
Apr. 23 cessibus in longaevum. datum Amberg 23 die mensis aprilis anno domini 1401 regni vero nostri anno 1.

Illustrissimo principi domino Martino dei gratia regi Aragoniae et avunculo nostro carissimo.
Ad mandatum domini regis Nicolaus Bunan.

[1401]
Apr. 23] **267.** *K. Ruprechts Anweisung für seinen Gesandten [Stephanus Engelhardi] an K. Martin von Aragonien: Romzug und Reichstag zu Nürnberg auf 1 Mai, Frankreich, Mailand, Böhmen. [1401 Apr. 23 Amberg[1].]*

T *aus Martine thesaur. nov. anecd. 1, 1652 f. nr. 20.*
J *coll. Janssen Frankf. R.K. 1, 561 nr. 963 aus einem in seinem Privatbesitz befindlichen Kodex* Acta et Pacta *248-251.*

Instructio verbalis regis mei ad regem Aragoniae.

[1] Primo quod dominus meus rex Romanorum cupiat scire regis Aragonum et filiorum potentiam.

[2] Item quod dominus meus rex Romanorum moliatur instituere suam coronationem quamprimum potuerit quare implorat regis Aragonum operam et consilium.

[3] Item quod dominus meus rex Romanorum suos archiprincipes jamjam allega-
1401
Mai 1 verit ad se, qui in festo Philippi et Jacobi proxime instante ad se versus Nuremburgum advenient. quibuscum inibit consilium, scilicet de sua imperiali coronatione, quo tempore sese oporteat ad illam accingere vel praeparare instituendam, et etiam de aliis rebus et quo tempore. item et tempus habendi coronationem[b] tempestive et fideliter regi Aragonum annuntiabit.

[4] Item quod dominus meus rex Romanorum supra modum miretur, quod dominus dux Aurelianensis a se totus diversus sit. qua de causa igitur etiam atque etiam rogat regem Aragonum in omni fide, quam de ipso firmam concipit, ut, si quando contingeret eundem ducem aut aliquem alium de corona Galliae contra se insurgere sive domino meo regi Romanorum negotia succescere intentando bella, ut tunc ipsemet rex Aragonum domino meo regi Ruperto fideliter succurrere dignetur contra insultus eorum, eumque quam poterit fidelissime defendat.

[5] Item quod dominus meus rex Romanorum expertus fuerit, quod sibi Mediolanensis veneno tollere vitam tentaverit. qua de causa vehementer rogat regem Aragonum admonetque eum innatae amicitiae et fraternae fidelitatis, quatenus eum non dedignetur defendere a Mediolanensi.

[6] Item quod dominus meus rex Romanorum dei gratia non adeo magnam resistentiam a rege Bohemiae passus fuerit nec in praesentia patiatur, quin domino meo omnia in omnibus suis et sancti imperii rebus ad votum fluant.

[7] Item de his praefatis responsum petes, ut sic dominus meus rex Romanorum in omnibus sciat ad illa dirigere.

a) *om.* T. b) *TJ* coronationis.

[1] *Vgl. den Glaubbrief von diesem Datum nr. 266.*

268. *Namen der Sicilischen Kastilischen und Aragonischen Würdenträger, an welche wegen Anerkennung K. Ruprechts geschrieben werden soll. [zu 1401 Merz 7 oder April 23 Nürnberg¹.]*

K *aus Karlsr. G.L.A. Pfälz. Kop.B.* 146 *fol.* 95ᵇ-96ᵃ *cop. chart. coaev.*
M *coll. Martène thesaur. nov. anecd.* 1, 1660.
J *coll. Janssen Frankf. R.K.* 1, 549 f. *nr.* 947 *(aus Kodex eignen Besitzes Acta et Pacta* 242).

Scribatur istis, qui sunt de consilio illustrissimi domini regis Cicilie ᵃ:
primo egregio et magnifico viro domino Bernardo de Capraria magistro justiciario Cicilie ³
item nobili domino Johanni de Crudillis consiliario et camarlenco etc. ⁴
item nobili domino Raymundo de Apilan ᵃ consiliario et camarlenco ⁵
item strenuo ᵇ militi domino Johanni Ferdinandi de Heredia camerlenco et consiliario etc. ⁶
item strenuo ᶜ viro domino Sancio Roderici de Lihori ᵈ consiliario etc. ⁷
In consilio regis Castelle ᵉ:
primo infanti fratri regis (cujus titulum jam habet cancellarius) ⁸
item magnifico militi domino Dranco ᶠ Furtati ᶠ de Mendoca almirallo Castelle et consiliario etc.⁹
item magnifico viro domino Petro Lupi de Ayalla consiliario etc. ¹⁰
item magnifico militi domino Johanni Furtati ᵍ de Mendoca consiliario etc. ¹¹
item dominis episcopis de Camora ʰ ¹² et de Mondonyedo ¹³ consiliariis etc.

a) M Apilia, J Apilio, K Raymundo. b) K estrenuo? J estrenno, M strenno. c) desunt. d) JM Lihori. e) sic KJ, M Drasto. f) sic KM, J Furcati. g) desunt. h) M Kampora, Kd Camora.

¹ *Die Liste steht im Kodex hinter nr.* 180 *und* 181. *Damit stimmen, daß um jene Zeit Albrecht von Thanheim in nr.* 188 *nach der Lombardei geschickt wird wegen Anerkennung K. Ruprechts. Es ist natürlich, daß man auch an andre Regierungen dachte, die zu gewinnen wären. Versuchsweise setzte ich das Verzeichnis daher zuerst zu Dec.* 1400 *Muinzer Tag. Vielleicht steht es doch besser hier und gehört zu dem Schreiben Ruprechts an Martin c.* 7 *Merz* 1401, *dem nichts früheres vorausgegangen zu sein scheint, da er seine Wahl erst erzählt, oder zu den beiden Stücken von* 23 *April* 1401.
² *K. Martin von Sicilien* 1386-1409 *ererbte* 1409 *Sicilien von seinem Vater Martin von Aragon* 1395-1410.
³ *Bernaldo de Cabrera (Caprera) Admiral und Generalkapitän, s. Çurita annales de la corona de Aragon Çaragoça* 1610 *lib.* 10 *fol.* 404ᵇ *col.* 1, 406 ff., 439ᵃ, *vgl. indice zu Çurita pag.* 125.
⁴ *Juan de Cruyllas, s. Çurita l. c. fol.* 428, *Aprile cronologia universale della Sicilia pag.* 208 *col.* 2.
⁵ *Nicht gefunden. Ein Bernardus de Apilia ist consiliarius majordomus etc. unter K. Peter IV* 1336-1387, *s. Coleccion* 1 *p.* 3.

⁶ *Juan Fernandes de Heredia, s. Çurita l. c. fol.* 439ᵃ, *Coleccion de documentos ineditos del archivo general de la corona de Aragon* 1 *pag.* 127 *urkundlich.*
⁷ *Sancho Ruyz de Lihori (auch öfter Liori), s. Çurita* 439ᵃ, *Coleccion* 1 *pag.* 124, 126, 127, *Fazellus de rebus Siculis ed.* 1751 *posterior decad. lib.* 9 *animadvers. pag.* 188.
⁸ *K. Heinrich III* 1390-1406.
⁹ *Diego Hurtado de Mendoça †* 1405 *Justitiar und Admiral, s. Çurita l. c. pag.* 410ᵃ *col.* 2, *Salazar de Mendoza origen de las dignidades seglares de Castilla y Leon Madrid* 1657 *fol.* 69ᵇ, 139ᵃ.
¹⁰ *Pedro Lopez de Ayala Großkanzler, s. Mendoza origen l. c. fol.* 69ᵇ, 43ᵃ.
¹¹ *Juan Hurtado de Mendoça Majordomus, s. Çurita l. c. fol.* 410ᵇ *col.* 1, *Mendoza origen fol.* 69ᵇ.
¹² *Alonso III Bischof von Çamora* 1403, *s. V. de la Fuente hist. eccl. de España* 4 *pag.* 580.
¹³ *Alvaro Nuñez de Isorna Bisch. von Mondoñedo* 1400-1411, *s. de la Fuente l. c.* 4 *pag.* 516.

818   Reichstag zu Nürnberg im Febr. und März 1401.

[1401] item reverendo domino cardinali Ispanie consiliario etc.¹
Nr. 7
oder   item magnifico militi domino Roderico ᵃ Lupi de Avalos consiliario et camerlenco domini regis etc.²
Apr. 23]   Quando mittitur legacio ᵇ ex parte imperialis ᶜ majestatis illustrissimo domino regi
       Arogonie, scribatur istis consiliariis illustrissimi domini regis:
       primo egregio et magnifico viro domino Jacobo de Pratis almirallo ᵈ illustrissimi domini   5
          regis Cicilie
       item reverendo domino cardinali Catanie cancellario ⁵ illustrissimi domini regis Cicilie
       item nobili domino Berengario de Crudillis consiliario et camerlenco ⁶ illustrissimi domini regis
       item nobili domino Raymundo Alamay deᵈ Cerveylliono⁵ consiliario et camerlenco illu-
          strissimi etc. gubernatori Catalonie ⁷   10
       item nobili Geraldo de Cerveyllione ᶠ consiliario et camarlenco etc. ⁸
       item nobili Berengario Arnoldi de Cervelione ᵍ consiliario et camarlenco etc. ⁹
       item nobili Elfo ʰ de Proxida consiliario et camarlenco etc. ¹⁰
       item reverendo domino archiepiscopo Terraconensi consiliario et camarlenco etc. ¹¹
       item prudentissimo domino Matie Castilionis legum doctori vicecancellario ¹²   15
       item reverendo domino episcopo Barchinonensi consiliario etc. ¹³

a) cod. Roderoso, so auch Janssen, Martins Rodericis; der ganze Passus in cod. von anderer gleich Hand eingefügt, da auch sonst hier herrogiert. *b)* cod. quo (oder qno; mit Überdruck) militator ligacia, J quando mittitur legacio, M quando mittatur legatio. *c)* so K stand cuoral hier noch etc. gubernatori, das cod. nach anderen des Schreibens ausgestrichen und auf der Erde weder durch domini regis ersetzt wurde. *d)* M Alamayde de. *e)* K Cerveylliono, J Cerneylliono, M Cerneylliono. *f)* J Cerneyllione, M Cerneylliono. *g)* J Cervelione, M denas. *h)* J Elfo, M Elphonso.

¹ *Pedro Fernandez de Frias Bischof von Osma 1379-1410, s. de la Fuente l. c. 4 pag. 424. 492, cardenal de España, urkundlich bei Davila historia del rey don Henrique III pag. 170.*
² *Ruy Lopez Davalos Konnetabel und Adelantado von Murcia, s. Çurita l. c. fol. 410ᵇ col. 1, Mendoza l. c. fol. 62ᵇ. 129ᵃ, Davila l. c. pag. 123. 167 urkundlich.*
³ *Wol nur ein Schreibstubenirrthum und keine besondere Absicht.*
⁴ *Jayme de Prades Konnetabel, s. Çurita l. c. fol. 428ᵇ ff.*
⁵ *Petrus II Serra, 1396 Bischof von Catana, 1397 Kardinalpresbyter tit. S. Angeli, s. Pirrus Sicilia sacra 1 pag. 545.*
⁶ *Berlingerius Cruyllas, s. Fasellus de reb. Sicul. l. c. pag. 156 ff.*
⁷ *Guerau Alamany de Cervello kommt wiederholt urkundlich vor in Coleccion l. c. 1 pag. 24. 33. 50. 104 in Urkunden von 1403 ff. als gobernador de Catalunya, s. auch Çurita fol. 404ᵇ col. 2. Ein Ramon Alaman de C. findet sich nur unter K. Peter IV (1336-1387) bei Çurita fol. 372ᵃ col. 2.*
⁸ *Guerau de Cervellon, s. Çurita fol. 404ᵇ col. 1. Vgl. RTA. 3, 67 nt. 2.*
⁹ *Berenguer Arnal de Cervellon Bruder des vorgenannten, s. Çurita fol. 404ᵇ col. 2, 408ᵇ col. 1, urkundlich 1403 in Coleccion 1 pag. 24 Berengarius Arnaldi de Cereilione.*
¹⁰ *Otho de Praxita, s. Çurita fol. 404ᵇ col. 2.*
¹¹ *Iñigo Valtierra Erzb. von Tarragona 1387 bis 1407, s. V. de la Fuente pag. 522.*
¹² *Matheus de Montcavno unterfertigt in Coleccion 1 p. 22 Urk. vom Dec. 1402 als serenissimi domini regis Aragonum scriptor et notarius publicus.*
¹³ *Juan Armengol Bisch. von Barcelona 1398 bis 1408, s. de la Fuente l. c. pag. 524.*

E. Verhandlungen wegen der Tödtung Hzgs. Friderich von Braunschweig nr. 269-280.

269. *K. Ruprecht macht einen Waffenstillstand zwischen den gen. Parteien bis 29 Mai, um inzwischen in Frankfurt einen Sühneversuch mit ihnen anzustellen*[1]. *1401 Jan. 17 Marburg.*

Aus Karlsr. G.L.A. Pfälz. Kop.B. 8¼ fol. 29ᵇ-30ᵃ cop. ch. coaev., mit der Überschrift Als min herre einen frieden beret hat zuschen herr Johann erzbischof zu Mencze und herr Herman lantgraven in Hessen etc.

Wir Ruprecht etc. bekennen etc.: daz wir zuschen dem erwirdigen Johann erzbischof zu Mencze unserm lieben oheim und kurfursten of ein site und dem hochgeboren Herman lantgraven in Hessen unserm lieben swager und fursten of die ander site beredt han, daz sie alle sachen zuschen in fruntlichen und getruwelichen halten sollen nach ußwisung irer*ᵃ* verbundbriefe die sie under ein hant. auch han wir beredt einen friden zuschen dem obgenanten unserm swager Herman lantgrave zu Hessen of ein site und dem edlen Heinrich graven von Waldecke und Fridrich von Hertinghusen ritter of die ander site*ᵇ* und allen iren helfern und den iren of*ᶜ* bede sit, und auch zuschen der hochgebornen furstin unser lieben swester Margreten lantgrovin zu Hessen und iren helfern of ein sitte und Frydrich von Hertinghusen ritter und sinen helfern*ᵈ* of die ander site und nemlichen zuschen dem vorgnanten graven Heinrich von Waldecke und dem von Gudenburg und iren helfern of bede site. zuschen allen obgenanten partien der friede sten und weren sal hie zwischen und dem ersten sontag nach dem heiligen pfingsten nechstkumpt und den tag allen ane gevarde. und han uns auch alle obgenanten partien geret, den frieden also stete zu halten. und darnuschen meinen wir den obgenanten partien allen einen gutlichen tag fur uns zu bescheiden gein Frankfort, ir zweiung zu verhoren und sie underst-en zu verichten als verre wir mügen. urkunde etc., geben zu Marppurg of sand Anthonius tag nach Cristi geburte dusent 400 und ein jare unsers richs in dem ersten jare.

Ad mandatum domini regis
Mathias Sobernheim.

270. *Die 3 gen. Braunschweigischen Brüder schließen Sühne ab mit den 3 gen. Beschuldigten wegen der Tödtung Hzgs. Friderich von Braunschweig. Entwurf. 1401 Jan. 20 [Marburg].*

Aus Hannov. St.A. Celler Originalarchiv Design. 8 Schrank IV M Caps. 20 nr. 1ᵇ cop. ch. coaev., mit der Überschrift Datum per copiam.
Gedruckt Sudendorf Urk.B. 9, 146f. nr. 95 ebendaher.
(coll. der Revers von Waldeck Hertinghausen Falkenberg gleichen Datums nr. 271, von dem hier Varianten aufgenommen sind.)

Wir Otto von gotes gnaden erzbischof zu Bremen und wir Bernhart und Hinric von denselben gnaden zu Brunswig und zu Luneborch herzogen alle drü gebrudere bekennen und*ᵃ* dün kunt offenbar mit dissem breve alle den die in sehent oder horent lesen: daz wir umme soliche geschieht und niderlaghe, als die edelen*ᶠ* Henrich grave

a) cod. ire. b) of d. a. s. om. cod. c) uff d) halfte ist deutsch wenigstens. e) hier und nachher öfter mit Überstrich. f) Vorlage die edel.

[1] Vgl. nr. 190.

zu Waldecken Frcederich von Hertingshusen und Cunczman von Falkenberg rittere ire denere helfere und mitritere an den hochgebornen fursten unsen lieben brudere hertzoge Frederich seligen, dem god gnade, und andere fursten und heren und den iren mit dotleghen wunden gefangen und name getan und begangen haben, daz wir darumme mit in allen genzlich verrichtet und gesunet sin in aller maßen als herna geschreven stet. [1] zům ersten umme de dotslage, als de obgenante herzog Frederich unser bruder selige in der vorgenant geschiecht leider dot bliben ist, daz daz von uns uf beide siten gestalt ist an den allerdurchluchtigesten hochgeborn fursten und heren hern Růprecht Romischen kunig zu allen titen merer des richs unsen lieben gnedigen heren, also: waz er darumbe entscheidet und ußspricheet, daz sollen die obgenant grave Henrich Frederich und Cunczman genzlich ane alle wederrede hindernisse und geverde stete halden dun und füllenfuren, in aller maß als des vorgenant unses gnedigen herren des Romischen kunings entscheidunge und ußspruche, die er dann darüber dun werd, werden ußwisen. und sal unser gnediger here der Romischer kunig die entscheidunge und ußspruche dun hie zuschen und sant Johans tag des deufers als er geborn wart nechstkumpt ane geverde. [2] auch hant grave Henrich Frederich und Cunczman obgenant alle gefangen, die in der vorgenant geschiecht und getait gefangen worden sint, gestalt in des obgenanten unses leven gnedigen herren des Romischen koningis hant, also: ist es daz in dieser unser sunebreffe von uns versigelt geantwert wirdet hie zuschen und dem heiligen ostertag nehstkumpt ane geverde, so sollen die gefangen alle von denselben grave Henrich Frederich und Cunczman der vorgenant gefenknuß genzlich ledich und los sin ane alle geverde und argelist. were iz aber daz in dieser unser sunebreff binnen der vorgenant zit nit also geantwert wurde, so sollen dieselben gefangen nach dem ostertach nechstkumpt wieder ir gefangen sin und sich stellen in aller maß als sie vor dieser sune gewest sin ane alle geverde. und herinne ist uffgenomen allein grave Ernste grave Henriches von Honstein son, der auch in der obgenant geschicht gefangen worden ist; dar sal sich der obgenant grave Henrich umbe beraten einen manet na datum diß breefs, ob er Hansen von Hanstein und sine gesellen und knechte, die er gefangen hat, gen denselben sin sone ledich lassen wolke. und wol er daz also don, so sal der obgenant von Honstein son und der von Hanstein mide sin gesellen und knechte vorschriben gen einanderen ledig gelaßen werden ane allen verzog hindernisse und geverde. wer' aber daz der grave von Honstein des nit don enwolde, so sal sin sone obgenant und Hans von Hanstein und sin gesellen und knechte vorgeseriven gefangen sin als sie hůte zu tage sin, und sal doch diese sune und alle andere stucke in diessem breff begriffen furgank craft und macht han ane alle geverde. [3] item ist auch sunderlich getendingt und beretde: was grave Henrich Frederich und Cunczman obgenant noch vorhanden und in ire gwalt haben ane alle geverde an gereitem gelde an sielberem geschirre an hengsten oder an harnasche, daz sie zu der obgenant geschicht und niderlage genomen hant, daz sollent sie uns herzog Bernhard und herzog Heinrich vorgenant alles wedergeben furdelich bi iren eiden ane alle geverde und argelist. [4] auch waz die obgenanten grave Henrich Frederich und Cunczman gelts von den vorgenanten gefangen gescheczt hetten, daz biz uf diesen hütigen tag datum dieses briefs nit geben und bezalt were, dat sollen sie genzlich faren lassen, und sal nit gefurdert bezalt noch geghoven werden ane alle geverde und argelist. [5] und herof haben wir erzbischof Otto Bernhart und Hinrik herzogen obgenant genzlich und

gruntlich verziegen und verziehen auch also in craft disses briefs fur uns und alle unser
erben und nachkomen of grave Henrich von Waldecke Frederich von* Hertinghusen
und Cuneczman von Falkenberg vorgenant of alle ir erben und ok of alle die die damit
eder dabi gewest oder darinne verdacht mochten sin. und wir unse erben und nakomen
eder imant von unsirr wegin sollen datz an graven Henrich von Waldecke Frederich
von Hertinghusen Cuneczman von Valkenberge ire erben ir laut und lúte^b oder an de
iren numer erfordern noch einiche ansprach darumbe an si haben mit worten eder mit
werken geistlich oder werlich in dhein^c wise aue alle argelist und geverde. alle vor-
geseruen beredung stucke und artikele globen wir erzbischof Otto Bernhart und Hen-
rich herzogen obgenant in craft diß briefs bi unsen furstlichen truwen und eren fur uns
und unse erben und nakomen stete feste und unverbrochenlich zu halten und darweder
nit zu dun noch schaffen getan werden ane alle argelist und geverde. und des zu
urkunt hat unser iglicher sin eigen ingezegel gehenget an dissen breff, der geben ist da
man zalte nach Cristi geburte dusent veirhundert und ein jare of den nehsten donrstag
vor sant Agneten tag der hilgen junkfrauwen.

1401 Jan. 20

1401 Jan. 20

271. *Die 3 gen. Beschuldigten schließen Sühne ab mit den 3 gen. Braunschweigischen
Brüdern wegen der Tödtung Hzgs. Friderichs von Braunschweig. Entwurf.* 1401
Jan. 20 [Marburg].

1401 Jan. 20

Aus Hannov. St.A. Celler Originalarch. Design. 8 Schrank 4 11 Caps. 20 nr. 1^b cop.
chart. coaev., mit Verschickungsschnitten; s. den entsprechenden Reversbrief dieses
Datums nr. 270, wo auch Varianten aus dieser Urkunde.
Gedruckt Sudendorf Urk.B. 9, 147f. sub nr. 95 ebendaher.

Wir Heinrich grave zů Waldecke Friderich von Hertinghusen und Cuneczman
von Falkinberg rittere bekennen und dun kunt offinbar mit diesem brief allen den die
in sehent oder horent lesen: als wir mit dem erwerdigen in got vatter hern Otten
erzbischof zu Bremen hern Bernhart und hern Heinrich zu Brunßwig und Luneburg
herzogen allen drin gebrudern allen iren erben und den iren umbe die^d geschicht und
niderlage die wir an dem hochgebornen herzog Friderich irem bruder seligen und
andern getan han genzlich vorricht und gesunet sin nach lute des sunebriefes den sie
uns darubir geben hant, so bekennen wir doch daz in der sunen getedingt und beredt
ist und gescheen sal in aller maß als hernach geschriben stet. [folgen art. 1-4 der Ur-
kunde der 3 gen. Braunschweigischen Brüder gleichen Datums nr. 270 mut. mut., mit den
dort angemerkten Varianten; art. 5 fehlt; dann kommt der Schluß] alle und igliche fur-
geschriben beredung stucke punte und artikele han wir grave Heinrich Friderich und
Cuneczman obgenant mit guten truwen und rechter warheit globt und lipplich zů den
heiligen gesworn und globen auch in craft diß briefes stete feste und unvebruchlich zu
důn und zů halten und darwieder nit zu dun noch schaffen getan werden ußgescheiden
allerlei argelist widerrede und geverde. und des alles zu urkunde und ganzer steti-
keit hat unser iglicher sin eigen ingesigel gehenkt an diesen brief, der geben ist in dem
jare als man zalte nach Cristi geburte dusent vierhundert und ein jare of den nehsten
dunrstag fur sand Agnesen tag der heiligen jungfrauwen.

1401 Jan. 20

a) *om. Vorlage.* b) *Vorlage l.* c) *Vorlage alheia.* d) *om. Vorlage.*

272. *Gen. Fürsten verzeihen einzeln den 3 gen. Beschuldigten, nachdem sich die 3 gen. Braunschweigischen Brüder mit letzteren ausgesöhnt haben.* 1401 Febr. 28 Nürnberg.

K. Ruprecht: K aus Karlsr. G.L.A. Pfälz. Kop B. 84 fol. 34ᵇ-35ᵃ cop. ch. coaev., mit gleichz. Überschrift Als min herre einen verzigsbrief geben hat Heinrichen graven zu Waldecke von herzog Friderichs von Brunswig wegen der herslagen ist worden.

Hzg. Otto zu Braunschweig: B coll. Hannov. St.A. Celler Origin.Arch. Dcs. 8 Schrank 4 Caps. 20 M nr. 1ᵇ cop. ch. coaev., auf einem Blatte mit dem folgenden, mut. mut. im wesentlichen gleichlautend, im Datum ohne Ort und Regierungsjahr. — Gedr. Sudendorf Urk.B. 9, 151f. nr. 100 ebendaher.

Landgr. Hermann zu Hessen: H coll. Hannov. St.A. ibid. cop. ch. coaev., mit gleichz. Überschrift Datum per copiam, mut. mut. im wesentlichen gleichlautend, im Datum ohne Ort und Regierungsjahr. — Gedr. Sudendorf Urk.B. 9, 152f. sub nr. 100 ebendaher.

Wir Ruprecht etc. bekennen und dûn kunt offenbar mit disem briefe: als der erwirdige Otte erzbischof zů Bremen und die hochgebornen Bernhart und Heinrich zu Brunswig und zu Lunenburg herzogen alle dri gebrüder unser lieben oheimen und fursten uf ein siten und der edel Heinrich grave zu Waldecke Friderich von Hertingshusen und Contzmann von Falkenberg ritter uf die ander sit umbe solche geschicht und niederlage, so die egenanten Heinrich grave zu Waldecke Friderich von Hertingshusen und Contzman von Falkenberg ritter ire diner helfer und mitriter an dem hochgebornen herzog Friderich seligen der obgenanten unser oheim von Brůnswig bruder, dem got gnade, und andern fursten und herren und den iren mit dotslegenᵃ wundenᵃ gefangen und name getann und begangen haben, mit den genzlich verricht und gesunet sint nach innehalt der sůnebriefe, die die egenanten partien daruber einander geben haben: daz wir daruf genzlich und grustlich haben verziegen und verziehen auch also in craft dis briefs für uns und alle unser erben und nachkommen uf grave Heinrichen von Waldecke Friderich von Hertingshusen und Contzmann von Falkenberg vorgenant uf alle ire erben und auch uf alle die die damitde oder dabi gewest oder darinne verdacht mochten sin. und wir unsere erben und nachkommen oder iemand von unsertwegen sollen daz an grave Heinrichen von Waldecke Friderich von Hertingshusen Contzman von Falkenberg und ire erben ir lande und lute oder an die iren numerme gefordern noch einiche ansprache darumbe an sie haben mit worten oder mit werken geistlich oder weltlich in deheine wise ane alle argelist und geverde. und dez zu urkunde haben wir unser ingesigel dun henken an disen brief, der geben ist zu Nurenberg alz man zalte nach Cristi geburte dusentᵇ vierhundert und ein jare uf den mandag nach dem sontage als man singet in der heiligen kirchen reminiscere unsers richs in dem ersten jare.

273. *K. Ruprecht an Landgr. Hermann von Hessen: derselbe soll den Austausch der in Marburg verabredeten Sühnebriefe vor 3 April besorgen, und erhält Vollmacht wegen Ledigsagung der Gefangenen.* 1401 Febr. 28 Nürnberg.

Aus Hannover St.A. Celler Originalarchiv Design. 8 Schrank 4 M Caps. 20 nr. 1 ͥ cop. ch. coaev. mit Verschickungsschnitten; in verso am Rande in gleichz. Schrift ein J mit 5 Schäften und Abkürzungszeichen; rechts neben der Überschrift Datum per copiam; beschädigt, ein größerer Riß geht von oben nach unten fast durch die ganze Urkunde.

Gedruckt Sudendorf Urkdb. der Hz. von Braunschw. u. Lünch. 9, 149 nr. 98 aus derselben Vorlage.

a) cod. 1 Überpunkt. b) cod. unverständliches Zeichen wol ohne Bedeutung.

Ruprecht von gots gnaden Romischer
kunig zu allen zieten merer des richs.

Hochgeborn lieber swager unde furste. als din liebe wole weiß wi wir lehent zu Marepurg* zuschen dem hoichgebornen Bernhard hierzogen zu *Brunswig* unde Luneborg unserm lieben oheim unde fursten von sin und siner bruder wegen uf eine siete unde dem edeln Heinrich graven zu Waldegke Friederich von Hertingishusen unde Conczemau von Falkinberg ritter uf die ander siete eine sune tedingeten unde beredten, darinne auch under andirn dingen begriffen ward, daz di egnanten unser oheimen von Brunswig iren sunebrief[1], wi wir den begriffen unde in sendten, hie zuschen unde ostern nehist kumed solten entwurten: des senden wir denselben unserm oheimen iren sunebrief, als wir in begriffen unde uf perment han tun schreiben, unde auch ein notteln, als di ander partie in widerubir einen brief[2] geben sal, vorsloßen in unserm brieve, den wir dir hirmit senden[3]. derselben sunebriefe abeschriebt wir dir auch schicken herinne vorsloßen. unde begern unde bidten dine liebe mit ernste, daz du den egnanten unsern[b] brief unsern oheimen von Brunswig *senden*[c] wollest zu stund unde an allen furzog schicken, unde in darmit ernstlich schreiben, als wir in daz auch geschrieben *haben*[d], daz sie dir iren sunebrief wollen furderlich schicken, daz er dir vor ostern nehistkummed zietlich werde *unde kein*[d] sumenisse darane sie. unde alsbalde dir derselbe brief wirt, so enbude zu stund dem obgnanten graven von *Waldecke* daz du den brief habest, unde, wann ir dir einen Friedrichs unde Conczemans vorgnant gegenbrief, als wir in *begriffen* unde in gesand haben, vorsigelt sende, so wulles du ime widder ubirgeben der egnanten unser oheimen von *Brunswig* sunebrief unde darzu unsern[e] dinen[b] unde dines dochtermans vorzigesbriefe[f], di wir dir auch hiermit *senden*, den unsern vorsigelt unde di andern zwene als du unde din dochterman sie sollen vorsigeln. auch haben wir grave Philips von Nassauwe eines swagers sunebriefe[7] unde abeschriebt unser oheimen von Brunswig sune*briefes*[8] geschiekte unde ime geschriben alle obgnanten sachen, unde daz er di auch also bestelle mit sime swager dem graven von Waldecke. auch gebin wir dir ganz macht unde vollen gewalt, di gefangen, di in unser hand gestalt sint[9], von unser wegen unde an unser staid ledig zu sagen, als in der obgnanten tedingo unde sune begriffen ist. unde *hierumbe*[e] begern wir unde bidden dine libe ernstlich, daz du die wollest laßen ernst sin in diesen obgnanten sachen, daz sie vor osteren nehistkummet zu eine ende kummen, unde daz an unserm oheimen von Brunswig[f] obgnant unde an dir kein sumeniß si. datum Nurenberg secunda feria post dominicam reminiscere anno domini millesimo 400 primo regni nostri vero anno primo.

a) mit Schleife am g. b) Vorlage unsen. c) em. nach Bodendorf; Vorlage stande, Schluß des Wortes und erste Hälfte des folgenden w verziert. d) es von Bodendorf wol richtig ergänzt; sichtbar nur der erste Angels sum v von unde und der letzte Schafl eines n. e) es von Bodendorf wol richtig ergänzt; der obere Theil des Anfangs-h ist sichtbar. f) Vorlage Brunswigen? Schluß am g.

[1] nr. 270.
[2] nr. 271.
[3] nr. 271.
[4] nr. 272 K.
[5] nr. 272 H.
[6] nr. 272 B. Der Tochtermann ist hier Otto der Einäugige Herzog von Braunschweig-Göttingen, Gemahl der Agnes der Tochter des Ldgr. Hermann von Hessen. Auch Hzg. Heinrich von Braunschweig-Lüneburg ist Schwiegersohn dieses Landgrafen gewesen durch dessen Tochter Margaretha.
[7] nr. 271.
[8] nr. 270.
[9] nr. 270 art. 2.

274. K. *Ruprecht an die 3 Braunschweigischen Brüder: sie sollen ihren zu Marburg verabredeten Sühnebrief vor 3 Apr. dem Landgr. Hermann von Hessen als der Austauschstelle einschicken.* 1401 Febr. 28 Nürnberg.

Aus Hann. St.A. Celler Orig.Arch. Design. 8 Schrank 4 M caps. 20 nr. 1ᵇ or. chart. lit. cl. c. sig. in verso impr.; an vielen Stellen verletzt, die von uns in Kursive ergänzt sind.
Gedruckt bei Sudendorf Urkb. der Hz. v. Braunschw. u. Lüneb. 9, 151 nr. 99 aus derselben Vorlage.

Erwirdigen unde hochgebornen lieben oheimen und fursten. als wir lehst zů Marppůrg zuschen uch off ein syte und dem edeln Heinrich graven zů Waldecke Friderich[a] von Hertingshusen und Cuneczman von Falkinberg rittern off die ander syte ein sůne geteidingt und bereidet haben, in derselben teiding under andern dingen begriffen ist daz ir uwern sunebrieff[1], wie wir den begriffen und uch senden, hie zuschen und ostern nehstkumpt sollent entwerten: des senden wir uch denselben brieff, als wir yn begriffen haben und dan schriben off herment, by diesem unserm brieff in ein bapire gesloßen und mit unserm ingesigel versigelt, und daruzß hie inne versloßen ein nottel[2], als die obgenanten der grave von Waldecke[b] Friderich und Cuneczman uch wiederumbe einen brieff sollen geben. und herumbe begern wir mit ernste daz ir denselben uwern sunebrieff zu stunt wollent tůn versigeln und yn schicken dem hochgebornen Hermann landgrave zů Hessen unserm lieben swager und fursten, daz er yn fur ostern nehstkumpt zijtlich werde und kein sumniß daran sy. so haben wir dem obgenanten von Waldecke Friderich und Cuneczman geschriben, yren brieff auch also zu schicken demselben unserm swager, dem wir auch beider brieffe nottel geschickt und yme damit geschriben haben, wann yme die besigelten brieff werden, daz er dann iglicher parthien gegenander ubergebe yren brieff, der yn dann zugehoret, und auch die gefangen von unsern wegin ledig sage, als beteidingt ist. und wollent diß ernstlich bestellen, daz uwernhalb kein sumniß geschee an diesen sachen als wir uch des wol getruwen, wann wir diß der ander parthien geschriben haben auch also zu bestellen. datum Nurenberg secunda feria post dominicam reminiscere anno domini millesimo quadringentesimo primo regni vero nostri anno primo.

[in verso] Dem erwirdigen und den hochgebornen Otten erezbischoff zů Bremen Bernhart und Heinrich herczogen zu Brunßwig und zu Lunenburg gebrüdern unsern lieben oheimen und fursten und yr iglichem dari debet.

Ad mandatum domini regis
Nicolaus Burman.

275. *Landgr. Hermann von Hessen an die Hzge. Bernhard und Heinrich von Braunschweig: sie sollen ihm ihren Sühnebrief nr. 270 ausgefertigt vor 3 April zukommen lassen, damit er den Austausch der Sühnebriefe bewerkstellige.* [1401] Merz 8 Kassel.

Aus Hannov. St.A. Celler Orig.Arch. Design. 8 Schrank 4 M caps. 20 nr. 1ᵃ or. ch. lit. cl. c. sig. in verso impr., verletzte Stellen in Kursive ergänzt.
Gedruckt Sudendorf UrkB. 9, 155 nr. 103 ebendaher.

Unsen fruntlichin dienst zuvor. hoichgebornen fursten lieben oheimen. wir lassen uwir liebe wissen, daz der allirdurchluchtigister hoichgeborin furste herre Ruprecht

---
a) *c über l überseczcirt.* b) *nr. Waldecke* 1 *2 schräg laufende Punkte über dem ersten e.*

[1] nr. 270.　　[2] nr. 271.

von gots gnaden Romischer kunig zu allen czieten merer des richs unser lieber guediger [1401 Nov. 6] herre uns eynen brieff¹ gesandt haid, des wir uch eyne abeschrieff hirynne vorsloßen senden. so haid auch derselbe unser herre uns eynen sunebrieff² uff pergameen geschrieben mit syme anhangenden ingesigel besigelt mit demeselbin brieve gesandt, unde uns gebeten, daz wir uch den schicken, unde uch darmidde schrieben, daz uwir bruder her Otto bischoff zu Bremen unde ir eynen sunebrieff widderumme zugeben unde uns den zuschicken, daz wir den haben vor diesen ostarn, den wir dem groven von Wal- [1401 Apr. 3] degke unde der partye andelogen sollen, unde ire sunebrieve³, dij her yn geschickt habe, widdernemen, unde uch die antwurten, als ir diet alles in dieser ingesloßen abeschrieft eigintlich vornemende werdet. auch haid er uns andere sine brieve⁴ darmide gesand, unde uns geboden uch die zu senden; dieselben sine brieve wir uch auch hirmidde senden. auch haid er uns abeschrieffe uwers sunebrieves⁵ unde des groven von Wabbegke unde der partye⁶ gesandt, wie die nű eynandir halden sollen. so haid er uns unde hierczogen Otten von Brunswig uwerm settern unserm sone unser iglichene eynen vorczegesbrieff⁷ uff pergameen geschrieben gesand, der abeschrieff wir uch hirynne auch vorsloßen senden. unde haid uns geboten darane zu synde unde zu schicken daz die sache unde brieve bij uch uffgerichtet werden. waz nű uwerm bruder⁸ unde uch in diesen vorgeschrieben sachen gefuglich ist zu thunde, daz muged ir thun. unde womitte wir uch zu willen unde bequemelichkeyd gesin kunden, daz teten wir mit fließe gerne. datum Cassel feria tercia *proxima post dominicam oculi nostro sub secreto*. [1401 Nov. 6]

[in verso] Den hoichgebornen fursten hern Bernde   Hermann von gots gnaden
unde hern Heinriche hierczogen zu Brunswig unde   lantgrave zu Hessen.
Lunenborg unsern lieben oheimen.

276. *Landgraf Hermann zu Hessen an Graf Heinrich zu Waldeck, erbietet sich zum* [1401 Apr. 1] *Austausch des noch zu erwartenden Waldeckischen Sühnebriefs gegen den heute angekommenen Sühnebrief der Herzoge Bernhard und Heinrich zu Braunschweig, damit die Sache noch vor 3 April gemäß der Abrede beendigt werde. 1401 Apr. 1 [Kassel].*

Aus Hannov. St.A. Celler Orig.Arch. Design. 8 Schrank 4 M caps. 20 nr. 1ᵃ *cop. ch. coaev., mit der gleichzeitigen Überschrift* Datum per copiam *und mit Verschickungsschnitten, die zu nr. 278 passen; auf einem Blatt mit nr. 277.*
Gedruckt Sudendorf Urk.B. 9, 156 nr. 105 ebendaher.

Hermann von gotes gnadin lantgrave zu Hessin.
Wissed, edil graffe Heinrich grave zu Waldegke, daz die hoichgeborn fursten herᵃ Berlt⁹ unde her Heinrich¹⁰ herczogen zu Brunswig und Lüneburg unser liebin omen uns sünebrive¹¹ gesand han, die uch rurin. dieselbin brive en unser herre der Romische koning gesand hatte zu besigilde, als man zu Martpurg davone schied. unde sin uns die brive hüde zu mittage wordin. unde han sie uns damidde geschrebin, wann uns

a) Vorlage hern.

¹ nr. 273.
² nr. 270.
³ nr. 271.
⁴ nr. 272 K, wol auch nr. 274 (laut nr. 273).
⁵ nr. 270.
⁶ nr. 271.
⁷ nr. 272 H und nr. 272 B.

⁸ Erzb. Otto von Bremen.
⁹ sic! dialektlich gleich Bernt s. Weinhold mhd. Gramm. § 142.
¹⁰ Erzb. Otto v. Bremen ist wol nur der Kürze halber hier nicht mitgenannt, er tritt schon in nr. 275 etwas zurück.
¹¹ nr. 270.

uwir sůnebrive[1], die unser herre der koning uch gesand habe, als er en ouch geschrebin
hud, werlin, so sullin wir uch die sůnebrive[2] unde ouch andere brive[3], als zu Martpurg
getedinget ist, andelagen.   ist ez uh daz ir uns die brive also von stund unde unver-
zoglichin sendit, wer uns die brenget, dem wollin wir die sůnebrive widderumbe ande-
lagen.   wunt ir wole wissed, daz ez vor dussem ostertage ungerichtet werdin sal.   unde
sal daz an en nicht gebrechin.   datum anno domini 1400 prima sexta proxima post
diem palmarum nostro sub secreto tergotenus[a] affixo.

277. *Graf Heinrich zu Waldeck an Landgr. Hermann zu Hessen, sucht Ausflüchte um seinen Sühnebrief nr. 271 nicht zu schicken. 1401 Apr. 2 Waldeck.*

Aus Hannov. St.A. Celler Orig.Arch. Design. 8 Schrank 4 M caps. 20 nr. 1[a] cop. ch. coaev., mit der gleichzeitigen Überschrift Datum per copiam *und mit Verschickungsschnitten, die zu nr. 278 passen; auf einem Blatt mit nr. 276.*
Gedruckt Sudendorf Urk.B. 9, 156 f. nr. 106 ebendaher.

Hochgeborner furste lantgrave Herman zu Hessin.   als ir mir geschrebin habit[4]
umbe die sůnebrive[5] der herzogen von Lůneburg, daz ir mir die sendin wollit bie dem
boddin der uch mine widderbrive brenge, des wissit, daz ich verstanden habe, daz man
mir mine brive[6] gein Waldegke sulle sendin, und en ouch keine widderbrive[7] gered
han zu gebene.   ist ez daz mir mine brive also werdin alse man davone gescheidin ist
binnen der zied, die neme ich gerne.   unde sulde ich widderbrive gebin, als ich meine
daz des nicht getedinget noch gered sie, der zied enhette ich nicht zu vorendene, und
ouch hern Conczeman von Falkinberg unde hern Frederiche von Hertinge-husin uf dusse
zied darzu nicht gehabin kůnde zů vorendene.   dan wie man davone gescheidin ist,
daz neme ich gerne gehaldin.   gegebin uf den heilgen osterabind zu Waldegke under
mine ingesigel zurugke virsigilt anno domini 1400 primo.

Heinrich graffe
zů Waldegke.

278. *Landgraf Hermann zu Hessen an die Herzoge Bernhard und Heinrich zu Braunschweig, betr. das Verfahren des Grafen Heinrich zu Waldeck der seinen Sühnebrief nicht geschickt hat, und die Lossagung der Gefangenen. 1401 Apr. 2 Kassel.*

Aus Hannov. St.A. Celler Orig.Arch. Design. 8 Schrank 4 M caps. 20 nr. 1[a] or. ch. lit. cl. c. sig. in verso impr., das verletzte in Kursive ergänzt.
Gedruckt Sudendorf Urk.B. 9, 157 f. nr. 107 ebendaher.

Unsern fruntlichen dinst und waz wir guts virmogen allezit bevor.   hochgebornen
fursten lieben omen und sweher.   als uwer liebe uns geschrebin und uwers bruders
unsers herren und omen und uwer sůnebrive[8] gesand had, laßen wir dieselben uwer
liebe widder wißen, daz wir zch stund mit geryddener botschafft dem graffen von Wal-
degken unsern uffen brieff sandten und yn wißen ließen, daz wir die vorczigisbrieve
hetten und auch andere brieffe mit namen unsers herren des Romischen kunigs[9] unsern

---
a) Vorlage targotenus.

[1] *nr. 271.*
[2] *nr. 270.*
[3] *nr. 272 KRH.*
[4] *nr. 276.*
[5] *nr. 270.*
[6] *Die er bekommen soll.*
[7] *nr. 271.*
[8] *nr. 270.*
[9] *nr. 272 K.*

sons herczogen Otten uwers fettern¹ und unsern² voreziegisbrieff, als daz zch Marc-
purg bereddit were, und daz er uns von stand einen Cünezemannes von Falkinberg und
Fridrichs von Hertingishusen rittere sünebrieve³ sendte; bie dem boden wulden wir
yme alle sunebrieve, die ir und uwer frunde geben sullen⁴, als uwer herre der Ro-
mische kunig habe ûn schribeu, von stand widderumbe senden, als uwer liebe wole
vernemen in abeschrifft⁵ unsers brieffs hieryune versloßen. daruff had uns derselbe
grave widder geschribin, des wir uch auch eyne abeschrifft⁶ hieryune senden, daryune
ir sine meynunge wole vernemd. diewiele er uns nû solliche sunebrieve nicht gesand
had, als unser herre der Romische kunig ûch uns und hat geschriebin daz er tûn solle,
darumbe habin wir uwere brieffe, und auch die andern brieffe die wir han, bie uns
behalden. als wir darumbe von uch herczog Heinriche zcû Aldindorff geschêiden sint,
also habed ir uff uwer sieten in allen sachen fûllentan, und wir von uwer wegen nach
unsers herren dez Romischen kunigs brieven⁷. auch als uwer liebe uns umbe die
gefangen loszlosungne geschribin han, erkenned dieselbe uwer liebe wole, daz wir darzu
er macht nicht enhan, die sunebriefe eusin danne erst under eyne gegeben, als unser
herre der Romische kunig daz eygintlich geschrieben had⁸. ydoch meynen wir, diewiele
die gefangen zeû unsers herren des Romischen kunigs hand globt han uff den eide⁹ als
zeû Martpurg betedinget ist⁹, des uff uwer sieten nicht gebricht, daz die dennoch gliche-
wole los sin, sie wullen danne von mutwillen gefangen sin. und waz wir uwer liebe
in den und in andern uwern sachen zeû gute und uwern besten getân kunden, daz
teden wir williclich und gerne als billichen ist. gegebin zcû Cassil in vigilia pasche
nostro sub secreto anno 400 primo.

[in verso] Den hoichgebornen fürsten hern
Bernharde und hern Heinriche zeû Brûnswig
und Luneburg herczogen unsern lieben omen
und sweher.

Herman von gots gnaden
lantgrave zcû Hessen.

279. *Landgraf Hermann zu Hessen an K. Ruprecht, betr. das Verfahren des Grafen Heinrich zu Waldeck der seinen Sühnebrief nicht geschickt hat, und die Korrektheit des Verfahrens des Landgrafen selbst und der gen. Braunschweigischen Herzoge. [1401 c. Apr. 2 oder 14 Kassel.]*

Aus Hannov. St. Archiv Celler Originalarchiv Design. 8 Schrank 4 caps. 20 nr. 1⁹ cop. ch. coaev.

Gedruckt Sudendorf Urk.B. 9, 158 f. nr. 108 ebendaher.

Minen undirtenigen willigen dinst alleziet bevor. allirdurchluchtigister hoichgebornn
furste lieber gnediger herre. umme sulche sunebrieve¹⁰, die uwir gnade mir zu andern
gezieten gesandt und darumbde geschrieben han die furbaß zu schickene den hoichgebornen
fursten hern Bernharde unde hern Heinrich hierzogen zu Brunswig unde Luneborg mine
lieben sweherren unde oheimen, also schichte ich in die von stand mit geriddener bode-
schaff, als ich daz uwern gnaden vor geschrieben han¹¹. laßen ich dieselben uwer

a) *beilege rade.* b) *nr.*

¹ nr. 272 B.
² nr. 272 H.
³ nr. 271.
⁴ nr. 270 und 272 KBH.
⁵ nr. 276.
⁶ nr. 277.

⁷ nr. 273.
⁸ nr. 273. 274.
⁹ nr. 270 art. 27.
¹⁰ nr. 270.
¹¹ *Dieser Brief fehlt.*

gnade wißen, daz sie mir dieselben sunebriefe besigelt unde folandt widderumme sand-
ten, unde sin mir di wurden uf den stillen fritag zu mittage gein Caßel. so hatten
ich unde min son hierzoge Otte von Brunswig ire vetter unser sunebriefe[1] auch umme
irer bede willen da besigelt in aller maßen als ir mir daz hatten vorschriben[2]. des
schreib ich[3] von stund greven Heinrich von Waldegke mit geriddener bodeschaff an
demselben stillen fritage, daz ich alle vorzegesbrieve unde sunebrieve[4], di uwir gnade
hetten tun schriben von uwer unde der obgnanten hierzogen Bernhardes unde hierzogen
Heinrichs wegen als man zu Marcpurg davone gescheiden were, besigelt unde folandt
bie mir hette, und daz er mir di sunebrieve uf sine siten[5], di uwer gnade hetten tun
schriben, von stund sendte, bie demselben boden[6] wolde ich ime alle sunebrieve uf der
obgnanten miner onen siten, als man davone gescheiden were, widderumme senden,
daz mir uwir gnade auch also geschrieben[6] hatten zu tunde. daruf schreib er mir uf
den osterabind zu antwurte in sime ußen vorsigelten brieve[7], daz er nicht vorstanden
hette von deheinen sunebrieven, die er her Friederich von Hertingishusen nach her
Conezeman von Falkenberg rittere widderumme geben solden, dann man solde in briefe
geben. wurden in die[5], als daz zu Marcpurg beredt were, di wulde er gerne ne-
men. gnediger herre. also han di obgnanten mine onen unde ich von irer wegen
allen sachen gefolget unde fullan, als man zu Marcpurg davone gescheiden ist, unde als
uwer gnade in[8] unde mir[9] daz geschrieben han. unde ab uwir gnade davon einiche
redde horen, so vorneme dieselbe uwir gnade wole, daz des uf ire sieten kein broch
ist. datum etc.[10]

[1401] 280. *Landgr. Hermann zu Hessen an die Herzoge Bernhard und Heinrich zu Braun-*
Apr. 14 *schweig, schickt ihnen sein Schreiben an K. Ruprecht nr. 279, und will ihnen auch*
dessen Antwort künftig mittheilen. [1401] Apr. 14 bei Kloster Lippoldsberg.

Aus Hannov. St.A. Celler Orig.Arch. Design. 8 Schrank 4 M caps. 20 nr. 14 or. ch. lit.
cl. c. sig. in verso impr.
Gedruckt Sudendorf Urk.B. 9, 159 nr. 109 ebendaher.

Unsern frunthlichin dinst zuvor. hoielgubornen fursten lieben omen und swehir. wir
laßen uwer liebe wißen, daz wir unserme herren deme Romischen kunige geschribin
habin von der briefe[11] und sache wegen als umbe graven Heinrich von Waldegke nach
inhalde der copien[12], die wir uch hierynne virsloßen senden. was uns uß von yme zcu
entwurte wird, daz woln wir uch ouch[a] wißen laßen. und kunden wir in den und in
andern uwern sachen uwers besten icht getun und geprüben, daz tulen wir mit ganczem

a) om. Vorlage. b) übergeschrieben o. c) er, wich.

[1] nr. 272 H und B.
[2] nr. 273.
[3] nr. 276.
[4] nr. 270 und nr. 272 K B H.
[5] nr. 271.
[6] nr. 273.
[7] nr. 277.
[8] nr. 274.
[9] nr. 273.

[10] Der entsprechende Inhalt macht es wahr-
scheinlich, daß dieser Brief ungefähr von dem
gleichen Tag ist wie nr. 276, oder derselbe fällt
um 14 Apr., da er an diesem Tag abschriftlich
an die Herzoge Bernhard und Heinrich von
Braunschweig geschickt wurde (s. nr. 280).
[11] Vgl. die Noten zu nr. 279.
[12] nr. 279.

fließe gerne.   datum in campis prope monasterium Lyppoldesberge feria quinta proxima [1400] Apr. 14
ante dominicam misericordia domini nostri sub secreto.

[in verso] Den hochgebornen fursten hern Bern-
harde und hern Heinriche hierczogen zu Brúnßwig   Herman von gots gnaden
und Luneburg unsern lieben omen und swehir dori   lantgrave zu Hessen.
debet.

F. Verhältnis zu K. Wenzel nr. 281-283.

281. *Bischof Albrecht von Bamberg vereinigt sich mit K. Ruprecht (und dieser mit* 1401
ihm, s. Gegenbrief in den Quellenangaben) über die ihm für seine Hilfe gegen Febr. 13
K. Wenzel zukommende Belohnung u. a. m. 1401 Febr. 13 o. O.

> *Aus München R.A. Bamberg Hochstift IV 1/1 f. 3 or. mb. lit. pat. c. sig. pend.; das L.
> auf der Rückseite ist doch wol nicht gleichzeitig, vermuthlich Archiv-Signatur. —
> Reg. Boic. 11, 197 f. ebendaher.
> Der Gegenbrief K. Ruprechts vom gleichen Tage spricht für jeden der beiden Theile ge-
> nau dieselben Verpflichtungen aus wie die Urkunde des Bischofs, und lautet daher
> wol. wol. ganz so wie dieser; nach Wertheim (ohne unsers lieben bruders, während
> es beim Burggrafen heißt unsers swagers und auch der Bischof sein lieber
> Swager heißt), folgt der Schluß urkund diß briefs versigelt mit unserm anhangenden
> ingesiegel, geben zu Nurenberg uf den suntag als man singet in der heiligen kirchen
> esto michi in dem jare als man schribet nach Cristi geburt dusent vierhundert und
> ein jare unsers richs in dem ersten jare. ‖ Ad mandatum domini regis ‖ Nicolaus
> Burnan; in Karlsr. G.L.A. Pfälz. Kop.B. 84 fol. 32b-33b cop. chart. coaev.*

Wir Albrecht von gotes gnaden bischof zu Bamberg: wann wir dem aller-
durchleuchtigstem fursten und herren hern Ruprechten dem Romischen künig zu allen
zeiten merer des reiches unsern gnedigen herren in seiner gewickeit zu dem reiche und
krigen wider den kunig von Beheim getrewlich mit grosser koste beigestanden und ge-
holffen haben, bekennen wir und tun kunt offenlich mit disen brife, das wir uns freunt-
lichen mit im darumb vereinet und besammet haben in der maz als hernach geschriben
stet. [1] zum ersten das der egnant unser gnediger herre .. der Romische kunig
oder sein nachkumen an dem reiche uns unserm stifte oder nachkumen geben und
beczalen sullen funftawsent gut reinische guldein von pfingsten schirstkumend uber ein tour
jar umb sulche hilf und koste, dy wir gehabt haben und in kunftigen zeiten in dem No. 77
krige wider den kunig von Beheim, als wir des egnanten unsers herren .. des Ro-
mischen kuniges helffer wider in bleiben sullen, haben werden. [2] geschee aber das
er oder sein nachkumen an dem reiche uns unserm stifte oder nachkumen dyselben
funftawsent guldein nicht beczalten auf dy obgnanten friste und uns sulche beczalung
verczugen, so sol er uns oder sein nachkumen an dem reiche für dyselben funftawsent
guldein von stad an ein sloz zu underpfande antwurten und eingeben, das unserm
egnanten .. stifte zu Bamberg geleyen sey, darauf wir unser stift und nachkumen der
obgnanten summe guldein wolhabende und sicher sein, also das wir ye von zweinczig
guldein einen guldein davon uber das, das das sloz koste zu behuten und zu bewaren,
zu gulte gehaben mugen. [3] were auch das der egnante unser herre .. der Romische
kunig oder sein viztum zu Amberg an seiner state und wir[b] zu rate werden für ein
sloz oder mer zu zihen, darczu sol uns derselbe unser herre .. der Romische kunig mit
volke und geczewge getrewlich beistendig und beholffen sein. [4] und wurde mit des-
selben unsers herren .. des Romischen kunigs hilfe ein sulch sloz oder mer gewunnen[c],

a) fehlte Abkürzung, ergibt egnanten.   b) Gegenbrief add. mit eine.   c) Gegenbrief gewonden.

das sol halbes sein und halbes unser unsers stiftes und nachkumen sein und bleiben on geverde. [5] und ab ein sloz als vor geschriben stet gewunnen würde, begerten wir denn des egnanten unsers herren . . des Romischen künigs teil an demselben gewunnen slosse zu haben, so mage er uns unserm stifte oder nachkumen seinen teile daran eingeben an den obgnanten funftawsent guldein, als lange biz er oder sein nachkumen an dem reiche denselben halben teile von uns umb dyselben guldein wider geledigen und gelosen, das sy wol tun mugen, welche zeit in dem jare sy wollen; und wir sullen in das also zu losen geben, wenn sy uns dy losung also ein monad vor kuntlich geboten haben, on geverde. [6] geschech auch, davor got sey, das uns unserm stifte oder nachkumen ein sloz oder mer angewunnen oder verloren oder uns unserr dyner icht abgefangen wurden in disem krige, so sol der egnante unser herre . . der Romische kunig keine richtigung aufnemen, uns werden denn voraus unsere verlorne sloz wider, und dy gefangen, dy zu der zeit gefangen sein, unbeschnezte ledig, on geverde. [7] auch ist geredt, ab ez were das der oftgnante unser herre . . der Romische kunig ein richtigung funde, also das er dy gewunnen sloz widergeben wolde, des sol er wol macht haben, daran sullen wir in nicht hindern, doch also bescheidenlich, das er uns unserm stifte oder nachkumen vor widerlegt und gericht habe, was uns das gekostet hat, nach rate des hochgebornen fursten unsers lieben oheims herrn Fridreichs burggrafen zu Nurenberg und des edeln Johansen grafen zu Wertheim unsers lieben bruders. zu urkunde aller obgeschriben pfunte und artickel haben wir bischof Albrecht vorgnant unser insigel an disen brife gehangen, der geben ist des suntages esto michi nach Cristi geburt vierzehenhundert jare und darnach in dem ersten jare.

[in verso] Registrata per M. Jo.

282. *K. Ruprecht trifft eine Übereinkunft in dem Streite zwischen Bisch. Albrecht von Bamberg und Konrad Marschalk von Pappenheim nebst dessen theile. gen. Partei. 1401 Febr. 22 Nürnberg.*

Aus Karlsr. G.L.A. Pfälz. Kop.B. 146 fol. 27b-28a cop. chart. coaev., mit der Überschrift Ußspruch zuschen dem bischof von Bamberg und Cunrad marschalk von Pappenheim und sin sone Arnolt von Seckendorff etc.
Gedruckt Goldast Reichssatzung 2, 83; Lünig Reicharchiv 22, 814; Janssen Frankf. R.K. 1, 559 nr. 958 aus einem in seinem Privatbesitz befindlichen Kodex Acta et Pacta 141. — Moderne lat. Übersetzung bei Martène ampliss. coll. 4, 36 f. nr. 21. — Regest Georgisch 2, 652 nr. 13-15 und Chmel 181, beide aus Goldast Lünig Martène.

Wir Ruprecht von gots gnaden Romischer kunig zu allen ziten merer des richs han getadinget[a] of hute dinstag sand Peters tag ad kathedram zu latine hie zu Nurenberg zuschen dem erwirdigen Albrechte bischof zu Bamberg unserm lieben swager und fursten sinem stiefte und den sinen of ein site und Cuunrad marschalke von Pappenheim und sine son Arnolte von Seckendorffe Hanse und Frycze von Meiendal gebrudere und Hans Stepperger und iren helferen of die ander sit in der maß als hernach geschriben stet. [1] zum ersten das sie umben alle sachen, die sich zuschen in bedersit biß uf diesen hutigen tag vorgenant verlaufen hant, sollent genzliche gerichtet und gesunet sin, und sollen des gut frunde sin uf ußspruche, den die hochgebornen[c] Hans und Friderich burggraffen[d] zu Nurenberg unsere lieben swegere und fursten zuschen in dun werden, die wir darzu geben haben ir sache von beiden siten zu verhoren und sie darnauß zu entscheiden mit der minne oder mit dem rechten. und wie sie die entscheident, des sollen sie von beiden siten gefolgig sin und das auch also halten. [2] auch sullen sie

a) Geputzt[?] hat wol nicht. b) cod. getadinges. c) cod. hochgebern und Strich über e. d) cod. burgrafen.

iezunt zu stund von briden siten alle brantschaezung und sunst andere scheczunge die noch unbezalt ist und auch alle gefangen loissagen, und sullent in des ire versigelten briefe geben an die die in darvor globt hant. *datum et actum* Nurenberg die quo supra anno domini millesimo quadringentesimo primo regni vero*a* nostri anno primo.

283. *Beschluß des Raths zu Venedig: Antwort an den gen. Gesandten der 4 Herzöge von Österreich, welche mittheilen, daß sie einen Vergleichsversuch zwischen K. Wenzel und K. Ruprecht unternehmen, und um Rath fragen, falls dieser erfolglos bleibt.* 1401 Mrz. 10 *Venedig.*

Aus Venedig St.A. Deliberazioni miste, secreta, senato 1, registro 45 fol. 62*b* wh. coaev.; am Anfange links am Rande Sapientes consilii ser Benedictus Superancio, ser Johannes Moenigo, ser Rambertus Quirino, ser Nicolaus Fuscari, ser Petrus Ariniondo, ser Zacharias Trivisano miles.

1401 die 10 marcii indictione 9.

Capta. quod reverendo patri domino episcopo Frisingensi[1] ambaxiatori illustrium dominorum ducum Austrie ad ambaxiatam per eum expositam[2]: et ad primam partem continentem in effectu, quod prefati domini duces, volentes amicabiliter participare nobiscum de occurrentibus eis, significabant nobis, quod pro parte utriusque istorum duorum imperatorum extiterant requisiti, quod placeret eis et vellent adherere et favere sibi, cum multis aliis verbis, et quod prefati domini duces miserant ambaxiatam suam ad utrumque eorundem dominorum imperatorum ad videndum si possent concordiam*b* ponere inter ipsos, quum potius vellent quod per concordium*b* differentia sedaretur quam per ensem cum effusione sanguinis Christiani[3], concludendo, quod omnes illi domini duces omnes quatuor sunt dispositi, in casu quo non possint illos insimul concordare, adherere et esse cum illo quem cognoverint melius facere pro conservatione fidei Christiane, subjungendo, quod, si nobis videretur quod super hoc esset tenendus alius modus, predicti domini duces illam audirent libenter etc.: respondeatur: quod nos cum omni bona affectione intelleximus ea, que prefati domini notificaverunt nobis per dictum dominum episcopum tam caritative quam fraterne; ad que respondemus, quod de tam sapienti et provida deliberatione facta per illos dominos apud deum et mundum sint merito laudandi in faciendo tam sanctam et bonam provisionem in procurando quod differentie predictorum duorum imperatorum pacifice et quiete terminentur absque effusione sanguinis Christiani. et ad consilium seu parere nostrum, quod petunt in casu quo concordium inter ipsos imperatores sequi non posset, dicimus, quod de tam amicabili participatione nobiscum regratiamur excellentie sue quantum plus possumus, et quod bene cognoscimus, tantam sapientiam et virtutem esse in excellentia sua et habere ita solempne consilium et cum tanta maturitate procedere in quibuscumque habeant deliberare, quod omnia bene et perfecte fuerunt et erunt per partes deliberata pro bono statu et conservatione Christianitatis ac exaltatione et honore excellentie sue, et sic altissimo supplicamus ut dignetur eis prestare gratiam et proficiant secundum bonam voluntatem eorum in adherendo illi parti que plus faciat pro bono Christianorum in casu quo non possit sequi concordium inter imperatores predictos. [*folgen Berathungen über das Gesuch des Herzogs Wilhelm um Schiffe und Beihilfe zur Überfahrt seiner Gemahlin, der Schwester des K. Ladislaus.*]

a) cod. emgestrichen? b) sic.

[1] *Berthold 1381-1410.* — *unten Zeile 26.*
[2] *Das erforderliche respondeatur folgt viel weiter* — [3] *Vgl. nr. 337 und nr. 218.*

G. Städtische Kosten nr. 284-286.

284. *Geschenke Nürnbergs an den kön. Hof beim Aufenthalte K. Ruprechts daselbst im Febr. und Merz 1401.* [1401 Febr. 2ff. Nürnberg.]

Aus Nürnberg Kr.-A. Schenkbuch 187 fol. 1ᵃᵇ ch. coaev. mit der Überschrift Hernach vindt man geschriben die schenk, die man Römischen keisern und küngen noch iren gemaheln und andern den iren getan hat, sind das man zalte nach Cristi gepurt vierzehenhundert jare, zum ersten künig Ruprechten. Die Summierung s. beim Nürnb. Tag vom Mai nr. 344.

Propinavimus unserm herren künig Ruprechten, do wir in am ersten einliessen und im huldeten, zwen köpf ob einander vergulte, die kosten 120 guldein, und 1000 par guldein dorin¹. item wir schankten unser frawen der küngine zwen vergulte kopf ob einander, die kosten 90 guldein, und 400 guldein par dorin. item wir schankten seinen vier sünen und seinen zweien töchtern ieder person zwai tuch von Damasco, kosten 228 guldein. item wir schankten herzog Stephans gemahel des grafen von Cleve tochter, die er auf dem Reyn genomen hette, und mit unserm herren dem künig des ersten herkomen was, zwei tuch von Damasco, kosten 38 guldein. item wir schankten burggraff Fridrichen, der uns unser freiheit gen unserm herren künig ausstrug, 300 guldein. item dem kanzler in die canzlei 60 guldein. item so gaben wir in² von 18 briefen³, darunter ein gemein bestetigung was⁴, 300 guldein. item den unterschreibern in der canzlei von denselben briefen 24 guldein. item 20 guldein hern Niclasen Probin, der unsers hern künigs heimlicher und beichtiger was. item 20 guldein des künigs pusawnern und pfeifern und andern spillewten, der 16 waren. item 8 guldein den innersten türhütern. item 2 guldein den äusseresten türhütern. item 8 guldein allen unsers hern künigs botten. item 6 guldein den innersten cunerern. item 2 guldein der küngine innersten türhütern. item 50 guldein dem von Leyningen unsers herren künigs hoffmeister.

285. *Andre Geschenke Nürnbergs beim Aufenthalte K. Ruprechts daselbst im Febr. und Merz 1401.* 1401 Jan. 26 — April 6 Nürnberg.

Aus Nürnb. Kreis-Archiv cod. ms. nr. 489 Schenkbuch 1393-1422 fol. 61ᵇ-64ᵇ, gleichz. Papierhdschr.

[*Zweite Bürgermeisterperiode feria 4 post Pauli conversionem bis feria 4 in die Petri kathedre.*] Propinavimus herrn Johannsen erzbischof zu Meinez 1 fuder weins, daz kostet 31 guldein und 62 du., unum pro 1 lb. 3 sh. 4 hllr., summa 36 lb. 13 sh. 8 hllr. propinavimus bischof Johannsen dem newen bischof zu Wirtzpurg 20 sümer habern, die kosten 20 guldein und 100 du., unum pro 1 lb. 3 sh. 4 hllr., summa 24 lb. 3 sh. 4 hllr. propinavimus der burggrafin 20 qr., summa 3 lb. 6 sh. hllr. propinavimus den von Hailprunn 4 qr., summa 12 sh. 8 hllr. propinavimus den tumherren von Eysteten 8 qr., summa 1 lb. 1 sh. 4 hl. propinavimus einem von Ulm 4 qr., summa 10 sh. 8 hll. propinavimus dem Sweyker von Gundelfingen 6 qr., summa 16 sh. hl. propinavimus dem bischof von Bamberg und zwein graven von Werthein 30 qr., summa 4 lb. 15 sh. hll. propinavimus herrn Albrecht von Hessburg und seinem

---

¹ Auch erwähnt von Hegel in St.Chr. 1, 269, 13.
² Den Kanzleibeamten? oder Schreibfehler für im d. h. dem Kanzler?
³ Dies sind o. Zw. die in nr. 243 und 245 geforderten 17 königlichen Urkunden nebst der 243 art. 1ᵃ ausbedungenen kurfürstlichen Bestätigung.
⁴ S. nr. 243 art. 1ᵃ.

bruder 6 qr., summa 16 sh. hllr.   propinavimus hern Hansen von Hohenloh 6 qr., summa 1 lb. hll.   propinavimus graven Günther von Swarczburg 6 qr., summa 1 lb. hl.   propinavimus den tumherren von Bamberg 8 qr., summa 1 lb. 1 sh. 4 hll.   propinavimus hern Ulrich Lantschaden viczturn und hern Fridrich von Aufsezz 12 qr., summa 2 lb. hll.   propinavimus dem egenanten Lantschaden iterum fur 4 guldein habern, unum pro 1 lb. 3 sh. 4 hllr., summa 4 lb 13 sh. 4 hllr.   propinavimus graven Lienhart von Kastel 6 qr., summa 1 lb. hl.   propinavimus dem herzogen Steffan 24 qr., summa 4 lb. hll.   propinavimus dem meister Tewtsch ordens 12 qr., summa 2 lb. hll.   propinavimus dem von Wolfstein 8 qr., summa 1 lb. 1 sh. 4 hll.   propinavimus dem von Ebersteyn 6 qr., summa 16 sh. hll.   propinavimus drein von Rosenberg 6 qr., summa 16 sh. hllr.   propinavimus dem von Winsheim 4 qr., summa 10 sh. 8 hll.   propinavimus dem Muckentaler[b] lantrichter 4 qr., summa 13 sh. 4 ld.   propinavimus den von Sweinfurt 4 qr., summa 10 sh. 8 hllr.   propinavimus der jungen von Meichsen hofmeister 12 qr., summa 2 lb. hll.   propinavimus hern Conrad Michel und Wilhelm den zollnern 6 qr., summa 16 sh. hll.   propinavimus hern Burchart von Seckendorff dem von Maspach und H. Lemplein 8 qr., summa 1 lb. 1 sh. 4 hllr.   propinavimus zwein von Pickembach 6 qr., summa 16 sh. hllr.   propinavimus Karl von Hell Hansen Kratz Peter Gumprcht und Jacob von Sawnsheim 8 qr., summa 1 lb. 1 sh. 4 hll.   propinavimus hern Hartungen von Eglofstein dem Reydempuch und Eltel Kempnater 8 qr., summa 1 lb. 1 sh. 4 hllr.   propinavimus burggraven Johannsen 16 qr., summa 2 lb. 11 sh. 4 hllr.   propinavimus dem Stauffer 4 qr., summa 13 sh. 8 hll.   propinavimus hern Fridrich Wolfskein und hern Hansen Truchsezzen 6 qr., summa 16 sh. hllr.   propinavimus dem graven von Rieneck 6 qr., summa 1 lb. hll.   propinavimus hern Wilhelm von Thüngen und Otten von der Ker 8 qr., summa 1 lb. 1 sh. 4 hllr.   propinavimus graven Heinrich von Hennemberg 8 qr., summa 1 lb 6 sh. 8 hll.   propinavimus graven Fridrich von Hennemberg 8 qr., summa 1 lb. 6 sh. 8 hllr.   propinavimus dem Schenken von Ertpach und zwein von Weinsperg 12 qr., summa 2 lb. hll.   propinavimus hern Albrecht Göler C. Lantschaden und H. Münichen 10 qr., summa 1 lb. 13 sh. 8 hllr.   propinavimus graven Wilhelm dez eltern von Meichsen rat 10 qr., summa 1 lb. 13 sh. 8 hll.   propinavimus dem vitzturn von Oschaffemburg 8 qr., summa 1 lb. 1 sh. 4 hllr.   propinavimus hern Hansen von Vechembach und seinen gesellen 8 qr., summa 1 lb. 1 sh. 4 hllr.   propinavimus dem Schenken von Lympurg 12 qr., summa 2 lb. hll.   propinavimus Fritz Mager von Frankenfurt 4 qr., summa 10 sh. 8 hll.   propinavimus dem Heckel von Amberg 4 qr., summa 10 sh. 8 hllr.   propinavimus dem von Hanaw 6 qr., summa 1 lb. hllr.   propinavimus den von Sweinfurt anderweit 4 qr., summa 10 sh. 8 hl.   propinavimus dem von Freiberg 6 qr., summa 16 sh. hllr.   propinavimus dem Gewolff und dem Satelpoger 8 qr., summa 16 sh. hllr.   propinavimus dem von Laber und dem von Abensperg 12 qr., summa 1 lb. 16 sh. hllr.   propinavimus dem Eberhard von Freyberg 4 qr., summa 10 sh. 8 hll.   propinavimus zwein von Mur und einem von Wartperg 6 qr., summa 12 sh. hllr.   propinavimus dez newen kunigs schenken und dem Kamrawer 6 qr., summa 16 sh. hllr.   item dem Preissinger dem Torringer und dem Pentzauwer 6 qr., summa 16 sh. hllr.   propinavimus Conrat Preisinger und Steffan Smycher und Hansen Laimynger 8 qr., summa 1 lb. 4 sh. hllr.   propinavimus H. Preisinger Grofen Zenger 8 qr., summa 1 lb. 1 sh. 4 hllr.   propinavimus dem Torringer und dem Preisinger 6 qr., summa 16 sh. hl.   propinavimus dem graven von Klebf 24 qr., summa 4 lb. hll.   propinavimus ei iterum visch fur 4 guldin, unum pro 1 lb. 3 sh. 4 hll., summa 4 lb. 13 sh. 4 hllr.   propinavimus dem von Weinsperg und der von

---

a) cod. Sie hat von derselben Hand herrig. aus von Deck.   b) cod. Muthentaler.

1401 Swartzpurg und iren töchtern 8 qr., summa 1 lb. 6 sh. 8 hllr.   propinavimus dem
Jan. 26 Nothaften 8 qr., summa 1 lb. 6 sh. 8 hllr.   propinavimus her Albrecht von Hohen-
Fbr. 22 loh 6 qr., summa 1 lb. hll.   propinavimus dem Eitel Kempnater und seiner wirtin
6 qr., summa 16 sh. hl.   propinavimus dem Schenken von Heimbawr 4 qr., summa
10 sh. 8 hllr.   propinavimus C. von Zedwitz und viern von Redwitz 12 qr., summa
1 lb. 12 sh.   propinavimus zwein von Freyberg 6 qr., summa 16 sh. hll.   propi-
navimus dem Gensköffel Zenger 6 qr., summa 16 sh. hllr.   propinavimus dem Wal-
thasar und dem Puchberger 4 qr., summ 12 sh. hll.   propinavimus dem Uttlinger
und zwein Weidlingern 6 qr., summa 12 sh. hllr.   propinavimus dez von Padaw rat
10 qr., summa 1 lb. 10 sh. hllr.   propinavimus dem Affentaler und dem Peffenhawser
6 qr., summa 12 sh. hllr.   propinavimus herzog Ludwig von Beyrn 24 qr., summa
4 lb. hllr.   propinavimus herzogen Heinrich von Beirn 24 qr., summa 3 lb. 16 sh.
hllr.   propinavimus herzog Ernsten von Bayrn 24 qr., summa 3 lb. 16 sh. hllr.   pro-
pinavimus hern Fridrich von Haideck 10 qr., summa 1 lb. 10 sh. hllr.   propinavimus
dem von Laber 12 qr., summa 2 lb. hllr.   propinavimus dem Marschalken von Obern-
dorff 8 qr., summa 1 lb. 4 sh. hl.   propinavimus einem burger von Wimpffen 4 qr.,
summa 8 sh. hllr.   propinavimus Cunrat von Swachaw dem Seewabler und dem
Sinder dem Ebner und andern von München 8 qr., summa 1 lb. 4 sh. hllr.

Summa 168 lb. 18 sh. und 4 hl.

1401 [*Dritte Bürgermeisterperiode* feria 4 in die Petri kathedre *bis* feria 4 ante Marie
Fbr. 23 anunciationis.]   Item propinavimus hern Hansen von Lichtenstein und hern Fridrich
bis Mrz. 23 von Aufsezz und hern Albrecht von Eglofstein 8 qr., summa 1 lb. 4 sh. hllr.   propi-
navimus den von Weissemburg 4 qr., summa 8 sh. hllr.   propinavimus marggraven
Balthaser von Meichsen 24 qr., summa 3 lb. 12 sh. hllr.   propinavimus graven H. von
Swartzburg von Sundershawsen[b] und seinem bruder 12 qr., summa 1 lb. 16 sh. hllr.
propinavimus dem graven von Peichlingen 6 qr., summa 18 sh. hllr.   propinavimus
dez margraven Balthasar hofmeister und dem kuchenmeister 8 qr., summa 1 lb. 4 sh.
hllr.   propinavimus hern H. von der Ker und Wilhelm seinem bruder und zwein von
Scharpfenstein und 5 mit in 8 qr., summa 1 lb. 4 sh. hl.   propinavimus lantgraven
Johannsen von Lewchtemberg 16 qr., summa 2 lb. 2 sh. 8 hllr.   propinavimus den
burgern von Vorcheim 4 qr., summa 6 sh. 8 hllr.   propinavimus aber den von Weis-
semburg 6 qr., summa 16 sh. hllr.   propinavimus den von Sweynffurt 4 qr., summa
8 sh. hllr.   propinavimus graven Philippen von Nassaw 10 qr., summa 1 lb. 10 sh.
hll.   propinavimus dem Törringer dem Katzperger dem Berhtoltsbufer und andern
8 qr., summa 1 lb. 2 sh. 8 hllr.   propinavimus dem statschreiber von Erffurt 4 qr.,
summa 10 sh. 8 hllr.   propinavimus hern Fridrich von Freyberg dem eltern hern
C. von Rotenstein hern Hilpolt Knöringer[c] und hern Herman von Freiberg 10 qr.,
summa 1 lb. 6 sh. 8 hllr.   propinavimus markgraven Fridrich von Meichsen 24 qr.,
summa 3 lb. 12 sh. hl   propinavimus markgraven hofmeister kuchenmeister und an-
dern 8 qr., summa 1 lb. 4 sh. hllr.   propinavimus dem von Geraw und dem tum-
probst 10 qr., summa 1½ lb. hl.   propinavimus zwein von Manssfelt und einem von
Querfurt, summa 1 lb. 4 sh. hll.   propinavimus margraven Wilhelm von Meichsen dez
eltern rat hern Dietrich Langen und seinem kaplan 6 qr., summa 18 sh. hll   propi-
navimus dem Rewssen von Plahen 10 qr., summa 1½ lb. hllr.   propinavimus [*sic*].

Summa 28 lb. 7 sh. 4 hllr.

a) *cod.* hertzg.   b) *cod.* Sundershawsen.   c) *cod.* Knöringer.

ung auf dem RT.

gemeinen Verhältnis
eutsch-Französischen

2-293.
en Romzug, seine For-
e mit den Swiczern bei
„1401 etwa Juli" setzt,
u Romzugsprojekt; wir
5 Bande. Das weitere

294-300.
gemeinsames Vorgehen gegen
auf 24 Juni, woselbst die

1400 in nr. 296 art. 11ᵇ,
die zu Mainz nr. 180 art. 1
Ruprecht und Wenzel geht
ttelung als nicht diskutierbar

an die Königin von Frank-
oder aber auch wegen der
st. Sie erfolgt auf Anregung
rt. 1.

nr. 301-308.
andere Gestalt an, als in nr. 258.
den Pabst für Ruprecht einge-
Ladislaus von Neapel zu Stande
des letzteren mit dem Könige, ein
kte dieß Heiratsprojekt auch nicht,
lorentiner, auf den sie noch später
er fanden entscheidende Verhand-
deren Geschäftsführer, der gewundte
in nr. 302 darüber gibt. Die An-
aut auch Ulman Stromer St.Chr. 1,
nach Aufzählung der fremden Bot-
gt und man lag kunk Ruprecht vast
zichen solt, vgl. nr. 302 art. 4. 5.
dem Nürnberger Schenkbuch bei uns
sowol wie bei Ulman Stromer l. c.

Reichstag zu Nürnberg
im Mai 1401.

Ein Einladungsschreiben haben wir nicht. Aber in nr. 267 art. 3 ist gesagt, daß K. Ruprecht seine archiprincipes auf 1 Mai nach Nürnberg bestellt habe, und als Hauptzweck wird der Römische Krönungszug bezeichnet. Dieser Reichstag ist es, von dem Buonaccorso Pitti in nr. 302 spricht, wie auch Janssen 1, 642 erkannt hat; den früheren Reichstag zu Nürnberg vom Februar und Merz 1401 kann Pitti nicht gemeint haben, da der Aufenthalt K. Ruprechts in Amberg, wo ihn Pitti erst trifft, im Merz stattfindet, mitten drin zwischen den beiden Nürnberger Tagen. Nach Chmel's Regesten urkundet der König dann zu Nürnberg vom 30 April bis 30 Mai 1401. Was Ulman Stromer St.Chr. 1, 53-55 erzählt, geht von 53, 9 und nach ostern an auf unsern Reichstag; s. die Einleitung zum vorigen Reichstag. Die Angabe des Einzugstags in nr. 311 (Mai 6) ist wol ungenau.

Ein Schreiben K. Ruprecht's vom 5 Mai 1401 beschäftigt sich mit den Zöllen des Landfriedens von 1398. Wir geben ein Regest davon im nächsten Bande, wo die Landfriedensthätigkeit des Königs vorkommt, in der Einleitung zu lit. D; vgl. Einleitung zum Reichstag vom Februar und Merz 1401, am Schluß.

Die Schreiben, welche der König auf diesem Tag an die Kurie richtete, sind bereits in nr. 8 und 9 mitgetheilt. Die Gesandtschaft des Pabstes ist, wie die übrigen Gesandtschaften, in dem Nürnberger Schenkbuch erwähnt, hier bei uns nr. 342 in der sechsten Bürgermeisterperiode, doch ohne Namen, der sich aus nr. 8 und 9 ergibt; vgl. nr. 4-7; auch Ulman Stromer St.Chr. 1, 54, 24 nennt den Gesandten; ein grosser doktor, hies maister Antonyus. Bischof Konrad von Verden, der bei der Gesandtschaft nach Rom gewesen war (nr. 1-3), ist auch hier anwesend, nr. 312 Nürnb. Schenkbuch 6. Bürgermeisterperiode: dem von Sultaw.

Die Urkunde des Erzb. Johann von Mainz über das Mainzische Cancellariat, die in diese Zeit fällt, ist in der Anmerkung zu nr. 209 erwähnt.

A. Allgemeine Bekanntmachung wegen des Romzugs nr. 287.

Man mag empfunden haben, daß auf dem Reichstag selbst nicht genug Stände da waren, die sich gleich zum Romzug verpflichten konnten. Der Bischof von Verden wird daher noch im Reich herumgeschickt, um diese Sache zu betreiben. Auch Buonaccorso Pitti nr. 302 art. 8 spricht von der ungenügenden Zahl der Anwesenden, weswegen man den nächsten Mainzer Reichstag zur Remedur ins Auge gefaßt habe.

B. Verhandlung mit Österreich nr. 288-290.

Es ist der Romzug, der dabei wol in erster Linie steht, wobei sich dann ein Blick in das ganze verzwickte Verhältnis des Königs zu diesem Haus eröffnet. Vgl. nr.

216-218. Daß diese Verhandlungen Gegenstand vorheriger Berathung auf dem RT. waren, zeigt nr. 289 art. 1.

C. Verhandlung mit Lüttich nr. 291.

Wider handelt es sich hier um den Romzug, neben dem allgemeinen Verhältnis von Stadt und Land Lüttich zum neuen König; zugleich um den Deutsch-Französischen Metzer Tag auf 24 Juni in der Kirchensache.

D. Verhandlung mit den Schweizern nr. 292-293.

Der König will Anerkennung und Entgegenkommen für den Romzug, seine Forderungen in letzterer Hinsicht sind bescheiden. Das Gedächtniße mit den Swiczern bei Janssen 1, 605 f. nr. 1015, der es versuchsweise, fragend, auf „1401 etwa Juli" setzt, gehört in eine spätere Zeit, in das Jahr 1404 zu dem damaligen Romzugsprojekt; wir theilen das Stück noch künftig mit, unter 25 Juni 1404 im 5 Bande. Das weitere über die Schweizer s. zunächst nr. 346 art. 3-3^b.

E. Verhandlung mit Frankreich nr. 294-300.

Es handelt sich vornehmlich um ein Bündnis und ein gemeinsames Vorgehen gegen Mailand, dann um den Metzer Deutsch-Französischen Tag auf 24 Juni, woselbst die Mailändische Sache und die Kirchenfrage vorkommen sollten.

Angeknüpft wird an den Mainzer Tag vom December 1400 in nr. 296 art. 11^b, und an den Kölner Krönungstag ibid. art. 11^c. Aber auf die zu Mainz nr. 180 art. 1 von Französischer Seite angebotene Vermittlung zwischen Ruprecht und Wenzel geht ersterer mit keinem Wort ein, sichtlich wird diese Vermittlung als nicht diskutierbar behandelt.

Die Gesandtschaft geht nicht an den König sondern an die Königin von Frankreich, vielleicht wegen des geistigen Zustandes des erstern, oder aber auch wegen der Verstimmung von der in nr. 296 art. 11$^{b \cdot d}$ die Rede ist. Sie erfolgt auf Anregung des erwählten Bischofs Johann von Lüttich, s. nr. 291 art. 1.

F. Verhandlung mit Florenz nr. 301-308.

Die Beziehungen zu Florenz nehmen schon bestimmtere Gestalt an, als in nr. 258. 260. 262. 263; nr. 301 zeigt die Florentiner bemüht, den Pabst für Ruprecht einzunehmen, und eine Ligue zwischen ihnen dreien und K. Ladislaus von Neapel zu Stande zu bringen, womöglich zugleich eine Verschwägerung des letzteren mit dem Könige, ein Projekt, von dem man bisher nichts gewußt hat. Glückte dieß Heiratsprojekt auch nicht, so blieb jene Ligue doch ein Lieblingsgedanke der Florentiner, auf die sie noch später wieder zurückkamen. Auf dem Reichstage selbst aber fanden entscheidende Verhandlungen mit der Florentinischen Gesandtschaft statt, deren Geschäftsführer, der gewandte Buonaccorso Pitti, uns die eingehendste Auskunft in nr. 302 darüber gibt. Die Anwesenheit dieser Gesandtschaft auf dem RT. erwähnt auch Ulman Stromer St.Chr. 1, 55, 1; wol sie meint er hauptsächlich, wenn er nach Aufzählung der fremden Botschaften, die damals zu Nürnberg erschienen, sagt und man lag kunk Ruprecht vast an, daz er gen Welissen landen und gen Rom ziehen solt, vgl. nr. 302 art. 4. 5. Gleichfalls erwähnt wird die Gesandtschaft in dem Nürnberger Schenkbuch bei uns nr. 342 in der fünften Bürgermeisterperiode, hier sowol wie bei Ulman Stromer l. c. ohne

Namen, die sich aus nr. 302 und nr. 258 ergeben. Einen der ersten Verhandlungs-
gegenstände auf dem RT. bildete der kurz vorher in Amberg entdeckte Vergiftungs-
anschlag, s. nr. 302 art. 7°, der überall sehr gegen den Hzg. Johann Galeazzo erbitterte
und unter den obwaltenden Verhältnissen eine politische Bedeutung gewann. Dieß zeigen
die darüber gewechselten Briefe nr. 303. 304. 308, namentlich auch die später im fünften
Bande erscheinenden Instruktionen der Florentiner vom November 1401 art. 2¹, vgl.
ferner nr. 364 und 365 in Bd. 4. Das wichtige Resultat der Verhandlungen mit Pitti
war der Vertragsentwurf nr. 307, der im wesentlichen schon die Bestimmungen des
definitiven Vertrages vom 13 Sept. 1401 enthält.

G. Verhandlung mit Venedig nr. 309-310.

Während Florenz den König eifrig in die Italienischen Angelegenheiten zu ziehen
sucht, sehen wir Venedig von Anfang an die reservierte Haltung einnehmen, welche die
Stadt auch fernerhin bewahrt; sie will es mit dem gefährlichen Hzg. von Mailand nicht
gern verderben und hält an dem mit ihm geschlossenen Friedensbund vom 21 Merz
1400 (s. Note zu nr. 260 art. 2¹) zähe fest, wie sie auch die Mitverbündeten Franz
von Carrara und Florenz in der Bundestreue zu erhalten sucht, s. nr. 260 art. 2¹.
262. 263. Eine Gesandtschaft an den König zu senden, hatte sie bereits auf dessen
direkte Aufforderung abgelehnt, s. nr. 260 art. 2°, nicht minder auf die indirekte Auf-
forderung durch die Florentiner, s. nr. 260. 263, jetzt erwidert sie dessen erneute
Anknüpfungsversuche (nr. 309 und die Botschaft des Dorde in nr. 310) nur mit all-
gemeinen Ergebenheitsversicherungen (nr. 310).

H. Verhandlung mit Franz von Carrara Reichsvikar in Padua nr. 311-313.

Franz von Carrara, der eifrigste Anhänger des Königs in Italien, hatte nicht
nur der Gesandtschaft der Florentiner seinen Boten Dorde sich anschließen lassen (nr.
302 art. 2), der in Nürnberg dem Reichstage beiwohnte und die Resultate der Ver-
handlungen mit Bezug auf Italien seinem Herrn zu überbringen beauftragt wurde (nr.
312), sondern er entsandte inzwischen noch eine zweite Botschaft (nr. 311). Daß der
von Padua seine Botschaft zu Nürnberg hatte, erwähnen im allgemeinen Ulman Stromer
St.Chr. 1, 54, 25 und das Nürnberger Schenkbuch bei uns nr. 342 in der sechsten
Bürgermeisterperiode.

Auch an den Markgrafen Nikolaus von Este hat K. Ruprecht, wol um diese Zeit,
also von Nürnberg aus geschrieben; das ist aus Karlsr. G.L.A. Pfälz. Kop.B. 146 fol.
98° zu entnehmen, wo freilich außer der Überschrift Magnifico et potenti viro Nicolao
marchioni Estensi nostro et sacri imperii in Mutina vicario et fideli dilecto nur der An-
fang eines Briefes steht Magnifice ac potens amice predilecte etc., vielleicht um anzu-
zeigen, daß das Schreiben inhaltlich identisch war mit dem unmittelbar vorhergehenden
an den Dogen Michael Steno (bei uns nr. 309), doch ohne daß dieß gesagt wäre, auch
ist die Seite nicht voll. Janssen Frankf. R.K. 1 nr. 993 hat gemäß der eben erwähn-
ten Annahme registriert aus einem Kodex in seinem Privatbesitz Acta et Pacta 276,
wo vermuthlich nur dieselbe Notiz steht wie im Pfälz. Kop.B. 146, s. über diese Acta
et Pacta unsere Vorrede.

I. Verhandlung mit Savoien nr. 314.

Es ist der erste Versuch einer Anknüpfung mit Savoien, den wir hier vor uns
haben, denn es wird erst die Wahl Ruprechts notifiziert und um Anerkennung ersucht.

Weiter handelt es sich um dieselben Gegenstände, wie in den Verhandlungen nr. 291-297, namentlich mußte der Wunsch, die Alpenübergänge zum Romzug geöffnet zu haben, die Freundschaft des Grafen gerade jetzt wichtig erscheinen lassen. Die Antwort ist sehr ablehnend; dieselbe wird ergänzt durch die Angaben in nr. 298.

K. Verhandlung mit Aragonien und Sicilien nr. 315-318.

Daß eine Gesandtschaft des Königs von Aragonien auf dem RT. in Nürnberg war, erwähnt Ulman Stromer St.Chr. 1, 55, 1; auch in nr. 342 in den Propinationen der sechsten Bürgermeisterperiode erscheint dieselbe. K. Ruprecht benützt sie, um die mit Aragonien angeknüpften Beziehungen (s. nr. 264-268) fester zu ziehen und neue auch mit dem Sohne Martins von Aragonien, K. Martin von Sicilien, anzuknüpfen. Diese Beziehungen zu pflegen, scheint K. Ruprechten, trotz des Romzuges wegen, besonders wichtig; s. nr. 305 und 306, wo er die Florentiner ersucht, falls sie den Vertrag nr. 307 genehmigen, dieß dem K. Martin von Aragonien mitzutheilen. Nr. 317 art. 3 enthält die Forderung des Subsidium gentium, von der Olenschlager Erläuterung d. gold. Bulle pag. 73 (o. Zw. mit falschem Citat Martène coll. ampl. II, wo nichts der Art steht) redet.

L. Verhältnis zu Lübeck Goslar Herford Mülhausen Nordhausen nr. 319-325.

Was K. Ruprechts Verhältnis zu Lübeck betrifft, welches schon in der Einleitung zum RT. in Mainz vom Dec. 1400 lit. C berührt worden ist, so konnten hier nur die Stücke zusammengestellt werden, welche im Anschluß an die auf dem Reichstage erlassene Aufforderung vom 18 Mai nr. 319 sich direkt auf die Anerkennung des Königs und seiner Herrschaftsrechte beziehen. Ein weiteres Eingehen auf das Verhalten des Königs in dem Streit zwischen altem und neuem Rathe der Stadt würde viel zu weit geführt haben, und durfte um so mehr unterlassen werden, da man auf die Darstellung von C. Wehrmann Der Aufstand in Lübeck bis zur Rückkehr des alten Raths 1408-1416 in den Hansischen Geschichtsblättern Jahrgang 1878 pag. 104-156 verweisen kann, und da das urkundliche Material fast vollständig im Codex dipl. Lubecensis Abtheilg. 1 Urkdb. der Stadt Lübeck Theil 5 abgedruckt ist; vgl. außerdem G. Schmidt Urkdb. der Stadt Göttingen Theil 2 nr. 20 und pag. 10 nt. 1, Bunge Liv.-Esth.- und Curländ. Urkdb. Bd. 4 nr. 1759. 1815. 1844, Bd. 6 nr. 2989, Kurlsr. G.L.A. Pfälz. Kop.B. 149 fol. 128-129 und ib. 8$\frac{1}{4}$ fol. 121^{ab}, sowie die dahin gehörigen Regesten bei Chmel, und endlich noch Hanserecesse 5 an verschiedenen Orten (vgl. Koppmanns Einl. pag. V). Wie diese städtische Parteisache mit der Anerkennungsfrage zusammenhängt, hebt besonders hervor Wehrmann a. a. O. pag. 138; vgl. namentlich den Bericht des Raths über die ganze Angelegenheit an K. Sigismund nach Ruprechts Tode im Cod. dipl. Lubecensis l. c. nr. 388 pag. 429-432 um das Jahr 1411. — Daß die Aufforderung an die Städte nr. 320 anstatt dem Könige den Herzogen von Braunschweig zu huldigen, mehr politische Bedeutung hatte als die Urkunde an sich vermuthen läßt, ergibt sich aus der dort mitgetheilten Note. Es ist begreiflich, daß die Städte nicht darauf eingiengen. Die Antwort der Stadt Herford von [1403] Juli 11 haben wir und geben sie hier aus Hannover St.A. Celler Orig.Archiv Design. 8 Schrank 4 Caps. 16 L nr. 9^{10}, or. ch. l. claus. c. sig. in verso impr.: Denstlike grote tovoren. hochgebornen vürsten leven ghenedigen heren. so also jûwe ghenade an uns gheserevets heft umme eno hûldeghinge, hebbe wy wal vornomen. unde gheren itwe ghenade ghenoghe darup weten, dat wy enen heren hebben, deme wy jarlikes pleghen to hûldeghende. unde wy ensint demo keyser noch demo konynge nyner hûldeghinge plichtich van unses slotes

43*

weghen, unde biddet iuwe ghenade uns dat deghedinge umme to vorlatene; enmochte
gy uns aver deghedinge darumme nicht vorlaten, so hopede wy dat wal bewysen. leven
heren, iuwe ghenade bede alle tiid over uns. *screven des godensdages na sunte Olrikes
daghe under unsem secret.* [in verso] Den dorluftighen hochgheborenen vursten unde
heren hartzoghen Hinrike unde hartzoghen Bernde hartogen to Brunswyk unde Lunen-
borch unsen leven ghenedigen heren. [*Unterschrift*] Proconsules scabini et consules
Hervordenses. *Links am Rande der ersten Zeile steht eine Römische II und in halber
Höhe rechts neben derselben zwei C, nach der Adresse folgt noch ein g mit Abkürzungs-
zeichen, alles in gleicher Schrift.*

M. Mainzer Bischofstreit zwischen Johann II und Joffrid von Leiningen nr. 326.

*Nach dem, was in der Einleitung zum Nürnberger RT. vom Februar-Merz unter
F den Grundsätzen dieser Sammlung gemäß gesagt worden ist, sollte dieser Streit eigent-
lich hier auch nicht aufgenommen werden, wenngleich der mitgetheilte Schiedsspruch des
Königs in der Angelegenheit auf unseren Reichstag fällt; allein es wird gerechtfertigt
sein, hier, wie mit dem Braunschweigischen Handel wegen der Tödtung des Hzgs. Fri-
drich, eine Ausnahme zu machen, weil es sich um eine Angelegenheit handelt, welche
(Besetzung des vornehmsten Kurfürstenstuhles) die Bedeutung einer wahren Reichssache
hat. Auch ist bereits früher, RTA. 1 nr. 166-174 und 199 mit Erzb. Adolf I von
Mainz ähnlich verfahren worden. Über die Vorgeschichte dieses Streites vgl. RTA. 2,
417, 16f. und Höfler Ruprecht pag. 111f.*

N. Verhandlungen wegen der Tödtung des Hzgs. Friderich von Braunschweig nr. 327-335.

*Abermals (vgl. nr. 269-280) kommt diese schwierige Angelegenheit auf einem
Reichstage zur Verhandlung, abermals ohne Erfolg, obgleich dem Könige die Versöhnung
der Parteien wegen des bevorstehenden Zuges nach Italien doppelt wünschenswerth
erscheint und er das ausdrücklich erklärt, s. nr. 330 art. 6. Das Stück nr. 335 kann,
da es undatiert ist, und die darin vorgebrachten Beschwerden längere Zeit unerledigt
blieben, schwer mit einiger Sicherheit datirt werden; doch dürfte es mit Rücksicht auf
nr. 330 art. 1 schicklich hier eingereiht werden.*

O. Verhältnis zu König Wenzel nr. 336-340.

*An die vom Reichstage aus ergangene Erklärung des Erzb. Johann von Mainz
nr. 336 schließen wir hier die wenig späteren Actenstücke, welche zu den auf dem
nächsten Reichstag fallenden Verhandlungen K. Ruprechts mit K. Wenzel führen. Wir
erfuhren schon aus nr. 218 und 283, daß die Vermittlungsversuche von den Österreichi-
schen Herzogen ausgiengen, nr. 337 bestätigt es. Hatten diese auch vielleicht vorwiegend
ihre eigenen Gründe, einen friedlichen Ausgleich des Thronstreites zu wünschen, so
konnte dasselbe doch auch anderen Fürsten nicht gleichgültig sein, und gewiß sind solche
Anerbieten wie K. Ruprecht sie in nr. 340 macht, nicht ohne vorherigen Beirath der
Fürsten geschehen; handelt es sich doch um König- und Kaiserthum und, wie König
Ruprecht nr. 392 art. 1 selbst hervorhebt, um die Interessen des Kurfürsten. Es ist
also eine Reichssache in hohem Grade, und wir werden auch nicht irren, wenn wir
annehmen, daß die darin vom Könige Ruprecht unternommenen Schritte vorher auf dem
Reichstage zur Sprache gekommen sind. Gmundling, Leben und Thaten Friedrichs des*

Ersten Halle 1715 pag. 12f. § 4. 5, spricht von einer Werbung des Burggrafen Friderich von Nürnberg an K. Wenzel nach dessen Absetzung wodurch er denselben zu bewegen sucht dem neu Erwählten als König die Reichsregierung zu übertragen und selbst die kaiserliche Würde zu behalten. Das würde eine andere Werbung sein als nr. 340, denn in nr. 340 ist von einer solchen Theilung des Kaisertums und Königtums die Rede. Allein wir werden uns durch diese Notiz Gundlings nicht zu der Annahme einer solchen Werbung, von der uns sonst gar keine Spur begegnet, bestimmen lassen: erstens macht die ganze Notiz einen durchaus verwirrten Eindruck, indem Zeiten und Personen (u. a. ist auch pag. 13 von einer Wahl Friderichs von Braunschweig die Rede) völlig durch einander gehen; sodann kann jenes Anerbieten nicht wol im Namen K. Ruprechts geschehen sein, da sich dieser in nr. 392 art. 8 gegen dasselbe von K. Wenzel ausgehende Anerbieten als eines außerhalb jeder Diskussion liegenden erklärt. Wir werden es vorziehen, anzunehmen, daß die Notiz Gundlings auf ungenauer Auffassung der Thatsachen beruht und daß keine solche Werbung stattgefunden hat. Keiner der späteren Darsteller dieser Verhältnisse nimmt auch dergleichen an. Vgl. Pelzel Wenzel 2 pag. 437f., Palacky Gesch. v. Böhmen 3, 1 pag. 127f., Höfler Ruprecht pag. 214ff.

Neben den Vorbereitungen zu Friedensverhandlungen her giengen gleichzeitig Kriegsrüstungen: Geldanleihen und Anwerbungen zum Böhmischen Kriege auch aus der Zeit dieses Reichstages finden sich im Karlsruher Kop.B. der Pfalz 149ᵇ cop. ch. coev.

P. Städtische Kosten nr. 341-343.

Von besonderem Interesse sind hier natürlich wieder die Nürnberger Propinationen, welche sicher die Anwesenheit der von der Stadt so Geehrten bezeugen. Wir haben in dieser Einleitung schon auf die verschiedenen Gesandtschaften, die da vorkommen, hingewiesen.

Ernst Bernheim.

A. Allgemeine Bekanntmachung wegen des Romzugs nr. 287.

287. *K. Ruprecht beglaubigt Bisch. Konrad III von Verden bei den Reichsständen zu Mittheilungen betr. Romzug.* 1401 Mai 18 Nürnberg.

A aus Karlsr. G.L.A. Pfälz. Kop.B. 8¼ fol. 16ᵇ cop. ch. coev., mit der Überschrift Ein credens uf hern Cunrad bischof zû Verden.
B coll. ib. Pfälz. Kop.B. 149 pag. 12 cop. ch. coev., mit derselben Überschrift.

Wir Ruprecht etc. enbieten allen und iglichen fursten graven frien herren rittern und knechten, den dieser geinwertiger unser brief furkommet, unser gnade und alles gût. hochgebornen und edeln unser und dez heiligen richs lieben getruwen. wir laßen ûch wißen, daz wir mit unsern kurfursten und etlichen andern fursten zu rade sin worden umbe folke zu bestellen zu unserm zûge gein Welschen landen, unser cronunge zu enphahen, und hoffen, ob got wil, und wollen uns auch genzlich darzu schicken kurzlich hininne zu ziehen, und haben dem erwirdigen Cunrad bischof zu Verden unserm lieben fursten und getruwen bevolhen mit uch von unsern wegin davon zu reden, und begeren und bitten uch fruntliche mit ganzem ernst, daz ir demselben Cunrad bischof zu Verden genzlich wollent glauben, waz er uch davon zu dieser zit von unsern wegin sagende si, und alz fruntlichen darzû bewisen, alz wir des io zu uch allen und uwer igclichen besunder sunderlichem ganze getruwen und zuversicht han. da důnt ir uns auch dankneme liebe und fruntschaft an, die wir auch gein uch und uwer iglichem besunder gerne bedenken wollen. orkunt diß briefs versiegelt mit unserm kuniglichen*a* ufgetruckten ingesiegel, datum Nuremberg quarta feria ante festum penthecostes anno domini millesimo quadringentesimo primo regni vero nostri anno primo.

Ad mandatum domini regis
Johannes Winheim*b*.

B. Verhandlung mit Österreich nr. 288-290.

288. *K. Ruprecht an Herzog Ludwig VII von Baiern: derselbe soll sofort auf Grund der Anweisung nr. 289 mit Herzog Leopold IV von Österreich zu Hall verhandeln.* 1401 Mai 9 Nürnberg.

*Aus Karlsr. G.L.A. Pfälz. Kop B. 146 fol. 81*b *cop. ch. coaev., Adresse als Überschrift.*
coll. Janssen R.K. 1, 580 nr. 977 aus einem in seinem Privatbesitz befindlichen Kodex Acta et Pacta 152-167.
Gedruckt moderne lat. Übersetzung bei Martène amplis. coll. 4, 43f. nr. 27. — Regest Georgisch 2, 854 nr. 33, Chmel 398 (unter falschem Datum 1401 Mai 10), Lichnowsky 5 Regg. 454 (ebenfalls unter 1401 Mai 10), alle aus Martène. (Auch Stälin Wirtemb. Gesch. 3, 375 nimmt den 10 Mai an, Janssen in seiner nt. hat den Irrthum Chmels bemerkt.)

Ruprecht von gots gnaden etc.

Hochgeborner lieber vetter und fürste. alz dů uns geschrieben und auch briefe damit gesant hast, die dir von unserm oheim herzog Lupolt von Österich Conrad von Friberg*c* und Sitze Marschalke gesant haben etc., han wir wol verstanden. und begern und bitden dich fruntlich mit ganzem ernst, daz dů zu dem obgenanten unserm oheim von Österich also gein Halle unverzogenlich riten und unser bestes an in werben und mit in tedingen wollest alz verre dů machst, als wir dir sunderlichen dez genzlich wol getruwen. und ob dů von dir selber daz nicht baß getedingen mochtest, so wisse dich in der tedinge zu richten nach inhalt dieser ingesloßen zeichenisse[1], die wir dir hiemit senden. und were ez daz*d* dů dich von unsern wegen mit dem herzogen von Österich nit vereinen mochtest, so besiche und teding daruf, ob dů wege mochtest finden daz wir und der von Österiiche in einer gelegen stat selber zusamenkommen so daz erste gesin mochte; daz were uns zůmale behegelich. mochte dez auch nit sin, waz dů dann zům besten getedingen machst und nit anders, so sage immer dů wollest es gerne an uns bringen, und machent daruf einen andern tag. herumbe, lieber vetter, begerne wir und bitden din liebe fruntlich mit ganzem ernste, daz dů din bestes in diesen unsern sachen wollest důn, als wir diner liebe dez io genzlichen und sunderlich wol getruwen. daran erzeugest dů uns solich dankneme liebe und fruntschaft, der wir gein dir nummer vergeßen sunder gerne bedenken wollen, alz auch wol billich ist. datum Nuremberg feria secunda post dominicam vocem jocunditatis anno domini millesimo quadringentesimo primo regni vero nostri anno primo.

Auch*e*, lieber vetter, wollen wir unsern vettern herzog Stephan dinen vatter gern bi uns behalten, als dů uns geschrieben und begert hast, als verre wir immer mogen.

| Dem hochgebornen Ludewig pfalzgraven bi Ryne und herzogen in Beyern unserm lieben vettern und fursten. | Ad mandatum domini regis Johannes Wynheim. |

a) om. A. b) Unterschrift add. B. c) cod. Vriberg. d) cod. da. e) zwischen beiden Absätzen ein größer Zwischenraum wo ein ausradiertes Wort (unleserl.) gestanden hat, welches Janssen durch Annota zudrgebl.

[1] nr. 289.

289. *K. Ruprechts Anweisung für Herzog Ludwig von Baiern zu Verhandlungen mit* [1401 *Herzog Leopold von Österreich wegen einer Ehe zwischen des Königs Tochter Else* Mai 9] *und Herzog Friderich von Österreich, wegen Verschreibung der Landvogtei zu Elsaß und zu Schwaben an Leopold um eine Geldsumme, wegen Hilfe gegen die Schweizer, wegen des Lombardischen Zuges.* [1401 *Mai* 9 *Nürnberg*[1].]

Aus Karlsr. G.L.A. Pfälz. Kop.B. 146 *fol.* 31[b]-32[a] *cop. chart. coaev.*
coll. Janssen Frankf. R.K. 1, 581 *f. nr.* 978 *aus einem in seinem Privatbesitz befindlichen Kodex Acta et Pacta* 152-167.
Gedruckt moderne lat. Übersetzung bei Martène ampliss. coll. 4, 44 *f. nr.* 23. — *Erwähnt bei Chmel unter nr.* 398.

Geclechtniße an die herren von Österich zu werben.

Lieber vetter. ob unser oheim herzog Lupolt von Österich[a] mit dir reden worde uf die stücke alz dir Sietze Marschalk din diener geschriben hat alz ime der bischof von Augspurg zu versten geben habe:

[1] Zum ersten, daz wir unser dochter sime bruder herzog Friederich zu der ee geben solten und imme darzů geben ein hiratgůt alz dann bereit worde, und daz verschriben uf den stetten Hagenaw Colmar Sletzstat und Mulhusen etc.: des wollen wir herzog Friederich von Österich unser dochter gerne geben mit eime müglichen zugelt, mit namen mit vierzigdusent guldin, und meinen daz uns dez gnug si, und meinen im der zu bewisen vf der lantvogtien zu Swaben, und imme jerlich von derselben lantvogtien lassen fallen 3000 oder 4000 guldin. dann ob wir imme gerne daz zugelt bewisen wolten uf den stetten Hagenaw Colmar Sletzstat und Mulhusen, so versehen wir uns genzlich daz sich dieselben stede nit lassen versetzen. und darzů sollen auch die kurfursten, die an unsern herren dem kunige sin, ir verhengniß und willen geben.

[2] Item und die von Österich sollen dargein unser dochter irs zugelts bewisen uf Rotenburg Horwe etc. und uf der graveschaft von Hoenberg, wann dieselben sloße uns und unserm lande wol gelegen sin.

[3] Item und ob er wurde furdern daz man imme die lantvogtie zu Elsasse und zů Swaben solte innegeben fur ein summe gelts, darfur dieselben lantvogtien sinen altfurdern vor ziten verschriben weren etc.: lieber vetter, dez hant die von Österich solicher briefe und verschribunge der vorgenanten lantvogtie bisher nit gebruchet und innegehabt, und were uns auch gar swere zu diesen ziten daz wir des richs gůt so balde als großlich verschriben und verkomeren[a] solten. dann unser meinunge ist genzlich, daz wir lib und gůt von unsern oheimen von Österich nicht scheiden noch sundern wollen, und, waz uns got bescheret, daz meinen wir alzit fruntlich und getruwelich mit in zu teilen.

a) Janssen verkomern.

---

[1] *Das undatierte Stück folgt im Kodex auf das Schreiben K. Ruprechts an Herz. Ludwig von Baiern vom* 9 *Mai* 1401 *nr.* 288, *zu dem es inhaltlich gehört.*

[2] *K. Ruprecht fordert die Stadt Straßburg auf, seinen Räthen beholfen zu sein zu den Sachen, die diese, jetzt von ihm geschickt, handeln werden auf einem Tag gein des hochgeb. Hzg. Lupolts Hzgn. zu Osterich etc. s. l. Oheims und Fursten Reten. Diese sind die edeln Grave Emich von Lyningen sein Hofmeister, Engelart Herr zu Winsperg, Wiprecht von Helmstat der alte, Tham Knebel sein Schultheiß zu Oppenheim Rittere, und Jo. von Winheim sein Schreiber; dat.* 1400 *Dec.* 30 *Heidelberg. Aus Straßb. St.A. an der Saal I partie lad. B fasc. XI*[b] *nr.* 6[b] *or. ch. lit. clausa c. sig. in verso impr. Vgl. nr.* 175 *art.* 1.

[4] Item ob er würde furdern daz wir imme helfen solten wieder die von Switzen etc.: dez wollen wir imme gerne wieder die Switzer helfen, also daz er uns auch wieder herren und stette, die uns nit gehorsam werden wolten, wiederumbe auch behulfen si.

[5] Item und ob sich unser sachen wurden schicken daz wir gein Lamparten ziehen wurden, daz dann unser oheim herzog Lupolt uns auch sin clusen und slosse offen, und uns und den unsern veilen kaufe gebe umb zitlich mügelich gelt, und daz er uns auch darzu beholfen wolte sin. darumbe hoffen wir uns mit imme mit dinem rate wol vereinen, ob er anders darumbe⁺ nemen wolte daz zitlichen were, als verre dû uns⁺ mit imme umbe die obgeschriben puncte vereinen machte.

290. K. Ruprecht bevollmächtigt Herzog Ludwig von Baiern zu Verhandlungen mit den Herzogen Wilhelm Albrecht Leopold von Österreich wegen einer Ehe zwischen seiner Tochter Else und Herzog Friderich und wegen Hilfe Beistands Bündnisses und Freundschaft[1]. 1401 Juni 14 Amberg.

W aus Wien H.H. St.A. K. Ruprechts Registr.B. C fol. 44ᵃ cop. ch. coaev., mit der Überschrift Ein machtbrief geben herzog Ludwig an die herren von Osterriche.
K coll. Karlsr. G.L.A. Pfälz. Kop.B. 4 fol. 51ᵃᵇ cop. ch. coaev., mit derselben Überschrift.
Regest Chmel 466, Lichnowsky 5 Reg. 460 aus Chmel, Janssen Frankf. R.K. 1, 588 f. nr. 995 aus einem in seinem Privatbesitz befindlichen Kodex Acta et Pacta 173-176.

Wir Ruprecht etc. bekennen offenlich mit diesem brief: daz wir dem hochgebornen Ludewig pfalzgraven bi Rine und herzogen in Beiern unserm⁺ lieben vettern und fursten unser volle gewalt und ganze macht geben haben und geben imme die in craft diz briefs, mit den hochgebornen Wilhelm Albrecht und Lupolt herzogen zû Osteriche etc. unserm⁺ lieben oheimen und fursten und ir iglichem besunder, oder iren reten die sie darzû bescheiden werden, zu tedingen als von einer ee wegen zwuschen unser dochter Elsen und herzog Friederich von Osterich der obgenanten herzog Wilhelms und herzog Lupolts bruder, und auch von hilfe bistands und ander buntnüß und fruntschaft wegen zwuschen uns und den⁺ obgenanten unsern oheimen zu machen. und waz der obgenant unser vetter herzog Ludewig in diesen furgeschriben sachen von unsern wegen besluzet und ufnimpt, daz wollen wir auch feste und stete halten tun und genzlich follenfuren an alle geverde. orkunt diß briefs versiegelt mit unserm kuniglichen majestat-ingesiegel, geben zu Amberg uf den dinstag vor Viti und Modesti der heiligen merteler tag nach Cristi geburte dusent vierhundert und ein jare unsers richs in dem ersten jare.

a) Janssen darneben, richtig darumbe. b) add. Janssen. c) KW unser abgekürzt. d) KW unser abgekürzt. e) K dem.

[1] *Diese Vollmacht bezieht sich auf die Verhandlungen zu Füssen, die Hzg. Ludwig führte, wie sich aus nr. 353 ergibt, vgl. nr. 351 f.*

C. Verhandlung mit Lüttich nr. 291.

291. *K. Ruprechts Werbung an den erwählten Bischof Johann VI von Lüttich Herzog von Baiern durch Meister Albrecht von Nürnberg: über Verhandlungen mit Frankreich, über Stadt und Land Lüttich in ihrem Verhältnis zu K. Ruprecht, über Johanns Betheiligung beim Romzug.* [1401 c. Mai 6-7 Nürnberg[1].]

[1401 c. Mai 6-7]

Aus Karlsr. G.L.A. Pfälz. Kop.B. 146 fol. 30ᵇ-31ᵃ cop. chart. coaev.
coll. Janssen Frankf. R.K. 1, 574ff. nr. 274 aus einem in seinem Privatbesitz befindlichen Kodex Acta et Pacta 152-167.
Gedruckt moderne lat. Übersetzung Martène ampliss. coll. 4, 41-43 nr. 26.

Werbunge an herzog Hansen eleeten zů Lutich.

[1] Zum ersten sagent imme: als sin vatter herzog Albrecht und sin bruder der grave von Ostervant und er sinen[a] cleriken zu unsern herren dem Römischen kunige haben gesant ime zu erzelen etliche leufe von Franckerijche, die habe unser herre der kunig wol verstanden und dancke in flißlich irs ernstis und ir truwen, die sie im in[b] den und andern sachen also fruntlich erzeugen. und alz sie begert haben, daz unser herre der Römische kunig sin heimliche botschaft wolle důn an die kuniginne von Franckerijch, daruf habe er uch gevertiget zů ire zu riten und an sie zu werben, alz uch daz verzeichent[c] si geben und er darinne wol vernemen werde. so si uch auch enpholhen, von unsers herren des Römischen kunigs wegen zu reden mit etlichen des kunigs von Franckerijch reten von des tages wegen, der zů Metze sin sal uf Johannis baptiste nehstkompt, als er in der zeichenunge[3], die uch daruf geben si, auch wol horen werde.

[1401 Juni 24]

[2] Item als dann unser herre von Lutich enboten hat unsern herren dem Römischen künig von der tedinge wegen, die er hat mit der stat und dem lande von Lutich, daruf sollent ir im sagen, daz imme unser herre der Römische kunig flißlichen danke siner angebornen truwe und fruntschaft, damit er sich in den und andern sachen also willig und folleclich gein imme erzeuget; und daz wolle er auch nummer gein imme vergeßen und lib und gůt auch nummer von imme gescheiden.

[3] Item und umbe die zweietusent rinischer guldin, die unser herre der Römisch kunig an den wechsel gein Colne solle legen, da wolle er bestellen, daz die in den heiligen pfingste-viertagen nehstkumpt dahin sollen geleget werden. und dann wolle er unsern herren von Lutich enbieten, bi wem er die daselbst finden werde. und heruf so moge er die teding mit der stad und lande von Lutich kuntlich follenfuren und die zu eime ende bringen, wann er an dem egenanten gelte nit gesumet solle werden, als fur geschriben stet.

[1401 Mai 22]

[4] Item und daz auch unser herre von Lutich unsern herren den Römischen kunig versorge mit dem briefe, den im die stat und lant von Lutich geben sal, daz der in einer guten forme, darin unser herre der kunig bewaret und habend si, begriffen und dann auch hinder den von Lutich geleget werde, also, wann man daz gülte zu Colne neme, daz dann der von Lutich unsern herren dem kunige den brief antworten moge.

a) *Janssen also, cod. clare.* b) *ead. la la, Janssen la, em. im la.*

---

[1] *Der Gesandte, dem diese Werbung aufgetragen ist, soll nach art. 1 derselben ebenfalls mit Frankreich unterhandeln, namentlich wegen des auf Johannis 1401 anberaumten Tages zu Metz; es ist daher ohne Zweifel Meister Albrecht von Nürnberg gemeint, der am 6 Mai 1401 Kredenz und Anweisung empfing (in nr. 294 ff.; vgl. nr. 297 vom 7 Mai); obiges Stück wird daher ebenfalls um 6-7 Mai 1401 anzusetzen sein.*
[2] *nr. 296.*
[3] *nr. 296 art. 10ff.*

und diß alles stellet unser herre der kunig zů dem von Lutich und verleßit sich auch deß genzlich an ien.

[5] Item sollent ir imme sagen: wer' ez das unsers herren des kunigs sachen sich also stelten, daz er kurzlich uber berge gein Lamparthen und gein Rome wurde ziehen, darzů er auch willig si und sich gerne wolte schicken, so begere unser herre der Römische kunig und bitte in fruntlich mit ernste, daz er dann mit sin selbs libe mit hundert mit gleven oder dabi wolle mit imme ziehen, wann unserm herren dem kunige ein besunder trost und froide were, daz er und andere sin gebornen mage und frunde in solichen sinen sachen bi imme weren und er die mit irem rate und hulfe gehandeln moehte.

[6] Item so wolte imme unser herre der Romische kunig mit solichem folke, daz er imme furen würde, důn in der maße alz er dann andern sinen frunden tun würde.

[7] Item und so wolle unser herre der Romische kunig in wol laßen wißen, wann es zit werde sich darzů zu rusten.

D. Verhandlung mit den Schweizern nr. 292-293.

292. *K. Ruprechts Anweisung an seine Gesandten Diether von Veningen und Volmar von Wickersheim zu Verhandlungen mit den Schweizern über seine Anerkennung als König, Öffnung ihrer Straßen nach Italien und eventuell Ansetzung eines Tages nach Straßburg oder Basel zu weiterer Verständigung. [1401 c. Mai in.[1] Nürnberg.]*

Aus Karlsr. G.L.A. Pfälz. Kop.B. 146 fol. 29a-b orig. chart. coaev.
coll. Janssen R.K. 1, 563-565 nr. 906 aus einem in seinem Privatbesitz befindlichen Kodex Acta et Pacta 141-152.
Gedruckt moderne lat. Übersetzung bei Martène amplis. coll. 4, 39 f. nr. 24.

Werbunge an die Swytzer.

[1-9] Item[a] daz ir in zu dem ersten erzelent, wie unser herren die kurfursten vor ziten etc., alz in der werbůnge an die Lamparschen herren und stetde begriffen ist, usque ad decimum articulum[b].

[10] Item und daruf hat uns derselbe unser gnediger herre der Romische kunig zů uch gesant und uch daz alles heißen erzelen, und uch auch zu bitden und zů ermanen daz ir im als eine Romischen kunige gehorsam werden und ůch fruntlich zu imme důn und erzeugen wolleut, diewile iz zu dem riche gehorent und uch allezit getruweliche und gehorsamelich denn riche erzeuget habent, daz er mit uwer und ander die zu dem heiligen riche gehorent hulfe soliche große irrunge und gebrechen, die leider lange zit in der heiligen kirchen dem heiligen riche und der ganzen cristenheit swerlich gewesen sin, deste basse furgesin und wiedersten und mit der gots hulfe gewandeln und zu gutem wesen bringen möge, alz er auch genzlich meinet zu tůn.

a) dieses erste Stück ist mit anderer Tinte aber wol von der gleichen Hand nachträglich auf zwei Zeilen eingefügt.

---

[1] Diese Werbung ist, wie der Inhalt und die Stellung im Kodex zeigt, mit nr. 293 gleichzeitig anzusetzen. Daß von der Krönung zu Achen auch hier wie in nr. 188 nicht die Rede ist, kann hier keinen Grund abgeben, das Stück etwa in die Zeit von nr. 188 zurückzurücken; diese Nichterwähnung der Achener Krönung hat hier nichts zu sagen, weil die neun ersten Artikel, wo sie vorkommen sollte, gar nicht neu gemacht sondern einfach aus nr. 188 herüber genommen sind. Der Romzug, der in nr. 188 noch nicht erwähnt wird, steht jetzt im Vordergrund.

[2] nr. 188, offenbar mit Ausschluß des dortigen art. 10, der aber auch ziemlich gleich lautet mit dem obigen art. 10.

[11] Item und sagent in auch: daz* unser herre der kunig in ire friheid recht privilegia und briefe etc., die sie von dem heiligen riche haut, wolle bestetigen und sich gnediclich gein in bewisen und zu in tůn und sie auch schuren schirmen und hanthaben bi iren rechten gein allermenlich, und auch besunder ob sie iemand von solicher gehorsamkeit wegen anlangen wolte, als imme auch zugehore, und sich also gein ine^b bewisen, daz in wol zu danke sin solle.

[12] Item so ir daz alles in vorgeschribner maß erzelt habent, so sagent in, daz unser herre der kunig bogere, daz sie ime darauf ire fruntlich entwert mit uch enbieten wollen.

[13] Item und wer' ez daz sie etwaz fruntlich entwůrten wurdent, daran ir vorsteen mochtent, daz sie bi unserm herren dem kunige bliben und sich zu imme důn wolten: item so redent mit in: „lieben frunde. diewile ir nů also fruntlich entwertent, so wißen wir wol, daz unser herre der kunig darzů genzlich geneiget und willig ist, wie er die heilige kirche daz heilige riche und die ganze cristenheit mit uwer und ander die zu dem riche gehorent hulfe mogo kürzlich zu einem guten gestande und wesen bringen. were ez nů daz er sich darumbe wolte herheben uber berge zu ziehen, woltent ir im dann uwer straßen und wege gein Lampartien offen und in dardurch laßen ziehen und imme koste geben umbe mugelich gelt?"

[14] Item wurdent sie darauf entwurten und libt etwaß furbaz von unserm herren dem kunige in darumbe zu tun begeren oder vordern, oder wurdent sie darumbe einen berat nemen: item daruf solltent ir mit in reden: daz sie sich dann umbe alle vorgeschriben sache und auch von iren straßen und koste wegen genzlich beraten und ire frunde mit macht zu eim tage schicken gen Straßburg oder gen Basel, so wolle unser herre der kunig sin frunde auch dahin schicken mit macht die egenanten sachen zu eime guten ende zu bringen und sie genzlich zu besließen. und mochtent ir dez tags mit in ietzunt uberkomen, und daz der were so ez allerkurzliebst mochte gesin, daz were unserm herren dem kunige nutze und bequemlich; und daz der dag doch also wurde begriffen, daz ir uns darvor von diesen sachen wieder enbieten und wir unser frůnde zu dem tage geschicken mochtent.

293. *K. Ruprechts Werbung an Graf Albrecht von Heiligenberg [Werdenberg], daß dieser ihm zu Gefallen mit den Schweizern über seine Anerkennung als König, Öffnung der Wege nach Italien und eventuell Ansetzung eines Tages zu weiterer Verständigung verhandeln möge.* [1401 c. Mai in.¹ Nürnberg.]

[1401 c. Mai in.]

Aus Karlsr. G.L.A. Pfälz. Kop.B. 146 fol. 29ᵇ-30ᵇ cop. chart. coaev.
coll. Janssen Frankf. R.K. 1, 565 f. nr. 967 aus einem in seinem Privatbesitz befindlichen Kodex Acta et Pacta *141-152.*
Gedruckt moderne lat. Übersetzung bei Martène ampliss. coll. *4, 40 f. nr. 25.*

Werbunge an grave Albrecht vom Heiligenberge.

[1] Zum ersten soltu im unsers herren des kunigs glaubsbriefe antworten und im sagen also: „min gnediger herre der Romisch kunig hat mich zů uch gesant alz zů einer besonder frunde einem, zu dem er von alter herkentniße und kuntschaft wegen

---

a) cod. der, Janssen ein. b) cod. und Janssen ims.

¹ *Die Stellung dieses undatierten Stücks im Kodex führt etwa auf Anfang Mai 1401, in welche Zeit es auch sachlich gehört. Im Kodex steht* 1) nr. 292 2) nr. 293 3) nr. 291, *und diese drei zusammen, alle undatiert, stehen zwischen nr. 297 vom 7 Mai 1401 und nr. 289 vom 9 Mai 1401.*

allezit ein besunder getruwen gehabt hat und auch noch hat, und hat mir enpholhen an uch zu werben und uch zu erzolen etlich sachen in und daz heilig riche antreffend.

[2] Item daz er gerne wolte haben einen weg gein Lamparthen, durch den er mit eime merklichen volke geziehen und damit kost daselbs umbe zitlich mügelich gelt gehaben mocht.

[3] Item und darumbe hat min herre der kunig ietzunt zwene siner fründe mit namen herr Diether von Veningen comentûr des Dutschen hûses zu Wißenburg und Volmar von Wickersheim einen schultheißen zû Hagenauwe[1] gefertiget, von einen wegen zu riten zu den von Zurich Lucerne Salotern und den eitgenoßen der tale Swietze[a] Uran Underwalden und den andern die zu in gehoren, mit einen glaubsbriefen, und hat in enpfolhen an dieselben zu werben, als ich dez ein abeschrift[b] bi mir habe und ir darin wol horen werdent".

[4] Item und wann er dieselben werbunge gehört hat, so sage im: „lieber herro. als ir nû in dieser werbunge vernomen habt mins herren meinunge, bitdet uch min herre, daz ir umbe einen willen wollent riten zu den obgenanten eitgenoßen und dieselben sachen auch wollent an sie brengen, wie uch dunket daz ez allerbekemst und treffelichst si, und mit in ernstlich reden und sie daran wisen, als ferre ir[c] mogent, daz sie mim herren dem kunig gehorsam werden und im dûn als sie eim Romischen kunig billich dun sollen, und besunder daz sie im wollen ir wege und straßen gen Lamparthen offenen, daz er dardurch geziehen moge, und im und sim folke kost geben umbe mugelich und zitlich gelte, und im auch anders zu denselben sachen wollen raten und beholfen sin.

[5] Item so wolle in min herre bestetigen alle iro gnade friheit privilegia und briefe die sie hant von seliger gedechtnißse Romischen keisern und kunigen, und wollen[a] sie schuren schirmen und hanthaben zû irm rechten wieder allermenglichen, und sich also gnediclich gen in bewisen daz sie ez wol zû danke von ime sollen haben. und fordernt heruf ir fruntlich entwert.

[6] Item und were ez daz sie sich herzu wolten fruntlich bewisen und lichte forderten daz in min herre der kûnig etwaz mee darumbe dun solte, daz erfarent eigentlich an in waz daz si, und widingent daz mit in uf daz genauwest als ir ez bringen mogent. waz dann in einer bescheidenheit were daz uch duchte daz mim herren zu tûn were, daran folgete er uch me dann iemant anders, doch soltent ir ez vor wieder an min herren brengen.

[7] Item und mochtent ir der sachen nicht ein ende mit in treffen, so machent daran einen tag, so daz allerkurzlichste sin mag, an welche ende uch daz wol gefellet, und daz sie daruf ir frunde mit follem gewalt schicken diese sachen zu enden und zu besließen; so wil min herre der kûng sin frunde auch also mit macht darof schicken, und daz ir auch selber zu dem tage kommet und die sachen also helfent zu eime guten ende brengen.

[8] Item hat uch min herre der kunig auch heißen bitden und sagen, daz ir uch wollent laßen ernste in diesen sachen sin und die getruwelich werben, daz sie mogen zû eim kurzen uftrage und guten ende kommen. daz wolle er nummer gein uch vergessen und daz also gnediclich gen uch bedenken und umbe uch beschulden daz ir ez wol zu danke sollent von im ufnemen".

a) cod. Swiss mit zwei schrägstependen Punkten über i, Jensseu Swiess. b) cod. .lie. c) sic.

[1] *Dieß sind also die Namen der Gesandten von nr. 292.* [2] *nr. 292.*

[9] Item salt du grave Albrechten auch sagen: si ez daz er din begere mit inumo zu riten und von unsern wegen bi den egenanten tedingen zu sin, so wollest dû ez gerne tůn.

E. Verhandlung mit Frankreich nr. 294-300.

294. *K. Ruprecht an Hzg. Philipp von Burgund, beglaubigt seinen Sekretär Magister Albrecht. 1401 Mai 6 Nürnberg.*

> Aus Karlsr. G.L.A. Pfälz. Kop.B. 146 fol. 93ᵃ cop. chart. coaev., Adresse als Überschrift.
> M coll. Martène Thes. nov. anecd. 1, 1654 nr. 22.
> Regest Georgisch 2, 854 nr. 30 und Chmel nr. 387 aus Martène l. c.; Janssen Frankf. Reichskorresp. 1, 570 nr. 971 aus Kodex seines Privatbesitzes Acta et Pacta 252.

Rupertus etc.

Illustri principi Philippo filio regis Francie duci Borgundie etc.ᵃ consanguineo et amico nostro carissimo salutem et sincere dileccionis affectum. ad illustrissime principis domine Elizabeth regine Francie consanguinee nostre carissime presenciam mittentes de presenti peritum magistrum Albertum secretarium et fidelem nostrum dilectum presencium exhibitorem, commisimus eidem aliqua nostrum et sacri Romani imperii pro nuncᵇ statum concernencia tue dileccioniᶜ exponenda. cui nostri contemplacione fidem credencie veluti nobis adhibere velit in premissis eadem tua dileccio, quam altissimus votivis successibus conservare dignetur in prolixum. datum Nuremberg sexta die mensis maji anno domini millesimo quadringentesimo primo regni vero nostri anno primo.

Illustri principi Philippo dei gracia quondam regis Francie filio duci Borgundie etc.ᵈ consanguineo et amico nostro carissimo.

Ad mandatum domini regis
Nicolaus Duman.

295. *K. Ruprecht an Königin Elisabeth von Frankreich, beglaubigt seinen Sekretär Meister Albrecht. 1401 Mai 6 Nürnberg.*

> Aus Karlsr. G.L.A. Pfälz. Kop.B. 146 fol. 28ᵃ cop. chart. coaev., die Adresse als Überschrift.
> coll. Janssen Frankf. R.K. 1, 569f. nr. 972 aus einem in seinem Privatbesitz befindlichen Kodex Acta et Pacta 152.
> Gedruckt moderne lat. Übersetzung bei Martène amplis. coll. 4, 37 nr. 22; irrig datiert 1401 Mai 11, wie schon Janssen 1, 571 nt.ᵃ bemerkt hat. — Regest Georgisch 2, 854 nr. 35 und Chmel 392, beide aus Martène und daher mit dem irrigen Mai 11.

Ruprecht von gots gnaden Romischer kunig zů allen ziten merer des richs der durchluchtigsten furstinne frauwen Elizabeth von denselben gnaden kunigin zu Franckerijch unser lieben můmen unser fruntschaft und waz wir guts vermögen. wir lassen uwer liebe wißen, daz von gnaden des almechtigen gottis wir unser liebe gemahel und unsere kinder gesunt und wolmogend sien, desselben glichen auch von uwrer liebe und allen den uwern gutem wesen und gestande wir allezit begeren zu vernemen. und wir senden zu uwrer liebe meister Albrecht pferrer zu sant Sebold zů Nuremberg diesen gegenwertigen unsern heimlichen und lieben andechtigen, in etlichen sachen, uns von des heiligen richs wegen und daz gemeine huß zu Beyern antreffende, uwrer liebe furzubringen, von unserer meinunge genzlich underwiset. und bitten uwer liebe fruntlich mit fliß, daz ir dem egenanten meister Albrechte unserm heimlichen wollent glouben

a) M et. b) pro nunc om. M. c) K dilections. d) om. M.

was er derselben uwer liebe in den egenanten sachen von unsern wegen erzelen wirt, und uch also gunstlich und fruntlich darinne erzeigen als wir dez und alles guten besunder wol getrûwen uwrer angebornen liebe und fruntschaft, die der almechtige gotde wolle bewaren in seligem zunemen heiles und gesuntheit an sele und an libe. datum Nuremberg 6 die mensis maji anno domini millesimo quadringentesimo primo regni vero nostri anno primo.

Der durchluchtigsten furstinne frauwen Elyzabeth kuniginne zu Franckriche unser lieben mumen.

Ad mandatum domini regis
Nicolaus[a] Buman.

296. *K. Ruprechts Anweisung für seinen Sekretär Meister Albrecht zu Unterhandlungen mit Königin Elisabeth von Frankreich wegen Verheiratung des Dauphin, wegen Mailand und eines auf Mailand bezüglichen zu Metz auf 24 Juni zu haltenden Deutsch-Französischen Tags; zu Unterhandlungen mit den königlich Französischen Räthen wegen des zu Metz oder Straßburg auf 24 Juni zu haltenden Deutsch-Französischen Tags in der Kirchenfrage.* [*1401 Mai 6 Nürnberg*[1].]

Aus Karlsr. G.L.A. Pfälz. Kop.B. 146 fol. 32^b—34^b cop. chart. coaev.; wenn wie in queme die 2 schrägliegenden Punkte über u nur stehen zur Unterscheidung vom n, sind sie im Druck weggelassen worden.
coll. Janssen Frankf. R.K. 1, 571-574 nr. 973 aus einem in seinem Privatbesitz befindlichen Kodex Acta et Pacta 152-167.
Gedruckt moderne lat. Übersetzung bei Martène ampliss. coll. 4, 45-48 nr. 29.

Werbûnge an die kûnginne von Franckerich.

[1] Zûm ersten sollent ir der kunigin von Franckerich antworten unsers herren des Romischen kuniges glaubesbrief, und ir darnach erzelen, als hernach geschriben stet, in einer geheimde. [2] item: „gnodige fruwe. ez hant die hochgeborne fürsten herzog Albrecht von Hollant und sine sonne der grave von Osterfant und der eleet von Lûtich mime guedigen herren dem Romischen konige zu wißen getan, als seliger godechtnisse der Delphin ûwer erstegeborner son nach gottes willen von dieser werlde ist gescheiden, da habe der herzog von Orliens mime herren dem konige von Franckerich geflehet und von ime behalten, daz er ime geredt habe, daz min herre der Delphin nû ûwer eltster son solle zû der ee nemen die erste dochter die derselbe herzog von Orliens[b] von siner husfrauwen, die itzunt swanger ist, nû odir hernach gewinnen werde. [3] item und darumbe hat mich min gnediger herre der Romische konig zû ûwern gnaden gesant, und ûch heißen in einer geheime erzelen, daz er ux den vorgeschriben sachen nit versten kûnne, dann daz der herzog von Orliens die ee[c] angetragen habe umb swecherung und minnernisse des hûses von Beyern, dem er wiederwertig ist wo er mag, als ûwer gnade selbes wol weiß. [4] item und herumbe bidt ûwer gnade min gnediger herre der Romische konig, daz ir wollent darzû ernstlich dûn bi mime herren dem konige von Franckerich, daz er solicher verschûnge der ee als vor geschriben stet wiederkomme und die genzlich wiederrûffe, wann min herre der Romische konig meinet auch, daz die vorgeschriben ee unredlichen were von drierhande sachen wegen die hernach geschriben sten. [5] item die erste sache: daz daz[d] glûbde umbe die ee von den altern geschen ist von solicher fruchte die noch nit zû der werlde

a) cod. Nicola mit einem Punkte darüber. b) cod Orliens mit zwei Punkten über dem l. c) am. cod. und Janssen. d) om. cod. cf Janssen.

[1] Dieses Datum ergibt sich aus dem Beglaubigungsschreiben vom gleichen Tag nr. 295.

komen ist und auch licht nümmer komen wirde. die andere sache: daz der Delphin [1401 Mai 6] und des herzog von Orliens dochter, ob er eine gewonne, würden zweier gebrüder kinder*, die billich einander nicht zu der ee haben sollen, ob joch erleübünge eins babstes darzü queme. die dritte sache: daz der herzog von Orliens den Delphin von dem daüfe gehaben hat und also wordent der Delphin und des herzogen von Orliens dochter in dem ersten gliede geistlicher mageschaft einander antroffende. [6] item und min herre der Romische konig meinet auch, wolten ir den Delphin üwern son bewilen under den die von dem blüde von Franckerich weren, daz dann beßer were daz er neme des herzogen von Burgündien sons dochter dann des herzogen von Orliens, wanne er meinet daz üwer gnade voran und darzü auch alle von dem hüse von Beyern davon gesterket solten werden. [7] item hat üch min herre der Romische konig heißen sagen, daz min herre herzog Stephan von üwer gnaden wegen habe an in geworben, si ez daz er wolle understen den von Meylan zü rechtvertigen von des richs gütes wegen daz er inneheltit, so wolle sich üwer gnade der herzog von Burgündien der herzog von Berry und der grave von Armigg zü in verbinden wieder den herren von Meylann, und mit ime of in ziehen und wieder in beholfen sin. [8] item darof hat mich min gnediger herre der Romische konig sich heißen sagen, daz er soliche büntnisse wieder den herren von Meylan mit üwern gnaden und den egnanten herren gern wolle angen, und begert, daz üwer gnade daz wolle of ein ende bringen mit den egnanten herren warof und in welcher forme daz büntnisse sin solle, und daz daran ein tag gemacht werde gen Metze of Johannis baptiste nehstkompt, darof beide partien ire fründe schicken[1] die sachen zu [1401 Juni 24] enden und zu besließen. [9] item und duchte üwer gnade güt sin, daz ich diesen pünkten von mins herren des koniges wegen solte selbes bringen an den herzogen von Burgündien, so hat mir min herre daz enpholhen zü dün nach üwerm radte, wann ich auch einen glaubsbrief** an in han".

[10] Item sagent der koniginnen, daz üch unser herre der Romische konig enpholhen habe mit etlichen redten des koniges von Franckerich etliche sachen zü reden von [1401 Juni 24] des tages wegen der sin sal zü Metze of Johannis baptiste nehstkompt als von der heiligen kirchen wegen, und bittent sio von unsers herren des koniges wegen, daz sie etliche rete des küngs von Franckerich, die sie güt darzü dünke‘ sin, wolle bestellen daz sie sich in denselben sachen verhoren. [11] item und denselben reten sollent ir erzelen von unsers herren des küngs wegen als hernach geschriben stet. [11ª] item: „lieben herren. mime gnedigen herren dem Romischen konige ist fürkomen, wie min herre der konig von Franckerich genzlichen in der meinünge si gewesen, daz er sine botschaft zü ime gein Franckerich solte gesant hant für dem tage der zü Metze sin wirdet, als min herre der Romische konig dem konige von Franckerich für ziten daz auch geschriben solle haben. [11ᵇ] item darof hat mich min gnediger herre der Romische konig sich heißen sagen, daz er genzlich follenfüret und getan habe waz er dem konige von Franckerich enbotden hab. wann als ein bischof und ander sine botten bi mime herren dem Romischen konige zü Mentze³ waren, da dette er in antworten, daz er in of soliche sachen, als sie von des koniges wegen von Franckerich geworben hetten, zü der zit nit künde geantwerten, dann er hette willen of der heiligen drier künge tag epiphania do- [1401 Jan. 6]

a) gebrudere kindere f abgeänzet. b) cod. Überstrich über e scheint ausradiert. c) cod. ein Überpunkt.

---

[1] K. Karl VI von Frankreich an den Erzbischof von Vienne wegen Beschickung dieses Metzer Tags, [1401] Apr. 2 Paris, (Bréquigny) ordonnances des rois de France de la troisième race 8, 431.

² nr. 294.
³ RT. zu Mainz im December 1400 Einl. lit. B, und Krönungstag zu Köln im Jan. 1400 Einl. vorn.

[1401 Mai 6] mini zů latine nehstvergangen sine cronůnge zů Collen zů enphahen, da worden me fürsten und herren zů dem riche gehorig hinkommen, der radt wolte er dann darumbe haben; und wer' ez daz der konig von Franckerich sine botten of die zit gen Collen schickte, so wolte er in daselbst ein antwert geben; schickte er aber sine bodten of die zit nit dahin, so wolte er mit siner eigen botschaft dem konige von Franckerich ein entwert laßen wißen. [11ᶜ] item und als min herre der konig also zů Colne sine cronůnge enphing, da hatte der konig von Franckerich sine botschaft daselbst hingeschicket, und er schreib odir enbodt niime herren dem Romischen konige nichts von den egnanten sachen, sünder er schreip davon dem bischof von Collen und herzog Stephan. [11ᵈ] item und also gedacht min gnediger herre der Romische konig, die wile der konig von Franckerich ime nit geschriben hotte, sünder den egnanten zwein, daz dann gůtů were und bequeme, daz dieselben zwene ime wieder schriben. und also befal er dem bischofe von Colne und herzog Stephan dem konige von Franckerich zů schriben, daz er etliche sine redte und phaffen wolte schicken gen Metze odir gein

[1401 Juni 24] Straßburg¹ zů des koniges von Franckerich redten of Johannis baptiste nehstkompt, sich mit den zů underreden von der heiligen kirchen wegen, ob sie dhein bequeme und redeliche wege mochten treffen, damit die heilge kirche zů einekeit komen mochte; und daz wil auch min herre der Romische konig also důn. [11ᵉ] item und darof meinet min herre der Romische konig, daz nit notdůrftig si, daz er und der konig von Franckerich fürsten herren und prelaten zů iren richen gehorig verbotten zů dem obgnanten tage zů komen, ez were dann daz ir beider heimeliche redte sich für von den sachen underredt, und etliche redliche und bequeme wege troffen und für handen hetten, darof man von beiden siten geneiget were. so meinet er auch, solten er und der konig von Franckerich soliche fürsten herren und prelaten in so großer menige zůsammenschicken von der heiligen kirchen wegen, und kůmen die dann nit eines werden und solten ane endes von einander scheiden, daz daz in beiden nit erlich odir bequemelich were. und darumb meinet min herre der Romische konig, ez si beßer daz sie iro heimeliche

[1401 Juni 24] redte of den egnanten tag Johannis baptiste gein Metze zůsammenschicken, sich von den sachen zů underreden als davor begriffen ist. [11ᶠ] item und herumbᵇ, of daz soliche gespreche und underredtůnge deste heimelicher und bequemelicher moge zůgen, so wil min herre der Romische konige sine fürsten herren und prelaten zů sime riche gehorig von

a) cod. *hersipirt aus cronůnge*. b) cod. *herumb?*

¹ *Straßburg als Ort der Versammlung ist neben Metz auch noch in Aussicht genommen in einem Briefe des Patriarchen von Alexandrien (vgl. über ihn RTA. 3 das Register) Simon von Cramoud an den Erzb. von Canterbury Thomas Arundel, bei Martène Thes. nov. anecd. 2, 1239–50 ex ms. Gemmeticensis: Der Patriarch schlägt eine conventio vor von Prälaten und anderen gottesfürchtigen Männern, in bono numero tanto aequali* (d. h. gleich viel von beiden Parteien) *convenientem habentes potestatem ab aliis; quae conventio effectum concilii generalis indubitanter habebit et de pace ecclesiae deum solum habentes prae oculis tunc tractemus et concludamus. Gegen den Schluß sagt er: Et dominus Rupertus Bavariae per dominos archiepiscopos electores ad regnum Romanorum recenter assumptus et domini archiepiscopi praedicti et multi alii principes Almaniae noviter significaverunt regi nostro, quod in festo beati Johannis Baptistae proxime futuro* [Juni 24] *Mettis vel in Argentina sunt ad tractandum de pace ecclesiae cum illis qui Clementi et Benedicto obediunt et nobiscum convenire parati. et ne hoc opus dei amplius frustratoriis dilationibus protrahatur, supplico quatenus saltem ad conclusionem conventionis praedictae velitis mihi breviter litteratorie re-spondere. Datum fehlt dem Briefe, nach dem darin angegebenen Termin des bevorstehenden Tages zu Metz oder Straßburg fällt er jedenfalls 1401 vor Juni 24. Auch in nr. 314 art. 6 ist noch Straßburg genannt, später scheint nur noch von Metz die Rede zu sein. — Vgl. den Bericht des Jean Jurenal des Ursins in Nouvelle collection des mémoires pour servir à l'histoire de France, Serie 1, 2, 419, bei Hofler Ruprecht pag. 205 nt. 1.*

E. Verhandlung mit Frankreich nr. 294-300.   353

dieser sache wegen nicht verbodten, sünder er wil uz sinem rade einen bischof und sehs [1401
odir acht doctores und nit darübir schicken zü dem obgnanten tage gen Metze, und Mai 6]
meinet, daz der konig von Franckerich auch in derselben maße und zale dahin schicken
und daz sich dieselben heimelichen redte also von den sachen underreden sollen*a* als
vor geschriben stet.   [119] item und min herre der Romische konig wil auch den
sinen, die er zü dem egnanten tage wirdet schicken, enpholhen, daz sie mit dheinen an-
dern*b*, wer die weren, die zü dem obgnanten tage quemen odir ire botschaft dahin
würden dün, kein gespreche haben sollen von diesen sachen, sünder sich alleine mit den
die der konig von Franckerich in der egnanten maße und zale of den tag schicken
wirdet*c*, zü underreden als vor geschriben stet.   und diz hat sich min herre der Ro-
mische konig heißen erzelen, daz sich der konig von Franckerich wiße darnach zü
richten*d*.

297. *K. Ruprecht an seinen Sekretär Meister Albrecht, wegen Französischer Vermitt-*   1401
lung bei Savoien zur Huldigung, in Romzugsangelegenheit und zur Beschickung des   Mai 7
Metzer Tags auf 24 Juni durch Savoien, sowie wegen der Pfälzisch-Englischen
Heirath. 1401 Mai 7 Nürnberg.

Aus Karlsr. G.L.A. Pfälz. Kop.B. 146 fol. 28*b* cop. chart. coaev., Adresse als Über-
schrift.
coll. Janssen Frankf. R.K. 1, 579-580 nr. 976 aus einem in seinem Privatbesitz befind-
lichen Kodex Acta et Facta 152-167.
Gedruckt moderne lat. Übersetzung bei Martène amplss. coll. 4, 38 f. nr. 23. — Regest
Georgisch 2, 851 nr. 32 und Chmel 394, beide aus Martène.

Ruprecht etc.
Lieber andechtiger und getruwer.   ez sint uf hient*d* zu uns herkommen unser   Mai 6
lieben getruwen Gerhart von Cropsperg ritter und meister Job Vener, die wir in bot-
schaften hatten geschickt zu dem graven von Sapheye, an in zu werben[1] daz er uns
wolle gehorsam und hulde dün als eime Romischen kunige und zu unsern und dez hei-
ligen richs sachen auch bigestendig geraten und beholfen sin etc.   der hat den ege-
nanten unsern botden geantwert, daz er willen habe gein Franckerijch und wolle sich
da mit sinen anherren dem herzogen von Berrye und sime sweher dem herzogen von
Burgunne uf die egenanten sachen beraten.   wann wir uns nu versehen, daz ir den
graven von Sopheye obgenant zu Paryse werdent finden, herumbe enpfelhen wir uch
mit ernst, daz ir mit der kuniginen von Franckeriche an andern sachen, die wir uch
enpholhen haben an sie zu werben, auch von unsern wegen erzelent die obgenante ant-
wert dez graven von Sopheye, und an sie werbent und sie bittent ernstlich von unsern
wegen, daz sie wolle mit dem herzogen von Berrye und dem herzogen von Burgunne
obgenant reden und sie flißlich bitten, daz sie mit dem graven von Sopheye reden und
in ernstlichen bitten und underwisen wollen, daz er uns gehorsam werden hulden und
tün wolle alz eim Romischen kunige, und daz er uns auch sin wege und straßen gen
Lamparthen wolle offenen und gunnen dardurch zu ziehen und uns und unserm volke
koste geben umbe unser gelt.   und bittent die kuniginne von Franckerijch, daz sie mit
den egenanten zwein herzogen wolle bestellen diese sache mit dem graven von Sopheye
ernstlich zu triben und uf ein ende zu bringen ob sie mogen, daz ir davon ein entlich

a) om. cod. und Janssen.   b) cod. adern   c) cod und Janssen add sich.   d) cod. und 2 schräg liegenden Punkten über i: Janssen hent.

[1] nr. 314.

Deutsche Reichstags-Akten IV.   45

antwert werden und¹ uns die bi uch enbieten moge. und manent sie desto dicker
heran, daz sie ir wolle ernste darinne laßen sin; wann, mocht uns davon ein gut ent-
wert werden, daz keme uns zu großem nutze und staden. were ez aber daz uch da-
selbis nicht ein vollig entwert mochte werden von dem graven von Sopheye, so redent
mit der kuniginne, daz sie dann wolle daran sin, daz er sin frunde schicke von der
egenanten sache wegen zu iren und der obgenanten herzogen frunde gein Metze uf den
dag alz ir in uwer ersten werbunge² habent, ob sie anders zu rate worden ire frunde
dahin zu schicken. und von diesen sachen allen sollent ir mit niman anders reden dann
mit der kuniginne oder mit wem sie uch davon heißet reden.   item werde die kuni-
ginne deheinerleie rede mit uch haben, warumbe wir uns zu dem kunige von Engenlant
mit unser kinde hirat gemäschit hetten³, daruf sollent ir antwurten: daz wir vil und
vast versucht und geworben haben an den kunig von Franckerijch und hetten mit
unsern kinden gerne hirat mit iu gemacht und lieber dann mit iman anders, alz sie
daz selber wol wiße; und daz haben etlich dez kuniges von Franckrijch rete uns abe-
gesagt; und ir entwißent auch nit daz die hirat zu Engellant noch vollegangen si; wer'
ez aber daz sie wol vollegienge, so wolten wir doch ungerne wieder den kunig von
Franckrich und sie tůn, sunder unser meinunge si genzlich in allzit zu tůn waz in
fruntlich und liebe ist.   datum Nuremberg sabbato ante dominicam vocem jocunditatis
anno domini millesimo quadringentesimo primo regni vero nostri anno primo.

Unserm lieben andechtigen und getruwen   Ad mandatum domini regis
meister Albrecht pferrer zu sant Sebolt zu   Nicolaus Burman.
Nuremberg.

298. *K. Ruprecht bevollmächtigt 3 gen. Gesandte, ein Bündnis abzuschließen mit Kö-
nigin Elisabeth von Frankreich, den Herzögen von Burgund und Berry, den Grafen
von Savoien und von Armagnac, gegen Herzog Ludwig von Orléans und Johann
Galeazzo (in einer zweiten Ausfertigung nur gegen letzteren, s. Quellenangabe).
1401 Juni 7 Amberg.*

*Aus Karlsr. G.L.A. Pfälz. Kop.B. 5 fol. 150ᵃ cop. ch. coaev., unter dem Text Nota:
aliud procuratorium simile de verbo ad verbum est datum excluso nomine ducis Aure-
lianensis.*
Auch in Wien H.H. St.A. K. Ruprechts Registratorbuch A fol. 169ᵃ cop. ch. coaev.
*Regest Chmel 463 aus letzterer Quelle, und Janssen Frankf. R.K. 1, 588 nr. 994 aus
einem in seinem Privatbesitz befindlichen Kodex Acta et Pacta 173.*

Rupertus dei gracia Romanorum rex semper augustus recognoscimus et notum
facimus presencium tenore universis: quod nos de fidelitate ac provida circum-
spectione fidelium et dilectorum consiliariorum nostrorum nobilis Philippi comitis in
Nassauwe et in Samponto magistri Nicolai Prowin in sacra pagina professoris ac
Johannis Camerarii alias dicti de Talburg militis multipliciter confidentes ipsos vel
duos ex eis ex certa sciencia nostra et deliberacione matura nostros veros certos
et legitimos procuratores factores negociorum nostrorum gestores et nuncios speciales
fecimus ordinavimus et constituimus, facimus ordinamus et constituimus ac plenaria
nostra potestate fulcimus per presentes ad tractandum contrahendum et iniendum
loco vice et nomine nostris et pro nobis cum illustrissima principe domina Elizabeth

---

¹ *Und daß sie uns die bi uch enbieten moge.*   *schen Ruprechts Sohn Ludwig und Heinrichs IV*
² *nr. 296 art. 11ᵃ und 11ᵈ.*   *Tochter Blanka, vgl. im 5 Bande Einleitung zum*
³ *Die Verhandlungen wegen einer Heirat zwi-   Augsburger Tage.*

regina Francio illustribus principibus Philippo quondam*a* regis Francio filio duce Burgundie etc. Johanne duce Bituricensi necnon cum comitibus Sabaudie et de Arminiaco aut cum eorumdem vel alterius ex ipsis ambasiatoribus seu nunciis in hac parte potestatem habentibus nomine ipsorum et pro ipsis aut alterius eorumdem confederaciones et ligas contra magnificum principem Loys ducem Aurelianensem*b* ac nobilem Johannem Galeacii comitem Virtutum tantas ac tales, quemadmodum dictis nostris consiliariis seu duobus ex ipsis videbitur expedire, ac insuper in animam nostram, si necesse fuerit, quodcumque licitum juramentum ad*c* premissorum roborationem faciendum*d*, nosque obligandum sub penis et modis congruis seu oportunis, prout dictis nostris procuratoribus vel duobus ex ipsis videbitur pro firmandis et stabiliendis confederacionibus et ligia prelibatis, hujusmodi quoque obligacionem nostro nomine a parte altera recipiendum, et generaliter omnia et singula alia faciendum gerendum et exercendum que in predictis et circa ea necessaria fuerint seu quomodolibet oportuna et que nos facere possemus si personaliter interessemus, eciamsi majora predictis existerent et specialiori mandato indigere aliquatenus noscerentur, ratum gratum et acceptum habentes exnunc et habituri promittentes imposterum quidquid per dictos nuncios et procuratores nostros seu duos ex ipsis in et super premissis ac circa ea necnon ex eisdem dependentibus emergentibus et connexis actum fuerit sive gestum ullo modo.   in cujus rei testimonium presentes literas fieri nostrique sigilli regii jussimus appensione communiri.   datum Amberg feria tercia infra octavas festi corporis Christi anno ejusdem millesimo quadringentesimo primo regni vero nostri anno primo.

Ad mandatum domini regis
Nicolaus Buman.

299. K. Ruprechts Anweisung an seine Räthe für den Tag zu Metz auf 24 Juni betr. Wiederherstellung der Kircheneinheit. [1401 vor Juni 24 Nürnberg[1].]

Aus Karlsr. G.L.A. Pfälz. Kop.B. 146 fol. 15ᵃ cop. chart. coaev.; am Rande links eine Null mit einer Klammer, welche das ganze Stück umfasst.
coll. Janssen R.K. 1, 591–592 nr. 1000 aus einem in seinem Privatbesitz befindlichen Kodex Acta et Pacta 177.
Gedruckt moderne lat. Übersetzung Martène ampliss. coll. 4, 49f. nr. 31. — Regest Georgisch 2, 856 nr. 51 und Chmel 477, beide aus Martène.

Als min herre der kunig geratslaget hat, wie sich sin rete halten sollen uf dem tage zu Mecze uf Johannis baptisto anno quadringentesimo primo.

[1] Zum ersten sollent sie, uf ein einikeit der heiligen kirchen zu gewinnen, vorgeben dieso nachgeschriben wege: [1ᵃ] den ersten, der in dem rechten begriffen ist, daz unser babst *Bonifacius* wurde wieder gesetzt in ganzen und vollen besess der heiligen kirchen darinne sin nehster furfare gewesen ist, und daz dann ein concilium werde gemacht und der wiederbabst davor zuspreche unserm babst; und waz dann daz concilium erkente zum rechten, daz es dabi blibe. [1ᵇ] item mochte der weg nit geen, daz dann die egenanten bebste kemen fur daz concilium, und ir keiner da zu gerichte sesse, sunder da liessen luten ire boider rede und wiederrede; und waz daz concilium daruber herkente, daz daz gehalten worde.

a) cod. quondam. b) cod. Arelianensem. c) om. cod. d) cod. roborutum et roborationem faciendum.

[1] Vgl. nr. 11 art. 19, nr. 291 art. 1, und nr. 296 art. 8. 10. 11ᵈ. 11ᵉ, und nr. 297, und nr. 314 art. 5.

[2] Die Zeit ist ganz klar wenn auch nicht ganz genau zu bestimmen, der Ort ist wenigstens möglich.

[2] Item mochte der wege keiner geen: [2ᵃ] daz dann min herre der kunig und die kunige von Franckenrijche von Engellant von Arragonien etc. sich zusamen verbunden, daz min herre der kunig prelaten und pfaffheit der Cristenheit zu einem concilio solte beruffen, und die andern kunige solten darzu tun daz die prelaten und pfaffheit in iren kungrichen gesetzen darzu keme. und was wegis daz concilium stünde und des uberkeme, damit die heilig kirche zu einickeit mochte kommen, daz den die egenanten kunge ufnemen und darzu getruwelichen beholfen weren, daz der weg also zu ußtrage und ende keme, und dann dabi vestielichen bliben. [2ᵇ] item wolten die Frantzosen daz in solicher gemeine nit volgen, daz man dann ietzunt uf diesem tage redte von einem zweien oder drien boquemlichen wegen, darzu sie uf beiden siten geneiget weren. und were ez daz das concilium der wege einen ufnome oder bewerte, daz dann die egenanten kunige auch dabi bliben. neme aber daz concilium die wege nit uf, waz weges sie dann uberkemen, daz daz die egenantenᵃ künige ufnemen und dem nachgingen in vorgeschribener maße.

300. *K. Ruprecht an K. Karl VI von Frankreich (auch einzeln an die Herzöge von Burgund, von Berry, von Bourbon, s. Quellenangabe): soll dem Ungehorsam von Toul gegenüber von Ruprecht nicht begünstigen.* 1401 *Juli 8 Heidelberg.*

Aus Karlsr. G.L.A. Pfälz. Kop.B. 146 fol. 99ᵃ cop. chart. coaev., mit Adresse als Überschrift; unter dem Text Illustri ac potenti principi Philippo quondam regis Francie filio duci Burgundie comiti Flandrie Artheali et Borgundieᵇ consanguineo nostro predilecto. Illustri ac potenti principi Johanni quondam regis Francie filio duci Bituricensi et Alvernie Pictaveusique Stamparum Bolonie et Alvernie comiti consanguineo nostro predilecto. Illustri ac potenti principi Lodowico duci Borbonii et comiti Clarimontisᵇ etc. consanguineo nostro predilecto.

coll. Janssen Frankf. R.K. 1, 395-396 nr. 1005 aus einem in seinem Privatbesitz befindlichen Kodex Acta et Pacta 277 nebst der Aufschrift an die drei Herzöge wie im cod. 146.

Gedruckt Martène thesaur. nov. anecd. 1, 1666 nr. 34. — Regest Georgisch 2, 856 nr. 51 und Chmel 527, beide aus Martène.

Illustrissimo principi domino Karolo dei gracia Francorumᶜ regi consangwineo nostro carissimo Rupertus eadem gracia Romanorum rex semper augustus salutem in utriusque hominis sospitate. sinceritatem vestram scire desideramus, quod ad nostram et sacri Romani imperii civitatem Thullensem bina vice nostram destinavimus legacionem, cives ibidem amicabiliter exhortando, quatenus nobis tamquam Romanorum regi debitam obedienciam impendere curarentᵈ. dicti vero cives nobis in hoc tenore restiterunt. quapropter magnificus Karolus dux Lotringie princeps et gener noster dilectus prefatos cives nostri pro parte gwerria mediante ad nostram et sacri Romani imperii obedienciam

a) *horr. aus das abgen.* b) *schwist zu verbessert aus Clarem-alio; Jansen Clarimontis.* c) *cod. Francorm.*

¹ *Janssen hat in der Überschrift richtig 8 Juli, im Textendatum falsch 7 Juli.*

² *K. Ruprecht hat dann noch eine Zeit lang warten müssen. Im Jahr 1405 Jul. 8 zu Heidelberg macht er seinen curie magistrum Eberhard von Sickingen und seinen regalis aule protonotarium Johann von Kirchheim zu Prokuratoren zu Verhandlungen mit Tull, necnon (ad) ab eisdem quecumque fidelitatis aut alia juramenta seu obsequia exigendum, ac cum eisdem vicerersa de et super quibuscumque regiis favoribus privilegiis libertatibus concedendis et impendendis concor-* dandum et paciscendum, et generaliter ad omnia et singula quae in predictis et circa ea et dependentibus et connexis ab eis fuerint utilia et oportuna etc.; *steht in Karlsr. G.L.A. Pfälz. Kop.B. 5 fol. 99ᵃᵇ, auch 143 fol. 255 f.; Regest Chmel 1992 aus Wien H.H. St.A. König Ruprechts Registr.B. A fol. 89ᵇ-90ᵃ, und Janssen Frankf. R.K. 1, 773 nr. 1220 („gibt – volle Gewalt") aus zweitgenannter Quelle Pfälz. Kop.B. 143 fol. 255. — Vgl. auch Tag zu Augsburg 1401 beim Verh. zu Frankreich, Band 5.*

reducere attemptavit. post hec intelleximus, balivum vestrum de Chamont ad dictum
generum nostrum pervenisse cum regiis vestris literis continentibus in effectu, quod vestra
serenitas dictam civitatem Thullensem in suam proteccionem et custodiam recepisset.
verum sincere confidimus, quod, si vestra dileccio de veritate facti et hujusmodi inobe-
dientia, qua dicti cives se contra nos erigunt, fuisset informata, nullatenus aliquos nostri
regni in vestram proteccionem aut custodiam contra nos recepisset. idcirco amiciciam
vestram integro studio seriose rogamus, quatenus de dictis civibus nostre civitatis Thul-
lensis in nostrum aut nostrorum prejudicium vos nullo modo intromittere velitis, et eciam
providere ne de vestro regno aliquod dictis civibus auxilium vel subsidium porrigatur,
necnon in hiis vos taliter ut decet habere, vestramque celsitudinem erga nos adeo beni-
volam ostendere prout in similibus et majoribus libenti animo sinceritati vestre vellemus
complacere et fiduciam gerimus, singularem gratum per latorem presencium responsum
nobis destinari affectantes. datum Heidelberg die 8 mensis julii anno domini 1000
quadringentesimo primo regni vero nostri anno primo.

Illustrissimo principi domino Karolo dei   Ad mandatum domini regis
gracia Francorum regi consangwineo nostro   Job Vener in utroque jure licenciatus.
karissimo.

F. Verhandlung mit Florenz nr. 301-308.

301. *Instruktion für 3 gen. Gesandte der Stadt Florenz an den Pabst Bonifacius IX und K. Ladislaus von Neapel, besonders auch wegen Bündnisses und Verschwäge-rung des letzteren mit dem neuen Könige Ruprecht. 1401 April 4 Florenz.*

      Aus Florenz St.A. Classe X, distinzione 1, num. 15. Instrusioni ad ambasciadori e rela-zioni 1399-1406 fol. 45^b-48^a conc. ch. coaev. — Das öfter über den Endsilben vor-kommende Zeichen in Form eines Perispasmos wurde in unserem Abdruck durch den dem heutigen Gebrauch entsprechenden Gravis widergegeben. Da e und et gleich-mäßig neben einander ausgeschrieben vorkommen, wurde das Abkürzungszeichen dafür durch et aufgelöst.

Informatione a voi messer Bartolomeo Popoleschi, Andrea di messer Lorenzo Bon-delmonti et Francescho di Neri Fioravanti, ambasciadori a Roma e nel regno fatta a di 4 d' aprile 1400 primo¹.

[*Nach einer Reihe von Spezialangelegenheiten folgt:*] [1] E poi directe che a noi pare proveduto da dio la electione di questo nuovo imperadore, lo quale sentiamo essere di voto della sua sanctità et huomo degno per ogni vertu di questo grado. e che sentendo la nostra divotione ª la sua sanctità sia disposta bene in questa materia, com'el ᵇ nostro ambasciadore ne scrisse noi, n'abbiamo avuta grandissima consolatione. e se gl'ambasciadori non fussono partiti, confortatelo et supplicate per nostra parte, si degni mandarneli ben contenti; se l'avesse facto et non vi fussono, commendate l'operatione et in quello lo confermate quanto piu potreto, sempre mectendoli³ innanzi agli occhi l'operationi del tirranno³. se non avesse contenti gli ambasciadori, supplicate la sua santità, si degni fare lomperadore contento in fino in Alamagna, mostrandoli non si curi del principio ma che chon honore di santa chiesa facci, siche dalla parte della sanctità sua non manchi la cosa abbi effecto, et che sua⁴ venuta sia subita. et a questo

a) cod. divotione. b) so schribt hier. sus comel.

¹ Vgl. die Berichte derselben Gesandten nr. 360.   ³ Johann Galeazzo.
² Gleich mettendoli.   ⁴ D. h. K. Ruprechts.

si degni confortarlo et aiutarlo[1], et direteli che avendoci richesti noi mandassemo[2] ambasciadori alla maestà sua[3], et essendo noi huomini d'imperio et sperando chelli sarà di voto della sua sanctità abbiamo mandata leggiera ambasciata per vedere et quello che vorrà dire. e che di tutto renderemo sinceramente avisata la sua sanctità, se alcuna cosa si farà. o qui farete fine al vostro ragionamento e vedete quello ad ogni parte risponde, e secondo la risposta sempre concludendo a quello detto abbiamo, così[b] replicareto saviamente come speriamo saprete ben fare. [1ª *Sodann sollen die Gesandten über eine Ligue zwischen Florenz und dem Pabste bezw. denselben und K. Ladislaus verhandeln, und hier heißt es schließlich:*] ma direte, che a noi pare, sia non solo utile ma necessario lo nuovo imperadore in questa lega. [1ᵇ] et anche[4], che fra lui e 'l rè si faccia congiuntione di parentado; et ingegnatevi fare di questo contento el papa, et avuto el consentimento del papa et suo parere all'una parte, el altro chol nome di dio rimanga a Roma e voi altri andate ne regno[5].

[2] E quando serete alla presentia del rè, facta debita riverentia et racomandata la nostra signoria et questo popolo et tutti li Guelfi et massa della parte Guelfa alla maestà sua come si richiede, sereto in secreto chon lui et ivi verreto a dire come Janni Orsini scrisse a messer Rinaldo che tempo era mandare alla sua presentia ambasciata et provedere allo stato di tutta Italia, e che per questa cagione, vedendo li modi del tiranno[6], lo quale tutto corrompe et tutto guasta et in ogni cosa s'ingegna tener le mani per ridurre alla sua intentione, e vedendo come noi li scrivemmo che nuovo imperadore e creato et diposto el vecchio principalmente per avere d'uno tyranno facto duca et alienato quello dellomperio, a noi pare tutta Italia corra gran pericholo di mutatione. e che si debba a questo per la sua serenità et gli altri suoi servidori et amici (da[b] quali siamo noi) provedere in forma sia bastevole alla conservatione della sua maestà stato e libertà nostra e ancora degl' altri. e che di nostro comandamento siete suti chol santo padre. et qui racontarete ciò che gl'averete detto et quanto avete chon lui chonchiuso, sì nell' unione nostra et sì[7] di quanto ne pare del parentado et del congiugnersi chol nuovo imperadore. e qui secondo chel santo padre sia suto d'acordo lo confortate a mandare suo commessario chon mandato a fare et conchiudere ogni cosa. o qui mostrate la nostra divotione alla sua maestà e la speranza di questo popolo quanto ella è in lui, imperò che, come la sua benignità per l'ultimo sue ne scrisse, li suoi et nostri maggiori et esso et noi siamo di tale amore et divotione congiunti alla sua maestà, che chi offende l'uno, conviene per força offendere l'altro; sicho si renda certa la sua maestà noi sempre essere disposti ad essere quelli veri figliuoli et servidori mai furono li nostri progenitori; e così speriamo di lui. [2ᵃ] s'el papa non consentisse lo rè venisse in lega, anco[8] lo direte alla sua maestà e pregatelo, si degni richiederlo confortarlo et indurlo a questa unità chon quelle ragioni vedete sieno bastevoli et utoli alla materia, diciendo che se la sua maestà richiederà lo papa, vi rendiate certi farà altra risposta. o forsi per suo honore non l'a voluto muovere elli, ma che a lui come a buon figliuolo s'appartiene richiedere el padre, e che ogni riverença et humilità esso usa verso lui e suo honore. [2ᵇ] s'el rè overo el papa dicesse, l' uno sença l'altro volere lega chol comune et quello vogliate dire a questo, direte a qualunque mo-

---

a) *Strich über co.* b) *so scheint korr. aus di.*

[1] *atare gleich ajutare s. Manuzzi Vocabolario.*
[2] *Diese Form kommt also doch vor, vgl. Blanc Grammatik pag. 368.*
[3] *S. nr. 302. 263.*
[4] *Gleich anchora s. Manuzzi Vocabolario.*
[5] *So geschah auch, vgl. nr. 360.*
[6] *D. i. Johann Galeazzo.*
[7] *si — sì gleich et — et oder tam — quam.*
[8] *Gleich ancora s. oben.*

verso questo, che qui mai non si penso se non che amenduni dovesseno concorrere, ma che voi ne scriverete et quello ne sia risposto lo farete noto, dando a qualunque fusse quelle buona speranza per la divotione etc. et scrivete et attendete nostra risposta.

[*Weiter folgt eine persönliche Empfehlung, dann:*] [3] El maestro Gratia e tornato da Roma e ancora messer Antonio da Montecatino ambasciadore del papa venuto¹. et amenduni ci anno detto la buona dispositione del papa e come esso chon Carlo Malatesti niente a conchiuso per lo duca². fate che dove vi parra che piu e meglio accaggia voi dichiate, el sancto padre quanto per l' uno e per l' altro s'e riferito a questa signoria e che di questo s'e ne qui preso grande conforto. o ringratiato la sua clementia di questo divotamente dicendo che mai noi non speranno el contrario.

[4] E perche messer Antonio ne richiese di nostro parere sopra la mutatione di Bologna e per noi fu detto per nostra ambasciata rispondere alla sua santità, e cosi rispondendo direte, noi tegnamo ᵃ che chon segreti ᵃ ragionamenti el duca tenendone ⁴ chon piu ⁵ sia suto cagione di quella mutatione et chel signore nuovo ⁶ a ricevuto dal duca fiorini 10000 et cento lance, siche si vede chiaro, questo essere opera del duca. ma perche le cose sono tenere et di grave pericolo, a noi pare al presento stare a vedere tanto che lomperadore scenda e che la unità ci pare sia necessaria abbi effecto. e poi el tempo ne amaestrerrà la sua santità di quanto sia da seguire; ma ora non ci pare el tempo.

[5] Serete col cardinale di Firenze e largamente lo ringratiarete di quanto sua reverentia s'è adoperata ne facti cercava Carlo Malatesta et ne facti dellomperadore⁷. e che ben cognosciamo esso à facto come buono zelatore della patria. e per nostra parte di questo chon larghe parole lo ringratiate. et oltra cio lo pregate, gli piaccia tenere le mani su questi facti et mantenere nostro signore lo papa in questo bono pensieri⁸ et a favore dellomperadore et a guardarsi dal tiranno, che vede bene non se ne puote fidare, et oltra per la cagione siete andati chiedeteli ajuto e consiglio. et in quelle cose vi parrà utile, richiedetelo d' ajuto e di consiglio. et quello seguite come vederete esser bene, et questo rimectiamo ᵇ in voi.

[6] Messer Benedetto Acciaiuoli salutato per nostra parte et direteli come per relatione di maestro Gratia et di messer Antonio abbiamo sentito, quanto esso a noperato ne facti delli ragionamenti di Carlo Malatesta a impedire ogni intentione del duca. e qui lo ringratiate et proferetali la nostra gratia in ogni cosa fusse suo honore et piacere.

[7] Allo re sopra'l facto del parentado direte, che agli ambasciadori dellomperadore piacque forte, et confortatelo alla parentela efficacemente come a cosa faccia per¹⁰ la sua maesta quanto alcuna altra. [*Es folgen Angaben über die art. 1ᵉ erwähnte einzu-*

a) *cod.* segreto. b) *cod.* rimectiamo.

---

¹ Wol auf der Hinreise nach Deutschland, s. nr. 4-7.
² Dieser hat auch fernerhin die Partei des Hzgs. Johann Galeazzo an der Kurie vertreten, s. nr. 77ᵃf.
³ Wir halten dafür.
⁴ Im Einverständnis sein mit, s. Tommaseo und Bellini Dizionario s. v. § 47.
⁵ Gleich molti s. Tommaseo u. Bellini l. c. § 46.
⁶ Johann Bentivoglio wird Herr von Bologna am 28 Feb. 1401, s. Salv. Muzzi Annali della città di Bologna 1842 Bd. 4 pag. 13 f.
⁷ Vgl. den Bericht der Florent. Gesandten aus Rom vom 4 Okt. 1402 nr. 774.
⁸ Nebenform von pensiero, s. Manuzzi Vocabolario.
⁹ Gleich rimettiamo, anheimgeben.
¹⁰ D. h. als einer Angelegenheit, die etwas ausmache, bedeute für, s. Tommaseo u. Bellini Dizionario s. v. fare § 151.

[1401
Apr. 4] gehende Ligue, unter Hinweis auf die den Gesandten mitgegebenen Capituli, welche hier aber nicht stehen [1]; des Königs Ruprecht wird an dieser Stelle nicht weiter gedacht.]

302. *Erzählung des Florentinischen Gesandten Buonaccorso Pitti[2] von seinen Verhandlungen mit K. Ruprecht in Betreff der Romfahrt desselben.* 1401 Merz bis Juli.

P aus Cronica di Buonaccorso Pitti ed. G. Manni Firenze 1720 pag. 60-64.
S coll. Florenz: Biblioteca Magliabecchiana, Classe XXV nr. 635 alte Signatur, jetzt II, V, 151 cod. ch. sacc. 18 pag. 69f. konnte, obwol P gegenüber selbständig, unserem Abdruck nicht zu Grunde gelegt werden, weil durchweg in den Formen modernisiert.
Gedruckt auch Janssen Frankf. R.K. 1, 641f. nr. 1067 aus P.

[1401] E nel detto anno io fui eletto per ambasciadore e mandato in Alamagna al nuovo eletto imperadore, ciò fu il duca Ruberto di Baviera conte Palatino. [1] e la commessione ch'io ebbi fu in effetto ciò è: in prima ralegrarci della sua lezione etc.; siconda pregharlo che venisse a prendere a Roma la corona; terza a ricoverare le ragioni dellomperio, e per ispeziale quelle che tenea il duca di Melano come tiranno; quarta, che se ciò volesse fare in quello anno (ciò fu nel 1401) che il nostro comune gli donerebbe *fiorini* 100 milia d'oro; quinto che ci confermasse in vicariato quello che per privilegi dellomperio tenevamo; e piu che ci concedesse in similmodo Arezzo Montepulciano e tutte l'altre terre d'imperio che allhora tenevamo[3]. partimi di Firenze e menai meco ser l'ero di ser l'ero da Samminiato, roghato del mio sindacato a

[1401
Mrz. 15] potere fare etc.[4]. [2] e partimi adì 15[b] di marzo[5]. faciemo il camino da Padova, e significai al signore di Padova la mia andata, perchè cosi ebbi in concessione. mandò con esso[c] noi uno per suo ambasciadore che avea nome Dordo[7]. andamone per lo Frioli e poi innalamagna per la via di Salzsperc[c] e poi a Monaco e a Eughstat e poi a Ambergh[8], dove trovamo il detto eletto. [3] e fatto a lui le debite reverenzie e raccomandazioni del nostro comuno dissi, che, quando piacievae a la sua majestà, lo gli sporrei in segreto e in palese, come a lui pinciesse, la mia ambasciata. videci volontieri, diciendo, che ci farebbe a sapere quando ci volesse udire. fecieci mettere in bellissima casa nella quale ci fecie le spese e honoratamente servire da sue gienti. [4] il siconda dì mandò per noi, e nella presenzia di circha a otto di suo consiglio volle, ch'io sponesssi la mia ambasciata. sposila, ma mo dissi la quantità de' danai, ma dissi che quello fosse possibile si farebbe. rispose, che ci darebbe praticatori. e cosi fecie. e praticando i detti con noi ci domandarono quale era la quantità, che'l nostro comune volea donare etc. rispuosi, che domandassono quello che parea a loro convenevole. risposono, che gl' era di nicisità a volere ch'egli passasse quello anno che il nostro comune l'ajutasse di *fiorini* 500 migliaja. dissi che a quella parte io volea rispondere a la sua presenzia. fumo dinanzi da lui, e dissi: sagrn etc., i vostri comessarj[d] m' anno domandato tale quantità, della quale noi abbiamo maraviglia, e parci che

a) quinto — tenevamo om. P. b) S 25. c) P Salz Spare, S Hallebur. d) S commissarti.

---

[1] Vgl. nr. 77[d].
[2] Über ihn s. in der von ihm geschriebenen Chronik (vgl. unsere Quellenangabe) pag. 15f. und daselbst die Vorrede pag. XXXf.; auch Jac. Gaddi Elogio historico Florens 1637 pag. 270f.; und bei uns nr. 258.
[3] Vgl. nr. 306. 358.
[4] S. nr. 259.
[5] Der offizielle Bericht Pitti's vom 12 Febr. 1402 (in Bd. 5 beim Tag von Augsburg) gibt den 22 Feb. 1401 an.
[6] S. Tommaseo u. Bellini Dizionario s. v. esso § 8.
[7] S. nr. 309. 310.
[8] Dort war der König vom 24 Merz bis Ende April 1401 nach Chmel's Regesten.

questo sia uno honesto negharo la vostra passata, però che voi dovete bene stimare, che tanta quantità sarebbe impossibile al nostro comune etc. disse, ch'io dicies vero che per quello anno non volea passare, perchè non avea danaio, però che circha a 300 milia di *fiorini* ch'egli avea innanzi ch'egli fosse eletto, tutti gl' avea spesi in due volte ch'egli avea tenuto campo¹ dipoi la sua lezione; ma che, se noi lo lasciassimo stare quello anno, che un altro anno sarebbe danaio e darebcci meno graveza; ma che, se pure volevamo che quello anno passasse, che a noi convenia portare il forte della spesa. e in fine dopo molto parole per inducierlo al passare gli dissi quello che io avea in commessione. rispuosemi, che s'io non avea di più in commessione ch'io scrivessi a Firenze tutto quello ch'egli m' avea detto e che l'effetto era, ch'egli non avea danaio. [5] e cosí scrissi per lettere duplicate e per messi propii. ebbi risposta e commissommi, che io lo strignessi al passare quell'anno, asegnando delle ragioni che le cose erano ben disposte per lui, e che se s'indugiasse si potrebono cambiare etc., e che per suo ajuto io gli proferessi per insino a *fiorini* 200 milia d'oro, e anche dandogli speranza che, quando fosse di quà, noi ci sforzeremo innogni cosa possibile d'ⁿ ajutarlo etc. [6] andamo alla sua majestà, e dopo molti diriᵇ o per lui e per noi e in più volteᶜ in più dì, innanzi che conchiudessimo salendo a parte a parte la proferta della quantità, in fine gli dissi la siconda cominessione e che di più io non passerei la commessione. rispose che manderebbe per gl' elettori o per altri gran baroni, che venissero a lui a Norinbergh presso di quivi a due giornate, e che con loro piglierebbe partito e poi ci risponderebbe. [7] occorse³ nello aspettare che noi faciemo la risposta da Firenze, avendo noi cienato con lui a uno suo giardino e avendo veduto che non facies alcuna ghuardia di veleno, gli dissi: sacra etc., c'ⁿ non pare che voi siate avisato della malvagità del duca di Melano, però che se voi ne foste avisato voi fareste altra ghuardia della vostra persona che voi non fate. che siate cierto, che quand' egli sentirà che voi siate diliberato di passare di là, egli s'ingiegnerà di farvi morire di veleno o di coltello. rispuose tutto cambiato e segnandosi dicendo: sarebbe egli tanto malvagio ch'egli cierchasse la mia morte, non avendolo io sfidato nè egli moⁿ? forte mi pare a credere, ma non di manco⁴ io m'atterrò al tuo consiglio di fare buona ghuardia. e cosí ordinò e facies. e fra l'altre cose per lo sospecto ch'io gl' avea messo, quand'egli vedea alcuno ch'egli non conosciesse, subito volea sapere quello che quello tale andava faciendo. occorse che sendo egli e noi continovo con lui andato a suo bello chastello presso da Ambergh⁵ a una piccola giornata per cacciare; e uscendo una mattina d'un suo palazo per andare a udire messa, vide uno a ghuisa di corriero, feciolo venire a se o domandollo. rispose che andava a Vinegia e che era venuto quivi solo per vedere la sua persona per saperne dire novelle a Vinegia. disse a uno suo cavaliero che lo menasse a la sua camera e ghuardassclo tanto ch'egli fosse tornato dalla messa. e quando fu tornato, il coriero gli confessò che venia da Pavia e che portava uno brieve al suo medico da parte del maestro Piero da Tosignano⁶, medico del duca di Melano, e che altre volte glen' avea portati. vido il brieve e fecie pigliare il suo medico che avea nome maestro Ermanno, il quale era stato scolaro di maestro Piero da Tosignano⁶. e brieveⁿ, egli confessò

---

a) S per. b) P molti dirs. nach P Note hat die Vorlage dirà, was dialektisch richtig ist. c) S add. et.

¹ Der Herausgeber der Chronik bericht dieß in einer Note auf Reichstage, aber o. Zw. meint der König hier die Kosten seines zweimaligen Feldlagerns, wobei er nächst dem Böhmischen Zuge wol an die Scheinbelagerung Frankfurt's denkt.
² Vgl. nr. 303. 304. 308, auch die Instruktion der Florentiner 1401 November in Bd. 5 beim Augsburger Tag von 1401.
³ S. Tommaseo u. Bellini Dizionario s. lit. E § 22, 2.
⁴ Gleich meno.
⁵ Es war Sulzbach, s. nr. 303 im Anfang.
⁶ Ein s. Z. durch seine Rathschläge gegen die Pest berühmter Arzt, s. vorliegende Chronik p. 63 Note 2 des Herausgebers.
⁷ Gleich brevemente.

come lo doveva avelenare innanzo cristo e che ne doveva avere ducati 15 milia, i 5 milia a Maghanzia e 10 milia a Vinegia. partimoci e tornamo a Amberg, e il medico e 'l coriere ben ghuardati*, e chavalcando egli mi chiamò e disse: voi m'avete campato la vita per lo sospetto che mi motteste. e dissemi quello che avea trovato. [7*] andamo dipoi a Norinbergho, e là venne l'arcivescovo di Colongna e quello di Maghanza, che sono degl' elettori, e altri baroni assai, a'quali di prima giunta disse loro la ventura, ch'egli avea trovata, e mandò per gli signori che regiano quella città e disse loro quello che avea trovato, e che egli non ne volea esser giudicio perch'egli era parte, e che piacesse loro torre il medico e esaminarlo e giudicarlo sicondo che paresse a la loro giustizia. mandarono il medico a loro palagio e dopo alquanti dì avendolo esaminato e veduto la verità essere che avelenare doveva lomperadore, lo giudicarono che fosse strascinato sanza asso¹ insino al luogho della giustizia e là gli fossono rotte le ghambe e le braccia e le reni e poi tessuto in su una ruota di charro e posto in su uno stelo e tanto stesse a quel modo ch'egli si morisse. e così fu fatto. [8] e dipoi komperadore tenne più di consiglio, e in fine, perchè ivi nonnera* tutti quelli che dovevano essere a la diliberazione del passare suo a pigliare la corona a Roma, diliberarono d'andare a Maghanza, e là trovarsi con tutti coloro a cui s'apartenea la detta diliberazione. e così fecie. [9] e là dopo molti consigli e pratiche tenute rimaneno con lui d'acordo in questo effetto ciò è, che, s'egli colle sue forze fosse in Lombardia per tutto il mese di settembre prossimo, che a suo commessario sarebono dati in Vinegia ducati cinquanta milia e poi 150 milia in tre paghe di tempo in tempo². [10] partimoci con lui di quello luogho e venimone a Adilbergh più quà 10 miglia tedesche, dove fecie venire cierti gran mercatanti, i quali gl' aveano promesso di prestargli a Uspere dove facea sua giunte venire ducati cinquanta milia ma che noi promettessimo a loro, che quand' egli fosse entrato in Lombardia che noi pagheremo a loro in Vinegia la detta somma. e venuti i detti mercanti dissono, che non gli poteano attenere la promessa fatta, però che gl' altri merchatanti, da chui speravano d'avere i contanti essere da loro creduti, del tutto neghavano loro il danaio dipoi che aveano sentito quello perchè gli voleano. e in fine dopo molte preghiere mischiate con minacci, non potendo avere da' detti mercatanti quello ch'aveano promesso, mandò per noi e dissevi tutto e quasi con lagrime ci disse: io sono per essere vituperato per difetto di questi merchatanti, però che per la promessa che a Maghanza m'aveano fatta di servirmi etc. io o fatto mio mandamento a 'signori e baroni e giente d'arme che siano per tutto aghosto a Uspere a farmi compagnia a passare in Lombardia, e ora udite come me ne mancano; il perchè vi priegho, che tu Bonacorso vada prestamente a quelli miei divoti figliuoli signori Fiorentini a narrare loro il caso e preghargli che suplicano* al mio honore e loro bisongno, se vogliono ch'io sia in Lombardia al termine dato, e che partirmi da Uspercho per lo meno mi bisogna che mi mandino ducati 25 milia d'oro, abattendo della somma etc. feci assai risistenzia di non venire, aleghando essere più sicuro et più presto fare con duplicate lettere etc. e inneffetto egli non si volle consentire a ragione ch'io n'assegnassi del non venire io. il perchè diliberai venire, dubitando che s'io non venissi la sua passata per quello anno non mancasse. [Den Schluß der Erzählung s. im nächsten Rde. Tag zu Augsburg.]

a) P ghuardato. b) S renne, aber era sol richtig c. Rinr. Grammat. pag. 499. d) S maalesasse. d) S comandamento. e) S supplichino. f) S accensentire.

---

¹ S. Tommaseo u. Bellini Dizionario s. v. asse § 2.

² In dem Vertragsentwurf nr. 307 und im Definitivvertrag vom 13 Sept. 1401 (in Bd. 5 beim Tag zu Augsburg) ist die Summe in zwei Hauptraten von 110000 und 90000 Dukaten getheilt.

303. *K. Ruprecht an Florenz (bzw. an Franz von Carrara und vielleicht noch andere):* *Johann Galeazzo habe ihn wollen vergiften lassen. 1401 April 26¹ Amberg.*

1401
Apr. 26

K aus Karlsr. G.L.A. Pfälz. Kop.B. 146 fol. 92ᵇ-93ᵃ cop. chart. coaev., ohne Adresse; als Überschrift Missiva Florentinis destinata, unter dem Texte die Notiz In consimili forma mutatis mutandis scriptum est domino Paduano etc. (M om. etc.), am Rande von späterer Hand Nota: Rupertus rex cum uxore et liberis veneno fore extincti.
V coll. Rom Vatik. Biblioth. Palat. Lat. 686 fol. 76 cop. chart. succ. 15, mit Adresse als Überschrift; ohne Überschrift Unterschrift nachfolgende Notiz und Randnota von K.
B coll. Bologna Universitätsbibliothek Fascikel Abschriften saec. 18 aus cod. Vatic. nr. 3431 Manuscriptorum VI L nr. 24 (sonst meist Briefe von Colucius), Überschrift von gleicher Hand Copia littere novi imperatoris und von anderer Hand Roberti regis Romanorum ad Florentinos epistola etc., ohne Adresse, ohne Überschrift Unterschrift nachfolgende Notiz und Randnota von K, auch ohne Datum.
J coll. Janssen Frankf. R.K. 1, 563f. nr. 961 aus einem Kodex seines Privatbesitzes Acta et Pacta 248-251 mit der Überschrift Unterschrift und nachfolgenden Notiz von K, aber wie K ohne Adresse.
M coll. Martène et Durand thesaur. nov. anecdot. 1, 1653f. nr. 21 mit Überschrift Unterschrift und nachfolgender Notiz: von EJ, mit moderner Überschrift Scribit praeparatum sibi instigante Virtutum comite venenum divina protectione evasisse, und ohne Adresse.
Gedruckt (W) Würdtwein nova subsid. dipl. 11, 77-79 nr. 19 aus V. — Regest Georgisch 2, 853 nr. 25 aus M, Chmel 370 aus MV; erwähnt bei Sozomenus in Muratori SS. RR. Ital. 16, 1172 C.

Rupertus dei gratia Romanorum rex semper augustusᵃ.

Magnifici fideles precariᵇ. fraudis commentariusᶜ serpens tortuosus ille maliciaᵈ artifex dolosis astuciis ad nostrum interitum serpentinum virus evomuit, sed, consilio Achytofelᵉ dissipato, pro hac vice a negocioᶠ perambulante in tenebris et umbra mortis deus celi sua nos proteccione non minus pie quam mirifice preservavit. sano dieᵍ 20 aprilisʰ in opido nostro Sultzbach Johannes de Oberbůrg olim familiaris et secretarius magistri Hermanni phisici nostri de partibus Italie, in quibus aliquamdiu deguitⁱ, supervenit missus ad eundem, qui occasionalibus occurrentiis conjecturis suspicione suborta deprehensus est et sine tormentis fassus estʲ, quomodo comes Virtutum (proch pudor) detestabiliter horrendo scelere nos prolemque nostram veneno perimi disponebat per opus et operamᵏ prescripti magistri Hermanni, quem, deo teste, diligebamus ex intimis etˡ inᵐ nostris fovebamus deliciis, cui insuper salutem nostre persone ac conthoralis et inclite stirpis nostre a tribus annis citra pre cunctis aliis medicis commisimus fiducia singulari. demum prescriptus medicus noster magister Hermannus, quem eciam in vinculis detinemus, hoc idem fatetur determinacius tanquam facti et pacti conscius, quomodo,

1401
Apr. 20

a) *VBW haben dei — augustus (W nach ein etc. am Schluß), EJ nur Rupertus etc., und bei M fehlt auch dies.* b) *KJM precari,* B *preclari, VW heros von beiden.* c) B *commentarium.* d) *BKJM milits, VW malicie.* e) *M a Christo feliciter uloff Achytofel.* f) *VWBJV negocio, M negociatore.* g) *add. VW.* h) *B vigistli prenotate mensae, VW 20 mensis presentati.* i) *V debait traslase mecum, W ucces tranli.* k) *K operum.* l) *add. VW.* m) *om. B.*

¹ *Wir bleiben beim 26 April, den KM haben, VW lesen XXXI, das sehr leicht aus XXVI entstehen konnte. In B fehlt das Datum ganz. J mit XXV im Text und 21 in der Überschrift wird wol kaum in Betracht kommen, noch weniger natürlich der 16 April unter dem Georgisch sein Regest einstellt.*

² *Der bekant ungemartert, Ulman Stromer St.Chr. 1, 54, 13.*

1401
Apr. 26
cupiditate allectus, sponsionibus[a] magnorum munerum[1] proscripti comitis Johannis Galeacii et suasionibus[b] magistri Petri de Tußyniano[c] phisici ejusdem, cujus noticiam familiarem ipso quondam existente in studio Papiensi acquisivit, ad perpetrandum hoc scelus sit inductus. eciam quedam alia pandidit, que calamo committi non expedit pro presenti. sed suprascripta fidelitatibus vestris pro nunc intimare decrevimus, certissime tenentes, ut[d], sicut nostris felicitatibus congaudetis, ita, si que forent, doleretis similiter de adversis. postremo hoc adjicimus[e], quod ex[f] spe et fiducia, quam tenemus in dominum[e], hec machinacio traditoria animum nostrum non exterruit nec terrebit timor consimilium verisimiliter futurorum, sed ad recuperandum jura imperii ac fovendum filios nostre majestatis ac regii culminis devotissimos et ex adverso ad puniendum[h] neffarios et scelestos, ut tenemur, magis intrepidum reddidit et accensum[i].   datum Amberg 26
1401
Apr. 26
die mensis aprilis anno domini millesimo quadringentesimo primo regni vero nostri anno primo.

Magnificis viris prioribus arcium et vexillifero[k] justicie populi et communis Florencie fidelibus nostris carissimis etc.

Ad mandatum domini regis
Nicolaus Būman.

1401
Mai 12
304. *Florenz an K. Ruprecht, beglückwünscht ihn zu seiner Errettung vor den Nachstellungen des Johann Galeazzo und fordert ihn auf schleunigst nach Italien zu ziehen.* 1401 Mai 12 Florenz.

Aus Karlsr. G.L.A. Pfälz. Kop.B. 146 fol. 98[b] cop. chart. coaev., Adresse als Überschrift.
Gedruckt Martène thesaur. novus 1, 1661f. nr. 29. — Regest bei Georgisch 2, 855 nr. 39 und Chmel pag. 182 nr. 16 (irrig Merz) aus Martène, bei Janssen Frankf. R.K. 1, 582 nr. 982 aus Manuskript im Privatbesitz: Acta et Pacta 252-276.

Serenissime et gloriosissime principum.   sublimitatis vestre literas[a] nuper accepit nostra devocio, quarum series nos instruxit, qua fraude quibus ministris quoque magisterio[1] scelerum serenitati vestre sanctissimo conjugi cuncteque proli vestre detestabilis insidio parabantur. heu pudor, heu dolor, heu pietas! ergo potuit in quemquam tantum scelus tantique nephas horroris dampnabiliter cecidisse! proch summi numinis et hominum fidem! aususne est aliquis tantum virus evomere fataque novi cesaris et ruinam imperii per venenum tanteque prodicionis facinus properare? dehisce dehisce tellus et hoc monstrum sceleratumque caput in ima tartara mergo vivum! non versetur apud superos amodo tantum nefas! deleatur de libro vivencium! et satis sit, immo plus quam satis, etati nostre, tantum crimen solummodo vel audisse. laus autem sit omnium rerum principi, qui suam causam non reliquit, qui dissipavit tam funesta consilia et christum suum in tanti periculi machinacione defendit.   corruerunt tamen nostre mentes, inclite cesar,

---

a) VWB sponsiones, KJM sponsionibus.   b) VW persuasionibus, KJBM suasionibus.   c) K Tußyziano, J Tusaymano, N Tuciznano, B Tricznano, V Gusignano, W Tusignano; in nr. 295 haßt es Unsignano; rechtverstand ist wol nr. 302 art. 7 und nr. 305.   d) K ac urberui so si redenmet.   e) K adjicimus, J adicimus, BV eddicimus, B addicimus, W hat diese Stelle nicht mehr.   f) om. M, B in; KIJ ex; in W fehlt die ganze Stelle.   g) BV domino, KJM dominum.   h) KB paniendum, V promedum, MJ persuadendum.   i) W om. postremo — accensum.   k) W vexilliferis; V wollte sicher auch so schreiben oder sollte doch so schreiben, die V letzten Sylben kommen aber über saacto (wie mit Überstrich) gleich; nur VW haben überhaupt dazu Adresse.   l) Martens magister.

---

[1] *Ulman Stromer St.Chr.* 1, 54, 19 glaubt sogar den Preis zu wissen. Die Hinrichtung fand 19 Mai 1401 statt, ib. lin. 21f. Vgl. außer nr. 302 art. 7 auch zu dieser Vergiftungsgeschichte (Wölckern) hist. dipl. Norimb. 515f., und die Nürnb. Chronik bis 1434 (1431) St.Chr. 1, 365, 10-14.
[a] nr. 303.

totaque fuit nostra civitas consternata videndo periculum considerandoque dolos et exicium preparatum. sed tandem ad nos reversi de salute vestri culminis in divino bonitatis auxilio gratulamur, sperantes, quod, qui jam est confusus et vituperatus in dolis, assistente divina clementia vincetur in armis, quique (frustra per dei graciam) tanta fraude vestram celsitudinem fuit aggressus, cum se palam viderit insultari, fugiet ante faciem vestram in sui sceleris iniquitate confusus. nunc autem, magnanime cesar, restat, ut hunc totum ab hoc uno crimine cognoscatis, et sine dilacionis interrapedine gloriosissima vestra majestas publica simul imperii jura vindicet et privatas injurias ulciscatur, successus se prebentes taliter urgendo fortuno quod pedem aliquando non retrahat sed se totam feliciter vobis tradat. habetis causam imo causas verissimas atque justas, habetis occasionem et summam temporis, quod maximum semper fuit, que non possit esse melior facultatem. victum enim exercitibus prebet plena frugibus alma tellus, quas si festinans interceperit vestra majestas, pacem vestram querent populi jugumque conabuntur excutere quo premuntur non minus odiosa quam seva dominacione tiranni. satis ista sint literis, cetera quidem suggerent oratores¹ nostri celsitudini vestre verbis. datum Florencie die 12 maji 8 indiccione 1400 primo.

Serenissimo atque gloriosissimo principi et metuendissimo domino domino Ruperto dei gracia inclito regi Romanorum semper augusto singularissimo domino nostro.

Priores artium vexillifer justicie populi² et comunis Florentinorum majestatis vestre devotissimi servitores et filii.

305. *K. Ruprecht an die Florentiner*¹, *hofft daß ihnen die geforderte Summe nicht zu groß sein werde, verspricht Privilegien, bittet sie den König Martin von Aragonien von dem Vertrage im Genehmigungsfalle ihrerseits zu unterrichten.* 1401 Mai 22 Nürnberg.

Aus Karlsr. G.L.A. Pfalz. Kop.D. 146 fol. 94ᵇ cop. ch. coaev., Adresse als Überschrift.

Rupertus dei gracia etc.

Honorabiles nostri ac sacri imperii fideles et devoti predilecti. ardorem vestri desiderii oratorum vestrorum² hortacionibus attendentes, sacri honorem imperii et insignis Ytalie salutem, que nostrum non cessant animum curarum solicitudinibus anxiare, fidelitatem vestram ocium ingenti animo sitire putamus. et quia, pro vestri dicti persuasione oratorisᵇ, festinus in Lacium noster introitus quamplura hiis obstacula de medio propulsabit, idcirco super hujusmodi introitu quo celerius poterimus faciendo cum prefatis vestris oratoribus maturos dinoscimur habuisse tractatus³. et inter cetera de certa pecuniarum summa majestati nostre partim dono⁴ et partim necessitate⁵ ingruente mutuo

a) *korrigiert, daher nicht ganz deutlich.* b) *cod. persuasore oratores.*

¹ *Es ist hier wol keine neue Gesandtschaft gemeint, sondern die schon beim König weilende, vgl. nr. 305, wo der König nur von einer Gesandtschaft spricht als derselben, mit der er bisher verhandelt hat.*
² *Das Ganze ist durchstrichen und wol nicht abgegangen sondern durch das Schreiben nr. 306 vom 23 Mai desselben Jahres ersetzt worden.*

³ *Buonaccorso Pitti und ser Pero di San-Miniato, s. nr. 302, der erstere ist der Geschäftsführer s. nr. 258, daher heißt es gleich weiter unten oratoria, indem der letztere zurücktritt.*
⁴ S. nr. 307.
⁵ Ibid. art. 1.
⁶ Ibid. art. 3.

1401
Mai 22
a vestra communitate porrigenda et principibus proceribus et militibus serenitatis nostro sequacibus, quibus procul dubio amplior summa potissime extra Germaniam militantibus debetur, distribuenda deliberabamus*a*. que summa licet vestre communitati gravis forte videatur, agendarum tamen rerum qualitate et circumstanciis ex omni parte pensatis speramus hec per vos equo animo posse tollerari. augusto etenim mentis nostre est, devocionem vestram, quam pre ceteris nostre celsitudini et sacro imperio obsequiosam cognoscimus, graciarum cumulis et privilegiis prosequi favorosis, prout de singulis suprascriptis prelibati vestri oratores fidelitatem vestram tam scriptis quam relatibus poterunt informare[1]. quod si vobis illa placuerint, libet ut illustrissimo principi domino Martino regi Aragonum consanguineo[b] nostro karissimo, cui pridie per suum oratorem certa avisamenta nostre majestati et sacro[c] imperio ac predictis liberius exequendis utilia destinavimus[d], intimare velitis qualiter nobiscum effectualiter conclusistis. civitatem nostram Florentinam ejusque devotum populum in nostra ac sacri imperii fidelitate et votiva solicitate conservare dignetur altissimus temporum per prolixa. datum Nuremberg 22 die mensis maji anno domini 1401 regni vero nostri anno primo.

Honorabilibus prioribus arcium et vexillifero justicie populi et communis civitatis nostre Florencie nostris ac sacri imperii fidelibus et devotis predilectis.

Ad mandatum domini regis
Job Vener licenciatus etc.

1401
Mai 23
306. K. Ruprecht an die Florentiner, versichert daß er die von ihm als Geschenk geforderte Goldsumme nur im Interesse Italiens und des Reichs zur Besoldung der Mannschaft verwenden wolle, ersucht sie die für den Nothfall erbetene Anleihe ihm nicht abzuschlagen, und im Genehmigungsfalle ihrerseits den Vertrag zwischen ihnen dem K. Martin von Aragonien mitzutheilen. *1401 Mai 23 Nürnberg*[2].

Aus Karlsr. G.L.A. Pfälz. Kop.B. 146 fol. 97[a] *cop. chart. coaev.*
Coll. Janssen R.K. 1, 584-585 nr. 988 aus einem in seinem Privatbesitz befindlichen Kodex Acta et Pacta 252-276.
Gedruckt auch bei Martène thesaur. nov. anecd. 1, 1663 f. nr. 30 und Rousset Suppl. zu Du Mont Corps universel diplom. 1 part. 2, 302. — Aus Mart. Regest Georgisch 2, 855 nr. 46 und Chmel nr. 437.

Rupertus etc. devotissimis imperii filiis et fidelissimis servitoribus prioribus arcium et vexillifero justicie populi et communis Florencie salutem et prosperos ad vota successus. non credat atque cogitet[d] vestra devocio et commendanda fidelitas, quod pecunia dono petita[4] ab oratoribus vestris et a communitate vestra solvenda alicujus sinistre intencionis intuitu postuletur. sed quia[e] hortaciones vestras et aliorum audivimus, ut pro honore imperii saluto Italie et sancte Romane ecclesie unitate in Lacium festinum faceremus introitum, expedit ut principes nostros proceres atque nostram electam miliciam congregemus, quorum armis et fide probata nostram stipantibus majestatem intremus Italiam plagas ejus et volucra possetenus sanaturi. quibus etenim principibus proceribus et militibus procul dubio tota ista et bene amplior pecunia

a) cod. deliberabimus.   b) cod. consanguineo.   c) cod. sacri.   d) cod. und Janssen cogitet.   e) cod. suspentibus posta, mills od neuré postraliteres werden.

[1] Die hier also doch als bald bevorstehend angenommene Rückkehr der Florentinischen Gesandten verzögerte sich durch die Vorgänge, die in nr. 302 art. 10 erzählt werden; vgl. nr. 359.
[2] Am 14 Mai 1401 nr. 315 f.

[3] Vgl. das ganz ähnliche Schreiben nr. 305, welches wahrscheinlich durch dieses ersetzt wurde; vgl. namentlich die Noten zu nr. 305.
[4] nr. 307 art. 1.

distribuetur, ut nostras victrices sequantur aquilas*, quia de jure et secundum consuetudinem nostram extra Germaniam militantibus tenemur stipendia dare que serenitati*b nostre illos obligent. et quamvis cognoscamus, illam summam communitati vestre ac populo fore gravem, nichilominus respectu agendarum rerum in vestri commodum et honorem desideramus equo animo tolleretis, cum nostro auguste mentis sit devocionem vestram et fidelitatem graciarum cumulis favoribus et privilegiis prosequi, libertatem vestram statum et dominacionem vita comite oportunis conatibus conservare, lucide cognoscentesc quod extemplo auditis sublimitatis nostre oratoribus nunccios vestros ad recognoscendum nos in regem Romanorum legitimum transmisistis¹. que quidem res numquam a nostro divo pectore cadet, sed quam grata nobis fuerit et accepta quamque dilexerimus et diligamus civitatem nostram Florentinam, cunctis Italie populis ostendemus. mutuum autem quod petimus in casu nostrarum necessitatum² et de quo volumus prestare idoneam caucionem (deo propicio et succedente fortuna forte non necessarium) placeat non negare. erit equidem vobis, devotissimi imperii filii et fidelissimi servitores, perennis nobiscum gloria atque fama quod in Ausonia nostre majestatis viribus et vestris auxiliis honor recuperetur cesareus pene lapsus. domum ubi hec duo non fierent, non videmus transitum nostrum facilem in Italiam pro presenti. si vero devocioni vestre illa placuerint, contentamur ut illustrissimo fratri nostro regi Aragonie, cui pridie per oratorem suum certum ordinem dedimus utilem ad rem nostram, sicut nunccii vestri sciunt, scribatis qualiter nobiscum effectualiter conclusistis. datum Nuremberg 23 die mensis maji anno domini 1000 quadringentesimo primo regni vero nostri anno primo.

Honorabilibus prioribus arcium et vexillifero justicio populi et communis civitatis nostre Florencie nostris ac sacri imperii fidelibus et devotis predilectis.

Ad mandatum domini regis
Job Vener licenciatus etc.

307. *Vertragsentwurf zwischen K. Ruprecht und den Florentinischen Gesandten, hauptsächlich wegen Bekämpfung Johann Galeazzo's durch den König, wozu ihm Florenz 200000 Dukaten schenken und sich außerdem für den Nothfall zu einem Darlehen von gleichem Betrage bereit erklären soll.* [*1401 ca. Mai 23 Nürnberg³.*]

Aus *Karlsr. G.L.A. Pfälz. Kop.B.* 146 fol. 94b cop. chart. coner.
Coll. *Janssen R.K.* 1, 585-587 nr. 989 aus einem in seinem Privatbesitz befindlichen Kodex Acta et Pacta 252-276.
Gedruckt bei *Martène Thesaur. nov. anecd.* 1, 1663 f. nach nr. 29; *Lünig cod. Ital. dipl.* 1, 1127-1130 nr. 33. — Regest *Chmel nr. 433 aus Martène l. c.*

Puncta tractatus inter serenissimum principem dominum nostrum regem et ambasiatores Florentie⁴.

[1] In primis serenissimus princeps dominus noster rex pro expedicione celeriori principum procerum baronum et militum secum ducendorum in Italiam vult dono a Florentinis servitoribus suis fidelissimis ducenta milia ducatorum cum quibus possit

a) *cod. aquilos.* b) *mit Borer am Schluß, hat aber sicher zu placiben.* c) *cod. vorher empurirchen conoscentes.*

¹ S. nr. 260 art. 1ᵃ und nr. 263.
² nr. 307 art. 3.
³ Das undatierte Stück steht im Kodex unmittelbar vor dem Schreiben Ruprechts an Florenz vom 23 Mai 1401 nr. 306, zu dem es gehört;

kurz vorher fol. 94b das durchstrichene Schreiben vom 22 Mai 1401 nr. 305.
⁴ Vgl. den Definitivvertrag vom 13 Sept. 1401 im nächsten Bande beim Tag zu Augsburg.

[1401]
Mai 23]
intrare Italiam in exterminium comitis Virtutum et pro honore imperii et favore sue fidelissime civitatis Florentine. de quibus quidem ducentis milibus ducatorum vult in Alamania valorem centum decem milium ducatorum, quos ipse dominus rex reperiat a mercatoribus Alamannis vel ab aliis [1], quibus mercatoribus dicti Florentini servitores sui teneantur facere promissionem de solvendo in civitate Veneciarum dicta centum decem milia ducatorum sub condicione ut infra dicetur.   [2] item quod dicti Florentini teneantur reliquam summam dictorum ducentorum milium ducatorum dare dicto domino regi, videlicet ducatos nonaginta milia, in dicta civitate Veneciarum vel alibi ubi commodius et abilius fuerit domino regi et Florentinis pro satisfaccione stipendiariorum[a] ad duos menses proxime futuros incipiendos a die primo solucionis vel promissionis faciende dictis mercatoribus, videlicet cum dictus dominus noster rex fuerit in Italia cum felici exercitu suo ad invadendum territorium comitis Virtutum hostiliter et potenter, exclusis dolo et fraude.   [3] item quod dicti Florentini in casu necessitatis pro tribus mensibus teneantur mutuare dicto domino regi usque in summam ducentorum milium ducatorum mutuandorum de mense in mensem, prout pro rata contingit, de quibus quidem ducentis milibus ducatorum dictus dominus rex teneatur et debeat facere et prestare idoneam caucionem de restituendo ad terminum de quo concordes fuerint dictis Florentinis.   [4] item quod dictus dominus rex concedat in forma potita, et de quo majestati sue dedimus[b] copiam, privilegium dictis Florentinis, videlicet toto tempore vite sue dumtaxat, ita tamen quod dictus dominus noster rex habeat censum annuum racione recognicionis juxta quantitatem et qualitatem prout Florentini secum concordabunt.   [5] item quod promissio facienda ut supra dicitur per Florentinos fiat sub ista condicione, si et in quantum dictus dominus noster rex transeat in Italiam anno presenti, et habeat terminum ad transeundum in Italiam a die qua pecuniam receperit seu promissio facta fuerit mercatoribus ad unum mensem cum dimidio tunc proxime futurum[c]; salvo quod, si mors (quod deus avertat) invaserit eum et esset in itinere preparatus cum dicto exercitu, quod tunc in eo casu promissio libera sit et firma[d], videlicet quod Florentini amittant pecuniam et dominus noster rex (quod similiter deus avertat) personam.   [6] item quod dominus noster rex teneatur et debeat pro[e] posse delere statum et dominium dicti comitis Virtutum et eum totis suis viribus persequi[f] et ipsam civitatem Florentie[g] commune et populum Florentinum manutenere in libertate sua statu et dominacione[h] ac eciam possetenus conservare.

a) cod. stipendariorum.   b) cod. Bauer: Januara gibt dimus, davor vier Puncte als Zeichen daß etwas fehlt.   c) cod. sic ausgestrichen und denselben Tinte.   d) cod. aus quod durch Bauer verbessert; Js. pro.   e) cod. verbessert aus persequi; Js. persequi.   f) cod. Folrentia, abgekürzt.   g) em. aus denuciune.

[1] Diese Kaufleute ließen den König im Stich s. nr. 302 art. 10 und die Fortsetzung von nr. 302 in Bd. 5; 2000 Dukaten lieh er von den Augsburgern a. 14 Sept. 1401 in Bd. 5 beim Tag zu Augsburg; vgl. nr. 361.

[2] Vgl. art. 1 nebst Note; in dem Definitivvertrag vom 13 Sept. 1401 wird der 15 Okt. 1401 als fester Termin angesetzt.

308. *Johann Galeazzo an einen ungen. Fürsten, reinigt sich von der Beschuldigung eines an K. Ruprecht durch ihn gemachten Vergiftungsversuchs. 1401¹ Juli 13 Sant-Angelo.*

Aus Rom Vatik. Biblioth. Palat. Lat. 686 fol. 76 cop. ch. saec. 15, nach einer Abschrift des Herrn Dr. A. Mau bearbeitet.

Illustris princeps ac magnifice frater. quemadmodum fraternitati vestre prosperos nostros convenit communicare successus, ita videtur ut de hiis, quae in displicencia nobis occurrunt, eandem participem facimus. copiam itaque quarundam literarum *a* in Ytalia quampluribus transmissarum fraternitati vestre mittimus hiis inclusam, quam, innocencia et paritate consideratis, propter ipsarum continencie horribilitatem vix audire pacientes esse potuimus. cumque machinacio*b* illa per nonnullos ut putamus Ytalicos emulos nostros³ contra omnem penitus veritatem ad ignominiam nostram sit contexta et nequiter fabricata, qui forte, cum aliter potentes se esse non existimant, offensas nobis inferre semper conati fuerant et*c* per hujusmodi fabas infamias honori nostro detraxere, que tamen dei gracia tandem false reperte ad ipsorum ignominiam sunt reverse: fraternitatem vestram duximus avisandam, nos de tam nephario et detestabili crimine fore nitidos innocentes et mundos, non esseque verisimile, nec in mentem alicujus, absque passione in hoc facto videre volentis, cadere debere nos voluisse nedum talia committere sed nec ipsa aliqualiter cogitare, nullamque caussam seu rationabilem*c* conjecturam fingi posse ut per nos illius principis mors captari debuerit, hoc*d* ideo cum ab altera in alteram partem contra personas proprias vel filiorum nil commissum nilque penitus attemptatum possit cum veritate aliqualiter reperiri. fatemur etenim, eundem principem nunquam civitates terras et potencias nostras, quas tenemus, aliqualiter invasisse, nunquam de confinibus aut aliquibus dominiis*e* sive juribus communibus*f* molestiam sive controversiam intulisse. in quorum nullo*g* , deo teste, contra eundem nec contraeravimus nec contrafecimus quovis modo. amicitie affinitates et parentele inter illustrem dominum*h* Bavarie et nostram a diu fuere contracte⁴. ex quibus et nos paucis annis exactis contraximus unam⁵, a parvoque tempore citra de faciendo consanguinitatem ac parentelam*i* inter memoratum principem et nos de utriusque filio et filia matrimonio invicem copulandis tractatum fuit et pariter procuratum⁶. an hec inimicitie et odii signa sint, quisque dijudicet. preterea et si quis nostrum filiorumque nostrorum interitum procurasset et si civitates statum et dominium nostrum occupare voluisset, et si quis contra nos ad omnes offensas cunctasque mundi injurias processisset, profecto illo turpissimo modo contra ipsum committi nullatenus fecissemus. deinde etsi in mentem alicujus tristissimi et sceleratissimi viri aliqualiter occurrisset tam detestabile horrendumque crimen velle com-

a) cod. malthiam. b) em. cod. c) cod. rationabile. d) em. e) cod. dominia. f) cod. add. quo nos ad fuat unverständlich. g) cod. nullam. h) cod. dominum. i) cod. parentela.

¹ Die Zahl 1402 im Kodex ist sicherlich falsch, das noch frische Ereignis fällt ins Jahr 1401, s. nr. 302 und 303, auch 364 und 365.

² Es ist wol der Brief K. Ruprechts von 1401 Apr. 26 nr. 303 gemeint.

³ Er meint wol die Florentiner; wenn man auch nicht anzunehmen geneigt sein wird, daß die ganze Vergiftungsgeschichte eine Intrigue von diesen gewesen sei, so muß man doch zugeben, daß dieselbe in übertriebener Weise von ihnen zur Aufreizung des Königs gegen Johann Galeazzo ausgebeutet

worden ist, s. nr. 304 und namentlich die Instruktion vom November 1401 art. 2*b* im nächsten Bande beim Tage von Augsburg.

⁴ S. über diese Verschwägerungen Höfler Ruprecht pag. 102.

⁵ Wol die Vermählung der Valentine, Tochter Johann Galeazzo's, mit Ludwig von Orléans, der durch die Königin Isabella, Tochter Hzgs. Stephan III von Baiern, dem bairischen Hause verwandt war, im Jahre 1389 ist gemeint.

⁶ Hierron ist uns sonst nichts bekannt.

mittere, quisnam tante audacie tantoque temeritatis vel verius dementie fuisse credatur, ut illi magistro Hermanno in dictis literis nominato ejusdemque principis phisico presumptive dilecto ac uni familiari extraneo vilissime condicionis ac prorsus ignoto talia commisisset! quis tam incautus et improvisus, qui illi suo medico magistro Petro de Tusignano⁽ᵃ⁾ (qui ab eo jam uno anno preterito, prout a nobis petierit, licenciam postulasset, ad regis Portus-Galli servicia⁽ᵇ⁾ profecturus, quique vendidisset habitacionem propriam prout jam fecerat illam quam in Papia tenebat, ac ejus filios et familiam totam de terris nostris ad paternam suam civitatem Bononie transmisisset, sicque manendi nobiscum non videbatur esse propositi) committere talia presumpsisset! quam qualemque fidem ac confidenciam quisque de dicto suo medico capere potuisset et posset, si talibus horrendis et putridis rebus prestitisset assensum! a quo itaque capite, a qua parte, ex quo fonte, ubi vel unde contra nos sumi et colligi possit tam detestande rei presumptio seu aliqua verisimilis conjectura⁽ᶜ⁾? si quilibet diligenter advertat, certe cum veritate minime poterit reperire, nisi forte (quod nemo judicare deberet) hoc nos fecisse ea ratione ut nostrum totaliter confunderemus honorem et illustrem domum Bavarie nobis et descendentibus nostris redderemus adversam et pariter inimicam. dicit aliquis, magistrum Hermannum ita fuisse confessum et ob⁽ᵈ⁾ hoc ad diram mortem fore dampnatum. cui respondentes nos dicimus, nos adhuc nescire, qua arte quove studio predicta processerint, nec qualiter machinacio illa fuerit fabricata. sed tantum⁽ᵉ⁾ scimus, quod, teste deo, dicta horrida macula sumus innocentes et mundi, speramusque in deo, quod machinacionem occultare⁽ᶠ⁾ minime pacietur. ex quo, veritatem predictorum in lucem venire cupientes et machinacionem ipsam desolvi debere, statim, cum machinacio ipsa in nostram devenit noticiam, properantissime scripsimus reverendissimo patri et amico nostro carissimo⁽ᵍ⁾ archiepiscopo Maguntino et subsequenter communitati Nurembergensi, ubi predicti magister Hermannus ejusque familiaris dicebantur fore detenti, ut eis intercedere placeret pro nostra complacencia⁽ʰ⁾ singulari, taliterque familiaris ipsius magistri Hermanni unius sub custodia teneretur ad finem quod per medium predicti familiaris et dicti phisici nostri posset haberi¹ cito claritas omnium predictorum. scripsimus ulterius reverendissimis⁽ᵏ⁾ patribus dominis archiepiscopo Maguntino predicto Coloniensi et Treverensi ac communitati Nurebergensi predicte¹, rogando ut velit nobis mittere per exemplum qualiter dicitur et narratur illud negocium processisse et totam ipsius facti seriem et processum, quod credimus eos facturos, tum quia honestum petimus, tum quia contra quemlibet principem possent hujusmodi inique machinaciones similiter fabricari. quibus habitis confidimus in deo et puritate ac innocentia nostra, nos taliter effecturos¹, quod nostro erit satisfactum honori et in oculis omnium nostra fiet innocentia manifesta. ad ejusdem fraternitatis beneplacitum⁽ᵐ⁾ queque bona mente parati⁽ⁿ⁾.   datum sancti⁽ᵒ⁾ Angeli die 13 julii 1401⁽ᵖ⁾.

Johannes Galeatz dux Mediolani et Papie Virtutumque comes⁽ᑫ⁾ ac Pisarum Senarum et Parusii dominus.

a) cod. Cusignano, s. nr. 363. b) cod. serviciam   c) cod. conjectatur. d) cod. z daff ob. e) cod. tm mit Überstrich. f) cod. cello mit Überstrich. g) cod. carissimo. h) cod. templacencia i) cod. odd et. k) cod. nach d war eine Schleife. l) cod. effecueros. m) cod. beneplacitum. n) cod. pabi. o) cod. sa mit Überstrich. p) cod. 1402. q) cod. Comz mit undeutlichen Abkürzungszeichen.

¹ Diese Briefe fehlen uns; daß der Hzg. auch noch an Andere schrieb, zeigen nr. 364 und 365.

G. Verhandlung mit Venedig nr. 309-310.

309. *K. Ruprecht an Michael Steno Dogen von Venedig: hat vernommen daß derselbe ihm und dem Reiche geneigt sei, bittet ihn sich in seinen und des Reichs Angelegenheiten eifrig zu bezeigen und beglaubigt bei ihm Dorde[1], den Überbringer des Schreibens. 1401 Mai 28 Nürnberg.*

1401 Mai 28

K aus Karlsr. G.L.A. Pfälz. Kop.B. 146 fol. 26ᵃ cop. chart. coaev., Adresse als Überschrift.
M coll. Martène thesaur. nov. anecd. 1, 1665 f. nr. 33.
Regest Georgisch 2, 855 nr. 49 und Chmel nr. 453 aus Martène l. c.; Janssen Frankf. Reichskorresp. 1, 588 nr. 993 aus Kodex seines Privatbesitzes Acta et Pacta 276.

Magnifice ac potens princeps amice predilecte. nostrorum oratorum[2] et aliorum quamplurium relatibus fide dignis gratulanti animo intelleximus magnisccenciam tuam majestati nostre et sacro imperio benivolis exhibicionibus affectam[a], quod divo pretori nostro utique memoriter infixum erga sinceritatem tuam favore regio liberaliter pensare proponimus[b], rogantes et affectanter desiderantes, quatenus, si que nostre serenitatis[c] agenda ad tuam deduci contingat noticiam, in eisdem te celsitudinis nostre et sacri imperii gratum ostendere[d] velis zelatorem, prout de tua legalitate fiduciam gerimus pleniorem. statum vero nostre sublimitatis cum ceteris occurrentibus Dorde presencium exhibitor dileccioni tue poterit enarrare. datum Nuremberg 28 die mensis maji anno domini 1401 regni vero nostri anno primo.

1401 Mai 28

Magnifico et potenti principi Michaeli Steno
duci Veneciarum amico nostro dilecto.

Ad mandatum domini regis
Job Vener etc.

310. *Beschluß des Raths zu Venedig: Antwort an Franz von Carrara und auf Brief und Botschaft K. Ruprechts durch den Gesandten Dorde. 1401[3] Juni 17 Venedig.*

1401 Jun 17

Aus Venedig St.A. Deliberazioni, secreta, senato 1, registro 1 fol. 5ᵃᵇ mb. coaev.; zu Anfang links am Rande Sapientes consilii.

Die 17 junii.

Capta. quod respondeatur magnifico domino Padue in hac forma: [1] quod plene intelleximus notificationem nobis sapientissime factam per suam magnificentiam de pactis et conventionibus firmatis inter illustrem dominum regem Romanorum et ambassiatores magnifice communitatis Florentie et informationem nobis datam de intentione et dispositione ipsius domini regis super adventu suo ad partes Italie[4] et similiter omnia alia, de quibus sue magnificentie placuit nos informare et participare nobiscum; intelleximus etiam diligenter continentiam literarum dicti illustris domini regis[5] et omnia ea que nobis retulit ordinate prudens vir Dorde, suus ambassiator reversus de Alemanea. [2] ad que respondemus: [2ᵃ] quod regraciamur cum paterna affectione quam ampliori

---

a) M affectatam. b) K supra Korrektur im Worte nicht gut deutlich; M proponimus. c) M serenitati. d) K ostalere mit Abkürzungsstrich über es; M ostendere.

---

[1] Litera familiaritatis vom König für Dorde de Gambertis, Nürnberg 26 Mai 1401, Chmel 441 und als allgemeine Angabe Karlsr. G.L.A. Pfälz. Kop.B. 5 fol. 21ᵇ und Wien H.H. St.A. Registr.B. A fol. 20ᵇ. Derselbe ist der Florent. Gesandtschaft des Buonaccorso Pitti und Pero di Saminiato beigegeben s. nr. 302 art. 2. Vgl. über ihn auch Chmel nr. 1159. 1163. 1405.
[2] Vgl. nr. 260 art. 2ᶜ.
[3] Über der Seite steht die Jahreszahl: 1401 inditione nona.
[4] Vgl. den Brief an Franz von Carrara vom 26 Mai 1401 nr. 312 nebst dem Vertragsentwurf nr. 307.
[5] nr. 309.

possumus sue magnificentie de dictis informationibus nobis datis et que dari fecit et de aliis que sibi a placuit participare nobiscum et habere nostrum consilium b, expressissime cognoscentes, hec procedere ab intrinseca et cordiali dilectione et ferventi caritate ac magna confidentia quam habet sua magnificentia in nostro dominio. [2¹.] ad continentiam vero literarum dicti domini regis et specialiter dilectionem quam dictus dominus rex per dictas suas benivolas literas scribit habere nostro dominio, prout etiam retulit oretenus dictus Dorde, ambassiator sue magnificentie, nos dicimus quod certissimi sumus, sic esse rei veritatem, quia semper habuimus et habemus ipsi domino regi et toti domui Bavarie maximam amorem et sinceram caritatem ac sumus valde leti de omni honore et omni prosperitate quam sua serenitas habet et habitura sit. et referimus dicto domino regi devotas actiones gratiarum de his que dignatus est nobis scribere et mittere dictum oretenus per dictum Dorde, supplicantes omnipotenti deo, a quo procedunt omnes gratie, quod adventus sue majestatis ad partes Italie sit cum honore sue serenitatis et bono Christianitatis et cum quiete et pace Italie.   [3] *Was die Bezahlung der 7000 Dukaten betrifft, die Franz [dem Herz. Joh. Galeazzo] zu zahlen habe, so rathen sie dringend im Interesse des unter ihrem Einflusse geschlossenen und beschworenen Friedens¹ dieselben, wie versprochen und schuldig, zu zahlen; wenn Franz dagegen anführt, es würde das dem Römischen Könige missliebig sein, weil er Vikar desselben in Padua sei, so entgegen sie, dass Franz sich mit dem Hinweis auf den feierlich beschworenen Frieden, der durch die Hände des Venetianischen Dominiums geschlossen ist, dem Könige gegenüber ausreichend entschuldigen könne, der bei seiner Weisheit und Welterfahrung sicher damit einverstanden sein werde. [4] Betreffs gewisser Kriegsausflügeln, die Franz von Seiten des Herzogs von Mailand meldet, glauben sie noch nicht, dass derselbe darin vorgehen werde; falls jedoch, so werden sie in geeigneter Weise dagegen Vorsorge treffen.*

De parte 96. de non 0. non sinceri 7.

H. Verhandlung mit Franz von Carrara Reichsvikar in Padua nr. 311-313.

311. *K. Ruprecht an Franz von Carrara Reichsvikar zu Padua: hat durch genannte Boten von dessen Ergebenheit gegen König und Reich vernommen, hofft dass er in derselben standhaft verbleiben werde, und beglaubigt die Gesandten zur Rückantwort.* 1401 Mai 15 Nürnberg.

K *aus Karlsr. G.L.A. Pfalz. Kop.B. 146 fol. 91ᵃ cop. chart. coaev.; Adresse als Überschrift.*
M *coll. Martène thesaur. nov. anecd. 1, 1658 f. nr. 28.*
Regest Georgisch 2, 855 nr. 42 und Chmel nr. 118 aus Martène l. c., Janssen Frankf. Reichskorresp. 1, 681 nr. 985 aus Kodex seines Privatbesitzes Acta et Pacta 252-276.

Rupertus dei gracia etc.

Magnifice potens ac fidelis amice precare. seriei tue legacionis per egregios Franciscum de Buzacharinis militem et Omnebonum de la Scola dilectionis tue consiliarios et oratores ⁷ eleganter exposite et per nos diligenter ac jocunde intellecte sin-

---

a) cod. sl.   b) et — consilium nachträglich von ders. Hand über der Zeile eingefügt.

---

¹ Vom 21 Merz 1400, s. nr. 260 art. 2ᵇ Note.
² Diese Gesandtschaft traf also ein, während der früher mit den Florentinern abgeordnete Dorde (s. nr. 309 nt. 1 und nr. 310) noch nicht wieder zurückgekehrt war; dieser überbringt die Botschaft und Briefe vom 26 Mai 1401 nr. 309-313 nach Venedig und Padua, vielleicht auch einen Brief an den Myfen, von Este, s. die Einleitung zu dieser litera H.

cerissimum tue devocionis erga cesaream majestatem affectum ferventissimum quoque studium et sedulissimum ingenium, quibus non*ᵃ absque digna memoria in nostris et sacri imperii agendis sine intermissione dinosceris insudare, evidenter et in veritate comperimus, eadem utique erga gratitudinem tuam et inclitam sobolem debitis vicissitudinibus omni conatu pensaturi, sperantes sine ambiguo quod*ᵇ indefesse constancie tue altissimus perseverancie spiritum et fortitudinis robur in his inspirabit super quibus eciam dictos*ᶜ Franciscum et Omnebonum de nostra intencione plenius informatos fidelitati tue remittimus*ᵈ audiendos, desiderantes de Italie statu et tuis successibus sepius cerciorari. datum Nuremberg 15 die mensis maji anno domini 1400 primo regni vero nostri anno primo.

1401 Mai 15

Magnifico et*ᵉ potenti viro Francisco de Carraria nostro et sacri imperii in Padua vicario et amico dilecto.

Ad mandatum domini regis
Job Vener*ᶠ etc.

312. *K. Ruprecht bittet Franz von Carrara Reichsvikar in Padua, dem er einen mit den Florentinischen Gesandten vorläufig vereinbarten noch undatierten Vertragsentwurf (nr. 307)¹ zuschickt, die Venetianer und Andere zur Hilfeleistung für den Italienischen Zug zu veranlassen. 1401 Mai 26 Nürnberg.*

1401 Mai 26

Aus Karlsr. G.L.A. Pfälz. Kop.B. 146 fol. 97ᵇ-98ᵃ cop. chart. coaev.
coll. Janssen R.K. 1, 587 nr. 990 aus einem in seinem Privatbesitz befindlichen Kodex Acta et Pacta 252-276.
Gedruckt bei Martène thesaur. nov. anecd. 1, 1665 nr. 32; daraus Regest Georgisch 2, 855 nr. 48 und Chmel nr. 443.

Ruprechtus etc.

Magnifice potens fidelis*ᵃ precare mittimus fidelitati tue certa puncta presentibus inclusa, in quibus cum oratoribus Florentinorum, dum tamen communitati Florencie placuerint, concordavimus, ubi intelligere potest tua circumspeccio provida nostre seriem intencionis adoptate. quocirca amiciciam tuam rogamus attente, quatenus juxta ea que tui oratores*ᵇ nostre majestati retulerunt, te in omnibus disponere velis ad succurrendum consulendum et assistendum nostre serenitati in hiis que ad hec tua prudencia novit oportuna, Venetos quoque et quoscunque alios ad hoc utiles et idoneos congruis mediis inducere et allicere coneris, ut nostre pariter sublimitati auxilium prestent consiliis et favorem*ᶜ. et quicquid in premissis tibi acciderit et alias magnificencie tue videbitur expedire, nobis quociens commoditas se obtulerit studeas intimare. super quo eciam dileccioni tue credenciales serenitatis nostre patentes literas*ᵈ destinamus, ut eisdem, si ubi et quando expedire videbitur, uti valeas ad cautelam, prout de tua approbata legalitate fiduciam gerimus singularem, parati vice versa gratissime benivolencie tue liberaliter complacere. ceterum statum nostre sublimitatis et alia pro tempore occurrencia Dorde*ᵉ presencium lator plenius poterit enarrare. datum 26 die mensis maji anno domini 1401 regni nostri anno primo.

1401 Mai 26

Magnifico et potenti viro Francisco de Carraria nostro et sacri imperii in Padua vicario et fideli*ᵇ dilecto.

Ad mandatum domini regis
Job Vener etc.

<small>a) M nobis. b) M quoque. c) M dilecto. d) M remittimus. e) M ea. f) cod. Bakre über a. g) cod. ac amico durchstrichen. h) cod. übergeschrieben über das durchstrichene amico mit anderer Tinte.</small>

¹ *Der definitive Vertrag ist dann der vom 13 Sept. 1401, im nächsten Bande beim Tage zu Augsburg.*
² *S. nr. 311.*
³ *Dieß ist die stehende Formel, in der das Hilfsgesuch des Königs auftritt, s. die Verhandlungen mit Venedig in Bd. 5.*
⁴ *nr. 313.*
⁵ *S. pag. 372 Note 2.*

313. *K. Ruprecht beglaubigt bei den Reichsangehörigen in Italien Franz von Carrara Reichsvikar in Padua zu Verhandlungen über den bevorstehenden Zug nach Italien.* 1401 Mai 26 Nürnberg.

Aus Karlsr. G.L.A. Pfälz. Kop.B. 146 fol. 97ᵇ cop. chart. coaev., mit der Überschrift Litera credencie Francisco de Carraria in Padua vicario destinata ex parte introitus domini in Italiam.
coll. Janssen R.K. 1, 587-588 nr. 991 aus einem in seinem Privatbesitz befindlichen Kodex Acta et Pacta 252-276.
Gedruckt bei Martène thesaur. nov. anecd. 1, 1664 nr. 31; daraus Regest Georgisch 2, 855 nr. 47 und Chmel nr. 442.

Rupertus etc. universis principibus comitibus baronibus nobilibus vicariis potestatibus officiatis ancianis rectoribus judicibus consulibus capitaneis militibus armigeris communitatibus et universitatibus ceterisque sacri imperii subditis fidelibus et devotis ad quos presentes pervenient graciam nostram et omne bonum. quia duce altissimo de proximo partes Italie pro imperiali diademate suscipiendo manu potenti de consilio nostrorum principum electorum et quamplurium aliorum subintrare disposuimus, dictarum parcium plagas et vulnera possetenus sanaturi, idcirco magnifico ac potenti viro Francisco de Carraria nostro in Padua vicario et fideli predilecto aliqua vobiscum et quolibet vestrum de prefato nostro introitu commisimus pertractanda, rogantes et desiderantes affectanter, quatenus prefato Francisco fidem credulam in circa hujusmodi dicendis pro presenti adhibere vosque nobis et sacro Romano imperio benevolos et obsequiosos ostendere velitis, gratam in hoc amiciciam erga vos et quemlibet vestrum regio favore digne compensandam nostre majestati exhibituri, prout de vobis et quolibet vestrum fiduciam gerimus pleniorem. harum sub nostri regii sigilli appressione testimonio literarum, datum Nurenberg 26 die mensis maji anno domini 1400 primo regni vero nostri anno primo.

Ad mandatum domini regis
Job Vener etc.

I. Verhandlung mit Savoien nr. 314.

314. *K. Ruprechts Anweisung für Gerhard von Cropsberg und Job Vener zu Unterhandlungen mit Graf Amadeus VIII von Savoien behufs Anerkennung Ruprechts als König und Hilfeleistung auf dem Romzug; nebst der Antwort des Grafen, welcher sich in diesen Angelegenheiten von den Herzogen von Berry und Burgund Raths erholen will.* [1401 vor Mai 7¹.]

Aus Karlsr. G.L.A. Pfälz. Kop.B. 146 fol. 37ᵇ-38ᵇ cop. chart. coaev.
coll. Janssen R.K. 1, 576-578 nr. 975 aus einem in seinem Privatbesitz befindlichen Kodex Acta et Pacta zwischen 152 und 167.
Moderne lateinische Übersetzung bei Martène amplis. coll. 4, 52-54 nr. 34.

Werbunge an den graven von Saphoy.

[1] Item zum ersten sollent ir im ᵃ erzelen, wie unser herren die kurfursten vor ziten den kunig von Beheim, ee er von dem rich abegesatzt worde, dicke und vile

ᵃ) cod. und Janssen in.

---

[1] *In dem Schreiben an Meister Albrecht vom 7 Mai 1401 (nr. 297) sagt K. Ruprecht, daß die beiden Gesandten an den Grafen von Savoien, Ritter Gerhard von Cropsberg und Meister Job Vener, heint zu ihm zurückgekommen seien; deren Absendung durch den König nach Savoien fällt also etwa in den April, die obige Anweisung nebst der Antwort also jedenfalls vor Mai 7.*

ersucht und ermanet hant etc. [2] item daruf hat uns derselbe unser gnediger herre der Romische kunig zu uch gesant und daz alles hrißen erzelen und uch auch zu bitden und zu ermanen, diewile ir auch zu dem heiligen rich gehorent, daz ir ime als eine Romischen konige gehorsam dun und erzeugen wollent, daz er mit uwer und ander die zu dem heiligen rich gehorent hulfe soliche groß irrunge und gebresten, die leider lang zit in der heiligen kirchen dem heiligen rich und der ganzen Cristenheid gewest sin, deste baß furgesin den wiedersten und mit der gots hulfe wandeln und zu gutem wesen und stande bringen moge als er auch genzlich meinet zu dûn. [3] item und sagent ime auch: unser herre der konig wolle sich gnediclich gein ime bewisen und ime tun als ime ein Romischer konig billich dun solle[a] in sunder fruntschaft und liebe. [4] item so ir daz alles also erzelet habent, so bitdent in von unsers herren des kuniges wegin, daz er ime heruf sin fruntlich entwert mit uch enbûlten wolle. [5] item und wer' ez daz er uch etwas fruntlichen antwerten wurde und daz er unserm herren dem konige gehorsam werden und bigestendig sin wil: item so sagent ime dann auch: lieber gnediger herre unser herre der Romische kunig hat uns auch uwern gnaden heißen sagen, daz er willen habe in daz lant gein Lamparten und furbaß gein Rome zu ziehen und sine cronung zu enphaen als gewonlichen und herkommen ist, und begeret und bitdet uwer gnade, daz ir ime uwer wege und strasen durch uwer land und gebiete darzu wollent offen, ob er des bedurfen werde, und ime auch sust geraten und beholfen sin, daz er und sin folke mit uwer hulfe durch die land geziehen mogen, als er des ie ein ganz getruwen und zuversichte zu uch hat. [5[a]] item und wer' ez daz er dann daruf worde reden und begeret, daz sich unser herre der Romische kunig zu ime solte verbinden wieder den von Meilan: item daruf sollent ir ime antwerten, daz unserm herren dem konige daz wol zu sinne si, also daz er ime getruwlichen wieder in beholfen si. und ist ez ime zu sinne, so uberkoment eins tages mit ime gein Straßburg oder ergent an ein gelegen stat[1], daz unser herre der konig und er ire frunde mit macht zu demselben tage schicken und eigentlich uberkommen von desselben verbuntniß wegin in der besten formen, als dann unserm herren dem konige und ime allernutzlichste und beste si. [5[b]] item worde er gelt oder anders fordern umbe den bistant, so sagent ime, daz er eins tages mit uch uberkomme sine frunde zu unsers herren des koniges frunden zu schicken, so mogen sie sich darumbe und umbe[b] ander sachen mit einander vereinen. [5[c]] item und erfarent auch sine meinunge, waz und wie vile er meine, so moge man sich darumbe entsinnen, daz man nit durfe hinter sich zihen so man zu tagen komme. [6] item ir sollent erfaren umbe und umbe wo ir mogent mit gelimph, waz straßen gein Lamparten gent und wie sie sint und die gemerke. [7] item wurde der grave uch kein entlich antwert geben, daz er sich licht meinte[c] zu bedenken, so sollent ir ime doch sagen, daz unser herre der konig ie willen[d] hat gein Lamparten zu zihen so er immer erst mag.

[*Antwort*] Zu wißen das uns von des graven wegen von Sophoye, als wir unser botschaft nach unserm besten verstentnisse geworben hatten, ein antwert worden ist of den sin: daz das urteil, davon wir imme gesagt hant und imme daz vorgelesen worden ist[2], im in der maßen nit furbracht si, als man ein solich urteil billich furbringen solte, daz imme zu gleubend were; wann man imme ein slecht abschrift uf papire gezeuget hatt, do er doch meint daz man ein solich urteil billich versiegelt und under einer

a) cod. sollen[f] (solte mit einem Strich darüber). b) cod. abgekürzt umbem, wie in art. 6 nach etwnd. c) *Jensen meinet.* d) *korrigiert aus welan in cod.*

[1] Vgl. nr. 296 art. 11[d] und nr. 297.   gemeint, s. art. 1 unseres Stückes; vgl. RTA. 3
[2] Ohne Zweifel die Absetzung K. Wenzels ist   nr. 204 f.

kuntlichen offenen geschrift furbringen solte, daz imme zu gleubend were; darzu sie
dieselbe abeschrift ime und den sinen also kurze *geben* und besehend wûrde, daz sie
sich daruf wenig entsinnen mochten; doch so habe er also vil tugend und erberkeit von
unserm herren dem kûnige vernomen und si er imme auch in solicher liebschaft* von
der kunige wegen von Franckenriche gewant, daz er imme aller eren wirden und
gluckes wol gûnne; aber sin vatter habe dem kunige von Beheim fur ziten gehuldet
und gesworn alz ein Romischen kunige, dasselbe hab auch er dez kunigs von Beheim
botschaft die darumbe zu imme gesant wart getann; von denselben eiden und glubden
konne er also liehtlich unberadten nit getreden, sunder er hab willen gein Franckenrich, und wolle sich da mit sine großvatter[1] dem herzogen von Berrye* und mit
sime sweher dem herzogen von Burgûnne beraten, und darnach, so er von dannen
wieder heheim kumpt, sin prelaten herren und frien und andere sin rete zu besenden
und mit den sich auch davon *zu beraten* und unsers herren botschaft obgenant zu
halbem abgste in sime lande ein antwert zu geben; were aber daz er daz ee geftin
mochte, oder ob sich daz lenger verzichen wurde, daz wolte er laßen wißen, und meint
auch den verzug in keinem argen sunder siner notdorft halb also zû nemen.

K. Verhandlung mit Aragonien und Sicilien nr. 315-318.

315. *K. Ruprecht sendet Johann de Valterra, Gesandten des K. Martin von Aragonien,
diesem zurück und spricht seinen Dank für die freundschaftliche Gesinnung des
Königs aus.* 1401 Mai 14 *Nürnberg.*

T *aus Martène et Durand thesaur. nov. anecd. 1, 1656 nr. 26.*
Regest *bei Janssen Frankf. Reichskorr. 1, 582 nr. 583 aus einem in seinem Privatbesitz
befindlichen Kodex* Acta et Pacta 252-276; Chmel *nr. 414 aus Martène l. c.*

Rupertus etc. illustrissimo principi domino Martino eadem gratia regi Aragoniae
Valentine Majoricae etc. consanguineo suo carissimo salutem et sincerissimae caritatis
affectum votivis utriusque hominis successibus salubriter dotari. serenitatis vestrae
legationem[2] laetabundo nec minus gratanti animo suscipientes et intelligentes concepimus
sincerissimum vestrae claritatis erga nostrum statum affectum, unde spontaneae ac liberalissimae exhibitioni vestrae pleniori quam possumus regratiamur intentione, corpus et
res necnon universa nobis a deo collata vobis possetenus obligantes, de circumstantiis
vero vestrorum successuum egregium legum doctorem Johannem de Vallterra vestrum
ambasiatorem plenius informatum splendidissimae dilectioni vestrae remittimus, de vestro
et totius regalis domus vestrae utinam longaevae felici statu saepius cupientes certiorari.
datum Nuremberg 14 die mensis maji anno domini 1401 regni vero nostri anno 1.

Illustrissimo principi domino   Ad mandatum domini regis
Martino dei gratia regi Aragoniae.   Job Vener.

a) *om. cod. et Janssen.* b) *cod. liebschaft, Janssen liebschaft, Martini gratia affinitatis.* c) *cod. 2 schräge Punkte über dem y.* d) *em. cod., Janssen conj. beraten.*

---

[1] *Bonne, die Tochter des Hzgs. von Berry, war
die Mutter des Gfen. Amadeus, s. Behr Genealogie
2 Aufl. Taf. 182.*
[2] *Von dieser Gesandtschaft besitzen wir keine
Urkunde, aber aus nr. 368 und 369 erfahren wir
einzelne Punkte, welche der Gesandte vorgebracht
hat.*

316. *K. Ruprecht beglaubigt bei K. Martin von Sicilien, über dessen Wohlbefinden er seine Freude ausspricht, Johann von Valterra, Gesandten K. Martins von Aragonien[1]. 1401 Mai 15 Nürnberg.*

1401
Mai 15

T aus Martène thesaur. nov. anecd. 1, 1658 nr. 27.
Regest bei Janssen R.K. 1, 584 nr. 968 aus einem in seinem Privatbesitz befindlichen Kodex Acta et Pacta 141-152; Georgisch 2, 855 nr. 43 und Chmel nr. 419 aus Martène l. c.

Rupertus dei gratia etc. illustrissimo principi domino[a] Martino eadem gratia regi Siciliae duci Athenarum et Neupatriae[b] suo consanguineo. quia mutui amoris vinculum sanguinis potissimus nexibus copulatum inter longe distantes ab invicem personas cartarum consuevit officio propalari pariter et intendi, idcirco, serenissime princeps, de vestri status et totius regno domus vestrae prosperitate domino favente prolixius duratura saepius cupientes certiorari, repetitis jam vicibus per illustrissimi principis domini Martini regis Aragoniae et inclyti vestri genitoris et consanguinei nostri carissimi scripta laetabunda certiorati serenitati vestrae pro nostrorum[c] successuum explanatione significamus, etc. ut in missiva domini Aragoniae[a] etc. datum Nuremberg 15 die mensis maji anno domini 1401 regni vero nostri anno 1.

1401
Mai 15

Illustrissimo principi domino Martino dei gratia regi Siciliae duci Athenarum et Neupatriae primogenito Aragonensi.

Ad mandatum domini regis
Job Wener etc.

317. *K. Ruprechts Anweisung für Johann de Valterra zu Verhandlungen mit K. Martin von Aragonien über die Vermählung zwischen Martins Schwester und Ruprechts Sohn Johann, über Unterstützung gegen Herzog Ludwig von Orléans und Johann Galeazzo von Mailand, über den Tag zu Metz, über Beistand zur Herstellung der Kircheneinheit u. a. m. [1401 Mai 14[a] Nürnberg.]*

[1401
Mai 14]

T aus Martène et Durand thesaur. nov. anecd. 1, 1657 f. nr. 27.
J coll. Janssen Frankf. Reichskorr. 1, 583 nr. 964 aus einem in seinem Privatbesitz befindlichen Kodex Acta et Pacta 262-276.
Regest Georgisch 2, 853 nr. 126 und erwähnt Chmel nr. 414 aus Martène l. c.

Memoriale ad serenissimum principem dominum Martinum regem Aragoniae.

[1] Primo gloriosissimus princeps dominus rex Romanorum regratiatur serenissimo principi regi Aragoniae de bona et grata mente ad ipsum gratiori dilectionis affectione et gratissima sua ac suorum oblatione, pari forma se offerens et sua ad illustrissimi principis regis praescripti beneplacita vice versa.

[2] Item affectuose desiderat, ut serenissimus princeps rex Aragonum scriptis ac aliis opportunis modiis attentet et pro posse efficiat apud regem Franciae duces Bituriae et Burgundiae et alios, ut informent ducem Aurelianensem, ne inquietet dominum regem Romanorum verbis aut factis sicut hucusque dicitur fecisse contemplatione Mediolanensis

a) *T domino.* b) *T fehlt von einem Wort.* c) *T vestro.*

[1] *Die beiden Könige Martin der ältere von Aragonien und Martin von Sicilien, sein Sohn, sind hier wie im Folgenden immer deutlich geschieden, da rex Aragoniae immer nur der ältere genannt wird und derselbe nie als rex Siciliae, was er ja auch erst 1409 nach dem Tode seines Sohnes wurde, bezeichnet wird, vgl. das Adressenverzeichniß nr. 268.*

[2] *nr. 315.*

[3] *Vgl. den Glaubbrief R's für Johann de Valterra von diesem Datum nr. 315.*

[1401 Mai 14] ac regis Bohemiae¹, et idem faciat apud ipsummet ducem Aurelianensem, et quidquid habebit pro reverso scribat domino regi Romanorum Heydelbergam vel duci Lotharingiae.

[3] Item petit subsidium gentium ab illustrissimis regibus Arragonum Siciliae et Castellae² pro introitu in Italiam ad suscipiendum imperiale diadema et contra Mediolanensem bona imperii occupantem, qui etiam venenositatis toxico ipsum interimere conabatur³.

[4] Item desiderat inquiri de mente regis Aragonum super matrimonio contrahendo inter praecelsam dominam A.⁴ sororem suam et illustrem principem Johannem filium suum secundogenitum.

[1401 Juni 14] [5] Item de dieta tenenda Metis⁵ rex Franciae nullum regum aut principum debebat advocare, quia dominus imperator sibi demandavit et secum condixit de paucis hincindo mittendis, ita quod quilibet eorum mittere habet unum episcopum et sex vel octo doctores ad maximum omnibus aliis exclusis, nec erit dieta conclusiva sed duntaxat praeambula. et sic non erit opus regem Aragonum ibidem habere solemniter suos ambasiatores; suum secretarium habere poterit ibi si placet, cui nuntii domini imperatoris dicent omnia ibidem tractata seu tractanda.

[6] Item dominus imperator est potius inclinatus tollere praesens schisma mediante consilio et auxilio illustrissimi principis regis Aragonum et aliorum suorum consanguineorum, quam Francigenarum, et sperat habita possessione Italiae per dei gratiam celerem finem huic pestifero schismati imponendum.

[7] Item dominus intendit secundum conclusionem et tractatum habitum cum dominis electoribus et aliis principibus facere dispositionem ad celerem introitum in Italiam.

[8] Item quod fiat cautela in mari, ne adversarii domini imperatoris seu Francigenae succurrant Mediolanensi cum galeis in mari.

[9] Item desiderat dominus imperator informari super jure suo et regis Arragoniae ad terras in Alhisi⁶ quas possident Australes juxta tenorem litterarum quas habet illustrissimus dominus rex Aragoniae ut intellexit.

[1401 Mai 14] 318. *K. Ruprecht benachrichtigt den Admiral von Sicilien, Jakob de Pratis, daß er durch Johann de Valterra, den Gesandten K. Martins von Aragonien, seine Mittheilungen empfangen habe und läßt ihn durch denselben seines ferneren Wohlwollens versichern. [1401 Mai 14 Nürnberg⁷.]*

T aus Martène et Durand thesaur. nov. anecd. 1, 1656 f. nr. 27.
Regest bei Janssen Frankf. Reichskorr. 1, 584 nr. 985 aus eigenem Kodex Acta et Pacta 252-276.

---

¹ *Vgl. nr. 298.*
² *Vgl. nr. 268 mit Noten.*
³ *S. nr. 303.*
⁴ *Von einer Schwester K. Martins, deren Namen mit einem A beginnt, wissen wir nichts; er hatte außer bereits verheirateten Schwestern eine damals heiratsfähige Namens Isabella, s. Çurita Annales lib. X pag. 436ᵇ col. 2; der Name Anna bei Hösler Ruprecht pag. 209 ist wol nur eine Vermuthung. Man wird den Namen in der Kanzlei Ruprechts auch nicht gewußt haben, und A ist nur Sigle.*
⁵ *S. nr. 296. 299.*
⁶ *Wahrscheinlich Alais (Alesia, Alesium, Alisiacum) bei Uzes am Gardon im Département des Gard.*
⁷ *Vorher geht bei Martène l. c. der Glaubsbrief R.'s für denselben Johann an Martin von Aragonien vom 14 Mai 1401 Nürnberg, bei uns nr. 315.*

Rupertus dei gratia etc. [1401 Mai 14]

Nobilis sincere dilecte. relata nobis tui pro parte per egregium legum doctorem Johannem de Valterra illustrissimi principis domini Martini regis Aragoniae etc. consanguinei nostri carissimi ambasiatorem grato intelleximus affectu, ad quaevis tuae dilectioni congrua regio more dispositi et parati, prout dictus Johannes tuam amicitiam plenius poterit informare. datum ut supra etc.

Nobili et generoso viro Jacobo de Pratis
armirallo regni Trinachiae nobis sincere dilecto.

L. Verhältnis zu Lübeck Goslar Herford Mühlhausen Nordhausen nr. 319-325.

319. *K. Ruprecht fordert Lübeck (bzw. Goslar s. die Quellenangabe) auf, an seiner Statt den Herzögen Bernhard und Heinrich von Braunschweig und Lüneburg zu huldigen.* 1401 Mai 18 Nürnberg. [1401 Mai 18]

W aus Wien H.H. St.A. Registraturbuch C fol. 42ᵃᵇ cop. ch. coaev., mit der Überschrift Ein gewaltsbrief uf herzog Bernhart und herzog Heinrich zu Brunswig und zu Lunenburg, von den von Lubich und den von Goßler huldunge zu nemen und zu enphahen an sins herren stat. *Unter dem Text die Notiz* Item in der obgeschriben forme von worte zu worte ist den obgenanten herzogen ein gewaltsbrief geben, von den von Goßlar huldunge zu nemen an sins herren des kunigs stat.

K coll. Karlsr. G.L.A. Pfälz. Kop.B. 4 fol. 48ᵇ-49ᵃ cop. ch. coaev., mit gleicher Überschrift und Notiz wie W.

Gedruckt Cod. dipl. Lubecensis Abtheilg. 1 Urkdb. der Stadt Lübeck Theil 5, 730 nr. 643 aus W. — Regest bei Chmel nr. 430 aus W.

Wir Ruprecht etc. enbieten unsern und des richs lieben getruwen burgermeistern rat und burgern unser und des heiligen richs stat° Lubiche unser gnade und allez gút. lieben getruwen. wir han den hochgebornen Bernhart und Heinrich gebrudern herzogen zu Brunswig und zu Lunenburg unsern lieben oheimen und fursten und ir ieglichem besunder bevolhen und ganze macht geben, bevelhen und geben in die in craft diß briefs, daz sie beide oder ir iglicher besunder an unser stat und von unsern wegen uwer glubde huldunge und eide, die ir uns als einem Romischem kunig dun sollent, von ᵇ uch nemen und enphaen sollen¹. herumb heißen und gebieten wir uch festiclichen und ernstlichenᶜ in craft diß briefs, daß ir der rat und die gemeinde gemeinlichen unser und des heiligen richs stat Lubiche vorgenant den obgenanten unsern oheimen herzog Bernhart und herzog Heinrich in beiden oder ir einem besunder soliche glubde huldunge und eide an unser stat und von unsern wegen unverzogenlich, so sie beide oder ir einer daß an uch fordern, dünt in aller maßen und wise als ir daß von des richs wegin uns als einem Romischen kunig von rechte und billich dün sollent und schuldig sint zu tün ane geverde. orkunde diß briefs versiegelt mit unser kuniglicher majestat ingesiegel, datum Nuremberg quarta feria ante festum penthecostesᵈ anno domini millesimo quadringentesimo primo regni vero nostri anno primo. [1401 Mai 18]

Ad mandatum domini regis
Johannes Winheim.

a) om. W. b) WK und. c) K ernstlichen. d) K phenthecosten.

¹ *Von einem Revers der Herzöge wie zu nr. 320 (s. pag. 880 nt. 1) ist uns nichts bekannt.*

1403
Feb. 5
320. *K. Ruprecht fordert Lübeck Goslar und Herford auf, an seiner Statt den Herzögen Bernhard und Heinrich von Braunschweig und Lüneburg zu huldigen. 1403 Febr. 5 Nürnberg.*

W *aus Wien H.H. St.A. Registraturbuch C fol.* 127ᵇ *cop. ch. coaev., mit der Überschrift* Das die von Lubeck Goszler und Herverde den herzogen von Brunszwig huldunge tûn und in gewarten etc.
K *coll. Karlsr. G.L.A. Pfälz. Kop.B.* 4 *fol.* 149ᵃ, *mit gleicher Überschrift.*
Gedruckt Hugo Die Mediat. der Deutschen Reichsstädte pag. 254-255 *nr.* 33 *aus* K; *Codex dipl. Lubec. Abthlg.* 1 *Urkbuch der Stadt Lübeck Thl.* 5 *pag.* 733-734 *nr.* 646 *aus* W. — *Regest Chmel nr.* 1419 *aus* W.

Wir Ruprecht etc. enbieten unsern und dez richs lieben getruwen burgermeistern reten und burgern unserᵃ und des heiligen richs stetden Lubecke Gosseler und Herverde unser gnade und allez gût. lieben getruwen. wir hann den hochgebornen Bernhard und Heinrichen gebrudern herzogen zû Brunßwig und Lunenbûrg unsern lieben oheimen und fursten und ir iglichem besunder bevolhen und ganze machte geben, bevelhen und geben in die in craft diß briefs, das sie beide oder iro iglicher besunder an unsor stat und von unsern wegen uwer gelubde huldunge und eide, die ir uns als einem Romischen kûnige dûn sollent, vonᵇ uch nemen und enphaen sollen¹. herumbe heißen und gebieten wir ûch vesticlich und ernstlichen in craft diß briefs, das ir die rete und die gemeinden gemeinlichen unser und des heiligen richs stetde Lubeck Gosseler und Herverde obgenant den vorgenanten unsern oheimen herzog Bernhard und herzog Heinrichen in beiden oder in einem besunder soliche glubde huldunge und eide an unser stat und von unsern wegen unverzogenlich, so sie beide oder ir einer daz an uch fordern, dûnt und in auch in allen sachen gewertig sint von unsern wegen in aller maße und wise, als ir das von des richs wegen uns als einem Romischen kûnige von rechte und billich dun sollent und schuldig sint zu dûn ane geverde, biß of unser oder unser nachkommen an dem riche wiederruffen und nit lenger. orkund diß briefs versiegelt mit unser kuniglichen majestat ingesiegel, datum Nuremberg secunda feria post beati Blasii episcopi anno domini millesimo quadringentesimo tercio regni vero nostri anno tercio.

1403
Feb. 5

Ad mandatum domini regis
Ulricus de Albeckᶜ etc.

a) W *unsern.* b) WK *und.* c) WK Albechs? *Schluß.*

¹ *In Karlsr. G.L.A. Pfälz. Kop.B.* 44 *fol.* 236ᵇ *steht das Regest eines Briefes*, wie Bernhartt und Heynrich gebrudere herzogen zu Brunswig und Lunenburg bekennen, das inen von konig Ruprechten befolhen si, von sin und des riches wegen von den stetten Lubeck Gosslar und Herferde solich glubde huldung und eide, so sie ime als Romischen konig tun sollen, zu nemmen und en- pfahen, und auch, das die stett inen gewertig sin und sie die schutzen und schirmen sollen. item waz von den stetten gefelt, das sollen sie konig Ruprechten halber geben. item wann ein majestat solichen gewalt widder von inen fordert, sollen sie abtretten etc. datum under ir beider anhangenden ingesigeln uf noedag nach purificacionis Marie anno domini 1403 jaro *[Febr.* 5].

321. *K. Ruprechts Machtbrief für Bisch. Konrad von Verden, mit den Städten Lübeck Mülhausen Goslar Nordhausen oder deren Bevollmächtigten über gewisse Steuern, die sie ihm als König schuldig sind, zu verhandeln.* 1405 September 22 Heidelberg.

1405 Sept. 22

> W aus Wien H.H. St.A. Registraturbuch C fol. 202ᵇ cop. chart. coaev., mit der Überschrift Ein gewaltsbrief of den bischof von Verden an die stette Lubeck Molhusen und Goslar etc.
> K coll. Karlsr. G.L.A. Pfälz. Kop.B. 4 fol. 241.ᵇ-242ᵃ cop. ch. coaev., mit gleicher Überschrift wie W.
> Gedruckt Cod. dipl. Lub. Abthlg. 1 Urkdb. der Stadt Lübeck Theil 5, 734-735 nr. 647 aus W. — Regest bei Chmel nr. 2070 auch aus W.

Wir Ruprecht etc. bekennen etc.: das wir durch sunderliche vernunft und trü willen, die wir an den erwirdigen Cunraten bischof zu Verden unserm fursten rat und lieben andechtigen erkant und befunden haben, teglich erkennen und befinden, in mit wolbedachtem mûte gutem rate und rechter wißen bevolen und auch unser ganze vollemacht und gewalt gegeben haben und geben in craft diß briefs, mit den ersamen burgermeistern reten und burgern der stedte zu Lubecke¹ zu Molhusen zu Goßler und zu Northusen gemeinlich und sunderlich und ir iglicher mechtigen botten von unsern und des richs wegen und an unser stat als von solicher recht stüre und rente wegen, so ir igliche uns als ein Romischen kunig pflichtig ist, zu tedingen zu uberkommen zu enden und genzlich zu tûnd, das sich von unsern wegen dorin zu tûnd und auch zu enden geburet, und das wir selben getün mochten ob wir gegenwertig weren. und was er also mit ir iglicher burgern oder botten von unsern wegen und an unser stat tün und enden wirdet, daz ist alles unser wille und wort und wollen das auch ganz stete und veste halden und auch genzlichen fullenfuren ane geverde. mit urkunde diß briefs versigelt mit unserr kuniglicher majestat insigel, geben zu Heidelberg nach Cristi geburte vierzehenhundert jare und darnach in dem funften jare des nehsten dinstags nach sant Matheus tagᵃ unsers richs in dem sechsten jare.

1405 Sept. 22

Ad mandatum domini regis
Johannes Kircheim.ᵇ

322. *K. Ruprecht bevollmächtigt seinen Sohn Pfalzgf. Johann, mit Lübeck wegen rückständiger Steuerzahlungen zu verhandeln und an seiner Statt Huldigung entgegenzunehmen.* 1407 Aug. 3 Heidelberg.

1407 Aug. 3

> W aus Wien H.H. St.A. Registraturbuch C fol. 228ᵃ·ᵇ cop. chart. coaev., mit der Überschrift Ein gewaltsbrief, das herzog Johans mit den von Lubeck von der rente wegen tedingen mag etc.
> K coll. Karlsr. G.L.A. Pfälz. Kop.B. 4 fol. 278ᵃ cop. ch. coaev., mit gleicher Überschrift.
> Gedruckt Cod. dipl. Lub. 1 Abthlg. Urkdb. der Stadt Lübeck Thl. 5, 737 nr. 650 aus W. — Regest Chmel nr. 2317 aus W.

Wir Ruprecht etc. bekennen etc.: das wir dem hochgebornen Johansen pfalzgraven bi Rine und herzogen in Beyern unserm lieben sone und fursten unser folle gewalt und ganze macht geben haben und geben imme die auch in craft diß briefs,

a) des — tag om. K.   b) Unterschrift om. K.

---

¹ Vgl. Cod. dipl. Lubec. Abthlg. 1 Urkdb. der Stadt Lübeck Thl. 5 nr. 388 p. 431, wo von dem Drucke Bisch. Konrads auf die Stadt die Rede ist.

mit den burgermeistern rate und burgern gemeinlichen der stat zu Lubeck unsern und
des heiligen[a] richs lieben getruwen von unsern wegen zu tedingen und zu uberkomen
von solicher jerlicher rente wegen, als sie uns und dem riche eins iglichen jars schuldig
sint zu geben und etwe vil jare verseßen und nit gericht habent, und huldunge und
glubde an unser stat von in zu enphaen als von solicher gehorsam wegen, so sie uns
von des richs wegen alz einem Romischen kunige tun sollent. und was der obgenant
unser sone herzog Hans in den vorgeschriben sachen ufnimmet verschribet und mit
sinem ingesigel versigelt, daz wollen wir stete und veste halten, unser kuniglichen
briefe[b] daruber geben und genzlichen fullenfuren ane alle geverde. orkund diß
briefs versigelt mit unser kuniglichen majestat anhangendem ingesigel, geben zu Heidel-
berg nach Crists geburte 1400 jare und darnach in dem sibenden jare des nechsten
mittwochen nach sant Peters des heiligen zwulfbotten tag ad vincula zu latine unsers
richs in dem sibenden jare.

Johannes Winheim.

323. K. Ruprecht nimmt Lübeck, welches unter dem alten Rathe ihm Gehorsam und Anerkennung verweigert hatte, auf Bitte der Bürger zu Gnaden an[1]. *1408 Juli 4 Heidelberg.*

*W aus Wien H.H. St.A. Regist.B. C fol. 261*a,b *cop. chart. coaev., mit der Überschrift*
Verzihunge of die von Lubecke von der huldunge wegen, als sie die versagen haben.
*K coll. Karlsr. G.L.A. Pfälz. Kop.B. 4 fol. 321*b*-322*a *cop. ch. coaev., mit gleicher Über-*
schrift.
Regest bei Chmel nr. 2591 aus W.

‚Wir Ruprecht etc. enbieten allen und iglichen fursten geistlichen und werntlichen
graven frien heren rittern knechten gemeinscheften der stette merkte und dorfere burgern
und geburen und sust allen andern unsern und des heiligen richs undertanen und ge-
truwen den dieser geinwortige unser brief vorkumpt unser gnade und alles gut.[2]
erwirdigen hochgebornen edele und liebe getruwen. als wir vor ziten, nachdem als
wir zu Romischem kunige gekoren worden, und mit uns unser und des heiligen richs
kurfursten unsern lieben getruwen burgermeistern und rate unser und dez heiligen richs
stad Lubecke verschrieben, in soliche unser erwelunge verkundten und sie auch darauf
ermaneten uns als eime Romischen kunige gewonlich huldunge zu don zu gewarten
und gehorsam zu sin[3], und auch darnach unser heiliger vater der babst Bonifacius der
nünde seliger gedechtniß in, nachdem er uns als einen Romischen kunig approberet
hatte, soliche unser approbacien mit sinen bebstlichen bullen und briefen, die er in
darumbe sandte, verkundite und gebote uns als eime Romischen kunige gehorsam zu
sin und zu gewarten[4], und wir sie aber darnach durch etliche unser und des heiligen
richs fursten geistlich und werntliche und auch mit unsern besigelten briefen ernstlich
ersucht und ermanet haun, uns als eime Romischen kunige gehorsam zu werden und
gewonlich huldunge zu don; daran sie sich doch alles nit gekeret, sunder soliche gehor-

a) om. K. b) K briefes.

[1] Vgl. Cod. dipl. Lub. Abthlg. 1 Urkdb. der Stadt Lübeck Theil 5 nr. 204-206 und Chmel nr. 2592-2594.
[2] In seinem Schreiben vom 20 Jan. 1410 Cod. dipl. Lub. l. c. nr. 298 pag. 332 erwähnt der König selbst, daß er s. Z. den Königen von Eng-land Dänemark u. a. dieß bekanntgegeben habe.

[3] Dieses Schreiben wird auch erwähnt in dem Rechtfertigungserlaß K. Ruprechts vom 2 Merz 1410 Cod. dipl. Lub. l. c. nr. 308 pag. 342 und ib. nr. 668 pag. 737.
[4] Erwähnt ebenda und ib. nr. 338 pag. 430-431.

sam und huldunge uns von dez richs wegen zu tûn verzogen und sich damit wider uns und daz heilige riche frevelichen gesoezet hant: laßen wir uch wißen, daz von wegen unsere lieben getruwen der burger gemeinlichen der stad zu Lubecke unser kuniglichen majestad furkommen ist und auch underwiset worden sin: als die vorgenant unser und des heiligen richs stad Lubecke uns als einem Römischen kunige so lange ungehorsam gewest si, daz das nit der gemeinen burger, sunder dez alten rades, die der vorgenanten stat Lubecke moechtig waren, schult gewest si; und sin von der vorgenanten gemeiner burger zu Lubecke wegen demuticlichen und flißlichen ange- rûffen und gebeten worden, sie und die vorgenant stad Lubecke zu unsern und des heiligen richs gnaden und hulden, darinne sie allezit begerten zû sin und zu verliben, gnediclichen ufzunemen und zu enpfaen, und umbe alle vergangen sache, wie sie sich dann gein uns und dem heiligen riche biß uf datum diß briefs verhandelt hetten, zu verzihen[1]. wand wir nû von angeborner gûte und auch Romischer kuniglicher milde darzu geneiget sin, allo und iglichе die zu dem heiligen riche gehôrent gnediclichen ufzunemen und zu enpfaen, so sie sich gehorsamclich und demuticlich darzû erbieten, so haben wir angesehen der obgenanten unsere lieben getruwen der gemeinen burger zu Lubecke flißige und redeliche bete, so von iren wegen an uns kommen ist, und haben alle und iglichе burgere gemeinlich und sunderlich und die vorgenant unser und des heiligen richs stat Lubecke zu unsern gnaden und hulden und in unsern und dez heiligen riches sunderlichen schirme genomen und enpfangen. wir han auch darzû of alle vergangen sache, wie sie sich dann biß uf diesen hutigen tag datum diß briefs gein uns und dem heiligen riche vorhandelt verwurket oder vergessen hant, als verre daz uns und daz riche antriffet, luterlich und genzlich verziegen und verzihen auch also darûf in craft diß briefs. und berumbe so begeren und gesinnen wir an uch alle samentlich und sunderlich nnd gebieten uch auch vesticlich und ernstlich bi unsern und dez richs hulden in craft diß briefs, daz ir den vorgenanten unsern getruwen burgern und der stad Lubecke umbe solicher vergangener geschicht willen unser und des richs halb, als vor geschriben stet, keinen ungûnst noch argen willen bowisen[a] sollent in deheine wise, sunder sie samentlich und sunderlich eren und fordern und zu irem rechten beholfen sin, so sie das an uch gewinnent, uns und dem heiligen riche zu eren. daran bewisot uns ein iglicher besunder danknemе fruntschaft wolgevalnißе und dinste. orkund diß briefs versigelt mit unser kuniglichen majestat anhangendem ingesigel, geben zu Heidelberg nach Christi geburte vierzehenhundert jare und darnach in dem achten jare an sant Ulrichs tag des heiligen bischofs unsers richs in dem achten jare.

Ad mandatum domini regis[b]
Johannes Winheim.

324. *Vierzehn ausgewanderte gen. Lübecker[2] erkennen K. Ruprecht an und wollen nach ihrer etwaigen Rückkehr die Stadt zur Huldigung und Treue bringen.* 1408 *Dec. 24 o. O.*

Aus Münch. Staatsarchiv Urkk. betr. äußere Verhh. der Kurpfalz $\frac{170}{534}$ or. mb. c. 14 sig. pend. quorum primum delapsum.
Gedruckt Codex dipl. Lub. Abthlg. 1 Urkdb. der Stadt Lübeck Theil 5, 748–749 nr. 659 ebendaher. — Daraus erwähnt in Hanserecesse 5, 446 B.

a) W hat a in Form zweier schräger Punkte über l geschrieben. b) Ad — regis om. W.

[1] Allerdings hatten sie die rückständige Steuer mit 12000 Gulden bezahlt, s. Cod. dipl. Lub. l. c. nr. 298 pag. 332.

[2] Es sind die aus der Stadt verdrängten Mitglieder des alten Raths, welche ihre Klage gegen den neuen Rath am Hofgerichte K. Ruprechts

1408
Dec. 24

Wyr Hinrik Westhoff, Gosswin Clingenbergh, Jordan Pleskow, Marquard van Dame, Brun Warendorp, Herman Yborgh, Hinrik Metler, Jacob Holk, Cord van Alen, Tideman Junghe, Reynar van Calve, Johan Cryspyn, Clawes van Stiten, unde Hinrik Rapesulver bekennen offenlich an diessem briff: das wir den allirdurchluchtigosten hocheburnen fursten unde heren hern Ruprechto van gots gnaden Romisschen kuning zu allen zijten merer des richs unsern gnedigen lieben herren sin lebtage halten unde haben wollen als einen Romisschen kuning und in darfur erkennen alze unsern rechten herren an alle geverde. unde ist ez das wir widder komen binnen Lubek in die stad, ez geschee mit rechte gutlich edder wy das zugange, so sollen unde wollen wir daran sin mit worten unde werken nach unserm vormoghen ôn geverde, das die stad Lubeke in gehorsamikeyte des obgescriben unsers gnedigen herren des Romisschen kunges blibe, und das man ymme myt der stad und mit den renten und zinsen die dem riche zugehoren gewarte und ymme die reiche als eime Romisschen kunge sin lebtage. wir sollen und wollen auch aladan soliche huldunge tun als der stad recht unde gewonheit ist und andere die in den rad daselbest kommont[a] phlichtig sint zu tunne. und als wir etwas anspruch hant gegen den die itzunt den newen rad zu Lubeke besitzent, als lange wir dieselben anspruch oder sache nit übergeben[b], so sollen und wollen wir und unser iglicher, der die sache dribet und die meynet anzulangen, unserm gnedigen herren dem kunge obgescriben als einne Romisschen kunge gehorsam sin sines rechten genießen und engelten an alle geverde und siner gunst und gnaden alleweghe getruwen und gewarten. alle und igliche furgescriben stucke puncte und artikel geloben verheißen und versprechen wir alle und unser iglicher in guten truwen und rechter warheid stete veste und unverbruchlich zu halten und darwider nit zu tunne noch schaffen getan werden in dheine wise an alle geverde. orkund diß briffes versigelt mit unsers

1408
Dec. 24

iglichs anhangendem insigel, der geben ist nach gots bord verteynhundert in dem achten jare up wihennachten avend.

1409
Jan. 21

325. *K. Ruprecht nimmt 14 genannte Mitglieder des alten Rathes von Lübeck, die ihm gehorsam und unterthänig geworden sind, zu Gnaden auf*[1]. *1409 Januar 21 Sachsenhausen.*

W *aus Wien H.H. St.A. Registraturbuch C fol. 272ᵇ cop. chart. coaev., mit der Überschrift* Als min herre die burger des alten rats zu Lubeck in sin und des richs hulde empfangen hat.

K *coll. Karlsr. G.L.A. Pfalz. Kop.B. 4 fol. 336ᵃ cop. ch. coaev., mit derselben Überschrift. Gedruckt Cod. dipl. Lub. Abthlg. 1 Urkdb. der Stadt Lübeck 5, 749 nr. 660 aus W.* — *Regest Chmel nr. 2721 aus W; erwähnt in Koppmann Hanserecesse 5, 446 B aus cod. dipl. Lub. l. c.*

Wir Ruprecht etc. bekennen und tûn kunt offenbar mit disem brief: als unsere lieben getruwen Heinrich Westhoff, Goßwin Clingenberg, Jordan Pleßkalwe, Marquart von Dame, Brûne Warendorp, Herman Iburg, Heinrick Metler, Jacob Holke, Cord von

a) *Punkt über o und ohne Bedeutung.* b) *ö.*

anhängig gemacht haben, und welche, da der König mit ihrer Zustimmung erst Sühneversuche anstellt, die Widerspänstigkeit des neuen Raths gegen solche Versuche benutzen, um sich dem Könige zu nähern, vgl. Wehrmann in den Hansischen Geschichtsblättern Jahrgang 1878 pag. 116 f.

[1] Vgl. nr. 324 nt. 1. Da der neue Rath nicht

auf die vom Könige angeordneten Sühneversuche eingeht, noch die Hofgerichtssprüche vom 28 Juni und 21 November 1409 beachtet, wird derselbe und die Stadt am 21 Januar 1410 vom Könige in die Acht erklärt, s. Wehrmann in den Hansischen Geschichtsblättern l. c. pag. 120 f.

Alen Tydeman, Junge Reyner von Calve, Johann Crispin, Clos von Stiten, und Heinrich Rapesulver, alle des alden rades unser[a] und des heiligen richs stad Lubecke, in unser ungunste und ungnaden komen waren, umbe das si uns als eime Romischen kunige ungehorsam waren; und want sie uns als eime Romischen kunige gehorsam und under-
5 tenig worden sind, so haben wir soliche ungunst und unwillen, so wir zu in hatten, genzlichen abgelaßen und haben sie in unser und des heiligen richs hulde und gnade gnediclichen empfangen in craft diß briefs. zu urkunde versigelt mit unser kuniclichen majestat anhangendem ingesigel, geben zu Sachsenhusen nach Crists geburte vierzehenhundert jaro und darnach in dem nunden jare of den mantag nach der heiligen
10 Fabiani und Sebastiani tag unsers richs in dem nunden jare.

1409
Jan. 21

Per dominum *Fridericum* de Otingen *magistrum* curie
Johannes Winheim.

M. Mainzer Bischofstreit zwischen Johann II und Joffrid von Leiningen nr. 326.

15 326. K. Ruprecht, Erzb. Friderich III von Köln und Burggr. Friderich VI von Nürnberg schlichten die Streitigkeiten zwischen Erzb. Johann II von Mainz und Joffrid von Leiningen Kustos des Stifts zu Köln: namentlich soll Erzb. Johann letzterem zu einem Bisthum verhelfen. 1401 Mai 5 Nürnberg.

1401
Mai 5

K aus Karler. G.L.A. Pfälz. Kop.B. 84 fol. 15b-16a cop. ch. coaev. mit der Überschrift
20 Uszpräche zwuschen hern Johann erzbischof zu Mentze und hern Joffrid von Lyningen [Lyningen?].
M coll. Würzburg K.A. Mainz-Aschaffenb. Ingrossat.B. 13 fol. 243a cop. ch. coaev. mit der Überschrift Concordia inter dominum Maguntinum et dominum Jofridum de Lyningen.
25 Gedruckt Guden Cod. dipl. Mogunt. 4 p. 2-3 nr. 2 mit falsch berechnetem Datum 8 Mai; Würdtwein Nova subs. dipl. 2 pag. 404f. nr. 67. — Regest Joannis Rerum Mogunt. ad Severinum 1, 717 nt. 5 mit dem Datum feria quarta (4 Mai), J. M. Kremer Gesch. des ardenn. Geschlechts Cod. dipl. pag. 206, Scriba Regg. 3 nr. 3524, Chmel nr. 395 aus Guden, daher unter dessen irrigen Datum, Monum. Zollerana 4,
30 106 nr. 105 aus Würdtwein, Janssen Frankf. R.K. 1, 563 nr. 965 aus K.

Wir Ruprecht von gots gnaden etc. und wir Friederich von denselben gnaden erzbischof zu Collo herzog zu Westphalen etc. des heiligen Romischen richs in Italien erzcanzeler und wir Friederich auch von gots gnaden burggrave zu Nuremberg bekennen und dun kunt offenbar mit diesem briefe: als der erwirdige Johann erz-
35 bischof zu Mentze und der edel Joffrid von Lyningen custer des stieftes zu Colle ietz- und entwielange in zweiungen und misschelden mit einander gewest sin und sie auch beidersit[b] derselben zwoiunge und misschelde genzlichen an uns verlieben sin, des han wir zwuschen in getedingt und ußgesprochen, daz sie darumbe genzlichen versunet und verrichtet sin sollen. und sal auch darumbe von beiden siten ein ganze luter verzieg
40 sin und ir ieglicher sal den andern eren und furdern alz zidlichen und billichen ist, uß-gescheiden allerleie argeliste und geverde. wer'ez auch daz ein bistum ledig wurde darnach der obgenant Joffrid von Lyningen sten wolte und daz dem obgenanten Johann erzbischof zu Mentze[c] verkundet und wißen ließe, so sal[d] er dem capitel desselben stiefts und auch unserm[e] heiligen vater dem[f] babist und an alle ander ende da ez[g]
45 dann not ist fur den vorgenanten Joffrid von Lyningen getruwelichen schriben und bitten, und sal daz dun alz dicke dez noit geschicht alz lange biß daz er also zu eime

a) *K* unsern. b) *om. M.* c) *K Meinze korr. in Mentze? undeutlich.* d) *K sal?* e) *K unsern.* f) *K den. M dem.* g) *M das.*

1401
Mai 3
bistum genomen und bestediget wirdet, ane alle geverde. und des alles zu urkund und gezugniße so han wir kunig Ruprecht Friederich erzbischof zu Colle und Friederich burggrave zu Nuremberg obgenant unser ieglicher sin ingesigel an diesen brief dün henken. und wir Johann erzbischof zu Mentze und Joffrid von Lyningen obgenant bekennen auch offenlich mit diesem brief, daz wir beide und ieglicher besunder diese richtunge und süne in der maß als vor geschrieben stet stete veste und unverbrochenlich halten sollen und wollen, ußgescheiden allerlei argelist wiederrede hinderniße und geverde; und dez zu merer sicherheit so hat unser ieglicher sin ingesigel bi der obgenanten unsers gnedigen herren des Romischen künigs hern Friederichs erzbischofs zu Colle und hern Friederichs burggraven zu Nuremberg ingesigel an diesen brief dün henken. datum Nurenberg quinta feria post invencionem sancte crucis anno domini millesimo quadringentesimo primo.

1401
Mai 5

N. Verhandlungen wegen der Tödtung Hzgs. Friderich von Braunschweig nr. 327-335.

1401
Apr. 9
327. *K. Ruprecht an Hzg. Bernhard von Braunschweig, wird wegen Tödtung Herzogs Friderich von Braunschweig einen Ausspruch thun spätestens bis 24 Juni, beruft ihn daher nach Nürnberg auf 30 Mai. 1401 Apr. 8 Amberg.*

Aus Hann. St.A. Celler Or.Arch. Design. 8 Schrank 4 M caps. 20 nr 1ª or. chart. lit. cl. c. sig. in verso impr.
Gedruckt bei Sudendorf Urk.D. der Hz. von Braunschw. und Lüneb. 9, 159 nr. 110 aus derselben Vorlage; berechnet das Datum falschlich auf den 15 April.

Ruprecht von gots gnaden Romischer
kunig zu allen zijten merer des richs.

Hochgeborner lieber oheim und furste. als du und din brudere off ein syte und der edel Heinrich grave zu Waldecke Friderich von Hertingshusen und Cuneczman von Falkinberg off die ander sijte umbe den dotslag, als din bruder selige, dem got gnade, leider dot bliben ist, an uns gestalt hant, und wir darumbe ußsprechen und uch *1401* *Juni 24* entscheiden sollen hie zuschen und sand Johanns tag des deuffers als er geborn wart schicrstkämpft, als dine liebe wol weiß: begern und bitden wir dieselben din liebe, daz *1401* *Mai 30* du off den nehsten mantag fur unsern herren lichams tag nehstkumpt wollest zu uns kommen gein Nurenberg, oder aber din rete mit macht dahin schicken, die din und diner brüdere rede von der obgenanten sache wegin wißen zu erczelen. off dieselben tag und stad haben wir den egenanten von Waldecke verbot auch also zu uns zu kommen oder zu schicken. und da meynen wir dann uch oder uwer frunde bederseijt gegeanderᵇ zu verhoren, und umbe die egenant sache, als sie an uns gestalt ist, nach unser frunde rat ußzusprechen und uch zu entscheiden. undo begern heruff din verschriben entwert. datum Amberg sexta feria infra octavas festi pasche anno domini *1401* *Apr. 8* millesimo quadringentesimo primo regni vero nostri anno primo.

[in verso] Dem hochgebornen Bernhart herczogen zu Brunßwig und zu Luneburg unserm lieben oheim und fursten dari debet.

Ad mandatum domini regis
Nicolaus Buman.

a) add N. b) sic!

328. *Vereinbarung K. Ruprechts mit Erzb. Johann II von Mainz betreffs Beilegung des Streites des letzteren mit Hessen und Braunschweig.* 1401 Mai 6 Nürnberg.

1401 Mai 6

A *aus Hannov. kön. St.A. Celler Orig.A. Design. 8 Schrank 4 M caps. 20 nr. 1ᵃ cop. chart. concr. mit Verschickungsschnitten.*

B *coll. Karlsr. G.L.A. Pfälz. Kop.B. 146 fol. 35ᵃ·ᵇ cop. chart. concr., der Schluß Conceptum — primo fehlt, dagegen steht hier die Überschrift* als min herre etliche stucke begriffen hat zuschen min herren von Mencze und dem lantgraven von Hessen zu Nuremberg uf den fritag post invencionem sancte crucis *[Mai 6]* anno quadringentesimo primo.

J *codl. Janssen Frankf. R.K. 1, 568-570 nr. 970 aus einem Kodex seines Privatbesitzes* Acta et Pacta 141-152.

Gedruckt außerdem Sudendorf Urk.B. 9, 161 f. nr. 112 aus A.

Moderne lat. Übersetzung Martène amplias. coll. 4, 48 f. nr. 30. — Regest Georgisch 2, 854 nr. 31, Chmel pag. 19 nr. 388, Scriba 3 nr. 3523, alle aus Martène.

Item daz min herre der kunig mit mime herren von Mentze, als er iczunt bie ime ist zů Nurenberg, geredt had, und min herre von Mencze mime herren dem kunige ime zů liebe folgen wil der stugke, als hernach geschrebin sted.

[1] Zum ersten daz min herre von Mencze und min jungher der lantgrave von Hessen sollen soliche zweiunge und spenne, die zuschen in sin, gutlichen furter halden und besten laßenᵃ biß uf den achtentag nach sente Johannes baptisten tage sonnewende nativitas zu latine nehstkumpt, in der maßen als min herre der kunig zuschen in zů Martpurgᵇ vor beredt had.

1401 Juli 1

[2] Item umbe die von Geißmar, die der lantgrave gefangen had, daz min herre der kunig ernstlichen laße an in werben, daz er heiße die ledig laßen; moge abir daz nicht gesin, daz sie danne vor ein bescheiden gelt ufgegeben werden biß uf den achtentag nach sente Johannes tag vorgenant, oder sich uf denselben achtentag widder zů entwurten in die gefengniße, und daz die von Geißmar dem lantgraven des ireᶜ brief geben und darinne davor sprechen.

1401 Juli 1

[3] Item daz min herre von Mentze und der lantgrave von ire spenne wegen einen tag vor mime herren dem kunige zů Nurenberg leisten und selber darauf komen sollen von dem nehsten montage nach unsers herren lichams tage nehstkumpt uber achte tage, daz wirdit uf sente Viti und Modesti tage nestkumpt¹.

Juni 15

[4] Item an den lantgraven ernstlichen zů werben, daz er mineᵈ herren von Mencze mit sinen pfaffen under dem lantgraven gesessen geworden laße, und sich der nicht underwinde widder minen herren von Mencze. wulde abir der lantgrave daz nicht ufnemen, danne zů redden, daz min herre von Mencze binnen dem obgenanten gutlich steenᵉ sinen pfaffen underᶠ dem lantgraven mag zusprechen und dem rechten nachfolgen umbe sin subsidium und nicht andere ungnade an sie legen vor dem obgenanten tage, undᵍ daz der lantgrave daz nicht hindern solle.

[5] Item daz min jungher der lantgrave die süne- und verziegsbriefe² uf den graffen von Waldecken etc., die ime geentwurted sin von der hierzogen von Brunßwig

a) A *bestallen sollen, BJ* besten laßen. b) *B* Marggporg, *J* Marggporg. c) *J* irs. d) *J* mynem. e) *BJ* gutlichen sten. f) *J* und. g) *add. BJ.*

---

¹ *Im Jahr 1401 ist fest. corp. Chr. am 2 Juni, der Montag darnach ist der 6 Juni, acht Tage darauf wäre also der 13 Juni, Viti und Modesti aber fällt auf 15 Juni. Da ist also oben irgend etwas nicht ganz in Ordnung, statt Montag wird es wol Mittwoch heißen sollen.*

² *nr. 270 vielleicht auch 272.*

wegen, die ime behalde und die uf den obgenanten tag mime herren dem kunige brenge und antwurte.

[6] Item so habe min herre der* kunig mit mime herren von Mencze geredt, daz min herre[b] den graven von Waldecke besenden wulle, daz er zů ime komme und wulle mit ime redden, daz er den anlaßbrief, als min herre der kunig vor bescheiden habe, mime herren dem kunige auch schicken solle, und daz min herre der kunig danne mit den briefen of beide sieten tů als er vor geredt[c] had.

[7] Item daz min jungher der lantgrave sine botschaft zů stund tůn wolle zů den hierzogen von Brunßwig, und in virkundige als vor geschrebin sted, und an sie laße werben, daz hierzoge Bernhard komme oder daz er und sin brůder iro frunde mit macht schicken uf einen tag vor minen herren den kunig gein Nurenberg uf sente Viti und Modesti tage nehstkumpt von des ußprachs[d] wegen umbe hierzogen Frodorichs von Brunßwig seligen todslag.

[8] Item daz min herre von Mencze mit dem graven von Waldecke redden solle, daz der auch selber uf denselben tag sente Viti und Modesti tage vor minen herren den kunig gein Nurenberg komme von desselben ußprachs[e] desselben todslags wegen.

[9] Item nimd der lantgrave den obgenanten tag und die stugke uf als vor geschrebin sted, so nimd min herre von Mencze die auch also uf. nimd aber der lantgrave der[f] nicht uf, so nimd min herre von Mencze der auch nicht uf.

Conceptum Nurenberg sexta feria post inventionem sancte crucis sub anno domini millesimo 400 primo.

329. *K. Ruprechts Werbung an Landgraf Hermann von Hessen, dessen Versöhnung mit Erzb. Johann II von Mainz betreffend.* [*1401 nach Mai 6*[a]*.*]

Aus Karlsr. G.L.A. Pfälz. Kop.B. 146 fol. 41ᵃ cop. chart. coaev.
Coll. Janssen R.K. 1, 568 nr. 969 aus einem in seinem Privatbesitz befindlichen Kodex Acta et Pacta 141-152.
Moderne lateinische Übersetzung bei Martène ampliss. coll. 4, 57f. nr. 39. — Regest bei Chmel nr. 1117 aus Martène.

Zu werben an den lantgrafen von Hessen.

[1] Zum ersten daz unser herre von Mentze unserm herren dem konige von imme gesaget und geclaget habe, daz er faste schaden und bedrang an in sin pfaffheit und die sinen lege und in schedelichen und großlichen verunrechte, des er doch nit tůn solte, nach dem alz er sinne stiefte gewant si und auch von einunge wegen.

[2] Item und darumbe so begere unser herre der kunig, daz er wolle ansehen, wie sin und dez richs sachen zu dieser zit gestalt sin, und waz schaden und hindernisse imme davon kommen mochte, und daz er unsers herren von Mentze sin und ander siner frunde zu dieser zit wol bedorfe, und, so sie und ander unsers herren dez kunigs frunde ie me zweiunge under einander haben, so imme ie schedelicher si, nach

a) add. BJ. b) ohne nähere Bezeichnung, evtl Joh. von Mainz. c) BJ beredt. d) BJ ußepruche. e) BJ uesprüche. f) B des, A daz.

[1] Die Stellung im Kod. weist auf c. Juli 1401, s. die erste Note zu nr. 378; der Inhalt des Stücks macht wahrscheinlich, daß dieß die Werbung sei, welche K. Ruprecht mit Erzb. Johann von Mainz am 6 Mai 1401 vereinbart (vgl. nr. 328 art. 2. 4), namentlich wegen der übereinstimmenden Erwähnung der gefangenen Bürger von Grismar (in diesem Stück art. 3 und in nr. 328 art. 2) und der Übergriffe des Landgrafen gegen die Mainzer Pfaffheit (hier art. 1. 4 und in nr. 328 art. 4); übrigens ist diese Werbung weit unbestimmter gehalten, namentlich schlägt der König keine bestimmten Tage vor, wie er es doch mit dem Erzbischof verabredet hatte.

dem als sin sachen zu dieser zit gestalt sin. und darumb*a* so bitte in unser herre der [1401 nach Mai 6]
kung, daz er imme eins gutlichen stens wolle folgen uf zweio jare oder drû oder, ob
daz nit sin mochte, doch uf daz minste uf ein jare, so wolle unser herre der kunig da-
zuschen gerne nach sinen mußen in von beiden siten dage fur sich bescheiden und ver-
5 suchen ob er sie gutlichen mit einander vereinen moge. und getruwe auch, daz unser
herre von Mentze imme zu glichen sachen gefolgig sin solle, und meine, daz der lant-
grove imme dez auch billichen folgen solle.

[3] Item und daz er auch die burgere von Geyßmare ires gefengniße genzlichen
ledig sage, die er in eime gutlichen steen gefangen habe, alz unser herre von Mentze
10 meine, und daselbe gutlich sten unser herre der kunig und unser herre burggrave
Friederich von Nuremberg bereit haben.

[4] Item und daz er in auch an siner pfaffheit nit hinder und imme die dienen
laße und gehorsam sin, alz von alter herkomen*b* und gewonlichen ist etc.

330. *K. Ruprechts Werbung an die Herzoge Heinrich und Bernhard von Braunschweig* [1401 nach Mai 6]
15 *und Lüneburg, ihre Versöhnung mit dem Erzb. Johann II von Mainz betreffend,*
der den König nach Italien begleiten soll. [1401 nach Mai 6[1].]

Aus *Karlsr. G.L.A. Pfälz. Kop.B. 146 fol. 40b cop. chart. coaev.*
Coll. *Janssen R.K. 1, 566-568 nr. 968 aus einem in seinem Privatbesitz befindlichen*
Kodex Acta et Pacta 141-152.
20 Moderne *lat. Übersetzung Martène ampliss. coll. 4, 56 f. nr. 38. — Regest Chmel 1116*
aus *Martène.*

Gedechtniße an die herzogen von Bruniswig und von Lunenburg zu werben.

[1] Zum ersten daz unser herre von Mentze unserm herren dem kunige gesagit
und geclagit habe, daz sie mit ir gewalt uber in gezogen sin und imme sin lande und
25 lüte swerlichen beschediget haben und beschedigen in den dingen, daz er nit wiße mit
in zu schaffen haun, und unser herre der kunig solle sin auch wol mechtig sin zu eren
und zu rechte. und hat in auch gebeden, daz fur in zu bieden, und in hefticlichen
angeruffen und gemanet, diewile er sin und*c* des richs kurfurste si, und sie in also mit
gewalt und unußgetragen uberzogen haben und beschedigen, daz unser herre der kunig
30 imme dawieder beholfen sin wolle und bigestendig sin, alz er imme auch alz sinem und
dez heiligen richs kurfursten schuldig si zu tůn und billichen tůn solle, besunder die-
wile er dez rechten fur imme gehorsam sin wolle.

[2] Item und darumbe so begert unser herre der kunig und biedet sich auch
fruntlichen mit ganzem ernst, daz sie wollen ansehen, wie sin und dez heiligen richs
35 sachen zů dieser zit gestalt sin, und waz schaden und hinderniße imme davon komen
mochte, und daz sie zu stunt unverzogenlichen wollen abeziehen und unserm herren von
Mentze keinen schaden zufugen. und mogen sie dann unserm herren von Mentze an-
sprache nit erlaßen, so wolle unser herre der kunig in von beiden siten dage fur sich
bescheiden nach sinen mußen und sie darumbe mit einander*d* understen zu richten,
40 wann auch unserm herren von Mentze gein in mit rechte wol benüget.

[3] Item und unser herre der konig getruwe in auch genzlichen wol, want sie
sich von anfange her allezit fruntlichen und gunstlichen gein imme bewiset haben, sie
sin imme auch gefolgig in diesen sachen in der maße als vor geschriben stet, und

a) cod. darumbe? b) cod. herbommen? c) cod. ane. d) cod. einader.

45 [1] *Das undatierte Stück scheint nach Inhalt* prechts an den Landgrafen von Hessen nr. 329
und Stellung im Kodex mit der Werbung K. Ru- *gleichzeitig zu sein.*

[1401
nach
Mai 6] machen imme keinen intrag mit den sachen, alz er des io ein ganze getruwen und zuversicht zu in hat.

[4] Item daz sie auch der alnso nachfolgen wollen, die unser herre der konig zuschen in und dem graven von Waldeck Friederich von Hertingshusen und den andern zu Marpurg beredte, und die briefe daruber besiegeln etc.

[5] Item und ob daz allez nit gen mochte, daz man dann einen frieden daran mache uf zwei jare oder drü oder, ob daz auch nit geen mochte, doch uf daz minste uf ein jare.

[6] Item und daz unser herre der kunig unsern herren von Mentze ietzunt auch gerne mit imme hette uber berg hinine gein Lamparthen, und wo nit ein stallunge zuschen in und unserm herren von Mentze gemacht werde, so konne er nit mit imme kommen, daz unserm herren dem konige gar schedelich were und viel hinderniße bringen mochte, alz sie selber wol versteen mogen. und darumbe so getruwe in unser herre der kunig wol, sie sin imme gefolgig in den sachen in der maßen alz vor geschriben stet.

[1401]
Mai 30 **331.** *Landgraf Hermann zu Hessen an die Herzoge Bernhard und Heinrich zu Braunschweig, bittet um ihren Rath in Betreff der Artikel nr. 328, damit er ihre Antwort mit der seinigen dem König zu wissen thun könne. [1401] Mai 30 Kassel.*

Aus Hannov. St.A. Celler Orig.A. Design. 8 Schrank 4 M nr. 1¹ or. ch. lit. cl. c. sig. in verso impr.
Gedruckt Sudendorf Urk.B. 9, 169 f. nr. 118 ebendaher.

Unsern fruntlichen dinst zuvor. hoichgeborn fursten lieben oheimen und swegirherren. uns had unser herre der Romische kunig sine erbere bodeschafft mit syme gloubsbrieff getan, soliche artikele¹ und sache zeu werbene, als ir in diesem ingeslossen briefe wole vernemit. bidden wir uwer liebe fruntlich, daz ir uns truwelichen darzu raden wullet, waz uch daz boste dunckit, und uns auch uff die artikele, die uch antreffen, uwere meynunge und willen schribet und wißen lasset. so wullen wir uwer antwürten mit der unsern unserm herren dem Romischen kunige vorgenant widderumbe zu wißen tün. wanto wir zu zu solichen sachen und anders, waz uns trieffliche angeinge, nicht tün wullen an uwern rad, sundern swers rats darumbe gebruchen als billiche ist. und bidden herumbe uwer beschrebin entwurte bie diesem geinwurtigen unsern cappelan.
[1401
Mai 30] datum Cassil feria secunda proxima ante festum corporis Christi nostro sub secreto.

[in verso] Den hoichgebornen fursten hern
Bernharde und hern Heinriche hierezogen zeu
Brunswig und Luneburg unsern lieben oheimen
unde swehirherrenn *dari debet.*

Hermann von gots gnaden
lantgrave zeu Hessen.

[1401
nach
Mai 30] **332.** *Die Herzöge Bernhard und Heinrich zu Braunschweig an Landgr. Hermann zu Hessen, lehnen es ab Rath zu ertheilen in Betreff der Artikel nr. 328, können auch den Nürnberger Tag auf 15 Juni nicht besuchen noch beschicken. [1401 nach Mai 30 o. O.]*

Aus Hannov. St.A. Celler Orig.A. Design. 8 Schrank 4 M caps. 20 nr. 1ª conc. ch. couv. Der in Klammern geschlossene Sat: sollte wol ausgestrichen sein.
Gedruckt Sudendorf Urk.B. 9, 171 nr. 120 ebendaher.

---

¹ nr. 328.

Unsen fruntliken denst und wes we gudes vormogen tovorn. houchgeborne furste [1401 *nach* Mai 30] leve ome und swegere. also gi uns in iuwem breve¹ schreven, und ichteswelke articolo² uns anrorende, de unse gnedigo here de Romische koning³ an iw geschroven hest, darinne besloten ghesand hebben, des wete gi wol, dat wi allen degedingen, also unse gnedige here de Romische koning twischen uns und dem van Waldecge to Marborch gedegedinget hadde, ghenzliken gevolget sin mid den breven², de unse ergnaute here⁵ sulven hadde schriven laten, de wo iw vor osteren besegelt schiekeden, dar-[1401 Apr. 3] medo wi allen degedingen vul doden und gi der unser breve mechtich weren in aller wiso also unse here de koning iw und ok uns gescreven hadde. des an dem van⁶ Waldecge brok ward, also gi uns dowedder schreven⁴, und nicht an uns. hirumme enmoge wi unses heren des koninges dedinge nicht voranderen, noch to dem dage uppe sunte Viti und Modesti dach so kort⁸ to Nurenberge komen eder de unse [1401 Juni 15] senden, wente wi allen dingen gevolget sin unsem heren dem koninge to leiw und willen und de van Waldecge des brokaftich geworden is also iw dat allerwitlikest is. und bidden iw fruntliken mit ganzem vlite, dat gi desulven unse breve nicht van iw enantworden, wente wi de up geloven bi iw gheschicket hebben, und gi der, also dar to Marburg⁹ gegedinget² was, mede to donde wol meehtich weren. [ok, leve ome und sweger, also gi uns gescreven hebben ummo unsern rad to den articelen de iw an-rorende sin, des meine wi, dat gi des mid den iuwen rede wol beraden sin und unses rades dar nicht to endorven, sunder umme dat werf, dat gi uns to Hamelen bevolen, dar richten we uns ghenzliken na, und willent dat beteren wur we konnen, und bitten fruntliken dat gi dem also don.] ok, leve ome und sweger, also gi uns gescreven hebben, dat wi iw sollen raden to den articelen, de iw anrorende sind, des wetet, dat wi iw gherne raden wolden, sunder dat wi der legenheit so wol nicht enweten also de darbi sin. sunder nemet iuwe beste vor. dar wille we iw truweliken to helpen. und also wi to Hamelen van iw schededen², dar richte wi uns ghenzliken na, und willet dat beteren wur wi konnen. und bitten iw fruntliken, dat gi dem ok also don.

333. *Landgr. Hermann zu Hessen an Hzg. Heinrich zu Braunschweig: wie dieser beim* [1401 *Juni 8*] *Beginn des Ruchekriegs an Erzb. Friderich III von Köln schreiben soll, u. a. m.*
[1401] *Juni 8 Grebenstein.*

Aus Hannov. St.A. Celler Orig.A. Design. 8 Schrank 4 M caps. 20 nr. 1ᵛ or. ch. lit. cl. c. sig. in verso impr.
Gedruckt Sudendorf Urk.B. 9, 171-173 nr. 121 ebendaher.

Unsern fruntlichen dinst zuvor. hoichgeborn furste lieber oheim und swegirherre. als man zeñ Hameln uberqwam, wilchs lands her ir zeichen wuldit, daz also zeñ der zeit geschrebin wart, daz han wir mit Regken unsers sons des hierezogen uwers fettern dyner, der des ware und rechte kuntschafft weiß, gewegen und bekommen uff besir wege, die ir zeichen sollit. und senden uch die hierynne beschribin, woʰ ir here zeichen und auch des nachtis liggen sollit. deme folget also, vante diese wege viel be-qwemelicher sin, und auch kein gewad oder ungeferte, als wir daz eygintlich uzgetragen haben. und hierezog Otto uwer fetter unser son sal uch eynen knecht under oygon

a) hier und weiterhin viel Schleife am g. b) Vorlage heren, der König ist gemeint. c) om. Vorlage. d) über der Zeile von dach — hori ist vom derselben Hand überspeschrieben also uns dei te. e) Sudendorf l. c. Narburg. f) etc. g) die Varianlemende E bei Sudendorf ist vor Irrthum. h) über e zwei schräglegende Punkle.

¹ *1401 Mai 30 nr. 331.* ³ *nr. 270.*
² *nr. 328.* ⁴ *nr. 278.*

[1401]
Juni 8

uff die zeit senden, die² des lands kuntschafft hat, der doch von nichts wiße, danne als
vielo als ir yn heißit. deme uffinbarit danne iglichs tags dieselben wege uch zeü furende,
als diese ingesloßen cedula inneheldit, und nicht anders, daz yme cynich vordrengniße
davonne entstee, und haldit daz auch heimlich. ouch, lieber ome, han wir mit unsern
frunden besunnen, und dungkit uns gud sin daz hierczog Bernd uwer bruder unser
oheim und ir mit eyn schribet unserm herren von Colne (in dieser meynunge: wie daz
er mit andern sinen myddekurfursten uch und hierczog Friederich uwern bruder seligen
gebetden hetten zeü eime tage gein Frangfurd in irme briefe, darhene der egenante
uwer bruder gerieddden were yme und andern sinen myddekurfursten zeü liebe und
wirdekeyden, und, als der obgenante uwer bruder widder von dannen riedde, habe
grave Heinrich von Waldecke Friederich von Hertinghusen ritter und ire party und
mydderydere denselben uwern bruder ermordit, uwer und sine frunde gefangen, daz ire
gnommen, und uch vorterplichen schaden getan, an alle fhede und unbesorgit, als ir
yme und sinen myddekurfursten daz auch vor geschreibn habt, daz yme auch leyd sie
als er in sinen brieven uch habe geschreibn; solche ubeltad ir mit hulffe uwer herren
und frunde rechen wullit, und bittet yn fruntlich, daz ir wulle bestellen mit sinen
amptluden mannen und undersaßen nemelich in der herschafft von Arnsperg daz uch
die nicht enhindern, und daz er auch graffen Heinrich von Waldecke Friederich von
Hertingshusen und den partyen widder uch nicht zeülege) in der besten formen als uch
daz bequemelichs ist, und uns den brieff sendit, so wolln wir yme den so des zeit ist
furbaß schieken, und meynen, das daz nuczlich sie. ouch schriben wir hierczogen
Bernde uwern bruder unserm lieben omen, und senden yme auch eyne cedeln wie er
liegen und zeiben sal, dem unser son uwer fetter eynen knecht zeüschicketᵇ, der yn
die wege uß furen sal. auch, lieber oheim, umbe die bewarsbriefe als man zeü
Hameln davonne schied, die sendit uns mit unsers herren von Colne briefe vorgerurd, daz
wir die zu zeittlichen habenᶜ. so wolln wir die ußenden, als wir davonne gescheiden
sin. datum Grebinstein feria quarta post festum corporis Christi nostro sub secreto.

[in verso] Domo hoichgeborn fursten hern
Heinriche zeü Brunßwig und Luneburg hier-
czoge unserm lieben omen und swehirherren   Herman von gots gnaden
duri debet.   lautgrave zeü Hessen.

a) uci 1 b) or. scheschieben.

¹ Solche vorwarnige, von den Hzgn. Bernhard
und Heinrich von Braunschweig an Gf. Heinrich
von Waldeck 1401 Juni 15 gerichtet, findet sich
in Sudendorf Urkdb. 9, 174 f. nr. 124; an den
Ritter Friedrich von Hertinghausen gleichen Da-
tums, ebenda pag. 175 nr. 124; an Erzb. Johann
von Mainz gleichen Datums, inhaltlich übereichend,
ebenda pag. 175 nr. 125. — Ein Verzeichnis des
ausbezahlten Soldes und sonstiger auf den Feld-
zug gegen den Grafen von Waldeck bezüglicher
Ausgaben steht ebenda pag. 176 nr. 127.

² Otto Hzg. v. Braunschw. an Erzb. Joh. v.
Mainz: ist Feind geworden des Grafen Heinrich
von Waldeck und der andern Mörder Hzg. Fri-
derichs von Braunschweig; sollte er im Kriege
gegen diese nun Güter beschädigen, namentlich
derer von Grismar, an denen der Erzbischof einich
vorteiding hette, so will der Herzog um diesen
Schaden des Erzbischofs Feind sein und seine
Ehre gegen ihn bewahrt haben, Sonnab. v. Jo.
bapt. 1401 [Juni 25], Würzb. Kr.A. Mainz-
Aschaffenburger Ingross. II. 13 fol. 327ª cop. ch.
coaev. Die Stadt Göttingen an demselben:
schließt sich obiger Erklärung ihres Herzogs auf
dessen Wunsch an, 1401 profest. Jo, et Pauli mart.
[Juni 25], ibid.

334. *Die Herzoge Bernhard und Heinrich zu Braunschweig an Erzb. Friderich III von Köln, nach Maßgabe von nr. 333 betreffs ihres Rachekriegs.* [1401 nach Juni 8 o. O.¹]

Aus Hannov. St.A. Celler Orig.A. Design. 8 Schrank 4 M caps. 20 nr. 1ᵃ cop. ch. coaev. Gedruckt Sudendorf Urk.B. 9, 175f. nr. 126 ebendaher.

Erwerdige in gode vader leve here und bisunder frund. als gi mit anderen iuwen ᵃ middekurfursten uns und unsen leven broder hertogen Frederike seligen am nesten vorghangen jare up einen dach to Frankford bi iw to sin in iuwen breven bidden leten, darben wi hertoge Bernd und unse erguante leve broder selige iw und anderen iuwen middekurfursten to leve und werdicheiden gereden weren, und in der wederreise van dannen greve Henrik van Waldecge Frederik van Hertingeshusen ritter und ore parti und midderidere unsen leven broder seligen irmorlet, unse und sine frunde gevangen, dat ore genomen, und uns vorderflichen schaden gedan heft, an alle veide und unbesorgit, als wi iw und anderen iuwen middekurfursten dat mer gescreven und geclagen hebben, darup gi uns wedir schreven dat iw dat van gantzen herten und innichliken let were, des wi iw wol getruwen: umme sulker oveldat und bosheit willen wi mit unsen heren und frunden denken to herfarden, und bidden iw fruntliken mit allem vlite, dat gi willen bestellen mid iuwen amptluden mannen und andersaten und nomeliken in der berschop van Arnsberg ᵇ dat se uns und unse frund nerghen ane hinderen und ok greven Henrike van Waldeegen Frederike van Hertingeshusen und den partien wedir uns und unse frund nicht tolegen noch behulpen sin, also wi iw des ghenzliken wol getruwen. dat willent wi allewege gerne vordenen wur we mogen. datum etc.

335. *Entgegnung der Herzoge Bernhard und Heinrich von Braunschweig auf die Klagen des Erzb. Johann von Mainz, betr. die Beschuldigung wegen der Tödtung des Herzogs Friderich von Braunschweig, die Berennung von Duderstadt, die Bekriegung seiner Stiftsschlösser Geismar und Neuenberg.* [Ohne Zeit und Ort².]

Aus Hannover St.A. Celler Orig.Arch. Design. 8 Schrank 4 M caps. 20 nr. 1ᵇ conc. chart., Schrift ziemlich verlöscht.
Gedruckt bei Sudendorf Urkb. der Hz. von Braunschw. und Lüneb. 9, 203f. nr. 143 aus derselben Vorlage.

Alse bischop Johan van Mentze uns Bernharde und Hinrike hertogen to Brunswig und to Luneburg schuldiget ᶜ.

[1] To ersten dat wi mid unrechte en gheschuldigt und over en ghescreven hebben, dat he sulkes dotslages und oveldat, als unse broder hertoge Frederik selige irslagen wart und sine und unse frunde bi dem dorpe Engelgis niderworpen wurden, dat he des en anleger ghewest si, als uns dunke etc., und als desulve ersto schulde vort inneholt etc.: dar antworde wi tō: wat wi des ghescreven hebben in unsen breven, des bekenne wi, und hebbet dat darumme gedan, dat wi en ni to rechte mauen konden umme den mort, de an unsem leven broder vorgunnt und an hern Hinrik Lesen dom-

---
a) Vorlage iuwem. b) Schürtz über an. Schluß am g. Arnesberges Arnesberges? c) Vorlage add. deswelven schulde rechs wi eine rechte ware etc. die ersten 3 Worte ausgestrichen; die übrigen sollen wol auch ausgestrichen werden, da der Anfang des art. 1. der ursprünglich lautete Und an der vore antworde wi to siner, ausgestrichen ist.

¹ Das Datum ergibt sich aus der Vergleichung des Inhalts mit nr. 333.
² Wir bemerken nachträglich, daß dieses Stück wol zu dem Ausspruch K. Ruprechts zwischen dem Erzbischof und den Herzogen vom 3 Febr. 1403 in Bd. 5 gehört.

proveste to Verden sinen und unsen prelaten gheschen is, und ok umme vangenen und roff, de an on uns und den unsen to dersulven tid van den sinen gheschen is, als dat vurder und ghenzlich in unse schulden utgedrucket is, und der clage wi on noch nicht vorlaten mogen, dewile uns van om nicht recht darumme widerfarn is. und als he vurder schrift, dat he sik der schicht vor unsem heren dem Romischen konige, to den tiden palanzgrave bi Ryne und hertogen in Beyern, und tigen[1] uns hertogen Bernharde erberichtlichin mid sinem eide entschuldiget hebbe: des ensta wi ome nicht to, wente wi nenerleige ede noch entschuldegunge hinder unsen leven broderen und andern unsen heren und frunden van om nemen mochten noch enwolden.

[2] *Item* als he uns hertogen Hinrik besundern schuldiget, dat wi de unse hebben laten rennen vor sine stad Duderstat etc., und wi mid unses sulves live darhinder geholden hebben etc.: darto antworde wi: dat wi weren nagereden dem erwerdigen hern Johanne bischope to Hildensem unsem heren und frunde, und hedden mit dem in sinem lande und gebede, und hebbet ome to der tid nicht genomen, und were der unsen welk gerand vor Duderstat, meine wi, dat men uns de dorch recht erst namaftich maken schulle, er wi darto antworden dorven, und settet[a] dat in dat recht. und uns gedunket dat uns clage to der tid wol nod were und ok noch hutes dages wol nod si, wen unse leve broder her Frederik hertoge to Brunswig und to Luneburg selige und[b] sine und unse prelate dot bleven sin[c].

[3] *Item* als he uns hertogen Hinrik vurder schuldiget, dat wi mid unses sulves live und den unsen ghehervardet gherelset und to velde gelegin hebben vor sinen und sines stichtes[d] sloten, mid namen vor Gheismar und vor der Nuwenborch, und hebben om und den sinen dar scheden gedan etc.: dar antworde wi to: wi weren gherelset und herfordet uppe dejenne, de uns unsen leven broder af-irmordet und uns und den unsen dat ore genomen hebben, mid namen vor de Nuenborch, de her Frederik von Hertingeshusen inneheft, und vor Gheismar, de do ore ok darnede hadden dar unse broder dot bleff. und wes wi dem genanten bischope und den sinen to der tid to schaden gedan hebben, des hebbe wi uns an om unse ere wol vorwaret, und sind des schaden sine vigende gewesen, dat wi wol irwisen mogen[e].

O. Verhältnis zu K. Wenzel nr. 336-340.

336. *Erzb. Johann II von Mainz an K. Wenzel von Böhmen: hat vernommen daß Wenzel K. Ruprecht an dem Römischen Reich zu hindern und zu irren versuche und will deshalb als Ruprechts Helfer Wenzels Feind sein, doch unbeschadet der zwischen dem Stift Mainz und der Krone Böhmen bestehenden Einung.* 1401 Mai 13 Nürnberg.

Aus Würzb. Kreis-Archiv Mainz-Aschaffenb. Ingrossatur-B. nr. 13 fol. 329ᵇ cop. chart. coaev.

Durchluchtiger hochgeborner furste her Wentzlaw konig zu Beheim. wir Johann von gots gnaden des heiligen stuls zu Mencze erzbischof des heiligen Romischen richs in Dutschen landen erzcanceller laßen uch wißen: daz der allerdurchluchtigeste furste und herre her Ruprecht Romischer konig zu allen ziten merer des richs unser lieber gnediger herre uns zu wißen getan hait, daz[f] ir in an deme heiligen riche understet

a) *wol settet und nicht settent.* b) *om. Vorlage.* c) *dot bl. s. om. Vorlage.* d) *Vorlage sines stiches mit Schleife am t.* e) *Vorlage add. an, folgt nichts weiter.* f) *cod. understrich.*

[1] *D. h. gegen; s. Schiller und Lübben Mittelniederdeutsches W.B. s. v. jegen.*

zu hindern unde zu irren, und daz uwer amptlude und diener darumbe sine fiende worden sin. herumbe so wollen wir des vorgenanten unsers gnedigen hern des Romischen konigis helfer sin unde sinen gnaden zu deme heiligen Romischen riche beholfen sin, als wir daz billich unde von rechtis wegen tun sollen, und ziehen uns des in sinen frieden und unfrieden unde wollen auch des unser ere gein sich bewart haben. und wollen auch hiemidde nit tun noch getan haben widder soliche einunge, als wir unser stift und nachkomen haben mit der cronen von Beheim [1].   geben zu Nuremberg under unserm ingesigel des fritages nach unsers herren offarts tage in dem jare als man zalte nach Cristi geburte tusent vierhundert und ein jare.

1401 Mai 13

1401 Mai 13

337. *K. Wenzel an Hzg. Philipp von Burgund: erklärt, daß er den Vorstellungen desselben und neuerdings der Herzoge von Österreich nachgebend, Unterhandlungen mit K. Ruprecht anknüpfen wolle, ersucht ihn, zu einem Berathungstage, den er deswegen und anderer Dinge wegen auf Pfingsten angesetzt habe, bevollmächtigte Gesandte zu senden. [1401 vor Mai 22 o. O.]*

1401 vor Mai 22)

Aus Prag Domkapitular-Bibl. II III fol. 41ᵇ-42ᵇ cop. ch. coaev. mit gleichzeit. Überschrift Intimat quod vult vindictam capere de Ruperto duce Bavarie et petit sibi nuncios destinare etc.
coll. Palacky Über Formelbücher in den Abhdlgn der kgl. Böhm. Gesellschaft der Wissenschaften 5 Folge 5 Band 1847 pag. 89 nr. 91 aus Prag l. c.

Wenceslaus etc. illustri duci Burgundie etc. salutem et mutue dileccionis affectum. inheret regie tenaci memorie, quemadmodum nos vestra dileccio per solempnes suos nunccios ad nos noviter destinatos requisierit et fuerit studiosius adhortatus, quatenus super materia, quam dux Rupertus Bavarie et quidam sui complices electores, sui juramenti fidei et honoris prorsus inmemores, adversum nos et sacrum Romanum imperium nequiter attemptarunt, inflecti vellemus, si quo modo per caritatem vestram convenientes modi et vie exquiri possent hujusmodi discrimina [a] sub honore regio deleretur. verumtamen nos attendentes immanitatem faccionis, vobis respondisse recolimus, velle sumere assistentibus nobis fratris [b] et aliorum consanguineorum regum et principum nostrorum et imperii fidelium de hostibus nostris oportunam vindictam, succursum eciam extunc prout et modo vestrum et tocius domus vestre regie postulantes. nichilominus illustres .. et Austric duces consanguinei nostri carissimi per ambassiatores suos solempnes similiter nos rogarunt, ut in casum quo ipsi honore nostro regio statu quieto et eminencia nostre Romane regie dignitatis per omnia servatis exquirere possent modos et media scandalorum et personarum discrimina deleretur, eorum in hoc vellemus humaniter [c] acquiescere voluntati. quibus veluti dileccioni vestre per effectum respondimus, presertim cum nequaquam expediat honori nostro rem tam grandem sub levitate transire quinpocius in hoc vestra et aliorum regum et principum nobis assistencium participare consilia fructuosa. preterea caritatem vestram scire cupimus, quod cum serenissimo principe domino Sigismundo Ungarie rege fratre nostro carissimo sine mora convenire disponimus super mutuis necessitatibus et arduis agibilibus in ordine componendis. deliberavimusque demum cum dictis ducibus Austric pro aliis nostris negociis realiter prosequendis et oportune firmandis super proximo festo pentecostes terminum placiti parlamenti recipere, sic quod dicti duces cum consilio nostro et nos in vicino casu volumus finaliter [d] constituti; ad quem etiam terminum consiliarii aliorum regum multique principes

[1401 Mai 22]

a) cod. discriminis. b) cod. fratrem, abgekürzt. c) cod. nachmals vellemus. d) cod. nachmals esse.

[1] S. RTA. 1 nr. 166.

[1401
vor
Mai 22] potentes comites et magnates convenient sino mora. idcirco caritatem vestram studiosius petimus et rogamus, quatenus regio consideracionis intuitu aliquos de consilio vestro plena potestate fulcitos ac alias in hac materia sufficienter de intencione vestra instructos ad predictum diem et locum velitis favorabiliter destinare. in eo nobis mutuo dileccionis benivolenciam ostendetis, quam affectuosa mente recompensare volumus in singulis, super quibus nos plena confidencia requirat vestra caritas vice versa. et si caritati vestre gratum foret, et videntur expediens, placeret nobis quod nobilis II . . . . de . . . . . mittendorum unus esset utique nuncciorum.

[1401
Juni 20] 338. *K. Ruprecht bekennt, für sich und seine Lande zur Pfalz und zu Baiern einen Waffenstillstand vom 24 Juni bis 8 Juli mit König Wenzel von Böhmen und den Seinen eingegangen zu sein, innerhalb dessen beide Fürsten ihre Räthe auf 1 Juli nach Waldmünchen senden wollen. 1401 Juni 20 Amberg.*

 W aus Wien H.H. St.A. Repertor. XII Kasten 217 Lade 26 or. mbr. lit. pat. c. sig. pend.; über dem u in zu ein paarmal der einzelne Punkt, der mit übergeschriebenem e widergegeben wurde.
 C coll. ib. Registraturbuch C fol. 44ᵃ cop. ch. coaev. mit der Überschrift Als min herre einen frieden mit dem konige von Beheim vierzehen tage ufgenommen hette.
 K cod. Karlsr. G.L.A. Pfälz. Kop.B. 4 fol. 51ᵇ cop. ch. coaev. mit derselben Überschrift wie C.
 Gedruckt Pelzel Wenzel 2 Urkdbuch pag. 75 nr. 176 aus W. — Regest Chmel nr. 472 aus C.

Wir Ruprecht von gots gnaden Romischer künig zů allen zijten merer des rijchs bekennen und dun kunt offenlichen mit dissem brieffe allen den die yn sehen oder horen lesen: daz wir fur*ᵃ* uns und alle die unsern und mit dem ganczen lande zů unserr pfalcze und herczogtum in Beyern gehorende mit dem durchluchtigen Wenczlauwe künig zů Beheim und allen von Beheim die unser vyent sint einen cristenlichen frieden uffgenommen haben und halten wollen und globen den zů halten fur [1401 Juni 24 Juli 8] uns und alle die unsern, der angen sal an dem nehsten sant Johans tage des morgens frů und stetlichen weren und besten die nehsten vierzehen tag darnach. und daczwuschen wollen wir unser rete gein Munich in des edeln Johans lantgraven zům Luchtenberge unsers swagers und lieben getruwen stetlin senden uff den achten dag [1401 Juli 1] nach sant Johans tag. und der egnant künig Wenczelauwe sal auch sin rete uff denselben tag daselbes hin senden an geverde. mit urkunde dijs brieffes versiegelt mit unser küniglichen majestat ingesiegel, geben czu Amberg nach Crists geburte vierzehen[1401 Juni 20]hundert jar darnach in dem ersten jare uff den mantag vor sant Johans baptisten tag als er geborn wart unsers rijchs in dem ersten jare.

[in verso] R. Bertholdus Dürlach.   Ad mandatum domini regis
                     Nicolaus Buman.

a) an. WCK.

339. *K. Ruprecht bevollmächtigt Bf. Friderich VI von Nürnberg und Gf. Günther von Schwarzburg in seinem Namen auf einem Tage zu Waldmünchen am 1 Juli 1401 mit den Räthen K. Wenzels von Böhmen über das Römische Reich zu verhandeln.* 1401 Juni 23 Ansbach.

1401 Juni 23

Aus Karlsr. G.L.A. Pfälz. Kop.B. 4 fol. 52ᵇ-53ᵃ cop. chart. coaev.; mit der Überschrift Ein machtbrief geben hern Friederich burggraven zu Nuremberg grave Gunther von Swartzburg mit hern Wentzlauw kunig zu Beheim zu dedingen. — Auch in Wien H.H. St.A. Reichsregistr. B. C fol. 45ᵇ cop. ch. coaev. mit derselben Überschrift.
Regest Chmel nr. 475 aus Wien l. c., Pelzel Wenzel 2, 439 mit der Bemerkung In regestis ejusdem (scil. regis) also auch aus Wien l. c., Monum. Zollerana 6, 107 nr. 108 aus Chmel, Janssen Frankf. R.K. 1 nr. 958 aus eigenem Kodex Acta et Pacta 168-171.

Wir Ruprecht von gots gnaden Romscher kunig zu allen ziten merer des richs bekennen und dun kunt offenbar mit diesem briefe: als wir einen dag han ufgenommen mit dem durchluchtigen Wentzlauwe kunig zu Beheim von morn sant Johans dag uber achtage zu Munichen in des edeln unsers lieben swagers lantgrave Johans vom Luchtenberge stetlin, daz wir dem hochgebornen Friederich burggrave zu Nuremberg unserm lieben swager und fursten und dem edeln unserm lieben getruwen grave Günther von Swartzburg unsern vollen gewalt geben haben und geben in den in craft diß briefs, uf dem obgenanten dag mit des kuniges von Beheim egenant reten, die er zu demselben tage schicken wirdet, von unsers wegen zu dedingen als von des Romschen richs wegen; und waß dieselben burggrave Friederich und grave Gunther in den sachen von unsern wegen ofnemen und besließen mit des kuniges von Beheim reten vorberuret, daß wollen wir also stete halten an geverde. orkunde diß briefs versigelt mit unserm kuniglichem majestat-ingesigel, geben zu Onolspach of sant Johans abent des heiligen teufers als er geboren wart nach Cristi geburte dusent vierhundert und ein jare, unsers richs in dem ersten jare.

1401 Juli 1

1401 Juni 23

Per dominum Rabanum episcopum Spironsem cancellarium
Nycolaus Duman.

340. *K. Ruprechts Anweisung an Bf. Friderich VI von Nürnberg und Gf. Günther von Schwarzburg für die Verhandlungen mit den Räthen des K. Wenzel von Böhmen über die Aussöhnung der beiden Könige.* [1401 Juni 23¹ Ansbach.]

[1401 Juni 23]

Aus Karlsr. G.L.A. Pfälz. Kop.B. 146 fol. 37ᵃ cop. chart. coaev.
Coll. Janssen R.K. 1, 590-591 nr. 959 aus einem in seinem Privatbesitz befindlichen Kodex Acta et Pacta 168-171.
Moderne lateinische Übersetzung bei Martène amplis. coll. 4, 52 nr. 33. — Daraus erwähnt Chmel unter nr. 475.

Gedechtnisße von des kunigs von Beheim wegen.
[1] Item daz der kunig von Beheim mim gnedigen herren kunig Ruprecht Romischem kunige von dem heiligen riche genzlichen abetrete, und auch allen fursten herren und steten die zu dem rich gehorent und wo ez not istᵃ schribe daz er also abegetreten

a) Janssen er.

¹ Das undatierte Stück gehört sehr wahrscheinlich zu der Vollmacht von 1401 Juni 23 nr. 339, denn es steht im Kodex mitten unter Stücken vom Mai-Juni 1401, und von einer andern Verhandlung des K. Ruprecht mit K. Wenzel als der in nr. 339 angegebenen wissen wir in dieser Zeit nichts.

[1401 Juni 22] habe. [2] item und daz er mim herren dem Romischen kunig Ruprecht daz heiltûm[1], in aller der maßen als ez zu dem riche gehoret und unberaubt, und darzů alle register und briefe und mit namen die brieve uber Bravant[2] und alles daz zu dem riche gehoret unverzogenlich und genzlich widergebe. [3] item und daz der konig von Beheim auch ein lehen von mim herren dem Romischen kunige solle emphaen, und were ez daz er nit mit ein selbs libe zu mime herren dem kunige kommen mochte die zu emphaen, so wolle imme min herre der kunig die in sinen briefen lihen, also daz er auch mim herren dem kunig briefe wiederumbe gebe von einer lehen wegen, alß sich daz heischet. [4] item daz man herzog Hansen von Gorlitz seligen dochter[3] solte geben mins herren des Romischen kunig Ruprechts sûno einem, und solte so fiel hiratgudes darzů geben und in den bewisen uf landen und sloßen, als man dann uberkomen werde. [5] item were ez dann daz iemand wer der were dem konige von Beheim wolte stoen nach dem kunigriche zu Beheim und in understeen daran zu tringen, so sal imme min herre der Romische kunig Ruprecht wieder dieselben getruwlichen bigestendig und beholfen sin nach aller siner besten moge ane geverde.

P. Städtische Kosten nr. 341-343.

1401 Mai 6 341. *Geschenke Nürnbergs an den kön. Hof beim Aufenthalte K. Ruprechts daselbst im Mai 1401.* 1401 Mai 6 Nürnberg.

Aus Nürnberg Kr.A. Schenkbuch 187 fol. 2ª ch. coaer. *mit der Überschrift* König Ruprecht anno etc. primo.

1401 Mai 6 Item als unser herre der kunig zum andern mol herwiderkam in die Johannis ante Latinam portam anno etc. primo, schankten wir seinen gnaden 60 sumer habern, die kosten 46 guldein. item wir schankten desselben mals unserer frawen der kunginne 10 eimer Franckenweins, kosten 28 lb. novi 17 sh. 4 hlr. item 10 guldein hern Mathesen unsers herrn kûnigs schreiber.

Summa aller vorgeschriben schenk [*dazu gehören außer diesen noch die Geschenke auf dem Nürnberger Tage Feb.-Merz, wo m. s. nr. 284*] 2732 guldein und 29 lb. 16 sh. 10 hlr. facit in hallensibus 3239 lb. novi 18 sh. 4 hlr.

1401 Apr. 6 bis Juni 1 342. *Andere Geschenke Nürnbergs beim Aufenthalte K. Ruprechts daselbst im Mai 1401.* 1401 Apr. 6 — Juni 1 Nürnberg.

Aus Nürnberg Kr.Arch. cod. ms. nr. 489 Schenkbuch 1393-1422 fol. 64ᵇ-65ᵇ, cod. ch. coaer.

1401 Apr. 6 bis Mai 4 [*Fünfte Bürgermeisterperiode* feria 4 post Ambrosii anno 1400[a] *primo bis* feria 4 post crucis invencionem.] Propinavimus dem Toltzner von Schellemberg 4 qr.; summa 10 sh. 8 hllr. propinavimus dem von Leyningen hofmeister 12 qr.; summa 1 lb. 12 sh. hllr. propinavimus dem bischof von Eysteten 16 qr.; summa 2 lb.

---

a) cod. 14.

[1] Von altersher hatte der Besitz der Reichsinsignien eine gewisse Bedeutung für die Rechtmäßigkeit der Nachfolge, s. Waitz Verfassungsgesch. Bd. 6 pag. 133, und noch Aß. Mussatus bei Böhmer Fontes 1, 188 nennt dieselben pignora quedam veri imperatoris et Romani regis.
[2] Vgl. RTA. 3 nr. 200 art. 4.
[3] Elisabeth von Görlitz, die Nichte K. Wenzels.

2 sh. 8 haller. propinavimus burggraven Fridrich 16 qr.; summa 2 lb. 2 sh. 8 hl. propinavimus dem Töltzner von Schellemberg 4 qr.; summa 10 sh. 8 hllr. propinavimus der Lantschadin vitztumin zu Amberg 8 qr.; summa 1 lb. 1 sh. 4 hllr. propinavimus meister Matheo der heiligen schrift 4 qr.; summa 10 sh. 8 hllr. propinavimus magistro Ylardo prediger ordens 4 qr.; summa 10 sh. 8 hllr. propinavimus der Florentz erber potschaft die hie warn bei unserm herren kunige Ruprecht visch fur 3 lb. 14 sh. hllr. propinavimus eis iterum 12 qr. Romany und Welischen wein; summa 2 lb. 16 sh. hllr. propinavimus dem Raydempucher und Grefenrewter 6 qr.; summa 16 sh. hllr. propinavimus meister Tewtsch ordens 12 qr.; summa 1 lb. 12 sh. hl. propinavimus dem bischof von Meintz 32 qr.; summa 6 lb. 8 sh. hl. propinavimus [sic]

Summa 24 lb. 2 sh. 4 hllr.

[*Sechste Bürgermeisterperiode* feria 4 post crucis invencionem bis feria 4 ante Bonifacii anno 1400 primo.] Propinavimus dez pabst und dez von Padaw erbrer potschaft vische für 2 lb. hllr. propinavimus iterum denselben*a* 10 qr.; summa 2 lb. propinavimus dem bischof von Bamberg dem tumprobst und dem von Wertheim und dem von Hennenberg 32 qr.; summa 4 lb. 5 sh. 4 hllr. propinavimus graven Günther*b* von Swartzburg 8 qr.; summa 1 lb. 1 sh. 4 hll. propinavimus den zwein von Oetingen 16 qr.; summa 2 lb. 2 sh. 8 hll. propinavimus dem von Leyningen tumherre und die mit im warn 6 qr.; summa 16 sh. hllr. propinavimus hern Hansen vom Hirßhorn und dem von Sultaw 6 qr.; summa 16 sh. hllr. propinavimus dez kunigs rat von Arrngun 10 qr.; summa 1 lb. 10 sh. hll. propinavimus margraven Fridrich von Meichsen 24 qr.; summa 3 lb. 4 sh. hll. propinavimus dem alten und dem jungen Itewssen von Plaben und dem von Witaw 12 qr.; summa 1 lb. 12 sh. hllr. propinavimus graven Fridrich von Hennemberg und Gorgen Marschalk von Liehtenfels 12 qr.; summa 1 lb. 12 sh. hllr. propinavimus dem provisor von Ertfurt und dem von . . Witzleben und dem Marschalk 10 qr.; summa 1 lb. 6 sh. hllr. 8 hl. propinavimus herzogen Steffan 24 gr.; summa 3 lb. 4 sh. hllr. propinavimus dem bischof von Eysteten 16 qr.; summa 2 lb. 2 sh. 8 hllr. propinavimus dem bischof von Cölen ein fuder Franken, daz kost 27½ guldein unum pro 1 lb. 3½ sh. hllr.; summa 32 lb. 7 sh. hllr.;*c* *recepit* Berhtold Pfintzing. propinavimus lantgraven Johansen vom Lewtemberg und seinem*d* enenklein 16 qr.; summa 2 lb. 2 sh. 8 hllr. propinavimus dem capitel und dem techant hern Fridrich Zollner dem tumprobst etc. 10 qr.; summa 1 lb. 6 sh. hl. 8 hllr. propinavimus den von Sweynfurt 4 qr.; summa 10 sh. 8 hllr. propinavimus den von Nordlingen 4 qr.; summa 10 sh. 8 hllr. propinavimus den zwein von Oetingen 16 qr.; summa 2 lb. 2 sh. 8 hllr. propinavimus dem von Helffenstein 8 qr.; summa 1 lb. 1 sh. 4 hllr. propinavimus dem von Haidek tumprobet 8 qr.; summa 1 lb. 1 sh. 4 hllr. propinavimus den von Eger 8 qr.; summa 1 lb. 6 sh. 8 hllr. propinavimus dem bischof von Eysteten 16 qr.; summa 2 lb. 2 sh. 8 hllr. propinavimus hern Walther tumprobst zu Augspurg 6 qr.; summa 1 lb. hllr. propinavimus dez von Wirtemberg rate 8 qr.; summa 1 lb. 1 sh. 4 hllr. propinavimus [sic]

Summa 74 lb. 6 sh. 4 hllr.

a) cod. add. iterum. b) cod. Grünther. c) cod. sh. hllr. bis. d) cod. seinen?

343. *Kosten Frankfurts bei dem Reichstag zu Nürnberg vom Mai 1401.* 1401 Mai 14.

Aus Frankf. St.A. Rechnungsbücher, art. 1 unter der Rubrik usgebin pherdegeld, art. 1ᵃ unter usgebin serunge.

[*1*] Sabb. post Servacii: 4 lb. 15 sh. Peter schriber von eim pherde 19 dage gein Nurenberg zu riden zu unserm herren dem konige von der artikele und sache wegen als unser herro von Mencze den rat und stat anlangete und die fursten bi unserm herren dem konige da waren. — [*1ᵃ*] item 12½ gulden han Peter schriber selbander mit zwein pherden gein Nurenberg virzert nünzehen dage zu unserm herren dem konige von solicher artikele und sache wegen als unser herre von Mencze den rat und stat und auch die Sweben¹ anlangete und unser herre der konig bestalte mit dem bischoffe vorgenant, daz die sache wart ufgehalden biz uf Bartholomei.

¹ *Eine Privatfrau, welche einen gerichtlichen Streit hatte (Kriegk).*

Reichstag zu Mainz
im Juni und Juli 1401.

Noch vom Reichstage zu Nürnberg aus trifft K. Ruprecht die Vorbereitungen zu einem neuen Tage in Mainz. Wie Buonaccorso Pitti erzählt (s. nr. 302 art. 8) hoffte der König, dort die Stände, die ihm zur Berathung des Romzuges nöthig schienen, vollzähliger als in Nürnberg zu versammeln. Wol mit Rücksicht auf die besonderen Schwierigkeiten, welche derartige Anforderungen bei den Städten zu haben pflegten, deren Boten gewöhnlich ohne Instruktion waren und alles auf Hintersichbringen nahmen, gedachte er dieselben zu einer Vorberathung zu berufen. So erließ er schon am 23 Mai Einladungen an die Städte oder einen bestimmten Theil derselben (nr. 344), sich auf den 12 Juni in Mainz einzufinden und mit seinen Räthen zu reden von trefflichen unser und des heiligen richs sachen; in der dazu gegebenen Beglaubigung der königlichen Räthe nr. 345 wird dieß näher erläutert durch die Worte zu reden umb hulffe und dienste uns zu deme selben tzoge [scil. gein Lamparten] zu dun. Dieß war auch von Anfang an der Hauptzweck des bald daran sich anschließenden Reichstages. Weitere Einladungsschreiben als die zu diesem Vorberathungstag der Städte haben wir nicht. Wir erfahren aus Note 1 zu nr. 345, daß die geladenen Städte zu der angegebenen Zeit in Mainz sich einstellten und beschlossen, nach weiterer Überlegung der Sache am 29 Juni dem König bestimmte Antwort zu ertheilen. Dieser (s. ibid.) hatte schon damals die Absicht, mit den Fürsten erst am 29 Juni in Mainz einzutreffen. Der 29 Juni ist also als der Berufungstermin des eigentlichen Reichstags anzunehmen. Nach Chmels Regesten und unseren Akten dauerte der Aufenthalt des Königs nur bis zum 5 Juli, allein man muß sagen, daß in den wenigen Tagen eine außerordentlich rege Thätigkeit sich zusammendrängte, die auf allseitige bedachte Vorbereitung schließen läßt. Wirklich hatten sich die Stände zahlreicher eingefunden; die Straßburger Städteboten, aus deren Brief nr. 398 wir auch sonst näheres über die anwesenden erfahren, sagen, es seien viele Herren zu Mainz, die do umb gesessen sint; wir nennen nur die drei geistlichen Kurfürsten, die Herzöge Stefan sen. und jun. sowie Ludwig von Baiern, den Hzg. von Lothringen, ferner die Räthe des Herzogs von Österreich, des Mkgfen von Baden, die Städteboten von Köln Mainz Worms Speier Frankfurt Straßburg u. a.; auch zwei nicht weiter zu bestimmende Boten des Pabstes waren da (s. nr. 398). Der Hauptgegenstand der Reichstagsverhandlungen war jedenfalls der Romzug. Die Städteboten gaben ihre zusagende Antwort nach nochmaligen mit einander gehaltenen Berathungen (s. nr. 398 und 399), und mit den anwesenden Fürsten beschloß der König nun definitiv den Zug und dessen Sammelort und Termin: wir laßen dich wißen, so lautet der Anfang des allgemeinen königlichen Ausschreibens an die Fürsten nr. 348, worin die Mannschaften auf 8 Sept. nach Augsburg bestellt werden, daz wir mit unsern kurfursten und etlichen andern unsern und dez richs fursten graven und herren zu rate sint worden, daz uns und dem riche nutzlich und bequemlich si, daz wir uns erheben uber bergo gein Lamparthen zu ziehen, unser keiserlich eronunge zu entphaen; und in dem Schreiben an die Städte nr. 349, mit gleichem Sammelort und Termin, beruft sich Ruprecht ausdrücklich auf den Mainzer Abschied in der Angelegenheit mit den Worten als ir lesst zu Mencze von uns gescheiden sint u. s. w. Viele Geschäfte und Beschlüsse hängen damit zusammen, welche fast alle nachweislich unter ständischer Mitberathung verliefen, da es sich eben um Reichsangelegenheiten dabei handelte: die Verträge und Verhandlungen mit Hzg. Leopold von Österreich (vgl. die Einleitung zu lit. D), die Vertragsurkunde für Florenz und die Gesandtschaften nach Italien (vgl. die Einleitung zu lit. E. F. G), Unterhandlungen mit Aragonien und Savoien um Unterstützung zum Kriege (vgl. die Einleitung zu H), Abmachungen mit einzelnen Reichsständen und die allgemeinen Ausschreiben an dieselben (s. unter I-M); sehr wahrscheinlich wurde auch die Gesandschaft an den Pabst nr. 10-13 hier schon vorbereitet und verhandelt, da zwei päbstliche Boten anwesend waren, wie erwähnt (s. nr. 398); und endlich wurden die Verhandlungen mit K. Wenzel und dessen Anhängern in entscheidenden Punkten weiter geführt (s. Einleitung zu O).

Neben diesen mit der äußeren Politik zusammenhängenden Gegenständen kam aber noch anderes auf dem Reichstage vor. Jene Vorversammlung der Städte zu Mainz am 12 Juni (s. oben) hatte auch beschlossen, die Münzfrage vor den König und die Fürsten zu bringen (s. nr. 398); das geschah, und es wurde von denselben ein Münztag zu Koblenz auf Juli 18 mit den Städten verabredet (nr. 399. 384 art. 3. 346 art. 5, über die Angabe des 11 Juli in nr. 370 art. 5 s. daselbst die Note). Anfänglich hatte der König vor, vielleicht selbst mit den Fürsten dorthin zu gehen (s. nr. 398), nachher wurden aber nur Räthe gesandt (404 art. 4). Wir werden in Bd. 5 Anlaß haben, auf diesen Tag zurückzukommen. Ferner kam in Mainz wieder die alte Frage wegen der Zölle von Höchst und Castel zur Sprache (s. nr. 399), welche mit Landfriedensangelegenheiten zusammenhängt; wir haben schon in den früheren Einleitungen zu den Nürnberger Reichstagen, wo die Sache vorkam, die Behandlung derselben in den folgenden Band verwiesen. Im Hinblick auf diese verschiedenen Gegenstände konnte Wencker Appar. archiv. pag. 271 mit Recht sagen, es sei auf diesem Reichstage viel von Frieden-, Münz- und Zollsachen anzuführen.

A. Vorberathungstag mit den Städten zu Mainz nr. 344-345.

Es ist die Vorberathung mit den Städten, wozu der König hier auf 12 Juni nach Mainz ladet und seine Räthe beglaubigt, noch von Nürnberg, dem Orte des vorigen Reichstages, aus, um die dringende Angelegenheit des Romzuges möglichst zu fördern. Aus dem leider nur im Regest vorhandenen Briefe der Stadt Mainz an Köln (Note zu nr. 345) erfahren wir, daß die Städte dieser Einladung folgten und dort beschlossen, auf Juni 29 wieder nach Mainz zu senden und dem dann voraussichtlich dort eintreffenden König bestimmte Antwort zu geben. (Vgl. auch den Anfang dieser Einleitung.)

B. Verhandlungen auf dem Reichstag zu Mainz nr. 346-347.

Die Aufzeichnungen vom Tage nr. 346 sind Notizen der königlichen Kanzlei über die derselben wichtigen Beschlüsse des Reichstages: in art. 1. 2. 3 ist selbst gesagt, daß die betreffenden Angelegenheiten auf dem Tage zu Mainz beredet seien; daß der in art. 5 notierte Münztag zu Koblenz daselbst beschlossen ist, wissen wir zur Genüge; daß die Ausstellung der Schuldbriefe art. 6 dort behandelt wurde, ergibt sich aus nr. 384 art. 5; und die Beschlußfassungen über die Österreichische Verhandlung art. 9 kennen wir als wichtiges Resultat des Tages, s. Einleitung lit. D; darnach werden wir auch die anderen nicht unmittelbar derartig nachweisbaren Artikel als Mainzer Beschlüsse ansehen dürfen. In Mainz selbst sind die Aufzeichnungen nicht gemacht, wahrscheinlich auch nicht alle zu Einer Zeit (s. die Variante zu art. 7), aber, wie es dem Zwecke entsprechend war, doch alle sehr bald nachher: zufolge art. 9 ist die Botschaft an Hzg. Leopold, welche die Vertragsurkunden zu überbringen haben sollte, noch nicht ausgefertigt, diß geschah durch die Anweisung vom 10 Juli, nr. 356, also fällt dieser Theil der Aufzeichnung nr. 346 bis art. 9 noch vor Juli 10; in ungefähr dieselbe Zeit weisen noch mehrere Daten, so namentlich art. 4 die Notiz, welche den Tag mit den Boßen von Waldeck auf 12 Juli als noch bevorstehend bezeichnet. Die Abfassung des größten Theils von nr. 346 ist also nach Juli 5 und vor Juli 10 anzusetzen, nur die beiden letzten Artikel können einige Tage später fallen, doch auch kaum später als Juli 13, da die offenbar gleichzeitig eingetragene Aufzeichnung vom Tage mit den Boßen von Waldeck vom 13 Juli nr. 347 im Kodex folgt.

Wegen seines nach Form und Inhalt ähnlichen Charakters ist an dieser Stelle auch auf den Notizzettel nr. 384 aufmerksam zu machen, der wegen seiner speziellen Beziehung auf die Romzugverhandlungen zu lit. I gestellt wurde.

Selbstverständlich wird das Bild der Mainzer Verhandlungen durch die Briefe der Städte und anderes erst ergänzt.

C. Ansagung der Termine für die Truppenstellung nr. 348-350.

Diese Ausschreiben beziehen sich ausdrücklich auf den in Mainz mit Rath der Kurfürsten und anderen Reichsfürsten u. s. w. gefaßten Romzugsbeschluß; nr. 348 und 350 sind allgemeine Formulare der an Fürsten und Herren erlassenen Briefe, in 349 haben wir Beispiele der an die Städte ergangenen Ansagungen. Erstere sind eigentlich etwas mehr als bloße Ansagungen, die Adressaten werden wenigstens zugleich darin zur Dienstleistung aufgefordert; letztere, die städtischen Briefe, künden nur den Termin der Sammlung an und berufen sich übrigens auf die zu Mainz mit den Städten vereinbarten Abmachungen. Wegen des Zusammenhanges von nr. 348 und 349 mit den Stücken unter nr. 385-389 vgl. die Einleitungen zu lit. K-M.

D. Verhandlung mit Hzg. Leopold von Österreich nr. 351-357.

Diese Verhandlung schließt sich unmittelbar an die Stücke nr. 288-290 an; die Vollmacht nr. 290 darunter gehört eigentlich mit hierher. Das Resultat sind die Abmachungen vom 2 Juli, die, soweit sie vom Könige ausgehen, nicht nur auf unserem Reichstage beurkundet, sondern in den wichtigsten Punkten auch unter dem Beirath und der Zustimmung der ersten Reichsfürsten zu Stande gekommen sind: nr. 355 ist von den drei geistlichen Kurfürsten mit besigelt, indem dieselben bekennen, daß sie die vorgeschriebene Sache mitsammt ihrem Herrn dem Römischen Könige gethan und gehandelt haben, nr. 356 außer denselben von den Herzogen Stefan und Ludwig von Baiern unter dem wörtlich gleichen Bekenntnis; auch die Instruktionen sind Gegenstand der Berathung auf dem Reichstage gewesen, wie sich aus nr. 346 art. 8. 9 im Vergleich mit nr. 356 art. 2 und art. 11 ergibt; und die Anwesenheit Österreichischer Räthe in Mainz zugleich mit dem Könige, die wir aus nr. 399 erfahren, zeigt endlich die allseitige Durchberathung dieser Angelegenheit auf dem Reichstage. Zu bemerken mag noch sein, daß die Instruktion nr. 351 noch mehr als zum Theil schon nr. 289 den vorgerückten Stand der Unterhandlungen erkennen läßt: man kommt nicht mehr auf die einzelnen Punkte der ersten Verhandlung nr. 216-218 zurück, weil über die meisten bereits eine Einigung *erzielt ist, sondern setzt dieselben voraus, und es handelt sich wesentlich nur noch um die Geldfrage.*

E. F. G. Verhandlung mit Florenz, Venedig, Petrus von Lodrone, nr. 358-367.

Die Unternehmung gegen Johann Galeazzo, welche K. Ruprecht von Anfang an recht geflissentlich als eine Reichssache behandelt und welche zum großen Theil den RT. zu Mainz veranlaßt hat (s. diese Einleitung im Eingang), wird hier durch einen entscheidenden Schritt weiter gefördert: auf dem Reichstage, sano principum procerum et baronum nostrorum accedente consilio et assensu, unter Zeugenschaft hervorragender Reichsfürsten fertigt der König das Privileg nr. 358 aus, welches die Vorbedingung und Grundlage des in nr. 307 vorbereiteten Bündnisses mit Florenz ist. Eine lebhafte Thätigkeit schließt sich als nothwendige Folge in der nächsten Zeit daran an. Der nach Florenz zurückkehrende Buonaccorso Pitti wird vom Könige beglaubigt, um die Verhandlungen zum Abschluß zu bringen, nr. 359; er nahm, wie zu vermuthen ist (s. Note 1 zu nr. 359), nr. 358 und wol auch nr. 307 zur Ratifizierung des Bündnisses mit. Eine besondere Deutsche Gesandtschaft wird einige Tage darauf für Florenz bevollmächtigt zur Erhebung einer ersten Subsidienrate (nr. 361) und für Venedig zu Hilfsbewerbungen (362. 363); eine andere an den Grafen Petrus von Lodrone und benachbarte Gebietsherren zur Gewinnung der Straße auf Brescia. Zugleich ist hier daran zu erinnern, daß um diese Zeit auch die Verhandlungen mit Rom von neuem aufgenommen wurden s. nr. 10-14; nr. 360 zeigt, wie die Florentiner auch hier für K. Ruprecht zu wirken suchten.

H. Verhandlung mit Aragonien und Savoien nr. 368-369.

Auch diese Gesandtschaft ist auf dem Reichstage beschlossen, wie der Notizzettel der königlichen Kanzlei vom 4 Juli nr. 384 art. 4 beweist; sie wird nicht viel später abgegangen sein, da sie wie die übrigen Gesandtschaften aus dieser Zeit hauptsächlich den Auftrag hatte, für den Italienischen Zug zu wirken.

Der Graf von Savoien erhält diesmal keine besondere Gesandtschaft; die Werbung an ihn wird in nr. 368 art. 2 ziemlich nebensächlich behandelt; da man nach Gewinnung des Österreichischen Herzogs den Weg auf Brescia zu nehmen beschlossen hatte, nr. 356 art. 7, mochten die Beziehungen zu Savoien nicht mehr von dringender Bedeutung sein.

I. Verhandlungen mit einzelnen Ständen in Deutschland wegen Kontingents nr. 370-384.

Die hier zusammengestellten Verhandlungen schließen sich inhaltlich alle an die Romzugsbeschlüsse dieses Reichstages an, so verschiedenartig sie auch je nach der verschiedenen Stellung der Besendeten sind. Die meisten schließen sich auch der Zeit nach unmittelbar an; die Kölner Gesandtschaft ist auf dem Reichstage selbst beschlossen, wie die Kanzleinotiz art. 1 in nr. 384 zeigt, und ist gleich unterwegs auf der Reise des Königs von Mainz nach Heidelberg ausgefertigt; die nrr. 370-378 fallen ungefähr um die Zeit oder in die Nähe der Zeit der allgemeinen Aufforderungen vom 8-18 Juli nr. 348-350. Auch die später fallenden Verhandlungen nr. 379-383 sind hierher und nicht zum RT. von Augsburg gezogen, um das Gleichartige beisammen zu haben. Da es sich dabei auch um Anerkennung K. Ruprechts handelt, konnte man freilich um so mehr zweifelhaft sein, ob man diese Stücke nicht lieber zu den Anerkennungen beim Augsburger Reichstage stellen sollte. Mit der Aufzeichnung über die Abmachungen

Regensburgs ist dieß geschehen; es schien darin die Anerkennungsfrage vorzuwiegen. Die Stücke, welche sich auf das Straßburger Kontingent beziehen, sind aus besonderem Grunde zum Augsburger Reichstag gestellt; manches andre, was dorthin gehört, wird das Bild der Verhandlungen noch vervollständigen. Doch auch so geben diese Numern einen deutlichen Einblick in die allseitige Thätigkeit, die durch die Mainzer Beschlüsse hervorgerufen wurde, und eine erläuternde Ergänzung zu den Resultaten der folgenden Verzeichnisse nr. 385f.

K. Verzeichnisse der beiden Leibwachen nr. 385-386.

Das letztere der mitgetheilten Stücke, nr. 386 Leibwache der Königin, bietet keine Schwierigkeiten. Dagegen macht das erstere, nr. 385 Leibwache des Königs, einige Erörterungen nöthig.

Die beiden Verzeichnisse, welche in nr. 385 in zwei Kolumnen A und B neben einander gestellt sind, beziehen sich auf die Leibwache, welche K. Ruprecht auf dem Italienischen Zuge um sich haben wollte. Als ungefähres Datum ist das des königlichen Ausschreibens nr. 350 gewählt worden, das für B am nächsten zutreffen wird, während A etwas später fällt, wie sogleich zu zeigen ist. Beide Verzeichnisse enthalten so viel gleiche Namen, daß die abweichenden dagegen verschwinden; allein es fragt sich, in welchem Verhältnis beide Verzeichnisse zu einander stehen. Das Verzeichnis A mit der handschriftlichen Überschrift bildet im Kodex nach Schreiberhand und Anlage ein Ganzes, auf drei unten beschnittenen Blättern; es rührt fast ausschließlich von Einem Schreiber her, die meisten anderweitigen, doch auch gleichzeitigen, Zusätze befinden sich am Schlusse. Als art. 16 und 128 hinzugefügt waren, wurde zusammengerechnet und die Bemerkung beigesetzt: Summa des hofegesindes 156 mit gleven (vgl. nr. 390); diese Bemerkung wurde wider ausgestrichen, und es wurden noch mehrere Namen nachträglich angebracht, worauf die Summe natürlich nicht mehr paßte. Das Verzeichnis B bildet im Kodex, obwol selbst nach verschiedenen Theilen geschieden und von sehr verschiedenen Händen geschrieben (so ist gleich nach den ersten 3 Worten eine neue Hand und davor ein leerer Raum von drei Finger Breite), eine von A gesondert Masse, indem nicht bloß die Handschrift des größeren Theils, sondern auch das Papier anders ist: dasselbe ist dünner und unbeschnitten, und die 4 zusammenhängenden Blätter aus denen das Verzeichnis besteht (3 davon sind beschrieben) waren auch für sich besonders zusammengelegt, wie die Schmutzseite des vierten Blattes und die Bruchlinien aller 4 Blätter zeigen, während solche bei den 3 Blättern des Verzeichnisses A fehlen. Zwischen den Namen selbst steht in B das Ausschreiben K. Ruprechts vom 18 Juli 1401 nr. 350, welches die Aufforderung zum Eintritt in seine Leibwache enthält. Man hat sämmtliche Namen dieses Verzeichnisses für Adressen zur Versendung dieses Ausschreibens zu halten. Dafür spricht 1) die angeführte Zusammenstellung desselben mit den Namen im Kodex, 2) der Umstand, daß mehrere Namen, art. 99'. 116'. 117'. 118' im Dativ stehen, 3) daß sämmtliche Namen, welche im Verzeichnis B speziell durchstrichen (bei uns im Druck mit einem Stern bezeichnet, s. weiter unten) sind, im Verzeichnis A nicht widerkehren, wie unsere Zusammenstellung zeigt; es sind wol die Namen derjenigen, die gleich ablehnend geantwortet haben. Eine Ausnahme machen in B nur die ausgestrichenen art. 4' und 94', welche trotz dieser Ausstreichung in A widerkehren; diese sind aber offenbar aus einem ganz anderen Grunde getilgt, nemlich weil sie in B selbst doppelt stunden, indem sie als art. 136' und 138' auch vorkommen und zwar ohne ausgestrichen zu sein. A stellt somit ein nach Eintreffen einer Anzahl von ablehnenden Antworten gereinigtes Verzeichnis dar. Es muß zur Grundlage einer vorläufigen Berechnung des Betrages der Kontingente der Leibwache gedient haben, weil nach art. 128 die Summe gezogen ist. Die Sache war aber damit noch nicht abgeschlossen, denn, wie schon erwähnt, wurden nachträglich noch Namen hinzugefügt (wol nur nach art. 128 und keine in der Mitte der Reihe), ohne Zweifel als Ersatz für den Abgang der Verneinenden. Allein auch in A sind eine Anzahl Namen wieder ausgestrichen, jedenfalls solche, die erst nach der Anlegung dieses Verzeichnisses noch versagten. Wieviele in dem Verzeichnis A schon ausgestrichen waren als man die Summe nach art. 128 zog und wieviele erst nachher noch ausgestrichen wurden, wagen wir freilich nicht zu bestimmen. Sobald das gereinigte Verzeichnis A aufgestellt war, mußte B überflüssig erscheinen, es ist daher (noch außer den einzelnen Posten, welche, wie vorhin erwähnt, durch besondere Striche getilgt sind) der größte Theil des ganzen Verzeichnisses B durchstrichen, in der Art daß über die drei ersten Seiten je eine große Linie von der linken unteren nach der rechten oberen Ecke gezogen wurde. Eine Gesammtüberschrift, wie sie A hat, fehlt in B für diese ersten drei Seiten; wie sie gelautet haben würde, ergibt sich aber aus der Überschrift der vierten Seite: Item dise nachgeschriben sollent auch ul mins herron lib warten. Man könnte vielleicht auf die Vermuthung kommen, diese letzte Abtheilung von B, die ganze vierte Seite, art. 124′-140′, gehöre gar nicht unmittelbar dazu, weil diese Seite nicht auch im ganzen durchstrichen ist, wie die drei anderen, und eine beträchtliche Anzahl Namen bietet die in A nicht wiederkehren obschon sie auch nicht einzeln ausgestrichen sind, weil ferner diese vierte Seite fast ganz von Einer Hand geschrieben ist, die von der Hand des größten Theils der drei ersten Seiten abweicht. Allein ein Theil der Namen kehrt doch auch in A wider, und art. 4′ und 94′, welche auf der ersten und dritten Seite von B stehen, sind offenbar nur mit Rücksicht darauf speziell getilgt, daß sie auf dieser vierten Seite als art. 136′ und 138′ ebenfalls vorkommen und man sie also in demselben Verzeichnis nicht doppelt haben wollte; also kann ziemlich bestimmt behauptet werden, daß diese vier Seiten als Ein Verzeichnis, nemlich B, zusammengehören. Nach der vierten Seite folgt eine Unterbrechung der Namenliste, indem die fünfte Seite zuerst das obenerwähnte Ausschreiben K. Ruprechts vom 18 Juli 1401 nr. 350 bringt, worauf noch einige mit Notizen begleitete Namen folgen, die, weil sie sich an dieses Ausschreiben unmittelbar anschließen, gewiß ebenfalls als Adressen für dasselbe zu gelten haben, also auch zu B gehören, art. 141′-157′; sie kehren auch in A sämmtlich wider. Der Übersichtlichkeit wegen sind diese Namen ohne die sie begleitenden Notizen in den Abdruck von B aufgenommen worden. Wir tragen die Notizen lieber hier nach; es sind folgende. Art. 141′, der zuerst auf das genannte Ausschreiben folgt, lautet: Jacob Wolffsteiner mit 4 pferden uf mins herron lip zu warten; den wil man solte geben als andern nins herron innigen dieneren. item derselbe sol zwene oder dri mit gleven, oder als vil er mag, mit inme bringen; den wil man solt geben als andern mitridern. Darauf eine neue Überschrift: dise nachgeschriben sollent auch uf mins herron lip warten. Darunter noch auf derselben fünften Seite die Namen art. 142′. 143′. 144′ und dazu am Schluß der Seite die Bemerkung: nota. sie sollent auch vier oder 6 mit gleven mit in bringen, oder als vil sie haben mogen; den wil man auch solte geben als andern die mit hofgesinde sin. Endlich auf der sechsten Seite folgen die Namen bis zum Schluß, art. 145′-157′, darunter art. 145′ und 147′ mit den (im Abdruck B vollständig aufgenommenen) Notizen daß sie Hofgesinde sein sollen. Hofgesinde zu sein, hat hier dieselbe Bedeutung wie auf des Königs Leib zu warten, die Leibwache gehörte zum Hofgesinde; dieß ergibt sich aus dem Verzeichnis A, in dessen Überschrift die in demselben aufgezählten als Leibwache erscheinen, während die Summierung in A nach art. 128 sie als Hofgesinde bezeichnet (vgl. nr. 391).

Der Abdruck ist so eingerichtet, daß die einzelnen Posten von A genau nach der Reihenfolge des Kodex aufgeführt und nach ihr auch numerirt sind, die von B dagegen nach der Reihenfolge des Kodex nur numeriert wurden, während die Reihenfolge in der Aufführung derselben sich an die entsprechenden Posten von A anschließt. Die Numern von A sind durch einfache, die von B zur leichteren Unterscheidung durch rechts mit einem Strich versehene Zahlen gegeben worden. Jeder im Kodex einzeln durchstrichene Posten hat im Abdruck beider Verzeichnisse vor der Ziffer einen Stern. Ein Theil der einzelnen Posten hat im Kodex vor sich ein Kreuz oder auch ein Ringchen; obschon die Bedeutung dieser Zeichen einstweilen dahin gestellt bleiben muß, sind sie im Abdruck sorgfältig beachtet und jedesmal hinter der Ziffer eingesetzt worden.

L. Verzeichnisse der zum Romzug aufgeforderten Reichsstände nr. 387.

Diese im Kodex unter der angegebenen gemeinsamen Überschrift und daher mit Recht bei uns unter einer Numer vereinigten und durchgehend fortgezählten Verzeichnisse scheiden sich in zwei verschiedene Hauptgruppen, 1 und 2. Die größere Gruppe 2 bezieht sich auf das allgemeine Formular des königlichen Ausschreibens vom 8 Juli 1401 nr. 348, welches im Kodex mitten darunter (zwischen 2^a und 2^b) steht, ganz ähnlich wie in demselben Kodex das Formular der Aufforderung zur königlichen Leibreuche mitten unter den Namen der Aufgeforderten eingeschoben. ist (s. die Einleitung zu lit. K.) War es dort bei nr. 385 nicht unmittelbar ersichtlich, daß die Namen des Verzeichnisses Adressen des Ausschreibens seien, so ist das hier wiederholt ausdrücklich gesagt, und zwar jedesmal zu Anfang der Untergruppen in die die Gruppe 2 nach den verschiedenen Anfangsterminen der Soldzahlung zerfällt, 2^a bis 2^d; bei 2^c. 2^d. 2^e fehlt die ausdrückliche Wiederholung, ist aber stillschweigend vorauszusetzen (s. die Note zur Überschrift vor art. 47); bei 2^b fehlt sie ebenfalls, die darunter stehenden art. 63-65 sind wol als Nachtrag anzusehen (s. daselbst die Note). Die Gruppe 2 stellt also im ganzen eine Adressenliste des Ausschreibens nr. 348 dar. Die kleinere Gruppe 1 bezieht sich nicht auf dieses oder ein anderes allgemeines Ausschreiben; bei den meisten der da aufgeführten Namen heißt es jedesmal besonders, es sei an den betreffenden, also besonders, nicht nach dem allgemeinen Formular, geschrieben; Ausnahmen machen art. 1. 2. 7 (in letzterem wird ein abweichender Modus selbst angegeben); die in art. 1 und 2 gebrauchten Wendungen lassen auf besondere Verhandlungen schließen und solche haben auch wirklich mit den betreffenden stattgefunden, vgl. zu art. 1 die Verhandlung mit Hzg. Leopold nr. 351 und zu art. 2 die mit Hzg. Ludwig nr. 376. Der Grund weshalb die in der Gruppe 1 aufgeführten besonders behandelt wurden, scheint in ihrem höheren Standesrange zu liegen, denn es sind nur Herzöge und Bischöfe, während in der Gruppe 2 außer dem einzigen Bischof von Wirzburg art. 17 höchstens Markgrafen und Grafen vorkommen. Ständische Sonderung zeigt sich auch in dem Fehlen aller städtischen Kontingente, wobei es auffallend ist, daß nicht ein besonderes Verzeichnis der zur Dienstleistung herangezogenen Städte den anderen hinzugefügt wurde, da wir doch aus nr. 349 wissen, daß auch an Städte nach einem Formular geschrieben ist. Schon aus diesem Umstande geht hervor, daß unser Stück kein Anschlag der Reichskontingente sein will. Außerdem führen die Gruppen, die es enthält, an sich nicht alle auf, die man aufgefordert hatte oder auffordern wollte: in den Verzeichnissen der Antwortgeber nr. 388 und 389 finden sich Namen, die in unserem Stücke und auch in nr. 385 nicht vorkommen, wie nr. 388 art. 6' der Erzbischof von Köln (von dem wir überdieß aus nr. 373 wissen daß gerade zur Zeit der allgemeinen Aufforderung mit ihm unterhandelt wurde), art. 7' der Hzg. von Lothringen u. a.; ferner wissen wir durch nr. 378 von der Aufforderung des Bischofs von Lüttich und durch nr. 379 von der des Bischofs von Basel, die zur Zeit der allgemeinen Aufforderung sicher schon ins Auge gefaßt waren und in unserem Verzeichnis hätten erwähnt werden müssen, wenn es auf Vollständigkeit wie bei einer normalmäßigen Matrikel auch nur abgesehen gewesen wäre. So fehlen auch alle, die K. Ruprecht noch nicht anerkannt hatten. Immerhin stellen diese Verzeichnisse die Hauptmasse der Truppenkontingente dar, die damals in Betracht kamen, und man darf sie besonders wegen des Ansatzes von ständischer Scheidung wenigstens als Keime späterer Reichsmatrikeln bezeichnen.

Über die Einrichtung des Druckes u. a. s. die erste Note unter dem Stücke selbst.

M. Verzeichnisse von Antworten auf die Aufforderung zum Romzug nr. 388-389.

Diese Verzeichnisse gehören unmittelbar zu den Aufforderungen nr. 385 und nr. 387. Da beide Verzeichnisse nr. 388 und 389 auch solche anführen, die zum Eintritt in die Leibwache nr. 385 am 18 Juli aufgefordert sind, (s. die Noten zu nr. 388 und 389 bei art. 13'. 14'. 31'. 37'. 46'. 47'-49'. 51'. 54'), so ist die Abfassung derselben wol nach Juli 18 anzusetzen. Die erste Note zu nr. 387 gibt Aufschluß über das Verhältnis derselben zu einander und zu nr. 385 und 387. Sie verhalten sich ähnlich zu einander wie 385 A zu 385 B: nr. 388 stellt das spätere, gereinigte Verzeichnis dar, die darin auftretenden Differenzen, gegen 389 und die Schwankungen in den Glefenzahlen sind Spuren von Verhandlungen, wie wir deren einige unter lit. L haben, was in den Noten bemerkt ist.

Die Einrichtung des Abdruckes ist ähnlich wie bei nr. 385, s. darüber die erste Note zu nr. 388.

N. Kostenüberschläge zum Romzug nr. 390-391.

Die Kostenberechnung nr. 390 stellt sich als eine frühere vorläufige gegenüber nr. 391 dar (vgl. Note 1 zu nr. 391); sie ist gemäß der Überschrift für den ersten Monat des Zuges also für den nächsten Bedarf gemacht, während nr. 391 eine durchschnittliche Monatsberechnung für die Kosten des Zuges überhaupt gibt. Daher ist in nr. 391 die einmalige Ausgabe der 2000 Gulden an den Hofmeister, die in nr. 390 als dritter Posten erscheint, fortgelassen. Hinzugekommen ist in nr. 391 die Leibwache der Königin, und die Zahl der zu besoldenden sonstigen Mannschaft hat sich vergrößert, wie auch in Note 1 zu nr. 391 bemerkt ist. In nr. 390 sind aufgezählt in den einzelnen Posten zusammen 2006 Glefen, also ganz entsprechend der runden Angabe daselbst in der Überschrift; das macht 6174 Pferde, denn die 156 Glefen der Leibwache die darunter sind halten je 4 Pferde (s. nr. 373) und die übrigen halten jede 3 Pferde (s. nr. 348. 371). In nr. 391 ist am Schlusse als Gesammtsumme die Zahl von ca. 3200 Glefen angegeben, das macht, da die Leibwache des Königs geblieben ist wie in nr. 390 und da die hinzukommenden 17 Glefen der Königin wol auch zu 4 Pferden anzusetzen sind, 9773 Pferde. Auf Grund dieser Berechnung könnte man unsere Datierung der Stücke vielleicht anfechten, wenn man die Angaben Buonaccorso Pitti's in Betracht zieht. Derselbe erzählt nemlich in seiner Chronik (s. die Fortsetzung von nr. 302, im nächsten Bande beim Augsburger Tage), daß, als er zum Könige nach Augsburg kam (Anfangs September, da er am 15 August von Florenz abreiste und sich beeilte), die Truppen etwa 15000 Pferde stark waren; da er nun aber kein Geld von Florenz mitbrachte, mußte der König 5000 Pferde entlassen, weil er sie nicht besolden konnte, also hätte er nur noch ca. 10000 Pferde übrig behalten. Für so viel Pferde etwa ist, wie wir sahen, unsere Kostenberechnung nr. 391 gemacht, darnach würde dieselbe also nach Entlassung der 5000 Pferde, d. h. nach Eintreffen Pitti's, d. h. circa Anfang September anzusetzen sein. Allein es ist zu bemerken, daß

Pitti die zum Train gehörigen Pferde mitgerechnet haben mag, wie K. Ruprecht selbst in der Instruktion an P. Innocenz [nach 1405 Merz 7] im 5 Bd. 2000 Glefen mit dem Gezuge auf 10000 Pferde anschlägt (vgl. dazu Einl. zu lit. L beim Augsburger Tage am Ende). Dann stimmen die Angaben soweit wie möglich. Die Frage mag weiterer Untersuchung überlassen bleiben.

O. Verhältnis zu K. Wenzel nr. 392-397.

Es stehen hier die Verhandlungen, auf welche schon in der Einleitung zu nr. 336-340 hingewiesen ist. Das dort über den Beirath der Fürsten gesagte gilt namentlich von nr. 392 hier; und dießmal schließen die Verhandlungen sich zudem auch zeitlich unmittelbar an den Aufenthalt des K. Ruprecht auf dem Reichstage an. Durch art. 8 von nr. 392 schnitt K. Ruprecht entschieden jede weitere Erörterung über den von K. Wenzel vorgebrachten Vorschlag einer Theilung zwischen Königthum und Kaiserthum ab. Die damit ausgesprochene Meinung Ruprechts, daß er der einzig rechtmäßige Römische König sei, erhält einen konkreten positiven Ausdruck durch die Urkunde vom 26 Juli nr. 397, eine wahre demonstratio ad oculos für K. Wenzel. K. Ruprecht erklärte darin alle von K. Wenzel erlassenen Privilegien mit einem Federstrich für ungiltig, weil hier und da mit Blankets von K. Wenzel Mißbrauch getrieben sein möchte. Diese Blankets, die sogenannten Membranen, haben ihre Rolle schon bei der Absetzung K. Wenzels gespielt, s. RTA. 3 nr. 9 art. 5 und nr. 204. 205 art. 4, vgl. darüber Löher Das Rechtsverfahren bei K. Wenzels Absetzung im Münchner Histor. Jahrbuch für 1865 pag. 71-72, Lindner in der Archivalischen Zeitschrift 4, 171 f.; jetzt dienten dieselben zum Vorwande, die eigentliche Regierungsthätigkeit Wenzels ganz und gar für nichtig zu erklären. Bis dahin war von Ruprecht in den einzelnen Privilegienbestätigungen ein verschiedenes Verfahren eingehalten und die Wenzelschen Briefe waren dabei bald ausgenommen bald mitbestätigt worden. Wie es von nun an gehalten werden sollte, zeigte Ruprecht gleich unmittelbar nach Erlaß des Vernichtungsdekretes in seiner Instruktion an die Schweizer, nr. 382 art. 8. 9: wer Wenzelsche Privilegien bestätigt haben wollte, sollte sich dieselben von Ruprecht von neuem geben lassen. Das war ein wirksamer Wink für alle, welche mit der Anerkennung K. Ruprechts noch zögerten, und zugleich konnte letzterer in keiner Weise deutlicher erklären, daß er sich ein für allemal als einzigen rechtmäßigen König und künftigen Kaiser ansehe und angesehen wissen wollte. Ob die Urkunde vom 26 Juli 1401 noch mit anderen speziellen Verhältnissen näher zusammenhängt, etwa mit der Rheinzollfrage, bleibe weiterer Untersuchung vorbehalten.

P. Städtischer Briefwechsel nr. 398-402.

Auf die Wichtigkeit desselben zur Anschauung von der Wirksamkeit des Mainzer Tages und der damit zusammenhängenden Berathungen ist schon früher aufmerksam gemacht; besonders nr. 398 und 401 geben gute Aufschlüsse.

Q. Städtische Kosten nr. 403-404.

Aus diesen Rechnungen ergibt sich dießmal nicht viel für den Mainzer Tag, weil wir keine solche von Mainz selbst besitzen; nur einige Gesandtschaftsbewegungen mögen daraus entnommen werden. Wir haben hier weitergreifend gleich die Posten bis über die Zeit des Augsburger Tages hinaus mit hergestellt, weil sie dort noch weniger austragen und eine zu schwache Rubrik bilden möchten.

Ernst Bernheim.   Julius Weizsäcker.

A. Vorberathungstag mit den Städten zu Mainz nr. 344-345.

344. K. Ruprecht an verschiedene Städte einzeln, ladet sie ein zu einem königlichen Tag in Mainz auf 1401 Juni 12 um Reichssachen zu bereden. *1401 Mai 23 Nürnberg.*

An Straßburg: S aus Straßb. St.A. an der Saul I partie lad. B fasc. XI b nr. 14 b or. chart. lit. clausa c. sig. in verso impr., die Vokalzeichen im Druck nach Gutdünken geordnet.
An Köln: K coll. Köln. Stadtarchiv Kaiserbriefe ohne weitere Signatur or. chart. lit. clausa c. sig. in verso impr.; auf der Rückseite die Adresse Den ersamen unsern lieben getruwen burgermeistern rat und andern burgern der stat zu Collen; Unterschrift wie S.
An Frankfurt: F coll. Frankf. St.A. Reichsangelegenheiten Betreffendes I Acten Fascikel XI nr. 667 or. chart. lit. clausa c. sig. in verso impr.; auf der Rückseite die Adresse Unsern lieben getruwen burgermeistern und rat unser und des richs stad Franckfurd; Unterschrift wie S.

Ruprecht von gots gnaden Romischer kunig zu allen zijten merer des richs^a.

Ersamen^b lieben getrůwen. wir begern mit ernste, das ir ůwer erber botschafft und frůnde senden wollent, das sie zů Meincze sin an dem nehsten sontag vor sant Vits dag nehstkumpt. da wollen wir auch unser rete hinsenden off denselben tag, mit denselben ůwern und andern stete, den wir auch also verschriben han, frůnden zů reden von trefflichen unser und des heiligen richs sachen, die sich nit zů verschriben tůgen. und wollent daz nit laßen, als wir sich wol getruwen. datum Nurenberg feria secunda post festum penthecostes anno domini millesimo quadriugentesimo primo regni^c vero nostri anno primo.

[in verso] Den ersamen unsern lieben getrůwen meister und rat der stat zů Straßburg.

Ad mandatum domini regis
Job Vener in utroque jure licenciatus.

345. K. Ruprecht an neun gen. Städte, beglaubigt fünf gen. Räthe zur Unterhandlung wegen der Hilfe zum Italienischen Zuge. *1401 Mai 23 Nürnberg.*

Aus Straßb. St.A. an der Saul I partie lad. B fasc. XI b nr. 15 b cop. chart. coaev. ohne Verschickungsmerkmale.

Ruprecht von goez gnaden Romscher konig zu allen ziten merer dez richs.

Lieben getruwen. wir han willen und stellen uns auch genzlich darzu mit der goez hulfe kurzlichen hienin gein Lamparten zu ziehen, und han unsern reten und lieben getruwen dem edeln Schenck Eberhart herren zu Erpach deme eltern Hansen vom Hirczhorn Johan Kemmerer den man nennet von Dailburg rittern Hanman von Sickingen unserm^d witztum zur Nuwenstad und Mathijs unserm schribor bevolhen mit uch von unsern wegen zu reden umb hulfe und dienste uns zu demeselben zoge zu dun als daz auch vor ziten bi Romschen keisern und konigen unsern furfarn an deme riche geschen ist. und begeren mit ernste, daz ir den obgenanten unsern reten genzlich wollent glauben waz sie uch davon zu dieser zit von unsern wegen sagende sint, und uch auch uns als gehorsam und willig darzu bewisen als wir dez ie ein ganz gud getruwen und zuversiecht zu uch han. daz ist uns sunderlich von uch zu danke, und wollen daz auch gnedeclich gein uch bedenken. datum Nurenberg

a) Titel hier und nr. 345. 349 doch nd 2 Zeilen. b) dort F. c) KF regni, S regno. d) w. unserm.

secunda feria post penthecostes anno domini millesimo quadringentesimo primo regni vero nostri anno primo¹.

[in verso] Unsern lieben getruwen der stede Straßburg Collen Mencze Worms Spire Franckfurt Friedeberg Geilnhausen und Wetflar frunden, die iczund uf den dag gein Mencze kommen.

Ad mandatum domini regis
Johannes Winheim.

B. Verhandlungen auf dem Reichstag zu Mainz nr. 346-347.

346. *Aufzeichnungen vom Reichstag zu Mainz. [1401 Juli 5 bis 13 Heidelberg².]*

Aus Karlsr. G.L.A. Pfälz. Kop.B. 111 pag. 1-4 cop. chart. coaev. — Daraus Gießen Univers.-Bibl. Bipontina 351 fol. 1 f. cop. ch. saec. 18 mit der allgem. Überschrift Diarium ad vitam Ruperti regis Romanorum u. s. w. ex originali.

Gedruckt Janssen Frankf. R.K. 1, 83-85 nr. 224 aus Diarium Ituperti, d. h. dem in Gießen, mit der im Karlsruher l. c. fehlenden und auch inhaltlich unpassenden Überschrift Alz mann die herren beschriben und genant hat zu dem zoge gen Lamparten.

[1] Item of sontag nach Petri et Pauli anno quadringentesimo primo sint des marggraven von Baden frunde zu Mencze von mime herren dem konige gescheiden, daz der marggrave of sant Jacobs tag nehstkumpt zu Heidelberg sin sal und of demselben tage daselbes sin lehen von des riches wegen von mime herren dem konige emphahen³. [1ᵃ] item wer' eß aber daz in erustliche⁽ᵃ⁾ sache hindert daz er daz of sant Jacobs tag nit getun mochte, so sal er daz minen herren dem konig laßen wißen, und sal daz doch uber acht tage darnach in derselben maßen zu Heidelberg tun, und sal min herre imo sin briefe genade und friheid bestedigen, ußgenommen konig Wenczelawes briefe. daz hat auch min herre der konig des marggraven frunden of dem obgenanten tage zu Menczen eigentlichen laßen sagen.

[2] Item of dem obgenanten sontage zu Mencze sint grave Symon grave Diether von Kaczenelenbogen und grave Johann von Spanheim von mime herren dem konige also gescheiden: item daz sie of sant Jacobs tag nehstkumpt zu Heidelberg sin sollent und of demselben tage daselbes ir lehen von des riches wegen von mime herren dem konige emphahen sollent⁴. [2ᵃ] item wer' eß daz der marggrave minen herren ließe wißen daz er sin lehen of sant Jacobs tag nit emphahen mochte sunder uber acht tage darnach, daz sal min herre grave Diethern verschriben gen Ureberg⁽ᵇ⁾. der sal daz die andern zwene graven laßen wißen, und sollent sie dri graven dann in derselben maßen of acht tage nach sant Jacobs tag ir lehen zu Heidelberg emphahen.

[3] Item der comentur des Dutsches ordens zu Straßburg⁵ hat mime herren of dem tage zu Mencze gesaget ein volleclich entlich entwert von dem bischofe und der

a) cod. ernstliche. b) cod. Ureberg.

¹ Am 14 Juni schreiben Bürgermeister und Rath von Mainz an die Stadt Köln, daß der König die Städte Straßburg Worms Speier Frankfurt Gelnhausen Friedberg und Mainz ersucht habe, ihm Beihülfe zu seinem Zug nach der Lombardei zu leisten; die Städte seien einig geworden, auf den Tag vor Sankt Peter und Paul [Juni 28] zusammenzukommen und dem Könige auf diesem Tag selbst [Juni 29] bestimmte Antwort zu geben, an welchem Tage der König und die Fürsten gedächten in Mainz zu sein, dat. feria tertia ante Viti et Modesti o. J. Nach Mittheilung Ennen's aus Köln St.A. or. ch. hier im Regest mitgetheilt, da das Stück selbst leider nicht wieder aufzufinden war.

² Über die Datierung s. die Einleitung zu lit. B.

³ Es geschah am 26 Juli 1401, s. Chmel nr. 592. 593.

⁴ Geschah auch am 26 Juli 1401, s. Chmel nr. 594-596.

⁵ Johann von Preußen, s. die Vollmacht vom 29 Juli 1401 in Bd. 5 beim Tage zu Augsburg.

stad zu Basel den von Berno und von Solottern, daz sie ime als eime Romischem
konige gehorsom werden wollen¹. [3ᵃ] darof hat min herre in einen tag beschriben
und gesecset gen Basel of den nehsten mantag vor unser frauwen tag assumpcio² zu
latin nehstkumpt, daz sie dann ir trefflich rete mit ir ganzer macht in den sachen da-
haben, so wolle er sin rete auch mit siner voller macht in den sachen dann auch da-
haben die sachen zu besließen und zu enden. item daz min herre daz also bestelle.
[3ᵇ] item darof hat min herre den von Zurich den tag, als er sine frunde of den sontag
nach Udalrici dahaben wolte, wiederbotten; und hat auch den von Berno geschriben,
daz sie mit den von Zurich wollen reden, daz sie und ir eitgenoißen die darzu gehoren
mime herren auch gehorsam werden und ir frunde auch mit macht of dem obgenanten
tage zu Basel haben in vorgeschribener maße.

[4] Item of den dinstag vor Magarete³ nehstkumpt sollent die Boißen von Wal-
decke zu Heidelberg sin, of den mitwochen einen tag mit mime herren dem konige zu
leisten umb ir ansprache bedersit von Waldeckes of dem Hundesrucke wegen etc.,
davon Wernher borggrave zu Strumburg of dem tage wol sagen und underscheiden sal.
der tag wart nehst zu Meneze, als min herre da was, bered⁴.

[5] Item of mantag nach divisio apostolorum nehstkumpt sollent min herre der
konig min herren von Meneze von Collen und von Triere und die stette Menez Wormeß
Spire Straßburg und Franckfort ir frunde bi ein haben von der munze wegen zu Co-
belenez. [5ᵃ] item daselbes of die zit sollent der stette Meneze Wormeß und Spire
frunde⁵ mins herren frunden ein entwert sagen⁶ von Oppenheim wegen etc.

[6] Diesen⁷ hat min herre geheißen briefe zu geben als hienach geschriben stet,
so die die fordernt: item Reinhart herren zu Westerburg umbe 200 gulden, item
Friederich von Sassenhusen umbe 100 gulden, item her Romlean 100 gulden, item her
Wernher von Leyen 100 gulden, allen of Martini nehstkumpt zu bezalen.

[7] Item⁸ of den sondag fur sant Jacobs dag nehstkumpt sal min herre der
kunig sin rete han zu Eßlingen mit den Swebischen stedten zu uberkomen etc. und
der von Wirtenberg sal mit sin selbes libe zu demselben dage komen. so sal herzog
Lupolt von Osterriche auch sin erber rete darzu schicken⁹.

[8] Item of sant Laurencien dag nehstkumpt sollent min herre der kunig und
herzog Lupolt von Osterriche zu Augspurg zusamenkomen, eß ensi⁴ anders daz die von
Augspurg mime herren dem kunge hiezuschen gehorsam werden. wer' aber des nit, so

---

ᵃ) *Lcv. cf. der obgenanten stette frunde.* ᵇ) *im Euler ein herrer Zwischenraum vor diesem Artikel.* ᶜ) *mit diesem Artikel neue Hand, vorher Zeichensumma; die neue Hand dauert bis art. 9 inclus., das folgende Stück ist vielleicht weder von der ersten und das nachfolgende von einer dritten Schreiberhand; es ist übrigens gleichgültig, ob an diesen Kanzleimitwirkungen verschiedene Schreiber betheiligt waren, denn dass diese Aufzeichnungen memoranda nicht alle gleich zu Mains her eingetragen wurden, zeigt schon der Schluß von art. 4.* ᵈ) *cod. eß eß statt eß ensi, sensum vero eo ey.*

---

¹ *Am 11 Merz 1401 schreibt K. Ruprecht an Straßburg: als wir euch zuvor geschrieben haben, eure ehrbaren Freunde zu den Baselern zu schicken und eine Antwort von unsertwegen von ihnen zu fordern auf solche Werbung als unsere Freunde an sie geworben haben, darum senden wir zu euch Gerhart von Croppsberg unsern Amtmann zu Wegelnburg und Job Vener unsern Protonotar unsere Rathe und lieben Getreuen zu mündlichem Auftrag in dieser Sache beglaubigt; Nürnberg 6 fer. ante b[ea]re 1401 anno regni 1; ad mandatum domini regis Johannes Winheim; in Straßburg St.A. an der Saul I partie ladula B fasc. XIᵇ nr. 13ᵇ or. ch. lit. cl. c. sig. in verso impr.* — Vgl. nr. 292 und 293.

² *Assumpcio selbst fällt Montag Aug. 15.*
³ *Margarethen fällt als 13 Juli auf Mittwoch.*
⁴ *S. nr. 347.*
⁵ *Es handelte sich wol um die Pfandschafts-frage, s. Franck Gesch. der ehemaligen Reichstadt Oppenheim pag. 53f.*
⁶ *Es sollte sich da o. Zw. um die Anerkennung seitens der Städte handeln, s. 1401 Aug. 10 Bd. 5 beim Tage zu Augsburg.*

sal min herre der kung[a] herzog Lupolt laßen wießen, wo sie[b] of dem obgenanten sant
Laurencien dag doch umb Augspurg allernechst zůsamenkomen[1].

[9] Nota min herre der kunig sal zů stund ein botschaft tůn zů herzog Lupolt
und ime die besigelten briefe[c] schicken etc.[2]

[10] Item dise nachgeschrieben wil[d] unser herre der künig gein Eßlingen of den
tag[a] schicken: den Důtschen meister, den von Winsperg, hern Hansen von Hirßhorn,
hern Johan von Dalburg, hern Diether von Gemmyngen, hern Eberhart von Nypperg,
hern Rudolff von Zeißikeim.

[11] Item hat min herre den von Constencz geschrieben, daz sie die andern sehs
stedte die zu ine gehoren besenden zu in ir frunde mit macht zů schicken uf samstag
nach Jacobi nehstkůmpt, so wolle min herre sine frunde auch mit macht zů schicken
von der gehorsamkeit mim herren zu tun und dieselbe sache zu ende zu bringen. datum[d] dominica post Kiliani anno 401.

347. Beilage zu nr. 346 art. 4: Abrede K. Ruprechts mit den Bossen zu Waldeck. 1401 Juli 13 Heidelberg.

*Aus Karlsr. G.L.A. Pfälz. Kop.B. 111 pag. 4-6 cop. chart. coaev., durch Zwischenraum
vom vorhergehenden Stück (unserer nr. 346) getrennt, beginnt auch mit anderer Hand,
art. 11 wechselt die Hand wider, die verschiedenen Hände doch schwer zu unterscheiden, es sind aber gleichzeitige Kanzleiaufzeichnungen. Vgl. die Anm. zu nr. 346 art. 7
unter den Varianten daselbst. — Daraus in Gießen Univ.-Bibl. Bipontina 351 cop.
ch. saec. 18.*

Erwähnt bei Janssen Frankf. R.K. 1, Note unter nr. 224 pag. 85.

[1] Zu Heidelberg uf sant Margreten tag anno domini 1400 primo hant die Bossen
von Waldecke[a] einen tag mit mime herren dem kunige geleistet und ist zwuschen in
beretdte alz hernach geschrieben stet.

[2] Item sollent die Bossen mit mime herren dem kunige einen richtlichen tag fur
sinen mannen leisten zu Heidelberg von morne dourstag uber dri wochen, daz wirt
uf den nehsten dunrstag nach sant Peters tag ad vincula nehstkompt von der dorfere
wegen.

[3] Item sal min herre der kunig sin manne beschriben uf demselben tage zu sin.

[4] Item und sollent min herre der kunig und die Boßen beidersit ir kuntschaft
fur die manne legen, und darzu reden was sie truwen daz in nutze si von der obgenanten dorfere wegen.

[5] Item herkennent dann die manne zum rechten daz min herre der kunig den
Bossen die obgenanten dorfere lihen solle und daz sie rechte darzu haben, so sal er in
die lihen. herkennent sie aber daz min herre der kunig in von rechts wegen nit
schuldig si die dorfere zu lihen, so sollent die mime herren dem konige verliben, und
sollent die Bossen kein rechte oder anspruche daran furbaz haben.

a) kunig? b) cod. vor sie ausgestrichen sie er und. c) cod. scheint briefe, mel nur versehr. st. briefe. d) statt
des ausgestr. sal (fal?).

---

[1] Vgl. die Werbung vom 10 Juli nr. 356 art. 11.
[2] Vgl. ebenda art. 9 und die 3 Urkunden vom
2 Juli nr. 353-355.
[3] Vgl. in unserem Stück art. 7.
[4] Dieses Datum bezieht sich o. Zw. nur auf
den Brief des Königs an Konstanz, also nicht
etwa auf die Gesammtheit der obenstehenden Aufzeichnungen, an deren Schluß es steht. — Vgl.
die Erzählung von diesem Tage mit den Bodenseestädten im nächsten Bande beim Tag zu Augsburg.
[5] Johann Hoße von Waldecke erscheint in der
Absetzungsurkunde K. Wenzel's vom 20 Aug. 1400
RTA. 3 nr. 204 als Burggraf des Kurf. Johann
von Mainz zu Beckelnheim; vgl. Günther Cod.
dipl. Rheno-Mosell. Thl. 3 Abthlg. 2 pag. 933 f.
nr. 655-658.

[6] Item ist auch geredte, daz min herre der konig und die Bossen ire sûne-briefe und burgfrieden-briefe uber Waldecke legen sollent zu der vorgenanten zit zu Heidelberg fur mins herren dez konigs gemeine ritter und rat, und sal min herre der konig vor den laßen erzelen waren er meine daz die Bossen inme die sune-briefe und burgfrieden-briefe uberfaren und nit gehalten haben. und wo sich dann erfindet nach erkentniße der ritter und dez rats zum rechten, daz die Bossen min herren dem konige die obgenanten briefe uberfaren und nit gehalten haben, dez sollent sie engelten und mim herren dem konige keren und wandeln als rechte ist.

[7] Item dezglichen mogent die Bossen auch laßen erzelen, waran sie duchte daz mins herren dez konigs amptman zu Waldeck die obgenanten briefe uberfaren und nit gehalten hette. und wo sich dann in vorgeschriebener maße erfindet daz der amptman die obgenanten briefe uberfaren und nit gehalten hat, daz sal min herre der konig auch keren in vorgeschriebener maße.

[8] Item und ist geredt von dez torns wegen dez nuwen sloßes Waldecke: so min herre herzog Ludewig mins herren dez konigs sun von mim herren von Collen die lehen die min herre der konig von imme gehabt hat enphangen hat, wann dann die Bossen in fur min herren von Collen gewinnent als recht ist, so sal er in von dem obgenanten turns und nuwen sloßes wegen fur mim herren von Colle zu recht sten alz er von recht sol.

[9] Item ist uf dem obgenanten tage geret von Wilpperg uf dem Sano¹ wegen, daz min herre der konig darzu schicken sal daz sin amptman daselbis den burgfrieden mit den Bossen swere, so sollent sie den auch sweren. und were den Bossen irs guts icht da genommen von mins herren dez kunigs amptluten, daz sal in wieder werden.

[10] Item waz die Bossen dun sollen von der knehte wegen die min herre der konig und sin amptluto da gehalten han, daz sollent sie auch tûn.

[11] Item ez ist ein tag beredt zuschen mim herren dem konige und den von Spire als von der beche wegin in octava assumpcionis zûr Nuwenstat, und sal grave Friderich von Lyningen auch dahin komen.

C. Ansagung der Termine für die Truppenstellung nr. 348–350.

348. *K. Ruprecht an verschiedene; sie sollen, gemäß des Mainzer Romzugsbeschlusses, ihre Mannschaft auf 8 Sept. bei Augsburg eintreffen lassen.* 1401 Juli 8 Heidelberg.

Aus Karlsr. G.L.A. Pfälz. Kop.B. 111 pag. 29 f. cop. chart. conec. — Daraus in Gießen Univ.-Bibl. Bipontinus 351 fol. 12ᵃ-13ᵇ cop. ch. succ. 18 mit der allgem. Überschrift Diarium ad vitam Ruperti u. s. w.

Gedruckt Janssen Frankf. R.K. 1, 87 nr. 227 aus Diarium Ruperti, d. h. dem in Gießen l. c.

Ruprecht etc.

Edeler lieber getruwer. wir laßen dich wißen, daz wir mit unsern kurfursten und etlichen andern unsern und dez richs fursten graven und herren zu rate sint wor-

---

¹ Schloß Wildberg auf dem Hunsrück im Walde Sohn, jetzt Soon-Wald.

² Janssen Frankf. R.K. 1, 100 nr. 246 hat „von der bethe wegen" [für den Römerzug], aber davon ist hier nicht die Rede, s. die Variantennote.

³ Die verschiedenen Adressen ergeben sich aus dem Verzeichnis der Aufgeforderten nr. 387 sub 2.

don, daz uns und dem riche nutzlich und bequemlich si, daz wir uns erhoben uber berge gein Lamparthen zu ziehen unser keiserlich cronunge zu entphaen so wir allerschierst mogen. und daz meinen wir also mit der gots hilf zu tun und stellen uns auch genzlich darzu*. herumbe begeren wir und bitten dich zûmale fruntlich mit ganzem ernste, daz dû uns zu der egenanten zûge wollest zu dinste kommen mit din selbs libe mit 40 mit gleven¹ guter gewapenter und wol erzugter lute, also daz igliche gleve zum minsten habe drû pferde und selbander wol gewapent, und bi uns an der herberge sin umbe Augspurg of dem Leche of unser frauwen tag alz sie geborno wart nativitas zu latin nolustkompt, also furbaz mit uns gein Lamparten zu ziehen. so wollen wir dir mit der egenanten zale gleven zû solde geben dez mandes dusent rinischer guldin in der maß alz andern unsern frunden und mitridern, die mit uns werden ziehen, daz der solte ange wann dû

zû uns an die egenante herberge   vor Wirezburg kummen wirdest alz dû zû
kummest^b ².   uns an die egenante herberge wilt riten^c ³.

und wann dû zu uns also an die herberge kumest, so wollen wir dir den solte uf einen manot bevor geben. und wir wollen dich also mit der egenanten zale gleven in unsern solte behalten zum minsten vier manede. lieber getrewer. wollest uns heran nit laßen alz wir dir dez genzlich glauben und getruwen, wann dû wol versteest^d daz uns noit ist daz wir in diesen sachen dich und andere unsere frunde und getruwen bi uns haben so wir meiste mogen. daz wollen wir gein dir nicht vergeßen und auch allzit gnediclich und gerne bedencken. und laße uns heruf din beschriebne antwurt wider wißen mit diesem botten, darnach wir uns eigentlich mogen gerichten.   datum Heidelberg Kyliani et sociorum ejus martyrum anno domini millesimo quadringentesimo primo regni vero nostri anno primo.

349. *K. Ruprecht an Straßburg (bzw. eine andere Stadt): die Stadt soll, mit Rücksicht auf den letzten Mainzer Romzugsbeschluß, ihre Mannschaft auf 8 Sept. bei Augsburg eintreffen lassen. 1401 Juli 13 Heidelberg.*

An Straßburg: A aus Straßb. St.A. an der Saul I partie lad. C fasc. XIV liasse II nr. 11 D or. ch. lit. cl. c. sig. in verso impr.

An eine andere Stadt: B coll. ibid. lad. B fasc. XI^a nr. 29 cop. ch. coaev. mit Verschickungsschnitten, ohne Adresse, die Vokalisierung weist auf Basel oder eine andere Schwäbische Stadt (Rotweil?), an welche der Brief gerichtet war und von wo die Abschrift nach Straßburg verschickt worden ist. Die vorhandenen Siegellackspuren haben wol kein Sigel gebildet, sondern sind nur durch Lagerung hieher gebracht; jedenfalls kein Original, sondern Abschrift. Datum ohne Jahresangabe.

Ruprecht von gots gnaden Romischer kunig zu allen zijten merer des richs^e.

Lieben getrûwen.   als ir lebst zu Mencze von uns gescheiden sint von uwern dinstes wegin uns zu dun zu unserm zoge uber berg gein Lamperten, laßen wir uch wißen, daz wir haben besloßen an der samenunge und herberge zu sin umbe Augs-

---

a) korr. im cod. aus durzf. bi im cod. sind die Worte zû uns an d. e. b. kummest untersrichen und vorn und hinten mit Strichen eingefaßt. c) im cod. stehen die Worte vor Wirezburg — wilt riten am Rande von anderer gleichzeitiger Hand. d) vorher ausgestrichen weist. e) B Ruperius Romanorum rex etc.

---

¹ In dem Verzeichnis der Aufgeforderten nr. 387 art. 12 erscheint Gf. Günther zu 40 Glefen aufgefordert (zugleich nach gutem Willen zu 60 oder 80), art. 49 Philipp von Falkenstein, art. 51 Gerhard von Bunecke, art. 52 Friderich von Hennenberg. Die Summe hier oben ist beispielsweise gewählt.

² Diese Fassung gilt für die in dem gen. Verzeichnis sub 2^b aufgeführten.

³ Diese Fassung gilt für die daselbst sub 2^d aufgeführten, und man hat anzunehmen daß entsprechende Veränderungen in dem Schreiben auch angebracht wurden für die in dem Verzeichnisse mit andern Soldsummen aufgeführten.

purg uff dem Leche uff unser frauwen tag als sie geborn ward nativitas zu latine nehstkümpt, also furbaß uber berg zu ziehen. und herumbe begern wir, und bitden uch mit ernste, daz ir wollent bestellen, daz uwer folke*, daz ir uns zu dem egenanten unserm zoge zu dinst werdent schicken, by uns sin an der samenunge uff die obgenante zijt und stat, also furbaß mit uns zú ziehen. und wollent des nicht sumen, als wir uch genczlich gleuben und getruwen. daz ist uns von uch zu sunderm dancke und gefallen. datum Heidelberg in die beate Margarete virginis anno domini millesimo 400 primo regni vero nostri anno primo.

[in verso] Den ersamen unsern *b* lieben getrüwen meister und rat zu Straßpurg.

Ad mandatum domini regis
Nicolaus Buman.

350. *K. Ruprecht an verschiedene [1]: sie sollen mit ihrer Mannschaft auf 1 Sept. zu Heidelberg eintreffen und die Leibwache bilden. 1401 Juli 18 Heidelberg.*

Aus Karlsr. G.L.A. Pfälz. Kop.B. 111 pag. 65 cop. chart. couev. — Daraus Gießen Univ.-Bibl. Bipontina 351 Diarium ad vitam Ruperti fol. 27*b*-28*a* cop. ch. saec. 18. Gedruckt Janssen Frankf. R.K. 1, 96 nr. 237 aus Diarium Ruperti, d. h. dem in Gießen l. c.

Ruprecht etc.

Lieber getruwer. wir haben willen, mit der gots hilf uber berg gein Lamparten zu ziehen, unser keiserlich cronunge zu enphaen, und stellen uns auch genczlich darzů. und begern mit ernste, daz du dieselbe reise wollest mit uns ziehen mit vier pferden mit gleven gewapent und wol erzuget, und wollest bi uns sin uf sant Egidien dag des heiligen apts nestkompt hie zu Heidelberg, also furbaz mit uns zu ziehen und uf unsern lip zu warten, darzu wir din sunderlich begerende sin. so wollen wir dir solte geben und důn alz andern unsern innigen diener en. und wollest uns heran nit laßen, alz wir dir dez genczlich gleuben und getruwen. daz ist uns von dir zu sunderm danke. din verschriben entwert laße uns wieder witen bi diesem botden. datum Heidelberg feria secunda ante beate Marie Magdalene anno domini 1400 primo regni vero nostri anno primo.

D. Verhandlung mit Hzg. Leopold von Österreich nr. 351-357.

351. *Anweisung K. Ruprechts für die dem Hzg. Leopold von Österreich zu machenden Anerbietungen, falls derselbe den König anerkennen und gegen die Reichsfeinde unterstützen will. [1401 Juni 14 Amberg [2].]*

Aus Karlsr. G.L.A. Pfälz. Kop.B. 146 fol. 89*a* cop. chart. couev.
Coll. Janssen R.K. 1, 589 nr. 996 aus einem in seinem Privatbesitz befindlichen Kodex Acta et Pacta 176.
Moderne lateinische Übersetzung bei Martène amplis. coll. 4, 54 f. nr. 35.

Gedechtniße gein herzog Lupolt von Osteriche.

[1] Item ist unsers herren des kuniges meinunge: wolte herzog Lupolt im sine wege und clusen gein Lamparthen offenn und sin lehen von unserm herren dem konige

a) *B* veleh. b) *A* basern?

[1] Die Adressen ergeben sich aus dem Verzeichnis der Leibwachen nr. 385 und 386.
[2] Es ist die Instruktion für den Tag zu Füssen, die zu der Vollmacht Hzg. Ludwigs von Baiern nr. 290 vom 14 Juni 1401 gehört; die Stellung des Stückes im Kodex unter Akten vom Mai-Juni weist dasselbe in diese Zeit, wie auch der Inhalt. Vgl. im einzelnen die Artikel von nr. 217 und die Abmachungen in nr. 352.

enphaen und in fur einen Römischen kunig halten und imme auch getruwelichen bi- [1401 Juni 14]
stendig und beholfen sin wieder alle die in an dem riche irren, so wolle er imme ein
summe gelts mit namen hunderttusent guldin verschriben uf den Swebischen stetten
ufzuhaben, doch also daz die vierzigtusent guldin zugelts auch da-inne begriffen sin.
[1ᵃ] item und ob der weg nit furgang*ᵃ haben mochte und daz herzog Lupolt meinte,
daz des gelts zu wenig were umbe solich hulfe etc., daz man dann mit imme rede, daz
unser herre der kunig imme umbe solich hulfe und bistand hunderttusent guldin oder
zwumunthunderttusent guldin verschribe of einer oder zwein stetten in Lamparthen,
alz min herre herzog Ludewig und min herre burggrave Friederich von Nurenberg
sprechen. [1ᵇ] nota. und ob der wek gen wirdet, so wil unser herre der kunig den
herzogen von Osterrich die vierzigtusent guldin zugelts hie uß in Dutschen landen be-
wisen und sie der sicher machen.

[2] Item was auch der von Meylan eigener guter hat die nit zu dem riche ge-
horent, die wil unser herre der kunig herzog Lupolde herzog Ludewig und den andern
die dann teile daran haben, gerne laßen volgen. oder wolte herzog Lupolt dezᵇ nit
ufnemen, so wil imme unser herre der kunig darumbe dun, waz die kurfursten und
ander dez richs fursten sprechen daz er imme darumbe billich tun solle.

[3] Item ob herzog Lupolt wurde furzichen, daz die lantvogti in Swaben imme
verschriben si etc.; darof ist zu antworten: daz dieselbe lantvogti zu Swaben herzog
Lupolt seligen ietzunt herzog Lupolts vatter wiedergenommen worde und daz auch
itzund herzog Lupolt die ni innegehabt habe¹.

[4] Nota. ob sich die tedinge also worde schicken, so gevellet unserm herren dem
kunige wol, daz man herzog Lupolts hoffemeister globen mag zweietusent oder drü-
tusent guldin.

352. *Herzog Leopold von Österreich erkennt in Folge der Beredungen zu Füssen K. Ru-* [1401 Juni 23]
precht an, will ihm insbesondere nach der Lombardei dienen, ihm zu allen Kriegen
die Österreichischen Straßen öffnen, gen. 18 mit Leopold verbündeten nicht helfen
im Fall Ungehorsams, schließt mit dem König einen Schutzbund, und regelt die
Geldfragen für die Heirat Elisabeths der Tochter des Königs mit seinem Bruder
Friderich. 1401 Juni 23 Füssen.

Aus Münch. Staatsarchiv äußere Verhh. der Kurpfalz 170/177 or. mb. lit. pat. c. sig. pend.,
auf Rückseite gleichzeitig buntuis richs, die Vokalzeichen in ü u ö mußten wegen
Verwilderung erst einer Regelung unterworfen werden.
Regest in Karlsr. G.L.A. Pfälz. Kop.B. 44 fol. 189ᵇ-190ᵃ aus späterer Zeit des saec.
15. — Daraus gedruckt Regest bei Janssen Frankf. R.K. 1, 590 nr. 997.

Wir Leupolt von gots gnaden hertzog zo Oesterrich zo Steyr ze Kernden und
ze Krain grave zo Tyrol etc. bekennen offenlich mit disem brief: daz zwischen dem
allerdurluchtigisten hochgeborn fursten und herren hern Ruprechten Römischen künig zo
allen zeiten merer des reichs unserm lieben gnedigen herren und öheim und uns yetz-
und auf den tag ze Füzzen beredt und getaydingt ist in der masse als hernach ge-
schriben stet. [1] zum ersten daz wir denselben unsern gnedigen herren kunig
Ruprechten für einen Römischen künig unsern rechten herren haben und halten süllen,
unsere lehen von im emphahen, und im auch getrewlich gehorsam sein dienen und
warten sein lebtag als ander des reichs fursten die yetzund in seiner gehorsam sein und
als einem hertzogen von Oesterreich zugehöret und als ein getrewr fürste seinem rechten

a) *furgang? undeutlich.* b) *Janssen den.*

¹ Vgl. Stälin Würtemb. Gesch. 3, 341 nt. 4.

1401
Juni 23

horren als einem Römischen künig schuldig ist ze tůn und billeichen tůn sol an geverde. [2] wir sullen im auch mit tausent mit glefen raysiger lúte dienen wider den von Maylan und all ander ungehorsam in Lamparten, ob er úns anders mit unser selbs leib hinin haben wil, und nicht mit mynner, es wêr' denn daz wir úns des selber begeben. wolte er úns aber nicht mit unser selbs leib hinin haben und begert daz wir im ein mynner zal volkhs denn tusent glefen mit einem haubtman schikhen solten, die sullen wir im auch schikhen wievil er denn an úns begert, doch daz der under drein hunderten mit glefen nicht sein sol. wil er auch úns und der únsern gar geraten, das mag er getůn. und darumb sol er úns von den obgenanten tausent glefen auf yegliche manod ausrichten und betzalen fúmfundzwaintzigtausent gůter guldein. wêr' aber daz wir im mynner glefen fürten, so sol er úns nach anzal derselben glefen auch ausrichten. und dartzu so sol er úns das so zitlich lassen wissen, daz wir das volkh und die glefen wol bestellen mügen. er sol auch dasselb volkh und glefen auf drey manod firmen und ain manod mit gelt voranbetzalen. [3] auch sullen wir im mit unsern landen und lúten dienen wider allermeniklich, gen dem es im denn not ist, als ander des reichs fürsten die yetzund in seiner hilf sind und als wir dem reich schuldig sein als ein hertzog von Oesterreich. [4] auch sullen wir des obgenanten únsers herren des künigs lebtag im alle unsere und unserr brúder und vettern von Oesterreich land und strassen, die wir yetzund innhaben gen Lamparten und súst, wider allermeniklich öffenen, als dikh im des not geschicht zu allen seinen geschefften und notdúrfften, und das nicht vertziehen in dhain weis, und auch im und den seinen zeitlichen vailen kauf schaffen umb ir gelt an geverde. doch also daz er und die seinen, die also durch unser land und strassen ziehen werden, úns und den unsern kainen merklichen schaden tůn oder zufúgen[a] sullen an geverde. darumb úns auch der obgenante únser herre der Römisch künig tůn sol nach laut des briefs[1] den er úns darumb geben sol. [5] auch wêr' es daz die nachgeschriben stette nemlich Ulm Esslingen Rútlingen Rotwil Wyl Nordlingen Dinkelspuhel Popphingen Awlun Gemünd Bibrach Kaufbúren Memmyngen Kempten Yeny Lútkilch Phúllendorf und Hall, mit den wir in púntnúss sein, sich wider den obgenanten únsern herren den Römischen künig setzten und im nicht gehorsam wêren und huldung tůn wolten als sy im von des reichs wegen schuldig sein ze tůn und billich tůn sullen[b], so sullen wir denselben stetten, die sich also sammentlich oder sunderlich wider in setzten, nicht beholfen sein noch kainen unsern diener oder der únsern der wir mechtig sein zu in lassen reitten, und sullen in auch sust nicht zulegen in dhain weis noch in durch und aus únsern landen und geslossen kost und speisung nicht lassen zufúren[b], sunder wir sullen und wellen den obgenanten únsern herren den Römischen kunig und sein belffur diener und die seinen durch und aus únsern geslozzen[c] und landen lassen wandeln und in auch zeitlich vaylen kowf schaffen umb ir gelt an geverde, doch also daz sy úns und den únsern kainen merklichen schaden tůn oder zufúgen[c] sullen. [5[a]] wêr' es auch daz die obgenanten stette dem vorgenanten únserm herren . . dem Römischen künig huldeten und swůren und sich darnach wider in setzten und stellen wurden, umb was sachen das wêre, so sullen und wellen wir im

a) zufügen? b) sullten? c) zufügen?

[1] nr. 355.
[2] Vgl. 1401 Aug. 10 im nächsten Bande beim Tage zu Augsburg unter den Anerkennungsurkunden.
[3] Daran denkt wol Schöpflin Rupertus caesar defensus in Acta acad. Theod. Palat. 2, 199, wenn er sagt: Rupertus februario jam mense cum Leopoldo Austriae duce foedus iniit, quo hic aperturae jus omnium castrorum suorum concessit. Nur der Monat Februar ist dabei falsch, und das Citat Schöpflins hat sich nicht wiedergefunden (instrumentum extat in registro Rup. ms. tabularii electoral. Palat. fol. 51 num. 4, vielleicht so ungenau wie der Monat Februar).

wider dieselben stotte, die sich dann also wider in setzen wurden, getrewlich beygestendig und geholfen sein als ander des reichs fürsten die in seiner gehorsam sein und als úns als ainem hertzogen von Oesterrich zugehöret, sy zo underweisen daz sy im gentzlich undertönig und gehorsam werden. [6] auch sullen wir dhainen, dartzu wir verbunden sein, wider den obgenanten únsern gnädigen herren den Römischen kúnig nicht helffen noch denselben die also wider in sein wolten aus únsern landen und geslossen kost und speisung lass-n zufuren oder sy durch únser land und geslozz lassen wandeln, ausgescheiden allerlay geværde und argelisst. wir sullen auch únsern graven herren rittern und knechten, die hinder úns gesessen sind und der wir súst möchtig sein, nicht gestatten, daz sy wider den obgenanten únsern gnædigen herren den Römischen kúnige dienen oder sein in dhain weis, an geværde. [7] wër' es auch daz yemand wer der wëre den obgenanten únsern herren den Römisch kúnig ubertziehen und im sein land und lúte beschedigen wolte, wider die sullen wir im getrowlich mit únserr gantzen macht beholffen sein in dem zu widersteen und ze weren. ze gleicher weis sol úns des únser herre der Römisch kúnig auch gebunden sein zo tůn ob úns des not beschëch. [8] auch sullen wir fúrbasser mit herren oder stetten dhainerlay púntnúss nicht machen, darumb wir dem obgenanten únserm gnædigen herren dem Römischen kúnig alle und yegliche verschriben artikel dester mynner^a gehalten und vollfúren^b und im auch wider die, die im ungehorsam sein wolten, gehelfen múgen, an geværde. wër' es aber daz wir von únserr notdurft wegen dhainerlay púntnúss machen wurden, darinne sullen wir doch den egenanten únsern herren den Römischen kúnig vorbeheben und ausnemen. [9] auch als getaidingt ist, daz der obgenanto únser gnædiger herre kúnig Ruprecht sein tochter frowen Elizabethen únserm bruder hertzog Fridreichen in der ee geben sol und im dartzu viertzigtausent guldein zugelts verschreiben auf des reichs stett zu Swaben oder auf seinen aygen geslossen und stetten zu Swaben oder in Elsazz, davon er jërlich viertausent guldein gelts gehaben mug: und daz das in diser nëchsten jarsfrist nach datum ditz briefs volendet werden súllo, des sullen wir derselben seiner tochter da engegen auch bewidmen viertzigtausent guldein auf únsern geslossen und stetten zu Swaben oder in Elsazz, also daz sy auch viertausent guldein gelts jërlicher gúlte zu irem widme wol beweiset und daran habende sey. und man sol auch von baiden tailen baido von den viertzigtausent guldein zugelts und den viertzigtausent guldein widmes das verbriefen in der besten form als denn gewonlich ist, daz es yetweder^c seit wol versorget und sicher gemachet werde, an geværde. und er sol sy auch bemorgengaben, als einem hertzogen von Oesterreiche gen eines Römischen kúnigs tochter zugehöret und als das sein vordern vormals getan habent. [10] in allen vorgeschriben taidingen, ausgescheiden des artikels der heyrat, nemen wir vorgenanter hertzog Leupolt aus: des ersten únser lieb bruder hertzog Wilhalmen hertzog Ernsten hertzog Fridreichen und únsern lieben vettern hertzog Albrechten alle hertzogen zo Oesterreich, únsern lieben swëher hern Philippen hertzogen von Burgunden und sein sún^d únser swëger, und únser lieben freunde .. den ertzbischof von Saltzburg .. die bischof zo Freysingen zo Costentz zo Augspurg und zo Chur, den marggrafen von Baden, die grafen zo Görtz, den grafen von Wirtemberg, und dartzu all únser herren ritter und knecht und diener, an geværde, wider die wir dem obgenanten únsern herren dem Römischen kúnig nicht gebunden sein sullen zo helffen. und besunder sullen die zwen obgenanten artikel, der ain von offnung wegen der geslozz und strassen gen Lamparten^1 und der ander von dem übertziehen^2, bey iren krefften beleiben. alle und

a) ist so richtig. b) vollfúren? c) yetwederr? yetwederr? mit Abkürzung. d) sůn?

^{1} art. 4. ^{2} art. 7.

*1401
Juni 23* yegliche vorgeschriben stukh punt und artikel geloben wir hertzog Leupolt vorgenanter bey únsern fürstlichen trewn und eren zu halten gäntzlich ze tun und ze volfüren*a* und dawider nicht zu sein ze suchen oder zo tûn heimlich oder offenlich noch schaffen getan werden in dhain weis, ausgeschaiden allerlay argeliste und gevärde. und des ze urkund und vestem getzewgnüss so haben wir dem obgenanten únsern gnädigen herren dem Römischen künig disen únsern brief gegeben[1] versigelten mit únserm anhangunden *1401
Juni 23* insigel, geben daselbs ze Füssen an sand Johans abend ze sungichten nach Cristi gebürde viertzehenhundert jar darnach in dem ersten jare.

*1401
Juli 2* 353. K. Ruprecht verspricht Hzg. Leopold von Österreich in Folge der Beredungen zu Füssen, da der Herzog sich zur Anerkennung des Königs bereit erklärt hat, demselben seine Lehen zu verleihen und alle Privilegien zu bestätigen, ihm gegen die Schweizer zum Rechten zu verhelfen, für 1000 Glefen zum Romzug jeden Monat 25000 Gulden zu zahlen, und seine Tochter Else dem Hzg. Friderich, Leopolds Bruder, zur Ehe zu geben. *1401 Juli 2 Mainz.*

W aus Wien H.H. St.A. Repert. 1 Kasten 409 lade 67 or. membr. cum sig. pend.
K coll. Karlsr. G.L.A. Pfälz. Kop.B. 4 fol. 53b-55a cop. chart. coaev. mit der Überschrift Als min herre sich gein dem herzogen von Osterich, Ime etliche stucke zu volleufuren und zu tun, verschribet, als sic uberkommen ist.
C coll. Wien H.H. St.A. Regist.B. C fol. 46a-47a cop. ch. coaev. mit derselben Überschrift wie K.
Pergament-Vidimus dieser und der unter demselben Datum ausgestellten Urkunde nr. 354 Wien ebenda wo W, 15 Mai 1405 durch Nikolaus Probst zu Neustift (Brixen) und Stephanus Pfarrrektor in der Trident. Diöcese für Herz. Friderich von Österreich in der erstgen. Wohnung ausgefertigt. — Auch als Insertion in der Urkunde Hzg. Ludwigs von Baiern vom 23 Juni 1401, s. die letzte Note unter nr. 352.
Gedruckt Herrgott (Herbert) Monum. aug. dom. Austr. 3 pars 1, 15-16 ex apographo; Chmel Anhang 3 pag. 196-198 nr. 8 aus C. — Auszug bei Kurz Albrecht IV Bd. 1, 79-82, Chmel nr. 503 (hier unrichtig unter Juli 3) aus C, Lichnowsky 5 nr. 464 aus W.

Wir Ruprecht von gots gnaden Romischer kunig czu allen zijten merer des richs bekennen offenlich mit disem brieff: als der hochgeborn Ludwig pfalczgrave bij Rin und herczog in Beyern unser lieber vetter und furste iczunt off dem tag zu Fuessen mit dem hochgebornen Lupolten herczogen zu Osterrich zu Styre zu Kernden und zu Krain graven zu Tyroll etc. unserm lieben oheim und fursten beredte und getedingt hat[2], daz derselbe unser oheim herczog Lupolt uns fur einen Romischen kunig halten sine lehen von uns entpfaen und uns auch unser leiptage getruwlichen gehorsam sin dienen und gewarten sal als eyn getruwer furste sym rechten herren schuldig ist zu

a) volfüren ?

[1] Es fand eine förmliche Auswechselung dieser Urkunde gegen die Versprechungsbriefe des Königs statt: am 23 Juni 1401 verspricht Hzg. Ludwig von Baiern, nachdem ihm von Hzg. Leopold von Österreich die Urkunde übergeben worden, worin dieser K. Ruprecht als Römischen König anerkennt [obige nr. 352], daß Gf. Rudolf von Hohenberg einen inserierten Brief des Königs mit verschiedenen Zusagen [unseren nr. 353] nebst zwei weiteren Briefen des Königs den Durchzug desselben durch Hzg. Leopolds Land betreffend [nr. 354 und 355] wohlbesiegelt auf Sankt Jacobs Tag [Juli 25] dem Herzog Leopold in Innsbruck einhändigen solle, widrigenfalls er (Hzg. Ludwig) an demselben Termin und Ort dem Hzg. Leopold die Anerkennungsurkunde [nr. 352] zurückgeben werde, dat. Fuessen an S. Johannes Abend zu Sungichten [sic] 1401; aus Bamberg Kr.A. Acta über Rotenburg wegen des Landfriedens cop. ch. coaev., ohne Schnitte.
[2] Vgl. nr. 290. 351.

dun und billich dun sal, als dann der brieff den uns der obgenant unser oheim herczog Lupolt daruber geben hat¹ klerlichen uswiset: des bekennen wir daz wir darumbe dem obgenanten unserm oheim herczog Lupolt diese nachgeschriben stucke auch halten dun und genczlichen follenfuren sollen und wollen in den zielen und zijten als hernach
geschriben stet ane geverde: [1] zum ersten sollen und wollen wir dem obgenanten unserm oheim herczog Lupolten alle und igliche sin furstentumme herscheffte graveschefft lehenscheffte lande und lute die er von dem riche zu lehen hat gnediclichen verlihen und ym auch alle und igliche sin privilegia hantfesten brieve gnade friheide und gute gewonheit, die sinen altfordern und yn uber die obgenanten sin furstentumme
graveschefft und herscheffte von seliger gedechtniß Romischen keysern und kunigen unsern forfarn an dem riche verluhen sin, bestetigen und confirmiren in der forme als dann der vorgenant unser vetter herczog Ludwig einer noteln² von unsern wegen mit ym darumbe uberkomen und eindrechtig worden ist, und ym auch off die zijt als er dann sin lehen von uns entphaen wirdet unser bestetigungsbrieve mit unser kunigk-
licher majestat ingesigel in der vorgenanten formen geben³, doch unsern oheimen herczog Wilhelm und sinen brudern und auch herczog Albrechten von Osterrich und iren erben unschedlichen an iren rechten an denselben furstentummen graveschefften und herschefften, ob sie der mit selber entphaen wolten, und usgenomen ob yme kunig Wenczlaw etwann Romischer kunig ichts von nuwem geben oder verluhen hette, daz
daz keyn crafft oder macht haben sal. [2] auch sollen wir dem obgenanten unserm oheim herczog Lupolten sin brieve uber sin lantgerichte in Elsaß bestetigen von wort zu wort, und ym auch von unsern besundern gnaden erlauben, daz er dasselbe sin lantgerichte in Elsaß furbaz besetzen moge mit erbern luden die nit riettere und doch wapensgenoß sin, daz die rechte daran sprechen und dan mogen in aller der maß als
dasselbe lantgerichte vor mit riettern besetzt gewest ist. [3] waz auch der vorgenant unser oheim herczog Lupolt herscheffte oder gutere die von dem riche zu lehen ruren bizher an siech bracht hat, ez sij mit kauffe mit satze oder anders, die sollen ym auch alle⁽ᵃ⁾ verlihen sin in der verlijhunge die wir ym uber sin furstentumme und herscheffte tun werden als vor geschriben stet. [4] wir wollen ym auch wol gunnen
und wiederfaren laßen von sins mutterlichen erbes wegin waz wir ym billichen darumbe gunnen⁽ᵇ⁾ und wiederfaren laßen sollen und da er rechte zu hat. [5] wir wollen auch den obgenanten unserm oheim herczog Lupolt als unsern und des richs fursten getruwlichen versprechen und hanthaben zu sym rechten und ym auch wieder die Swiczer und ir eytgenoßen von unser selbs und des richs wegin getruwlichen beholffen sin nach
allem unserm vermogen daz sie ym dun waz sie ym von rechts wegin billichen dun sollen und ym und den sinen auch wiedergeben und keren wez sie yn und die sinen entweret haben. und ob dieselben Swiczer und ir eytgenoßen oder der von Meylon⁽ᶜ⁾ mit ym mutwillen wolten und yn uberziehen wolten, so sollen wir ym wieder sie beholffen sin mit aller unser macht ane geverde. [6] auch sollen und wollen wir dheinerley nuwe
lantgerichte zolle oder mute nit geben noch erlauben offzusetzen die dem obgenanten unserm oheim herczog Lupolt sinen furstentummen herschefften graveschefften lantgeriechten und zollen zu schaden komen mochten; und ob die vormals kunig Wenczlaw

a) om. K. b) K tun sollen. c) KC Meylan.

¹ nr. 352.
² Diese Notel haben wir nicht.
³ Hiermit hängt die Urkunde vom 16 Aug. 1401 zusammen, worin K. Ruprecht verspricht gemäß der Verabredung zu Füssen und der Notel Hzg. Ludwigs dem Hzg. Leopold bzw. dessen Bruder Wilhelm ihre Lehen in gewisser Frist zu ertheilen; gedruckt bei Chmel Anhang 3 pag. 199, und daselbst Regest nr. 840.

etwann Romischer kunig erlaubet und offgesetzt hat, die wollen wir gentzlichen wiederruffen und vernichten. [7] auch als uns der obgenant unser oheim herczog Lupolt alle sin straßen und lande gein Lamparten sal offenen zu unsern gescheften und notdorften als diccke uns des not geschicht, darumbe sollen und wollen wir ym hundertdusent guter gulden geben und bezalen in den nehsten dryn jaren nach datum diß briefs, als dann der brieff den wir ym sunderlich daruber geben sollen[1] mit unser und unser korfursten ingesigel[a] clerlichen ußwijset. [8] auch als beretde ist daz uns der obgenant unser oheim herczog Lupolt mit dusent gleven reisiger lude oder mynre, als viel wir dann zu iglicher zijt von yme begerende sin, dienen und gewarten sal: des sollen und wollen wir ym von der summe dusent gleven, so er uns die uber berg hinyn gen Lamparten furet, eins iglichen mandes geben funffundzwenczigdusent guter gulden; und were ez daz er uns mynre furen worde, so sollen wir ym nach anzale der gleven und der summe geltes vorgeschriben dieselben die er uns dann also furet bezalen und ußriechten. wir sollen yme auch dieselben summe gleven, die er uns also hinyn gen Lamparten furen wirdet, sinnen off drij manet, und einen manet bevor ußriechten mit gelte, und yn auch als zijtlichen bevor laßen wißen und darezu daz gelte geben daß er die lute und gleven bestellen muge. [9] auch als uns der obgenant unser oheim herczog Lupolt sin lande und straßen gein Lamparten offenen sal, des haben wir ym globt und vorheißen, daz wir und die unsern die von unsern wegin hinyn ziehen werden durch dieselben sin lande und gebiete ziehen sollen ane sin siner herren rietere und knechte lande lute und undertanen mereklichen schaden und iren unfrumme und schaden an demselben zoge hin und her nicht trachten noch dun noch des ymant gestaten zu tun in dhein wijse ane alle geverde. and darumbe sollen wir ym unsern brieff[b] geben versiegelt mit unser majestat und auch mit unser korfursten an dem Rin und unser vettern herczog Stephans und herczog Ludwigs herczogen zu Beyern anhangenden ingesigeln. [10] wir sollen auch bischoffen graven frijen herren rietern und knechten die zu des obgenanten unsers oheims herczog Lupolts herschafft geboren ir lehen die sie von dem riche haben guedeklichen verlijhen und yn ir fryheyde bestetigen so sie daz von uns begernde sin als das von alter herkommen und gewonlich gewest ist. [11] auch sollen wir furbaz mit herren oder stetden keyn buntniß machen, wir nemen dann den obgenanten unsern oheim herczog Lupolt darinne uß. [12] wer' ez auch daz ymant wer der were den obgenanten unsern oheim herczog Lupolt uberziehen und ym[b] sin lande und lute beschedigen wolte, wieder die sollen wir ym getruwlichen mit unser ganczen macht behollfen sin dem zu wiederstoen und zu weren. glicher wijse sal uns derselbe unser oheim herczog Lupolt auch verbonden sin zu tun ob uns des not geschee. [13] auch sollen und wollen wir unser dochter Elizabeth dem hochgebornen Friederich herczogen zu Osterrich des obgenanten unsers oheims herczog Lupolts bruder zu der ee geben und ym die in dieser nehsten jarsfriste nach datum diß briefs zulegen und in sin gewalt entworten als dann auch beretde ist. und so wir ym die also zulegen, so sollen wir ym vierczigdusent gulden zugelts verschriben off des richs stetden zu Swaben oder off unsern eigenen sloßen und stotden zu Swaben oder zu Elsaß, davon er jerlichen vierdusent gulden gelts haben moge, also daz er und sie dann auch verzijhen sollen in der forme als ander[c] unser dochter vor getan haben und als unser Pfalcze an dem Rin und herczogdums in Beyern gewonheit und herkomen ist. und er sol auch alsdann dargein der vorgenanten unser dochter Elizabeth vierczigdusent gulden bewiedemen off

a) KC ingesiegels. b) K yn, C yn. c) om. K.

[1] nr. 354. [2] nr. 355.

sinen stoßen zu Elsaß oder zu Swaben, davon sie auch jerlichen vierdusent gulden gelts
haben moge und der wol bewijset und sieccher sij; und man sal daz auch abdann von
beyden sijten umbe die vierczigdusent gulden zugelts und die vierczigdusent gulden
wiedoms verbriefen in der besten formen als dann gewonlich ist, daz ez ytweder sijt
wol versorget und siecher gemachet werde ußgescheiden allerley argelist und geverde.
in allen vorgeschriben tedingen ußgescheiden des artikels der hijrat nemen wir kunig
Ruprecht obgenant uß die erwirdigen unsere lieben oheimen noven und kurfursten die
erczbischoff von Menczse von Colne und von Triere, alle unsere vottern herczogen zu
Beyern, unsern son den herczogen zu Lotringen, alle marggraven von Mijssen unser
oheime, unser swegere die burggraven von Nurenberg, die bischoff von Spire und von
Wormß, unsern son den graven von Cleve, und auch alle unsere graven herren riettere
und knechte die unsere dienere sin, wieder die wir dem obgenanten unserm oheim
herczog Lupolt nit verbonden sin sollen zu helffen; und besunder so sal der artikel
von des uberziehens wegin obgeschriben in sinen crefften verliben.   alle und iglichs
vorgeschriben stucke puncte und artikele sollen und wollen wir kunig Ruprecht obge-
nant genczlichen stete und feste halten tun und follenfuren ußgescheiden allerley argelist
und geverde.   und des zu orkunt so haben wir dem obgenanten unserm oheim
herczog Lupolt diesen unsern brieff geben versiegelt mit unserm kunigklichen majestat-
ingesigel, geben zu Menczse off den samßtag nach sant Peters und Pauls der heiligen
zwolffbotden tag nach Cristi geburte dusent vierhundert und ein jare unsers richs in
dem ersten jare.

[in verso] R. Bertholdus Dürlach.   Ad mandatum domini regis
Johannes Winheim.

354. K. Ruprecht verpflichtet sich, Hzg. Leopold von Österreich für die Eröffnung von
dessen Gebiet zum Durchzuge nach der Lombardei innerhalb dreier Jahre 100000
Dukaten zu zahlen, und verheißt demselben als Pfänder die Summe etwa im Kriege
zu gewinnende Schlösser, bzw. nach Ablauf der drei Jahre Reichsgüter im Elsaß
oder in Schwaben. 1401 Juli 2 Mainz.

W aus Wien H.H. St.A. Repertor. 1 Kasten 409 Lade 67 or. membr. c. 4 sig. pend.
A coll. Würzburg Kr.Archiv Mainz-Aschaffenburger Ingross. B. 13 fol. 244ᵃ mit der
Überschrift Als der konig herczogen Lupolte verschriben hait hundert-tusent gulden,
das die kurfursten mittversigelt han etc.
C coll. Wien H.H. St.A. Registr.B. C fol. 47ᵇ-48ᵃ mit der Überschrift Als min herre
dem herczogen von Osterrich sich schuldener machet 100000 gulden uffzurichten umbe
das der von Osterich in sin lande offen zu dem zoge gein Lamparthen.
B coll. Karlsr. G.L.A. Pfälz. Kop.B. 4 fol. 55ᵇ mit derselben Überschrift wie C.
Vidimus vom 15 Mai 1405 in Wien H.H. St.A. ebenda wo W (s. Quellenangabe von nr.
353). — Scheint auch inseriert in der Urkunde des Herzogs Ludwig von Bairn vom
23 Juni 1401, s. die letzte Note unter nr. 352.
Gedruckt Kurz Albrecht IV Bd. 1, 215-217 Beilage nr. 17. — Regest Chmel nr. 505
(unrichtig unter Juli 3) aus C, Lichnowsky 5 nr. 465 aus W.

Wir Ruprecht von gots gnaden Romischer kunig zu allen zijten merer des rijchs
bekennen offenlich mit dissem brieffe fur uns und unser nachkommen an dem Romischen
rijche: als der hochgeborn Lupolt herczog zu Osterich ᵇ unser lieber oheim und
furste uns und den unsern sin land ᶜ und gebiet die er iczund innehat offen haben sal
und wil zu unsern und des rijchs notturfftenn nucz und frommen hinin gein Lamparten

a) om. C. b) CA add. etc. c) CB lande.

und auch anderswo hin da uns des dann durfft geschicht nach lute des brieffs[1] den er uns dann[a] daruber geben hat: also haben wir demselben unserm oheim und fursten herzog Lupolden gelobt und verheißen geloben und verheissen auch bij unsern küniglichen wirden als wir uns darumbe zu einem rechten schuldenner gegenwurticlich machen ußzurichten und zu bezalen hundertdusent guter ducaten oder unger ynner[b] den nehstkunfftigen drin jaren nach datum dijs brieffs zu rayten ane alles verziehen und geverde. geschehe aber daz wir zů[c] Lamparten etwaß stette oder gesloße gewunnen und zů unsern handen brechten es daz sich die egnanten drů[d] jare verlieffen, dye ynne gelegen weren, so[e] sollen wir dem egnanten unserm oheim derselben gesloß fur daz obgnant gelt in phandes wijs ingeben und verschriben als vil daz er fur daz gelt pfand genůg habe und auch solich gesloß die ynne dann gevellig sint ußzůnemen nach erkantnůsse drijer unser rete, die er dann uß unserm rade nymmet. kemen[f] aber keynerley solicher gesloße zů Lamparten nicht zů unsern handen vor verlauffung der egnanten drijer jare, so sollen wir unserm oheim nach den vorgnanten drin jaren des rijchs gut und gesloße hie zů lande in Elsassen oder in Swaben gelegen die im[g] dann auch gevellig sind in phands wis ingeben und verschriben auch nach erkantnusse drijer unser rete als vor geschriben stet, also daz er uns der losunge daran alzijt gehorsam sij umbe so vil geltes als vor geschriben stet in der maß daz er daran habende sy, oder im aber daz vorgnant gelt ußrichten und bezalen ane alles verziehen und geverde. gescheeh des alles nicht und daz wir den egnanten unserm oheim weder[h] mit seczen noch mit gelde nicht ußrichten, waß er oder sin erben dann des redelichen[i] schaden nemen in welchen weg daz were den sie gesprochen mogen, denselben schaden zůsampt dem heuptgůt sollen sie haben zů uns und des rijchs lůte und gute, daran sie oder wer yn des helffen wil uns und daz rijche darumbe wol angrifen und gephenden mogen an unser und unser nachkommen ungenade und aller der unsern fintschafft, als verr und als dicke[k] uncz daz sie haubtgute und schaden genczlich gericht und bezalt sint. und daz von uns und unsern nachkommen dem[l] egnanten unserm oheim herczog Lupolten und allen sinen erben alle vorgeschriben sache stet gehalten und volfurt werden, darumbe geben wir in den brieff versiegelt mit unser majestat insiegel und mit der erwirdigen[m] der erczbysschoff zů Meincze zů Coln und zů Tryer unser liebin oheimen nefen und kurfursten insiegeln.   und wir Johans zů Meincze Friederich zů Coln und Wernher zu Tryer erczbyschoffen des heiligen Romischen rijchs in Dutschen Italien und Welschen landen erczkanczeler und kurfursten bekennen, daz wir dijs vorgeschriben sache mitsampt unserm herren dem Romischen kunige getan und gehandelt haben, und darumbe so haben wir unser insiegel zů siner majestat insiegel gehenckt an dissen brieff, der geben ist zů Meincze uff den samßtag nach sant Peters und Pauels der heiligen zwolffboten dag nach Cristi geburte dusent vierhundert und ein jare unsers richs in dem ersten jare.

[in verso] R. Bertholdus Dürlach.   Ad mandatum domini regis
                                    Johannes Winheim.

[1] nr. 352.

355. *K. Ruprecht verspricht Hzg. Leopold von Österreich, daß beim Durchzuge durch dessen Gebiet demselben kein Schaden geschehen solle. 1401 Juli 2 Mainz.*

1401
Juli 2

    W aus Wien H.H. St.A. Repertor. 1 Kasten 400 Lade 67 orig. membr. lit. pat. cum 6 sigill. pend.; über dem u meist ein Punkt, der durch übergeschriebenes o widergegeben wurde.
    A coll. Würzburg Kr.Arch. Mainz-Aschaff. Ingross. B 13 fol. 243ᵇ cop. ch. coaev. mit der Überschrift Als der konig herzoge Lopolte von Osterich verschriben halt, daz er an schaden durch sine lande ziehen solle, daz etaliche kurfursten und fursten auch versigelt han.
    B coll. Karlsr. G.L.A. Pfälz. Kop.B. 4 fol. 55ᵃ cop. ch. coaev. mit der Überschrift Als min herre und der herzog von Osterriche mit ein uberkommen sin.
    C coll. Wien H.H. St.A. Registr.B. C fol. 47ᵃᵇ cop. ch. coaev. mit derselben Überschrift wie B.
    Als Insertion anscheinend auch in der Urkunde des Hzgs. Ludwig von Baiern vom 23 Juni 1401, s. die letzte Note zu nr. 352.
    Gedruckt Kurz: Albrecht IV Bd. 1, 218-219 Beilage 19. — Regest Chmel nr. 504 aus C, irrig unter Juli 3; Lichnowsky 5 nr. 466 aus W.

    Wir Ruprecht von gots gnaden Romischer kunig zů allen zijten merer des rijchs bekennen und dun kunt[a] offenliche mit dissem brieffe: als wir mit dem hochgebornen Lupolten herzogen zů Osteriche unserm lieben oheimen und fursten geteidinget und uberkommen sin, daz er uns die graffschafft zů Tyrol daz land an der Etsch in dem Intal und ander alle sin siner bruder und vettern land und strassen die er iemand innehat gen Lamparten und in Dutschen landen offen halten und dadurch zu allen unsern notdurfften ziehen laßen sol und wil nach lute des brieffes[1] den wir von im daruber haben, also haben wir demselben unserm oheim von Osterich bij unsern kůniglichen trůwen und wirden globet und verheissen geloben und verheissen auch wissentlich mit krafft dijs brieffes, daz wir und alle unser fursten herren diener und die mit uns oder von unsern wegen ziehen werdent den zůg durch all die vorgnanten sin siner brůder und vettern lande und herschefften da durch wir denn den zůg důn und die er yeczund innehat, an iren ir herren ritter[b] knechte undertanen land und lute merklichen schaden tůn und volfuren sullen und auch iren unfrům und schaden desselben zůges[c] hin und her als dikk daz beschicht nicht trachten noch tůn noch daz yemand andern wer der wer' zu tůn gestatten in dhein wis an alle uſszůge[2] argeliste und geverde. und daz die obgnant sache von uns stets gehalten und truwelich volfuret werde als vor geschriben stet, darumbo geben wir dissen brieff besigelten mit unser kůniglichen majestat ingesiegel und mit der erwirdigen der erczbysschoffen zů Meincze zů Coln und zů Tryer unser lieben oheim neffen und kurfursten und der hochgeborn Stephans und Ludewigen phallenczgrafen bij Rin und herzogen in Beyern unser lieben vettern und fursten insigeln. und wir Johans zů Meincze Friderich zů Coln und Wernher zů Trier erczbysschoff des heiligen rijchs in Dütschen Italien und Wolschen landen erczkanczler und kurfursten und wir obgenant herczog Stephann und herczog Ludewig pfalezgrafen bij Ryn und herzogen in Beyern bekennen, daz wir disse furgeschriben sache mitsampt unserm herren dem Romischen kůnige getan und gehandelt haben, und darumbe so haben wir zu merer sicherheid und geczügnisse unser insiegel zu siner majestat insigel an dissen brieff gehenkt, der geben ist zů

a) om. W. b) C add. und. c) W algue!

[1] *nr. 352.*   [2] *Ausnahme, Einwand s. Lexer mhd. W.B.*

1401
Juli 2

Meincze uff don samßtag nach sant Peters und Pauels der heiligen zwolffboten tag nach Cristi geburte dusent vierhundert und ein jare unsers rijchs in dem ersten jare. [in verso] R. Bartholdus Dürlach. *Ad mandatum domini regis Johannes Winheim.

[1401]
Juli 10

356. *K. Ruprechts Anweisung für Johannes Winheim, mit Hzg. Leopold von Österreich gemäß den Beschlüssen des Tages zu Füssen über Hilfe zum Romzug zu unterhandeln.* [1401] Juli 10 [Heidelberg].

Aus Karlsr. G.L.A. Pfälz. Kop.B. 146 fol. 41ᵇ-42ᵃ cop. chart. coaev.
Coll. Jassers R.K. 1, 594-599 nr. 1008 aus einem in seinem Privatbesitz befindlichen Kodex Acta et Pacta 185.
Gedruckt moderne lateinische Übersetzung bei Martène ampliss. coll. 4, 58-60 nr. 40. — Daraus Regest bei Chmel nr. 633.

Juli 10

Werbůnge an herzog Lupolt von Osterrich mit Johanseⁿ Winheimᵇ dominica post Kyliani.

[*1*] Item zum ersten sollent ir imme sagen: als min gnediger herre der Romische kunig imme vor mit grave Rudolff von Hoenburg geschriben und onbotten habe, daz er die tedinge, die min herro herzog Ludewig von Beyern von sinen wegen uf dem tage zů Fußen mit imme uberkomen habe¹, stete halten und volleufaren wolle in der maße alz die begriffen und beschriben ist.

[*2*] Item daruf so schicke im der obgenant min gnediger herre der Romische konig solich briefe² mit siner majestat und siner kurfursten an dem Rijne und siner vettern herzog Stephans und herzog Ludewigs von Beyern ingesiegeln versiegelt, die er im zu disser zit schicken solle nach lute der obgenanten beredůnge zu Fußen, alz dann der brief² den der obgenant min herre herzog Ludewig imme daruber geben hat clerlichen ußwiset.

[*3*] Item und min herre der kunig habe uch geheißen imme dieselben briefe zu antwerten, und den brief² den min herre herzog Ludewig mit sinem ingesiegel versiegelt hat von der obgenanten tedinge zu Fußen wegen und auch mins herren des kunigs machtbrief⁴ von der tedinge wegen uf den obgenanten minen herren herzog Ludewig sprechende von imme wieder zů fordern und zů nemen, als dann dieselben beide briefe min herre herzog Ludewig imme die von der tedinge wegen zu Fußen ubergeben und geantwurt hat.

[1401]
Spt. 8

[*4*] Item und als imme min herre der kunig mit grave Rudolf obgenant auch geschriben und enboten habe, daz er willen habe und sich auch genzlich darzů stelle umbe unser frauwen tag nativitas zuschen Augspurg und Munchen uf dem Leche mit sime volke an der samenunge zu sin, also furbaß hininne gein Lamparten zu ziehen: item daz meineᵃ min herre der konig mit der guts hilf also zu tun ane allen verzug, und begere und bitde in so er allerfruntlichste und ernstlichste moge, daz er sich auch darzu stellen und mit sin selbs libe mit imme also gein Lamparten wolle ziehen mit dusent mit gleven gutes folkes, mit namen zu iglicher gleven⁵ drů pferde und zwene

a) B add. selcert. b) Johanse Winheim gleichzeitig hinzugeschr. statt des durchstrichenen herr Diethern von Hontochenheim. c) cod. obergeschrieben ü über ein i, Jansen beschrieben. d) aus Jansen, der aber nach hilf ein Komischer einschaltet verhabe. e) zu der Rede gleven drů — berežt links am Rande ein Vermerkstrich von gleichzeitiger Hand.

¹ S. nr. 352 nebst der letzten Note daselbst. ² Vom 23 Juni 1401, s. letzte Note zu nr. 352.
³ nr. 353. 354. 355. ⁴ nr. 290.

D. Verhandlung mit Hzg. Leopold von Österreich nr. 351-357.   427

gewapent, als dann uf dem tage zu Fußen beredt ist, wann min herre der konig sunder-   [1401]
lich begerende si in mit sin selbs libe in solichem gezoge bi imme zu han.   Juli 10

[5] Item und daz er sich genzlichen darzů stelle, daz er die obgenanten dusent
mit gleven dri oder vier tage nach dem obgenanten unser frauwen tage nativitas bi   *pt. 8*
einander habe, wo in dann dunket daz er damiede allerbequemlichste und beste zu
mime herren dem konige stoßen möge.

[6] Item so wolle imme min herre der kunig dieselben dusent gleven auch ver-
solden und einen manet bevor bezalen und in auch zitlichen gnug bevor laßen
wißen, wo und an welicher stat er imme daz gelte geben und antworten wolle, in der
maße alz dann uf dem tage zu Fußen auch beredt ist worden.

[7] Item und daz er auch minen herren den konig laße wißen, welliche wege durch
sin lande uber berg hininne gein Lamparten zu Brixe zu die besten und im aller-
bequemlichste sin mit sime volke also hininne zu ziehen, alz er imme auch mit grave
Rudolf vor geschrieben und enboden habe.

[8] Item und daz er auch uf denselben wegen wolle bestellen, so min herre der
konig mit sime volke durch dieselben wege also hinin gein Lamparten ziehen werde,
daz sie dann daselbs zitlichen feilen kauf finden und haben mogen umbe ir pfenninge.

[9] Item und daz er imme alle mins herren dez konigs sache getruwelich bevolhen
wolle laßen sin, alz er imme dez ie sunderlichen wol getruwe. und ob er iehts erfůre
von dem von Meylan oder andern in den landen, daz wieder minen herren den konig
were, daz er⁾ imme daz alzit verschrieben und enbieten wolle, daz er sich darnach
wiße zu richten.

[10] Item und daz er auch an mime herren dem konige keinen zwifel haben solle,
wann er sich auch alzit wiederumbe fruntlichen und getruwelichen gein imme bewisen
wolle und libe und gut nummer von imme gescheiden.

[11] Item und min herre der konig wolle auch uf sant Laurencien tag sich selber   [1401]
zu imme fugen gein Augespurg oder gein Laugingen, und wolle in auch zitlichen gnůg Aug. 10
bevor laßen wißen, an welich der zweier stette eine sie also zusamen komen mogen¹.

357. *K. Ruprechts Anweisung an Ritter Konrad von Freiberg und Hans von Mittel-* [1401]
burg, welche mit Hzg. Leopold von Österreich bzw. Franz von Carrara und Venedig   Juli 20
über sichere Geleitung einer von den Florentinern zu erhebenden Geldsumme von
Venedig nach München und über den Italienischen Zug verhandeln sollen. [1401
Juli 20 Heidelberg².]

Aus *Karlsr. G.L.A. Pfälz. Kop.B.* 146 fol. 44ᵃ-45ᵃ cop. ch. coaev.
Coll. *Janssen Frankf. R.K.* 1, 606-609 nr. 1017 aus eigenem Kodex Acta et Pacta 189.
Gedruckt moderne latein. Übersetzung bei *Martène ampl. collect.* 4, 62-64 nr. 43. —
Daraus Regest *Chmel* nr. 1119, *Lichnowsky* Bd. 5 pag. 342 reg. nr. 2.

a) cod. *is.*

¹ Vgl. hierzu nr. 346 art. 8.
² Dieses Datum tragen die zu dieser Gesandt-
schaft gehörenden Vollmachten nr. 361 und 362.
In Kodex steht unser Stück nach den Werbungen
an Aragonien nr. 368 und 369 und vor der Wer-
bung an Venedig nr. 363, mitten unter noch an-
deren Stücken aus der angegebenen Zeit, was also
zu obiger Ansetzung paßt. Ein Bedenken gegen
dieselbe könnte hier art. 10 erregen, wonach die
Gesandten am 3 Aug. in Venedig sein sollen, eine
sehr kurz bemessene Frist, wenn man erwägt, daß
Buonaccorso Pitti seine Reise von Heidelberg nach
Padua in 12 Tagen als eine unglaublich schnelle
bezeichnet, in seiner Chronik s. bei *Janssen Frankf.
R.K.* 1, 644 und bei uns in Bd. 5 beim Tage von
Augsburg. Allein dieses Bedenken kann unsere
Ansetzung nicht anrühren, weil der Inhalt des
Stückes ganz richtig zu derselben paßt: art. 5
setzt den Abschluß der Verhandlungen von Füssen
nr. 352-355, ja auch die Überbringung der An-
weisung nr. 356 art. 4. 5 vom 10 Juli voraus;
art. 10 spricht von Buonaccorso Pitti als bereits
vom Hofe abgereisten, und dieser brach erst am
19 Juli von Heidelberg auf, s. seine Chronik a. a. O.

[1401
Juli 26]
Werbunge an herzog Lupolt von Osterrich bevolhen hern Cunrad von Friberg ritter und Hansen von Mittelburg.

[1] Zum ersten sollent ir imme erzelen, wie daz unserm herren dem konige iezund sollen werden zu Venedien ein summe gelts, und darumbe schicke er uch dahin daz gelte von sinen wegen zu enphahen.

[2] Item und sagent imme also: gnediger herre, unser herre der konig bitt uwer gnade fruntlich mit ernste, daz ir imme zu liebe wollent schicken die uwern, die uns und daz egenant gelte sicher heruß geleiten und furen biß gein Munchen, und daz ir wollent bestellen, wann wir dieselben die ir also darzů bescheiden werdent laßent wißen wohin und uf welich zit sie zu uns kommen sollent, daz sie dann also bereit siend und furderlich zu uns kommen. und unser herre der kunig getruwet uwern gnaden besunderlichen wol, daz ir diese sachen also bestellent daz imme daz gelte sicher heruß kommen und werden moge, wann er daz genzlich an uch stellet und sich des uf uwer gnade verleßet.

[3] Item bittent in auch, daz er uch dieselben die er also darzu bescheiden wil iezunt wolle nennen, daz ir wißen mogent in botschaft zu tůn in vorgeschribener maße, und wohin ir die dun sollent.

[4] Item worde er uch fragen, wie vil dez gelts wer', so sagent imme, daz ez si uf hunderttusent gulden oder ein wenig mee.

[5] Item daz er auch sich mit einem volke tusent mit gleven wolle genzlich rusten, daz unser herre der konig daran nicht gesůmet werde, wann er sich des genzlich uf in verlaße¹; und sagent imme, daz ir uch verseehent daz inne sin gelte den ersten manet solle werden von dem obgenanten gelte daz ir heruß sollent füren.

[6] Item bittent in auch, daz er alle ander sachen die unserme herren dem künige zu sinen zoge mogen nutzlich und furderlich gesin, alz imme die baß kundig sin dann unserm herren, wolle bestellen und versorgen zum besten und imme auch ander unsers herren und des richs sachen wolle laßen enpholhen sin, alz er imme dez genzlich gloube und getruwe; daz wolle er allezit umbe in beschulden und gnediclichen bedenken.

[7] Item bittent in auch, ob er icht mere wiße oder herfure von Lamparten oder anders, darnach sich unser herre der konig in sinen sachen dester baß wiße zu richten, daz er in die wolle allzit laßen eigentlichen wißen mit einer endelichen botschaft, als imme unser herre wol getruwe; und daran erzeuge er imme auch besunder fruntschaft und liebe.

[8] Item wer' ez daz der herzog von Osterich daz gelte nit wolte geleiten dann so ez in sin land keme, so sollent ir werben an den herren von Padauw und an die Venediger von unsers herren dez kunigs wegen, daz sie darzu raten und auch helfen wollen, daz daz gelte sicher geleitet werde, als verre uch dann dunket daz daz notdurftig si nach gelegenheit der straßen und der sachen, als ir dann werdent lernen uf dem wege hinin zu riten. und daruf habent ir zweno glaubebriefe an die egenanten den von Padauw und die Venediger, die uf zwen sten und allein von dem gleite sagen².

[9] Item truweten die alle nit darin zu helfen daz daz gelte mocht sicher geleitet werden, so sollent ir der kauflute rat han, den Ulrich Kamerer von Nuremberg schribet,

---

¹ *Dieser art. setzt voraus, daß die Weisung von nr. 356 art. 4, der Herzog solle selbst mitziehen, demselben bereits überbracht worden ist, sowie daß er den Termin der Truppenstellung bereits erfahren hat, was durch nr. 356 art. 5 geschehen ist.*

² *Diese haben wir nicht; aber man sieht aus obiger Werbung, daß die Gesandten noch andere Glaubebriefe bekommen hatten, und dazu gehören nr. 361 und 362. — Vgl. überhaupt zu diesem Stück die Einl. lit. D beim Tag zu Augsburg Bd. 5.*

und sie auch von unsers herren des koniges wegen bitten, daz sie darzu beholfen wollen [1401 Juli 20] sin daz daz gelte sicher moge heruß kommen.

[10] Item sollent ir uch richten daz ir acht dage fur sant Laurencien tag, daz ist [1401 Aug. 3] uf den nehsten mitwochen nach sant Peters tag ad vincula nehstkompt, sient zu Venedien und fragent in des herren von Pafdauwe huß nach Bonacursum von Florencze, der bi unserm herren dem konige hie uß ist gewest[1], den sollent ir in demselben huse finden oder aber sine botschaft, und sal uch derselbe ußrichten umbe daz gelte, daz an der summe sin sal hundert-und-zehen-dusent duckaten.

[11] Item so ir das gelte wollent enphaen, so sollent ir zu uch nemen Wilhelm Römel Cunrad Seiler und Hans Kressen in dem Dutschen huse zu Venedigien[2], den Ulrich Kamer hat geschriben uch beholfen zu sin, und wo uch duchte daz ire irs rats oder hulfe zu unsern sachen bedorfen werdent, darzu sollent ir sie fordern.

[12] Item wer' ez daz dieselben kauflüte bedorftent sehs- oder zehen-dusent ducaten, die sollent ir in von unsern wegen lihen und sollent des ir offen wechselbriefe von in nemen, daz uns daz gelte zustunt hie uß zu Montze Franckfurt oder zu Nurenberg bezalt werden, ie fur hundert ducaten zehen-und-hundert rinischer guldin, alz der egenant Ulrich Kamerer in auch davon geschriben hat.

[13] Item sollent ir dem obgenanten Cunrad Seiler von unsern wegen und von unsern obgenanten gelte bezalen zweihundert ducaten, die unsern botten mit namen dem bischof von Verden und dem von Lyningen, alz sie leste von Rome kamen[3], gelihen sin.

[14] Item sollent ir auch des herren von Paudaw rat han, so ir hininne ritent, in welicher forme ir werben sollent an die Venedier von der hulfe und bistands wegen uns zu tůn, daz ir ſich darnach wißent zu richten[4].

[15] Item sollent ir auch sinen rat han, diewile uns nu des von Osterrichs straßen und clusen offen sin, wolichen wege er meine daz uns mit unserm volke allerbequemlichst si zu ziehen, und daz er uch davon genzlich underwise daz ir uns daz furbaß gesagen konnent, und besunder wo wir of des von Meilan lant mogen allerbequemlichst geziehen.

E. Verhandlung mit Florenz nr. 358-361.

358. *K. Ruprecht bestätigt den Florentinern ihre Rechte und Privilegien, mit Hinzufügung anderer die auf seine Lebenszeit und dann auf Widerruf gelten sollen und wodurch ihre Obrigkeit General-Vikar des Reichs in genannten Orten und Provinzen wird[5]. 1401 Juli 4 Mainz.* 1401 Juli 4

F' *aus Florenz St.A. Riformagioni, Atti pubblici or. mb. lit. patens c. sig. pend., auf der Rückseite die Notiz von späterer Hand succ. 15 Privilegium concessionis facto per Rupertum Romanorum regem de quampluribus civitatibus castris et locis suppositis communi Florentie [etwa zwei Worte undeutlich durch Verkleben] 1401. — f* coll. *an irgend wichtigen Stellen ibid. Lbr. dei Capitoli 14 fol.* 185ª-186ᵇ *cop. mb. coaev.* — *Ibid. fol.* 193ª-194ª *noch eine Abschrift succ. 15 ohne Besonderheiten.*

A coll. *Wien H.H. St.A. Reichsregistr.B. A fol.* 36ª-37ª *cop. ch. coaev., mit der Über-*

---

[1] *S. nr. 302 und die Fortsetzung der Erzählung im nächsten Bande beim Tage zu Augsburg.*
[2] *S. über diesen den Aufsatz von M. Perlbach Das Haus des deutschen Ordens zu Venedig in der Altpreußischen Monatsschrift Bd. 17 Heft 3 und 4 pag. 269-285.*
[3] *S. nr. 1-3.*
[4] *Vgl. nr. 363.*
[5] *Ein solches Privileg hatten sich die Florentiner als Gegenleistung des Königs für ihre Geldunterstützung schon in nr. 307 art. 4 ausbedungen.*

schrift Confirmacio Florentinorum; rechts am Rande der ersten Textzeile gleichzeitiges Vermerkungszeichen.

K coll. Karlsr. G.L.A. Pfalz. Kop.B. 143 pag. 99-102 cop. ch. coaev.
P coll. ib. Kop.B. 115 pag. 5-8 cop. ch. coaev., beide mit derselben Überschrift wie A.
Gedruckt Lünig Cod. dipl. Ital. 1, 1121-1128 nr. 32; Rousset Supplements (zu Du Mont Corps universel diplomatique du droit des gens) 1 part. 2 pag. 302-303 aus Nora raque plena assertio jurisquod coaev. majest. et imperio in magnum Tuscie ducatum competit, in appendice pag. 71, ex archivo imperiali, einer uns nicht zugänglichen Schrift; Spannagel Notizia della vera libertà Fiorentina, parte 2 pag. 115-140 ex manuscripto. — Regest bei Georgisch 2, 856 nr. 53 aus Lünig, Chmel 513 aus A.

Rupertus dei gracia Romanorum rex semper augustus. ad perpetuam rei memoriam. decet regiam majestatem qualitatem respicere subditorum et illos propensioris gracie munere prosequi quos devocionis et fidei constancia et tollerancione laborum viderit plus mereri. considerantes igitur dilectos filios populum et commune Florencie super omnes Ytalie populos erga sacrosanctum Romanum imperium, ad cujus apicem deo dante sicut ordinati sumus sic intendimus pervenire, semper se fideliter habuisse regibusque Romanis et imperatoribus legittime constitutis justeque prosequentibus cepta sua devocionis officium et obedienciaª debitum prestitisse necnon et imperii jura singulariter conservando sue libertatis thesaurum inestimabilem non animi magnitudine solum set multo cum expensarum onere profusioneque sanguinis defendisse: non videmus, cui justius omnis favor cuique conveniencius omnis gracia debeatur. quam ob rem attendentes omnes illius populi vires et potenciam robur imperii et fortitudinem nostram esse, terras omnes atque civitates propugnacula villas provincias et castra quo per dictum populum et commune tenentur reguntur et gubernantur, queve possidentur aut cum eis aliquo subjeccionis federeᵇ juncta sunt, aut que ex contractu vel quasi-contractu quopiam testamento codicillis donacione causa mortis vel inter vivos aut aliqua alia ultima voluntate vel inter vivos titulo, quo omnia tenore presencium ex certa sciencia confirmamus et approbamus, ad dictum populum et commune quomodolibet pertinerent aut pervenissent, sive in quibus populus et commune prefatum jus custodiam vel jurisdiccionem aut preeminenciam habet et ad presens dinoscitur obtinere, maximeque civitates provincias castra terras et loca que nominatim inferius describentur, eidem populo communique Florencie regie majestatis auctoritate animo deliberato et sano principum procerum et baronum nostrorum accedente consilio et assensu et ex certa sciencia libere donamus concedimus et largimur cum omnibus eorum juribus et pertinenciis curiis territoriis comitatibus atque districtibus, hac edictali nostre benignitatis epistola perpetuoque rescripto jubentes declarantes et decernentes, ea omnia ad eundem populum et commune jure plenissimo pertinere, eciam si feodalia forent vel aliquo tempore fuisse feodalia dicerentur aut dici possent, non obstante quod ad nos velᶜ predecessores nostros vel ad divas augustasᶠ vel in fiscum aut imperialem vel augustalem mensam vel cameram essent vel dici possent quomodolibet devoluta vel eciam specialiter assignata; ea omnia de plenitudine potestatis et omni via racione velᵉ jure, quo melius et validius possumusᵈ, prelibatis populo et communi jure plenissimo concedentes, volumusque cuncta regalia tributa pedagia gabellas obvenciones et redditus, flumina silvas et nemora, piscaciones pascua et aucupia, que de jure solent ad fiscum mensam velᵉ cameram regiam imperialem vel augustalem quomodolibet pertinere, necnon omnes condempnaciones factas aut faciendas, et quecumque devoluta forent ad regiam augustalem vel imperatoriam majestatem, eciamsi dicerentur vel essent alicui vel aliquibus vel divis eciam augustalibus specialiter assignata, necnon auri fodicinasᶠ sive cujuscumque metalli mineras et the-

a) P) obediencia. b) K idem. c) P et al. vel. d) AE possimus, P possumus korr. aus possimus. e) P et al. vel. f) nel! g) APKP fodicinas, Lünig fodinas.

saures omnes et universaliter omnia jura fiscalia sive regalia in dicta civitate et terris supra concessis vel harum serie nominandis esse pleno jure populi communisque predicti et ad ipsum pleno jure legittimo pertinere, cum omni censu prestacione vel responsione que per dictam civitatem et populum atque terras supra concessas eciam inferius nominandas sacro Romanorum imperio deberentur, et cum omnibus angariis et parangariis[a] quo dicto populo vel communi quocumque jure possunt indici vel futuris temporibus indicerentur. quo omnia, sicut dictum est, ad populum et commune dicto civitatis nostre Florencio plenissime pertinere volumus et jubemus in subsidium expensarum quas pro defensione sue libertatis et status quotidie facere cogitur et subire. confirmamus eciam omnia fedora submissiones dediciones et pacta quo dicte terre fecissent eidem vel cum eodem populo et communi, quorum tenores hic haberi volumus pro nominatis[b] et sufficienter expressis, ita quod in populi Florentini[c] favorem perpetuo valeant et plenam obtineant roboris firmitatem. et quoniam, ut Vulpianus scripsit „magni faciant provinciales suas sibi consuetudines observari"[d], presencium auctoritate decernimus et jubemus, dictam civitatem Florencio suumque comitatum territorium et districtum et dictas suprascriptas et infrascriptas civitates terras et loca per officiales ac rectores tam cives quam forenses, per eundem populum et commune et non per alios quacumque fungerentur auctoritate deputatos et electos vel quomodolibet deputandos, regi et gubernari debere secundum formam statutorum et ordinamentorum dicti populi et communis nunc vigencium vel que in posterum ederentur[e], que statuta et ordinamenta et omnes alias quascumque leges municipales dicti populi et communis Florencie tam editas quam edendas cum mutacionibus et correccionibus quas faceret vel[f] fecisset dictus populus et commune confirmamus et approbamus jubentes eas habere plenissimam roboris firmitatem. ceterum quia rerum experiencia docet, populum et commune prefatum se laudabiliter gubernare, nobiles viros priores artium et vexilliferum[g] justicie populi et communis Florencie, qui nunc sunt vel in posterum in officio presidebunt, toto tempore quo talis eorum duraverit magistratus tam in civitate Florencio quam in civitatibus provinciis et locis supra concessis ac eciam proxime nominandis regios et imperiales vicarios nostros et imperii sacri irrevocabiles et generales constituimus facimus et ordinamus cum administracione plenissima [1], committentes eisdem plenissime vices nostras toto tempore vite nostre necnon et in perpetuum donec forent expresso per successores nostros legittime tamen intrantes nominatim et specialiter revocati, statuentes et ordinantes quod dicti priores et vexillifer vicarii nostri vel aliqui alii rectores et officiales ad regimen dicto civitatis et locorum eidem tenore presencium concessorum ordinati[h] cogi non possint aut debeant alibi reddere de sue administracionis officio racionem quam in civitate Florencie et coram judicibus magistratu vel sindicis per eundem populum et commune deputatis ad hoc vel in posterum deputandis et non alibi vel per alios quoquo modo. in quorum omnium signum firmitatem et robur nobilem virum Bonacursum quondam Neri de Pictis sindicum dicti populi et communis, ut publice constat manu Peri ser Peri de Sancto-Miniate-Florentino notarii publici [2], pro ipso communi Florencie recipientem et ipsum populum et commune in personam dicti Bonacursi per anuli tradicionem de predictis omnibus investimus auctoritate regia supradicta et de plenitudine potestatis ex certa sciencia et proprio nostro motu et omni via jure forma et modo quibus magis et melius possumus et valemus. nomina vero dictarum civitatum terrarum et provinciarum et

---

a) *F]* parangariis. b) *F]* nominatim. c) *A* Fecentini. d) *Lünig vol aus eigener Erfindung*: et quum, ut — faciant — observatur; so fehlt in *E*. e) *AK* ediveutur, herv. *in odа*—. *F]* edirentur. f) *P* et. g) *F]* vexilliferum. h) ordinati fehlt in *APKT]* und bei Lünig.

[1] Vgl. die Privilegien Karls IV bei A. Huber nr. 2002, 2105, 2106. Die Regesten des Kaiserreichs unter Kaiser Karl IV [2] nr. 258.

ipsarum designaciones sunt hec: videlicet civitas Arecij cum omni suo solito et antiquo
comitatu atque districtu, civitas Pistorij et civitas Vulterrarum cum omnibus eorum solitis
et antiquis comitatibus atque districtibus, provincia Vallis Nebule[1], provincia Vallis
Ariane[a][2], provincia Vallis Arni inferioris terra Barghe[b] et Summo Colonio[3] cum per-
tinenciis ipsarum, terra Sancti-Miniatis-Florentini cum omni antiquo suo comitatu atque
districtu et specialiter cum conmuni et castro Collis-Longi, terre provincie Florentine in
partibus Romandiole et omnia que in dicta provincia Romandiole vel Masse Trebarie[5]
fuissent dicto conmuni Florencie relicta vel concessa seu in quibus eis esset jus ali-
quod constitutum aut quomodolibet pertineret, omnes terre que tenebantur vel essent
alicujus vel aliquorum de Ubaldinis Ubertinis Pacis vel Tarlatis aut aliquo vel aliqui-
bus de progenie que dicitur Petra-Mala, que terre forent in alpibus montibus aut
vallibus sive planis provincie Tuscie quarum omnium nomina habeantur pro expressis et
declaratis, terre quoque Collis Vallis-Else Sancti-Geminiani[6], Marciani planiciei Arecij
Corecij Castellionis[c]-Florentini Montis-Policiani Valiani Sillani Toppolis Montanine[d] An-
glaris Fuyani et Lucignani[e] quod dicitur Lucignano d'Arezzo[f][7], et omnes terre et loca
que fuissent dicto populo vel conmuni relicte submisse vel aliquo modo concesse vel
alteri pro ipso populo vel conmuni recipienti et seu dicto populo et conmuni tam in par-
tibus Casentini[8] quam in provincia Romandiole[g] Masseque Trebarie vel alibi in partibus
circumstantibus, vel que ad ipsum populum et conmune forent jure quopiam devolute,
et generaliter omnia alia et singula que per dictum populum et seu[h] conmune tenentur
seu possidentur reguntur et gubernantur et in quibus habent jus aliquod custodiam
jurisdiccionem vel preeminenciam quoquo modo, mandantes atque jubentes eis et cui-
libet ipsarum et ipsarum et hominibus personis et incolis eorumdem et ipsarum[i] qua-
tenus dictis nostris vicariis populoque et conmuni Florencie tamquam nobis in omnibus
pareant et intendant, sub penis et condicionibus ordinandis seu ordinatis per ipsum
populum et conmune Florencie. nulli ergo hominum liceat hanc nostre donacionis
concessionis largicionis ordinacionis et gracie paginam infringere aut ei quovis ausu
temerario contraire, sub pena indignacionis nostre gravissime, quam, qui secus attomptare
presumpserit, se cognoscat illico incursurum, et sub pena mille marcarum auri purissimi
in quas[k] illos, qui quavis temeritate contra fecerint sive venerint, irremissibiliter incurrere
decernimus et jubemus, et eandem ab eis tociens, quociens contrafactum vel contra-
ventum extiterit, exigi volumus et conmitti, et medietatem dictarum marcarum nostri
regalis seu imperialis erarii sive fisci et partem residuam injuriam passorum usibus appli-

a) *Pf* Arriane.   b) *Pff* Barche.   c) *f* Castillionis.   d) *AKP* Montanine, *P* oder Montaniae, *f* deutlich so.   e) *KPf* Lutignano.   f) *KPPf* Lutignano.   f) da Regs.   g) *AKP* Romandioli.   h) von da. in *P*.   I) *A* mit anderer Tinte korr. aus ipsorum.   h) *A* korr. mit anderer Tinte quas aus quos, *K* quos, *Pff* und *Lünig* quas.

[1] *Val di Nievole*, s. *Attilio Zuccagni-Orlandini Corografia dell' Italia Firenze 1844 vol. 9 pag. 49*.
[2] *Vallis Arriana Ort und Gebiet nordöstl. von Lucca, das heutige Colognora di Valle Arriana, s. A. Zuccagni-Orlandini atlante geografico degli stati Italiani Firenze 1844 Vol. 2 Ducato di Lucca Tafel 2*.
[3] *Barga und Somma Cologna nördl. von Lucca s. Zuccagni Atlante l. c. Granducato di Toscana 3 Tafel 3*.
[4] *San-Miniato und Collelungo, südl. davon, s. Zuccagni ib. 3 Tafel 1 im Compartimento Fiorentino*.
[5] *Massa Trebaria zwischen Arezzo und Urbino s. Zuccagni ib. Stato Pontifico Tafel 2*.
[6] *Colle, Val d' Elsa und San-Gemignano s. Zuccagni Atlante l. c. Granducato di Tosc. 3 Tafel 4 im Compartimento Senese*.
[7] *Marciano Arezzo Corezzo Castiglion-Fiorentino Monte-Pulciano Valiano Sigliano Toppole Montanina Anghiari Foiano Lucignano, letzteres zum Unterschied von mehreren gleichnamigen Orten d'Arezzo gen., s. Zuccagni l. c. 3 Tafel 5 im Compartimento Aretino; vgl. auch Amati Dizionario corografico*.
[8] *Casentino die Gegend des östlichen Toscana um Chiusi, s. Zuccagni Corografia Vol. 9 pag. 331*.

cari, decernentes exnunc de plenitudine regie atque cesaree potestatis irritum et inane | 1401 Juli 4
quicquid in contrarium a quoquam fuerit attemptatum. Presentes quoque litteras nostras
sive presens privilegium durare volumus toto tempore vite nostre et ad beneplacitum
imperii et donec per successores nostros legittime intrantes expresse et specialiter fuerit
⁵ revocatum. decernimus eciam ᵃ committimus et mandamus, quod mox, ut fuerimus
imperiales infulas assecuti, imperiales littere fieri debeant confirmatorie predictorum et
exnunc intelligantur facte atque concesse forma predicta vel in minimo non mutata
eciam absque aliqua alia requisicione vel consciencia nobis vel nostro cancellario fa-
cienda. testes ᵇ hujus rei sunt venerabilis Friedericus archiepiscopus Coloniensis sacri
¹⁰ imperii per Ytaliam archicancellarius, illustres Ludewicus comes Palatinus Reni et Ba-
varie dux, Karolus dux Lotringie, nobiles Philippus de Nassauw et Saraponto, Emicho
de Lyningen regalis nostre curie magister, Gerhardus de Kirberg, Friedericus de Morse,
Joffridus de Liningen comites, spectabiles Engelhardus de Winsperg, Eberhardus pin-
cerna de Erpach senior barones, honorabiles Cunradus de Hirßhorn ᶜ sancti Stephani
¹⁵ Maguntinensis, Wilhelmus ᵈ beatorum apostolorum Coloniensis ecclesiarum prepositi, ma-
gister Nycolaus Prowyn sacro pagine professor, strennui Wipertus de Helmstat senior,
Johannes de Hirßhorn, Johannes Camerarii de Talburg, Schilling de Filig ¹, Heinricus
de Dadenberg, Syfridus de Lapide milites, necnon quamplures alii nostri et imperii
sacri nobiles et fideles. harum sub nostre regie majestatis sigilli appensione testimonio
²⁰ litterarum datum Maguncie die quarta mensis julii anno domini millesimo quadrin-
gentesimo primo regni vero nostri anno primo ᵈ. Ego Rabanus episcopus Spirensis
regalis aule cancellarius vice reverendissimi in Christo patris domini Johannis archiepi-
scopi Maguntinensis per Germaniam archicancellarii recognovi ᵉ.

[in verso] R. Bertholdus Dürlach.

²⁵ **359.** *K. Ruprecht an Florenz, beglaubigt Buonaccorso Pitti bei den Florentinern und* | 1401 Juli 14
verspricht, noch in demselben Jahre mit Heeresmacht nach Italien zu kommen.
1401 Juli 14 Heidelberg.

Aus Karlsr. G.L.A. Pfälz. Kop.B. 146 fol. 100ᵃ cop. chart. coaev., Adresse als Über-
schrift.
³⁰ Gedruckt bei Martène Thesaur. nov. anecd. 1, 1663 f. nr. 36. — Regest bei Georgisch 2,
856 nr. 57 und Chmel 550 aus Martène, bei Janssen Frankf. R.K. 1, 599 nr. 1009
aus Manuskript im Privatbesitz Acta et Pacta 282.

Honorandi fideles dilectissimi. jussimus Bonaccurso egregio civi vestro et ora-
tori ᶠ pro quibusdam necessitatibus nostris atque salutibus vestris ad devocionem vestram
³⁵ continuatis et festinis itineribus properare ² (et ab eo linguatenus ex commissione quam

a) AEP quoque.   b) die Deutschen Namen da f vielfach entstellt.   c) F so korrigiert aus Hirzzhorn, während AEP
dies haben, f Hirßhorn.   d) Ego — recognovi von anderer gleichz. Hand in flüchtigerer Schrift geschrieben, nach
dem anderen Text fortlaufend.   e) A add. Unterschrift ad mandatum domini regis Nycolaus Bäman comge-
striiten, wie steht in F so der That nicht.   f) cod. add. quod.

⁴⁰ ¹ K. Ruprecht belehnt den Probst zu den Apo-
steln in Köln Wilhelm Freschin und den Hof-
meister des Erzb. von Köln Schilling von Filig,
beides Räthe des gen. Erzbischofs, am 4 Juli 1401
wegen getreuer Dienste mit dem goldenen Pfennig
⁴⁵ von den Juden in Köln; Karlsruhe G.L.A. Pfälz.
Kop.B. 81 fol. 36ᵃ und ib. 149 pag. 85 cop. ch.
coaev. Beide kommen öfter vor in Urkunden bei
Ennen Quellen z. Gesch. der Stadt Köln Bd. 6
in den Formen Wilhelm Freseken und Schilling
⁵⁰ von Vilich.

² Derselbe brach nach seinem Berichte (im näch-
sten Bd. beim Tag zu Augsburg) am 18 Juli von
Heidelberg auf; vgl. diesen Bericht dort und nr.
302 art. 9. 10 überhaupt. Pittis Rückkehr ver-
zögerte sich wahrscheinlich durch die in nr. 302
art. 10 erzählten Vorgänge; er überbrachte daher
außer nr. 358 wol auch erst die schon längere
Zeit bereit liegenden nr. 306 und 307, vgl. nr. 305
letzte Note und nr. 304 letzte Note.

sibi fecimus pro nostra et vestra intencione quicquid expedit audietis, cui in hac parte placeat fidem velut nostre majestati adhibere indubiam sine ambiguo), affirmantes, quod, nisi mors aut infirmitas, quam deus omnipotens sua avertat misericordia, impediverit, de presenti anno et cum oratoribus vestris fixo tempore [1] Ytaliam intrabimus cum exercitu et victricibus nostris signis, dummodo habeamus illud quo majestas nostra eget, sicut diximus Bonaccurso. et hoc tenete certissime, quod, nisi in hoc nostro principio intollerabiles fecissemus expensas, sicut vestra cogitare debet prudencia, nostro patrimonio nostrisque[a] redditibus absque alieno subsidio Italiam intraremus in auxilium vestrum et vestre libertatis augmentum, sicut fidelissimorum filiorum et devotissimorum fidelium, quos inter ceteros in Ausonia numeramus. datum Heidelberg 14 die mensis julii anno domini millesimo quadringentesimo primo regni vero nostri anno primo.

Honorabilibus et circumspectis viris prioribus arcium et vexillifero justicie populi et comunis Florencie necnon decem officialibus balie dicti comunis, nostris et sacri imperii fidelibus predilectis.

Ad mandatum domini regis
Job Vener etc.

360. *Bericht gen. Gesandten der Stadt Florenz über ihre Gesandtschaft nach Rom und zum K. Ladislaus von Neapel. 1401 Juli 15 Florenz.*

Aus Florenz St.A. Classe X, distinzione 2, nr. 7. Relazioni di ambasciadori 1395-1407 cop. ch. coaev. fol. 38ᵇ-39ᵃ; zu Anfang links am Rande Dal papa et da rè Ladislao per Francescho Fioravanti e Andrea de Montebuoni.

Al nome di dio amen. anno domini 1401 ta di 15 di luglio in Firenze relatione facta per Francesco di Neri Fioravante et Andrea di messer Lorenzo de Montebuonj ambasciadori tornati da Roma et dello reame, a quali furono mandati per lo comune al santo padre et a lo re Ladizlao [2].

[*Folgen zuerst Antworten auf 2 andere für uns nicht in Betracht kommende Punkte, dann:*] [1] A la terça parte, che contiene di richiedere accio intervenire lo nuovo re de Romanj [3], rispuose il santo padre, avere mandato suo ambasciadore a lui et pensava avere buona concordia con lui etc. [1ᵃ] a la quarta parte, dove contiene di dar mogle a lo re detto una delle figliuole de lo nuovo electo [4], rispuose, lo detto electo avere tre figliuole, le due maritate[b] [5], la terça picciola [6], ma che si tractava parentado per lo detto re con una figliuola de lo re di Cipri et con una di casa di Baviera, parente dello detto nuovo electo, et che pensava l'uno de due arebbe effecto in brieve tempo [7].

[*2 Folgt der Bericht über die Gesandtschaft an K. Ladislaus, hauptsächlich die Ligue betreffend, welche der König zu Dreien, Pabst Florenz er selbst, wünscht; nichts von Ruprecht.*]

a) cod. nostreque. b) cod. maritate.

[1] S. nr. 307 art. 5 und Einl. lit. D Tag zu Augsburg Band 5.
[2] Vgl. die Instruktion vom 4 Apr. 1401 nr. 301.
[3] Ibid. art. 1ᵃ.
[4] nr. 301 art. 1ᵇ.
[5] Margarethe, vermählt 1393 mit Hzg. Karl I von Lothringen, und Agnes, vermählt vor 1399 mit Hzg. Adolf von Cleve, s. Bähr Genealogie 2. Aufl. 1870 pag. 24.
[6] Elisabeth, geboren ca. 1391 s. Bähr l. c.
[7] Ladislaus heiratete 1402 die Tochter des Königes Jakob I von Cypern Maria, die Schwester des 1398-1432 regierenden Königs Janus, s. M.L. De Mas Latrie Histoire de l'ile de Chypre 1 Documents pag. 465.

Scripta in Firenze die mano propria di me Andrea anno meso di et luogo detti di sopra.

E io Francescho Fioravanti insieme con Andrea dotto di sopra fo questo rapporto detto di e anno.

Relata die 15 julii per supradictos 1400 primo¹.

361. *K. Ruprecht bevollmächtigt Ritter Konrad von Freiberg und Johann von Mittelburg, in seinem Namen von Florenz die Summe von 110000 Dukaten zu erheben². 1401 Juli 20 Heidelberg.*

A *aus Karlsr. G.L.A. Pfälz. Kop.B.* 5 *fol.* 30ᵃᵇ *cop. ch. coaev.; mit der Überschrift* Procuratorium ad Florentinos ex parte centum et decem milium ducatorum seu valorem [*em.* valoris] eorumdem in pecunia numerata domino nostro regi certis ex causis solvendorum.

B *coll. ibidem Pfälz. Kop.D.* 143 *pag.* 74-75 *cop. ch. coaev., mit derselben Überschrift.*

Auch in Wien H.H. St.A. K. Rupr. Registr.B. A *fol.* 29ᵃ *cop. chart. coaev.*

Regest bei Chmel nr. 572 *aus Registr.Buch* A *in Wien; Janssen Frankf. R.K.* 1, 606 *nr.* 1016 *aus B.*

Rupertus dei gracia Romanorum rex semper augustus notum facimus presencium tenore universis: quod nos, de probitate fide legalitate et industria strennui viri Conradi de Friberg militis et circumspecti viri Johannis de Mittelburg armigeri fidelium nostrorum dilectorum plenarie confidentes, facimus constituimus creamus et ordinamus omni via jure modo et forma, quibus melius possumus et valemus, dictos Conradum et Johannem et quemlibet eorum in solidum absentes tamquam presentes nostros veros legitimos et indubitatos procuratores actores negociorumᵃ gestores factores et nuncios speciales ad petendum recipiendum et levandum nostro nomine et pro nobis ab honorabilibus et circumspectis viris prioribus arcium et vexillifero justicie populi et communis civitatis Florencie fidelibus nostris dilectis seu a quocumque aut quibuscumque alio vel aliis ipsorum nomine aut nomine populi et communis civitatis predicte summam centum et decem milium ducatorum seu valorem eorumdem in pecunia numerata in toto vel in parte certis ex causis nobis solvendam et assignandam, ad liberandum quietandum et absolvendum dictos priores et vexilliferum et populum et commune seu alium aut alios eorum aut dicti populi et communis nominibus super premissis in toto vel in parteᵇ, literas quitatorias seu liberatorias tradendum et assignandum seu concedendum, pactum de non petendo solempniter faciendum, exceptioni non numerate pecunie et quibuscumque aliis juris canonici aut civilis adminiculis nostro nomine et pro nobis renunciandum, necnon omnia alia et singula faciendum gerendum et exercendum que circa premissa et quodlibet eorum fuerint necessaria quomodolibet seu oportuna, eciam si mandatum exigant quantumcumque speciale et fuerint majora supra expressatis, ratum et gratum perpetuo habituri quidquid per dictos nostros procuratores et quemlibet eorum actum gestum seu procuratum fuerit quomodolibet in premissis, sub obligacione et ypotheca omnium

a) A negocium. b) certis ex causis — in parte *in B mit blasserer Tinte von gleichzeitiger Hand unter dem Texte nachgefügt mittelst Verweisungszeichen.*

¹ *Im Kodex folgt der Bericht des dritten Gesandten (s. nr. 301) Bartolomeus Tommasius de Popoleschis vom 26 Sept. in latein. Sprache, der inhaltlich garnichts bietet, nur die Daten der Reise angibt: am 16 April 1401 Abgang von Florenz, am 26 April Audienz beim Pabst, am 7 Mai Ankunft in Aquila und Audienz beim König, am 25 Mai Rückkehr nach Rom, Audienzen und Verhandlungen; am 7 Juli kehren die beiden anderen Gesandten auf Befehl der Zehn nach Florenz zurück, er bleibt bis zum 15 Sept. und ist am 24 Sept. erst wieder in Florenz.*

² *Vgl. nr. 357. Die Gesandten bekamen kein Geld, s. Einl. lit. D beim Tag zu Augsburg Bd. 5.*

bonorum nostrorum. harum sub nostro majestatis sigilli apposicione testimonio literarum, datum et actum Heydelberg 20 die mensis julii anno domini millesimo quadringentesimo primo regni vero nostri anno primo.

Ad mandatum domini regis
Job Vener etc.

F. Verhandlung mit Venedig nr. 362-365.

362. *K. Ruprecht an den Dogen Michael Steno, ersucht ihn für den Italienischen Feldzug um Beistand und beglaubigt seine Gesandten Konrad von Freiberg, Protonotar Albrecht, Johannes von Mittelburg.* 1401 Juli 20 Heidelberg.

Aus Karlsr. G.L.A. Pfälz. Kop.B. 146 fol. 108ᵃ cop. ch. coaev., Adresse als Überschrift. Gedruckt Martène Thes. nov. anecd. 1, 1671 nr. 40. — Regest daraus Georgisch 2, 856 nr. 59 und Chmel nr. 575; Janssen Frankf. R.K. 1, 600 nr. 1011 aus Kodex in eigenem Besitz Acta et Pacta 283-292.

Rupertus dei gracia etc.

Magnifice princeps amice sincere dilecte. valido clamore Ytalie suspirantis attoniti [1], sed et eorum qui precipui sunt reipublice zelatores indesinenti sollicitacione permoti, ac tandem majestatem nostram impellente unanimi tam electorum quam aliorum nostri ac sacri Romani imperii principum procerum ac fidelium decretali consilio, pro descensu nostro in Italiam duximus exurgendum. quem quidem descensum tue magnificencie singulariter et pro ceteris non inmerito consuimus intimandum, quem haut dubie novimus ejusdem reipublice cultorem egregium et justicie ministrum eximium, quemque in nostra ac sacri Romani imperii ac reipublice prosperitatibus profecto novimus prosperari (unde ad consulendum, quantum imperator illo celestis, cujus causam assumpsimus ipso teste, donare dignabitur necessitatibus supradictis, infra paucos menses exercitus nostro fortitudinis iter carpet, et videbit Italia diu desiderata victricia sceptrigere majestatis insignia in laudem bonorum coercicionem [a] vero et extirpacionem spinarum vepriumque quo in dicto nostro ac sacri Romani imperii [b] peramabili viridario succreverunt), rogantes eandem magnificenciam tuam et excluso quovis dubio pectore nostro firmantes, quod, cum senseris majestatem nostram solum Ytalie attigisse, nobis favoribus consiliis et auxiliis, veluti, ut predictum est, egregius publice rei cultor, occurres et sincera fide assistes, ut exinde tue magnificencie amplioribus amicicie vinculis astringamur et vice versa ad omnem tuam illustrisque Veneciarum dominii tutelam nostra majestas clipeum defensionis prompcius non inmerito circumcingat. super hiis autem et quamplurimis aliis parte nostra oretenus explicandis ad eandem magnificenciam destinamus strenuum virum Conradum de Friberg militem, magistrum Albertum [2] prothonotarium nostrum, et Johannem de Mittelburg armigerum, fideles nostros dilectos presentium exhibitores de intencione nostra distinccius informatos, quibus placeat cum expedicione celeri et votiva fidem indubiam adhibere. datum Heidelberg 20 die mensis julii anno domini 1400 primo regni vero nostri anno primo.

Magnifico et potenti principi Michaeli Steno
duci Veneciarum amico nostro sincere dilecto.

Ad mandatum domini regis
Job Vener etc.

a) cod. coercicionem. b) om. cod.

[1] *Gerühet von dem heftigen Schmerzensschrei Italiens.*
[2] *Vgl. nr. 10-11; e. Zw. sollte Albrecht von Venedig weiter nach Rom gehen.*

363. *K. Ruprechts Werbung an Venedig um Hilfe auf seinem Italienischen Zuge durch seine Gesandten Konrad von Friberg, Protonotar Albrecht, Johannes von Mittelburg.* [*1401 Juli 20 Heidelberg*[1].] [1401 Juli 20]

Aus Karlsr. G.L.A. Pfälz. Kop.B. 146 fol. 45[a,b] *cop. ch. coaev.*
Coll. Jansen Frankf. R.K. 1, 600-601 nr. 1012 aus einem in seinem Privatbesitz befindlichen Kodex Acta et Pacta 283-292.
Moderne lateinische Übersetzung bei Martène ampliss. coll. 4, 64-65 nr. 41.

Werbunge an die von Venedige[2].

[1] Zum ersten sollent ir grußen von unsers herren dez konigs wegen den herzogen und sin herschaft und unsern herren den konig herbieten zu aller gnaden und fruntschaft.

[2] Item[a] in zu sagen, daz min herre der konig nuwelich zu dem riche si komen alz sie wol wißten, und wiewol er großen wiederstant habe gehabt, so habe er doch mit der gots hulfe die sachen guter maße uberkomen und daz riche in Dutschen landen nahent genzlich an sich bracht, doch mit großem kosten arbeit und kummernisse.

[3] Item und wiewol min herre der konig sich vaste verkostiget und daz sin ußgeben habe, so meine er doch die[b] in Italien und die darzu gehoren, die in großem betrange und beswerniße bißher sin gewesen, auch understen mit gots und auch ir und ander die des richs ere und gemeinen notze gerne sehen *hulfe*[c] wieder zu iren wirden eren und friheit zu bringen, und die zu straßen[d], mit namen Johann Galeatz, die solichen betrang und beswerniße an dem riche und den sinen bißher begangen hant, und meine auch uf sant Michels tag nehstkompt in Lamparthen zu sin. [1401 Sept. 29]

[4] Item nu habe min herre der konig wol erfaren, daz sie allzit dem riche getruwe beholfen und bistendig sin gewesen und besunder gerechtikeit friede und gnade gerne sehen.

[5] Item und herumbe habe min herre zu in gesant umbe besunder getruwen und zuversicht die er zu in habe, und begere an sie und bitte sie auch fruntlich mit ernste, daz sie zu diesen sachen imme wollen getruwelich beholfen und beraten sin, daz er die moge zu eime guten ende bringen alz er in dez genzlich glaube und getruwe. damit verdienen sie großen lone gegen gote und ere und dank gegen der welt, und wolle auch daz gegen in und der stat Venedige allzit gnediclich bedenken.

[6] Item und sprechen sie, waz hulfe min herre der konig von in begerte, so sollent ir antworten: daz in baß kundig si, wie die sachen in den landen gelegen sin, und waz hilf min herre der konig notdurftig si, und getruwe in auch genzlich, daz sie imme also volleclich und fruntlich sollen zu hilfe und zu staden kommen, daz er die sachen deste mechticlicher getriben und zu gutem ende bringen moge etc., als uch der von Padaw von der hulfe wegen wol eigentlich underrichten sal[3].

a) cod. In. b) om. cod. c) om. cod., nach cod. cp. Prag; Jansen fügt hulfe nach mit gots ein. d) cod. traßen.

---

[1] Das Stück steht im Kodex unmittelbar hinter der Werbung an Hzg. Leopold von Österreich vom 1401 ca. Juli 20 nr. 357, und ist ohne Zweifel für dieselbe Gesandtschaft bestimmt, welche in der Kredenz für den Dogen vom gleichen Tage nr. 362 genannt wird; vgl. nr. 357 Note zu art. 8.

[2] Vgl. nr. 357 art. 8-11. Wir besitzen höchst wahrscheinlich in dem Beschlusse des Raths zu Venedig vom 16 Aug. 1401 (im nächsten Bande beim Tag zu Augsburg) die Antwort der Stadt auf diese Gesandtschaft.

[3] Vgl. nr. 357 art. 11.

364. *Beschlüsse des Raths zu Venedig in der Vergiftungssache K. Ruprechts[1]. 1401 Juli 26 Venedig.*

1401 Juli 26

Aus Venedig St.A. Deliberazioni, secreta, senato 1, registro 1 fol. 10ᵃ mb. coaev.

Auf Antrag sämmtlicher Sapienten consilii beschließt der Rath, dem Hzg. von Mailand in hac brevi forma zu antworten: Eure Brüderlichkeit hat uns am 15 mensis instantis geschrieben[2], daß Ihr, *1401 Juli 15* *da Ihr uns mittheilt que in displicentiam vestram occurrerunt sicut successus prosperos que habetis, uns die Kopie eines Briefes sendet, der pluribus in Italiam geschickt sei[3]; nach reiflicher Überlegung alles dessen, was in Eurem Schreiben enthalten ist, antworten wir, daß indubie sperandum est quod honor magnifice . . . . fraternitatis vestre salvabitur, quod summe gratissimum nobis erit. ‖ De parte 94. non 24. non sinceri 9.*

Vertagungsbeschluß wegen der Wichtigkeit der Antwort. ‖ *De parte 80. non 22. non sinceri 2.*

365. *Erneute Beschlüsse des Raths zu Venedig in der Vergiftungssache. 1401 Juli 28 Venedig.*

1401 Juli 28

Aus Venedig St.A. Deliberazioni, secreta, senato 1, registro 1 fol. 10ᵇ mb. coaev.

Auf Antrag des Dominus dux beschließt der Rath: weil die am 26 Juli beschlossene Antwort an den Hzg. von Mailand[4] de levi continentia ejus, si aliquo modo perveniret ad noticiam novi Imperatoris, posset gravare animum suum ita quod non haberet bene sinceram erga nos, für eine andere Antwort Sorge zu tragen. ‖ *De parte 83. non 31. non sinceri 6.*

1 Minoritätsvorschlag des Dogen: der Anfang der Antwort wesentlich wie in nr. 364; der Schluß: sed examinatis omnibus et mature ponderatis in dictis vestris literis seriose notatis, sperandum est quod honor magnifice fraternitatis vestre salvabitur, quod quippe gratum nobis erit. ‖ *De parte 26.*

2 Minoritätsvorschlag des Benedictus Superancio:[5] der Anfang wieder fast ebenso; dann: Ihr schreibt daß wir den Inhalt der uns gesandten Kopie con displicentia uj vedessemo e intendessemo quanto in quela se contiene sovra i fati de maistro Piero da Tusignano etc.[6] und wir haben auch verstanden, daß Ihr uns schreibt wie Ihr unschuldig seid; in quela letera se contien etiamdio, avemo inteso, quelo scrive ruj aver scrito a li reverendi pari arcivescovi de Magança et de Trieve[7] et a la comunitade de Norimbergo, che tegna vuio quelo fameyo a ço che meyo se possa veder la veritade[8]. Sie hoffen, daß er seine Ehre bewahren werde. ‖ *De parte 2.*

Beschluß auf Antrag des Karolus Geno: der Anfang der Antwort wesentlich wie in nr. 364; dann: respondemus, quod (deus novit) de propriis in vestris literis contentis occursis de novo magnifice fraternitati vestre molestis magnam displicentiam in animo nostro perscnsimus, sicque versa vice non parvam complacentiam habebimus occurrentibus casibus qui honorem magnifice fraternitatis vestro conservent, quemadmodum sperat eadem per illas literas antedictas. ‖ *De parte 69. non 17. non sinceri 7.*

---

[1] *Daß von dieser die Rede ist, ergibt sich nicht ausdrücklich aus dem Wortlaut des Beschlusses, aber aus dem gleichzeitigen Index des Kodex, wo es mit Bezug auf das vorliegende Stück heißt Brevia responsio literalis facta domino duci Mediolani qui significavit infamiam suam publicatam per dominum novum Romanorum regem quod ipsum voluerit venenare.*

[2] *Vgl. nr. 308.*

[3] *Ohne Zweifel (vgl. hier Note 1) von K. Ruprecht, vgl. nr. 303.*

[4] *nr. 364.*

[5] *Ganz ausnahmsweise in diesem Kodex in Italienischer Sprache.*

[6] *Vgl. den Brief K. Ruprechts nr. 308.*

[7] *sic!*

[8] *Vgl. den Brief Johann Galeazzos nr. 306 gegen Ende.*

G. Verhandlung mit Petrus von Lodrone nr. 366-367.

366. *K. Ruprecht an Petrus von Lodrone und die andern Bewohner des Gebietes von Brescia: beglaubigt Johanniolus de Cumis und Reinald von Mainz, welche seine Ankunft in Italien vorbereiten sollen, und fordert zu Gehorsam und Unterstützung auf. 1401 Juli 9 Heidelberg.*

1401
Juli 9

K aus *Karlsr. G.L.A.* Pfälz. Kop.B. 146 fol. 99ᵇ-100ᵃ *cop. chart. coaev.*
M *coll. Martène thesaur. nov. anecd. 1, 1668 nr. 35 mit der Überschrift* Petro de Lodrano et universis in montana Brixiae constitutis.
Regest Georgisch 2, 856 nr. 55 und Chmel nr. 530 aus Martène l. c.; Janssen Frankf. Reichskorresp. 1, 596 nr. 1006 aus Kodex seines Privatbesitzes Acta et Pacta *277-281*.

Rupertus etc. nobili viro Petro de Lodrůno[1] nostro ac sacri imperii fideli dilecto et universis consulibus baronibus nobilibus vicariis potestatibus[a] officiatis ancianis rectoribus judicibus consulibus capitaneis militibus armigeris comunitatibus universitatibus et populis ceterisque sacri imperii subditis fidelibus et devotis in montanea Brixie et in locis ibi vicinis constitutis[b], ad quos presentes perveniunt[b], graciam regiam et omne bonum. quia duce altissimo de proximo partes Ytalie pro imperiali diademate suscipiendo manu potenti de consilio nostrorum principum electorum et quamplurium aliorum subintrare disposuimus dictarum parcium plagas et vulnera possetenus sanaturi, idcirco discretos viros Johanniolum de Cumis magnifici et potentis viri Francisci de Carraria nostri in Padua vicarii et fidelis predilecti servitorem et Reinaldum de Maguncia nostrum familiarem et fidelem dilectum ad vos et quemlibet vestrum duximus destinandos[c], desiderantes quatenus eisdem in dicendis circa hujusmodi nostrum introitum obedienciamque et assistenciam nobis impendendam nostri pro parte fidem credulam adhibere[c] vosque majestati nostre et sacro Romano imperio benivolos et obsequiosos ostendere velitis[d], prout de vobis et quolibet vestrum fiduciam gerimus pleniorem, nobis vice versa ad quovis vobis grata regio more dispositis et paratis. harum sub nostri regii sigilli appressione testimonio literarum, datum Heidelberg 9 die mensis julii anno domini 1400 primo regni vero nostri anno primo.

1401
Juli 9

Ad mandatum domini regis
Job Vener etc.

367. *K. Ruprecht's Anweisung für seine gen. Gesandten sich mit Petrus von Lodrone und den andern Bewohnern des Gebiets von Brescia wegen Befehdung Mailand's in's Einvernehmen zu setzen.* [1401] Juli 9 [Heidelberg].

[1401]
Juli 9

Aus Karlsr. G.L.A. Pfälz. Kop.B. 146 fol. 99ᵇ *cop. ch. coaev.*
Gedruckt Martène Thes. nov. anecd. 1, 1667 zwischen nr. 34 und 35; Janssen Frankf. R.K. 1, 597 nr. 1007 aus Kodex eigenen Besitzes Acta et Pacta *zwischen 277 und 281. — Regest Georgisch 2, 856 nr. 55 und Chmel nr. 530 aus Martène l. c.*

Informacio pro Johanniolo de Cumis et Reinaldo de Maguncia servitore domini nostri regis ad dominum Petrum de Lodruno et alios nobiles communitates et populos in montanea Brixie et in locis ibi vicinia.

a) *M* preslatibus. b) *M* pervenerit. c) *M add.* velitis. d) *om. M.*

[1] *Lodrone im Trientinischen am rechten Ufer des Flusses Chiese nicht weit westlich vom Nordende des kleinen Idrosees.*
[2] *Vgl. F. Odorici Storie Bresciane Vol. 7 pag. 229 f.*
[3] *Vgl. nr. 367.*

[1] Primo debent equitare ad dominum Petrum de Lodrŏno et consequenter ad alios dominos nobiles communitates et populos dicte montanee et circa et ab eis inquirere plene intencionem eorum quomodo se velint habere erga dominum nostrum regem Rupertum Romanum etc.

[2] Item debent a dicto domino Petro aliis dominis nobilibus communitatibus et populis predictis recipere fidem promissionem juramenta et literas sigillatas de obediendo assistendo et juvamen et auxilium tota eorum potencia impendendo domino nostro regi predicto.

[3] Item debent cum domino Petro et aliis prefatis ordinare providere et expedire, quod vie versus Lumbardiam[a] sint dicto domino nostro regi cum exercitu suo aperte prompte et parate, et quod ibidem inveniatur copia victualium quo domino nostro cum exercitu competenti precio vendantur.

[4] Item debent exponere dictis domino Petro et aliis, quod dominus noster rex eisdem confirmare volt[b] suas libertates, quas ab antiquo a Romanis imperatoribus et regibus reportarunt, et se alias eis benivolum et graciosum necnon favorabilem ostendere.

[5] Item dicti Johanniolus et Reinaldus debent prefatis domino Petro et aliis dicere et exponere, quod se disponant et parant[c] omnino cum tota eorum potencia ad invadendum Mediolanensem, ita quod sint prompti et parati dictumque Mediolanensem invadant ad longius seu tardius circa festum Michahelis proxime futurum; tunc enim dominus noster rex prefatus dictum Mediolanensem invadere omnino disposuit.

[6] Item debent loqui cum domino Petro et ceteris prefatis, quod ipsi mittant unum de filiis domini Petri de Lodrŏno et aliquem alium notabilem virum de nobilibus communitatibus et populis predictis ad dominum nostrum regem pro informando et assecurando dominum nostrum nomine eorum de omnibus suprascriptis.

[7] Item ad minus unus eorum, scilicet Johanniolus vel Reinaldus, debent statim reverti ad dominum nostrum regem et ipsum plene de singulis informare.

9 mensis julii.

H. Verhandlung mit Aragonien und Savoien nr. 368-369.

368. *K. Ruprechts Anweisung an Job Vener und Thomas von Endingen, bei K. Martin von Aragonien um die Hand seiner Schwester für seinen Sohn Johann zu werben, und bei dem Grafen Amadeus VIII von Savoien um Hilfe wider Mailand anzuhalten.* [1401 nach Juli 4 Heidelberg[1].]

*Aus Karlsr. G.L.A. Pfälz. Kop.B. 146 fol. 43*a b* cop. ch. coaev.*
Coll. Janssen R.K. 1, 611-613 nr. 1023 aus einem in seinem Privatbesitz befindlichen Kodex. Acta et Pacta zwischen 191 und 197.
Gedruckt moderne lateinische Übersetzung bei Martène coll. ampl. 4, 61-62 nr. 42. –
Daraus Regest Chmel 1138.

a) cod. Lumbardiam. b) w27 ? c) w27 ?

[1] Diese Werbung steht mit der gleich folgenden nr. 369 im Kodex zusammen unter lauter Stücken vom Juli 1401. Beide wie sie zusammenstehen gehören auch zu ein und derselben Gesandtschaft, nemlich der des Job Vener und Thomas von Endingen, auf welche K. Martin am 30 Sept. durch die genannten selbst antwortet. Diese Antwort (bei Janssen Frankf. R.K. 1 nr. 1047 und 1048 und bei uns im Bd. 5 beim Tag zu Augsburg) enthält die Entgegnungen K. Martins sowol auf die in nr. 368 wie in nr. 369 vorgebrachten Punkte. Durch die Antwort erfahren wir auch die Namen der Gesandten. Ihre Absendung von K. Ruprecht fällt nach nr. 381 art. 4 mit großer Wahrscheinlichkeit bald nach Juli 4. Auch der Inhalt paßt zu der Zeit. Von Mainz werden sie wol nicht mehr abgegangen sein, da der König schon am 6 Juli nach Heidelberg ging.

II. Verhandlung mit Aragonien und Savoien nr. 368-369. 441

Werbunge an den konig von Arrogûn von der hirat[a] wegen.

[1] Zum ersten sollent ir erfaren an Johann de Valltorra, als imme von unserz herren des konigs wegen bevolhen wart, von unsers herren son herzog Hannsen wegen zu reden umbe des konigs von Arogun[b] swester, nach dem alz er daz selber gemelet hat, wie ez darumb stande, ob daz dem konige von Arogûn zu sinne si, und wie er rat, daz ir daz furbringen sollent. [1ᵃ] item findent ir dann daz die sachen darnach gestalt sin, so sollent ir mit dem konige reden, daz userm herren dem konige etwaz von einer swester furbracht si und rede fur imme gewest si umbe ein hirad zwuschen unsers herren sûne einem und siner swester. nu belange unsern herren den konig der und aller fruntschaft wol mit dem konige von Arogun, doch sal der eldst son dez konigs von Engellant dochter han, und ist daz getedingt und genzlich beslossen[1]. [1ᵇ] item min herre habe noch einen son herzog Hannsen mit namen und der si darnach der eldste, und sust zwen andere. si dem konige von Arogun zu sinne, so wolle unser herre gerne von der sûne eins wegin umbe eine hirad mit siner swester[2] laßen reden. [1ᶜ] item wollen sie dann umbe die hirat tedingen umbe der andern sone einen, so erfaront, so ir genzlichst mogent, wie viel goltes der dochter zu zugelte werden und volgen moge, und waz ir auch sloße lande und gutere[c] werden und volgen moge. [1ᵈ] item ob die sloße lande und gutere ietzûnt ir sin und in iren handen sten, oder ob sie eins anfalles daran wartende si, und wie ez umbe daz alles eigentlich gelegen si, und besunder ob sie solich sloße lande und gutere moge abekommen zu verkoufen etc., ob ez sie anders gelengte. [1ᵉ] item godenkent dann mit in eins tages zu uberkomen umbe den wissen sondag nehstkompt an solicher stad da ez beiden partien allerboquemlichst si, daz bede herren ire trefflich frunde darauf mit macht schicken von der obgenanten hirad furbaz zu tracteren und zu begriffen.

[2] Item underwegen sollent ir dem von Saphey[3] sagen, daz wir gein Lamparthen ziehen wollen, sunderlich wieder den von Meilan, und unser keiserlich cronunge enphaen, und daz sin zit nû kommen ist wil er sich rechen, und daz er auch darzû sich stelle, und dem markisen von Monferrer[4] daran wise, und daz er bestelle daz nimand durch sin lande gelaßen werde der uns schedelich si, als wir imme wol getruwen und er auch dez dem riche wol schuldig si. [2ᵃ] item daz er unserm herren dem konige gehorsam si, sine wege sine lande und lute uffen, so wolle imme auch unser herre dûn waz imme andere Romische keiser und konige getan haben und sich gnediclich gein imme bewisen etc. [2ᵇ] item ir sollent an in ein entwert fordern: als unsers herren dez konigs botschaft lehst bi imme gewesen ist, wie er sich darumbe beraten habe.

a) cod. hrat. b) cod. unsern Arogun. c) cod. gelen wol durch Verwechslung des Abkürzungszeichens für u und re.

[1] Der formelle Abschluß der Eheverträge fand am 1 Aug. 1401 statt, aber schon anfangs Juli waren die Verhandlungen so weit gediehen, daß der König sagen konnte, es sei eine beschlossene Sache, vgl. Band 5 die englischen Verhandlungen.
[2] Über den Namen der Schwester s. Note zu nr. 317 art. 4; wenn Janssen sie in der Überschrift dieses Stückes und sonst Anna nennt, so scheint er darin nur Hüßer zu folgen.
[3] S. nr. 314.
[4] Theodor II Mgf. von Montferrat 1381-1418.

369. *K. Ruprechts Anweisung an Job Vener und Ritter Thomas von Endingen, bei K. Martin von Aragonien um Hilfe zur See für den Italienischen Feldzug zu werben.* [1401 nach Juli 4 Heidelberg[1].]

Aus Karlsr. G.L.A. Pfälz. Kop.B. 146 fol. 42ᵇ-43ᵃ cop. ch. coaev.

Coll. Janssen R.K. 1, 610-611 nr. 1022 aus einem in seinem Privatbesitz befindlichen [a] Kodex Acta et Pacta 191-197.

Gedruckt moderne lateinische Übersetzung bei Martène coll. ampl. 4, 60-61 nr. 41. — Daraus Regest Chmel nr. 1139.

Werbunge an den kunig von Arogün.

[1] Ir sollent in zum ersten fruntlichen grüßen und sagen, daz wir froᵃ sin, daz ez imme und sinen kinden und sinen landen und luten wol geet als sin bodte daz gesagit hat. und sagent imme auch, daz wir unser husfrauwe und unsere kinde wol mogen, und daz wir ane alles blûtvergießen von gots gnaden vilnach ganze Dutsche land innehan und daz wir ob got wil kurzlich daz uberig teil an uns haben sollen, daz Lamparten uns ruffet und sunderlich die von Florencze, und, were allein der von Meylan nit, wir hofften ganzen keiserlichen gewalt geruglich innezuhan. [2] item ir sollent imme danken daz er sich als fruntlich gein uns erbodten hat und sinen souᵇ ir kunigriche lande und lûte als sin bodte² gesagt hat. und sollen daz erbieten fruntlich von unsern wegen ufnemen als von unsern allerliebsten fründen. [3] item ir sollent auch imme und sine sone uns und alle unser macht erbieten zu allem sime wolgefallen. [4] item ir sollent imme sagen, daz wir willen han und uberkomen sin mit unsern fursten, die mit uns ziehen wollend, uf sant Michels tag gein Lamparten zu ziehen wieder den von Meilan undᵇ unser keiserlich cronunge zu enphaen. [5] item daz wir meinen mit der gots hilf Lamparten wiederzubringen zu sinen wirden und eren und bose geselschaft und andere ubel dinge da zu vertiligen, sunderlich den von Meilan, der aller unseldenᶜ in den landen ein ursach ist, als man uns alle tage von imme clagit. [6] item ir sollent in manen und bitten, daz er zehen galeen oder zum minsten sehs und zwei gewafent schiefe mit sinem admiralle unserm mage Jacobo de Pratis, der auch unser admiralle worden ist, als sin bodte wol weiße, bestelle mit unserm baner uf daz Pysischᵈ mere, die stat von Pyse zu understen zu erlosen und in unser hant zu bringen von dem von Meilan. und sal man zu verstende geben, dieselben galeen wollent ziehen gein Cecilien, daz die viende nit gewar werden. [7] item daz er bestelle, daz die galeen uf dem mere nieman keinen schaden tun dann dem von Meylan. [8] item so sie uf daz mere kommen, daz sie den von Florencze verkundent, daz sie sich uf dem lande auch gein den von Pyso bereiten. [9] item daz dieselben galeen auch den von Genauwe verkundent, daz sie in keinen schaden tun wollent sunder imme und dem riche zu hulfe kommen. [10] item ir sollent erfaren, alz des konigs von Arogün bodte enpholhen ward, daz er an den konig von Arogün werben solte, daz er schuffe daz der konig von Spangenᵈ und der konig von

---

a) cod. fro mit zwei uberhüpfenden Punkten über o. b) von diesem und einschließlich bis Meilan einschließlich in art. 5 fehlt alles im Prager cod. sowie in der lateinischen Übersetzung bei Martène coll. ampl. l. c. c) Janssen unholden (Druckfehler?). d) cod. und Janssen Pysich.

---

[1] Wegen der Datierung s. die erste Note zu nr. 368.
[2] K. Martin von Sicilien.
[3] Johann de Valterra, s. nr. 315 f.
[4] Der König von Kastilien ist gemeint, wie aus nr. 317 art. 3 ersichtlich und aus der Antwort K. Martins vom 30 Sept. 1401 art. 13 bei Janssen Frankf. R.K. 1 nr. 1047, bei uns in Bd. 5. Es war übrigens dem Boten etwas anderes empfohlen, s. nr. 317 art. 2. 3.

Cecilien dem herzogen von Orliens schriebent und er imme auch schriebe, wann unser herre der kunig ire mag were, daz der herzog soliche unwillen abetete den er gein unserm herren dem kunig hette, und daz die obgenanten kunige dem konige von Franckerich dem herzogen von Burgunne dem herzogen von Berry und dem von Burbôn schribent daz sie dem herzogen von Orliens daran wisen wollent: ob dieselbe botschaft also gangen si und waz in darumbe zu antwert worden si, und, ob ez nit geschoen were, daz ez noch geschee alz min herre in wol getrûwe.

L. Verhandlungen mit einzelnen Ständen in Deutschland wegen Kontingents nr. 370-384.

370. *K. Ruprechts Anweisung an Jakob von Cube und Friderich von der Huben, mit der Stadt Köln über ihre Hilfe zum Italienischen Feldzug zu verhandeln, sich aber am 11 Juli wider in Koblenz zu den Münzverhandlungen mit den kurfürstlichen Räthen einzustellen. [1401 Juli 5 Neuhausen¹.]*

Aus Karlsr. G.L.A. Pfälz. Kop.B. 146 fol. 89ᵇ cop. chart. coaev.
Coll. Janssen Frankf. R.K. 1, 608-609 nr. 1020 aus einem in seinem Privatbesitz befindlichen Kodex Acta et Pacta 191.
Gedruckt moderne lateinische Übersetzung bei Martène amplis. coll. 4, 55f. nr. 36. — Daraus Regest Chmel nr. 1114.

Werbunge als Jacob von Cube und Friderich von der Huben an die von Collen tun sollen.

[1] Item sollent sie werben, daz die von Colle unserm herren dem konige ire zale folkes, alz sie vormals andern Romischen keisern und kunigen hinin gein Lamparten gedienet haben, schicken wollen, daz die uf unser frauwen tag nativitas zu latin nehstkompt bi imme zwuschen Augspurg und Münich an dem Leche sin, mit imme also furbaz hinin zu ziehen. und min herre der kunig getruwe in wol sie merern imme dieselbe zale und ergern sie imme nit.

[2] Item sie habent auch einen glaubebrief an min herren von Colle, und sie sollent an dem aberiten zu imme kommen und an imme herfaren, ob er wisse oder herferen habe, mit wievil mit gleven vormals die von Colle audern konigen und keisern gedienet haben. und er sal auch einen oder zwene siner rete mit den vorgenanten hern Jacob und Friderich zu den von Colle schicken, die in die botschaft von mins herren dez konigs wegen helfen werben.

[3] Item und were ez daz die von Colle gelte wolten geben fur solichen dinst, so sal man fur iglichen spiße uf den manat fordern 50 gulden, und bi 45 gulden oder zwuschen funfzig und vierzig gulden, so man daz uf daz meiste brengen mag, verliben.

a) cod. schribent mit zwei schrägliegenden Punkten über i. b) cod. herzog. c) cod. versinnl. d) cod. und Janssen so.

¹ Am 5 Juli 1401 in Neuhausen vor Worms (s. Chmel nr. 631) stellt K. Ruprecht einen Glaubebrief aus für den Wormser Domherrn Jakob von Landenburg und für Friderich zu der Huben, die er nach Köln sendet als von unsers dinsts wegin uns ober berg zu dun, dat. Neuhausen tertia fer. post Udalrici 1401; aus Köln St.A. Kaiserbriefe or. Zu dieser Kredenz gehört unser Stück, das nach art. 5 vor Juli 11 und nach nr. 354 art. 1 nach Juli 4 fallen muß, also ganz passend auf Juli 5. Auch die Stellung im Kodex widerspricht dieser Ansetzung nicht.

[4] Item die von Colle sollent auch, ob man anders uberkomen wirdet, min herren dem kunige daz gelte alz zitlich bevor geben, daz er die soldener damit bestellen moge.

[5] Item die obgenanten* herr Jacob[b] und Friederich sollent auch uf den mandag vor sant Margreten tag nehstkompt zu Cobelentze sin uf einem tage [1], darzů auch der kurfursten rete komen werden, alz von der munze wegen zu reden und genzlich zu uberkomen, daz ez dabi verlibe und gehalten werde, alz min herre und die kurfursten dez vor mit einander uberkomen sin nach lůte der briefe daruber gemacht.

371. *Aufzeichnung über die Verwandlung der 30 Mann mit Glefen, welche Köln dem K. Ruprecht zum Romzug zu stellen hätte, in eine Summe von 9000 Gulden.* [1401 c. Juli[2] *Heidelberg und Köln*.]

Aus Köln. St.A. Eid- und Statutenbuch 1 *nach nr. 59, gleichzeitige Eintragung auf Pergament; bei den Zeichen über u blieb nichts übrig als durchweg das ů anzuwenden; die Überschrift von anderer Hand ist vielleicht etwas später, wol von derselben nachträglich über der Zeile eingesetzt das 1400 ein jair; zu dem ersten drisslich ist am Rand von einer Hand des 15. Jahrhunderts beigeschrieben zwentzich secundum alios. Möglicherweise ist diese Randbemerkung erst 1432 beigeschrieben worden, als es sich um den Beitrag zu K. Sigmunds Romzug handelte, wobei die Kölner von 20 Glefen ausgiengen als sie einen Geldbeitrag von ungenannter Größe leisteten, sich aber verpflichteten, falls sich eine Verbindlichkeit von mehr Glefen herausstellen würde, dann dem König für jede weitere Glefe 30 rhein. fl. abzurechnen von der Schuld die er bei der Stadt gemacht hatte, und zwar 6 Monate lang, also 180 fl. für jede Glefe. Quittung des Königes über den geleisteten Geldbeitrag von 1432 Juni 29 und Urkunde Kölns über jene Verpflichtung von 1432 Aug. 6 folgen in dem Kölner Kodex auf obige Aufzeichnung.*
Gedruckt St.Chr. 12, 336-337 *aus derselben Quelle*.

Nota van dem dienste den unse herren ind ire stat doin sollen as der coenink oever berch umb eine keiserkroene treckt.

Sint[3] na der hant in deme selven jaire 1400 ein jair so gesan coenink Ruprecht an die fursten herren ind steiden, dat si sich darzo stellen ind bereiden weulden mit sulchme dienste as in geboerde ind si deme riche schuldich weren, want hee umbtrint[4] sent Bartholomeys mussen darnae oever berch heen guen Rome zien weulde. also ervoire sich die stat van Coelne zo der zit mit iren eltsten wisten vruinden, dat si eime Roemschen coeninge zo der reisen gen Roime zo zien mit volke schuldich weren zo dienen als mit namen mit drisich mannen mit geleien ind ieckliche geleie niet under drin perden. so untsonnen si sich darup zo maenchen sunden, ind schickden doch int leste ire vrunt mit namen heren Godart vamme Hyrtze ritter rentmeister irre steide heren Herbort Růwen[5] ind heren Arnolt Losschart[6] zo deme coeninge, den si up die zit zoi Heydelberg vunden, umb des besten in den sachen zoi raimen. also oeverqwamen ind verrainpden deselve der stede vruint mit deme coeninge ind sime raide up eine

a) *Jensern obgeschriben.* b) *cod. Jacobs?*

---

[1] Vgl. nr. 384 art. 3. 346 art. 5. 399, *wo dieser Tag auf Juli 18 in Aussicht genommen wird; die königlichen Räthe sollten vielleicht schon früher da sein ehe die officiellen Berathungen begannen.*
[2] *Zur Zeitbestimmung s. die Werbung der kön. Gesandten in Köln nr. 370 nt. 1 und nr. 372.*
[3] *Im Anschluß an den in diesem Band nr. 205 von uns mitgetheilten Kölner Krönungsbericht,* u. m. s. *über die Zeit der Eintragung dieser Aufzeichnung in den Kodex.*
[4] *Ungefähr, s. St.Chr. 12, 425ª.*
[5] *Wurde Weihnachten 1399 in den Rath gewählt, liber registr. sen. 1, 12ª (Cardauns).*
[6] *Tritt zu Johannis 1400 in den Rath ein, liber registr. sen. 1, 12ᵇ (Cardauns).*

somme van nűnthūsent gűlden[1], do si deme coeninge vűr sulichen vűrgnanten dienst
der drissich geleien up ire coat gaen Rome zo voeren ind zo besorgen geven wolden.
ind brachten de ramonge heim an unse herren vammo raide, doch also mit unterscheide:
of unsen herren de sache ind ramonge wale gevele, so mochten si dat angaen; were
des niet, so mochten si de geleien vűr dat gelt senden. so verdroich ein rait darup
mit allen reden[2] ind mit anderen iren vrűinden, die si mit darbi hieschen nao inhehalt
des verbontbriefs[3], ind wurden des eindreichteligen zo raide, dat de nűnthűsent gűlden
besser ind nutzliger gegeiven weren dan dat volk zo bestellen ut uszosenden. ind na
deme id up de zit geleigen was, soe doechte unse herren vammo raide ind iro vrűint
dat gelt verro weigen dat beste und nutzlichste sin.   datum etc.

372. *K. Ruprecht erklärt die Stadt Köln ihrer Verpflichtungen ledig, da sie 9000 Gulden als Ersatz für den schuldigen Dienst über Berg nach der Lombardei zahlen wolle*[4]. *1401 Juli 25 Heidelberg.*

    A aus Köln St.A. ohne nähere Bezeichnung or. wb. lit. pat. c. sig. pend., nach Abschrift des Herrn Stadtarchivar Dr. Ennen; auf der Rückseite noch die Notiz Ein quitancie kuning Ruprechts von 9000 gulden, die he von der reisen over bergh entfangen hait. *Die Zeichen über u werden absichtlich nicht berücksichtigt.*
    W coll. Wien H.H. St.A. Registraturbuch C fol. 52ᵇ cop. ch. coaev. mit der Überschrift Ein quitancie den von Colle geben für nünczusent gulden, die sie mime herren geben hant für solichen dinste, den sie mim herren solten důn uber berg gein Lamparten.
    K coll. Karlsr. G.L.A. Pfälz. Kop.B. 4 fol. 60ᵇ-61ᵃ cop. chart. coaev., mit gleicher Überschrift wie W.
    Regest bei Chmel nr. 588 aus W.

Wir Ruprecht von gots gnaden Romischer konig zu allen zyten merer des richs
bekennen und tůn kunt offinlichen mit diesem brieff: als die ersamen unser und
des richs liebe getruwen burgermeistere rat[a] und burgere zu Colne von sunderlinger[b]
begyrunge und inwendiger liebe wegen, die sie zu uns und dem heiligen rich alltzyt
getruwlichen getragen hain und von guter alter gewanheid, davon sich gar willent-
lich ergeben und erboten habent, uns nu uber berg in Lamparthen hin gein Rome
unser cronunge zu entphaen zu dienen und sture zu dun: so sin wir mit yn uber-
komen, daz sie uns vor solichen vorgenanten dienste zu dun nunedusent gude swere
rinsche guldin gereid geben wollent, damit uns wol gnuget. und want die von Colne
sich vor und nach gein uns und dem heiligen rich getruwlichen und wol bewiset haben,
so sagen wir sie von diesem dinste obgenant und furbass von den nunedusent gulden,
die sie uns vor den dinste gereid geben wollent, gnedentlich und gentzlich lois und
ledich mit crafft diss brieffes, und erkennen furbas, daz unser lieben gotruwen die von
Colne sich in diesen und in allen andern sachen gein uns und dem heiligen Romischen
riche erberlichen und gar getruwlichen gequijt[5] haben, des wir gnedeclichen erkennen

---

    ᵃ) *KW* rate.   ᵇ) *K* sunderlicher.

---

[1] *S. nr. 370 art. 3 und 372.*
[2] *St.Chr. 12, 297 nl. 4 und 12, 298 nl. 1.*
[3] *Laut Verbundbriefs 1396 war bei Beschlüssen über Ausgaben von mehr als 1000 fl. die Zuziehung der von den 22 Zünften gewählten Vierundvierziger erforderlich. Vgl. Ennen 3, 22. (Cardauns.)*
[4] *K. Ruprecht quittiert die Stadt über 9000 fl., statt der persönlichen Dienste beim Zug in die Lombardei bezahlt, 1401 Aug. 6, Regest Chmel 703 aus Wien H.H. St.A. Registr.B. C fol. 55ᵇ; steht auch in Karlsr. G.L.A. Pfälz. Kop.D. 4, 64ᵇ; erwähnt bei Ennen Gesch. d. St. Köln 1, 141 aus Köln St.A., or. wb. c. sig. pend. (letzteres nach Mittheilung von Ennen).*
[5] *Sich quiten, sich quit machen s. Lexer mhd. Wörterbuch.*

und für augen haben wollen; und darumbe sio noch yre stat Colno vorgenant unabe sulches vorgenanten dinstes willen oder waz sich daran erlangen mochte, nainals nit ansprechen noch nit mo furdern lassen wollen oder sollen in dheino wise, cz enwere dann sache, of hernach die von Colne und die andere des heiligen richs frio stedte an dem Rine gelegen uns von rechts wegin icht me dun solten, daz daz dann an disem brieve unschedelich und unubergeben[a] sy. orkunde diss brieffes[b] vorsigelt mit unser koniglichen majestat anhangendem ingesigel, datum Heidelberg in die beati Jacobi apostoli anno domini millesimo quadringentesimo primo regni vero nostri[c] primo.

[in verso] R. Bertholdus Durlach.   Ad mandatum domini regis
                                                           Nicolaus Buman.

373. *Anweisung K. Ruprechts für seinen Gesandten an Kurköln, Wernher von Albich, wegen des Lombardischen Zuges, insbesondere des Soldes, des Kontingents und seines Anschlusses an den König, und der Kanzlei in Italien.* [1401 c. Juli 13 Heidelberg[1].]

*Aus Karlsr. G.L.A. Pfälz. Kop.B. 111 pag. 39 f. cop. chart. coaev., die Überschrift von anderer gleichzeitiger Hand. — Daraus Gießen Univ.-Bibl. Bipontina 351 Diarium ad vitam Ruperti fol. 17ᵃ-19ᵃ cop. ch. saec. 18.
Gedruckt Janssen Frankf. R.K. 1, 92-93 nr. 232 aus Diarium Ruperti, d. h. dem Gießener Kodex.*

Worbunge an den bischof von Collen von des zoges und der cancellie wegen.

[1] Nota. mime herren von Collen[a] wil min herre der kunig sold geben als den andern. und daruf hat er Wernhorn von Albich burggraven zů Strumburg zů imme gesant mit disser nachgeschriebben werbůnge.

[2] Zum ersten sold dů imme sagen, daz min herre der[d] kunig, von des zoges wegen gein Lamparthen zu dun, habe besloßen, daz er uf unser frauwen tag nativitas nehstkumpt meint an der sammenunge und herberge zu sin umbe Ǎuguspůrg uf dem Lechc, und daz er sich meine von Heidelberg zů erheben uf dornstag nach sant Egidien tag[c] daz ist achtage vor dem egnanten unser frauwen tage.

[3] Item daz min herre der kunig imme heißen sagen von des solds wegen als er lehste mit imme zů Meineze redte, daz er imme den wolle laßen angen so er fur Meineze komme, als er zů imme an die egnante sammenunge wolle riden.

[4] Item daz min herre der kunig si zů rade wurden, daz iglicho glevon[e], der er sold geben solle, sal haben zům minsten drů[f] phordo, und sal sin selbander wol gewaphend.

[5] Item daz min herre der kunig meine, wagen mit imme zu foren biß an daz gebirge, und dann dieselben wagen und ander[g] sin geredo uf kleine wagen, die man in dem gebirge spulget[4] zů haben, dun laden und durch daz gebirge laßon zů furen, ob man die andere wagen dahinuber nit geforen mochte.

a) K vanvergeben. b) W brefs. c) KW add. anno. d) cod. do. e) cod. glove mit Überhaken. f) cod. schwerlich dri. g) cod. under wit anschließender Schleife; anders?

---

[1] Der Mainzer Tag ist laut art. 3 vorüber, bis Juli 5 incl. war Ruprecht zu Mainz; wahrscheinlich fällt die Werbung an Kurköln ungefähr um die Zeit des Ausschreibens vom 13 Juli 1401 nr. 349, mit dessen Wortlaut der art. 2 auffallend übereinstimmt (auch art. 6).

[2] Vgl. Verzeichnis der Antworten nr. 388 art. 6.
[3] Im Jahr 1401 fällt nativ. Mar. auf einen Donnerstag, und ebenso Aegidien; der Ausdruck oben ist also nicht ganz in Ordnung.
[4] Spulgen, pflegen, Lexer mhd. W.B.

[6] Item dis habe immo min herro der kunig enboten, daz er sich darnach wisse zu richten, und bitte in fruntlich mit ernste, daz er sich also zu dem zoge wolle rusten und uf die obgnante zit bi imme sin zů Heidelberg oder zů Augspurg, also furbaß mit imme zů ziehen, wann sich min herre der künig genzlich daruf laße.

[7] Item sagent mime herren von Collen, als er grave Emichen mins herren des küniges hofemeister habe geschriben von der canzellio wegen¹ etc., daz habe er an minen herren dem kunig bracht, und der hat uch daruf wider enboten.

[8] Item als er zů Meineze zuschen uch und mime herren von Spire ließ reden, so man uf daz feld queme, so wolte er zuschen uch und mime herren von Spire darumbe laßen reden, und hoffte er wolte uch mit ein vereinigen, daz meine er noch also zů tůn. mochte aber daz nit sin, so wolle er uch io gerne gunnen dabi zu beliben wie dann andere keiser und kunige in dem lande zů Italien die sachen mit ir canzellie gein erzbischofen von Collen haben gehalten und mit gewonheid herkomen si. und min herre der kunig getruwet uwer° Liebe sunderlich und genzlich wol, daz ir in der sachen daran ein gnůgen haben sollent².

[9] Item gedenke auch ein entwert von minem° herren van⁴ Collen vou dissen sachen allen wider zů furdern mime herren dem kunige die wider zů sagen.

374. Der Stadt Speier Kontingent zum Romzug. 1401.

Aus Lehmann chron. Spir.Buch 7 cap. 74 pag. 775, der es einem Manuscriptum „von Sachen die Stadt Speyr belangend" entnommen hat.
Erwähnt Datt De pace imperii publica 168ᵇ nach Lehmann l. c.

Anno 1401 ist kaiser Ruprecht in Italiam wider den herzogen von Mayland gezogen. zu solchem zug hat die stadt Speyrᵃ mit 10 glevenᵇ und an ieder mit 3 pferden gedienetᶜ, monatlich uf iede gleven 29 fl. zalt.

375. Aufzeichnung wegen Versoldung des Zuzugs vom Bisch. Raban zu Speier. [1401 c. Juli 18ᵈ.]

Aus Karlsr. G.L.A. Pfälz. Kop.B. 111 pag. 48 cop. chart. coaev. — Daraus Gießen Univ.-Bibl. Bipontina 351 Diarium ad vitam Ruperti fol. 19ᵃ cop. ch. saec. 18.
Gedruckt Janssen Frankf. R.K. 1, 93 nr. 233 aus Diarium Ruperti, d. h. dem Gießener Kodex.

[1] Nota, daz min herre von Spire of dem zoge gein Lamparthen sal sin in mins herren des kungs sölde, also daz er iem of sine gleven sal versolden 12 pferde, und darzu 9 mit gleven, iegelicher 4 pferde, of sinen lip zu warten, in der maß alz ander sin innigen diener°.

[2] Item und wieviel mit gleven min herro von Spire darüber hat, die sal iem min herre versolden iegeliche mit 3 pferden, alz andern sinen mitridern.

<small>a) cod. aus mit Überbaken. b) dieser ganze Absatz ist am linken Rand mit einer Klammer abgepflegt. c) cod. myren. d) van scheint verbessert aus von. e) gleven hier und weiter unten.</small>

---

¹ Vgl. Ennen Gesch. der Stadt Köln 3, 142, wo aber dom. p. Laur. d. h. Aug. 14 irrig als 4 Aug. bezeichnet ist.
² Daß das Regest von Janssen Frankf. R.K. 1, 100 nr. 246 nicht hierher gehört, s. S. 414 nt. 2.
³ Vgl. nr. 401, worin erzählt wird, daß die von Speier diese Zahl zu mindern gehofft haben.
⁴ Das ungefähre Ikutum ergiet sich hier aus dem Ausschreiben K. Ruprechts vom 18 Juli 1401 nr. 350, indem es sich dort wie hier um die Leibwache handelt.
⁵ S. nr. 385 art. 1. — Eine Vollmacht des Bisch. für 2 gen. Amtleute zur Verwaltung des Stifts als mime herro mit dem konig uber berge gen Rome zoge, dat. 1401 sabb. p. Egidii conf. [Sept. 3], Karlsr. G.L.A. Liber contractuum sub Rabano ep. Spir. fol. 87ᵃᵇ cop. ch. coaev.

376. *Aufzeichnung wegen Dienstes und Soldes Herzog Ludwigs VII von Baiern.* [1401 kurz nach Juli 8¹.]

Aus Karlsr. G.L.A. Pfälz. Kop.B. 111 pag. 54 cop. chart. coaev. — Daraus Gießen Univ.-Bibl. Bipontina 351 Diarium ad vitam Ruperti fol. 23ᵇ-24ᵃ cop. ch. saec. 18. Gedruckt Janssen Frankf. R.K. 1, 93-94 nr. 234 aus Diarium Ruperti, d. h. dem Gießener Kodex.

Herzog Ludewig.

[1] Nota. daz min herre der kunig wil geben minem herren herzog Ludewige of sinen lip und mit zweien hundert pferden des mandes zweitusent gülden, und sal der solt angeen of unser frauwen dag nativitatis anno domini etc. 401ᵃ.

[2] Item sal min herre herzog Ludewig daruber minem herren vören druhundert mit gleven. darof sal iemᵇ min herre der kunig solt geben als andern sinen dienern und mitridern, und sol der solt angeen of den obgenanten unser frauwen tag.

[3] Item sal min herre herzog Ludewig minem herren dem kunge daruber vören funfhundert mit gleven minre oder mere, die iem die Florenezer sollen bestellen in Lamparthenᶜ; von denselben sal iem min herre der kunig solt geben als andern sinen dienern und mitridern. und daz der angee of den dag alz sie die Florenezer bestellen werden, daz ir solt sölle angeen, als man daz in iren briefen vernemen wirt, die sie herof werden wider schriben.

377. *Anweisung für die Botschaft K. Ruprechts an den Burggr. Friderich von Nürnberg in Betreff Soldes und Dienstzeit sowie Schadloshaltung für abgegangene Pferde.* [1401 gegen Ende Juli.]

Aus Karlsr. G.L.A. Pfälz. Kop.B. 111 pag. 9f. cop. chart. coaev. — Daraus Gießen Univ.-Bibl. Bipontina 351 Diarium ad vitam Ruperti fol. 7ᵇ-9ᵃ cop. ch. saec. 18. Gedruckt Janssen Frankf. R.K. 1, 91-92 nr. 231 aus Diarium Ruperti, d. h. dem Gießener Kodex.

Mime herren burggrave Friderichen zu entwerten, alz er enbotten hat von dez soldes wegen.

[1] Zum ersten daz min herre der konig imme davon als zitlichen hatᵈ dün schriben und zu stunt da er andern fursten und herren davon ted schriben ᵃ.

[2] Item als er sinen frunden zu verstan geben habe, als min herre der konig imme auch verschriben habe, daz ic uf zehen mit gleven 250 rinischer guldin den manet gevallen solle, daz allermeniglich zu wenig dunke etc.: item imme darof zu entwerten, daz min herre allermenglichen fursten graven herren und andern, die imme als heupt-

---

a) cod. 201. b) darof sal iem herr. st. den mit von gleicher Hand. c) hier ausgestrichen den, wofür dann die folgende Redeeendung eintrat. d) om. cod.

---

¹ Angesonnen werden dem Herzog 1000 mit Glefen, in dem Verzeichnis der Aufgeforderten nr. 387 art. 2; es stehen ihm angeschrieben 800 mit Glefen in dem Verzeichnis der Antworten nr. 388 art. 2; das Ansinnen in der obigen Aufzeichnung beträgt 200 Pferde und 800 mit Glefen woron 500 mit besonderen Bestimmungen, diese Aufzeichnung fällt daher wol zwischen die Aufforderungen und die Antworten, also Unterhandlung nach 8 Juli 1401.

² Dieß ist, wie aus dem folgenden hervorgeht, das Ausschreiben wegen der Kontingente vom 8 Juli 1401 nr. 348. Wie in der Antwort nr. 388 art. 8ᵃ der Burggraf vorkommt, so war auch an ihn nr. 387 (Aufforderung 11) geschrieben worden. Weil im 2 Absatz oben gesagt ist daß viele der Aufgeforderten bereits wider geantwortet haben, so darf die vorliegende Werbung kaum viel vor Ende Juli gesetzt werden.

lude volke bringen sollen, in derselben maßen geschriben habe, und auch viel imme wiedergeschriben und geentwurt haben, daz sie imme also folke brengen und an solichem solde ein gnugen haben wollen.

[3] Item imme furter auch darof zu sagen¹, daz min herre der kunig mit sinen reten viel rates daruber hette, und meinten ez were einer gleven gnůg gewest mit 20 oder 22 rinischer guldin, und slugen doch of daz dem heuptman uf iede gleve werden solte 25 guldin, und der heubtmann doch ie die gleve mochte gewinnen so or nehst künde, waz dann uberig were daz er daz fur sich zu vollest*ᵃ hette.

[4] Item min herre konne daz nů nit geandern, und were imme auch gar schodelich, darumbe bittet er minen herren den burggraven gar flißlich, daz er sine heuptlude und volke in derselben maßen auch bestellen wolle und daz beste darzu důn, als er imme besunder wol getruwe.

[5] Item so sie gein Nuremberg kommen, so solle in der solte da angeen und auch da uf einen manet bevor geben werden².

[6] Item als sie meinen sich nit kurzer laßen zu bestellen dann of sehs maned und umbe zeruge wieder heime, darinne wolle min herre tůn nach mines herren des burggraven rat.

[7] Item ob eime ein pfert oder we abeginge, und so man hinine gen Lamparten kommen si, dann ducaten zu geben etc.: of die zweie stucke wil min herre mit imme herren dem burggraven auch zu rade werden, waz imme darinne zu tunde si.

378. *K. Ruprechts Anweisung für Eberhard Orlenhaupt, um bei Bisch. Johann VI von Lüttich und den Grafen Wilhelm von Oisterfant Adolf von Cleve Adolf von Berg um Kriegshilfe für den Italienischen Feldzug zu werben.* [1401 c. Juli 8 Heidelberg³.]

Aus Karlsr. G.L.A. Pfälz. Kop.B. 146 fol. 40ᵃ cop. ch. coaev.
Coll. Janssen R.K. 1, 609-610 nr. 1021 aus einem in seinem Privatbesitz befindlichen Kodex Acta et Pacta 191-197.
Moderne lateinische Übersetzung bei Martène amplis. coll. 4, 56 nr. 37; daraus bei Miereis Groot charterboek 3, 750. — Regest Chmel nr. 1115 aus Martène l. c.

Werbunge als Eberhart Orlinheubt mit gelaubesbriefen an den bischof von Ludich den graven von Oisterfant den graven von Cleve und grave Ailffen vom Berge mit minne herren uber berg zů ziehen werben sal.

[1] Item an ir iglichen mit ein selbes libe mit 100 oder 150ᵇ oder 200 mit gleven rittere und knechte wol gewapent geritten und erzuget, mit minne herren uber berg gen

ᵃ) cod. vallest *über ole* vallest, *gemeint ist* vollrich. ᵇ) Janssen 100.

¹ Das obige Stück ist also nicht Entwurf zu brieflicher sondern Anweisung zu mündlicher Antwort.
² Vgl. die Randnote im Verzeichnisse der Antworten nr. 388 zu art. 6'. 7'. 8'.
³ Das Stück steht in Kodex nach der Werbung an Köln vom 5 Juli 1401 (nr. 370), es folgen darauf die Werbungen an Braunschweig und Hessen, die wir nur allgemein nach Mai 6 datieren konnten (nr. 329. 330), dann die Werbung an Osterreich vom 10 Juli nr. 356 und weiterhin lauter Stücke aus dieser Julizeit um den RT. zu Mainz. Der Inhalt der Instruktion weist auch auf diese Zeit nach den Romzugsbeschlüssen dieses Reichstages: der Termin, Sammelort, Sold des Zuges sind bereits bestimmt. In den Verzeichnissen der Aufgeforderten nr. 385 und nr. 387 stehen drei der oben Genannten nicht, wol aber steht der Gf. von Osterfant in nr. 385 art. 16 und im Verzeichnis der Antworten nr. 388 art. 31 mit 100 Glefen. Vor diese Antwort fällt also unser Stück. Es wird, alles zusammen genommen, nicht unrichtig sein, anzunehmen, daß die Gesandtschaft mit dem Erlaß der übrigen Aufforderungen, also ca. Juli 8, etwa gleichzeitig stattfand.

[1401
c. Juli 8] Lamparten zu ziehen. [2] item den wolle min herre solt geben iclichem manets iclicher
gleven als ander solichem sime folke. [3] item daz min herre sich zu sant Bartholo-
Aug. 24 meus tag nehstkumpt zu dem zoge erheben wolle und of nativitas Marie nehstkumpt
Sept. 8 zuschen Munchen und Augsburg an dem waßer dem Leche mit sime* folke sin also
furbas zu ziehen. [4] item wie viel ieder gleven einen manet soldes werden solle
und an welicher stat der solt angen solle¹, des ist er underscheiden zu bieden ᵇ und
zu bliben, so er beste getedingen und eß finden konne nach der underscheidunge.

1401
Aug. 29 **379.** *K. Ruprecht bevollmächtigt Ritter Schwarz Reinhard von Sickingen Landvogt im
Elsaß, mit Stadt Basel wegen Dienstleistung zum Romzug zu verhandeln.* 1401
Aug. 29 Amberg.

> W *aus Wien H.H. St.A. Registr.B. C fol.* 87ᵇ *cop. chart. coaev., mit der Überschrift*
> Ein gewaltzbrieff dem Swarczen Reinhart zu teidingen mit den von Basel umb die stuͤre
> von den zugen wegen gein Lamparten.
> K *coll. Karlsr. G.L.A. Pfälz. Kop.B.* 4 *fol.* 101ᵃ·ᵇ *cop. ch. coaev., mit derselben Über-
> schrift.*
> *Regest bei Chmel nr.* 886 *aus W.*

Wir Ruprecht etc. bekennen offenbar mit diesem briff: daz wir Swarcz Rein-
hart von Sickingen rittere unserm lantfaud in Elsaß ᶜ und lieben getruwen unser volle
gewalt und ganz maht geben hann und geben im die auch in craft dis briffes, mit
unsern lieben getruwen burgermeistern und rate der stat zu Basel von unsern wegen
zu tedingen und zu uberkummen als von des dinstes wegen, den sie uns itzunt zu
unserm lieben herg uber berg gein Lamparten dun sollen. und waz der egenant Swarcz
Reinhart also mit in tedinget ofnimmet und beslußet von unsern wegen, und in daruber
sinen versigelten briff git, daz wollen wir auch genzlichen also halten und dabi bliben
ungeverlichen. orkund dis briffes versigelt mit unserm kuniglichem majestat-ingesigel,
geben zu Amberg of den nehsten mendag nach sant Bartholmeus dage in dem jare als
1401
Aug. 29 man zalt nach Cristi geburte vierzenhundert und ein jare unsers richs in dem andern
jare.

        Ad mandatum domini regis
         Johannes Winheim.

1401
Sept. 28 **380.** *K. Ruprecht bevollmächtigt denselben für genannte Schweizerische Orte.* Innsbruck
1401 Sept. 28.

> *Aus Karlsr. G.L.A.* Pfälz. Kop.B. 4 *fol.* 113ᵃ·ᵇ *cop. ch. coaev. und Wien H.H. St.A.*
> Registr.B. C fol. 97ᵇ-98ᵃ *cop. ch. coaev. — Daraus Regest bei Chmel nr.* 983.

K. Ruprecht bekennt, daß er seinem Landvogt im Elsaß Schwarz Reinhard von Sickingen Rit-
ter, seinem lieben Getreuen, Vollmacht gegeben hat, von seinetwegen zu teidingen und zu überkommen
mit den Städten Bern Zürich und Solothurn und den Thälern Schwyz Uri und Unterwalden und
ihren Eidgenossen, um Dienst und Hilfe zu thun wider Johann Galeatz Gfn. von Virtu und deren
1401
Sept. 28 Helfer, und verheißt, alle Abmachungen des Genannten zu vollführen. Dat. Innsbruck Mi. vor S.
Michaelis 1401. Unterschrift Ad mandatum domini regis ‖ Nycolaus Buman.

a) Jussern eyns. b) cod. bliden? Jussern bliden. c) W Elsals.

¹ *Vgl. nr.* 387 *die dort aufgestellten verschie-
denen Rubriken.*
² *Neben dieser Verhandlung giengen die um*
*Anerkennung von Seiten der Schweizer selbständig
einher, s. dieselben unter den Anerkennungen beim
Tage zu Augsburg in Bd.* 5.

381. *K. Ruprecht bevollmächtigt denselben für Bisch. Wilhelm IV von Sitten und dessen Bruder den Walliser Landvogt. Innsbruck 1401 Sept. 28.* [1401 Sept. 28]

Aus Regest mit Verweis auf das vorhergehende Stück nr. 380 in Karlsr. l. c. fol. 113ᵇ und Wien H.H. St.A. l. c. fol. 98ᵃ. — Daraus Regest bei Chmel nr. 984.

Derselbe gibt in derselben Form Vollmacht demselben, mit dem Bisch. zu Sitten und dem Landvogt zu Waldiß dessen Bruder zu tädingen und zu überkommen um Dienst und Hilfe wider den von Mailand. Dat. wie nr. 380. Unterschrift Ad mandatum domini regis ‖ Nycolaus Dunan. [1401 Sept. 28]

382. *K. Ruprechts Anweisung an Schwarz Reinhard von Sickingen und andere, ungenannte[1], zu Verhandlungen mit Bisch. Humbert von Basel der Stadt Basel und den Schweizern über seine Anerkennung als König und Hilfe wider Johann Galeazzo von Mailand, wogegen Ruprecht zwischen den Schweizern und Österreich vermitteln will.* [1401 Juli 29 Heidelberg[2].] [1401 Juli 29]

Aus Karlsr. G.L.A. Pfälz. Kop.B. 146 fol. 46ᵃ⁻ᵇ cop. ch. coaev.
Coll. Janssen R.K. 1, 615-617 nr. 1029 aus einem in seinem Privatbesitz befindlichen Kodex Acta et Facta 201.
Moderne lateinische Übersetzung bei Martène amphiss. coll. 4, 65-67 nr. 45. — Daraus erwähnt bei Chmel unter nr. 886 vom 29 August.

Werbunge an den bischof und stat zu Basel und an die Swytzer mit hern Swartz Reinhart von Sickingen et aliis.

[1] Zum ersten mit in zu reden: als mine herre der konig sin botschaft etwie dicke habe bi in gehabt sie zu ermanen und zu ersuchen daz sie inme als einem Römischen konige gehorsam⁾ worden etc., also begere und vorder er aber, daz sie im gehorsam werden hulden und dün alz sie eime Römischen konige schuldig sin und billich dün sollen. [1ᵃ] item so wolle min herre in auch gerne ire gnade und friheit, die sie von dem heiligen riche haben, bestetigen und verbriefen als andern dez richs stetten, ußgenommen ob in kunig Wentzlauwe icht von nuwem hette geben.

[2] Item und were ez daz sie daz wolten tün und ufnemen, so sollent ir dann mit in reden: alz sie wol wißten wie der von Meylan dez richs güt in Lamparthen innehabe und die die zu dem riche gehören zumale großlichen beschetze und beswere wieder got und wieder recht, davon auch daz riche zumale verderplich werde, und anders vil unlustes begangen wieder die heilige kirche und daz riche, also wo daz nit understanden werde, daz dann die kirche und daz riche zumale möchtent vertrucket werden; und alz sie daz auch wol mogen vernommen han, wie der von Meilan understanden habe minen herren denᵇ⁾ konige umbe sin leben zu bringenᶜ⁾. [2ᵃ] item und

a) cod. gehorsam. b) Janssen unsern herren dem.

[1] Die Anweisung geht, wie die Überschrift im Kodex sagt, an Reinhard von Sickingen et aliis, also gehört sie nicht zu der Vollmacht vom 29 Aug. 1401 nr. 379, die an ersteren allein geht; sie gehört vielmehr zu einer Gesandschaft vom 29 Juli 1401 (s. Bd. 5 Tag zu Augsburg), wo außer Reinhard von Sickingen noch Johann von Preußen und Volmar von Wickersheim genannt werden als bevollmächtigt zu Unterhandlungen mit den auch in unserm Stück Genannten um Anerkennung K. Ruprechts. Wahrscheinlich hatten dieselben noch eine Vollmacht zur Hilfswerbung ähnlich nr. 380; diese besitzen wir aber nicht. Das Stück steht im Kodex nach Verhandlungspunkten vom 20 Juli 1401 (nr. 363). Daß es nicht zur Vollmacht vom 29 Aug. gehört, folgt auch aus art. 13 hier, wo erst die Vorlagen zu den auszustellenden Privilegien erbeten werden: diese Privilegien wurden am 28 und 29 Aug. ausgestellt (s. Chmel nr. 881 f.). Ebenso paßt der übrige Inhalt (z. B. art. 2ᵃ kürzlich) mehr zu Juli 29 als zu Aug. 29.
[2] S. nr. 303 ff.

[1401
Juli 29] daz herumbe zu troste und wiederbringunge der heiligen kirchen und dez richs min
herre der konig zu rade si worden kurzlich uber berg gein Lamparten und of den von
Meylan zu ziehen und auch sin keiserlich cronunge zu enphaben. [2ᵃ] item begere
und bitte er sie, daz sie imme zu sin zoge wollen zu dinst kommen alz sie andern
Romischen keisern und kunigen haben getan, und besunder imme uf den von Meylan
und wieder den getruwelich beholfen sin, als er in des auch genzlich getruwe.
[2ᶜ] item so wolle min herre sie auch getruwelichen als ander des richs stette verant-
wurten und versprechen zu iren rechten.

[3] Item die andern stette und eitgenoßen die in den Switzer tale gehorent, die
nit dem riche schuldig sint zu hulden, daz man mit den doch gutlichen und ernstlichen
rede und biede, daz sie mine herren dem konige dienen und helfen wieder den von
Meilan als vor geschriben stet. [3ᵃ] item und in auch zu sagen, daz in min herre
darumbe allwegen wolle deste gnediger sin, und den iren, die in des richs lande und
straßen wandeln und kaufmanschatz triben, deste furderlicher geleiden und fur zu sin,
und in in allen sachen deste gnediger und gunstiger wolle sin.

[4] Item ob die stette und eitgenoßen wurden gesinnen, daz min herre ein bunt-
niße mit in angeen solte etc.: item daruf sal man entwerten den stetten die min
herren von des richs wegen schuldig sint zu hulden, daz des nit noit si, dann, wann
sie imme gehorsam werden und gehuldet haben, so si es von imme selbe, das er in
dann schuldig si sie zu verentworten und in beholfen zu sin zu iren rechten als andern
des richs stetten.

[5] Item ob dieselben stette so verre kemen und dann uber die helfe einen sunder-
lichen brief furderten, daz man in daruf auch glimplich entwert, daz daz auch nit not
si, diewile min herre in doch einen guden bestetigungsbrief geben wirdet als andern des
richs stetten.

[6] Item den andern eitgenoßen die nit des richs sint, ob sie buntniße furderten,
den gutlichen zu entwerten, daz des auch nit noit si, wann wer imme ietzunt in sin und
des richs sachen und sunderlich wieder den von Meylan gunstig und beholfen si, so si
min herre in solicher maßen und habe imme daz selber also vorgenommen, daz er daz
nummerme vergessen wolle und die des allwege in allen sachen laßen genießen und gein
in zu bedenken als daz auch wol billich si.

[7] Item ob sie wurden furdern, daz in min herre solte beholflich sin wieder den
herzogen von Osterrich etc.: item daruf sal man entwerten, daz mime herren der von
Osterich itzunt gehorsam si und wolle auch imme helfen und sin straßen offenen wieder
den von Meylan und auch suß, und daz minem herren darumbe nit endoge noch ge-
fuglich si zu dieser zit kein furwort daiune zu tun, als sie selber wol versten, wann
dor von Osterich dez richs furste si. dann mine herre der wolle gerne mit ganzem
fliße und ernste dazuschen reden und werben, daz ein gutliche stallunge zuschen in ein
zit gemacht werde. und in der zit, so ime unser herre got herwieder uß von Lam-
parten gehelfe, so wolle er in beidersit gutlich gelegenlich tage fur sich selber beschei-
den, und hoffe zuschen in zu reden und zu tedingen, daz sie owige süne und frunt-
schaft mit ein halten und gewinnen sollen. und hoffe, der von Osterich solle imme
vaste darinne volgen, und dez getruwe er in auch wol.

a) em. ced. und Jansen. *b)* Jansen doz. *c)* ced. und Jansen des richs. *d)* irem? abgekürzt. *e)* ced. und
Jansen sagen. *f)* irem? abgekürzt. *g)* Jansen minen; ced. abgekürzt.

¹ Vgl. nr. 352.
² Die Ablehnung obiger etwa an den König ge-
stellter Forderung hatte noch spezielleren Grund,
den der König hier füglich nicht anführt, nemlich
den art. 5 der Urkunde vom 2 Juli 1401 nr. 353.

[8] Item und ob die stedte also zu gehorsamkeit kommen wolten, daz sie dann ire frunde zu stunt schicken zu mim herren mit abschriften von iren bestetigunge die sie hant von Romischen keisern und konigen (uſgenommen konig Wentzlauws briefe) und die ir gein den heuptbriefen verhoret habent daz sie sten alz dieselben besiegelten briefe. und ir sollent auch abschrift mit uch bringen. und daz ir in dann zusagent, daz in min herro in derselben maßen bestetigungsbriefe wolle heißen geben, doch daz darin gesetzet werde: hette in konig Wentzlauwe icht von nuwem geben, daz daz kein craft oder maht sal haben.

[9] Item worden sie dann vaste daran haben, daz in mine herro konig Wentzlaws briefe die redelich weren solte bestetigen: item daruf sollent ir antworten: daz sie dieselben konig Wentzlaws briefe oder abschrift davon mit iren frunden zu mime herren schicken; waz dann redelich und nicht wieder daz riche si, da getruwent ir, min herro solle ez in von nuwem geben.

383. *K. Ruprechts Anweisung für Graf Friderich von Leiningen und Johann Kemmerer von Dalberg, auf der Reise nach Frankreich in Metz zu verweilen, um mit dieser Stadt und womöglich auch mit Toul Verdun und Cambray über seine Anerkennung als König und Hilfe zum Romzug zu verhandeln.* [1401 Sept. 18 Schongau¹.]

[1401 Sept. 18]

Aus Karlsr. G.L.A. Pfälz. Kop.B. 146 fol. 48ᵃ ᵇ cop. chart. coaev.
Coll. Janssen R.K. 1, 624-626 nr. 1036 aus einem in seinem Privatbesitz befindlichen Kodex Acta et Pacta *199.*
Gedruckt moderne lateinische Übersetzung bei Martène ampliss. coll. 4, 69 f. nr. 47; daraus erwähnt bei Chmel nr. 968.

Gedechtniß von der von Metze wegen.

[1] Zum ersten sendet unser herre der kunig den obgenanten sine frunden ein gemeine bestetigunge der friheidbriefe etc., alz die von Metze hant von Romischen keisern und kunigen, und einen glaubsbrief an dieselben von Metze, der uf die obgenanten unsers herren frunde stet.

[2] Item und gevellet unserm herren wol, daz sin botden egenant, die gein Franckerijche werden riten, uf dem wege gein Metze zu kommen und die sach mit in vollenden.

[3] Item wolten die von Metze an dem obgenanten bestetigungsbrief nit ein genüegen hân, daz danne unsers herren frunde mit in tedingen und einer forme mit in

a) *om. cod. und Janssen.* b) *cod. abgekürzt.* c) *om. Janssen.*

¹ Am 18 Sept. 1401 in Schongau ist eine Vollmacht für die beiden Genannten zur Entgegennahme der Huldigung von Metz ausgestellt (s. übernächste Note). Das Stück steht im Kodex nach einer Werbung an Frankreich, die wahrscheinlich vom gleichen Tage ist, (bei Janssen Frankf. R.K. 1 nr. 1027 und bei uns in Bd. 5) und vor nr. 256 in diesem Bande vom 20 Juli, worauf lauter Stücke vom September folgen. Auf die eben erwähnte Werbung an Frankreich bezieht sich unser Stück gleich mit den Worten den obgenanten sin frunden, dann in art. 2. 9. 11. Der Inhalt paßt sehr gut zu der angesetzten Zeit: art. 1 erwähnt einen Bestätigungsbrief für Metz; ein solcher ist am 18 Sept. entworfen (s. folgende Note); art. 6 spricht von dem Hzg. Ludwig als Reichsvikar, wozu er am 13 Sept. ernannt wurde; art. 5 zeigt den König im Begriff nach Italien zu ziehen.

² Litera confirmacionis civitatis Metensis, ausgestellt maturo principum baronum procerum et fidelium nostrorum accedente consilio, Schongawre 18 Sept. 1401 a. r. 2, ad mandatum domini regis Nicolaus Buman, am Rand gleichzeitig und wol von derselben Hand non transivit, steht in Karlsr. G.L.A. Pfälz. Kop.B. 5 fol. 43ᵃ. Auch ebenda Pfälz. Kop.B. 143 pag. 112 f. und Wien. H.H. St.A. K. Rupr. Registr.Buch A fol. 40ᵇ, Reg. Chmel nr. 969 aus Wien und Janssen Frankf. R.K. 1, 624 nr. 1034 aus Pfälz. Kop.B. 143, beide mit der Bem. daß am Rand steht non transivit.

[1401 Spt. 18] uberkommen, wie sie dunket redelich und zitlich sin, und in darfur sprechen, daz unser herre der kunig in also vertigen sollen als sie dann uberkommen werden.

[4] Item werdent unsers herren frunde darumbe mit in uberein, und daz die von Metze unserm herren wolten gehorsam sin und hulden, so sollent grave Friederich und Johann Kemerer obgenant die huldunge an unsers herren des kunigs stat von in enphahen, als er[a] in auch des sinen machtbrief[1] hiemit schicket, der uf sie zwene oder ir einen sagit.

[5] Item werden die von Metze also ire huldunge tûn, so sollent unsers herren frunde darnach niet[b] in reden, wie unser herre der konig ietzunt uber berg ziehen und willen habe mit der gots hilfe sine keiserlich cronunge zu enphaen, darzû imme auch andere stette des heiligen richs gar willeclich und merclich zu sture und zu staten sin kommen, und daz sie darumbe unsern herren herinne auch ein sture und hulfe wollen tun, daz stee in wol an, und machen unsern herren in allen sachen deste geneigter zu in etc., wie dann unsers herren frunde dunket, daz die sache allerbequemlichst und treffelichst an die von Metze zu bringen si.

[6] Item und wolten sie uns also etwaz sture oder schenke tûn, so sollen unsers herren frunde in zusagen, daz unser herre und sin vicario von sinen wegen die sache von Fritze Hoffemans[c] wegen wollen ufslahen, biß daz unser herre der kunig wieder heruß zu Dutschen landen kompt.

[7] Item geben die von Metze icht gelts, daz solt man wenden an unsers herren des kunigs schult in Beyern, wo ez dann allernotdurftigst were.

[8] Item wer' ez daz an die egenanten unsers herren frunde icht rede quomo von der von Toll der von Verdûn und Cambrey wegen, daz sie unserm herren auch wolten gehorsam werden und teidingen von ire friheit wegen, mochten dann unsers herren frunde sich als lange zu Metze gesumen, daz sie daz auch zu einem ende brechten, daz gefiele unserm herren wol, und so mochten sie dieselben friheit bestetiget und versiegelt nemen von unserm herren herzog Ludewig dem vicarien, und demselben oder wem er ez enphulhe huldunge[c] tûn an unsers herren stat, biß daz er wieder heruß zu Dutschen landen queme.

[9] Item und wie unsers herren frunde scheiden von Franckerich und auch von den egenanten von Metze oder den andern stetden, daz sollen sie unsern herren den konig zu stunt eigentlich laßen wißen, daz sich unser herre darnach in andern sachen moge gerichten.

[10] Item wisten mins herren rete icht bessers in diesen sachen, wie sie dann mit einander zu rate und uberein worden, dem mogent sie nachgen.

[11] Item werden unsers herren frunde obgenant uf dem wege gein Franckrich, oder als sie daselbst liegen werden, icht gewar daz wieder uns were, und sie duchte daz ez uns zu onbieten were, daz sie daz dûn und sich keiner botschaft daran laßen.

a) *cod. und Janssen ir.* b) *cod. mit übergeschriebenem e.* c) *cod. huldung.*

[1] *Litera potestatis data Friderico comiti de Lyningen et Johanni de Talburg ad recipiendum consueta juramenta a ciribus Metensibus, ex magister und 13 scabini und communitas: vecil er selbst certis nostris et imperii sacri agendis gegenwärtig verhindert ist, bevollmächtigt er den nobilis Frid. comes de Lyningen und den strennuus miles Jo. Camerarius de Dalburg seine Ruthe und lieben Getreuen (ipsis et cuilibet eorum), juramenta pro-* staro curetis; *Schongau 19 Sept. 1401 a. r. 1* [soll heißen 2], *ad mandatum domini regis Nicolaus Buman. Im Karlsr. G.L.A. Pfälz. Kop.B. 5 fol. 43b, auch Pfälz. Kop.B. 143 pag. 113 und Wien H.H. St.A. Registraturb. A fol. 41a. Regest Chmel 968 aus Wien, und Janssen 1, 624 nr. 1035 aus Kop.B. 143.*
[2] *Vgl. Chmel nr. 1896. 1907.*

384. *Notizzettel betreffs Verhandlungen zum Romzug, Münztages zu Koblenz und Quit-* [1401]
tungen. [1401] Juli 4¹ [Mainz]. Juli 4

Aus Karlsr. G.L.A. Pfälz. Kop.B. 8¼ cop. ch. coaev., wo dieser Zettel von kleinerem
Quartformat von. coaev. lose einlag, von oben nach unten in der Mitte durchgerissen;
der art. 2 wagrecht durchstrichen, die übrigen artt. bis auf 4 schräg von oben nach
unten durchstrichen.

[1] Item ein erber botschaft zu den von Collen zu tůn von des zoges wegen, als
sie gelt darvor geboden hant zu geben².

[2] Item erber botschaft zu tůn an den bischof von Triere von sines stiftes
wegen.

[3] Item min herre sin frunde zů* haben zů Cobelencze von der munza wegen [1401]
von hute mantag sant Ulrichs tag uber virzehen tage, daz wirdet of den nehsten man- Juli 6
tag nach divisio apostolorum. Juli 18

[4] Item eine botschaft dem konige von Arragůn zu tůn³ umb hulfe gen Lam-
parten zu dem zoge⁴.

[5] Item briefe zu geben Reinhart herren zu Westerburg umb zweihundert gulden.
[5ᵃ] item her Friederich von Sassenhusen hundert. [5ᵇ] item her Rumean hundert.
[5ᶜ] item her Wernher von Leyen hundert. allen of sant Martins tag nehstkumpt zu [1401]
bezalen⁴. Nov. 11

[6] Item daz man zu stunt sende nach Hansen von Mittelnburg⁵.

K. Verzeichnisse der beiden Leibwachen nr. 385-386.

385. *Verzeichnis der Leibwache des Königs für den Romzug. [1401 c. Juli 18 Heidel-* [1401
berg.] c. Juli 18]

A gereinigtes Verzeichnis: aus Karlsr. G.L.A. Pfälz. Kop.B. 111 pag. 55-60 not. chart. coaev.;
bei den in art. 130 steht die ausgestrichene Notiz summa des hofegesindes 156 mit gleven, die Zu-
sammenzählung ist, den Handschriften der einzelnen Posten nach, gemacht worden, als das Verzeichnis
mit art. 128 schließt, und dann erst worden die folgenden hinzugefügt bis zum Schluß. — Daraus
Gießen Univ.-Bibl. Bipontina 851 Diarium ad vitam Ruperti fol. 24 f. cop. ch. saec. 18. — Gedruckt
Janssen Frankf. R.K. 1, 97-98 nr. 239 aus Diarium Ruperti, d. i. der Gießener Kodex.

B vorläufiges Verzeichnis: aus Karlsr. l. c. pag. 61-66 not. chart. coaev. — Daraus Gießen
l. c. — Gedruckt Janssen l. c. 97-99 nr. 238. 240. 241. 242 aus dem hier wol ebenfalls unvollständi-
gen Gießener Diarium. Über die Behandlung der zwei Stücke und die Zeichen im Druck s. die Ein-
leitung zu diesem Reichstage lit. K.

a) cod. schlichs ausgestrichen. b) cod mit neuem Alinea Item of sant Martins tag nehstkumpt ausgestrichen.

¹ Das Datum ergibt sich aus den im Stücke berührten Angelegenheiten, speziell aus art. 3.
² nr. 370.
³ nr. 368.
⁴ art. 5-5ᶜ kommen inhaltlich ebenso vor in der Aufzeichnung nr. 340 art. 6.
⁵ Hängt wol zusammen mit nr. 362 ff. oder Schuld- briefen an den genannten, Vogt und Pfleger zu Hohentrüdingen, dem K. Ruprecht 6900 fl. ungarisch schuldet und Bezahlung an dem nächstkommenden Christtage über ein Jahr verspricht, ohne Datum, in Karlsr. G.L.A. Pfälz. Kop.B. 149ᵇ fol. 34ᵃ-35ᵇ cop. ch. coaev., durchstrichen und ib. fol. 56ᵇ-57ᵇ durchstrichen. Vgl. auch nr. 385 art. 9 und 20'.

A. Gereinigtes Verzeichnis.

Disse nachgeschriben sollent mit ir selbs libe uf minen herren warten mit der zal als hernach geschriben.

[1] Item min herre von Spire salbzehendo mit gleven.

[2] Item grave Emich der hofemeister salb-16 mit gleven.

[3] Item grave Gunther von Swarczpurg mit sin selbs libe und mit der zall pherdo als man imme fur geben hat.

*[4]† Item grave Friederich von Veldencze mit sin selbs libe und mit der zall pherdo als vor.

[5] Item grave Hanman von Bitsche auch mit sin selbs libe und mit als vil pherden als der graven einre.

[6] Item grave Friederich von Bitsche mit sin selbs libe salbander mit gleven.

[7] Item jungher Ludeman von Lichtenberg mit sin selbs libe und mit als vil pherden als der graven einre.

[8] Item᙭ grave Johann von Spanheim der junge mit sin selbs libe und als vil pherden als der andern graven einre.

[9] Item grave Hug vom Heiligenberge mit sin selbs libe und als vil pherden als vor.

[10] Item der junge von Winsperg mit sin selbs libe und als vil pherden als fur.

B. Vorläufiges Verzeichnis.

[Disse nachgeschriben sollent uf mins herren lib warten*.]

[130'] Item grave Friederich von Veldencze mit 20 gleven.

[125'] Item her Hanman von Bitsche mit 20 gleven.

[127'] Item jungherr Symond von Bitsche mit 10 gleven.

[124'] Item juncher Friederich von Bietsche 2 gleven.

[126'] Item jungherr Hans von Lichtenberg mit 20 gleven.

[128'] Item jungher Ludeman von Lichtenberg mit 10 gleven.

[131'] Item der von Königstein mit 40 gleven.

[132'] Item jungherr Reinhard von Hanauwe mit 10 gleven.

[133'] Item jungher Hans von Hanauwe mit 10 gleven.

[134'] Item jungher Johan von Kaczeneln-bogen mit 30 gleven.

[135'] Item der junge grave von Wertheim mit 20 gleven.

[156'] Item grave Hûg vom Heilgenberge salb-6 mit gleven.

[136'] Item der junge von Winsperg mit 10 gleven.

*[4'] † Item der junge von Winsperg.

[137'] Item grave Bernhard von Eberstein* mit 5 gleven.

*[11] Item jungher Friederich von Ossenstein mit sin selbs libe etc.

*[12] Item grave Johann von Liningen mit sin selbs libe und mit als vil pherden als der graven eine.

[13] Item grave Bernhard von Eberstein mit sin selbs libe und als vil pherden als fur.

[14] Item grave Heinrich von Lewenstein mit sin selbs libe und als vil pherden als der graven eine.

*[15] Item jungher Friederich wildgrave zu Dune.

*[16] Item der von Osterfant 100 mit gleven.

*[17] † Item herr Gerhard von Croppsberg.
[18] † Item herr Diether Steffen.
[19] † Item herr Albrecht Goler.
[20] † Item herr Eberhard vom Hirßhorn.
[21] † Item herr Hans von Erlekeim.

[22] Item Schencke Eberhard der junge.
[23] † Item herr Hans von Rosenberg.
[24] † Item herr Hans Wallenroder.
[25] † Item herr Hans Truchsesße.

[26] Item der junge Goezo ⎱ von Alesteheim.
[27] Item der junge Beringer ⎰
[28] Item Rafan Mertin.
[29] Item Hans von Mittelburg.
[30] Item Goezo ⎫
[31] Item Hans ⎬ von Berlichingen.
[32] Item Engelhard ⎭
[33] Item Zureh von Steten.
[34] Item Lupold von Seldenecke.

[35] Item Hans Marschalke.
[36] Item Henchin ⎱ Wamfild^c.
[37] Item Syfrid ⎰
[38] Item Wernher Knebel.

[39] Item Wernher herr Otten son.

[12⁸] Item jungher Friederich von Ossenstein mit 10 gleven.   [1401] e. Juli 18]

[5'] Item der junge von Eberstein.

[13⁸] Item der von Lewenstein mit 4 gleven.

*[24'] † Item Heinrich von Lewenstein¹.
[66'] Item juncher Friederich wildgrave zü Thune.

*[7'] Item her Diether von Hentschuchsheim.
[8'] Item her Gerhard von Cropsberg.
[9'] † Item her Diether Stefen.
[10'] Item her Albrecht Göler.
[11'] † Item her Eberhard vom Hirezhorn.
[12'] 0 † Item her Hans von Erlenckheim.
[13'] Item Schenck Eberhard der alte.
*[14'] Item Schenk Hans^a.
[15'] Item Schenck Eberhard der junge.
[16'] † Item her Hans von Rosenberg.
[17'] † Item her Hans Wallenroder.
[18'] † Item her Hans Drocheoß.
[19'] † Item der Schencke von Limpburg.
[1'] Item der junge Göcz ⎱ von Adelsheim.
[2'] Item der junge Beringer^b ⎰
[3'] Item Rafan Mertin.
[20'] † Item Hans von Mittelburg.
[21'] † Item Goeze ⎫
[22'] † Item Hans ⎬ von Berlichingen.
[23'] † Item Engelhart ⎭
[24'] † Item Zurich von Stetten.
[25'] † Item Lupold von Seldenecke.
*[26'] † Item Engel Grumüt.
[27'] † Item Hans Marschalk.
[28'] 0 † Item Henchin ⎱ Wamolt^c.
[29'] 0 † Item Syfrid ⎰
[30'] † Item Wernher
*[31'] † Item Gerhard ⎱ Knebel.
[32'] † Item Wernher her Otten son ⎰

a) dieser Posten ist auf dem Rand zu art. 30' und 32' beigesetzt. b) Beringer hertig, von einer gleicher Hand st. Eberhart. c) ist Wamholt in art. 37 des zweiten Anforderungsschreibens der zum landeutschen Zuge aufgeforderten.

¹ Wol derselbe mit dem vorhergenannten.

[40] Item Hans der alte
[41] Item Hans der junge
*[42] Item Erpho
*[43] Item Diether
[44] Item Heinrich
[45] Item Conrad
} von Veningen.
} von Hornbach.

[46] Item Jorge von Friberg.
[47] Item Reinhard von Helmstad.
[48] Item Cune Alheim.
[49] Item Gerhart* Voezer von Rimpach.

*[50] Item Heinrich von Helmstad.
*[51] Item Swicker von Sickingen.
[52] Item Heinrich von Sickingen.
[53] Item Ruprecht
[54] Item Diether
} Munche.
[55] Item Arnold von Rosenberg der junge.
*[56] † Item Hans von Helmstad zû Aspach.
[57] Item Conrad von Rosenberg.

[58] Item Cunczeln¹ von Rosenberg.

[59] Item Blicker Lantschade.
[60] Item Hirte von Sauwelnheim.

[61] Item Frieze von Hirezperg.
[62] Item herr Orten son von Wingarthen.

[63] Item Berthold° vom Nuwenhuse.
[64] Item Rafan
[65] Item Eberhard
*[66] † Item Wiprecht
} von Menczingen.

[67] Item Ussenkeim.
[68] Item Heinrich Wolgemud von Nyeffern.
[69] † Item herr Sure von Gilthelingen.

[70] Item der junge Marschalko von Oberndorff.

*[68'] † Item her Otte Knebel
[33'] † Item Hans der alte
[34'] † Item Hans der junge
[35'] † Item Erffe
[36'] † Item Diether Kese
[37'] † Item Heinrich
[38'] † Item Cunrad
*[39'] † Item Heinrich von Erenberg.
} von Venyugen.
} von Horrenbach.

[40'] † Item Jorge von Frijberg.
[41'] † Item Reinhart von Helmstat.
[42'] 0 † Item Cûn Alheim.
[43'] † Item Gerhart Voezor von Rimpbach.
*[93'] † Item Eberhard Veezer.
[44'] † Item Heinrich von Helmstad.
[45'] † Item Swiker von Sickingen.
[46'] † Item Heinrich von Sickingen.
[47'] 0 † Item Ruprecht Munche.
[48'] 0 † Item Diether Münche ᵇ.
[49'] † Item Arnold von Rosenberg der junge.
[50'] † Item Hans von Helmstad zû Aspach gesessen.
[104'] 0 † Item Cunrad von Rosenberg der junge.
[51'] † Item Cunczeln¹ Cunczen son von Rosenberg.
[52'] † Item Bliker Lantschade.
[53'] † Item Hirt von Sauwelnheim.
*[87'] † Item Hans Kopp von Sauwelnheim.
*[55'] † Item Eberhart
[56'] † Item Frieze
} von Hirezberg.
[57'] † Item her Orten von Wingarten sone.
[105'] † Item Hans herr Orten sun von Wingarten.
[58'] † Item Bechtold vom Nuwenhuse.
[59'] 0 † Item Raven
[60'] 0 † Item Eberhard
[103'] 0 † Item Wyprecht ᵈ von Mentzingen.
*[6'] Item her Wiprecht der junge.
[61'] † Item Ussekeim.
[62'] † Item Heinrich Wolgemût von Nyefern.
[63'] † Item her Cunrad Sûre von Gilt-lingen°.
[64'] † Item der junge Marschalk von Oberndorff.
} von Menczingen.

a) von anderer Hand korrigiert st. Eberhard. b) darunder nicht ausgestrichen oder ausgestrichen Item Raven von Helmstad?]. c) in art. 63 ist Berthold sicher, ebenso in art. 58' Bechtold. d) überzuschreiben oder das y. e) cod. Giltslingen.

¹ Ist hier wol kein Datio sondern die Verkleinerungsform st. Kunzlein, Kunzelin.

[71] Item Albrecht von Esschelbach.	[65'] † Item Albrecht von Esselbach.
	[67'] † Item Heinrich von Fleckenstein genant Grosscher.
	*[69'] † Item her Crafft von Altendorff der junge.
	*[70'] † Item Arnold Slieder[b].
	*[71'] † Item her Diemer von Ryfenberg.
[72] Item Endrijs von Wiler.	[72'] † Item Endris von Wiler.
	*[73'] † Item her Heilman von Plrůmheim.
*[73] Item herr Johans son von Stockheim.	[74'] † Item her Johann von Stockeim sone.
[74] Item herr Syfrid vom Steine.	[75'] † Item her Syfrid vom Steyne.
[75] Item desselben herrn Syfrids sůne einer.	
*[76] Item Johann von[c] Schonenbůrg herrn Syfrids dochtermann.	[76'] † Item Johann Schonenburg sin dochterman.
[77] Item Johann[c] oder Gerhard[d] vom Steine.	[77'] † Item Johann oder Gerhard vom Steyne.
[78] Item Johann von Lewenstein.	[78'] † Item Johann von Lewenstein.
	[79'] † Item Wiprecht von Hoenort.
[79] Item Diether Balgan.	[80'] † Item Diether Balgan.
[80] Item Eberhard von dem Nůwenhuse.	[81'] † Item Eberhard von Nuwenhuse.
	*[82'] † Item Hans von Steyneneclingen[f].
[81] Item Ort Kemmerer.	[83'] O † Item Ort Kemerer.
[82] Item Wernher Winther.	[84'] † Item Wernher Winther von Aleczey.
[83] Item Hans Schade von Dirmstein.	[85'] † Item Hans Schade von Dirmstein.
	*[86'] † Item her Hans von Ruperßburg.
*[84] Item Jacob ⎫	[88'] † Item Jacob ⎫
[85] Item Philippe ⎬ von Udenheim.	[89'] † Item Philipe ⎬ von Uodenheim.
[86] Item Diele ⎭	*[90'] † Item Herman ⎭
	[106'] † Item Diele von Udenheim.
	*[91'] † Item Wilhelm Ruße.
*[87] Item Brenner von Strůmbůrg.	[92'] O † Item Brenner von Strůmburg.
[88] Item Hans Wintherbecher*.	[95'] † Item Hans Winterbecher.
*[89] Item Otto Feißte von Schonenburg.	[96'] † Item Ott Feißte ⎫ von Schonen-
[90] Item Eberhard von Schonenburg.	[97'] † Item Eberhart ⎭ burg.
*[91] Item Johann von Smedeburg.	[98'] † Item Johan von Smideburg.
*[92] Item Hans von Thann.	[99'] O † Item Hansen[1] von Than.
[93] Item Hans Kemmerer salbander mit gleven.	[100'] † Item Hans Kemmerer.
	*[101'] † Item Wolff von Meckenheim.
	*[102'] † Item Gerhart von Meckenheim.
*[94] Item Henne Wirburg von Benßheim.	[107'] † Item Henne Wirburg von Benßheim.
[95] Item Henne von Hattenheim.	[108'] † Item Henne von Hattenheim.
[96] Item Harmud Beyer von Bupparthen.	[109'] † Item Hartman Beyer von Bopparthen.

a) Grosscher? b) vor Arnold stand der junge, dann ausgestrichen. c) die 2 ersten Buchstaben sind sehr durchstrichen, das Wörtchen muß aber doch gelten; in Syfrids ein Zeichen über y auf ohne Bedeutung. d) oder Gerhard und Stern beziehbar, weil durchstrichen. e) Hohenart doch nicht. f) cod. Steyneselingen. g) cod. Winterbecher.

[1] Siehe die Note zu art. 116'. 117'. 138'.

[97] Item Hanmann von Winheim.
*[98] Item Hartmann Ulner.
[99] Item Conrad von Veningen.
[100] Item Eberhard vom Nuwenhuse der junge.
*[101] Item Conrad von Sickingen.

[102] Item Bernold von Talheim der alte.

[103] Item Gerhart[b] von Talheim der junge.

*[104] Item Reinhard Frije.
[105] Item Friederich von Schadehusen.
*[106] Item Wilhelm } von Angelach
*[107] Item Eberhard } gebrüdere.

*[108] Item Engelhard } von Frauwen-
*[109] Item Wilhelm   } berg.
*[110] Item herr Gerhard von Büchsecke[c].

[111] Item Schimph von Giltelingen.
[112] † Item herr Wernher Nothafft.
[113] Item Eberhard von Gemmyngen.
*[114] Item Fritsche Horter.
[115] Item Eberhard von Landauwe.

[116] Item Wolff von Gravenecke[d].

[117] Item Albrecht Wolffsteiner.

[118] Item Jacob Wolffsteiner.
*[119] Item Albrecht Freudenberger.
[120] † Item herr Hermann Breytensteiner.
*[121] Item der Drütlinger ritter[e].
[122] † Item ber Conrad von Pfalheim.
[123] Item Goeze Zenger.
[124] Item Albrecht Nothafft.
[125] Item Lenhard Dorn[f].
[126] † Item herr Heinrich von Hehenrijd.
[127] Item Albrecht von Tanheim.

[110'] † Item Hanman von Winheim.
[111'] † Item Hartman Uller.
[112'] † Item Cuncz von Veningen.
[113'] † Item Eberhart vom Nuwenhuse der junge.
[114'] † Item Conrad von Sickingen.
*[115'] † Item Ludewig von Sickingen
[116'] † Item Bernolt[a] von Talheim dem alten[1].
[117'] † Item Bernolt von Talheim dem jungen[2].
[118'] † Item Reinhart Frijen[3].
[119'] † Item Friderich von Schadehusen.
[120' und 121'] † Item Wilhelm und Eberhart von Angelach gebrüder.
*[54'] † Item Eberhart von Angelach[4].
[122'] † Item Engelhart von Frauwenberg.
[123'] † Item Wilhelm von Frauwenberg.
[139'] Item herr Gerhard von Büchsecke mit 40 gleven.
[140'] Item Schympho[d] von Gildlingen.
[142'] Item her Wernher Nothafft.
[143'] Item Eberhard von Gemmyngen.
[144'] Item Fritz Herter.
[145'] Item Eberhard von Landawe mit 8 pferden sal hofegesinde sin.
[146'] Item Wolff von Gravenock mit 4 pferden.
[147'] Item Albrecht Wolffsteiner mit 4 pferden sal hovegesinde sin.
[141'] Jacob Wolffsteiner.
[148'] Item Albrecht Freudenberger.
[149'] Item her Herman Breitensteiner ritter.
[150'] Item der Drutlinger.
[151'] Item Conrad von Pfalheim.
[152'] Item Goeze Zenger.
[153'] Item Albrecht Nothafft.
[154'] Item Lenhart[g].
[157'] Item her Heinrich von Hehenriet.
[155'] Item Albrecht von Thanheim.

a) cod. Bernolt oder Pernolt. b) Gerhart korrigiert von anderer Hand statt Bernold. c) cod. Büchsecke? d) Schympho ist korrigiert ost von gleicher Hand al. das urspr. her Stare, vgl. art. 69. 88°. e) cod. Grævenecke? f) die ganze Zeile ist im cod. ausgestrichen, eine Anzahl darunter angebrachter schiefer Strichlein scheint jedoch die Ausgabe widerherstellen zu sollen. g) vor Lenhart ausgestrichen h.

[1] [2] [3] Diese Datire (auch in art. 99') zeigen an, daß dieses Verzeichnis die Adressen enthält für das Ausschreiben K. Ruprechts mit der Aufforderung zum Eintritt in seine Leibwache vom 18 Juli 1401 nr. 350.

[4] Vielleicht ein Zweiter desselben Namens wie art. 121.
[5] Vgl. art. 135.

[128] Item Conczo von Richartshusen [a].
[129] Item Eberhart von Nyperg [b] der junge.
[130] Item Hanman von Sickingen des viczdums sone.
[131] Item einer von Bümersheim.
[132] Item der vom Steinhuse von der Nůwenstad.
[133] Item Gocz Mörer.
[134] Item her Johan von Kronenberg mit zwein gleven.
[135] Item der Druttlinger rittere [1].
[136] Item her Hans Zenger.

386. *Verzeichnis der Leibwache der Königin für den Romzug.* [1401 c. Juli 18 *Heidelberg.*]

Aus Karlsr. G.L.A. Pfälz. Kop.B. 111 pag. 79 not. chart. coaev.; im Druck bezeichnet ein Stern den ausgestrichenen Artikel. — Daraus Gießen Univ.-Bibl. Bipontina 851 Diarium ad vitam Ruperti fol. 30ᵇ-31ᵃ cop. ch. saec. 18.
Gedruckt Janssen Frankf. R.K. 1, 99 nr. 243 aus Diarium Ruperti l. c.

Diese nachgeschriben sollent of min frauwen warten.
[1] Item Schenck Eberhart der alte 3.
[2] Item der Kempnater selb 3 gleven.
[3] Item Wilhelm Reidenbucher 2 mit gleven.
[4] Item Engelhart Grůman.
[5] Item der Pullinger der alte.
[6] Item der junge Pullinger.
[7] Item Kasper Zenger.
[8] Item Hans Parsperger.
[9] Item Ottel Keezdurffer.
[10] Item Kreiße.
[11] Item Drůschel.
[12] Item Jorge Stromayer.
* [13] Item Ortel.

L. Verzeichnisse der zum Romzug aufgeforderten Reichsstände nr. 387.

387. *Verzeichnisse der zum Romzug aufgeforderten Reichsstände.* [1401 c. Juli 8 *Heidelberg* [a].]

Aus Karlsr. G.L.A. Pfälz. Kop.B. 111 pag. 25-27. 31-36; die im Kodex ausgestrichenen Artikel sind im Druck mit * bezeichnet. — Daraus Gießen Univ.-Bibl. Bipontina 851 Diarium ad vitam Ruperti fol. 24 f. cop. ch. saec. 18.
Gedruckt Janssen Frankf. R.K. 1 nr. 230. 226. 228. 229 aus Diarium Ruperti l. c.

a) so (oder verschrieben Rithartshusen, wie der Kodex eigentlich hat) von anderer gleichzeitiger Hand korrigiert statt Bechershusen. b) übergeschrieben a über dem y.

[1] Vgl. art. 121.
[2] Die einzelnen Posten der sämmtlichen Aufforderungsverzeichnisse sind im Abdruck fortlaufend durchnumeriert in eckigen Klammern vor jedem Absatz. Die Vergleichungsnummern am Schluß der einzelnen Absätze beziehen sich auf die entsprechenden Namen der Antwortsverzeichnisse nr. 388 und 389, welche ebenfalls fortlaufend durchnumeriert sind. Übrigens stehen nicht alle Aufgeforderten auch unter den Antwortgebern, und umgekehrt. Von den 7 Aufgeforderten in art. 21. 28. 31. 32. 33. 43. 56, welche ausgestrichen sind, findet sich art. 31 in den Antwortsverzeichnissen gar nicht, art. 43 als bereitwillig aber krank, die übrigen als solche angegeben die nicht kommen wollen. Von den Antwortgebern ist art. 24' aus-

[1401
c. Juli 8]

Zeichniß von den zogen wegen gein Lamparthen, were mit minem herren ziehen sol, und wer beschriben oder verbotschaft ist minem herren zu dinst zů kummen und volk zu bringen ¹.

[1. *Verzeichnis derjenigen, welche eine besonders lautende Aufforderung erhalten haben [1401 c. Jul. 8].* ²]

[*1*] Zum ersten herzog Lůpolt von Osterrich sal mit minem herren ziehen mit sin selbis libe mit dusent mit gleven als daz mit iem uberkommen ist. [*vgl. 1'.*]

[*2*] Item herzog Ludewig von Beyern ª sal minem herren for-n dusent mit gleven. und sal iem min herre solt geben als andern sinen fründen und mitridern als hernach geschriben stet. [*vgl. 2'.*]

[*3*] Item dem bischof von Straßburg ist geschriben, daz er mit minem herren wölle ziehen mit sin selbis libe mit hundert mit gleven. so wil iem min herre solt geben als andern sinen fründen und mitridern. und daz er darůmb komme gein Heidelberg of Jacobi so wölle min herre mit iem von den sachen of ein endo reden. [*vgl. 4'.*]

[*4*] Item ª ist geschriben herzog Bernhart und herzog Heynrich von Brunswig und von Lunenburg, daz ir einer mit sin selbs libe wolle mime ᵇ herren zu dinst kommen mit hundert oder zweien hundert oder alz viel sie ufbringen mogen mit gleven. so wolle in min herre uf hundert mit gleven 2500 guldin zu solde geben. und sal der solte angeen, so sie fur Erfůrt kommen oder dabi in dem gemerke. item ᶜ hat er in auch geschriben, daz sie etwiemanichen schutzen bestellen umbe solt an die ege-nante samenunge bringen.

[*5*] Item ist in derselben maßen geschriben herzog Otten von Brůnswig und erz-bischof zu Bremen, mit hundert mit gleven oder als vil er ufbringen mag.

[*6*] Item in der maßen ist geschriben herzog Otten von Brunswig dem jungen, mit hundert mit gleven oder ᵈ als vil er ufbringen mag.

[*7*] Item hat er dem bischof von Verden abschrift gewant, alz er den egenanten geschriben hat, und in geboten, daz er imme zweue vier oder sechs hauptlute in den landen wolle bestellen, die imme bringen 100 oder 200 mit gleven oder alz viel sie uf-bringen mogen. so wolle er in solte geben als andern etc. [*vgl. 5'.*]

ª) *mit Item andere Hand und neue Zeile.* b) *cod. mym mit Überhaken, wymme!* c) *mit Item ebenso in der hs., ist doch nur ein, sichtlich erst nachträglich eingeschobener Zusatz zu dem vorhergehenden Absatz.* d) *oder mit einem Strich durch die drei ersten Buchstaben, aber ohne Korrfel gültig.*

gestrichen und ein dubitatur angesetzt, derselbe Oetingen erscheint in art. 41' als zögernd mit der Antwort. Ob von art. 52' noch definitive Antwort nach der zweifelhaften eintraf, sieht man nicht. Im zweiten Verzeichnis der Antwortgeber erscheint art. 38' als zögernd mit der endgiltigen Antwort, im ersten Verzeichnis der Antwortgeber hat unter art. 21' derselbe Spanheim doch noch zugesagt; daraus geht hervor, daß unser zweites Verzeichnis der Antwortgeber eine vorläufige Aufzeichnung ist, welcher unser erstes Verzeichnis mit der Berechnung und Summierung der Kontingente folgte, und in der Handschrift steht es daher auch voran. Bei art. 16. 17. 22. 23. 26. 27. 38. 40. 41. 45. 51. 54 ist zu der Aufforderung gleich mehr oder we- niger bestimmt die Antwort nachträglich und kurz hinzugefügt; die genannten kehren alle in den be- sonderen Antwortsverzeichnissen wider; die Zusage stimmt aber nicht immer mit der Anforderung.

¹ Ist die Überschrift zu den sämmtlichen hier nachfolgenden Stücken, von denen wir nur das allgemeine Formular vom 8 Juli 1401 (unsere nr. 343) außer der Reihe abgedruckt haben um mehr Übersichtlichkeit zu erzielen. Jenes allgemeine Formular steht im Kodex hinter dem Verzeich- nisse 2ª.

² *D. h. wol um dieselbe Zeit wie das von diesem Tag datierte allgemeine Formular.*

³ *Vgl. die Aufzeichnung über die besondere Ver- handlung mit ihm nr. 376.*

[2. Verzeichnisse derjenigen, welche aufgefordert wurden durch das allgemeine Formular [1401 c. Juli 8] von 1401 Juli 8 nr. 348.]

[a. Solche, deren Sold mit der Ankunft vor Nürnberg beginnt.]

Item in diser hienachgeschriben forme¹ ist geschriben den hienachgezeichenten.

[8] Item margrave Balthasar landgrave in Doringen etc. ist geboten umbe sinen son mit 100 gleven, und 2500 gulden zu solde anzuzogen so er vor Nurenberg komet.

[9] Item margrave Wilhelm von Mijssen dem eltern, mit 100 gleven, und 2500 gulden zu solde anzuzogen so er vor Nurenberg kommet.

[10] Item margrave Wilhelm und margrave Friderich von Miissen gebruderen, umbe 100 und 200 mit gleven, und 2500 gulden of 100 gleven zu solde anzuzogen so sie vor Nurenberg kommet.

[11] Item burgrave Friderich von Nurenberg², mit 500 gleven, und 12500 gulden zu solde anzuzogen so er gein Augspurg in die herberge kommet. [vgl. 8'.] auch ist dem burgraven geschriben, daz er die Swaben, die bi im zu Elwangen waren, bestelle; so wolle min herre iglichem heuptman io uf zehen mit gleven 250 rinischer gulden geben⁵.

[12] Item grave Günther mit 40, 60 oder 80 mit gleven, und uf 40 mit gleven 1000 gulden zu solde anzuzogen so er vor Nurenberg komme. [vgl. 9'.]

[b. Solche, deren Sold mit der Ankunft bei Augsburg beginnt.]

[13] Nota. in der egenanten forme³ ist geschriben marggrave Hessen von Hochberg ümb 30 mit gleven, und 750 gulden zu solde.

[14] Item grave Bernhart von Eberstein ümb 6 mit gleven, und 125 gulden zu solde. [vgl. 10'.]

[15] Item grave Heinrich von Lowenstein ümb 4 mit gleven und 100 gulden zu solde. [vgl. 11'.]

[16] Item dem jungen von Winsperg Conrat umb 10 mit gleven, und 250 gulden zu solde. der wil kummen⁶. [vgl. 12'.]

[17] Item dem bischof von Wirczburg ümb 100 mit gleven, und 2500 gulden zu solde. der wil kommen⁶. [vgl. 3' und 32'.]

[18] Item Friederich herre zu Heideke ist geboten in der egenanten forme umbe sinen son mit 10 gleven, und 250 gulden zu solde.

[19] Item Friederich Schencke herre zu Lympurg ist geboten in der egenanten⁴ forme mit 10 gleven, und 250 florin zu solde. [vgl. 15'.]

[20] Item⁰ herr Bürckart von Knöringen ritter 10 mit gleven oder mo etc.

a) im cod. lautet auch. b) am. cod. c) die Bem. der u. b. ist aus anderer Tinte, aber auf von derselben Hand nachgetragen. d) cod. egenant. e) dieser letzte Absatz scheint von anderer aber gleich. Hand; von einer dritten Hand sind auch die art. 18. 19.

¹ Es folgt das allgemeine Formular vom 8 Juli 1401 nach diesem Verzeichnis 2ᵃ, dieses ist also gemeint.

² Gehört eigentlich in das Verzeichnis b und steht nur wegen des Rangverhältnisses hier, oder aus Misverstandnis, weil er von Nürnberg aussicht, wo den andern der Sold beginnt, während dieser für ihn erst in Augsburg eintritt. Vgl. auch die Verhandlung mit ihm über den Sold von 1401 gegen Ende Juli nr. 377.

³ Folgt auf das allgemeine Formular vom 8 Juli 1401 nr. 348. — Da hier in der Überschrift sowol als bei den einzelnen Aufgezählten kein Anfang des Soldes genannt ist und dieses Verzeichnis gleich auf das gen. Formular folgt, so ist anzunehmen, daß die Worte des letzteren das er solte angee wann dü zü uns an die egenante herberge kummet (nemlich in Augsburg) hieher zu beziehen sind, was auch zu den Entfernungen der hier aufgezählten wie des in das Verzeichnis a verirrten Burggr. Friderich von Nürnberg paßt.

[1401
c. Juli 8]
[c. *Solche, deren Sold mit der Überschreitung des Rheins beginnt.*]

In der obgeschriben forme¹ ist geschriben den hernachgezeichenten, und daz ir solt angen solle wann sie uber Rin kommen als sie an die herberge wullen riten.

*[21] Item Gerhart von Blankenheim herren zu Kastelberg ûmb 60 mit gleven, und 1500 gulden zu solde⁵. [vgl. 45'.]

[22] Item grave Friderich von Veldeneze ûmb 20 mit gleven, und 500 gulden zu solde. der wil kummen mit 10 gleven⁵. [vgl. 16'.]

[23] Item grave Hanman von Bitsche ûmb 20 mit gleven, und 500 gulden zu solde. der wil kummen mit 10 gleven⁵. [vgl. 17'.]

[24] Item grave Symont von Bitsche ûmb 10ᶜ mit gleven, und 250 gulden zu solde.

[25] Item juncher Hanse von Lichtenberg umb 20 mit gleven, und 500 gulden zu solde.

[26] Item juncher Ludeman von Lichtenberg ûmb 10 mit gleven, und 250 gulden zu solde. der wil also kummenᵈ. [vgl. 18'.]

[27] Item grave Johan von Lyningen herren zu Rucksingen ûmb 30ᵉ mit gleven, und 750ᵉ gulden zu solde. der wil also kummenᵈ. [vgl. 19' und 35'.]

*[28] Item juncher Emmich von Dûn herren zum Obernstein ûmb 10 mit gleven, und 250 gulden zu solde. [vgl. 44'.]

[29] Item juncher Philips von Dûn herren zum Obernstein ûmb 10 mit gleven, und 250 gulden zu solde.

[30] Item juncher Friderich von Ohssenstein ûmb 10 mit gleven, und 250 gulden zu solde. [vgl. 20'.]

*[31] Item Gerhart herren zu Bolchen und zu Useldingen ûmb 20 mit gleven, und 500 gulden zu solde.

*[32] Item Cunrad herren von der Sleide ûmb 20 mit gleven, und 500 gulden zu solde. [vgl. 50'.]

*[33] Item Dietherich von Dûn herren zu Bruche ûmb 20 mit gleven, und 500 gulden zu solde. [vgl. 40'.]

[34] Item grave Philipps von Nassauw mit 20 gleven, 500 gulden zu solde anzugeen so er fur Heidelberg kumpt.

[35] Item grave Johann von Katzenelnbogen mit 30 mit gleven, 750 gulden zu solde. [vgl. 42'.]

[36] Item grave Johan von Spanheim der ᶠ junge mit 10 gleven oder wie iem gevellig ist etc. [vgl. 21' und 38'.]

[37] Item Albrecht Freudenberger wil minne herren 10 mit gleven furenᵍ. [vgl. 27'.]

[d. *Solche, deren Sold mit der Ankunft vor Wirczburg beginnt.*]

Nota. in der obgenanten formeᵃ ist geschriben den dieʰ hienach gezeichent sten, und sol ir sold angen so sie fur Wirczpurg komen¹.

[38] Item grave Johann von Wertheym ist gebeten umbe sinen son mit 20 gleven, und 500 florin zu solde. der wil also kummenʰ. [vgl. 22' und 57'.]

a) die Einträge in den Verzeichnis sind von verschiedenen Händen. b) und d) die Brm. der v. k. m. 10 gl. und der v. also k. sind von gleichartiger Hand nachgetragen, und zwar von derselben wie in dem vorhergehenden Verzeichnisse. c) radiert aus 20. e) heißt zuerst 20, und 50, rol denn es 30 and 750 verbessert vom derselben Feder welche die Bemerkungen über den Kommen betreffend. f) dort scheint herr aus dem. g) furen! furen! h) am. cod i) vom versch. Händen geschriebenes Verzeichnis. h) der Brm. der wil etc. sind von gleich. Hand nachgetragen und zwar von derselben wie in den vorhergehenden Verzeichnissen. auch in nr 40, 41, 43, 44, 54.

¹ Nach dem allgemeinen Formular vom 8 Juli 1401 nr. 348.

² D. h. wider nach dem allgemeinen Formular vom 8 Juli 1401 nr. 348.

L. Verzeichnisse der zum Romzug aufgeforderten Reichsstände nr. 387. 465

[39] Item grave Ludwig von Rinecko ist geboten umbe sinen son mit 10 gleven, [1401 *c. Juli 8]* und 250 florin zu solde.

[40] Item Reinhart herren zu Hanauw mit 10 gleven, und 250 gulden zu solde. der wil kummen oder sin bruder. [vgl. 23' und 33'.]

[41] Item Johann herren zu Hanauw mit 10 gleven, und 250 gulden zu solde. der wil kummen oder sin bruder. [vgl. 23' und 33'.]

[42] Item Ebirhard und Gerhard von Buchnawe*a* mit 100 oder 200 mit gleven der ritterschaft uß der Buchen, und uf 100 gleven zu solde 2500 gülden.

*[43] Item Gotschalk von Buchenauwe ritter mit 10 gleven, und 250 gülden zu solde. [vgl. 34'.]

[44] Item Frowin von Hotten ritter 10 mit gleven, 250 gulden zu solde. [vgl. 52'.]

[45] Item Rorich von Eysenbach 6 mit gleven, 150 gülden zu solde. der wil also kummen. [vgl. 28' und 36'.]

[46] Item Conrat von Sliez 6 mit gleven, und 150 gulden zu solde.

[e. Solche, deren Sold mit der Ankunft vor Frankfurt beginnt.]

Dieser nachgeschriben [1] solde sol angeen so sie fur Franckfurt komen*b*.

[47] Item Johan von Ysenburg herren zu Budingen*c* mit 20 gleven, und 500 gulden zu solde. [vgl. 25'.]

[48] Item grave Johan von Solms mit 10 gleven, 250 florin zu solde.

[49] Item Philipps von Falkenstein herre zu Mintzenberg mit 40 gleven, und 1000 gulden zu solde. [vgl. 26'.]

[50] Item Reinhart herre zu Westerburg mit 10 gleven, und 250 gulden zu solde.

[51] Item Gerhart von Bussecke ritter mit 40 gleven, und 1000 gulden zu solde. der wil kummen mit sin selbs libe und bringen als vil er mag. [vgl. 53'.]

[52] Item Johan von Breydenbach ritter mit 10 gleven, und 250 gulden zu solde. [vgl. 55'.]

[53] Item Gerlach von Breydenbach ritter 10 gleven, und 250 gulden zu solde. [vgl. 55'.]

[54] Item Johann von Cronenberg ritter 10 gleven, und 250 gulden zu solde. der wil also kummen. [vgl. 29' und 43'.]

[55] Item Adolph grave zu Nassauw und zu Dietsche 20 mit gleven, und 500 gulden zu solde.

*[56] Item grave Johanns von Seyne mit 10 gleven, 250 florin zu solde anzugen so er fur Mencz kumpt. [vgl. 39'.]

[57] Item grave Heinrich von Wilnawe mit 10 gleven etc.

[f. Solche, deren Sold mit der Ankunft vor Nürnberg beginnt.]

Dieser nachgeschriben solde sol angen so sie fur Nurenberg komen*d*.

[58] Item grave Heinrich von Hennenberg mit 60 mit gleven, 1500 gulden zu solde. [vgl. 56'.]

[59] Item grave Friederich von Hennenberg mit 40 mit gleven, und 1000 gulden zu solde.

a) cod. Buchnawe *b* oder Buchnawe, beeinträchtigt ved Buchaawe. *b)* von verschiedenen Händen geschribenes Verzeichnis. *c)* cod. Budigen. *d)* von verschiedenen Händen geschribenes Verzeichnis.

[1] *Es ist zwar in dieser Überschrift nicht gesagt, daß auch an diese das Formular vom 8 Juli 1401 gerichtet worden sei; dieß ist aber aus dem Zusammenhang in der Handschrift unzweifelhaft, und hier nur der Kürze halber die Widerholung der Angabe unterblieben. Ebenso ist es mit den Verzeichnissen f und g.*

[1401
c. Juli 8]   [g. *Solche, deren Sold mit der Ankunft vor Bamberg beginnt*[1].]
[60] Item Heinrich graven zu Hohenstein und herren zů Kellerau[a] mit 10 gleven, 250 gulden zu solde anzugeen so er vor Bamberg kompt[b].
[61] Item Johans grave und herre zu Swartzburg umbo einen ůchter[2] mit zehen mit gleven, 250[c] gulden anzugen[d] so er vor Bamberg kompt.
[62] Item grave Heinrich von Swartzpurg genant vom Luchtenberg mit 10 mit gleven, 250 gulden zu solde anzugen[e] so er für Bamberg kompt[f].

[*h. Andere.*]
[63] Item herr Heinrich von Hohenryet mit 5 pferden.
[64] Item herr Fritze von Gundelßheim ritter sal mime herren 400 spieß in Lamparthen bestellen, daz die zu imme kommen so er hininkompt.
[65] Item Ortolff der Gußę[3] 32 mit gleven, die mit mim herren hininziehen. [*vgl. 30'.*]

M. Verzeichnisse von Antworten auf die Aufforderung zum Romzug nr. 388-389.

[1401
nach
Juli 18]   388. *Verzeichnis von Antworten auf die Aufforderung zum Romzug. [1401 nach Juli 18 Heidelberg.]*

*Aus Karlsr. G.L.A. Pfälz. Kop.B. 111 pag. 51-53 nol. chart. couer.; die Summa-Zeile und der art. 31' von einer zweiten gleichzeitigen Hand, wol von derselben Hand art. 14', wenn nicht aus den art. 13' und 24' hervorgeht, daß es derselbe Schreiber ist wie bei allen übrigen, nur flüchtige Kursive; dieselbe flüchtige Kursive begegnet in den drei Randbemerkungen vom provisum. Die Reihenfolge dieses und des folgenden Antwortverzeichnisses ist in der Handschrift die umgekehrte; da aber in diesem ersten Antwortverzeichnis die bedeutendsten Zusäge voranstehen wie in den Verzeichnissen der Aufgeforderten nr. 387, und da die Summierung am Schlusse desselben es vor dem folgenden auszeichnet, so konnte es im Abdruck auch vorangestellt werden. Über das zeitliche Verhältnis der beiden Antwortverzeichnisse s. die Einleitung und die erste Anm. bei den Aufforderungsverzeichnissen nr. 387. — Auch Gießen Univ.-Bibl. Bipontina 351 Diarium ad vitam Ruperti vor fol. 23ᵃ cop. ch. saec. 18.
Gedruckt Janssen Frankf. R.K. 1 nr. 235 aus Diarium l. c.*

Disse nachgeschriben habent geantwort, daz sie mit mime herren uber berg gein Lamparthen riden wollen.
[1'] Item herzog Lupold von Osterich 1000 mit gleven. [*vgl. 1*[4].]
[2'] Item herzog Ludewig[5] 800 mit gleven. [*vgl. 2.*]

a) cod. Kelberau? sl. und h. s. K. steud zwerl da im Harew. b) da die Worte anzugeen etc. von anderer Hand nachgetragen sind, so scheint Heinrich zuerst zu denen gezählt gewesen zu sein, deren Sold vor Nürnberg erst angeht. c) cod. 300, aber allen Zweifel ist nur der Querstrich ausgefallen der 50 weniger heißt. d) cod. anzgen. e) cod. angern. f) nachfolgendes Zeichen einer neuen Abteilung schließt die drei letzten Ähnliz von vorhergehenden ab.

---

[1] *Im Kodex folgen die nächstgenannten ohne besondere Überschrift auf derselben Seite mit denen des Verzeichnisses f.*
[2] *Enkel, s. Lexer mhd. W.B. 1, 424.*
[3] *An ihn und den drittletzten oben ist wol auch in der Form vom 8 Juli 1401 geschrieben worden, anders an den zweitletzten der vor der Ankunft Ruprecht's in der Lombardei dort Söldner anwerben soll. Wo aber in Deutschland für den letzten und den drittletzten der Sold beginnen soll, ist aus dem Texte bei der abgesonderten Stellung der 3 letzten nicht zu erkennen.*
[4] *Die ungestrichenen Vergleichungsnummern am Schluß der einzelnen Absätze beziehen sich auf die entsprechenden Namen der Verzeichnisse der Aufgeforderten nr. 387, die gestrichenen auf das nächste Verzeichnis der Antworten nr. 389.*
[5] *Vgl. die besondere Aufzeichnung wegen seines Dienstes und Solds nr. 376.*

[3'] Item der bischof von Wurczpurg 50 mit gleven¹. [vgl. 17 und 32'.]
[4'] Item der bischof von Straßpurg 40 mit gleven. [vgl. 3.]
[5'] Item der bischof von Verden 10 mit gleven. [vgl. 7.]
[6'] Item der bischof von Collen² 150 mit gleven [am Rande 2000 provisum der erste manet³].
[7'] Item der herzog von Luthringen 150 mit gleven [am Rande 1000 provisum].
[8'] Item burggrave Friederich⁴ 300 mit gleven [am Rande 1500 provisum]. [vgl. 11.]
[9'] Item grave Gunther von Swarczpurg 40 mit gleven. [vgl. 12.]
[10'] Item grave Bernhard von Eberstein salbfunfte mit gleven. [vgl. 14.]
[11'] Item grave Heinrich von Lewenstein salbvirde mit gleven. [vgl. 15.]
[12'] Item der junge von Winsperg salbzwenzigste mit gleven. [vgl. 16.]
[13'] Item min herre von Spire⁵ salb-30 mit gleven.
[14'] Item grave Hug vom⁶ Heilgenberge 6 gleven⁶.
[15'] Item Schencke Friedreich von Limpurg salbzehende mit gleven. [vgl. 19.]
[16'] Item grave Friederich von Voldeneze salbzweinzigste mit gleven. [vgl. 22.]
[17'] Item grave Hannan von Bitsche salbzehende mit gleven. [vgl. 23.]
[18'] Item jungher Ludemann von Lichtenberg salbzehende mit gleven. [vgl. 26.]
[19'] Item grave Johann von Liningen salbzwenzigste mit gleven. [vgl. 27 und 35'.]
[20'] Item jungher Friederich von Obssenstein salbfunfte mit gleven. [vgl. 30.]
[21'] Item grave Johann von Spanheim der junge salbzehende mit gleven. [vgl. 36 und 38'.]
[22'] Item grave Johann von Wertheim der junge salbzwenzigste mit gleven. [vgl. 38 und 57'.]
[23'] Item Reinhard und Johann herren zů Hanauwe salbzehende mit gleven. [vgl. 40. 41. 33' bis.]
*[24'] Item grave Friederich von Othingen salb-20 mit gleven⁷. [vgl. 41'.]
[25'] Item der junge von Isenburg salbzehende mit gleven. [vgl. 47.]
[26'] Item der von Valkenstein 12 mit gleven. [vgl. 49.]
[27'] Item Albrecht Freudenberger salbzehende mit gleven. [vgl. 37.]
[28'] Item Rorich von Eussenbach⁸ salbsehste mit gleven. [vgl. 45 und 36'.]
[29'] Item herr Johann von Cronenberg salbzehende mit gleven. [vgl. 54 u. 43'.]
[30'] Item Ortulff der Gußo 32 mit gleven. [vgl. 65.]
[31'] Item der grave von Osterfant⁹ 100 mit gleven.
Summa 1664⁹ mit glefen of daz minste⁶ geleget.

a) cod. vo mit Überstrich. b) im cod. das sprachlich unmögliche Eksenbach. c) red. myneste mit a über y.

¹ Indem im Kodex hier ausgestrichen ist 100; was gefordert war, sieht man: er hat abgezogen, nachdem er zuerst (nr. 389 art. 32') die Forderung einfach zugestanden hatte.
² Vgl. die kön. Gesandtschaftsanweisung betr. Kurköln nr. 373.
³ Soll wol heißen, daß vom ersten Monat eine sofortige Vorausbezahlung von 2000 fl. verlangt und gegeben wurde; bei 25 fl. für 1 Glefe hätte der ganze Monat 3750 fl. betragen, vgl. die Anweisung in der Botschaft an Bf. Friederich nr. 377 art. 2.
⁴ Vgl. die Anweisung zu der Botschaft an ihn nr. 377.

⁵ Vgl. die besondere Aufzeichnung wegen Versoldung des Zuzuges von Bisch. Ruban zu Speier nr. 375 und nr. 385 art. 1.
⁶ Vgl. nr. 385 art. 9 und 156'.
⁷ Der Absatz ist im Kodex ausgestrichen, daher im Druck mit dem Sternchen bezeichnet, links am Rande steht dabei dubitatur.
⁸ Vgl. nr. 378 und 385 art. 16.
⁹ Die Summe der obigen Ansätze ergibt eigentlich 2920, oder 2900 ohne die zweifelhafte nr. 24'. Es ist also falsch zusammengezählt, oder man erwartete die Zuzüge nicht vollständig und schlug das wahrscheinliche Minimum (of daz minste) auf 1664 an.

389. *Anderes Verzeichnis von Antworten auf die Aufforderung zum Romzug.* [1401 nach Juli 18 Heidelberg.]

Aus Karlsr. G.L.A. Pfälz. Kop.B. 111 pag. 49 f. not. chart. coaev. Über das Verhältnis dieses Stücks zu dem vorhergehenden s. die Quellenbeschreibung des letzteren. — Auch Gießen Univ.-Bibl. Bipontina 351 Diarium ad vitam Ruperti fol. 19ᵇ-23ᵃ cop. ch. saec. 18. Gedruckt Janssen Frankf. R.K. 1, 95-96 nr. 236 aus Diarium Ruperti.

Diese nachgeschriben hant geentwert, mit mim herren uber berg zu ziehen.

[32'] Item der bischof von Wirczburg, als im min herre geschriben hat, daz wil er gern dun. [*vgl. 17 und 3'* ¹.]

[33'] Item Reinhart und Johann herren zu Hanaw hant geentwert, daz io ir einer komen wolle; wolle sin ᵃ min herre aber nit geraden, so wollen sie beide komen. [*vgl. 40. 41. 23' bis.*]

[34'] Item Gotschalke von Buchenauw riotter hat geentwert, moge er vor krankheit geriten, so wolle er gern komen. [*vgl. 43.*]

[35'] Item Johann grave zu Lyningen und zu Ruckaingen ᵇ wil gern komen. [*vgl. 27 und 19'.*]

[36'] Item Rorich von Isenbach wil mit sehs gleven gern komen. [*vgl. 45 und 28'.*]

[37'] Item Eberhart Vetzer von Geispißheim ᶜ wil gern komen ².

[38'] Item Johann grave zu Spanheim der junge hat mim herren geschriben, im selber darof zu entwerten. [*vgl. 36 und 21'.*]

[39'] Item Johann grave zu Seyne wil nit komen. [*vgl. 56.*]

[40'] Item Dietherich herre zu Duno und zu Brucke ᵈ wil nit komen vor fientschaft die er hat. [*vgl. 33.*]

[41'] Item Friederich grave zu Otingen wil mim herren selber entwerten oder sin frunde darumb zu mim herren schicken. [*vgl. 24'.*]

[42'] Item Johann grave zu Kaczenelnbogen wil nit komen. [*vgl. 35.*]

[43'] Item Johann von Cronenberg rietter der alte. [*vgl. 54 und 29'.*]

[44'] Item Emiche von Duno herre zum Obernstein wil nit komen. [*vgl. 28.*]

[45'] Item Gerhart von Blanckenheim herre zu Castelberg und zu Geroltstein wil nit komen. [*vgl. 21.*]

[46'] Item her Hans von Erlikeim ᵉ rietter wil komen.

[47'] Item Otto Veyste von Schonenburg ᵈ wil komen.

[48'] Item Johann Smydeburg von Schonenburg ᵈ wil komen.

[49'] Item Eberhart von Schonenburg ᵈ wil komen.

[50'] Item Cunrat herre zu der Sleyden und zu Nuwenstein wil nit komen. [*vgl. 32.*]

[51'] Item Syfrid Wambolt ⁷ wil gern komen.

[52'] Item Frowyn von Hutten rietter wil gern komen, mag er vor fientschaft getun; mag er aber des nit getun, so wil er mim herren zitlich wiederbieten. [*vgl. 44.*]

ᵃ) *Janssen* sin. ᵇ) *cod.* Buchsingen. ᶜ) *schwerlich* Geispißheim. ᵈ) *cod.* brucke *mit Haken über* e.

---

¹ Über diese Vergleichungsnummern am Schluß der einzelnen Absätze s. die erste Anm. zum vorhergehenden Stück.

² Ist wol der in nr. 385 art. 93' aufgeführte Eberhard Vetzer.

³ Vgl. nr. 385 art. 21 und 12'.

⁴ Vgl. ib. art. 89 und 96'.

⁵ Ist wol identisch mit dem ib. in art. 91 und 98' genannten.

⁶ Vgl. ib. art. 90 und 97'.

⁷ Vgl. ib. art. 37 und 29'.

[53'] Item Gerhart von Busseke riotter wil komen mit wievil er ofbrongen mag. [*vgl. 51.*] [1401 nach Juli 18]

[54'] Item Cune Alheim¹ wil gern komen.

[55'] Item Gerlach und Johann gebrudere*ᵃ* von Breidenbach riettere*ᵇ* wollen gern komen. [*vgl. 53. 52.*]

[56'] Item grave Heinrich von Hennenborg hat geentwert er moge nit komen. [*vgl. 58.*]

[57'] Item Johanns grave zu Wertheim wil gern dun als im min herre geschriben hat. [*vgl. 38 und 22'.*]

N. Kostenüberschläge zum Romzug nr. 390-391.

390. *Kostenberechnung für den ersten Monat des Lombardischen Zugs.* [1401 c. Juli 18 bis Sept. in. o. O.ᵃ] [1401 c. Juli 18 bis Sept. in.]

Aus *Karlsr. G.L.A.* Pfälz. Kop.B. 111 pag. 80 *not. chart. coaev.* — *Daraus* Gießen *Univ.-Bibl.* Biyontina 351 *Diarium ad vitam* Ruperti *rer* fol. 31ᵇ *cop. ch. saec. 18.* *Gedruckt* Janssen Frankf. R.K. 1, 100 *mit der folgenden Kostenberechnung unter derselben* nr. 244 *aus Diarium* Ruperti *l. c.*

Nota. dieß gelte muß min herre den erstenᶜ manet han zu sime zoge goen Lamparten of daz minste of 2000³ gleven.

Item mime herren von Osterriche 25000 florin of 600 mit gleven.

Item dem hofemeister 2000 florin⁴.

Item of 1250 mit gleven, den min herre solt wirdet geben, 31250 florin.

Item of 156 mit gleven, die of muns herren lip sollen warten, 6642 gulden.

Item 12000 florin zu mins herren und miner frauwen zerunge eins iglichen mandes.

Summa 77000 gulden⁵.

a) gebraderᶠ abgeändert mit Hoken darüber, b) ciclerᶠ abgeändert mit Haken darüber, c) den ersten (al von gleicher Hand corrigiert statt) alle.

¹ *Vgl. ib. art.* 48 *und* 42'.

² *Da hier gerade wie in dem gereinigten Verzeichnis* A *der Leibwache des Königs (s. Quellenbeschreibung von* nr. 385) 156 *mit Glefen für diese angenommen sind, kann obige Kostenberechnung nicht vor jene Abteilung im Verzeichnis* A *fallen, und da das Verzeichnis* A *auf* 1401 c. *Juli 18 angesetzt werden konnte, so muß dieselbe Zeit auch als Grenze für diese Kostenberechnung gelten. Der erste Monat des Zugs ist erst in Aussicht genommen; anfangs September begab sich Ruprecht zur Heeresversammlung nach Augsburg,* man *wird vermuten können, daß die Kosten noch vor dem Aufbruch dahin berechnet worden sind. Siehe übrigens die Einl. lit.* N, *wozu noch nachzutragen ist die Notiz in der Fortsetzung des Königshofen (Mone Quellensammlg.* 1, 255), *daß* K. Ruprecht *mit* 2020 *Glefen ausgezogen sei.*

³ *Die im folgenden aufgezählten Glefen sind zusammen genauer* 2006.

⁴ *Das sind die* 2000 fl. *wahrscheinlich, die dem Hofmeister des Hzgs. von Österreich in* nr. 351 *art.* 4 *zugedacht worden sind.*

⁵ *Die Summe ist genauer* 76892 *Gulden.*

[1401] 391. *Kostenberechnung für jeden Monat des Lombardischen Zugs. [1401 c. Juli 18 bis Sept. in. o. O.[1]]*

Aus Karlsr. G.L.A. Pfälz. Kop.B. 111 pag. 69 *not. chart. coaev., das ganze mit derselben Hand und Tinte geschrieben, auch die beiden letzten Alineas.* — *Daraus Gießen Univ.-Bibl.* Hipontinus 351 Diarium ad vitam Ruperti vor fol. 31[b] *cop. ch. saec. 18.*
Gedruckt Janssen Frankf. R.K. 1, 100 nr. 244 aus Diarium Ruperti l. c.

Summa des soldes, der sich eins iglichen mandes geboret mins herren dienern, ane die die of einen lipp sollen warten, 71490 gulden.

Summa des soldes des hoffgesindes und die of mins herren lipp sollen warten 6642 gulden 7 große[2].

Summa des soldes, der sich fur die siebenzehen[3] mit gleven, die min frauwe haben wirdet, eins iglichen mandes geboret, 636 gulden 8 große.

Summa summarum des obgeschriben soldes
78769 gulden 3 große.

Nota. der sold geburet sich alle mande fur 3000 und 200 mit gleven oder darumb, als min herre daz selber hude geleget hat.

Nota. mins herren und miner frauwen zerunge ist nicht gerechent.

O. Verhältnis zu K. Wenzel nr. 392-397.

[1401 nach Juli 1] 392. *K. Ruprechts Antwortsanweisung an Markgraf Prokop von Mähren betreffend die Bedingungen der Aussöhnung mit K. Wenzel von Böhmen. [1401 nach Juli 1[4].]*

Aus Karlsr. G.L.A. Pfälz. Kop.B. 146 fol. 36[a.b] *cop. chart. coaev.*
Coll. Janssen R.K. 1, 592-594 nr. 1002 *aus einem in seinem Privatbesitz befindlichen Kodex* Acta et Pacta 178-184.
Moderne lateinische Übersetzung bei Martène amplis. coll. 4, 50-52 nr. 32; daraus Regest Chmel nr. 111.

Gedechtniß an marggrave Procopp of des Heckels werbunge etc.

[1] Item of den ersten artikel als der Heckel geworben hat, daz min herre Romischer kunig[a] verliebe und daz[b] der kunig von Beheim keiser sin solte etc.: item daz

---

a) *cod. add.* wieder*ausgestrichen.* b) *cod. das zweimal; das zweitemal ausgestrichen.*

---

[1] Da in der Kostenberechnung des ersten Monats nr. 390 von der Leibwache der Königin noch gar nicht die Rede ist wie hier, und da hier Gleven und Kosten gestiegen sind, so darf man annehmen, daß obenstehende Kostenberechnung die spätere ist, nachdem die Sachen schon weiter gediehen waren. Das Zeitverhältnis der einen Kostenberechnung zur andern muß nicht nach der Reihenfolge im Kodex bestimmt werden. Die Kosten der Leibwache des Königs, also auch der Zahlenbestand der letzteren, sind fast identisch mit dem Ansatz der Kostenberechnung nr. 390. Die Zeit der obigen Kostenberechnung läßt sich im allgemeinen ebenfalls auf 1401 c. Juli 18 bis Sept. in. fixieren. Siehe übrigens ebenfalls, wie zur Zeitberechnung von nr. 390, die Einleitung lit. N.

[2] Fast genau wie in der andern Kostenberechnung.

[3] Soviel weist in der That das Verzeichnis der Leibwache der Königin auf, nr. 386.

[4] Das undatierte Stück ist die Entgegnung K. Ruprechts auf die ihm durch den Gesandten Heckel überbrachte Antwort K. Wenzels auf die Werbung nr. 340 vom 23 Juni 1401 für den Tag zu Waldmünchen, der am 1 Juli stattfand (c. nr. 332), also ist es nach Juli 1 anzusetzen. Die Stellung im Kodex, nach unserer nr. 328 vom 6 Mai 1401 und vor der Werbung nr. 340, ist offenbar bedingt durch die inhaltliche Zugehörigkeit zu letzterer, ähnlich, wie im Kodex die Antwort auf die Werbung an Savoien nr. 314 gleich derselben beigeschrieben worden ist. — Unsere Werbung gehört wol zu derselben Gesandtschaft, die in nr. 393ff. bevollmächtigt wird.

sollent ir in glimplichen abesagen und daz dez auch nit sin möge; wann, solte der kunig von Beheim Romischer keiser werden, so muste itzunt min herre der Romische kunig abtreten und die kurfursten müsten dann den kunig von Behein von nuwem zu Romischem kunige erwelen, und darnach so mochte er dann keiser werden. nů mogen sie wol versteen, ob min herre der Romisch kunig gerno abtreten wolte, so kunde er doch nit zuwege bringen, daz die kurfursten den kunig von Beheim dann zu Romischem* kunige erweleten, und darumbe so si daz mit nichte zu geschehen etc.[b][1]

[2] Item und von dem puncte*, daz herzog Hansen seligen dez kunigs von Beheim bruder dochter mins herren dez kunigs sone mit namen minen herren herzog Hansen nemen solte, und daz der kunig von Beheim zu der dochter solte geben alle die sloße die er fur dem Behemer walde hat, und ob dez zu wenig were, ein teile in Beheim darzů etc.: item darauf sollent ir werben, daz der kunig von Beheim minem herren herzog Hansen zu der dochter gebe daz lant von Lützelnburg und imme daz auch lose von margravo Josten von Merhern oder wo daz stee[d]; und ob dez nit sin mochte, daz er imme dann daz land von Lutzelnburg zu der dochter verschribe, daz er daz losen mogo wann er wolle; und daz er imme daz lant vor dem Walde mit namen Eger die Wyden den Rotenberg den* Barkstein den Sterenstein Bermuwe Essenbach Dorndorff Urbache den Behemstein den Holenberg den Hertenstein Strakenfels den Hoenstoin Erlang Pryssenstein Michelfelt Bernheim und Heidingsfelt die wile darfur innegebe etc. und verschribe, biß daz er die graveschaft von Lutzelnburg gelose etc.

[3] Item und von dem puncte*, daz sich min herre der kunig zu dem kunige von Beheim solte verbinden in bi dem kunigriche zu Beheim zu behalten, und daz der kunig von Beheim min herren dem kunige itzunt darauf solte innegeben den Elnbogen und[f] noch ein sloße etc., und imme etliche sloße zu Beheim solten sweren nach dez kunigs von Beheim dote erblichen imme und sinen erben gehorsam zů sin etc.: item darauf sollent ir entwurten, daz sich min herre der Romisch kunig zů dem kunige von Beheim also verbinden wolle, in bi rechte und dem kunigriche zu Beheim zu* behalten, also daz er imme iczůnt den Elnbogen und noch ein sloße innegebe mit solichem underscheide: wann min herre der kunig kuntlichen verrechen moge, daz er von sinen wegen verkrieget habe als viel als dieselben sloße wert sin, daz er imme dann andere sloße solle ingeben, daz er solichen krieg von sinen wegen furbaß getriben moge.

[4] Item[g] und daz[h] der kunig von Beheim min herren dem Romischen kunige daz heiltum, in aller der maße alz ez zu dem riche gehoret und unberaubet, und darzů alle register und briefe und mit namen die briefe von Bravant und allez daz zu dem riche gehoret, unverzogenlich und genzlichen wiedergebe, und daz er auch genzlichen abetrede von dem riche, und allen fursten herren und stetten die zu dem riche gehorent, und wo dez dann noit si, schribe daz er also abegetreten habe etc.

[5] Item* und daz der kunig von Beheim auch sin lehen von miner herren dem Romischen kunige solle enphahen, alz ein kunig von Beheim dann auch billich tůn solle, und daz er auch einen verzigsbrief gebe etc., so wolle imme min herre der kunig auch sin friheit und privilegia bestetigen etc.

a) cod. Romisch. b) om. Jenaern. c) cod. zeym mit Überstrich. d) Jenaern steet. e) om. Jenaern. f) cod. add. sich ausgestrichen. g) om. cod. und Jenaern. h) cod. andax.

[1] Vgl. nr. 340 art. 1. [4] Vgl. nr. 340 art. 2.
[2] Vgl. nr. 340 art. 4. [5] Vgl. ib. art. 3.
[3] Vgl. nr. 340 art. 5.

[6] Item und obe die obgeschriben artikel also gen worden, daz dann die birat mit marggrave Brocopp und herzog Heinrichs¹ zwoster auch geen solle etc.

[7] Item und ob der kunig von Beheim den verziegsbrief nit geben wolte, wann er dann sin lehen wolte enphahen von min herren dem kunige und im auch daz heiltum register briefe und anders daz zu dem riche gehoret wiedergeben, daran wolte min herre der kunig ein gnügen han etc.

[8] Item und von den obgeschriben artikeln allen redent mit in, alz uch dann daz beste dünket sin, ane allein, daz ir in den ersten artikel, als der kunig von Beheim keiser solte verliben, genzlichen abesagent, wann daz mit nichte sin mag etc.

393. *K. Ruprecht bevollmächtigt 4 gen. Gesandte zu Unterhandlungen mit Mgf. Jost von Mähren und den Landherren zu Böhmen.* 1401 *Juli 8 Heidelberg.*

Aus Karlsr. G.L.A. Pfälz. Kop.B. 4 fol. 58ᵃ cop. ch. coaev. mit der Überschrift Ein machtbrief geben an die hochgebornen Wilhelm marggraven zu Missen Friederich burggraven zu Nurenberg etc. zu tedingen zuschen mim heren und marggrave Josten von Merhern und den lantheren zu Beheim. Coll. Wien H.H. St.A. Reichsregistr.Buch C fol. 50ᵃ cop. ch. coaev.; mit derselben Überschrift. Gedruckt Regest Chmel nr. 524 aus Wien l. c.; Monum. Zoll. 6, 111 nr. 113 aus Chmel; Janssen Frankf. R.K. 1, 592 nr. 1001 aus Kodex eigenen Besitzes Acta et Pacta 173-184. — Pelzel Wenzel 2, 442 scheint diese mit folgender nr. 394 zusammengearbeitet zu haben.

Wir Ruprecht von gots gnaden Romischer kunig etc. bekennen offenlich mit disem briefe: daz wir den hochgebornen Wilhelm marggraven zu Missen und lantgraven in Doringen Friederich burggraven zu Nurenberg unserm lieben oheim swager und fursten Ludewig pfalzgraven bi Rine und herzogen in Beyern unserm lieben sune und dem edeln unserm lieben getruwen grave Gunther von Swartzpurg herren zu Ranes oder dem merern teil under in unser volle gewalt und ganze macht geben haben und geben in die in craft diß briefs, mit dem hochgebornen Josten² marggraven zu Merhern unserm lieben swager und fursten und den edeln unsern lieben besundern den lantherren zu Beheim zu tedingen als von hulfe bistandes und anderer buntnisse und fruntschaft wegen zuschen uns und in zu machen; und waß sie oder der merer teil under in in diesen vorgeschriben sachen von unsern wegen beslieffen und ufnemen und auch verschrieben und mit iren ingesiegeln versiegeln, daz wollen wir genzlichen veste und stete halten dun und follenfuren und auch unser besiegelten briefe daruber geben in der forme, als sie dann sich fur uns verschrieben und under iren ingesiegeln versiegelt haben, ane alle geverde. orkunt diß briefs versiegelt mit unserm kuniglichen majestad-ingesiegel, geben zu Heydelberg uf sant Kylians des heiligen merteler tag nach Cristi geburt dusent vierhundert und ein jare unsers richs in dem ersten jare.

Ad mandatum domini regis
Johannes Winheim.

---

¹ *Nemlich des Hzgs. von Baiern; welche von den Schwestern gemeint ist, wissen wir nicht.*
² *Janssen vermuthet in seinem Regest obigen Stückes Frankf. R.K. 1, 592 nr. 1001, es solle Prokop heißen, wahrscheinlich mit Rücksicht auf die andere Vollmacht vom selben Tage, bei uns nr. 394, die auch an Jost geht, und weil er eine Vollmacht für die Unterhandlung mit Prokop vermißt; nr. 395 machte vielleicht eine solche überflüssig. Im Karlsr. Kodex steht beidemale im Text wie in der Überschrift Jost, und ebenso im Wiener Reg.Buch l. c.*

394. *Vollmacht für dieselben ohne Mgf. Wilhelm von Meißen und bezw. ohne Pfalzgf. Ludwig. 1401 Juli 8 Heidelberg.* 1401 Juli 8

Aus Karlsr. G.L.A. Pfälz. Kop.B. 4 fol. 58ᵃ cop. ch. coaev. mit der Überschrift Ein machtbrief geben herzog Ludewig dem burggraven von Nuremberg und grave Gunthern von Swartzpurg zu tedingen mit marggrave Josten und den lantherrn zu Beheim. — Steht auch Wien H.H. St.A. Reichsregistr.Buch C fol. 50ᵃ cop. ch. coaev. Gedruckt Regest Chmel nr. 528 aus Wien l. c.; Mon. Zoll. 6, 112 nr. 114 aus Chmel; Janssen Frankf. R.K. 1, 594 nr. 1003 aus Kodex eigenen Besitzes Acta et Pacta 178-184.

Wir Ruprecht u. s. w. gibt *Vollmacht* den hochgebornen fursten Friederich burggraven zu Nuremberg unserm lieben swager und Ludewige pfaltzgraven bi Ryne und herzogen in Beyern unserm lieben sun und dem edeln unserm lieben getruwen grave Gunther von Swartzburg herren zu Ranys oder den obgenanten unserm swager burgrave Friderich und grave Gunthern ob unser sune herzog Ludewig nit dabi gesin mochte *wörtlich ebenso wie in nr. 393 vom selben Tage, nur mit Auslassung der Worte oder dem mererm bzw. der merer teil under in beide Male, nach* besließen und ufnemen durch *Verzeichnung (etc. per omnia ut supra) auf die vorhergehende Vollmacht abgekürzt. Unterschrift aber doch nochmals* Ad mandatum domini regis || Johannes Winheim.

395. *K. Ruprecht bevollmächtigt Bf. Friderich von Nürnberg und Gf. Günther von Schwarzburg in seinem Namen auf einem Tage mit K. Wenzels Räthen zu verhandeln. 1401 Juli 15 Heidelberg.* 1401 Juli 15

Aus Karlsr. G.L.A. Pfälz. Kop.B. 4 fol. 60ᵃᵇ cop. ch. coaev. mit der Überschrift Ein machtbrief geben burggrave Fryderich und grave Gunthern von Swartzpurg zu tedingen mit kunig Wentzelauws frunden. — Steht auch Wien H.H. St.A. Reichsregistr. Buch C fol. 52ᵃ cop. ch. coaev.
Gedruckt Regest bei Chmel nr. 555 und Pelzel Wenzel 2, 445 aus Wien l. c.

Wir Ruprecht von gots gnaden Romscher kunig zu allen ziten merer des richs bekennen und dun kunt offenbar mit diesem briefe allen den die in sehent oder horent lesen: daß wir dem hochgebornen Friederiche burggraven zu Nuremberg unserm lieben swager und fursten und dem edeln unserm lieben getruwen grave Gunther von Swartzpurg unsern vollen gewalt und ganze macht geben haben und geben in die in kraft diß briefs, mit des durchluchtigen Wentzlauws kuniges zu Beheim frunden oder reten, die er gein in zu tagen wirdet schicken, zu tedingen von unsertwegen als von des Romschen richs wegen; und waz dieselben burggrave Friederich und grave Gunther in diesen sachen von unsern wegen besließen und ufnemen und verschriben und mit iren ingesiegeln besiegeln, daz wollen wir genzlich feste und stede halten dun und vollenfuren und auch unser besiegelten briefe daruber geben in der forme als sie dann sich fur uns und under iren ingesiegeln werden versiegeln an alle geverde. orkunde diß briefs versiegelt mit unser kuniglichen majestat ingesiegel, datum Heydelberg sexta feria post beate Margarethe virginis anno domini millesimo quadringentesimo primo regni vero nostri anno primo. 1401 Juli 15

Ad mandatum domini regis
Nycolaus Bumam.

1401
Juli 15 **396.** *K. Ruprecht nimmt Mf. Prokop von Mähren zu seinem Diener auf.* 1401 Juli 15 Heidelberg.

<small>Aus Karlsr. G.L.A. Pfälz. Kop.B. 8¼ fol. 36ᵇ mit der Überschrift Als mine herro marggrave Procopp von Merhern zu einem diener genomen hat etc.</small>

Wir Ruprecht von gots gnaden Romischer kunig zů allen ziten merer des richs bekennen und dun kunt offinbar mit dissem briefe: daz wir den hochgebörn Procopp marggraven zu Mererrn unserrn lieben swager und fursten zů unserrm diener haben gnedielichen ufgenomen, und sollen und wollen in getrůwelich versprechen und verentworten als ander unser fursten und diener ungeverlich. orkunde dis briefes versiegelt mit unserrm kuniglichen anhangenden ingesiegel, geben zů Heidelberg uf den fritag nach sant Margrethen der heiligen jungfrauwen tag nach Cristi geburte dusent *1401 Juli 15* vierhundert und ein jare unsers richs in dem ersten jare.

Ad mandatum domini regis
Nicolaus Bůman.

1401
Juli 26 **397.** *K. Ruprecht widerruft alle von dem abgesetzten K. Wenzel neu ertheilten Privilegien.* 1401 Juli 26 Heidelberg.

<small>N aus Nürnberg Kr.A. S. VII 15 Bd. 8 nr. 29 (früher in München) or. mb. c. sig. pend.
W coll. Wien H.H. St.A. Registr.B. C fol. 128ᵇ·129ᵃ cop. ch. coaev. mit der Überschrift Als mine herre kunig Wentzlaws briefe und gnade, die er von nuwem geben hat, alle wiederrufet vernichtet und vertilget hat, in der Unterschrift Ulricus de Albeck etc. statt Johannes Winheim.
K coll. Karlsr. G.L.A. Pfälz. Kop.B. 4 fol. 150ᵃ·ᵇ cop. ch. coaev. mit gleichlautender Überschrift, in der Unterschrift Ulricus de Albeck mit Schlußhaken.
In Münch. R.A. Gemeiners Nachlaß III späte Abschrift auf Papier.
In Wien H.H. St.A. Registr.B. C fol. 313 befinden sich ferner mitten unter den Nachträgen zu Städtesteuerquittungen die Notizen Item in der forme als davor an dem 128 blat geschriben stet (also W, s. oben), hant die von Nuremberg einen brief, daz mine herre der kunig alle brief gnade friheit und privilegia, die kunig Wentzlauw von nuwem geben hat, wiederrüffen vertilget und vernichtet hat etc. — item in derselben forme hant die von Dinckelspuhel ein wiederrüffunge etc. 128 folio supra. — item in derselben forme hant die domherren und pfaffheid zu Wormse ein widerrufunge 128 folio.
Gedruckt Cramer Wetzl. Nebenstunden 2, 109-110, Würdtwein nova subsid. dipl. 11, 75-77 nr. 18 ex archiv. epise. Worm. — Regest (Wölckern) hist. Norimb. dipl. 516, Pelzel Wenzel 2, 446, Reg. Bo. 11, 217 (c. sig.), Chmel nr. 591.</small>

Wir Ruprecht von gots gnaden Romischer kunig ezů allen zijten merer des richs bekennen und dun kunt offinbare mit dissem brieffe allen den die yn sehent oder horent lesen: als wir von gnaden des almechtigen gots zu dem heiligen Romischen riche herfurdert und erwelt sin, so sin wir willig mit unverdrossenner arbeit alleß daz zu tune nach unserm vermogen, daz goto zu lobeᵃ zů eren dem heiligen Romischen riche und einem gemeynen nucze der heiligen Cristenheid kommen mochte, und auch understen eczu wenden alle und igliche sachen, davon sie gekrenket geynnmert und geswechert mochten werden. und wann nů der durchluchtige furste kunig Wenczlauwe unser furfare an dem riche vil friheid gnaden privilegia und brieffe geben hat vil fursten getstlichen und werntlichen graven frijen-herren rittern und knechten gemeinscheften der stedte und andern luten pfaffen und leyen, die wider daz heilige riche und sin herlicheid und

<small>a) zu lobe om. SWK.</small>

einen gemeinen noez sint, und auch umbe gelts willen dicke und vil sine frunde gesant hat mit ungeschrieben brieffen, die mann nennet membranen, die doch mit siner majestat ingesiegel versiegelt waren, an dieselben membranen sine frůnde oder die, den sio dann wůrden, schrieben waß sie wolten, daz dem riche auch zů großem schaden kommen ist (darumbe und auch umbe vil ander redelicher sachen willen der vorgnant kunig Wentzlaůwe von den kurfursten mit rechter urteil von dem heiligen Romischen riche entsezt und des entweltigot ist): herumbe so haben wir mit rate unser fursten graven frijen-herren und andern unsern und des richs getrůwen mit wolbedachtem můte und rechter wissen widderruffet verdilget und vernichtet alle und igliche friheid gnade privilegia und brieffe, die der vorgnant kunig Wenczlaůwe von nůwem geben hat, wie die lutent, und widderruffen verdilgen und vernichten sie auch in crafft dijs brieffs und Romischer kuniglicher mechte vollenkommenheid. und wollen meynen und seczen auch, daz dehein furste geistlich oder weltlich gravo frije-herre ritter oder knecht gemeinschafft der stedte oder ander lute pfaffen oder leyen, in welchem wesen oder wie sie dann genant sin, sich mit solichen des obgenanten kunig Wenczlauw friheid gnaden privilegien und brieffen, die er von nůwen geben hat, behelffen mogen in gerichte oder ußer gerichte in deheine wise oder wege. und wollen auch: ob wir deheinen fursten graven frijen-herren rittern oder knechten gemeinscheff%en der stedte oder andern luten pfaffen oder leyen unser gemeyne bestetigunge geben hetten oder furbaß geben wůrden aber friheid gnade brieffe und privilegia, die sie dann von Romischen keysern und kunigen unsern furfarn an dem riche erlanget herworben und herbracht hant, daz des obgnanten kunig Wenczlauwe friheid gnade privilegia und brieffe, die er also von nuwem geben hat, in solicher unser gemeyner bestetigunge in deheine wise solle begriffen sin, sunder genczlichen ußgesloßen und widderrufft verdilget und vernichtet verliben als fur geschrieben stet. orkund dijs brieffs versiegelt mit unser kuniglichen majestad ingesiegel, der geben ist czů Heydelberg uff den dinstag nach sant Jacobs des heiligen zwolffboten tage in dem jare als man czalte nach Cristi geburte virzehenhundert und ein jaro unsers richs in dem ersten jaro.

[in verso] R. Bertholdus Durlach.   Ad mandatum domini regis
                                                              Johannes Winheim.

P. Städtischer Briefwechsel nr. 398-402.

398. *Zwei gen. Straßburger Gesandte an ihre Stadt: Anwesende, Verhandlungen wegen des Zugs nach Italien und Goldmünze, u. a. m.* [1401[1]] *Juli 2 [Mainz].*

    Aus Straßb. St.A. An der Saul I partie ladula C fasc. XIV liasse II nr. 13 A or. chart. lit. clausa c. sig. in verso impr.

Lieben herren. wir embieten[a] úch unsern willigen undertenigen dienst. und lont úch wissen, daz unser herre der kúng und die drye kurfursten uf dem Rine zů Montze sint, und noch uf húte der stette keine by unserme herren dem kúnige gewesen ist. und habent do erfarn, daz daz sachen machent, daz unser herre der kung und die fürsten alleine by enander gewesen sint. õch wißent, daz die von Kölle Montze

a) or. einbieten.

[1] Im Datum am Schluß ist 1400 verschrieben statt 1401. Zu letzterem Jahr passen die Namen der Gesandten Straßburgs, vgl. deren Brief vom 16 Juli 1401. Im Jahr 1400 war kein König zu Mainz, wie hier vorkommt. Die Worte das wir uf eine antwort blibent beziehen sich ohne Zweifel auf Anforderungen des Königs in Betreff des Italienischen Zugs.

[1401]
Juli 3
Wurmeße und Spire und Frankefurt und die stette in der Wederöwe und wir ettewiedicke by enander gewesen sint, und uns mittenander underret habent, daz wir truwent daz wir uf eine antwurt blibent zů gůter maße, also wir von ůch gescheiden sint. ôch wissent, daz wir uns faste underret habent von der guldin münsse wegen. und ist aller stette meinunge, daz vir unsern herren den küng zů bringende und für die fürsten, also wir uch wol sagende werdent. lieben herren, wissent, daz wir vor unserm herren von Luttringen gewesen sint; und ist her*a* Cůnrot Peyger und her Arnolt von Sirek by ime; und wil uns verhören zů einen müssen, so er es erste gedůn mag. do wellen wir von Erhart Hensen*b* seligen wegen reden, waz wir truwent daz gůt und nůtze sy. wissent och, daz unsers heilgen vatter des bostes botten zwene zů Mentze sint, und unsers herren rette von Osterrich und des marggraven von Baden. und sint ander herren vil zů Mentze, die do umb genessen sint. wissent och, daz gar ein gros folk zúhet uf den graven von Waldeck, wol mit 14000 pferden. und wirbet unser herre von Mentze faste, und let me den 100 glefen in Hessen geschiket sin schlos zů bestellende, also uns daz geseit ist. geben uf unser frowen dag also men in nenct fisitazionis anno etc. 1400.

[1401]
Juli 3

Den fürnemen wisen und bescheiden dem meister und dem rate zů Stresburg unsern lieben herren.

Hans Bock und Uolrich Gosse.

1401
Juli 5

399. *Mainz an Köln*: *Vorbereitung des auf dem Mainzer Reichstag von K. Ruprecht auf 18 Juli nach Koblenz beschiedenen Münztags, wo sich die Städte auch über den vom König geforderten Dienst zum Römerzug, in Betreff dessen sie auf dem Reichstag einmüthig geantwortet haben, besprechen wollen; Abschaffung der Zölle zu Höchst und Castel vom 11 Nov. an vom König auf dem Reichstag zugestanden. 1401 Juli 5 Mainz.*

Aus Köln St.A. Städtebriefe ohne weitere Signatur, or. ch. lit. cl. c. sig. in verso impr. pene deleto; die Vokalzeichen über u sind im Abdruck immer durch ů gegeben.

Unsere frúntliche dienste und waz wir eren und liebez vermogen zuvor. fürsiechtigen ersamen wijsen besunderen lieben fründe. als ir von uweren frunden, die zu dieser czijt bij der ander stete frunden und auch den unsern in unser stat gewest sint, wol verhort mogent haben, wie der stete fründe von der gulden műncze wegen gein unserm gnedigen herren deme Romschen konige in forderunge und reden gewest sint: davon sint der andern stete frunde und auch die unsern uff daz leste von unserm herren deme konige unserm herren von Collen und unsern herren von Mentze reten gescheiden, also daz unser herre der konig einen dag darumbo von mondag nestkomment uber acht dage gein Cobelentz gemacht und bescheiden hait. und hant sich darumb der stete von Straißburg Worms und Spire frunde, als die zu dieser czijt in unser stat gewest sint, mit den unsern undersprochen, also daz dieselben stete ire frunde zu deme egnanten dage gein Cobelentz schicken wollent, want unser herre der konig und die fursten selber zu deme dage meynen zu kommen oder ire frunde, die nit paffen sin, mit macht darezu zu schicken, uff daz die sache desto folleclicher gerechtfertiget moge werden, als wir von den unsern verstanden han. uff deme selben dage wir die unsern mit der godez hulffe auch haben wollen. und wer' ez sache daz den steten der sache ein redelich ußtrag uff deme dage wurde, so versorgent der egnanten stete frunde und auch die unsern, obe daz eine kereze czijt redeliche gehalten wurde, daz sich daz aber

1401
Juli 10

a) *er. horn.* b) *scheverlich Henser.*

darnaich andern mochte werden uff soliche ergerunge als iezund daran ist oder boser. und obe daz also geschee oder daz den steten nit ein redelich ußtrag uff deme dnge zu Cobelencze davon wurde, so wullent daruff in ûwerm rade bedacht sin, obe sich die stete dez vereynigen mochten, daz man dan in den steten iglich golt vor sin wert nemen solte. also wollent auch der andern stete frunde daz hinder sich in ire rete brengen sich daruff zû bedeneken, also daz iglicher stete frunde ire rete meynunge davon uff deme dage zu Cobelencz gesagen mogen. und han wir daz den von Franckfurt auch geschrieben, sich daruff zn bedeneken und ire frunde zu deme vorgeschrieben dnge zû schicken. auch, lieben frunde, von dez dinstes wegen als unser herre der konig an die stete gefordert hait yme uber berg zu dûn und wie der stete frunde eynmudeclich darczu geantwort hant, daz hant ir von uweren frunden wol eigentlich verhort als wir meynen. davon ist auch der vorgeschrieben stete und auch unser begerunge, daz ir solichen dienst, als ir zu andern taijden Romschen keisern und konigen uber berg gethan hant, heimelich bij uch wollent laßen verlijben, want sich der egnanten stete frunde und auch die unsern mit den uweren ûff deme vorgeschrieben dage meynent fruntlich davon zu undersprechen. und hernaich wißent uch mit uweren frunden zu deme egnanten dage gein Cobelencz zu schicken zu riechten. auch, lieben frunde, laßen wir uch wißen, daz der stete frunde von unsern herren deme konige von der czolle wegen zu Hoiste und zu Castel[1], als ir von uwern frunden auch wol verhort mogent haben wie man davon gein unsern herren deme konige in reden gewest ist, uff ein ende gescheiden sint, also daz die czolle czusehen hie und sent Mertins dage nestkommet naich unsers herren dez koniges begerunge sollent verlijben steen. und sal unser herre der konig den steten sine brieffe geben, daz die czolle affter sent Mertins dage zû stund aue allen verczog abe sollen sin. so hait der edele grave Philipps grave zu Nassauwe[a] und zu Sairbrucken vor unserm herren deme konige geret und darvor gesprochen, den steten unsers herren von Mencze brieff zu schaffen und auch den steten einen brieff zu geben, daz die egnanten czolle ane bede und lengern verczog affter sent Mertins dage nestkommet zû stund abe sin sollen. datum feria tercia ante beati Kiliani martiris anno domini etc. quadringentesimo primo.

[in verso] Den fursichtigen ersamen wijsen burgermeistern rade und anderen bûrgern der stat zu Colne unsern besunderen lieben frunden.

Burgermeistere und rait zu Mencze.

400. *Basel an Straßburg, bittet um Nachricht von dem Mainzer Tag und wegen der Huldigungssache.* 1401 Juli 6 [Basel].

Aus Straßb. St.A. an der Saul I partie ladula B fasc. X nr. 18 or. mb. lit. clausa c. 2 sig. in verso impressis.

Uiwero sunderbare gûten frûntschaft sy ûuser williger dienste vor geschriben. lieben frûnd. wir hand vernomen, daz ûnser genediger herre der Rômsche kûnge die kurfürsten und vil der stette uff dem Rine und andere uff eim tag nûwlingen zo Mentzo bi enander gewesen syent, und daz ouch ir ûwer erbere gûte botschaft daselbes

a) so durch den Haken am e erzielt.

---

[1] Es sind hier die 1398 Merz 17 unter anderem auch an diesen beiden Orten aufgesetzten Landfriedenszölle verstanden, vgl. RTA. 3 nr. 17 und 14. Dadurch erklärt sich oben das Eingreifen des Gfn. Philipp von Nassau, der auf dem Frankfurter RT. von 1398 Landfriedenshauptmann geworden war und diese Zölle mitverrichtet hatte, vgl. RTA. 3 nr. 12. 14. 15. 16. Vgl. uber diese Zollfrage im 5 Bande Kgl. Landfriedenstage Einleitung lit. D.

gehept habent. aber umb welerloy sach, oder was da geendet und verhandelt sye worden, wissent wir nützit. so ist úns ouch fürkomen, e ir únserm herren dem Römschen künge gehuldet habend oder hulden woltond, daz ir und die von Mentz von Kölne Wurms von Spire und etlich ander stette úch zesamend versprochen und verbunden habent einander hilfflich und tröstlich ze sinde, ob ir in debeinen weg wider úwer fryheid getrenget wurdent. wie ouch das úwer aller wissheid bedacht und úch mit enander besorget und zesamen verphlicht habent, können wir ouch nút wissen. und wond derselbe únser genädiger herre der küng ouch etwedike sin erberen botschaft zú úns geschiket und an úns gevordert hat im ze húldende¹, und aber kúrtzlich moynet ze tünde², des wir úns versehont, darumbe so bitten wir úwer gúten fründschaft, zú der wir gehörent und ein besunder gút getrúwen band, mit gantzem ernste, das ir úns bi disem botten wellent lassen verschriben wissen, uff was meynung und umb waz sache der tag ze Mentze gewesen und daselbs verhandelt worden sye, und ouch in weler masse und uff was synnes und meynunge ir und die vorgeschribnen stette úch zesamend verbunden und besorget habent einander tröstlich ze sinde, als verre úch daz anzemütende und úns ze verschribende sye; umb das wir úns ouch daruff bedenken und dest eygenlicher wissen mögent úns ze besorgende und ze haltende in únsern sachen nach únser notdurfte. und wellent úns harinne úwern gúten willen erzöigen durch únsers dienstes willen und als wir úch des gentzlichen wol getrúwent datum quarta ante Margrethe anno domini etc. quadringentesimo primo.

[in verso] Den fürsichtigen wisen únsern
besunderen gúten fründen und lieben eydgenossen* dem meyster und dem rate der
stat ze Strassburg etc. dari debet.

Gúnther Marschalk ritter burgermeyster
und der rat der stat Basel.

401. *Zwei gen. Straßburger Gesandte an ihre Stadt: Verhandlungen zu Mainz über den Italienischen Zug, bevorstehende Zusammenkunft deshalb zu Koblenz mit Köln. 1401 Juli 16 ohne Ort.*

Aus Straßb. St.A. An der Saul I partie ladula C fasc. XIV lasse II nr. 13 B or. chart. lit. clausa c. sig. in verso impr.

Lieber b herre der ammeister. wir enbütent úch unsern willigen dienst. und lont úch wissen, daz die stette und wir by enander gewesen sint. und habent uns mittenander underret von des dienstes wegen, also wir unserm herren dem künge meinent über berg zú dienende. do habent uns die von Mentze geseit und einen brief dún lesen, do-inne 13 stont die sich verbundent zú der zit in c zú dienende den húndersten rit. und meinent, daz ire fründ noch nút anders zú rotte worden sint, wenne daz sy nút úber die sume kument, sú wolttent es denne minren. so meinent die von Wurmes, daz sú zú der zit mit 10 glefen dienendent, und meinent, also sú nu zúmole gerotslaget habent, mit 6 glefen zú dienende, also es in nu zúmol gelegen sy. so meinent die von Spire, daz sy öch zú der zit mit 10 glefen dienedent³; doch meinet sy es zú minrende;

a) or. eydnossen. b) or. lieben. c) ze em. im?

¹ Vgl. nr. 292. 293.
² S. nr. 382.
³ Vgl. nr. 374. Hiermit hängt vielleicht zusammen ein Brief des Hans Diele von Speier an Herrn Wilhelm und Ulrich Goß alten Ammeistern zu Straßburg betreffend die Hilfe Speier's für den König über Berg, in Straßburg zu werben, der in den verbrannten Excerpten Wencker's 2, 486ᵃ erwähnt stand mit der Randbemerkung Wenckers 14 . . . und der nach dem Worte kunig eingeklammerten Vermuthung puta Ruperto.

aber wie fil, daz kunent sú nút wißen. haruf so hant die von Wurmeß und von Spire botzschaft hánder sich geton iren fründen, zů erfindende waz fürbaz ire meinunge sy. und süllent do an dunderstoge frûge ire fründe meinunge by in zû Mentze han. und süllent die von Mentze sich hiezwüschent oech mit iren fründen underreden. und waz denne ieder stette meinunge* ist, daz sollent sú sagen¹. do wissent wir nút anders, den daz wir an mitwuche zů naht zû Mentze wider sin sollent. do wir die rede also verhortent, do frotent sú uns ôch, waz unser fründe meinunge wer'. do antwurte wir, daz wir mit 20 glefen gedienet hettent, und seitent in ôch, in welliher moße wir sú usgerüstet hettent. und seitent yn ôch, domitte daz wir noch nút anders wustent: wer' es daz die von Mentze mit 25 glefen und die von Wurmeß mit 15 glefen und die von Spire oech mit 15 glefen gedienet hettent, so wer wir by den 20 glefen bliben noch dem also wir es gehöret hettentᵇ; waz do unser fründe meinung were, daz wustent wir nút. ôch wissent, daz die egenantten stette und wir mit der von Kólle botten zů Kobelentze reden wellent, wenne sy oeh dar koment, und ervarn was ire meinung sy und warnn sú beliben wellent. was do uwere meinung ist, daz lont uns wißen, obe wir darzů út fürbaz reden oder tůn sollent. wenne wir nút anders wissent, wenne daz wir an dunderstag bize mittage zů Mentze sint. harnoch wissent üch zů rihtende. gebyetent alle zit zů uns. geben am samstage zů naht noch sancteᵈ Margreden dago anno etc. 1401 jor.

[in verso] Dem ersamen wisen und bescheiden hern Peter Sünnerᵉ ammanmeister zů Strosburg.

Hans Bock und Uolrich Gosse.

---

402. *Stadt Straßburg an ihre zwei gen. Gesandten in Mainz: Truppenstellung zum Italienischen Zug, königliche Ausschreibung der Truppensammlung zu Augsberg auf 8 Sept.* 1401 Juli 19 [Straßburg].

Aus Straßb. St.A. nr. 2 B. Ruperti Romzug a. 1401 J.D.G. lad. 173 nr. 2 Missiven, jetzt AA 124 nr. 2, or. mb. lit. cl. c. sig. in verso impr. Man muß denken, daß die Straßburger Gesandten dieses an sie nach Mainz gerichtete Schreiben wider nach Hause mitbrachten, wodurch es ins Archiv im Original kam, während sonst nur ein Concept zu erwarten wäre.

Wir Ber von Heilgenstein der meister und der rat von Strasburg enbieten Johanse Bocke und hern Uolrich Gossen unserm altenammanmeyster unsern erbern botten was wir gůtz vermögen. als ir hern Peter Sünner unserm ammanmeister verschriben habent, uwern brief hat er uns gezöiget, und hant in verstanden. do empfelhen wir üch: sit die nidern stette iren dienst meinent zů minrende, so künnent wir nit wol an uns finden, das wir unsern dienst geminren können, minre danne wir vormals Römischen künigen gedienet hant, es were danne daz die andern stette und wir daz mit bescheidenheit mit unserm herren dem künige übertrügen. dovon duhte uns gůt, das ir mit derᶜ andern stette erbern botten rettent, ob si es rietent darumbe an disem wege zů userme herren dem künige zů schickende und von den sachen ze redende und zů süchende den dienst zů minrende, wenne wir gerne kosten überhept werent do wir mit eren möhtent. dunckete das aber der stette botten nit ze tůnde, waz üch danne gůt

a) or. *meinunges.* b) da or. ist hier zwischen zwei Zeilen, unbezweifelt wohin näher gehörig, eingerückt das noch dem also wir es gehöret hettent, wahrscheinlich gehört es hier nach hüben hin, oder nach dem folgenden zeil, oder noch dem weder folgenden wissent. c) or. sancti. d) or. kann gelesen werden Sünners, der Name ist sonst Sünner. e) or. den.

¹ *Mainz Speier und Straßburg stellten wirklich Truppen, Worms zahlte Geld, s. RTA. 5 beim Augsburger Tage lit. L. Finanzielles und lit. N. Straßb. Haufen.*

duncket von disen sachen zu redende daz mögent ir tůn. ouch hat unser herre der künig uns verschriben die unsern zu habende zů Ougespurg uf unser frowen tag der junger, als wir úch des briefes ein abgeschrifft harynne sendent verslozzen. und meinent etlich, der künig welle gen Beheim ziehen. do erfarent noch; und erfarent an den andern stetten: wollte er gen Beheim, was danne ir meynung dovon ist ze tůnde. und vůrdernt úch zů uns, wenne wir mit unsern glefen uzzelegende uwer beiten, und die nit wol uzgelegen kunnen, ir werent danne by uns, und wir wustent danne wie ir von allen sachen gescheiden werent[1]. datum hora duodecima feria tercia ante diem sancte Marie Magdalene anno domini 1400 primo.

[*in verso*] Unsern erbern botten Johanse Backe und hern Uolrich Gossen unsern altammanmeister".

Q. Städtische Kosten nr. 403-404.

403. *Kosten Nürnbergs zur Zeit des Reichstages von Mainz und nachher.* *1401 Juni 6 bis December 14.*

Aus Nürnb. Kreis-Archiv cod. mac. nr. 439 Schenkbuch 1393-1422 fol. 66ᵃ-68ᵇ, chart. coaev.; im Auszug.

[*Siebente Bürgermeisterperiode* feria 4 ante Bonifacii anno 1400 primo *bis* feria 4 in die sanct. Petri et Pauli.] Propinavimus dez von Meichsen camermeister und einem seinem rate 6 qr., summa 16 sh. hl.

[*Achte Bürgermeisterperiode* feria 4 in die sanct. Petri et Pauli *bis* feria 4 post Jacobi ap.] Propinavimus herzogen Ludwig juniori unsers herren kunigs sun 24 qr., summa 3 lb. 12 sh. hl.

[*Zehnte Bürgermeisterperiode* feria 4 in die Bartholomei *bis* feria 4 in die Mathei.] Propinavimus Johanni Kirchein 4 qr., summa 11 sh. 4 hl. propinavimus dez markgraven rat von Meichsen 4 qr., summa 11 sh. 4 hl. propinavimus dem von Sultaw bischof zu Verrenden 8 qr., summa 1 lb. 2 sh. 8 hl.

[*Elfte Bürgermeisterperiode* feria 4 in die Mathei *bis* feria 4 post Galli.] Propinavimus herzog Ludwigen pfalzgraven etc. und herzog Steffan juniori 24 qr., summa 3 lb. 16 sh. hl. propinavimus herzog Steffan seniori 24 qr., summa 3 lb. 16 sh. hl. propinavimus unsers herren kunigs schützen, die vom Rein herauf gesant wurden, 16 qr., summa 1 lb. 6 sh. 8 hl.

[*Zwölfte Bürgermeisterperiode* feria 4 post Galli *bis* feria 4 post Martini anno 1400 primo.] Propinavimus dem Spiegel von Rewtlingen und der von Pibrach diener 8 qr., summa 1 lb. 2 sh. 8 hl. propinavimus hern Hansen von Westersteten der von Esslingen hawptman 6 qr., summa 17 sh. hl. propinavimus den soldnern von Dinkelspuhel 4 qr., summa 11 sh. 4 hl. propinavimus der von Heilprunn soldner 6 qr., summa 17 sh. hl. propinavimus hern Irrenfryd 4 qr., summa 11. sh. 4 hl. propinavimus herzog Ludwigen vicarii 24 qr., summa 3 lb. 8 sh. hl. propinavimus Ekharten von Merkingen und hern Hansen von Hawsen und hern Eberhard von Freyberg 12 qr., summa 1 lb. 14 sh. hl. propinavimus der von Memmyngen soldner 6 qr., summa 17 sh. hl. propinavimus der von Awlun der von Gemund und der von Popphngen soldnern 6 qr., summa 17 sh. hl. propinavimus der von Weyl und von Esslingen soldnern 6 qr., summa 17 sh. hl.

a) *alten ammanmeister?*

[1] *Vgl. RTA. 5 beim Augsburger Tage lit. N. Straßb. Haufen.*

[*Dreizehnte Bürgermeisterperiode* feria 4 post Martini anno 1400 primo bis feria 4 post Lucie.] Propinavimus herzog Ludewigen vicarier 24 qr., summa 3 lb. 8 sh. hl.

404. *Kosten Frankfurts bei dem Reichstag zu Mainz und nachher.* 1401 Juni 18 bis Okt. 1.

Aus Frankf. St.A. Rechnungsbücher art. 1. 2. 3. 4. 5 unter der Rubrik uzgebin serunge, *art. 5ª unter der Rubrik* uzgebin pherdegeld.

[1] Sabb. post Viti: 12 lb. han virzert Heinrich Wiße Erwin Hartrad und Johan Erwin selbachte gein Meneze, als unser herre der konig der stede frunden dar bescheiden hatte und sine rede dar geschicht hatte, die da wurben umb hulfe und dinste unserm herren dem konige gein Lamparten zu tûn¹.

[2] Sabb. post Margarethe: 26 lb. virzerten Heinrich Wiße Erwin Hartrad und Johan Erwin selbachte 2 tage und selbzehinde 2 tage gein Meneze unserm herren dem künige zû antworten von des zuges wegin über berg und auch von anderer sache wegin. — item 47 lb. virzerten Heinrich Erwin und Johan vorgenant selbzehinde und darzû Jacob Weibe Johan Eber Diele Monthabûre und auch Gilbrecht Rietesil und meister Heinrich Wekler selbeilfte funf tage zû der vorgenanten zit zû Meneze von unsers herren des kunigs zuges wegin. — item 2 gulden 4 grosse unsers herren des kunigs dorhudern geschenkt.

[3] In vigil. Jacobi: 17½ lb. virzerten Conrat Wisse und Johan Erwin selbfunfte 7 tage gein Cobeleneze, als unser herre der konig der fursten und stede frunden einen tag bescheiden hatte von der munze wegen zu reden, dabi unser herre der konig sine frunde auch hatte.

[4] Sabb. ante Laurencii: 21¼ lb. virzertin Erwin Hartrad Heinrich Herdan und Heinrich schriber selbsiebinde 6 tage gein Heidelberg zû unserm herren dem künige von des zuges wegin uber berg und auch von andrer sache wegin. — item 16 grosse schenkte man unsers herren des kunigs dorhûtern uf dieselben zid.

[5] Sabb. post Michahelis: 24¼ gulden virzertin Jungo Frosch Johan Erwin und Heinrich schriber mit 7 pherden 7 tage gein Spire, zû unsers herren des kuniges reden und der stede frunden. · · [5ª] item 5 lb. 5 sh. Jungen Frosch Johan Erwin und Heinrich schriber ir iglichem von eim pherde 7 dage gein Spire zû unsers herren des kuniges reden und der stede frunden.

¹ Über Frankfurts und anderer Städte Leistungen zum Romzug vgl. in 5 Bande beim Augsburger Tage tit. L Finanzielles.

Chronologisches Verzeichnis
der
Urkunden und Akten.

Die mit einem * bezeichneten Stücke sind nicht vollständig, sondern nur als Regest Auszug oder Bruchstück mitgetheilt.
Vgl. über dieses Chronologische Verzeichnis das Vorwort des 1. Bandes p. LXXXIII.

1397
Juli 6 Rom. P. Bonifacius IX Geleit für seine 3 gen. Gesandten * . . . . p. 83 nt. 1
Nov. 3 Bacherach. Pf. Ruprechts III Bündnis mit Kurtrier gegen Altenwolfstein * . . . . . p. 127 nt. 1

1398
Fbr. 12 Mainz. Pf. Ruprechts III Bündnis mit Kurtrier u. Kurmainz gegen Altenwolfstein * . p. 127 nt. 1
Spt. 1. P. Bonifacius IX verleiht dem Antonius de Monte Catino eine Jahresrente * . . . . p. 22 nt. 2

1399
Spt. 29 Rom. P. Bonifacius IX Geleit für Konrad von Soltau auf 1 Jahr * . . . . p. 110 nt. 2
Okt. 27 —— —————— Verordnung betr. Geldunterstützung seines gen. Gesandten nach
Genua * . . . . p. 110 nt. 2

1400
Jan. 12. P. Bonifacius IX Geleit für seinen Gesandten Augustinus de Undinis * . . . . . . p. 3, 33
. . . . —— —————— Auftrag an Augustinus de Undinis das Kreuz gegen die Türken zu
predigen * . . . . p. 3, 37
Merz 21 Venedig. Friede zw. Venedig und Hzg. Johann Galeazzo von Mailand u. a. m. * . . p. 306 nt. 4
Aug. 11 bis Okt. 6. Nürnbergs Propinationen, z. Th. bei einem Fränkischen Städtetag vor 13 Sept.
daselbst . . . . p. 125, 40
15 bis 1401 Fbr. 2. Augsburgs Kosten beim Tag zu Frankfurt im Okt. 1400, nr. 175 . . p. 202
. . . 20. Febt bei Altenwolfstein. Pf. Ludwig an K. Ruprecht, über Erwirkung städtischen Zu-
zugs zur Belagerung von Altenwolfstein, nr. 112 . . . . p. 127
21 bis 1402 Fbr. 11. Frankfurts Kosten bei den Feierlichkeiten daselbst vom Okt. 1400,
nr. 174 . . . . p. 199
22 Bacherach. K. Ruprecht an Frankfurt, betr. Tag zu Alzei und Unterstützung des Pf.
Ludwig gegen Altenwolfstein, nr. 113 . . . . p. 128
nd Aug. 22 Frankfurt. Notiz über den Tag zu Alzei . . . . p. 128, 41*
Aug. 22 Bonn. Erzb. Friederich III von Köln an Frankfurt, beglaubigt Johann Sale, nr. 133 . . p. 150
nach Aug. 22 Frankfurt. Begehren des Johann Sale an Frankfurt, nr. 134 . . . . ———
Aug. 28 Alzei. K. Ruprecht an Frankfurt, beglaubigt 3 genannte für mündlichen Auftrag * . p. 151 nt. 2
28. Hzg. Karl von Lothringen beurkundet Sühne zwischen sich (bzw. K. Ruprecht) und
Ritter Joh. Wolff von Sponheim auf Schloß Altenwolfstein . . . . p. 124, 34
—— —— K. Ruprecht und Hzg. Karl von Lothringen und 4 gen. Gemeiner zu Altenwolfstein
vertragen einen Burgfrieden im gen. Schlosse * . . . . p. 125, 10
Frankfurts Kosten beim Tage zu Alzei, nr. 114 . . . . p. 129
—— Frankfurt. Die Stadt an Mainz, betr. einen zu Mainz abzuhaltenden Städtetag wegen
der Thronveränderung, nr. 115 . . . . ———
Achen. Die Stadt an Frankfurt, betr. Frankfurts Verhältnis zum neuen König, nr. 116 p. 130
nach Aug. 28 Frankfurt. Notiz, daß die Stadt an Achen antwortet auf nr. 116 durch Einladung
zum Mainzer Städtetag auf Sept. 7, nr. 117 . . . . ———

1400

Aug. 29 Mainz. Die Stadt an Frankfurt, über gemeinsame Vorbereitung des Mainzer Städtetags auf Sept. 8, nr. 118		p. 130
— 30 Frankfurt. Aufzeichnung über Unterredung 8 gen. Bevollmächtigter K. Ruprechts mit Frankfurt wegen Einlasses und Gestattung feilen Kaufs, nr. 136		p. 151
Spt. 1 Rotweil. Die Stadt an Straßburg, erbittet Auskunft über Verhalten der Städte u. a. zur Thronsveränderung *		p. 130, 31*
— 2 Frankfurt. Die Stadt an K. Wenzel, kann ihn nicht unterstützen da Pf. Ruprecht sich vor die Stadt legen will, nr. 146		p. 163
— 3 Köln. Die Stadt an Mainz, will den Mainzer Städtetag auf Sept. 8 beschicken, nr. 119		p. 131
— 6 Kolmar. Die Stadt an Frankfurt, erbittet Nachrichten über die neue Königswahl und das Lager vor Frankfurt		p. 186 nt. 2
— 6 Heidelberg. K. Ruprecht bevollmächtigt Bf. Friderich von Nürnberg, mit Stift Würzburg zu unterhandeln *		p. 175 nt. 1
— — Hermann von Rodenstein u. Frid. Schaffart an Frid. von Sassenhausen: K. Ruprecht will seine Gesandten auf Spt. 11 beim Frankf. Rath haben, nr. 137		p. 153
— 7 Basel. Die Stadt an Straßburg, erbittet Rath zur Beantwortung kurf. Briefs über die Thronsveränderung *		p. 130, 42*
— 8 Friedberg Burg. Die Burg an K. Wenzel, vom Bevorstehen des Lagers vor Frankfurt, nr. 147		p. 164
c. Spt. 8 Mainz. Aufzeichnung über ein auf dem Mainzer Städtetag von gelehrten Pfaffen den Städten ertheiltes Gutachten betr. die Thronsveränderung, nr. 120		p. 132
Spt. 10 Lager vor Frankfurt. K. Ruprecht an die Bfen. und die Baumeister zu Friedberg, bescheidet sie auf Spt. 12 zu sich, nr. 135		p. 151
— — Frankfurt. Die Stadt an Kolmar, über K. Ruprechts Lager vor der Stadt u. a. m., nr. 162		p. 186
nach Spt. 10/11 Frankfurt. Aufzeichnung über Gefängnis derjenigen welche während des Lagers vor der Stadt eingelassen werden, nr. 140		p. 154
Spt. 11 Frankfurt. Aufzeichnung über Unterredung der Gesandten K. Ruprechts und der Fürsten mit dem Frankfurter Rath wegen Einlasses des Königes, nr. 138		p. 153
— — Aufzeichnung der Antwort Frankfurts an K. Ruprecht betr. Einlaß und feilen Kauf, nr. 139		p. 154
— 12 Die Stadt an K. Wenzel, bittet um Hilfe gegen den Ruprechtischen Anhang der sich vor sie gelagert hat, nr. 149		p. 165
— — Die Stadt an Nürnberg, über Lager K. Ruprechts vor der Stadt und Gerücht von bevorstehendem Städtetag zu Nürnberg, nr. 163		p. 187
— — Ulman Stromer zu Nürnberg, über dasselbe, sub nr. 163 *		
c. O. Ungenannte Landherren an K. Wenzel, sagen ihm auf, nr. 148		p. 164
— 13 Feld bei Frankfurt. K. Ruprecht an Köln, beglaubigt 3 gen. Räthe zu mündlichem Anbringen, nr. 176		p. 207
— — Nürnberg. Bruder Pertholt (Ulman Stromer) an Prior Reynhard (Frankf. Rath), über Unterredung Fränkischer Städte zu Nürnberg u. Maßregeln K. Wenzels, nr. 122		p. 134
— 14 Kolmar. Die Stadt an Frankfurt, wiederholt die Anfragen vom 6 Spt. *		p. 188 nt. 1
— 15 Hagenau. Die Stadt an Frankfurt, bittet um Nachricht über d. alten oder d. neuen König *		
— — Friedberg Burg. Die Burg an den Bfen. und die Baumeister, bescheidet sie zum 29 Spt. nach der Burg (eingeschaltet in nr. 161)		181, 24
— 17 Achen. Die Stadt an Köln, bittet um Mittheilung der Beschlüsse des Mainzer Städtetags von 8 Spt. *		p. 131, 44*
— 18. Frankfurts Kosten beim Mainzer Städtetag, nr. 121		p. 134
— — Nürnberg. Die Stadt an Frankfurt: Gegenmaßregeln K. Wenzels, Unterredung Fränkischer Städte zu Nürnberg, nr. 123		p. 135
— — Rotweil. Die Stadt an Straßburg, erbittet Nachrichten vom Mainzer Städtetag, will den kön. Tag der Bodensee-Städte zu Konstanz auf Spt. 19 beschicken, nr. 124		p. 136
— 20 Frankfurt. Die Stadt an Kolmar: Lager K. Ruprechts vor Frankfurt, K. Wenzels Gegenmaßregeln, nr. 164		p. 188
— — Hagenau: Lager K. Ruprechts vor Frankfurt, K. Wenzels Gegenmaßregeln, nr. 164		
— — Köln. Die Stadt an Achen: kann von der Städteversammlung zu Mainz vom 8 Spt. nichts entscheidendes mittheilen, nr. 128		p. 140
— 21 Mainz: will den neuen Mainzer Städtetag auf 29 Spt. beschicken, 3 gen. kön. Gesandte verlangen Bescheid, nr. 129		

1400

Spt. 21 Konstanz. Erzählung von Verhandlung der Bodensee-Städte mit 2 gen. Gesandten K. Ruprechts zu Konstanz, nr. 125 . . . . p. 137
— 23 o. O. Bisch. Albrecht von Hamburg vereint sich mit 3 gen. Bevollmächtigten K. Ruprechts wegen dem letzteren etwa zu leistender Huldigung, nr. 156 . . . . . . p. 171
— 24. Heilbronns Kosten bei Anwesenheit von Boten K. Ruprechts und der Erzb. von Mainz und Köln . . . . p. 214 nt. 1
— 28 Rotweil. Die Stadt an Straßburg, über Verhandlungen d. beiden Königen mit d. Bodensee-Städten und bevorstehenden Städtetag zu Biberach, nr. 126 . . . . . . p. 137
Okt. 1 Mainz. Die Kölnischen Abgeordneten an Köln, berichten vom Mainzer Städtetag am 29 Spt., nr. 130 . . . . p. 141
— 4 Lager vor Frankfurt. Aufzeichnung über das Abkommen K. Ruprechts mit Köln Mainz Worms Speier zu Empfang und Huldigung, nr. 157 . . . . . p. 172
— 5 — . . . . K. Ruprecht nimmt Köln, welches ihm gehorchen will, in seinen und des Reiches Schirm, nr. 158 . . . . p. 173
— — — K. Ruprecht nimmt Mainz Worms Speier, welche ihm gehorchen wollen, zusammen in seinen und des Reiches Schirm, sub nr. 158 . . . . . —
— 6 — K. Ruprecht verspricht Mainz Worms Speier die ihnen gewährten Privilegien nachträglich mit dem Majestätssiegel zu besiegeln * p. 173 nt. 1
— . Köln. Die Stadt an Aachen, kann vom Mainzer Städtetag am 29 Spt. noch nicht berichten, nr. 131 . . . . p. 141
— 7 Frankfurt. Die Stadt an K. Wenzel, sagt ihm auf falls er nicht vor Ablauf der Lagerzeit K. Ruprechts zu Hilfe komme, nr. 150 . . . . p. 166
— u. 11 bezw. 12 Frankfurt. Aufzeichnung über Verhandlung gen. Städte mit Frankfurt betr. sofortigen Einlaß K. Ruprechts, nr. 141 . . . . p. 155
— 8. Frankfurts Kosten zu einer Gesandtschaft an K. Wenzel . . . . . . p. 166, 41ᵇ
— . Mainz. Die Stadt an Köln, über Formular der Absage an K. Wenzel * . . . . . p. 168 nt. 1
— . 9. Frankfurts Kosten beim Städtetag zu Mainz vom 29 Spt., nr. 132 . . . . . . p. 142
— . Frankfurt. Aufzeichnung über Gutachten der 3 geistl. Kurfürsten an Frankfurt betr. Einfall K. Ruprechts nach der Lagerzeit, nr. 142 . . . . p. 159
— 10 Mainz. Heinrich zum Jungen an Wilhelm Metziger zu Straßburg: Anerkennung K. Ruprechts durch gen. Rheinische Städte, Nachrichten aus Paris, nr. 165 . . . p. 188
— . 13 Köln. Die Stadt an Mainz, schickt den von ihr an K. Wenzel gerichteten Absagebrief, nr. 152 . . . . p. 168
— — — Aachen, hat sich mit Mainz Worms Speier von K. Wenzel zu K. Ruprecht gewandt, nr. 153 . . . . p. 169
— . Friedberg Burg. Die Burg an K. Wenzel, sagt ihm auf falls Frankfurt Ruprecht einlasse, nr. 151 . . . . p. 167
— 14 Rotweil. Die Stadt an Straßburg: Haltung der Schwäb. Städte gegen K. Ruprecht, Bevorstehen eines neuen Tages derselben, nr. 127 . . . . p. 139
— 18, 19, 20, 22, 25 Frankfurt. Aufzeichnung über Ankunft der Königin Elisabeth vor Frankfurt, nr. 143 . . . . p. 160
— 20 vor Frankfurt. K. Ruprecht nimmt Friedberg Stadt, die ihm gehorchen will, in seinen und des Reiches Schirm, sub nr. 158 . . . . p. 173
— — — Burg, die ihm gehorchen will, in seinen und des Reiches Schirm, sub nr. 158 . —
— — — Wetzlar, das ihm gehorchen will, in seinen und des Reiches Schirm, sub nr. 158 . . . —
— 22 Friedberg Burg. Bf. u. Burgmannen werden zum 28 Okt. auf die Burg entboten (eingeschaltet in nr. 161) . . . . p. 184, 26
— 23 Basel. Die Stadt an Straßburg, will noch erwägen wie sie sich in der Sache des neuen Königs zu verhalten habe * . . . . p. 140 nt. 1
— 25 Mainz. Vier gen. Straßburger Gesandte an Straßb., theilen Nachrichten aus Mainz mit, wollen weiter nach Frankfurt, nr. 166 . . . . p. 189
— . Frankfurt. Aufzeichnung über Bestellung des Briefes der Stadt an K. Wenzel vom 7 Okt., nr. 154 . . . . p. 169
— . Feld vor Frankfurt. K. Ruprechts Versprechungen an Bisch. Gerhard von Würzburg für seine Anerkennung als König, nr. 159 . . . . p. 175
— . Bisch. Gerhard von Würzburg leistet K. Ruprecht Gehorsam und wird für etwaige Hilfeleistung entschädigt, nr. 160 . . . . . p. 176

1400

vor Okt. 26 Feld vor Frankfurt. K. Ruprecht weist die Juden zur Zahlung des goldenen Opferpfennigs an zwei genannte an * . . . . p.	143, 23
——— K. Ruprechts Geleitsbrief für 2 gen. Erheber des goldenen Opferpfennigs der Juden * . . . . p.	143, 26
——— Nürnberg. Erste Vereinbarung der Stadt mit 3 gen. Bevollmächtigten K. Ruprechts über Einlaß und Anerkennung desselben, nr. 243 . . . . p.	284
Okt. 26 Feld vor Frankfurt. K. Ruprecht nimmt Frankfurt, das ihm gehorchen will, in seinen und des Reiches Schirm, sub nr. 158 . . . . p.	173
Frankfurt. K. Ruprechts Abkommen mit Stadt Mainz über Einlaß und über Besiegelung der Stadt gewährten Briefe * . . . . p.	174, 27ª
——— Auslagungen d. Stadt für Einzug K. Ruprechts u. seiner Gemahlin, nr. 144 p.	160
——— Aufzeichnung über Eintritt desselben in die Stadt, nr. 145 . . . . . p.	161
—— 27/28 auf dem Main beim Höchster Zollhaus. Vier gen. Straßb. Gesandte an ihre Stadt, berichten Neuigkeiten aus Frankfurt, nr. 167 . . . . p.	190
28 Rense. Erzb. Friderich III von Köln an Stadt Köln, über K. Ruprechts Eintritt in Frankfurt und Gelnhausen u. a. m., nr. 168 . . . . p.	193
Gelnhausen. K. Ruprecht bestätigt die Privilegien Gelnhausens * . . . . p.	205 nt. 3
29 Friedberg Stadt. Huldigungseid der Bürger in Anwesenheit K. Ruprechts, mit Ausschmückung, nr. 224 . . . . p.	265
——— K. Ruprechts Privilegienbestätigung für Friedberg Burg * . . . . p.	194 nt. 4
Stadt.	
nach Okt. 29 Friedberg Burg. Aufzeichnung über den Übertritt der Burg von K. Wenzel zu K. Ruprecht, nr. 161 . . . . p.	177
Okt. 30 Mainz. Die Straßburger Gesandten an Straßb., über Eintritt K. Ruprechts in Mainz und Verhandlungen daselbst und vorher in Frankfurt, nr. 169 . . . . . . p.	193
o. O. K. Ruprecht bestätigt d. Stadt Mainz ihre Privilegien mit d. kleinen Sigel * p.	174, 21ᵇ
mit d. Majestätssiegel * p.	174, 39ᵇ
Hagenau. Die Stadt an Frankfurt, bittet um Nachrichten über das Lager vor Frankfurt u. a. m. * . . . . p.	170 nt. 2
nach Okt. 30 Frankfurt. Erklärung der Stadt wegen ihres Übertritts von K. Wenzel zu K. Ruprecht, nr. 155 . . . . p.	170
Okt. 31 o. O. K. Ruprecht nimmt Straßburg, das ihm gehorchen will, in seinen und des Reiches Schirm, sub nr. 158 . . . . p.	173
zw. Okt. 31 u. Nov. 8 Straßburg. Anweisung der Stadt für ihre bei K. Ruprecht befindlichen Gesandten, nr. 170 . . . . p.	196
Nov. 3 Worms. Drei gen. Straßburger Gesandte an Straßb.; Eintritt K. Ruprechts in Worms, Verhältnis K. Sigmunds und verschiedener Reichsstände zu K. Wenzel und K. Ruprecht, nr. 171 . . . . p.	196
Nov. 3 bis 1401 Jan. 26. Nürnbergs Kosten zum Mainzer Tag v. Dez. 1400 u. hernach, nr. 201* p.	233
4 o. O. Franz von Gonzaga zu Mantua an d. Kurfürsten, will an K. Wenzel festhalten, nr. 193 p.	227
6. Frankfurts Kosten für eine Gesandtschaft nach Böhmen . . . . p.	166, 43ª
——— 7 Heidelberg. K. Ruprecht an Straßburg, ladt zu einem Tag der Elsäßischen Städte daselbst auf 10/11 Nov. * . . . . p.	198 nt. 1
Ferrara. Mf. Nikolaus von Este zu Modena an die 3 geistl. Kurf. über sein Verhalten zur Thronveränderung, nr. 194 . . . . p.	228
——— 8 Heidelberg. K. Ruprecht an Hzg. Karl v. Lothringen, betr. Freilassung und Restitution zweier Straßburger . . . . p.	197 nt. 2
Vier gen. Straßburger Gesandte an Straßb., betr. Verhandlungen mit K. Ruprecht und bevorstehenden Tag der Elsäßischen Reichsstädte zu Straßburg auf Nov. 11, nr. 172 . . . . p.	197
10 Köln. Die Stadt an Erzb. Friderich III von Köln: er soll die Vornahme der Krönung K. Ruprechts in Köln betreiben, nr. 177 . . . . p.	208
11 Bonn. Erzb. Friderich III v. Köln an Stadt Köln, wegen d. Krönung K. Ruprechts, nr. 178	
Padua. Franz von Carrera an die Kurfürsten, erkennt K. Ruprecht an und will einen Gesandten schicken, nr. 195 . . . . p.	229
14 Heidelberg. K. Ruprecht befiehlt der Stadt Selz seinem gen. Bevollmächtigten zu huldigen und verspricht dafür Privilegien, nr. 182 . . . . p.	211
——— K. Ruprecht an Straßburg, betr. Privilegienbestätigung der Stadt und Absicht des Königs auf Nov. 22 dorthin zu kommen * . . . . p.	198, 18ᵇ

1400

Nov. 15 Wirzburg. Johann v. Egloffstein Dompropst zu Wirzburg verbündet sich mit K. Ruprecht, nr. 191		p. 224
— Straßburg. Aufzeichnung über die Kosten einer Gesandtschaft der Stadt an K. Ruprecht und über Privilegienbestätigung *		p. 189 nt. 3
u. 29. Straßburgs Kosten für Gesandtschaften an K. Ruprecht und bei Anwesenheit desselben in der Stadt u. s. w.		p. 149, 29
19 Wirzburg. Versprechen des Domkapitels an K. Ruprecht btr. die künftige Bischofswahl *		p. 225, 38ᵃ
— Speier. Zwei gen. Straßburger Gesandte an ihre Stadt, btz. K. Ruprechts Einzug in Speier und die Straßburger Ächter, nr. 173 *		p. 198
20 Germersheim. K. Ruprecht befiehlt der Stadt Gelnhausen seinem gen. Bevollmächtigten zu huldigen		p. 211 nt. 3
nach Nov. 20 Gelnhausen. Huldigungseid der Bürger in Abwesenheit K. Ruprechts, mit Ausnahmung, sub nr. 234		p. 265
Nov. 23 Straßburg. K. Ruprecht an Venedig, meldet seine Wahl und Erfolge, bittet um Freundschaft, nr. 187		p. 216
— 24 Hagenau. K. Ruprechts Schutzversprechen an Hagenau, sub nr. 192		p. 226
— — Rotweil. Die Stadt an Straßburg: ob Straßburg K. Ruprecht eingelassen habe und ihm huldigen wolle *		p. 198, 45ᵇ
26 Weißenburg. K. Ruprechts Schutzversprechen an Weißenburg i. E., sub nr. 192 *		p. 226
27 —	Selz, sub nr. 192 *	
— — Straßburg. Die Stadt an Rotweil über K. Ruprechts gute Eigenschaften *		p. 199, 33ᵃ
o. O. Dietrich v. d. Witenmülen an Straßb., schickt Brief K. Ruprechts, bittet dessen Begehren nachzukommen *		p. 199, 43ᵃ
30 Florenz. Die Stadt an die Kurf., erhofft in Folge der Wahl K. Ruprechts Besserung der Zustände in Reich und Kirche, nr. 195		p. 229
Dec. 1 Barcelona. K. Martin III von Aragonien an K. Ruprecht, beglückwünscht ihn zu seiner Erhebung, nr. 264		p. 313
— — Mainz. K. Ruprechts Schutzversprechen an Schlettstadt, sub nr. 192		p. 226
— —	Keisersberg Oberehnheim Rosheim, sub nr. 192 *	
— —	Münster i. E., sub nr. 192 *	
— 2 — Vorschläge 2 gen. Französischer Gesandten an K. Ruprecht zur Vermittlung zwischen ihm und K. Wenzel und Beilegung des Schismas, nr. 180		p. 210
nach Dec. 2 o. O. Antwort für die Französischen Gesandten auf deren Werbung v. 2 Dec., nr. 181		p. 211
Dec. 3 Mainz. K. Ruprecht weist Wetzlar an, seinen gen. Bevollmächtigten zu huldigen, nr. 183		p. 212
— 4 — setzt einen Tag zu Marburg an auf Jan. 16 in Sachen der Ermordung Hzgs. Friedrich von Braunschweig, nr. 190		p. 223
— 5 — an Achen: die Stadt soll ihn zur Krönung einlassen, nr. 179		p. 209
— 7 Cortona. Die 2 Herren von Cortona an die 3 geistl. Kurf., erklären sich zu Anerkennung K. Ruprechts bereit, nr. 197		p. 230
— — Heidelberg. K. Ruprecht an gen. Schwäbische Städte, ladt zur Krönung auf Jan. 6 nach Köln, nr. 202		p. 237
— 8 — — Köln, über seine demnächstige Krönung daselbst, nr. 203		p. 238
— 10 — Straßburg, erbittet Unterstützung seiner Werbung an Österreich *		p. 343 nt. 2
— — Frankfurt: die ihm daselbst noch nicht persönlich gehuldigt haben, sollen seinen gen. Bevollmächtigten huldigen, nr. 184		p. 213
— — die Bürger sollen ihren Obrigkeiten schwören und gehorsam sein *		p. 213 nt. 1
— — Straßburg: soll seine 5 gen. Räthe in Unterhandlungen mit Hzg. Leop. von Österreich unterstützen *		p. 259, 29ᵇ
— — soll Reinhart v. Windek wieder einlassen und den 5 gen. Räthen glauben *		p. 259, 42ᵇ
— 11 Florenz. Gen. Grafen von Montelodzio an die 3 geistl. Kurf., erkennen die Wahl K. Ruprechts mit Freuden an, nr. 198		p. 231
— bis 1401 Jan. 15. Frankfurts Kosten beim Tage zu Mainz vom Dec. 1400, nr. 271		p. 322
— 14 Heidelberg. K. Ruprecht an Straßburg: soll die Schwäb. und andere Städte zur Huldigung ermahnen, mit Nachschrift über Achen u. Kölner Krönung, nr. 185		p. 213

1400

Dec. 14 Heidelberg.	K. Ruprecht verpflichtet sich gegen Kurmainz zu Privilegienbestätigung, Schutz des Stiftes, Schiedsgerichtsbestellung, lebenslänglicher Friedenseinung, nr. 208	p. 247
— —	K. Ruprechts Vollmacht an 3 gen. behufs Approbation durch P. Bonifacius IX, nr. 1 *	p. 17
— —	ebenso, nur unter d. kleinen kön. Sigel, sub nr. 1 *	p. 18, 32
— 16 —	K. Ruprecht bestätigt alle Privilegien der Mainzer Kirche, nr. 209	p. 248
— —	Karls IV Privileg für d. Mainzer Klerus von 1354 Jan. 10 *	p. 248, 37ª
— —	Wenzels Erklärung von 1383 Okt. 16 betr. eines der Stadt Mainz verliehenen Briefes *	p. 248, 49ª
— —	Erzb. Joh. II von Mainz alle seine und seines Stifts Freiheiten, nr. 210	p. 250
— Luzern.	Die Stadt an die 3 geistl. Kurf., dankt für Anzeige der Wahl K. Ruprechts u. versichert Reichstreue, nr. 199	p. 231
— 19 Pisa.	Gf. Konrad von Aitelberg an K. Ruprecht, erbietet sich zw. dem. und Hzg. Joh. Galeazzo von Mailand zu vermitteln, nr. 200	p. 232
— 23.	Johannes de Marinnis an Paul de Guinigis, über päbstliche Gesandtschaft des neuen Johannes Manzini da Motta nach Deutschland *	p. 2, 9
— 24 Aachen.	Die Stadt an K. Ruprecht; kann ihn nur unter gen. Bedingungen einlassen, nr. 204	p. 238
— 27 Heidelberg.	K. Ruprecht zu Niederbaiern; man soll Hzg. Stephan beistehen, wenn dieser von des Königs wegen dazu aufgefordert, nr. 186	p. 215
— 29 Nürnberg.	Zweite Vereinbarung der Stadt mit gen. Bevollmächtigten K. Ruprechts über dessen Anerkennung, nr. 245	p. 288
— Bernkastel.	Erzb. Werner von Trier an Stadt Köln, erbittet Geleit für Arnold Bosener zum Krönungstag *	p. 238 nt. 1
— Rom.	Jacopo Fantinelli an Paul de Guinigis von Lucca; Nachrichten aus Deutschland *	p. 238 nt. 2
Dec. bis 1401 Jan. o. O.	K. Ruprechts Anweisung an Albrecht von Thumheim zur Werbung an die Lombardei, nr. 188	p. 217
ad Dec. bis 1401 Jan.	Verzeichnis von Reichsständen und auswärtigen Mächten, welche zu K. Ruprecht halten, nr. 189	p. 220
1400 bis 1401 o. O.	Huldigungseid der Fürsten, nr. 222	p. 264
— —	eines Fürsten, sub nr. 222	
— —	Grafen, sub nr. 222	
— —	der Städte in Abwesenheit K. Ruprechts, ohne Annehmung, nr. 223	p. 265

1401

Jan. 5 Mainz.	Die Stadt an Frankfurt, schickt Antwort Aachens über Geleit für eine städtische Gesandtschaft in Angelegenheit K. Ruprechts	p. 235, 6
— 6 Köln.	K. Ruprecht verspricht, Nürnberg nie dem Reich zu entfremden, nr. 244	p. 287
— —	erklärt daß die Bestätigung der Stadt-Kölnischen Privilegien dem Erzb. und Stift nicht schädlich sein soll, nr. 211	p. 251
— 7	Huldigungseid des Erzb. Friederich III von Köln, nr. 221	p. 264
— —	Kölnischer Krönungsbericht, nr. 205	p. 239
— —	K. Ruprecht bestätigt d. 3 geistl. Kurf. seine Versprechungen v. 20 Aug. 1400, nr. 206	p. 243
— —	macht d. 3 geistl. Kurf. Zugeständnisse betr. d. Rheinzölle, nr. 207	p. 245
— —	macht Erzb. Frid. III von Köln gew. Gewährungen für dessen Verdienste, nr. 212	p. 252
— —	bestätigt demselben die Privilegien des Stiftes *	p. 252 nt. 1
— —	verleiht demselben seine Lehen *	p. 252, 47ᵇ
— —	verpflichtet sich gegen dens. betr. dessen Verhältnis zu Berg Ravensb. Cleve und Mark, nr. 213	p. 256
— 8 —	Erzb. Friederich III von Köln an die Mfen. v. Meißen u. II. v. Hessen betr. Lehnsempfang, nr. 219	p. 262
— —	Erzb. Johann II von Mainz — — v. Hessen betr. Lehnsempfang, sub nr. 219 *	p. 263, 19
— 9 —	K. Ruprecht u. Pf. Ludwig bevollmächtigen 3 gen. zur Eheberedung zw. Ludwig und Blanchia von England *	p. 234, 4

1401

Jan. 10 Koblenz. K. Ruprecht erteilt Erzb. Werner von Trier das Recht der ersten Bitte in
dessen ganzer Provinz, nr. 215 * . . . . p. 259
— 11 — — bestätigt demselben die Abtei Prüm als Reichslehen * . . . p. 259, 27ᵃ
— 12 — — demselben die Privilegien des Stiftes * . . . . . . p. 259, 36ᵃ
— — — — verleiht demselben seine Lehen * . . . . p. 259, 46ᵃ
— — — — bevollmächtigt 4 gen. Räthe zu Verhandlungen mit 3 gen. Herzigern von Österreich, nr. 216 . . . . p. 259
— — — — gibt seinen Räthen Anweisung zu Verhandlungen mit denselben auf den Tag zu St.-Veit Jan. 30, nr. 217 . . . . . . p. 260
— 17 Marburg. K. Ruprecht macht Waffenstillstand bis 29 Mai zwischen gen. Parteien in der Fehde wegen Ermordung Hzg. Friderichs von Braunschweig, nr. 269 . . . p. 319
— — — — Derselbe erteilt Erzb. Friderich von Köln das Recht der ersten Bitte an gen. Kirchen, nr. 214 . . . . p. 257
— 20 — . Sühneentwurf zwischen den 3 gen. Herzögen von Braunschweig und den 3 gen. Mördern Hzg. Friderichs v. Brschwg., nr. 270 . . . p. 319
— — — — — denselben, Revers der Mörder, nr. 271 . . . . . . p. 321
— 22 Frankfurt. K. Ruprecht an Mf. Wilhelm von Meißen: er soll K. Wenzel absagen und denselben bekriegen, nr. 220 . . . . p. 263
— . — bis Feb. 26. Frankfurts Kosten beim Empfang K. Ruprechts . . . . p. 233, 30ᵃ
— 26 Nürnberg. Rathserlaß: K. Wenzels Habe soll bis nach Ostern Geleit haben * . . p. 290 nt. 3
— — Heidelberg. K. Ruprechts Fehdebrief an 2 gen. Gfen. von Nassau zu Gunsten Erzb. Friderichs III von Köln * . . . . p. 257 et. 1
— — bis Apr. 6. Nürnbergs Geschenke beim Aufenthalt K. Ruprechts daselbst, nr. 265 . p. 332
— 27 Nürnberg. Die Stadt an K. Wenzel, sagt ihm auf, nr. 246 . . . . p. 290
— — 29. Frankfurts Kosten für eine Gesandtschaft an K. Ruprecht . . . . p. 233, 42ᵃ
— 30 Morgenheim. K. Ruprecht an P. Bonifacius IX, erbittet Bestätigung der Wahl Johanns v. Eglofstein zum Bischof von Wirzburg * . . . . p. 225, 48ᵃ
nach Jan. 31 Nürnberg. Notiz über Ablieferung des Absagebriefs Nürnbergs an K. Wenzel am 31 Jan., sub nr. 246 . . . . p. 291, 5
vor Fbr. 2 Nürnberg. Bekanntmachung des Raths btr. Einlaß K. Ruprechts, nr. 247 . . . . p. 291
Fbr. 2 Nürnberg. Notiz über Einreiten K. Ruprechts in die Stadt, sub nr. 246 . . . . . . p. 291, 5
— — — — K. Ruprechts Versprechen an die Stadt btr. Erlaß der Hilfe wider Rotenburg u. a. gen. Städte und Jahressteuer, nr. 248 . . . . p. 293
— — — — Huldigungseid Nürnbergs, nr. 225 . . . . p. 266
— . 2 ff. Nürnbergs Geschenke an den kön. Hof beim Aufenthalt K. Ruprechts daselbst, nr. 284 . p. 332
— . 5 Nürnberg. K. Ruprecht befiehlt den Burgmannen zu Gelnhausen seinem gen. Bevollmächtigten zu huldigen, nr. 252 . . . . p. 297
— — — — bevollmächtigt Herrn Joh. v. Isenberg zu Lehens-Verleihung und Huldigungs-Empfang in Gelnhausen, nr. 251 . . . . p. 296
— . 8 Rom. P. Bonifacius IX Geleit für 3 gen. deutsche Gesandte, nr. 2 * . . . . . p. 18
nach Fbr. 8 Rom. Bisch. Konrads von Verden Vortrag vor P. Bonifacius IX wegen Appellation K. Ruprechts, nr. 3 . . . . p. 19
Fbr. 12 Nürnberg. K. Ruprecht an Straßburg, verbietet, den Arbeuern Geleit oder Verkehr zu gewähren, nr. 254 . . . . p. 298
— — — — Köln, verbietet dasselbe, sub nr. 254 . . . .
— — — — einen Fürsten, verbietet dasselbe, sub nr. 254 . . . . . .
— 13 o. O. Bisch. Albrecht v. Bamberg vereinbart mit K. Ruprecht Belehnung für Hilfe gegen Böhmen, nr. 281 . . . . p. 329
— — — — K. Ruprecht vereinbart mit Bisch. Albr. von Bamberg dasselbe (Gegenbrief), sub nr. 281 * . . . .
— . 19 Nürnberg. K. Ruprecht befiehlt Dortmund seinem gen. Bevollmächtigten zu huldigen, sub nr. 253 * . . . . p. 297
— 20 — — bestätigt die Privilegien der Stadt Schweinfurt * . . . . p. 266, 35ᵃ
— — — — an Stadt Köln: wie sie sich zu Hzg. Wilhelm von Geldern verhalten soll, nr. 255 . . . . p. 299
— 21 Florenz. Vollmacht d. Florentiner für B. Pitti zu Vereinbarungen mit K. Rupr., nr. 258 . p. 301
— 22 Nürnberg. K. Ruprecht trifft Übereinkunft zw. Bisch. Albrecht von Bamberg und Konrad Marschalk von Pappenheim, nr. 282 . . . . . . p. 330
— 24 — — weist Schweinfurt zum Gehorsam gegen den Reichsvogt an * p. 266, 36ᵃ

1401

Fbr. 26 bis Apr. 9. Frankfurts Kosten beim Tage zu Nürnberg im Fbr. u. Merz, nr. 286		p. 335
—— 27 Greiffenberg. Hzg. Leopold IV von Österreich an Straßburg, berichtet vom Tage zu St.-Veit, nr. 218		p. 262
—— —— Venedig. Petrus de Gualfredinis von Verona an K. Ruprecht: er soll nach Italien kommen, nr. 259		p. 303
—— 28 Nürnberg. K. Ruprecht verzeiht den 3 gen. Mördern Hzgs. Frid. v. Brschwg., nr. 272		p. 322
—— —— —— Hzg. Otto von Braunschweig desgl., sub nr. 272		
—— —— —— Lf. Hermann von Hessen desgl., sub nr. 272		
—— —— —— K. Ruprecht an Lf. Hermann von Hessen, betr. Austausch der Marburger Sühnebriefe, nr. 273		
—— —— —— die 3 Hzge. von Braunschweig, betr. dasselbe, nr. 274		p. 324
c. Fbr. viell. Nürnberg. Huldigungseid der Stadt Schweinfurt, nr. 226		p. 266
Mrz. Weißenburg i. N. Huldigungeid der Stadt, nr. 226		
—— 1 Nürnberg. K. Ruprecht an gen. Reichsstädte und alle Unterthanen die es angeht im Elsaß, btr. Ernennung Schwarz Reinharts v. Sickingen z. Landvogt daselbst*	p. 227,	29*
—— —— Venedig. Rathsbeschluß über Antwort an Florenz btr. Gesandtschaft zu K. Rupr., nr. 260*		p. 306
—— 6 —— Andreas de Marinis aus Cremona an K. Ruprecht, ermahnt ihn die Kaiserherrlichkeit in Italien herzustellen, nr. 261		p. 307
—— 7 —— Rathsbeschluß btr. Antwort an d. Hzg. v. Mailand über Verhältnis von Venedig Florenz Padua zu K. Ruprecht und zu dem Hzg., nr. 262		p. 310
—— —— Nürnberg. K. Ruprecht an K. Martin III von Aragonien, über Wahl Krönung Fortschritte gegen K. Wenzel, Herstellung der Kircheneinheit, nr. 265		p. 314
ad Mrz. 7 oder Apr. 23 Nürnberg. Adressenverzeichnis Sicilischer u. Aragonischer Würdenträger, nr. 268		p. 317
Mrz. 8 Nürnberg. K. Ruprecht befiehlt Weißenburg i. N. seinem gen. Bevollmächtigten zu huldigen, sub nr. 253*		p. 297
—— —— Herm. Ebner an Joh. von Weikersheim zu Straßburg, btr. Huldigung der Schwäb. Städte und Krieg gegen K. Wenzel*	p. 297	nt. 4
—— —— K. Ruprecht söhnt Hzg. Ludwig mit den Hzgen. Ernst und Wilhelm von Baiern*	p. 283,	17
—— —— Kassel. Lf. Herm. v. Hessen an d. Hzge. Bernh. u. Heinr. v. Braunschweig, verlangt ihren Sühnebrief, nr. 275		p. 324
—— 10 Venedig. Rathsbeschluß: Antwort an Österreich btr. Vergleichsversuch zw. K. Wenzel und K. Ruprecht, nr. 283*		p. 331
—— 11 Nürnberg. K. Ruprecht an Straßburg, btr. Werbung an Basel*	p. 412	nt. 1
—— 14 Florenz. Bericht über eine Gesandtschaft der Stadt an Bologna Ferrara Venedig Padua, namentl. btr. Beschickung K. Ruprechts, nr. 263		p. 312
—— 17 Nürnberg. K. Ruprechts Glaubbrief für nach Metz bestimmte Gesandte*	p. 297,	43*
—— 19 —— K. Ruprecht befiehlt Wimpfen 2 gen. Bevollmächtigten zu huldigen, sub nr. 253*		p. 297
—— 21 —— Derselbe verspricht Zahlung d. Ulman Stromer schuldigen Summe auf 23 Apr.*	p. 280,	24
—— 25 Rom. P. Bonifacius IX Geleit für seinen gen. Gesandten nach Deutschland, nr. 4*		p. 22
c. Merz 25 Rom. P. Bonifacius IX Anweisung für seinen gen. Gesandten an K. Ruprecht betr. Approbationsbedingungen, nr. 5		p. 25
—— —— o. O. P. Bonifacius IX an K. Ruprecht: Entwurf der Approbationsbulle, nr. 6*		p. 25
nach Merz 25 o. O. Ungen. sendet die Urkk. nr. 5 (1401 c. Merz 25 Rom) u. nr. 6 (ebenso o. O.) an den gen. Beichtiger K. Wenzels, nr. 7		p. 26
Merz 27 Rom. P. Bonifacius IX Geldanweisung für Gesandtschaft des Antonius de Monte Catino*	p. 22,	84*
—— bis Juli. Erzählung d. Florent. Gesandten B. Pitti v. Verhandl. mit K. Ruprecht, nr. 302		p. 360
Apr. 1 Kassel. Lf. Hermann von Hessen an Gf. Heinrich von Waldeck, btr. Austausch der Sühnebriefe, nr. 276		p. 325
—— 2 Paris. K. Karl VI von Frankreich an Erzb. v. Vienne, btr. Beschickung des Tages zu Metz auf Juni 24*	p. 351	nt. 1
—— —— Waldeck. Gf. Heinrich v. Waldeck an Lf. Hermann v. Hessen, sucht Ausflüchte, seinen Sühnebrief nicht zu senden, nr. 277		p. 326
—— —— Kassel. Lf. Hermann v. Hessen an die Hzge. Bernh. und Heinr. von Braunschweig, über das Verhalten des Gfen. Heinr. von Waldeck, nr. 278		
c. Apr. 2 oder 14 Kassel. Lf. Hermann von Hessen an K. Ruprecht, über Verhalten des Gfen. v. Waldeck, d. Hzge. v. Braunschweig u. das seine btr. Austausches der Sühnebriefe, nr. 279		p. 327

1401

Apr. 4 Florenz. Anweisung für 3 gen. Florent. Gesandte an P. Bonifacius IX und K. Ladislaus von Neapel, btr. Verhältnis zu K. Ruprecht u. a., nr. 301 *		p. 357
— 6 bis Juni 1. Nürnbergs Geschenke beim Aufenthalt K. Ruprechts daselbst, nr. 342		p. 398
— 8 Amberg. K. Ruprecht an Hzg. Bernh. von Braunschweig btr. bevorstehenden Ausspruch wegen der Ermordung Hzgs. Frid. von Braunschweig, nr. 327		p. 386
— 14 bei Kloster Lippoldsberg. Lf. Hermann von Hessen an die Hzgg. Bernh. und Heinr. v. Brschwg., schickt sein Schreiben an K. Ruprecht nr. 279 (von c. Apr. 2 oder 14), nr. 280		p. 328
— 21 Sulzbach. K. Ruprechts Schutzversprechen an Kolmar, sub nr. 192		p. 226
——————————————— Mülhausen i. E., sub nr. 192		—
— 23 Amberg. K. Ruprecht beglaubigt Stephanus Engelhardi bei K. Martin III von Aragon., nr. 266		p. 315
——————— K. Ruprechts Anweisung für denselben Gesandten an K. Martin III v. Aragon., btr. Romzug, Nürnberger Reichstag auf 1 Mai, Frankreich, Mailand, Böhmen, nr. 267		p. 316
— 26 ——— K. Ruprecht an Florenz: Joh. Galeazzo habe ihn wollen vergiften lassen, nr. 303		p. 363
——————— Franz von Carrara btr. dasselbe, sub nr. 303 *		
——————— vielL noch andere btr. dasselbe, sub. nr. 303 *		
c. Mai in. Nürnberg. K. Ruprechts Werbung durch 2 gen. an die Schweizer über Anerkennung, Öffnung der Straßen nach Ital., u. a. m., nr. 292		p. 346
——————— Dessellben Werbung an Gf. Albr. v. Heiligenberg (Werdenberg): er soll in des Königs Interesse mit den Schweizern verhandeln, nr. 293		
Mai 1 o. O. Bündnis von Rotenburg Hall und Windsheim zum Schutz gegen den alten und den neuen König, nr. 249		p. 293
— 5 Nürnberg. K. Ruprecht und 2 andere gen. versöhnen Erzb. Joh. II v. Mainz mit Joffrid von Leiningen, nr. 326		p. 385
— 6. Nürnbergs Geschenke an den kön. Hof beim Aufenthalt K. Ruprechts daselbst, nr. 341		p. 398
— Nürnberg. K. Ruprecht an Hzg. Philipp v. Burgund, beglaubigt Meister Albrecht, nr. 294		p. 349
——————— Kgin. Elisabeth v. Frankr., ——————— nr. 295		
——————— K. Ruprechts Werbung an die Königin von Frankreich und kön. Räthe btr. Vorheirathung des Dauphin, Mailand, Motzer Tag auf Juni 24 über die Kirchenfrage, nr. 296		p. 350
— K. Ruprecht bestätigt kurkölnische Privilegien *	p. 257	nt. 2
——————— K. Ruprechts Vereinbarung mit Erzb. Johann II von Mainz btr. Beilegung des Streites mit Hessen und Braunschweig, nr. 328		p. 387
nach Mai 6 o. O. Desselben Werbung an Lf. Herm. von Hessen btr. Versöhnung mit Erzb. Joh. von Mainz, nr. 329		p. 388
——————— Desselben Werbung an d. Hzgs. Heinr. u. Bernh. v. Brschwg. btr. dasselbe, nr. 330		p. 389
c. Mai 6/7 Nürnberg. K. Ruprechts Werbung durch Meister Albrecht an den Elekten Johann VI von Löttich btr. Frankreich, Löttich, Romzug, nr. 291		p. 345
vor Mai 7 o. O. Desselben Werbung durch 2 gen. an Gf. Amadous VIII von Savoien über Anerkennung und Hilfeleistung zum Romzug, nebst Antwort des Gfen., nr. 314		p. 374
Mai 7 Nürnberg. K. Ruprecht an Meister Albrecht, wegen Französischer Vermittlung bei Savoien und der Pfälzisch-Englischen Heirath, nr. 297		p. 353
— 8 Rom. P. Bonifacius IX Geleit für Magister Johannes de Montepoliciano *	p. 27,	36ª
— 9 Nürnberg. K. Ruprecht an Hzg. Ludwig VII von Baiern: soll mit Hzg. Leopold IV von Österreich zu Hall verhandeln, nr. 288		p. 342
——————— Derselbe an denselben: Anweisung zu Verhandlungen mit Hzg. Leopold IV v. Österreich btr. Eheprojekt Belehnungen f. Theilnahme am Romzug u. a. m., nr. 289		p. 343
— 10 K. Ruprecht Geleit auf 1 Jahr für Augustin de Undinis päbstl. Gesandten *	p. 3,	23
— o. O. Erzb. Joh. II v. Mainz erneuert dem Bisch. Friderich von Eichstädt das Recht des Mainzischen Kanzellariats *	p. 249	nt. 1
— 12 Nürnberg. K. Ruprecht an Mf. Nikolaus von Este, befürwortet Ansprüche des Antonius do Montevatino		p. 3, 9
——————— den Kardinalpresb. Angelus Acciaiolus: er soll für ihn beim Pabst wirken, nr. 9		p. 27
——————— Franc. Carbonus: ebenso, sub nr. 9 *		—
——————— Cosimo: ebenso, sub nr. 9 *		—
——————— P. Bonifacius IX, ist befremdet über dessen Bescheid, nr. 8		p. 26

1401

Mai 12 Florenz. Die Stadt an K. Ruprecht, beglückwünscht ihn zu seiner Lebensrettung, fordert schleunigen Aufbruch nach Italien, nr. 304 . . . . p. 364
— 13 Nürnberg. Erzb. Joh. II v. Mainz an K. Wenzel, sagt ihm als deutschem König auf, nr. 336 . . p. 394
— 14 ———— K. Ruprecht an K. Martin III v. Aragon, sendet dessen gen. Gesandten mit Aufträgen zurück, nr. 315 . . . . p. 376
————————— Jakob de Pratis Admiral v. Sicilien: hat seine Mittheilungen durch gen. empfangen, will ihm wohl, nr. 318 . . . . . . p. 378
————————— K. Ruprechts Werbung an K. Martin III von Aragon., btr. Verschwägerung, Unterstützung gegen Orléans u. Mailand, Tag zu Metz am 24 Juni, Herstellung der Kircheneinheit, nr. 317 . . . . p. 377
— 14. Frankfurts Kosten beim Nürnberger Reichstag im Mai, nr. 343 . . . . p. 400
— 15 Nürnberg. K. Ruprecht an K. Martin von Sicilien, beglaubigt den gen. Gesandten K. Martins von Aragon. bei ihm, nr. 316 . . . . p. 377
————————— K. Ruprecht an Franz von Carrara zu Padua, hofft daß er ihm treu bleiben werde, rekreditiert dessen 2 gen. Gesandten, nr. 311 . . . . . . p. 372
— 18 ———————— befiehlt Lübeck den Hzgen. Bernh. u. Heinr. von Braunschweig an seiner Statt zu huldigen, nr. 319 . . . . p. 379
————————— Goslar dasselbe, sub nr. 319 *
————————— beglaubigt Hisch. Konrad III von Verden bei den Reichsständen zu Mittheilungen btr. Romzug, nr. 287 . . . . p. 341
— 20 Rotweil. Die Stadt an Straßburg, bittet um Nachricht über angebliche kriegerische Unternehmungen K. Ruprechts im Elsaß * . . . . p. 227, 28ª
vor Mai 22 o. O. K. Wenzel an Hzg. Philipp von Burgund: will mit K. Ruprecht Unterhandlungen anknüpfen, wünscht deshalb Berathung mit dem Hzg., nr. 337 . . . p. 395
Mai 22 Nürnberg. K. Ruprecht an Florenz, btr. den Subsidienvertrag zum Romzug, nr. 305 . . p. 365
— 23 ———————— btr. dasselbe, nr. 306 . . . . p. 366
——————————— Straßburg, ladt z. kön. Tag nach Mainz auf Juni 12, nr. 344 . p. 410
——————————— Köln, sub nr. 344
——————————— Frankfurt, sub nr. 344
——————————— neun gen. Städte, beglaubigt 5 gen. Räthe zu Unterhandlungen wegen Hilfe zum Romzug, nr. 345 . . . .
c. Mai 23 Nürnberg. Vertragsentwurf zw. K. Ruprecht und Florenz btr. Bekämpfung Mailands mit Subsidien von Florenz, nr. 307 . . . . p. 367
Mai 26 Nürnberg. K. Ruprecht nimmt Dardo de Gambertis als seinen Vertrauten auf * . . p. 371, 83ª
————————— an Franz von Carrara: er soll Venedig u. andere zu Hülfeleistung für den Romzug veranlassen, nr. 312 . . . . p. 373
————————— die Reichsangehörigen in Italien, beglaubigt F. v. Carrara zu Verhandlungen btr. Romzuges, nr. 313 . . . . p. 374
— 28 . . . . ————— Michael Steno Dogen von Venedig: er soll für ihn wirken, der gen. Überbringer meldet weiteres, nr. 309 . . . . p. 371
— 30 Kassel. Ldf. Hermann von Hessen an die Hzge. Bernh. u. Heinr. von Braunschweig, btr. Beilegung ihres Streits mit Kurmainz, nr. 331 . . . . p. 390
nach Mai 30 o. O. Die Hzge. Bernh. u. Heinr. v. Braunschweig an Ldf. Hermann v. Hessen, btr. ————— Aussöhnung mit Kurmainz u. Besuch d. Nürnberger Tages am 15 Juni, nr. 332
Juni 6 bis Dec. 14. Nürnbergs Kosten z. Z. d. Reichstages v. Mainz Juni-Juli u. nachher, nr. 403 . . p. 480
— 7 Amberg. K. Ruprechts Vollm. zu Bündnisschluß mit Frankr. u. a. gegen Orléans u. Mailand, nr. 298 . . . . p. 354
————————— Mailand allein, sub nr. 298 *
— 8 Grebenstein. Ldf. Hermann von Hessen an Hzg. Heinr. von Braunschweig: wie dieser beim Beginn d. Rachekriegs an Kurköln schreiben soll u. s. m., nr. 333 . . p. 391
nach Juni 8 o. O. Die Hzge. Bernh. u. Heinr. v. Braunschweig an Kurköln wegen Rachekriegs gegen Kurmainz, nr. 334 . . . . p. 393
Juni 9 Rotweil. Die Stadt an Straßburg, bittet um Nachricht über die kriegerischen Absichten K. Ruprechts * . . . . p. 227, 38ª
— 14 Amberg. K. Ruprechts Anweisung zu Anerbietungen an Hzg. Leopold IV von Österreich für event. Anerkennung und Hülfeleistung, nr. 351 . . . . p. 416
— . Mainz. Die Stadt an Stadt Köln, über Städtetag in Mainz auf Juni 28 in Romzugsangelegenheiten * . . . . p. 411 nt. 1

1401

Juni 14 Amberg.	K. Ruprecht bevollmächtigt Hzg. Ludwig von Baiern zu Verhandlungen mit den 3 gen. Hagen. von Österreich btr. Eheprojekt und Bündnis, nr. 230	p. 344
— 15 Celle.	Die Hzge. Bernh. u. Heinr. v. Brschwg. an Gf. Heinr. von Waldeck, verwahren sich gegen ihn *	p. 392, 33ª
— — —	Ritter Fr. v. Hertingshausen, verwahren sich gegen ihn *	p. 392, 36ª
— — —	Erzb. Joh. II von Mainz, verwahren sich gegen ihn *	p. 392, 38ª
— 17 Venedig.	Rathsbeschluß: Antwort an Franz v. Carrara u. an K. Ruprecht auf Dorde's Botschaft, nr. 310 *	p. 371
— 20 Amberg.	K. Ruprechts Waffenstillstand und Ansetzung eines Tages zu Waldmünchen auf Juli 1 mit K. Wenzel, nr. 338	p. 396
— 23 Füssen.	Hzg. Leopold IV von Österreich erkennt K. Ruprecht an, verspricht Hilfe und fordert die Pfälzisch-Österr. Heirath, nr. 352	p. 417
— — —	Hzg. Ludwig von Baiern verspricht Hzg. Leopold von Österreich gewisse Briefe von K. Ruprecht auszuwirken *	p. 420 nt. 1
— — Ansbach.	K. Ruprechts Vollmacht an 2 gen. zu Verhandlungen mit K. Wenzel zu Waldmünchen auf Juli 1 über das Römische Reich, nr. 339	p. 397
— — —	Anweisung an dieselben 2 gen. für die Verhandlungen mit K. Wenzel, nr. 340	
vor Juni 24 o. O.	Der Patriarch von Alexandrien an den Erzbisch. von Canterbury, btr. Kirchenfrage u. Deutsch-Französischen Tag zu Metz oder Straßb. auf Juni 24 *	p. 352 nt. 1
— Nürnberg.	K. Ruprechts Anweisung an seine Räthe für den Metzer Tag auf Juni 24 btr. Herstellung der Kircheneinheit, nr. 229	p. 355
Juni 25 o. O.	Hzg. Otto v. Braunschweig an Erzb. Joh. II v. Mainz, verwahrt sich gegen ihn *	p. 392, 44ª
— Göttingen.	Die Stadt an denselben, schließt sich obiger Verwahrung an *	p. 392, 42ª
c. Juli Heidelberg u. Köln.	Aufzeichnung über Verwandlung des Romzugskontingents der Stadt Köln in eine gen. Geldsumme, nr. 371	p. 444
nach Juli 1 o. O.	K. Ruprechts Antwortsanweisung an Mf. Prokop v. Mähren btr. Bedingungen der Aussöhnung mit K. Wenzel, nr. 392	p. 470
Juli 2 Mainz.	K. Ruprechts Versprechungen an Hzg. Leopold IV von Österreich für erfolgte Anerkennung durch denselben, nr. 353	p. 420
— — —	denselben für zugesagte Eröffnung seiner Lande zum Durchzug, nr. 354	p. 423
— — —	K. Ruprecht verspricht demselben daß beim Durchzug durch dessen Lande kein Schade geschehen soll, nr. 355	p. 425
— — —	Zwei gen. Straßb. Gesandte an ihre Stadt, über d. Mainzer Reichstag u. a. m., nr. 398	p. 475
— 4 —	K. Ruprecht bestätigt und mehrt die Privilegien von Florenz, nr. 358	p. 429
— — —	verleiht den gulbrot Pfennig von den Kölner Juden an 2 gen. kurkölnische Räthe *	p. 433, 40ª
— — —	Notizzettel btr. Verhandlgn. z. Romzug, Münztag zu Koblenz u. Quittungen, nr. 384	p. 455
nach Juli 4 Heidelberg.	K. Ruprechts Anweisung an 2 gen. zu Verhandlungen mit Aragonien über Verschwägerung u. mit Savoien über Hilfe gegen Mailand, nr. 368	p. 440
— — —	zu Verhandlungen mit Aragonien über Hilfe zur See in Italien, nr. 369	p. 442
Juli 5 Mainz.	Die Stadt an Köln, btr. Verhandlungen des Mainzer Reichstages, Vorbereitung des Koblenzer Münztages auf Juli 18, nr. 399	p. 476
— Neuhausen.	K. Ruprechts Glaubsbrief für 2 gen. zu Verhandlungen mit Stadt Köln *	p. 443, 39ª
— — —	Anweisung an 2 gen. zu Verhandlungen mit Stadt Köln um Hilfe in Italien, nr. 370	p. 443
— bis 13 Heidelberg.	Aufzeichnungen vom Reichstag zu Mainz, nr. 346	p. 411
— — 6 Basel.	Die Stadt zu Straßburg, erbittet Nachricht über den Mainzer RT. und die Huldigungssache, nr. 400	p. 477
— — 8 Heidelberg.	K. Ruprecht an verschiedene in nr. 357 sub 2 genannte: sollen auf Spt. 8 mit ihrer Mannschaft in Augsburg sein, nr. 348	p. 414
— — —	K. Ruprechts Vollm. für 4 gen. zu Verhandlungen mit Mf. Jost von Mähren und den Landherren zu Böhmen, nr. 393	p. 472
— — —	3 bzw. 2 gen. zu Verhandlgn. mit demselben, nr. 394 *	p. 473

1401

Juli 8 Heidelberg.	K. Ruprecht an K. Karl VI v. Frankreich, btr. Ungehorsam der Stadt Toul, nr. 300		p. 356
	Hzg. Philipp v. Burgund, btr. dasselbe, sub nr. 300 *		
	Hzg. Johann v. Berry, btr. dasselbe, sub nr. 300 *		
	Hzg. Ludwig v. Bourbon, btr. dasselbe, sub nr. 300 *		
c. Juli 8 Heidelberg.	Verzeichnisse der zum Romzug aufgeforderten Reichsstände, nr. 387		p. 461
	K. Ruprechts Anweisung an 1 gen. zu Verhandlungen mit Bisch. v. Lüttich und Gfen. von Ostervant Cleve Berg wegen Hilfe zum Romzug, nr. 378		p. 449
kurz nach Juli 8 o. O.	Aufzeichnung wegen Diensten u. Soldes Hzgs. Ludwig VII v. Baiern, nr. 376		p. 448
Juli 9 Heidelberg.	K. Ruprecht an P. v. Lodrone u. a. im Gebiet v. Brescia, beglaubigt 2 gen. und fordert Unterstützung, nr. 366		p. 439
	K. Ruprechts Anweisung an 2 gen. zu Verhandlungen mit denselben, nr. 367		
— 10 —	Werbung durch 1 gen. an Hzg. Leopold IV v. Österreich wegen Hilfe zum Romzug, nr. 356		p. 426
— 13 —	Abrede mit den Bossen zu Waldeck, nr. 347		p. 413
	K. Ruprecht an Stadt Straßburg: soll ihre Mannschaft auf Spt. 8 nach Augsburg senden, nr. 349		p. 415
	eine andere Stadt: btr. dasselbe, nr. 349		
— Sant-Angelo.	Hzg. Johann Galeazzo von Mailand an einen ungen. Fürsten, reinigt sich vom Verdacht versuchten Giftmords, nr. 308		p. 369
c. Juli 13 Heidelberg.	Anweisung K. Ruprechts an 1 gen. zu Verhandlungen mit Kurköln wegen des Romzugs, nr. 373		p. 446
Juli 14 Heidelberg.	K. Ruprecht an Florenz, beglaubigt B. Pitti u. verspricht nach Italien zu kommen, nr. 359		p. 433
— 15 Florenz.	Bericht 2 gen. Gesandten von Florenz über Gesandtschaft nach Rom und Neapel, nr. 360 *		p. 434
— Heidelberg.	K. Ruprechts Vollm. an 2 gen. zu Verhandl. mit K. Wenzels Räthen, nr. 395		p. 473
	K. Ruprecht nimmt Mf. Prokop von Mähren zu seinem Diener auf, nr. 396		p. 474
— 16 o. O.	Zwei gen. Straßburger Gesandte an ihre Stadt, btr. Verhandlungen zu Mainz über den Romzug, bevorstehenden Koblenzer Städtetag, nr. 401		p. 478
— 18 Heidelberg.	K. Ruprecht an verschiedene in nr. 385 und 386 genannte, entbietet sie zu seiner Leibwache auf 1 Spt. nach Heidelberg, nr. 350		p. 416
c. Juli 18 o. O.	Aufzeichnung wegen Versoldung des Zuzugs von Bisch. Raban von Speier, nr. 375		p. 447
— Heidelberg.	Verzeichnis der Leibwache K. Ruprechts für den Romzug, nr. 385		p. 455
	der Königin nr. 386		p. 461
	bis Spt. in. o. O. Kostenberechnung für d. ersten Monat des Romzuges, nr. 390		p. 469
	jeden nr. 391		p. 470
nach Juli 18 Heidelberg.	Verzeichnis von Antworten auf die Aufforderung zum Romzug, nr. 388		p. 466
	Anderes Verzeichnis v. Antworten auf d. Aufforderung z. Romzug, nr. 389		p. 468
Juli 19 Straßburg.	Die Stadt an ihre 2 gen. Gesandten in Mainz, btr. Truppenstellung zum Romzug, nr. 402		p. 479
— 20 Heidelberg.	K. Ruprechts Vollm. an 2 gen. zur Erhebung Florent. Subsidien, nr. 361		p. 435
	K. Ruprecht ersucht Michael Steno Dogen von Venedig um Beistand und beglaubigt 3 gen., nr. 362		p. 436
	K. Ruprechts Werbung an Venedig durch 3 gen. um Beistand, nr. 363		p. 437
	Desselben Werbung an Hzg. Leopold von Österreich bzw. Franz v. Carrara u. Venedig btr. Geleits d. Florent. Subsidien u. Hilfe zum Romzug, nr. 357		p. 427
	K. Ruprecht an Frankfurt: soll die Achener und deren Güter aufhalten u. angreifen, nr. 256		p. 299
	Derselbe an P. Bonifacius IX, btr. bevorstehenden Romzug und Beglaubigung eines gen. Gesandten, nr. 10		p. 28
c. Juli 20 Heidelberg.	K. Ruprechts Anweisung für s. gen. Gesandten an P. Bonifacius IX, nr. 11		p. 29
Juli 21 Heidelberg.	K. Ruprecht an die Kardinäle btr. bevorstehenden Romzug u. Beglaubigung eines gen. Gesandten, nr. 12		p. 31
	Derselbe an einen ungen. Kardinal, beglaubigt einen gen. Gesandten, nr. 13		p. 32
— 25 —	Derselbe an Köln, sagt die Stadt wegen Zahlung gen. Summe ihrer Verpflichtung zum Romzug ledig, nr. 372		p. 445
— 26 —	Derselbe widerruft alle von K. Wenzel neu ertheilten Privilegien, nr. 397		p. 474
— Venedig.	Beschlüsse d. Raths daselbst in der Vergiftungssache K. Ruprechts, nr. 364 *		p. 438

1401

Juli 28 Venedig. Erneute Beschlüsse des Raths in derselben Sache, nr. 365 * . . . . p. 438
— 29 Heidelberg. K. Ruprechts Anweisung zu Verhandlungen mit Bisch. und Stadt Basel und
    den Schweizern wegen Anerkennung und Hilfe in Italien, nr. 382 . . . . p. 451
c. Juli ex. o. O. K. Ruprechts Anweisung zur Antwort an Bf. Friderich von Nürnberg btr. Soldes
    Dienstzeit etc., nr. 377 . . . . p. 448
Aug. in. Oppenheim. Huldigungseid der Burgmannen und Bürger, nr. 227 . . . . p. 266
— . . 3 Heidelberg. K. Ruprecht bestätigt die Privilegien der Stadt Oppenheim * . . . . p. 266, 33 b
— 6 Sansheim. K. Ruprecht quittiert Stadt Köln über 9000 fl., die sie statt persönlicher
    Dienste beim Romzug zahlt * . . . . p. 445 at. 4
— 7 Bönnigheim. K. Ruprecht an Straßburg: soll die Achener und deren Güter aufhalten,
    nr. 257 . . . . p. 300
— — — — — Köln: btr. dasselbe, sub nr. 257 . . . . —
. . — 10 Ulm. K. Ruprecht nimmt 18 gen. Schwäb. Reichsstädte in Schutz * (gedruckt in Bd. 5) p. 126, 35
— 16 Augsburg. K. Ruprecht an P. Bonifacius IX, beglaubigt einen gen. Gesandten, nr. 14 p. 33
— — — — — Derselbe verspricht Hzg. Leopold u. Hzg. Wilhelm von Österreich ihre Lehen
    zu verleihen * . . . . p. 421 at. 3
— 18 Rom. P. Bonifacius IX Geleit für seine 2 gen. Gesandten, nr. 15 * . . . . p. 33
c. Aug. 18 o. O. P. Bonifacius IX an K. Ruprecht: Entwurf der Approbationsbulle, nr. 16 * . p. 34
nach Aug. 27 wol an versch. Orten. Huldigungseid von 7 Bodensee-Städten, nr. 228 . . . . p. 267
Aug. 29 Amberg. K. Ruprechts Vollmacht für 1 gen. zu Verhandlungen mit Stadt Basel wegen
    Dienstleistung zum Romzug, nr. 379 . . . . p. 450
Spt. 3 Bruchsal. Vollmacht für 2 Amtleute zur Verwaltung des Stifts Speier in Abwesenheit
    Bisch. Rabans * . . . . p. 447, 41 b
— 18 Schongau. K. Ruprechts Anweisung für 2 gen. zu Werbung an Metz Toul Verdun Cam-
    bray über Anerkennung und Hilfe zum Romzug, nr. 383 . . . . p. 453
— — — — — Vollm. für 2 gen. zur Entgegennahme d. Huldigung v. Metz * p. 454 at. 1
— — — — — Bestätigung der Privilegien der Stadt Metz * . . . . . p. 454 at. 2
— 20 Schwabach. H. Ludwig gibt Rotenburg Hall Windsheim Geleit zum Tage zu Nürnberg
    auf Spt. 22 * . . . . p. 295, 46 a
— 26 Florenz. Bericht 1 gen. Florent. Gesandten über s. Gesandtschaft nach Rom u. Neapel * p. 435 at. 1
— 28 Innsbruck. K. Ruprechts Vollm. für 1 gen. zu Verhandlungen mit gen. Schweizerischen
    Orten wegen Hilfe in Italien, nr. 380 * . . . . p. 450
— — — — — Desselben Vollm. für denselben zu Verhandlungen mit d. Bisch. von Sitten
    und Landvogt zu Wallis wegen desselben, nr. 381 * . . . . p. 451
Okt. 4 Nürnberg. H. Ludwig nimmt Bisch. Joh. I v. Würzburg mit Rotenburg Hall Windsheim * p. 281, 11
— — — — — verkündet, dass Schloß Mestelhausen dem Bisch. von Würzburg zum
    Abbrechen übergeben zu haben * 281, 25
— 5 — — — — nimmt Rotenburg Hall Windsheim in den Reichsschutz, nr. 250 p. 295
— — — — — verkündet, dass Schloß Mestelhausen in Jahresfrist der Stadt Roten-
    burg übergeben zu wollen * 281, 3
— — — — — verspricht Rotenburg, bei K. Rupr. Bestätigung des Wenzel'schen
    Privilegs vom 17 Apr. 1397 zu erwirken * . . . . p. 281, 50
— — — — — Rotenburg Hall Windsheim einzeln einen allgemeinen Be-
    stätigungsbrief K. Ruprechts * . . . . p. 296, 37 a
— — — — — denselben verschiedene einzelne Privilegien * . . . p. 296, 45 a
— 8 bzw. c. Okt. 8 wol an versch. Orten. Huldigungseid der Städte Rotenburg Hall Winds-
    heim, nr. 229 . . . . p. 267
— 15 Lüneburg. Augustin de Undinis päbstlicher Gesandter meldet dem Rath von Lübeck
    seine Ankunft * . . . . p. 3, 27
— 16 Trient. K. Ruprecht an P. Bonifacius IX, beglaubigt zwei gen. Gesandte, nr. 17 . . p. 35
— — — — — Dem. an einen ungen. Kardinal, beglaubigt dieselben, nr. 18 . . . . p. 36
— — — — — Königin Elisabeth an P. Bonifacius IX, beglaubigt für sich die beiden kön.
    Gesandten, nr. 19 . . . . —
— — — — — K. Ruprecht bevollmächtigt dies. bei P. Bonifacius IX wegen Approbation,
    nr. 20 * . . . . p. 37
nach Okt. 16 bzw. Nov. 21, vor Dec. 25 Venedig. P. Bonifacius IX an K. Ruprecht: Entwurf
    der Approbationsbulle, nr. 21 . . . . p. 38
Okt. 30 Trient. K. Ruprecht bestätigt Rotenburg Hall Windsheim versch. Privilegien * . . p. 296, 32 b
Nov. 21 Padua. Derselbe an P. Bonifacius IX, btr. seine Ankunft in Padua, nr. 22 . . . . p. 39

1401

Dec. 2 Weißenburg. K. Ruprecht an gen. Reichsstädte und sämmtliche Unterthanen im Elsaß, btr. Ernennung Hanmans von Sickingen zum Landvogt * . . . . . . p. 227, 39b
— 25 Venedig. Aufzeichnung über päbstliche Approbationsbedingungen, nr. 23 . . . . . p. 40
— — Andere Fassung dieser Aufzeichnung, nr. 24 * . . . . p. 41
ad Dec. 25 o. O. Zusicherung K. Ruprechts an P. Bonifacius IX btr. des Schismas (päbstlicher Entwurf), nr. 25 * . . . . —
— — Versprechen — — — — — btr. Beilegung des Schismas (päbstl. Entwurf), nr. 26 * . p. 42
— — — — — — btr. Joh. Galeazzo's (päbstl. Entwurf), nr. 27 * . . . . —
ohne Tag und Monat. Der Stadt Speier Kontingent zum Romzug, nr. 374 . . . . p. 447
o. alles Datum, K. Ruprechts Schuldbriefe an Johann v. Mittelburg über 5200 fl. * . . . p. 455, 41a
— — Hans Diele von Speier an 2 gen. Straßburger, btr. Hilfe Speiers zum Romzug * p. 478 nt. 3

1402

Jan. 1 Venedig. K. Ruprechts Zusicherung an P. Bonifacius IX btr. des Schismas, nr. 33 * . p. 47
— . Dieselbe Zusicherung, nr. 54 * . . . . p. 65
— . Dieselbe Zusicherung, nr. 71 * . . . . p. 80
— — . K. Ruprecht bevollmächtigt 3 gen. Gesandte bei P. Bonifacius IX wegen Approbation und Kaiserkrönung, nr. 51 * . . . . p. 63
— . Derselbe an P. Bonifacius IX: Antwort auf dessen Eröffnungen, u. Beglaubigung von 3 gen., nr. 29 . . . . p. 45
— . Derselbe bevollmächtigt 3 gen. bei P. Bonifacius IX wegen Approbation u. Kaiserkrönung, nr. 30 . . . . —
— bis 3 Venedig. K. Ruprechts Anweisung f. 3 gen. zu Verhandlungen mit P. Bonifacius IX, nr. 28 . . . . p. 42
— 2 Venedig. Desselben Vollm. für 3 gen. zu abschließenden Verhandlungen mit demselben über gewisse Punkte, nr. 31 * . . . . p. 46
— . Desselben Versprechen an P. Bonifacius IX btr. Joh. Galeazzo und Einsetzung eines Generalvikars, nr. 35 * . . . . p. 47
— . Dasselbe Versprechen, mit Abschwächung eines Punktes, nr. 36 * . . . . —
— . Dasselbe Versprechen, mit Abschwächung eines andern Punktes, nr. 37 * . . p. 48
— . Dasselbe Versprechen, mit Abschwächung der beiden obigen Punkte, nr. 38 * —
— 3 — . K. Ruprecht bevollmächtigt 3 gen. zur Überreichung kön. Urkunden an P. Bonifacius IX, nr. 32 * . . . . p. 46
— . K. Ruprechts Versprechen an P. Bonifacius IX btr. Beilegung des Schismas, nr. 34 * p. 47
— . Dasselbe Versprechen, nr. 55 * . . . . p. 65
— . Dasselbe Versprechen, nr. 72 . . . . p. 81
— . K. Ruprechts Versprechen an P. Bonifacius IX btr. Johann Galeazzo und Einsetzung eines Generalvikars, nr. 73 * . . . . p. 82
— 4 — . K. Ruprecht verspricht P. Bonifacius IX einiges btr. Joh. Galeazzo's (erste Formulierung), nr. 57 . . . . p. 66
— . Desgleichen (zweite Formulierung), nr. 59 . . . . p. 67
— — . Desgleichen (dritte Formulierung), nr. 61 . . . . —
— 6 — . K. Ruprecht an Franz von Montepulciano päbstlichen Gesandten, vorbehält eine bestimmte Antwort, nr. 39 . . . . p. 48
— 8 — . Derselbe an P. Bonifacius IX, beglaubigt Bisch. Konrad von Verden, nr. 40 . p. 49
— . Derselbe an Bisch. Konrad von Verden: er soll dem Pabst seine bevorstehende Rückkehr nach Deutschland anzeigen, nr. 41 . . . . p. 50
— . Derselbe an denselben: er soll den Pabst zu Vermittlung mit Joh. Galeazzo veranlassen, nr. 42 . . . . p. 51
— 12 Kaverlech. K. Ruprecht an P. Bonifacius IX, beglaubigt aufs neue Bisch. Konrad von Verden, nr. 43 . . . . p. 52
— . K. Ruprecht an Bisch. Konrad von Verden: er soll dem Pabst sein Verbleiben in Italien anzeigen, nr. 44 . . . . —
— 17 Rom. Gutachten des Franz von Carrara und der Florent. Gesandten wegen der von K. Ruprecht dem Pabst zu leistenden Versprechungen, nr. 45 . . . . . p. 53
— 20 . Gutachten der Venetianer wegen derselben Versprechungen (Aufzeichnung der kön. Kanzlei), nr. 46 . . . . p. 56

1402

Jan. 20	Venedig. Dasselbe Gutachten (Beschluß des Rathes zu Venedig), nr. 46ᵃ	p. 57
— 22	K. Ruprecht bevollmächtigt 3 gen. Gesandte bei P. Bonifacius IX wegen Abschluß von Bündnisverträgen, nr. 52 *	p. 63
— —	Derselbe bevollmächtigt dieselben zu Überreichung von nr. 54 u. 55 an P. Bonifacius IX, nr. 53 *	p. 64
— —	Desgleichen zur Überreichung von nr. 57, nr. 56 *	—
— —	„ „ „ „ 59, nr. 58 *	p. 66
— —	„ „ „ „ 61, nr. 60 *	p. 67
— 22 bis 23	Venedig. K. Ruprechts Anweisung für 2 gen. Ges. an P. Bonifacius IX btr. Schisma Mailand Approbation u. s. m., nr. 47	p. 59
— 23	Venedig. Rathsbeschluß über Unterstützung der Sache K. Ruprechts bei P. Bonifacius IX, nr. 46ᵇ	p. 58
— —	K. Ruprecht an P. Bonifacius IX, beglaubigt 3 gen. Gesandte zur Beantwortung päbstl. Anträge, nr. 48	p. 61
— —	Derselbe an denselben, beglaubigt Nikolaus Buman zu geheimer Mittheilung, nr. 49	p. 62
Flr. 8	Padua. K. Ruprecht an 1 ungen. Kardinal, empfiehlt Bestrafung des verläumderischen Joh. Andree in Rom, nr. 50	—
— 18 bis Mai 20.	Aufzeichnung des Florent. Gesandten Jacopo Salviati über seine Sendung nach Rom, nr. 62	p. 68
— 26	Rom. Zwei gen. Paduanische Ges. an Franz von Carrara über Verhandlungen an der Kurie btr. K. Ruprecht und Joh. Galeazzo, nr. 63	p. 70
Mrz. 1	Rom. Dieselben an denselben, über den Stand der Dinge an der Kurie, nr. 64	p. 71
— —	Dieselben an denselben: bevorstehende Audienz beim Pabste, Gesandtschaft K. Sigmunds von Ungarn, nr. 65	p. 72
— 3	Dieselben an denselben, über ihre Audienz bei P. Bonifacius IX, nr. 66	—
— 8	Dieselben an denselben, über eine neue Audienz bei P. Bonifacius IX, der K. Ruprechts Anerkennung hinzuziehen scheint, nr. 67	p. 74
— 9	Dieselben an denselben: Entscheidung des P. Bonifacius IX über Approbation K. Ruprechts stehe bevor, Liga gegen Joh. Galeazzo, nr. 68	p. 75
— 14	Padua. Franz von Carrara an seine 2 gen. Gesandten zu Rom: Joh. Galeazzo stehe schlecht, gute Aussichten für K. Ruprecht, nr. 68ᵃ	p. 76
— 19	Rom. P. Bonifacius IX Geleit für 1 gen. Florent. Gesandten *	p. 68 nt. 2
— —	„ „ „ 3 gen. Deutsche Gesandte, nr. 69 *	p. 78
— —	an K. Ruprecht, über die Approbationsbedingungen, nr. 70	—
— 23	Padua. Franz von Carrara an seine 2 gen. Gesandten zu Rom: sollen Einverständnis des P. Bonifacius IX mit K. Ruprecht betreiben, nr. 68ᵇ	p. 77
— —	Derselbe an den Gfen. v. Carrara: soll dieselben Angelegenheiten an der Kurie betreiben *	p. 77, 44ᵃ
— 26	Derselbe an seine 2 gen. Gesandten zu Rom: ist mit Gewinnung des K. Ladislaus zur Ligue einverstanden, nr. 68ᶜ	p. 77
Apr. 12	Venedig. K. Ruprechts Zahlungsversprechen an Herrn Philipp v. Falkenstein *	p. 83 nt. 1
— 14	Padua. Derselbe an P. Bonifacius IX, beglaubigt Bisch. Konrad von Verden zur Antwort auf die päbstl. Schlußäußerung, nr. 74	p. 83
— —	Derselbe an Bisch. Konrad von Verden, sendet Kredenzbrief und Anweisung zu neuen Verhandlungen mit P. Bonifacius IX, nr. 75	—
ad Apr. 14	Padua. K. Ruprechts Anweisung an Bisch. Konrad von Verden Gesandten an der Kurie, nr. 76	p. 84
— —	Ansprache des kön. Bisch. Konrad von Verden an den Pabst, btr. Rückkehr des Königs, erneuerte Bitte um Approbation etc., nr. 77	p. 85
Apr. 15	Padua. Franz von Carrara an 2 gen.: sein Bote hat einen nach Rom bestimmten Brief veruntreut *	p. 76 nt. 2
Juni 15	Rom. P. Bonifacius IX Geleit für Johannes Scheele *	p. 91 nt. 1
Spt. 15	— Die Florent. Ges. in Rom an die Signorie, u. a. über Verhandlungen K. Ruprechts mit P. Bonifacius IX, nr. 77 ᵃ *	p. 86
— 22	— Dieselben an die Signorie, u. a. über Antwort P. Bonifacius IX an K. Ruprechts Gesandtschaft, nr. 77 ᵇ *	p. 87
— 25	— Dieselben an die Signorie, namentlich über Verhältnis zw. P. Bonifacius IX u. K. Ruprecht und des letzteren Pläne, nr. 77 ᶜ *	p. 88

1402

Okt. 4 Rom. Dieselben an die Signorie, namentlich über das Verhältnis K. Ruprechts zu P. Bonifacius IX, nr. 77⁴ * . . . . p. 89
— 16 —— P. Bonifacius IX Geleit für Bisch. Konrad von Verden, nr. 78 * . . . . p. 91
— 19 —— Entwurf einer Liga zwischen Florenz und P. Bonifacius IX * . . . . p. 90 nt. 2
Dec. 30 Nürnberg. K. Ruprecht an P. Bonifacius IX: wird auf die päbstl. Eröffnungen nach Berathung mit seinen Fürsten und Räthen antworten, nr. 79 . . . . . . p. 91

1403

Jan. 18 Nürnberg. K. Ruprecht an P. Bonifacius IX: wird nach geschehener Berathung nunmehr eine Gesandtschaft schicken, nr. 80 . . . . p. 91
— 28 o. O. Gerhard Wildgf. zu Kyrburg quittiert K. Ruprecht über 500 fl. * . . . . p. 127 nt. 5
ad Fbr. 3 o. O. Entgegnung d. Hgge. Bernh. u. Heinr. v. Braunschweig auf die kurmainzischen Beschwerden, nr. 335 . . . . p. 393
Fbr. 5 Nürnberg. K. Ruprecht fordert Lübeck Goslar und Herford auf, den 2 gen. Hgge. von Braunschweig zu huldigen, nr. 320 . . . . p. 380
— — o. O. Die 2 gen. Hgge. von Braunschweig bekennen, daß ihnen von K. Ruprecht befohlen sei, Huldigung von Lübeck Goslar und Herford entgegenzunehmen * . . . . p. 380 nt. 1
— 12 o. O. Notiz über Aushändigung der Krone K. Ruprechts an Fritz Beheim v. Nürnberg p. 235, 43
Mrz. 5 Nürnberg. K. Ruprechts Zusicherung an P. Bonifacius IX wegen des Schismas, nr. 88 p. 100
— — — Desselben Versprechen an P. Bonifacius IX btr. Beilegung des Schismas, nr. 89
— — — K. Ruprechts Versprechen an denselben btr. Friedensschluß mit Mailand und Aufstellung eines Generalvikars, nr. 91 . . . . p. 101
— — — Dasselbe Versprechen, mit Zusatz der Gegenseitigkeit bei Friedensschluß seitens der Kurie, nr. 93 . . . . p. 102
— — — Dasselbe Versprechen, mit einer Wendung zu Gunsten der Unterstützung des Pabstes gegen Mailand, nr. 95 . . . .
— — — Dasselbe Versprechen, mit einer Wendung zu Gunsten des päbstl. Besitzes beim Frieden mit Mailand, nr. 97 . . . . p. 103
— — bis 8 o. O. K. Ruprechts Anweisung für 2 gen. Ges. an P. Bonifacius IX, btr. Approbation, zweiten Romzug, Schisma, u. s. w. m., nr. 81 . . . . p. 92
— 6 Nürnberg. K. Ruprecht bevollmächtigt 2 gen. Ges. bei P. Bonifacius IX wegen Approbation und Kaiserkrönung, nr. 83 * . . . . p. 96
— — — Desgl. wegen Romzugssachen, Zeit d. Einzugs in Italien u. dgl. m., nr. 84 * . . p. 97
— — — Desgl. wegen Abschließung v. Verträgen aller Art mit dem Pabste, nr. 85 * . p. 98
— — — Desgl. zu allen Verhandlungen und Verträgen in Italien, bes. Tuscien und Lombardei, nr. 86
— — — Desgl. zur Überreichung von nr. 88 u. 89 an den Pabst, nr. 87 * . . . p. 99
— — —   „   nr. 91 an den Pabst,   nr. 90 * . . . . . p. 100
— — —   „   nr. 93   „   nr. 92 * . . . . . p. 102
— — —   „   nr. 95   „   nr. 94 * . . . . .
— — —   „   nr. 97   „   nr. 96 * . . . . . p. 103
— 8 —— K. Ruprecht an P. Bonifacius IX, beglaubigt 4 gen. Gesandte, nr. 82 . . p. 96
Juni 26 Barletta. Vollmachtertheilung K. Ladislaus' von Neapel * . . . . p. 104 nt. 1
Juli 10 Rom. Kard. Franciscus v. Monopoli an Kard. Balthasar Cossa, über Konsistorialkonklusum vom 10 Juli btr. K. Ruprecht, und über K. Ladislaus, nr. 98 . . . . . p. 103
— 11 Herford. Antwort der Stadt auf die Zumuthung der Hgge. Heinrich und Bernhard von Braunschweig, ihnen anstatt K. Ruprechts zu huldigen . . . . p. 339, 40
— 22 Lager bei Pegola. Girardus de Boiardis und Matthäus Trompeta an Franz von Carrara, schicken nr. 98 im Auftrage des Kard. Cossa, nr. 99 . . . . p. 104
— 23 Padua. Franz von Carrara an K. Ruprecht: Unruhen in der Lombardei, Zustände im Kirchenstaat, nr. 100 . . . . p. 105
— — — Derselbe an denselben, schickt Briefe über das Konsistorialkonklusum v. 10 Juli, nr. 101 . . . . p. 106
vor Okt. 1 o. O. P. Bonifacius IX an K. Ruprecht: letzter Entwurf d. Approbationsbulle, nr. 102 *
Okt. 1 Rom. Eid K. Ruprechts, vor P. Bonifacius IX durch 2 gen. kön. Ges. abgelegt, nr. 103 . p. 107
— — — P. Bonifacius IX an K. Ruprecht: Approbationsbulle (Ausfertigung), nr. 104 . . p. 108
— — — Bisch. Raban von Speier u. Matthäus v. Chruchow an K. Ruprecht, melden dessen Approbation durch P. Bonifacius IX am 1 Okt., nr. 106 . . . . p. 114

1403

Okt. 1. Aufzeichnung des Florent. Gesandten Jacopo Salviati über K. Ruprechts Approbation
durch P. Bonifacius IX, nr. 111 . . . . p. 122
— Rom. P. Bonifacius IX an Stadt Köln btr. Anerkennung u. Unterstützung des approbierten
K. Ruprecht, nr. 105 . . . . p. 112
— — — — Regensburg btr. dasselbe, sub nr. 105 . . . . —
— — — — Ulm und Genossen btr. dasselbe, sub nr. 105 . . . . . —
— — — — Dortmund btr. dasselbe, sub nr. 105 . . . . —
— — — — K. Heinrich IV von England btr. dasselbe, sub nr. 105 . . —
— — — — Venedig btr. dasselbe, sub nr. 105 . . . . —
— — — — Franz von Gonzaga btr. dasselbe, sub nr. 105 . . . . . —
— — — — Derselbe an die Bisch. von Worms Augsburg Wirzburg Brixen Verden, btr. Erhebung
des Zehnten d. laufenden Jahres f. K. Ruprechts Romzug, nr. 107 . . p. 114
— 2 — Derselbe an dieselben, btr. Erhebung des Zehnten des folgenden Jahres, nr. 108 p. 118
nach Okt. 2 Worms. Bisch. Eckhard von Worms an Bisch. v. Cambray u. Diöcese, schickt Vidimus
v. nr. 108 u. befiehlt Ablieferung d. Zehnten d. laufenden Jahres, nr. 109 * p. 120
— — — . Derselbe an einen anderen Bischof u. Diöcese, btr. dasselbe, sub nr. 109 * —
Okt. 28 Rom. P. Bonifacius IX Geleit für Johannes de Redekijn * . . . . p. 16, 34
— — — — Godfridus de Dynslaken * . . . . p. 16, 38
— 30 Heidelberg. K. Ruprecht an Frankfurt, überschickt nr. 106 vom 1 Okt., nr. 110 . . p. 122
Nov. 1 Rom. P. Bonifacius IX Geleit für Magister Gerardus Weert * . . . . p. 16, 42
Dec. 10 — . . . . — Joachinus de Montedolio * . . . . p. 231, 45ª
— 28 Rom. Urkunde des P. Bonifacius IX btr. Joachinus Montedolio, Röm. Senator * . p. 231, 44ᵇ
* . p. 231, 46ᵇ

1404

Fbr. 21 Heidelberg. K. Ruprecht verleiht dem P. de Gualfredinis die Pfalzgrafen-Würde * . p. 303 nt. 1

1405

Apr. 27 Heidelberg. Otto von Eglofstein Domherrn zu Wirzburg Versprechen an K. Ruprecht,
falls er mit dessen Hilfe Patriarch von Aquileja würde * . . . . . . p. 224 nt. 1
Juli 8 Heidelberg. K. Ruprechts Vollmacht für 2 gen. zu Verhandlungen mit Trier und Entgegennahme
der Huldigung * . . . . p. 356, 42ª
Spt. 23 — — . K. Ruprechts Machtbrief für Bisch. Konrad III von Verden zu Verhandlungen
mit Lübeck Mühlhausen Goslar Nordhausen, nr. 321 . . . . . . p. 381
Nov. 14 — — . K. Ruprecht bevollmächtigt 3 gen. zu Verhandlungen mit Geldern u. Achen * p. 268 nt. 1

1407

Juli 13 Heidelberg. K. Ruprecht bevollm. 4 gen. zu Verhandlgen. mit d. Hzg. v. Geldern, nr. 230 . p. 268
— — — — der Stadt Achen, sub nr. 230 —
— 19 Caster. Hzg. Rainald v. Jülich-Geldern bevollmächtigt 6 genannte zum Abschluß einer
Vereinung mit K. Ruprecht, nr. 231 . . . . p. 269
— 21 Achen. Vollmacht der Stadt für Abschluß des Vertrags mit K. Ruprecht, nr. 232 * . p. 270
— 22 Köln. Vertrag der Bevollmächtigten K. Ruprechts u. Achens btr. Sitznehmen d. Königs
auf dem Königsstuhl und Huldigung der Stadt, nr. 233 . . . . —
— 31 Achen. Erklärung der Stadt btr. Herkommen der Privilegienbestätigung beim ersten
Aufenthalt eines Königs in d. Stadt, nr. 234 . . . . p. 272
Aug. 2 Heidelberg. K. Ruprecht nimmt Achen wider zu Gnaden an * . . . . p. 273, 34ª
— — — . Derselbe theilt Mainz mit, daß Achen wider zu Gnaden angenommen sei * p. 273, 46ª
— 3 — — . K. Ruprechts Machtbrief für Pf. Johann zu Verhandlungen mit Lübeck und
Huldigungsannahme, nr. 322 . . . . p. 381
Spt. 1 Wissenloch. K. Ruprecht quittiert Achen um 4000 Gulden * . . . . p. 270, 43ª
— 8 Achen. K. Ruprecht bestätigt d. Privilegien Achens (Entwurf), nr. 235 . . . . . p. 272
— — — — verfügt daß die Kölner Krönung Achen nicht schaden soll (Entwurf),
nr. 236 . . . . p. 273
Okt. 11 Braubach. K. Ruprecht erklärt daß die Bestätigung der Geldern'schen Privilegien dem
Widerruf der Rheinzölle nicht entgegen sein soll, nr. 237 . . . . . . p. 274
— 13 — — . K. Ruprechts Erklärung über die Rechte Achens und Kölns btr. die Krönung
und das Sitznehmen auf dem Königsstuhl, nr. 238 . . . . p. 275

1407

Nov. 14 Achen. K. Rupr. bestätigt d. Privilegien Hzg. Rainalds v. Jülich-Geldern, nr. 241 . . p. 278
— — — verleiht demselben seine Lehen * . . . . p. 278 nt. 1
— — Des Hzgs. Rainald v. Jülich-Geldern Lehnsrevers über Grafschaft Wied u. s. w. * p. 274, 42ᵇ
— — K. Ruprecht bestätigt Achens Privilegien, nr. 239 . . . . p. 277
— — erklärt, daß d. Kölner Krönung Achen nicht schaden soll, nr. 240
— — d. Hzg. v. Geldern nicht schaden soll, nr. 242 . . . . p. 279
— — quittiert die Stadt Achen um 4000 Gulden * . . . . . . p. 270, 45ᵃ

1408

nach Apr. 4 Appenzell. Huldigungseid der Appenzeller, nr. 228 . . . . p. 267
Juli 4 Heidelberg. K. Ruprecht nimmt Stadt Lübeck zu Gnaden an, nr. 323 . . . . p. 382
Dec. 24 o. O. Vierzehn ausgewanderte gen. Lübecker erkennen K. Ruprecht an, nr. 324 . . . p. 383

1409

Jan. 21 Sachsenhausen. K. Ruprecht nimmt 14 gen. Mitglieder des alten Raths von Lübeck zu Gnaden auf, nr. 325 . . . . p. 384

1414

Nov. 21. K. Sigmunds Privilegienbestätigung für Stadt Köln mit vorangehender Huldigungsformel der Stadt * . . . . p. 242 nt. ℓ

Alfabetisches Register
der
Orts- und Personen-Namen.

Vgl. zu diesem alfabetischen Register Band I Vorwort pag. LXXXIII.

A.

Aalen (Alen, Alan, Awlun) Stadt am Kocher und Aal 223, 14. 238, 4. 418, 27. 480, 41.

Abensberg (Abensperg) Schloß und Stadt in Niederbaiern s. s. w. von Regensburg, der von — 333, 38.

Acciaiuoli, messer Benedetto, aus Florenz 359, 29.
—, Donato Albizzi de —, aus Florenz 301, 16.

Achen (Aiche, Aquisgranum) 39, 39ᵇ. 130, 14; 20. 131, 44ᵃ; 44ᵇ. 132, 30. 133, 27; 31. 140, 13. 141, 32. 145, 4; 44ᵃ. 169, 4. 186, 22; 43. 204, 37. 208, 11; 41ᵃ; 42ᵃ; 41ᵇ. 209, 4; 20; 28; 35. 215, 1; 9; 14; 16. 233, 7; 10. 234, 36. 235, 10; 11; 12; 14. 238, 27. 239, 12; 22; 41. 241, 23. 268, 16; 17; 18; 19; 40ᵇ. 270. 271. 272. 273. 274, 8. 275, 35; 47. 276. 277. 279. 284, 21. 286, 13. 298. 299, 37. 300. — Bürgermeister s. Durezant. — Vgl. Berchtolff, Benge, Wilre von —.

Adelheid falsche Benennung von K. Ruprechts Gemahlin Elisabeth, s. Pfalzgraf Ruprecht III.

Adilbergh s. Heidelberg.

Adolphus, in der päbstlichen Kanzlei 113, 44.

Aeblin, Bote der Stadt Augsburg 203, 9.

Affen, Wilhelm zum —, aus Frankfurt 335, 14.

Affentaler, der 334, 10.

Afrika 304, 27.

Albeck, Ulrich von —, decretorum doctor, Protonotar K. Ruprechts 45, 45. 46, 21. 47, 4. 62, 37. 64, 25. 91, 28. 92, 15. 96, 21. 97, 10. 99, 24. 235, 47. 380, 32.
— der, wol ein Städtebote 202, 41.

Albertus (Albrecht), Magister, Pfarrer zu S. Sebald in Nürnberg, Protonotar K. Ruprechts 29, 6; 24. 32, 6; 8; 28. 33, 9; 11; 12. 35, 35. 36, 14; 39; 42. 345, 2. 349, 16; 40; 44. 354, 21. 363, 2. 436, 35. 437, 2.

Albich, Wernher von —, Burggraf zu Strauenberg (Strauenberg bei Kreuznach?) 446, 22. Wernher, Burggraf ebenda, ohne Zweifel derselbe 412, 15.

Albizzi, messer Maso degli —, Florent. Gesandter 122, 32. — Messer Rinaldo, wol Rinaldo di messer Maso degli —, 358, 17. — Vgl. Acciaiuoli.

Alben Wagen, Crafft zur —, aus Frankfurt 156, 23.

Aldinstad, Symon von —, aus Frankfurt 157, 19.

Alen, Cord von (van) —, aus Lübeck 384, 2; 39.

Alesheim (Adelsheim), Beringer d. j. von —, zur Leibwache K. Ruprechts 457, 32. — Govze d. j. von —, zur Leibwache desselben 457, 31.

Alexandrien Patriarch Simon von Cramaud, Gesandter K. Karls VI von Frankreich 352, 35ᵃ.

Alheim, Cuno, zur Leibwache K. Ruprechts 458, 11. 459, 3.

Albisti, wol Alais bei Uzes am Gardon im Dép. Gard, terrae in —, 378, 29.

Alidosi, Ludovico degli —, Herr von Imola 105, 27.

Allendorf (Aldindorff) an der Werra 327, 11.

Alsheim Dorf in Rheinhessen s. von Worms, Ring von —, Burgmann zu Oppenheim 267, 8.

Altendorf, Herr Crafft von — d. j., zur Leibwache K. Ruprechts 459, 4ᵇ.

Altenwolfstein, Schloß in der Pfalz an der Lauter 124, 36. 125, 13. 127, 20; 23. 128, 3; 9; 14; 36.

Alzei s. s. w. von Mainz am Salzbach 128, 29; 35; 43ᵃ. 129, 11; 27. 131, 4. 151, 37ᵇ; 38ᵇ. — Vgl. Wileh, Winther.

Amberg in der Oberpfalz 335, 17. 360, 25. 361, 32. 362, 2. — Der Landschreiber von —, ohne Namen, 126, 7; 17. — Der Vizthum zu — s. Hirschhorn. — Vgl. Heckel von —.

Amerschwyl (Amerswilr), Schweiz Kant. Aargau bei Lenzburg 222, 43.

Ancona Mark (marchia Anchonitana) 24, 11. 80, 4.

Andernach am Rhein 252, 33; 36. 253, 9.

Andree, Johannes, qui se nominat prepositum Metensem 62, 23; 28.

Angelach, Eberhard von —, zur Leibwache K. Ruprechts 460, 15. — Eberhard von —, wol ein zweiter dieses Namens, 460, 16ᵇ. — Wilhelm von —, Bruder des ersten, 460, 14.

Angeli, Niccolaus, aus Florenz 301, 14.
Angelus, Jakobus, in der päbstlichen Kanzlei 118, 23.
Anghiari am oberen Tiber s. w. von Arezzo 432, 14.
Anhalt, der Prinz von — (wol Fürst Sigmund zu Dessau und Köthen 1382-1405) 221, 9.
Ansbach (Onlsbach) 287, 3.
Anthonie s. Madern.
Antonio, päbstlicher Kurier 87, 30. 88, 3.
Antonyus, päbstlicher Gesandter, s. Montecatino.
Apilia, Raymundus de —, Rath K. Martins von Sicilien 317, 11.
Appenzell, die von — 267, 41[b].
Appinheimer, Johann, aus Frankfurt 156, 17.
Aquila in den Abruzzen s. vom Gran Sasso 435, 48.
Aquileja Patriarch Antonio I Gaetano 1395-1402: 71, 8; 23.
Aragonien (Arragna) K. Martin III 1395-1410: 220, 16. 313, 5; 11; 37. 314, 8; 14. 315, 32. 316. 318, 4. 356, 2. 366, 9. 367, 18. 376, 24; 36. 377. 378. 379, 3. 441. 442. 455, 14. — Seine Gattin (Marie) 313, 30. — Seine Schwester A. (Isabella?) 378, 9. 441, 4; 8; 9; 14; 16. — Seine Söhne 316, 16. — Sein Sohn Martin s. Sicilien. — Sein Rath 399, 22. Gen. Rathe 318, 5 ff. — Gesandter 26, 11. Vgl. Engelhardi, Valterra.
Arel, der Arlberg, Grenzscheide zwischen Tirol und Vorarlberg 262, 13.
Arezzo (civitas Aretina, Arevij) am Fuß des Apennin zw. Florenz und Perugia 360, 18. 432, 1; 13.
Ariminensis archiepiscopus s. Rimini.
Arimondo, ser Petrus, aus Venedig 310, 31.
Arkel in Nordholland bei Gorkum, Johann Herr zu —, 269, 18.
Armagnac (Armiäg, Arminiseum), Herrschaft in der Gascogne, der Graf von — (Bernhard † 1418) 351, 15. 355, 2.
Arnsberg Grafschaft in Westfalen 255, 2; 8. 392, 17. 393, 19.
Aschaffenburg (Oschaffenburg), der Visthum von —, 333, 31.
Asien 304, 27.
Assenheim (Assinheim) s. ö. von Friedberg in der Wetterau, Cristan von —, aus Frankfurt 156, 35. — Henne von —, aus Friedberg 182, 35. — Vgl. Fredlin.
Assindensis advocatia s. Essen.
Assisi (Assisium) nahe Spoleto in Umbrien 105, 25.
Atri in der Provinz Abruzzen und Molise (Abruzzo ulteriore I), Herzog von — (Antonio Acquaviva seit 1393) 71, 2. — Dessen ältere Tochter 71, 2. — Dessen jüngere Tochter 71, 3.
Auch in der Landschaft Armagnac in d. Gascogne, Erzbischof Johannes IV von Armagnac 1390-1402: 210, 11; 37[a]; 38[a]. 211, 7; 8. 233, 18; 23. 351, 39.
Auerbach (Urbache) in der Oberpfalz n. n. w. von Sulzbach 471, 18. — Der Richter von Auerbach 126, 18.
Aufseß zw. Bamberg und Baireuth, Friderich von —, 333, 4. 334, 21.

Augsburg Bischof Burkhard von Ellerbach 1373-1404: 114, 41. 118, 40. 221, 27. 343, 14. 419, 41.
— Herr Walther, Dompropst 399, 40.
— (Uspere) Stadt 29, 36. 202, 26. 223, 5. 362, 23; 33; 37. 412, 31; 32. 413, 2. 415, 8; 38. 426, 35. 427, 27. 443, 24. 446, 26. 447, 3. 450, 4. 463, 13. 480, 2. — Boten s. Arblin, Henslin, Jäcklin, Kürsner, Spät. — Baumeister s. Römlin.
Augustiner s. Friedberg.
Australes doch wol kaum Österreicher 378, 28.
Autisberg s. Aytilberg.
Auxitanus archiepiscopus s. Auch.
Avalos, de —, s. Davalos.
Avignon s. Rom Gegenpabst Benedikt XIII.
Awlun s. Aalen.
Ayala (Ayalla), Pedro Lopez (Petrus Lupi) de —, Rath des K. v. Kastilien 317, 17.
Aymo, ser Petrus, aus Venedig 57, 4.
Aytilberg (Autisberg) Graf Konrad von —, 232, 15; 32.

B vgl. P.

Bachgau (comitatus Bachachowie, Bachgowie, Grafschaft zum Bathawe, zum Bachauwe), n. ö. vom Odenwald, am linken Mainufer gegenüber Aschaffenburg 249, 12; 42; 43.
Baden Markgraf (Bernhard 1372-1431) 221, 10. 411, 18; 30. 419, 41. — Sein Rath 125, 41. — Seine Gesandten (frunde) 411, 17.
Badoesa, Brandus Guevij della —, aus Florenz 301, 22.
Baiern, die Herzöge 215, 30. 292, 10. 423, 8. — Ihr Kriegsvolk 30, 26.
— Herzog Albrecht I in Straubing 1347-1404, Graf von Holland 1377: 220, 21. 298, 13. 345, 11. 350, 26.
— Herzog Ernst von München 1397-1438: 59, 42[a]. 283, 18.
— Herzog Heinrich IV der Reiche von Landshut 1393-1450: 220, 24. 334, 12. — Ungen. Schwester desselben 472, 2.
— Herzog Johann, Sohn Albrechts I, s. Lüttich Bischof.
— Herzog Ludwig VII der Bärtige von Ingolstadt, Sohn Stefans II, 1413-1447: 37. 34. 45, 41. 64, 28. 152, 11. 196, 42. 220, 23. 283, 18. 334, 11. 342, 43. 343, 1. 344, 15; 20; 27. 417, 9; 14. 420, 31; 41[a]; 41[b]. 421, 12; 44[b]. 422, 25. 425, 38; 42. 426. 433, 10. 448, 7; 8; 11; 14. 462, 8. 466, 33. 480, 28.
— Herzog Stefan II von Ingolstadt 1375-1413: 18, 7. 125, 41. 152, 11. 216, 1. 220, 20. 234, 12. 296, 7; 14. 297, 41[b]. 333, 7. 342, 41. 351, 12. 352, 10; 13. 399, 28. 422, 25. 425, 38; 41. 426. 22. 480, 29. — Seine Gemahlin, des Grafen von Cleve Tochter (Elisabeth) 332, 14. — Sein Bote 203, 5. — Seine Pfeifer 203, 12. — Seine Tochter Isabella s. Frankreich Königin. — Sein Schreiber s. Gewolff.

Baiern, Herzog Wilhelm II von Straubing-Holland, Graf von Ostervant 1404-1417: 220, 22. 258, 13. 345, 12. 350, 26. 449, 31. 457, 15ᵃ. 467, 35.
— Herzog Wilhelm III von München, Bruder Herzog Ernsts 1397-1435: 263, 19.
— Haus 349, 42. 350, 36. 351, 10. 369, 26. 370, 15. 372, 8. — Una figliuola di casa di Baviera 434, 32.
— Land Herrschaft Herzogthum 134, 34. 263, 31; 41. 292, 10. 315, 6; 8. 396, 25. 422, 44. — Niederbaiern 215, 31.
Baldoserra s. Rom Kardinal Cossa.
Balgau, Diether, zur Leibwache K. Ruprechts 459, 19.
Bamberg (Babenberg) Bischof Lambert von Brunn 1374-1398: 281, 48.
— Bischof Albrecht Gf. von Wertheim 1398-1421: 126, 25. 171, 22. 172, 16. 196, 41. 221, 18. 284, 23. 286, 22. 292, 10. 329. 330. 332, 40. 335, 3. 399, 16. — Sein Kriegsvolk 30, 27.
— Stift Diöcese 3, 38. 329, 35; 39. Kapitel ungen. 359, 33.
— Domherren 333, 3. — Der Dompropst 399, 16; 33. — Vgl. Zollner.
— Stadt 466, 3; 5; 7.
Bappenheim s. Pappenheim.
Barbiano, Alberigo da —, Großconnetable von Neapel 105, 29.
Barby (Berbie) Grafschaft an der Mittelelbe in der Gegend der Saalemündung, der Graf von —, 221, 48.
Barcelona Bischof Juan Armengol 1398-1408: 318, 16.
Barcensis, cardinalis, s. Rom Kardinal Marramaurus.
Banga (terra Banghe) nördlich von Luzea 432, 4.
Barkstein s. Parkstein.
Barletta (Barulum) a. ö. von der Mündung des Olanto 103, 37. 104, 1; 2; 30ᵃ.
Barulum s. Barletta.
Barpfenning, Rölin, Altammannmeister von Straßburg 150, 3. 190, 21. 192, 39. 197, 12. 198, 8; 15.
Bart, Ewald, aus Frankfurt 156, 34.
Bartholomeus quondam Fatii de Sancto Miniato, Florent. Notar 302, 28; 35.
Basel Bischof Humbert von Neuenburg 1399-1418: 411, 36. 451, 18.
— Stadt 130, 42ᵃ. 140, 36ᵃ; 41ᵃ. 214, 33. 223, 25. 246, 1. 297, 42ᵃ. 347, 23. 412, 1; 3; 11; 41ᵃ. 415, 31. 450, 12; 20. 451, 18. 478, 23. — Bürgermeister s. Berenfels, Marschalk.
Bassuner, Arnold, Begleiter des Erzb. Werner von Trier 238, 38.
Bechtold von Gehuhausen, Messerschmidt zu Frankfurt 158, 10.
Beheim, Fritz, aus Nürnberg 235, 45. — Henne, aus Friedberg Stadt 178, 11. 179, 6. 181, 21. 183, 36. 184, 12. 185, 28. — Konrad, ebendaher, Henne's Bruder 178, 11. 181, 21. 184, 11. 185, 28. — Peter, aus Frankfurt 158, 31.
Beheimstein (Behenstein) Burg in Oberfranken bei Pegnitz 471, 18.

Beichlingen (Grafschaft an der unteren Unstrut zw. Weimar und Heldrungen), der Graf von —, 334, 26.
Beier (Beyer), Cuncze, aus Frankfurt 158, 9.
— Harmud bzw. Hartman (vgl. im Register Bd. 1) — von Boppard, zur Leibwache K. Ruprechts 459, 43.
— Henne, aus Frankfurt 157, 40.
Bellersheim (Beldersheim) s. ö. von Gießen, Friderich von —, Burgmann zu Friedberg wie alle folgenden 179, 1; 31. 181, 9. 182, 8. 184, 9. 185, 32. — Heinrich von —, 181, 9. — Henne von —, Friderichs Bruder 179, 1. 181, 9. 184, 9. 185, 32. — Henne Wernhers seligen Sohn 181, 20. 182, 8. 185, 26. — Konrad von —, Komthur zu Marburg 181, 4. 185, 2. — Konrad der lange 186, 1. — Ein anderer Konrad 185, 35. — Wolff von —, 181, 23. 184, 13. 185, 34.
Bembo, ser Leonardus, aus Venedig 58, 20.
Bencker, Henne, aus Frankfurt 156, 31. — Herbord, ebendaher 156, 36.
Benedikt, Abt des Klosters Villanova in der Diöcese Trevisa, Gesandter P. Bonifacius IX: 110, 44ᵇ.
Benozzo di Andrea di Benozzo (Benozzus Andree Benozi) aus Florenz 301, 20.
Benßheim s. Wirburg.
Bentivoglio, Johann, Herr von Bologna 359, 14.
Ber, Heincze, aus Frankfurt 158, 4.
Berbio s. Barby.
Bercka s. Rheinberg.
Berechtoldff, Johann, aus Achen 270, 26.
Berenfels, Ritter Arnold von —, Bürgermeister von Basel 140, 35ᵃ.
Berg Herzog Wilhelm I von Jülich, bis 1380 Graf von Berg und Ravensberg, 1360-1408: 256, 27; 37.
— Adolf, Sohn Wilhelms I, Graf von Ravensberg 1397, Herzog von Berg 1408, † 1437: 256, 37. 298, 14. 449, 31.
— Gerhard, Sohn Wilhelms I, Dompropst zu Köln 1402, † nach 1426: 256, 37.
— Wilhelm, Sohn Wilhelms I, erwählter Bischof zu Paderborn 1399, Graf von Ravensberg 1415-1428: 256, 38.
Bergamo (Pergamum) 105, 12.
Berge, Johann von (van) dem —, aus Achen 270, 25.
Berhtoldsdorfer, der — 334, 34.
Berlichingen, Engelhard von —, 457, 37. — Götz von —, 457, 35. — Hans von — 457, 36. Alle 3 zur Leibwache K. Ruprechts.
Bern im Uchtland 225, 26. 412, 1; 8. 450, 37.
Bern s. Verona.
Bern, Claus, aus Friedberg Stadt 182, 34.
Bernau (Bernauwe) in der Oberpfalz an der Nab 471, 17.
Berneck in Oberfranken s. ö. von Kulmbach am Einfluß der Ölsnitz in den Main 290, 46ᵃ.
Bernheim s. Mainbernheim.
Berri, Herzog Johann von —, s. Frankreich.
Berthold (Perthold), Bruder —, s. Stromer.
Bessinger, Konrad, aus Frankfurt 156, 21.

Betlor, Gerhard, Burgmann zu Oppenheim 267, 10.
Bettenberg, Nikolaus, Subkollektor des Romzugszehnten 122, 4.
Beyer s. Beier.
Beyngewender, Smalez, aus Frankfurt 158, 1.
Biaduiculus, Jacobus Gilii Schiattesi, aus Florenz 301, 21.
Biberach (Tiberach) zwischen Memmingen und Buchau 139, 1. 223, 20. 418, 27. — Ein Diener der von — 480, 34.
Bickenbach (Pickenbach) zwischen Bensheim und Darmstadt an der Bergstraße, zwei von — 333, 17.
Biegel, Heinze von —, aus Frankfurt 158, 26. — Peter von — (wol nicht Bagel), aus Frankfurt 158, 32.
Bife (Büße), Heinze, aus Frankfurt 157, 35. — Ruprecht, ebendaher 166, 46ᵃ. 169, 22; 30. 170, 4. 335, 13.
Bitsch zw. Zweibrücken und Elsaß-Zabern, Graf (Junker) Fridrich von —, zur Leibwache K. Ruprechts 456, 20. — Graf Hanman von —, zur Leibwache desselben 292, 9. 456, 15. 464, 8. 467, 17. — Graf (Junker) Symund von —, zur Leibwache desselben 456, 18ᵇ. 464, 10.
Blankenheim in der Eifel an der Ahr, Gerhard von —, Herr zu Kastelberg (Casselburg bei Gerolstein) und zu Gerolstein 464, 4. 468, 30.
Blûme, Henne, aus Frankfurt 156, 33.
Blûwerode, Cristan, Gesandter K. Wenzels von Böhmen 166, 48ᵃ.
Bock, Hans, aus Straßburg 476, 18. 479, 21; 28. 480, 10. — Ulrich, ebendaher 190, 21. 192, 39. 197, 21. 198, 8. Ulrich — der junge wol derselbe 150, 2. 198, 15.
Bodensee, Städte am — (umbe den See, vom Seewe) 136, 30. 137, 11; 15; 41. 139, 29.
Böhmen Land Königreich Krone 30, 24; 29; 30. 89, 17. 134, 18; 32; 34. 135, 1. 166, 47ᵃ; 43ᵇ. 169, 23. 188, 14. 196, 24. 197, 6. 225, 18. 292, 8. 395, 7. 398, 13. 471, 12; 23; 25. 480, 4; 5. — Die Böhmen 263, 31; 42. 396, 26. — Landherren Adel 30. 26. 164, 35. 192, 2; 8; 9. 472, 15; 29. 473, 5. — Böhmischer Krieg 341, 19. — König s. Luxemburg.
Böhmerwald 197, 2. 292, 34. 297, 48ᵇ. 471, 11; 16.
Bojardis, Gerardus de —, im Dienste des Kardinals Balthasar Cossa 76, 41ᵃ. 104, 25.
Bolanden s. Polen.
Bolchen (Boulay o. n. ö. von Metz), Gerhard Herr zu — und zu Useldingen (bei Diekirch im Luxemburgischen) 464, 24.
Bologna (Bononia) 24, 12. 88, 16. 89, 8. 90, 11; 13; 21. 122, 35. 220, 4. 306, 41ᵇ. 312, 13; 16; 27. 359, 11. 370, 8. — Gebiet 105, 21. — Der Bolognesser, d. h. der Herr von — 312, 19, vgl. Bentivoglio. — Kardinal von —, s. Rom Kardinal Migliorati. — Legat in —, s. Rom Kardinal Cossa.
Bonaccursus aus Florenz s. Pitti.

Bondelmonti, Andrea di messer Lorenzo, aus Florenz 357, 28.
Bonine, päbstl. Registrator 112, 56.
Bonn (Bunna) 252, 33.
— Kirche S. Cassii 258, 13; 16.
Bopfingen (Popphingen) zw. Aalen und Nördlingen 223, 15. 236, 4. 418, 27. — Söldner 480, 42.
Boppard am Rhein 240, 5. — Vgl. Beier, Harmod von —.
Boreziboy, Herr, s. Swinar.
Bornflecke, Heinze, aus Frankfurt 157, 12.
Borsawo, Herr, s. Swinar.
Bosse s. Waldeck.
Bourbon, Herzog von —, s. Frankreich.
Brabant Land Herzogthum 115, 38. 116, 1; 11; 50. 134, 28. 243, 23. 244, 12. 398, 3. 471, 35. — Johanna, Herzogin von —, s. Luxemburg.
Brandenburg, die Mark von — 152, 28.
Braunschweig (Brunswigk, die Herzoge 224, 13. 324. 326, 15. 387, 41. 388, 9. 389, 22.
— Herzog Bernhard (Bernd. Berht) von Braunschweig und Lüneburg 1388-1434: 220, 26. 223, 46. 319, 38. 320, 39; 45. 321, 9; 26. 322, 15. 323, 4. 324, 32. 325, 21; 35. 327, 24; 37. 328, 7. 329, 3. 340, 5. 379, 380. 386, 39. 388, 10. 390, 34. 392, 5; 22; 33ᵃ. 393, 9; 32. 394, 6. 462, 15. — Seine Brüder 386, 24. 388, 10.
— Herzog Friedrich, Bruder Bernhards, 1381-1400: 224, 4. 320, 3; 6. 321, 26. 322, 6; 21. 386, 26. 398, 12. 392. 393. 394, 8; 18.
— Herzog Heinrich, Bruder der beiden vorigen, 1388-1416: 220, 27. 223, 46. 319, 38. 320, 40; 45. 321, 9; 26. 322, 15. 324, 32. 325, 22; 35. 327, 11; 24; 37. 328, 8. 329, 4. 340, 5. 379, 14; 25; 33. 380, 14; 21; 36ᵃ. 390, 34. 392, 29; 34ᵃ. 393, 32. 394, 10; 20. 462, 15.
— Herzog Otto, Bruder der vorigen, s. Bremen Erzbischof.
— Herzog Otto der Einäugige (Cocles) von Göttingen, regiert 1394-1435, † 1463: 220, 28. 322, 7. 323, 24. 325, 14. 327, 1. 328, 3. 391, 42. 392, 23; 44ᵃ; 43ᵇ. 462, 24. — Sein Diener s. Regke.
— Heinrich, Kaplan der Hgge. Bernhard und Heinrich 224, 14. — Des Hgge. v. — Diener 126, 44.
Bregenz (Pregentz) in Vorarlberg am Bodensee, die Grafen von — 222, 14.
Breisig zw. Sinzig und Brohl am Rhein, Vogtei zu — 274, 43ᵇ.
Bremen Erzbischof Otto Herzog von Braunschweig und Lüneburg 1395-1406: 221, 12. 319, 38. 320, 45. 321, 9; 26. 322, 15. 324, 32. 325, 6; 17. 326, 34. 462, 22.
Brendel, Konrad, Burgmann zu Friedberg 181, 16. 184, 15. 185, 32.
Brenta Ital. Küstenfluß ö. von der Etsch 73, 38.
Brescia (Brixia, Brixe) 105, 12. 427, 12. — Montanea Briviae 439, 14; 40. 440, 2.
Breydenbach, Gerlach von —, Ritter 465, 23. 469, 4. — Sein Bruder Johann von —, Ritter 465, 26. 469, 4.

Breytensteiner, Herr Hermann, Ritter, zur Leibwache K. Ruprechts 460, 33.
Britschen, Jekil zur —, aus Frankfurt 159, 7.
Brixen Bischof Ulrich I aus Wien 1396-1417: 114, 41. 118, 41.
Brubach, Johann von —, Burgmann zu Oppenheim 267, 1.
Bruche (Brucke) s. Dhaun.
Buchen, die —, Landschaft im Fuldischen 465, 8. — Eberhard von Buchenau 465, 7. — Gerhard von — 465, 7. — Gottschalk von —, Ritter 465, 9. 468, 13.
Buchenau s. Buchen.
Buchhorn (Buchorn) jetzt Friedrichshafen am Bodensee 223, 4. 267, 13.
Büchen, Henne von —, aus Frankfurt 157, 2.
Büches, Hartmann von —, Burgmann zu Friedberg 178, 10. 179, 8. 182, 2. 183, 38. 185, 35. — Hartmand von — wol nur verschrieben statt Hartmann 181, 10. — Heinrich von —, Burgmann zu Friedberg 178, 10. 179, 7. 181, 10. 184, 14. 185, 37. — Johann von —, Burgmann zu Friedberg 181, 20.
Büdingen a. Isenburg.
Bümersheim, einer von —, zur Leibwache K. Ruprechts 461, 4.
Buffell, Werner, Vogt in Gästen (bei Jülich) 269, 36.
Bulach Schloß im Schwarzwald s. s. w. Calw 261, 10.
Bulsam (Bülsam, Pawman), Nikolaus, Protonotar und Sekretär K. Ruprechts 35, 38. 36, 21. 37, 2; 23. 40, 6; 31. 41, 20. 42, 31. 45, 9; 12; 33. 46, 10; 27. 59, 20. 61, 33; 36. 62, 14. 63, 1; 23. 64, 36. 65, 36. 66, 27. 67, 17. 68, 26. 69, 24. 72, 13. 78, 25. 83, 12; 32. 84, 23; 32. 85, 37. 226, 35. 227, 12. 233, 24. 244, 44. 247, 9. 248, 21. 252, 6. 256, 18. 257, 24. 258, 28. 268, 22. 293, 33. 296, 35. 297, 21; 27; 31; 34. 298, 8. 300, 37. 316, 7. 324, 33. 329, 21. 349, 23. 350, 8. 354, 21. 355, 23. 364, 15. 396, 38. 397, 29. 416, 10. 446, 10. 450, 40. 451, 7. 453, 42ᵇ. 454, 41ᵇ. 473, 42. 474, 14.
Bürhsecke (Büchsecke, Bussecke), Herr Gerhard von —, Ritter, zur Leibwache K. Ruprechts 460, 19. 465, 24. 468, 1.
Burgmann, Nikolaus, in jure canonico doctor 18, 10.
Burgrave, Peter, Burgmann zu Oppenheim, Ritter 267, 2.
Burgund Herzog Philipp der Kühne, Sohn des K. Johann von Frankreich, 1365-1404: 349, 13; 22. 351, 14; 23. 353, 30; 36. 355, 1. 356, 19; 26. 376, 11. 377, 37. 395, 20. 419, 39. 443, 4. — Sein Sohn 419, 40. — Dessen Tochter 351, 9.
Bussecke s. Bürhsecke.
Butzbach zw. Gießen und Friedberg, Conrze von — 157, 8.
Buzzacharinis, Franciscus de —, Ritter, in Diensten des Franz von Carrara 372, 38. 373, 7.
Bybra, Clas von —, aus Frankfurt 157, 25. — Henne von —, aus Frankfurt 157, 20.

C vgl. K.

Cabrera, Bernaldo de — (Bernardus de Capraria), Admiral und Generalkapitän K. Martins v. Sicilien 317, 9.
Calatrava in Neukastilien am Guadiana o. s. ö. Ciudad Real, die Prioren des Ordens von — 121, 11.
Calvo, Reyner von (van) —, aus Lübeck 384, 3. 385, 1.
Cambii, Niccolaus Francisci —, aus Florenz 301, 17.
Cambrai (Kammerich) Bischof Peter V d'Ailly 1396 bis 1411: 123, 6. — Vgl. Vervien Biach. Konrad. — Stadt 454, 23.
Camerarius s. Kämmerer, Johann.
Camerino s. w. Ancona 75, 12. — Rudolfus de —, Herr von Camerino 71, 4. — Seine Töchter 71, 4.
Camin in Preußen Regierungsbezirk Stettin, Diöcese 3, 39.
Çamora Stadt in Kastilien am oberen Duero, Bischof Alonso III 317, 19.
Campagna (Campania) Grafschaft im südlichen Kirchenstaat 24, 11. — Der Graf von — 73, 36.
Canterbury, Erzbischof Thomas Arundel 1396-1414: 352, 37ᵃ.
Carben (Carbin), Friderich von —, Burgmann zu Friedberg 179, 4; 32. — Henne von —, aus Frankfurt 157, 14. — Henne von —, Herr Hermanns Sohn, Burgmann zu Friedberg wie die folgenden 181, 14. 185, 39. — Ruprecht von — 178, 11. 181, 13. 184, 10. 185, 37. — Ruprecht von — (nicht identisch mit dem vorigen) 178, 11. 181, 13. 185, 38. — Wigand von — 178, 11. 179, 4. 181, 13. 184, 10. 185, 38.
Carrara (Carraria, Carrera), Franz II von —, Reichsvikar und Herr zu Padua 31, 22. 53, 19. 69, 8. 71, 11; 13. 72, 23. 74, 19. 75, 20. 76, 1. 77, 1; 28; 44ᵃ. 79, 18; 32. 87, 14; 17. 89, 14. 94, 22. 104, 25; 44ᵃ. 105, 30. 106, 25. 219, 24; 31. 220, 5. 229, 4; 19. 306, 41ᵇ; 44ᵇ. 309, 32. 311, 6; 21; 24; 25; 32. 312, 25. 360, 22. 363, 5. 371, 28. 372, 14; 17; 19; 22. 373, 11; 40. 374, 5; 18; 20. 428, 35; 40. 429, 5; 22. 437, 38. — Sein Rath 334, 9. — Ungrn. Gesandte 311, 19; 42. 399, 14; 15. — Ungrn. Läufer 76, 42ᵇ. — Ein Reiter 76, 47ᵃ. — Gesandte Boten s. Buzzacharinis, Fedrigo, Ferncinus, Gallis, Gambertis, Graz, Johanniolus, Leone, Perusio, Seola, Zanetus. — Kanzlisten s. Çilius, Michael.
— der Graf von —, natürlicher Sohn Franz' I, Bruder des obigen 71, 32. 74, 11. 75, 15. 76, 31. 77, 45ᵃ.
Casalibus, Aloysius de —, Herr von Cortona 230, 23. — Franciscus de —, Herr von Cortona 230, 26.
Casentino, Gegend des östl. Toscana um Chiusi 432, 18.
Caselberg (Kastelberg) s. Blankenheim.
Castel am Rhein gegenüber Mainz 477, 19.
Castel-Franco (castrum Francum) zw. Modena und Bologna 105, 22.

Castell in Baiern am Steigerwald, Graf Léonhard von — 333, 7.
Castellana dioecesis Diöcese von Castello di Olivolo 112, 46; 56.
Castiglion-Fiorentino (Castellio-Florentinos) im Val-di-Chiana zwischen Cortona und Arezzo 432, 14.
Castilionis, Mathias, legum doctor, Vicekanzler des K. Martin von Aragonien (identisch mit Matheus de Montesono?) 318, 15.
Castro di San Pietro (castrum sancti Petri) zwischen Bologna und Imola 105, 23.
Caurenum wol Cavareno in Tirol Bezirk Cles Gericht Fondo 76, 39 b.
Cavalcantibus, Jacobus Francisci de —, aus Florenz 301, 21.
Cecilien, Cicilia s. Sicilien.
Cerrello (Cerrelione, Cerveyllione) Berenguer Arnal (Berengarius Arnaldi) de —, Rath K. Martins v. Aragonien 318, 12. — Guerau Alamany de —, Gouverneur von Katalonien 318, 40 a. — Guerau (Geraldus) de —, Rath K. Martins v. Aragonien 318, 11. — Ramon Alamany (Raimundus Alamay) de —, Rath desselben und Gouverneur von Katalonien (Verwechselung mit Guerau Alamany?) 318, 9.
Cham (Kamm) am Einfluß des Chambach in den Regen n. ö. Regensburg 203, 2; 8.
Chaumont wol Chaumont s. w. Toul n. w. Langres, balivus de — 357, 1.
Chantemerle, Taupin de —, Französ. Gesandter 210, 39 a.
Cherichini, Bartholomäus, von Florenz 301, 20.
Chrechow (Cracovia), Matheus de —, sacrae theologiae professor, Kanonikus zu Speier, 1405 Bischof von Worms 18, 9. 92, 28. 96, 18. 97, 1. 99, 35, 108, 2; 4. 114, 24. Wol derselbe s. Matheus.
Chur Bischof (Hartmann II Graf von Werdenberg-Sargans 1390-1416) 419, 41.
Cilius (Zilius) in der Kanzlei des Franz von Carrara 76, 6. 77, 5; 31.
Cistercienser 117, 28. 121, 9.
Citrensis canonicus s. Sitria.
Cleben, Epelen von —, aus Frankfurt 178, 9. 179, 2. 181, 8. 183, 38. 184, 8. 185, 26. — Henne von —, aus Frankfurt 178, 9. 179, 2; 31. 180, 26. 181, 8. 182, 7; 33. 183, 38. 184, 8. 185, 25. — Konrad von —, aus Frankfurt 179, 2; 30. 181, 8. 182, 7; 32. 184, 15. 185, 25.
Clese, cursoris Heinczen sel. Sohn, Bote der Stadt Frankfurt 170, 5.
Clettenberg s. Pramheym.
Cleve (Kleb, Kloeff), Adolf IV 1398-1448 (seit 1417 Herzog) Graf von — und von der Mark 221, 31. 256, 27; 38. 297, 25. 298, 14. 333, 46; 47. 423, 11. 449, 31. — Seine Gemahlin (Agnes) Tochter K. Ruprechts, vermählt vor 1399: 160, 11. 201, 31. 434, 31.
Clingenberg, Goswin, aus Lübeck 384, 1; 38.
Cluniacenser 117, 29. 121, 9.

Coler, Konrad, von Soest (de Susato), Kleriker Kölner Bisthums, Notar 18, 1; 13; 26; 28.
Colle (Cellis) bei San-Gemignano im Gebiet von Siena 432, 13.
Collelungo südl. von San-Miniato 432, 6.
Como 105, 12.
Concordia zwischen Tagliamento und Livenza Bischof (Antonio Panciera 1393-1402) 71, 8.
Conczo s. Butzbach.
Conzrichen s. Gießen.
Cordlis s. Marinais.
Corezzo im Gebiet von Arezzo 432, 14.
Cornario, ser Petrus, aus Venedig 57, 3. 58, 18.
Correggio (Corigio), die von —, Familie in Parma 105, 19.
Cortona, Herren von —, s. Casalibus.
Cossa, Balthasar, s. Rom Kardinäle.
Costenz s. Konstanz.
Cracovia, Matheus de —, s. Chrechow.
Crema 105, 12.
Cremona 105, 12.
Crispin (Cryspyn), Johann, aus Lübeck 384, 3. 385, 1.
Cristan s. Madern.
Cronberg (Cronenberg, Kronenberg) unweit Soden bei Frankfurt, Herr Johann von —, Ritter, zur Leibwache K. Ruprechts 461, 7. 465, 30. 467, 33. — Johann von — der alte, wol derselbe 468, 28. — Walter von — 157, 5. — Walter von — der jüngere 157, 7.
Cropsberg, Gerhard von —, Ritter, kön. Amtmann zu Wegelnburg 353, 25. 374, 30. 412, 45 a. 457, 19.
Crudillis s. Cruyllas.
Crüfftel, Johann Mertze von —, Burgmann zu Friedberg 181, 21.
Cruyllas (Crodillis), Berlinguerio (Berengarius) de —, Rath K. Martins von Aragonien 318, 8. — Juan (Johannes) de —, Rath K. Martins von Sicilien 317, 10.
Cube, Jakob von —, Gesandter K. Ruprechts 443, 19; 31. 444, 4.
Currado, messer, s. Verden Bischof Konrad.
Cypern, des Königs (Jakob I † 1398) von — Tochter (Maria) 434, 32.
Czipper (Czypper), Henne — von Ortenberg (zwischen Offenbach und Gengenbach), Burgmann zu Friedberg 181, 22. 185, 38.

D vgl. T.

Dacia s. Dänemark.
Dadenberg, Dattenberg n. s. w. Neuwied, Heinrich von —, Ritter 433, 18.
Dänemark (Dacia) 3, 38.
Dalberg (Dalberg, Talberg u. s. w.) s. Kämmerer, Johann.
Dane, Marquard von (van) — aus Lübeck 384, 1; 38.
Davalos (de Avalos), Ruy Lopez (Rodericus Lupi), Rath des K. Heinrich von Kastilien 318, 2.

Davanzati, Nicodaus Roberti, aus Florenz 301, 22.

Decks s. Teck.

Delmenhorst w. Bremen im Oldenburgischen, der Graf von —, 222, 4.

Deutschland Otto imperator 255, 28. — Fridericus imp. 255, 35; 36. — K. Friderich II 1212-1250: 174, 22[b]. — K. Wilhelm 1247-1256: 174, 22[b]. — K. Rudolf I 1273-1291: 174, 22[b], 235, 29. — K. Adolf 1291-1298: 174, 23[b], 249, 21. — K. Albrecht I 1298-1308: 174, 23[b]. 179, 18. 182, 37. 185, 17. — K. Heinrich VII 1308-1313 s. Luxemburg. — K. Günther 1348-1349: 143, 32. 145, 15. — K. Karl IV 1346-1378 s. Luxemburg. — K. Wenzel 1378-1400 s. Luxemburg. — K. Sigismund 1410-1437 s. Luxemburg. — K. Friderich III 1440-1493: 239, 35.

— Juden s. Juden.

— Land (Dutsche lande, Alamannia, Almania, Germania) 23, 22; 25; 27. 29, 36. 30, 16; 32. 33, 27; 32 [b]. 39, 33; 43 [b]. 50, 24; 34. 51, 1. 52, 28. 69, 40. 73, 21. 83, 42 [a]. 84, 12. 85, 3. 86, 11. 87, 6. 89, 18. 91, 4; 41 [a]. 94, 36. 97, 27. 110, 46 [a]. 115, 37; 43. 116, 11; 22; 27; 49; 50. 216, 33. 238, 38 [b]. 245, 26. 261, 36. 309, 41. 315, 10. 357, 40. 360, 11; 24. 366, 2. 367, 2. 368, 3; 4. 371, 35. 417, 11. 425, 23. 437, 14. 442, 18. 454, 19; 28.

Deutschorden Deutschmeister Konrad von Eglofstein 1396-1416: 64, 22. 65, 13. 125, 23. 171, 25. 172, 13. 226, 16; 19. 284, 11; 16. 286, 19. 287, 5; 31. 288, 32. 289, 27; 33. 333, 8. 399, 9. 413, 6. — Der Deutschordenskomthur zu Straßburg (Johann von Preußen) 411, 35. 451, 42 [a]. Vgl. Bellersheim, Konrad von —; Mayno; Voningen, Diether von —.

Dhaun (Dune, Dûn, Thûne) w. s. w. Kreuznach, Junker Dietrich von —, Herr zu Bruche (Brucke) d. i. Broich w. Virneburg in der Eifel 464, 28. 468, 23.

— Junker Emmich von —, Herr zum Oberstein (Oberstein n. ö. Birkenfeld) 464, 18. 468, 29.

— Friderich Wildgraf zu —, zur Leibwache K. Ruprechts 457, 13.

— Junker Philipp von —, Herr zum Oberstein 464, 20.

Diele, Hans, aus Speier 478, 44 [a].

Diepach, Henne von —, aus Frankfurt 157, 17.

Diepholz (Tiepolt) s. Tritpolu.

Dieping, Henne von —, aus Frankfurt 158, 19.

Dietrich, Bote der Stadt Frankfurt 169, 24; 25. 170, 1.

Dinheim, Helfrich von —, Burgmann zu Oppenheim 267, 6.

Dinkelsbühl 223, 24. 238, 4. 418, 27. 474, 30. — Söldner von — 430, 36.

Dirmstein s. Schado.

Dobernheim, Mathias, s. Sobernheim.

Dombach (Tumbach) in Mittelfranken bei Nürnberg 197, 1.

Dompropst, der (ohne näheres) 334, 40.

Dorde s. Gambertis.

Dorinekeim s. Türkheim.

Dorn, Lenhart, zur Leibwache K. Ruprechts 460, 38.

Dornhof (Ndorndorf in Mittelfranken südl. Beilngries?) 471, 18.

Dortmund (Tremonia, oppidum Tremoniense) 112, 23. 255, 14. 297, 25.

— Freigrafschaft 255, 15.

Drabchel, zur Leibwache der Königin 461, 27.

Drueten, Heymericus de —, dapifer Juliacensis 269, 35.

Drütlinger, der, Ritter, zur Leibwache K. Ruprechts 460, 34. 461, 8.

Dudenhoim wol Düdelsheim w. von Büdingen, Henne von —, Sohn des folgenden, Burgmann zu Friedberg 179, 6. 184, 10. 185, 25. — Mengos der alte, Burgmann zu Friedberg 178, 12. 179, 6; 31. 181, 19. 183, 36. 184, 9. 185, 25. — Mengos, Sohn Mengos des alten, Burgmann zu Friedberg 184, 10. 185, 25.

Duden, Johannes — de Husen, Kloriker Trierer Sprengels, Notar 18, 1; 17; 22.

Duderstadt im Eichsfeld 394, 11; 15.

Dulcigno an der Küste des nördlichen Albanien, Michael von —, decretorum doctor 33, 26; 31 [a]; 36 [a]. 84, 17. 35, 30. 36, 12.

Dune s. Dhaun.

Durennst, Hermann, Bürgermeister von Achen 270, 25.

Durlach (Dürlach), Berthold, Registrator K. Ruprechts 227, 11. 235, 48. 269, 10. 275, 21. 277, 4. 278, 33. 279, 30. 288, 21. 293, 33. 396, 37. 423, 22. 424, 32. 426, 3. 433, 24. 446, 9. 475, 29.

Dynslaken, Gotfridus de —, decretorum doctor, Kanoniker von Maria ad gradus zu Köln 16, 38.

E.

Eber (Ebir), Johann, aus Frankfurt 169, 34. 481, 15.

Eberstein bei Holzminden an der r. Weserufer, die Grafen von —, 221, 38. — Graf Bernhard von —, zur Leibwache K. Ruprechts 456, 44 [b]. 457, 6 [a]. 463, 22. 467, 10. — Der junge von —, (wol der vorhergehende gemeint) 457, 6 [b]. — Der von —, 126, 19. 333, 10.

Ebner, Hermann, aus Nürnberg 236, 26. 297, 39 [b].

— der, aus München 384, 18.

Eckenel, Friderich von —, Burgmann zu Friedberg 179, 3. 181, 18. 185, 35.

Ecke, Clese, aus Frankfurt 157, 6.

Eger Stadt 471, 17. — Die von — 197, 1. 399, 38.

Eglofstein (in Oberfranken, s. ö. Ebermannstadt), Albrecht von —, 126, 2. 334, 22. — Hartung von —, 333, 19. — Johann von —, s. Wirzburg Bischof. — Konrad von —, s. Deutschorden. — Ott von —, s. Wirzburg Domherr.

Ehenheim s. Oberheim.

Eichorn, Corno von dem —, aus Achen 270, 26.

Eichstädt (Eystetten) Bischof Wilhebald 743-786: 249, 48 [a].

— Bischof Friderich IV Graf von Oettingen 1383-1415: 125, 46. 221, 21. 249, 45 [a]. 335, 5. 336, 36. 399, 29; 39.

64*

Eichstadt (Eystetten) Domherren 332, 38. Vgl. Heidek.
Einsteden, Heinze von —, aus Frankfurt 158, 44.
Eisenbach (Eysenbach, Eusenbach, Isenbach), Rorich von —, 465, 13. 467, 32. 468, 17.
Elbegen (Elnbegen) n. w. Eger 471, 24; 29.
Elias von Winheim, Jude 143, 25.
Ellwangen zw. Nördlingen und Hall 463, 14.
Elnbegen s. Elbegen.
Elsaß 186, 30; 39 a. 419, 25; 29. 422, 41. 423, 1. 424, 15. — Landvogtei, Landgericht 227, 33 b. 343, 28. 421, 21; 23; 25. — Landvogt s. Weitenmül. — Reichsstädte des —, 197, 85; 38. 198, 20 a; 25 a. 222, 26.
Elswßer, Henne, Burgmann zu Oppenheim 267, 7.
Elter (Eltir) im Großh. Luxemburg Kr. Diekirch Kant. Redingen, Hubart (Hüwart) von —, 189, 15.
Elwanger, Johann, aus Nürnberg 235, 47.
Elwinstad s. Ilbenstadt.
Emße s. Obern-Emße.
Enslingen, Thomas von —, Ritter, aus Straßburg 150, 2. 190, 20. 192, 32; 38. 196, 32; 40. 197, 9; 11. 198, 7. 440, 30. 442, 1.
Engel, Clas, aus Friedberg Stadt 182, 34.
Engelgis s. Englis.
Engelhardi, Stephanus, Gesandter nach und von Aragonien 313, 3. 315, 38. 316, 1; 8.
Engern (Angaria) Herzogthum 254, 43.
England, die Engländer 309, 36.
— K. Heinrich IV 1399-1413: 112, 30. 220, 19. 234, 7. 309, 36. 354, 10. 356, 2. — Seine Tochter Blanca (Blancha, Blanchia), Gattin des Pf. Ludwig, Sohnes K. Ruprechts, s. Pfalz.
Englstatt s. Ingolstadt.
Englis (Engelgis), Groß- und Klein-Englis wenig südl. von Fritzlar 393, 36.
Erbach (Erpach, Ertpach) im Odenwald, Eberhard Schenk von — der alte, Ritter 410, 32. 433, 14. 457, 24 b. 461, 17. — Eberhard Schenk von — der junge, zur Leibwache K. Ruprechts 457, 25 b. — Schenk Eberhard, Ritter, Burgmann zu Oppenheim, einer der beiden genannten 267, 1. — Der Schenk von — 333, 27. Vgl. Schenk, Hans.
Erfurt 462, 19. — Stadtschreiber 334, 85. — Provisor 309, 26.
Erlangen 471, 19.
Erlebach, Herte von —, aus Frankfurt 158, 39. — Konrad von —, Burgmann zu Friedberg 186, 2.
Erlenhaupt s. Orlenhaupt.
Erlnkeim (Erlnkeim, Erlnckheim, Erlikeim), Herr Hans von —, Ritter, zur Leibwache K. Ruprechts 457, 23. 468, 32.
Ernst, Johann, Gesandter der Stadt Frankfurt 431, 8; 11; 14; 19; 27; 29.
Eschobach, Herte von —, aus Frankfurt 157, 13.
Eschelbach (Eselbach) Albrecht von —, zur Leibwache K. Ruprechts 459, 1.
Essen zw. Bochum und Ruhrort, Vogtei (Assindensis advoctia) 255, 18.
Essenbach wol Eschenbach in der Oberpfalz 471, 18.

Este Markgraf Albert von — und Ferrara 1388 bis 1393, Reichsvikar zu Modena 22, 40 b. — Markgraf Nikolaus III, Sohn Alberts 1393-1441: 3, 10. 56, 31. 61, 17. 90, 20. 94, 23. 105, 28. 228, 35. 306, 42 b. 312, 19. 338, 33. Der Markgraf 57. 45. 58, 3; 26. 103, 85. 312, 26.
Eßlingen am Neckar 223, 7. 238, 4. 412, 27. 413, 5. 418, 28. — Hauptmann s. Westersteten. — Söldner 480, 43.
Etsch, das Land an der — 425, 21.
Europa 304, 27.
Eustachius, cardinalis diac. Gt. s. Eustachii, s. Ros Kardinal Cossa.
Eyle, Elbert van —, Küchenmeister Hzgs. Reinald von Geldern 269, 20.

F vgl. V.

Falchesten s. Falkenstein.
Falke, Henne, aus Frankfurt 158, 21. 202, 19.
Falkenberg in Prov. Hessen, Niederhessen, n. Homberg, Cunzmann von —, Ritter 224, 3. 320. 321. 322. 323, 326, 21. 327, 2. 393, 15. 386, 25.
— Werner von —, Burgmann zu Friedberg 185, 27.
Falkenstein (Valkenstein, Falchesten) in der Wetterau bei Cronberg, Philipp Herr zu Falkenstein und zu Münzenberg (in der Wetterau bei Butzbach) 42, 31. 45, 10; 32. 46, 10; 27. 59, 20. 61, 34. 63, 1; 22. 64, 36. 65, 86. 66, 27. 67, 17. 68, 25. 69, 24. 78, 24. 83, 11; 32; 39 a. 84, 32. 85, 37. 465, 21. Der von Falkenstein 467, 30.
Fantinelly, Jacopo, Gesandter des Paulus de Guinigis Herrn von Lucca 238, 44 a.
Fechenbach (Vochenbach) in Unterfranken bei Esselbach am Main, Hans von — und seine Gesellen 333, 32.
Fedrigo, Läufer des Franz von Carrara 77, 10.
Feltre (s. w. Belluno) Bischof (Johannes 1398-1402) 310, 34.
Feracinus, Bartholomeus, Läufer des Franz von Carrara 76, 6. 41 a.
Ferrara, Gebiet Stadt 22, 41 b. 24, 12. 56, 31. 76, 41 b. 312, 13; 16. — Markgraf s. Este. — Vgl. Robertis.
Filig (Vilsch), Schilling von —, Hofmeister des Erzb. von Köln 433, 17; 42 a; 50 a.
Filmar, Winther von —, Burgmann zu Friedberg 178, 9. 185, 28.
Fioravanti, Francesco di Neri, aus Florenz 357, 29. 434, 23. 435, 3.
Fischburn (Fischbürne), Albrecht von —, Burgmann zu Friedberg 181, 23. 185, 23.
Fischer, Clue, aus Frankfurt 159, 12.
Floch, Wilhelm, Burgmann zu Oppenheim 267, 5.
Flandern 115, 36. 116, 1; 11.
Fleckenstein, Heinrich von —, im Dienste des Bischofs von Straßburg 195, 4. — Heinrich von —, gen. Greascher, zur Leibwache K. Ruprechts (mit dem vorhergehenden identisch?) 459, 2 b.
Fledener, Henne, aus Frankfurt 157, 2.

Flersheim s. Flörsheim.
Flörsheim (Flersheim) bei Mainz am r. Rheinufer, Hermann von —, Burgmann zu Oppenheim 257, 8.
Florenz Stadt Kommune Volk die Florentiner 31, 16. 43, 22; 25. 44, 19. 49, 6. 50, 14. 52, 33; 34; 35. 53, 39 b. 59, 24. 60, 29; 30; 34. 68, 43 b. 69, 28; 41. 70, 1; 23; 38. 73, 18. 76, 29. 78, 8; 11. 79, 17; 32; 37. 94, 20; 21. 122, 37. 230, 13. 231, 18. 301, 7; 35; 41. 302, 1; 4; 24; 25. 306, 9; 17; 41 b. 307, 7. 311. 312, 15. 358, 8; 15. 360, 19. 361, 9; 21. 363, 4; 12. 364, 15. 365, 16; 18. 366, 12; 17; 32. 367, 11; 25; 40. 368. 373, 25. 429, 38. 430. 431. 432. 434, 14; 22; 36. 435. 442, 15; 34. 448, 15; 17. — Signorie Signoren 87, 1; 30. 88, 16; 24. 89, 23. 90, 14. 122, 31. 312, 23. 358, 15. 362, 35. — Gesandte 49, 4. 53, 20. 57, 45. 74, 26. 77, 38 b. 86, 38. 87, 24. 88, 19. 89, 24; 36. 103, 37. 311, 6; 42. 357, 35. 373, 25. Vgl. Albizzi, Fioravanti, Montebuoni, Pitti, Popolesehis, Ridolfi, Sacchetti, Salviati, Spini. — Kanzler s. Pieri. — Notaro s. Bartholomaeus, Perus. — Gen. Stadtbehörden 301, 14 ff. — Gen. Familien 432, 10 f.
Fogeler (Fugelir), Jeckel, Bote von Dorg Friedberg 180, 12; 16. 183, 30. 184, 2.
Fojano im Val-di-Chiana zw. Arezzo und Cortona 432, 15.
Forchheim (Vorcheim) zw. Bamberg und Erlangen, die Bürger von — 334, 31.
Francisci, Laurentius, aus Florenz 301, 17.
Franckenstein, Konrad von —, Burgmann zu Oppenheim 257, 6.
Francum, castrum —, s. Castel-Franco.
Franken Land 315, 8.
Frankenthal, Kloster, in der Bair. Pfalz südl. Worms 97, 44 b.
Frankfurt am Main 122, 23. 127, 33. 128. 129, 7; 8; 38. 130, 9; 14; 20. 131, 17; 45 a; 37 b. 132, 29. 133, 27; 30. 135, 32. 143-150. 151, 10; 31; 39 a. 152, 26; 34. 153. 154, 1; 4; 37. 155. 159. 160, 13; 14; 17. 161, 12; 13; 24. 162, 11; 14. 163, 18; 19; 33. 164, 12; 13. 165, 18; 21; 37. 166, 20; 25; 43 a. 167, 2; 9; 31; 36. 168, 8; 26 a; 45 a; 23 b. 169, 10; 18. 170, 28; 29; 45 a. 171, 30. 172, 26; 36; 37. 173, 9; 18; 36; 45. 180, 22; 25. 181, 25. 182, 42; 45. 183, 4; 19; 20. 184, 22; 25. 186, 24; 34 a; 46 a; 39 b. 187, 9; 22; 31; 32. 188, 11; 20; 31 a; 42 a ff. 189. 190. 192, 19. 193, 12; 13. 195, 3. 199, 14; 39 b. 201, 19. 202. 213. 215, 16. 216, 26. 217, 30. 218, 8. 219, 9; 10. 222, 19. 232, 35. 233, 27 a; 30 b. 235, 6. 238, 46 b. 240, 5; 23; 26. 241, 12. 284, 18. 298, 15. 299, 29. 314, 6; 39. 319, 25. 335, 7. 392, 8. 393, 8. 400, 7; 10. 410, 12. 411, 4; 40 a. 412, 19. 429, 15. 465, 17. 476, 1. 477, 7. 481, 3. — Der Rath 199, 21; 23. 202, 2; 13. Der Rath unter dem Pseudonym Reynhard pryor in Colonia vylla 135, 4. — Gesandte Bürger 156-159. — Ein Schreiber 232, 40. — Gen. Schreiber s. Heinrich, Peter, Sipel. — Gesandte Boten Bürger s. Cleso, Dietrich, Erwin, Frosch, Hartrad, Lichtenstein, Monthabūre, Rietessel, Saccifer, Virnburg, Weibe, Welder, Widenbusch, Wiße. — Knebe an S. Bartholomeus s. Geretungen.

Frankfurt Messe 299, 38.
Frankreich Könige 376, 5.
— König Karl VI 1380-1423: 24, 25; 30. 25, 7. 210. 350, 29; 39. 351. 352. 353, 3; 9. 354, 12; 16. 356, 2; 30. 357, 15. 377, 36. 378, 11. 443, 3. — Seine Gemahlin Königin Isabella (Elisabeth), Tochter Hzg. Stefans II von Ingolstadt 345, 16. 349, 15; 35. 350, 7; 22; 23. 351, 26. 353, 33; 41. 354, 5; 9; 43. — Sein ältester verstorbener Sohn 350, 28. — Sein Sohn der Dauphin Karl (als König VII) 350, 30. 351, 1; 4; 5; 7. — Seine Rathe 233, 19. 345, 20. 351, 27; 30; 31. 352, 15. 354, 14. — Seine Gesandten 210, 10. 211, 10. 233, 17. 351, 39. 352, 7. Vgl. Auch Erzbischof, Chantemerle, Montreuil, Insulensis propositus. — Ein Bischof von —, Rath und Gesandter, s. Auch Erzbischof. — Ein Abt von —, des Königs Diener, s. Insulensis propositus.
— Herzog Johann von Berri (Bituricensis), Sohn K. Johanns II 1360-1416: 351, 14. 353, 30; 36. 355, 2. 356, 21. 376, 10. 443, 4.
— Herzog Ludwig II von Bourbon Graf von Clermont, Sohn der Schwester K. Philipps VI Isabella 1356-1410: 356, 23. 443, 4.
— Herzog Ludwig (Loys) von Orléans (Aurelianensis, von Orliens, d' Oriente), Bruder K. Karls VI † 1407: 87, 36. 93, 11. 94, 27. 316, 26. 350, 29; 31; 35. 351, 4. 354, 29. 355, 5. 377, 37. 378, 1. 443, 1; 2; 5. — Seine Gemahlin (Valentine Tochter Hzgs. Johann Galeazzo von Mailand) 350, 32. — Seine zukünftige Tochter 350, 31. 351, 2; 5; 9.
— Haus 24, 25; 30. 25, 7. 351, 8.
— Land, die Franzosen 94, 28. 110, 3; 8. 203, 12; 13. 210, 30. 345, 13. 351, 35. 353, 29. 356, 2. 376, 9. 378, 20; 25. 453, 29. 454, 30; 36.
Frauenberg, Engelhard von —, zur Leibwache K. Ruprechts 460, 17. — Wilhelm von —, ebenso 460, 18.
Freising Bischof (Berthold von Vailingen 1381-1410) 331, 14. 419, 41.
Freschin (Fresken), Wilhelm, Kurkölnischer Rath, Probst der Apostelkirche zu Köln 433, 15; 41 a; 49 a.
Fresken s. Freschin.
Freudenberger, Albrecht, zur Leibwache K. Ruprechts 460, 32. 464, 36. 467, 31.
Frölin, Herr Rucker, Frauenherr zu Assenheim (am Zusammenfluss der Nidda und Wetter s. ö. Friedberg) 184, 1.
Freyberg, Herr Eberhard von —, 430, 39. — Herr Friderich der ältere von —, 334, 36. — Hermann von —, 334, 37. — Zwei von —, 334, 6. — Die von —, 333, 37. Vgl. Friberg.
Friaul (Frioli, Friuli) 69, 31; 42. 360, 24.
Friberg, Jergo (Jorge) von —, 458, 9. — Konrad

510   Alfabetisches Register der Orts- und Personen-Namen.

von —, Ritter 45, 44. 64, 23. 342, 22. 428, 1. 435, 19; 21. 436, 35.

Friezstroim, Fridestroen s. Zons.

Friedberg (Fritdeberg), Stadt in der Wetterau 131, 13. 172, 26. 173, 9; 18; 26; 46. 179, 11; 17; 38. 180, 16; 19. 181, 35; 37. 182, 11. 184, 39 b. 185, 4; 15. 190, 9. 222, 26. 233, 44 b. 240, 23. 265, 25. 411, 5; 41 a. — Augustiner in — 182, 10.

— Burg 151, 15. 164, 20. 167. 26. 173, 9; 19; 33; 45. 178, 2. 181, 25. 184, 24; 27; 48 a. 185, 1; 9. — Gesamte Burgmannen 178 ff. — Boten s. Fegeler, Conezichen.

Frije, Reinhard, zur Leibwache K. Ruprechts 460, 12.

Friße (Friß), Hermann, Burgmann zu Friedberg 181, 20. 184, 13. 185, 39.

Fritzlar, Probst zu —, s. Weise, Johann.

Frosch, Johann — der jüngere, aus Frankfurt 156, 7. — Junge —, aus Frankfurt (identisch mit dem vorigen?) 166, 45 a. 233, 1. 481, 27; 29.

Fußen bei Hohenschwangau 417, 40. 420, 32. 421, 48 a. 426, 18; 23; 28; 31. 427, 1; 10.

Fugelir s. Fegeler.

Fulschußel, Henne, Burgmann zu Oppenheim 267, 11.

Fuscari, ser Nicolaus, aus Venedig 310, 30. 331, 11.

G.

Galeatius, Galeatz s. Mailand Herzog.

Galeotti s. Gallis.

Gallis, Heinricus de — (Arrigo Galeotti), Gesandter Franz' II von Carrara 53, 46 a. 68, 27. 71, 11. 72, 5; 23; 27. 75, 19; 38. 76, 35; 44 a. 77, 27. 78, 17.

Gambertis, Dordo de —, Gesandter Franz' II von Carrara 360, 23. 371, 18; 35; 40 a. 372, 6; 11. 373, 38.

Gans, Herr, in Diensten der Stadt Nürnberg 291, 1.

Gasenbach, Henne, aus Frankfurt 157, 37.

Gaytano s. Aquileja.

Gebicz s. Gewicz.

Geismar (Gheismar) s. Hofgeismar.

Geispitzheim s. Verzer von —.

Geldern (Geldria, Gelre), Herzog Reinald von — und Jülich, Graf von Zütphen 1402-1417: 268, 21; 31; 37 b; 269, 1; 16. 274. 275, 8. 278. 279, 7; 18. — Diener s. Druefen, Eyle, Hertle, Schelert, Vloderp, Wyenhorst. — Herzog Wilhelm III Bruder Reinalds † 1402: 274, 39. 278, 26. 299, 16. Der Herzog von —, wol Wilhelm III 134, 27. 208, 42 b. 215, 2.

Gelnhausen (Gelnhusen, Gelhusen, Geylnhusen), Stadt in der Wetterau 173, 10; 18; 46. 184, 23. 190, 9. 193, 13. 211, 39 a; 41 a; 47 a; 26 b; 30 b. 212, 32 a; 37 b. 222, 27. 240, 23. 265, 23; 41 a. 296, 28. 411, 5; 41 a. — Vgl. Bechtold, Heile, Thomas. — Burg 173, 10; 20; 45. 297, 5; 9; 11; 40 a.

Gemmingen (Gemyngen) bei Heilbronn, Diether (Dietrich) von —, Ritter, Gesandter K. Ruprechts 137, 17. 138, 2. 214, 1. 413, 7. — Eberhard von —, zur Leibwache K. Ruprechts 460, 23.

Gemünde (Gemunde, Gemünde) s. Gmünd.

Geno, ser Karolus, aus Venedig 57, 5. 58, 19. 438, 30.

Genua (Genaw, Gienova, civitas Januensis) 31, 23. 40, 37. 43, 34. 60, 40. 110, 5; 46 b. 312, 29. 442, 36.

Gern, Henne von —, aus Frankfurt 157, 39.

Geraw, der von —, wol Heinrich VIII, Vogt später Herr zu Gera 334, 40.

Gerhart, Herr, Pfaffe am Hofe K. Wenzels 291, 4.

Germersheim an der Queich in der Rheinpfalz 198, 27 b; 32 b; 37 b; 43 b.

Gerstungen, Magister Nikolaus, Kustos an der St. Bartholomäuskirche in Frankfurt 146, 30.

Gesecke a. ö. Lippstadt Regierungsbezirk Arnsberg, Kirche daselbst 258, 15.

Gewicz (Gewitsch in Mähren Kreis Brünn n. ö. a. Brünn) Nikolaus von —, oberster Schreiber K. Wenzels 233, 21. 290, 38 a.

Gewolff, der, wol ein Schreiber Hzg. Stefans II von Baiern-Ingolstadt (s. RTA. 2 p. 402, 11) 333, 37.

Geyern (Geyra) bei Weißenburg i. N., Herr Jörge Schenk von — 126, 19. — Herr Wigeleis Schenk von — 126, 20.

Geyling, Rudolf, Burgmann zu Friedberg 185, 36.

Giengen (Gingen) in Wirtemberg an der Brenz zw. Heidenheim und Gundelfingen 223, 18.

Gießen, Conezichen von —, Bote von Burg Friedberg 179, 36. — Hertle von —, aus Frankfurt 159, 1.

Gilbrecht, Peter, aus Frankfurt 157, 34.

Gültelingen (Gültlingen), Schinach von —, zur Leibwache K. Ruprechts 460, 21. — Herr Konrad Suro von —, ebenso 458, 42.

Gipelbrunn aus Frankfurt 156, 27.

Gmünd (Geminde, Gemunde, Gemünd) in Wirtemberg an der Reuss zw. Aalen und Schorndorf 223, 10. 238, 4. 418, 27. — Söbiner 430, 41. — Vgl. Reimbolt von —.

Godebolt, Henne, aus Frankfurt 157, 26.

Göler, Albrecht 333, 28. — Herr Albrecht Goler, wol derselbe, zur Leibwache K. Ruprechts 457, 21. — (Jöler), Hanneman, Vitzthum K. Ruprechts 197, 37. 198, 3.

Görz, die Grafen zu — 419, 42.

Göttingen 392, 42 b.

Goldstein (der Goldstein), Schloß zwischen Niederrad und Schwanheim im Regierungsbezirk Wiesbaden 200, 27.

Goler s. Göler.

Gonzaga, Johann Franz I von —, Reichsvikar zu Mantua, 1382-1407: 74, 4. 113, 3; 12. 227, 18. 228, 9. 306, 42 b.

Goslar (Gollier) 379, 15; 18. 380, 5; 12; 20; 30 a. 381, 7; 17.

Goss (Goß), Ulrich, aus Straßburg 476, 18. 478, 45 a. 479, 21; 32. 480, 11.

Grandimontenser Orden von Grandmont in der Auvergne 117, 29. 121, 10.

Gratia, maestro, Gesandter zwischen Rom und Florenz 359, 4; 30.
Graveneck, Wolff von —, zur Leibwache K. Ruprechts 460, 27.
Graz, Johannes de —, Bote des Franz von Carrara 77, 31.
Grefenegker, Friderich 126, 26.
Grefenrewter, der 399, 8.
Grünau, Engelhart, zur Leibwache der Königin 461, 20.
Grumbach s. Mulnstein.
Grünäst, Engel, zur Leibwache K. Ruprechts 457, 40 [b].
Gualfredinis, Fantinus de —, aus Verona 303, 43 [a]. — Petrus de —, des vorigen Sohn, Notar in Venedig, Geschäftsträger Venedigs an der Kurie 58, 45. 303, 42 [a]. 305, 35.
Guascenibus, Jacobus Francisci de —, aus Florenz 301, 23.
Gudenburg in Hessen an der Warme s. Zierenberg, der von — 319, 20.
Guelfen, die 358, 15.
Günther, Graf, s. Schwarzburg.
Güsse, der — von Leipheim (zwischen Ulm und Günzburg) 335, 4.
Güsten (Gusthen) Pfarrdorf zwischen Jülich und Caster, Vogt zu —, s. Boffell.
Gütkorn, Concze, aus Frankfurt 158, 15.
Guinigiis, Paulus de —, Herr von Lucca 2, 10. 232. 6. 238, 44 [a]. — Sein Gesandter s. Fantinelly.
Guldenschaff, Sifrid, aus Frankfurt 156, 32.
Gumprecht, Peter 333, 18.
Gundelfingen bei Münsingen auf der Alb, Sweyker von — 332, 39.
Gundelsheim, Fritz von —, Ritter 466, 10.
Guße, Ortolf der — 466, 12. 467, 34.

H.

H . . . . de . . . . . , nedelis, am Burgundischen Hof 396, 7.
Habsburg (Absburg), Grafen von — 222, 13.
— Herzog Albrecht IV der Geduldige von Österreich, Sohn Hzg. Albrechts III, 1395-1404: 260, 4. 344, 22. 419, 38. 421, 16.
— Herzog Ernst der Eiserne, Sohn Hzg. Leopolds III, 1386-1424, in Steiermark 1406: 419, 37. 421, 16.
— Herzog Friderich IV mit der leeren Tasche, Sohn Hzg. Leopolds III, in Tirol 1386-1439: 260, 7; 35. 262. 19. 343, 15; 18. 344, 25. 419, 23; 38. 420, 23. 421, 16. 422, 36.
— Herzog Leopold III † 1386: 417, 20.
— Herzog Leopold (Leupolt, Lupolt) IV der Stolze, Sohn Leopolds III, 1386-1411: 30, 1. 73, 13. 259, 33 [b]. 260, 4. 261, 13. 262, 8. 342, 22; 24; 29; 31. 343, 12; 45 [a]. 344, 5; 26. 412, 29; 31. 413, 1; 3. 416, 37; 38. 417. 418, 43 [b]. 420-428. 429, 25. 452, 33; 34; 37; 42. 462, 6. 466, 32. 469, 19. — Seine Brüder 261, 13. — Sein Hofmeister 417, 23. 469, 20.
— Herzog Wilhelm der Höfliche, Sohn Leopolds III, 1386-1406: 260, 4. 261, 13. 331, 42. 344, 22; 25. 419, 37. 421, 16; 45 [b]. — Seine Brüder 421, 16. — Seine Gemahlin Johanna, Schwester des K. Ladislaus von Neapel 103, 38. 104, 2; 3. 331, 42.
Habsburg, die Herzöge von Österreich 29, 38. 236, 32. 259, 18. 260, 27; 30. 261. 331. 343, 11; 25; 30; 34. 344, 15. 395. 31; 41; 43. 417, 11. 418, 18. — Der Herzog von Österreich 134, 26. 220. 34. — Des von Österreich Diener 126, 3. — Dessen Rathe 202, 36.
Hachberg (Hochberg), Markgraf Hesso † 1410: 463, 20.
Hagenau im Elsaß 170, 11; 43 [a]. 188, 5; 42 [a]; 35 [b]; 40 [b]. 222, 28. 226, 29. 227, 30 [b]; 40 [b]. 343, 17; 22.
Haide, Herr Friderich 126, 12.
Haibek s. Heidek.
Halber, Crafft, Burgmann zu Friedberg 181, 22.
Halberstadt Bischof (Rudolf II Fürst von Anhalt 1399-1406) 221, 24.
Hall (Halle) Schwäbischhall am Kocher 267, 21; 47 [b]. 268, 1. 281, 13; 28. 294, 1; 15; 25. 295, 21; 27; 43 [a]; 41 [b]. 296, 37 [a]. 342, 25. 418, 28.
Halle, Wilhelm von — 202, 41. 203, 14.
Hallermunt, Hallermund im Calenbergischen, Graf von — 222, 2.
Hamels 391, 20; 26; 36. 392, 25.
Hanau am Main bei Frankfurt, Godfried zu —, Bürger aus Frankfurt 156, 16. — Junker Haas von —, zur Leibwache K. Ruprechts 456, 33 [b]. 465, 4; 5. 467, 26. 468, 10. — Junker Reinhard von —, Bruder des vorigen, zur Leibwache K. Ruprechts 456, 31 [b]. 465, 3; 6. 467, 26. 468, 10. — Junker Ulrich Herr zu —, Burgmann zu Friedberg 181, 3. 182, 5. 185, 3; 22. — Der von —333, 35.
Hanse, Erhart, und sein Sohn, aus Straßburg 195, 15.
Hanstein (Hanstein) zw. Eichenberg und Friedland südl. Göttingen, Hans von — 329, 28; 30; 33. — Wernher von — 224, 3.
Hantschuchsheim (Hentscheisheim, Hentschuscheim, Hentschürkenheym) o. Heidelberg 247, 21. — Diether von —, Marschalk und Rath K. Ruprechts 151, 26; 42 [a]. 192, 22. 457, 17 [b].
Harnkart, Herr Gerhart 192, 30.
Hartenstein (Hertenstein) in der Oberpfalz bei Sulzbach 471, 18.
Hartrad, Erwin, Gesandter der Stadt Frankfurt 129, 10; 12. 134, 3. 142, 6. 201, 13. 232, 39. 233, 5; 10. 481, 7; 11; 14; 23.
Harwe s. Horwe.
Hattenheim, Henne von —, zur Leibwache K. Ruprechts 459, 42.
Hatzfeld, Herr Crafft von —, Burgmann zu Friedberg 185, 24. — Herr Wigand von —, desgl. 185, 24.
Hatzstein, Konrad von —, Burgmann zu Friedberg 181, 18.
Hawen, Hans von — 480, 39.
Hayns, Johann von —, Burgmann zu Friedberg, Komthur zu Frankfurt 178, 10. 181, 4. 186, 3.

Heckel, der, Gesandter zw. K. Ruprecht und Mgf. Prokop von Mähren 470, 26; 27. — Heckel von Amberg vielleicht derselbe 333, 34.
Hehenrijd, Hehenriet s. Hohenried.
Heidek südl. von Nürnberg, Friderich von 334, 14. 463, 30. — Der von —, Dompropst (sol Johann später Bischof von Eichstätt) 399, 37.
Heidelberg (Adilberg) 64, 14. 122, 17. 149, 45. 169, 42 b. 196, 35; 38. 198, 4. 203, 5. 233, 2. 268, 29. 271, 8. 362, 22. 378, 2. 411, 18; 22; 28; 34. 412, 13. 413, 27. 414, 2. 416, 22. 444, 39. 446, 27. 447, 3. 462, 13. 464, 31. 481, 24.
Heidenrich, Peter, aus Frankfurt 156, 19.
Heidingsfeld am Main s. a. ö. Wirzburg 176, 11; 18. 177, 12; 19. 471, 19.
Heiga, Burghard, Burgmann zu Oppenheim 267, 8.
Heilbronn (Heilpronne) am Neckar 214, 11; 14; 44 s. 223, 11. 332, 37. — Söldner 480, 36. — Vgl. Meiger von —.
Heile von Gelnhausen, aus Frankfurt 158, 36.
Heilgenstein, Der von —, Bürgermeister von Straßburg 479, 31. — Herr Johann — 201, 10.
Heiligenberg Grafschaft n. vom Bodensee, die Grafen von — 222, 11. — Graf Albrecht von — und Werdenberg (Grafschaft s. ö. von Appenzell) 347, 38. 349, 1. — Graf Hug von —, zur Leibwache K. Ruprechts 456, 39. 467, 14.
Heinbawr, der Schenk von — 334, 4.
Heinze s. Mildenberg.
Heinrich, Probst zu St. Severin in Köln 37, 37.
— Schreiber zu Frankfurt 169, 35. 170, 7. 233, 2; 42 b. 335, 11; 14. 481, 23; 28; 29.
Heldenbergen im Darmstädtischen unweit Friedberg 184, 35.
Helfenstein bei Geislingen in Wirtemberg, der Graf von — 222, 8. — Der von — 399, 37.
Hell, Karl von — 333, 18.
Helmstad, Hans von — zu Aspach, zur Leibwache K. Ruprechts 458, 20. — Heinrich von —, desgl. 458, 14. — Reinhard von —, desgl. 458, 10. — Wiprecht der alte von —, Ritter, in Kurpfälzischen Diensten 174, 52 s. 259, 36 b; 46 b. 297, 33. 343, 40 b. 433, 16. — Drei von — 126, 17.
Henne Kulen Sohn, aus Frankfurt 157, 31.
Henneberg (Henernberg, Henenberg) s. s. w. Meiningen, die Grafen von — 222, 5. — Graf Friderich von — 333, 26. 399, 25. 465, 41. — Graf Heinrich von — 333, 25. 465, 39. 469, 6. — Der Graf von — 221, 11. — Der von — 399, 17.
Henne, Erhard 476, 9.
Henslin der Tot, Bote von Augsburg 202, 36.
Hentschesheym s. Hantschuchsheim.
Herburd in der Clappergassen, aus Frankfurt 156, 28.
Herdan, Heinrich, aus Frankfurt 481, 23.
Heredia, Juan Fernandez de —, Rath K. Martins von Sicilien 317, 12.
Herford (Hervorde) in Westfalen Regierungsbezirk Minden 339, 40. 340, 7. 380, 5; 12; 20; 39 s.
Herhorn, Henne, aus Frankfurt 158, 29.
Hermann, Magister, Leibarzt K. Ruprechts 361, 38; 40. 362, 2; 9; 10. 363, 30; 34; 37. 370, 2; 17; 25; 26. — Sein Rath s. Oberburg.
Herte s. Gießen.
Hertenstein s. Hartenstein.
Herter, Fritsche (Fritz), zur Leibwache K. Ruprechts 460, 24.
Hertingshausen s. s. w. Kassel, Friderich von —, Ritter, Rath und Amtmann Erzb. Johanns II von Mainz 224, 2. 319, 15; 18. 320. 321. 322. 323, 6; 20. 324, 11; 17; 22. 326, 21. 327, 3. 328, 14. 386, 25. 390, 4. 392, 11; 18; 37 s. 393, 11; 20.
Herzfe, Johann der alte von —, in Herzog Reinalds von Geldern Diensten 269, 20.
Hervorde s. Herford.
Hesaburg, Herr Albrecht von — 332, 41. — Dessen Bruder 333, 1.
Hessen Landgraf Hermann II der Gelehrte 1376-1413: 152, 14. 221, 7. 262, 30. 319, 8; 11; 14. 322, 11; 38. 324, 20. 325, 21; 33. 326, 14. 327, 24; 27. 329, 4. 387. 388. 389, 6. 390, 34; 37. 392, 29. — Seine Gemahlin Margarethe, Tochter Friderichs V Burggrafen zu Nürnberg 319, 17. — Land 476, 14.
Hildemar, Herr, Pfarrer uf dem berge zů Nuheym (d. i. dem Johannisberg bei Nauheim n. ö. Friedberg) 183, 40.
Hildesheim Bischof Johann III Graf von Hoya 1398 bis 1424: 221, 23. 394, 13.
—, Henne von —, Burgmann zu Oppenheim 267, 10.
Hirzperg, Eberhard von —, zur Leibwache K. Ruprechts 458, 30 b. — Fritz von —, desgl. 458, 31.
Hirschau (Hirsaw) in Baiern Oberpfalz n. n. ö. Amberg 135, 28.
Hirschhorn (Hirßhorn, Hirtzhorn) in Hessen-Darmstadt n. ö. Heidelberg, Eberhard von —, Ritter 37, 38. 45. 44. 64, 24. Zur Leibwache K. Ruprechts 457, 22. Burgmann zu Oppenheim 267, 3. (Doch wol immer derselbe.)
— Hans von —, Ritter, Burgmann zu Oppenheim 267, 1. Ohne Bezeichnung 268, 34 b. 399, 20. 410, 32. 413, 6. Johann vom —, Ritter, Vitzthum zu Amberg 126, 22. 171, 27. 172, 14. 260, 1. 284, 12; 16. 286, 20. 287, 5. 288, 33. 289, 27; 34. 433, 17. Der Vitzthum zu Amberg 329, 43. (Doch wol alles dieselbe Persönlichkeit.)
— Konrad von —, Probst von St. Stephan zu Mainz 433, 14.
Hirtze (Hyrtze), Geselort (Godart) vam (vanme) —, Ritter, in Diensten der Stadt Köln 141, 26; 27. 444, 37.
Hobyrißd, Henne von —, Burgmann zu Friedberg 179, 5. 181, 16. 184, 11.
Hochberg s. Hachberg.
Hochhüß, Engel, aus Frankfurt 156, 12.
Hoehst (Heiste) am Main zw. Mainz und Frankfurt 477, 19.
Hoemberg (Hoenberg Hoenburg) s. Hohenberg.
Hoenberg, Heinze von —, aus Frankfurt 158, 17.
Hoenberger, Henne, aus Frankfurt 158, 37.

Hoenart (wol nicht Hoenart), Wiprecht von —, zur Leibwache K. Ruprechts 459, 18 b.
Häenlin, Baumeister zu Augsburg 203, 3.
Hoffeman, Fritz 454, 18.
Hofgeismar (Geismar) in Hessen Regierungsbezirk Cassel 387, 23; 27. 392, 36 b. 394, 22; 26.
Hohenburg (Homburg), Graf Rudolf von —, 420, 45 b. 426, 16; 33. 427, 14.
— (Hoenberg, Hoenberg) Grafschaft, wol die des ehemgen. Grafen in Würtemberg im südl. Schwarzwaldkreis 261, 2. 343, 26.
Hodenlohe, Herr Albrecht von —, 334, 2. — Herr Hans von —, 333, 1.
Hohenriet (Hohenrigt, Hohenriet) bei Haasfurt in Unterfranken, Herr Heinrich von —, zur Leibwache K. Ruprechts 460, 39. 466, 9.
Hohenstein (Hoenstein) in Baiern Kreis Mittelfranken bei Altensittenbach 471, 19.
Hohnstein (Hoenstein, Honstein, Honstein) zwischen Nordhausen am Harz und Nordhausen, die Grafen, Herren von —, 182, 20; 26. 185, 8. 265, 31. — Graf Ernst von —, 320, 26; 30; 33. — Graf Heinrich von — und Herr zu Kelbra (richtig 466, 2 Kelbera, nicht Kelleran zu lesen), Vater Ernst's 320, 26; 27; 30; 32. 466, 2. — Der Graf von —, 221, 41.
Hoinstein s. Hohnstein.
Hoisto s. Hoechst.
Hokkerhamm, Peter, aus Frankfurt 156, 43.
Hodenberg, der, Hodenberg bei Pottenstein in Oberfranken 471. 18.
Holk (Holke), Jakob, aus Lübeck 384, 2; 39.
Holland, Herzog (Albrecht) von —, s. Baiern Herzog Albrecht I von Straubing.
Holstein, Graf von —, 221, 39.
Holtzkoven, Johann von —, aus Frankfurt 156, 4.
Holtzschuher (Holzschawer, Holzschuer), Heinze, aus Frankfurt 158, 6. — Sein Sohn Heinze 158, 7. — Heinze von Naglwin, aus Frankfurt 158, 12. — Karl, aus Nürnberg 286, 44 b. — Madern, aus Frankfurt 157, 43.
Hopfen, Marschalk 202, 40.
Hornbach (Herrenbach), Heinrich von —, zur Leibwache K. Ruprechts 458, 6. — Konrad von —, desgl. 458, 7.
Horneck wol am Neckar n. Wimpfen 287, 31.
Horwe (Harwe) wol Horb s. w. Tübingen am Neckar 261, 2. 343, 26.
Hoym (wol nicht Hoym bei Quedlinburg, sondern Hoya, Hoyo an der Weser), Graf von —, 221, 40.
Huben, Friderich von der —, 443, 19; 81; 42 b. 444, 4.
Huffersheym, Gerhard von —, Burgmann zu Friedberg 185, 29.
Hulshofen, Henne von —, Burgmann zu Friedberg 179, 6. 181, 16. 184, 14. 185, 36.
Humbrecht (Hümbrecht), Jekil, aus Frankfurt 156, 20.
Hunolstein (Hundstein) bei Bernkastel, Nikolaus Vogt und Herr zu —, 124, 35.

Deutsche Reichstags-Akten IV.

Huser, Burghard, Burgmann zu Friedberg 181, 18. 185, 34.
Hutten (Hotten), Frowin von —, Ritter 465, 11. 468, 39.
Hyrtze s. Hirtze.

I vgl. Y.

Iburg s. Yburgh.
Ilbenstadt (Elwinstadt) Dorf bei Friedberg 184, 29.
Imola Bischof Nikolaus d'Assisi 1399-1402: 33, 25. 34, 17. 35, 30. 86, 12.
— dominus de —, s. Alidosi.
Ingolstadt (Engl-stat) 390, 24.
Innsbruck 420, 40 b.
Innthal, das 425, 22.
Insulensis (d. h. von Isle de Dieu oder Noirmoutiers?) prepositus, Französischer Gesandter 210, 12. 211, 7. — Ein Abt von Frankreich wol derselbe 233, 17.
Iring, Clas, Burgmann zu Oppenheim 267, 6.
Irrenfryd, Herr 480, 37.
Isaak von Oppenheim, Jude 143, 25.
Isenbach, Conrze, aus Frankfurt 159, 6.
Isenbach s. Eisenbach.
Isenburg (Ysenburg) s. s. 5. Frankfurt, Herr Johann von —, Herr zu Büdingen (bei Ortenberg im Hessen-Darmstädtischen) 211, 48 a; 29 b; 42 b. 212, 29 b. 296, 24; 26. 297, 5; 11; 15. 465, 18. — Der junge von Isenburg (wol der nämliche) 467, 29.
Isni (Ysny, Isny) im Allgäu 223, 21. 418, 28.
Italien (Auswais, Latinus, Welschland) 23, 23; 29; 35; 37. 24, 2. 28, 21, 26; 37. 29, 27; 29, 30. 31. 31, 11; 18; 20. 32, 25. 39, 34. 50, 35. 52, 36. 53, 33; 35. 55, 31. 56, 22. 57, 20; 28. 61, 10. 66, 18. 73, 4; 30. 79, 2; 12. 82, 19; 22; 26. 84, 41. 85, 4. 86, 7; 12. 87, 31; 35; 36. 94, 38; 42; 44. 97, 33. 99, 1. 101, 31; 32. 103, 21. 106, 28; 31. 110, 5; 6; 8. 231, 14; 16; 18. 244, 7. 255, 34. 261, 36. 301, 17. 306, 42 a. 309, 310, 9. 311, 1; 26. 315, 11. 337, 40. 341, 37. 358, 18; 22. 363, 30. 365, 29; 31. 366, 36; 39. 367, 11; 15; 17; 39. 368, 1; 11; 23; 24. 369, 8; 11. 371, 32. 374, 6; 15. 378, 5; 29; 24. 430, 15. 434, 4; 8; 10. 436, 15; 25; 29. 437, 18. 438, 7. 439, 10. 447, 12; 22.

J.

Jacobus de Papia (Pavia) in der Kanzlei des P. Bonifacius IX: 111, 32.
Jöcklin, Bote der Stadt Augsburg 202, 32.
Jakil, Peter, aus Frankfurt 159, 10.
Janellus, dominus, am päbstlichen Hofe zu Rom 73, 44.
Jeler s. Güler.
Johannes, Bote der 3 geistlichen Kurfürsten 231, 8.
Johanniolus de Cumis (Como), im Dienste des Franz von Carrara 439, 19; 38. 440, 17; 26.

Johanniter (magistri et filii hospitalis seti. Johannis Jerusal.) 116, 2. Vgl. Rhodus.

Juden 143, 23; 27. 255, 15; 23. 285, 12; 13. 295, 33. — Vgl. Elias, Isaak.

Judenschulden 285, 35.

Judenspiess, Henne, aus Frankfurt 157, 29.

Julich (Guleh) Wilhelm von —, Herzog von Berg und Graf von Ravensberg s. Berg. — Wilhelm Herzog von — und Geldern s. Geldern. — Reinald Herzog von — und Geldern s. Geldern. — Vgl. Drucken.

Jungen, Herr Heinrich zum —, Gesandter von Mainz 189, 21. 190, 36; 41. 191, 29; 30. 192, 13. 193, 32. 194, 15; 16; 19; 40. 195, 8.

Jungde, Tideman, aus Lübeck 384, 3. 385, 1.

K.

Kämmerer (Kemerer, Camerarius), Diether, Burgmann zu Oppenheim 267, 3.

— Hans, zur Leibwache K. Ruprechts, wol identisch mit dem folgenden 459, 37.

— Johann — von Worms genannt von Dalberg (Dachbergh, Dalldbg, Dailburg, Talberg, Talburg), Ritter, Rath K. Ruprechts 129, 5. 141, 6. 174, 53 a. 193, 30. 194, 19. 197, 27. 207, 28. 234, 5. 266, 37 b. 268, 26; 34 b. 354, 38. 410, 33. 413, 7. 433, 17. 454, 5; 41 a; 47 a. Burgmann zu Oppenheim 267, 3.

— — Ort, zur Leibwache K. Ruprechts 459, 22. Ortt, Burgmann zu Friedberg, wol derselbe 181, 21.

— Stefan, Burgmann zu Oppenheim 267, 3.

Kaisersberg (Kaysersperg) im Elsaß bei Kolmar 222, 39. 226, 36. 227, 31 b; 40 b.

Kahleremer, Hermann, aus Frankfurt 158, 11.

Kamerer (Kamor), Ulrich, aus Nürnberg 428, 43. 429, 11; 17.

Kamm s. Cham.

Kamerich s. Cambray.

Kamrawer, der 333, 41.

Karlstein Burg in Böhmen unweit Beraun Kreis Prag 179, 36.

Karthäuser 117, 29. 121, 9.

Kassel in Hessen 325, 20. 327, 21. 328, 2.

Kastel s. Castell.

Kastelberg (Casselburg) s. Blankenheim.

Kastilien König (Heinrich III 1390-1406) 317, 14. 378, 5. Der König von Spanien (Spangen) 442, 39. — Infans frater regis 317, 15. — Gen. Räthe 317, 14 ff.

Katzenelnbogen (Katzenelnbogen) Graf Diether 247, 24. 411, 26; 32. — Graf (Junker) Johann, zur Leibwache K. Ruprechts 456, 35 b. 464, 32. 468, 27. — Graf Simon 411, 26; 33. — Der Graf von —, 222, 17.

Katzenjerger, der 334, 34.

Kaufbeuren (Kauffeuren) bei Kempten und Memmingen 223, 19. 418, 27.

Kebel, Henne von —, Burgmann zu Friedberg 181, 20. 182, 2.

Kerzdurffer, Ottel, zur Leibwache der Königin 461, 25.

Kelberau irrig für Kelbra (Kelberuu), s. Hohnstein, Graf Heinrich von —.

Kemerer s. Kämmerer.

Kempe, Johan, aus Frankfurt 156, 6.

Kempnater, Eitel 333, 19. 334, 3. — Seine Wirthin (Gattin) 334, 3. — Der Kempnater (wol derselbe). zur Leibwache der Königin 461, 18.

Kempten bei Memmingen 223, 17. 418, 28.

Ker, Herr H. von der —, 334, 28. — Wilhelm von der —, sein Bruder 334, 28. — Otto von der —, 333, 24.

Kerpen an der Erft zw. Köln und Düren resp. Achen, Kirche von —, 258, 14.

Kettendorf (wol Kattendorf in Mährischen n. ö. Freyberg?) 290, 46 a.

Kijp, Konrad, aus Frankfurt 156, 41.

Kirberg s. Wildgraf.

Kirchberg an der Jaxt 294, 15.

Kircheim (Kirchaim), Johannes von —, K. Wenzels Hofschreiber, später K. Ruprechts Protonotar 126, 15. 134, 28. 135, 15. 138, 26. 166, 48 a. 356, 45 a. 381, 30. 480, 24.

Kirpung s. Wildgrafen.

Kladelauch, Jekil, aus Frankfurt 233, 8.

— Johan, ebendaher 156, 14.

Knebel (Knebil), Gerhard, zur Leibwache K. Ruprechts 457, 45 b. — Otto (Ott), Ritter 174, 54 a. Burgmann zu Oppenheim 267, 1. Zur Leibwache K. Ruprechts 458, 1 b. Wol immer derselbe. — Tham (Thaemo, Daem), Ritter, Schultheiß zu Oppenheim 97, 10. 99, 23. 141, 6. 207, 29. 213, 7; 17. 234, 6. 259, 37 b; 46 b. 267, 3. 268, 27. 270, 22. 343, 41 b. — Wernher, Ottens Sohn, zur Leibwache K. Ruprechts 457, 46. — Wernher, ein anderer, desgl. 457, 44.

Knöringen, Herr Burkhard von —, Ritter 463, 34.

Knöringer, Hilpolt 334, 37.

Knoringen, Egboli de —, in decretis licenciatus 64, 24.

Koblenz (Coevelnnze) 131, 25. 270, 39. 412, 19. 444, 5. 455, 11. 476, 36; 39. 477, 3; 7; 17. 479, 14. 481, 20. — Amtmann zu —, s. Sachsenhausen, Friderich von —.

Korb, der, aus Straßburg 150, 4.

Köln Erzbischof Wilhelm von Gennep 1349-1362: 253, 46.

— Erzbischof Friderich III, Graf von Saarwerden, 1370-1414: 37, 33. 73, 13. 123, 16 a. 150, 16; 81. 152, 2. 159, 26. 161, 37. 165, 15. 175, 1; 18; 20. 185, 8. 188, 10. 189, 2. 193, 5. 201, 33. 202, 18. 208, 23; 29. 209, 22; 31. 210, 13. 215, 4. 223, 44. 232, 8. 234, 11. 237, 31. 240, 33. 241, 37. 243, 29. 246, 12. 251-257. 263, 17. 264, 9. 274, 24. 275, 32; 36. 276. 286, 40 b. 298, 13. 315, 1. 352, 9; 13. 362, 5. 370, 29. 385, 31. 386, 2; 9. 392, 6; 25. 393, 1. 399, 29. 412, 18. 414, 15; 17; 18. 423, 8. 424, 30; 31. 425, 37; 39. 433, 9. 443, 27. 446, 20; 21. 447, 5. 467, 4. — Seine Räthe 214, 49 a. 476, 34. Vgl. Filig, Froschin. — Seine Diener 161, 32. Vgl. Salz. — Sein Kochmeister 200, 34.

Köln Stift Kirche Diöcese Pfaffheit 251, 14; 30; 39; 43. 252, 1; 23. 253-256. 257, 31. 258, 5; 16. 276, 12; 35; 41; 46. — Pfaffheit zu St. Maria ad gradus 242, 23. — Prior s. Reynhard. — Vgl. Coler, Dynslaken, Heinrich, Smalenberg.
— Stadt 84, 15. 113, 15; 44. 131, 7; 44 ª. 140, 9; 25. 141, 28; 29. 168, 1; 22 ª; 28 ª. 169, 1. 173, 49. 188, 29. 190, 41. 198, 17. 207, 38. 208, 16; 23; 36; 42 ª. 209, 30. 211, 10. 215, 9; 11. 222, 21. 233, 6; 10; 30 ᵇ; 40 ᵇ. 234, 9. 235, 11; 19. 237, 30; 34. 238, 11; 23; 37 ª; 39 ª; 39 ᵇ. 239, 43 ª. 240, 21. 241. 242. 243, 3. 251, 13; 22; 37; 41. 253, 48. 255, 23. 262, 41. 263, 2. 268, 18. 269, 26. 270, 30. 271, 2. 273, 30. 274, 3. 276. 277, 20. 279, 6; 18; 24. 286, 44 ᵇ. 288, 5. 298, 7; 15. 299, 28. 300, 22. 314, 46. 345, 29; 38. 352, 1; 3; 6. 410, 9. 411, 4; 39 ª. 443, 19; 21; 29; 31; 33; 43 ª. 444, 1; 27; 33. 445. 446, 1; 4. 455, 7. 475, 40. 477, 32. 478, 4. — Gesandte und Boten 131, 46 ª. 141, 28. 155, 17. 168, 42 ᵇ. 172, 23; 35. 240, 21. 479, 13. Vgl. Hirtze, Lesechart, Räwe.
Königstein (Königstein), der von —, zur Leibwache K. Ruprechts 456, 30 ᵇ.
Kolin, Johann, aus Frankfurt 156, 35.
Kolmar im Elsaß 186, 11; 34 ª; 34 ᵇ. 188, 5; 31 ª; 36 ª. 204, 8. 214, 33. 222, 38. 226, 40. 227, 3; 32 ª; 30 ᵇ; 40 ᵇ. 343, 17; 22.
Kongestein, Bechtold von —, aus Frankfurt 157, 16.
König, Cristan, aus Frankfurt 159, 4.
Konstanz (Costenze) Bischof (Marquard von Randeck 1398-1407) 221, 28. 419, 41.
— Stadt 136, 31. 137, 15. 222, 43. 267, 12. 413, 9.
Kopp, Johann, Burgmann zu Oppenheim 267, 5.
Koppersmidt, Erpe, aus Frankfurt 158, 5.
Korp, Reinhard, Burgmann zu Friedberg 179, 8. 181, 15. 184, 11. 185, 29. — Wortwin, Burgmann zu Friedberg 179, 8. 181, 15. 185, 29.
Kraa, Dietrich, Schenk und Gesandter K. Wenzels 126, 14. 134, 27. 163, 12. 188, 14.
Kraft (Crafft, Grafft), Berthold, aus Nürnberg, Gesandter K. Ruprechts 314, 8; 9. 315, 40.
Krakauwer, Close, aus Frankfurt 156, 37.
Kranich, Johann, aus Frankfurt 335, 14.
— Rudiger, ebendaher 156, 9.
Kratz, Hans 333, 18.
Kreiße, zur Leibwache der Königin 461, 26.
Krosse, Hans, Deutscher Kaufmann in Venedig 429, 10.
Kronenberg s. Cronberg.
Kruder, Sifrid, aus Frankfurt 157, 41.
Krüg, Gilbrecht, aus Frankfurt 157, 22.
— Henne, ebendaher 159, 3.
— Markel, Burgmann zu Friedberg 179, 9. 181, 16. 185, 30.
Kürz, Henne, aus Frankfurt 157, 11.
Kürsener, der lange, Bote der Stadt Augsburg 202, 37.
Kuttenberg (Berg zu den Kutten) in Böhmen s. ö. von Prag 134, 22. 135, 21. 192, 1.
Kuwe, Peter, aus Frankfurt 158, 43.

L.

Laber (Markt und Schloß in der Oberpfalz w. von Regensburg), der von —, 333, 38. 334, 15.
Lacium (Latium) s. Italien.
Lahnstein, Oberlahnstein (Lainstein, Laensteyn Oberlanstein) an der Mündung der Lahn in den Rhein 127, 34. 128, 4. 129, 23. 130, 33 ᵇ. 131, 1; 26. 152, 18; 28. 178, 19; 22. 180, 31. 218, 14; 20. 240, 20; 21.
Laimynger, Hans 333, 44.
Lamparten s. Lombardei.
Landauwe (Landawe), Eberhard von —, zur Leibwache K. Ruprechts 460, 25.
Landherren, wol Böhmische, s. Böhmen.
Landschade, Blicker, zur Leibwache K. Ruprechts 458, 26.
— C. (d. h. wol Cunz) 333, 28.
—, Herr Ulrich —, Vitzthum 333, 4; 5.
Lantschadin, die, Vitzthumin zu Amberg 359, 3.
Langen, Dietrich, Rath des Markgrafen Wilhelm d. ä. von Meißen 334, 43. Wol auch gemeint 333, 80 (graven Wilhelm des eltern von Meichsen rat).
Lanzilao s. Neapel König Ladislaus.
Lapido, Sifridus de —, s. Stein.
Laudenburg (Ladinburg?), Jakob von —, Domherr zu Worms 209, 42; 44. 238, 13. 443, 42 ª.
Lahffdorff, Herman von —, aus Frankfurt 157, 9.
Laugingen s. Lauingen.
Lauingen (Laugingen) bei Dillingen an der Donau 427, 27.
Lauredanus, ser Lodovicus, aus Venedig 57, 3. 58, 18.
Lausanne, Diöcese (Lausonensis dioc.) 3, 38.
Lausitz 196, 23.
Läwelin, Bote der Stadt Straßburg 190, 12; 16.
Lech, der, Fluß 443, 24. 450, 4.
Lognaioulus, Zanobius Guidotti, aus Florenz 301, 17.
Leiningen (Lyningen), die Grafen 221, 33. — Graf Emicho (Emich) VI 1361-1442, K. Ruprechts Hausholdmeister 37, 36. 45, 43. 64, 22. 97, 9. 192, 22. 197, 27. 259, 35 ᵇ; 46 ᵇ. 260, 1. 332, 26. 343, 38 ᵇ. 398. 85. 433, 11. 447, 5. 456, 7 ª. — Graf Friderich VIII † 1437: 192, 16; 21. 414, 28. 453, 14; 36 ª. 454, 4; 41 ª; 46 ª. — Graf Gottfried (Joffrid) s. Mainz Gegenbischof. Der — 429, 20 ist auch dieser. — Graf Johann von — und zu Rucksingen (Rixingen ö. von Lüneville) 464, 16. 467, 19. 468, 15. — Graf Johann von —, zur Leibwache K. Ruprechts 457, 3 ª wol derselbe.
Leipheim s. Güsse.
Leitomischl (Lewtmüschel) u. s. ö. von Pardubitz 135, 20.
Lempflein, H. 333, 16.
Levno, Lucas de (Luca da Liono), Gesandter des Franz von Carrara 53, 45 ª. 68, 27. 71, 12; 32. 72, 4; 21; 23. 75, 18; 37. 76, 35; 44 ª. 77, 27. 78, 17.
Lese, Herr Hinrik, Domprobst zu Verden 353, 40.
Leuchtenberg (Lewchtenberg, Leutenberg, Luchtenberg), Johann I Landgraf von — und Graf zu

65*

Hals 1375-1407; 297, 46 b. 334, 30. 396, 30. 397, 16. 399, 32. — Sein kleiner Enkel 399, 32.
Leupoldstein in Oberfranken zwischen Grafenberg und Pegnitz 285, 34.
Leutkirch (Leutkirche, Lütkilch) zwischen Memmingen und Isni 223, 22. 418, 28.
Lewe s. Löw.
Lewenstein, Emmerich von —, Burgmann zu Oppenheim 267, 5.
— s. Löwenstein.
Leyen, Herr Werner von —, 412, 25. 456, 18.
Lichtenberg (Lichtenberg), Junker Hens von —, zur Leibwache K. Ruprechts 456, 22 b. 464, 12. — Junker Ludemus von —, zur Leibwache K. Ruprechts 456, 24. 464, 14. 467, 18.
Lichtenfels (Lichtenfels) in Oberfranken am Main, Gorge, Marschalk von —, 399, 25.
Lichtenstein, Arnold zu —, Bürgermeister zu Frankfurt 169, 33. 170, 6.
— Haus von —, 334, 21.
Libori (Liori, Lifori), Sancho Royz (Sancius Roderici cus) de —, Rath K. Martins von Sicilien 317, 13.
Limburg, Lamparg (Lympurg, Limpburg), Friderich Schenk von —, † 1414: 463, 32. 467, 15. — Der Schenk von —, 333, 33. 457, 30 b.
Lindau (Lyndauwe) am Bodensee 222, 46. 267, 12.
Lindheim, Wolff zu —, aus Frankfurt 156, 29.
Lintheim, Henne von —, aus Frankfurt 157, 27.
Linz (oppidum Lyneuse) am Rhein zwischen Bonn und Andernach 252, 37.
Listchin, Henne, aus Frankfurt 158, 42.
Litkirche s. Leutkirch.
Lodrone (Lodrino) im Tridentinischen am Fluß Chiese, Petrus von —, 439, 11; 39. 440.
Löw (Lewe), Eberhard, Burggraf zu Friedberg 151, 14. 178, 1; 5; 6; 17; 27. 179, 14; 15; 29. 181, 3. 182, 5; 32. 183, 36. 184, 6; 17. 185, 22. — Eberhard, Burgmann zu Friedberg wie alle folgenden 178, 28. 181, 8. 184, 7. 185, 35. — Erwin, Sybolds Sohn 181, 7. 184, 16. — Erwin, ein anderer als der vorige 179, 4. 181, 8. 184, 13. 185, 36. — Gilbrecht (der ältere) 181, 6. 185, 31. — Gilbrecht (der junge, Sohn des vorigen 178, 8; 27. 181, 7. 182, 2 181, 6. 186, 4. — Konrad, anderer Sohn Gilbrechts des älteren 178, 28. 181, 7. 184, 7. 185, 31. — Sybold 178, 8; 27. 179, 29. 181, 7. 182, 6. 184, 6. 185, 26. — Sybold, ein anderer als der vorige 179, 7. 181, 7. 185, 38.
Lowenstein (Lewenstein) bei Weinsberg, Graf Heinrich von —, zur Leibwache K. Ruprechts 457, 9; 12 b. 463, 24. 467, 11.
— Johann von —, zur Leibwache K. Ruprechts 459, 18.
— Burg in der Oberpfalz u. w. von Sulzbach 285, 34.
Lombardei (Langarten, Lamperten, Longbardia, Lambardia) 68, 42 b. 78, 25. 79, 25. 94, 38. 99, 2. 104, 22. 105, 11. 229, 5. 231, 30. 214, 7. 261, 27. 344, 4. 346, 4. 347, 17. 348, 4; 20. 353, 40. 362, 19; 25; 34; 37. 375, 16; 35; 38. 390, 10.

410, 31. 411, 15. 415, 2; 9; 37. 416, 18; 39. 417, 8. 418, 3; 19. 422, 3; 11; 15; 18. 423, 35; 46. 424, 7; 13. 425, 23. 426, 30; 39. 427, 12; 16. 428, 29. 437, 23. 440, 10. 441, 25. 442, 15; 22; 24. 443, 22. 445, 20; 29; 40 b. 446, 25. 447, 31. 448, 16. 449, 18. 450, 1; 13; 22. 451, 28. 452, 2; 39. 455, 14. 462, 1. 466, 10; 31. 469, 17. 481, 19.
— Herren und Städte 217, 22. 346, 27.
Losshart, Arnold, Rothmann zu Köln 242, 27. 414, 38.
Lothringen Herzog Karl I 1391-1431, Schwiegersohn K. Ruprechts 18, 7. 37, 35. 121, 34; 36; 37. 125. 127, 31. 149, 38. 161, 35. 165, 19. 188, 12. 194, 18. 195, 14. 197, 43 a. 220, 25. 234, 13. 336, 36. 378, 2. 423, 9. 433, 11. 467, 6. 476, 7. — Seine Gemahlin (Margarethe Tochter K. Ruprechts) 434, 31. — Sein Gefolge 162, 4. — Diener s. Peyger, Snyk.
Lucca 232, 7; 9. — Herr von —, s. Guinigis.
Lucignano d'Arezzo im Val-di-Chiana, westlich von Cortona 432, 15.
Lübeck, Diöcese 3, 39.
— (Lubiche, Lubeke) Stadt 3, 28. 379, 15; 24; 32. 380, 5; 12; 20; 39 a. 381, 6; 17. 382, 1; 19; 30. 383. 384, 8; 10; 16; 31. 385, 2. — Genannte Bürger 384, 1 ff.; 38 ff.
Lüpolt, Peter, aus Frankfurt 158, 22.
Lütkilch s. Leutkirch.
Lüttich Bischof Johann VI Herzog von Baiern, Sohn Herzog Albrechts I in Straubing, 1390-1418: 31, 12. 205, 20. 221, 15. 298, 14. 345. 346, 1. 350, 26. 449, 30.
— Stadt und Land 345, 23; 32; 36.
Lupfen u. w. von Tuttlingen, der Graf von —, wol Johann I Landgraf von Stühlingen 1388-1436: 222, 15.
Luxemburg Elisabeth, Tochter des Hzgs. Johann von Görlitz Sohnes Karls IV, später Herzogin von Brabant † 1415: 398, 9. 471, 9; 10; 13; 15.
— K. Heinrich VII von Deutschland 1308-1313, Graf von Luxemburg 174, 23 b.
— Jobsius (Jost), Sohn des Markgrafen Johann Heinrich von Mahren geb. 1351, gest. 1411, Markgraf von Mahren 1375-1411, Markgraf und Kurfürst von Brandenburg 1395-1411: 30, 25. 162, 25. 471, 14. 472, 14; 27. 473, 5. Wol gemeint auch 192, 1; 9, wo es irrig oder verschrieben Sygmund heißt.
— K. Karl IV von Deutschland und König von Böhmen 1346-1378: 174. 23 b. 184, 41 a. 244, 24. 246, 6. 248, 39 a. 253, 45. 259, 40 a. 284, 34. 285, 4. 286, 11.
— Prokop (Procob, Broccpp), Bruder Josts, Markgraf von Mahren † 1405: 30, 33. 192, 10. 290, 36 b. 470, 26. 472, 2. 474, 3; 6. — Sein Gesandter s. Heckel.
— Sigmund, geb. 1368 gest. 1437, König von Ungarn 1387; 23, 25. 74, 8. 93, 9. 94, 27. 134, 21; 24. 135, 19. 146, 26; 35. 191, 46. 192, 3; 8; 11. 196. 197, 4. 235, 35. 242, 42 b. 243, 43 a.

339, 35. 395, 28; 39. 444, 18; 21; 23. — Seine Gemahlin (Barbara) 146, 36. — Sein Gesandter 72, 18. 74, 8.

Luxemburg: Wenzel, Sohn K. Karls IV, geb. 1361 † 1419, Deutscher König 1376-1400, Mitregent in Böhmen 1363, König daselbst 1378-1419, Markgraf und Kurfürst von Brandenburg 1373-1378: 2, 12. 23, 25. 25, 33. 26, 9; 12. 30, 18; 20; 22. 31, 35. 34. 47. 38, 5; 7; 10; 56 a. 39. 74, 9. 93, 9. 94, 27. 109, 26; 31; 38, 110. 111, 13; 15. 115, 14. 123, 6; 10 b. 130. 34 a. 132, 19; 24; 32, 133, 2; 37. 134. 20; 25; 30; 33. 135, 15; 17: 18. 137, 9; 12; 18; 32. 138. 143, 38. 146, 28. 152, 6; 18; 31. 155, 25. 163, 32. 164, 19; 27; 36. 165, 36. 166, 18; 43 b. 167, 23. 168. 169. 170, 2; 23; 29. 171, 5. 174, 23 b. 178, 3; 21. 179, 35; 39. 180, 7; 12; 14; 28. 183, 15; 26; 30; 33. 184, 3. 186, 19; 40 b. 187, 37. 188, 36 b. 191, 1; 5; 15. 192, 3; 4; 7; 11. 194, 2. 196. 207, 22. 209, 15. 210, 16; 19; 22. 214, 2; 15; 19; 23. 217, 25; 30. 218, 9; 21; 25; 39. 224, 34. 225, 12; 16; 17. 227, 19; 25. 228, 5; 21; 28. 229, 11. 235, 35. 238, 41 b. 239, 2; 10. 240, 241, 15; 19. 244, 3; 19; 24. 245, 27; 39. 246, 6. 248, 37 b. 251, 36. 261, 47. 263, 25; 30; 31; 34. 273, 10. 274, 22; 38. 275, 5. 278, 25. 281, 49. 284, 35. 285, 6; 9; 11; 21; 24; 26. 286, 2; 11. 290, 31; 36 a; 41 b. 291. 292, 4; 14; 23. 293, 25. 296, 41 a. 297, 47 b. 306, 41 a. 314, 6; 25; 29. 315, 5. 316, 37. 329, 26; 33. 341, 2. 374, 41. 376, 6; 7. 378, 1. 394, 38. 395, 20. 396, 17; 25; 32. 397, 7; 15; 38; 39. 398, 5; 12. 411, 23, 421, 18; 42. 451, 26. 453, 3; 7; 9; 11. 470, 28. 471. 472, 3; 8. 474, 19; 28; 43. 475, 6; 10; 15; 21. — Sein Beichtiger Johannes 25, 14; 16. 26, 7. — Räthe 397, 20. 473, 23. — Boten und Diener 214, 44 b. 291, 3. Vgl. Böhmerrolle, Gewicz, Kirchheim, Kma, Swinar, Zesman.

— Land Grafschaft 471, 13; 15; 20.

Luzern (Lucerne) 348, 10.

Lyncke, aus Frankfurt 158, 25.

Lyndauwe s. Lindau.

Lymense oppidum s. Linz.

M.

Maas (Mosa) Fluß 255, 28.

Machüff, Heinrez, aus Frankfurt 158, 18.

Madern, Anthonie, aus Frankfurt 157, 4. — Madern Cristans Sohn, aus Frankfurt 157, 33.

Mähren, Markgrafen Jost und Prokop von —, s. Luxemburg.

Magdeburg (Meydeburg) Erzbischof (wol Albert III von Querfurt 1382-1403) 221, 13.

Mager, Fritz, aus Frankfurt 333, 33.

Maghanzia s. Mainz.

Magnopol, Herzog von —, s. Mekleuburg.

Mailand (Meilan, Mailen, Meydon) Erzbischof (Petrus Filargo 1402-1409) 43, 27. 60, 33.

— Herzog Johann Galeazzo (Galeatz, Galentius) Visconti, Graf von Pavia und Vertus (comes Virtutum, Vertù, Vertus im Dép. Marne, Arrond. Châlons s. Marne, w. Châlons) Herr von Pisa Siena Perugia † 1402: 29, 29. 30, 9. 41, 4. 42, 13. 43, 12. 44, 14; 15; 34. 47, 31; 36. 48, 1; 20. 51, 22. 53, 35. 54, 1. 55, 57, 28. 60, 5; 10; 15; 16; 18. 61, 14. 66, 16. 67, 10; 35. 68, 8. 69, 6; 10; 11; 36. 70, 25; 27. 73, 24; 37. 74, 3. 76, 15; 18. 82, 23; 32. 87, 16. 90, 11. 101, 18; 20; 26. 102, 8. 103, 8. 108, 47 a. 134, 25. 135, 17. 197, 8. 232, 17; 23; 30. 244, 4. 261, 47. 306, 40 b; 45 b. 307. 41 a. 310, 33. 311, 23; 37. 312, 24. 316, 32; 35. 351, 13; 15; 18. 357, 39. 358, 19. 359. 360, 15. 361, 24. 363, 19; 32. 368, 1; 12; 29. 370, 38. 372, 15; 23. 375, 23. 377, 38. 378, 5; 26. 417, 13. 418, 3. 421, 37. 427, 20. 437, 21. 438, 16; 40 a. 440, 19. 441, 26. 442, 16; 23; 26; 31; 34. 447, 22. 450, 38. 451, 28; 33. 452, 8; 5; 12; 28; 35. — Seine Gemahlin die Herzogin (Katharina) 104, 41 a. 105, 14; 27. 122, 36. — Seine Söhne Johann Maria und Philipp Maria 87, 37. 95. 105, 15. — Der Herzog, Katharina's Sohn (Johann Maria) 122, 36. — Seine Tochter Valentine s. Frankreich. — Sein Leibarzt s. Tosignano. — Sein Diener s. Sardus. Mailand Herzogthum Land 152. 8. 243, 23. 244, 4. 429, 28.

— Stadt, Gemeinwesen 60, 32. 105, 10; 12.

Main, der (der Mein, die Möne), Fluß 190, 10. 200, 201, 6.

Mainbernheim (Bernheim) in Unterfranken zwischen Kitzingen und Iphofen 176, 11; 18. 177, 12; 19. 471, 19.

Mainz (Maghanzia, Magnaça) Erzbischöfe 174, 24 b.

— Erzbischof Bonifacius 747-755: 249, 48 a.

— Erzb. Adolf I von Nassau 1379-1390: 281, 48.

— Erzb. Johann II von Nassau 1397-1419: 3, 39. 123, 15 a. 127, 39 a. 133, 13. 152, 1; 30. 159, 25. 161, 37. 165, 15. 174, 13. 175, 18; 20. 183, 7. 188, 10. 189, 3. 194, 18. 201, 33. 210, 12. 223, 44. 224, 11; 15. 232, 7. 236, 15. 240, 33. 243, 30. 246, 12. 247, 19; 29; 36; 40. 248, 4; 8; 16; 27. 249, 6; 40; 44 a. 250. 263, 19. 274, 25. 319, 7; 9. 332, 32. 335, 18. 362, 5. 370, 24; 29. 385, 20; 23; 34; 43. 386, 4. 387, 388, 389, 6; 23; 36; 40. 390, 9; 11. 392, 38 a; 44 a; 36 b; 38 b; 42 b. 393, 32. 394, 27; 38. 399, 10. 400, 7; 10; 11. 412, 18. 423, 8. 424, 30; 31. 425, 37; 39. 433, 22. 438, 27. 476, 14. 477, 26. — Seine Räthe 214, 40 a. 476, 34. — Seine Diener 161, 31. — Sein Amtmann und Rath s. Hortinghausen.

— Gegenbischof Gottfried (Joffrid) Graf von Leiningen, gewählt 1396, drang nicht durch, Domherr und Thesaurarius zu Köln 17. 18, 38. 26, 36. 27, 27. 29, 26. 385, 20; 23; 35; 42; 45. 386, 4. 399, 19. 433, 13.

— Stift Diöcese Klerus 3, 38. 247, 40; 42. 248, 8; 28; 38 a; 41 b. 249, 6; 11; 14; 19; 40. 250. 387, 34; 37. 388, 42 b. — Suffragane 3, 39. — Domherr s. Weise, Johann.

Mainz Stadt 84, 15. 127, 33. 128, 1; 6; 43 a. 129, 13; 30. 130, 21. 131, 17; 21; 25; 47 a; 49 a. 132, 14. 134, 4. 136, 17; 19. 140, 16; 20; 22; 32. 141, 3; 8; 19; 34. 142, 7. 149, 45. 168, 1; 21 a; 41 a. 169, 8; 10; 12. 172, 23; 27; 36; 38. 173, 10; 13; 21; 45 a; 58 a. 174. 188, 29. 189. 190, 2; 4; 42. 191, 12; 18; 20; 32. 192, 13; 27; 29. 193, 28. 195, 24. 201, 14. 210, 10. 215, 15. 222, 20. 232, 41. 233, 6. 235, 6. 237, 28. 240, 5; 22. 248, 39 b. 249, 11. 273, 46 a; 34 b. 256, 15. 362, 2; 17; 32. 410, 15. 411. 412, 16; 18; 20. 415, 36. 429, 15. 446, 30; 31. 447, 8. 465, 35. 475, 38; 40. 476, 11; 12; 30. 477, 32; 41. 478, 3; 13; 33. 479, 3; 4; 6; 10; 17. 481, 8; 12; 16. — Bürgermeister (ungenannt) 189, 31; 37. — Boten, Gesandte 127, 34. 128, 4; 43 a. 155, 17. 172, 39. 190, 37. 191, 32. 233, 6. 240, 23. Vgl. Jungen. — Vgl. Reinald von —.
Malatestis, Carolus de — (Carlo de' Malatesti) 90, 10. 105, 28. 122, 37. 359, 7; 21; 31. — Sein Bruder Malatesta (Pandolfo) 105, 29. — Die Malatesten (domini de Malatestis) 41, 17. 74, 2; 5.
Mansfeld (Monsfeld), Graf von —, 221, 45. — Zwei von —, 334, 41.
Mantua, Stadt 307, 8. — Herr von —, s. Gonzaga.
Manzini, Johannes — da Motta, Gesandter des P. Bonifacius IX: 2, 11.
Marburg (Marppurg, Marpurg, Martpurg) in Hessen 223, 45. 224, 7; 15; 16. 233, 40 b. 323, 4. 324, 10. 325, 37. 326, 2. 327, 1; 18. 328, 8; 16; 18. 387, 22. 390, 5. 391, 5; 17.
Marviano am Arno wenig oberhalb Florenz 432, 13.
Marckel, Heilmann, aus Friedberg Stadt 182, 34.
Marianis, Johannes de —, vicarius vicarie Corellie (Coreglia bei Lucca) 2, 10.
Marinis, Andreas de —, aus Cremona 307, 18; 20. 310, 22.
Marppurg s. Marburg.
Marpurg, Henne, aus Frankfurt 156, 8.
Marschalk, der 399, 27.
— Günther, Bürgermeister zu Basel 478, 22.
— Johann, Burgmann zu Oppenheim 267, 7.
Marschalko, Hans, zur Leibwache K. Ruprechts 457, 41.
Martpurg s. Marburg.
Masparch, der von —, 333, 16.
Massa-Trabaria zw. Arezzo und Urbino 432, 7; 18.
Mathous, Meister d. heil. Schrift 399, 4. Vgl. Chrochow.
Mauro, ser Donatus, aus Venedig 57, 4. 58, 19.
Meckenheim zw. Neustadt an der Haardt und Oggersheim, Friderich von —, Ritter 18, 10. — Gerhard von —, zur Leibwache K. Ruprechts 459, 40 b. — Wolff von —, desgl. 459, 39 b.
Mecader, Antonige, aus Frankfurt 157, 38.
Meichsen s. Meißen.
Meicadal, Fritz von —, 330, 38. — Hans von —, dessen Bruder 330, 38.
Meiger, Cünz, aus Heilbronn 214, 50 a.
Meißen Diöcese 3, 39.
— Markgrafen s. Thüringen Landgrafen.

Mecklenburg (Magenpol), Herzog von —, und Herzog Johann II † 1422: 229, 31.
Memmingen bei Leutkirch und Kaufbeuren 223, 10. 418, 27. — Söldner 480, 40.
Mercuer, Peter, aus Frankfurt 159, 11.
Mendoça, Diago Hurtado (Diraco Furtati) de —, Admiral und Rath des K. Heinrich von Kastilien 317, 16.
— Juan Hurtado (Johannes Furtati) de —, Rath desselben 317, 18.
Menzingen, Eberhard von —, Ritter, Gesandter K. Ruprechts 96, 22. Zur Leibwache des Königs 458, 37. — Rafan (Raven) von —, zur Leibwache des Königs 458, 36. — Wyprecht von —, desgl. 458, 38. — Wyprecht der junge von —, desgl. 458, 39 b.
Mercatello, Johannes de —, Kanzleibeamter des P. Bonifacius IX: 113, 11.
Merkern s. Mähren.
Merkingen, Ekhard von —, 480, 39.
Mertin, Rafan, zur Leibwache K. Ruprechts 457, 33.
Mestellhausen (auch Mess-thausen) u. s. ö. Tauberbischofsheim 261, 6; 16; 25; 29.
Mether, Heinrich, aus Lübeck 384, 2; 39.
Metz 30, 36. 297, 45 a. 345, 20. 351, 20; 28; 45 a. 352, 14; 28; 34 a; 35 b. 353, 2. 354, 6. 355, 33. 378, 11. 433. 434.
— prepositas Metensis s. Andree.
Metziger, Wilhelm, Ammanmeister in Straßburg 188, 27. 189, 21. 478, 45 a.
Meyenzüil, Heinrich, aus Frankfurt 159, 5.
Michael, in der Kanzlei des Franz von Carrara 76 6. 77, 5; 31.
Michel, Konrad, Zöllner 333, 14.
Michelfeld in der Oberpfalz, n. o. w. Auerbach unweit der Pegnitz 471, 19.
Mildenberg, Heinze von —, aus Frankfurt 159, 8.
Milloch von Tawst (Taus in Böhmen zw. Bairisch Furth und Böhmisch Teinitz?) 126, 8.
Minden Bischof (Wilhelm II 1398-1402) 221, 25.
Mittelburg, Johannes (Hans) von —, Vogt und Pfleger zu Hohentrüdingen (bei Oettingen) 428, 2. 435, 19; 22. 436, 36. 455, 20; 35 b. Zur Leibwache K. Ruprechts 457, 34.
Mocenigo, ser Johannes, aus Venedig 306, 7. 310, 30. 331, 10.
Mockenstorm s. Muckenstorm.
Mörer, Goez, zur Leibwache K. Ruprechts 461, 6.
Mörs (Morse), Graf Friderich von —, 433, 12.
Molhusen s. Mühlhausen.
Moller, Hartmann, aus Frankfurt 156, 38.
Monaco s. München.
Monasterio-Eyffliu s. Münstereifeln.
Mondoñedo (Mondoynedo) in Galicien n. n. ö. Lugo, Bischof (Alvaro Nuñez de Iserna 1400-1414) 317, 19.
Monfort (Monffurt), die Grafen von —, 222, 12.
Monfort, Anthonius (Anthis) von —, Ritter, Burgmann zu Oppenheim 18, 10. 267, 2.
Monopoli zw. Bari und Brindisi an der Ostküste

Italiens, Kardinal von —, s. Rom Kardinal Carbonus.

Monsfelt s. Mansfeld.

Montanina im Val di Chiana östl. von Castiglion-Fiorentino 432, 14.

Montebonzi, Andrea di messer Lorenzo de —, aus Florenz 434, 23. 435, 1; 3.

Montecatino, Antonius de —, legum doctor, Gesandter des P. Bonifacius IX: 3, 13; 16. 22. 23, 4. 25, 19. 26, 20. 27, 1: 6; 29. 28, 22. 29, 27. 31, 18. 30, 20; 25. 336, 23. 359, 5; 11; 30.

Montedoglio (Monte Dalio) im Gebiet von Florenz a. n. ö. von Anghiari am Tiber, Joachimus Graf von —, 231, 25. Johschinus von —, Graf und Senator von Rom, o. Zw. derselbe 231, 45 a; 43 b; 46 b. — Piercivallus Graf von —, 231, 25. — Torius Graf von —, 231, 25.

Montepulciano (Montepoliciano, Montepulzano, Montepollizano), Franciscus de —, Kanzleibeamter und Gesandter P. Bonifacius IX: 40, 23. 41, 9. 42, 33. 43, 2. 45, 9. 46, 15; 32. 48, 39. 49, 27. 50, 10. 59, 26. 60, 27. 61, 32. 72, 40. 84, 39. 86, 5. 111, 32. 118, 22. 119, 37.

— Johannes de —, utr. jur. doctor, advocatus consistorii unter P. Bonifacius IX: 27, 38 a.

— Ort im Val di Chiana ö. Arezzo 360, 18. 432, 14.

Montesono, Mathens de —, Notar des K. Martin von Aragonien, s. Castilionis.

Montferrat (Monferrer), Markgraf Theodor II 1381-1418: 441, 28.

Monthabärr, Diele, aus Frankfurt 481, 15.

Montreuil, Johann von —, Franzos. Gesandter 210, 38 b.

Moscheln (Muscheln), Emmerich von —, Notar im Dienste K. Ruprechts 37, 29; 40. 45, 37. 46, 1. 64, 27. 65, 4; 15. 97, 3; 12. 98, 1; 3; 30. 99, 19; 27; 42. 100, 3. 234, 16. 299, 27.

Murkenstorm (Mockenstorm) ö. Mannheim, das Holz und der Wildbann zu —, 247, 22.

Muckentaler, der, Landrichter 333, 12.

Mülhausen im Elsaß 226, 43; 44. 227, 32 b; 40 b. 343, 17; 22.

Mülhausen (Melhusen) in Thüringen 381, 6; 17.

Mülnheim, Heinrich von —, Ritter, Gesandter Straßburgs 190, 20. 192, 38. 197, 11. 198, 7.

— Herr Johann von —, Gesandter Straßburgs 150, 1.

München (Monaco) 369, 24. 426, 35. 428, 8. 443, 24. 450, 4.

München, H. 333, 29.

Münster im Elsaß w. von Kolmar 222, 40. 226, 39. 227, 32 b; 40 b.

— in Westfalen, Bischof (Otto IV Graf von Hoya 1392-1424) 221, 22.

Münstereifeln (Monasterio - Eyffila) an der Erft s. w. Bonn, Kirche von —, 258, 14.

Mulnstein, Hermann — von Grunbach 125, 12.

Muncho (Münche), Diether, zur Leibwache K. Ruprechts 458, 18.

— Ruprecht, ebenso 458, 17.

Munich s. Waldmünchen.

Munxhorn, Gerhard, Burgmann zu Oppenheim 267, 6.

Mur, zwei von —, 333, 40.

Muscheln s. Moscheln.

Myrnenberger, Heinrich, aus Frankfurt 158, 41.

— Henne, aus Frankfurt 158, 24.

N.

Nackheim (Nackenheim unterhalb Nierstein?), Burghard von —, Burgmann zu Oppenheim 267, 7. — Vgl. Hoftenhuber, Heinrw.

Nassau (Nassowe, Nassauwe), Graf Adolf zu — und zu Dietz (Dietsch), Sohn Johanns I von der Dillenburger Linie † 1420: 465, 32.

— Graf Engelbrecht, Bruder Adolfs v. Dietz, Dompropst zu Münster 1399, Herr zu Breda 1404, † 1432: 257, 41 a.

— Graf Johann (entweder Johann I † 1416 oder einer von dessen beiden Söhnen Johann II Graf von Vianden † 1443 und Johann III † 1429;30) 257, 41 a.

— Graf Philipp I zu — und Saarbrücken (Sairbrucken, Sarraponte) 1371-1429: 174, 51 a. 194, 18. 212, 15; 20. 221, 32. 224, 11. 234, 14. 323, 25. 334, 33. 354, 36. 433, 11. 464, 30. 477, 25; 47 a.

Nauheim s. Nuheym.

Naumburg (Nöwenborch, Nuemborch, irrig in der Überschrift 393, 27 Neuenberg) zw. Fritzlar und Arolsen, Kurmainzischer Besitz, seit 1384 an Friderich v. Hertingshausen verpfändet 394, 22; 25.

Neapel (Napels) K. Ladislaus (Lanzilao), auch König von Sicilien genannt, 1386-1414: 44, 34. 69, 15. 71, 1; 44 a. 75, 35. 78, 3; 7. 79, 31; 34; 36; 37; 38. 80, 9; 10. 103, 37. 104, 1; 3; 29 a. 358. 359, 34. 434, 25; 30; 35. — Seine Schwester Johanna, Königin 1416-1435, s. Habsburg, Hrg. Wilhelm von Österreich.

— Großseneschalk s. Barbiano.

— Kardinal von —, s. Rom Kardinal Minutoli.

— Reich (il regno ohne weiteres) 357, 29.

Neumarkt in der Eifel 274, 43 b.

Neustift wenig n. ö. Brixen, Nikolaus Probst zu —, 420, 22.

Neuß (Nussia) bei Düsseldorf 252, 33; 37.

Niccolo, messer, s. Buman.

Niederbaiern s. Baiern Land.

Nördlingen (Nerdelingen) im Ries 203, 3. 223, 13. 238, 4. 399, 35. 418, 26. — Stadtschreiber 126, 5. — Vgl. Schaller.

Noct, Johannes, und Johannes de —, in jure eamn. doctor 18, 9. 121, 19; 28.

Nordhausen 381, 18.

Norwegen 3, 38.

Not, Conrao, von Frankfurt 157, 30.

Nothafft, Herr Albrecht, zur Leibwache K. Ruprechts 460, 37. — Herr Wernher, desgl. 460, 22. — Der —, 334, 2.

Noraglia (Novalia), wol Noraglio im Gebiet von Verona 71, 28. 73, 25.

Nuenborch (Nüwenborch) s. Naumburg.

Nürnberg Burggraf Friedrich VI, Sohn Bf. Friedrichs V, unterhalb des Gebirgs 1398-1440, Markgraf und Kurfürst von Brandenburg als Friedrich I 1417-1440: 16, 8. 30, 26. 37, 36. 45, 42. 64, 21. 126, 9; 21. 152, 12. 171, 24. 172, 7; 13. 175, 43 a. 196, 40. 197, 26. 221, 8. 234, 13. 284, 10; 16; 24. 286, 19; 23. 287, 5; 30. 288, 29; 31; 39. 289, 4; 26; 29; 33. 290, 44 a. 292, 11. 329, 17. 330, 42. 332, 17. 341, 1. 385, 33. 396, 2; 10. 397, 6; 17; 22; 30. 399, 1. 417, 9. 448, 27. 449, 10. 463, 12; 14. 467, 7. 472, 13; 23. 473, 4; 10; 13; 22; 28; 33.

— Burggraf Johann III, Bruder Bf. Friderichs VI, oberhalb des Gebirgs 1398-1420: 126, 24. 196, 37. 330, 42. 333, 20.

— Die Burggrafen 423, 10 (285, 23 steht zwar nur allgemein „Die Burggraven zu Nürenberg", es scheint aber nach Wölckern hist. Norimb. dipl. nr. 238 nur Friedrich V 1357-1397 zu verstehen zu sein). — Die Burggräfin 332, 36.

— (Norinberghe) Stadt 135, 32. 187, 15; 26. 191, 41; 44; 45. 195, 24. 197, 3. 202, 34; 36. 203, 2; 7; 9; 10. 222, 35. 233, 12. 236, 28; 30. 266, 4. 284, 9; 26. 285, 2; 10; 15. 286, 3; 18; 31; 35. 287, 6; 8; 21; 28; 40. 288, 1; 12; 15; 30. 289, 290, 34; 37 a; 39 b. 291, 24. 292, 33. 293, 8; 16; 20. 295, 42 a; 48 b. 315, 2. 316, 20. 330, 35. 332, 2; 27. 335, 12; 15. 361, 19. 362, 5. 370, 24; 30. 386, 31. 387, 8; 16; 30. 388, 11; 16. 394, 12. 398, 17; 29. 400, 6; 9. 429, 15. 438, 26. 449, 13. 463, 6; 8; 11; 18. 465, 38. 474, 27. 480, 12. — Bürger Gesandte Boten a. Elger, Gans, Holtzschuher, Kamerer, Kraft, Pfintzing, Stark, Strawer, Waltstromeyr. — Pfarrer zu St. Sebold s. Albertus.

Nuheym jetzt Nauheim in der Wetterau n. u. w. von Friedberg, Gerhard von —, Burgmann zu Friedberg 179, 8. 181, 14. 184, 16. 186, 1. — Vgl. Hildemar.

Nuhns, Jekil, aus Frankfurt 202, 15. — Seine Hausfrau (Wittwe) 202, 15.

Nussia s. Neuß.

Nuti, frater Georgius, Siegelbewahrer zu Florenz 302, 25.

Nuwenheym n. w. von Heidelberg am Neckar, der Wildbann von —, 247, 21.

Nuwenhuse, Berthold (Bechtold) von —, zur Leibwache K. Ruprechts 458, 35. — Eberhard vom —, ebenso 459, 20. — Eberhard vom — der junge, ebenso 460, 4.

Nuwenstadt wol zweifelhos Neustadt an der Hardt n. n. w. von Speier 414, 27. — Vgl. Steinhuse.

Nuwenstein, Johann von —, Lehrer in dem Kaiserrechte 269, 18. — Herr zu —, s. Stöden.

Nyeffern (Nyefern), Heinrich Welgemut von —, zur Leibwache K. Ruprechts 458, 41.

Nyperg (Nypperg), Herr Eberhard von —, 297, 34. 413, 7. — Eberhard von — der junge, zur Leibwache K. Ruprechts 461, 2.

O.

Oberburg, Johannes de —, früherer Rath des Magister Hermann, s. d. 363, 29.

Oberehnheim (Ehenheim) s. w. von Straßburg 222, 32. 226, 37. 227, 31 b; 40 b.

Oberlahnstein s. Lahnstein.

Oberndorf, der Marschalk von —, 334, 15. — Der junge Marschalk von —, zur Leibwache K. Ruprechts 458, 44.

Obern-Enße, Peter von —, aus Frankfurt 158, 16.

Obernstein s. Ohaan.

Odenwald 247, 23.

Österreich s. Habsburg.

Oettingen (Otingen) zwischen Nürnberg und Nördlingen, die Grafen 222, 7. — Die zwei von —, 399, 18; 36.

— Graf Friedrich V, 1370-1423, Hofmeister K. Ruprechts 268, 25. 270, 21. 385, 11. 467, 28. 468, 25.

— Graf Ludwig XII, der ältere, der Bärtige, 1378-1440: 126, 1.

Ohsenstein s. Ossenstein.

Omsbach (Onisbach) s. Amsbach.

Oppenheim am Rhein 190, 16. 412, 21. — Burgmannen 266, 22. — Bürger 266, 23. — Gesamte Burgmannen und Bürger 267, 1 ff. — Schultheiß von —, s. Knebel, Tham. — Jude von —, s. Isaak.

Orbrich, Hense, aus Frankfurt 159, 15.

Oricellaris, Tomasus Dominici de —, aus Florenz 301, 22.

Orlandis, Cambius Orlandi de —, aus Florenz 301, 15.

Orléans s. Frankreich Herzog Ludwig v. Orléans.

Orléante s. Orléans.

Orlinkempt (= Erleuhaupt?), Eberhard, Burgmann zu Oppenheim 267, 10; 38. 449, 30.

Orsini, Janni 358, 17.

Ortel, zur Leibwache der Königin 461, 29.

Ortenberg, Heinze von —, aus Frankfurt 158, 2. — Vgl. Czipper von —.

Oschaffenburg s. Aschaffenburg.

Ossenstein (Ohsenstein), Junker Friderich von —, zur Leibwache K. Ruprechts 457, 1. 464, 22. 467, 21.

Ostervant, Graf von —, s. Baiern Herzog Wilhelm II.

Otingen s. Oettingen.

Ougespurg s. Augspurg.

Ovenbach, Gipel von —, 202, 9.

P vgl. B.

Padua (Padova, Padauwe) 39, 83. 50, 13. 69, 30. 73, 19; 20. 84, 12. 93, 4. 261, 15; 18. 306, 48 b. 311, 23. 312, 14; 16. 360, 21. 372, 18. — Herr von —, s. Carrara.

Panzermuid, Gerlach, aus Friedberg Stadt 182, 34.

Pappenheim (Bappenheim) zwischen Eichstätt und Oettingen, Konrad Marschalk von —, 330, 28; 37.

Paris (Paryse) Stadt 189, 15; 18. 353, 32.
Parkstein (Parkstein) w. s. w. von Bernau in der Oberpfalz 471, 17.
Parma Stadt 105, 21; 24. — Familien in —, s. Correggio, Rogliano, Rossi.
Parmesana vel Parmigiana bei Piedenzana 105, 19.
Parsperger, Hans, zur Leibwache der Königin 461, 24.
Patrimonium b. Petri in Tuscia s. Rom Staatsgebiet.
Pavia (Pavey, Papia) Landschaft 152, 8. 244, 5. — Stadt 361, 38. 370, 7. — Universität 364, 3. — Vgl. Jacobus.
Pazzi (Paçi), die, Familie in Florenz 432, 10.
Peffenhawser, der 334, 10.
Pegola (Pegola) im Bolognesischen 104, 23.
Pentzmawer, der 333, 42.
Perugia (Perusium, Parusium) 24, 12. 90, 11. 105, 26.
Perus quondam ser Peri de Sancto-Miniate, Notar zu Florenz 302, 17; 30; 33. 360, 20. 431, 39.
Perusium (Parusium) s. Perugia.
Perusio, Rubeus de —, Bote des Franz von Carrara 77, 5.
Peter, Stadtschreiber zu Frankfurt 166, 42 b. 160, 35. 400, 5; 8.
Peters-Mala, die von —, Florentinische Familie 432, 11.
Petrus, Mathias, Scholar zu Frankfurt 170, 6.
Peyger, Herr Konrad, in Diensten des Herzogs von Lothringen 476, 7.
Pfaffheim, Herr Konrad von —, zur Leibwache K. Ruprechts 460, 35.
Pfalz, die 396, 25. 422, 43.
Pfalzgräfin Agnes, Tochter K. Ruprechts, Gemahlin Graf Adolfs VI von Cleve, s. Cleve.
— Elisabeth (Else), Tochter K. Ruprechts geb. c. 1391: 260, 7; 34. 261, 1. 343, 15. 344, 25. 419, 23. 422, 36; 45. Ohne Namen 160, 11. 201, 31. 434, 31.
— Margaretha, Tochter K. Ruprechts, Gemahlin Hz. Karls I von Lothringen s. Lothringen.
Pfalzgraf Johannes (Hans), Sohn K. Ruprechts, Pfalzgraf zu Neumarkt 1410, † 1443: 99, 22. 201, 29. 381, 35; 40. 382, 7. 441, 3; 12. 471, 10; 13.
— Ludwig III, ältester Sohn K. Ruprechts, Reichsvikar für Deutschland 1401-1402, Kurfürst 1410, † 1436: 30, 33. 128, 17; 32; 35. 201, 28. 234, 5; 7. 267, 46 b. 281, 3; 12; 26; 50. 295, 21; 24; 40; 47. 296, 37 a. 414, 15. 441, 10. 454, 27. 472, 24. 473, 4: 11; 14. 480, 21; 38. 481, 2 — Seine Gemahlin Blanca Tochter K. Heinrichs IV von England 1402 † 1409: 231, 8. 441, 11.
— Otto, Sohn K. Ruprechts, Pfalzgraf zu Mosbach 1410, zu Neumarkt 1443, † 1461: 160, 10. 201, 29.
— Ruprecht II, Vater K. Ruprechts, Kurfürst 1390-1398: 22, 26.
— Ruprecht III grn. Clem, Kurfürst 1398, Röm. König 1400 Aug. 21, † 1410 Mai 18. — Seine Gemahlin Elisabeth, Tochter Bf. Friderichs V von Nürnberg 37, 10. 160, 9; 28. 161, 18; 19; 23;

30. 162, 9; 19. 201, 24. 241, 30; 32. 242. 243, 8. 332, 11. 398, 23. 461, 16. 469, 23. 470, 11; 17. Fälschlich Adelheid genannt 149, 35. Ihre Thürhüter 332, 25. Ihre Leibwache 461. 470, 11. — Seine Gemahlin und Kinder im allgemeinen 44, 25. 349, 37. 363, 6; 35. 364, 27. 442, 12. — Seine Söhne und Töchter bzw. einiger derselben 149, 36; 37. 162, 1. 332, 13. — Sein Kanzler s. Speier Bisch. Raban; ungenannt 317, 15. — Seine Räthe 193, 29; 32. 194, 41. 195, 8. 197, 23. 481, 9; 22; 28; 31. — Sein Beichtiger (Paffe) s. Prewin. — Gesandte, ungen. 307, 3. 311, 9. 357, 36; 39. 359, 34. 371, 11. — Boten 180, 2. 332, 24. — Läufer 201, 37. — Sein Leibarzt s. Hermann. — Sein Schreiber Mathis s. Sobernheim. — Seine innersten Kämmerer 332, 24. — Seine Thürhüter 201, 36; 37. 332, 23. 481, 18; 26. — Sein Schenk 333, 41. — Seine Spielleute 201, 36. 332, 22. — Sein Hofgesinde 470, 9. — Seine Leibwache 456-461. 469, 22. 470, 9. — Seine Schützen 480, 30. — Sein Admiral s. Pruden. — Hofmeister s. Leiningen, Oettingen, Rodenstein. — Kanzlisten Räthe Gesandte s. Albeck, Albertus, Dunan, Cube, Durlach, Gronningen, Hantschuchsheim, Hohestadt, Kämmerer, Kirchheim, Menzingen, Moscheln, Reinabl, Sobernheim, Schwarzburg, Thanheim, Yeuer, Weinberg, Winheim, Zeisigheim.
Pfalzgraf Stefan, Sohn K. Ruprechts, Pfalzgraf zu Simmern und Zweibrücken 1410, † 1459: 160, 10. 201, 29. 480, 28.
Pfinzing, Berthold, aus Nürnberg 286, 41 a. 399, 31.
Pfullendorf (Phullendorf) zw. Sigmaringen und Überlingen 223, 23. 418, 28.
Phrünheim s. Prumheym.
Pibrach s. Biberach.
Pickempack s. Bickenbach.
Pieri, ser Coluccio, Kanzler von Florenz 302, 26. 312, 36 a.
Pillenreuth (Pilnrewt) südl. v. Nürnberg 285, 25.
Piombino zw. Grosseto und Voltorra 122, 37. — Der Herr von —, 122, 38.
Piperno, magister Angelo de —, Arzt P. Bonifacius IX: 74, 15.
Pisa (Pyse), die Pisaner 31, 17. 442, 30; 35.
Pisis, Petrus de —, consistorii apostolici advocatus 33, 39 a.
Pisisches Meer 412, 30.
Pistoja (civitas Pistorii) 432, 2.
Pitti, Bonaccorso — di Neri (Bonachorsus Nerii de Pittis), Geschäftsträger von Florenz 301, 29. 360, 4. 362, 35. 429, 5. 431, 38; 41. 433, 33. 434, 6.
Plauen (Plaben) an der Elster, der Reuß von —, 334, 44. — Der alte und der junge Reuß von —, 399, 24.
Pleskow (Pleßkaŭwe), Jordan, von Lübeck 384, 1; 38.
Po (Padus) Fluß 79, 25; 39. 80, 9. 105, 24.
Polen König Wladislaw II (Jagello) 1386-1434: 23, 26. — Das Land von Bedunden 196, 23.
Pommern Herzog von Pommern-Rügen (Rüge), Bar-

522 Alfabetisches Register der Orts- und Personen-Namen.

nim VI 1394-1405 oder Wratislaw VIII 1394-1415: 220, 33. — Herzog von Pommern-Stettin, wol Swantibor III 1372-1413: 220, 30.

Popeleschis, Bartolomeus Tomasius de —, aus Florenz 68, 23; 83; 47 a, 69, 24; 28. 357, 28. 435, 44 a.

Popphingen s. Bopfingen.

Portugal (Portus Galli) K. Johann I 1384-1433: 370, 6.

Prades (Pratis), Jayme (Jacobus) de —, Admiral der Könige von Sicilien und Aragonien 318, 5. 379, 7; auch von K. Ruprecht zum Admiral gemacht 442, 29.

Prämonstratenser, die 117, 28. 121, 9.

Prag Stadt 134, 21. 135, 14. 169, 29. 170, 2. 180, 12. 184, 3. 196, 18.

Pratis s. Prades.

Preisinger, der 333, 42; 46. — H. 333, 44. — Konrad 333, 43.

Preußen, Johann von —, s. Deutschorden.

Prebin s. Proorin.

Prezzner, der, Bote der Schwäbischen Städte 203, 15.

Proorin (Proorym, Probin), Nikolaus, Doctor der Theologie, Rath und Beichtiger K. Ruprechts 18, 9. 332, 21. 354, 37. 433, 16. Derselbe ohne Zweifel gemeint 193, 30 (der probest der do ist des küniges pfaffe).

Prexita (Prexida), Elfo (gleich Otho?) de —, Rath K. Martins von Aragonien 318, 13.

Prüm, Abtei 259, 28 a.

Pruscheym, Heilman von —, Burgmann zu Friedberg 179, 5. 181, 10. 184, 12. 185, 30. Zur Leibwache K. Ruprechts 459, 9 b.

— Henne von — den man nennet von Clettenberg, Burgmann zu Friedberg 179, 9. 181, 10. 185, 33.

Prusse, Henne von —, aus Frankfurt 156, 40.

Pryssenstein wol in der Oberpfalz 471, 19.

Puchperger (Puchberger), der 126, 15. 334, 7.

Pullinger, der, der alte, zur Leibwache der Königin 461, 21. — Der junge —, desgl. 461, 22.

Q.

Querfurt (zwischen Merseburg und Sangerhausen), einer von —, 334, 42.

Quirino, ser Raubertus, aus Venedig 306, 7. 310, 30. 311, 29. 312, 6. 331, 11.

R.

Radawer, der, aus Augsburg 203, 3.

Rago, locus de —, besser wol locus Dergo, Dairgo am l. Ufer des Ticino nahe Novara 255, 34.

Raidenbucher (Raydenpucher, Reydenpuch), der 126, 6. 333, 19. 399, 8. — Wilhelm, zur Leibwache der Königin 461, 19.

Ranberg, Fridrich von —, Burgmann zu Friedberg 181, 17. — Johann von —, desgl. 181, 17.

Rapenulver, Heinrich, aus Lübeck 384, 3. 385, 1.

Ravensberg s. Berg.

Ravensburg Stadt n. vom Bodensee 223, 1. 267, 12.

Redelnheim (Rödelheim an der Nidda w. u. w. Frankfurt) Gerlach von —, Burgmann zu Friedberg 179, 2. 181, 15. 186, 1.

Redwitz, vier von —, 334, 5.

Rees (Reysa), auf dem rechten Rheinufer zwischen Wesel und Emmerich 258, 10. — Kirche von —, 258, 14.

Regensburg Bischof (Johannes I Bastard von Baiern gen. von Moosburg 1384-1409) 221, 29.

— Stadt 112, 7; 9.

Regenstein im östl. Harz bei Blankenburg, der Graf von —, wol Ulrich V 1375-1410: 221, 43.

Regke, Diener des Hrgs. Otto Cocles von Braunschweig-Göttingen 391, 37.

Reicheneck (Reichnegk), Feste in Mittelfranken ö. von Nürnberg südl. von Hersbruck 285, 33.

Reidenbucher s. Raidenbucher.

Reinbolt, Meister — von Gmünd 189, 37.

Reinald von Mainz, im Dienste K. Ruprechts 439, 20; 38. 440, 17; 26.

Reißel, Henne, Burgmann zu Friedberg 179, 7. 181, 16. 184, 13. 186, 1.

Reuß s. Plauen.

Reutlingen (Rittelingen, Rutlingen) 223, 8. 238, 3. 418, 26. — Vgl. Spiegel von —.

Reydenpuch, der, s. Raidenbucher.

Reynhard pryor in Colonia villa, Pseudonym für den Rath zu Frankfurt s. Frankfurt.

Reysa s. Rees.

Rhein Fluß 227, 30 a; 41 a. 332, 15. 464, 3. 480, 30.

— Zölle auf dem —, 244, 20; 22; 25. 245, 25. 246, 1. 252, 34. 255, 28. 274, 12; 21. 275, 1. 278, 27.

— Land 216, 30.

— Kurfürsten 166, 24. 178, 20; 23; 24. 228, 11. 230, 30. 231, 1. 240, 4. 422, 24. 475, 37. — Deren Bote s. Johannes.

— Städte 139, 22. 216, 30. 292, 26. 314, 43. 446, 5. — Freistädte 477, 40.

Rheinberg (Bereka) zwischen Wesel und Ruhrort am linken Rheinufer 252, 33.

Rheingrafen, die 221, 37.

Rhense (Rense, Rensse), gegenüber Oberlahnstein 152, 19. 178, 23. 186, 21. — Amtmann zu —, s. Sale.

Richartshusen, Conczo von —, zur Leibwache K. Ruprechts 461, 4.

Rieneck in Unterfranken unweit Gemünden, der Graf von —, 333, 21. — Graf Ludwig von —, 465, 1. — Dessen Sohn 465, 1.

Rietesel, Eberhard, Burgmann zu Friedberg 181, 19.

— Gilbrecht, aus Frankfurt 481, 15.

Rhodus, magister de Rodo d. i. Meister des Johanniterordens auf Rhodus 71, 33. Magistratus Rodiensis das Amt desselben 76, 32.

Rid-di, messer Lorenzo, aus Florenz 69, 30.

Rige s. Rügen.

Rimini Erzbischof (Bartolommeo Barbati 1400-1407) 73, 38; 44.

Rimpbach, s. Vemer von —.
Rinaldo, messer, s. Albizzi.
Ris, der, Bote aus Böhmen 135, 1.
Rittelingen s. Reutlingen.
Robertis, Nicolaus de —, in Ferrara 76, 40ᵃ; 43ᵇ.
Rockenstein in Hessen-Darmstadt Prov. Starkenburg bei Fränkisch-Crumbach, Hermann von —, Hofmeister K. Ruprechts 151, 25; 41ᵃ. 153, 18.
Rodiabach, Henne zu —, aus Frankfurt 156, 30.
Rodinstein, Jekil zu —, aus Frankfurt 156, 26.
Rodo, magister de —, s. Rhodus.
Römel, Wilhelm, Deutscher Kaufmann in Venedig 429, 10.
Regliano, die von —, Familie in Parma 105, 19.
Röm Stuhl 218, 29.
— Pabst Urban VI 1378-1389: 54, 11. 109, 20; 33.
— P. Bonifacius IX 1389-1404: 2, 11. 3, 24. 16, 34; 38; 42. 17. 18, 5; 40. 19, 6. 22, 3; 22; 35ᵃ; 41ᵇ; 44ᵇ. 25, 12. 26, 8; 19. 27, 12; 38ᵃ. 28, 2. 29, 12; 24. 31, 37; 38. 32, 2; 4; 23. 33, 1; 18; 31ᵇ. 34, 16. 36, 4; 13; 14; 20; 25. 37, 10; 16; 32. 38, 1. 39-41. 45, 23; 24. 46, 14; 31; 32. 47-49. 50, 30; 33; 42. 51-61. 62, 7; 9. 63, 1; 30; 33; 45. 64, 19; 40. 65-78. 81, 3; 30; 83. 82-96. 97, 26; 32. 98, 13; 16; 32. 29, 22. 100. 101, 12; 15. 102. 103. 106, 9. 107, 47. 108, 49ᵃ. 109, 1. 112, 9; 43; 45. 113, 2; 14. 114. 118, 40. 121, 18. 122. 123, 8; 13ᵃ. 134, 25. 210, 29. 225, 48ᵃ. 231, 47ᵃ; 44ᵇ. 259, 29ᵃ. 306, 44ᵃ; 47ᵃ. 355, 36; 40. 357, 33; 34; 42. 358. 359. 382, 32. 385, 44. 434, 25; 29; 36. 435, 47. — Seine Gesandtschaft 399, 14; 15. 476, 10. Vgl. Benedikt, Manzini, Montevatico, Montepulciano, Umbinis, Woert, Yong. — Kurier s. Antonio. — Kanzlei s. Adolphus, Angelus, Bonino, Jacobus, Mercatello, Plais, Schele, Stoler, Zucharus. — Leibarzt s. Piperno.
— Gegenpabst Clemens VII in Avignon 1378-1394: 352, 36ᵇ.
— Gegenpabst Benedikt XIII (Petrus de Luna Kardinaldiakon tit. sanctae Mariae in Cosmedin) 1394-1423: 24, 33. 25, 8; 10. 39, 41ᵃ. 23, 12. 210, 30. 352, 37ᵇ. 355, 38. — Seine Kardinäle 24, 33. 25, 8; 10.
— Kardinäle 24, 39. 25, 2. 31, 31. 32, 24. 34, 42. 53, 2. 83, 34. 111, 8. 115, 42. 119, 30. — Ein augen. Kardinal 82, 17. 62, 19. — Gegenkardinäle s. Gegenpabst Benedikt XIII.
— Kardinal Acrisialous, Angelus, Bisch. von Florenz card. presb. tit. s. Laurentii 28, 8. Der Kardinal von Florenz genannt 43, 29. 60, 37. 69, 3. 70, 33. 75, 4. 89, 15. 359, 20. — Carbonus, Franciscus, Bisch. von Monopoli card. presb. tit. s. Susannae, später card. episc. Sabin., nur Kardinal von Monopoli genannt 69, 3. 70, 34; 40. 75, 4; 28. 104, 7; 18. — Cossa, Balthasar (Baldeserra) Archidiakon in Bologna, 1402 Feb. card. diac. tit. s. Eustachii (di santo Statio), Legat in Bologna 71, 9; 23. 104, 6; 16. 105, 28. 106, 14. 192, 34. — Friss, Pedro Fernandez de —, card. presb.

tit. s. Praxedis, gen. Kardinal von Spanien, Rath des Königs von Kastilien 318, 1. — Gaetano, Antonio, card. presb. tit. s. Caecilie 71, 23. — Marramaurus, Landulfus, Erzb. von Bari, card. diac. tit. s. Nicolai in carcero Tulliano, nur Kardinal von Bari gen. 70, 34. — Migliorati, Cosimo, presb. card. tit. s. Crucis in Jerusalem, später P. Innocenz VII: 27, 21. Der Kardinal von Bologna gen. 69, 3. 71, 5. 75, 4; 28 (und zwar ergibt sich aus 71, 5 ff. daß nicht etwa Balthasar Cossa genannt ist, vgl. Ciaconius und Oldoinus 2 pag. 707-708). — Minutoli, Enrico, Erzb. von Neapel, card. presb. tit. s. Anastasiae, später card. episc. Tuscul. dann Sabin., nur Kardinal von Neapel genannt 69, 3. 70, 34. 75, 4; 28. — Serra, Petrus II, card. presb. tit. s. Angeli, Kanzler des K. Martin von Sicilien 318, 7.
Rom Staatsgebiet 108, 13; 15. Patrimonium in Tuscien 80, 5.
— (Rome) Stadt 43, 30; 32. 44, 19; 26; 27; 29. 53, 1. 60, 38. 61, 18; 22. 62, 29. 68, 28. 69, 24; 26; 41; 44. 70, 14. 73, 37. 76, 45 ᵃ. 77, 37 ᵇ. 93, 3. 104, 18; 20. 108, 11; 12; 48 ᵇ. 122, 39; 40. 225, 44 ᵃ. 337, 40. 346, 4. 357, 29. 358, 13. 359, 5. 360, 14. 362, 16. 375, 17. 420, 20. 434, 24. 435, 42 ᵇ. 444, 32; 34. 445, 2; 29. 447, 44 ᵇ.
Romagna (Romandiola) 24, 12. 432, 7; 18.
Romer, Conczo zum —, aus Frankfurt 156, 10.
Romkon, Herr 112, 24; v. Zw. identisch mit Herr Rumeon 455, 17.
Rosenberg, der von —, Böhmischer Adeliger 30, 25.
— Arnold von —, der junge, zur Leibwache K. Ruprechts 458, 19. — Herr Hans von —, desgl. 457, 27. — Konrad von —, desgl. 458, 22. — Kunzelin (Cunrado) Kunzen Sohn von —, desgl. 458, 24. — Drei von —, 333, 11.
Rosheim im Elsaß bei Oberehnheim 222, 33. 226, 37. 227, 31 ᵇ; 40 ᵇ.
Rossi (Rubei), die, Familie in Parma.
Rotenburg (Rottenberg) n. ö. von Nürnberg nahe Hersbruck 297, 45 ᵇ. 471, 17. — Der Pfleger von — und seine Burgherren 125, 45.
Rotenburg (Rotemburg, Rotenbürg) an der Tauber 126, 11. 134, 17. 135, 23. 203, 1; 2; 6. 267, 36; 47 ᵇ. 281. 293, 18. 294, 1; 14; 16; 25. 295, 21; 27; 42 ᵃ; 41 ᵇ. 296, 37 ᵃ. — Der Stadtschreiber 125, 43.
Rotenburg wol Rottenburg a. w. von Tübingen am Neckar, früher in der Grafschaft Hohenberg gelegen, 261, 2. 343, 26.
Rotenstein, C. von —, 334, 37.
Rottenberg s. Rotenberg.
Rotweil zw. Horbingen und Villingen 130, 31 ᵃ. 136, 39. 139, 10; 19. 198, 46 ᵇ. 199, 35 ᵃ. 223, 9. 227, 28 ᵃ; 39 ᵃ; 41 ᵃ. 415, 31. 418, 26.
Rubei s. Rossi.
Rügen (Rigy), Herzog von —, s. Pommern.
Rüße, Jorge, Burgmann zu Friedberg 181, 22. 186, 4.

Rüwe, Herr Herbert, aus Köln 441, 38.
Rumcon s. Rombem.
Rupersburg, Herr Hans von —, zur Leibwache K. Ruprechts 459, 25 b.
Ruße, Wilhelm, zur Leibwache K. Ruprechts 459, 30 b.
Rutlingen s. Reutlingen.
Ryfenberg, Herr Dietner von —, zur Leibwache K. Ruprechts 459, 7.

S.

Sacchetti, messer Tomasso (dominus Tomasus domini Jacobi de Sacchettis), Ritter, aus Florenz 69, 29. 122, 33. 301, 20.
Saccifer, Conze, Bote von Frankfurt 169, 31; 35.
Sachsen Kurfürst Rudolf III 1388-1419: 152, 2; 23. 240, 34. — Der Herzog von — und zu Lüneburg, wol derselbe 220, 29.
Sachsenhausen (Sassinhusen), Herr Friderich von —, Amtmann zu Koblenz 151, 26. 153, 7; 19. 155, 38. 202, 11. 233, 1. 412, 24. 455, 17.
— Friderich von —, Burgmann zu Friedberg 181, 12.
— Rudolf von —, Burgmann zu Friedberg 181, 11. 182, 7. 185, 27.
— Ort bei Frankfurt 233, 28 b.
Sale, Johann, Amtmann zu Rhense, in Kurkölnischen Diensten 150, 18; 20; 31.
Salodera s. Solothurn.
Salviati, Jacopo, Gesandter von Florenz 68, 12. 122, 25.
Salzbecher, Henne, von Frankfurt 202, 22.
Salzburg Erzbischof (Gregor Schenk von Osterwitz 1396-1403) 221, 14. 419, 40.
— (Salzspere) Stadt 360, 24.
Sau, der, jetzt Soonwald, auf dem Hunsrück 414, 20.
Sancti Petri, castrum —, s. Castro di San-Pietro.
San-Gemignano im Gebiet von Siena 432, 13.
Sankt-Gallen, Stadt 229, 2. 267, 12.
Sankt-Veit in Kärnthen 236, 29. 259, 17. 260, 30. 262, 10.
San-Miniato, Gebiet von —, bei Florenz 432, 5. Vgl. Perus.
Saphoy s. Savoien.
Sarpoets s. Nassau, Graf Philipp zu —.
Sasse, Eigel, von Friedberg Stadt 192, 34.
Sassinhusen s. Sachsenhausen.
Satelpeger, der 333, 37.
Sauwelsheim, Hans Kopp von —, zur Leibwache K. Ruprechts 458, 28 b.
— Hirte von —, Ritter, Burgmann zu Oppenheim 267, 4. Zur Leibwache K. Ruprechts 458, 27.
Savoien (Sapboy, Sopheye) Graf Amadeus VIII 1391-1434, Herzog 1416: 353, 26; 32; 35; 37; 43. 374, 39. 375, 40. 441, 25.
Sawnsheim s. Seinsheim.
Sayn (Seyne), Graf Johann von —, 465, 34. 468, 22.
Schade, Hans — von Dirmstein (in der Rheinpfalz bei Frankenthal), zur Leibwache K. Ruprechts 459, 24.

Schadolshusen, Friderich von —, zur Leibwache K. Ruprechts 460, 13.
Schaffart, Friderich, Probst zu S. Paulin zu Trier 151, 23; 40 b. 153, 20.
Schaller, der, von Nördlingen 126, 5.
Scharfenstein (S.-harpfenstein), Eberhard von —, Burgmann zu Oppenheim 267, 9. — Zwei von —, 334, 28.
Schauenburg (Schauwenburg), der Graf von —, wol Graf Otto I 1370-1404: 222, 1.
Scheffey, Peter, aus Frankfurt 156, 24.
Schelart, Johann — von Obbendorp, Hofmeister des Herzogs von Geldern 269, 19.
Schele, Johannes, literarum apostolicarum abbreviator 91, 39 a.
Schelhorn, Peter, aus Frankfurt 156, 22.
Schellenberg s. Teltsmer.
Schelme, Gerlach, Burgmann zu Friedberg 179, 3.
Schenk von Erpach, Erfpach s. Erbach.
— von Geyrn s. Geyern.
— Haus (wol von Erbach) 457, 25 b.
— von Heimlawr s. Heimlawr.
— von Lympurg, Limpburg s. Limburg.
Scheybelin, Duble, aus Frankfurt 158, 28.
Schiltknecht, Heinrich, aus Frankfurt 156, 11.
Schleswig (Sleswitze) Herzog (Gerhard VI 1386-1404) 220, 32.
Schlettstadt (Sletzstatt) im Elsaß 204, 5. 222, 29. 226, 33. 227, 30 b; 40 b. 343, 17; 22.
Schoneneburg wol Schömberg in der Eifel, Eberhard von —, zur Leibwache K. Ruprechts 459, 34. 468, 35. — Johann von —, desgl. 459, 19. — Johann Smydeburg von —, 468, 33. Wol identisch mit Johann von Snedeburg (Snüdeburg), zur Leibwache K. Ruprechts 459, 35. — Ott Feißte (Veyste) von —, desgl. 459, 33. 468, 33.
Schontern, Heincze von —, aus Frankfurt 158, 13.
Schrass, Heinrich, Burgmann zu Oppenheim 267, 6. — Peter, Burgmann zu Oppenheim 267, 7.
Schub, Henne 202, 18. Ohne Vornamen, aus Frankfurt, wol derselbe 158, 20.
Schuring, Clas, Pfarrer zu Sternbach (bei Friedberg?) 184, 1.
Schwalbach (Swabach) s. s. w. von Nürnberg 287, 3.
Schwaben, Land 315, 8. 419, 25; 29. 422, 11. 423, 1. 424, 15. — Die Schwaben 463, 14.
— Landvogtei 260, 32; 35. 36. 261, 8. 343, 20; 28. 417, 18; 19.
— Städte 139, 24; 26. 214. 261, 4. 297, 42 b. 412, 27. 417, 3. 419, 25. 422, 40. — Bote s. Proczer.
Schwalbach (Swalbach) Erwin von —, 178, 9. 179, 1. 181, 11. 182, 2. 184, 14. 185, 26. — Gernand von —, 178, 9. 179, 1; 32. 181, 11. 182, 8; 33. 183, 37. 184, 11. 185, 26. — Heinrich von —, 179, 7. 181, 10. 185, 31. — Heinrich von —, ein anderer als der vorige 181, 11. 186, 3. — Reinhard von —, 181, 11. 183, 37. 184, 15. 185, 3. — Wigand von —, 179, 1. 181, 11. 185, 26. Alle 6 Burgmannen zu Friedberg.

Schwarzburg (Swarzburg, Swartzenberg), die Herren von —, 182, 20; 23; 26. 185, 8. 265, 30.
— Die Gräfin und ihre Töchter 334, 1.
— Graf Emich (wol verschrieben statt Heinrich) · 222, 6.
— Graf Günther (Herr zu Ranis südl. von Orlamünde) 37, 36. 97, 8. 99, 22. 333, 2. 397, 7; 19; 22; 30. 399, 18. 456, 9. 463, 17. 467, 9. 472, 25. 473, 5; 12; 13; 22; 30; 33.
— Graf Heinrich gen. vom Luchtenberg (Leutenberg; s. d. von Saalfeld) 466, 6.
— Graf Johann 466, 4. — Dessen ungen. Enkel 466, 4.
Schwarzburg-Sondershausen, Graf H. von —, 334, 25. — Dessen ungen. Bruder 334, 25.
Schweden (Suevia) 3, 38. — König (Erich XIII 1396-1439, nurb K. von Dänemark und Norwegen) 220, 18.
Schweidnitz (Świdnica) in Schlesien 192, 1.
Schweinfurt (Sweinfurt, Sweinfürte) am Main 126, 10. 134, 17. 222, 36. 266, 13; 36 ª. 293, 18. 333, 13; 36. 334, 32. 399, 34.
— Graf von —, 221, 44.
Schwinsberg (Sweinsberg), Gottfried von —, Burgmann zu Oppenheim 185, 30.
Schweizer, die 261, 29; 31. 262, 1. 314, 2. 421, 33; 37. 451, 9.
Schweppermann (Swepffermann), der 126, 6; 17.
Schwyz (Swietze) 349, 10. 450, 37. — Die von Switzen 344, 1.
Scola, Onnobonus de la —, Gesandter des Franz von Carrara 372, 38. 373, 7.
Seckendorf, Arnold von —, 330, 29; 38. — Burghard von —, 333, 16.
See (Seewe) s. Bodensee.
Seewahler, der, aus München 334, 17.
Seiler (Seiler), Konrad, Deutscher Kaufmann in Venedig 429, 10; 18.
Seinsheim (Sawnsheim) in Mittelfranken n. von Uffenheim, Jakob von —, 333, 18.
Selbold, Henne von —, Burgmann zu Friedberg 178, 12. 179, 4. 181, 14. 183, 37. 184, 12. 185, 37.
Seldenecke, Lupold von —, zur Leibwache K. Ruprechts 457, 39.
Seligenstadt (Selgenstadt) n. w. von Aschaffenburg 249, 13.
Selz (Seler) im Elsaß n. w. von Rastatt am linken Rheinufer 211, 19; 23. 222, 32. 226, 32. 227, 30 ᵇ; 40 ᵇ.
Senones s. Sieua.
Serraglio, ser Debuari de —, aus Florenz 301, 15.
Setzphand, Konrad, Sohn des folgenden, Burgmann zu Friedberg 184, 9. 185, 30. — Werner, Burgmann zu Friedberg 179, 8. 181, 15. 184, 8. 185, 29.
Seyne s. Sayn.
Sicilien (Cecilien, Cicilien) Land Königreich (regnum Sicilie et Trinacrie) 24, 11; 12. 442, 32.
— König Ladislaus s. Neapel.
— König Martin, Sohn K. Martins von Aragonien,

1386-1409: 220, 17. 313, 31. 317, 8. 377, 8; 18. 378, 4. 442, 17; 20. 443, 1. — Sein ungen. Sohn 313, 31. — Seine Familie 377, 12. — Seine gen. Räthe 317, 8 ff.
Sickingen, Eberhard von —, Hofmeister K. Ruprechts, 356, 43 ª. — Hanman von —, Vitzthum zur Nüwenstad (wol Neustadt a. d. Hardt) 211, 19. 212, 3. Landvogt im Elsaß, wol derselbe 227, 41 ᵇ. — Hanman von —, des Vitzthums Sohn 461, 8. — Heinrich von —, zur Leibwache K. Ruprechts 458, 16. — Konrad von —, desgl. 460, 6. — Ludwig von —, desgl. 460, 7 ᵇ. — Schwarz Reinhard von —, Ritter, Landvogt im Elsaß 227, 34 ᵇ. 450, 12; 18; 22; 35. 451, 5; 19. — Swicker von —, zur Leibwache K. Ruprechts 458, 15.
Siena, Senonses 31, 17.
Sigiliano (terra Siliani) am rechten Ufer des oberen Tiber im Gebiet von Arezzo 432, 14.
Sigmund, ein Markgraf, wahrscheinlich Verwechslung oder Verschreibung statt Jost, s. Luxemburg Markgraf Jodokus.
Sipel, Schreiber zu Frankfurt 169, 24; 32.
Sirck, Herr Arnold von —, in Diensten des Hzgs. von Lothringen 192, 30. 197, 44 ª. 476, 8.
Sitria nahe Camerino, Kanonikus von — (Citrensis canonicus) 106, 7.
Sitten im Kanton Wallis, Bischof (Wilhelm IV von Raregue 1393-1402) 451, 5.
Sitzo (Sietzo) Marschalk 342, 23. 343, 13.
Sleide, wol Sleida Schleiden in der Eifel, Konrad Herr von der —, Herr zu Nuwenstein 464, 26. 468, 36.
Sleswitze s. Schleswig.
Sletzstatt s. Schlettstadt.
Slitz (des Fränkische Geschlecht Schlitz gen. von Görz?), Konrad von —, 465, 15.
Slieder, Arnold, zur Leibwache K. Ruprechts 459, 6 ᵇ.
Sluder, der, von München 334, 18.
Smalenburg, Thilman von —, Dechant von B. Maria ad gradus zu Köln 234, 6.
Smedeburg Smidebung, wol Schmidtelberg, s. Schonenburg, Johann von —,
Smyrler, Steffan 333, 43.
Soardus, Petrus, in Diensten des Hzgs. Johann Galeazzo von Mailand 310, 34.
Soderuheim, Mathias (Mathis), K. Ruprechts oberster Schreiber und Hofmeister 129, 6. 151, 40 ᵇ. 193, 31. 196, 33; 35; 39. 198, 29 ª. 207, 37. 212, 27; 43 ᵇ. 214, 41. 224, 20. 226, 35. 238, 22. 244, 45. 247, 10. 256, 19. 257, 24. 264, 4. 319, 29. 328, 25. 410, 34. Falsch Dobernheim 175, 45 ᵇ.
Soest, Kirche von — (ecclesia Susanensis) 258, 14. — Vgl. Coler von —.
Soiler s. Seiler.
Sohns n. von Wetzlar, Graf Johann von —, 465, 20.
Solothurn (Salotern, Solothorn) 348, 10. 412, 1. 450, 37.
Soltow, der von —, s. Verden Bischof Konrad.
Somma Cologna (Summa Colonia) nördl. von Lucca 432, 4.

Soriano am Monte Soriano bei Viterbo 90, 14.
Spät, der, Läufer der Stadt Augsburg 202, 31; 33; 35. 233, 1; 6; 8; 9.
Spalo, Hermann von —, Burgmann zu Friedberg 181, 22.
Spangen s. Spanien.
Spanheim s. Spenheim.
Spanien, der Kardinal von —, s. Rom Kardinal Friss. — der König von —, s. Kastilien.
Spatzinger, Wernher, aus Straßburg 150, 3. 196, 32; 39.
Speier (Spire, Spier) Bischof Raban (Rahn) von Helmstädt 1396-1438, Kanzler K. Ruprechts 33, 20. 37, 34. 45, 42. 62, 7. 64, 21. 65, 12. 80, 39. 81, 23. 92, 28. 96, 17; 40. 97, 16. 98, 5; 32; 36. 99, 35. 100, 31. 102, 1; 18. 103, 1. 106, 8. 108, 4. 114, 22. 122, 16; 18. 149, 39. 197, 26. 221, 19. 227, 11. 234, 13. 258, 27. 260, 15. 296, 34. 297, 20. 299, 8; 26. 332, 18. 397, 28. 423, 10. 433, 21. 447, 8; 9; 81; 85; 41[b]. 456, 5[a]. 467, 13.
— Kanonikus s. Chrechow.
— Stadt 131, 11. 136, 17. 168, 42[b]. 169, 12. 172, 24. 173, 10; 21; 46; 53[a]. 174, 36[a]. 188, 29. 190, 42. 198, 23[b]ff. 215, 15. 222, 24. 233, 6. 235, 9. 240, 23. 298, 15. 411, 4; 40[a]. 412, 19; 20. 414, 27. 447, 23. 476, 1; 37. 479, 4; 39; 46[a]. 479, 1; 11. 481, 28; 30. — Bote s. Diclo.
Spengeler, Dylman, aus Frankfurt 157, 45.
Spiegel, der, von Reutlingen 480, 33.
Spies (Spiesse), Schloß in Oberfranken ö. von Gräfenberg 285, 34.
Spinelli, Frossinus Francisci, aus Florenz 301, 16.
Spini, Agnolo di Lingi degli —, Gesandter von Florenz 312, 14; 15.
Spoleto Herzogthum 24, 11. 80, 4.
Spenheim (Spanheim) w. von Kreuznach, der Graf von —, 222, 17. — Die (Gräfin Elisabeth) von —, Wittwe des 1397 gestorbenen ältesten Sohnes von K. Ruprecht, Ruprecht Pipan's 201, 32. — Graf Johann von —, 411, 27. — Graf Johann von — der junge, zur Leibwache K. Ruprechts 456, 27[a]. 464, 34. 467, 22. 468, 20.
— Johann Wolff von —, Ritter 124, 35. 125, 12. — Sein Sohn Konrad 124, 37. 125, 13. — Heinrich Wolff von —, 125, 13.
Spoerer, Henne, aus Frankfurt 158, 3.
Stalberg s. Stolberg.
Stark, Johannes, aus Nürnberg 314, 9.
Statio, cardinale di santo —, s. Eustachius.
Stauffer, der 333, 21.
Stedefelder, Heincze, aus Frankfurt 159, 2.
Steden, Henseln von —, aus Frankfurt 157, 15.
Stefani, Bertus Johannis —, vocatus Bertone, aus Florenz 301, 15.
Steffen, Herr Diether, zur Leibwache K. Ruprechts 457, 20.
Stein, Gerhard vom —, zur Leibwache K. Ruprechts 459, 15. — Johann vom —, desgl. 459, 15. — Sifrid vom — (de Lapide), Ritter, Burgmann zu Oppenheim 45, 44. 64, 23. 267, 2. 433, 18. 459, 11. — Einer seiner Söhne 459, 12[a].
Steinheim, Conrze von —, aus Frankfurt 159, 13.
Steinhuse, der von — von der Löwenstad, zur Leibwache K. Ruprechts 461, 5.
Steno (Stieno), Michael s. Venedig.
Stephanus, Pfarrrektor in der Diöcese Trient 420, 23.
Steppenger, Hans 330, 39.
Sternstein (Sternenstein), der, bei Neustadt in der Oberpfalz 471, 17.
Steten (Stetten), Zuercho (Zuercho) von —, zur Leibwache K. Ruprechts 457, 38.
Stettin s. Pommern.
Steynenclingen, Hans von —, zur Leibwache K. Ruprechts 459, 21[b].
Stieno s. Steno.
Stiten, Clawes (Clas) van (von) —, aus Lübeck 384, 3. 385, 1.
Stockheim s. Stogheim, Herr Johann von —.
Stogheim, Gottfried von —, Burgmann zu Friedberg; wie die folgenden 178, 7; 29. 179, 30. 181, 13. 182, 6. 185, 23. — Henne von —, Sohn Gottfried's 179, 3. 181, 13. — Henne von — (ein anderer) 181, 12. 185, 82. — Johann von —, 151, 10. 178, 6; 29. 179, 29. 180, 25. 181, 12. 182, 6; 32. 184, 15; 18. 185, 1; 23. — Herrn Johann's von Stockheim (doch wol dieses) Sohn 459, 10. — Wernher von —, 181, 13. 185, 33. — Wigand von —, 181, 12. 185, 33.
Stolberg (Stalberg) der Graf von —, 221, 47.
Stoß, Bechtold, von Frankfurt 157, 44.
Stoter, G., Kanzleibeamter des P. Bonifacius IX: 112, 24.
Stralenberg, Jekil, von Frankfurt 156, 13.
Strahlenfels (Stralenfels) in Oberfranken ö. von Gräfenberg 471, 18.
Straßburg Bischof (Wilhelm II von Diest 1394-1439): 195, 5; 9. 221, 16. 298, 15. 462, 11. 467, 2. — Bischof und Kapitel 194, 45; 46. — Bischöflicher Diener s. Fleckenstein.
— (Straßburg, Strâßburg, Strosburg) Stadt 130, 31[a]ff. 131, 12. 136, 39. 139, 10; 17. 140. 141, 19. 149, 29. 173, 19; 44. 190, 22. 192, 40. 197, 13; 40[b]. 198. 199, 45[a]; 36[b]. 214, 42. 222, 23. 227, 28[a]; 39[a]. 236, 27. 240, 22. 259, 30[b]; 41[b]; 45[b]. 262, 24. 297, 42[a]; 40[b]. 298, 5; 15. 299, 9. 300, 37. 343, 42[a]. 347, 23. 352, 15; 35[a]; 43[b]. 375, 26. 410, 23. 411, 4; 40[a]. 412, 19; 40[b]. 416, 10. 476, 18; 37. 478, 24; 41[b]. 479, 31. — Gesandte 193, 19. 195, 16. — Zwei ungen. Straßburger 197, 44[a]. — Gesandte Boten Rothananen s. Barpfenning, Bock, Gosse, Heilgenstein, Läwelin, Metziger, Mulnheim, Spatzinger, Sinner, Thoman, Wickersheim.
Stremayer, Jorge, zur Leibwache der Königin 461, 28.
Stromer (Stromeir), Ulman, aus Nürnberg 187, 32. 290, 25. Unter dem Pseudonym Bruder Portholt 135, 3.
Strozzi, Pierus Blasii de —, aus Florenz 301, 16.
Strumburg s. Altheck.

Alphabetisches Register der Orts- und Personen-Namen. 527

Strahlenberg, Bremser von —, zur Leibwache K. Ruprechts 459, 31.
Sünner, Peter, Ammanmeister von Straßburg 479, 21; 33.
Sulzbach in der Oberpfalz n. w. von Amberg 204, 9. 297, 47 b. 361, 32. 363, 29.
Superancio, ser Benedictus, aus Venedig 57, 4. 58, 19. 306, 6. 310, 29. 331, 10. 438, 23.
Susanensis (oder Susaticensis) ecclesia s. Soest.
Swachaw, Konrad von —, 334, 17.
Swalbach s. Schwalbach.
Swarzburg s. Schwarzburg.
Sterben, die, eine Frankfurterin 400, 11.
Swepffermann s. Schweppermann.
Swidenicz s. Schweidnitz.
Swinar, Herr Boriboy (Borziboy, Borzawo) von —, Rath K. Wenzels 134, 33. 163, 23.
Swinfurt s. Schweinfurt.
Switz, Swietzo s. Schwyz.
Sygemunt s. Sigmund.

T vgl. D.

Talburg s. Kämmerer.
Talheim, Bernold von — der alte, zur Leibwache K. Ruprechts 460, 8. — Bernold von — der junge, desgl. 460, 10 b. — Gerhard von — der junge, desgl. 460, 10 a.
Tarlati, die, Familie in Florenz 432, 10.
Tarragona in Aragonien an der Küste s. w. von Barcelona, Erzbischof (Iñigo Valtierra 1387-1407) 318, 14.
Tawst s. Milleeh.
Terraconensis archiepiscopus s. Tarragona.
Teck (Decke), die Herzöge von —, nämlich Friderich † vor 1411 und Ulrich † 1433: 222, 10.
Thanheim, Albrecht von —, Gesandter K. Ruprechts 217, 22. Zur Leibwache desselben 460, 40.
Thaun (Thau), Hans von —, zur Leibwache K. Ruprechts 450, 36.
Thomas, Bote der Stadt Straßburg 190, 12; 16.
Thomas, Jakob, aus Frankfurt 157, 24.
— von Geilnhusen, aus Frankfurt 158, 33.
Thüngen (Tüngen), Herr Wilhelm von —, 333, 24.
Thüringen, die Landgrafen zu — und Markgrafen zu Meißen 30, 25. 262, 30. 423, 9. — Balthasar, Sohn Friderichs II des Ernsthaften, 1349-1406: 152, 12. 221, 1. 334, 24. 463, 5. — Sein Hofmeister 334, 27. — Sein Küchenmeister 334, 27. — Balthasar der junge 221, 6 soll wol Balthasars Sohn sein, der aber Friderich hieß, s. weiter unten. — Friderich IV der Streitbare, Sohn Friderichs III des Strengen, 1381-1428: 152, 13. 221, 3. 463, 9. — Friderich IV der Einfältige, Sohn Balthasars, 1406-1440: 463, 6. Wol derselbe, irrig Balthasar der junge genannt 221, 6. — Markgraf Friderich von Meißen ohne weiteres, wol Friderich der Streitbare 334, 38. 399, 23. — Georg (Jeorge), Bruder Friderichs des Streitbaren 1381-1403: 152, 13. 221, 5. — Wilhelm I der ältere, Bruder Balthasars, 1349-1407: 152, 12. 221, 2. 463, 7. — Sein Rath s. Langen. — Sein Kaplan 334, 43. — Wilhelm II der junge, der Reiche, Bruder Friderichs des Streitbaren 1393-1425: 152, 13. 221, 4. 463, 9. — Markgraf Wilhelm von Meißen ohne weiteres, wol Wilhelm I: 134, 26. 196, 37. 263, 25. 264, 4. 472, 13; 22. — Des jungen von Meißen Hofmeister 333, 14. — Des Markgrafen (wol Friderichs des Streitbaren) Hofmeister 334, 39. — Desselben Küchenmeister 334, 39. — Des von Meißen Kammermeister 480, 18. — Rath 480, 19; 25.
Thugel (Thügel), Henne, Burgmann zu Friedberg 178, 12. 179, 2. 181, 19. 184, 11. 185, 36. — Konrad, Burgmann zu Friedberg 181, 19. 184, 13. 185, 36.
Thullensis civitas s. Toul.
Tirol Grafschaft 425, 21.
Tocznik (Totschnyko bei den Bettlern) nahe bei Zebrak sw. Pilsen und Prag 291, 2.
Toll s. Toul.
Toltzner (Töltzner), der — von Schellenberg (wol Schellenberg in Oberfranken w. s. w. von Gräfenberg) 398, 34. 399, 2.
Toppede S. von Anghiari 432, 14.
Torringer (Törringer), der 333, 42; 45. 334, 34.
Tosignano (Tusiguiano, Tusignano), maestro Piero da —, Leibarzt des Hgs. Johann Galeazzo von Mailand 361, 39; 41. 364, 2. 370, 4. 438, 25. — Seine Söhne und ganze Familie 370, 7. — Ein Kurier von ihm 361, 34; 37. 362, 3.
Toskana (Tuscia) 432, 12. — Patrimonium in —, s. Rom Staatsgebiet.
Tot, der, s. Henelin.
Totschnyko bei den Bettlern s. Tocznik.
Toul (Toll, Thullensis civitas) 356, 33; 35; 46 a. 357, 3; 7. 454, 23.
Treuchtlingen n. ö. von Nördlingen, die zwei Treuchtlinger 126, 21.
Trient (Trint) 50, 16. — Vgl. Stephanus.
Trier (Triere) Erzbischof Werner von Falkenstein 1388-1418: 123, 16 a. 127, 38 a; 39 a. 128, 8. 152, 1. 159, 25. 161, 35. 165, 15. 175, 1; 18; 21. 183, 6; 9. 188, 10. 189, 3. 201, 33. 202, 19. 232, 8. 236, 37 a. 240, 33. 243, 30. 245, 29. 246, 13. 259, 1; 27 a; 38 a. 274, 25. 298, 13. 370, 29. 412, 18. 423, 8. 424, 30; 32. 425, 37; 40. 438, 27. 455, 9. — Seine Diener 161, 31. Vgl. Raainer.
— Erzstift 259, 30 a. 455, 9. — Kleriker s. Schaffart, Dulen.
— Stadt 222, 22.
Trieve s. Trier.
Trinacria s. Sicilien.
Tritpoln (wol zu emendieren Tirpolt d. h. Diepholz), der Graf von —, 221, 46.
Trivisano, ser Zacharias, Ritter, aus Venedig 306, 7. 310, 31. 331, 12.
Trompeta, Mathous, im Dienste des Kard. Balthasar Cossa 104, 25.

Troppau (Troppaw), Herzog von — (wol Hzg. Hans Oberstbofmeister K. Wenzels) 192, 10.
Truchseß (Druchseß), Herr Hans 333, 22. 457, 29.
Türken, die 3, 38.
Türkheim (Dorinckeim, Durikeim) im Elsaß w. von Kolmar 222, 41. 226, 43. 227, 31 b; 40 b.
Tumbach s. Dombach.
Tuscia s. Toskana.
Tusignano, Tussynino, s. Tusignano.

U.

Ubaldini, die, Familie in Florenz 432, 10.
Ubertini, die, Familie in Florenz 432, 10.
Udenheim s. Utenheim.
Überlingen am Bodensee 222, 44. 267, 13.
Ulm 112, 11. 223, 6. 238, 3. 418, 26.
Ulner (Ulcr), Hartmann, zur Leibwache K. Ruprechts 460, 2.
— Jekil, aus Frankfurt 157, 23.
Undinis, Augustinus de —, Gesandter des P. Bonifacius IX: 3, 23; 27; 34.
Ungarn 103, 38. 104, 2. — König Sigmund s. Luxemburg.
Ungelter, Johannes 120, 20.
Ungerech, Conczo, aus Frankfurt 156, 39.
Unterwalden 348, 11. 450, 37.
Uran s. Uri.
Urbach s. Auerbach.
Urberg (Vreberg? s. 411, 37) wol im Katzenellenbogenschen oder in der Nachbarschaft 411, 32.
Uri (Uran) 348, 10. 450, 37.
Uselldingen s. Iholchen.
Uspere, Usperro s. Augsburg.
Ussenheim (Ussekeim), zur Leibwache K. Ruprechts 458, 40.
Utenheim (Udenheim) jetzt Philippsburg s. von Speier, Diele von —, Burgmann zu Oppenheim 267, 9. 459, 29. — Hermann von —, Ritter, desgl. 267, 4. 459, 28 b. — Jakob von —, zur Leibwache K. Ruprechts 459, 26. — Philipp von —, desgl. 459, 27. — Vetzer von —, Burgmann zu Oppenheim 267, 9. — Wilhelm von —, desgl. 267, 10.
Uttlinger, der 334, 8.

V vgl. F.

Val d'Arno inferiore, Gebiet des —, 432, 4.
Val d'Elsa, Gebiet von —, Thal der Elsa, 1. Nebenflusses des unteren Arno 432, 13.
Val di Nievole (Vallis Nebule), Gebiet des —, Landschaft rechts am unteren Arno 432, 3.
Valiano wol Valiano di Val di Chiana bei Montepulciano im Gebiet von Arezzo 432, 14.
Valle Arriana, Gebiet des —, n. ö. von Lucca 432, 3.
Valoris, Bartolomeus Nicolai Taldi, aus Florenz 301, 23.
Valterra, Johannes de —, legum doctor, Gesandter K. Martins von Arragonien 376, 31. 377, 2; 21. 379, 3; 5. 441, 2. 442, 18.

Verchembach s. Fechenbach.
Vezer (Vetzer), Eberhard —, Ritter, Burgmann zu Oppenheim 267, 10. Wol derselbe 458, 13 b und Eberhard — von Geispitzheim 468, 19.
— Gerhard — von Rimphach 458, 12.
Veldenz (Veldeintz) n. ö. von Trier an der Mosel, Graf Friderich von —, 18, 8. 456, 12. 464, 6. 467, 16. — Der Graf von —, 197, 25. 221, 34.
Venedig (Venecie, Venetia, Vinegia) 31, 23. 40, 24. 52, 30; 31; 32; 35. 56, 17. 57, 1. 58, 13. 69, 9; 11; 32; 33; 40. 70, 26; 29. 71, 28; 30. 73, 19, 26. 76, 28. 79, 28. 80, 13. 83, 41 a, 87, 14; 17. 89, 14. 112, 46; 56. 216, 7. 220, 4. 305, 40 b. 307, 41 a. 309, 31. 312. 361, 35; 36. 362, 2; 20; 25. 368, 5; 8. 372, 20. 373, 30. 428, 4; 36; 40. 429, 4; 23. 436, 32. 437, 8; 32. 438, 1; 12. — Deutsches Haus zu Venedig 429, 10. — Gesandte 70, 16; 22; 30. 312, 23. Vgl. Gualfredinis. — Rathsmitglieder und Savj s. Ariosondo, Aymo, Bembo, Cornario, Fuscari, Geno, Lauredano, Mauro, Morenigo, Quirino, Superancio, Trivisano.
— Doge Michael Steno (Stieno) 1400-1413: 79, 28. 80, 13. 216, 14. 371, 21. 436, 40. 437, 9. 438, 15; 19.
Vener (Wener), Joh., Licenciat der Rechte, Protonotar und Rath K. Ruprechts 3, 19. 18, 11; 35. 27, 14. 28, 9. 29, 15. 64, 24. 141, 7. 207, 30. 234, 18. 250, 5. 251, 5. 258, 28. 260, 16. 268, 27; 35 b. 270, 22. 277, 5; 15; 31. 299, 9. 315, 23. 353, 25. 357, 16. 366, 18. 367, 25. 371, 22. 373, 13; 42. 374, 28; 30. 376, 36. 377, 20. 412, 46 a. 434, 14. 436, 5; 41. 439, 30. 440, 30. 442, 1.
Veningen, Diether von —, Deutschordenskomthur zu Weißenburg 346, 16. 348, 8. — Diether Kese bzw. Diether von —, zur Leibwache K. Ruprechts 458, 5. — Erphe (Erffe) von —, 458, 4. — Hans der alte von —, 458, 2. — Hans der junge von —, 458, 3. — Konrad (Cuncz) von —, 460, 3. Alle letztgenannten ebenfalls zur Leibwache K. Ruprechts.
Verden (Vorreuden) Bischof Konrad (Carrado) III von Soltau (Soltaw), Magister der Theologie, 1400-1407: 17, 8; 16; 22. 18, 38. 19, 5. 26, 36. 27, 27. 29, 26. 35, 38. 36, 20. 37, 1; 22. 40, 5; 31. 41, 20. 42, 32. 45, 16; 31. 46, 10; 27. 49, 30; 33. 50, 6. 51, 12. 52, 11; 14; 19. 61, 87. 63, 1; 21. 64, 36. 65, 36. 66, 27. 67, 17. 68, 32; 38. 69, 26. 78, 24. 83, 14; 25. 84, 20. 85, 24; 34. 86, 32. 87. 88, 4. 89, 9. 90, 16. 91, 4; 16; 36. 92, 8; 31. 93, 1. 94, 19. 95, 10. 96, 13. 110, 45 a. 114, 41. 118, 41. 221, 26. 224, 14. 231, 31; 39. 41. 381, 6; 13. 429, 20. 462, 26. 467, 3. 480, 26. Einmal fälschlich als episcopus Camaracensis bezeichnet s. 18, 45. Consuluis Satalis statt Soltaviensis 19, 5. Der von Soltaw 359, 21.
— Domprobst s. Lose.
Verdun 454, 23.
Vorberbach s. Vörbach.
Verona (Bern) 261, 15; 19.

Verreuden s. Verlen.
Vienne Erzbischof (Theobald de Rougemont 1395-1405) 351, 44 ᵃ.
— Konzil 117, 1; 13.
Villanova s. Benedikt.
Virnburg (Virneburg) in der Eifel zwischen Adenau und Mayen 208, 33.
— Johann, aus Frankfurt 232, 39.
Virtutum, comes —, s. Mailand Herzog Johann Galeazzo.
Visberg, Gerhard von —, Ritter, Rath Hzg. Rainalds von Jülich und Geldern 269, 34.
Vörbach (Vorherbach) bei Crosbach in Wirtemberg O.-A. Freudenstadt 261, 10.
Volprewist, Concto, aus Frankfurt 157, 32.
Volterra (civitas Vulterrarum) in Toskana s. ö. von Pisa 432, 2.
Vogt, Wernher, aus Frankfurt 156, 42.
Vreberg s. Urberg.

W.

Wachenheim zwischen Neustadt a. d. Hardt und Dürkheim, Herr Heinrich von —, 195, 4.
— Strumpel von —, Burgmann zu Oppenheim 267, 2.
Waldeck (Wabkegke) Graf Heinrich V 1397-1442, Amtmann und Schwager des Erzb. Johann II von Mainz 224, 1; 12. 319, 15; 20. 320, 1; 10; 16 21; 27. 321, 2; 5; 23; 34. 322, 5; 17; 19; 27; 30. 323, 6; 19; 27. 324, 10; 17; 22. 325, 7; 13; 34. 326, 25; 36. 327, 7. 328, 5; 14; 30. 386, 25; 33. 387, 41. 388, 4; 14. 390, 4. 391, 5 10; 14. 392, 11; 18; 34 ᵃ; 42 ᵃ; 45 ᵃ. 393, 11 20. 476, 13.
— Schloß an der Eder 326, 17.
— Wilhelm von —, Burgmann zu Oppenheim 267, 5.
— auf dem Hunsrück 412, 14. 414. — Die Boßen (Bossen, Boißen) von Waldeck 412, 12. 413. 414. — Johann Boße von —, Kurmainzischer Burggraf zu Beckelnheim 413, 43 ᵇ.
Waldiß s. Wallis.
Waldmünchen (Munich), Schloß in der Oberpfalz an der Schwarzach 396, 30. 397, 16.
Wallenreder, Herr Hans, zur Leibwache K. Ruprechts 457, 28.
Wallis (Waldiß) Landvogt zu —, Bruder des Bischofs Wilhelm von Sitten 451, 6.
Walthasar, der 334, 7.
Waltmann (Waltmen), Hartmann, Burgmann zu Friedberg 179, 5. 181, 18. 183, 37. 184, 14. 185, 34. — Henne, Burgmann zu Friedberg 179, 5. 181, 18. 185, 34.
Waltstromeyr, die, Familie zu Nürnberg 285, 19.
Wambolt (Wambld, Wamolt), sonst genannt von Umstädt, Henchin 457, 42. — Syfrid 457, 43. 468, 38.
Wamolt, Wamühl s. Wambolt.
Wangen zwischen Tettnang und Lauy 223, 3. 267, 12.
Warendorp, Brun (Drûne), aus Lübeck 384, 2; 39.

Warmünt, Hans, aus Frankfurt 156, 25.
Wartperg, einer von —, 333, 40.
Wassem, Henne von —, Burgmann zu Friedberg 179, 2. 181, 17. 185, 29.
Wedernubsche, Wedervßsche Städte s. Wetterau.
Weert, Gerardus, Magister Probst zu Arnheim, Gesandter des P. Bonifacius IX: 16, 42.
Wegenlnburg, Amtmann zu —, s. Cropsberg.
Weibe (Weybe), Jakob, Bote aus Frankfurt 142, 6. 201, 13. 232, 39. 481, 15.
Weiden (die Widen, Wyden) in der Oberpfalz n. ö. von Amberg 203, 2. 471, 17.
Weidlinger s. Weitlingen.
Weikersheim s. Wickersheim.
Weil (Wijle, Wyle) zwischen Leonberg und Kalw 223, 12. 238, 4. 418, 26. — Söldner 480, 42.
Weinsberg (Winsperg) in Wirtemberg o. n. ö. von Heilbronn 222, 34.
— Herr Engelhard (Engelart) von —, Ritter, im Dienste K. Ruprechts 97, 9. 99, 23. 137, 17. 138, 2. 139, 28. 213, 39. 259, 86 ᵇ; 46 ᵇ. 297, 30. 343, 39ᵃ. 433, 13. — Konrad der junge von —, 463, 26. — Der junge von —, 456, 41. 467, 12 und Konrad. — Der junge von —, (ein anderer?) 456, 43 ᵇ. — Der von —, ohne Zweifel Engelhard 333, 48. 413, 6. — Zwei von —, 333, 27.
Weise, Doble, Burgmann zu Friedberg wie alle folgenden außer Johann 181, 5. 184, 8. 185, 24. — Eberhard 178, 7; 28. 179, 80. 181, 5. 182, 6; 32; 35. 183, 36. 184, 7; 18. 185, 24. — Eckard, Sohn Wilhelms 181, 6. 185, 39. — Gilbrecht 151, 10. 178, 7; 28. 179, 30. 180, 25. 181, 6. 182, 7; 33. 184, 7; 18. 185, 27. — Gilbrecht, Sohn Gilbrechts 178, 7; 29. 184, 7. — Herr, ohne weiteres, Gilbrechts des älteren Sohn 178, 7; 28. 181, 6. 183, 36. 184, 12. 185, 37. — Johann, Probst zu Fritzlar, Domherr zu Mainz 183, 40. — Ludwig 178, 8. 181, 5. 185, 24. — Willhelm 178, 8; 29. 179, 32. 181, 6. 184, 8. 185, 39. — Ydel 181, 5. 185, 24.
Weißenburg (Wißenporg) im Elsaß 222, 30. 226, 31. 227, 30 ᵇ; 40 ᵇ.
— (Weissemburg, Weissenberg) im Nordgau 126, 4; 11; 13; 27. 134, 17. 266, 13; 39 ᵃ; 41 ᵃ. 267, 17. 293, 18. 297, 29; 44 ᵇ. 334, 23; 31.
Weitenmül (Witenmülen), Dietrich von der —, Landvogt im Elsaß 199, 45 ᵃ.
Weitlingen zwischen Oettingen und Dinkelsbühl, zwei Weidlinger 334, 9.
Welder, Meister Heinrich, Gesandter der Stadt Frankfurt 335, 16. 481, 16.
Welschland s. Italien.
Wener s. Vener.
Werlenberg s. Heiligenberg.
Werden an der Ruhr bei Duisburg, ecclesia Wordensis 258, 14.
Wernher, Burggraf zu Strasburg, s. Albich.
Wernigerode (Wernyngenrode) am Harz, die Grafen von —, 221, 42.
Wertheim am Einfluß der Tauber in den Main, Graf

Eberhard 225, 40 ª. — Graf Johann 126, 1. 172, 7. 329, 16. 330, 19. 464, 41. 469, 8. — Sein Sohn Johann 467, 24. — Sein Sohn ungen. 456, 37 ᵇ. 464, 41. — Der Graf von —, wol Johann der ältere 221, 25. — Der von —, wol derselbe 399, 16. — Zwei Grafen von —, 382, 40. — Vgl. Bamberg Bischof Albrecht.

Wertheim, Conete von —, aus Frankfurt 158, 30.

Westerburg a. von Diez, Reinhard Herr zu —, 412, 23. 455, 16. 465, 23. — Der alte von —, wol derselbe 247, 25.

Westerstetten, Herr Hans von —, Söldnerhauptmann der Stadt Eßlingen 480, 34.

Westfalen Herzogthum 254, 43. 264, 12.

Westhoff, Heinrich (Hinrik) aus Lübeck 384, 1; 38.

Wetflar, Wetflor, Wetpflar s. Wetzlar.

Wetterau (Wetraw), Städte in der —, Wederenbache, Wedreßbache Städte 163, 24. 182, 21. 292, 26. 476, 1.

Wetzlar (Wettlar, Wetfler, Wetpflar, Wetflor) 173, 10; 19; 35; 46. 190, 9. 212, 14. 222, 28. 411, 5.

Weybe s. Weibe.

Wickersheim (Weikersheim), Johann von —, Bürgermeister zu Straßburg 297, 40 ᵇ. — Volmar von —, Schultheiß zu Hagenau 346, 16. 348, 9. 451, 43 ª.

Widen, die —, s. Weiden.

Widenbusch, Wigil, Bote von Frankfurt 232, 40.

Wied Grafschaft 274, 43 ᵇ.

Wijle s. Weil.

Wilch, Henne — von Alzei, Burgmann zu Oppenheim 267, 8.

Wildberg (Wilpperg uf dem Sane), Schloß auf dem Hunsrück im Soonwald 414, 20.

— (Wyltperg) Schloß südl. von Calw 261, 9.

Wildgraf Gerhard V in Kirburg (Kirberg) im Westerwald o. a. 5. von Hachenburg 1358-1408: 127, 39 ᵇ. 128, 15. 192, 21. 453, 12.

Wildgrafen, die — von Kirberg (Kirperg) 221, 36. — Vgl. Dhaun.

Wiler, Endris (Endrije) von —, zur Leibwache K. Ruprechts 458, 8.

Wilhelm, ein Zöllner 333, 15.

— Herr, s. Metziger.

Wilhelmus s. Freschin.

Wilnawe, Graf Heinrich von —, 465, 36.

Wilre, Gerhard von —, aus Achen 270, 26.

Wimpfen am Neckar 222, 37. 297, 33. — Ein ungenannter Bürger 334, 16.

Windeck, Reinhart von —, 259, 44 ᵇ.

Windsheim (Winsheim, Windsheim) an der Aisch s. ö. von Rotenburg an der Tauber 125, 42. 126, 10; 26. 134, 17. 267, 24; 47 ᵇ. 281, 13; 28. 287, 17. 293, 18; 44. 294, 2; 14; 25. 295, 6; 21; 27; 43 ª; 41 ᵇ. 296, 37 ª. 333, 11.

Wingarten (Wingarthen), Hans, Sohn des Herrn Orten von —, 458, 33. — Ungen. Sohn des Herrn Orten von —, 458, 32.

Winheim, Elias von —, s. Elias.

— Hanman von —, zur Leibwache K. Ruprechts 460, 1.

— Johannes, zuweilen auch Johannes von —, Protonotar K. Ruprechts 40, 15. 96, 33. 97, 10. 99, 24. 197, 44 ᵇ. 213, 25. 248, 22. 252, 7. 259, 38 ᵇ; 46 ᵇ. 260, 2. 269, 10. 275, 21. 278, 33. 279, 30. 342, 7; 44. 343, 42 ᵇ. 379, 41. 382, 14. 383, 36. 385, 12. 411, 5. 412, 50 ª. 423, 28. 424, 40. 426, 4; 13. 450, 30. 472, 39. 473, 17. 475, 30.

Winsberg s. Weinsberg.

Winterbecker, Hans, zur Leibwache K. Ruprechts 459, 32.

Winther, Wernher — von Alzei, zur Leibwache K. Ruprechts 459, 29.

Wirburg, Hans — von Bensheim, zur Leibwache K. Ruprechts 459, 41.

Wirtenberg, der Graf von —, wol Graf Eberhard IV der Milde 1392-1417: 222, 9. 412, 28. 419, 42. — Sein Rath 399, 41.

Wirzburg Bischof Gerhard Graf von Schwarzburg 1372-1400: 161, 39. 175, 37. 176, 19; 24; 39. 177, 24; 29. 281, 49. 284, 23. 286, 22. — Sein Gefolge 162, 4.

— Bischof Johann I von Egloffstein (Egelstein) 1400 November 19-1411: 114, 41. 118, 40. 221, 17. 225, 38 ᵇ; 45 ᵇ. 281. 299, 11. 332, 34. 463, 28. 467, 1. 468, 8. Vorher als Dompropst daselbst 224, 28 ; 31 ; 37. 225, 7; 41 ª. — Sein Kriegsvolk 30, 27.

— Stift Kapitel 175, 44 ª. 176, 2; 17; 19; 21; 22. 177. 225.

— Dompropst s. Bischof Johann von Egloffstein.

— Domherr Ott von Egloffstein, Bruder des Bischofs Johann 224, 42 ª.

— Stadt 415, 13. 464, 40.

Wiße (Wisse), Adolf, aus Frankfurt wie alle folgenden 156, 15. — Engel 156, 5. — Heincze — zum Wydel 156, 18. — Heinrich — gesessen zum Wißen, Bürgermeister 169, 34. 170, 7. Heinrich ohne weiteres, wol derselbe 481, 7; 11; 14. — Konrad 129, 10. 134, 3. 142, 7. 481, 19.

Wißenpurg s. Weißenburg.

Witaw und Weida u. s. von Mülhausen in Thüringen, der von —, wol Heinrich XVI von Plauen-Weida 399, 24.

Witenmulen s. Weitenmül.

Witzleben, der von —, 399, 27.

Wixlmcer, Heinrich, aus Frankfurt 157, 36. — Henne, ebendaher 157, 10.

Wolfskel, Herr Friderich 333, 22.

Wolfstein (Wolfsteyn), Herr Stefan von —, 126, 7. — Der von —, 333, 9.

Wolfsteiner (Wolffsteiner), Albrecht 460, 29. — Jakob 406, 34. 460, 34. Beide zur Leibwache K. Ruprechts.

Wunderlich, Clas, aus Frankfurt 156, 33.

Wuscrken, Heincze, aus Frankfurt 157, 18. — Kleinhenne, ebendaher 157, 21.

Wunstorf s. Wunstorf.

Worms Bischof Eckhard von Dersch 1370-1405: 114, 31; 40. 118, 18; 40. 120, 1. 121, 14; 32. 221, 20. 423, 11.

— Bischof Mathias v. Chrechow 1405-1410 s. Chrochow.

Worms Domherren und Pfaffheit 474, 31. Vgl. Landenburg.
— (Wormsß, Wormesse, Wormiße, Wormrz, Wůrmse, Wurmeß) Stadt 131, 9. 168, 43 [b]. 169, 12. 172. 24. 173, 10; 21; 46; 53 [a]. 174, 35 [a]. 188, 29. 190, 42. 192, 36. 196, 9; 10; 12; 45 [a]. 215, 15. 222, 25. 233, 6. 235, 9. 240, 22. 298, 15. 411, 4; 40 [a]. 412, 18; 20. 476, 1; 37. 478, 4; 36. 479, 1; 10. — Gesandte 155, 17. — Johann Kämmerer von —, s. Kämmerer.
Wunstorf (Wonstorff), der Graf von —, 222, 3.
Wylen s. Weiden.
Wyrenhorst, Johann von —, Ritter, im Dienst des Herzogs Reinald von Jülich und Geldern 269, 20.
Wyl, Wyle s. Weil.
Wyltperg s. Wildberg.
Wynsperg s. Weinsberg.

X.

Xanthen, ecclesia Sancti Victoris Xanctensis (Xanctenensis) 258, 14; 16.

Y vgl. I.

Thorgh (Iburg), Herman, aus Lübeck 384, 2; 39.
Ylardus, Magister, Predigermönch 399, 5.

Yeng, Riccardus, magister, causarum palacii apostolici auditor 83, 37 [a].
Ysay s. Isai.

Z.

Zamora s. Çamora.
Zanetus, im Dienste des Franz von Carrara zu Padua 76, 9. 77, 5.
Zedwitz, C. von —, 334, 5.
Zeisigheim (Zeissigheim, Zeiseckeim, Zeißkeim, Zeißkeim), jetzt Zeiskam in der Rheinpfalz bei Germersheim, Herr Rudolf von —, in Diensten K. Ruprechts 192, 22. 193, 30. 260, 1. 413, 8.
Zenger, Gemskoffel 334, 7. — Goczo, zur Leibwache K. Ruprechts 460, 36. — Grefe 333, 45. — Herr Hans, zur Leibwache K. Ruprechts 461, 9. — Kasper, zur Leibwache der Königin 461, 23.
Zennan, des Königs (v. Zw. Wenzels) Diener 126, 18.
Zilius s. Cilius.
Zollner, Herr Friderich, wol vom Bamberger Kapitel 399, 33.
Zons (Friezstrain) am Rhein zwischen Köln und Düsseldorf 252, 37.
Zuccharus in der päbstlichen Kanzlei 111, 33. 119, 38.
Zurich (Zurich) 348, 10. 412, 7; 9. 450, 37.

Zusätze und Verbesserungen.

p. XIV, 21 statt 195. 196 lies in andrer Reihenfolge 196. 195.

p. 11, 47 statt „art. 1" lies „art. 5"; denn in nr. 41 art. 1 pag. 50 lin. 12 muß unter unser [des Königs] botschaft verstanden werden der Bote, welcher nr. 40–42 nach Rom brachte und kein Gesandter sondern nur Briefträger von unbekanntem Namen war. In nr. 41 art. 5 pag. 50 lin. 41 können die Worte unser [des Königs] entwert freilich auch so verstanden werden, daß diese Antwort nicht durch einen Gesandten sondern durch einen bloßen Briefträger nach Rom gebracht werden wird; es ist eben nicht zu entscheiden und war wol damals selbst noch unentschieden, und das ist für die Worte „eine weitere Gesandtschaft" pag. 11 lin. 46 zu beachten, es hieße dort besser auch unbestimmt „eine weitere Botschaft".

p. 26, 16 muß es statt „wörtlich — unter P" nur heißen „nr. 6".

p. 27 nt. 5 gehört an die Stelle von nt. 1 der folgenden Seite 28.

p. 27 nt. 6, gehört an die Stelle von nt. 5 derselben Seite 27.

p. 28 nt. 1 gehört an die Stelle von nt. 6 der vorhergehenden Seite 27.

p. 41, 17 statt „B" lies „A", und dieses A bedeutet nr. 23 als die im Abdruck vorausgehende Fassung.

p. 57, 29 statt Galenç lies Galeaz.

p. 64, 35 streiche „Regest — ebendaher", da ein solches Regest in Janssen nicht steht.

p. 65, 42 ist vor „nt. *" noch einzusetzen „mit".

p. 66, 33 ebenso.

p. 67, 23 ebenso.

p. 143, 31. Latomus Erzählung von der obsessio Frankfurts durch Friedrich den Schönen ist als des Ersteren spätere Erfindung erwiesen von Rich. Froning „die beiden Frankf. Chroniken des Jo. Latomus und ihre Quellen", Diss. Gott., ersch. Frankf. a. M. 1882, pag. 17 f. Das wollte ich hier noch beifügen.

p. 196, 11 statt geworn lies gesworn.

p. 243, 26 statt von lies van.

p. 244, 34 ist sigel verschrieben und auf Rasur nachgetragen.

p. 278, 39^b statt „1409" lies „1407".

p. 402, 22 statt 398 lies 399.

p. 402, 23 statt „404 art. 4" lies „nr. 404 art. 3".

p. 393, 27 statt „Neuenberg" lies „Naumburg", s. Alfabetisches Register der Orts- und Personen-Namen unter Naumburg.

p. 466, statt Kelleruz lies Kelberuz, wie in der Variante steht, vgl. Alfabet. Register unter Hohnstein.